FESTSCHRIFT FÜR BRUNO KROPFF

AKTIEN- UND BILANZRECHT

FESTSCHRIFT FÜR BRUNO KROPFF

AKTIEN- UND BILANZRECHT

Herausgegeben von

Karl-Heinz Forster
Barbara Grunewald
Marcus Lutter
Johannes Semler

IDW-VERLAG GMBH
Düsseldorf 1997

Die Deutsche Bibliothek – CIP-Einheitsaufnahme

Aktien- und Bilanzrecht: Festschrift für Bruno Kropff. –
Düsseldorf: IDW-Verl., 1997

ISBN 3–8021–0745–4

ISBN 3–8021–0745–4

Gesamtherstellung: B.o.s.s Druck und Medien, Kleve

Vorwort zur Festschrift Kropff

Der Mensch hat nichts so eigen,
so wohl steht ihm nichts an;
als dass er Treu' erzeigen
und Freundschaft halten kann;
wann er mit seinesgleichen
soll treten in ein Band,
verspricht sich, nicht zu weichen
mit Herzen, Mund und Hand.
Simon Dach (1605–1659)

Lieber Bruno Kropff!

Am 7. September 1997 vollenden Sie Ihr 72. Lebensjahr. Jeder von uns erinnert sich an zahlreiche gemeinsame Veranstaltungen, bei denen wir mit Ihnen ernsthaft diskutieren, fröhlich parlieren und vergnügt feiern durften. Wir kennen Sie seit vielen Jahren, wobei die Ursprünge unserer jeweiligen Bekanntschaft ganz verschieden waren. Gemeinsam ist uns die Liebe zur Jurisprudenz, die Begeisterung für das Gesellschaftsrecht. Als schöpferischer Gestalter neuer Rechtsnormen, nein, ganzer Rechtssysteme sind Sie ebenso in die Annalen unserer Zunft eingegangen wie als konservativer Bewahrer bewährter Rechtstradition. Sie waren Reformer, aber nie Revolutionär. Bei enger Vertrautheit mit allen Zweigen des Handels- und Gesellschaftsrechts galt Ihre besondere Liebe stets dem Konzernrecht. Mit dem Recht des faktischen Konzerns sind Sie in die eigentliche wissenschaftliche Tätigkeit eingestiegen, mit dem Konzernbilanzrecht haben Sie Ihre breiten Kenntnisse und Erfahrungen im allgemeinen Bilanzrecht in diese wirtschaftlich erdachte und rechtlich in unterschiedlicher Weise ausgestaltete Unternehmensform eingebracht.

Sie waren immer jung und sind bis heute jung geblieben. Dies heißt nicht, daß Sie die Weisheit eines älteren Menschen vermissen ließen, im Gegenteil. Ihre langjährige, breite Erfahrung wird in allen Ihren zahlreichen Publikationen deutlich. Aber Sie verharren nicht in engen überkommenen Vorstellungen, wenn es neue Überlegungen zu beurteilen gilt. Sie erkennen gesunde neue Wege und sind auch bereit, selbst Gedanken zu solchen neuen Entwicklungen beizusteuern.

Man sieht Ihnen Ihr Alter nicht an. Die Berge sind Ihnen als Wanderfeld ebenso vertraut wie der heimatliche Kottenforst. Auf den Skipisten der Alpen erfreuen Sie sich am alpinen Skilauf ebenso wie am weit ausgreifenden Langlauf. In den Ferien scheuen Sie die übervölkerten Urlaubsparadiese unserer Zeit. Sie suchen zusammen mit Ihrer Frau Entspannung und neue Kraftreserven in der Einsamkeit Alaskas, dessen Weite Sie mehrfach durchmessen haben.

Aber die wirkliche Erholung finden Sie immer wieder in Ihrer Familie. Schon in jungen Jahren mußten Sie das Leid einer sehr schweren Krankheit und des Todes einer jungen, geliebten Tochter erfahren. Sie haben der Mutter und der ganzen Familie die Kraft gegeben, mit diesem schweren Schicksalsschlag fertig zu werden. Zwei Töchter sind verheiratet, ein Sohn ist erfolgreicher Arzt in Ihrer Vaterstadt. Sie sind glücklich, daß Sie Ihre Enkelkinder nicht nur als Gäste im eigenen Hause haben können, sondern daß Sie auch immer wieder Gelegenheit zu einem Besuch in Stuttgart finden. Sie haben sich als prächtiger Großvater, der von Enkelkindern, Kindern und der Ehefrau geliebt wird, herzhaft bewährt. Die Familie, ihr Zusammenhalt und das besondere Gefühl für das, was man tut und nicht tut, ist von Ihnen beiden, Ihrer Frau Dorle und Ihnen selbst, geprägt.

Sie sind 1925 in Münster geboren und haben dort bereits mit 17 Jahren im März 1943 die Reifeprüfung abgelegt. Auch beim Reichsarbeitsdienst mußten Sie drei Monate zubringen. Danach wurden Sie zur Kriegsmarine eingezogen. Sie legten schon nach weniger als 1^1/$_2$ Jahren die Seeoffiziershauptprüfung ab und übernahmen bis zum Kriegsende ein eigenes Kommando.

Nach erfreulich kurzer Kriegsgefangenschaft konnten Sie mit dem Studium beginnen. Sie haben in Ihrer Heimatstadt Münster und in Freiburg i. Br. studiert und das Studium im März 1949 mit der ersten juristischen Staatsprüfung abgeschlossen. Wenige Tage nach der Prüfung begannen Sie mit der Referendarausbildung. In dieser Zeit und als einer der ersten Deutschen nach dem Krieg hatten Sie die Gelegenheit, 7^1/$_2$ Monate als Assistent am Institut des Hautes Etudes Internationales der Faculté de Droit in Paris tätig zu sein. Dies kam Ihrer Dissertation zu Gute, die Sie unter der Leitung von Friedrich Klein über das Thema „Abschluß und Vollzug von Staatsverträgen nach der französischen Verfassung von 1946" abfaßten. Mit der Promotion zum Dr. jur. und der Note „Magna cum laude" endete die erste Station Ihrer wissenschaftlichen Tätigkeit im Dezember 1951. Knapp ein Jahr später bestanden Sie auch die zweite juristische Staatsprüfung – wie die erste mit Prädikat.

Knapp 1^1/$_2$ Jahre waren Sie Rechtsanwalt, zunächst als Anwaltsassessor, dann als Anwalt. Die Kanzlei, in der Sie tätig waren, trug den Namen eines bedeutenden Juristen, der später auch als maßgeblicher Politiker in der CDU tätig war: Dr. Josef Hermann Dufhues. Danach wurden Sie Anfang 1954 – formal zum Landgerichtsrat bestellt – in das Bundesjustizministerium berufen, zur Tätigkeit in den Referaten für Kapitalgesellschaften und für das Recht der gewerblichen Wirtschaft (Wasserrecht). Sie wurden Oberregierungsrat und Regierungsdirektor, Anfang 1965 Leiter des Referats Aktienrecht (Konzern- und Bilanzrecht).

Gemeinsam mit Ihrem Abteilungsleiter Prof. Dr. Ernst Gessler, mit Ihrem Kollegen Dr. Ulrich Eckardt und zeitweise mit dem Kollegen Dr. Georg Döllerer verfaßten Sie die Entwürfe zum Aktiengesetz 1965. In zahlreichen Verhandlungen verschiedener Gremien des Deutschen Bundestags vertraten Sie die Vorstellungen des Justizministeriums. Es gelang Ihnen gemeinsam mit Ihren Kollegen, auch im politischen Raum ein in sich geschlossenes, dogmatisch konsequentes Gesetz durchzusetzen. Nur ganz selten obsiegten die Politiker (oder, genauer gesagt, die Lobby der gewerblichen Wirtschaft). So konnten sie nicht verhindern, daß durch Einführung der Verbindungsformen „In Mehrheitsbesitz stehendes Unternehmen" und „Mit Mehrheit beteiligtes Unternehmen" das geschlossene Konzept des von

Prof. Dr. Ernst Gessler und Ihnen entworfenen Konzernrechts durchbrochen wurde und insoweit seine durchgängige Folgerichtigkeit verlor.

Im Jahre 1968 bot sich Ihnen die Gelegenheit des Wechsels in das damalige Bundesschatzministerium. Sie übernahmen die Leitung des Beteiligungsreferats und waren für die Beteiligungen des Bundes u. a. an der Volkswagen AG und der Salzgitter AG verantwortlich. Nach kurzer Zeit wurden Sie zum Ministerialrat befördert.

Aufgrund Ihrer Position – die Aufgaben des Schatzministeriums waren inzwischen vom Bundesfinanzministerium übernommen worden – hatten Sie laufenden und engen unternehmerischen Kontakt zu den von Ihnen betreuten Unternehmen. In mehreren Fällen wurden Sie in die Aufsichtsräte der Bundesbeteiligungen berufen.

Nach Ihrer Berufung zum Leiter der Unterabteilung Industrielles Bundesvermögen und der Beförderung zum Ministerialdirigenten oblag Ihnen die Privatisierung der Bundesbeteiligungen. Das Programm wurde von Ihnen erfolgreich verwirklicht. Im Ergebnis hatten Sie sich damit selbst „wegrationalisiert". Auf eigenen Wunsch traten Sie deswegen bereits am 31. August 1990 in den Ruhestand.

Ruhestand bedeutete für Sie keineswegs Ruhe. Sie waren als Gutachter, als Berater und als Aufsichtsrat gefragt. Mit der deutschen Wiedervereinigung übernahmen Sie den Vorsitz in einer Tochter-Aktiengesellschaft der Textima AG in Chemnitz. In schwierigen Verhandlungen konnten Sie jedenfalls teilweise eine Privatisierung erreichen und damit in diesem Raum wertvolle Arbeitsplätze erhalten. Andere Aufsichtsratsmandate folgten. Heute sind Sie u. a. im Aufsichtsrat der Hugo Boss AG tätig, Sie haben täglich Gelegenheit, das Funktionieren eines faktischen Konzerns mit ausländischem Mehrheitsaktionär zu beobachten und Ihren Rat bei der Aufstellung sach- und fachgerechter Konzernabschlüsse einzubringen. Überwachung und Rat werden von Ihnen in vorbildlicher Weise geleistet.

Während der Vorarbeiten zur Aktienrechtsreform 1965 hatten Sie bereits zahlreiche bemerkenswerte Aufsätze veröffentlicht. Nach dem Inkrafttreten des neuen Aktiengesetzes erschien aus Ihrer Hand eine Textausgabe des neuen Gesetzes, die zugleich die Begründungen des Regierungsentwurfs und – wo notwendig– Stellungnahmen des zuständigen Ausschusses enthielt. Ohne den „Kropff" konnte mit dem neuen Gesetz nicht gearbeitet werden. Gemeinsam mit Ernst Gessler, Wolfgang Hefermehl und Ulrich Eckardt sind Sie Herausgeber eines bedeutenden Großkommentars zum Aktiengesetz und Kommentator umfangreicher Abschnitte des Aktiengesetzes 1965. Besonders wichtig ist die Kommentierung der Vorschriften für die Rechnungslegung, der aus der Feder eines Juristen besondere Bedeutung zukommt. Richtungweisend, weil Sie sich auf völligem Neuland bewegen mußten, waren und sind Ihre Erläuterungen der Vorschriften über den faktischen Konzern. In zahlreichen Festschriften finden sich bedeutsame Beiträge zur Entwicklung des Gesellschaftsrechts. Zeitschriftenaufsätze und Buchbesprechungen wurden von Ihnen immer wieder genutzt, um zu neueren Entwicklungen Stellung zu nehmen.

Seit Beginn des Sommersemesters 1983 nehmen Sie einen Lehrauftrag an der Universität Bonn wahr. Sie haben Vorlesungen über das Recht der Kapitalgesellschaften, über das Konzernrecht und über das Bilanzrecht gehalten und in Seminaren zum Konzernrecht und zum Bilanzrecht den Stoff weiter vertieft. Eine besondere Ehrung ist Ihnen widerfahren: Entgegen dem Brauch, Ministerialbeamte nicht in dieser Form zu ehren, wurde Ihnen im Mai 1990 der Titel eines Honorarprofessors verliehen. Aber Sie haben sich nicht mit einer Lehrtätigkeit in Bonn begnügt. In Verfolg der Wiedervereinigung haben Sie sich bereit erklärt, einen Lehrauftrag an der Universität Jena zu übernehmen und so am Wiederaufbau dieser traditionsreichen deutschen Universität mitzuwirken.

Lieber Bruno Kropff: Die Autoren dieser Festschrift gratulieren Ihnen zum 72. Geburtstag und wünschen Ihnen noch viele weitere, gesunde und glückliche Lebensjahre.

Karl-Heinz Forster
Barbara Grunewald
Marcus Lutter
Johannes Semler

Inhalt

III. Allgemeines Gesellschaftsrecht

I. Aktien- und Konzernrecht

Investmentfonds im Universalbankkonzern: Rechtstatsachen und aktuelle Reformfragen

Theodor Baums und Markus König*

* Die Verf. danken der VW-Stiftung für großzügige Unterstützung.

I. Einleitung

Die SPD-Bundestagsfraktion hat im Januar 1995 den Entwurf eines „Transparenz-
und Wettbewerbsgesetzes" vorgelegt[1]. In ihm wird vorgeschlagen, Kreditinstituten
und Versicherungen die Beteiligung an Kapitalanlagegesellschaften zu untersagen[2].
Ein entsprechender Vorschlag ist auf dem 61. Deutschen Juristentag in Karlsruhe
gestellt, dort aber mit großer Mehrheit abgelehnt worden[3]. Im folgenden sollen die
Argumente für und wider eine solche Regulierung auf der Grundlage empirischer
Daten erörtert werden.

II. Anteilseignerstruktur der Kapitalanlagegesellschaften

Deutsche Investmentfonds sind ausschließlich nach dem Vertragsprinzip, nicht nach
dem Gesellschaftsprinzip organisiert. Die Anleger sind mit der Kapitalanlagegesellschaft durch einen Geschäftsbesorgungsvertrag verbunden. Sie sind aber nicht – wie
etwa die Anleger im US-amerikanischen closed end-fund – Gesellschafter der Kapitalanlagegesellschaft. Diese Struktur eröffnet in Verbindung mit dem Universal-
bankprinzip deutschen Kreditinstituten die Möglichkeit, Kapitalanlagegesellschaften zu gründen und als Gesellschafter zu betreiben. In den Anfangsjahren des
Investmentsparens in Deutschland in den 50ern waren es ausschließlich Kreditinstitute, die Kapitalanlagegesellschaften gründeten. Seit dem Ende der 70er Jahre ist ein
verstärktes Engagement auch von Versicherungen zu beobachten. Hinzu traten vereinzelt Privatpersonen und Industrieunternehmen sowie ausländische Kreditinstitute. Die Verteilung des Anteilsbesitzes an Kapitalanlagegesellschaften – bezogen
auf das verwaltete Fondsvolumen – stellt sich derzeit (Ende 1996) wie folgt dar:

Schaubild 1: Verteilung des Anteilsbesitzes an inländischen Kapitalanlagegesellschaften bezogen auf das verwaltete Fondsvolumen (in Mio DM).

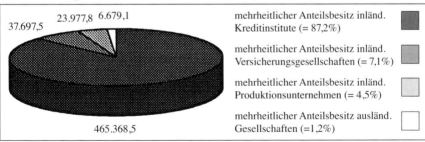

37.697,5   23.977,8   6.679,1

465.368,5

mehrheitlicher Anteilsbesitz inländ.
Kreditinstitute (= 87,2%)

mehrheitlicher Anteilsbesitz inländ.
Versicherungsgesellschaften (= 7,1%)

mehrheitlicher Anteilsbesitz inländ.
Produktionsunternehmen (= 4,5%)

mehrheitlicher Anteilsbesitz ausländ.
Gesellschaften (=1,2%)

Quelle: Vademecum der Investmentfonds 1996; eigene Recherchen und Berechnungen.

1   BT-Drucks. 13/367 vom 30. 1. 1995.
2   AaO Art. 6 § 3a Abs. 3 KWG n.F.; Art. 7 § 54 Abs. 4 VAG n.F.
3   Vgl. ZIP – Zeitschrift für Wirtschaftsrecht – 1996, Heft 39, S. XVI; dazu aus der Lit. befürwor-
    tend *Adams*, ZIP 1996, 1590, 1599f; ablehnend *Baums*, Bundestags-Anhörung am 8.12.1993, ZBB
    1993, 86, 95 sub III.2.3; *Mülbert*, Empfehlen sich gesetzliche Regelungen zur Einschränkung des
    Einflusses der Kreditinstitute auf Aktiengesellschaften? Gutachten E zum 61. Deutschen Juristen-
    tag (1996), S. 113 f.

Dem Schaubild ist zu entnehmen, daß nach wie vor inländische Kreditinstitute die Gruppe der Anteilseigner von Kapitalanlagegesellschaften anführen. Mit großem Abstand folgen Versicherungen, während sonstige Anteilseigner, inländische Industrieunternehmen und ausländische Gesellschaften, von untergeordneter Bedeutung sind.

Betrachtet man die Gruppe der inländischen Kreditinstitute näher und beschränkt man die Untersuchung auf die acht größten Institute[4], dann ist festzustellen, daß annähernd 54% des gesamten Fondsvermögens von Kapitalanlagegesellschaften dieser Kreditinstitute verwaltet werden.

Tabelle 1: Inländisches Fondsvermögen der Kapitalanlagegesellschaften der 8 größten Kreditinstitute (Stand 31.12.95)

Name des Kreditinstituts	Fondsvolumen (in Mio DM)	davon Publikumsfonds (in Mio DM)
Deutsche Bank AG	90.310,5	51.853,3[1]
Dresdner Bank AG	70.375,3	28.313,5
DG-Bank – genossenschaftl. Zentralbank –	34.913,9	20.149,3
Commerzbank AG[2]	30.773,4	11.479,9
Bayerische Vereinsbank AG[2]	26.764,7	15.999,5
Bayerische Hypotheken- und Wechselbank AG	18.283,1	4.127,7
West-LB[3]	10.671,0	1,5
Bayerische Landesbank	9.328	–

Quelle: Vademecum der Investmentfonds 1996, eigene Recherchen und Berechnungen.

1 Es fehlen Angaben zu dem Volumen der 11 Publikumsfonds der Deutschen Gesellschaft für Fondsverwaltung mbH (DEGEF).
2 Das Fondsvermögen der ADIG – Allgemeine Deutsche Investment-Gesellschaft mbH wurde jeweils zur Hälfte der Commerzbank AG und der Bayerischen Vereinsbank AG zugerechnet.
3 Stand 31.12.1994.

III. Aktienbesitz an der Anteilseignerbank

Ein erster Punkt, der in unserem Zusammenhang der Erörterung bedarf, ist der von Investmentfonds gehaltene Besitz von Aktien an ihrer Mutterbank.

1. Allgemeine Erwägungen

Das geltende Aktienrecht steht dem Erwerb und dem Halten eigener Aktien durch Aktiengesellschaften kritisch gegenüber.

Eine Aktiengesellschaft darf Aktien an sich selbst nur unter engen Voraussetzungen und dann nur bis zu 10% des Nennbetrages aller ausgegebenen Aktien erwerben[5]. Dieses grundsätzliche Verbot darf auch nicht dadurch umgangen wer-

---

4 Vgl. die Aufstellung der FAZ Nr. 157 v. 9. Juli 1996, S. B 5.
5 § 71 Abs. 1, 2 AktG.

den, daß ein von der Aktiengesellschaft abhängiges Tochterunternehmen Aktien an der Muttergesellschaft erwirbt und hält[6]. Der Grund für dieses Verbot ist ein doppelter[7]: Der Erwerb eigener Aktien gegen Zahlung eines Kaufpreises an die bisherigen Aktionäre stellt eine Auszahlung von Gesellschaftsvermögen an die Aktionäre dar und kann zu einer Gefährdung der Gläubiger der Gesellschaft führen. Zweitens würde der unbeschränkte Rückerwerb eigener Aktien dem Management ermöglichen, die Stimmrechte hieraus auszuüben und sich damit selbst zu „kontrollieren", den Aktienkurs in seinem Interesse zu beeinflussen und die Zusammensetzung des Aktionärskreises nach seinem Belieben zu steuern. Dieselben Bedenken ergeben sich, wenn nicht die Aktiengesellschaft selbst, sondern ein abhängiges Unternehmen Aktien seiner Mutter erwirbt.

Kann dieses Erwerbsverbot nun durch Einschaltung von Kapitalanlagegesellschaften umgangen werden, und gibt es empirische Belege für solche Umgehungen?

§ 71 d AktG verbietet den Erwerb von Aktien an einer Aktiengesellschaft durch abhängige Unternehmen. Diese Vorschrift paßt aber nicht auf das Verhältnis von Anteilseignerbank und abhängigen Investmentfonds. § 71 d AktG ist zwar zweifellos anwendbar, soweit es sich um Aktien im Eigenbestand der Kapitalanlagegesellschaften handelt. Im Vergleich zu den Fondsvolumina ist das Eigenkapital der Kapitalanlagegesellschaften jedoch verschwindend gering[8]; eigener Beteiligungsbesitz also, falls überhaupt vorhanden, zu vernachlässigen. Von praktischem Interesse sind hier allein Aktien an der Mutterbank, die im Sondervermögen gehalten werden. Zunächst zu den Rechtstatsachen.

2. Rechtstatsachen

Tabelle 2 listet den Aktienbesitz der den sechs genannten Kreditinstituten gehörenden Investmentfonds an ihren jeweiligen Mutterbanken für die Jahre 1992 bis 1994 auf.

Hier bedarf zunächst die Ermittlung und Präsentation der Daten einer Erläuterung.

Grundlage der empirischen Untersuchung der Zusammensetzung der einzelnen Sondervermögen einer Kapitalanlagegesellschaft sind die Pflichtveröffentlichungen im Bundesanzeiger gem. § 24a Abs. 1 KAGG. Diese Rechenschaftsberichte haben insbesondere eine stichtagsbezogene Aufstellung der im Sondervermögen befindlichen Wertpapiere zu enthalten. Würde man die Untersuchung auf eine Addition dieser Einzelposten beschränken, wäre der Aussagegehalt relativ gering[9].

---

6 § 71d S. 2 AktG.

7 S. etwa *Lutter*, Kölner Komm. z. AktG, Bd. 1, 2. Aufl., 1988, § 71 AktG Rdn. 10–12; eingehend *U. Huber*, FS Duden, 1977, S. 137 ff.

8 In der Regel verfügen Kapitalanlagegesellschaften über ein Eigenkapital, dessen Höhe weniger als 1%, teilweise sogar weniger als 1‰ des Fondsvolumens entspricht.

9 Dieses Verfahren wird beispielsweise angewandt von der IIS-Datenbank (vgl. *Mühlbradt*, Die Bank 1992, 72, 74) sowie von *Beier/Paulsen*, Das Wertpapier 1996, 52 ff.

Tabelle 2: Aktienbesitz an den Anteilseignerbanken in % des Grundkapitals der jeweiligen Anteilseignerbank (1992–1994)

Name des Kreditinstituts	Beteiligung	Name der KAG	Mai 1992		Mai 1993		Mai 1994	
			Portfolio-Min.	Portfolio-Max.	Portfolio-Min.	Portfolio-Max.	Portfolio-Min.	Portfolio-Max.
Bayerische Hypotheken- und Wechselbank AG	100%	HYPO Capital Management Investmentgesellschaft mbH	0,01	0,08	0,04	0,08	0,05	0,10
	100%	Allfonds Gesellschaft für Investmentanlagen mbH	0,16	1,18	0,15	1,58	0,37	0,82
		Summe:	0,17	1,26	0,19	1,66	0,42	0,92
Bayerische Vereinsbank AG	39,6%	ADIG Allgemeine Deutsche Investmentgesellschaft mbH	0,81	1,53	0,94	1,11	0,66	1,53
	100%	BKG Bayerische Kapital-anlagegesellschaft mbH	0,24	0,64	0,25	0,97	0,49	0,90
	100% ind.	NORDINVEST Norddeutsche Investment-Gesellschaft mbH	0,10	0,49	0,02	0,69	0,08	0,76
		Summe:	1,15	2,66	1,21	2,71	1,22	3,26
BHF-Bank KGaA/AG	100%	FRANKFURT-TRUST Investmentgesellschaft mbH	0,10	1,55	0,16	2,31	0,45	2,06
Commerzbank AG	39,5%	ADIG Allgemeine Deutsche Investmentgesellschaft mbH	0,66	1,18	0,58	1,47	0,59	1,74
	100%	Commerzbank Investment Management GmbH – Commerzinvest	0,12	0,54	0,18	1,12	0,39	1,18
		Summe:	0,78	1,72	0,75	2,59	0,98	2,92
Deutsche Bank AG	92,5%	DWS Deutsche Gesellschaft für Wertpapiersparen mbH	0,28	0,78	0,37	0,74	0,24	1,12
	100% ind.	Deutsche Vermögensbildungs-gesellschaft mbH	0,00	0,03	0,01	0,03	0,03	0,04
	100% ind.	Deutsche Gesellschaft für Fondsverwaltung mbH, DEGEF	0,78	1,48	0,71	1,65	0,63	1,31
		Summe:	1,06	2,29	1,09	2,41	0,90	2,47
Dresdner Bank AG	100%	DIT Deutscher Investment Trust	0,54	1,36	0,54	1,12	0,48	1,59
	100%	dresdnerbank investment management Kapitalanlagegesellschaft	1,71	2,36	0,99	2,37	1,17	2,38
	35%	Hamburg-Mannheimer Investment Trust GmbH	0,26	0,33	0,02	0,37	0,05	0,45
		Summe:	2,51	4,05	1,55	3,86	1,97	4,41

Quelle: Verkaufsprospekte der Kapitalanlagegesellschaften; Rechenschaftsberichte gemäß § 24a Abs. 1 KAGG; Saling Aktienführer 1993–1995; eigene Berechnungen.

Ursache hierfür sind die uneinheitlichen Geschäftsjahre[10], deren Endtermine über das gesamte Jahr verstreut liegen. Zudem wäre selbst bei identischen Berichtszeiträumen der Aussagegehalt insoweit begrenzt, als lediglich der Bestand eines Tages ermittelt werden könnte. Denn kurz vor dem Berichtsende getätigte Verkäufe blieben dann unberücksichtigt. Einzubeziehen waren daher weitere, den Rechenschaftsberichten zu entnehmende Informationen. So hat die Kapitalanlagegesellschaft zusätzlich zu dem Endbestand die während des Berichtszeitraums getätigten Käufe und Verkäufe von Wertpapieren zu dokumentieren. Mit Hilfe dieser Daten ist es möglich, (theoretische) Werte für einen Maximal-Bestand und für einen Minimal-Bestand während des gesamten Berichtszeitraums zu ermitteln[11]. Da sich die Berichtszeiträume der Rechenschaftsberichte überschneiden, wurde maßgeblich jeweils auf den Termin der Hauptversammlung (die in aller Regel im Mai stattfand[12]) abgestellt. Die in dieser Weise ermittelten Zahlen wurden anschließend addiert, um so für jede Kapitalanlagegesellschaft ein (theoretisches) Anteilsbesitz-Maximum bzw. -Minimum für den Termin der Hauptversammlung zu erhalten. Abschließend wurden die absoluten Werte in Anteile am Grundkapital der jeweiligen Aktiengesellschaften umgerechnet.

Tabelle 2 zeigt folgendes: In allen untersuchten Fällen blieb der Bestand an Aktien an der Mutterbank selbst dann unter 5% des Grundkapitals der jeweiligen Bank, wenn man den Aktienbesitz aller von ihr abhängigen Investmentfonds zusammenrechnet[13]. Überwiegend bewegt sich der Anteilsbesitz im Bereich von 1–2%; nur in einem Fall wurde ein (theoretischer!) Maximalbetrag von 4,41% am Grundkapital der Anteilseignerbank erreicht[14].

3. Bewertung

Schon die angeführten Zahlen lassen bezweifeln, daß Kapitalanlagegesellschaften in bedeutendem Umfang von ihren Anteilseignerbanken dazu eingesetzt werden, um das Verbot des Erwerbs eigener Aktien zu umgehen und die damit verfolgten Schutzzwecke in Frage zu stellen. Es kommt folgende, bisher noch ausgeblendete Erwägung hinzu. Die von Investmentfonds gehaltenen Aktien an der Anteilseignerbank dürfen nicht ohne weiteres Aktien gleichgestellt werden, die ein abhängiges Unternehmen an der herrschenden Aktiengesellschaft im Eigenbesitz hält. Wie bereits hervorgehoben, wurzelt das Verbot des Erwerbs eigener Aktien zunächst in der Sorge um den Gläubigerschutz. Den Aktionären sollen nicht ihre Aktien

---

10 Vgl. zu dieser Problematik *Baums/Fraune,* Die AG 1995, 97, 99.

11 Die Berechnung des Maximal-Wertes erfolgt durch Addition der Verkäufe zu dem Endbestand, während der Minimal-Wert im Wege der Subtraktion der Käufe vom Endwert ermittelt wird, wobei negative Werte mit 0 angesetzt werden.

12 Die Hauptversammlung der Bayerischen Vereinsbank AG fand 1993 am 30. April statt.

13 Nur am Rande sei darauf aufmerksam gemacht, daß der Maximalwert von 10% der stimmberechtigten Aktien derselben Gesellschaft, den die Fonds einer Kapitalanlagegesellschaft nicht überschreiten dürfen (§ 8a Abs. 3 KAGG), selbst dann nicht erreicht wird, wenn man den Anteilsbesitz sämtlicher Kapitalanlagegesellschaften eines Bankkonzerns zusammenrechnet.

14 Aktienbesitz der Fonds der Dresdner Bank AG an der Anteilseignerbank im Jahr 1994.

abgekauft, und damit im Gläubigerinteresse gebundenes Vermögen an sie ausgezahlt werden[15]. Dieses Bedenken entfällt bei Erwerb von Aktien an der Mutterbank durch abhängige Fonds völlig, weil das von den Kapitalanlegern finanzierte Sondervermögen ohnedies nicht dem Zugriff der Gläubiger der Anteilseignerbank oder der Kapitalanlagegesellschaft unterliegt und deshalb diesem Zugriff auch nicht, den gesellschaftsrechtlichen Vermögensbindungsregeln zuwider, entzogen wird.

Also kommt eine analoge Anwendung des Erwerbsverbots in § 71d S. 2 AktG – kein Erwerb von Aktien an einer herrschenden Aktiengesellschaft durch ein abhängiges Unternehmen – hier allenfalls im Hinblick auf die weiteren mit dem Erwerb eigener Aktien verbundenen Gefahren in Betracht. Diese Gefahr läßt sich schlagwortartig mit „Verselbständigung des Managements" kennzeichnen. Schon die aus Tabelle 2 ersichtlichen absoluten Zahlen sprechen für sich genommen freilich nicht dafür, daß Kapitalanlagegesellschaften in breitem Umfang hierfür eingesetzt werden. An diesem Befund ändert sich auch dann nichts Wesentliches, wenn man den Anteilsbesitz der Investmentfonds an ihren Anteilseignerbanken nicht in % des Gesamtgrundkapitals bemißt, sondern in % des in der Hauptversammlung jeweils vertretenen Grundkapitals[16].

Es kommt folgendes hinzu: Bei Aktien an einer herrschenden Aktiengesellschaft, die vom Management eines abhängigen Unternehmens erworben werden, kann der Vorstand der herrschenden Gesellschaft Weisungen in bezug auf ihren Einsatz, insbesondere in bezug auf die Stimmrechtsausübung, erteilen und diese Weisungen auch durchsetzen. Das ist bei Aktien im Besitz von Investmentfonds zumindest rechtlich ausgeschlossen; sie sind vom Management der Kapitalanlagegesellschaft „mit der Sorgfalt eines ordentlichen Kaufmanns für gemeinschaftliche Rechnung der Anteilsinhaber" zu verwalten[17]. Nun mag man den praktischen Nutzen dieser und weiterer institutioneller Vorkehrungen für Publikumsfonds bezweifeln. Für Spezialfonds mit großen institutionellen Anlegern dagegen, die Information und Kontrollmöglichkeiten besitzen und Kontrolle auch ausüben, dürfte sich sicher ausschließen lassen, daß ihr Vermögensbestand in nennenswertem Umfang für die Zwecke des Managements der Anteilseignerbank gegen den Willen der Anleger eingesetzt werden kann. Ein Spezialproblem stellen in diesem Zusammenhang allerdings auf den ersten Blick solche Spezialfonds dar, an denen die Anteilseignerbank selbst als Anleger beteiligt ist. Empirisches Material steht uns hierüber nicht zur Verfügung, da die Anteilseignerstruktur der Spezialfonds nicht publizitätspflichtig ist. Aber für solche Spezialfonds mit eigener Beteiligung der Anteilseignerbank als Anlegerin gelten die §§ 71, 71d AktG – das Verbot des Erwerbs eigener Aktien (als Miteigentümerin eines Sondervermögens oder durch die Fondsgesellschaft als Treuhänder) – ohnedies unmittelbar: Solchen Spezialfonds ist der Erwerb von Aktien an der Anteilseignerbank untersagt. Dies ist übrigens auch dann zu beachten, wenn ein Spezialfonds indexorientiert ist, also z. B. den DAX nachbildet; Aktien an der Mutterbank dürfen auch dann nicht erworben werden.

---

15 Vgl. oben unter 1.
16 Vgl. dazu noch eingehend unten IV.
17 § 10 Abs. 1 S. 1 KAGG.

4. Zusammenfassung

Zusammenfassend läßt sich bisher folgendes festhalten:
- Erstens. Der Umstand, daß Investmentfonds in beschränktem Umfang Aktien an der Anteilseignerbank erwerben können und in der Praxis auch erwerben, rechtfertigt nicht die Forderung nach einer Trennung zwischen Universalbanken und ihren Kapitalanlagegesellschaften, sondern allenfalls ein Verbot des Erwerbs von Aktien an der Anteilseignerbank.
- Zweitens. Auch ein solches eingeschränktes Verbot ist jedenfalls für Spezialfonds nicht veranlaßt. Denn die Anleger in Spezialfonds können die Anlagepolitik über die Vertragsbedingungen und den Anlageausschuß mitbestimmen und die Investition in Aktien der Anteilseignerbank ausschließen.
- Drittens. Spezialfonds mit eigener Beteiligung der Anteilseignerbank als Anlegerin stellen einen Sonderfall dar. Für sie gilt das Verbot des Erwerbs eigener Aktien (§§ 71a Abs. 2, 71d S. 1 AktG) bereits nach gegenwärtigem Recht unmittelbar; eine Änderung ist insoweit nicht veranlaßt.
- Viertens. Auch für Publikumsfonds, die Aktien an der Anteilseignerbank erwerben, ist ein über die Schwelle des § 8 Abs. 3 KAGG hinausgehendes Verbot, eine analoge Anwendung des § 71 S. 2 AktG, nicht veranlaßt. In einem solchen Fall besteht die sonst mit dem Erwerb eigener Aktien verbundene Gläubigergefährdung nicht. Zu bedenken wäre in einem solchen Fall – als milderes Mittel – allenfalls ein Verbot der Stimmrechtsausübung in der Hauptversammlung der Anteilseignerbank. Auf die damit verbundenen Fragen ist im folgenden unter V. einzugehen.

5. Exkurs: Spezialfonds und Erwerb von Aktien an Anlegern des Fonds

Ebensowenig wie ein Spezialfonds Aktien an der Anteilseignerbank erwerben darf, wenn die Anteilseignerbank selbst als Investor an diesem Spezialfonds beteiligt ist, darf ein Spezialfonds Aktien an einem anderen seiner Investoren erwerben. Nach § 71a Abs. 2 AktG ist ein Rechtsgeschäft zwischen einer Aktiengesellschaft und einem anderen – hier der Kapitalanlagegesellschaft, die einen Spezialfonds für die AG auflegt – nichtig, wenn nach diesem Vertrag die Kapitalanlagegesellschaft berechtigt oder verpflichtet sein soll, Aktien der investierenden Gesellschaft für deren Rechnung zu erwerben. Eine Ausnahme gilt hier nur, wenn die Aktiengesellschaft selbst ausnahmsweise eigene Aktien an sich erwerben dürfte. Folge eines Verstoßes gegen dieses Erwerbsverbot ist unter anderem, daß die Kapitalanlagegesellschaft das Stimmrecht aus diesen Aktien nicht ausüben darf[18]. Es ist vielleicht nicht überflüssig, auf diese offenbar nicht selten übersehenen Vorschriften hinzuweisen. Und es ist zu empfehlen, in die Vertragsbedingungen der Wertpapier-Spezialfonds ausdrücklich die Vorkehrung aufzunehmen, daß die Fondsmittel nicht in Aktien der Anteilsinhaber investiert werden dürfen. Darüber, ob es rechtspolitisch

---

18 S. etwa *Lutter,* Kölner Komm. z. AktG, aaO (Fn. 7), § 71d AktG Rdn. 73 m. Nachw.

als wünschenswert erscheint, daß z. B. Pensionsgelder einer DAX-Gesellschaft nicht auch – im Rahmen der Risikostreuungsbestimmungen des KAGG – in Aktien der Anlegergesellschaft selbst angelegt werden können, ließe sich sicher diskutieren.

Tabelle 3: Spezialfonds und Erwerb von Aktien an Anlegern des Spezialfonds (ausgewählte Beispiele)

a) DEGEF-Münchener Rück: Mitarbeiter-Fonds 100

Ende des Berichtszeitraumes	Zahl der Münchener Rückversicherungs-Aktien im Sondervermögen (Minimum)	Zahl der Münchener Rückversicherungs-Aktien im Sondervermögen (Maximum)
31.12.1992	773	1.773
31.12.1993	646	873
31.12.1994	646	750

Quelle: Rechenschaftsberichte gemäß § 24a Abs. 1 KAGG, eigene Berechnungen.

b) DEGEF-BAYER Mitarbeiter-Fonds

Ende des Berichtszeitraumes	Zahl der BAYER-Aktien im Sondervermögen (Minimum)	Zahl der BAYER-Aktien im Sondervermögen (Maximum)
31.12.1992	15.000	15.000
31.12.1993	12.500	15.000
31.12.1994	10.000	12.500

Quelle: Rechenschaftsberichte gemäß § 24a Abs. 1 KAGG, eigene Berechnungen.

c) DEGEF-VIAG Mitarbeiter-Fonds II

Ende des Berichtszeitraumes	Zahl der VIAG-Aktien im Sondervermögen (Minimum)	Zahl der VIAG-Aktien im Sondervermögen (Maximum)
31.12.1992	200	200
31.12.1993	100	200
31.12.1994	100	250

Quelle: Rechenschaftsberichte gemäß § 24a Abs. 1 KAGG, eigene Berechnungen.

IV. Stimmrechtsausübung aus Aktien an der Anteilseignerbank

Der kritische Punkt am Erwerb von Aktien an der Mutterbank durch abhängige Kapitalanlagegesellschaften liegt vor allem, wie wir gesehen haben, in der Stimmrechtsausübung aus diesen Aktien in der Hauptversammlung der Mutterbank.

1. Rechtstatsachen

Tabelle 2 hatte den Aktienbesitz der abhängigen Kapitalanlagegesellschaften an ihren Anteilseignerbanken, gemessen in % des gesamten Grundkapitals, dargestellt. Tabelle 4 (folgende Seite) stellt zunächst – für das Jahr 1992 – fest, wieweit tatsächlich Stimmrechte aus Aktienbesitz an der Anteilseignerbank in deren Hauptversammlung ausgeübt wurden.

Der Vergleich der Spalten 3 und 4 (= minimaler bzw. maximaler theoretischer Anteilsbesitz[19]) mit Spalte 5 (tatsächlich in der Hauptversammlung vertretener Anteilsbesitz) deutet an, daß von einem systematisch auf Stimmrechtsmaximierung ausgerichteten Anlageverhalten nicht gesprochen werden kann: Denn jedenfalls die für die Untersuchung ausgewerteten Hauptversammlungsprotokolle[20] ergeben nicht, daß Investmentfonds gerade zum Termin der Hauptversammlung der Anteilseignerbank gezielt Aktien an der Bank erwerben und dort vertreten (lassen) würden. In einem Einzelfall war der vorhandene Aktienbestand sogar überhaupt nicht in der Hauptversammlung der Mutter vertreten.

Spalte 7 weist dann die auf die tatsächlichen Hauptversammlungspräsenzen umgerechneten Stimmrechtsanteile der Investmenttöchter auf den Hauptversammlungen ihrer Mutterbanken aus. Auch wenn man sämtliche Anteile aller abhängigen Kapitalanlagegesellschaften eines Bankkonzerns zusammenfaßt, liegt ihr Stimmrechtsanteil in allen Fällen deutlich unter 5%.

Für die rechtspolitische Bewertung ist noch ein weiterer Gesichtspunkt von Bedeutung. Nach § 10 Abs. 1 S. 3 KAGG „soll" die Kapitalanlagegesellschaft das Stimmrecht aus Aktien inländischer Gesellschaften im Regelfall selbst ausüben. Diese Vorschrift wird in der Praxis – oder wurde zumindest in der Vergangenheit – häufig nicht beachtet. Die Fonds stellten den Vertretern ihrer Anteilseignerbank Stimmrechtsvollmachten aus[21]. Spalte 8 zeigt aber, daß offenbar – mit einer Ausnahme – auf den Hauptversammlungen der Anteilseignerbanken selbst durchweg anders verfahren wurde: Hier nehmen die Fonds die Stimmrechte aus ihrem Aktienbesitz durch eigene Vertreter wahr.

2. Bewertung

Die rechtstatsächlichen Beobachtungen lassen zunächst einmal folgendes erkennen: Die Managements der Anteilseignerbanken können nicht über nennenswerte Stimmrechtsanteile mit Hilfe der bankabhängigen Kapitalanlagegesellschaften verfügen, selbst wenn man einmal die Stimmen aus den Aktien an der Anteilseignerbank in den Sondervermögen kurzerhand der Anteilseignerbank und ihrem Management zurechnet. In allen hier betrachteten Fällen lag der Stimmrechtsanteil der bankabhängigen Kapitalanlagegesellschaften unter 4%. Außerdem erscheint eine

---

19 Vgl. dazu oben Text zu Fn. 11.
20 Die Zahlen sind der Studie *Baums/Fraune*, Die AG 1995, 95 ff entnommen.
21 *Fraune*, Der Einfluß institutioneller Anleger in der Hauptversammlung (1996), S. 83.

Tabelle 4: Einfluß der Kapitalanlagegesellschaften auf Hauptversammlungen ihrer Anteilseignerbanken 1992

Name des Kreditinstitutes	Name der KAG	Portfolio-Min. in % des Grundkapitals	Portfolio-Max. in % des Grundkapitals	Anteil des Grundkapitals, das auf der HV vertreten wurde	HauptversammlungsPräsenz	Stimmrechtsanteil auf der HV	Stimmrechtsausübung durch KAG bzw. Vertretung durch Dritte
Bayerische Hypotheken- und Wechselbank AG	HYPO Capital Management Investmentgesellschaft mbH	0,01%	0,08%	0,00%	68,87%	0,00%	entfällt
	Allfonds Gesellschaft für Investmentanlagen mbH	0,16%	1,18%	0,00%		0,00%	entfällt
	Summe:	0,17%	1,26%	0,00%		0,00%	
Bayerische Vereinsbank AG	ADIG Allgemeine Deutsche Investmentgesellschaft mbH	0,81%	1,53%	1,32%	55,95%	2,37%	2 Vertreter der ADIG
	BKG Bayerische Kapitalanlagegesellschaft mbH	0,24%	0,64%	0,37%		0,66%	1 Vertreter der BKG
	NORDINVEST Norddeutsche Investment-Gesellschaft mbH	0,10%	0,49%	0,30%		0,54%	1 Vertreter der Bayer. Vereinsbank AG
	Summe:	1,15%	2,66%	1,99%		3,56%	
Commerzbank AG	ADIG Allgemeine Deutsche Investmentgesellschaft mbH	0,66%	1,18%	0,92%	48,23%	1,91%	1 Vertreter der ADIG
	Commerzbank Investment Management GmbH – Commerzinvest	0,12%	0,54%	0,22%		0,46%	1 Vertreter der Commerzinvest
	Summe:	0,78%	1,72%	1,14%		2,36%	
Deutsche Bank AG	DWS Deutsche Gesellschaft für Wertpapiersparen mbH	0,28%	0,78%	0,56%	46,79%	1,20%	1 Vertreter von DWS und DVG
	Deutsche Vermögensbildungsgesellschaft mbH	0,00%	0,03%	0,02%		0,04%	dto.
	Deutsche Gesellschaft für Fondsverwaltung mbH, DEGEF	0,78%	1,48%	1,08%		2,31%	1 Vertreter der DEGEF
	Summe:	1,06%	2,29%	1,66%		3,55%	
Dresdner Bank AG	DIT Deutscher Investment Trust dresdnerbank investment management Kapitalanlagegesellschaft	0,54%	1,36%	0,62%	74,59%	0,83%	1 Vertreter des DIT
		1,71%	2,36%	1,98%		2,65%	1 Vertreter der dbi
	Hamburg-Mannheimer Investment Trust GmbH	0,26%	0,33%	0,00%		0,00%	entfällt
	Summe:	2,51%	4,05%	2,60%		3,49%	

Quelle: Verkaufsprospekte der Kapitalanlagegesellschaften; Rechenschaftsberichte gemäß § 24 a Abs. 1 KAGG; Hauptversammlungsprotokolle (vgl. *Baums/Fraune, Die AG* 1995, S. 95ff); eigene Berechnungen.

solche pauschale Zurechnung „nach oben" als problematisch. Gemäß § 10 Abs. 1 KAGG sind die Stimmen aus Aktien im Sondervermögen unabhängig, ausschließlich im Interesse der Anteilseigner, auszuüben. Hier wird man jedenfalls bei Spezialfonds, in denen nicht gerade die Anteilseignerbank selbst als Anlegerin engagiert ist, durchaus auch mit einer gewissen Kontrolle durch große Anleger und durch den Markt rechnen können.

Auf der anderen Seite darf vom Management einer abhängigen Fondsgesellschaft auch nicht zuviel Heroismus gefordert werden. Es darf hier nicht von Rechts wegen erwartet werden (wie dies § 10 Abs. 1 KAGG tut), daß sich die Geschäftsführung einer abhängigen Fondsgesellschaft in kritischen Fragen gegen das Interesse der Anteilseignerbank und deren Management stellt, also z. B. dessen Entlastung verweigert oder gar für eine Schadensersatzklage stimmt. Um diesen inhärenten Interessenkonflikt aufzulösen, bedarf es freilich auch hier wieder keines umfassenden Verbots für Kreditinstitute, sich an Kapitalanlagegesellschaften zu beteiligen. Es würde vielmehr genügen, die Stimmrechtsausübung durch Kapitalanlagegesellschaften in der Hauptversammlung der Anteilseignerbank auszuschließen[22]. Ein entsprechender Antrag auf dem Juristentag ist mit Mehrheit angenommen worden[23].

V. Beteiligungspolitik der Anteilseignerbank und Publizität

1. Allgemeines

Der Vorschlag der Trennung von Geschäftsbanken und Kapitalanlagegesellschaften beruht, neben den bereits erörterten Argumenten, des weiteren auf der Befürchtung, der Beteiligungsbesitz der Fondsgesellschaften könne den Anteilseignerbanken als „beteiligungspolitische Gestaltungsreserve" dienen[24]. Darunter läßt sich sicher verschiedenes vorstellen. So könnte z. B. vermutet werden, daß das Stimmrechtsverhalten auf Hauptversammlungen von Portfoliogesellschaften – also die Stimmrechtsausübung aus eigenem Beteiligungsbesitz der Anteilseignerbank, aus Anteilsbesitz der abhängigen Fonds sowie die Ausübung der Stimmen aus Stimmrechtsvollmachten – koordiniert wird, um eine einheitliche Linie in den betreffenden Hauptversammlungen vertreten und dort bestimmte Ziele durchsetzen zu können. Dabei hätte der Zugriff auf die Stimmen aus dem Fondsbesitz für die Anteilseignerbank den Vorteil, daß für den damit verbundenen Einfluß kein eigenes Kapital aufgebracht und eingesetzt werden müßte. Ein empirischer Beleg für oder gegen diese These würde freilich eine detaillierte Untersuchung über zahlreiche Gesellschaften und mehrere Jahre hinweg darüber erfordern, ob das Abstimmungsverhalten der Anteilseignerbanken und ihrer Kapitalanlagegesellschaften tatsächlich in dieser

---

22 *Baums,* aaO (Fn. 3), 95 sub III.2.3; ebenso *Mülbert,* aaO (Fn. 3), S. 113 f.
23 Vgl. Beschlüsse des 61. DJT (1996), Abteilung Wirtschaftsrecht, sub V.
24 *Adams,* aaO (Fn. 3), 1599.

Weise korreliert ist[25]. Das kann an dieser Stelle nicht geleistet werden. Die folgenden Bemerkungen beschränken sich auf einen anderen Aspekt, nämlich auf die Frage, ob Kreditinstitute durch Beteiligungserwerb und Beteiligungsabbau mit Hilfe abhängiger Investmentfonds Publizitätspflichten umgehen können.

Seit Mitte 1994 müssen Veränderungen des Beteiligungsbesitzes an börsennotierten Gesellschaften dieser gemeldet werden, wenn der Erwerb oder die Veräußerung bestimmte Schwellenwerte (5%, 10%, 25%, 50% oder 75% der Stimmrechte) überschreitet bzw. unterschreitet (§ 21 WpHG). Diese Meldepflicht greift auch ein, wenn ein abhängiges Unternehmen die Anteile erwirbt, oder ein Dritter für Rechnung des Meldepflichtigen handelt (§ 22 WpHG). Werden die Aktien aber durch eine von dem Meldepflichtigen kontrollierte Kapitalanlagegesellschaft für das Fondsvermögen erworben oder abgegeben, dann greift eine – reduzierte – Meldepflicht nur für die Kapitalanlagegesellschaft selbst ein. Der im Sondervermögen befindliche Aktienbesitz wird aber nicht der Anteilseignerbank zugerechnet (§ 10 Abs. 1a KAGG). Es ist danach z. B. ohne weiteres möglich, daß ein Kreditinstitut mit Hilfe drei verschiedener Kapitalanlagegesellschaften knapp 30% der Aktien einer börsennotierten Gesellschaft erwirbt, ohne daß dies eine Meldepflicht auslöst – weder des Kreditinstituts selbst, dem diese Aktien nicht zugerechnet werden, noch der einzelnen Kapitalanlagegesellschaften, da deren Meldepflichten erst ab einem Anteilsbesitz von 10% der stimmberechtigten Aktien einer Portfoliogesellschaft einsetzen (§ 10 Abs. 1a S. 3 KAGG). Dies mag man immerhin mit der Erwägung rechtfertigen, daß die im Sondervermögen einer Kapitalanlagegesellschaft gehaltenen Aktien nicht das Einflußpotential der Anteilseignerbank steigern könnten, weil diese Aktien unabhängig von Weisungen der Anteilseignerbank ausschließlich im Interesse der Fondsanleger zu verwalten seien[26]. Diese Aktien werden aber auch nicht etwa dem Fondsanleger zugerechnet, und zwar eigenartigerweise selbst dann nicht, wenn es sich bei dem Fondsanleger in einem Spezialfonds um die Anteilseignerbank selbst handelt.

2. Rechtstatsachen

Da die Anteilseignerstruktur der Spezialfonds nicht veröffentlicht wird, ist unbekannt, in welchem Ausmaß Kreditinstitute selbst dieses Instrument benutzen, und welchen Umfang der in solchen Fonds gehaltene Beteiligungsbesitz der Kreditinstitute hat. Die folgende Untersuchung faßt vielmehr den Beteiligungsbesitz[27] aller einem Bankkonzern angehörenden Kapitalanlagegesellschaften zusammen und prüft, inwieweit dieser Fondsbesitz zusammen mit dem eigenen Beteiligungsbesitz der Anteilseignerbank relevante Schwellen im Sinne von § 21 WpHG überschreitet.

---

25 Vgl. dazu immerhin die – nicht repräsentativen – Ergebnisse für das Jahr 1992 bei *Baums/ Fraune*, aaO (Fn. 20), Tab. 17 und 18 (110f).

26 Vgl. die Begründung zum Regierungsentwurf zu § 10 Abs. 1a KAGG bei *Assmann/U. H. Schneider*, Komm. z. Wertpapierhandelsgesetz, Anh. § 22 WpHG Rdn. 3; kritisch dazu *U. H. Schneider* aaO.

27 Zur Methode der Feststellung des Fondsbesitzes ist auf die Ausführungen oben III.2. zu verweisen.

Tabellen 5a–5c (im Anhang) stellen für die Jahre 1992–1994 den eigenen Beteiligungsbesitz der 8 Großbanken an börsennotierten Gesellschaften dem Beteiligungsbesitz ihrer Kapitalanlagegesellschaften an diesen Unternehmen gegenüber. Die nachstehenden Tabellen 6 und 7 enthalten Auszüge aus diesen Tabellen 5a–5c.

Tabelle 6 greift die Fälle eines „Beteiligungsaufbaus" heraus. In diesen Fällen überschreitet der Beteiligungsbesitz der Anteilseignerbank und ihrer Kapitalanlagegesellschaften zusammen relevante Meldeschwellen im Sinne der §§ 21, 22 WpHG; dies löst aber – der Sondervorschrift des § 10 Abs. 1a KAGG wegen – keine Meldepflicht aus.

Tabelle 6: Überschreitungen relevanter Grenzwerte durch Anteilseignerbank und abhängige Kapitalanlagegesellschaften

Name des Kreditinstituts	Jahr	Name der Aktiengesellschaft/ Beteiligungsquote[1]		Minimaler Fondsanteil[1]	Maximaler Fondsanteil[1]
Commerz- bank AG	1992	DBV-Holding	48,30%	1,27%	2,55%
	1993	Möbel Walther AG	8,70%	0,12% (0,05%)	2,08% (0,26%)
	1993	Phoenix AG	9,80%	0,07%	2,64%
Deutsche Bank AG	1992	NINO AG	23,93%	0,00%	2,14%
	1993	Vossloh AG	6,82%	0,23%	3,71%
	1994	Daimler Benz AG	24,40%	0,31%	2,83%
	1994	Vossloh AG	6,97%	2,36%	3,38%
	1994	WMF AG	9,02% (10,36%)	0,00% (0,00%)	1,00% (1,50%)
DG-Bank – genossenschaftl. Zentralbank –	1992	AGAB AG	20,33%	2,62%	6,79%
Dresdner Bank AG	1993	Dyckerhoff AG	10,00%	5,53% (0,00%)	10,10% (0,33%)
	1994	Continental AG	6,50%	2,36%	8,56%
	1994	Dyckerhoff AG	10,00% (15,00%)	3,40% (0,00%)	13,22% (0,58%)
	1994	Fresenius AG	6,20%	0,72% (0,10%)	4,81% (2,38%)
	1994	Heidelberger Zement AG	24,00%	0,06% (0,06%)	1,78% (1,76%)

Quelle: Auszug aus den Tabellen 5a–c (s. Anhang).

1 Die Werte in Klammern geben jeweils den Anteil am stimmberechtigten Kapital an.

Allerdings ist hier einschränkend daran zu erinnern, daß nicht in allen in der Tabelle mitgeteilten Fällen davon ausgegangen werden kann, daß die relevanten Meldeschwellen tatsächlich erreicht wurden. Denn der „maximale Fondsanteil" stellt nur einen theoretischen Wert dar. In Einzelfällen mag also die in Spalte 3 ausgewiesene Beteiligungsquote und der in Spalte 5 ausgewiesene maximale Fondsanteil zu unterschiedlichen Zeitpunkten zwischen zwei Rechenschaftsberichten vorgelegen haben[28].

Tabelle 7 greift die Fälle des „Beteiligungsabbaus" heraus. Infolge Beteiligungsabbaus sinkt die Beteiligungsquote des Kreditinstituts unter eine relevante Melde-

---

28 S. erneut oben III.2.

schwelle im Sinne des § 21 WphG, während der Fondsbesitz in den abhängigen Kapitalanlagegesellschaften in diesen Papieren ansteigt.

Tabelle 7: Fondsbesitzentwicklung bei Beteiligungsabbau durch Anteilseignerbank

Name der Aktiengesellschaft	Jahr	Name des Kreditinstitutes/ Beteiligungsquote		Minimaler Fondsanteil[1]	Maximaler Fondsanteil[1]
AGAB AG für Anlagen und Beteiligungen	1992	DG-Bank – genossen- schaftl. Zentralbank –	20,33%	2,62%	6,79%
	1993	DG-Bank – genossen- schaftl. Zentralbank –	<5,00%	1,64%	8,07%
	1994	DG-Bank – genossen- schaftl. Zentralbank –	<5,00%	2,18%	3,30%
Horten AG	1992	Deutsche Bank AG	25,08%	0,14%	0,23%
	1993	Deutsche Bank AG	18,75%	0,15%	0,75%
	1994	Deutsche Bank AG	<5,00%	0,33%	2,96%
Fr. Grohe AG	1992	keine Angaben			
	1993	Commerzbank AG	10,00%	0,13% (0,00%)	2,37% (0,00%)
	1994	Commerzbank AG	<5,00%	0,22% (0,00%)	3,30% (0,00%)

Quelle: Auszug aus den Tabellen 5 a–c (s. Anhang).

1 Die Werte in Klammern geben jeweils den Anteil am stimmberechtigten Kapital an.

3. Bewertung

Für die Bewertung der Ergebnisse in Tabelle 7 ist zunächst festzuhalten, daß die Feststellung einer Korrelation noch nicht die Feststellung von Kausalität bedeutet. D. h. es kann aus der Tabelle nicht geschlossen werden, daß der Anstieg des Fondsanteilsbesitzes in den dort genannten Fällen kausal mit dem Abbau des Beteiligungsbesitzes bei der Mutterbank zusammenhängt, auch wenn dieser Schluß naheliegt. Auch gibt die Tabelle nichts her für die – erst im nächsten Abschnitt zu erörternde – Frage, ob in diesen Fällen die Fonds als „Entsorgungsanlage" für abzubauenden Beteiligungsbesitz gebraucht worden sind. Selbst wenn Beteiligungsabbau im Kreditinstitut und -aufbau in den institutsabhängigen Fonds in ein und demselben Wert koordiniert erfolgen würden, könnte dies schlicht auf durchaus billigenswerten nachvollziehbaren Erwägungen beruhen (Reduzierung optisch hohen Beteiligungsbesitzes; Risikodiversifizierung).

Festzuhalten ist ferner auch hier, daß es zur Durchsetzung der mit den §§ 21ff WphG verfolgten Ziele nicht der Trennung von Kreditinstituten und Kapitalanlagegesellschaften bedarf. Statt dessen sollte über eine Änderung des § 10 Abs. 1a KAGG nachgedacht werden: Auch wenn die Aktien im Sondervermögen unabhängig im Interesse der Anleger zu verwalten und dementsprechend die Stimmrechte auszuüben sind, wird sich eine Orientierung des Abstimmungsverhaltens an demjenigen der Anteilseignerbank und wohl auch eine entsprechende faktische Einflußmöglichkeit der Anteilseignerbank hierauf nicht in Abrede stellen lassen. Deshalb ist zu erwägen, die von den abhängigen Kapitalanlagegesellschaften verwalteten Aktien an börsengängigen Wertpapieren für die Zwecke der Meldepflicht gem.

§§ 21 ff WphG de lege ferenda dem die Kapitalanlagegesellschaft beherrschenden Unternehmen zuzurechnen.

VI. Anteilseignerbank, Emissionstätigkeit und Fondsbesitz

1. Die These

Der Vorschlag, Kreditinstitute und Kapitalanlagegesellschaften gesellschaftsrechtlich voneinander zu trennen, stützt sich wesentlich auch auf den Zusammenhang von Emissionstätigkeit der Anteilseignerbank und Anlageverhalten der bankeigenen Fonds. *Adams* greift in seinem Vorschlag die Beobachtung[29] auf, daß von der Mutterbank begebene Emissionen in größerem Umfang vor allem von den bankeigenen Fonds angekauft werden. Ein solches Verhalten läßt sich nur, so *Adams,* entweder als Insiderhandel begreifen – nämlich dann, wenn der Markt im übrigen die Emission unterbewerte. Oder die Fonds dienten als „Emissionsmüllentsorgungsanlage", nämlich wenn der Emissionspreis vom Markt als überhöht angesehen werde, die Emission zu diesem Preis im übrigen also nicht abgesetzt werden könne[30].

2. Rechtstatsachen

Unsere Untersuchung bezieht sich auf alle Neuemissionen (IPO's) im Zeitraum vom 1. Juli 1991 bis zum 30. Juni 1994. In die Untersuchung einbezogen waren die 10 emissionsführenden Kreditinstitute und die von ihnen abhängigen Kapitalanlagegesellschaften.
Schaubild 2 faßt die Ergebnisse der Studie zusammen.

Schaubild 2

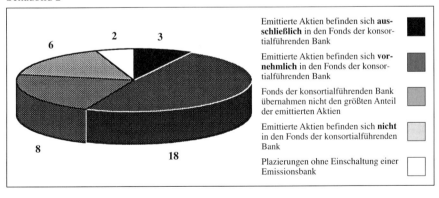

Emittierte Aktien befinden sich **ausschließlich** in den Fonds der konsortialführenden Bank

Emittierte Aktien befinden sich **vornehmlich** in den Fonds der konsortialführenden Bank

Fonds der konsortialführenden Bank übernahmen nicht den größten Anteil der emittierten Aktien

Emittierte Aktien befinden sich **nicht** in den Fonds der konsortialführenden Bank

Plazierungen ohne Einschaltung einer Emissionsbank

---

29 Vgl. *Baums,* Universal Banks and Investment Companies in Germany, in: Saunders/Walter, Universal Banking. Financial System Design Reconsidered (1996), S. 124, 134 ff.
30 *Adams,* aaO (Fn. 3).

Insgesamt wurden 37 IPO's untersucht. In der Mehrheit der Fälle befanden sich spätestens nach 6 Monaten[31] die emittierten Aktien vornehmlich – im Vergleich zum Anteilsbesitz der Fonds der übrigen, nicht von der Emissionsbank abhängigen Kapitalanlagegesellschaften – in den Fonds der konsortialführenden Bank. In 3 Fällen befanden sich die emittierten Aktien sogar ausschließlich in den Fonds der konsortialführenden Bank. In ca. 20% der Fälle übernahmen die Fonds der konsortialführenden Bank weniger an Material als einzelne ihrer Konkurrenten, und in 6 Fällen fanden sich, anders als in den Fonds ihrer Wettbewerber, in den Fonds der Konsortialführer keine emittierten Aktien. 2 Fälle konnten keiner konsortialführenden Bank zugeordnet werden[32].

3. Diskussion der möglichen Erklärungsansätze

Wie ist das von uns beobachtete Anlageverhalten der Fonds der konsortialführenden Kreditinstitute zu erklären? Handelt es sich tatsächlich entweder um die Ausnutzung von Insiderwissen oder um „dumping the trash"? Gibt es nur einen einzigen schlüssigen Erklärungsansatz, oder lassen die empirischen Beobachtungen mehrere Deutungen zu?

a) Ausnutzen von Insiderinformationen?

Was ist von der Hypothese zu halten, das Anlageverhalten der Investmentfonds beruhe auf den Insiderinformationen seitens der konsortialführenden Kreditinstitute?

Diese Hypothese fußt zunächst einmal auf einer unplausiblen Ausgangsannahme: Das konsortialführende Institut müßte während der Vorbereitung der Emission oder auch noch während der Zeichnungsfrist positive Informationen erhalten haben, und diese positiven Nachrichten wären nicht dem Markt, sondern – entgegen dem Verbot des § 14 WphG – von der Konsortialführerin ausschließlich den eigenen Kapitalanlagegesellschaften mitgeteilt worden. Wenig plausibel ist diese Ausgangsannahme für den Regelfall deshalb, weil das konsortialführende Institut normalerweise bestrebt sein wird, den festgesetzten Emissionspreis im Markt zu rechtfertigen, eine Vollzeichnung zu erreichen und den mit einem Verstoß gegen Insidervorschriften verbundenen Reputationsverlust auszuschließen.

Abgesehen davon wird die Hypothese zumindest institutsübergreifend durch unsere Daten nicht bestätigt. Denn bei Zeichnung auf der Grundlage (positiver) Insiderinformationen sollte sich in den Fällen, in denen die Fonds der Konsortialführerin *mehr* Material als ihre Wettbewerber übernehmen (Tabellen 8a, 8b – im Anhang), für sie häufiger eine positive Zeichnungsrendite ergeben als in den Fällen, in denen sie weniger oder keine Aktien aus der von der Mutterbank geleiteten Emission übernehmen (Tabellen 8c, 8d – im Anhang). Das Gegenteil ist aber der Fall: In den 21 IPO's der Tabellen 8a und 8b wurde nur in 15 Fällen sofort eine positive

---

31 Die Wahl des Zeitfensters von 6 Monaten hängt mit der Veröffentlichung der Rechenschaftsberichte gem. § 24a KAGG zusammen.

32 DB-Soft AG und Berliner Spezialflug AG.

Zeichnungsrendite erzielt; in 13 Fällen lag der Börsenkurs nach 3 Monaten unter dem Emissionspreis[33]. Bei den 14 IPO's der Tabellen 8c und 8d dagegen wurde in keinem Fall sofort bei Börseneinführung eine negative Zeichnungsrendite erzielt, und auch nach 3 Monaten lag der Börsenkurs nur in 3 Fällen unter dem Emissionspreis.

Aus dieser letzteren Beobachtung läßt sich übrigens ein weiteres Argument gegen die Hypothese der Verwendung von Insiderinformation ableiten: Das Investitionsverhalten der Fonds der konsortialführenden Banken läßt sich in den IPO's der Tabellen 8c und 8d nicht schlüssig damit erklären, daß diese Fonds sich wegen nur ihnen bekannter negativer Informationen mehr zurückgehalten hätten als andere Fonds. Denn gerade in diesen Fällen wurden – im Vergleich zu den IPO's der Tabellen 8a und 8b – deutlich häufiger positive Renditen erzielt.

b) „Dumping the trash"; Kurspflege?

Von einem „dumping the trash" würde man sprechen, wenn eine Vollzeichnung der Emission zu dem festgesetzten[34] Emissionskurs nicht zu erreichen ist und die Fonds der Konsortialbanken in die Bresche springen müßten. Gegen ein „dumping the trash" spricht der gleichfalls hiermit für das Fondsgeschäft wie für das Emissionsgeschäft verbundene Reputationsverlust. Allerdings wirkt die Drohung des Reputationsverlustes nur, wo eine Information des Marktes hierüber zu befürchten ist. Das ist bei einer Verteilung von Teilen der Emission über zahlreiche Fonds hinweg nicht ohne weiteres zu erwarten.

Unsere Zahlen belegen ein „dumping the trash" nicht. Haben die Fonds der konsortialführenden Bank in den 21 Fällen der Tabellen 8a und 8b die jungen Aktien gezeichnet (und nicht erst nach Börseneinführung gekauft), dann haben sie in nur einem Fall eine negative Zeichnungsrendite und in 4 Fällen eine Zeichnungsrendite von 0 erhalten. In allen anderen Fällen war die Zeichnungsrendite positiv. Diese Feststellung schließt allerdings nicht aus, daß alternative Anlagestrategien für die betreffenden Fonds profitabler gewesen wären. Dies läßt sich mit den uns zur Verfügung stehenden Daten aber nicht dartun oder widerlegen.

Ebensowenig läßt sich mit Hilfe unseres Datenmaterials belegen oder widerlegen, daß die Fonds der konsortialführenden Banken von diesen aktiv zur Kurspflege nach Börseneinführung eingesetzt würden, um einen Kursverfall abzufangen.

c) Vorzugsbehandlung bei Zuteilung

Als weitere Erklärungsalternative bietet sich die Hypothese der Vorzugsbehandlung der Fonds der Konsortialbanken bei der Zuteilung an. In der Praxis werden den Mit-

---

33 An dieser Stelle sei nochmals darauf verwiesen, daß der genaue Zeitraum des Erwerbs (Zeichnung; derivativer Erwerb) und der Veräußerung nicht festgestellt werden kann; vgl. dazu oben III.2.

34 Bei dem erst neuerdings in Deutschland üblich gewordenen book-building-Verfahren: Eine Vollzeichnung innerhalb des gesetzten Rahmens ist nicht möglich.

gliedern des Emissionskonsortiums bestimmte Quoten zugeteilt, wobei die Konsortialführerin den mit Abstand größten Anteil erhält („Festzuteilung")[35]. Die Konsortialbanken nehmen ihrerseits die Zuteilung bei Nachfrageüberschuß naheliegenderweise primär unter dem Gesichtspunkt der Pflege ihrer eigenen langjährigen Geschäftsverbindungen zu institutioneller und Privatkundschaft vor. Dies hat zur Folge, daß bestehende Zeichnungswünsche der Investmentgesellschaften von ihren Anteilseignerbanken, die sich im Emissionskonsortium befinden, bevorzugt bedient werden, wobei die Investmentgesellschaften des konsortialführenden Kreditinstituts in besonderer Weise berücksichtigt werden können.

Diese Hypothese ist ohne weiteres geeignet, das Anlageverhalten in allen von uns betrachteten IPO-Fällen zu erklären. In den Fällen der Tabellen 8a–8b fragten die Investmentfonds der Konsortialführerin die übernommenen Anteile (oder mehr) nach, weil man sich eine positive Entwicklung erhoffte, und erhielten eine entsprechende Zuteilung. In den verbleibenden Fällen (Tabellen 8c und 8d) war die Einschätzung der betreffenden Emission durch einzelne oder alle anderen Fonds günstiger, oder es kam aus sonstigen Gründen ein Erwerb der betreffenden Werte nicht in Betracht.

4. Rechtspolitische Schlußfolgerungen

Der von uns beobachtete Zusammenhang zwischen der Stellung der Anteilseignerbank als Konsortialführerin und dem Anlageverhalten der ihr zuzurechnenden Kapitalanlagegesellschaften rechtfertigen bisher keine weitreichenden rechtspolitischen Forderungen, insbesondere nicht die Forderung nach einer gesellschaftsrechtlichen Trennung von Universalbanken und Kapitalanlagegesellschaften:

a) Die Hypothese des Gebrauchs von Insiderinformationen ist unplausibel und vermag das tatsächlich zu beobachtende Verhalten nicht zu erklären. Gegen Weitergabe von Insiderinformationen bestehen bereits rechtliche Vorkehrungen (§§ 12 ff WpHG).

b) Die plausibelste Hypothese, die das von uns beobachtete Anlageverhalten ohne weiteres zu erklären vermag, ist die der Bevorzugung bei der Zuteilung. Dies gibt den Fonds der emissionsführenden Banken einen Vorsprung im Wettbewerb. Dieser Wettbewerbsvorsprung dürfte künftig in dem Maße abgebaut werden, in dem sich der Wettbewerb im Emissionsgeschäft verschärft, und es den Emittenten gelingt, eine gleichmäßige Berücksichtigung aller Zeichner bei der Zuteilung durchzusetzen. Insoweit bedarf es keines regulierenden Eingriffs.

c) Die Hypothese des „dumping the trash" läßt sich derzeit, aufgrund der uns zur Verfügung stehenden Daten, nicht bestätigen, aber auch nicht widerlegen. Eine Vorzugsbehandlung bei der Zuteilung (vgl. dazu soeben unter b) schließt nicht aus, daß es in Einzelfällen zu „dumping the trash" kommt.

Durch ein „dumping the trash" und den Einsatz von Fondsmitteln zur Kurspflege nach Emission würde das an sich von der Anteilseignerbank zu tragende

---

35 S. etwa *Wolff,* Going Public in der Schweiz, in Deutschland und in den USA (1994), S. 317 ff.

Risiko aus ihrem Emissionsgeschäft auf die Anleger verschoben. Diese haben aber nach ihrem Geschäftsbesorgungsvertrag mit der Kapitalanlagegesellschaft Anspruch auf eine von derartigen Interessenkonflikten und nachteiligen Maßnahmen unbedrohte Vermögensverwaltung. Daß zumindest Anreize bestehen, nicht in vollem Umfang unterzubringende Emissionen über die bankabhängigen Fonds zu verteilen oder Fondsmittel zur Kurspflege einzusetzen, läßt sich kaum bestreiten. Daher erscheint eine Regulierung zur Ausschaltung eines solchen möglichen nachteiligen Verhaltens auch ohne empirischen Nachweis hierfür als erforderlich, falls nicht bereits marktliche oder vertragliche Mechanismen dies in zufriedenstellender Weise ausschalten.

Die Drohung des *Reputationsverlustes* wirkt nur, wo eine Information des Marktes über ein „dumping the trash" zu befürchten wäre. Eine Veranlassung seitens der Anteilseignerbank hierzu wird kaum je offenbar werden; und bei ausreichender Streuung von Teilen der Emission über zahlreiche Fonds hinweg drängt sich dies auch nicht ohne weiteres auf. – Der *Wettbewerb* auf dem Markt für Investmentanteilscheine könnte ein entsprechendes Verhalten nur wirksam ausschalten, wenn die Anleger in vollem Umfang, auf der Basis zuverlässiger Performancemessungen, informiert würden und ohne von ihnen zu tragende Transaktionskosten in die besseren Fonds wechseln könnten. Davon ist jedenfalls bei den Publikumsfonds nicht auszugehen. Da der Vertrieb der Fondsanteile derzeit noch weitgehend über die Anteilseignerbanken selbst erfolgt, werden Fonds mit schlechterer Performance auch nicht zuverlässig von unabhängigen Anlagevermittlern aussortiert. – An vertraglichen Vorkehrungen gegen „dumping the trash" und den Einsatz von Fondsmitteln zur Kurspflege stehen zunächst die entsprechende Gestaltung der Vertragsbedingungen und die Einflußnahme auf die Anlagepolitik über den Anlageausschuß zur Verfügung. Beides kommt aber praktisch nur für Spezialfonds, nicht für Publikumsfonds, in Betracht. Hinzu tritt gegebenenfalls als nachträglicher Rechtsbehelf ein Anspruch auf Schadensersatz wegen Verletzung der Pflichten eines ordentlichen Vermögensverwalters. Hier können die Darlegung und der Beweis der Anspruchsvoraussetzungen Schwierigkeiten bereiten; in Publikumsfonds kommt das „collective action"-Problem hinzu[36].

Eine Regulierung erscheint nach allem als geboten[37]. Ein Verbot, Aktien aus dem Beteiligungsbesitz der Mutterbank oder aus von der Mutterbank begleiteten Emissionen (binnen eines bestimmten Zeitraums nach Emission) zu erwerben, erscheint allerdings nicht als erforderlich. In den Vertragsbedingungen zwischen Anlegern und Kapitalanlagegesellschaften sollte aber zwingend angegeben werden müssen, ob der KAG ein solches Recht zur Zeichnung bzw. zum Erwerb von der Mutterbank zustehen soll. Bejahendenfalls sollte die KAG verpflichtet werden, ihre Anleger deutlich auf die daraus sich ergebenden Interessenkonflikte hinzuweisen.

---

36 Zu diesem u. a. aus dem Recht der Publikumsgesellschaft bekannten Phänomen näher *Baums,* ZIP 1995, 11 m. w. N.

37 Die allgemeinen Verhaltensregeln des § 31 WphG greifen bei den im eigenen Namen für gemeinschaftliche Rechnung der Anteilinhaber vorgenommenen Anlagegeschäften der Investmentgesellschaften nicht ein; vgl. *Assmann,* in: Assmann/U.H. Schneider aaO (Fn. 26), § 2 Rdn. 16.

VIII. Schlußbemerkung und Zusammenfassung der Empfehlungen

1. Unsere bisherigen Feststellungen erschöpfen den Themenkreis nicht. Nicht berührt wurde z. B. die Doppelstellung der Mutterbank als Eigentümerin der Kapitalanlagegesellschaft und als Depotbank[38]. Ausgeklammert wurde auch die Rolle, die bankunabhängige Investment- und Pensionsfonds in den Hauptversammlungen der großen Publikumsgesellschaften spielen könnten[39]. Unsere bisherigen Überlegungen lassen jedenfalls – soviel läßt sich festhalten – die Forderung nach einer gesetzlichen Trennung der Kapitalanlagegesellschaften von ihren Anteilseignerbanken nicht als begründet erscheinen.

2. a) Ein Verbot des Erwerbs von Aktien an der Anteilseignerbank ist weder für Publikumsfonds noch für Spezialfonds veranlaßt.

   b) Bereits nach geltendem Recht darf ein Spezialfonds Aktien an einem seiner Anleger nicht erwerben. Diese Regel gilt insbesondere auch, wenn die Anteilseignerbank einer Kapitalanlagegesellschaft selbst als Investor an einem von der Kapitalanlagegesellschaft aufgelegten Fonds beteiligt ist. In den Vertragsbedingungen der Spezialfonds sollte auf diese Anlagebeschränkung hingewiesen werden.

3. Kapitalanlagegesellschaften sollte die Stimmrechtsausübung aus fondszugehörigen Aktien auf der Hauptversammlung einer Aktiengesellschaft untersagt werden, wenn diese Gesellschaft ihrerseits an der Kapitalanlagegesellschaft beteiligt ist.

4. Die Regelung des § 10 Abs. 1a KAGG sollte überprüft werden. Für die Zwecke der Meldepflicht gemäß §§ 21 ff WpHG sollten die von den abhängigen Kapitalanlagegesellschaften im Sondervermögen verwalteten Aktien de lege ferenda dem die Kapitalanlagegesellschaft beherrschenden Unternehmen zugerechnet werden.

5. a) Ein Verbot für Investmentfonds, Wertpapiere aus dem Beteiligungsbesitz der Mutterbank oder aus von der Mutterbank begleiteten Emissionen (binnen eines bestimmten Zeitraums nach Emission) zu erwerben, erscheint nicht als erforderlich.

   b) In den Bedingungen des Investmentvertrages zwischen Anlegern und Kapitalanlagegesellschaften sollte zwingend angegeben werden müssen, ob der Kapitalanlagegesellschaft das Recht zustehen soll, Wertpapiere aus dem Eigenbesitz oder Handelsbestand der Anteilseignerbank bzw. mit dieser verbundener Unternehmen zu übernehmen oder Wertpapiere aus von der Anteilseignerbank begleiteten Emissionen zu zeichnen. Bejahendenfalls sollte die KAG verpflichtet werden, ihre Anleger deutlich auf die sich daraus ergebenden Interessenkonflikte hinzuweisen.

---

38 Dazu *Baums,* aaO (Fn. 29), S. 131 ff; s. auch bereits *G. H. Roth,* Das Treuhandmodell des Investmentrechts (1972), S. 156 ff.
39 Dazu *Adams,* aaO (Fn. 3), 1600 m. w. N. sowie umfassend *Fraune,* aaO (Fn. 21).

Anhang

Tabelle 5a: Aktienbesitz an Gesellschaften, an denen die Anteilseignerbank beteiligt ist
(1992)

Bayerische Hypotheken und Wechselbank AG

Name der Aktiengesellschaft	Anteilsbesitz	minimaler Anteil der abhängigen Kapitalanlage-gesellschaften[1]	maximaler Anteil der abhängigen Kapitalanlage-gesellschaften[1]
AGROB AG	53,00%	0,00% (0,00%)	0,51% (0,63%)
Brau- und Brunnen AG	25,00%	0,00%	0,17%
Gabriel Sedlmayr Spaten Franziskaner Bräu KGaA	37,00%	0,00%	0,00%
Neue Baumwoll-Spinnerei und Weberei Hof AG	26,00%	0,00%	0,00%
Voigtländische Baumwoll-spinnerei AG	26,00%	0,00%	0,00%
Württembergische Hypotheken-bank AG	76,00%	0,00%	0,00%

Bayerische Landesbank

Süddeutsche Bodencreditbank AG	25,00%	0,00%	0,00%
Thüga AG	29,60%	0,00%	0,00%

Bayerische Vereinsbank AG

Aktienbrauerei Kaufbeuren AG	75,70%	0,00%	0,00%
Bayerische Handelsbank AG	76,40%	0,00%	0,00%
Hasen-Bräu AG	77,30%	0,00%	0,00%
Neue Baumwoll-Spinnerei und Weberei Hof AG	42,40%	0,00%	0,00%
Nürnberger Hypothekenbank AG	50,40%	0,00%	0,33%
Süddeutsche Bodencreditbank AG	54,70%	1,06%	2,83%
Vereins- und Westbank AG	75,00%	0,01%	0,15%
Voigtländische Baumwollspin-nerei AG	38,70%	0,00%	0,00%

Commerzbank AG

DBV-Holding AG	48,30%	1,27%	2,55%
Karstadt AG	25,00%	1,43%	3,16%

Quelle: Rechenschaftsberichte gemäß § 24a Abs. 1 KAGG, Geschäftsberichte des Jahres 1992; Saling Aktienführer 1993; eigene Berechnungen.

---

1 Die Werte in Klammern geben jeweils den Anteil am stimmberechtigten Kapital an.

Tabelle 5a: Fortsetzung

Deutsche Bank AG

Name der Aktiengesellschaft	Anteilsbesitz	minimaler Anteil der abhängigen Kapitalanlage- gesellschaften[1]	maximaler Anteil der abhängigen Kapitalanlage- gesellschaften[1]
Daimler Benz AG	28,19%	0,13%	0,77%
Philipp Holzmann AG	30,03%	1,34%	2,94%
Horten AG	25,08%	0,14%	0,23%
Hutschenreuther AG	25,09%	0,68%	0,97%
Karstadt AG	25,08%	1,41%	2,79%
KHD – Klöckner Humboldt Deutz AG	41,13%	0,71%	1,14%
NINO AG	23,93%	0,00%	2,14%

DG-Bank (Genossenschaftliche Zentralbank)

AGAB – AG für Anlagen und Beteiligungen	20,33%	2,62%	6,79%
Deutsche Verkehrsbank AG	–	0,00%	0,00%

Dresdner Bank AG

Bilfinger und Berger Bau-AG	25,10%	1,03%	4,02%
Brau und Brunnen AG	25,60%	0,24%	0,63%
Heidelberger Zement AG	20,90%	0,89% (0,75%)	1,56% (1,36%)
Vereinigte Schmirgel- und Maschinen-Fabriken AG	25,10%	0,00%	0,00%

West-LB

Harpener AG	20,00%	0,00%	0,00%
Preussag AG	29,50%	0,00%	0,00%

Quelle: Rechenschaftsberichte gemäß § 24a Abs. 1 KAGG, Geschäftsberichte des Jahres 1992; Saling Aktienführer 1993; eigene Berechnungen.

---

1 Die Werte in Klammern geben jeweils den Anteil am stimmberechtigten Kapital an.

Tabelle 5 b: Aktienbesitz an Gesellschaften, an denen die Anteilseignerbank beteiligt ist
(1993)

Bayerische Hypotheken und Wechselbank AG

Name der Aktiengesellschaft	Anteilsbesitz	minimaler Anteil der abhängigen Kapitalanlage-gesellschaften[1]	maximaler Anteil der abhängigen Kapitalanlage-gesellschaften[1]
AGROB AG	53,00%	0,00% (0,00%)	0,26% (0,43%)
Allianz AG Holding	5,00%	0,09%	0,56%
Brau und Brunnen AG	25,00%	0,09%	0,40%
Gabriel Sedlmayr Spaten Franziskaner Bräu KGaA	37,00%	0,00%	0,00%
Neue Baumwoll-Spinnerei und Weberei Hof AG	26,00%	0,00%	0,00%
PWA-Papierwerke Waldhof Aschaffenburg AG	10,00%	0,44%	0,92%
Rheinhold & Mahla AG	14,00%	0,00%	0,40%
Rosenthal AG	15,00%	0,00%	0,05%
Voigtländische Baumwoll-spinnerei AG	26,00%	0,00%	0,00%
Württembergische Hypotheken-bank AG	77,00%	0,00%	0,00%

Bayerische Landesbank

Gabriel Sedlmayr Spaten Franziskaner Bräu KGaA	17,40%	0,00%	0,00%
Süddeutsche Bodencreditbank AG	25,00%	0,00%	0,00%
Thüga AG	29,60%	0,00%	0,00%
WALTER-BAU AG	28,60%	0,00% (0,00%)	0,00% (0,00%)

Bayerische Vereinsbank AG

Aktienbrauerei Kaufbeuren AG	75,70%	0,00%	0,00%
Bayerische Handelsbank AG	76,40%	0,00%	0,00%
Hasen-Bräu AG	77,30%	0,00%	0,00%
Neue Baumwoll-Spinnerei und Weberei Hof AG	42,40%	0,00%	0,00%
Nürnberger Hypothekenbank AG	60,40%	0,00%	0,22%
Süddeutsche Bodencreditbank AG	54,70%	0,96%	2,57%
Vereins- und Westbank AG	75,00%	0,01%	0,12%
Voigtländische Baumwoll-spinnerei AG	38,70%	0,00%	0,00%

Quelle: Rechenschaftsberichte gemäß § 24a Abs. 1 KAGG, Geschäftsberichte des Jahres 1993; Saling Aktienführer 1994; eigene Berechnungen.

1 Die Werte in Klammern geben jeweils den Anteil am stimmberechtigten Kapital an.

Tabelle 5b: Fortsetzung

Commerzbank AG

Name der Aktiengesellschaft	Anteilsbesitz	minimaler Anteil der abhängigen Kapitalanlage-gesellschaften[1]	maximaler Anteil der abhängigen Kapitalanlage-gesellschaften[1]
AG Kühnle, Kopp & Bausch	19,90%	0,00% (0,00%)	0,00% (0,00%)
DBV Holding AG	50,00%	1,43%	4,12%
Fr. Grohe AG	10,00%	0,13% (0,00%)	2,37% (0,00%)
Karstadt AG	25,00%	1,44%	2,60%
Linde AG	10,40%	0,98%	2,17%
Mineralbrunnen Überkingen-Teinach AG	10,10,%	3,06% (0,84%)	3,39% (0,84%)
Salamander AG	10,90%	0,00%	0,02%
Schweizer Electronic AG	10,00%	2,01%	2,38%
Turbon International AG	13,00%	0,55%	0,63%

Deutsche Bank AG

Allianz AG Holding	10,00%	0,34%	1,20%
Continental AG	10,49%	0,35%	3,77%
Daimler Benz AG	28,13%	0,16%	1,42%
Fuchs Petrolub AG Oel + Chemie	10,00% (9,30%)	0,55% (0,00%)	1,36% (0,09%)
Hapag Lloyd AG	10,00%	0,00%	0,00%
Heidelberger Zement AG	10,00%	0,35% (0,16%)	0,87% (0,32%)
Philipp Holzmann AG	25,86%	1,34%	4,44%
Horten AG	18,75%	0,15%	0,75%
Hutschenreuther AG	25,09%	0,52%	0,68%
Karstadt AG	25,00%	1,18%	3,86%
KHD – Klöckner Humboldt Deutz AG	31,82%	0,40%	1,71%
Leifheit AG	10,00%	0,00%	3,77%
Leonische Drahtwerke AG	12,50%	0,99%	2,43%
Linde AG	10,00%	1,27%	3,42%
Metallgesellschaft AG	10,65%	0,17%	1,01%
Münchener Rückversicherungs-gesellschaft AG	10,00%	0,10%	0,20%
NINO AG	–	0,00%	2,14%
Nürnberger Beteiligungs-AG	25,95%	0,61%	0,89%
Phoenix AG	10,00%	0,53%	1,13%

Quelle: Rechenschaftsberichte gemäß § 24a Abs. 1 KAGG, Geschäftsberichte des Jahres 1993; Saling Aktienführer 1994; eigene Berechnungen.

1 Die Werte in Klammern geben jeweils den Anteil am stimmberechtigten Kapital an.

Tabelle 5b: Fortsetzung

Deutsche Bank AG

Name der Aktiengesellschaft	Anteilsbesitz	minimaler Anteil der abhängigen Kapitalanlage- gesellschaften[1]	maximaler Anteil der abhängigen Kapitalanlage- gesellschaften[1]
Salamander AG	10,00%	0,00%	0,36%
Schmalbach-Lubeca AG	10,00%	0,05%	0,95%
Südzucker AG	12,76% (15,68%)	1,84% (0,24%)	3,37% (0,31%)
Verseidag AG	10,00%	2,50%	4,93%
Josef Vögele AG	10,00%	0,33% (0,35%)	0,50% (0,52%)
Vossloh AG	6,82%	0,23%	3,71%
WMF – Württembergische Metallwarenfabrik AG	9,02% (13,53%)	2,55% (0,64%)	3,62% (1,54%)

DG-Bank (Genossenschaftliche Zentralbank)

AGAB – AG für Anlagen und Beteiligungen	–	1,64%	8,07%
Deutsche Verkehrsbank AG	–	0,00%	0,00%

Dresdner Bank AG

AMB – Aachener und Münchener Beteiligungen AG	13,70%	0,02%	0,37%
Allianz AG Holding	10,00%	0,51%	1,64%
Bilfinger und Berger Bau-AG	25,10%	1,11%	3,00%
Brau und Brunnen AG	25,60%	0,19%	0,79%
Dyckerhoff AG	10,00%	5,53% (0,00%)	10,10% (0,33%)
Hapag Lloyd AG	10,00%	0,00%	0,00%
Heidelberger Zement AG	24,00%	0,88% (0,85%)	1,99% (1,79%)
Metallgesellschaft AG	12,60%	0,27%	2,49%
Münchener Rückversicherungs- gesellschaft AG	10,10%	0,40%	0,99%
Oppermann Versand AG	17,10%	0,00%	2,68%
Vereinigte Schmirgel- und Maschinen-Fabriken AG	25,10%	0,00%	0,00%

West-LB

Harpener AG	20,00%	0,00%	0,00%
Preussag AG	30,00%	0,00%	0,00%

Quelle: Rechenschaftsberichte gemäß § 24a Abs. 1 KAGG, Geschäftsberichte des Jahres 1993; Saling Aktienführer 1994; eigene Berechnungen.

1 Die Werte in Klammern geben jeweils den Anteil am stimmberechtigten Kapital an.

Tabelle 5c: Aktienbesitz an Gesellschaften, an denen die Anteilseignerbank beteiligt ist
             (1994)

Bayerische Hypotheken und Wechselbank AG

Name der Aktiengesellschaft	Anteilsbesitz	minimaler Anteil der abhängigen Kapitalanlage-gesellschaften[1]	maximaler Anteil der abhängigen Kapitalanlage-gesellschaften[1]
AGROB AG	53,00%	0,00% (0,00%)	0,00% (0,00%)
Allianz AG Holding	5,00%	0,17%	0,49%
Brau und Brunnen AG	25,00%	0,13%	0,32%
Gabriel Sedlmayr Spaten Franziskaner Bräu KGaA	43,00%	0,00%	0,00%
Neue Baumwoll-Spinnerei und Weberei Hof AG	26,00%	0,00%	0,00%
PWA-Papierwerke Waldhof Aschaffenburg AG	10,00%	0,34%	1,09%
Rheinhold & Mahla AG	15,00%	0,00%	0,00%
Rosenthal AG	15,00%	0,00%	0,08%
VIAG AG	5,00%	0,28%	0,97%
Voigtländische Baumwoll-spinnerei AG	–	0,00%	0,00%
Württembergische Hypotheken-bank AG	76,00%	0,00%	0,00%

Bayerische Landesbank

Gabriel Sedlmayr Spaten Franziskaner Bräu KGaA	17,40%	0,00%	0,00%
Süddeutsche Bodencreditbank AG	25,00%	0,00%	0,00%
Thüga AG	29,60%	0,00%	0,00%
WALTER-BAU AG	28,60%	0,00% (0,00%)	0,77% (0,12%)

Bayerische Vereinsbank AG

Aktienbrauerei Kaufbeuren AG	75,70%	0,00%	0,00%
Allianz AG Holding	10,00%	0,43%	0,91%
Bayerische Handelsbank AG	76,40%	0,00%	0,00%
Hasen-Bräu AG	77,30%	0,00%	0,00%
Münchener Rückversicherungs-gesellschaft AG	10,00%	0,14%	0,19%
Neue Baumwoll-Spinnerei und Weberei Hof AG	42,40%	0,00%	0,00%
Nürnberger Hypothekenbank AG	85,40%	0,30%	0,33%

Quelle: Rechenschaftsberichte gemäß § 24a Abs. 1 KAGG, Geschäftsberichte des Jahres 1994; Saling Aktienführer 1995; eigene Berechnungen.

1 Die Werte in Klammern geben jeweils den Anteil am stimmberechtigten Kapital an.

Tabelle 5c: Fortsetzung

Bayerische Vereinsbank AG

Name der Aktiengesellschaft	Anteilsbesitz	minimaler Anteil der abhängigen Kapitalanlage-gesellschaften[1]	maximaler Anteil der abhängigen Kapitalanlage-gesellschaften[1]
Süddeutsche Bodencreditbank AG	54,70%	1,94%	1,94%
Vereins- und Westbank AG	75,00%	0,04%	0,12%
VIAG AG	5,30%	0,73%	1,03%
Voigtländische Baumwoll-spinnerei AG	–	0,00%	0,00%

Commerzbank AG

AG Kühnle, Kopp & Bausch	20,40%	0,00% (0,00%)	0,00% (0,00%)
Buderus AG	13,70%	0,06%	0,50%
DBV Holding AG	12,50%	2,76%	5,22%
Fr. Grohe AG	–	0,22% (0,00%)	3,30% (0,00%)
Karstadt AG	10,30%	0,43%	2,36%
Kühltransit AG	5,10%	0,00%	0,00%
Linde AG	10,20%	1,01%	2,44%
Linotype Hell AG	6,70%	0,08%	0,87%
MAN AG	6,50%	0,48% (0,44%)	1,77% (1,17%)
Mineralbrunnen Überkingen-Teinach AG	10,10%	0,69% (0,00%)	2,19% (0,00%)
Möbel Walther AG	8,70%	0,12% (0,05%)	2,08% (0,26%)
Phoenix AG	9,80%	0,07%	2,64%
Salamander AG	10,70%	0,00%	0,07%
Schweizer Electronic AG	10,10%	2,32%	6,21%
Thyssen AG	5,00%	0,57%	2,01%
Turbon International AG	13,00%	0,60%	0,60%

Deutsche Bank AG

AMB-Aachener und Münchener Beteiligungs AG	5,00%	0,00%	0,06%
Allianz AG Holding	10,00%	0,51%	1,40%
Continental AG	10,25%	0,85%	4,17%
Daimler Benz AG	24,40%	0,31%	2,83%
Fuchs Petrolub AG Oel + Chemie	10,03% (9,30%)	0,27% (0,09%)	3,94% (1,90%)

Quelle: Rechenschaftsberichte gemäß § 24a Abs. 1 KAGG, Geschäftsberichte des Jahres 1994; Saling Aktienführer 1995; eigene Berechnungen.

1 Die Werte in Klammern geben jeweils den Anteil am stimmberechtigten Kapital an.

Tabelle 5c: Fortsetzung

Deutsche Bank AG

Name der Aktiengesellschaft	Anteilsbesitz	minimaler Anteil der abhängigen Kapitalanlage-gesellschaften[1]	maximaler Anteil der abhängigen Kapitalanlage-gesellschaften[1]
Hapag Lloyd AG	10,00%	0,00%	0,00%
Heidelberger Zement AG	25,83%	0,04% (0,02%)	1,33% (0,66%)
Philipp Holzmann AG	25,83%	2,29%	5,04%
Horten AG	–	0,33%	2,96%
Hutschenreuther AG	25,09%	0,00%	0,52%
Karstadt AG	10,00%	1,11%	4,20%
KHD – Klöckner Humboldt Deutz AG	31,82%	0,18%	0,77%
Leifheit AG	11,00%	0,09%	0,13%
Leonische Drahtwerke AG	12,50%	0,76%	2,37%
Linde AG	10,01%	1,03%	3,99%
Metallgesellschaft AG	13,09%	0,01%	0,33%
Münchener Rückversiche-rungsgesellschaft AG	10,00%	0,18%	0,69%
NINO AG	–	0,00%	0,00%
Nürnberger Beteiligungs-AG	25,95%	0,81%	0,86%
Phoenix AG	10,00%	0,62%	6,41%
Salamander AG	10,69%	0,00%	0,43%
Schmalbach-Lubeca AG	10,00%	0,00%	1,46%
Südzucker AG	12,76% (15,68%)	1,01% (0,20%)	3,05% (0,38%)
Verseidag AG	10,00%	4,81%	7,45%
Josef Vögele AG	10,00% (10,36%)	0,33% (0,35%)	0,50% (0,52%)
Vossloh AG	6,97%	2,36%	3,38%
WMF – Württembergische Metallwarenfabrik AG	9,02% (13,53%)	0,00% (0,00%)	1,00% (1,50%)

DG-Bank (Genossenschaftliche Zentralbank)

AGAB – AG für Anlagen und Beteiligungen	–	2,18%	3,30%
Deutsche Verkehrsbank AG	55,42%	0,00%	0,00%

Dresdner Bank AG

AMB-Aachener und Münchener Beteiligungs-AG	13,50%	0,02%	0,31%
Allianz AG Holding	10,00%	0,74%	1,67%

Quelle: Rechenschaftsberichte gemäß § 24a Abs. 1 KAGG, Geschäftsberichte des Jahres 1994; Saling Aktienführer 1995; eigene Berechnungen.

1 Die Werte in Klammern geben jeweils den Anteil am stimmberechtigten Kapital an.

Tabelle 5c: Fortsetzung

Dresdner Bank AG

Name der Aktiengesellschaft	Anteilsbesitz	minimaler Anteil der abhängigen Kapitalanlagegesellschaften[1]	maximaler Anteil der abhängigen Kapitalanlagegesellschaften[1]
Bayerische Motorenwerke AG	5,00%	0,79% (0,59%)	3,73% (3,58%)
Bilfinger und Berger Bau-AG	25,10%	1,49%	5,12%
Bremer Woll-Kämmerei AG	14,70%	0,00%	2,91%
Buderus AG	11,10%	0,04%	4,28%
Continental AG	6,50%	2,36%	8,56%
Degussa AG	10,60%	1,61%	6,65%
Dyckerhoff AG	10,00% (15,00%)	3,40% (0,00%)	13,22% (0,58%)
Frankona Rückversicherungs-AG	5,20%	0,00%	0,00%
Fresenius AG	6,20%	0,72% (0,10%)	4,81% (2,38%)
Fuchs Petrolub AG Oel + Chemie	5,40% (6,50%)	0,00% (0,00%)	0,00% (0,00%)
Hapag Lloyd AG	10,00%	0,00%	0,00%
Heidelberger Zement AG	24,00%	0,06% (0,06%)	1,78% (1,76%)
Metallgesellschaft AG	14,20%	0,00%	0,54%
Münchener Rückversicherungsgesellschaft AG	11,90%	0,19%	1,33%
Oppermann Versand AG	17,00%	2,19%	2,63%
Vereinigte Schmirgel- und Maschinen-Fabriken AG	25,10%	0,00%	0,00%

West-LB

Name der Aktiengesellschaft	Anteilsbesitz	minimaler Anteil	maximaler Anteil
Harpener AG	20,00%	0,00%	0,00%
Preussag AG	29,10%	0,00%	0,00%

Quelle: Rechenschaftsberichte gemäß § 24a Abs. 1 KAGG, Geschäftsberichte des Jahres 1994; Saling Aktienführer 1995; eigene Berechnungen.

---

1 Die Werte in Klammern geben jeweils den Anteil am stimmberechtigten Kapital an.

Tabelle 8a: Emittierte Aktien befinden sich **ausschließlich** in den Fonds der konsortialführenden Bank

Konsortialführer	Emittierte Aktie/ Jahr der Emission	maximaler Anteil der abhängigen Kapitalanlage- gesellschaften[1]	davon Publikums- fonds[1]	erste Börsennotiz über (+) oder unter (−) dem Emissionskurs	Börsennotiz nach 3 Monaten über (+) oder unter (−) dem Emissionskurs
Berliner Handels- und Frankfurter Bank	MD-Bau-Holding AG (1992)	0,69%	k.A.	+/− 0,00%	− 6,46%
	Rheiner Moden AG (1992)	7,85%	k.A.	+ 1,28%	− 3,85%
Trinkhaus & Burkhardt	Windhoff AG (1993)	5,42%	0,00%	+ 8,00%	+ 29,33%

Quelle: Rechenschaftsberichte gemäß § 24 a Abs. 1 KAGG; eigene Berechnungen.

1 Anteil an der Gesamtemission in %.

Tabelle 8b: Emittierte Aktien befinden sich **vornehmlich** in den Fonds der konsortialführenden Bank

Konsortialführer	Emittierte Aktie/ Jahr der Emission	maximaler Anteil der abhängigen Kapitalanlagegesellschaften[1]	davon Publikumsfonds[1]	erste Börsennotiz über (+) oder unter (−) dem Emissionskurs	Börsennotiz nach 3 Monaten über (+) oder unter (−) dem Emissionskurs
Bayerische Hypotheken- und Wechselbank AG	M.A.X. Holding AG (1994)	2,03%	0,49%	+ 4,41%	− 5,29%
Bayerische Vereinsbank AG	Heilit + Woerner AG (St.) (1993)	4,38%	4,17%	+/− 0,00%	+ 0,32%
Berliner Handels- und Frankfurter Bank	Barmag AG (1991)	1,56%	k.A.	+ 0,62%	− 8,62%
	CEWE-Color AG (1993)	17,39%	k.A.	+ 1,19%	− 2,06%
Commerzbank AG	Kögel AG (1991)	0,52%	0,52%	+ 0,74%	− 14,81%
	Möbel Walther AG (1991)	3,20%	3,13%	+ 1,06%	+ 0,85%
	Elektra Beckum AG (1993)	8,79%	4,19%	+ 22,46%	+ 24,00%
Deutsche Bank AG	Volksfürsorge Holding AG (1991)	2,48%	0,96%	+ 0,25%	− 15,00%
	Turbon International AG (1991)	11,99%	1,25%	+ 1,47%	− 7,65%
	BÖWE SYSTEC AG (1992)	1,29%	1,29%	+ 4,76%	− 11,75%
	plettac AG (1993)	18,14%	13,61%	+ 3,68%	+ 32,63%
	Schaltbau AG (1994)	16,00%	4,50%	+/− 0,00%	+ 8,00%
DG-Bank (Genossenschaftliche Zentralbank)	Roeder Zeltsysteme AG (1992)	6,30%	4,03%	+/− 0,00%	− 12,64%
	Bien-Haus AG (1994)	9,34%	3,06%	+ 7,93%	+ 15,52%
Dresdner Bank AG	Robert Cordier AG (1991)	0,92%	0,92%	+ 0,93%	− 25,12%
	Aachener und Münchener Leben AG (1991)	3,61%	0,83%	− 6,25%	− 20,31%
West-LB	Tiptel AG (1992)	1,60%	0,00%	+/− 0,00%	− 6,38%
Deutsche Bank AG und Dresdner Bank AG	Buderus AG (1992)	3,03% / 2,93%	0,39% / 0,20%	+ 1,62%	− 6,98%

Quelle: Rechenschaftsberichte gemäß § 24a Abs. 1 KAGG; eigene Berechnungen.

1 Anteil an der Gesamtemission in %.

Tabelle 8c: Fonds der konsortialführenden Bank übernahmen nicht den größten Anteil der emittierten Aktien

Konsortialführer	Emittierte Aktie/ Jahr der Emission	maximaler Anteil der abhängigen Kapitalanlage- gesellschaften[1]	davon Publikums- fonds[1]	erste Börsennotiz über (+) oder unter (–) dem Emissionskurs	Börsennotiz nach 3 Monaten über (+) oder unter (–) dem Emissionskurs
Bayerische Vereinsbank AG	Kaufring AG (1991)	1,72%	0,69%	+ 1,50%	– 15,00%
	Heilit + Woerner AG (Vz.) (1993)	0,34%	0,00%	+/– 0,00%	+/– 0,00%
Berliner Handels- und Frankfurter Bank	Hornbach Baumarkt AG (1993)	1,58%	k.A.	+ 12,92%	+ 17,42%
Commerzbank AG	Fr. Grohe AG (Vz.) (1991)	0,44%	0,22%	+ 1,12%	+ 1,97%
	ESCOM AG (1993)	1,77%	0,00%	+ 45,90%	+ 47,54%
Deutsche Bank AG	Reichelt AG (1991)	1,77%	0,60%	+ 6,94%	+ 12,50%
	Sachsenmilch AG (1992)	1,93%	0,00%	+/– 0,00%	– 3,625%
	Sto AG (Vz.) (1992)	2,65%	0,15%	+ 1,22%	+ 1,02%

Quelle: Rechenschaftsberichte gemäß § 24a Abs. 1 KAGG; eigene Berechnungen.
1 Anteil an der Gesamtemission in %.

Tabelle 8d: Emittierte Aktien befinden sich **nicht** in den Fonds der konsortialführenden Bank

Konsortialführer	Emittierte Aktie/ Jahr der Emission	Erste Börsennotiz über (+) oder unter (–) dem Emissionskurs	Börsennotiz nach 3 Monaten über (+) oder unter (–) dem Emissionskurs
Bayerische Hypotheken- und Wechselbank AG	Rheinhold & Mahla AG (1991)	+/– 0,00%	– 9,23%
Bayerische Landesbank	Walter-Bau AG (St.) (1992)	+ 1,44%	+/– 0,00%
	Walter-Bau AG (Vz.) (1992)	+ 1,77%	+/– 0,00%
Berliner Handels- und Frankfurter Bank	Wayss & Freytag AG (1993)	+ 1,21%	+ 0,09%
West-LB	Flender AG (1991)	+ 0,30%	+ 0,15%
	Balcke-Dürr AG (1993)	+ 6,97%	+ 42,42%

Quelle: Rechenschaftsberichte gemäß § 24a Abs. 1 KAGG; eigene Berechnungen.

Faktischer Konzern und steuerrechtliche Organschaft

GEORG CREZELIUS

I. Einleitung

Kommt es zur Besteuerung unternehmerischer Aktivitäten durch den deutschen Fiskus, dann sind die Besteuerungsakte nicht einheitlich auf den Tatbestand des Unternehmens bezogen, vielmehr zeigen §§ 15 Abs. 1 S. 1 Nr. 2 EStG, 1 KStG, daß es für das Unternehmenssteuerrecht auf die zivilrechtlichen Rechtsformen ankommt[1]. Gibt es also schon bei der Besteuerung der Personengesellschaft und der Kapitalgesellschaft enge Querbeziehungen zwischen Steuerrecht und Gesellschaftsrecht, dann werden diese Zusammenhänge im Bereich des Konzernsteuerrechts noch deutlicher. Zwar akzeptiert das Steuerrecht, ebenso wie das Recht der verbundenen Unternehmen, die Selbständigkeit der beteiligten Subjekte, doch wird seit langem durch die Möglichkeit des Gewinn- und Verlustausgleichs innerhalb von Organschaftsverhältnissen ein wesentlicher Anreiz dafür geschaffen, Unternehmenszusammenschlüsse bis zur vollständigen Eingliederung der abhängigen Gesellschaft voranzutreiben. In ihren Auswirkungen kommt die Anerkennung der (körperschaftsteuerrechtlichen) Organschaft (§§ 14ff. KStG) der einheitlichen Besteuerung innerhalb von Konzernverhältnissen zumindest nahe[2]. Nimmt man hinzu, daß sowohl für die gewerbesteuerrechtliche als auch für die körperschaftsteuerrechtliche Organschaft auf das Konzerngesellschaftsrecht Bezug genommen wird (§§ 2 Abs. 2 S. 2 GewStG, 14 KStG), dann ist es überraschend, wie unterentwickelt die wechselseitige Durchdringung von Organschaftsrecht und Gesellschaftsrecht in der derzeitigen dogmatischen Diskussion ist.

Die nachfolgend zu untersuchende Rechtsfrage sei anhand eines einfachen Sachverhalts verdeutlicht: Die M-AG ist zu mehr als 50% bzw. zu mehr als 75% an der T-AG beteiligt. Aufgrund der Satzungen der betroffenen AG soll es so liegen, daß die Muttergesellschaft über eine qualifizierte Mehrheit verfügt. Dies soll auch für den Aufsichtsrat der Tochtergesellschaft gelten, doch beschränkt sich die „Leitungsmacht" der Muttergesellschaft allein auf die Einflußnahme über den Aufsichtsrat.

Die zu untersuchende Rechtsfrage betrifft das Verhältnis zwischen der körperschaftsteuerrechtlichen Organschaft einerseits und der gewerbesteuerrechtlichen Organschaft andererseits. Zu den Voraussetzungen der körperschaftsteuerrechtlichen Organschaft gehört u. a., daß sich die Organgesellschaft durch einen Gewinnabführungsvertrag verpflichtet, ihren gesamten Gewinn an den Organträger abzuführen. Der „Organschaftsvertrag" muß zivilrechtlich wirksam und für fünf Jahre abgeschlossen sein (§§ 14 Nr. 4 S. 1, 17 KStG), und er muß während dieser Zeit auch durchgeführt werden. Im Gegensatz dazu kommt es für die gewerbesteuerrechtliche Organschaft auf Vorliegen und Durchführung eines Gewinnabführungsvertrages nicht an. Maßgebend ist allein, ob im konkreten Sachverhalt die Voraus-

---

1 Vgl. *Knobbe-Keuk*, Bilanz- und Unternehmenssteuerrecht, 9. Aufl., 1993, S. 1ff. zur steuerpolitischen Diskussion um die Unternehmensbesteuerung.

2 Aus ordnungspolitischer und gesellschaftsrechtlicher Sicht wird die Organschaft angegriffen, da sie Unternehmenskonzentrationen begünstige; *Emmerich/Sonnenschein*, Konzernrecht, 5. Aufl., 1993, § 1 V 1; auch *Tipke/Lang*, Steuerrecht, 15. Aufl., 1996, § 11 Rz. 110.

setzungen des § 2 Abs. 2 S. 2 GewStG gegeben sind. Da § 2 Abs. 2 S. 2 GewStG auf § 14 Nrn. 1, 2 KStG verweist, ist die gewerbesteuerrechtliche Organschaft davon abhängig, daß die Organgesellschaft finanziell, wirtschaftlich und organisatorisch in das Unternehmen des Organträgers eingegliedert ist. In dem vorstehend geschilderten Sachverhalt ist innerhalb der Finanzverwaltung zu beobachten, daß die Voraussetzungen der gewerbesteuerrechtlichen Organschaft abgelehnt werden sollen, weil sich die geschäftsführenden Organe der Organträgerin darauf beschränken, über den Aufsichtsrat in die Organgesellschaft „hineinzuwirken".

II. Meinungsstand

Auszugehen ist zunächst von der einhelligen Auffassung, daß auch beim Fehlen einer personellen Verflechtung und beim Fehlen eines Beherrschungsvertrages (§ 14 Nr. 2 S. 2 KStG) eine organisatorische Eingliederung (§ 14 Nr. 2 S. 1 KStG) vorliegen kann, nämlich dann, wenn unter das Tatbestandsmerkmal der organisatorischen Eingliederung aufgrund anderer Sachverhaltselemente subsumiert werden kann[3]. Allerdings befindet man sich, wenn es um die konkrete Rechtsanwendung geht, „auf unsicherem Terrain"[4], und insbesondere die auf die Körperschaftsteuer und die Gewerbesteuer bezogenen Meinungsäußerungen zu der Frage, ob die organisatorische Eingliederung zu bejahen ist, wenn die potentielle Organträgerin nur Aufsichtsratsmandate im aktienrechtlichen Sinne wahrnimmt, sind wenig ergiebig. In manchen Stellungnahmen wird die Frage überhaupt nicht angesprochen bzw. nicht problematisiert[5], während andere ohne weitere Begründung davon ausgehen, daß es für eine organisatorische Eingliederung nicht ausreicht, wenn sich die Geschäftsführung des Organträgers darauf beschränkt, im Aufsichtsrat einer Organgesellschaft in der Rechtsform der AG tätig zu werden, weil der Aufsichtsrat dem Vorstand einer AG keine bindenden Weisungen für die laufende Geschäftsführung erteilen kann[6]. Allein die älteren Stellungnahmen von Hübl[7] und Sonnenschein[8] setzen sich mit der Problematik näher auseinander, wobei letzterer Autor das Konzerngesellschaftsrecht mit den steuerrechtlichen Regeln der Organschaft kurzschließt und so zu dem Ergebnis kommt, daß das traditionelle Verständnis der organisatorischen Eingliederung konzerngesellschaftsrechtlich unhaltbar ist.

---

3 *Dötsch/Eversberg/Jost/Witt,* KStG, Stand: Mai 1996, § 14 Rz. 33; *Lenski/Steinberg,* GewStG, Stand: Mai 1996, § 2 Rz. 121c; *Schmidt/Müller/Stöcker,* Die Organschaft, 4. Aufl., 1993, Rz. 144 ff.; *Schmidt,* GmbHR 1996, 175, 176.

4 *Schmidt,* GmbHR 1996, 175, 177.

5 *Bittner,* GewStG, Stand: Mai 1993, § 2 Rz. 575; *Blümich/Obermeier,* GewStG, Stand: Mai 1996, § 2 Rz. 692 f.; *Dötsch/Eversberg/Jost/Witt,* KStG, § 14 Rz. 33; *Glanegger/Güroff,* GewStG, 3. Aufl., 1994, § 2 Rz. 196; *Streck,* KStG, 4. Aufl., 1995, § 14 Anm. 28.

6 *Blümich/Danelsing,* KStG, § 14 Rz. 74; *Herrmann/Heuer/Raupach,* EStG/KStG, Stand: Juli 1996, § 14 KStG, Rz. 138; *Schmidt/Müller/Stöcker,* Die Organschaft, Rz. 899, 147.

7 DStZ 1972, 81, 92 f.

8 Organschaft und Konzerngesellschaftsrecht, 1976, S. 164 ff.

Aus dem Meinungsstand zum Element der organisatorischen Eingliederung im Organschaftsrecht ergeben sich zwei Schlußfolgerungen: Wenn das Merkmal der organisatorischen Eingliederung für die Zwecke der Körperschaftsteuer und der Gewerbesteuer undifferenziert verwendet wird, dann ist zu problematisieren, ob dies vor dem Hintergrund der unterschiedlichen Zwecke von Körperschaftsteuer und Gewerbesteuer gerechtfertigt ist. Zum anderen ist im Anschluß an die Monographie von Sonnenschein aus dem Jahre 1976 zu untersuchen, wie sich die seither eingetretene Entwicklung des Konzernrechts auf die Dogmatik der steuerrechtlichen Organschaft, hier insbesondere der gewerbesteuerrechtlichen Organschaft, auswirkt.

III. Teleologische Überlegungen

Das gegenwärtige deutsche Steuersystem mit seiner Vielzahl von Einzelsteuergesetzen beruht nicht auf einer rational geplanten, in sich abgestimmten Idee der Besteuerung. Ihm liegt also kein an einem Konzept orientiertes System mehrerer Steuerarten zugrunde, die sich untereinander sinnvoll ergänzen. Die Einzelsteuergesetze (auch des Unternehmenssteuerrechts) sind das Produkt einer historischen steuerpolitischen Entwicklung, die hier nicht näher nachgezeichnet werden soll. Zu fragen ist allein, welcher steuersystematische Sinn der Körperschaftsteuer und der Gewerbesteuer, die nach der äußeren Systematik der §§ 2 Abs. 2 S. 2 GewStG, 14 Nrn. 1, 2 KStG kurzgeschlossen werden, zugrunde liegt.

Zutreffenderweise ist die Körperschaftsteuer eine Personensteuer, denn §§ 1, 2 KStG mit der Unterscheidung von unbeschränkter und beschränkter Steuerpflicht zeigen, daß auch hier persönliche Merkmale Berücksichtigung finden. Bei Sachsteuern (Realsteuern, Objektsteuern) wird die Steuer demgegenüber nach objektbezogenen Merkmalen von demjenigen erhoben, dem das Besteuerungsobjekt zuzurechnen ist. § 3 Abs. 2 AO zählt u. a. die Gewerbesteuer zu den Realsteuern. Es ist also davon auszugehen, daß es sich bei der Körperschaftsteuer um eine Subjektsteuer, bei der Gewerbesteuer um eine Objektsteuer handelt. Damit ist jedoch noch nicht über den inneren Sinn der Körperschaftsbesteuerung und der Gewerbebesteuerung entschieden.

Während die Körperschaftsteuer zu Beginn als eine Abart der Einkommensteuer eingeordnet wurde[9], war man seit 1920 der Auffassung, daß die Besteuerung der juristischen Personen in sachgemäßer Weise nicht ausschließlich auf der Grundlage des für physische Personen gegebenen Einkommensbegriffs erfolgen könne[10]. Die mit dem KStG 1920 geschaffene Rechtslage besteht im wesentlichen auch heute noch, und die derzeitige Besteuerung der von der Kapitalgesellschaft thesaurierten Gewinne (§ 23 Abs. 1 KStG) stellt eine echte Besteuerung des genuinen Einkommens von Körperschaften dar. Hinsichtlich der Ausschüttungen hat die Körper-

---

9 *Rasenack,* Die Theorie der Körperschaftsteuer, 1974, S. 32 ff.
10 Begr. EStG 1920, Drucks. Deutsche Nationalversammlung 1919, 1624, S. 17.

schaftsteuer wirtschaftlich den Charakter einer Quellensteuer auf Kapitalerträge, doch bleibt es rechtlich dabei, daß die Körperschaftsteuer der Kapitalgesellschaft auch bei ausgeschütteten Gewinnen (§§ 27ff. KStG) keine Vorauszahlung auf die Einkommensteuer oder Körperschaftsteuer der Gesellschafter ist wie die Kapitalertragsteuer, sondern eine Steuer der Kapitalgesellschaft bleibt[11]. Führt also die Verleihung der Rechtspersönlichkeit (juristische Person) zu einer auch steuerrechtlichen Selbständigkeit, dann ist darauf hinzuweisen, daß gerade dies der Anlaß für die Entwicklung der körperschaftsteuerrechtlichen Organschaft war, weil es aufgrund der selbständigen Besteuerung jeder Körperschaft – nach dem früheren Körperschaftsteuersystem – automatisch zu einer Doppelbelastung der ausgeschütteten Gewinne auf der Gesellschaftsebene einerseits und der Anteilseignerebene andererseits kam. Vor diesem Hintergrund war es in sich stimmig, wenn die die körperschaftsteuerrechtliche Organschaft entwickelnde Rechtsprechung des RFH eine derartige Doppelbelastung zu vermeiden suchte, wenn es dem potentiellen Organträger möglich war, seinen Willen bei der Organgesellschaft rechtlich durchzusetzen, so daß insoweit die steuerrechtliche Autonomie der Organgesellschaft, die Anlaß für die selbständige Körperschaftsbesteuerung war, nicht mehr gegeben war[12].

Ganz anders liegt es bei der Gewerbesteuer. Hier ist es grundsätzlich ohne Bedeutung, wem der Betrieb rechtlich zuzuordnen ist und wem die Erträge des Unternehmens zufließen. Wegen des Charakters als Objektsteuer kommt es weder auf die persönlichen Verhältnisse des Unternehmensträgers noch auf die Art und Weise der Finanzierung des Betriebsvermögens an. Das zeigt sich insbesondere in den gewerbesteuerrechtlichen Regelungen zur Steuerschuldnerschaft. Da der Gewerbebetrieb als solcher nicht Steuersubjekt sein kann, muß der Steuerschuldnerbegriff definiert werden. Nach § 5 Abs. 1 S. 1, 2 GewStG ist Steuerschuldner der Unternehmer, für dessen Rechnung das Gewerbe betrieben wird. Damit erschöpft sich die persönliche Steuerpflicht im Gewerbesteuerrecht darin, daß die Person bezeichnet wird, welche aufgrund der Erträge diese Beträge zu entrichten hat. Letztlich ist die materielle Idee der Gewerbesteuer die Erfassung der objektiven Erträge des Gewerbebetriebs.

Damit sind für die Körperschaftsteuer und die Gewerbesteuer die materiellrechtlichen Grundlagen beschrieben, die nunmehr in das Verhältnis zu den jeweiligen Organschaftsregeln zu setzen sind.

Im bis 1976 gültigen Körperschaftsteuersystem, welches Anlaß für die Entwicklung des Instituts der Organschaft war, hatte die körperschaftsteuerrechtliche Organschaft in erster Linie den Zweck, die systembestimmende Doppelbelastung mit Körperschaftsteuer und Einkommensteuer/Körperschaftsteuer des Anteilseigners ausnahmsweise auszuschalten[13]. Im Bereich der Gewerbesteuer ging und geht es um etwas ganz anderes. Die Rechtsprechung des BFH hat mehrfach ausgesprochen, daß es aufgrund einer wirtschaftlichen Betrachtungsweise durch eine

---

11 BFH, BStBl. II 1982, 401; BFH, BStBl. II 1987, 508.
12 Vgl. RFH, RStBl. 1928, 52.
13 Z. B. *Schmidt/Müller/Stöcker,* Die Organschaft, Rz. 8.

gewerbesteuerrechtliche Organschaft gewissermaßen zu einer Poolung der Erträge kommen soll[14]. Diese Poolung des gewerbesteuerrechtlichen Substrats hat die Idee, daß unter gewissen Voraussetzungen die rechtlich selbständige Organgesellschaft als Betriebstätte des Organträgers mit allen gewerbesteuerrechtlichen Konsequenzen fingiert wird (heute § 2 Abs. 2 S. 2 GewStG)[15].

Die Quintessenz der vorstehenden steuersystematischen Überlegungen liegt in folgendem: Wenn die Körperschaftsteuer als Subjektsteuer einzuordnen ist, die ihren inneren Sinn in der Besteuerung des Einkommens der Körperschaft findet, dann ist es sachgemäß, für den Anwendungsbereich der körperschaftsteuerrechtlichen Organschaft auf willensmäßige, finale Elemente abzustellen, da der Effekt der körperschaftsteuerrechtlichen Organschaft darin liegt, daß eine grundsätzlich autonome Körperschaft für körperschaftsteuerrechtliche Zwecke negiert wird, indem das Einkommen der Organgesellschaft dem Organträger als Steuersubjekt zugerechnet wird. Für die Berücksichtigung derartiger willensmäßiger Elemente ist im gewerbesteuerrechtlichen Zusammenhang viel weniger Anlaß, da es hier allein darum gehen kann, daß aufgrund einer wirtschaftlichen Betrachtungsweise – nichts anderes ist letztlich das Rechtsinstitut der Organschaft – der Betrieb der Organgesellschaft als Betriebstätte des Organträgers umqualifiziert wird. Es kommt daher bei der Frage, ob die organisatorische Eingliederung im gewerbesteuerrechtlichen Sinne vorliegt, in erster Linie darauf an, ob es die Analyse des Sachverhalts zuläßt, von einer wirtschaftlichen Einheit trotz juristischer Vielheit zu sprechen. Eine derartige Analyse ist mithin auch unabhängig davon vorzunehmen, daß sich bei einer (potentiellen) Organschaft zwischen zwei AG der Einfluß der Muttergesellschaft auf das Tochterunternehmen allein über die Ebene des Aufsichtsrats vollzieht. Die direkte Willenseinwirkung auf die Geschäftsführung des Vorstands der Tochter-AG hat jedenfalls unmittelbar mit dem objektiven Zweck der gewerbesteuerrechtlichen Organschaft nichts zu tun.

Daß es sich bei den vorstehenden Überlegungen nicht um eine überstrapazierte wirtschaftliche Betrachtungsweise handelt, zeigen zwei weitere Überlegungen.

Rechtsmethodologisch ist es durchaus legitim, den pauschalen Verweis des § 2 Abs. 2 S. 2 GewStG auf § 14 Nrn. 1, 2 KStG für den Anwendungsbereich der gewerbesteuerrechtlichen Organschaft auf seinen inneren Sinn zu reduzieren. Rechtsmethodisch handelt es sich um eine sog. teleologische Reduktion, die gleichsam das Spiegelbild der Analogie ist. Während bei der Analogie das Gesetz über seinen möglichen Wortsinn hinaus ausgedehnt wird, wird es bei der teleologischen Reduktion hinter seinen möglichen Wortsinn zurückgenommen, es wird also der zu weite Wortlaut des Gesetzes auf dessen engeren Sinn reduziert. Für die hier in Rede stehende Konstellation bedeutet das, daß der extensive und pauschale Verweis des § 2 Abs. 2 S. 2 GewStG auf § 14 Nrn. 1, 2 KStG für Zwecke der gewerbesteuerrechtlichen Organschaft auf deren inneren Sinn zurückzustutzen ist.

---

14 BFH, BStBl. III 1953, 329; BFH, BStBl. III 1965, 449.
15 Dazu auch BFH, BStBl. II 1990, 916, 918.

Die zweite Legitimation des hier vorgeschlagenen Verfahrens liegt in der neueren Rechtsprechung des BFH zur Mehrmütterorganschaft begründet[16]. Von einer Mehrmütterorganschaft wird gesprochen, wenn sich mehrere gewerbliche Unternehmen zum Zwecke der einheitlichen Willensbildung gegenüber einer Kapitalgesellschaft in einer Gesellschaft bürgerlichen Rechts zusammenschließen. Obwohl die körperschafteuerrechtliche und die gewerbesteuerrechtliche Organschaft die Eingliederung der Organgesellschaft in (nur) ein anderes Unternehmen voraussetzen und grundsätzlich die Beziehungen einer Kapitalgesellschaft als Organgesellschaft zu mehreren anderen beherrschenden Unternehmen nicht als Organkreis gewertet werden kann, hat die vorstehend zitierte Entscheidung des I. Senats des BFH auch die Organschaft zu mehreren Mutterunternehmen anerkannt. Trotz des eindeutigen Wortlauts des § 14 Nr. 1 S. 1, 2 KStG, der im Singular formuliert ist, ist nach Ansicht des BFH die Vorschrift „teleologisch reduziert" dahingehend auszulegen, daß sie die Zusammenrechnung der Stimmrechte der in einer Mehrmütterorganschaft verbundenen Unternehmen erlaubt, soweit Sinn und Zweck der Mehrmütterorganschaft die Zusammenrechnung gebieten. An diesem Beispiel wird deutlich, daß die Rechtsprechung des BFH die in der Praxis ausgebildeten Unterfallgruppen des Organschaftsrechts vor dem Hintergrund des Sinns und Zwecks der Organschaftsregeln auch dann als steuerrechtliche Organschaft qualifiziert, wenn nach dem Wortlaut der einschlägigen Regelungen eine andere Entscheidung möglich wäre. Daraus wird der allgemeine Schluß zu ziehen sein, daß die Rechtsprechung des BFH gerade im Bereich des Organschaftsrechts nicht am strikten Wortlaut der einschlägigen Normen festhält, sondern im Einzelfall auf den Sinn und Zweck der betreffenden Normen rekurriert wird.

Damit bleibt als Zwischenergebnis festzuhalten, daß die Frage der organisatorischen Eingliederung im Sinne der gewerbesteuerrechtlichen Organschaft vom spezifischen Sinn der gewerbesteuerrechtlichen Organschaft abhängt. Dieser ist darin zu sehen, daß bei Vorliegen der Eingliederungselemente im Wege einer wirtschaftlichen Betrachtungsweise der Betrieb der Organgesellschaft als Betriebstätte der Organträgerin eingeordnet wird.

Zu entscheiden ist also, wann eine derartige wirtschaftliche Betrachtungsweise zur gewerbesteuerrechtlichen Organschaft führen kann und wann nicht. Angesichts des Umstandes, daß die ganz überwiegende Auffassung[17] auf die sich aus der gesellschaftsrechtlichen Situation ergebenden Kompetenzen oder auch auf die Umstände des Einzelfalls, die sich wiederum aus der gesellschaftsrechtlichen Situation ergeben, abstellt, liegt es nahe, daß das Recht der verbundenen Unternehmen – welches bei den hier unterstellten Beteiligungsverhältnissen Anwendung findet – maßgebend sein muß. Wenn demgegenüber eingewandt wird[18], daß das Institut der gewerbesteuerrechtlichen Organschaft ganz andere Zielsetzungen verfolge wie das Gesellschaftsrecht der verbundenen Unternehmen, dann handelt es sich dabei um

---

16 BFH, BStBl. II 1994, 124.
17 Oben II.
18 Vgl. *Reuter,* FS v. Wallis, 1985, S. 427, 429.

einen nur vordergründig plausiblen Gedanken. Zum einen ist darauf hinzuweisen, daß schon § 14 KStG die intensiven Querbeziehungen zwischen Konzernsteuerrecht und Konzerngesellschaftsrecht deutlich macht. Zum anderen darf nicht aus dem Auge verloren werden, daß letztlich sowohl das Organschaftsrecht als auch das Konzerngesellschaftsrecht die Konsequenz von wirtschaftlichen Betrachtungsweisen sind, die sich über die rechtliche Selbständigkeit der verbundenen Unternehmen/Rechtsträger hinwegsetzen. Insoweit kann die Nutzbarmachung der konzerngesellschaftsrechtlichen Dogmatik auch zu sachgerechten Ergebnissen für die gewerbesteuerrechtliche Organschaft führen, wenn nämlich untersucht wird, ob sich aufgrund des Konzerngesellschaftsrechts eine rechtliche Situation ergibt, die es sachgerecht erscheinen läßt, den Betrieb der abhängigen Gesellschaft als Betriebstätte der (potentiellen) Organträgerin einzustufen.

Es sei im übrigen noch auf den naheliegenden Einwand eingegangen, damit werde im vorliegenden Zusammenhang einer Maßgeblichkeit des Zivilrechts für das Steuerrecht das Wort geredet, die jedenfalls in der Rechtsprechung des BFH nicht durchgängig anerkannt sei[19]. Bei dem besagten Problem, ob das Zivilrecht für das Steuerrecht maßgebend ist, handelt es sich um die klassische steuerrechtliche Grundfrage, ob die Teilrechtsordnung Steuerrecht Folgerecht des Zivilrechts ist, indem sie die zivilrechtlich gestalteten Verhältnisse ohne Rücksicht auf eventuelle Steuerspareffekte hinzunehmen hat, oder ob es eine Autonomie des Steuerrechts gegenüber dem Zivilrecht gibt, die auch eine steuerrechtlich-eigenständige Wertung der vorgegebenen zivilrechtlichen Gestaltungen verlangt. Um diesen Fragenkreis geht es vorliegend gerade nicht. Angesprochen ist hier allein die der potentiellen Organschaftssituation zugrundeliegende konzerngesellschaftsrechtliche Rechtslage, die rational nachprüfbare Maßstäbe für die im Rahmen der Organschaftsvoraussetzungen vorzunehmende wirtschaftliche Betrachtungsweise liefern soll. Eine derartige „wirtschaftliche Betrachtungsweise aufgrund zivilrechtlicher Analyse" ist aber durchaus anerkannt, und sie entspricht insbesondere dem immer wieder geforderten Postulat der Einheit der Rechtsordnung[20].

IV. Bedeutung des Gesellschaftsrechts

1. Kompetenzverteilungen

Die Organisation der AG ist im deutschen Recht dreigliedrig konzipiert. Als Organe existieren Vorstand, Aufsichtsrat und Hauptversammlung. Die eigenverantwortliche Leitung ist dem Vorstand zugewiesen (§ 76 S. 1 AktG). Er unterliegt der laufenden

---

19 Näher dazu *Crezelius,* Steuerrecht BT, 2. Aufl., 1994, § 1 Rz. 10; *Kruse,* Steuerrecht AT, 1991, § 1 II 2, 3; *Schulze-Osterloh,* AcP 190 (1990), 139.

20 Dazu *Tipke,* Die Steuerrechtsordnung, 1993, Bd. I, S. 101 ff.; vgl. auch *Blümich/Danelsing,* KStG, § 14 Rz. 77: Berücksichtigung des Gesellschaftsrechts führt zu größerer Rechtssicherheit im Bereich der Organschaft.

Kontrolle durch den Aufsichtsrat, der seinerseits die Vorstandsmitglieder bestellt und abberuft (§ 84 AktG) und die laufende Geschäftsführung des Vorstands überwacht (§ 111 Abs. 1 AktG). Aus diesem Zusammenwirken von Vorstand und Aufsichtsrat ergibt sich die dualistische Konzeption der Verwaltung der AG, bei der aufgrund der strikten personellen (§ 105 AktG) und sachlichen (§ 111 Abs. 4 AktG) Trennung von Vorstand und Aufsichtsrat von einem Trennungsprinzip gesprochen wird[21]. Was die Beziehungen der Organe der AG zueinander angeht, so enthält § 76 AktG die grundlegende Kompetenzzuweisung, indem der Vorstand mit der eigenverantwortlichen Leitung betraut wird und dementsprechend Hauptversammlung und Aufsichtsrat von dieser Funktion ausgeschlossen werden. Zu diskutieren ist hier allein das Verhältnis zwischen Vorstand und Aufsichtsrat. Beide sind Leitungsorgane. Der Vorstand wird aber nicht nur in eigener Verantwortung, sondern auch in eigener Initiative tätig. Er ist mithin das Entscheidungs- und Handlungszentrum der AG, demgegenüber der Aufsichtsrat nach der Idee des AktG auf Überwachungsaufgaben verwiesen wird[22]. Ist somit der Vorstand mit der Leitung des Unternehmens betraut, dann ist er für die Unternehmenspolitik und die Verwirklichung der Ziele und Zwecke der AG eigenverantwortlich tätig[23]. Die eigenverantwortliche Leitungsmacht des Vorstands ist dadurch abgesichert, daß er nur bei Vorliegen eines wichtigen Grundes vorzeitig abberufen werden kann (§ 84 Abs. 3 S. 1 AktG). Darüber hinaus können dem Aufsichtsrat nach § 111 Abs. 4 S. 1 AktG Geschäftsführungsmaßnahmen nicht übertragen werden, und auch die Hauptversammlung kann über die in die Kompetenzen des Vorstands fallenden Geschäftsführungsmaßnahmen nach § 119 Abs. 2 AktG nur auf Antrag des Vorstands entscheiden.

Die dem AktG zugrundeliegende Konzeption der organschaftlichen Kompetenzen innerhalb der AG ist vom Leitbild der nicht anderweitig gesellschaftsrechtlich verbundenen AG, von einer „isoliert am Markt tätigen" Gesellschaft bestimmt. Indem der Vorstand der AG eigenverantwortlich handeln soll, obliegt ihm die Aufgabe, für den Bestand des Unternehmens und damit für die dauerhafte Rentabilität im Rahmen des Unternehmensgegenstandes zu sorgen[24]. Zwar besteht im aktienrechtlichen Schrifttum Einigkeit darüber, daß der Vorstand das Unternehmensinteresse der AG zu berücksichtigen und zu wahren hat, doch ist es außerordentlich streitig, ob damit das Unternehmen selbst zum Interessensträger wird oder ob es letztlich – im Sinne des Shareholder-value-Gedankens auf die Vermögensinteressen der Anteilseigner ankommt[25].

Ist schon der Stellenwert des Unternehmensinteresses bei der nicht anderweitig gesellschaftsrechtlich verbundenen AG ungeklärt, dann gilt das erst recht für eine konzerneingebundene Gesellschaft. Auch in (faktisch) konzerneingebundenen

---

21 Statt aller Münchener Handbuch des Gesellschaftsrechts-AG/*Wiesner*, 1988, § 19 Rz. 2 m. w. N.

22 Vgl. z. B. *Hüffer*, AktG, 2. Aufl., 1995, § 76 Rz. 2, § 111 Rz. 4f.

23 *Flume*, ZGR 1978, 678, 695; *Semler*, Die Überwachungsaufgabe des Aufsichtsrats, 1980, S. 11ff.

24 *Hüffer*, AktG, § 76 Rz. 13; *Junge*, FS v. Caemmerer, 1978, S. 547; *Semler*, a. a. O., S. 54ff.

25 Vgl. BGHZ 64, 225, 329; *Hüffer*, AktG, § 76 Rz. 15; *Junge*, a. a. O.; *Schilling*, ZHR 144 (1980), 136; grundlegend neuerdings *Mülbert*, Aktiengesellschaft, Unternehmensgruppe und Kapitalmarkt, 2. Aufl., 1996.

Gesellschaften soll der Vorstand ausschließlich das Interesse „seines" Unternehmens zu berücksichtigen haben, und er soll keine Maßnahmen ergreifen dürfen, die diesem „eigenen" Unternehmensinteresse zuwiderlaufen, selbst wenn sie im Gesamtinteresse des Konzerns liegen[26]. Es ist aber ausdrücklich darauf hinzuweisen, daß eine derartig isolierte Betrachtung einer gesellschaftsrechtlich verbundenen AG in der gegenwärtigen aktienrechtlichen Dogmatik in die Diskussion geraten ist. Aus konzernrechtlichem Zusammenhang ergibt sich, daß es nicht nur um die eigenverantwortliche Leitungsbefugnis des Vorstands des Tochterunternehmens, vielmehr auch um die Ausübung der Leitungsbefugnis des Vorstands der herrschenden AG geht. Wenn man sich hier auf den Standpunkt stellt, daß dem Verantwortungssystem des AktG einer umfassenden eigenverantwortlichen Gestaltungsmacht des Vorstands eine ebenso umfassende „politische Verantwortlichkeit" mit einer entsprechenden Organhaftung und dem Zwang, sich alle fünf Jahre zur erneuten Bestellung zu stellen, entspricht, dann liegt der Schluß auf eine Konzernleitungspflicht der herrschenden AG sehr nahe[27]. Zwar hat sich der dargestellte Gesichtspunkt einer Konzernleitungspflicht in der Rechtsprechung des BGH noch nicht durchgesetzt[28], doch zeigt die im Schrifttum geführte Diskussion immerhin, daß Einflußmöglichkeiten zwischen Muttergesellschaft und Tochtergesellschaft existieren, die vom monistischen System des AktG nicht erkannt worden sind. Es kann nicht daran vorbeigegangen werden, daß ein unbegrenzter Freiraum zugunsten der unternehmerischen Betätigung der Tochter-Geschäftsleitung weder an das Vertrauensvotum des Aufsichtsrats noch an das der Hauptversammlung der Konzernspitze zurückgebunden werden kann.

Im übrigen ist vor dem Hintergrund der tatsächlichen Lebenssachverhalte darauf hinzuweisen, daß vielfach zwischen dem Mutterunternehmen und dem Tochterunternehmen keine divergierenden Unternehmensinteressen vorliegen. Nimmt man weiterhin hinzu, daß es dem Regelungsmodell der §§ 311 ff. AktG entspricht, daß die einfache faktische Konzernierung im Sinne der rechtlichen Billigung von Beherrschungsmitteln zulässig ist[29], dann liegt es zumindest sehr nahe, unabhängig von vorliegenden oder nicht vorliegenden personellen Verflechtungen, eine organisatorische Eingliederung im Sinne des Organschaftsrechts deshalb zu bejahen, weil sich ergänzende Unternehmensinteressen und die nicht mehr gegebene pure Autonomie des Vorstands der abhängigen AG aufgrund einer wirtschaftlichen Betrachtungsweise zur gewerbesteuerrechtlichen Zurechnung des Betriebs der Tochter-AG zu dem der Mutter-AG führen muß.

Als Quintessenz bleibt festzuhalten, daß sich aufgrund der gesellschaftsrechtlichen Dogmatik zu den Kompetenzverteilungen innerhalb der AG in den letzten

---

26 *Hüffer*, AktG, § 76 Rz. 19; Münchener Handbuch des Gesellschaftsrechts-AG/*Krieger*, § 68 Rz. 86.

27 *Hommelhoff*, Die Konzernleitungspflicht, 1982, S. 43 ff., 165 ff., 184 ff.; *Kropff*, ZGR 1984, 112, 116.

28 Vgl. auch *Martens*, FS Heinsius, 1991, S. 523.

29 *Hommelhoff*, a. a. O., S. 109 ff.; *Geßler/Hefermehl/Kropff*, AktG, 1976, § 311 Rz. 27; aA *Hüffer*, AktG, § 18 Rz. 5, § 311 Rz. 7, jeweils m. N.

Jahren eine Entwicklung ergeben hat, die im Steuerrecht im Rahmen der Organschaft noch nicht wahrgenommen ist. Die steuerrechtliche Dogmatik knüpft immer
noch an Gedanken an, die vor Entwicklung der gesellschaftsrechtlichen bzw. der
konzernrechtlichen Dogmatik entstanden sind. Es kann nicht angehen, die organisatorische Eingliederung im Sinne der gewerbesteuerrechtlichen Organschaft mit
dem pauschalen Hinweis darauf abzulehnen, daß eine Beeinflussung der Tochter-
AG über den Aufsichtsrat für sich gesehen nicht ausreicht. Im übrigen wird von denjenigen, die die Einflußnahme qua Aufsichtsrat für nicht ausreichend erachten, nicht
gesehen, daß sich auch das Konzernrecht weiter ausdifferenziert hat, insbesondere
was die von der Rechtsprechung des BGH und vom Schrifttum entwickelten Voraussetzungen und Rechtsfolgen des faktischen bzw. des qualifiziert faktischen
Konzern angeht.

2. Faktischer und qualifiziert faktischer Konzern

Nach § 18 Abs. 1 S. 1 AktG bilden ein herrschendes und ein oder mehrere abhängige
Unternehmen unter der einheitlichen Leitung des herrschenden Unternehmens
einen Konzern, wobei dann die Abhängigkeit in § 17 Abs. 1 AktG umschrieben
wird. Danach sind abhängige Unternehmen rechtlich selbständige Unternehmen,
auf die ein anderes Unternehmen unmittelbar oder mittelbar einen beherrschenden
Einfluß ausüben kann. Es ist nicht erforderlich, daß von dieser Möglichkeit der Einwirkung Gebrauch gemacht wird; zudem genügt schon die mittelbare Beeinflussung
durch ein zwischengeschaltetes Unternehmen[30]. Während das RG[31] von einem
engen Abhängigkeitsbegriff ausgegangen ist und auf die Willensdurchsetzung in der
abhängigen Gesellschaft abgestellt hat, läßt sich der neueren Rechtsprechung entnehmen, daß zur Begründung der Abhängigkeit schon die Möglichkeit zur Herrschaft in der abhängigen Gesellschaft ausreicht[32]. Die Abhängigkeit muß gesellschaftsrechtlich vermittelt sein, es muß also um in die Interessenstruktur der AG
eingreifende Einflußmöglichkeiten gehen, so daß beispielsweise allgemein-schuld-
rechtliche Beziehungen nicht ausreichen[33]. Eine derartige gesellschaftsrechtlich
vermittelte Abhängigkeit wird insbesondere dann angenommen, wenn das Unternehmen aufgrund seiner Herrschaft über die Personalpolitik in dem anderen Unternehmen in der Lage ist, letztlich die Geschäftspolitik der abhängigen AG in ent-
scheidendem Maße zu beeinflussen[34]. Aufschlußreich ist insbesondere die vorstehend zitierte Fundstelle von Geßler, die darauf hinweist, daß die Abhängigkeit
des § 17 Abs. 1 AktG nicht davon abhängig ist, daß das herrschende Unternehmen

30 Vgl. BGHZ 69, 334, 347; *Kübler*, Gesellschaftsrecht, 4. Aufl., 1994, § 28 II 3 a m. N.
31 RGZ 167, 40.
32 BGHZ 62, 193, 201; auch *Emmerich/Sonnenschein*, Konzernrecht, § 3 II 2; *Hüffer*, AktG, § 17
    Rz. 6.
33 Vgl. BGHZ 90, 381.
34 BAGE 53, 187; *Emmerich/Sonnenschein*, a. a. O., § 3 II 2b; *Geßler/Hefermehl*, AktG, 1973, § 17
    Rz. 18, 28 ff.

in jeder Beziehung seinen Willen durchsetzen kann. Es reicht aus, wenn es seinen Willen hinsichtlich der Unternehmens- und Geschäftspolitik des abhängigen Unternehmens durchsetzen kann. Dabei kommt es auch nicht auf die vom AktG bzw. seinen Kompetenzregeln vorausgesetzten rechtlichen Mittel an. Allein die tatsächliche Herrschaft reicht aus, um die Abhängigkeit zu begründen. Trotz der vom AktG vorausgesetzten Autonomie des Vorstands kann also ein Abhängigkeitsverhältnis gegeben sein. Wörtlich führt Geßler aus[35]: „Es genügt als beherrschender Einfluß, daß sich das herrschende Unternehmen notfalls rechtlich erst über Wahlen zum Aufsichtsrat oder über die Bestellung von neuen Vorstandsmitgliedern nach Ablauf der Amtszeit durchsetzen kann. Das Gesetz stellt nicht auf die Rechtslage, sondern auf die Erfahrungstatsache ab, daß, wer heute oder morgen bei Nichtbefolgung von Wünschen oder Weisungen damit rechnen muß, Nachteile zu erleiden, geneigt ist, sich Weisungen oder Wünschen ohne Rücksicht auf deren rechtliche Durchsetzbarkeit zu fügen und damit seine Entscheidungsfreiheit verliert."

Ist also nach allem davon auszugehen, daß in Fällen einer Mehrheitsbeteiligung ein zum Konzern führendes Abhängigkeitsverhältnis gegeben ist, dann sind weiterhin die sich daran anknüpfenden konzernrechtlichen bzw. haftungsrechtlichen Konsequenzen von Bedeutung.

Handelt es sich um einen nach §§ 311ff. AktG zu behandelnden faktischen Konzern, dann hat sich in der Praxis erwiesen, daß das dort vorgesehene Ausgleichssystem auf Schwierigkeiten stößt und spätestens dann versagt, wenn die Einflußnahme des herrschenden Unternehmens auf die abhängige Gesellschaft eine derartige Breite und Dichte erreicht, daß einzelne Weisungen und Auswirkungen nicht mehr isolierbar sind[36]. Dies ist der Hintergrund der sog. Konzernhaftungsrechtsprechung des BGH, bei der es nunmehr[37] allerdings keine Vermutung mehr gibt, daß bei Vorliegen gewisser Voraussetzungen ein qualifiziert faktischer Konzern anzunehmen ist, vielmehr muß ein Kläger Umstände darlegen und beweisen, die eine derartige Konstellation nahelegen. Der BGH schränkt diese Grundaussage aber dahingehend ein, daß einem Kläger entsprechend den von der Rechtsprechung entwickelten Grundsätzen Erleichterungen hinsichtlich seiner Darlegungslast eingeräumt werden, soweit das herrschende Unternehmen im Gegensatz zum Kläger die maßgebenden Tatsachen kennt und ihm die Darlegung des Sachverhalts zumutbar ist. Für den vorliegenden Zusammenhang folgt aus allem, daß dann, wenn ein qualifiziert faktischer Konzern vorliegt, eine konzernrechtliche Verantwortlichkeit des herrschenden Unternehmens im konzernrechtlichen Sinne gegeben ist.

In einem konkreten Sachverhalt wird es darauf ankommen, wie der einfache faktische Konzern vom qualifiziert faktischen Konzern abzugrenzen ist. Ein qualifiziert faktischer Konzern soll nach einer Auffassung vorliegen, wenn das herrschende Unternehmen nicht nur gelegentlich durch Leitungsmaßnahmen in die

---

35　A. a. O., Rz. 30.

36　BGHZ 95, 330; 107, 7; 115, 187; BGH, NJW 1993, 1200; aus dem Schrifttum *Hüffer*, AktG, § 302 Rz. 6ff., § 303 Rz. 7; *Emmerich/Sonnenschein*, Konzernrecht, § 20 IV.

37　BGH, NJW 1993, 1200.

Untergesellschaft eingreift, sondern diese laufend und umfassend führt[38]. Eine andere Meinung stellt darauf ab, ob die abhängige Gesellschaft beständig und breitflächig geschädigt wird[39]. Andere wiederum sprechen davon, daß der qualifizierte Konzern davon abhängig ist, daß das abhängige Unternehmen wie eine Betriebsabteilung des herrschenden Unternehmens geführt wird[40]. Auf Einzelheiten dieser letztlich noch nicht geklärten Abgrenzung[41] ist im vorliegenden Zusammenhang nicht einzugehen, da es hier allein darauf ankommt, daß der gemeinsame Nenner der beschriebenen Meinungen darin liegt, daß es sich um eine über den faktischen Konzern hinausgehende, intensivere Einflußbildung handeln muß.

Überträgt man diesen Grundstandpunkt auf die hier interessierende Frage der organisatorischen Eingliederung bei der gewerbesteuerrechtlichen Organschaft, dann ist eine organisatorische Eingliederung sicher dann gegeben, wenn es sich um einen qualifiziert faktischen Konzern zwischen Mutter-AG und Tochter-AG handelt. Eine derartige organisatorische Eingliederung ist aber auch dann anzunehmen, wenn es sich lediglich um einen faktischen Konzern handelt. Dafür sprechen zum einen die fließenden Übergänge zwischen dem faktischen und qualifiziert faktischen Konzern, zum anderen die Überlegung, daß diejenigen, die eine Einflußnahme qua Aufsichtsrat nicht für die organisatorische Eingliederung ausreichen lassen, letztlich der Ansicht sein müssen, daß allein ein qualifiziert faktischer Konzern die Voraussetzungen der organschaftsrechtlichen organisatorischen Eingliederung begründet. Damit wird von der potentiellen Organträgerin (für steuerrechtliche Zwecke) ein rechtswidriges Verhalten verlangt, ein Verhalten, welches zu einer konzernrechtlichen Verantwortlichkeit führt! Es ist vor diesem Hintergrund allein sachgemäß, daß die faktische Konzernierung, die im vorliegenden Sachverhalt gegeben ist, für die organisatorische Eingliederung ausreicht.

Im Ergebnis ist dies auch die Ansicht mancher Stellungnahmen im steuerrechtlichen Schrifttum[42]. Zwar stellen diese Stimmen in erster Linie auf die praktischen, Rechtssicherheit vermittelnden Vorteile einer Konkordanz zwischen faktischem Konzern und organisatorischer Eingliederung ab, doch zeigen die hier angestellten Überlegungen, daß es einen inneren Grund für eine derartige Parallele gibt. Wenn schon konzernrechtlich eine Abhängigkeits- und Konzernvermutung mit dem Diktum der §§ 311 ff. AktG anzunehmen ist, dann ist dies eine der Lebenserfahrung entsprechende wirtschaftliche Betrachtungsweise, welche eine isolierte Betrachtung der beiden juristischen Personen überspielt. Das ist aber genau der innere Grund für die Organschaftsregelungen des Steuerrechts. Wenn im steuerrechtlichen Schrifttum für das Merkmal der organisatorischen Eingliederung von vielen immer noch laufende und eine Vielzahl von Einzeleingriffen gefordert

---

38 *Ulmer,* ZHR 148 (1984), 391, 422; *Säcker,* ZHR 151 (1987), 59, 63.
39 *Lutter,* ZGR 1982, 244, 263 ff.; *Timm,* NJW 1987, 977, 980.
40 *Schneider,* ZGR 1980, 511, 545; *K. Schmidt,* Gesellschaftsrecht, 2. Aufl., 1991, §§ 31 IV 4b, 39 III 3.
41 Vgl. *Baumbach/Hueck/Zöllner,* GmbHG, 16. Aufl., 1996, Anhang I Rz. 81 ff.
42 *Blümich/Danelsing,* KStG, § 14 Rz. 77; *Reuter,* FS v. Wallis, S. 427, 432 f.; wohl auch *Breuninger/Prinz,* DB 1985, 2085, 2086, sowie *Müller-Gatermann,* FS Ritter, 1997, S. 457, 462 f.

werden[43], dann hat dies schlichtweg seinen Umstand darin, daß die Entwicklung der konzernrechtlichen Dogmatik mit der erweiterten Verantwortlichkeit auch eines faktischen Konzernführers nicht zur Kenntnis genommen wird.

3. Präventiver Konzernschutz

Nun könnte allerdings eingewendet werden, daß das Konzernrecht und insbesondere auch die Regeln zum faktischen Konzern und zum qualifiziert faktischen Konzern gleichsam „Sekundärfolgenrecht" darstellen, welches erst zur Anwendung kommt, wenn tatsächlich aufgrund der konzernrechtlichen Konfliktsituation eine Beeinträchtigung von Minderheitsgesellschaftern oder von Gläubigern des abhängigen Unternehmens stattgefunden hat. Im Ergebnis ist dieser Einwand weder aus konzerngesellschaftsrechtlicher noch aus steuerrechtlicher Sicht überzeugend. Im einzelnen:

Sowohl in der aktuellen Rechtsprechung als auch im Schrifttum zum Konzernrecht spielt die Konzeption eines präventiven Konzernschutzes, einer Konzernbildungskontrolle, eine außerordentlich große Rolle[44]. Bei dem Fragenkreis einer Konzernbildungskonrolle handelt es sich letztlich um keine neue dogmatische Entwicklung, denn schon das RG hatte eine umfassende Kompetenz der Aktionäre der Obergesellschaft dazu anerkannt[45]. Der BGH hat dann im Jahre 1981[46] entschieden, daß Mehrheitsbeschlüsse, die die Gefahr der Abhängigkeit einer Personengesellschaft von einem anderen Unternehmen begründen, grundsätzlich rechtswidrig sind, es sei denn, der Beschluß ist aufgrund besonderer Umstände den Interessen der Gesellschaft gemäß und damit sachlich gerechtfertigt. Zu erwähnen ist auch die sog. Holzmüller-Entscheidung des BGH[47], in der angenommen worden ist, daß der Vorstand verpflichtet ist, die Zustimmung der Hauptversammlung einzuholen, wenn er einen Betrieb, der den wertvollsten Teil des Gesellschaftsvermögens ausmacht, durch Übertragung auf eine zu diesem Zweck errichtete Tochtergesellschaft aus dem bisherigen Gesellschaftsunternehmen ausgegliedert.

Noch einen Schritt weiter in Richtung Prävention geht eine Entscheidung des OLG Hamm[48], die sich auf den Standpunkt der grundsätzlichen Unzulässigkeit eines qualifiziert faktischen Aktienkonzerns stellt und daraus die Verpflichtung des herrschenden Unternehmens ableitet, in den Aufsichtsrat der abhängigen Gesellschaft als Vertreter der Anteilseigner mindestens eine unabhängige Person zu wählen, um der späteren Begründung eines unzulässigen qualifiziert faktischen Konzerns von vornherein einen Riegel vorzuschieben. Zwar ist der Entscheidung

---

43 Oben II Fn. 6.
44 Überblick bei *Emmerich*, AG 1991, 303; *Emmerich/Sonnenschein*, Konzernrecht, § 4 VI; *Hüffer*, AktG, § 76 Rz. 16, § 119 Rz. 17.
45 RG, Holdheims Monatsschrift 1902, 266.
46 BGHZ 80, 69.
47 BGHZ 83, 122; dazu die N. bei *Hirte*, NJW 1996, 2827, 2836.
48 NJW 1987, 1030.

des OLG Hamm in der instanzlichen Rechtsprechung entgegengetreten worden[49], doch läßt sich zumindest eine sich verstärkende Tendenz der Rechtsprechung zur Inhaltskontrolle bei Sachverhalten feststellen, in welchen die Gefahr einer konzernrechtlichen Konfliktlage angelegt ist. Auch der BGH ist für den konzernrechtlichen Präventivschutz sensibilisiert[50], hat sich jedoch noch nicht zu einer endgültigen Lösung entscheiden können. Nimmt man jedoch hinzu, daß bei der Auseinandersetzung um die Zulässigkeit qualifiziert faktischer Konzerne eine Diskussion um das Sanktions- oder Legitimationsmodell geführt wird[51], um die Frage also, ob es ein Verbot des qualifiziert faktischen Konzerns gibt oder ob unter gewissen Voraussetzungen die Gesellschafter der Bildung derartiger Konzerne wirksam zustimmen können, dann läßt sich dem derzeitigen Stand der konzerngesellschaftsrechtlichen Dogmatik zumindest entnehmen, daß es einen Zustand zwischen dem faktischen Konzern und dem qualifiziert faktischen Konzern gibt, dem eventuell schon vor der qualifiziert faktischen Konzernierung mit Rechtsmitteln zu begegnen ist.

Für das Steuerrecht ist dieser zivilrechtliche Ansatz deshalb von Bedeutung, weil die im noch nicht forensischen Bereich ansetzende gesellschaftsrechtliche Diskussion den Schluß zuläßt, daß auch das noch nicht qualifiziert faktisch konzernierte Tochterunternehmen in seiner privatautonomen Selbständigkeit tangiert ist. Insofern ist es folgerichtig, wenn man dieser Zustandslage auch steuerrechtlich Rechnung trägt und demzufolge auch die allein faktisch konzernierte Tochtergesellschaft als im organschaftsrechtlichen Sinne eingegliederte behandelt.

Als Ergebnis bleibt somit festzuhalten, daß auch die lediglich über den Aufsichtsrat des Tochterunternehmens erfolgende Einflußnahme einer Mutter-AG, die mehrheitlich an einer Tochter-AG beteiligt ist, ausreicht, um die organisatorischen Eingliederungsvoraussetzungen einer (gewerbesteuerrechtlichen) Organschaft zu begründen. Dadurch wird dem Sinn der steuerrechtlichen Normen Rechnung getragen, die als Teil eines Konzernsteuerrechts als wirtschaftliche Betrachtungsweise zu begreifen sind. Dieser wirtschaftlichen Betrachtung wird diejenige Betrachtungsweise am ehesten gerecht, die aufgrund einer rechtlichen Analyse des zugrundeliegenden gesellschaftsrechtlichen Sachverhalts dazu kommt, daß das Konzernrecht des faktischen Konzerns eine Einflußsituation umschreibt, die mit der organisatorischen Eingliederung des § 14 Nr. 2 KStG gleichzusetzen ist. Sowohl im Steuerrecht als auch im Konzernrecht geht es um die faktische Verflechtung zweier formal selbständiger Rechtsträger. Auch innerhalb des Steuerrechts der Organschaft ergibt sich eine stimmige Dogmatik, denn wenn für eine qua Beherrschungsvertrag vermittelte Organschaft die potentielle Einwirkung ausreicht[52], dann muß gleiches für den faktischen Konzern gelten. In beiden Fällen liegen rechtliche Abhängigkeitsverhältnisse vor.

---

49 LG Mannheim, AG 1991, 29.
50 BGHZ 119, 1, 7.
51 Dazu *Hommelhoff*, 59. DJT 1992, S. G 5, 32 ff.; Münchener Handbuch des GesellschaftsrechtsAG/*Krieger*, § 69 Rz. 24.
52 Vgl. *Herrmann/Heuer/Raupach*, EStG/KStG, § 14 KStG Rz. 146; *Lenski/Steinberg*, GewStG, § 2 Rz. 121c; *Schmidt*, GmbHR 1996, 175, 176; *Schmidt/Müller/Stöcker*, Die Organschaft, Rz. 153; *Streck*, KStG, § 14 Anm. 29.

Überlegungen zur Gestaltung der Vorschriften über das Recht des öffentlichen Übernahmeangebotes in Österreich[1]

PETER DORALT

---

1 Herrn *MMag. Martin Winner* danke ich für seine kritischen Beiträge und für seine Unterstützung bei der Beschaffung der Fundstellen.

1. Die bisherige Diskussion in Österreich

Bis vor kurzem war die Regelung des öffentlichen Übernahmeangebots in Österreich kein rechtspolitisches Thema. In der Praxis kam das Übernahmeangebot gelegentlich vor, um eine beabsichtigte Streichung vom Börsehandel vorzubereiten oder um den Streubesitz unter jene 10%-Grenze zu drücken, die Voraussetzung für eine anschließende verschmelzende Umwandlung mit Barabfindung der freien Aktionäre ist[2]. 1988 hatte ich in einem Referat zum Konzernrecht auf dem österreichischen Juristentag im Zusammenhang mit dem Problem der Konzerneingangskontrolle die europäische Entwicklung skizziert[3]. 1992 befaßten wir uns im Rahmen unseres Seminars mit dem englischen Übernahmerecht[4]. 1996 diskutierten wir gemeinsam mit dem Jubilar und den Professoren *Semler, Hueck* und *Zöllner* das Thema drei Tage lang in einem Seminar am Irrsee. Nachdem wir rechtsvergleichend die englische, amerikanische, spanische, französische, belgische und deutsche Rechtslage sowie die EU-Entwicklung behandelt hatten, stellte *Kropff* in der Diskussion fest, daß das Thema theoretische Bearbeitung verdiene und praktische Bedeutung haben werde.

In der Zwischenzeit hat die Regierungskoalition in Österreich anläßlich des Erwerbs der Mehrheit der Aktien der Creditanstalt durch die Bank Austria AG beschlossen, das Übernahmerecht, wenn möglich bis zum Sommer 1997, zu regeln. Es ist zu erwarten, daß bis dahin eine Regierungsvorlage vorliegen wird.

2. Berücksichtigung der EU-Entwicklung

Schon vor diesem Beschluß der Regierungskoalition hatte im österreichischen Bundesministerium für Justiz die grundsätzliche Diskussion über den „*Vorschlag für eine dreizehnte Richtlinie des Europäischen Parlaments und des Rates auf dem Gebiet des Gesellschaftsrechts über Übernahmeangebote*"[5] begonnen. Im Gegensatz zum letzten Vorschlag[6] der EU verzichtet der nun vorliegende Richtlinien-

---

2 Bis 1995 geregelt im Umwandlungsgesetz, BGBl. 187/1954, seither idF des EU-GesRÄG (EU-Gesellschaftsrechtsänderungsgesetz), BGBl. 304/1996.

3 Das Referat ist auch in ZGR 1991, 252, veröffentlicht, dort bei FN 55.

4 Dazu entstand die gründliche Arbeit von *Stern*, Übernahmeangebote im englischen Recht, ÖBA 1992, 1065; 1993, 27.

5 Vom 7.2.1996, KOM (1995) 655 endg. 95/0341 (COD), abgedruckt in AG 1996, 217. Vgl. dazu z.B. *Krause*, Der revidierte Vorschlag einer Takeover-Richtlinie (1996), AG 1996, 209; *Neye*, Der neue Vorschlag der Kommission für eine dreizehnte Richtlinie über Übernahmeangebote, DB 1996, 1121; *Peltzer*, Der Kommissionsentwurf einer 13. Richtlinie über Übernahmeangebote vom 7.2.1996, AG 1997, 145; *Roos*, Der neue Vorschlag für eine EG-Übernahme-Richtlinie, WM 1996, 2177; *Schuster*, Der neue Vorschlag für eine EG-Takeover-Richtlinie und seine Auswirkungen auf den Übernahmekodex, EuZW 1997, 237.

6 Zur Entstehungsgeschichte des Entwurfes vgl. den Abschnitt „Allgemeines" in seiner Begründung. Der erste Vorschlag wurde 1989 vorgelegt; KOM (88) 823 (16.2.1989). Nach skeptischen Stellungnahmen des Wirtschafts- und Sozialausschusses sowie des Rechtsausschusses wurde noch 1990 ein geänderter Richtlinienvorschlag vorgelegt; KOM (90) 416 endg. (10.9.1990). Vgl. zu den ersten beiden Vorschlägen aus der umfangreichen Literatur *Assmann/Basaldua/Bozenhardt/Peltzer*, Übernahmeangebote, ZGR-Sonderheft 9 (1990); *Baums*, Übernahmeregeln in der Europäischen

entwurf auf eine bis ins einzelne gehende Harmonisierung und beschränkt sich auf die Festlegung allgemeiner Grundsätze für Übernahmeangebote. Insbesondere wird auch in einer Reihe von Fragen[7] nur vorgeschrieben, daß das Recht der Mitgliedsstaaten die Angelegenheit regeln muß, ohne daß – abgesehen von den allgemeinen Grundsätzen in Artikel 5 – inhaltliche Vorgaben gemacht werden. Da es sich also um eine sogenannte Rahmen-Richtlinie handelt, wurde in Österreich rasch Einvernehmen darüber erzielt, daß den Vorgaben des Richtlinienentwurfs entsprochen werden sollte, damit – falls die Richtlinie zustande kommt – nicht unbedingt sofort nach ihrer Erlassung Anpassungsbedarf besteht.

3. Verrechtlichung des Kontrollwechsels ist nicht ident mit Förderung des Kontrollwechsels

In der öffentlichen Diskussion der Regelung des Übernahmerechtes in Österreich kommt es häufig zu banalen Mißverständnissen; insbesondere wurden zwei *rechtspolitische Entscheidungen nicht immer genügend scharf getrennt:*

- Soll das Übernahmeangebot *überhaupt rechtlich geregelt* werden (insbes. kapitalmarktrechtlich, allenfalls auch verstärkt gesellschaftsrechtlich)?
- Sollen Übernahmen (insbesondere auch feindliche Übernahmen von Publikumsgesellschaften) gesetzlich *erleichtert* oder *erschwert* werden (durch Zulässigkeit bzw. Erleichterung von gesellschaftsrechtlichen Hürden, durch kapitalmarktrechtliche und kartellrechtliche Regeln, durch Steuerrecht etc.)?

Gemeinschaft, ZIP 1989, 1376; *Beckmann,* Übernahmeangebote in Europa (1995); *Berger,* Unternehmensübernahmen in Europa, ZIP 1991, 1644; *Daum,* Die unkoordinierte Übernahme einer Aktiengesellschaft nach deutschem Recht (1993) 203 ff; *Depser,* Der Vorschlag der EG-Kommission zur Takeover-Richtlinie im Spiegel der amerikanischen Takeover-Erfahrung, RIW 1992, 351; *Grunewald,* Was bringt der Vorschlag einer 13. EG-Richtlinie über Übernahmeangebote für das deutsche Recht?, WM 1989, 1233; *dies.,* Der geänderte Vorschlag einer 13. EG-Richtlinie betreffend Übernahmeangebote, WM 1991, 1361; *Hahn,* Die Regulierung von Übernahmen in der Europäischen Gemeinschaft, ZBB 1990, 10; *Herkenroth,* Konzernierungsprozesse im Schnittfeld von Konzernrecht und Übernahmerecht (1994); *Hommelhoff,* Konzerneingangs-Schutz durch Takeover-Recht? in FS *Semler* (1993) 455; *Hommelhof/Kleindiek,* Takeover-Richtlinie und europäisches Konzernrecht, AG 1990, 106; *Hopt,* Übernahmeangebote im europäischen Recht, in: FS *Rittner* (1991) 187; *ders.,* Europäisches und deutsches Übernahmerecht, ZHR 1997 (in Druck); *Kreuzer* (Hrsg), Öffentliche Übernahmeangebote (1992); *Kuhr,* Der Minderheitenschutz bei Übernahmeangeboten in Deutschland und Frankreich unter dem Einfluß der 13. EG-Richtlinie (1992); *Lutter,* Europäisches Unternehmsrecht[4] (1996) 281 ff; *Mertens,* Förderung von, Schutz vor, Zwang zu Übernahmeangeboten, AG 1990, 252; *Munschek,* Das Übernahmeangebot als Konzernbildungskontrolle, RIW 1995, 998; *Reul,* Übernahmeangebote in der ökonomischen Analyse, in: Jahrbuch für junge Zivilrechtswissenschaftler 1990, 11; *Röhrich,* Gleichbehandlungspflicht bei Kontrolltransaktionen, RIW 1993, 93; *Sandberger,* Teilübernahmeangebote und Zwangsübernahmeangebote im Europäischen Takeover-Recht, DZWiR 1993, 319; *Stoll,* Zum Vorschlag der EG-Kommission für die 13. Richtlinie auf dem Gebiet des Gesellschaftsrechts über Übernahmeangebote, BB 1989, 1489; *Van Alstine,* Die EG-Übernahme-Richtlinie im Lichte der Erfahrungen in den USA, EWS 1993, 8.

7 Vgl. Artikel 9 des Richtlinienentwurfs 1997.

Gelegentlich ist eine ablehnende Haltung gegen die Regelung der Übernahme festzustellen, *welche die rechtliche Regelung an sich mit der Erleichterung von Übernahmen verwechselt.* Zur Ablehnung tragen Berichte über Takeover-Kämpfe aus dem angelsächsischen Raum bei, die in Österreich ähnlich wie in Deutschland als fremdartig, kostspielig und unerwünscht empfunden werden. Man meint nicht selten, durch ein „Übernahmerecht" solche „amerikanische Zustände" zu fördern. Auch die Bedeutung des obligatorischen Übernahmeangebots (dazu unten Pkt 6.2.) wird oft mißverstanden. Die beiden genannten Fragen, ob überhaupt geregelt werden soll und ob die Regelung eine Erleichterung oder Erschwerung mit sich bringen soll, sind aber klar zu trennen. Es leuchtet z.B. ohne weiteres ein, daß eine Übernahme durch Kauf des Mehrheitspaketes (im Pakethandel oder durch öffentliches Übernahmeangebot) *erschwert* wird, wenn die Rechtsordnung den Erwerber dazu zwingt, *allen Aktionären ein gleich gutes Übernahmeangebot* zu machen, wie dies das englische System des obligatorischen Angebots an alle Aktionäre zu *gleichen* Konditionen bei Erreichen der Kontrollmehrheit und Artikel 3 bzw. 10 des Richtlinienentwurfes vorsehen.

4. Die Bedeutung der unterschiedlichen Eigentümerstruktur für das Übernahmerecht

4.1. Takeover bei Publikumsgesellschaften ohne Mehrheitsaktionär (Kernaktionär)

Der „klassische" Anwendungsfall des Takeovers in der angelsächsischen Diskussion und im angelsächsischen Rechtsleben ist das *öffentliche Angebot an die Aktionäre* einer Publikumsgesellschaft, die *keinen Mehrheitsaktionär* und (abgesehen vom Bieter) *häufig auch keinen Kernaktionär hat:* Ein Bieter, der bereits ein bedeutendes Aktienpaket erworben hat oder dies anstrebt, bietet den Aktionären an, ihnen ihre Aktien abzukaufen. Bei einem Übernahmeangebot erwirbt der Bieter also durch die Übernahme eine kontrollierende Position, die ihn je nach Höhe der Beteiligung mehr oder weniger sicher in die Lage versetzt, die Politik des betroffenen Unternehmens zu bestimmen[8].

Dieses Phänomen des öffentlichen Übernahmeangebots setzt also eine *Publikumsgesellschaft mit Streubesitz ohne Mehrheitsaktionär voraus.* Derartige Eigentumsverhältnisse hat es bis vor kurzem in Österreich überhaupt nicht, in Deutschland nur selten gegeben[9].

In der Zwischenzeit sind jedoch in Österreich durch die Privatisierung einer Reihe von Tochtergesellschaften der ÖIAG (Österreichische Industrieholding AG[10])

---

8 Dies entspricht dem angelsächsischen Konzept des Marktes für Unternehmenskontrolle. Vgl. dazu unten bei FN 18.

9 Die jüngst beabsichtigte Übernahme von Thyssen durch Krupp war nur deshalb in dieser Form denkbar, weil Thyssen keinen Mehrheitsaktionär hat.

10 Die ehemalige Holding bzw. die Konzernspitze der 1946 verstaatlichten Industrieunternehmungen (derzeit geregelt im ÖIAG-Gesetz BGBl. 204/1986 idF der Novellen BGBl. 973/1993 und 426/1996).

in einigen wenigen Gesellschaften, die aber eine beachtliche Größe haben, derartige Situationen entstanden[11]. Denn bei allen privatisierten Gesellschaften ist die ÖIAG nur mehr Minderheitsgesellschafter. In diesen Fällen wäre ein öffentliches Übernahmeangebot denkbar und könnte trotz des Widerstandes der ÖIAG zum Kontrollwechsel führen. Für die zukünftige Entwicklung wird es wichtig sein, ob die ÖIAG die bestehenden Minderheitspakete halten kann und darf oder ob sie, aus welchen Gründen auch immer, gezwungen ist, ihre Beteiligungsprozentsätze weiter abzusenken.

Eine ähnliche Situation könnte sich bei der Bank Austria nach weiteren Privatisierungsschritten (unabhängig von den derzeit diskutierten Fragen) ergeben.

4.2. Takeover bei Gesellschaften mit Mehrheitsaktionär und Streubesitz

Hingegen kommt in Österreich und Deutschland häufig die Veräußerung des Mehrheitspaketes durch den Großaktionär bzw. durch eine Gruppe von Aktionären vor, die durch ein familiäres Naheverhältnis oder durch Stimmbindungsverträge miteinander verbunden sind. Hier wird bei börsenotierten Gesellschaften häufig ein *Paketzuschlag* bezahlt. Der Kaufvertrag ist ein privates Geschäft, das in seiner Gestaltung meist dem Unternehmenskauf angenähert ist; Fragen der Haftung und der Garantien des Veräußerers, Steuerrecht und Kartellrecht spielen eine große Rolle. Kapitalmarktrechtlich ist die Meldepflicht betreffend „bedeutende Beteiligungen" (§ 91 ff BörseG)[12] zu beachten, das Insiderrecht (§ 48a BörseG) spielt eine Rolle; nach der Praxis und der Überzeugung der handelnden Personen bedarf es aber nach geltendem Recht keines Angebotes an die freien Minderheitsaktionäre.

Auf Grund dieser typologisch verschiedenen Eigentümerverhältnisse (weitgestreuter Publikumsbesitz ohne Mehrheitsgesellschafter in England und den USA – Mehrheitsbesitz mit den verbleibenden Anteilen im Streubesitz in Deutschland und Österreich) ist es wohl auch kein Zufall, daß sich in England ein hochentwickeltes Recht der *Konzerneingangskontrolle* in Form des Takeover-Rechtes entwickelt hat, während in Deutschland das *Konzernrecht* verfeinert wurde[13].

5. Zusammenhang zwischen Takeover-Recht und Konzernrecht

Artikel 3 des Richtlinienentwurfs verlangt nun bei Überschreiten der Kontrollschwelle (die vom nationalen Gesetzgeber zu definieren ist, und zwar als Prozentsatz der Stimmrechte) entweder ein Angebot in Übereinstimmung mit Artikel 10 (*„obligatorisches" Übernahmeangebot*) oder *andere angemessene und mindestens gleichwertige Maßnahmen zum Schutz der Minderheitsgesellschafter*.

---

11 Die Größenordnung der ÖIAG-Beteiligungen wird zumindest für die nähere Zukunft bei 20 bis 25% liegen. Allerdings ist dies im Einzelfall durch ein Höchststimmrecht von 25% verstärkt.

12 BGBl. 555/1989 idF BGBl. 753/1996.

13 Zum Verhältnis der beiden Ansätze aus deutscher Sicht vgl. insbesondere *Hommelhoff*, aaO (FN 6).

Diese Regel gestattet den Mitgliedstaaten für den Fall des Kontrollwechsels nur die *Wahl zwischen zwei Lösungen*: Stellung eines Übernahmeangebots mit Schutz der Minderheit durch Anspruch auf Auskauf zu gleichen Bedingungen für alle Aktionäre (= Konzerneingangskontrolle durch Austrittsmöglichkeit) *oder* ein Konzernrecht mit ausreichenden Minderheitsschutzvorschriften; soweit zu sehen, ist man sich nämlich einig, daß das deutsche Konzernrecht die in Artikel 3 geforderten alternativen angemessenen und mindestens gleichwertigen Maßnahmen zum Schutz der Minderheitsgesellschafter darstellen würde[14]. Die Vorschrift geht offensichtlich auf deutsches Betreiben zurück. Der Richtlinienentwurf würde also dem deutschen Widerstand gegen das obligatorische Übernahmeangebot Rechnung tragen[15].

Obwohl also Artikel 3 Richtlinienentwurf als Minderheitsschutz *alternativ* ein obligatorisches Übernahmeangebot *oder* andere gleichartige Schutzmaßnahmen (Konzernrecht) vorschreibt, gestattet er auch kumulativ beide Schutzinstrumente[16]. Dies ist für die österreichische Diskussion nicht ohne Bedeutung. Dem österreichischen Aktienrecht fehlt zwar eine Sonderregelung des Konzernrechts. Es läßt sich jedoch immerhin vertreten, daß die Vorschriften betreffend den Schutz der Minderheitsaktionäre, die das geltende Recht kennt, dem alternativen Erfordernis des Artikel 3 Richtlinienentwurfes ohnehin entsprechen würden. Nach der bisherigen Auffassung des österreichischen BMJ und BMF sowie dem eingangs erwähnten Beschluß der Regierungskoalition sollte jedoch von dieser Möglichkeit nicht Gebrauch gemacht werden. Aus der geplanten Einführung des Übernahmerechtes darf aber nicht geschlossen werden, daß der Plan, ein österreichisches Konzernrecht zu schaffen, aufgegeben wurde. Bemerkenswert ist in diesem Zusammenhang, daß in dem geplanten Insolvenzrechtsänderungsgesetz[17] das Recht der Minderheit,

---

14 Vgl. *Neye*, aaO (FN 5) 1122; differenzierend *Krause*, aaO (FN 5) 211ff; siehe auch *Peltzer*, aaO (FN 5) 150 f.

15 Vgl. hiezu den Überblick bei *Lutter*, aaO (FN 6) und *Hommelhoff*, aaO (FN 6). Die grundsätzlich kritische Haltung gegenüber dem neuen Richtlinienentwurf ist wohl schon wegen dieser Wahlmöglichkeit schwächer. Darüber hinaus verzichtet der Richtlinienentwurf 1996 auf die 33 1/3%-Schwelle des Vorentwurfs und überläßt die Festlegung eines Schwellenwertes, bei dessen Überschreitung der Kontrollwechsel anzunehmen ist, den Mitgliedstaaten. Zu den Unterschieden und Ähnlichkeiten zwischen dem Minderheitsschutz durch das obligatorische Übernahmeangebot und dem auf den ersten Blick ähnlichen Anspruch auf Abfindung bei Vertragskonzernen nach deutschem Recht siehe *Hommelhoff*, aaO (FN 6) 464 f.

16 Auch in Deutschland wurden zusätzlich zum Konzernrecht bekanntlich auf freiwilliger Basis Takeover-Regelungen getroffen (sog. Kodex der Börsensachverständigenkommission, kurz: Übernahmekodex; Text abgedr. in AG 1995, 572 ff; hiezu *Assmann*, Verhaltensregeln für freiwillige Übernahmeangebote, AG 1995, 563; *Baumann*, Der neue Verhaltenskodex für Unternehmensübernahmen sorgt für größere Transparenz am Kapitalmarkt, WM 1996, 901; *Groß*, Übernahmekodex für öffentliche Übernahmeangebote: Anerkennung und Rolle des begleitenden Wertpapierdienstleistungsunternehmens, DB 1996, 1909; *Kallmeyer*, Der Übernahmekodex der Börsensachverständigenkommission, AG 1996, 169; *Mayer/Zschocke*, Der deutsche Übernahmekodex, ÖBA 1996, 711; *Neye*, Der neue Übernahmekodex der Börsensachverständigenkommission, ZIP 1995, 1464; *Thoma*, Der neue Übernahmekodex der Börsensachverständigenkommission, ZIP 1996, 1725). Vgl. auch grundlegend *Reul*, Die Pflicht zur Gleichbehandlung bei Kontrolltransaktionen (1991) 276 ff.

17 Hrsg. vom (österreichischen) Bundesministerium für Justiz.

Schadenersatzansprüche gegen die Verwaltungsorgane zu verfolgen, verstärkt werden soll; abweichend vom bisherigen Recht soll derselben Minderheit auch die Möglichkeit zur Verfolgung von Ansprüchen aus verdeckter Gewinnausschüttung eingeräumt werden.

6.   Die Interessengegensätze

6.1. Der Interessengegensatz zwischen amtierendem Management und Aktionären

In der angelsächsischen Diskussion steht der Gegensatz zwischen dem amtierenden Management und den Aktionären im Vordergrund. Dies hängt m.E. mit der oben (Pkt 4.) skizzierten Eigentümerstruktur eng zusammen. Der Grundgedanke ist: Ein schlecht wirtschaftendes Management führt dazu, daß der Börsenkurs sinkt und ein Bieter (eine Konkurrenzgesellschaft oder ein Investor vom Typ des „Raiders") die Möglichkeit sieht, den Aktionären einen höheren Preis als den Börsenkurs zu bieten, in der Folge das Management auszuwechseln und schließlich den getätigten Aufwand mit zusätzlichem Gewinn wieder hereinzubringen (sei es durch Verkauf von nicht betriebsnotwendigem Vermögen, durch Zerschlagung insbesondere von Konglomeraten und Konzentration auf das Kerngeschäft oder durch anschließende Spaltungen, Fusionen bzw. Verkäufe von Teilbereichen an interessierte Konkurrenten, unter Umständen auch durch neuerlichen Börsegang etc.). Man spricht vom *Market for Corporate Control*[18] und sieht darin einen *Schutz der relativ machtlosen Kleinaktionäre* gegen das allmächtige Management. Die rechtliche Möglichkeit hiezu bestand an sich schon immer. Aber erst als in den 70-er Jahren ein historischer Tiefstand der Börsenkurse mit der neuen Bereitschaft des Kreditapparats, feindliche Übernahmen zu finanzieren, zusammentraf, und man hiezu die „Junk Bonds" erfunden hatte, wurden große feindliche Übernahmen zu einem weit verbreiteten Phänomen. In den letzten zehn Jahren ist allerdings hier eine gewisse Ernüchterung eingetreten[19].

   Die amerikanische Diskussion ist durch diesen Interessengegensatz zwischen Management und Aktionären geprägt. Die Übernahmesituation wird als Sonderfall

---

18 Vgl. dazu die grundlegenden Arbeiten von *Coffee,* Regulating the Market for Corporate Control, Columbia Law Review 1984, 1145; *Easterbrook/Fischel,* The Proper Role of a Target's Management in Responding to a Tender Offer, Harvard Law Review 1981, 1161; *dies.,* Corporate Control Transactions, Yale Law Review 1982, 698; *Manne,* Mergers and the Market for Corporate Control, Journal of Political Economy 1965, 110. Aus der deutschen Literatur vgl. z.B. *Adams,* Der Markt für Unternehmenskontrolle und sein Mißbrauch, AG 1989, 333; *Falkenhausen,* Das „Takeover-Game", FS *Stiefel* (1987) 163; *Meier-Schatz,* Managermacht und Marktkontrolle, ZGR 1985, 76; *ders.,* Unternehmenszusammenschlüsse mittels Übernahmeangebot, WuR 1987, 16.

19 Die Problematik wird eindrucksvoll dargestellt bei *Wymeersch,* Unternehmensführung in Westeuropa, AG 1995, 299; eine knappe und kritische Übersicht bringt *Lowenstein,* A Short and Not Altogether Happy History of Corporate Governance in the US, in: Aspects of Corporate Governance, edited by *Mats Isaksson* and *Rolf Skog,* Corporate Governance Forum, Stockholm (1994) 17; instruktiv hinsichtlich der Gründe für die Entstehung der unterschiedlichen Eigentümerstrukturen *Mark Roe,* Strong Managers, Weak Owners (The Political Roots of American Corporate Finance) (1994).

des Agency-Problems gesehen; je nach Standpunkt geht es darum zu verhindern, daß das Management aus eigennützigen Motiven eine sinnvolle Übernahme zu vereiteln versucht, oder die Übernahme nicht allzu sehr zu erleichtern, damit das Management in die Lage versetzt wird, den bestmöglichen Übernahmepreis für die Aktionäre „herauszuholen". In der Entwicklung der letzten Jahre spielt auch zunehmend die Allianz zwischen Management und den einzelnen Staaten eine Rolle, die durch eine weniger übernahmefreundliche Gesetzgebung bzw. Judikatur ihre Rechtsordnung als anwendbares Sitzrecht für das Management attraktiver machen[20]. Trotz des Gewinns für die Aktionäre wird bedauert, daß einige lebensfähige und gut etablierte Gesellschaften durch feindliche Übernahmen zerstört wurden[21].

Eindeutig ist jedenfalls der empirische Befund, daß die ausscheidenden Aktionäre der Zielgesellschaft profitieren; weniger eindeutig ist das Ergebnis für die Bieter[22].

Die hauptsächliche Bedeutung dieses Denkansatzes dominiert natürlich bei *Publikumsgesellschaften* mit zersplittertem Kleinaktionärsbesitz. Es lassen sich aber auch bei GmbHs mit relativ kleiner Gesellschafterzahl und bei Aktiengesellschaften mit verschiedenen Familienstämmen in der Gruppe der beherrschenden Gesellschafter, von denen nur ein Teil im Management präsent ist, ähnliche Phänomene beobachten.

Manchmal ist in der Praxis festzustellen, daß auch bei börsenotierten AGs mit Mehrheitsaktionären das Management gegen den Kontrollwechsel durch nichtöffentlichen Verkauf des Mehrheitspakets Widerstand leistet; dies gilt insbesondere, wenn die bisherige Mehrheit ihre faktische Leitungsmöglichkeit nicht oder nur wenig nutzte[23].

6.2. Interessengegensatz zwischen Kernaktionär bzw. Mehrheitsaktionär und (börsenotiertem) Streubesitz

Während also der Interessengegensatz zwischen Aktionär und Management typisch für die Publikumsgesellschaft mit breitem Streubesitz ist, tritt bei der in Deutschland und Österreich viel häufigeren AG mit einem kontrollierenden Kernaktionär bzw. beherrschenden Mehrheitsaktionär der Gegensatz zwischen diesem und dem Kleinaktionär in den Vordergrund.

Denn wenn die Rechtsordnung nicht gegensteuert, so ist bei dieser Eigentümerstruktur der beherrschende Aktionär nach allen empirischen Befunden in der

---

20 Vgl. *Schön*, Mindestharmonisierung im europäischen Gesellschaftsrecht, ZGR (1996) 221 (232 ff); *Merkt*, Das europäische Gesellschaftsrecht und die Idee des „Wettbewerbs der Gesetzgeber", RabelsZ (1995) 545; *Romano*, The Genius of American Corporate Law (1993).

21 Siehe z.B. *Lowenstein*, aaO (FN 19) 20.

22 Vgl. *Bradley* in *Wheeler*, The Law of the Business Enterprise (Oxford Reader) (1994) 185 mwN; für die USA positiv *Jensen*, Takeovers, Their Causes and Consequences, Journal of Economic Perspectives 1988 (II/1), 21.

23 Dies war in Österreich z.B. bei der Übernahme der Veitscher-Magnesit AG durch den Kahane-Konzern und der Creditanstalt durch die Bank Austria zu beobachten.

Lage, das die Beherrschungsmacht vermittelnde Aktienpaket außerbörslich um einen über dem Börsenkurs liegenden Preis zu verkaufen, ohne diesen Mehrerlös mit den Kleinaktionären teilen zu müssen. Daß der Börsekurs den im Kaufpreis abgebildeten Wert des Unternehmens nicht voll widerspiegelt[24], kann verschiedene Gründe haben: z.B.

- weil für den Markt unerkennbare *nicht betriebsnotwendige Reserven* vorhanden sind, oder
- weil der Erwerber durch die Zusammenführung mit seinen eigenen unternehmerischen Aktivitäten *Synergieeffekte* lukrieren kann.

Im ersten Fall könnte modelltheoretisch ein perfektes, die Minderheitsaktionäre schützendes Konzernrecht eine ungleichmäßige Verteilung der stillen Reserven verhindern; wenn dann die stillen Reserven vom Erwerber „gehoben" werden, so müßten sie als Gewinn dem Großaktionär und den Kleinaktionären proportional zur Beteiligung zufließen. In diesem Bereich ist also die bisherige deutsche Position[25] vertretbar, daß das deutsche Konzernrecht einen ausreichenden und gleichmäßigen Schutz bietet und insofern der Takeover-Regulierung als Konzerneingangs-Schutz sogar überlegen ist, als es die Konzentration des Kapitals in der Hand des Erwerbers überflüssig macht. Fraglich ist das Ergebnis, wenn man trotz aller Anerkennung der Leistung des deutschen Konzernrechts, insbesondere des Konzeptes des faktischen Konzerns (§§ 311 ff dAktG), realistischerweise mit gewissen Nachteilen für die Kleinaktionäre rechnet.

Die Verteidigung des deutschen Konzernrechts wird jedoch in der zweiten Fallgruppe, in welcher der Erwerber durch Einordnung des erworbenen Unternehmens in seine eigene Konzernstruktur mit Synergiegewinnen rechnet, zu einer Prinzipienfrage. Dem geschickt verhandelnden Paketverkäufer gelingt es meist, einen Teil dieses vom Erwerber erwarteten Synergiegewinnes im Kaufpreis für sich zu beanspruchen. Diesen Gewinn braucht der Paketkäufer nach der überwiegenden Auffassung der deutschen Rechtsprechung und Lehre mit den Kleinaktionären nicht einmal dann zu teilen[26], wenn er am Ende seiner Transaktion einen Vertragskonzern errichtet und das erworbene Unternehmen voll seinen konzernalen Interessen unterordnet. Der Kleinaktionär hat nach überwiegender Auffasung nur Anspruch auf Ersatz seines Anteils an dem „stand-alone" bewerteten abhängigen Unternehmen.

Hingegen zwingt das englische Recht den neuen kontrollierenden Aktionär ab Erwerb von 30% der Aktien, allen im Streubesitz befindlichen Aktionären für alle Aktien ein gleich gutes Angebot zu machen[27].

---

24 Vgl. zur Kritik an der These der Kapitalmarkteffizienz *Reul*, aaO (FN 16) 138 ff mwN.

25 Vgl. insbesondere *Lutter*, aaO (FN 6) und *Hommelhoff*, aaO (FN 6). AA z.B. *Emmerich/Sonnenschein*, Konzernrecht[5] (1993) 15.

26 *Hüffer*, AktG[2] (1995) Rz 22 zu § 305; *Koppensteiner* in Kölner Kommentar[2] (1987), Rz 34 zu § 305. Siehe *Hüffer*, Rz 21 zu § 305 und *Koppensteiner* Rz 37 zu § 305 auch zur Frage, ob vom Erwerber in der Vergangenheit bezahlte Preise für Aktien bei der Bewertung zu berücksichtigen sind.

27 Rule 9 des City Codes on Takeovers and Mergers (December 1996 Edition), hrsg. vom Panel on Takeovers and Mergers, wonach der Erwerber beim Pflichtangebot den höchsten Preis bieten muß, den er in den vorangegangenen 12 Monaten irgendeinem Verkäufer an der Börse oder außerbörslich bezahlt hat.

Dies führt zur prinzipiellen Gleichbehandlung aller Aktionäre. Grundlage dieser rechtspolitischen Wertung ist die aus einer gleichen Beteiligung fließende gleiche Anwartschaft aller Gesellschafter auf den Nutzen aus der gesellschaftsrechtlichen Vermögens- und Herrschaftsposition, einschließlich des Anteils am potentiellen Synergiegewinn, den der Käufer den Verkäufern konzediert. Dies gilt in England nicht nur, wenn der Erwerb des Kontrollpakets über die Börse erfolgte, sondern auch dann, wenn der Kontrollwechsel durch *außerbörslichen Pakethandel* vor sich gegangen ist, obwohl dieser Fall in England weniger Bedeutung als in Österreich und Deutschland hat.

Da in Österreich und Deutschland üblicherweise der Kontrollerwerb als Kontrollwechsel durch außerbörslichen Pakethandel vor sich geht, ist der Interessengegensatz zwischen Mehrheitsaktionär (bzw. Kernaktionär) und Kleinaktionären viel häufiger und auch schärfer ausgeprägt. Der Interessengegensatz wird aktualisiert, wenn eine börsenotierte Familien AG, eine Bank oder der Staat (also häufig Anleger mit keinen oder schwach ausgeprägten verwandten unternehmerischen Interessen) an einen konkurrierenden oder branchennahen Mehrheitsaktionär verkaufen.

Meines Erachtens ist daher der deutsche Widerstand gegen die 13. Richtlinie nicht nur daraus zu erklären, daß das darin enthaltene angelsächsische *Takeover-Recht als Fremdkörper im Umfeld des deutschen Konzernrechts* empfunden wird, sondern auch daraus, daß dadurch in bestehende *Interessen der deutschen Mehrheitsaktionäre* bzw. Gruppen, die gemeinsam Mehrheitspakete bilden, *eingegriffen* würde. Dies wird durch die österreichische Diskussion belegt: Soweit Widerstand gegen das geplante Übernahmerecht im jetzigen Stadium zu erkennen ist, konzentriert sich dieser – wie in Deutschland – gegen das obligatorische Übernahmeangebot bei Kontrollwechsel im allgemeinen und gegen das Postulat, hiebei die Kleinaktionäre gleich gut wie den Paketveräußerer zu behandeln: *Die Mehrheitsaktionäre verteidigen die alleinige Verfügungsmacht über die Kontrollprämie (den Paketzuschlag).*

6.3. Interessengegensatz zwischen verkaufswilligen Mehrheitsaktionären (Kontrollaktionären) und Gesellschaften (bzw. Mehrheits- oder Kontrollaktionären), die an günstigem Eigenkapital interessiert sind

Bedenkt man die eben dargestellte Interessenlage des Mehrheitsaktionärs und den Umstand, daß der Großteil der börsenotierten Aktiengesellschaften in Österreich (wie in Deutschland) mehrheitlich in festen Händen ist, so wäre an sich, wie in der Vergangenheit in Deutschland, eine breite Ablehnung des obligatorischen Übernahmeangebotes bei Paketwechsel zu erwarten. Daß dies in Österreich nicht in demselben Ausmaß wie in Deutschland der Fall ist, hat seinen Grund nicht nur in der politischen Sondersituation, die durch die „feindliche" Übernahme der Creditanstalt seitens der Bank Austria AG entstanden ist (siehe oben Pkt. 1.). Dies hängt vielmehr auch damit zusammen, daß die *Attraktivität des österreichischen Kapitalmarkts verbessert* werden soll, um damit bessere Veräußerungserlöse bei Privatisierungen und sonstigen Public Offerings zu erzielen, aber auch um bei Kapitalerhöhungen Zugang zu günstigem ausländischen Eigenkapital für österreichische Unternehmen zu sichern.

Will man nämlich bei Privatisierungen des Anteilsbesitzes der öffentlichen Hand aber auch bei über 50% hinausgehenden Verkäufen durch private Aktionäre verhindern, daß die Zentren der Willensbildung für operative Entscheidungen durch Paketverkauf an ausländische *Konzerne* sofort ins Ausland abwandern, so müssen ausländische *institutionelle Anleger* mobilisiert werden. Denn inländisches Kapital ist teils aus Mißtrauen gegenüber der Aktie, teils wegen der Enge des österreichischen Kapitalangebotes nicht in ausreichendem Umfang vorhanden.

Als sich die österreichische Koalitionsregierung 1993 entschloß, die mehrheitliche Privatisierung der verstaatlichten Unternehmungen durchzuführen, war von vornherein klar, daß nur ein kleiner Teil bei inländischen Aktionären plaziert werden kann. Es kam also darauf an, die angebotenen österreichischen Aktien auch im Ausland hinreichend attraktiv zu machen. Die Erfahrung hat gelehrt, daß die Nachfrage überwiegend aus Großbritannien und zu einem etwas geringeren Teil aus den USA kommt. Um bei diesen Investoren den bestmöglichen Erlös zu erreichen, empfiehlt es sich, die „Spielregeln" der ihnen vertrauten Kapitalmärkte auch in Österreich einzuführen. Dies nutzt nicht nur der österreichischen öffentlichen Hand für weitere geplante Privatisierungen, sondern auch bestehenden österreichischen Privatunternehmungen, die ihre Aktien bei Finanzinvestoren im Ausland plazieren wollen, sei es bei Initial Public Offerings oder Secondary Public Offerings, sei es bei Kapitalerhöhungen in späterer Folge. Durch die Einführung einer zunächst für den *in- und ausländischen Kapitalanleger freundlichen Regelung wird also mittelbar auch eine für die inländische Wirtschaft günstige Regelung getroffen*: Bestehende Beteiligungen lassen sich leichter verkaufen, neues Kapital ist leichter, damit letztlich billiger beschaffbar[28]. Gleichzeitig entsteht aber durch die Regelung ein *Interessengegensatz zu beherrschenden Mehrheitsaktionären* jener bereits börsenotierten Gesellschaften, bei welchen sich der Mehrheitsaktionär den *außerbörslichen Verkauf seines Paketes* an einen neuen Aktionär (insbesondere an einen anderen Konzern), der möglicherweise einen Paketzuschlag zu zahlen bereit ist, offenhalten will.

6.4. *Öffentliche Interessen, Steuerrecht, Sozialrecht, regionale Interessen, Interessen der Arbeitnehmer, Interessen allfälliger Lieferanten etc.*

Insbesondere bei der Realisierung von Zusammenlegungen, Schließung von Standorten, Freisetzung von Arbeitnehmern, Zentralisierung der Einkaufsquellen etc., kommt es unter Umständen zu einem regionalen Anstieg der Arbeitslosigkeit, zum Rückgang von öffentlichen Einnahmen (Sozialversicherung, Steuern) und zu gleichzeitiger Zunahme der Belastung öffentlicher Kassen durch gegensteuernde Sozialmaßnahmen. Der Gegensatz zwischen den Interessen des gewinnmaximierenden neuen kontrollierenden Gesellschafters und diesen öffentlichen Interessen ist gerade für einen kleinen Staat evident. Aus ökonomischer Sicht ist bisher

---

28 Auskünfte von Beamten der Wiener Börse bestätigen, daß ausländische institutionelle Anleger immer wieder die Frage stellen, wie das Übernahmerecht geregelt ist. In ähnlicher Weise fragen ausländische Investoren bei den Gesellschaften, ob es Stock-Option-Pläne für das Spitzenmanagement gibt.

für Österreich nicht untersucht, wie sich steuerrechtliche Regelungen erleichternd oder erschwerend auf den Übernahmevorgang auswirken, insbesondere ob nicht ein Teil des Synergiegewinns letztlich durch die öffentliche Hand erst geschaffen wird, z.B. indem sonst verlorengehende Verlustvorträge noch „nutzbar" gemacht werden[29] oder indem solche geschaffen werden[30]. Eine ähnliche Analyse für das Sozialrecht fehlt ebenfalls.

6.5. Interesse an funktionierendem Wettbewerb (Wettbewerbsrecht)

Man kann dieses Interesse als einen Sonderfall öffentlichen Interesses begreifen. Angestrebte Synergiegewinne ergeben sich häufig dadurch, daß die Zusammenlegung der Aktivitäten der Zielgesellschaft mit den Aktivitäten der Bietergesellschaft zu einer *Konzentration* führt. Die Zahl der Marktteilnehmer sinkt, bestehende Anlagen lassen sich besser ausnützen, der Marktanteil wächst, es entstehen zunehmend oligopolistische Strukturen. Die wettbewerbsrechtlichen Aspekte dieser Vorgänge werden getrennt vom kapitalmarkt- und gesellschaftsrechtlichen Bereich durch das Kartellrecht[31] erfaßt. Die Verzahnung von Kartellrecht und Takeover-Recht kann zu einem Innehalten des Verfahren vor oder nach Abgabe der verbindlichen Annahmeerklärungen führen[32].

7. Schlußfolgerungen unter Berücksichtigung der politischen Vorgaben und der betroffenen Interessen[33]

In einer beim österreichischen Bundesministerium für Justiz tätigen Arbeitsgruppe wird derzeit ein Gesetzesentwurf erarbeitet[34]. Es wurde bereits (oben Pkt. 1.) geschildert, daß die Koalitionsregierung im Zusammenhang mit dem Kompromiß betreffend den Erwerb der Mehrheit der Creditanstalt durch die Bank Austria die rasche Verabschiedung eines Übernahmegesetzes beschlossen hat. Daher besteht jedenfalls breiter politischer Konsens darüber, daß es zu einem Gesetz kommen soll.

So gut wie einig ist man sich auch, daß der jetzt vorliegende Entwurf der dreizehnten Richtlinie befolgt werden soll und daß Österreich insbesondere nicht von der Option des Artikel 3 Gebrauch machen wird (vgl. oben Pkt. 2. und Pkt 5.).

---

29 *Lowenstein,* aaO (FN 19) 20. Vgl. § 4 österreichisches Umgründungssteuergesetz und *Zöchling* in *Wundsam/Zöchling/Huber/Kuhn,* Handkommentar zum Umgründungssteuergesetz[2] (1995) § 4.

30 *Werner Doralt,* Steueroase Österreich, Ö. Steuerzeitung, 1994, 207; *ders.,* Steueroase Österreich – Firmenwertabschreibung und Etikettenschwindel, ecolex 1995, 661 mwN.

31 Vgl. dazu § 41 ff öKartellG 1988, BGBl. 600/1988 idF BGBl. 520/1995. Hinsichtlich des EU-Kartellrechts vgl. insbesondere die auf Artikel 87 und 235 EG-Vertrag gestützte Fusionskontrollverordnung Nr. 4064/89 vom 21. Dezember 1989, ABl. 1989 Nr. L. 395.

32 Vgl. in diesem Zusammenhang Rule 12 des englischen City Code oder Artikel 37 f der königlich spanischen Verordnung 1197/1991 über die Regelung der öffentlichen Übernahmeangebote, B.O.E. 184 vom 2.8.1991.

33 Die nachfolgenden Überlegungen geben den Stand der Diskussion Anfang Mai 1997 wieder.

34 Der Verfasser ist Mitglied der Arbeitsgruppe.

Die bisherige Diskussion hat auch bewußt gemacht, daß es in Österreich zwar nur ganz wenige Gesellschaften gibt, bei welchen in näherer Zukunft ein öffentliches Übernahmeangebot nach amerikanischem oder englischem Vorbild zum Erwerb einer Kontrollaktionärs-Position oder Mehrheitsaktionärs-Position führen kann. Diese wenigen Gesellschaften haben aber wegen ihrer Größe eine gesamtösterreichische Bedeutung, sodaß schon deshalb die Regelung des Übernahmeangebots – abgesehen von dem tagespolitischen Anlaß und der Entwicklung in der EU – zweckmäßig ist.

Es wird nun aber auch klar erkannt, daß in Österreich viel häufiger die Frage des Pflichtübernahmeangebotes, das durch außerbörslichen Pakethandel ausgelöst wird, eine Rolle spielen wird. Hier wurde der oben geschilderte Interessengegensatz zwischen dem potentiell verkaufswilligen Großaktionär und dem Streubesitz bewußt.

Der Unterschied in der Interessenlage eines verkaufswilligen Großaktionärs, der auf den Verkauf an einen neuen Paketinhaber setzt und daher den Paketzuschlag (insb. als Ausdruck eines vom Erwerber erhofften Synergiegewinns) nicht mit dem Kleinaktionär teilen will, und eines Großaktionärs, der entweder an ein in- und ausländisches Public Offering oder an Kapitalerhöhungen denkt, wurde ebenfalls bewußt. In den in Fachkreisen geführten Beratungen ist klar geworden, daß ein bei Paketbesitzwechsel vorgeschriebenes Angebot an die Kleinaktionäre von institutionellen Anlegern besonders im Ausland positiv beurteilt wird und daher im Interesse eines funktionsfähigen österreichischen Kapitalmarks liegt. Andererseits wird deutlich, daß durch das Pflichtangebot der außerbörsliche Paketverkauf erschwert wird, weil der Käufer einen höheren Betrag bereitstellen muß und der für den Paketverkäufer erzielbare Zuschlag durch die Einführung eines Pflichtangebotes niedriger wird. Überlegt wird, ob diese Erschwerung der Übernahme eher den Schutz vor feindlichen ausländischen Übernahmen erhöht oder eher notwendige strukturbereinigende Übernahmen durch österreichische Unternehmen erschwert und damit Übernahmen durch ausländische Bieter erleichtert. Dieses Argument übersieht freilich, daß die kapitalkräftigeren ausländischen Bieter auch ohne Einführung des Pflichtangebotes eher in der Lage sind, einen inländischen Bieter zu überbieten[35].

Die Beschäftigung mit den Detailproblemen des Übernahmerechtes veranlaßt zur Berücksichtigung der *ausländischen Vorbilder*. Abgesehen vom Vorschlag für die dreizehnte *Richtlinie* und deren Vorgängern spielen vor allem das *Schweizer Bundesgesetz über die Börsen und den Effektenhandel*[36] sowie die derzeit hiezu vorliegenden Ausführungsbestimmungen[37] eine wesentliche Rolle. Beachtung finden

---

35 Nur unter sehr engen Annahmen kann das Argument eine Rolle spielen. Der österreichische Bieter mit wenig Kapital (letztlich also einer geringen Eigenkapitalausstattung) müßte bereit sein, eine niedrigere Rendite für das erworbene Paket in Kauf zu nehmen als der Ausländer. Unter der Annahme liquider Märkte dürfte das Argument überhaupt keine Rolle spielen.

36 Bundesgesetz über die Börsen und den Effektenhandel (BEHG) vom 24.3.1995, BBl 1993 I 1396.

37 Entwurf der Eidgenössischen Bankenkommission zur Verordnung der Eidgenössischen Bankenkommission über die Börsen und den Effektenhandel; Entwurf der Übernahmekommission zur Verordnung der Übernahmekommission über öffentliche Kaufangebote; Entwurf der Übernahmekommission zum Reglement der Übernahmekommission.

auch die Formulierungen des deutschen *Übernahmekodex*[38] und selbstverständlich die Bestimmungen des *City Code*[39]. Zu Einzelfragen werden auch das *spanische*[40] *und das französische*[41] *Übernahmerecht* herangezogen.

Inhaltlich besteht weitgehend Übereinstimmung, daß das Gesetz hauptsächlich den österreichischen *Kapitalmarkt stärken* und damit die Zufuhr von Eigenkapital für die österreichische Wirtschaft gewährleisten soll. Die Einführung des Pflichtangebotes wird vor diesem Hintergrund gesehen. Um einen *Kompromiß* zwischen den geschilderten Interessen des potentiell verkaufswilligen Paketaktionärs und der Publikumsaktionäre sowie derjenigen Großaktionäre, die Public Offerings und Kapitalerhöhungen im Auge haben, zu erreichen, dürfte voraussichtlich nach Schweizer Vorbild[42] zugunsten der verkaufswilligen Paketaktionäre ein gewisser *Abschlag vom Paketpreis gesetzlich* ermöglicht werden. Derzeit ist ein Abschlag von *10 bis 15 Prozent* in Diskussion.

Damit würde man zwar vom Vorbild des City Codes mit seiner vollen Gleichbehandlung abweichen; Gesellschaften, die dies wollen, soll aber der Weg dorthin nicht verschlossen werden. Ursprünglich stand man der Vorstellung, den Gesellschaften Gestaltungsspielraum offenzulassen, ablehnend gegenüber, weil dadurch der ohnehin kleine österreichische Kapitalmarkt für den ausländischen Investor noch unübersichtlicher wird. Doch in der Zwischenzeit hat sich die Vorstellung durchgesetzt, daß man den Mehrheitsaktionären verschiedene Wege offenlassen soll. Niemand plädiert für die Möglichkeit, den höchstzulässigen Abschlag vom Paketpreis durch eine Satzungsbestimmung über die gesetzliche Grenze hinaufzusetzen[43]. Hingegen soll es den Gesellschaften (bzw. ihren Mehrheits- oder Kernaktionären), die auf die Pflege ihrer Stellung am Kapitalmarkt Wert legen, ermöglicht werden, den in Aussicht genommenen Abschlag vom Paketpreis von 10–15% in der Satzung zu reduzieren oder auszuschließen. Jede einzelne Gesellschaft könnte also für sich den Standard des City Code festsetzen.

Eine weitere Möglichkeit der Satzungsgestaltung soll beim Prozentsatz, der das Pflichtangebot auslösen wird, vorgesehen werden. Der *gesetzliche Schwellenwert*, der die Übernahmepflicht auslöst, soll *voraussichtlich bei 30 Prozent* fest-

---

38 Vgl. oben FN 16.
39 Vgl. FN 27. Eine Einführung in die Problematik des City Code enthält A Practitioner's Guide to the City Code on Takeovers and Mergers, edited by *Maurice Button* and *Fiona Buxton* (1996 Edition); *Begg,* Corporate Acquisitions and Mergers (Loseblattsammlung); *Weinberg* and *Blank* on Takeovers and Mergers (Loseblattsammlung); siehe auch die instruktive Darstellung bei *Stern,* aaO (FN 4).
40 Art 60 des Gesetzes über den Wertpapiermarkt vom 28.7.1988, B.O.E. 181 vom 29.7.1988; für die Ausführungsbestimmungen vgl. FN 32. Vgl. dazu *Rojo,* Übernahmeangebote im spanischen Recht, AG (1994) 16.
41 Règlement Général des CBV, bestätigt durch Erlaß vom 28.9.1989, J.O. vom 30.9.1989, idF Erlaß vom 9.6.1994, J.O. vom 18.6.1994; *Schoen,* The French Stock Exchange (1995) 77 ff.
42 Vgl. Art 32 Abs 4 BEHG, wonach ein Abschlag von bis zu 25 Prozent zulässig ist.
43 Abschreckend wirken hier die Fragen, wie eine derartige Regel im Einzelfall gerechtfertigt werden soll und ob sie nicht von jedem Minderheitsaktionär angefochten werden kann, wenn nicht das Anfechtungsrecht in unschöner Weise gesetzlich ausgeschlossen werden sollte.

gelegt werden. Es wird aber erwogen, der *Satzung die Herabsetzung auf 25* und hier auch die *Erschwerung durch Erhöhung auf 50 Prozent* zu ermöglichen[44].

Hinsichtlich des *Anwendungsbereiches* soll vorgesehen werden, daß jedenfalls alle zum amtlichen Handel oder zum geregelten Freiverkehr an einer österreichischen Börse zugelassenen Aktiengesellschaften mit Sitz in Österreich erfaßt werden sollen; darüber hinaus werden wohl auch Aktiengesellschaften mit Sitz in der EU erfaßt werden, wenn die Erstzulassung zum amtlichen Handel oder zum geregelten Freiverkehr an einer österreichischen Börse erfolgt ist und die Gesellschaft nach wie vor an dieser Börse gehandelt wird[45]. *Gegenstand* des Übernahmeangebotes werden voraussichtlich alle *Beteiligungspapiere* sein, das sind Papiere, die einen Anteil am Gewinn oder an der Substanz darstellen, also insbesondere auch stimmrechtslose Vorzugsaktien und Genußscheine. Hingegen wird es bei Festlegung des Schwellenwertes für das Pflichtangebot (voraussichtlich 30%, s.o.) *nur auf die stimmberechtigten Papiere* ankommen.

Nach dem Vorbild der EU-Richtlinie und des City Code sollen *allgemeine* Grundsätze in einer der Einleitungsbestimmungen verankert werden (Gleichbehandlungsgrundsatz, Transparenzgrundsatz, Verpflichtung der Organe der Zielgesellschaft zur Wahrung der Interessen ihrer Aktionäre, Verhinderung von Marktverzerrungen durch einsickernde Informationen, rasche Durchführung des Übernahmeverfahrens)[46]. Die Verankerung von solchen Grundsätzen erscheint zweckmäßig, um einen Auslegungsmaßstab für Einzelentscheidungen zu haben (insb. auch für Analogieschlüsse und teleologische Reduktionen) aber auch, um die nach dem Legalitätsprinzip[47] erforderliche Determination für Verordnungen im Gesetz zu verankern.

Zunächst soll die Entscheidung über die Gesetzmäßigkeit und Angemessenheit von Angeboten und Reaktionen der Zielgesellschaft einer *Übernahmekommission* überlassen bleiben, die sich nach dem Prinzip der *Selbstregulierung* aus Vertretern der beteiligten Verkehrskreise (Investmentbanken, Emittenten, Investoren, Wertpapierdienstleistungsunternehmungen) zusammensetzen soll. Stellungnahmen und Empfehlungen dieser Kommission sollen genügen, wenn beide Seiten diese Entscheidungen der Übernahmekommission akzeptieren. Andernfalls soll eine *Übernahmebehörde*, die nach Artikel 133 Z 4 Bundes-Verfassungsgesetz zusammenzusetzen ist, als einzige und letzte Instanz entscheiden[48]. Damit soll dem Erfordernis rascher und endgültiger Entscheidung genüge getan werden. Aus verfassungsrechtlichen Gründen wird es wohl notwendig sein, dieser Behörde alle Angelegenheiten

---

44 Vgl. Art 32 Abs 1 BEHG.

45 Vgl. Art 1 des Richtlinienentwurfes. Vgl. die Kritik dieser kapitalmarktrechtlichen Anknüpfung bei *Schuster,* aaO (FN 5) 238 f.

46 Vgl. Art 5 des Richtlinienentwurfes.

47 Art 18 Abs 1 österreichisches Bundes-Verfassungsgesetz (B-VG) BGBl 1/1930 idgF.

48 Behörden nach Art 133 Z 4 B-VG werden als Kollegialbehörden mit richterlichem Einschlag bezeichnet, da ihnen zumindest ein Richter angehören muß. Diese Behörden sind weisungsfrei; entscheiden sie letztinstanzlich (wie die Übernahmebehörde) unterliegen ihre Entscheidungen nicht der Aufhebung durch den Verwaltungsgerichtshof (vgl. einführend, *Mayer,* Kurzkommentar zum österreichischen Bundes-Verfassungsrecht (1994) III zu Art 133 B-VG).

aufzutragen, welche rechtskräftige Entscheidungen erforderlich machen oder zu Sanktionen führen sollen.

Nicht zuletzt um die Arbeit für die Behörde zu erleichtern, sollen sowohl der Bieter als auch die Zielgesellschaft verpflichtet sein, einen sachverständigen *Berater* beizuziehen. Dies kann entweder eine Investmentbank oder ein Wirtschaftsprüfer sein. Beim Bieter soll der Berater bestätigen, daß die Angebotsunterlagen dem Gesetz entsprechen und die für die Durchführung des Übernahmeangebots erforderliche Finanzierung bereitsteht. Bei der Zielgesellschaft ist es die Aufgabe des Beraters, kritisch die Stellungnahmen des *Vorstands der Zielgesellschaft* zu prüfen. Dies erscheint[49] deshalb geboten, weil gerade in den häufigen Fällen des durch den Paketübergang ausgelösten Kontrollwechsels die amtierenden Vorstandsmitglieder dem Druck des alten oder neuen Mehrheitsaktionärs ausgesetzt sein werden, so daß die Stärkung ihrer Unabhängigkeit durch einen Berater zweckmäßig ist. Dem Vorstand der Zielgesellschaft soll als Maßstab für seine Stellungnahme und für sein Verhalten im Übernahmeverfahren aufgetragen werden, so zu handeln, wie es den gemeinsamen *Interessen aller Aktionäre* unter Berücksichtigung der Interessen der Arbeitnehmer, der Gläubiger und des öffentlichen Interesses entspricht. Die Formulierung läßt leicht erkennen, daß sie dem Text des § 70 Abs 1 öAktG nachempfunden ist[50]. Die Bestimmung ist insofern übernahmefreundlich, als sie klarstellt, daß der Vorstand der Zielgesellschaft keine Interessen des „Unternehmens an sich" zu berücksichtigen hat.

Zur Vermeidung von Marktverzerrungen wird es notwendig sein, einem Bieter vorzuschreiben, seine Übernahmeabsichten vorzeitig bekanntzumachen, wenn sich diese nicht länger geheimhalten lassen; bis dahin sollte die strikte *Geheimhaltung* der Übernahmeabsicht vorgesehen werden. Die Materie macht also wohl eine Spezialregelung des Problemkreises der Ad-Hoc-Publizität[51] notwendig.

Weiters sind die derzeit in den §§ 91 ff BörseG vorgesehenen *Meldepflichten* zu verschärfen; voraussichtlich wird der Erwerb von zusätzlich je 5% meldepflichtig. Die Sanktionierung unterlassener Meldepflicht durch Geldstrafen wird gerade in einem kleinen Kapitalmarkt mit großem Auslandsbesitzanteil nicht ausreichen. Daher wird bei Verletzungen das Ruhen von Aktionärsrechten, insbesondere des Stimmrechts, vorzusehen sein. Gleichartige Sanktionen sind für die Verletzung zur Stellung eines Pflichtangebotes erforderlich, weil damit zu rechnen ist, daß auch hier die Durchsetzung von Verwaltungsstrafen im Ausland unmöglich ist und jedenfalls keinen ausreichenden Druck schafft.

Ein schwieriges Problem ist mit der Erweiterung der Meldepflicht und der Bieterpflichten auf Personen verbunden, die mit dem Paketerwerber in einem *Konzernverhältnis* stehen oder sich zumindest mit ihm *abstimmen*. Nach dem Vorbild

---

49 Nach englischem Vorbild; vgl. Rule 3.1. City Code.

50 Vgl. dazu *Kastner/Doralt/Nowonty,* Grundriß des österreichischen Gesellschaftsrecht[5], (1990), 227 f, mwN; im Gegensatz zum § 70 Abs 1 dAktG, 1937 ist nach öAktG das Unternehmensinteresse vorrangig, die Interessen der Aktionäre, die Arbeitnehmerinteressen und das öffentliche Interesse sind nur zu berücksichtigen.

51 Vgl. derzeit § 82 Abs 6 öBörseG; neugeregelt durch BGBl. 753/1996.

von Note 1 ff zu Rule 9.1. des City Codes und Artikel 32 BEHG sowie Artikel 29 des Verordnungsentwurfs der Eidgenössischen Bankenkommission[52] sollen diese Pflichten auf alle Personen erweitert werden, die gemeinsam mit dem Bieter ihr Vorgehen im Hinblick auf ein Angebot oder auf die Ausübung der Stimmrechte aufeinander abstimmen, sei es auf Grund eines Vertrages, auf Grund der Zugehörigkeit zum selben Konzern oder sonst auf Grund abgestimmter Verhaltensweisen. Der Übernahmebehörde soll die Kompetenz zur Entscheidung in Zweifelsfällen zukommen, für bestimmte Situationen soll sie auch eine Befreiung von der Pflicht, ein Angebot abzugeben, gewähren können. Dies betrifft vor allem den Fall, daß bei einem Mehrheitswechsel in einer Konzernspitze durch die konzernmäßige Zusammenrechnung des Beteiligungsbesitzes auch die Pflicht zur Erstellung eines Übernahmeangebotes bei Tochtergesellschaften ausgelöst wird. Hier soll die Übernahmebehörde insbesondere dann eine Ausnahme bewilligen können, wenn eine Gefährdung der freien Aktionäre nicht zu besorgen ist (insbesondere bei bloßen Finanzbeteiligungen, wie sie z.B. bei österreichischen Banken häufig sind, nicht jedoch, wenn bei Beteiligung des Erwerbers in gleichartigen Branchen eine Gefährdung der freien Aktionäre zu befürchten ist)[53]. Eine weitere Befreiungskompetenz soll bei Sanierungsfällen, bei bloß vorübergehendem Erwerb und bei Verwertung von Kreditsicherheiten bestehen.

8. Ausblick

Bemerkenswerterweise ist nach dem bisherigen Stand der Diskussionen kaum die Forderung zu erwarten, im Gesellschaftsrecht zusätzliche Werkzeuge zur Erschwerung der Übernahme vorzusehen[54], obwohl, wie geschildert, einige bedeutende österreichische Unternehmungen, die keinen Mehrheitsaktionär haben, Zielgesellschaften eines feindlichen Übernahmeangebotes sein könnten. Für den Fachmann ist freilich erkennbar, daß auch nach dem jetzigen Diskussionsstand die voraussichtliche Übernahmeregelung gesellschaftsrechtliche Implikationen haben wird. Ich verweise nur auf die Pflichten des Vorstandes der Zielgesellschaft. Selbst wenn man, wie es geplant ist, die Regelung als primär kapitalmarktrechtliche Bestimmung begreift, wird sie auch die Diskussion über die Gleichbehandlung im allgemeinen Gesellschaftsrecht anregen. Schließlich macht das Vorhaben mehr als deutlich, wie die europäische Entwicklung[55] auch die Entwicklung des nationalen Gesellschaftsrecht in der Gesetzgebung, in der Lehre und in der Praxis vorantreibt, also in jenen Ebenen, denen der Jubilar während seines langen Berufslebens gedient hat.

---

52 Vgl. FN 37.
53 Vgl. Note 7 zu Rule 9.1. City Code.
54 Siehe für Deutschland z.B. *Knoll*, Die Übernahme von Kapitalgesellschaften (1992) 203 ff; *Van Dubel*, Vorstandspflichten bei Übernahmeangeboten (1996); jüngst *Michalski*, Abwehrmaßnahmen gegen unfreundliche Übernahmeangebote ("unfriedly takeovers") nach deutschem Aktienrecht, AG 1997, 152.
55 Siehe zuletzt die Ausführungen von *Kropff* zur ersten bilanzrechtlichen Entscheidung des EUGH, ZGR 1997, 115 ff.

Fragen der Prüfung des Jahresabschlusses durch den Aufsichtsrat

KARL-HEINZ FORSTER

I. Vorbemerkung

Mit dem Zusammenwirken von Aufsichtsrat und Abschlußprüfer und insbesondere mit der in diesem Zusammenhang anstehenden eigenständigen Prüfung des Jahresabschlusses durch den Aufsichtsrat hat sich der mit dieser Festschrift Geehrte lange Jahre hindurch intensiv befaßt. Das beweist nicht nur die von ihm verantwortete Kommentierung zu den §§ 170 ff. AktG in Band III seines zusammen mit *Geßler, Hefermehl* und *Eckardt* herausgegebenen Kommentars[1] – eigentlich brauchte man sich nach dessen Lektüre überhaupt nicht mehr mit den hier angeschnittenen Fragen zu befassen –, sondern auch seine Tätigkeit als Aufsichtsratsvorsitzender und Aufsichtsratsmitglied von Industrieunternehmen sowie seine langjährige Tätigkeit in der Abteilung Industrielles Bundesvermögen des Bundesfinanzministeriums. Ob die gerade hier notwendige Befassung mit Prüfungsberichten stets ein Quell reiner Freude war, lasse ich aus guten Gründen dahingestellt. Trotz solcher Vorbehalte hoffe ich, daß die folgenden Ausführungen auf sein Interesse stoßen, vielleicht geben sie *Bruno Kropff* in dem einen oder anderen Punkt auch Anlaß zu weiteren Ausführungen oder Ergänzungen.

Aus dem umfangreichen Komplex von Fragen[2] sollen im folgenden drei näher betrachtet werden, nämlich die Fragen,

– wie weit sich der Aufsichtsrat und die einzelnen seiner Mitglieder bei der eigenen Prüfung auf den Prüfungsbericht des Abschlußprüfers stützen dürfen,

– inwieweit sie Dritte beiziehen dürfen oder sollten, und

– welche Pflichten und Möglichkeiten der Aufsichtsrat in bezug auf Bilanzierungsentscheidungen hat, die der Sache nach Ergebnisverwendungen sind.

Dies geschieht vornehmlich vor dem Hintergrund des Aufsichtsrats einer Aktiengesellschaft, doch lassen sich die Folgerungen unschwer auf Aufsichtsräte anderer Unternehmen übertragen, für die die Bestimmungen der §§ 170 ff. AktG ganz oder teilweise sinngemäß gelten (z. B. § 52 Abs. 1 GmbHG; § 7 Satz 3 PublG).

II. Heranziehung des Prüfungsberichts

1. Inhalt und Charakter des Prüfungsberichts

Der Abschlußprüfer hat über das Ergebnis seiner Prüfung des Jahresabschlusses schriftlich im sog. Prüfungsbericht zu berichten. Im Bericht ist insbesondere festzustellen, ob der Jahresabschluß den gesetzlichen Vorschriften entspricht. Auch sind die Posten des Jahresabschlusses aufzugliedern und ausreichend zu erläutern. Nachteilige Veränderungen der Vermögens-, Finanz- und Ertragslage sowie Verluste, die das Jahresergebnis nicht nur unwesentlich beeinflußt haben, sind aufzuführen und zu erläutern (§ 321 Abs. 1 HGB). Die Berichterstattung muß unparteiisch, vollständig, wahrheitsgetreu und mit der gebotenen Klarheit erfolgen, sie muß den

---

1 *Geßler/Hefermehl/Eckardt/Kropff*, Komm. z. AktG, Bd. III, 1973.

2 Dazu insbesondere *Potthoff/Trescher*, Das Aufsichtsratsmitglied, 3. Aufl., 1995, S. 169 ff.

tatsächlichen Gegebenheiten entsprechen, und die Darlegungen müssen verständlich und eindeutig sein.[3]

Der Prüfungsbericht des Abschlußprüfers, fachgerecht erstattet, stellt somit ein hervorragendes Informations- und Hilfsmittel[4] für die Prüfung des Jahresabschlusses dar[5]; sein Zweck besteht nicht zuletzt darin, den Aufsichtsrat dabei zu unterstützen.[6] Er geht weit über die Abschlußerläuterungen hinaus, zu denen der Vorstand im sog. Anhang, der selbst einen Teil des Jahresabschlusses bildet (§ 264 Abs. 1 Satz 1 HBG), verpflichtet ist. Von den Erläuterungen, die der Vorstand dem Aufsichtsrat in dessen Bilanzsitzung meist mündlich gibt, unterscheidet er sich nicht zuletzt dadurch, daß es sich um die Berichterstattung eines unabhängigen, im öffentlichen Interesse[7] tätig werdenden Sachverständigen handelt, der seinen Beruf unabhängig, gewissenhaft, verschwiegen und eigenverantwortlich auszuüben und sich insbesondere bei der Erstattung von Prüfungsberichten unparteiisch zu verhalten hat (§ 43 Abs. 1 WPO).[8]

2. Kenntnisnahme und Aushändigung des Prüfungsberichts

Der Prüfungsbericht gehört zu den Unterlagen, die der Vorstand dem Aufsichtsrat unverzüglich nach Eingang vorzulegen hat (§ 170 Abs. 1 AktG).[9] Die für den Prüfungsbericht vorgeschriebene Schriftform (§ 321 Abs. 1 Satz 1 HGB) gewährleistet im Grundsatz, daß sich die Mitglieder des Aufsichtsrats gründlich mit den

---

3 FG/IDW 2/1988, Abschn. B, WPg 1989, 20; *Adler/Düring/Schmaltz,* Rechnungslegung und Prüfung der Unternehmen, 5. Aufl. 1987 ff. *(ADS⁵),* § 321 HGB Tz. 37 ff.; *Budde/Kunz* in Bilanz-Komm., 3. Aufl. 1995, § 321 HGB Anm. 10 ff.; *Claussen/Korth* in Kölner Komm. z. AktG, § 321 HGB Rn. 35 ff.; WP-Handbuch 1996 Bd. I, Abschn. O Tz. 25 ff.; kritisch zur gegenwärtigen Form der Berichterstattung sowie zu ihrer Weiterentwicklung *Steiner,* Der Prüfungsbericht des Abschlußprüfers, 1991, S. 138 ff. – Nach dem Referentenentwurf eines Gesetzes zur Kontrolle und Transparenz im Unternehmensbereich (RefE-KonTraG) v. 22. November 1996 sollen die Bestimmungen über den Inhalt des Prüfungsberichts neugefaßt und auf weitere Sachverhalte ausgedehnt werden, u. a. auf eine Beurteilung der Lage des Unternehmens, seines Fortbestands und seiner künftigen Entwicklung; ferner soll der Abschlußprüfer in einem besonderen Abschnitt einen Überblick über Gegenstand, Art und Umfang der Prüfung geben (E zu § 321 HGB).
4 *Clemm,* ZGR 1980, 455, 459 ff. Grundsätzlich zum Prüfungsbericht als Mittel zur Deckung des Informationsbedarfs des Aufsichtsrats *Hense,* FS Budde, 1995, S. 287, 290 ff.
5 Vgl. dazu sowie zu den Gründen, die zur Abschlußprüfung geführt haben, *Kropff,* aaO (Fn. 1), § 171 AktG Anm. 5; ferner *Clemm,* FS Havermann, 1995, S. 83, 86 ff.; *Potthoff,* FS Ludewig, 1996, S. 831, 842.
6 *Lutter/Hommelhoff,* GmbHG, 14. Aufl., 1995, Anh. § 42 Rn. 46.
7 *Kropff,* aaO (Fn. 1), § 162 AktG Anm. 3 f.; *ADS⁵,* aaO (Fn. 3), § 316 HGB Tz. 3 u. § 319 HGB Tz. 6 mwN; *Schulze-Osterloh,* ZGR 1976, 411; *Hopt,* ZHR 1977, 389, 402.
8 Gesetz über eine Berufsordnung der Wirtschaftsprüfer (WPO), zuletzt geändert durch Gesetz vom 5.10.1994, BGBl. I S. 2911.
9 Vgl. *Kropff,* aaO (Fn. 1), § 170 AktG Anm. 3; *Adler/Düring/Schmaltz,* Rechnungslegung und Prüfung der Unternehmen, 6. Aufl. 1995 ff. *(ADS⁶),* § 170 AktG Tz. 6; *Brönner* in Großkomm. AktG, 4. Aufl. 1993, § 170 AktG Rdn. 4; *Claussen/Korth,* aaO (Fn. 3), § 170 AktG Rn. 2 ff. – Nach dem RefE-KonTraG (Fn. 3) soll der Prüfungsauftrag künftig durch den Aufsichtsrat erteilt und der Bericht daher ihm direkt zugeleitet werden (Begr. S. 51).

Ausführungen des Prüfers auseinandersetzen können. Somit, so sollte man meinen, hat der Aufsichtsrat den Schlüssel für eine sachgerechte und unabhängige eigene Prüfung des Jahresabschlusses in der Hand. Dies trifft indes nur im Prinzip zu.[10] Auch wenn das Gesetz bestimmt, daß die Kenntnisnahme keinem Aufsichtsratsmitglied verweigert werden darf (§ 170 Abs. 3 Satz 1 AktG), so billigt es doch dem Aufsichtsrat das Recht zu, die Aushändigung des Prüfungsberichts an die einzelnen Aufsichtsratsmitglieder durch Beschluß auszuschließen.[11] Da Prüfungsberichte in aller Regel umfangreiche Schriftstücke sind, deren Durcharbeitung eine entsprechende Zeit erfordert,[12] läuft eine Nichtaushändigung praktisch zumeist auf eine Verweigerung der Kenntnisnahme, jedenfalls aber auf die Verhinderung einer sachgerechten Auswertung hinaus. Die Bestimmung ist daher zu Recht vielfach kritisiert worden, es wurde sogar empfohlen, die Mitgliedschaft im Aufsichtsrat von der Aushändigung abhängig zu machen. Manches Aufsichtsratsmitglied mag bei Nichtaushändigung[13] – ob mit oder, was weitverbreitete Praxis war, auch ohne ausdrücklichen Beschluß – sogar gedacht haben „was ich nicht weiß, macht mich nicht heiß“. Vor dem Hintergrund der Ereignisse der letzten Jahre, die mit zum Teil deutlicher Kritik an der Arbeit von Aufsichtsräten einhergegangen sind, scheint sich hier jetzt doch einiges zu ändern.[14] Jedenfalls läßt sich beobachten, daß immer mehr Unternehmen dazu übergehen, die Prüfungsberichte allen oder zumindest denjenigen Aufsichtsratsmitgliedern auszuhändigen, die daran interessiert sind. Auch steht zu erwarten, daß im Rahmen der von der Bundesregierung beabsichtigten Reformen des Rechts der Aufsichtsräte die Bestimmungen des § 170 Abs. 3 AktG überprüft werden und eine Aushändigungspflicht statuiert wird.[15]

3. Prüfungsbericht als Grundlage der eigenen Prüfung des Aufsichtsrats

a) Wie oben dargestellt, muß der Abschlußprüfer im Prüfungsbericht ausführlich zum Jahresabschluß, seiner Gesetzmäßigkeit, seinem wesentlichen Inhalt und insbesondere den negativen Veränderungen gegenüber dem Vorjahr Stellung nehmen. Bestätigt der Abschlußprüfer in seinem Bericht und im Bestätigungsvermerk (§ 322

---

10 Vgl. dazu auch *Forster*, ZfB 1988, 789, 795 ff.
11 Vgl. dazu *Kropff*, aaO (Fn. 1), § 170 AktG Anm. 37 ff.; *ADS*[6], aaO (Fn. 9), § 170 AktG Tz. 54 ff.; *Brönner*, aaO (Fn. 9), § 170 AktG Rdn. 23 f.; *Claussen/Korth*, aaO (Fn. 3), § 170 AktG Rn. 18 ff.; *Hüffer*, AktG, 2. Aufl. 1995, § 170 AktG Rn. 18 ff.
12 *Potthoff/Trescher*, aaO (Fn. 2), S. 136, erwähnen einen Beschluß des OLG Karlsruhe, durch die eine Gesellschaft verpflichtet worden ist, den Aufsichtsratsmitgliedern für die Dauer von mindestens vier Stunden ungestörten Einblick in Jahresabschluß und Prüfungsbericht zu geben. Das mag dann angehen, wenn es sich um ein kleineres oder mittelgroßes Unternehmen ohne größere Probleme handelt und das Aufsichtsratsmitglied bereits über ausreichende Erfahrung im Lesen von Prüfungsberichten verfügt.
13 Zu möglichen Gründen einer Nichtaushändigung vgl. *Forster*, AG 1995, 1, 3.
14 So auch *Clemm*, aaO (Fn. 5), 83, 95 ff.
15 Der RefE-KonTraG (Fn. 3) will eine Nichtaushändigung nur dann noch gestatten, wenn der Aufsichtsrat beschlossen hat, daß der Bericht nur den Mitgliedern eines Ausschusses (Bilanzausschusses?) auszuhändigen ist (E zu § 170 Abs. 3 Satz 2 AktG).

HGB)[16] die Gesetzmäßigkeit des Jahresabschlusses, so darf auch der Aufsichtsrat und jedes seiner Mitglieder nach gründlicher Kenntnisnahme des Berichts[17] von der Gesetzmäßigkeit des Jahresabschlusses ausgehen.[18] Dies gilt jedoch nur, sofern nicht offensichtlich ist, daß die Beurteilung durch den Abschlußprüfer unzutreffend ist. Hierbei kann insbesondere das Wissen, das einzelne Mitglieder des Aufsichtsrats, insbesondere dessen Vorsitzender auf Grund ihm nach § 90 Abs. 1 Satz 2 AktG zugegangener Informationen über für die Bilanzierung bedeutsame Sachverhalte haben, von Bedeutung sein (z. B. über Risiken aus schwebenden Prozessen oder die Werthaltigkeit von Forderungen; ebenso kommen Branchenerfahrungen von Aufsichtsratsmitgliedern oder Kenntnisse aus ihrer Haupttätigkeit in Betracht).[19] Ihnen obliegt es dann, ggf. notwendige Korrekturen des Jahresabschlusses durch den Vorstand zu veranlassen, worauf der Abschlußprüfer zu einer Ergänzung seiner Prüfung und Berichterstattung verpflichtet ist (§ 316 Abs. 3 HGB).

b) Schränkt der Abschlußprüfer dagegen seinen Gesetzmäßigkeitsbefund ein, so muß der Aufsichtsrat sich kritisch mit der Einschränkung auseinandersetzen.[20] Hierbei wird er zunächst den Abschlußprüfer hören, wozu er von seinem Recht, ihn zu den Verhandlungen über den Jahresabschluß einzuladen (§ 171 Abs. 1 Satz 2 AktG), Gebrauch machen wird.[21] Es bleibt ihm auch unbenommen, eigene Prüfungshandlungen selbst oder durch Sachverständige vorzunehmen oder zur Beurteilung schwieriger Rechtsfragen Sachverständige heranzuziehen.[22] Der Vorstand kann und darf ihm dies nicht verwehren. Teilt er danach die Auffassung des Abschlußprüfers, so hat er auf eine geänderte Bilanzierung oder auf geänderte

16 Der RefE-KonTraG (Fn. 3) sieht ein Abgehen von dem bisherigen formelhaften Testat vor. Das Gesetz soll sich künftig darauf beschränken, den Inhalt des Testats zu umschreiben und bestimmte Punkte, auf die seitens des Abschlußprüfers einzugehen ist, aufzuführen (E zu § 322 HGB). Das würde die Adressaten des Testats und damit auch die Mitglieder von Aufsichtsräten zweifellos dazu zwingen, den Wortlaut sorgfältig zur Kenntnis zu nehmen, ihn vielleicht sogar akribisch zu studieren, sofern nicht der Berufsstand von sich aus wieder zu einer mehr oder weniger formelhaften Bestätigung zurückfindet. Zur Entwicklung des Testats seit der gesetzlichen Einführung der Pflichtprüfung vgl. zuletzt *Forster*, FS Moxter, 1994, S. 953 ff. = WPK-Mitt. 1996, 151.

17 *Hüffer*, aaO (Fn. 11), § 171 AktG Rn. 9, verlangt dazu von den Aufsichtsratsmitgliedern, den Bericht durchzuarbeiten, sich ein Urteil über die innere Plausibilität zu bilden, Unverständlichkeiten nachzugehen und das Urteil des Abschlußprüfers an der eigenen Lebens- und Geschäftserfahrung zu messen. Ähnlich *Kropff*, aaO (Fn. 1), § 171 AktG Anm. 6.

18 Vgl. *ADS*[6], aaO (Fn. 9), § 171 AktG Tz. 24 u. 28; *Bezzenberger*, in: Neuorientierung der Rechenschaftslegung, 1995, S. 503, 507; *Brönner*, aaO (Fn. 9), § 171 AktG Rdn. 12; *Claussen/Korth*, aaO (Fn. 3), § 171 AktG Rn. 8; *Forster*, aaO (Fn. 10), 791; *Hoffmann-Becking*, MünchHdb. AG, 1988, Bd. 4, § 44 Rdnr. 10; *Potthoff/Trescher*, aaO (Fn. 2), S.174; *Rowedder-Wiedmann*, Komm. z. GmbHG, 2. Aufl., 1990, § 42a RdNr. 50; *Rürup*, FS Budde, S. 543, 549 f.; OLG Köln, Urt. v. 5.5.1977 – 14 U 46/76, Die AG 1978, 17; kritisch *Hüffer*, aaO (Fn. 11), § 171 AktG Rn. 5, sowie schon in ZGR 1980, 320, 334.

19 Ebenso *Kropff*, aaO (Fn. 1), § 171 AktG Anm. 9.

20 *ADS*[6], aaO (Fn. 9), § 171 AktG Tz. 27.

21 Der RefE-KonTraG (Fn. 3) sieht eine obligatorische Teilnahme des Abschlußprüfers an den Verhandlungen über die in § 171 Abs. 1 Satz 1 AktG genannten Vorlagen vor. Außerdem soll der Abschlußprüfer über die wesentlichen Ergebnisse seiner Prüfung berichten (E zu § 171 Abs. 1 Satz 2 AktG).

22 Vgl. *Kropff*, aaO (Fn. 1), § 171 AktG Anm. 11.

Angaben im Anhang durch den Vorstand hinzuwirken, damit der Jahresabschluß voll den gesetzlichen Anforderungen entspricht. Das gilt somit auch dann, wenn es sich um Mängel handelt, die nicht zur Nichtigkeit des Jahresabschlusses führen. Selbst ist er zu einer Änderung des Jahresabschlusses auch dann nicht berechtigt, wenn der Vorstand die gebotenen Korrekturen ablehnt. Er wird in einem solchen Fall – je nach der Bedeutung – in seinem Bericht an die Hauptversammlung (§ 171 Abs. 2 AktG) darauf einzugehen oder sogar die Billigung des Jahresabschlusses zu versagen haben.[23] Im letzten Fall ist die Feststellung des Jahresabschlusses dann Aufgabe der Hauptversammlung (§ 173 Abs. 1 AktG).

c) Kommt er dagegen – und dies werden seltene Ausnahmefälle sein – zu dem Ergebnis, daß der Auffassung des Abschlußprüfers nicht zu folgen ist, daß also gegen die Gesetzmäßigkeit des Jahresabschlusses keine Einwendungen zu erheben sind, so bleiben grundsätzlich drei Möglichkeiten; der früher gelegentlich einmal begangene Weg der Abberufung des Abschlußprüfers und seiner Ersetzung durch einen anderen Abschlußprüfer ist durch die Bestimmung in § 318 Abs. 1 Satz 5 HGB versperrt.[24]

Soweit die Meinungsverschiedenheit auf einer unterschiedlichen Auslegung und Anwendung gesetzlicher Vorschriften über den Jahresabschluß beruht, könnte er den Vorstand veranlassen, das in § 324 HGB vorgesehene Verfahren in die Wege zu leiten. Dieser Weg, sowohl vom Abschlußprüfer als auch von der Gesellschaft aus gangbar, wird in der Praxis jedoch kaum beschritten.[25] Dagegen spricht bereits, daß uU Wochen und Monate vergehen, ehe eine endgültige Entscheidung vorliegt.

Der Aufsichtsrat kann ferner in seinem Bericht an die Hauptversammlung (§ 171 Abs. 2 AktG) auf die Meinungsverschiedenheit mit dem Abschlußprüfer eingehen und dabei begründen, warum er dessen Einwendungen nicht für berechtigt hält und daß er daher den vom Vorstand aufgestellten Jahresabschluß gebilligt hat.[26] Auch dies ist ein in der Praxis kaum begangener Weg, der sonst gewiß mit einigem Aufsehen verbunden wäre. Rechtlich ist er allerdings möglich, da ein uneingeschränkter Bestätigungsvermerk des Abschlußprüfers anders als bei einer Kapitalerhöhung aus Gesellschaftsmitteln (§ 209 Abs. 1, Abs. 3 Satz 2 AktG) nicht notwendige Voraussetzung für eine wirksame Feststellung des Jahresabschlusses ist.[27]

Schließlich kann der Aufsichtsrat nach entsprechender Erörterung der Sachlage in seinem Bericht an die Hauptversammlung von einer Billigung des Jahresabschlusses absehen und die Feststellung dadurch oder im Einvernehmen mit dem Vorstand der Hauptversammlung überlassen – auch dies ein Weg, der wohl nur bei engbegrenztem Gesellschafterkreis und eingeschränkter Publizität gangbar sein dürfte.

d) Ähnlich wie bei einzelnen Einwendungen des Abschlußprüfers ist seitens des Aufsichtsrats zu verfahren, wenn die Beeinträchtigung der Gesetzmäßigkeit des

---

23 Vgl. *Kropff*, aaO (Fn. 1), § 171 AktG Anm. 12; *ADS*⁶, aaO (Fn. 9), § 171 AktG Tz. 43 f., 69.

24 Vgl. *ADS*⁵, aaO (Fn. 3), § 318 HGB Tz. 2.

25 Vgl. *ADS*⁵, aaO (Fn. 3), § 324 HGB Tz. 3.

26 Vgl. *ADS*⁶, aaO (Fn. 9), § 171 AktG Tz. 72.

27 Vgl. *Kropff*, aaO (Fn. 1), § 167 AktG Anm. 4; *ADS*⁵, aaO (Fn. 3), § 322 HGB Tz. 47; *Lutter/ Hommelhoff*, aaO (Fn. 6), Anh. § 42 GmbHG Rn. 54.

vom Vorstand aufgestellten Jahresabschlusses aus der Sicht des Abschlußprüfers so gravierend ist, daß er seinen Bestätigungsvermerk versagt hat.

e) Die vorstehenden Überlegungen gelten nicht nur für den Fall, daß eine Prüfung des Jahresabschlusses iSd. §§ 316 ff. HGB vorliegt (sog. Pflichtprüfung), sondern auch dann, wenn der Jahresabschluß auf freiwilliger Basis oder wegen entsprechender gesellschaftsvertraglicher Bestimmungen in gleicher Weise wie bei einer Pflichtprüfung geprüft wird.[28] Das ist vor allem für kleine Kapitalgesellschaften iSd. § 267 Abs. 1 HGB von Bedeutung; bekanntlich hat das Bilanzrichtlinien-Gesetz diese Gesellschaften von der bis dahin geltenden Pflichtprüfung freigestellt, mit entsprechend höherer Prüfungsverantwortung für die Aufsichtsräte![29] Es kann nur vermutet werden, daß trotz dieser Freistellung eine Vielzahl von Gesellschaften entsprechende Prüfungsaufträge erteilt hat, sei es auf Veranlassung des Aufsichtrats, sei es, weil die Gesellschafter entsprechende Wünsche geäußert oder die Prüfung im Gesellschaftsvertrag vereinbart haben, oder auch nur deshalb, weil das zur Geschäftsführung berufene Organ von sich aus die Überprüfung durch einen unabhängigen Sachverständigen wünscht.[30]

III. Beiziehung von Sachverständigen, Auskunftspersonen und Hilfskräften[31]

1. Zur Unterscheidung

Es erscheint zweckmäßig, sich hier zunächst etwas näher mit der Charakterisierung der einzelnen für eine Beiziehung in Betracht kommenden Personen zu befassen. Als Sammelbezeichnung ist der Ausdruck „Hilfspersonen" üblich.[32]

a) Als Sachverständige werden gemeinhin Personen bezeichnet, die auf speziellen Gebieten über besondere Kenntnisse und Erfahrungen verfügen; sie sollten in der Lage sein, sich auf diese Gebiete beziehende Sachverhalte verständlich zu erklären und gestellte Fragen zu beantworten.[33] Meist handelt es sich um Angehörige freier Berufe oder um Wissenschaftler, häufig durch besondere Berufsexamina ausgewiesen oder von öffentlich-rechtlichen Körperschaften als Sachverständige bestellt.[34] Sie gehören zu dem Personenkreis, den der Aufsichtsrat auf seinen Sitzungen „zur Beratung über einzelne Gegenstände" zuziehen darf (§ 109

---

28 Vgl. *ADS[6]*, aaO (Fn. 9), § 171 AktG Tz. 31; *Lutter/Hommelhoff*, aaO (Fn. 6), Anh. § 42 GmbHG Rn. 63.

29 Zur Prüfungspflicht des Aufsichtrats, wenn keine Abschlußprüfung stattgefunden hat, vgl. *Forster,* aaO (Fn. 10), 789, 800 ff.; zur Problematik der in diesen Fällen entfallenden Prüfung des Abhängigkeitsberichts vgl. *Kropff,* ZGR 1988, 558.

30 Zur Frage, ob der Aufsichtsrat bei einer Publikumsgesellschaft verpflichtet ist, von sich aus eine Abschlußprüfung zu veranlassen, vgl. *Hüffer,* aaO (Fn. 18), 320, 331 ff.

31 Grundlegend zu den Fragen einer Heranziehung von Sachverständigen im Aufsichtsrat *Hommelhoff* in der Besprechung der Entscheidung BGHZ 85, 293, „Hertie", ZGR 1983, 551.

32 So auch bei *Kropff,* aaO (Fn. 1), § 171 AktG Anm. 10.

33 Vgl. *Geßler* in Komm. z. AktG, 1973 Bd. I, § 109 AktG Anm. 13.

34 Vgl *Hüffer,* aaO (Fn. 11), § 109 AktG Rn. 5; für eine weite Auslegung des Begriffs *Mertens* in Kölner Komm. z. AktG, 2. Aufl 1996, § 109 AktG Rn. 14.

Abs. 1 Satz 2 AktG). Ihr Wirken läßt sich als „Verständnis- oder Interpretationshilfe" deuten.

b) Als Auskunftspersonen werden gewöhnlich Personen bezeichnet, die mit einer bestimmten Sache näher befaßt waren und daher aus eigener Kenntnis über sie Auskunft geben können. Eine besondere Qualifikation ist nicht erforderlich. Auf sie kann der Aufsichtsrat in gleichem Maße wie auf Sachverständige zurückgreifen.

c) Als andere Hilfskräfte sollen hier solche Personen bezeichnet werden, die von einzelnen Aufsichtsratsmitgliedern zu ihrer persönlichen Unterstützung bei der Wahrnehmung ihrer Pflichten als Aufsichtsratsmitglieder herangezogen werden, ohne daß sie als solche nach außen besonders in Erscheinung treten. In der Regel wird es sich um Mitarbeiter des betreffenden Aufsichtsratsmitglieds handeln.[35] Sie gewähren „Arbeitshilfe". Ihnen gegenüber gilt die Sollvorschrift des § 107 Abs. 1 Satz 1 AktG, d. h. sie sollen an den Sitzungen des Aufsichtsrats und seiner Ausschüsse nicht teilnehmen.

Als Hilfskräfte können auch solche Personen bezeichnet werden, die im Rahmen der organisatorischen Abwicklung einer Aufsichtsratssitzung tätig werden (z. B. Protokollführer, Sekretärinnen, Lichtbildvorführer). Sie sind zwar bei einer Aufsichtsratssitzung anwesend, nehmen aber nicht teil.[36] Auf sie wird im weiteren nicht bezug genommen.

2. Auf Beschluß des Aufsichtsrats

Dem Aufsichtsrat als Gesamtgremium ist es, wie bereits erwähnt, grundsätzlich gestattet, Sachverständige hinzuzuziehen, wenn er glaubt, anders Sachverhalte nicht klären und damit seiner Prüfungspflicht nicht gerecht werden zu können. Daß er bei der Hinzuziehung Dritter nicht völlig frei ist, sondern das Interesse der Gesellschaft an einer vertraulichen Behandlung aller mit dem Jahresabschluß in Zusammenhang stehenden Sachverhalte zu beachten hat, ergibt sich aus der ihm obliegenden Sorgfaltspflicht (§ 116 AktG). Deshalb werden in Zusammenhang mit der Prüfung des Jahresabschlusses in erster Linie solche Angehörige freier Berufe als Sachverständige in Betracht kommen, die ihrerseits einer Pflicht zur Verschwiegenheit[37] über die ihnen von den jeweiligen Mandanten anvertrauten Sachverhalte unterliegen.[38] Entstehende Kosten hat die Gesellschaft zu tragen.[39]

---

35 In diesem Sinne auch *Lutter/Krieger,* Rechte und Pflichten des Aufsichtsrats, 3. Aufl. 1993, S. 257, 258.

36 Im Ergebnis hinsichtlich eines Protokollführers ebenso *Geßler,* aaO (Fn. 33), § 109 AktG Anm. 14; ferner *Hüffer,* aaO (Fn. 11), § 107 AktG Rn. 12; *Mertens,* aaO (Fn. 34), § 111 AktG Rn. 93.

37 So auch BGHZ 85, 293, 298; vgl. ferner *Kropff,* aaO (Fn. 1), § 171 AktG Anm. 10; zur Verschwiegenheitspflicht der Aufsichtsratsmitglieder selbst als Barriere gegenüber der Heranziehung von Sachverständigen *Hommelhoff,* aaO (Fn. 31), 551, 557 f.

38 Nach *Hommelhoff,* aaO (Fn. 31), 551, 567, sollen in diesem Bereich allein Wirtschaftsprüfer sowie Rechtsanwälte und Steuerberater in Betracht kommen, was jedenfalls dann, wenn es sich um Fragen der Anwendung von Bilanzierungsvorschriften oder um rechtlich zu beurteilende Sachverhalte handelt, sinnvoll erscheint.

39 Vgl *Kropff,* aaO (Fn. 1), § 171 AktG Anm. 11; *ADS*[6], aaO (Fn. 9), § 171 AktG Tz. 37.

Der Sachverständige, auf den der Aufsichtsrat zur Erläuterung des Jahresabschlusses und zur Interpretation von Jahresabschluß und Prüfungsbericht in erster
Linie zurückgreifen sollte, ist der Abschlußprüfer.[40] Er ist in diesem Fall gewissermaßen der geborene Sachverständige; deshalb auch die Erwähnung des Abschlußprüfers in § 171 Abs. 1 Satz 2 AktG, auch wenn diese Vorschrift der Form nach
lediglich eine Verpflichtung für den Abschlußprüfer statuiert, einem entsprechenden
Verlangen nachzukommen.[41] Die Möglichkeiten des Aufsichtsrats, auf andere Sachverständige zurückzugreifen, sind aber nicht eingeschränkt. Insbesondere zur Beurteilung von rechtlichen oder technischen Vorfragen oder wenn Zweifel an der Tätigkeit des Abschlußprüfers und den Ergebnissen der Abschlußprüfung bestehen, kann
er andere Sachverständige hinzuziehen, wobei er diese ggfs. vertraglich zur Verschwiegenheit zu verpflichten hat. Er ist in der Auswahl grundsätzlich frei, solange
er dabei die Sorgfalt und Gewissenhaftigkeit beachtet, zu der er nach § 116 AktG
verpflichtet ist.

3. Durch einzelne Mitglieder des Aufsichtsrats

Hier wird man danach unterscheiden müssen, ob die Vorlagen nach § 170 AktG,
insbesondere der Prüfungsbericht, ausgehändigt sind oder nicht.

a) Nach Aushändigung. Nach § 116 iVm. § 93 Abs. 1 Satz 2 AktG haben die
Aufsichtsratsmitglieder über vertrauliche Angaben und Geheimnisse der Gesellschaft, namentlich über Betriebs- und Geschäftsgeheimnisse, die ihnen durch ihre
Tätigkeit im Aufsichtsrat bekannt geworden sind, Stillschweigen zu bewahren. Zu
den Unterlagen, auf die sich die vorgenannte Verpflichtung erstreckt, gehört ohne
Zweifel auch der Bericht über die Abschlußprüfung. Er geht nur dem Vorstand
(§ 321 Abs. 3 HGB) und dem Aufsichtsrat (§ 170 Abs. 1 Satz 2 AktG) zu, wenn von
den Fällen abgesehen wird, in denen der Bericht nach Gesetz Aufsichtsbehörden
(§ 26 Abs.1 Satz 3 KWG; § 59 VAG) oder Gebietskörperschaften (§ 53 Abs.1 Nr. 3
HGrG) zuzuleiten ist.[42] Aktionäre und gewöhnliche Gläubiger haben keinen Anspruch auf Einsichtnahme. Dagegen sollen sich Kreditinstitute nicht nur die Jahresabschlüsse ihrer Schuldner geben lassen (§ 18 KWG), sondern, wie *Hense*[43] feststellt, sei es allgemeine Übung geworden, auch die Vorlage von Prüfungsberichten
zu verlangen.[44]

---

40 So auch *Hüffer,* aaO (Fn. 11), § 109 AktG Rn. 5. Bereits 1980 hielt es *Clemm,* aaO (Fn. 4), 462, für
    denkbar, „daß die Abschlußprüfer künftig verstärkt zu … Bilanzsitzungen herangezogen werden".
41 Die empirische Untersuchung von *Söllner* über „Informationsprozesse zwischen Abschlußprüfer
    und Aufsichtsrat in deutschen Aktiengesellschaften", 1988, belegt für die Zeit von 1984/85
    deutlich, daß Kontakte zwischen Abschlußprüfern und Aufsichtsräten zu den Ausnahmen gehörten (S. 164 ff., 200 ff.).
42 Kritisch zur Forderung der Finanzverwaltung auf Beifügung des Prüfungsberichts zur Körperschaftsteuererklärung *Hense,* aaO (Fn. 4), S. 287, 301.
43 AaO (Fn. 4), S. 287, 303; vgl. auch Schreiben des BAK v. 8.8.1995, abgedruckt bei *Consbruch/Möller/Bähre/Schneider,* KWG, Nr. 4.267.
44 Im Beschluß des BAG v. 8.8.1989, DB 1989, 2621, („Kraft") wird auch dem Wirtschaftsausschuß
    (§ 106 BetrVG) das Recht zugebilligt, in Zusammenhang mit der Beratung der wirtschaftlichen

Die dem einzelnen Aufsichtsratsmitglied somit hinsichtlich des Prüfungsberichts obliegende Verschwiegenheitpflicht läßt die individuelle Heranziehung eines Sachverständigen als Verständnis- und Interpretationshilfe grundsätzlich nicht zu. Dadurch erhöht sich sonst, wie der BGH festgestellt hat[45], die Gefahr, daß vertrauliche Informationen zum Schaden des Unternehmens in die Öffentlichkeit dringen. Das Aufsichtsratsmitglied ist daher gehalten, vorrangig die im Aufsichtsrat selbst gebotenen Beratungsmöglichkeiten in Anspruch zu nehmen.[46] Allenfalls dann, wenn gesetzliche Aufgaben zu erfüllen seien und die Beratung nicht durch eine gesellschaftsinterne Aufklärung ersetzbar sei, könne eine sachkundige Beratung außerhalb des Aufsichtsrats in Betracht kommen.[47]

Die zuvor zitierte BGH-Entscheidung befaßt sich dagegen nicht mit der Frage, ob das einzelne Aufsichtsratsmitglied berechtigt ist, ihm unterstellte Hilfspersonen bei der Erfüllung seiner Prüfungspflicht heranzuziehen und ihnen zu diesem Zweck nicht nur Jahresabschluß und Lagebericht, sondern auch den Prüfungsbericht zu überlassen. Prüfungsberichte sind in der Regel recht umfangreiche Schriftstücke, deren akribische Durcharbeitung erhebliche Zeit in Anspruch nimmt. Es muß daher davon ausgegangen werden, daß zumindest bei Großunternehmen, zu deren Aufsichtsratsmitgliedern hochrangige, angesehene und vielbeschäftigte Personen aus der Wirtschaft gehören, solche Hilfsarbeiten unumgänglich sind, wenn die Aufsicht ernst genommen wird.[48] Ist es etwa zu kritisieren, wenn der Vorsitzende des Aufsichtsrats einer großen Publikumsgesellschaft einen seiner Mitarbeiter damit beauftragt, den Prüfungsbericht des Abschlußprüfers gründlich durchzuarbeiten, ihn ggfs. auch mit dem Vorjahresbericht und den zwischenzeitlich vom Vorstand nach § 90 AktG erstatteten Berichten abzugleichen, sich daraus an den Vorstand oder den Abschlußprüfer ergebende Fragen zu formulieren und ihm schriftlich oder mündlich darüber zu berichten? Das ist Vorarbeit, durch die der Vorsitzende „wertvolle Hinweise für die eigene Würdigung des Prüfungsberichts"[49] erhält und die keine Übertragung eines Teils seiner ihm als Aufsichtsratsmitglied obliegenden Aufgaben auf Dritte iSd. § 111 Abs. 5 AktG darstellt. Wenn man ihm dieses untersagen wollte, würde er wahrscheinlich seine Aufgabe nur unvollkommen erfüllen können. Mir scheint, daß in der Praxis vielfach so verfahren wird. Voraussetzung müßte allerdings sein, daß für derartige Tätigkeiten herangezogene Hilfspersonen zur Ver-

---

Angelegenheiten des Unternehmens nach § 106 Abs. 3 Nr. 1 BetrVG die Vorlage des Abschlußprüfungsberichts zu verlangen, sofern durch dessen Vorlage „Betriebs- oder Geschäftsgeheimnisse nicht gefährdet werden" (aaO, 2625 a. E.). Auf diese m. E. wichtige Einschränkung wird in Kommentaren nicht immer hingewiesen, so z. B. nicht in *Fitting/Kaiser/Heither/Engels*, Hand-Komm. z. BetrVG, 18. Aufl., 1996, § 108 Rn. 21. Zur Kritik vgl. *Claussen/Korth*, aaO (Fn. 3), § 171 AktG Rn. 5; *Martens*, DB 1988, 1229; *Hommelhoff*, ZIP 1990, 218; *Hense*, aaO (Fn. 4), S. 287, 302.

45 BGHZ 85, 293, 300.
46 BGHZ 85, 293, 300.
47 BGHZ 85, 293, 300.
48 Im Ergebnis ebenso *Lutter/Krieger*, aaO (Fn. 35), 257, 258.
49 *Hommelhoff*, aaO (Fn. 31), 551, 556.

schwiegenheit verpflichtet[50] und ggfs. auch den Insidervorschriften unterworfen werden.

Wenn dem so ist, müßte dann nicht das gleiche Recht auch einem stellvertretenden Aufsichtsratsvorsitzenden zugestanden werden? Oder auch den Mitgliedern eines „Bilanzausschusses"? Und mit welcher Begründung ließen sich dann die anderen Mitglieder des Aufsichtsrats von einer solchen Handhabung ausschließen, solange die Aushändigung an sie nicht durch Beschluß nach § 170 Abs. 3 Satz 2 AktG ausgeschlossen ist?[51]

Die Gefahren für die Vertraulichkeit der Information, die sich aus einer solchen Handhabung ergeben, sind jedoch insbesondere bei großen Aufsichtsräten kaum kontrollierbar. Deshalb empfiehlt sich in der Regel eine Begrenzung dieser Handhabung auf die Mitglieder des Bilanzausschusses. Haben einzelne Aufsichtsratsmitglieder oder auch der Vorstand Bedenken oder will sich z. B. der Aufsichtsratsvorsitzende gegenüber eventuellen späteren Vorwürfen, er habe Rechte für sich in Anspruch genommen, die anderen nicht zugebilligt würden, schützen, so sollte der Weg klarer Beschlußfassung gewählt werden. So könnte an einen Beschluß gedacht werden, der die Heranziehung von Hilfskräften („Arbeitshilfen") durch Aufsichtsratsmitglieder generell im gebotenen Umfang gestattet. Auch Einschränkungen des Beschlusses auf einen bestimmten Personenkreis wie den Vorsitzenden und seinen Stellvertreter und die Mitglieder eines Bilanzausschusses sind möglich, mitunter auch zweckmäßig. Solche Beschlüsse sind indes m. E. gesetzlich nicht geboten[52], sie dienen lediglich der Klarheit. Sie können im übrigen nicht verhindern, daß sich Aufsichtsratsmitglieder, die nach den Beschlüssen nicht dazu berechtigt sein sollen, gleichwohl der Hilfe Dritter bedienen.

Vielleicht sollte man der gesamten Thematik gegenüber auch nicht zu ängstlich sein. Alle Aufsichtsratsmitglieder sind vor dem Gesetz gleich, alle unterliegen sie den gleichen Verschwiegenheitsverpflichtungen, alle haben – und das sollte gerade in diesem Zusammenhang nicht übersehen werden – grundsätzlich die gleichen Überwachungs- und Aufsichtspflichten.[53] Je besser sie diese wahrnehmen und sich dabei aller Informationsmittel bedienen, die zur Verfügung stehen, d. h. also auch des Prüfungsberichts, desto eher steht zu erwarten, daß sie ihrer Aufgabe gerecht werden. Der Gesetzgeber hat die Beteiligung der Arbeitnehmerseite an den Aufsichtsräten eingeführt, er scheint diese Regelung auch in der sog. Europäischen Aktiengesellschaft beibehalten zu wollen. Man könnte mit Mephisto fast sagen: Das Erste steht uns frei, beim Zweiten sind wir Knechte.

b) Bei beschlossener Nichtaushändigung. Auch wenn der Aufsichtsrat beschlossen hat, den Prüfungsbericht den einzelnen Aufsichtsratsmitgliedern nicht auszuhändigen, besteht für jedes Mitglied doch das unentziehbare Recht, Kenntnis vom Prüfungsbericht zu nehmen (§ 170 Abs. 3 Satz 1 AktG). Zu diesem Zweck wird

---

50 Vgl. dazu z. B. *Lutter/Krieger,* aaO (Fn. 35), 257, 259 f., sowie *Mertens,* aaO (Fn. 34), § 111 AktG Rn. 96.

51 Im Ergebnis ebenso *Hommelhoff,* aaO (Fn. 31), 551, 557; *Mertens,* aaO (Fn. 34), § 111 AktG Rn. 93; *Lutter/Krieger,* DB 1995, 257, 258 f.

52 Ebenso *Lutter/Krieger,* aaO (Fn. 51), 257, 259: „... es ist der Normalfall."

53 Statt vieler *Claussen/Korth,* aaO (Fn. 3), § 171 AktG Rn. 3.

den Aufsichtsratsmitgliedern bei ordnungsmäßiger Handhabung z. B. die Möglichkeit geboten, den Bericht während einer bestimmten Zeit vor der Aufsichtsratssitzung in den Geschäftsräumen des Unternehmens einzusehen (z. B. im Vorstandssekretariat). Ein solcher Fall war Gegenstand des BGH-Urt. v. 15. November 1982.[54] Der BGH hat in dieser Entscheidung den Anspruch eines einzelnen Aufsichtsratsmitglieds abgelehnt, bei der Einsichtnahme generell einen Sachverständigen seiner Wahl zuziehen zu dürfen. Die sorgfältig und ausführlich begründete Entscheidung läßt keinen Zweifel daran, daß eine generelle Hinzuziehung von Sachverständigen nicht in Betracht kommt. Ob es Fälle geben kann, in denen sich „für ein Aufsichtsratsmitglied persönlich die Notwendigkeit – und damit auch das Recht – ergeben kann, zur ordnungsmäßigen Erfüllung seiner Aufgaben nach § 171 AktG bestimmte Fragen, die er aus eigenem Wissen nicht ausreichend klären kann, einem Sachverständigen … zu unterbreiten und diesem dabei auch den Abschlußprüfungsbericht zugänglich zu machen"[55], wie dies in der Literatur[56] zum Teil gefordert wird, hat der BGH offen gelassen. Gründe dafür sind jedenfalls denkbar, z. B. in Fällen, in denen das Aufsichtsratsmitglied Anlaß für die Annahme hat, daß Vorstand und die Mehrheit des Aufsichtsrats kein Interesse an einer sachgerechten Aufklärung haben, da sie entsprechende Aufklärungsversuche im Aufsichtsrat bereits abgeblockt haben.[57] Allerdings sind Recht haben und das Recht durchsetzen können zwei sehr verschiedene Dinge; es steht jedenfalls kaum zu erwarten, daß eine Entscheidung so rechtzeitig ergeht, daß mit ihr der Anspruch durchgesetzt werden kann.

Ist schon die Beiziehung eines Sachverständigen im Regelfall unzulässig, so wird erst recht die Mitnahme einer anderen Hilfsperson nicht in Betracht kommen. Daß Hilfspersonen einzelner Aufsichtsratsmitglieder nicht an den Beratungen im Aufsichtsrat teilnehmen können, ergibt sich bereits aus § 109 Abs. 1 AktG.

c) Generell gilt, daß Kosten, die einem einzelnen Aufsichtsratsmitglied durch Heranziehung von Dritten entstehen, von ihm selbst zu tragen sind.[58] Diese sind insbesondere für „Zuarbeiter" mit der Aufsichtsratsvergütung abgegolten.

IV. Überprüfung von Bilanzierungsentscheidungen

1. Gesetz- und Ordnungsmäßigkeit des Jahresabschlusses

Die Überprüfungspflicht des Aufsichtsrats erstreckt sich zunächst einmal auf die Gesetz- und Ordnungsmäßigkeit des Jahresabschlusses. Entspricht dieser den Vorschriften des HGB in bezug auf Ansatz, Bewertung und Gliederung? Enthält der Anhang die gebotenen Angaben? Sind die weiteren Vorschriften im AktG und in anderen einschlägigen Gesetzen beachtet? Welche Bestimmungen der Satzung wir-

---

54 AZ II ZR 27/82, BGHZ 85, 293.
55 BGHZ 85, 293, 298.
56 Ebendort.
57 Ebenso *Hommelhoff,* aaO (Fn. 31), 551, 566 f.
58 Vgl. *Spiekermann*, zit. bei *Kropff* (zustimm.), aaO (Fn. 1), § 171 AktG Anm. 10.

ken sich auf den Jahresabschluß aus? Auf alle dieser Fragen mußte bereits der Abschlußprüfer eingehen. Seine Ergebnisse sind im Prüfungsbericht (§ 321 HGB) und im Bestätigungsvermerk (§ 322 HGB) niedergelegt. Der Aufsichtsrat darf sie sich zu eigen machen[59], solange keine berechtigten Zweifel daran aufgetaucht sind, daß der Abschlußprüfer mit der gebotenen Sorgfalt tätig gewesen ist. Das Recht des Aufsichtsrats, seinerseits ergänzende oder die Arbeit des Abschlußprüfers wiederholende Prüfungsfeststellungen zu treffen, wird dadurch nicht berührt. Es wird ihm aber auch keine Sorgfaltspflichtverletzung vorgeworfen werden können, wenn er in Fällen dieser Art – und sie stellen den Regelfall dar – auf eigene Prüfungen verzichtet.[60]

2. Überprüfung von Wahlrechten

Das Bilanzrecht enthält eine größere Zahl von Ansatz- und Bewertungswahlrechten, die je nach Ausübung das Bild des Jahresabschlusses und insbesondere das Jahresergebnis erheblich beeinflussen können. Das galt nicht nur für das Aktienrecht von 1965[61], das gilt auch für die auf dem Bilanzrichtlinien-Gesetz fußenden Bestimmungen des HGB (§§ 252 ff.). Selbst bei stetiger Anwendung von Bewertungsmethoden (§ 252 Abs. 1 Nr. 6 HGB) können sich von Jahr zu Jahr erhebliche Ergebnisschwankungen allein daraus ergeben, daß die der Bewertung zugrunde liegenden Mengen größeren Schwankungen unterliegen. Die Prüfung durch den Abschlußprüfer erstreckt sich in allen diesen Fällen lediglich darauf, ob der Vorstand bei der Ausübung von Wahlrechten die gesetzlichen Voraussetzungen beachtet hat[62], nicht dagegen darauf, ob er seine Entscheidungen sachgerecht getroffen hat, d. h. ob er insoweit eine Interessenabwägung zwischen denen des Unternehmens einerseits und denen der Aktionäre andererseits vorgenommen hat. Dies nachzuprüfen ist eine der wichtigsten und vornehmsten Aufgaben des Aufsichtsrats im Rahmen seiner Prüfung des Jahresabschlusses.[63] Der Aufsichtsrat ist hier „Träger einer (Mit-) Entscheidungskompetenz".[64]

 Bei seiner Prüfung der „bilanzpolitischen Ermessensentscheidungen"[65] kann sich der Aufsichtsrat zunächst sowohl auf die Darstellung der Bilanzierungs- und

---

59 Ebenso *Kropff*, aaO (Fn. 1), § 171 AktG Anm. 6 ff.; *ADS*[6], aaO (Fn. 9), § 171 AktG Tz. 24; *Schulze-Osterloh* in Baumbach/Hueck, GmbHG, 16. Aufl. 1996, § 41 GmbHG Rn. 124.

60 Vgl. *Kropff*, aaO (Fn. 1), § 171 AktG Anm. 7 a. E.; ferner die in Fn. 18 zitierte Literatur.

61 Vgl. dazu *Kropff*, aaO (Fn. 1), Vorbem. § 153 AktG Anm. 6 f.

62 Vgl. *Kropff*, aaO (Fn. 1), § 171 AktG Anm. 13 ff.

63 Vgl. auch *Kropff*, aaO (Fn. 1), § 171 AktG Anm. 13; *ADS*[6], aaO (Fn. 9), § 171 AktG Tz. 11 u. 15; *Brönner*, aaO (Fn. 9), § 171 AktG Rdn. 11; *Claussen/Korth*, aaO (Fn. 3), § 171 AktG Rdn. 7; *Forster*, aaO (Fn. 10), 792; *Hoffmann-Becking*, aaO (Fn. 18), § 44 Rdn. 9 f.; *Potthoff/Trescher*, aaO (Fn. 2), S. 173 ff.; *Schulze-Osterloh*, aaO (Fn. 59), § 41 GmbHG Rn. 142; ebenso für einen die Gesellschafter einer KG bei der Bilanzfeststellung vertretenden Beirat BGH-Urt. v. 29.3.1996 – II ZR 263/94, DB 1996, 926, 929, mit Anm. v. *Moxter*, JZ 1996, 860. Grundsätzlich auch *Semler*, Leitung und Überwachung der Aktiengesellschaft, 2. Aufl. 1996, Rn. 97, der von einem „mehr" der Aufgabe des Aufsichtsrats gegenüber der des Abschlußprüfers spricht.

64 *Semler*, aaO (Fn. 63), Rn. 209.

65 *Hüffer*, aaO (Fn. 11), § 171 AktG Rn. 7.

Bewertungsmethoden im vom Vorstand aufgestellten Anhang (§ 284 Abs. 2 Nr. 1 HGB) als auch auf die Erläuterungen im Prüfungsbericht des Abschlußprüfers (§ 321 Abs. 1 Satz 3 HGB) stützen. Voraussetzung ist allerdings, daß dem Aufsichtsrat das ansatz- und bewertungsrechtliche Instrumentarium geläufig ist[66], da sich aus der Angabe z. B. einer Bewertungsmethode nicht zwangsläufig erkennen läßt, ob auch andere Möglichkeiten der Bewertung bestanden hätten, der Vorstand also Wahlrechte genutzt hat. Selbst wenn dem Aufsichtsrat solche Wahlrechte geläufig sind, kommt es vielleicht auf eine Kenntnis der Besonderheiten des Einzelfalles an, um beurteilen zu können, ob im konkreten Fall auch andere Bewertungsmethoden hätten angewandt werden können.

Das alles legt es nahe, entsprechende Fragen an den Vorstand und ggfs. auch an den anwesenden Abschlußprüfer zu stellen, insbesondere dann, wenn Bewertungsmethoden geändert oder erstmals genutzt wurden. Die Richtung, in die solche Fragen zweckmäßigerweise gehen sollten, ergibt sich in Zweifelsfällen aus der Lage des Unternehmens.[67] Man denke nur an die alte Weisheit, daß gute Bilanzen immer besser und schlechte immer schlechter sind als sie erscheinen. Unter dem Gesichtspunkt, unter dem hier der Aufsichtsrat zu prüfen hat (Interessenabwägung), kommt es auch nicht auf die letzte Mark an, sondern auf das Erfassen von Beträgen, die für die Interessenabwägung von Bedeutung sind. Auch schränkt die Bewertungsstetigkeit die Spielräume erheblich ein. Hat der Vorstand bei der Bilanzaufstellung ein Bewertungswahlrecht so ausgeübt wie in dem vorhergehenden Jahresabschluß und haben sich zwischenzeitlich die Prämissen für die Ausübung nicht deutlich verschoben, so ist auch der Aufsichtsrat an diese Methode gebunden (Grundsatz der Bewertungsstetigkeit, § 252 Abs. 1 Nr. 6 HGB). Auch wenn die Interessenabwägung inzwischen die Wahl einer anderen Bewertungsmethode nahelegen würde, z. B. um noch Dividende an die Aktionäre ausschütten zu können oder, umgekehrt, um dem Unternehmen weiterhin eine angemessene Selbstfinanzierung zu ermöglichen, kommt eine Änderung nur bei Vorliegen der Voraussetzungen des § 252 Abs. 2 HGB in Betracht.[68]

---

66 Die daran von *Kropff*, aaO (Fn. 1), § 171 AktG Anm. 5, geäußerten Zweifel halte ich nach Beobachtungen in der Praxis auch heute noch für berechtigt, womit angesichts der Komplexität der Vorschriften kein Vorwurf gegen Mitglieder von Aufsichtsräten verbunden ist. Generell zum Erfordernis der Sachkunde von Aufsichtratsmitgliedern *Semler*, aaO (Fn. 63), Rn. 137.

67 So bereits *Kropff*, aaO (Fn. 1), § 171 AktG Anm. 14.

68 In seiner Entscheidung vom 29.3.1996, aaO (Fn. 63), 925, spricht der BGH bei der Änderung von Bewertungsmethoden „von angemessenen Übergangsfristen …, wobei je nach Auswirkung auf das Jahresergebnis …. ein Zeitraum von drei (etwa bei der Bemessung der Herstellungskosten mit den Einzelkosten an Stelle der Vollkosten nach § 255 Abs. 2 Satz 3 bis 5 HGB) bis 6 Jahren (bei der Ausübung des Passivierungswahlrechts nach Art. 28 Abs. 1 EGHGB für Pensionsverpflichtungen aus der Zeit vor dem 1. Januar 1987 und für mittelbare Verpflichtungen) in Betracht kommt." Ob der BGH hierbei den Grundsatz der Methodenbestimmtheit bedacht hat, der verlangt, daß sich alle Wertansätze aus der Anwendung einer bestimmten Bewertungsmethode ergeben sollen, Zwischenwerte also nicht zulässig sind? Gleiche Bedenken gelten gegenüber der weiteren Bemerkung (aaO), daß „bei Bilanzierungsentscheidungen über die Ergebnisverwendung" (siehe dazu unten Abschn. IV.3) „in die erforderliche Interessenabwägung auch das Bedürfnis nach einer Übergangsregelung einzubeziehen" sei.

Führt die Interessenabwägung den Aufsichtsrat zu dem Ergebnis, daß dem Unternehmen oder den Aktionären mit einer anderen Bewertungsmethode besser gedient wäre, so wird sich daher seine Prüfung auch darauf erstrecken müssen, ob die Voraussetzungen für eine zulässige Durchbrechung der Stetigkeit vorliegen.[69] Dies zu erkennen wird ihm nur in Ausnahmefällen selbst möglich sein. Er wird daher wiederum den Vorstand und ggfs. auch den Abschlußprüfer um entsprechende Darlegungen bitten und sich auf Grund der Antworten ein eigenes Bild machen müssen. In Zweifelsfällen kann die Beiziehung eines Sachverständigen in Betracht kommen. Aber auch hier gilt, daß es sich um Fälle von betragsmäßiger Bedeutung handeln muß.

3. Insbesondere: Bilanzierungsentscheidungen, die der Sache nach Ergebnisverwendungen sind

a) Was zuvor generell für die Überprüfung von Ansatz- und Bewertungswahlrechten ausgeführt wurde, gilt in besonderem Maße für „Bilanzierungsentscheidungen, die der Sache nach Ergebnisverwendungen sind".[70] Das sind in der Aufzählung des BGH einmal die Bildung von anderen Gewinnrücklagen iSd. § 266 Abs. 3 A III 4 HGB, ferner die (bei Kapitalgesellschaften nicht zulässige) Vornahme zusätzlicher Abschreibungen nach § 253 Abs. 4 HGB, die Bildung von Aufwandsrückstellungen nach § 249 Abs. 1 Satz 3, Abs. 2 HGB sowie die Vornahme steuerrechtlicher Abschreibungen nach § 254 HGB. Auch die Bildung eines Sonderposten mit Rücklageanteil (§ 273 HGB) könnte dazu gehören, da sie ebenfalls steuerrechtlich motiviert ist.[71, 72] Es kann sich um betragsmäßig sehr unterschiedliche Ergebnisverwendungen handeln, die dementsprechend auch einzeln für sich zu betrachten sind.

b) Die Bildung anderer Gewinnrücklagen ist bei Aktiengesellschaften für den Fall der Feststellung des Jahresabschlusses durch Vorstand und Aufsichtsrat in § 58 Abs. 2 und 2a AktG geregelt. Der Gesetzestext schließt jeden Zweifel daran aus, daß die Bildung solcher Rücklagen gemeinsame Sache von Vorstand und Aufsichtsrat ist.[73] Der Aufsichtsrat hat daher von sich aus zu prüfen, ob die Voraussetzungen

---

69 Vgl. dazu *ADS*[6], aaO (Fn. 9), § 252 HGB Tz. 112 ff.; *Budde/Geißler,* aaO (Fn. 3), § 252 HGB Anm. 59 ff.; *Claussen/Korth,* aaO (Fn. 3), § 252 HGB Rn. 40; *Forster,* FS v. Wysocki, 1985, S. 29, 39 ff.; *Schulze-Osterloh,* aaO (Fn. 59), § 42 GmbHG Rn. 259; *Selchert* in Küting/Weber, Handbuch der Rechnungslegung, 4. Aufl. 1995, Bd. Ia, § 252 HGB Rn. 123 ff.; WP-Handbuch 1996, aaO (Fn. 3), Abschn. E Tz. 216.

70 BGH-Urt. v. 29.3.1996, aaO (Fn. 63), 926 und 929; schlicht ausgedrückt: es geht um die Legung offener und stiller Rücklagen.

71 Vgl. dazu WP-Handbuch 1996, aaO (Fn. 3), Abschn. F Tz. 211 ff. – Hingewiesen sei ferner auf die Anmerkungen von *Moxter* (JZ 1996, 860) zu diesem Punkt der Urteilsbegründung, der nicht zu Unrecht eine fehlende eindeutige Grenzziehung zwischen Ergebnisermittlung und Ergebnisverwendung kritisiert („mit anderen Worten zwischen Rechnungslegung und Finanzierung"); kritisch auch *ADS*[6], aaO (Fn. 9), § 8 PublG Tz. 6.

72 Zurecht weisen *Binz/Sorg,* DB 1996, 969, 970, darauf hin, daß nahezu jede Bilanzierungsentscheidung eine Ergebnisauswirkung hat und eine ganze Reihe von Bewertungswahlrechten, die ebenfalls den Gewinn erheblich beeinflussen können, vom BGH außer Betracht gelassen wurde.

73 Vgl. *Kropff,* aaO (Fn. 1), § 172 AktG Anm. 11 ff.

(Interessenabwägung) für eine Rücklagendotierung gegeben sind und ob der vom Gesetz gezogene Rahmen eingehalten ist.[74] Hinsichtlich des zweiten Gesichtspunkts kann er sich auf den Prüfungsbericht des Abschlußprüfers stützen, da die Überprüfung gesetzeskonformer Rücklagendotierung zu dessen Aufgaben gehört.[75] Schwieriger ist dagegen die Interessenabwägung. Das Gesetz erlaubt der Verwaltung im Regelfall einen Gewinneinbehalt von der Hälfte des Jahresüberschusses, den viele Unternehmen indes nicht wahrnehmen oder nicht wahrnehmen können. *Potthoff/Trescher*[76] haben offensichtlich gegen eine generelle Dotierung von Rücklagen mit einem Drittel und eine Ausschüttung von zwei Dritteln keine Bedenken. Im Zweifel werden die von den Arbeitnehmern gewählten Aufsichtsratsmitglieder eher für eine höhere Dotierung plädieren, um die Substanz des Unternehmens zu stärken und damit Raum für Lohnerhöhungen und ggfs. auch für neue oder sichere Arbeitsplätze zu schaffen. Dem stehen auf der anderen Seite die Interessen der Aktionäre an einer möglichst hohen Verzinsung ihrer Beteiligung gegenüber. Die Aktionäre jedenfalls haben nur noch Anspruch auf den nach Dotierung der anderen Gewinnrücklagen verbleibenden Bilanzgewinn (§ 58 Abs. 4 AktG). Der Aufsichtsrat kann sich daher nicht damit begnügen festzustellen, daß nicht mehr als die Hälfte des Bilanzgewinns in andere Gewinnrücklagen eingestellt ist. Er wird sich vielmehr davon überzeugen müssen, daß der Gewinneinbehalt in der vorgesehenen Höhe sachgerecht und angemessen ist, um z. B. die Finanzierung vorgesehener Investitionen zu sichern oder um künftigen Risiken des Unternehmens Rechnung tragen zu können. Er wird diese Aufgabe um so ernster nehmen müssen, wenn mit der Rücklagendotierung eine Dividendenkürzung einhergeht oder die Aufnahme einer angemessenen Dividendenzahlung hinausgeschoben wird.

c) Aufwandsrückstellungen nach § 249 Abs. 1 Satz 3 HGB können, soweit die Nachholung in den ersten drei Monaten des neuen Geschäftsjahres erfolgt, grundsätzlich mit steuerlicher Wirkung geltend gemacht werden. Sie mindern das Ergebnis daher nur teilweise, weshalb selten Anlaß vorliegen wird, ihnen näher nachzugehen. Waren entsprechende Rückstellungen bereits im Vorjahr gebildet worden, so kommt, wie oben ausgeführt, für das Kalkül nur der Betrag einer Erhöhung in Betracht. Genauer wird der Aufsichtsrat dagegen hinschauen müssen, soweit es darüber hinausgehende, steuerlich keinen Aufwand bildende Rückstellungsdotierungen betrifft.

d) Dies gilt erst recht für die Bildung von Aufwandsrückstellungen nach § 249 Abs. 2 HGB. Diese Art von Rückstellungen kannte weder das Aktiengesetz noch das HGB, bevor die 4. EG-Richtlinie durch das Bilanzrichtlinien-Gesetz in deutsches Recht umgesetzt wurde. Die Zuweisungen werden häufig in einer Grauzone zwischen Aufwandsverrechnung und Rücklagendotierung liegen. Eine Prüfung der rechtlichen Zulässigkeit wird dem Aufsichtsrat in der Regel nur schwer möglich sein, weshalb er sich insoweit auf die Feststellungen des Abschlußprüfers wird

---

74 Vgl. *Döllerer*, FS Geßler, S. 93, 101 f.); *Hüffer*, aaO (Fn. 11), § 171 AktG Rn. 8.
75 Vgl. *ADS*[5], aaO (Fn. 3), § 317 HGB Tz. 79.
76 AaO (Fn. 2), S. 175.

stützen müssen. Bilanzpolitisch im Sinne einer Interessenabwägung ist er dagegen
voll gefordert, wobei er die bereits erläuterten Grundsätze zu beachten hat.

e) Steuerrechtliche Abschreibungen iSd. § 254 HGB wird das Unternehmen
nur vornehmen, wenn damit Vorteile verbunden sind; sie sind in erster Linie in einer
zinslosen Steuerstundung zu sehen. Zu einer ordentlichen und gewissenhaften
Geschäftsführung wird es daher in der Regel gehören, solche Abschreibungen vorzunehmen, da damit gleichermaßen den Interessen des Unternehmens wie der
Aktionäre Rechnung getragen wird. Die Höhe der vorgenommenen steuerrechtlichen Abschreibungen ist im Anhang indirekt angegeben, allerdings nur zusammen
mit vergleichbaren anderen Angaben (§ 285 Nr. 5). Soweit nicht eindeutige Aussagen im Rahmen der Angaben zu den Bewertungsmethoden im Anhang gemacht
sind (z. B.: „Wir haben von allen steuerlich zulässigen Bewertungserleichterungen
Gebrauch gemacht"), sollte sich der Aufsichtsrat durch entsprechende Fragen an
den Vorstand und ggfs. auch an den Abschlußprüfer darüber informieren, nach
welchen Grundsätzen verfahren wurde.

4. Mitverantwortlichkeit des Aufsichtsrats für die Bilanzpolitik

Versucht man aus den vorangegangenen Ausführungen ein Fazit zu ziehen, so führt
dies eindeutig zu der Feststellung, daß Bilanzpolitik nicht allein Sache des Vorstands ist, sondern daß sie der Überwachung und Mitwirkung durch den Aufsichtsrat unterliegt. Ohne Übertreibung läßt sich sogar sagen, daß hierin die eigentliche
Prüfungsaufgabe des Aufsichtsrats liegt[77], jedenfalls dort, wo eine Prüfung des
Jahresabschlusses iSd. der §§ 316 ff. HGB durch einen unabhängigen Abschlußprüfer stattgefunden hat und keine Einwendungen erhoben worden sind. Ob sich
dessen alle Aufsichtsräte immer bewußt sind?

Das macht es andererseits für viele Aufsichtsräte namentlich großer Unternehmen, denen eine größere Zahl von Mitgliedern angehört, sinnvoll, einen Bilanz-
ausschuß, audit committee oder dergleichen zu bilden[78], in welchem dem Vorstand
die entsprechenden Fragen gestellt werden können und er umfassend antworten
kann. Daß das Gesamtgremium über die wichtigsten Ergebnisse der Diskussion im
Ausschuß informiert werden muß, wenn es vor der Beschlußfassung über die Feststellung des Jahresabschlusses und seiner Berichterstattung gegenüber der Hauptversammlung steht, ergibt sich zwangsläufig aus seiner Gesamtverantwortung
für den Jahresabschluß und dessen Prüfung.[79]

---

77 Wohl ebenso *Kropff,* aaO (Fn. 1), § 171 AktG Anm. 13 f.
78 Vgl. dazu *ADS*[6], aaO (Fn. 9), § 171 AktG Tz. 13 ff.; *Forster,* aaO (Fn. 13), 1, 5 f.; *Langenbucher/*
Blaum, DB 1994, 2197; *Scheffler,* FS Havermann, S. 651, 672 ff.; jeweils mit weiteren Nachweisen.
79 Vgl. *ADS*[6], aaO (Fn. 9), § 171 AktG Tz. 16.

Rechtswidrigkeit und Verschulden bei der Haftung von Aktionären und Personengesellschaftern

BARBARA GRUNEWALD

I. Unterschiedliche Haftungsvoraussetzungen für Aktionäre und Gesellschafter von Personengesellschaften?

1. Die Rechtslage in der Aktiengesellschaft

In dem mittlerweile berühmt gewordenen Girmes-Fall wurde ein Stimmrechtsvertreter von Aktionären, die von ihm nicht vertreten wurden, auf Schadensersatz wegen einer treuwidrigen Stimmabgabe in Anspruch genommen. Das Urteil des BGH[1] bejaht die Möglichkeit, daß eine solche Klage Erfolg haben könnte. Dabei wird gesagt, daß auch ein Kleinaktionär für eine treuwidrige Stimmabgabe im Grundsatz auf Schadensersatz (sei es gegenüber der AG oder gegenüber seinen Mitaktionären) haftet. Allerdings soll der für die Schadensersatzhaftung erforderliche Schuldvorwurf sich nicht – wie sonst üblich – nach § 276 BGB richten. Vielmehr soll nur für vorsätzliches Handeln gehaftet werden. Dabei bleibt in dem Urteil offen, ob diese Reduzierung des Verschuldensmaßstabs für alle Treuepflichtverletzungen von Aktionären gelten soll oder ob dies nur für die Stimmabgabe und/oder nur für Kleinaktionäre gilt. Für eine Sonderbehandlung der Stimmgabe könnte – so das Urteil – sprechen, daß § 117 Abs. 7 AktG die Haftung für diese einschränkt und auch eine Beschlußanfechtung nach § 243 Abs. 2 AktG vorsätzliches Handeln erfordert. Auch sei eine solche Haftungsbeschränkung (jedenfalls im Bereich der Stimmrechtsausübung) im Interesse der AG erforderlich, um eine von einer drohenden Inanspruchnahme aus einer Schadensersatzverpflichtung weitgehend freie Abstimmung in der Hauptversammlung zu gewährleisten.

In der Literatur ist diese Haftungsbeschränkung auf vorsätzliches Handeln jedenfalls für die Stimmrechtsausübung auf Zustimmung gestoßen[2]. Wie weit eine solche Beschränkung auch für die Haftung in anderen Fällen der Treuepflichtverletzung gelten soll, bleibt demgegenüber – genau wie in dem Urteil – auch in der Literatur offen[3].

2. Die Rechtslage in den Publikumspersonengesellschaften

Nur wenige Monate vor dem geschilderten Girmes-Urteil hatte der BGH einen Fall zu entscheiden, in dem es um die Haftung des geschäftsführenden Gesellschafters gegenüber seiner Gesellschaft in einer stillen Publikumsgesellschaft ging[4]. Zur Debatte stand die Frage, ob die beklagte geschäftsführende Gesellschafterin (eine GmbH) Verträge mit sich bzw. mit einem Dritten abschließen durfte, die sie bzw. diesen Dritten für viel Geld zur Beratung der Gesellschaft in Fragen der Geschäfts-

---

1 BGH NJW 95, 1739 = ZIP 1995, 819 = JZ 95, 1064.
2 *Häsemeyer*, ZHR 160 (1996) S. 109, 118; *Henssler*, DZWir 1997, 36, 37; *Lutter*, JZ 95, 1054, 1055; *Rittner*, EWiR § 135 AktG 1/95, S. 526; *Witte*, WiB 1995, 549, 550; auch *Altmeppen*, NJW 95, 1750, der sogar nur an § 826 BGB anknüpfen will.
3 *Lutter*, JZ 1995, 1054, 1055.
4 NJW 1995, 1353.

führung verpflichtete, oder ob die Beklagte ohne weitere Zahlungen aus der Gesellschaftskasse zur Geschäftsführung verpflichtet war. Das Urteil legt überzeugend dar, daß in der Tat weitere Zahlungen für eine Beratung bei der Geschäftsführung nicht erbracht werden durften und wendet sich dann der Verschuldensfrage zu. Mit wenigen Worten und unter Berufung auf ein früheres Urteil wird gesagt, daß die Tätigkeit der geschäftsführenden Gesellschafterin an dem Standard eines ordentlichen Kaufmanns zu messen sei. Der eigentlich für Personengesellschaften geltende Haftungsmaßstab des § 708 BGB (geschuldet ist nur die Sorgfalt in eigenen Angelegenheiten, jedenfalls wird aber für grobe Fahrlässigkeit gehaftet, § 277 BGB) gilt also nicht, da er – wie es in einem in bezug genommenen früheren Urteil heißt[5] – mit den Besonderheiten einer nicht von persönlichen Verhältnissen geprägten Massengesellschaft und dem gebotenen Schutz der Anlagegesellschafter nicht vereinbar sei. Es kommt also nicht der vom Gesetz für Personengesellschaften vorgesehene mildere Maßstab des § 708 BGB, sondern der allgemein übliche des § 276 BGB zur Anwendung.

Die Literatur ist diesem Urteil gefolgt[6]. Die Argumente unterscheiden sich nicht von den in der Judikatur angestellten Überlegungen: Stets wird betont, daß für Haftungsmilderungen nach Art von § 708 BGB in Massengesellschaften kein Raum sei.

3. Der Unterschied

Vergleicht man die Rechtslage in der Aktiengesellschaft mit der in der Publikumspersonengesellschaft so sieht es auf den ersten Blick so aus, als entwickelten sich beide Rechtsgebiete auseinander. In der Aktiengesellschaft haften jedenfalls nicht maßgeblich beteiligte Aktionäre nur für Vorsatz, in der Publikumspersonengesellschaft haften die Gesellschafter dagegen für jede Fahrlässigkeit. In der Aktiengesellschaft wird über den vom Gesetz vorgesehen Haftungsmaßstab (§ 276 BGB) zugunsten einer Haftungsreduzierung auf Vorsatz hinweggegangen, in der Publikumsgesellschaft wird dagegen die gesetzlich vorgesehene Haftungsmilderung (§ 708 BGB) zugunsten einer Haftungsverschärfung hintangestellt. Die Vermutung liegt nahe, daß dieser Unterschied nicht mit der jeweiligen Rechtsform der Gesellschaft sondern mit der in Rede stehenden Pflichtverletzung bzw. vielleicht auch mit dem Einfluß des beklagten Gesellschafters auf das Geschehen in der Gesellschaft zusammenhängt.

---

5 BGH NJW 1980, 589, 591.
6 Baumbach-*Hopt*, HGB 29. Aufl. Anh. § 177a Rz. 26; *Soergel-Hadding*, BGB 12. Aufl. § 708 Rz. 2; *Hüffer*, ZGR 1981, 348, 368; Heymann-*Horn*, HGB 2. Aufl. § 161 Rz. 80; Schlegelberger-*Martens*, HGB 5. Aufl. § 164 Rz. 7.

II. Die einzelne Pflichtverletzung und der jeweils einschlägige Verschuldensmaßstab

1. Geschäftsführung

In der *Aktiengesellschaft* liegt die Geschäftsführung beim Vorstand. Geschuldet ist die Sorgfalt eines ordentlichen und gewissenhaften Geschäftsleiters (§ 93 Abs. 1 AktG). Es ist selbstverständlich, daß dieser Maßstab auch dann gilt, wenn ein Aktionär Vorstandsmitglied ist.

Wie geschildert entspricht dem die Rechtslage in der *Publikumspersonengesellschaft*. Bislang entschieden sind allerdings nur Fälle, in denen die geschäftsführende Gesellschafterin eine GmbH war. Daher wird in den einschlägigen Urteilen immer auch auf § 43 Abs. 1 GmbHG hingewiesen[7]. Aber auch dann, wenn der geschäftsführende Gesellschafter ausnahmsweise eine natürliche Person sein sollte, könnte nichts anderes gelten. Denn der für diese Entscheidungen tragende Gedanke gilt in beiden Fällen gleichermaßen: Für den auf individuelle Besonderheiten des jeweiligen Gesellschafters Rücksicht nehmenden § 708 BGB ist in einer Massengesellschaft, in der es an einer persönlichen Akzeptanz der Gesellschafter untereinander fehlt, kein Raum. Daher muß der allgemein für jede Geschäftsführung einschlägige Maßstab gelten[8].

2. Treuepflichtverletzung bei der Stimmabgabe

a) Pflichtverletzung

Betrachtet man die Fragen der Treuepflichtverletzung bei der Stimmabgabe, muß man klar zwischen Pflichtverletzung und Verschulden unterscheiden. Nach h.M. führt eine Treuepflichtverletzung im Aktienrecht zur Anfechtbarkeit des der Stimmabgabe entsprechenden Beschlusses[9], im Recht der Personengesellschaften sogar zur Nichtigkeit[10]. In dem Girmes-Urteil heißt es allerdings[11], daß „die vom Gesetz

---

7 BGH NJW 1980, 589; BGH NJW 1995, 1353, 1354.

8 Heymann-*Horn* (s. oben Fn. 6) § 161 Rz. 180; *Koller* in Koller-Roth-Morck, HGB § 105 Rz. 37.

9 *Henze* in Gesellschaftsrecht 1995 hrsg. von Henze, Timm, Westermann, S. 1, 17; *Hüffer*, AktG 2. Aufl. § 243 Rz. 21; *Lutter*, JZ 1995, 1053, 1054; *Karsten Schmidt* in Großkomm. zum AktG, 4. Aufl. § 243, Rz. 48; *Zöllner* in Kölner Komm. 1. Aufl. § 243 Rz. 189, 195; unter Umständen besteht auch eine positive Stimmpflicht, *Zöllner*, Die Schranken mitgliedschaftlicher Stimmrechtsvollmacht bei den privat-rechtlichen Personenverbänden, 1993, S. 366 ff, dort auch zu der Frage, ob die Stimme gültig ist. Siehe *Mülbert*, Aktiengesellschaft, Unternehmensgruppe und Kapitalmarkt 1995, S. 255 ff, wo auch klar gesagt wird, daß ein Beschluß unabhängig davon, ob ihm feste Mehrheiten oder die Zustimmung von Kleinaktionären zugrunde liegt, treuwidrig sein kann.

10 Heymann-*Emmerich*, HGB 2. Aufl. § 119 Rz. 10a; Baumbach-*Hopt* (s. oben Fn. 6) § 109 Rz. 28; *Koller* (s. oben Fn. 8) § 119 Rz. 7, 11.

11 NJW 1995, 1739, 1746.

als Sanktion gegen einen nicht hinnehmbaren Beschluß vorgesehene Anfechtung
auf den Fall beschränkt (sei), daß ein Aktionär mit der Ausübung des Stimmrechts
Sondervorteile zum Schaden der Gesellschaft oder der anderen Aktionäre zu erlangen (suche). Dieses Bestreben setzt einen auf Erlangen des Sondervorteils
beschränkten Vorsatz voraus." Doch wird dies wohl so zu verstehen sein, daß damit
nur der gesetzlich ausformulierte Anfechtungstatbestand des § 243 Abs. 2 Satz 1
AktG in bezug genommen ist. Verstöße gegen die Treuepflicht werden demgegenüber als Verletzung des Gesetzes oder der Satzung im Sinne von § 243 Abs. 1 AktG
angesehen und sind damit in dem Urteil wohl gar nicht angesprochen. Daher ändert
auch diese Passage des Girmes-Urteils nichts daran, daß eine Verletzung der Treuepflicht bei der Stimmabgabe verschuldensunabhängig zur Anfechtung führt.
Schadensersatzansprüche wegen Treuepflichtverletzungen bei der Stimmrechtsausübung setzen demgegenüber Verschulden voraus. In einem ersten Schritt soll
hier nur die Pflichtwidrigkeit der Stimmabgabe (mit der Rechtsfolge der Anfecht-
barkeit/Nichtigkeit des Beschlusses, falls dieser der Stimmabgabe entspricht)
betrachtet werden. Die nur für die Schadensersatzansprüche relevante Verschuldensfrage wird später betrachtet.

aa) Keine Pflicht zur Vorbereitung einer Gesellschafterversammlung

Für jeden Kleingesellschafter einer Massengesellschaft (sei es eine Aktiengesellschaft oder eine Publikumspersonengesellschaft bzw. GmbH) gilt, daß er sich auf
die Gesellschafterversammlung nicht vorbereiten muß. Ein solches Verhalten kann
nicht erwartet werden, da es unökonomisch wäre. Denn für praktisch jeden, der nur
eine beschränkte Einflußmöglichkeit auf das Geschehen in der Gesellschaft hat,
zahlt sich ein mehr oder weniger aufwendiges Studium der Unterlagen der Gesellschafterversammlung nicht aus[12]. Ein solches nicht rentables Verhalten kann gerade
unter Gesellschaftern, die sich zur Gewinnerzielung zusammengetan haben, nicht
geschuldet sein. Es ist daher auch nicht treuwidrig.

bb) Stimmabgabe mit wirtschaftlich „richtigem" Ergebnis?

Die Haftungsreduzierung auf vorsätzliches Verhalten wird in dem Girmes-Urteil[13]
auch damit gerechtfertigt, daß Aktionäre anderenfalls befürchten müßten, trotz Aus-
schöpfung des ihnen zur Verfügung gestellten Informationsmaterial sowie ihrer
Informationsrechte bei komplexen und schwierigen Tagesordnungspunkten zur
Haftung herangezogen zu werden, da sie nur bedingt in der Lage seien, den
Beschlußgegenstand sachgemäß zu beurteilen und entsprechend abzustimmen.
Diese Ausführungen erwecken den Eindruck, als sei eine „nicht sachgerechte"
Stimmabgabe stets rechtswidrig – im gegebenen Zusammenhang treuwidrig – und
die Haftung könne nur durch das Verschuldenskorrektiv vermieden werden. Wäre

---

12 Sogn. rationale Apathie, *Baums/Randow*, AG 1995, 145, 147.
13 NJW 95, 1739, 1746.

dem so, so wäre ein sachwidriger Beschluß jedenfalls anfechtbar/nichtig, da diese Rechtsfolge ja gerade kein Verschulden voraussetzt.

Mit diesen Ausführungen des Bundesgerichtshofs kann aber nicht gemeint sein, daß jede in irgendeinem objektiven Sinne für die Gesellschaft nicht optimale Stimmabgabe rechtswidrig und ein so gefaßter Beschluß damit anfechtbar/bzw. in den Personengesellschaften nichtig wäre. Denn andernfalls wäre ein Gericht in einem eventuellen Prozeß über die Gültigkeit des Beschlusses gezwungen, sich Gedanken über das für die Gesellschaft wirtschaftlich optimale Beschlußergebnis zu machen, eine Aufgabe, die gerade den Gesellschaftern zufällt und von Gerichten nicht beantwortet werden kann.

Wie das Girmes-Urteil zeigt, gilt dieser Grundsatz (keine Treuepflichtverletzung bei wirtschaftlich falscher Stimmabgabe und damit auch keine Anfechtbarkeit bzw. Nichtkeit eines entsprechenden Beschlusses) aber nicht uneingeschränkt. Denn die Treuepflichtverletzung wird in dem genannten Urteil letztlich damit begründet, daß eine Stimmabgabe gegen das vorgelegte Sanierungskonzept rechtswidrig war, weil nur aufgrund dieses Sanierungsvorschlags der Zusammenbruch der Gesellschaft vermieden werden konnte und weil die Aktionäre im Falle eines Konkurses noch schlechter gestanden hätten als beim Austritt aus der fortbestehenden Gesellschaft. Das besagt, daß in Extremfällen auch eine Überprüfung der Stimmabgabe unter dem Aspekt stattfindet, ob die getroffene Entscheidung ökonomisch noch vertretbar ist[14]. Ähnliche Fälle können vorkommen, wenn es um die Heilung von Gründungsmängeln[15] oder von für die Gesellschaft sonst wesentlichen fehlerhaften Beschlüssen (Kapitalerhöhung[16]) geht[17]. In einem zur Personengesellschaft ergangenen Urteil hat der BGH[18] die Pflicht zur Schaffung einer Nachfolgeregelung damit begründet, daß nur so die in dem Unternehmen verkörperten Werte erhalten werden könnten. Das liegt auf der Linie des Girmes-Urteil, das seinerseits einen eine Publikumspersonengesellschaft betreffenden Fall in bezug nimmt, in dem den Gesellschaftern wegen der angespannten wirtschaftlichen Lage ein vorübergehender Verzicht auf Zinszahlungen zugemutet wurde[19]. Klar dürfte aber sein, daß diese Beschlußkontrolle unter wirtschaftlichen Aspekten auf deutliche Fälle beschränkt bleiben muß[20]. Insbesondere dürfen Fragen nach den wirtschaftlichen Erfolgschancen unterschiedlicher Projekte (etwa konkurrierende Investitionspläne) nicht vor Gericht ausgetragen werden.

---

14 *Häsemeyer*, ZHR 160 (1996) S. 109, 113f.
15 *Brändel* in GroßKomm. zum AktG 4. Aufl. § 1 Rz. 86, 88.
16 *Zöllner/Winter* ZHR 158 (1994) S. 59, 81f.
17 *Brändel* (s. oben Fn.) § 1 Rz. 86, 88; *Lutter*, ZHR 153 (1989) S. 446, 469: Heilung verdeckter Sacheinlagen.
18 NJW 1987, 952.
19 BGH NJW 1985, 974.
20 *Häsemeyer*, ZHR 160 (1996) S. 109, 113; entgegen *Häsemeyer* kommt es für die Treuepflichtverletzung aber nicht darauf an, daß in der Hauptversammlung die Aspekte der Treuepflichtverletzung schlüssig formuliert werden. Auch wenn dies nicht geschieht, bleibt der Beschluß rechtswidrig. Unter Umständen fehlt es am Verschulden, weil dann die Rechtswidrigkeit nicht klar zu Tage tritt.

*cc) Pflicht zur Rücksichtnahme auf die Belange der Mitgesellschafter, weitere Fall-
        gestaltungen*

Die Treuepflicht obliegt dem Gesellschafter sowohl im Verhältnis zur Gesellschaft
wie auch im Verhältnis zu seinen Mitgesellschaftern. Das Girmes-Urteil betraf einen
Fall der Treuepflichtverletzung im Verhältnis zu den Mitgesellschaftern, da die
Aktiengesellschaft selbst kein rechtlich geschütztes Interesse an ihrem Fortbestand
hat[21]. Gleichwohl ging es in dem geschilderten Fall um die Frage, ob die getroffene
Entscheidung ökonomisch vernünftig war, eine für die Rechtsbeziehung zu den Mitgesellschaftern eher atypische Konstellation. Hier stehen meist auf die besonderen
Belange der Mitgesellschafter zugeschnittene Rücksichtspflichten im Mittelpunkt,
etwa die Pflicht, die Übertragung vinkulierter Aktien nicht grundlos zu blockieren[22]
oder – allgemeiner formuliert – nur im Rahmen des Maßstabs der Erforderlichkeit
und Verhältnismäßigkeit in die Rechtsposition der Mitgesellschafter einzugreifen.
Die bekanntesten Beispielsfälle betreffen im Aktienrecht den Bezugrechtsausschluß
und die Begründung der faktischen Abhängigkeit[23]. In den Publikumspersonengesellschaften sind insbesondere Vertragsklauseln und damit auch entsprechende
Gesellschafterbeschlüsse unwirksam, die dem persönlich haftendem Gesellschafter
eine Option auf die Anteile der Kommanditisten zu bestimmten Bedingungen einräumen, da dem Kommanditisten auf diese Weise die Chance genommen wird, in
der Gesellschaft dauerhaft Gewinne zu erzielen[24]. Diese Fallgestaltung hat insofern
gewisse Ähnlichkeiten mit der Überprüfung des Bezugsrechtsausschluß als es in
beiden Fällen um einen (teilweisen) bzw. kompletten Verlust der Gesellschafter-
stellung geht. Darüber hinaus sind viele weitere Fallgestaltungen denkbar[25], die hier
nicht im einzelnen diskutiert werden sollen.

b) Verschulden

aa) Relevanz der Verschuldensfrage

Für die Treuepflichtverletzung im Rahmen der Stimmabgabe wird – wie für jede
Treuepflichtverletzung – auf Schadensersatz gehaftet. Problematisch ist, wie
geschildert, die Frage, welcher Verschuldensmaßstab gilt. Kann wirklich gesagt
werden, daß Aktionäre nur für vorsätzliches Handeln haften?
        Da eine Verpflichtung zur Leistung von Schadensersatz nur besteht, wenn ein
rechtswidriges Verhalten vorliegt, hat die geschilderte Analyse gezeigt, daß die
Frage nach dem Verschuldensmaßstab bei der Haftung für Abstimmungsverhalten
überhaupt nur in wenigen Fällen eine Rolle spielt. Meist wird es schon an der

---

21 *Hennrichs*, AcP 195 (1995) S. 222, 260f.
22 *Lutter*, ZHR 153 (1986) S. 446, 467; *Karsten Schmidt* (s. oben Fn. 9) § 243 Rz. 49.
23 Statt aller *Hüffer* (s. oben Fn. 9) § 243 Rz. 24, 25; siehe auch *Karsten Schmidt* (s. oben Fn. 9)
        § 243 Rz. 45, 46 der diese Beschlüsse außerdem noch einer „institutionellen Inhaltskontrolle"
        unterwirft.
24 BGHZ 84, 11; BGH ZIP 1988, 906; OLG Köln NJW-RR 1987, 952.
25 Siehe *Lutter* ZHR 153 (1989) S. 446, 467ff.

Rechtswidrigkeit der Stimmabgabe fehlen. Nicht einleuchtend ist es allerdings, wenn an die Rechtswidrigkeit als Voraussetzung der Schadensersatzhaftung andere Anforderungen gestellt werden als bei der Beschlußanfechtung. Für die Feststellung der Rechtswidrigkeit spielt daher die Frage, ob der Aktionär seine Stimme einem Stimmrechtsbündler oder einer Depotbank übertragen hat, bzw. ob er eine Sperrminorität besitzt auch dann keine Rolle, wenn es um die Haftung auf Schadensersatz geht[26].

Aber auch für die Fälle, in denen die Rechtswidrigkeit der Stimmabgabe gegeben ist, darf die Bedeutung der Feststellung des Verschuldensmaßstabes nicht überschätzt werden: Vorsatz schließt dolus eventualis ein und die Rechtsprechung ist erfahrungsgemäß mit der Annahme, es liege diese Vorsatzform vor, leicht bei der Hand. Auch im Girmes-Fall hält der BGH eine vorsätzliche Pflichtverletzung für möglich[27], ohne zu sagen, wie ein Kleinaktionär durchschauen sollte, daß der von seinem Stimmrechtsvertreter anvisierte Sanierungsvorschlag nicht durchführbar war, zumal eine Pflicht zur Vorbereitung auf die Hauptversammlung – wie geschildert – nicht besteht und die Aktionäre in der Hauptversammlung nicht zugegen waren. Allerdings könnte man dem Aktionär die Auswahl des Stimmrechtsvertreters zum Vorwurf machen, zumal dieser mit einer harten Haltung in der Hauptversammlung geworben hatte. Doch würde auch das voraussetzen, daß der Aktionär die Undurchführbarkeit dieses Alternativvorschlages erkennen konnte und billigend in Kauf nahm. Möglich und in dem Urteil wohl auch gemeint[28] ist es aber, den möglichen Vorsatz des Vertreters über § 278 BGB den Aktionären zuzurechnen. Dies belastet die an für sich erwünschte Einschaltung von Stimmrechtsvertretern zwar mit einem erheblichen Haftungsrisiko für die Aktionäre, führt aber über den Rückgriffsanspruch des Gesellschafters gegen den Stimmrechtsvertreter zu dem dann doch überzeugenden Ergebnis, daß der den Schaden letztendlich zu tragen hat, der ihn real auch verursacht hat – eben der Stimmrechtsvertreter[29].

Wohl um das Haftungsrisiko zu reduzieren, hat das OLG Düsseldorf[30] das Vorsatzerfordernis nicht nur auf den Verstoß gegen die Treuepflicht sondern auch auf den Schaden bezogen. Diese Sichtweise ist nicht möglich, da im vertraglichen und quasivertraglichen Bereich Verschulden stets nur in bezug auf die Pflichtverletzung erforderlich ist[31]. Im Endergebnis ist die Sichtweise des OLG Düsseldorf aber richtig: Der Treueverstoß liegt gerade in dem ökonomisch nicht vertretbaren Verhalten und damit auch in der davon kaum zu trennenden Schädigung der Gesellschaft. Da der Treueverstoß vorsätzlich erfolgen muß, muß die Schädigung ebenfalls bedacht sein.

---

26 Diskussionsbericht *Schäfer*, ZHR 158 (1994) S. 192; *Zöllner* in KölnerKomm. Einl. Rz. 169; a.A. *Dreher*, ZHR 158 (1994) S. 150, 154.
27 Kritisch *Flume*, ZIP 1996, 161, 165f.
28 NJW 1995, 1739, 1743; im Ergebnis auch *Bungert* DB 95, 174; *Henssler*, DZWir 1997, 36, 37.
29 Siehe den Hinweis von *Dreher*, ZHR 157 (1993) S. 150, 171.
30 DZWir 1997, 30, 31.
31 Siehe *Henssler*, DZWir 1997, 36, 37, der im Ergebnis aber dem OLG Düsseldorf folgt.

*bb) Reduzierung des Verschuldensmaßstabes für unmaßgeblich beteiligte Gesell-
schafter*

Wie in dem Girmes-Urteil dargelegt muß man in der Tat davon ausgehen, daß die
Haftung für die Stimmrechtsausübung jedenfalls für nicht maßgeblich beteiligte
Gesellschafter auf Vorsatz beschränkt ist. Nur so kann das Haftungsrisiko für diese
Personengruppe, deren Beteiligung an der Hauptversammlung erwünscht ist, auf
ein akzeptables Niveau reduziert werden. Dies gilt für Publikumspersonengesellschaften und Aktiengesellschaften gleichermaßen. Zugleich ermöglicht überhaupt
nur diese Reduzierung des Verschuldensmaßstabes die Bejahung der Rechtswidrigkeit der Stimmabgabe und eines entsprechenden Beschlusses in dem geschilderten,
zwar eingeschränkten aber doch nicht unbedeutenden Umfang. Denn wenn für jede
Fahrlässigkeit gehaftet würde, wäre zu befürchten, daß schon die Treuepflichtverletzung und damit die Anfechtbarkeit/Nichtigkeit des Beschlusses verneint würde.
Diese Überlegungen gelten auch, wenn ausnahmsweise positive Stimmpflichten in
Rede stehen. Aus demselben Grund (Haftungsrisiko der Gesellschafter) überzeugt
es auch, daß das Girmes-Urteil vorrangig auf ein prozessuales Vorgehen gegen den
Beschluß verweist und die Schadensersatzhaftung auf die Fälle beschränkt, in denen
eine Geltendmachung der Beschlußmängel nicht zum Erfolg führt[32].

cc) Reduzierung des Haftungsmaßstabes für alle Gesellschafter?

Das Girmes-Urteil hatte nicht darüber zu entscheiden, ob auch maßgeblich beteiligte Gesellschafter oder Gesellschafter mit einer Sperrminorität nur wegen treu-
widriger Stimmabgabe auf Schadensersatz haften, wenn sie vorsätzlich gehandelt
haben. Immerhin deutet das Urteil an, daß die Haftungsreduzierung für alle Gesellschafter gelten soll. In der Tat trifft das entscheidende Argument – keine über-
mässigen Haftungsrisiken bei der Stimmrechtsausübung – auch für maßgeblich
beteiligte Gesellschafter zu. Auch sie müssen sehr weitgehend davor sicher sein, bei
der Stimmrechtsausübung ohne allzu großes Haftungsrisiko einen Fehler begehen
zu können. Allerdings ist die Wahrscheinlichkeit, daß bei dieser Gesellschaftergruppe Vorsatz gegeben ist, erheblich höher als bei nicht maßgeblich beteiligten
Gesellschaftern. Denn wer eine nicht unerhebliche Quote hält, wird sich schon im
Eigeninteresse auf Gesellschafterversammlungen vorbereiten und daher um die
Umstände der Beschlußfassung wissen. Auch dies gilt sowohl für Aktionäre, wie
auch für Publikumspersonengesellschafter. Der auf individuelle Besonderheiten
abstellende Haftungsmaßstab des § 708 BGB paßt hier wiederum nicht[33].

---

32 *Häsemeyer*, ZHR 160 (1996) S. 109, 117; *Hennrichs*, AcP 195 (1995) S. 222, 270; für Mitver-
schulden *Marsch-Barner*, ZHR 157 (1993) S. 172, 191.

33 Hier würde § 708 BGB dazu führen, daß die Gesellschafter einer Publikumsgesellschaft schärfer
haften als Aktionäre, nämlich jedenfalls auch für grobe Fahrlässigkeit.

3. Weitere Fälle der Pflichtverletzung bei der Wahrnehmung von Gesellschafterrechten

a) Pflichtverletzungen bei der Wahrnehmung der allgemeinen Gesellschafterrechte

Pflichtverletzungen bei der Wahrnehmung von Gesellschafterrechten gibt es auch noch in anderen Fällen: Hierzu gehören etwa Mißbräuche des Auskunfts- und Rederechts[34], das Erheben von Klagen, um sich eine Klagerücknahme abkaufen zu lassen[35], und vieles mehr. Die Pflichtverletzung liegt dann meist auf der Hand. Doch bleibt die Frage, ob die Schadensersatzhaftung auch in diesen Fällen Vorsatz erfordert oder ob Fahrlässigkeit ausreicht.

Der im Girmes-Urteil entwickelte Gedanke – keine Abschreckung der beteiligten Gesellschafter von der Wahrnehmung ihrer Rechte durch ein hohes Haftungsrisiko – gilt für die Wahrnehmung aller allgemeinen Gesellschafterrechte gleichermaßen: Auch ein Gesellschafter, der sein Auskunfts- oder Anfechtungsrecht ausüben will, darf nicht durch ein übermäßiges Haftungsrisiko davon abgehalten werden. Wiederum gilt dies für Aktiengesellschaften und Publikumspersonengesellschaften gleichermaßen. Das Haftungsrisiko darf nicht von der Wahrnehmung dieser Rechte abhalten.

Auch für die Anwendbarkeit von § 278 BGB bei der Wahrung der Gesellschafterrechte durch Vertreter gilt das gleiche wie im Bereich der Stimmrechtsausübung: Das zusätzliche durch diese Zurechnung geschaffene Haftungsrisiko des Gesellschafters wird dann wiederum durch die Möglichkeit zum Rückgriff auf denjenigen, der real fehlerhaft gehandelt hat, ausgeglichen.

b) Pflichtverletzungen außerhalb der Wahrnehmung der allgemeinen Gesellschafterrechte

Soweit Pflichtverletzungen außerhalb der Wahrnehmung des Bereichs der allgemeinen Gesellschafterrechte diskutiert werden, können nicht maßgeblich beteiligte Gesellschafter kaum je Adressat der jeweiligen Pflicht sein. Sofern dies einmal anders ist, kommt für sie wie auch für jeden anderen Gesellschafter eine Haftungsreduzierung aber nicht in Frage. Denn die in dem Girmes-Urteil niedergelegte Überlegung – keine Abschreckung der Gesellschafter von der Wahrnehmung ihrer Rechte – gilt dann nicht, wenn der Gesellschafter entweder gar keine Rechte in der Gesellschaft wahrnimmt (Pakethandel, Übernahmeangebote, Linotype-Problematik[36]) oder besondere Rechte ausübt. Gerade solche Sonderrechte heben den Gesellschafter über seine Mitgesellschafter heraus und verpflichten ihn dann auch zu der allgemein üblichen Sorgfalt (§ 276 BGB). Damit schließt sich gewissermaßen auch der Kreis: Wer ein Gesellschafterrecht auf Geschäftsführung hat, haftet im Grundsatz für jede Fahrlässigkeit. Für kleine Personengesellschaften gilt aller-

---

34 Darauf weist auch das Girmes-Urteil hin: NJW 1995, 1739, 1741.
35 In diesen Fällen liegt aber regelmäßig Vorsatz vor: Dazu *Timm*, WM 1991, 481, 489 f.
36 BGHZ 103, 184.

dings § 708 BGB. Das eingangs geschilderte Urteil zur Publikumspersonengesellschaft wäre also auch dann richtig, wenn die beklagten Gesellschafter ein Sonderrecht auf Geschäftsführung gehabt hätten.

III. Zusammenfassung

1. Jeder Gesellschafter handelt treuwidrig, wenn er eine wirtschaftlich absolut
   unvernünftige Entscheidung mitträgt. Ein entsprechender Beschluß ist anfechtbar bzw. nichtig.
2. Ein Schadensersatzanspruch wegen Treuepflichtverletzung ist im Grundsatz in
   diesen Fällen aber nur begründet, wenn vorsätzlich gehandelt wurde. § 708 BGB
   gilt nur für Personengesellschaften, die keine Publikumsgesellschaften sind.
3. Gleiches gilt für alle Treuepflichtverletzungen bei der Wahrnehmung allgemeiner Gesellschafterrechte.
4. Werden dagegen Sonderrechte wahrgenommen (Recht auf Geschäftsführung,
   Entsendungsrechte), gilt der allgemeine Verschuldensmaßstab des § 276 BGB.
   § 708 BGB kommt nur in Personengesellschaften zur Anwendung, die keine
   Publikumsgesellschaften sind.

Rückkauf eigener Aktien

ULRICH HUBER

I. Der Referentenentwurf des Bundesjustizministeriums

Durch die bevorstehende Aktienrechtsnovelle, die gegenwärtig (März 1997) im Entwurf vorliegt, soll das grundsätzliche Verbot des Erwerbs eigener Aktien (§ 71 Abs. 1 AktG), so wie es bei uns seit 1931, in seinem Kern unverändert, in Kraft ist, aufgehoben werden[1]. Dabei soll der bisher vom deutschen Gesetzgeber nicht ausgenutzte Spielraum, den die zweite gesellschaftsrechtliche Richtlinie von 1976, die „Kapitalrichtlinie", in ihrem Art. 19 Abs. 1 dem nationalen Gesetzgeber beläßt, in vollem oder zumindest weitgehendem Umfang wahrgenommen werden[2].

Art. 19 Abs. 1 der Richtlinie gestattet es der Gesetzgebung der Mitgliedstaaten, den Rückerwerb eigener Aktien durch die Aktiengesellschaft zu beliebigen Zwecken zuzulassen, wenn vier Bedingungen eingehalten werden: 1. Der Rückerwerb muß durch einen Hauptversammlungsbeschluß genehmigt werden, der die Einzelheiten, insbesondere den Umfang des geplanten Erwerbs und den Mindest- und Höchstpreis festlegt und dessen Laufzeit 18 Monate nicht überschreiten darf[3]. 2. Der Erwerb darf, unter Einrechnung bereits vorhandener Bestände eigener Aktien, zehn Prozent des Grundkapitals nicht überschreiten[4]. 3. Die Gesellschaft muß imstande sein, den Kaufpreis für den Rückerwerb aus dem Bilanzgewinn oder aus einer freien Rücklage zu finanzieren, also aus Mitteln, die sie auch an die Aktionäre als Dividende ausschütten dürfte; das Grundkapital und gesetz- oder satzungsmäßig vorgeschriebene Rücklagen müssen unberührt bleiben[5]. 4. Die Einlagen auf die zurückerworbenen Aktien müssen voll eingezahlt sein[6]. Hinsichtlich der Rechtsfolgen des Rückerwerbs ist in

---

1 (Referenten-)Entwurf (des Bundesjustizministeriums) eines Gesetzes zur Kontrolle und Transparenz im Unternehmensbereich (KonTraG) vom 26.11.1996. Der Entwurf mit Begründung ist veröffentlicht in ZIP 1996, 2129 ff.; vgl. auch den Bericht von *Seibert* WM 1997, 1 ff. – Die gegenwärtige Regelung des § 71 AktG geht in ihrem Kern zurück auf § 226 Abs. 1 Satz 1 HGB i.d.F. d. VO des Reichspräsidenten über Aktienrecht, Bankenaufsicht und über eine Steueramnestie vom 19.9.1931 (RGBl. I S. 493). Vorher (seit 1884) hatte der Erwerb eigener Aktien keinen durchgreifenden Beschränkungen unterlegen, vgl. dazu und zu den Gründen der Regelung von 1931 *Schön*, Geschichte und Wesen der eigenen Aktie, 1937, S. 1 ff.; *U. Huber* in Festschrift für Duden, 1977, S. 137 ff. Zur seitherigen Rechtsentwicklung (die durch eine vorsichtige Erweiterung der zugelassenen Ausnahmen unter Beibehaltung des Grundprinzips gekennzeichnet ist) vgl. *Lutter* in Kölner Kommentar zum Aktiengesetz, 2. Aufl. 1988, § 71 Rz. 5 ff. Neu hinzugekommen ist inzwischen noch der Ausnahmetatbestand des § 71 Abs. 1 Nr. 7 AktG zugunsten des Eigenhandels von Kredit- und Finanzinstituten in eigenen Aktien, eingeführt durch das 2. FinanzmarktförderungsG vom 26.7.1994 (BGBl. I S. 1749, dazu Regierungsbegründung BT-Drucks. 12/6679 S. 83 f.) und eine mehr technisch bedingte Ausweitung des Ausnahmetatbestands des § 71 Abs. 1 Nr. 3 AktG durch das Umwandlungsbereinigungsgesetz vom 28.10.1994 (BGBl. I S. 3210).

2 Zweite Richtlinie des Rates der Europäischen Gemeinschaften zur Koordinierung des Gesellschaftsrechts (77/91/EWG) vom 13.12.1976, Abl. EG Nr. L 26/1 vom 31.1.1977; Abdruck auch bei *Lutter*, Europäisches Unternehmensrecht, 3. Aufl. 1991, S. 173 ff. Umgesetzt durch Gesetz vom 13.12.1978 (BGBl. I S. 1959 ff.). Zu den Gründen, aus denen der Gesetzgeber damals von einer Ausnutzung des durch die Richtlinie gewährten Spielraums abgesehen hatte, vgl. Regierungsbegründung BT-Drucks. 8/1678 S. 14. Von den durch Art. 19 Abs. 1 der Richtlinie eingeräumten Möglichkeiten hat der deutsche Gesetzgeber erstmals durch die Einführung des § 71 Abs. 1 Nr. 7 AktG beschränkten Gebrauch gemacht (vgl. Fn. 1 a.E.).

3 Art. 19 Abs. 1 litt. a.

4 Art. 19 Abs. 1 litt. b; vgl. § 71 Abs. 2 Satz 1 AktG.

5 Art. 19 Abs. 1 litt. c i.V.m. Art. 15 Abs. 1 litt. a; vgl. § 71 Abs. 2 Satz 2 AktG.

6 Art. 19 Abs. 1 litt d; vgl. § 71 Abs. 2 Satz 3 AktG.

Art. 22 der Richtlinie angeordnet, daß das Stimmrecht aus eigenen Aktien zwingend ausgeschlossen ist, und zwar auch dann, wenn die Aktien von einem Treuhänder oder sonstwie Beauftragten gehalten werden[7], daß eine Aktivierung der Aktien in der Bilanz durch eine gesetzliche Rücklage in gleicher Höhe zu neutralisieren ist[8], und daß im Lagebericht Gründe, Umfang und Entgelt des Erwerbs bekanntgegeben werden[9]. Daß beim Rückerwerb eigener Aktien der Gleichbehandlungsgrundsatz zwingend zu beachten ist, folgt aus Art. 42 der Richtlinie[10].

Kernstück der auf dieser Grundlage jetzt vorgeschlagenen Neuregelung ist die Einfügung einer neuen Nr. 8 in § 71 Abs. 1 AktG: Die Gesellschaft soll hiernach eigene Aktien auch erwerben dürfen

> „aufgrund eines Beschlusses der Hauptversammlung, der den niedrigsten und höchsten Gegenwert sowie den Zweck festlegt und weitere Einzelheiten bestimmen soll. § 53 a ist auf Erwerb und Veräußerung anzuwenden. Der Handel über die Börse genügt dem. Eine andere Veräußerung kann die Hauptversammlung beschließen; §§ 186 und 205 sind entsprechend anzuwenden. Die Ermächtigung darf höchstens 18 Monate gelten".

Die schon bisher in § 71 Abs. 2 AktG enthaltenen Regeln werden auf § 71 Abs. 1 Nr. 8 erstreckt. Damit ist sichergestellt, daß der Gesamtnennbetrag der nach Nr. 8 erworbenen Aktien zusammen mit dem Betrag anderer Aktien, die die Gesellschaft „bereits erworben hat und noch besitzt", zehn Prozent des Grundkapitals nicht übersteigt. Aus § 71 Abs. 2 Satz 2 AktG ergibt sich mittelbar, daß der Erwerb nur zulässig ist, wenn die Gesellschaft den Kaufpreis aus Bilanzgewinn oder aus einer frei verfügbaren Rücklage finanzieren kann, ohne das Grundkapital oder gesetz- oder satzungsmäßige Rücklagen zu mindern. Aus der Erstreckung des § 71 Abs. 2 Satz 3 AktG auf die neu einzuführende Nr. 8 des Abs. 1 ergibt sich schließlich, daß hiernach nur voll eingezahlte Aktien zurückerworben werden dürfen.

II. Motive

Mit diesem Vorschlag kommt der Referentenentwurf Forderungen nach einer Liberalisierung des Finanzierungsinstrumentariums der Aktiengesellschaften nach, die in den letzten Jahren in zunehmendem Maß erhoben worden sind[11]. Dabei ist vor allem auf das Vorbild der USA verwiesen worden[12]. In den USA legt das einzelstaatliche Aktienrecht dem Rückerwerb eigener Aktien kaum Schranken auf[13]; nur für den Börsenhandel in eigenen Aktien bestehen börsenaufsichtsrechtliche Restrik-

---

7 Art. 22 Abs. 1 litt. a; vgl. §§ 71 b, 71 d AktG.
8 Art. 22 Abs. 1 litt. b; umgesetzt zunächst durch § 150 a AktG, jetzt durch § 272 Abs. 4 AktG.
9 Art. 22 Abs. 2; vgl. § 160 Abs. 1 Nr. 2 AktG.
10 Vgl. § 53 a AktG.
11 Zuerst *Kübler*, Aktie, Unternehmensfinanzierung und Kapitalmarkt, Köln: Gesellschaft für bankwissenschaftliche Forschung 1989, S. 62 ff.; zuletzt insbesondere *Martens* AG 1996, 337 ff.; *v. Rosen/Helm* AG 1996, 434 ff.; *Claussen* AG 1996, 481, 489 ff.
12 Vgl. hierzu die beiden informationsreichen wirtschaftswissenschaftlichen Arbeiten von *Hampel*, Erwerb eigener Aktien und Unternehmenskontrolle, Frankfurt: Institut für Kapitalmarktforschung 1994, und von *Kopp*, Erwerb eigener Aktien, 1996; sowie Dirk Posner, AG 1994, 312 ff.
13 *Kübler* (Fn. 11) S. 41 f.; *Hampel* (Fn. 12) S. 60 f.; *Kopp* (Fn. 12) S. 31 ff.

tionen[14]. Für den Rückerwerb dürfen grundsätzlich nur solche Mittel verwendet werden, die auch als Dividende ausgeschüttet werden könnten[15]. Die Zuständigkeit für die Entscheidung über den Rückkauf liegt bei der Verwaltung der Gesellschaft[16]; ein ermächtigender Hauptversammlungsbeschluß – wie ihn das europäische Recht bei uns zwingend vorschreibt[17] – ist nicht erforderlich. Von der Rückkaufsmöglichkeit wird in der Praxis in großem Umfang Gebrauch gemacht[18]. Die Motive hierfür sind vielfältig und können sich im Einzelfall wohl auch überschneiden. Angesichts der unterschiedlichen wirtschaftlichen und rechtlichen Rahmenbedingungen können sie bei uns wohl nur teilweise eine Rolle spielen. Genannt werden insbesondere:

– steuerliche Vorteile des Aktienrückkaufs im Vergleich zur Ausschüttung von Dividenden;
– Durchführung von Sonderausschüttungen;
– Senkung der Eigenkapitalfinanzierung zugunsten der Fremdkapitalfinanzierung in Niedrigzinsphasen;
– Verhinderung und Abwehr „feindlicher" Übernahmeangebote;
– Kurspflege.

In den siebziger Jahren spielten, wie berichtet wird, steuerliche Gründe eine erhebliche Rolle. Gewinne, die eine Aktiengesellschaft im Weg des Aktienrückkaufs an ihre Aktionäre überwies, wurden niedriger besteuert als Dividenden[19]. Dieser Gesichtspunkt könnte möglicherweise auch bei uns Bedeutung erlangen[20]; insbesondere dann, wenn die Gesellschaft für den Rückerwerb Gewinne aus Auslandsbeteiligungen einsetzt, auf die sie selbst keine Körperschaftsteuer zahlen muß und bei deren Ausschüttung als Dividende die Aktionäre zwar Einkommensteuer zahlen müssen, aber keine Steuergutschrift erhalten, während der Aktienrückkauf bei den Aktionären, die diese Möglichkeit wahrnehmen, keine Steuerpflicht auslöst.

---

14 Dazu *Hampel* (Fn. 12) S. 63 mit Nachweisen: Beschränkung des täglichen Rückkaufvolumens auf 25% des durchschnittlichen täglichen Handelsvolumens der letzten vier Wochen; der Rückkauf darf weder die Eröffnungstransaktion sein noch in der letzten halben Stunde des offiziellen Handels durchgeführt werden; alle Transaktionen eines Börsentags müssen über den gleichen Makler getätigt werden. Vgl. auch *Kübler* (Fn. 11) S. 46 f.; *Dirk Posner* AG 1994, 312, 315, 316.

15 Vgl. *Kübler* (Fn. 11) S. 44 f.; *Kopp* (Fn. 12) S. 31 ff. Hier ist allerdings zu beachten, daß die Ausschüttungsregeln in den Vereinigten Staaten sehr viel liberaler sind als die Regeln des deutschen und des europäischen Richtlinienrechts, dazu *Kübler* (Fn. 11) S. 36 ff. Zumindest der Tendenz nach scheint die Entwicklung in den Vereinigten Staaten darauf hinauszulaufen, daß Ausschüttungen zulässig sind, solange sie keine Überschuldung der Gesellschaft herbeiführen und die Zahlungsfähigkeit der Gesellschaft nicht gefährden; was die Überschuldung betrifft, ist zusätzlich zu beachten, daß das Bilanzrecht in den USA bei weitem nicht in dem Maß wie bei uns vom Vorsichtsprinzip geprägt ist. Ausschüttungsfähiger Gewinn ist also hier und dort nicht dasselbe.

16 Nämlich dem board of directors, vgl. *Hampel* (Fn. 12) S. 4.

17 Vgl. Fn. 2, 3.

18 Vgl. *Hampel* (Fn. 12) S. 9, 18 ff.; *v. Rosen/Helm* AG 1996, 434. Einzelbeispiele bei *Dirk Posner* AG 1994, 312, 313 f.

19 Dazu *Hampel* (Fn. 12) S. 10 mit Nachweisen. Wie dort berichtet wird, werden in den USA nicht nur Dividenden, sondern auch realisierte Kursgewinne besteuert. Der Steuersatz war aber bis 1986 unterschiedlich. Vgl. auch Dirk Posner AG 1994, 312, 315.

20 Vgl. auch *Hampel* (Fn. 12) S. 81; *v. Rosen/Helm* AG 1996, 434, 440.

Von diesem steuerlichen Motiv abgesehen, haben die Gesellschaften ein Interesse daran, die Dividendenzahlungen im großen und ganzen stabil zu halten („Dividendenkontinuität"). Haben sich hohe Finanzmittel angesammelt, die die Gesellschaft gegenwärtig nicht benötigt und die deshalb als einmalige Sonderausschüttung an die Aktionäre ausbezahlt werden sollen, so würde hierdurch die Dividende auf ein Niveau gehoben, das in den Folgejahren nicht eingehalten werden kann. Dies wiederum könnte, so befürchtet man, zu nachteiligen Einschätzungen der Gesellschaft und zu Kursrückgängen bei ihren Aktien führen. Deshalb ziehen die Gesellschaften es in einem solchen Fall auch aus psychologischen Gründen vor, die Sonderausschüttung, statt die Dividende zu erhöhen, in die Form eines Aktienrückkaufs zu kleiden[21]. Auch solche Überlegungen könnten für deutsche Aktiengesellschaften Bedeutung erlangen.

In Zeiten niedriger Zinsen können gutgehende Unternehmen den Aktienrückkauf durch Kredit finanzieren und auf diese Weise relativ teures Eigenkapital durch relativ billigeres Fremdkapital ersetzen[22]. Da die Dividendenberechtigung der zurückerworbenen Aktien entfällt, können zugleich die in der Gesellschaft verbleibenden Aktionäre damit rechnen, daß die Eigenkapitalrendite, bezogen auf die einzelne Aktie, steigt. Im Idealfall kann man sich vorstellen, daß eine Gesellschaft auf diese Weise mit einem „beweglichen" Eigenkapital arbeitet und den Grad der Eigen- und Fremdfinanzierung jeweils an die Marktverhältnisse anpaßt. Voraussetzung ist allerdings, daß die Gesellschaft in der Lage ist, die eigenen Aktien bei erneutem Eigenkapitalbedarf zu günstigen Bedingungen wieder am Markt zu plazieren. Die Gesellschaft, die diese Finanzierungsstrategie einschlägt, hat also möglicherweise zugleich ein besonders starkes Motiv, Kurspflege in eigenen Aktien zu betreiben.

Seit den achtziger Jahren spielt in den USA offenbar das Motiv eine dominierende Rolle, drohenden feindlichen Übernahmen vorzubeugen[23]: allgemein prophylaktisch dadurch, daß die Gesellschaft durch Rückkaufaktionen ihre eigenen Kurse hochhält und dadurch ihre Attraktivität als Opfer eines Übernahmeangebots verringert[24], speziell und gezielt dadurch, daß sie gegen einen konkreten Übernahmeversuch durch den Erwerb eigener Aktien eine Gegenposition aufbaut, die den Mehrheitserwerb durch einen potentiellen Aufkäufer verhindert[25]. Diese Strategie ist bei uns aus den Jahren vor 1931 wohlbekannt: große Aktiengesellschaften hatten mehr als die Hälfte ihrer eigenen Aktien im Depot[26], die die Verwaltung notfalls als „Schutzaktien" an befreundete Aktionäre ausgeben konnte, um so eine Mehrheit in der eigenen Hauptversammlung zu sichern[27]. Derartige Strategien werden durch die geplante Novelle nicht ermöglicht, und sie sind schon durch die europarechtlichen Vorgaben ausgeschlossen: die Beschränkung des Rückerwerbs auf zehn Prozent, die Geltung des Gleichbehandlungsgrundsatzes auch für die Wiederveräußerung der eigenen Aktien, der eine Abgabe der zurückerworbenen Aktien an „befreundete Aktionäre"[28] verbietet, und der Ausschluß des Stimmrechts auch für Treuhänder[29] verhindern es auf mehrfache Weise, daß

---

21   *Kübler* (Fn. 11) S. 48; *Hampel* (Fn. 12) S. 11 mit Nachw.
22   Dazu *Kübler* (Fn. 11) S. 4; *Dirk Posner* AG 1994, 312, 314; *Hampel* (Fn. 12) S. 6 f.; vgl. auch *Kopp* (Fn. 12) S. 49 ff.
23   Vgl. *Kübler* (Fn. 11) S. 43; *Hampel* (Fn. 12) S. 7, 25 f. Dirk Posner AG 1994, 312, 315; *Kopp* (Fn. 12) S. 41 ff. mit Nachw.
24   *Kübler* (Fn. 11) S. 43; *Kopp* (Fn. 12) S. 41 ff.
25   *Kopp* (Fn. 12) S. 44 ff.
26   Vgl. *U. Huber*, Festschrift Duden S. 137 ff. mit Einzelnachweisen S. 140 Fn. 19.
27   Vgl. dazu *U. Huber*, Festschrift Duden S. 137, 138 mit Fn. 5–7.
28   Dazu *Kopp* (Fn. 12) S. 44.
29   § 71 b i.V.m. § 71 d Satz 4 AktG = Kapitalrichtlinie Art. 22 Abs. 1 litt. a.

die Gesellschaft die eigene Hauptversammlung indirekt dominieren kann. Diese Feststellung gilt unabhängig davon, wie man derartige Abwehrstrategien rechtspolitisch bewertet[30]: als einen im Unternehmensinteresse liegenden Schutz der Gesellschaft vor Freibeutern, die nichts anderes im Sinn haben, als das Unternehmen seiner Reserven zu berauben, um die Kosten der Übernahme zu refinanzieren und einen Gewinn mitzunehmen, oder als einen Versuch des Managements der Gesellschaft, sich mithilfe der Rücklagen des Unternehmens, letzten Endes also auf Kosten der Aktionäre, dem Markt für Unternehmenskontrolle zu entziehen.

Einen Sonderfall in der amerikanischen Praxis stellt das sogenannte „greenmailing" dar[31]: der potentielle Aufkäufer hat zunächst ein Aktienpaket erworben und droht nun damit, ein feindliches Übernahmeangebot abzugeben, falls ihm nicht die Gesellschaft das Aktienpaket mit einem erheblichen Zuschlag zum Börsenkurs abkauft[32]. Glaubwürdige Drohungen dieser Art können durchaus erfolgreich sein. Die bei uns vorgeschlagene Regelung dürfte solche – sicher nicht förderungswürdige – Manöver kaum erleichtern, weil das mögliche Rückkaufvolumen von zehn Prozent zu niedrig liegt und weil sich für die Gesellschaft Probleme sowohl aufgrund des Gleichbehandlungsgrundsatzes als auch aufgrund der notwendigen vorherigen Zustimmung der Hauptversammlung ergeben würden.

Schließlich wird als Zweck des Aktienrückkaufs in den USA auch die einfache Kurspflege genannt[33]. Berichtet wird vor allem über das massive Eingreifen der amerikanischen Gesellschaften nach dem Börsencrash vom 19.10.1987[34]: Mehrere hundert Gesellschaften kündigten öffentlich Aktienrückkäufe in Höhe von durchschnittlich 5–7% ihres Aktienbestandes an[35]; die hierfür erforderlichen Aufwendungen[36] betrugen schätzungsweise 44 Milliarden Dollar[37]. Ein solches Eingreifen wird naturgemäß dadurch erleichtert, daß die Verwaltung sich ad hoc dazu entschließen kann, ohne die Gesellschafterversammlung fragen zu müssen. Ein solcher ad-hoc-Eingriff wäre bei uns nur unter den strengen Voraussetzungen von § 71 Abs. 1 Nr. 1 AktG zulässig, also nur dann, wenn er erforderlich ist, „um schweren, unmittelbar bevorstehenden Schaden von der Gesellschaft abzuwenden"[38]; von diesem Fall abgesehen, ist die vorherige Einschaltung der Hauptversammlung europarechtlich zwingend vorgeschrieben[39].

Generell wird es in den Vereinigten Staaten als ein besonderer Vorteil des Rückkaufs eigener Aktien angesehen – unabhängig davon, welches Motiv ihm zugrundeliegt –, daß von ihm tendenziell eine kurssteigernde Wirkung ausgeht[40]. Die Gesellschaft, die freie Mittel, statt zur Dividendenzahlung, zum Rückkauf ein-

---

30 Skeptisch *Kopp* aaO. (Fn. 12) S. 86 ff.

31 Zusammengesetzt aus „greenback" (Dollar) und „blackmail" (Erpressung).

32 Dazu *Dirk Posner* AG 1994, 312, 315; *Kopp* (Fn. 12) S. 45.

33 Vgl. *Kübler* (Fn. 11) S. 43; *Hampel* (Fn. 12) S. 7; *Kopp* (Fn. 12) S. 46.

34 *Kübler* (Fn. 11) S. 49; Posner AG 1994, 312, 320; *Hampel* (Fn. 12) S. 27 f.; *Claussen* AG 1996, 481, 490.

35 *Hampel* (Fn. 12) S. 27 f.

36 Die Gesellschaften, die die Absicht des Rückkaufs eigener Aktien über die Börse ankündigen, sind allerdings nicht unbedingt verpflichtet, diese Ankündigung auch wahr zu machen, *Hampel* (Fn. 12) S. 12. Möglicherweise genügt schon die Ankündigung, um die erhoffte Stabilisierung zu bewirken.

37 *Hampel* (Fn. 12) S. 19 f.

38 Ob Kursverluste der AG, und seien sie noch so dramatisch, diese Voraussetzung überhaupt erfüllen können, ist zweifelhaft, vgl. *Lutter* (Fn. 1) § 71 AktG Rz. 22 f.

39 Vgl. oben Fn. 2, 3.

40 Vgl. dazu *Kopp* (Fn. 12) S. 46 mit Nachweisen.

setzt, bietet dem Aktionär statt der Ausschüttung eine Kurssteigerung und läßt ihn so an der Steigerung des Werts der Aktie (des „shareholder value") partizipieren. Dividendenzahlung und Kurssteigerung der Aktie gelten als austauschbare Vorteile. Als Vorzug der Kurssteigerung wird es angesehen, daß der Aktionär selbst entscheiden kann, ob er die Kurssteigerung durch Veräußerung der Aktie realisiert oder ob er das Geld weiterhin der Aktiengesellschaft zur Verfügung stellt, während die Ausschüttung einer Dividende ihm eine solche Alternative nicht bietet[41].

Die Gründe, die dafür sprechen, das amerikanische Vorbild zwar nicht einfach zu kopieren – was schon nach der Kapitalschutzrichtlinie unmöglich wäre –, aber sich ihm doch in gewisser Weise anzunähern, faßt die Begründung des Referentenentwurfs wie folgt zusammen[42]:

> „Das Finanzierungsinstrumentarium der deutschen Gesellschaften wird damit an die international übliche Praxis in einem weiteren Punkt angeglichen. Der Eigenerwerb kann zur Belebung des Börsenhandels, zur Steigerung der Akzeptanz der Aktie als Anlageform, zu erhöhter Emissionsneigung und damit zur Attraktivität des deutschen Finanzplatzes beitragen. Der Eigenerwerb soll nicht zur kontinuierlichen Kurspflege dienen. Auf einem funktionierenden Kapitalmarkt liefert der Markt die richtige Unternehmensbewertung. Der Eigenerwerb kann es aber Unternehmen ermöglichen, Aktienmaterial aus dem Markt zu nehmen und das umlaufende Material zu verknappen. Dies kann sinnvoll sein, wenn das Grundkapital des Unternehmens dauerhaft oder mittelfristig zu hoch ist. Die Eigenkapitalrendite auf die verbleibenden Aktien kann erhöht werden, wenn mit den zum Rückkauf verwendeten Gewinnrücklagen anderweitig keine angemessene Rendite erzielt werden kann. Der Eigenerwerb kann auch zur Vorbereitung einer endgültigen Einziehung der Aktien dienen …"

An der Begründung fällt die ambivalente Formulierung auf, daß der Eigenerwerb nicht zur kontinuierlichen Kurspflege dienen „soll". Dies ist in den vorangegangenen Stellungnahmen der Literatur jedenfalls anders beurteilt worden. Dort ist von den verschiedensten Seiten hervorgehoben worden, ein wesentliches Ziel der Zulassung des Erwerbs eigener Aktien liege in der Verstetigung bzw. der Optimierung des Börsenkurses"[43], in der Möglichkeit, „Einfluß auf den Kurs der eigenen Aktie zu nehmen und so im Interesse der Aktionäre einen stabileren Kurs zu gewährleisten"[44], also vor allem in der Möglichkeit von Stützungskäufen bei fallenden Kursen[45].

III. Die beiden Grundformen des Rückkaufs eigener Aktien

Wie aus dem bisher Gesagten deutlich wird, sind beim Rückkauf eigener Aktien aufgrund einer entsprechenden Ermächtigung der Hauptversammlung zwei Grundformen zu unterscheiden.

---

41 *Hampel* (Fn. 12) S. 10; vgl. auch *v. Rosen/Helm* AG 1996, 434, 439.
42 Vgl. Referentenentwurf (Fn. 1) S. 28.
43 *Martens* AG 1996, 337, 338.
44 *v. Rosen/Helm* AG 1996, 434, 437.
45 *Claussen* AG 1996, 481, 490.

Die erste Grundform hat ihr Vorbild im geltenden Recht in § 71 Abs. 1 Nr. 6 AktG[46]. Schon bisher kann die Hauptversammlung, wenn sie die Herabsetzung des Grundkapitals durch Einziehung von Aktien gemäß § 237 AktG beschließt, den Vorstand ermächtigen, die einzuziehenden Aktien zu erwerben, indem sie bestimmt, daß die Aktien „nach Erwerb durch die Gesellschaft" eingezogen werden sollen. Die beschlossene Einziehung ist in einem solchen Fall durch den Rückerwerb aufschiebend bedingt[47]. Der Vorstand ist hier nur zu einem *einmaligen* Rückerwerb des zur Durchführung der Kapitalherabsetzung im Weg der Aktieneinziehung erforderlichen Aktienbestands ermächtigt: er nimmt „das Aktienmaterial aus dem Markt". Die Praxis macht von dieser Möglichkeit allerdings bisher keinen Gebrauch, auch nicht in der Form der „vereinfachten" Einziehung gemäß § 237 Abs. 3 Nr. 2 AktG (Einziehung zulasten des Bilanzgewinns oder einer freien Gewinnrücklage). Möglicherweise liegt der Grund darin, daß die Praxis die Konsequenz der endgültigen Vernichtung der aus dem Markt genommenen Aktien scheut. Denn braucht die Gesellschaft zu einem späteren Zeitpunkt neues Kapital, so muß sie, sind die Aktien erst einmal eingezogen, eine kostspielige Kapitalerhöhung durchführen. Die Gesellschaft, die zur Zeit überschüssiges Kapital hat, aber damit rechnet, das Kapital in Zukunft noch einmal zu benötigen, ist deshalb daran interessiert, die Option einer „Kapitalherabsetzung auf Zeit" zu erhalten. Sie nimmt die überflüssigen Aktien durch einen einmaligen Rückerwerbsakt aus dem Markt und zahlt die überschüssigen Mittel an die Aktionäre, die die Aktien zurückgeben, aus. Sie behält die Aktien aber sozusagen im Safe. Das gibt ihr bei späterem Kapitalbedarf eine einfache und billige Möglichkeit, neues Kapital aufzunehmen. Die aus dem Markt zurückgezogenen Aktien fungieren zwar nicht der Form, aber der Sache nach als eine Art „genehmigtes Kapital"[48].

Die zweite Grundform hat ihr Vorbild im geltenden Recht in § 71 Abs. 1 Nr. 7 AktG[49]. Hiernach kann die Gesellschaft, sofern sie ein „Kredit- oder Finanzinstitut" ist, durch die Hauptversammlung ermächtigt werden, „zum Zweck des Wertpapierhandels" einen „Handelsbestand" in eigenen Aktien zu halten. Der „Handelsbestand" darf am Ende jeden Tags 5 Prozent des Grundkapitals nicht übersteigen. Zusätzlich sind die Schranken des § 71 Abs. 2 AktG zu beachten. Da der Referentenentwurf des neuen § 71 Abs. 1 Nr. 8 AktG die Zwecke, zu denen der Rückerwerb gestattet sein soll, nicht festlegt, steht, zumindest nach der gegenwärtig vorliegenden Fassung des Entwurfs, nichts im Weg, daß in Zukunft auch andere Gesellschaften, als Kredit- und Finanzinstitute, durch Hauptversammlungsbeschluß ermächtigt werden, „zum Zweck des Wertpapierhandels" einen „Handelsbestand" in eigenen Aktien aufzubauen. Die Ermächtigung ist zwar auf höchstens 18 Monate begrenzt, das heißt sie bedarf, wenn die Gesellschaft sich auf Dauer am Handel in eigenen

---

46 Grundlage ist Art. 20 Abs. 1 litt. a der Kapitalrichtlinie (oben Fn. 2).

47 Vgl. *Lutter* in Kölner Kommentar zum Aktiengesetz, 2. Aufl. 1993, § 237 Rz. 78.

48 So auch die Deutung des Vorgangs im amerikanischen Recht, vgl. *Kübler* (Fn. 11) S. 41 f. mit Hinweis auf § 6.31 (a) Revised Model Business Corporation Act: „A corporation may acquire its own shares and shares so acquired constitute authorized but unissued shares".

49 Vgl. dazu oben Fn. 1 a.E.; europarechtliche Grundlage ist Art. 19 Abs. 1 der Kapitalrichtlinie (oben Fn. 2).

Aktien beteiligen will, der alljährlichen Erneuerung (nicht anders als bisher schon die Ermächtigung gemäß § 71 Abs. 1 Nr. 7 AktG). Das hindert aber die Gesellschaft nicht daran, während des Ermächtigungszeitraums in beliebigem Umfang eigene Aktien zu kaufen und zu verkaufen, wenn sie nur durch rechtzeitige Verkäufe dafür sorgt, daß der Handelsbestand (zusammen mit aus sonstigen Gründen zusätzlich erworbenen eigenen Aktien) zehn Prozent des Grundkapitals zu keinem Zeitpunkt überschreitet. § 71 Abs. 2 Satz 1 AktG steht nicht entgegen. Denn diese Bestimmung verfügt eine „Beschränkung im Halten, nicht im Erwerb eigener Aktien"[50]. Der wiederholte Erwerb von eigenen Aktien wird nicht untersagt[51]; früher erworbene Aktien sind bei der Feststellung, ob die Höchstgrenze eingehalten ist, „nur insoweit zu berücksichtigen, als sich die Aktien noch im Besitz der AG befinden"[52]. Solange die Höchstgrenze von zehn Prozent zu keinem Zeitpunkt überschritten wird, kann der absolute Betrag der zurückerworbenen Aktien also durchaus höher sein als zehn Prozent des Grundkapitals, sofern nur durch rechtzeitige Weiterveräußerung jeweils neuer Spielraum geschaffen wird[53].

Der Unterschied der beiden Grundformen besteht also in folgendem: Bei der ersten Grundform, im Fall der „Kapitalherabsetzung auf Zeit", wird die Gesellschaft ermächtigt, eine bestimmte Anzahl eigener Aktien *einmalig* zurückzuerwerben, um sie einstweilen aus dem Markt zu nehmen, mit der Möglichkeit, sie bei Bedarf in einem einmaligen Akt neu am Markt plazieren zu können. Bei der zweiten Grundform, im Fall der Ermächtigung zum Handel in eigenen Aktien, wird die Gesellschaft ermächtigt, eigene Aktien im Rahmen des zulässigen Höchstbetrags von höchstens zehn Prozent *fortlaufend* zurückzuerwerben und wieder zu veräußern; sie hat, im Umfang des Höchstbetrags von höchstens zehn Prozent, ein „bewegliches Kapital". Beide Formen des Rückkaufs eigener Aktien dienen völlig unterschiedlichen Zwecken, und sie sind auch rechtspolitisch durchaus unterschiedlich zu bewerten.

IV. *Einmaliger Rückerwerb zum Zweck der Kapitalherabsetzung auf Zeit*

Nehmen wir den Fall einer Aktiengesellschaft, die auf der Passivseite ihrer Bilanz hohe „sonstige" Gewinnrücklagen gebildet hat und unter ihren Aktiven über hohe Finanzmittel verfügt, die sie gegenwärtig und in näherer Zukunft für Investitions-

---

50 *Lutter* (Fn. 1) § 71 Rz. 53.
51 *Lutter* aaO.
52 *Lutter* aaO. m.weit.Nachw.
53 Mißverständlich Begründung zum Referentenentwurf S. 31: „Aus der Geltung des § 71 Abs. 2 Satz 1 AktG folgt die Obergrenze von zehn Prozent. Die Obergrenze gilt anders als bei Nummer 7 einmalig für den gesamten Ermächtigungszeitraum von 18 Monaten". Natürlich hat die Obergrenze des Abs. 2 Satz 1 in den Fällen der bisherigen Nr. 7 und der neuen Nr. 8 genau dieselbe Bedeutung: sie gilt nicht „einmalig", sondern „fortlaufend". Nr. 7 stellt mit der täglichen Fünfprozentobergrenze eine *zusätzliche* Beschränkung auf, die die neu vorgeschlagene Nr. 8 nicht enthält. Welchen Sinn die bisherige Nr. 7 neben der neu vorschlagenen Nr. 8 noch haben soll, ist schwer ersichtlich. – Die Darstellung bezieht sich auf die Fassung des Referentenentwurfs vom 26. 11. 1996. Zu der nach Drucklegung vorgenommenen Veränderung des Entwurfs vgl. unten Fn. 113.

zwecke auf ihren Geschäftsfeldern nicht benötigt, künftig aber vielleicht zu einem noch nicht näher abzusehenden Zeitpunkt wieder benötigen wird. Nach gegenwärtigem Recht hat die Gesellschaft drei Möglichkeiten. Sie kann erstens die Mittel als Finanzanlage halten und einstweilen gewissermaßen einen Investmentfonds für ihre eigenen Aktionäre einrichten; das entspricht aber nicht ihren satzungsmäßigen Zwecken. Sie kann zweitens die überschüssigen Mittel als Dividende ausschütten. Das stört die kontinuierliche Dividendenpolitik[54], kann in Folgejahren, wegen des unvermeidlichen Dividendenrückgangs, zu Kursverlusten führen[55], kann u.U. steuerlich nachteilig sein[56], und es führt dazu, daß die Gesellschaft die Mittel endgültig aus der Hand gibt und bei künftigem Kapitalbedarf eine Kapitalerhöhung vornehmen muß. Sie kann drittens eine vereinfachte Kapitalherabsetzung durch Einziehung von Aktien durchführen (§ 237 Abs. 3 AktG), nachdem sie die einzuziehenden Aktien aufgrund eines entsprechenden Hauptversammlungsbeschlusses gemäß § 71 Abs. 1 Nr. 6 AktG zurückerworben hat; auch dies führt zu dem zuletzt genannten Nachteil, daß die Maßnahme endgültigen Charakter hat und möglicherweise später durch eine förmliche Kapitalerhöhung wieder korrigiert werden muß. Offensichtlich hat daher die Gesellschaft und haben ihre Aktionäre ein Interesse daran, daß der Gesellschaft in einem solchen Fall der Rückerwerb ermöglicht wird, ohne daß hiermit eine endgültige Einziehung der Aktien verbunden ist. Gesichtspunkte des Gläubigerschutzes (die beim Verbot des Rückerwerbs eigener Aktien im Jahr 1931 eine so große Rolle gespielt haben[57]) sind nicht tangiert[58], weil der Rückerwerb aus Mitteln finanziert wird, die ausschüttungsfähig sind, auf deren Zurückbehaltung im Gesellschaftsvermögen die Gläubiger also keinen Anspruch haben, und weil der Betrag, den die Gesellschaft für den Rückerwerb aufwendet, gemäß § 272 Abs. 4 HGB in eine gesetzliche Rücklage eingebracht werden muß[59].

Eine entsprechende Lage kann sich auch dann ergeben, wenn die Gesellschaft die aus den Gewinnrücklagen stammenden Mittel zwar im eigenen Geschäftsfeld investiert hat, wenn aber diese Rücklagen ein Ausmaß erreicht haben, daß das Eigenkapital unter dem Gesichtspunkt einer optimalen Finanzierung überhöht erscheint, und wenn die Gesellschaft es deshalb für vorteilhaft hält, den Anteil der Fremdfinanzierung gegenüber dem Anteil der Eigenfinanzierung zu erhöhen[60]. Das könnte schon jetzt im Weg des Rückerwerbs der Aktien zum Zweck der Kapital-

---

54 Vgl. dazu oben II bei Fn. 21.

55 Dazu *Hampel* (Fn. 12) S. 11.

56 Dazu oben II bei Fn. 19, 20.

57 Vgl. dazu *U. Huber*, Festschrift Duden S. 137, 138 ff. m.weit.Nachw.

58 Vgl. auch *Lutter* (Fn. 1) § 71 Rz. 10; *Martens* AG 1996, 337, 341; *v. Rosen/Helm* AG 1996, 434, 438 f.

59 Mißstände im Vorfeld der Aktienrechtsreform von 1931 hatten ihren Grund auch darin, daß das heute in § 272 Abs. 4 HGB niedergelegte Passivierungsgebot seinerzeit unbekannt war oder zumindest nicht beachtet wurde, was im Krisenfall dazu führte, daß Verluste sich in der Bilanz doppelt auswirkten, indem wegen des Wertverlusts der eigenen Aktien, außer dem Verlust als solchem, ein zusätzlicher Wertberichtigungsbedarf auftrat. Vgl. *U. Huber* Festschrift Duden S. 137, 139.

60 Vgl. dazu oben II bei Fn. 22 sowie das von *Claussen* AG 1996, 481, 490 erörterte Beispiel.

herabsetzung durch Einziehung geschehen (§§ 71 Abs. 1 Nr. 6 i.V.m. § 237 Abs. 1, 3 AktG). Aus den schon genannten Gründen könnte aber die Gesellschaft daran interessiert sein, das Kapital nur vorläufig und auf Zeit herabzusetzen, indem sie die zurückerworbenen Aktien nicht einzieht, sondern zwecks möglicher späterer Wiederverwendung ins Depot nimmt. Gesichtspunkte des Gläubigerschutzes stehen einer solchen „Kapitalherabsetzung auf Zeit" ebensowenig entgegen, wie der schon bisher zulässigen endgültigen Kapitalherabsetzung durch Einziehung im vereinfachten Verfahren gemäß § 237 Abs. 3 AktG.

Auch die Bedenken, die den deutschen Gesetzgeber bei der Umsetzung der Kapitalrichtlinie im Jahr 1978[61] dazu veranlaßt haben, von den durch Art. 19 Abs. 1 der Richtlinie eingeräumten Spielräumen *keinen* Gebrauch zu machen, greifen gegenüber einem Aktienrückkauf, der der „Kapitalherabsetzung auf Zeit" dient, nicht durch. In der Begründung ihres Gesetzentwurfs hatte die Bundesregierung seinerzeit ausgeführt[62]:

> „Insbesondere sieht der Entwurf davon ab, entsprechend dem in Artikel 19 Abs. 1 der Richtlinie zugelassenen System anderer Mitgliedstaaten der EG einen Erwerb eigener Aktien ohne Vorliegen eines besonderen Grundes nur aufgrund einer Ermächtigung durch die Hauptversammlung zuzulassen. Schon wegen des zweifelhaften Wertes, den die Möglichkeit des Erwerbs eigener Aktien ganz allgemein hat, sollte von dieser Möglichkeit der Richtlinie im deutschen Recht nicht Gebrauch gemacht werden. Sie würde aber auch zu einer ungerechtfertigten Bevorzugung von Aktiengesellschaften mit Großaktionären und insbesondere von Konzernen und zu besonderen Gefahren bei diesen führen, weil diese häufig die Möglichkeit haben würden, in der Hauptversammlung der Untergesellschaften derartige Ermächtigungen zur Regel werden zu lassen, während dies bei Publikumsgesellschaften im allgemeinen nicht der Fall sein wird".

Dazu ist zu sagen, daß der „Wert" einer Kapitalherabsetzung auf Zeit jedenfalls nicht problematischer ist als der Wert der vom Gesetz schon bisher zugelassenen dauernden Kapitalherabsetzung durch vereinfachte Einziehung von Aktien, die zu diesem Zweck von der Gesellschaft zurückerworben sind (§§ 71 Abs. 1 Nr. 6, 237 AktG). Im Hinblick auf diesen Fall ist auch nicht ersichtlich, daß insoweit bei Gesellschaften, die von einem privaten Großaktionär oder einer Konzernobergesellschaft abhängig sind, besondere Gefahren bestehen, oder daß solche Gesellschaften sich gegenüber gewöhnlichen Publikumsgesellschaften unangemessene Vorteile verschaffen könnten.

Probleme können sich insoweit überhaupt nur unter dem Gesichtspunkt der Gleichbehandlung der Aktionäre ergeben (§ 53 a AktG = Art. 42 der Kapitalrichtlinie[63]). Dieser Grundsatz ist (wie der Referentenentwurf[64] in Satz 2 klarstellend hervorhebt) sowohl beim Rückerwerb zu beachten (dazu V) als auch bei einer späteren Neuemission der Aktien (dazu VI). Das gilt natürlich besonders in Fällen, in denen Großaktionäre oder Konzernobergesellschaften mit im Spiel sind; grundsätzliche Probleme wirft dieser Fall aber auch unter dem Gesichtspunkt des Schutzes außenstehender Aktionäre nicht auf.

---

61 Vgl. oben Fn. 2.
62 BT-Drucks. 8/1678 S. 14.
63 Vgl. Fn. 2.
64 Oben nach Fn. 10.

V. Rückerwerb und Gleichbehandlungsgrundsatz

Festzuhalten ist, daß es nach der geschilderten Zwecksetzung, das Kapital der Gesellschaft „auf Zeit" herabzusetzen, nur um einen einmaligen Rückerwerb einer von vornherein durch den ermächtigenden Hauptversammlungsbeschluß bestimmten Anzahl von eigenen Aktien der Gesellschaft gehen kann. Der Beschluß ist ausgeführt, sobald die Gesellschaft die vorgegebene Stückzahl erreicht hat. An dieser Aktion sind die Aktionäre möglichst gleichmäßig zu beteiligen.

Der Referentenentwurf vertraut insoweit in erster Linie auf die Börse. Der „Handel über die Börse", so heißt es in der Begründung, sei bei der börsengängigen Aktie „die Methode der Wahl zur Wahrung der Gleichbehandlung"[65]. Um dies zu unterstreichen, bedient der Referentenentwurf sich des bei uns sonst unüblichen Mittels der authentischen Interpretation: von Gesetzes wegen wird verfügt, daß der Handel über die Börse dem Gleichbehandlungsgrundsatz „genügt"[66]. Bemerkenswert ist dabei, daß es sich bei dem Gleichbehandlungsgrundsatz um eine Regel des europäischen Richtlinienrechts handelt[67], die nicht zur Disposition des deutschen Gesetzgebers steht und von ihm daher auch nicht authentisch interpretiert werden kann. Die Literatur ist zum Teil noch weitergegangen als der Referentenentwurf und hat gefordert, bei börsennotierten Aktien überhaupt nur den Rückkauf über die Börse als Form des Rückerwerbs zuzulassen[68]. Es ist jedenfalls zu begrüßen, daß der Referentenentwurf sich dem nicht angeschlossen hat[69].

Tatsächlich wird der Gleichbehandlungsgrundsatz beim Rückerwerb über die Börse nicht in optimaler Weise gewahrt. Gewiß ist richtig, daß dabei die willkürliche Bevorzugung oder Benachteiligung der Aktionäre ausgeschlossen ist, und daß jeder Aktionär die gleiche Chance hat, an der Rückkaufaktion zu partizipieren. Im formalen Sinn ist also Gleichbehandlung gewährleistet. Materiell bleibt es dabei, daß die Gesellschaft, je nach Kurslage, die Aktien von ihren Aktionären zu unterschiedlichen Preisen zurückerwirbt. Nun mag man sagen, daß es die gewöhnliche Chance und das gewöhnliche Risiko des Aktionärs ist, den besten Zeitpunkt für den Verkauf der Aktie zu treffen oder zu verfehlen. Das Argument trifft für das gewöhnliche Börsengeschehen zu. Es trifft aber nicht mehr zu, wenn es sich um eine Rückkaufaktion großen Umfangs handelt, die vorher unter Angabe von Mindest- und Höchstpreisen angekündigt wird. Eine solche Ankündigung wird, wenn es um größere Volumina geht, ihrerseits die Kurse beeinflussen, und zwar in einer Weise, die für den Aktionär schwer berechenbar ist – vor allem da er nicht wissen kann, ob und in welchem Umfang seine Gesellschaft am jeweiligen Börsentag als Rückkäuferin aktiv ist[70]. Der Aktionär, der feststellen muß, daß er während eines groß-

---

65 Begründung zum Referentenentwurf (Fn. 1) S. 29.
66 Vgl. oben I nach Fn. 10.
67 Art. 42 der Kapitalrichtlinie (oben Fn. 2).
68 Vgl. *Martens* AG 1996, 337 f., 339 f.; *v. Rosen/Helm* AG 1996, 434, 439 u. 442 (§ 71 b Abs. 3 des dort unterbreiteten Gesetzesvorschlags); kritisch *Claussen* AG 1996, 481, 490 mit Fn. 108.
69 Begründung zum Referentenentwurf (Fn. 1) S. 29.
70 Bedenken äußert auch *Kübler* (Fn. 11) S. 47 f. mit Hinweis auf das „hochdifferenzierte Normengefüge", das das amerikanische Gesellschafts- und Börsenaufsichtsrecht „zur Eingrenzung dieser Risiken" geschaffen habe.

angelegten Börsenmanövers seiner eigenen Gesellschaft zu billig (nämlich unter dem von der Gesellschaft schließlich gezahlten Höchstpreis) verkauft hat, wird sich vielleicht nicht „ungerecht", aber doch „unfair" behandelt fühlen.

Auch aus den Vereinigten Staaten wird berichtet, daß der Rückkauf über die Börse (open market repurchase) vor allem dann in Betracht komme, wenn die Gesellschaft die Absicht habe, „relativ kleine Mengen von Aktien zurückzuerwerben"[71]; daß der Prozeß des Rückkaufs Monate oder auch Jahre in Anspruch nehme[72]; daß es auch möglich sei, von der Durchführung der angekündigten Aktion überhaupt abzusehen[73]. Auch der Umstand, daß strenge börsenaufsichtsrechtliche Regeln für den Handel in eigenen Aktien für erforderlich gehalten werden[74], zeigt, daß das Verfahren offenbar als problematisch eingeschätzt wird. Manche Indizien scheinen dafür zu sprechen, daß open market repurchases vor allem dann die „Methode der Wahl" sind, wenn es der Gesellschaft in erster Linie um Kurspflege zu tun ist[75]. Soll dagegen tatsächlich eine „relativ große Anzahl von Aktien zurückgekauft werden", so wird, trotz der damit verbundenen Kosten, dem öffentlichen Rückkaufangebot (self tender offer) der Vorzug gegeben[76] – obwohl es wahrscheinlich höhere Kosten verursacht. Geht es der Gesellschaft wirklich um „Kapitalherabsetzung auf Zeit", dürfte diese Erwerbsform auch bei uns, aus rechtlichen wie aus praktischen Gründen, den Vorzug verdienen[77].

Die einfachste Form ist das öffentliche Rückkaufangebot zum Festpreis[78] (fixed price tender offer). Dabei muß naturgemäß der ausgelobte Rückkaufpreis attraktiv sein, also eine Prämie, einen erheblichen Aufschlag auf den aktuellen Börsenkurs enthalten. Das ist an sich kein Nachteil[79]. Da die Gesellschaft ihre Reserven in bestimmter Höhe an die Aktionäre ausschütten will[80], hat sie kein Interesse daran, die Aktien zu einem für sie möglichst günstigen „Preis" zurückzuer-

---

71 *Hampel* (Fn. 12) S. 12 mit Nachw.
72 *Hampel* (Fn. 12) S. 13 mit Nachw.
73 *Hampel* (Fn. 12) S. 12.
74 Dazu oben Fn. 14.
75 Vgl. dazu oben bei Fn. 31. Hierauf deuten insbesondere die vielfältigen Äußerungen über die „Signalwirkung" der Ankündigung des Rückkaufs über die Börse hin (sog. „signalling hypothesis"), vgl. dazu *Kübler* (Fn. 11) S. 48 f.; *Hampel* (Fn. 12) S. 48 ff.; *Dirk Posner* AG 1994, 312, 314; *Kopp* (Fn. 12) S. 110 ff.
76 *Hampel* (Fn. 12) S. 13. Ein Motiv dafür, jedenfalls bei größeren Transaktionen dem tender offer vor dem open market repurchase den Vorzug zu geben, liegt sicher auch in den rechtlichen Risiken, denen der Vorstand beim Rückerwerb über die Börse durch das strenge Börsenaufsichtsrecht ausgesetzt ist, vgl. *Kübler* (Fn. 11) S. 47.
77 A.A. *Martens* AG 1996, 337, 340.
78 Vgl. *Hampel* (Fn. 12) S. 13 f., 22 f. (dort Zahlenmaterial); *Dirk Posner* AG 1994, 312, 316 f.; *Kopp* (Fn. 12) S. 36, 48 (dort Angaben zu den Auswirkungen auf den Kurs).
79 A.A. *Martens* AG 1996, 337, 340; vgl. auch *Dirk Posner* AG, 1994, 312, 317: „… eine der teuersten Möglichkeiten des Rückkaufs eigener Aktien …".
80 Vgl. auch *Kübler* (Fn. 11) S. 63: „bei richtiger Betrachtung handelt es sich nicht um einen Aktienerwerb, sondern darum, daß die Emission teilweise rückgängig gemacht wird"; *Hampel* (Fn. 12) S. 77: „Ausschüttungsmechanismus"; *Martens* AG 1996, 337, 340: „Ausschüttung von frei verfügbaren Rücklagen".

werben[81], und wenn die Prämie allen Aktionären angeboten wird, ist der Gleichbehandlungsgrundsatz gewahrt. Das Problem liegt darin, daß die Rückkaufofferte, wenn die Prämie nicht attraktiv ist, fehlschlägt, wenn sie aber attraktiv ist, überzeichnet wird. Die Gesellschaft muß dann repartieren: das heißt sie kann jedem Aktionär nur einen Teil der von ihm angebotenen Aktien abnehmen. Die Aktionäre werden enttäuscht; die Gesellschaft hat mehr versprochen, als sie halten kann.

Zur Lösung des Repartierungsproblems wird in den USA das Verfahren der „holländischen Versteigerung" angewendet („dutch auction tender offer")[82]. Die Gesellschaft bietet den Rückkauf einer bestimmten Anzahl von Aktien an und setzt einen Mindestpreis (mit kleiner Prämie über dem Börsenkurs) und einen Höchstpreis (mit hoher Prämie) an. Innerhalb dieser Bandbreite kann jeder Aktionär wählen, zu welchem Preis er der Gesellschaft die Aktie zum Rückkauf anbietet. Die Angebote werden von unten nach oben bedient, bis der Vorrat erschöpft ist. Das heißt diejenigen Aktionäre, die ihre Aktie niedrig einschätzen, können sie an die Gesellschaft verkaufen und die Prämie kassieren; diejenigen, die sie hoch einschätzen, müssen sie behalten. Das Verfahren hat sicherlich nicht nur technische Vorzüge, sondern es erscheint in gewissem Sinn auch „gerechter" als das schematische Repartierungsverfahren im Fall des Festpreisangebots[83]. Das Problem des Verfahrens liegt darin – und hierüber wird auch aus den USA berichtet –, daß es den Aktionären zuviel zumutet[84]. Im Grunde setzt es eine Gesellschaft voraus, deren Aktionäre sämtlich professionelle, spekulativ eingestellte Anleger sind. Der gewöhnliche Privatanleger wird vor einen Entscheidungszwang gestellt, der ihn überfordert, und auch dem gewöhnlichen Anlageberater einer Bank wird es nicht leicht fallen, seinen Kunden, dessen Wertpapierdepot er betreut, hier angemessen zu beraten.

In den letzten Jahren ist deshalb in den USA ein weiteres Verfahren für das Rückkaufangebot entwickelt worden: die Ausgabe übertragbarer Verkaufsoptionen (transferable put rights, kurz TPRs, oder tender puts)[85]. Das sind sozusagen umge-

---

81 A.A. *Martens* AG 1996, 337, 340: die Gesellschaft habe ein Interesse daran, die „objektive Wertäquivalenz von Leistung und Gegenleistung" zu wahren. Das trifft für den hier behandelten Fall einer „Aktieneinziehung auf Zeit" nicht zu, bei dem es eben nicht um „Leistung und Gegenleistung", sondern um Einlagenrückgewähr geht, sondern nur für den ganz anders gearteten Fall, in dem die Gesellschaft eigene Aktien zurückerwirbt, um damit gewinnbringend zu spekulieren. Beide Fälle können nicht scharf genug auseinandergehalten werden.

82 Vgl. *Hampel* (Fn. 12) S. 14 ff., 23 (dort Zahlenmaterial); *Dirk Posner* AG 1994, 312, 317; *Kopp* (Fn. 12) S. 37 f., 48 dort Angaben zu den Auswirkungen auf den Börsenkurs).

83 Unter den besonderen Gegebenheiten in den USA spielt natürlich stets das Motiv des Managements der Gesellschaft eine Rolle, vor allem diejenigen Aktionäre mit dem Rückkaufangebot zu erreichen, die schon bei einer niedrigen Prämie verkaufsbereit sind: denn sie sind die natürliche Zielgruppe für unerwünschte Übernahmeangebote (dazu oben II bei Fn. 23). Für die Gesellschaft liegt der Erwerbspreis pro Aktie bei diesem Verfahren niedriger als beim Festpreisangebot: der Preis, der als Festpreis geboten werden müßte, bildet beim holländischen Versteigerungsverfahren die Obergrenze des Gebots. Vgl. *Hampel* (Fn. 12) S. 15 f., 22 f.; *Dirk Posner* AG 1994, 312, 317; *Kopp* (Fn. 12) S. 38.

84 Vgl. *Hampel* (Fn. 12) S. 16: „... Komplexität der Entscheidung, die den Anteilseignern bezüglich des Verkaufs ihrer Aktien abverlangt wird".

85 Vgl. *Hampel* (Fn. 12) S. 17 f.; *Dirk Posner* AG 1994, 312, 317 f.; *Kopp* (Fn. 12) S. 37.

kehrte Bezugsrechte. Will z.B. die Gesellschaft zehn Prozent ihrer Aktien zurück-
kaufen, so erhält jeder Aktionär, der zehn Aktien hält, das Recht, innerhalb der
Angebotsfrist eine Aktie zu einem Basispreis an die Gesellschafter zu verkaufen,
oder anders gesagt: auf jede Aktie wird eine Verkaufsoption für 1/10 Aktie zugeteilt.
Der Basispreis liegt über dem laufenden Börsenkurs; hierauf beruht die Attraktivität
des Angebots. Die Verkaufsoptionen sind, ähnlich wie Bezugsrechte im Fall der
Kapitalerhöhung, während der Ausübungsfrist an der Börse handelbar. Der
Aktionär, der seine Aktien behalten will, kann daher durch Verkauf der Verkaufsoption an der von der Gesellschaft ausgesetzten Prämie partizipieren[86]; der professionelle Handel wird im Weg des Agiotagehandels dafür sorgen, daß alle zum Verkauf angebotenen Optionen aufgekauft und ausgeübt werden, um die Prämie
(Differenz zwischen Basispreis und niedrigerem Börsenkurs) zu realisieren. Es ist
anzunehmen, daß, wenn es hierzulande zu größeren Rückkaufaktionen kommen
sollte, dieses Verfahren sich an erster Stelle als geeignet erweisen würde: es kann
auf das vertraute Vorbild des Bezugsrechtshandels zurückgreifen und sichert den
Aktionären das größtmögliche Maß an fairer Behandlung.

Nur der Vollständigkeit halber sei darauf hingewiesen, daß aus den USA auch individuelle Rückkaufvereinbarungen mit einzelnen Aktionären bekannt sind, unter Ausschluß der
übrigen (negotiated repurchase)[87]; dabei wird wohl in aller Regel eine Prämie in Form eines
Zuschlags zum Kurswert gezahlt[88]. Mit dem Gleichbehandlungsgrundsatz wäre das bei uns
grundsätzlich unvereinbar; das versteht sich nach dem Referentenentwurf von selbst. Immerhin könnte, etwa bei kleineren, nicht börsennotierten Gesellschaften, einmal ein Fall eintreten, in dem ein Bedürfnis nach einem solchen Verfahren des Rückkaufs besteht und in
dem unter dem Gesichtspunkt des Gleichbehandlungsgrundsatzes keine Bedenken bestehen
(z.B. weil alle übrigen Aktionäre einverstanden sind oder weil ein besonderer Rechtferti-
gungsgrund für einen solchen gezielten Rückkauf vorliegt). Deshalb ist es richtig, daß der
Referentenentwurf diese Rückkaufsform nicht geradezu ausschließt, sondern auch insoweit
auf den Gleichbehandlungsgrundsatz vertraut. Der individuell vereinbarte Rückkauf eigener
Aktien durch eine konzernabhängige Gesellschaft vom herrschenden Unternehmen oder vom
privaten Großaktionär[89] ist hiermit sicher unvereinbar.

Unabhängig von der Technik des Rückerwerbs gilt folgendes: Die Kennzeich-
nung des Rückerwerbs als „Kapitalherabsetzung auf Zeit" oder als „Rückgängigmachung der Emission", als „Ausschüttungsmechanismus", als „Ausschüttung frei
verfügbarer Rücklagen"[90] kennzeichnet den wirtschaftlichen Effekt des Vorgangs,
nicht seine zivilrechtliche Rechtsnatur. Zivilrechtlich handelt es sich in jedem Fall
um einen Kauf der Aktie, den die Gesellschaft mit ihrem Aktionär abschließt oder
durch den von ihr beauftragten Einkaufskommissionär abschließen läßt und der sich
in nichts von einem Kauf der Aktie durch einen Dritten unterscheidet. Das wird
besonders deutlich beim Rückerwerb über die Börse, bei dem der Aktionär nicht

---

86 Auch dieses Verfahren stellt also, wie die holländische Versteigerung, sicher, daß in erster Linie
    die Aktionäre mit größerer Verkaufsbereitschaft von der gebotenen Option Gebrauch machen
    werden, vgl. dazu oben Fn. 83.
87 Vgl. *Hampel* (Fn. 12) S. 16; *Dirk Posner* AG 1994, 312, 316; *Kopp* (Fn. 12) S. 38.
88 *Hampel, Kopp* aaO. (Fn. 87).
89 Vgl. dazu das von *Posner* aaO. (Fn. 87) berichtete Beispiel: General Motors kaufte Ende 1986
    ihrem damals größten Einzelaktionär, Ross Perot, dessen Aktienpaket ab.
90 Vgl. oben Fn. 80.

einmal weiß, wer ihm als Käufer gegenübersteht (oder wer Kommittent des zwischengeschalteten Einkaufskommissionärs ist). Es gilt aber ebenso für den Aktienrückkauf aufgrund eines öffentlichen Rückkaufsangebots: auch in diesem Fall ist der Vorgang zivilrechtlich der gleiche wie im Fall, in dem der Aktionär die Aktie aufgrund eines öffentlichen Übernahmeangebots an einen Dritten veräußert. Auch ein außerbörslich und privat ausgehandelter Aktienrückkauf ist zivilrechtlich ein Kauf, nicht anders als der Paketkauf durch einen Dritten. Insoweit hat die vom Referentenentwurf vorgeschlagene Nr. 8 des § 71 Abs. 1 nur die Bedeutung, daß die Nichtigkeitssanktion des § 71 Abs. 4 Satz 2 AktG beseitigt wird. Die Übereignung der zurückgekauften Aktie und die Zahlung des Entgelts erfolgen „solvendi causa" und nicht, wie eine Gewinnausschüttung, „causa societatis". Die einzige zivilrechtliche Besonderheit des Vorgangs besteht darin, daß die Gesellschaft, weil es ihre Aktionäre sind, von denen sie die Aktien zurückkauft, an den Gleichbehandlungsgrundsatz gebunden ist.

VI. Wiederausgabe der zurückerworbenen Aktien und Gleichbehandlungsgrundsatz

Nach dem Referentenentwurf zu § 71 Abs. 1 Nr. 8 AktG[91] muß der Beschluß der Hauptversammlung, der den Vorstand zum Erwerb der eigenen Aktien ermächtigt, den „Zweck" des Erwerbs festlegen; er „soll" weitere Einzelheiten bestimmen. Aus der ungewöhnlichen Sollvorschrift ergibt sich jedenfalls die Kompetenz der Hauptversammlung, solche „Einzelheiten" festzulegen. Zu den Einzelheiten gehören nicht nur die Modalitäten der Einziehung, sondern auch die der künftigen Wiederausgabe der Aktien[92]. Die Kompetenz der Hauptversammlung für die Entscheidung über die Wiederausgabe der Aktien folgt überdies aus Satz 4 Halbs. 1 des Entwurfs („eine andere Veräußerung kann die Hauptversammlung beschließen"). Ist es Zweck des Rückerwerbs der Aktien, das Kapital „auf Zeit" herabzusetzen, so liegt es am nächsten, den Beschluß zu fassen, daß die Gesellschaft die eigenen Aktien einstweilen im Bestand halten soll und daß eine Wiederausgabe durch den Vorstand erst nach erneutem Beschluß der Hauptversammlung zulässig sein soll. Ein solcher Aufschub der Entscheidung ist unbedenklich zulässig. Denn wenn es in der Kompetenz der Hauptversammlung liegt, zu bestimmen, wann und wie die zurückerworbenen Aktien wieder ausgegeben werden sollen, muß sie auch die Möglichkeit haben, sich die Entscheidung hierüber für die Zukunft vorzubehalten.

Behält die Hauptversammlung sich vor, über die Wiederausgabe durch erneuten Beschluß zu entscheiden, so kann auch der spätere Ausgabebeschluß mit einfacher Mehrheit gefaßt werden. Es handelt sich nicht, wie im Fall der normalen

---

91 Vgl. oben I nach Fn. 10. Vgl. aber auch unten Fn. 113.
92 Vgl. auch Begründung zum Referentenentwurf S. 29: Zu den weiteren Einzelheiten, über die die Hauptversammlung Bestimmungen treffen soll, „gehören etwa eine zeitliche Vorgabe, wie lange die Aktien gehalten werden sollen und dürfen, sowie die spätere Verwendung und ggfs. das Verfahren zur Rückführung der Aktien". In den USA gelten – jedenfalls nach dem Model Business Corporation Act – die Vorschriften über das genehmigte Kapital („authorized shares") entsprechend; vgl. oben Fn. 48.

Kapitalerhöhung, um einen satzungsändernden Beschluß, sondern um den einfachen actus contrarius zu dem Beschluß, der den Vorstand zum Rückerwerb ermächtigt hat: für beide Beschlüsse muß das gleiche Mehrheitserfordernis gelten. Materiell handelt es sich allerdings um eine Kapitalerhöhung: so wie der Rückerwerb der Aktien den Zweck verfolgt, das Kapital „auf Zeit" herabzusetzen, verfolgt der Wiederausgabebeschluß den Zweck einer Wiedererhöhung des Kapitals. Deshalb ist es folgerichtig, daß nach dem Referentenentwurf im Fall der Wiederausgabe der Aktien – von einem gleich zu erörternden Ausnahmefall abgesehen – § 186 AktG entsprechende Anwendung finden soll (Satz 4 Halbs. 2).

Grundsätzlich steht also, wenn die Gesellschaft die zurückerworbenen Aktien wiederausgibt, den Aktionären das Bezugsrecht des § 186 Abs. 1 Satz 1 AktG zu. Soll im Wiederausgabebeschluß das Bezugsrecht ausgeschlossen werden, so bedarf der Beschluß der qualifizierten Mehrheit des § 186 Abs. 3 Satz 2 AktG, und er unterliegt den für den Bezugsrechtsausschluß allgemein geltenden formellen und materiellen Bedingungen. Für den Fall, daß das Bezugsrecht ausgeschlossen und Ausgabe zu einem Preis beschlossen wird, der „den Börsenpreis nicht wesentlich unterschreitet", gilt die Erleichterung des § 186 Abs. 3 Satz 4 AktG; d. h. der Ausschluß bedarf keiner besonderen Rechtfertigung im Sinn der Kali- und-Salz-Entscheidung des BGH[93]. Für die Ausgabe gegen Sacheinlagen gilt § 205 AktG entsprechend, wie der Referentenentwurf klarstellt.

Nach dem eindeutigen Text des Referentenentwurfs soll § 186 nicht – also auch nicht analog – anwendbar sein, wenn die Hauptversammlung beschließt, daß der Vorstand die zurückerworbenen Aktien zum Zweck der erneuten Kapitalaufnahme über die Börse veräußern soll[94]. Das heißt: in diesem Fall gibt es kein Bezugsrecht; deshalb muß auch kein besonderer Beschluß über seinen Ausschluß gefaßt werden; ein einfacher Mehrheitsbeschluß genügt. Diese Regelung erscheint auf der Grundlage der – allerdings ihrerseits rechtspolitisch umstrittenen – Neuregelung des § 186 Abs. 3 Satz 4 AktG folgerichtig[95]. Sie stellt zumindest sicher, daß die Gesellschaft bei der Zuteilung der neuen Aktien niemanden bevorzugen kann. Der Aktionär, der seine Beteiligung aufstocken will, um seine proportionale Beteiligung zu erhalten, kann die dazu benötigten Aktien an der Börse zukaufen. Europarechtlich ist der in der Veräußerung über die Börse implizit enthaltene Ausschluß des Bezugsrechts der bisherigen Aktionäre damit zu rechtfertigen, daß es sich bei der Wiederveräußerung der zurückerworbenen Aktien nicht um eine Kapitalerhöhung im förmlichen Sinn handelt, also nicht um eine „Erhöhung des gezeichneten Kapitals durch Bareinlagen" im Sinn des Art. 29 Abs. 1 der Kapitalrichtlinie[96].

---

93 Vgl. BGHZ 71, 40, 44-46. Auf die Einzelheiten der umstrittenen Bestimmung des § 186 Abs. 3 Satz 4 AktG ist hier nicht einzugehen; vgl. dazu *Lutter* in Kölner Kommentar zum Aktiengesetz, 2. Aufl. 1995, Nachtrag nach § 240 Rz. 1 ff.; *Hüffer*, Aktiengesetz, 2. Aufl. 1995, § 186 Rz. 39 a ff.
94 Denn nach § 71 Abs. 1 Nr. 8 AktG i.d.F. des Referentenentwurfs (Satz 4) sind die §§ 186 und 205 AktG nur dann entsprechend anzuwenden, wenn die Hauptversammlung eine „andere Veräußerung" beschließt, als die in Satz 3 geregelte Veräußerung über die Börse.
95 Vgl. Fn. 93.
96 Oben Fn. 2.

Nicht besonders geregelt ist im Referentenentwurf der Fall, daß die Hauptversammlung in dem späteren Beschluß über die Wiederausgabe der Aktien den Vorstand ermächtigen will, selbst über Umfang, Zeitpunkt und Modalitäten der Wiederausgabe zu entscheiden. Zwar nicht der Form, aber der Sache nach bedeutet das, daß der Vorstand nunmehr über eine Art „genehmigtes Kapital" verfügt[97]. Es scheint deshalb nach dem argumentum a maiore ad minus evident, daß eine solche Ermächtigung zulässig sein muß, wenn die materiellen Schranken der §§ 202–204 AktG eingehalten werden. Das heißt, die Ermächtigung ist auf höchstens fünf Jahre zu begrenzen (§ 202 Abs. 2 Satz 1 AktG); bei Zeitablauf fällt die Entscheidungskompetenz an die Hauptversammlung zurück. Für den Bezugsrechtsausschluß gelten die §§ 186, 203 Abs. 1, 2 AktG sinngemäß; für die Mitwirkung des Aufsichtsrats gilt § 204 Abs. 1 AktG. Auch hier ist, jedenfalls nach dem gegenwärtigen Stand des Entwurfs, ein Bezugsrecht von vornherein nicht gegeben, wenn die Hauptversammlung (mit einfacher Mehrheit) den Vorstand ermächtigt, die wiederausgegebenen Aktien zum laufenden Kurs über die Börse zu veräußern.

Entsprechendes muß gelten, wenn die Hauptversammlung schon in dem ursprünglichen Beschluß, durch den sie den Vorstand zum Rückerwerb ermächtigt, dem Vorstand gleichzeitig eine Ermächtigung zur späteren Wiederveräußerung der Aktien nach eigenem Ermessen erteilt. Auch in einem solchen Fall sind die §§ 202 ff. AktG analog anzuwenden. Für das Bezugsrecht und seinen Ausschluß gelten die §§ 186, 202, 203 AktG. Das Bezugsrecht entfällt auch in diesem Fall, wenn die Hauptversammlung (was mit einfacher Mehrheit geschehen kann) den Vorstand ermächtigt, die zurückerworbenen Aktien bei Bedarf über die Börse zu veräußern. Die Ermächtigung des Vorstands zur Wiederausgabe ist auch in diesem Fall zwingend auf fünf Jahre – gerechnet vom Beschluß an, der den Rückkauf und zugleich die Wiederausgabe regelt – begrenzt (§ 202 Abs. 2 Satz 1 AktG analog). Nach Fristablauf bedarf die Wiederausgabe eines erneuten Beschlusses der Hauptversammlung. Im wirtschaftlichen Ergebnis führt eine solche sofort erteilte Ermächtigung zur Wiederausgabe der zurückerworbenen Aktien dazu, daß das Kapital auf Zeit herabgesetzt ist und daß der Vorstand zugleich über ein „genehmigtes Kapital" in entsprechender Höhe verfügt, das er bei Bedarf wieder ausgeben kann[98].

Es fragt sich schließlich, was gelten soll, wenn der Beschluß, der den Vorstand zum Rückerwerb ermächtigt, überhaupt keine Bestimmungen über die Wiederausgabe der Aktien trifft. In einem solchen Fall kann es nicht im Ermessen des Vorstands liegen, die neuen Aktien nach seinem Belieben wieder auszugeben. Da es sich bei der Wiederausgabe materiell um eine Kapitalerhöhung handelt, bedarf er hierzu in jedem Fall der Ermächtigung durch die Hauptversammlung. Solange sie nicht erteilt ist, bleibt es bei der von der Hauptversammlung beschlossenen „Kapitalherabsetzung auf Zeit". Der Wiederausgabebeschluß bedarf auch in diesem Fall, als actus contrarius zum Rückerwerbsbeschluß, nur der einfachen Mehrheit, es sei denn, er enthält zusätzlich einen Bezugsrechtsausschluß. Selbstverständlich

---

97 Vgl. dazu auch oben III bei Fn. 48.
98 Vgl. oben Fn. 48 zur entsprechenden Deutung des Vorgangs im amerikanischen Recht.

kann die Hauptversammlung später auch die Einziehung beschließen, und zwar in vereinfachter Form unter Verwendung der beim Rückerwerb gemäß § 272 Abs. 4 HGB gebildeten Rücklage (§§ 272 Abs. 4 Satz 2 HGB, 237 Abs. 3 Nr. 2 AktG). Auch dies ist mit einfacher Mehrheit möglich (§ 237 Abs. 4 Satz 2 AktG).

Für die zivilrechtliche Einordnung des Vorgangs der Wiederausgabe gilt entsprechendes wie für den Rückkauf. Man muß unterscheiden: Wirtschaftlicher Zweck der Ausgabe der Aktien ist die Erhöhung des Eigenkapitals der Gesellschaft. Juristisches Mittel ist der Abschluß eines Kaufvertrags oder, wenn die Aktien gegen eine Sachleistung ausgegeben werden sollen, eines Tauschvertrags. Anders als bei dem Abschluß eines Zeichnungsvertrags im Rahmen einer Kapitalerhöhung im förmlichen Sinn, handelt es sich im einen wie im anderen Fall um einen gewöhnlichen gegenseitigen Vertrag, nicht um einen korporationsrechtlichen Vertrag eigener Art. Daß die Gesellschaft beim Abschluß der Verträge den Schranken der §§ 53 a und 186 AktG unterliegt, ändert hieran nichts. Dies alles gilt unabhängig davon, welchen technischen Weg die Gesellschaft bei der Wiederausgabe beschreitet (Veräußerung über die Börse, Angebot an die Aktionäre im Weg eines direkten oder mittelbaren Bezugsrechts, Angebot an bestimmte Interessenten nach Ausschluß des Bezugsrechts).

VII. Ermächtigung zum Handel in eigenen Aktien?

Der Referentenentwurf in seiner gegenwärtigen Fassung schließt es nicht aus, daß die Hauptversammlung einer börsennotierten Gesellschaft den Vorstand ermächtigt, durch fortlaufenden Kauf und Verkauf Handel in eigenen Aktien zu betreiben, sofern nur darauf geachtet wird, daß der jeweilige Bestand eigener Aktien die Grenze von zehn Prozent des Grundkapitals nicht überschreitet, und sofern der Kaufpreis jeweils mit Hilfe von freien Gewinnrücklagen der Gesellschaft finanziert werden kann[99]. Im äußersten Fall könnte sich demnach der Vorstand ermächtigen lassen, Rücklagen in Höhe von bis zu zehn Prozent des Börsenkurswerts der Gesellschaft ständig dafür einzusetzen, um in Aktien der eigenen Gesellschaft zu handeln. Die einzige Schranke für eine solche Ermächtigung besteht in der durch Art. 19 Abs. 1 litt. a der Kapitalrichtlinie[100] zwingend vorgegebenen Achtzehnmonatsfrist: die Ermächtigung zum Handel in eigenen Aktien müßte also von der Hauptversammlung alljährlich erneuert werden.

Technisch gesehen, bereitet die Ermächtigung keine Schwierigkeiten. Die Hauptversammlung muß als Zweck des Rückerwerbs den „Handel in eigenen Aktien" beschließen und dabei, innerhalb der Höchstgrenze von zehn Prozent, das Volumen des zulässigen Handelsbestands bestimmen. Außerdem müssen für den Erwerb (nicht für die Veräußerung) Mindest- und Höchstpreise festgesetzt werden. Wird später die Ermächtigung nicht verlängert, ist es Sache der Hauptversammlung, zu beschließen, was mit den jetzt im Depot der Gesellschaft liegenden eigenen Aktien geschehen soll. In diesen Grenzen liegt alles Weitere im Ermessen des Vorstands. Er entscheidet, ob, wann und in welchem Umfang er eigene Aktien kauft oder

---

99   Vgl. oben III bei Fn. 49.
100 Oben Fn. 2.

verkauft. Kauf und Verkauf müssen über die Börse abgewickelt werden. Hierdurch ist der Gleichbehandlungsgrundsatz, wenn auch nur in einem mehr formalen Sinn, gewahrt. Der Vorstand kann sich nicht aussuchen, von wem er kauft und an wen er verkauft, und kann daher niemanden willkürlich bevorzugen oder benachteiligen. Beim Verkauf kommt ein Bezugsrecht der Aktionäre nicht in Betracht. Da jeder Aktionär ohnehin die Möglichkeit hat, jederzeit zusätzliche Aktien an der Börse zu erwerben, besteht hierfür auch kein Bedürfnis.

Der Zweck eines solchen „Handels in eigenen Aktien" ist ein grundlegend anderer als der einer „Kapitalherabsetzung auf Zeit". Bei der „Kapitalherabsetzung auf Zeit" werden Rücklagen an die Aktionäre ausgeschüttet, ähnlich wie bei einer Einziehung von Aktien; der Unterschied besteht nur darin, daß die Gesellschaft im Fall einer künftigen Kapitalerhöhung keine neuen Aktien ausgeben muß, sondern auf den vorhandenen Bestand an eigenen Aktien zurückgreifen kann. Das Ziel, durch den Rückkauf und die spätere Neuausgabe der Aktien einen Gewinn zu erzielen (also die Aktien später zu einem höheren Kurs als dem Rückkaufkurs auszugeben), ist hiermit nicht verbunden. Ein fortlaufender Handel in eigenen Aktien ist dagegen ökonomisch überhaupt nur dann sinnvoll, wenn die Gesellschaft damit ein Gewinnziel verfolgt, also das Ziel, einen Kursgewinn zu erzielen oder zumindest keinen Kursverlust zu erleiden. Die Gesellschaft wird also eigene Aktien kaufen, wenn sie sie für unterbewertet hält, und sie wird bei gestiegenen Kursen zu Zwecken der Gewinnmitnahme verkaufen. Eine naheliegende Maßregel wäre es auch, den jeweiligen Bestand eigener Aktien zumindest teilweise durch Termingeschäfte gegen Kursverluste zu sichern.

Es war ein erklärtes Ziel der Aktienrechtsnovelle von 1931, gerade einen solchen Handel in eigenen Aktien zu verhindern, der in den Jahren zuvor – durch die entgegenstehende Sollvorschrift des § 226 Abs. 1 HGB a.F. praktisch unbehindert[101] – in weitem Umfang üblich geworden war. Flechtheim berichtet darüber, daß der Erwerb eigener Aktien zu Kursstützungszwecken in den Jahren der Weltwirtschaftskrise eine überragende Bedeutung erlangt hatte. Zunächst spielten dabei spekulative Absichten eine Rolle: der Vorstand sah die eigenen Aktien „als unterbewertet an und rechnete auf anschließenden Kursgewinn". Nachdem die Gesellschaft „erst einmal mit dem Ankauf begonnen hatte, kam sie bei weiter absinkenden Kursen in die Zwangslage, weiter kaufen zu müssen … Erst der Zusammenbruch vom Juli 1931 offenbarte den vollen Umfang des in Verkennung der Wirtschaftslage angerichteten Unheils"[102].

Die von Flechtheim beschriebenen Gefahren des Handels in eigenen Aktien bestehen nicht nur in Extremfällen wie der damaligen Weltwirtschaftskrise. Die Probleme können immer dann eintreten, wenn der Vorstand entweder – was besonders naheliegt[103] – die individuelle Lage der eigenen Gesellschaft oder aber die

---

101 Vgl. *U. Huber*, Festschrift Duden S. 137 mit Nachw.
102 Vgl. *Düringer-Hachenburg-Flechtheim*, HGB Bd. III 1, 3. Aufl. 1934, § 226 Anm. 1. Vgl. auch *Lutter* (Fn. 1) § 71 Rz. 5: „Reine Kurspflege war an der Tagesordnung, veranlaßte auch vorsichtige Unternehmen, in die Politik der weniger Seriösen einzuschwenken, und zwang in der Baisse zu immer hektischeren, rein spekulativen und für das Unternehmen unproduktiven Käufen".
103 Vgl. dazu *Lutter* (Fn. 1) § 71 Rz. 12: dem Vorstand „fehlt die kritische Distanz gegenüber dem Wert und den Chancen des eigenen Unternehmens".

allgemeine Wirtschaftslage oder beides zu optimistisch einschätzt und deshalb mit Kurssteigerungen rechnet, während tatsächlich Kursverluste eintreten. In diesem Fall besteht ein starkes Motiv, die Fehlspekulation durch Stützungskäufe zu korrigieren. Gelingt es nicht, den Kurs auf diese Weise zu stabilisieren, ist der Verlust umso höher. Besonders unangenehm ist die Lage für die Gesellschaft, wenn das Absinken der Kurse der eigenen Aktien auf geschäftlichen Verlusten beruht. Die Verluste schlagen dann doppelt zu Buch: einmal durch den Fehlbetrag als solchen und einmal durch den Wertberichtigungsbedarf, der bei den eigenen Aktien auftritt. Daß diese Wertberichtigung durch die gemäß § 272 Abs. 4 Satz 1 HGB zu bildende Rücklage finanziert werden kann, ist dabei kaum ein Trost. Es ändert nichts daran, daß der Geschäftsverlust sich im Ergebnis doppelt auswirkt. Wenn die Gesellschaft sich schon dazu entschließt, thesaurierte Gewinne, statt sie auszuschütten oder zu reinvestieren, für Finanzanlagen zu verwenden, erscheinen eigene Aktien für diesen Zweck als besonders ungeeignet. Insoweit trifft der Hinweis der Regierungsbegründung von 1978 auf den „zweifelhaften Wert", den „die Möglichkeit des Erwerbs eigener Aktien ganz allgemein hat", auch heute noch zu[104].

Hinzukommen Bedenken kapitalmarktpolitischer Art. Die Gesellschaft, die ein großes Budget ausschließlich für den Handel in eigenen Aktien verwendet, verfügt über ein beträchtliches Potential für kurzfristige Kursbeeinflussung, um nicht zu sagen: für Kursmanipulation[105]. Dies gilt umsomehr, als sie ihre Börsenaktivitäten und ihre Informationspolitik aufeinander abstimmen kann. So kann die Gesellschaft, die ihren Bestand an eigenen Aktien reduzieren will, versuchen, die Kurse kurzfristig in die Höhe zu treiben, um dann zum günstigen Kurs zu verkaufen. Hinzu kommt eine spezielle Insiderproblematik: die Gesellschaft, die ständig und in größerem Umfang eigene Aktien kauft und verkauft, wird sich des Vorwurfs kaum erwehren können, sie habe hierbei von überlegenem Insiderwissen profitiert. Besonders bedenklich ist es, daß Vorstandsmitglieder, die selbst Inhaber von Aktien oder Aktienoptionen sind, versuchen könnten, von der Gesellschaft eingeleitete Kursbewegungen zum eigenen Vorteil auszunutzen. Auch in den Vereinigten Staaten werden offenbar die Börsenaktivitäten von Gesellschaften in eigenen Aktien als ein besonderes Problem empfunden, wie sich daran zeigt, daß die Börsenaufsicht hier strenge Restriktionen eingeführt hat[106].

Die Vorteile, die man sich von einer Beteiligung der Aktiengesellschaften am Handel mit ihren eigenen Aktien verspricht, können die damit verbundenen Nachteile und Gefahren nicht aufwiegen. Zwar können Interventionen der Gesellschaft zu Kursstabilisierungen und Kurssteigerungen führen, die auch den Aktionären zugutekommen[107]. Aber es erscheint doch fraglich, ob der Vorteil der Aktionäre nicht besser gewahrt wäre, wenn die Gesellschaft verteilungsfähige Gewinnrücklagen,

---

104 Vgl. oben Fn. 62.
105 *Lutter* aaO.: „... die Gefahr kann auf Dritte ausstrahlen, die einem möglicherweise ganz und gar zu Unrecht gebildeten Kurs an der Börse vertrauen". Vgl. auch *U. Huber*, Festschrift Duden S. 137, 140 m.weit.Nachw.
106 Vgl. oben II bei Fn. 14.
107 Vgl. dazu die Auswertung der in den USA angestellten empirischen Untersuchungen bei *Kopp* (Fn. 12) S. 46 ff.

statt sie als Manövriermasse für Handel in eigenen Aktien zu verwenden, zu Ausschüttungen an die Aktionäre verwendete. Auch den Vorteil, den Börsenhandel
dadurch zu beleben, daß durch die Beteiligung der Gesellschaften am Handel in
eigenen Aktien zusätzliche Nachfragepotentiale erschlossen werden, sollte man
nicht überbewerten: er könnte nur zu leicht durch Vertrauensverluste aufgehoben
werden, die schon dann eintreten, wenn in einem einzigen prominenten Fall der Ver-
dacht mißbräuchlicher Kursmanipulation entsteht und nicht in befriedigender Weise
widerlegt werden kann. Was schließlich das Vorbild der Vereinigten Staaten angeht,
so spielt dort offenbar das Bestreben der Direktoren, die Gesellschaft gegen unerwünschte Übernahmeangebote abzuschirmen, eine überragende Rolle[108]. Hierfür
werden sehr hohe Mittel aufgewendet[109]; dementsprechend hoch ist der Recht-
fertigungsbedarf, also das Bedürfnis nachzuweisen, daß Aktienrückkäufe dem Interesse der Aktionäre dienen[110]. Dieses Motiv kann für uns nicht maßgeblich sein[111].

In der Sache scheint die Begründung des Referentenentwurfs die hier vorgetragenen Bedenken zu teilen. Wenn dort gesagt wird: „der Aktienerwerb soll nicht
zur kontinuierlichen Kurspflege dienen" und: „auf einem funktionierenden Kapitalmarkt liefert der Markt die richtige Unternehmensbewertung"[112], so fragt man sich,
weshalb der Entwurf des neuen § 71 Abs. 1 Nr. 8 AktG nicht die Konsequenz gezogen hat, den „Handel in eigenen Aktien" als zulässigen Zweck des Rückerwerbs
ausdrücklich auszuschließen. Es wäre zu wünschen, daß dies im Lauf des Gesetzgebungsverfahrens noch korrigiert wird und, falls das nicht geschehen sollte, daß
die Gesellschaften von sich aus darauf verzichten, von dieser Möglichkeit Gebrauch
zu machen[113].

---

108 Vgl oben II bei Fn. 23.
109 Vgl. oben Fn. 18.
110 In den USA wurde festgestellt, daß Abwehrmaßnahmen gegen konkrete Übernahmeversuche
     tendenziell zu einem Rückgang der Kurse führen, vgl. *Kopp* (Fn. 12) S. 86 ff. Das gilt allerdings
     nicht für prophylaktische Kurspflege (die verhindern soll, daß das Unternehmen bei potentiellen
     Übernahmeinteressenten als „unterbewertet" gilt). Vgl. oben Fn. 107.
111 Vgl. oben II nach Fn. 27.
112 Begründung zum Referentenentwurf (Fn. 1) S. 28.
113 Nachtrag: Wie während der Drucklegung des vorstehenden Beitrags bekanntgeworden ist, hat
     sich die Hoffnung auf eine Korrektur des Entwurfs inzwischen (Mai 1997) verwirklicht. Der Ent-
     wurf ist im kritischen Punkt geändert worden. In den neu vorgeschlagenen § 71 Abs. 1 Nr. 8
     (oben I nach Fn. 10) soll ein Zusatz aufgenommen werden, der bestimmt, daß als Zweck des
     Ermächtigungsbeschlusses der Hauptversammlung der „Handel in eigenen Aktien" ausge-
     schlossen ist. Gemeint ist damit natürlich der oben unter VII beschriebene kontinuierliche Han-
     del in eigenen Aktien, während der einmalige Rückerwerb mit der Möglichkeit späterer Neu-
     ausgabe (oben IV) zulässig bleibt. – Die Kompetenz der Hauptversammlung, überhaupt den
     Zweck und nähere Einzelheiten des Rückerwerbs festzulegen (dazu oben VI), soll nach der Neu-
     fassung des Entwurfs nicht mehr ausdrücklich im Gesetz fixiert werden. Zwar versteht sie sich
     m.E. auch ohnedies von selbst. Aber eine Klarstellung wäre vielleicht doch nützlich. Es geht
     dabei nicht so sehr darum, daß die Hauptversammlung, wie der ursprüngliche Entwurf etwas
     mißverständlich formuliert hatte, die „weiteren Einzelheiten" bestimmen *soll*, sondern daß sie
     sie bestimmen *kann*.

VIII. Schlußbemerkung

Abschließend ist festzuhalten:

Keine Bedenken bestehen dagegen, daß den Aktiengesellschaften die Möglichkeit eingeräumt werden soll, das Kapital durch Rückkauf eigener Aktien unter Verwendung von ausschüttungsfähigen Mitteln „auf Zeit" herabzusetzen. Die im Referentenentwurf für den Rückerwerb vorgesehenen Modalitäten sind ausreichend und angemessen. In der Praxis wird wohl nicht so sehr der Rückkauf über die Börse, wie das öffentliche Rückkaufangebot das geeignete Mittel sein, insbesondere in der Form der Ausgabe von an der Börse handelsfähigen Verkaufsoptionen („transferable put rights"). Sehr knapp sind die Regeln über die Wiederausgabe der zurückerworbenen Aktien ausgefallen. Ermächtigt die Hauptversammlung den Vorstand, die Wiederausgabe bei Bedarf nach eigenem Ermessen vorzunehmen, so verfügt der Vorstand zwar nicht der Sache, aber der Form nach über ein „genehmigtes Kapital"; hierauf sind die §§ 202–204 AktG analog anzuwenden. Das entspricht dem amerikanischen Vorbild; dort werden zurückerworbene Aktien ebenfalls als genehmigtes Kapital („autorized shares") behandelt. Für den Ausschluß des Bezugsrechts der Aktionäre gelten die allgemeinen Regeln. Bei Wiederausgabe der Aktien über die Börse ist das Bezugsrecht allerdings durch den Referentenentwurf kraft Gesetzes ausgeschlossen.

Der Referentenentwurf ermöglicht es auch, daß die Hauptversammlung den Vorstand fortlaufend für jeweils 18 Monate ermächtigt, Börsenhandel in eigenen Aktien zu treiben. Die Erfahrungen aus der Zeit vor 1931 und kapitalmarktpolitische Erwägungen lassen dies als nicht wünschenswert erscheinen. Es ist zu hoffen, daß der Entwurf insoweit noch korrigiert wird und wenn nicht, daß die Praxis von dieser neu eingeräumten Möglichkeit keinen Gebrauch macht[114].

Gleichgültig, wie sich die Dinge in diesem Punkt entwickeln: Damit, daß der Rückkauf eigener Aktien bei uns eine ähnliche Verbreitung erlangen wird wie in den Vereinigten Staaten, ist nicht zu rechnen. Der entscheidende Unterschied liegt darin, daß bei uns jeweils ein Hauptversammlungsbeschluß erforderlich sein wird, der den Vorstand zum Rückerwerb ermächtigt und den Zweck und weitere Einzelheiten des Rückerwerbs regelt. Damit fällt auch die Entscheidung über die weitere Verwendung der zurückerworbenen Aktien in die Kompetenz der Hauptversammlung. Ein weiterer wesentlicher Unterschied liegt in der Begrenzung des Rückerwerbs auf zehn Prozent des Grundkapitals. Beides ist durch die europäische Kapitalrichtlinie zwingend vorgegeben und steht nicht zur Disposition des deutschen Gesetzgebers. Für die Rechtslage in den Vereinigten Staaten ist dagegen essentiell, daß der Vorstand, sofern er nur (nach den dort geltenden großzügigen Maßstäben!) über ausschüttungsfähige Mittel verfügt, sich aus eigener Machtvollkommenheit jederzeit zum Rückerwerb entschließen kann, und daß er hierbei an eine Kapitalobergrenze nicht gebunden ist. Nur unter diesen beiden Voraussetzungen konnte das Rechtsinstitut des Rückkaufs seine große Bedeutung erlangen. Insbesondere haben nur sie

---

114 Vgl. dazu den Nachtrag Fn. 113.

den Vorstand in die Lage versetzt, auf unerwünschte Übernahmeangebote und dramatische Kursstürze spontan und in großem Stil zu reagieren. Die Frage, ob es bei uns wünschenswert wäre, dem Vorstand einen ähnlichen Spielraum einzuräumen, stellt sich angesichts der zwingenden Vorgaben des europäischen Rechts nicht. Diese Vorgaben gehen allerdings ihrerseits nicht zuletzt auf Einflüsse des deutschen Aktienrechts zurück, das in diesem Punkt von den negativen Erfahrungen der großen Wirtschaftskrise von 1931 nachhaltig geprägt ist.

Die Ausgleichsklausel des § 243 Abs. 2 S. 2 AktG – mißlungene Privilegierung der Mehrheitsherrschaft oder Grundlage für bloßen Vermögensschutz des Kapitalanlegers?

UWE HÜFFER

I. Einführung

Nur wenige Bestimmungen des Aktiengesetzes 1965 haben so herbe Kritik erfahren wie § 243 Abs. 2 AktG und hier insbesondere die Ausgleichsklausel des § 243 Abs. 2 S. 2 AktG, nach deren Wortlaut die Verfolgung von Sondervorteilen dann keinen Anfechtungsgrund abgibt, wenn der Beschluß den anderen Aktionären einen angemessenen Ausgleich für ihren Schaden gewährt. Darin liegt eine Privilegierung der Mehrheitsherrschaft, weil die in der Minderheit befindlichen Aktionäre den Beschluß gegen Geld hinzunehmen haben; die Mitverwaltung durch Anfechtung ist ihnen verwehrt. Nach herrschender Meinung ist diese Regelung mißlungen (vgl. noch II 1). Praktische Bedeutung kommt ihr allerdings kaum zu. Praxis ist nämlich, die Mitgliedschaft der Aktionäre vor nachteiligen Eingriffen durch Hauptversammlungsbeschluß zu schützen, indem der Beschluß einer Einwirkungskontrolle unterzogen wird, die ihre Grundlage in der mitgliedschaftlichen Treupflicht der Aktionäre in ihrem Verhältnis zueinander findet. Weil der Treupflichtverstoß Gesetzesverletzung im Sinne des § 243 Abs. 1 AktG ist, bedarf es keines Rückgriffs auf § 243 Abs. 2 S. 1 AktG, so daß auch die daran anknüpfende Ausgleichsklausel ins Leere geht (dazu noch II 2).

Bei diesem Stand der Dinge könnte man es belassen, wenn es nicht entgegengesetzte Tendenzen gäbe. Sie dokumentieren sich etwa in § 186 Abs. 3 S. 4 AktG n.F., der unter anderem von der Vorstellung getragen ist, daß die Minderheit deshalb keines Schutzes bedürfe, weil ihre Vermögensinteressen bei Ausgabe der jungen Aktien in der Nähe des Börsenpreises (dieser Gesichtspunkt soll hier nicht problematisiert werden) nicht wesentlich berührt seien. Zu neuen Ehren ist § 243 Abs. 2 S. 2 AktG aber vor allem im jüngsten Schrifttum gelangt, soweit es zwischen Verbandsrecht und Anlegerschutzrecht differenzieren und den Klein- oder Publikumsaktionär auf letzteres verweisen möchte. Dabei wird der Vorwurf erhoben, mit der Anwendung des § 243 Abs. 1 AktG wegen Treupflichtverstoßes werde die vom Gesetzgeber eröffnete Möglichkeit unterlaufen, Konflikte zwischen Mehrheit und Minderheit durch Ausgleichszahlung zu lösen. Die in dieser Form neue Devise lautet: Vermögensschutz statt Beschlußkontrolle (näher II 3).

Solche Entwicklungen bieten Veranlassung, das Thema des § 243 Abs. 2 S. 2 AktG noch einmal aufzugreifen und daran anknüpfend auch der weiter gehenden Problematik einer aktienrechtlichen Sonderstellung von Klein- oder Publikumsaktionären wenigstens kursorisch nachzugehen. Auf das freundliche Interesse von *Bruno Kropff* darf der Verfasser schon deshalb hoffen, weil § 243 Abs. 2 AktG einerseits in direktem normgeschichtlichen Zusammenhang mit § 117 AktG steht, dessen Kommentierung der Adressat der Festschrift besorgt hat,[1] und andererseits auch das Konzernrecht und damit einen vielfältig dokumentierten Interessenschwerpunkt von *Bruno Kropff* berührt.[2]

---

1 *Kropff*, in Geßler/Hefermehl, Aktiengesetz, Bd. III 1973/74, zu § 117 AktG.
2 *Kropff*, in Geßler/Hefermehl, Aktiengesetz, 6. Lfg. 1976, Erläuterung der §§ 311–318; ferner z. B. *ders.*, Benachteiligungsverbot und Nachteilsausgleich, in Festschr. für Kastner, 1992, S. 279 ff.

II. Zum Stand der Diskussion um die Ausgleichsklausel des § 243 Abs. 2 S. 2 AktG

1. Vermögensschutz statt inhaltlicher Schranken der Mehrheitsherrschaft?

Die bekannte Kontroverse zwischen *Schilling* und *Geßler* hat die gegensätzlichen Standpunkte speziell zu § 243 Abs. 2 S. 2 AktG frühzeitig ins Licht gerückt. *Schilling* vermochte „nicht einzusehen, warum dem einzelnen Aktionär" (und weitergehend den Organen) „die Befugnis, das Gesellschaftsinteresse zu wahren, in diesem Umfang genommen wurde." Er prägte das markante Wort von der „Entthronung" des Aktionärs.[3] Die Reaktion von *Geßler* ist nicht minder deutlich. Das Streben nach Sondervorteilen, so meinte er, sei nicht schon „allein verwerflich, sondern nur, wenn es zu Lasten der anderen Aktionäre geht. Der einzelne Aktionär hat nur Anspruch darauf, daß sein Vermögen nicht durch Maßnahmen der Hauptversammlung geschädigt wird."[4] Der damit für richtig gehaltene bloße Vermögensschutz entsprach einer Grundauffassung, die *Geßler* schon früher vorgetragen hatte. In einem Diskussionsbeitrag[5] meinte er nämlich in unverkennbarem Unterschied zur Grundlinie des Referenten *Rob. Fischer,*[6] das Einzelanfechtungsrecht lasse sich zwar nicht gänzlich abschaffen, doch sei nach den Auswirkungen der Hauptversammlungsbeschlüsse zu unterscheiden. „Wenn sie von weitreichenden Auswirkungen für die Gesellschaft sind", so führte er unter besonderem Hinweis auf „Bilanzfeststellungsbeschlüsse und Kapitalerhöhungsbeschlüsse" aus, „sollte dem einzelnen Aktionär kein Anfechtungsrecht zustehen."[7] Das ist nichts anderes als die von *Schilling* kritisierte Grundauffassung. Warum *Geßler* später Veranlassung gesehen hat, für die Verfolgung von Sondervorteilen zwar auf bloßem Vermögensschutz als richtiger Lösung zu beharren, diese aber durch eine einschränkende Darstellung des Anwendungsbereichs des § 243 Abs. 2 AktG zu relativieren,[8] ist demgegenüber nicht recht verständlich.

Durchgesetzt hat sich die Linie von *Schilling.* § 243 Abs. 2 S. 2 AktG wird als mißlungene Regelung eingestuft, und zwar nicht nur dann, wenn die Gesellschaft die Geschädigte ist,[9] sondern auch bei Sondervorteilen, die für die Gesellschaft neutral oder gar nützlich sind.[10]

---

3 *Schilling,* in Freundesgabe für Hengeler, 1972, S. 226, 233.

4 *Geßler,* in Festschr. für Barz, 1974, S. 97, 103.

5 *Geßler,* in Minderheitenschutz bei Kapitalgesellschaften (Hefte der Vereinigung für den Gedankenaustausch zwischen deutschen und italienischen Juristen e.V., Heft 2), 1967, S. 92ff.

6 *Rob. Fischer,* in Minderheitenschutz bei Kapitalgesellschaften (Fn. 5), S. 59ff., 70f.

7 Vgl. aaO. (Fn. 5), S. 96.

8 *Geßler,* in Festschr. für Barz, 1974, S. 97, 102f. Zum Anwendungsbereich noch III 2c.

9 Insoweit ist eine teleologische Reduktion erforderlich, nach der ein Ausgleich an die Aktionäre nur genügt, soweit das Konzernrecht den Gläubigerschutz übernimmt; vgl. *Zöllner,* in Kölner Komm. zum Aktiengesetz, Bd. II, 4. Lfg. 1976, § 243 Rn. 242; zustimmend *Hüffer,* in Geßler/Hefermehl, Aktiengesetz, 9. Lfg. 1984, § 243 Rn. 94; *Hüffer,* Aktiengesetz, 2. Aufl. 1995, § 243 Rn. 40; *K. Schmidt,* in Großkomm. zum Aktiengesetz, 4. Aufl., 6. Lfg. 1996, § 243 Rn. 60; zur GmbH *M. Winter,* Mitgliedschaftliche Treubindungen im GmbH-Recht, 1988, S. 304; abweichende Lösung bei *Schilling,* in Freundesgabe für Hengeler, 1972, S. 226, 232f.; a.A. *Geßler,* in Festschr. für Barz, 1994, S. 97, 99f.; *Mülbert,* Aktiengesellschaft, Unternehmensgruppe und Kapitalmarkt, 1995, S. 291f.

10 *Hüffer,* in Geßler/Hefermehl (Fn. 9), § 243 AktG Rn. 89; *Koppensteiner,* in Kölner Komm. zu Aktiengesetz, 2. Aufl., Bd. VI, 1. Lfg. 1987, § 292 Rn 29 a. E.; *K. Schmidt,* in Großkomm.

2. Die Einwirkungskontrolle von Hauptversammlungsbeschlüssen nach dem Treupflichtkonzept (§ 243 Abs. 1 AktG) und ihr Verhältnis zu § 243 Abs. 2 AktG

Seit der Kali & Salz-Entscheidung,[11] deren gedankliche Grundlagen sich schon recht deutlich in dem erwähnten Referat von *Rob. Fischer* vorgezeichnet finden, hat die Generalklausel des § 243 Abs. 2 S. 1 AktG ihre praktische Bedeutung im wesentlichen eingebüßt. Rechtsprechung[12] und herrschende Lehre[13] stützen nämlich die Einwirkungs-, Sach- oder Inhaltskontrolle von Hauptversammlungsbeschlüssen, die in die Mitgliedschaft der Aktionäre eingreifen, schwerpunktmäßig auf die mitgliedschaftliche Treupflicht[14] und lassen deshalb die Anfechtung nach § 243 Abs. 1 AktG zu, wenn nicht der Schutz der Mitgliedschaft nach der gesetzlichen Regelung anderweitig gewährleistet erscheint.[15] § 243 Abs. 2 S. 1 AktG wird dadurch zu einem zusätzlichen Anfechtungstatbestand, der neben § 243 Abs. 1 AktG verwirklicht sein mag, dem aber grundsätzlich keine den Rückgriff auf diese Norm verhindernde Sperrwirkung zukommt.[16] In diesem Sinne betont schon die Kali & Salz-Entscheidung die Verschiedenheit der Anfechtungstatbestände und die Notwendigkeit ihrer getrennten Prüfung.[17] Eine Ausnahme gilt nur bei Zustimmungsbeschlüssen zu Unternehmensverträgen im Sinne des § 292 AktG.[18]

Soweit es um die Ausgleichsklausel des § 243 Abs. 2 S. 2 AktG geht, verschiebt sich damit die Fragestellung. Wenn es bei einer Auslegung der Klausel verbleibt, die ihrem Wortlaut und ihrer systematischen Stellung entspricht, verliert sie in dem Maße, also ganz weitgehend, an Bedeutung, wie es auf den besonderen Anfechtungsgrund des § 243 Abs. 2 S. 1 AktG nicht ankommt. Sinnvoll kann deshalb nur noch gefragt werden, ob die Klausel entgegen Wortlaut und systematischer Stellung deshalb auf § 243 Abs. 1 AktG zu erstrecken ist, weil diese Vorschrift die Funktion des § 243 Abs. 2 S. 1 AktG übernommen hat, indem sie die Treupflichtverletzung und die unzulässige Ungleichbehandlung als Gesetzesverstöße ein-

---

(Fn. 9), § 243 AktG Rn. 59; Zöllner, in Kölner Komm. (Fn. 9), § 243 AktG Rn. 236; Flume, Die Juristische Person, 1983, S. 211 Fn. 86.

11   BGHZ 71, 40, 43 ff. = NJW 1978, 1316.

12   Seit BGHZ 71, 40, 43 ff. namentlich: BGHZ 83, 319, 321 = NJW 1982, 2444; BGHZ 120, 141, 145 f. = NJW 1993, 400; BGHZ 125, 239, 241 und 244 = NJW 1994, 1410; BGH AG 1995, 227, 228 (EuGH-Vorlage; dazu noch Fn. 70).

13   Grundlegend *Zöllner,* Die Schranken mitgliedschaftlicher Stimmrechtsmacht, 1963, S. 351 ff.; zustimmend z. B. *Hüffer,* aaO. (Fn. 9), § 243 AktG Rn. 21 ff.; seither *K. Schmidt,* in Großkomm. (Fn. 9), § 243 AktG Rn. 45 ff.; *Henze,* BB 1996, 489, 490 f.

14   Treupflicht im Verhältnis der Aktionäre zueinander, wie seit BGHZ 103, 184, 194 f. = NJW 1988, 1579 anerkannt; klärend zu den subjektiven Treupflichtrichtungen *M. Winter,* Mitgliedschaftliche Treubindungen (Fn. 9), S. 85 ff. Die Entscheidungen selbst stellen den notwendigen Zusammenhang mit der Treupflicht (dazu *Hüffer,* aaO. [Fn. 9], § 243 AktG Rn. 21 m.w.N.) allerdings noch nicht her.

15   Differenzierend z. B. auch *K. Schmidt,* in Großkomm. (Fn. 9), § 243 AktG Rn. 46; weitergehend namentlich *Wiedemann,* ZGR 1980, 147, 156 f.

16   *Hüffer,* aaO. (Fn. 9), § 243 AktG Rn. 32; *K. Schmidt,* in Großkomm. (Fn. 9), § 243 AktG Rn. 53.

17   BGHZ 71, 40, 49 = NJW 1978, 1316.

18   Wohl unstr., siehe *Hüffer,* aaO. (Fn. 9), § 292 AktG Rn. 30.

schließt.[19] Auch das wird von der durchaus herrschenden Meinung verneint,[20] so daß es im Ergebnis dabei verbleibt, daß sich die Mehrheit namentlich von ihren Treubindungen nicht durch Ausgleichszahlung freikaufen kann.

3. Neue Wege im Anlegerschutzrecht?

Die dargestellten Zusammenhänge hat *Mülbert* in seiner Habilitationsschrift[21] aufgegriffen und durch Umkehrung der verbreitet vertretenen Positionen eine in sich geschlossene Gegenkonzeption entwickelt. Danach knüpft § 243 Abs. 2 S. 2 AktG an den lediglich Anlageinteressen verfolgenden Publikums- oder Kleinaktionär an, setzt die faktische Bedeutungslosigkeit seiner Mitwirkungsrechte voraus und schützt den Aktionär deshalb in einer angeblich auch rechtspolitisch nicht zu kritisierenden Weise nur unter vermögensmäßigen Gesichtspunkten.[22] Dabei, so meint *Mülbert,* handle es sich um die Verallgemeinerung des in § 255 Abs. 2 AktG für den Bezugsrechtsausschluß ausgedrückten Rechtsgedankens.[23]

Dieses „rein vermögensmäßig konzipierte Schutzsystem des AktG 1965"[24] habe die herrschende Meinung weitgehend ausgehöhlt, indem sie auf Treubindungen abgehoben und trotzdem die Ausgleichsklausel des § 243 Abs. 2 S. 2 AktG nicht auf § 243 Abs. 1 AktG erstreckt habe. Gerade das sei richtig,[25] allerdings nur im Rahmen einer anlegerorientierten Betrachtung. Diese Perspektive führt zu einer Beschränkung des bloßen Vermögensschutzes auf Minderheiten, die hinter 25% des Kapitals zurückbleiben. Das wiederum wird rechtstechnisch erreicht, indem § 243 Abs. 2 S. 2 AktG in unmittelbarer oder (bei § 243 Abs. 1 AktG) entsprechender Anwendung auf Hauptversammlungsbeschlüsse beschränkt wird, die einer Mehrheit von 75% des Kapitals bedürfen.[26]

Wenn man dem skizzierten Gedankengang nachgeht, ergeben sich im wesentlichen zwei Fragen. Klärungsbedürftig ist erstens, ob ein „rein vermögensmäßig konzipiertes Schutzsystem" als Regelungsgehalt des geltenden Rechts aus den §§ 243 Abs. 2 S. 2, 255 Abs. 2 AktG abgeleitet werden kann (III), und zweitens, ob ein solches als Anlegerschutzrecht verstandenes System in den Zusammenhang des verbandsrechtlich orientierten Aktiengesetzes paßt (IV).

---

19 Klar schon *M. Winter,* Mitgliedschaftliche Treubindungen (Fn. 9), S. 300 f.
20 *Hüffer,* in Geßler/Hefermehl (Fn. 9), § 243 AktG Rn. 90; *Hüffer,* aaO. (Fn. 9), § 243 AktG Rn. 37; *K. Schmidt,* in Großkomm. (Fn. 9), § 243 AktG Rn. 52, 59; *Zöllner,* in Kölner Komm. (Fn. 9), § 243 AktG Rn. 241.
21 *Mülbert,* Aktiengesellschaft (Fn. 9), mit dem Untertitel: Die Aktionärsrechte bei Bildung und Umbildung einer Unternehmensgruppe zwischen Verbands- und Anlegerschutz.
22 Vgl. aaO. (Fn. 9, 21), S. 260 f.
23 Vgl. aaO. (Fn. 9, 21), S. 347.
24 Vgl. aaO. (Fn. 9, 21), S. 348 Mitte.
25 Vgl. aaO. (Fn. 9, 21), S. 332, 348.
26 Vgl. aaO. (Fn. 9, 21), S. 259 ff., 349.

III. §§ 243 Abs. 2 S. 2, 255 Abs. 2 AktG als Ableitungsbasis bloßen Vermögensschutzes?

1. Keine Verallgemeinerung des in § 255 Abs. 2 AktG enthaltenen Rechtsgedankens

Aufgabe des § 255 Abs. 2 AktG ist es, die vom Bezugsrecht ausgeschlossenen Aktionäre vor der vermögensmäßigen Verwässerung ihrer Aktien zu schützen, die dann eintritt, wenn junge Aktien unter Wert ausgegeben werden.[27] Insoweit geht es also in der Tat um einen vermögensmäßigen Schutz der Mitgliedschaft. Die weitergehende Annahme, die Ausgleichsklausel des § 243 Abs. 2 S. 2 AktG enthalte eine Verallgemeinerung, auf die sich die These eines „rein vermögensmäßigen", mithin die Verwaltungsrechte des Aktionärs kappenden, Anlegerschutzes stützen ließe,[28] ist jedoch nach Wortlaut, Zweck und Entstehungsgeschichte der Vorschrift unzutreffend.

Wie schon aus dem Wort „auch" folgt, enthält § 255 Abs. 2 AktG einen zusätzlichen, die aus § 243 AktG in Verbindung mit § 255 Abs. 1 AktG folgenden Anfechtungsmöglichkeiten ergänzenden Tatbestand. Soweit also nach § 243 Abs. 1 oder 2 AktG eine Anfechtungsmöglichkeit besteht, wird sie durch den von § 255 Abs. 2 AktG geleisteten Vermögensschutz gerade nicht verdrängt.[29] Jedenfalls nach dem Gesetzeswortlaut besteht auch im Vermögensschutz selbst eine Differenz. Ein Sondervorteil der bezugsberechtigten Aktionäre ist nämlich schon bei jeder Unterschreitung des Aktienwerts gegeben, nicht erst bei einem „unangemessen" niedrigen Ausgabebetrag. Gerade vor solchen eklatanten Wertverfehlungen soll § 255 Abs. 2 AktG aber schützen, indem die Norm die Anfechtung eröffnet, ohne daß es auf den subjektiven Tatbestand des § 243 Abs. 2 S. 1 AktG („zu erlangen suchte") ankäme.[30] Soweit es schließlich um die Entstehungsgeschichte geht, verdient Beachtung, daß sich die Ausgleichsklausel schon im Regierungsentwurf des Aktiengesetzes 1965 findet, während § 255 Abs. 2 AktG auf eine nachfolgende Initiative des Bundesrats zurückgeht.[31] Es ist aber nicht gut ersichtlich, wie der ältere Text einen Gedanken verallgemeinern soll, der erst später in das Gesetzgebungsverfahren eingebracht worden ist.

§ 255 Abs. 2 AktG fällt danach als argumentative Stütze für die behauptete Gesetzeskonzeption aus. Sie könnte sich deshalb, abgesehen von konzernrechtlichen Ausgleichspflichten, nur aus § 243 Abs. 2 S. 2 AktG selbst gewinnen lassen.

---

27 *K. Schmidt,* in Großkomm. (Fn. 9), § 255 AktG Rn. 1; *Hüffer,* aaO. (Fn. 9), § 255 AktG Rn. 2; *Zöllner,* in Kölner Komm. (Fn. 9), § 255 AktG Rn. 9.
28 *Mülbert,* Aktiengesellschaft (Fn. 9, 21), S. 347 f.
29 Zuletzt *K. Schmidt,* in Großkomm. (Fn. 9), § 255 AktG Rn. 2: „keine abschließende Sonderregelung"; wohl a. A. noch *Schilling* in der 3. Aufl., Bd. III 1973, § 255 AktG Anm. 1, 3; *ders.,* Freundesgabe für Hengeler, 1972, S. 226, 238.
30 Dazu näher *Geßler,* in Festschr. für Barz, 1974, S. 97, 112.
31 Vgl. *Kropff,* Aktiengesetz, 1965, S. 341 f.

2. Auslegung des Regeltatbestands (§ 243 Abs. 2 S. 1 AktG)

a) Grundlagen

Ob sich die Ausgleichsklausel des § 243 Abs. 2 S. 2 AktG entgegen Wortlaut und systematischer Stellung aus ihrem Zusammenhang mit der Verfolgung von Sondervorteilen lösen und durch analoge Anwendung auf § 243 Abs. 1 AktG erstrecken läßt, hängt davon ab, ob diese Vorschrift eine Lücke aufweist, indem sie keine entsprechende Klausel enthält, und ob der für § 243 Abs. 2 S. 1 AktG vorgesehene Anfechtungsausschluß nach Sinn und Zweck geeignet ist, die vorausgesetzte Lücke zu schließen. Die danach gebotene teleologische Betrachtung muß von der Regel des Satzes 1 ausgehen und kann sich erst danach der Ausnahme des Satzes 2 zuwenden.

Den jeweiligen Gesetzgebungszweck genau zu ermitteln, ist schon deshalb nicht einfach, weil die beiden Normteile des § 243 Abs. 2 AktG auf verschiedenen Gesetzgebungsstufen entstanden sind. Während der Anfechtungsausschluß in seiner geltenden Form auf den Gesetzgeber von 1965 zurückgeht, ist der vorausgesetzte Regeltatbestand – Verfolgung von Sondervorteilen begründet Anfechtbarkeit – 1965 nur modifiziert worden, fußt also im Kern auf § 197 Abs. 2 S. 1 AktG 1937.[32] Die Vorschrift hat ihrerseits einen Vorläufer in § 137 Abs. 1 S. 2 des Aktiengesetz-Entwurfs von 1931,[33] der wiederum auf einen Gesetzgebungsvorschlag der vom 34. Deutschen Juristentag 1926 eingesetzten, von *Hachenburg* geleiteten Kommission zurückgeht,[34] wenn auch unter wesentlicher Veränderung seiner gedanklichen Grundlagen (dazu III 2 b aa). Nicht ohne weiteres mit § 243 Abs. 2 S. 2 AktG vergleichbar ist dagegen die sogenannte Konzernklausel des § 197 Abs. 2 S. 2 AktG 1937. Sie war 1931 noch nicht vorgesehen[35] und trägt einem erst später deutlich gewordenen Bedürfnis Rechnung (dazu III 3 a).

b) Zur Zielsetzung des § 197 Abs. 2 S. 1 AktG 1937

aa) Der konzernrechtliche Zusammenhang

Mit § 197 Abs. 2 S. 1 AktG 1937 verfolgte der Gesetzgeber einen konzernrechtlichen und einen daran angegliederten beschlußrechtlichen Regelungszweck (zum letzteren sogleich bb). Der konzernrechtliche Zweck liegt darin, einen aktienrechtlichen Sondertatbestand vorsätzlicher sittenwidriger Schädigung zu umschreiben, damit den Rückgriff auf §§ 138 Abs. 1, 826 BGB teilweise entbehrlich (nicht: unzulässig) zu machen und den Verstoß beschlußrechtlich zu sanktionieren, nachdem man auf die in der Konsequenz des Gedankengangs liegende Schadensersatzpflicht insoweit verzichtet hatte.

---

32 Regierungsbegr. bei *Kropff,* Aktiengesetz (Fn. 31), S. 329.
33 Entwurf II; Abdruck bei *Schubert/Hommelhoff,* Die Aktienrechtsreform am Ende der Weimarer Republik, 1987, S. 849, 875.
34 Ständige Deputation des deutschen Juristentages (Hrsg.), Bericht, 1928, S. 27 ff.
35 Vgl. Entwurf II §§ 86, 137; Abdruck bei *Schubert/Hommelhoff,* Die Aktienrechtsreform (Fn. 33), S. 867 bzw. 875.

Der Zusammenhang mit dem Deliktsrecht in seiner Ausprägung durch § 826 BGB wird sinnfällig, wenn man § 197 Abs. 2 S. 1 AktG 1937 mit dem Vorläufer des § 117 AktG, also mit § 101 AktG 1937 vergleicht: § 101 Abs. 1 AktG 1937 entsprach nach seinem Sinn und großenteils auch nach seinem Wortlaut der in § 197 Abs. 2 S. 1 AktG 1937 getroffenen Regelung, lehnte sich im Aufbau konkretisierend an § 826 BGB an und entsprach dieser Vorschrift auch in der auf Schadensersatz gerichteten Rechtsfolge. Damit sollte – dies zur Entbehrlichkeit des Rückgriffs auf § 826 BGB – eine Haftung ermöglicht werden, ohne „angesehene Kaufleute mit dem Stigma des sittenwidrigen Vorgehens zu belasten",[36] was offenbar nicht zur Bejahung der Tatbestandsvoraussetzungen beitrug. Diese Schadensersatzpflicht stand zunächst ganz im Vordergrund der Reformbestrebungen am Ende der Weimarer Republik, und zwar gerade auch als Sanktion unzulässiger Stimmrechtsausübung. In ihrer zunächst von der erwähnten Juristentagskommission vorgeschlagenen Fassung lautete die Generalklausel nämlich:[37]

> „Abs. I. Die Ausübung des Stimmrechts ist unzulässig, wenn der Aktionär durch diese unter Verletzung der offenbaren Interessen der Gesellschaft gesellschaftsfremde Sondervorteile für sich oder einen Dritten verfolgt.
>
> Abs. II. Der Abstimmende haftet der Gesellschaft gegenüber für den durch seine Abstimmung herbeigeführten Schaden, soweit ihm dabei Vorsatz zur Last fällt."

Teilweise schon in den zu dem Entwurf 1931 führenden Reformarbeiten des Reichsjustizministeriums (RJM)[38] und vollends im Aktiengesetz 1937 ist daraus etwas anderes geworden, und zwar in zwei Richtungen: Soweit es um den Haftungstatbestand geht, wollte man auch Nichtaktionäre in die Haftung einbeziehen, was die deliktsrechtliche Ausgestaltung des § 101 AktG teilweise erklären mag.[39] Auf der anderen Seite konnte man sich, hierin liegt eine Absage an den Kommissionsvorschlag von 1928, nicht dazu entschließen, die im Sinne der Generalklausel pflichtwidrige Stimmrechtsausübung des Aktionärs mit der Schadensersatzpflicht zu sanktionieren. Hierzu machen schon die Erläuternden Bemerkungen des RJM zum Entwurf 1931 das Bedenken geltend, eine solche Ersatzpflicht ginge über die Rechtsprechung zu § 826 BGB hinaus und sei geeignet, „eine gewisse Unsicherheit in die Abstimmung" hineinzutragen.[40] Deshalb bestimmt § 101 Abs. 7 AktG 1937 (heute: § 117 Abs. 7 Nr. 1 AktG), daß die Haftung nicht eintritt, wenn gesellschafts-

---

36 *Lehmann*, in Festschr. für Hedemann, 1938, S. 399, 400.

37 Bericht (Fn. 34), S. 27; Abdruck auch bei *Lehmann*, aaO. (Fn. 36), S. 400.

38 In § 86 Entwurf II (aaO. [Fn. 35]) ist die unzulässige Stimmrechtsausübung bereits zur Einflußnahme des Aktionärs auf Mitglieder des Vorstands oder des Aufsichtsrats mutiert; kritisch dazu *Düringer/Hachenburg*, HGB, 3. Aufl., Bd. III, 1. Lfg. 1932, Einl. vor § 178 Anm. 16 (S. 24 f.).

39 So *Lehmann*, in Festschr. für Hedemann, 1938, S. 399, 401; vgl. auch Amtl. Begr. bei *Klausing*, Aktiengesetz, 1937, S. 87. Jedenfalls daneben hat auch eine Rolle gespielt, daß sich der Treupflichtgedanke noch nicht hinreichend gefestigt hatte (trotz etwa RGZ 132, 149, 163; RGZ 146, 71, 76; RGZ 146, 385, 396); vgl. dazu *Kropff*, in Geßler/Hefermehl (Fn. 1), § 117 AktG Rn. 5.

40 Abdruck bei *Schubert/Hommelhoff*, Die Aktienrechtsreform (Fn. 33), S. 917; vgl. auch Amtl. Begr. bei *Klausing*, Aktiengesetz (Fn. 39), S. 87 unten.

fremde Sondervorteile durch Stimmrechtsausübung verfolgt werden. Damit korrespondiert die zweite, den Anfechtungstatbestand betreffende Änderung: Während
der Vorschlag von 1928 die Unzulässigkeit der Stimmrechtsausübung aussprach
und damit nur die Vorstellung verband, die unzulässige Stimme werde wie bei
einem Stimmverbot gestrichen,[41] ist daraus in § 197 Abs. 2 S. 1 AktG 1937 ein
gegenüber der Verletzung von Gesetz oder Satzung zusätzlicher Anfechtungstatbestand geworden. Dafür machen die Materialien geltend, dieser Tatbestand sei notwendig, weil die Schadensersatzsanktion des § 101 AktG 1937 ausfalle;[42] es ging
also darum, bei unverändertem konzernrechtlichen Regelungszweck eine sonst drohende Sanktionslücke zu schließen.

bb) Die Beschränkung der Nichtigkeitsfolge und ihre Konsequenzen für die Anfech-
tungstatbestände

Die zuletzt angesprochene Sanktionslücke hätte nicht bestanden, wenn ein durch
mißbräuchliche Stimmrechtsausübung zustande gebrachter Hauptversammlungsbeschluß gemäß § 138 Abs. 1 BGB nichtig gewesen wäre. Das war (und ist) jedoch
nicht der Fall, weil § 195 Nr. 4 AktG 1937 (heute: § 241 Nr. 4 AktG) die Rechtsprechung des Reichsgerichts festschrieb, nach der Nichtigkeit voraussetzte, daß
der Beschluß „für sich allein genommen" oder „für sich allein betrachtet" gegen die
guten Sitten verstieß.[43] Nichtigkeitsgrund war also nur noch die Inhaltssittenwi-
rigkeit, während die Umstandssittenwidrigkeit[44] in der zunächst für den Haftungstatbestand vorgesehenen sprachlichen Fassung in § 197 Abs. 2 S. 1 AktG 1937 als
Anfechtungsgrund eingeführt wurde. Die dafür maßgeblichen Erwägungen liegen
auf der Hand: Sanktionslos sollte die Umstandssittenwidrigkeit nicht bleiben. Den
Weg über das Schadensersatzrecht wollte man nicht beschreiten. Die kraft Gesetzes
eintretende Nichtigkeitsfolge war wegen der von ihr ausgehenden Rechtsunsicherheit zwar gleichfalls nicht gewollt, wohl aber eine für die Beteiligten disponible
Ungültigkeitsfolge.[45] Also blieb nichts anderes übrig, als die Anfechtung wegen
Umstandssittenwidrigkeit zuzulassen.

   Die gesetzestechnische Folgefrage, ob es dazu neben dem Grundtatbestand
einer Gesetzes- oder Satzungsverletzung einer besonderen Vorschrift bedurfte und
wie diese auszusehen hatte, kann für das Jahr 1937 nicht ohne den Zusammenhang
mit der vorangehenden intensiven Reformdiskussion beantwortet werden. Danach
ist die Notwendigkeit einer Vorschrift zu bejahen, weil sonst auf der einen Seite
das Mißverständnis nahegelegen hätte, die Verfolgung von Sondervorteilen durch

---

41 *Düringer/Hachenburg,* aaO. (Fn. 38), Einl. vor § 178 HGB Anm. 16 (S. 24 Mitte, 25 oben).
42 Amtl. Begr. bei *Klausing,* Aktiengesetz (Fn. 39), S. 177.
43 RGZ 115, 378, 383; RGZ 131, 141, 145; RG IW 1934, 1493 re. Sp.; eingehend A. *Hueck,* in Fest-
     gabe zum 50jährigen Bestehen des RG, Bd. IV 1929, S. 167, 171ff.
44 Die Unterscheidung ist alt. Die Rechtsprechung (Fn. 43) hat der Sache nach § 106 des Ersten Ent-
     wurfs des BGB durchgeführt. Dort hieß es: „Ein Rechtsgeschäft, dessen Inhalt gegen die guten
     Sitten ... verstößt, ist nichtig." Vgl. auch Mot. Bd. I, 1988, S. 211.
45 Erl. Bemerkungen des RJM, Abdruck bei *Schubert/Hommelhoff,* Die Aktienrechtsreform (Fn. 33),
     S. 919.

Stimmrechtsausübung solle sanktionslos bleiben, während auf der anderen Seite die Gefahr bestand, daß die Rechtsprechung in krassen Fällen einen zur Nichtigkeit führenden Sittenverstoß ungeachtet des § 195 Nr. 4 AktG 1937 angenommen hätte.[46] Soweit es um die Ausgestaltung des Tatbestands geht, ist zunächst an das Wort „auch" anzuknüpfen, mit dem sprachlich ein zusätzlicher, neben der Verletzung des Gesetzes oder der Satzung stehender Anfechtungsgrund angezeigt wird. Man wird annehmen müssen, daß es auch so gemeint war, obwohl das „auch" im zeitnahen Schrifttum teilweise anders, und zwar als „namentlich", interpretiert worden ist.[47] Für einen zusätzlichen Anfechtungsgrund spricht, daß die gedankliche Aufwertung der Gesetzesverletzung durch Einbeziehung von Generalklauseln erst durch die 1937 zum Abschluß gelangte Beschränkung der Nichtigkeitsfälle veranlaßt, die Treupflichtverletzung zwar bekannt, aber, nicht zuletzt durch die deliktsrechtliche Ausgestaltung des § 101 AktG 1937, wenig gesichert war und der Gleichbehandlungsverstoß als Gesetzesverletzung noch in den Anfängen steckte. Was schließlich das im Rahmen einer Rechtmäßigkeitskontrolle unpassende Vorsatzerfordernis[48] anbetrifft, so ist der Entwicklungszusammenhang nach dem Gesagten deutlich: Es stammt noch aus dem zunächst vorgeschlagenen Haftungstatbestand, der bei seiner Übertragung für das Beschlußmängelrecht nicht mehr hinreichend überarbeitet worden ist.

c) Zur Restfunktion des § 243 Abs. 2 S. 1 AktG

Der Gesetzgeber des § 243 AktG hat sich in die Tradition seines Vorgängers gestellt, indem er den „zusätzlichen" oder „besonderen" Anfechtungstatbestand[49] zwar an die Veränderungen der Gesetzeslage anpaßt, aber mit diesen Anpassungen beibehält. Das kann nur dahin verstanden werden, daß es weiterhin um die Sanktion geht, die – nunmehr – § 117 AktG nicht bereithält, und zugleich um die Ergänzung des auf die Inhaltssittenwidrigkeit beschränkten Nichtigkeitsgrundes des § 241 Nr. 4 AktG um einen gedanklich an die Umstandssittenwidrigkeit anknüpfenden Anfechtungsgrund. An welche tatsächlichen Fälle der Gesetzgeber dabei gedacht hat, ist nach der Regierungsbegründung zwar nicht völlig deutlich. Im Vordergrund seiner Erwägungen stehen jedoch konzernrechtliche Gestaltungen, nämlich Fälle, in denen sich Aktionäre nicht des Beherrschungs- und/oder Gewinnabführungsvertrags bedienen, oder, in anderer, auf die Ausgleichsklausel des § 243 Abs. 2 S. 2 AktG bezogener Umschreibung, Unternehmensverträge, für die nicht schon § 304

---

46 So ausdrücklich *Quassowski* in den Verhandlungen des Aktienrechtsausschusses der Akademie für Dt. Recht; vgl. *Schubert* (Hrsg.), Akademie für Dt. Recht, Protokolle der Ausschüsse, Bd. I 1986, S. 265, 266.

47 *Ritter,* Aktiengesetz, 2. Aufl. 1939, § 197 Anm. 3b: Statt „auch" müßte es „namentlich" oder „insbesondere" heißen.

48 Auf Verschulden im rechtstechnischen Sinne kommt es überhaupt nicht an; zutreffend *M. Winter,* Mitgliedschaftliche Treubindungen (Fn. 9), S. 105 ff., 108 ff.; nunmehr auch *Baumbach/Hueck/Zöllner,* GmbHG, 16. Aufl. 1996, Anh. § 47 Rn. 49: pflichtgemäße Sorgfalt als Element der Rechtmäßigkeit.

49 Regierungsbegr. bei *Kropff,* Aktiengesetz (Fn. 31), S. 329.

AktG eine Ausgleichspflicht vorsieht.[50] Danach liegt es nahe, daß der Gesetzgeber von 1965 ebenso wie sein Vorgänger von 1937 jedenfalls schwerpunktmäßig in konzernrechtlichen Zusammenhängen dachte und eine Norm mit Auffangfunktion für diejenigen Sachverhalte schaffen wollte, in denen die konzernrechtliche Sonderregelung nicht greift.

Soweit im Gesetzgebungsverfahren – und nicht erst in nachfolgenden Publikationen[51] – auch an gesellschaftsinterne Konflikte wie bei der Kapitalerhöhung unter Bezugsrechtsausschluß oder bei Hauptversammlungsbeschlüssen über Geschäftsführungsmaßnahmen nach § 119 Abs. 2 AktG gedacht gewesen sein sollte, haben diese Fälle für Beibehaltung und Ausgestaltung des besonderen Anfechtungsgrundes jedenfalls keine erkennbare Rolle gespielt. Es ist auch in dieser Allgemeinheit nicht richtig, daß sich Hauptversammlungsbeschlüsse über Geschäftsführungsmaßnahmen mit § 119 Abs. 2 AktG praktisch erledigt hätten[52]. Das trifft in den Grenzen des Holzmüller-Urteils[53] zwar für die Publikumsgesellschaft zu, gilt aber nicht für Gesellschaften mit überschaubarem Aktionärskreis und einer vom Mehrheitsaktionär „gestellten" Verwaltung.

Wenn überhaupt, liegt danach nur wenig Zuspitzung in der These, daß die Restfunktion des § 243 Abs. 2 S. 1 AktG primär konzernrechtlich gesehen worden ist.

3. Auslegung des Ausnahmetatbestands (§ 243 Abs. 2 S. 2 AktG)

a) Zur Bedeutung der sogenannten Konzernklausel (§§ 101 Abs. 3, 197 Abs. 2 S. 2 AktG 1937)

Für die Gesetzessystematik liegt der Vorläufer der Ausgleichsklausel des § 243 Abs. 2 S. 2 AktG in der sogenannten Konzernklausel des § 197 Abs. 2 S. 2 AktG, nach welcher § 101 Abs. 3 AktG 1937 für die Anfechtung sinngemäß gelten sollte. Diese Vorschrift knüpfte an die Umstandssittenwidrigkeit des § 101 Abs. 1 AktG 1937 an und bestimmte, daß eine danach begründete Ersatzpflicht nicht eintritt, „wenn der Einfluß benutzt wird, um einen Vorteil zu erlangen, der schutzwürdigen Belangen dient".

In § 86 des Entwurfs 1931[54] war, wie schon bemerkt, eine vergleichbare Vorschrift noch nicht enthalten. Der bloße Wortlaut mußte deshalb in der Tat beunruhigend wirken,[55] weil er die Auslegung zuließ, daß Weisungen oder sonstige Einfluß-

---

50 Regierungsbegr. bei *Kropff,* Aktiengesetz (Fn. 31), S. 329 im letzten Absatz.

51 *Geßler,* in Festschr. für Barz, 1974, S. 97, 110ff. bzw. 102.

52 *Geßler,* aaO. (Fn. 51), S. 102 Mitte.

53 BGHZ 83, 122 = NJW 1982, 1703; seither z. B. LG Frankfurt AG 1993, 287, 288f.; LG Köln AG 1992, 238, 239f.

54 Dazu oben Fn. 35.

55 Das Problem ist schon in den Erl. Bemerkungen des RJM zum Entwurf II angesprochen, die noch auf eine richterliche „Interessenabwägung zwischen den Interessen des Konzerns und denen jeder seiner Mitgliedsgesellschaften" vertraute; vgl. *Schubert/Hommelhoff,* Die Aktienrechtsreform (Fn. 33), S. 919. Kritisch *Ebbecke* in den Verhandlungen des Aktienrechtsausschusses; vgl. *Schubert* (Hrsg.), Akademie für Dt. Recht (Fn. 46), S. 264f. Die Amtl. Begr. bei *Klausing,* Aktiengesetz (Fn. 39), S. 87 spricht die Konzerninteressen vorsorglich als berechtigte Drittbelange an.

nahmen, die, in heutiger Terminologie, den Belangen des herrschenden Unternehmens oder des Konzernverbunds dienen (§ 308 Abs. 1 S. 2 AktG), schadensersatzpflichtig machen könnten. Es diente deshalb der Akzeptanz der neuen Regelung und war für ihr auf § 826 BGB rekurrierendes, ohnehin ein Werturteil erforderndes Verständnis auch ohne inneren Widerspruch, die Verfolgung „schutzwürdiger Belange" haftungsfrei zu stellen. Weil der Anfechtungstatbestand des § 197 Abs. 2 S. 1 AktG 1937 als beschlußrechtliche Ersatzsanktion bei Stimmrechtsausübung aufgefaßt wurde, konnte es auch folgerichtig erscheinen, in § 197 Abs. 2 S. 2 AktG 1937 im Interesse der Regelungssymmetrie[56] die sinngemäße Geltung des § 101 Abs. 3 AktG anzuordnen.

Im Ergebnis besagte die Konzernklausel danach im Verständnis des damaligen Gesetzgebers nichts anderes, als daß die Verfolgung schutzwürdiger Belange den Tatbestand der besonderen aktienrechtlichen Sittenwidrigkeit nicht ausfüllt. Das konnte bei einer von § 826 BGB ausgehenden Betrachtung als eher selbstverständlich erscheinen. Auf die sachliche Qualität der Regelung muß heute nicht mehr eingegangen werden.

b) Zum Ausgleichsgedanken des § 243 Abs. 2 S. 2 AktG

Der Gesetzgeber des § 243 AktG konnte die Konzernklausel nicht beibehalten. Gesetzestechnisch nicht, weil § 117 AktG keine Regelung mehr enthält, die § 101 Abs. 3 AktG 1937 entspräche, und auch der Sache nach nicht, weil das Regelungsziel der früheren Konzernklausel in den Bestimmungen über den Vertragskonzern und in den §§ 311 ff. AktG anders und besser verfolgt wird[57]. Die an die Stelle der Konzernklausel getretene Ausgleichsklausel ist aber ihrerseits konzernrechtlich geprägt, und zwar sowohl hinsichtlich der Fallanschauung wie auch hinsichtlich der Regelungsperspektive. Wie die Regierungsbegründung zeigt,[58] ist die Fallanschauung durch die anderen Unternehmensverträge des § 292 AktG geprägt. Für sie soll der Ausgleich nach § 304 AktG durch den Schadensausgleich des § 243 Abs. 2 S. 2 AktG substituiert werden (während § 302 Abs. 2 AktG den Gläubigerschutz für die praktisch wichtigsten Vertragstypen übernimmt). Die konzernrechtliche Regelungsperspektive kommt darin zum Ausdruck, daß gegenüber §§ 101 Abs. 3, 197 Abs. 2 S. 2 AktG der Blickwinkel gewechselt hat: Das Gesetz fragt nicht mehr nach den schutzwürdigen Belangen der Mehrheit, die es grundsätzlich für gegeben hält – in den Worten von *Geßler:* „Nicht schon das Streben nach Sondervorteilen ist allein verwerflich"[59] –, sondern wie auch sonst im Konzernrecht nach denen der Minderheit (der außenstehenden Aktionäre) und will, wenn diese durch Schadensausgleich

---

56 Amtl. Begr. bei *Klausing,* Aktiengesetz (Fn. 39), S. 177: „notwendige Übereinstimmung". Für *Ritter,* Aktiengesetz (Fn. 47), ist die Norm allerdings im Rahmen des § 101 AktG 1937 kritikwürdig, dagegen im Rahmen des von ihm auf § 242 BGB zurückgeführten § 197 AktG 1937 selbstverständlich; vgl. § 101 Anm. 5; § 197 Anm. 3 b a. E.

57 Dazu *Kropff,* in Geßler/Hefermehl (Fn. 1), § 117 AktG Rn. 1, 29 ff., 47 ff.

58 Abdruck bei *Kropff,* Aktiengesetz (Fn. 31), S. 329.

59 *Geßler,* in Festschr. für Barz, 1974, S. 97, 103; vgl. auch II 1.

gewahrt sind, der Mehrheit den Weg frei machen, indem es die durch § 243 Abs. 2 S. 1 AktG grundsätzlich eröffnete Anfechtungsmöglichkeit ausschließt.

Der konzernrechtliche Zuschnitt des § 243 Abs. 2 S. 2 AktG erklärt, daß der Gesetzgeber die Problematik gesellschaftsinterner Konflikte nur unvollkommen erfaßt und die sachliche Tragfähigkeit des Ausgleichsgedankens überschätzt hat. Klammert man die Gläubigerinteressen aus, so verbleiben drei Problemfelder, in denen die Ausgleichsklausel ihre teleologischen Grenzen überschreitet: Sie vernachlässigt die Interessen des mit seiner Minderheit unternehmerisch beteiligten Aktionärs.[60] Sie gibt der Mehrheit auch dann die Alleinentscheidung über das Gesellschaftsinteresse, wenn die jeweilige Maßnahme in die Mitgliedsrechte der Minderheit eingreift.[61] Sie unterschätzt die Möglichkeiten, durch Hauptversammlungsbeschluß nach § 119 Abs. 2 AktG der Mehrheit Vorteile zu verschaffen, ohne daß diesen hinlänglich greifbare Schäden der Minderheitsaktionäre gegenüberständen; die Monopolisierung von Geschäftschancen durch die Mehrheit kann dafür als Beispiel genügen.[62]

Entscheidend für die Frage einer Regelungslücke in § 243 Abs. 1 AktG und für die lückenschließende Anwendung des § 243 Abs. 2 S. 2 AktG ist das zweite Problemfeld. Die Bedeutung der Kali & Salz-Entscheidung[63] liegt in diesem Zusammenhang darin, daß sie – im Sinne der durchaus zutreffenden Analyse von *Mülbert*[64] – dem einzelnen Aktionär die Mitverwaltung durch Anfechtung zuerkennt und damit die Alleinentscheidung der Mehrheit zugunsten der Intervention des einzelnen Aktionärs und gerichtlicher Prüfung durchbricht, ohne daß sich die Mehrheit dem durch finanzielle Leistungen entziehen könnte. Diesem Konzept kann im Rahmen einer gesellschaftsrechtlichen Würdigung nichts Brauchbares entgegengesetzt werden. Daß es richtig ist, dem einzelnen Aktionär das Anfechtungsrecht zu geben und ihn damit zur Wahrung der Gesellschaftsbelange zuzulassen, zeigt gerade die sonst eher für das Gegenteil in Anspruch genommene[65] Regelung der §§ 311ff. AktG. Die Zulässigkeit nachteiliger Maßnahmen unter Ausgleich des Nachteils ändert nämlich nichts an der Leitungskompetenz des Vorstands der abhängigen Gesellschaft nach § 76 AktG, beläßt ihm also das Recht und die Pflicht, über die Vereinbarkeit der Maßnahme mit dem Gesellschaftsinteresse zu entscheiden[66]. Das herrschende Unternehmen ist also rechtlich außerstande, dieses Interesse zu definieren und durch Nachteilsausgleich durchzusetzen. Das Korrektiv eigenverant-

---

60 Vgl. schon *Hüffer*, in Geßler/Hefermehl (Fn. 9), § 243 Rn. 89; siehe auch *Hommelhoff*, Die Konzernleitungspflicht, 1982, S. 251; zustimmend zur GmbH *M. Winter*, Mitgliedschaftliche Treubindungen (Fn. 9), S. 305.

61 Die Besonderheit dieser Lage wird von *Geßler*, aaO. (Fn. 59), nicht angesprochen.

62 *Hüffer*, aaO. (Fn. 9), § 243 AktG Rn. 35; *K. Schmidt*, in Großkomm. (Fn. 9), § 243 AktG Rn. 54.

63 BGHZ 71, 40 = NJW 1978, 1316; vgl. auch Nachw. in Fn. 12.

64 *Mülbert*, Aktiengesellschaft (Fn. 9, 21), S. 348.

65 Nämlich von *Geßler*, in Festschr. für Barz, 1974, S. 97, 98 (die dort angeführte Entscheidung RGZ 112, 14, 18 betrifft überdies Einlageleistungen an die AG, nicht den Ausgleich an die Aktionäre); *dems.*, in Festschr. für Westermann, 1974, S. 145, 160ff.

66 So namentlich *Kropff*, in Geßler/Hefermehl (Fn. 2), § 311 AktG Rn. 29 m.w.N.; seither ebenso *Hüffer*, aaO. (Fn. 9), § 311 AktG Rn. 48; *Koppensteiner*, in Kölner Komm. (Fn. 10), § 311 AktG Rn. 90; a.A. *Wilhelm*, Rechtsform und Haftung bei der juristischen Person, 1981, S. 243ff.

wortlicher, auf das Gesellschaftsinteresse verpflichteter Leitung steht aber in dem paradigmatischen Fall der Kapitalerhöhung unter Bezugsrechtsausschluß nicht zur Verfügung, weil der Vorstand in die organinterne Willensbildung nicht eingreifen kann und nach § 83 Abs. 2 AktG zur Ausführung verpflichtet ist. Die Anfechtungs-klage des Aktionärs ist danach der einzige und deshalb auch nicht verzichtbare Weg, die Mehrheitsentscheidung über das Gesellschaftsinteresse in Frage zu stellen.

Dem läßt sich nicht mit *Geßler* entgegenhalten, das Streben nach Sondervor-teilen sei nicht allein verwerflich.[67] Der Einwand erreicht schon nicht die verbands-rechtliche Ebene, sondern ist sprachlich und gedanklich noch dem Versuch verhaf-tet, die konzernbedingte Einflußnahme mit einer auf Umstandswidrigkeit zurück-gehenden Schadensersatzpflicht zu erfassen.[68] Das gesellschaftsrechtliche Thema liegt demgegenüber nicht im Schädigungsverbot, sondern in den Grenzen einer Mehrheitsdisposition über das Gesellschaftsinteresse.

Danach bleibt die Frage, in welchen sachlichen Grenzen der einzelne Aktionär zur Mitverwaltung durch Anfechtung befugt ist. Die Kali & Salz-Entscheidung und ihre Folgerechtsprechung haben die Befugnis für den Fall bejaht, daß die Mehrheits-entscheidung in die Mitgliedschaft selbst eingreift, und haben zutreffend weitere Einschränkungen in Abhängigkeit von der Art der Maßnahme und der Existenz gesetzlicher Schutzregeln vorgenommen.[69] In dieser Weise die Mitgliedschaft zu schützen, ist die Minimallinie.[70] Ob die Grenze für den Unternehmensaktionär[71] im Rahmen der ihm gegenüber bestehenden Treupflichten der Mehrheit anders zu zie-hen ist oder ob er sich entsprechend dem Wortlaut des § 243 Abs. 2 S. 2 AktG mit Schadensausgleich zufrieden geben muß, solange ein unmittelbarer Eingriff in seine Mitgliedsrechte nicht erfolgt, bedarf hier keiner vertiefenden Erörterung.

4. Konsequenzen

Die Folgerungen sind schnell gezogen: Die Ausgleichsklausel geht schon im Rah-men des § 243 Abs. 2 AktG zu weit. Sie bei einer auf § 243 Abs. 1 AktG gestützten Anfechtung analog anzuwenden, ist teleologisch nicht veranlaßt. Die unter diesem Blickwinkel an der Kali & Salz-Entcheidung geübte Kritik ist nicht begründet. Der Versuch, ein „rein vermögensmäßig konzipiertes Schutzsystem" aus den §§ 243 Abs. 2, 255 Abs. 2 AktG herzuleiten, ist eine Rückwendung zu den haftungsrecht-lichen Ursprüngen des Konzernrechts und schlägt für das geltende Recht fehl.

---

67 *Geßler,* in Festschr. für Barz, 1974, S. 97, 103.
68 Dazu III 2b aa. Das Argument paßt also zu § 117 AktG, nicht zur Beschlußkontrolle.
69 Vgl. bei Fn. 15 und Nachw. dort.
70 Es ist deshalb zu begrüßen, daß gegen das Erfordernis sachlicher Rechtfertigung bei der Sach-kapitalerhöhung unter Bezugsrechtsausschluß auch keine gemeinschaftsrechtlichen Einwendun-gen erhoben werden; vgl. die Anträge des Generalanwalts, WM 1996, 2014 = ZIP 1996, 1825, zur Vorlage BGH AG 1995, 227.
71 Dazu *Hüffer* in Geßler/Hefermehl (Fn. 9), § 243 AktG Rn. 89. Welche Lösung insoweit gelten soll, ist bei *Mülbert,* Aktiengesellschaft (Fn. 9, 21), S. 260f., 347ff. infolge seiner Leitbildorientierung nicht erörtert.

IV. Aktienrecht und Anlegerschutzrecht

1. Zur These von der faktischen Bedeutungslosigkeit der Mitwirkungsrechte von Kleinaktionären

Wenigstens in Stichworten anzusprechen bleiben einige rechtspolitische Aspekte des Themas, hier zunächst die angebliche faktische Bedeutungslosigkeit der Mitwirkungsrechte von Kleinaktionären.[72] Im Kontext der §§ 243 ff. AktG geht diese These fehl. Daß das Anfechtungsrecht des einzelnen (Klein-)Aktionärs faktisch bedeutungslos sei, wird jedenfalls nach den Erfahrungen des letzten Jahrzehnts niemand ernstlich behaupten wollen. Im Gegenteil: Es ist derart wichtig und in seinen Konsequenzen für die betroffenen Gesellschaften beschwerlich, daß über eine Entkoppelung von Aktie und vollberechtigter Mitgliedschaft mit dem Ziel nachgedacht werden muß, die Anfechtungsbefugnis gerade wegen ihrer Bedeutung nicht mehr jedem Aktionär, sondern nur solchen Aktionären zuzusprechen, deren Anteilsbesitz einen Mindestnennbetrag erreicht.[73]

Soweit sich die These von der faktischen Bedeutungslosigkeit der Mitwirkungsrechte auf die Stimmrechte der Kleinaktionäre bezieht – nur daran dürfte gedacht sein –, kann daraus für einen Anfechtungsausschluß bei Wahrung des Vermögensstandes nicht einmal ein rechtspolitisches Argument gewonnen werden. Eher liegt es umgekehrt: Wer den Beschlußinhalt nicht positiv mitbestimmen kann, sollte wenigstens in der Lage sein, sich durch Anfechtung gegen solche Beschlüsse zu wehren, die in seine Mitgliedschaft eingreifen.[74] Für die Verknüpfung der Anfechtungsbefugnis mit einem Mindestanteilsbesitz ergibt sich daraus die Notwendigkeit, diesen so zu bestimmen, daß das Individualrecht auf gerichtliche Kontrolle von Hauptversammlungsbeschlüssen genügend breitflächig erhalten bleibt.[75] Was das Stimmrecht selbst angeht, darf schließlich nicht aus den Augen verloren werden, daß die angebliche Bedeutungslosigkeit nur aus der Zersplitterung des Aktienbesitzes resultiert, die ihrerseits, soweit es um das Stimmgewicht geht, durch Organisation der Stimmrechtsausübung (§ 135 AktG) überwunden werden kann und muß, wenn man nicht die „Verödung" der Hauptversammlung befördern und den Einfluß der verbleibenden Stimmberechtigten unkalkulierbar und ohne innere Rechtfertigung stärken will.

2. Anknüpfungsprobleme eines anlegerschützenden Sonderrechts

Anlegerschützende Sonderregeln müßten gerade dann, wenn sie sich zunächst oder nur im Verlust von Verwaltungsrechten niederschlagen, eindeutig angeben, für oder

---

72 *Mülbert,* Aktiengesellschaft (Fn. 9, 21), S. 260.
73 *Hüffer,* in Festschr. für Brandner, 1996, S. 57, 58 ff.
74 In dieser Abwehrfunktion liegt der Kern des Verwaltungs- und Kontrollrechts; dazu *Hüffer,* in Geßler/Hefermehl (Fn. 9), § 245 AktG Rn. 7 f. m.w.N.
75 *Hüffer,* in Festschr. für Brandner, 1996, S. 57, 67 ff.

gegen wen sie gelten sollen. Dafür ist der Begriff des Publikums- oder Kleinaktionärs ungeeignet; denn als bloßer Typusbegriff erlaubt er keine Subsumtion.[76] Man kann dem Problem auch nicht ausweichen, indem man an die für den jeweiligen Beschluß geltenden Mehrheitserfordernisse anknüpft und denjenigen in die Rolle des Kleinaktionärs befördert, der bei der Abstimmung bestimmte Kapitalquoren verfehlt.[77] Soweit es dabei um eine Kapitalgrenze von 25% geht, wird selbst die typologische Annäherung an den Klein- oder Publikumsaktionär verfehlt, wenn sie mit dieser durchaus Aktionäre mit unternehmerischen Interessen einschließenden Grenze erreicht werden sollte. Aber auch unabhängig von der konkreten Grenzzahl bleibt es unangemessen, den „reinen Anleger" nach Abstimmungsmehrheiten zu bestimmen. Das führt nicht zu einem Anlegerschutzrecht, sondern zu einer weiteren Kräftigung der Mehrheit, die eine Beschlußkontrolle in privater Initiative nicht mehr zu fürchten braucht, wenn sie den jeweils vorgegebenen Kapitalbesitz auf sich vereinigt.

3. Ausgabe von „Anlageaktien"?

Eher gangbar erscheint der Weg, statt an den „Anleger" an die Aktie anzuknüpfen und nach dem Vorbild der Vorzugsaktien (§§ 139 ff. AktG) eine dritte Aktienart zu schaffen, die nach ihrer gesetzlichen Ausgestaltung bestimmte Verwaltungsrechte nicht gewährt. Das läge im System des Aktiengesetzes, das zwar unterschiedliche Ausgestaltungen der Mitgliedschaft, aber nicht verschiedene Aktionärsqualitäten kennt, hätte den Vorzug der Rechtsklarheit und wäre schließlich marktkonform, weil es dem Anleger überlassen bleibt, ob er solche Aktien erwerben und was er dafür bezahlen will. Ginge man so vor, müßte man sich allerdings auch fragen, ob die der Verwaltungsrechte entkleidete Mitgliedschaft neben den Genußrechten noch einen rechtspolitischen Sinn ergibt. Wie sich zeigt, bleibt es schwierig, der Vision eines Anlegerschutzrechts einen brauchbaren juristischen Sinn zu geben, soweit dieser noch in der Nähe des Gesellschaftsrechts liegen oder gar seinen Inhalt mitbestimmen soll.[78]

V. Ergebnis

Zieht man nach allem ein Fazit, so ergibt sich zur Themenfrage: Die Ausgleichsklausel des § 243 Abs. 2 S. 2 AktG ist mißlungen, weil sie den konzernrechtlichen Ausgleichsgedanken unkritisch verallgemeinert und es der Mehrheit erlaubt, die

---

76   Entsprechendes gilt für den Typus des Großaktionärs; dazu schon treffend Erl. Bemerkungen des RJM zum Entwurf II, Abdruck bei *Schubert/Hommelhoff,* Die Aktienrechtsreform (Fn. 33), S. 907, 919 f.

77   So aber *Mülbert,* Aktiengesellschaft (Fn. 9, 21), S. 348 f.

78   Eher zurückhaltend zu Ersatzansprüchen von Kapitalanlegern und ihrem Konflikt mit dem Kapitalerhaltungsgrundsatz auch *Schwark,* in Festschr. für Raisch, 1995, S. 269, 274 ff.

Entscheidung über das Gesellschaftsinteresse in dem Sinne zu monopolisieren, daß nicht einmal ein Abwehrrecht der in ihren Rechten betroffenen Minderheitsaktionäre existiert. Mit einem derart verstandenen bloßen Vermögensschutz fiele man in ein Entwicklungsstadium zurück, das den Mehrheits-/Minderheitskonflikt primär haftungsrechtlich begriffen hat (§ 101 AktG 1937). Eine sinngemäße Anwendung auf die Anfechtung wegen Treupflichtverletzung nach § 243 Abs. 1 AktG ist danach nicht zu rechtfertigen. Auch für die weiterreichende Frage, ob sich für den reinen Kapitalanleger ein bloßer Vermögensschutz empfiehlt, kann weder aus § 243 Abs. 2 S. 2 AktG noch aus § 255 Abs. 2 AktG etwas gewonnen werden. Sie betrifft ein rechtspolitisches Thema, das auch als solches angegangen werden muß. Dabei könnte sich zeigen, daß die Leistungsfähigkeit eines Anlegerschutzkonzepts, das auch gesellschaftsrechtliche Aussagen ermöglichen soll, jedenfalls begrenzt ist.

Die börsennotierte Familien-Aktiengesellschaft

HARALD KALLMEYER

1. Die Familiengesellschaft

Man kann je nach den Beteiligungsverhältnissen und der daraus folgenden Leitungs- und Kontrollstruktur mehrere Typen von Aktiengesellschaften unterscheiden[1]. Im Vordergrund steht die Unterscheidung zwischen offenen und geschlossenen Aktiengesellschaften, je nachdem ob die Anteile breit gestreut sind oder ob es sich um einen beschränkten Aktionärskreis handelt. Bei der geschlossenen Aktiengesellschaft spricht man auch von personenbezogener oder personalistischer Aktiengesellschaft. Gehören die Gesellschafter einer geschlossenen Gesellschaft im wesentlichen einer Familie an, so spricht man von einer Familiengesellschaft.

Ab einer gewissen Größe des Unternehmens stellt sich das Bedürfnis nach öffentlicher Finanzierung ein. Man möchte sich an den organisierten Kapitalmarkt zur Eigenkapitalbeschaffung wenden. In diesem Augenblick entsteht eine ambivalente Gesellschafterstruktur: neben einen geschlossenen Gesellschafterkreis, etwa dem Kreis der Familiengesellschafter, tritt ein Streubesitz oder treten einzelne institutionelle Anleger, vielleicht auch eine Anlegerholding. Damit übereinstimmend wird eine börsennotierte Familien-Aktiengesellschaft für möglich gehalten[2].

Der Typ der Familien-Aktiengesellschaft setzt den Typ des Familien-Aktionärs voraus. Der Familiengesellschafter weist typischerweise eine stärkere Bindung an das Unternehmen auf als der anonyme Kapitalanleger, auch wenn es sich bei diesem um einen institutionellen Großanleger und damit Großaktionär handelt. Der Familiengesellschafter will eine dauernde Verbindung zu „seinem" Unternehmen halten und ist durch Mitwirkungsbereitschaft und Teilhaberechte geprägt[3], auch wenn er meistens nicht die aktive Geschäftsführung übernehmen will, sondern sich gern Berufsmanagern bedient. Er fühlt sich selbst als Unternehmer und handelt dementsprechend. Als Preis dafür verzichtet er auf einen Handel mit seinen Anteilen rein unter Renditegesichtspunkten. Der Anlegeraktionär ist dagegen in erster Linie Unternehmensfinanzier und nicht Mitgesellschafter[4]. Nur beim Kapitalanleger kommt der Gesichtspunkt des Anlegerschutzes zum Tragen. Der Übergang zwischen dem Familiengesellschafter und dem Kapitalanleger ist zugegebenermaßen fließend. Je verzweigter eine Familie ist, um so mehr Mitglieder werden sich finden, die als Kapitalanleger denken und handeln.

Der Typ des Familiengesellschafters liegt nur vor, wenn die geschilderte Einstellung darauf beruht, daß der Aktionär mit dem Gründer des Unternehmens verwandt oder verschwägert ist. Oder umgekehrt: die Verwandtschaft oder Schwägerschaft mit dem Gründer ist ein Indiz dafür, daß der Aktionär weniger als Anlegeraktionär, sondern mehr als Familien-Aktionär denkt und handelt, wobei die Familie unterschiedlich abgegrenzt werden kann. Die Abgrenzung in § 15 Abs. 1 Nr. 2 bis 8, Abs. 2 AO, auf die § 76 Abs. 6 S. 2 BetrVG 1952 Bezug nimmt, ist freilich sehr eng, weil sie keine Familie mit mehreren Stämmen anerkennt. Die Zugehörigkeit zu einer Familie setzt jedoch Verwandtschaft oder Schwägerschaft voraus.

---

1   *Assmann* in Großkomm. AktG Einl. Rdn. 327.
2   *Assmann* a.a.O.
3   *Assmann* in Großkomm. AktG Einl. Rdn. 379.
4   *Assmann* a.a.O.

Von einer Familien-Aktiengesellschaft kann man nur sprechen, wenn die Familiengesellschafter im obigen Sinne die Mehrheit der Stimmrechte halten und die Stimmrechtsausübung im Sinne von § 22 Abs. 1 Nr. 3 WpHG koordiniert ist. Nur dann kann man davon ausgehen, daß die Leitungs- und Kontrollstruktur dem Typ Familiengesellschaft entspricht.

2. Unzulänglichkeit der gesetzlichen Verfassung der Aktiengesellschaft als Verfassung eines Familienunternehmens

Die Literatur billigt dem Aktienrecht zu, daß es trotz seiner überwiegend zwingenden Rechtsnormen einigen Spielraum bietet, den „unterschiedlichen Beteiligungs- und Herrschaftsstrukturen als Rechtsform zu dienen"[5]. Gleichzeitig wird aber konstatiert, daß „es sich im Ergebnis nicht flexibel genug erweist, um die rechtsformspezifischen Sonderbelastungen der in der AG organisierten Unternehmen auf effiziente Weise dem Niveau anzupassen, das zur Bewältigung der je nach der Typenzugehörigkeit des betroffenen Unternehmens anfallenden Regelungsprobleme hinreichend und erforderlich ist"[6].

Die Leitungs- und Kontrollstruktur der Familiengesellschaft ist dadurch gekennzeichnet, daß die Familiengesellschafter einen maßgeblichen Einluß auf die Geschäfts- und Finanzpolitik ausüben (vgl. § 311 Abs. 1 HGB). Dazu gehört auch die Bestellung der Mitglieder des Geschäftsführungsorgans. Die gesetzliche Verfassung der Aktiengesellschaft ist demgegenüber dadurch gekennzeichnet, daß die Gesellschafter nur eingeschränkt und nur mittelbar Einfluß auf die Unternehmenspolitik nehmen können. Die Hauptversammlung kann bekanntlich über Fragen der Geschäftsführung nur entscheiden, wenn der Vorstand es verlangt (§ 119 Abs. 2 AktG). Dies bedeutet, daß die Hauptversammlung ohne ein entsprechendes Verlangen Geschäftsführungsmaßnahmen des Vorstands weder genehmigen noch initiieren kann. Ein Beschluß in Fragen der Geschäftsführung, auch eine bloße Meinungsäußerung ohne Bindung des Vorstands, kann nicht gefaßt werden. Er wäre nichtig[7]. Die Hauptversammlung kann lediglich nachträglich die Geschäftsführung vergangener Geschäftsjahre insgesamt mißbilligen, indem sie dem Vorstand oder einzelnen Vorstandsmitgliedern die Entlastung verweigert bzw. das Vertrauen entzieht (§§ 84 Abs. 3 S. 2, 120 Abs. 2 S. 1 AktG). Die Hauptversammlung kann zu diesen Tagesordnungspunkten eine Aussprache über Geschäftsführungsangelegenheiten der Vergangenheit durchführen[8] und dem einzelnen Aktionär ist auch in der Hauptversammlung insoweit Auskunft zu geben. Auch der von der Hauptversammlung gewählte Aufsichtsrat kann in Fragen der Geschäftsführung nicht initiativ werden (§ 111 Abs. 4 S. 1 AktG). Er kann sich lediglich für bestimmte Arten von Geschäften seine Zustimmung vorbehalten. Dabei ist zu beachten, daß der Aufsichtsrat auf-

---

5 *Assmann* in Großkomm. Einl. Rdnr. 327.
6 *Assmann* a.a.O.
7 *Zöllner* in Kölner Kommentar z. AktG § 119 Rz. 32, 33.
8 *Zöllner* in Kölner Kommentar z. AktG § 119 Rz. 26.

grund der verschiedenen Mitbestimmungsregelungen kein Willensbildungsorgan der Aktionäre ist, vielmehr vornehmlich der Mitbestimmung dient. Die Einflußnahme der Aktionäre auf die Geschäftsführung über den mitbestimmten Aufsichtsrat ist also doppelt eingeschränkt: Einmal kann der Aufsichtsrat den Vorstand nur beraten, jedoch keine den Vorstand bindenden Vorschläge machen, zum anderen unterliegen die Aktionäre dort der Einflußnahme durch die Arbeitnehmer bzw. deren Vertreter, so daß sie ihre Vorstellungen und Pläne in vielen Fällen nicht durchsetzen können.

Die Bestellung der Mitglieder des Geschäftsführungsorgans ist den Aktionären nach der gesetzlichen Zuständigkeitsordnung ebenfalls versagt. Das Recht zur Bestellung der Mitglieder des Geschäftsführungsorgans steht in der Aktiengesellschaft dem mitbestimmten Aufsichtsrat zu. Die Hauptversammlung ist an diesem Vorgang nur insoweit beteiligt, als sie ihre Mitglieder im Aufsichtsrat wählt und daß sie einem Mitglied des Geschäftsführungsorgans das Vertrauen entziehen kann und damit den Aufsichtsrat veranlaßt, dieses Vorstandsmitglied abzuberufen[9].

Dieses Menü, das der Gesetzgeber des Aktiengesetzes 1965 anbietet, ist also für eine Familiengesellschaft absolut unzureichend. Dies liegt daran, daß das gesetzliche Leitbild des AktG die große börsennotierte AG ist[10]. Wenn es trotzdem zahlreiche Familiengesellschaften gibt, die etwa im Zusammenhang mit einem beabsichtigten Börsengang die Rechtsform der AG wählen[11], so verzichten sie auf die einer Familiengesellschaft eigentümliche Leitungs- und Kontrollstruktur und hören damit auf, Familiengesellschaften zu sein. Ihre Aktionäre verwandeln sich zwangsläufig und bedauerlicherweise in bloße Anlegeraktionäre. Die nicht hinreichende Differenzierung des Aktienrechts führt also in Wahrheit zu einer Krise der Institution AG: Die Vorteile des Kapitalmarktzugangs werden für viele Unternehmen mit einer ihnen nicht adäquaten Leitungs- und Kontrollstruktur erkauft[12].

3. Abhilfe durch BGB-Gesellschaften?

In Familien-Aktiengesellschaften wird versucht, dieses Defizit durch Schutzgemeinschafts- oder Poolverträge auszugleichen[13]. Es handelt sich hierbei um BGB-Gesellschaften. Zweck der BGB-Gesellschaften ist es regelmäßig, die Ausübung der Rechte der Familien-Aktionäre in der Aktiengesellschaft zu koordinieren. Damit werden aber die Aktionärsrechte nicht verändert[14]. Auch eine für den Vorstand bei seiner Geschäftsführung oder den Aufsichtsrat bei der Bestellung von Vorstandsmitgliedern bindende Konkretisierung des Unternehmensinteresses, wie es *Hoffmann-Becking* für möglich hält[15], kommt vorliegendenfalls nicht in Betracht, weil dies eine einverständliche Festlegung durch alle Aktionäre voraussetzt, nicht ledig-

---

9 Münch. Hdb. AG/*Wiesner* § 20 Rdn. 49.
10 *Assmann* in Großkomm. z. AktG Einl. Rdnr. 327.
11 Vgl. *Seibert* in AG 1996, S. 16.
12 *Assmann* a.a.O. Rdnr. 328.
13 Vgl. die Typologie bei *Hoffmann-Becking*, ZGR 1994, 442.
14 *Wiedemann* in Großkomm. z. AktG, 4. Aufl. 1995, § 179 Rdnr. 47.
15 ZGR 1994, 442, 455, 460.

lich der Familienaktionäre. Es bleibt also bei den eingeschränkten Einwirkungsmöglichkeiten des Aktionärs. Daran ändert sich auch nichts, wenn lediglich auf der Grundlage des BGB-Gesellschaftsvertrags ein Beirat oder Gesellschafterausschuß eingerichtet wird. Dieser hat keine organschaftlichen Befugnisse in der Aktiengesellschaft und eignet sich nur als Beratungsgremium[16].

Wenn solche schuldrechtlichen Gesellschaftervereinbarungen rechtlich nicht zu der gewünschten Leitungs- und Kontrollstruktur führen können, so können sie doch faktisch ohne erhebliche rechtliche Risiken praktiziert werden. Solange sich der Vorstand bei der Befolgung von Weisungen im Rahmen seines unternehmerischen Ermessens hält, entsteht keine Haftung. Auch die Anteilseignervertreter im Aufsichtsrat können bei der Bestellung von Vorstandsmitgliedern ohne Haftungsrisiken entsprechend den Weisungen des von den Familienaktionären besetzten Beirats oder Gesellschafterausschusses votieren, wenn sie bei ihrer Personalentscheidung die Sorgfalt eines ordentlichen und gewissenhaften Amtswalters anwenden und sich die Entscheidung im Rahmen pflichtgemäßen Ermessens hält[17]. Die familienfremden Aktionäre können solche Praktiken nur schlecht angreifen[18]. Trotzdem ist dies bei einer börsennotierten Familiengesellschaft kein geeigneter Weg, die adäquate Leitungs- und Kontrollstruktur zu erreichen. Die börsennotierte Aktiengesellschaft ist darauf angewiesen, daß alle für den Kapitalanleger, also den künftigen Aktionär, relevanten Regelungen in der Satzung enthalten sind. Nur so haben sie, wenn man einmal von Börsenzulassungsprospekten absieht, die erforderliche Publizität[19]. Alles andere entspricht nicht einem kapitalmarktgerechten Verhalten und würde bei Bekanntwerden erhebliches böses Blut verursachen mit entsprechenden Auswirkungen auf den Börsenkurs. Zumindest können solche Gestaltungen in der „Grauzone" nur als Notbehelf angesehen werden, deren Möglichkeit die Suche nach rechtlichen Lösungen nicht erübrigt.

4. Die sog. Kleine AG

Die durch das „Gesetz für kleine Aktiengesellschaften und zur Deregulierung des Aktienrechts" vom 2. August 1994[20] eingeführten gesetzlichen Regelungen sind für die Zwecke der Familien-Aktiengesellschaft unzureichend. Denn sie betreffen nicht die Leitungs- und Kontrollstruktur. Außerdem gelten sie nur vor dem Börsengang, lassen also die Bedürfnisse der börsennotierten Familien-Aktiengesellschaft unberücksichtigt. Auch dieses Gesetz erübrigt demnach nicht die Suche nach Möglichkeiten zur rechtlichen Umsetzung der einer Familiengesellschaft eigentümlichen Leitungs- und Kontrollstruktur.

---

16 *Lutter/Hommelhoff*, GmbHG, 14. Aufl. 1995, § 52 Rz. 63.
17 Vgl. *Hoffmann-Becking*, ZGR 1994, 442, 460.
18 Vgl. *Mertens*, ZGR 1994, 426, 436; *Hirte*, in: Gestaltungsfreiheit im Gesellschaftsrecht, ZGR 1997, Sonderheft.
19 *Hirte* a.a.O.
20 BGBl. I 1994, 1961. Dazu *Lutter*, AG 1994, 429; *Hoffman-Becking*, ZIP 1995, 1; *Seibert/Köster*, Die kleine AG, 3. Aufl. 1996.

5. Ausweichen auf andere Rechtsformen, insbesondere KGaA

Das Ausweichen auf die GmbH kann nicht generell erwartet werden, weil diese Rechtsform keinen Zugang zu den Kapitalmärkten eröffnet, soll doch gerade der Börsengang auch von Familienunternehmen erleichtert werden. Das Ausweichen auf die KGaA kann andererseits nicht verlangt werden, weil hier das Vorhandensein von persönlich haftenden Gesellschaftern vorausgesetzt wird. Zwar brauchen die persönlich haftenden Gesellschafter nicht mit den Eigentümern identisch zu sein, es kann sich vielmehr auch um bloße Manager handeln. Diese werden aber in der Regel eine Freistellung durch die Familienaktionäre erwarten, so daß es auf eine persönliche Haftung der Familienaktionäre hinausläuft. Die Zulässigkeit einer GmbH & Co. KGaA ist nach wie vor heftig umstritten[21]. Wenn diese Frage demnächst im positiven Sinne geklärt werden sollte, so besteht erst recht kein Grund mehr, der Familiengesellschaft die Rechtsform der AG zu verweigern. Denjenigen Familiengesellschaften, die nicht aus steuerlichen Gründen die Rechtsform der KGaA wählen, sollte der Zugang zur AG eröffnet werden. Denn mit der Zulassung einer börsennotierten Familien-Aktiengesellschaft ist eine sehr viel weitergehende Standardisierung erreicht als bei der KGaA. Dies wird von allen Kapitalgebern, seien es Aktionäre oder Gläubiger, begrüßt und liegt daher im eigenen Interesse des kapitalsuchenden Unternehmens[22]. Hinzu kommt, daß die Rechtsform der KGaA im angelsächsischen Rechtsbereich unbekannt ist. In den dortigen Kapitalmärkten sind sicherlich Aktien einer Aktiengesellschaft leichter zu plazieren als die einer KGaA, bei der erheblicher Erklärungsbedarf besteht.

6. Schaffung einer Familien-Aktiengesellschaft durch die Satzung

Die Leitungs- und Kontrollstruktur der Familien-Aktiengesellschaft würde bei einer AG folgende Satzungsregelungen verlangen: Es wird ein Beirat oder Gesellschafterausschuß als fakultatives nicht mitbestimmtes Organ geschaffen. Die Mitglieder dieses Organs werden von der Hauptversammlung mit einfacher Mehrheit gewählt. Das Organ hat die Kompetenz zur Vorstandsbestellung und die Befugnis, zustimmungsbedürftige Geschäfte festzulegen, gegebenenfalls kann diesem Organ wie bei der KGaA oder GmbH auch ein Weisungsrecht gegenüber dem Vorstand eingeräumt werden.

Es ist die Frage, ob eine solche Satzungsregelung durch § 23 Abs. 5 S. 1 AktG ausgeschlossen ist, ob sie also von den Vorschriften des Aktiengesetzes abweicht. Dabei ist nicht nur vom Wortlaut der einschlägigen Vorschriften auszugehen, vielmehr muß durch Auslegung ermittelt werden, ob der Tatbestand dieser Normen den Sachverhalt der Familien-Aktiengesellschaft überhaupt erfaßt[23].

---

21 Dazu neuerdings *Priester*, ZHR 160 (1996), 250 einerseits und *K. Schmidt*, ZHR 160 (1996), 265 andererseits. Das OLG Karlsruhe, ZIP 1996, 1787, hat die Frage dem BGH zur Entscheidung vorgelegt. Vgl. im Vorfeld der Entscheidung nochmals *Binz/Sorg*, DB 1997, 313.
22 Vgl. *Hirte* a.a.O.
23 *Röhricht* in Großkomm. z. AktG, 4. Aufl. 1997, § 23 Rdnr. 170.

Hier ist nun festzustellen, daß die Normen des AktG für den Typ der Kapitalanleger-AG adäquate Regelungen enthalten, die Besonderheiten der Familien-Aktiengesellschaft im oben beschriebenen Sinn dagegen offensichtlich nicht berücksichtigen. Dieser Befund ist nicht zu leugnen.

Es ist die Frage, ob deshalb die Normen über die innere Organisation der AG im Wege der teleologischen Reduktion auf den Typ der Anleger-AG beschränkt werden können. Das Gesetz enthielte damit für die Familien-AG eine Lücke. Die entsprechenden Vorschriften über die innere Organisation der AG können natürlich so zu verstehen sein, daß sie die Besonderheiten der Familien-AG unterdrücken bzw. für die Familiengesellschaft mit Aktienkapital nur die Rechtsform der KGaA zur Verfügung stellen wollen. Dann würde es sich um eine planmäßige Lücke handeln und wäre eine Analogie unzulässig. Eine solche restriktive bzw. repressive Haltung des AktG müßte sich aber durch Sinn und Zweck der Vorschriften rechtfertigen lassen. Man kann sich fragen, ob der Typ der Familiengesellschaft etwa dem öffentlichen Interesse zuwiderläuft und daher vom Gesetzgeber eingeschränkt werden sollte. Der Typus der Familien-Aktiengesellschaft schränkt die marktmäßige Kontrolle des Unternehmens ein, schützt aber vor Abhängigkeit von anderen Unternehmen. Er beinhaltet die Chance einer weitsichtigen und nicht allein auf den kurzfristigen shareholder value ausgerichteten Unternehmenspolitik, birgt aber auch das Risiko emotionaler, nicht sachkundiger Einflußnahme. Er bietet die Chance schneller Entscheidung und demgemäß gesteigerter Handlungsfähigkeit, birgt aber auch das Risiko des Familienstreits und daraus folgender Lähmung des Unternehmens. Die Familiengesellschaft kann also Vor- und Nachteile für ein gut funktionierendes Unternehmen haben. Ein Grund, das Familienunternehmen möglichst zurückzudrängen, besteht aber nicht. Auf jeden Fall entspricht es den Intentionen des Gesetzgebers, eine für die Familiengesellschaft geeignete Form der Aktiengesellschaft zur Verfügung zu stellen. Es kann also den Normen des AktG über die innere Ordnung der AG kein solch repressiver Charakter beigelegt werden.

Ein weiterer gewichtiger Gesichtspunkt, der gegen eine teleologische Reduktion sprechen könnte, ist die damit ermöglichte Einschränkung der Mitbestimmung der Arbeitnehmer im Aufsichtsrat der AG. Dieses Bedenken wird aber dadurch entkräftet, daß genau die gleiche Satzungsgestaltung und damit verbundene Einschränkung der Mitbestimmung bei der KGaA zulässig ist. Die einzige weitere Zulässigeitsvoraussetzung ist bei der KGaA das Vorhandensein mindestens eines persönlich haftenden Gesellschafters. Es ist die Frage, ob das Vorhandensein eines persönlich haftenden Gesellschafters mitbestimmungsrechtlich überhaupt relevant ist. Ist der jedenfalls im Großunternehmen minimale Zuwachs an Haftungsmasse schon für den Gläubigerschutz zu vernachlässigen, so steht er mit der Mitbestimmung überhaupt nicht in sachlichem Zusammenhang. Die Verbindung von persönlicher Haftung und Eigenverantwortlichkeit ist ebenfalls für die Frage der Mitbestimmung ohne Bedeutung. Denn es geht bei der Familien-Aktiengesellschaft ausschließlich um die Legitimität der Einflußnahme durch die Familien-Aktionäre, also gerade nicht der persönlich haftenden Gesellschafter. Schließlich gibt es die Figur des persönlich haftenden Gesellschafters ohne Einlage. Dieser hat keine Vermögensrechte in der Gesellschaft, so daß auch diese nicht der Grund sein können, persönlich haftende Gesellschafter von der Bestellung durch den Aufsichtsrat auszunehmen. Insgesamt gesehen kann daher der Grund für die mitbestimmungsrechtliche Privilegierung der KGaA nur in dem Vorhandensein einer Familiengesellschaft im Sinne der obigen Definition gesehen werden. Ist dem so, so stehen auch die Mitbestimmungsgesetze der teleologischen Reduktion der entsprechenden Vorschriften für die Aktiengesellschaft nicht entgegen.

Schließlich ist zu prüfen, ob das Kapitalmarktrecht, etwa die Notwendigkeiten für das Funktionieren des Kapitalmarkts oder der individuelle Anlegerschutz, der teleologischen Reduktion entgegensteht. Daß dieses nicht der Fall ist, hat jüngst *Hirte* nachgewiesen[24]. Die Gleichwertigkeit der satzungsgemäßen Leitungs- und Kontrollstruktur der Familien-AG mit der gesetzlichen Verfassung der AG im Hinblick auf den Anlegerschutz wird durch die zweifelsfrei mögliche Börsenzulassung der Aktien einer KGaA belegt. Auch unter Kapitalmarktgesichtspunkten läßt sich also nichts gegen eine teleologische Reduktion einwenden, insbesondere verschlägt das Argument einer angeblich notwendigen Standardisierung der Anlage Aktie nichts.

Ist damit in den Normen des AktG über die innere Ordnung der AG eine Lücke vorhanden, so bietet sich eine Analogie zum Recht der KGaA an. Die Rechtfertigung für diese Analogie ergibt sich ohne weiteres aus der Begründung für die teleologische Reduktion der für die Leitungs- und Kontrollstruktur bei der AG einschlägigen gesetzlichen Normen. Für die Analogie kommt vor allem § 278 Abs. 2 AktG in Betracht. Danach soll für das Verhältnis der Aktionäre zu den geschäftsführenden Gesellschaftern das Recht der KG Anwendung finden. Bei der analogen Anwendung auf die Familien-AG tritt an die Stelle der persönlich haftenden Gesellschafter der Vorstand. Die Anwendung des KG-Rechts bedeutet vor allem weitgehende Satzungsautonomie im Bereich der inneren Organisation. Es kann damit durch die Satzung ein weiteres nicht mitbestimmtes Organ eingeführt werden, das Einfluß auf die Geschäftsführung nehmen darf. Wie bei der KGaA kann die Satzung dieses Organ auch ermächtigen, die Vorstandsmitglieder zu bestellen und abzuberufen. Dies alles ist nach der teleologischen Reduktion der zwingenden Normen des AktG und des Mitbestimmungsgesetzes nicht mehr problematisch.

7. Zusammenfassende Thesen

a) Die Familien-Aktiengesellschaft ist allein durch ihre Aktionärsstruktur gekennzeichnet: Die Mehrheit der Stimmrechte befindet sich in der Hand von Aktionären, die mit dem Gründer des Unternehmens verwandt oder verschwägert sind. Diese Aktionäre koordinieren die Ausübung ihrer Stimmrechte dauerhaft.

b) Bei einer Familien-AG kann die Satzung von allen Vorschriften abweichen, die den Vorstand gegen Einflußnahme durch die Hauptversammlung abschirmen. Es sind dies vor allem §§ 76 Abs. 1, 119 Abs. 2. Die Satzung kann statt dessen ein weiteres Organ vorsehen, das wie der Beirat einer GmbH oder GmbH & Co KG Einfluß auf die Geschäftsführung nimmt.

---

24 In Gestaltungsfreiheit im Gesellschaftsrecht. ZGR Sonderheft (1997).

c) Auch die Familien-AG muß einen Aufsichtsrat haben, auf den auch die Bestimmungen des Mitbestimmungsgesetzes Anwendung finden. Die Befugnisse dieses Aufsichtsrats sind aber wie diejenigen des Aufsichtsrats einer KGaA eingeschränkt. Auch finden § 31 Abs. 1 S. 2 und § 33 Abs. 1 S. 2 MitbestG analoge Anwendung.

d) Die Satzung der Familien-AG kann von §§ 84, 85 AktG abweichen, indem sie vorsieht, daß die Mitglieder des Vorstands durch das weitere von ihr eingerichtete Organ bestellt und abberufen werden. Mangels einer Satzungsbestimmung werden die Mitglieder des Vorstands unmittelbar durch die Hauptversammlung bestellt und abberufen.

8. Ausblick

Die Familien-AG als Sonderrechtsform der AG ist sicherlich praktikabel. Ihre Voraussetzungen sind einfach nachzuweisen und können deshalb auch durch die Registergerichte geprüft werden. Es wird nicht zu einer Aushöhlung der Mitbestimmung kommen, weil diese Rechtsform ähnlich wie die der KGaA verhältnismäßig selten vorkommen wird. Sie wird zu einer wesentlichen Entkrampfung der Diskussion um die Zulässigkeit der GmbH & Co. KGaA beitragen.

Aspekte „verbundener Unternehmen"
im österreichischen Recht

HANS-GEORG KOPPENSTEINER

I. Einleitung

§ 15 dAktG enthält eine eigene Definitionsnorm verbundener Unternehmen[1]. Für den Anwendungsbereich des dritten Buches des dHGB werden verbundene Unternehmen in § 271 Abs. 2 gesondert umschrieben. Das liegt hauptsächlich an Vorgaben des europäischen Rechts[2], für die es im Bereich des eigentlichen Konzernrechts kein Gegenstück gibt. Das österreichische Recht kennt keine Parallelnorm zu § 15 dAktG, verwendet den Begriff der verbundenen Unternehmen im Rechnungslegungsrecht (§ 228 Abs. 3 HGB) aber in ganz ähnlicher Weise wie dies in Deutschland geschieht. Mit dem EU-Gesellschaftsrechtsänderungsgesetz von 1996[3] wurde allerdings darüber hinaus gegangen. Im Kontext der Zeichnung und des Erwerbs von Aktien einer Mutter- durch eine Tochtergesellschaft (§§ 51 Abs. 2, 66 Abs. 1 AktG) werden die tatbestandlichen Voraussetzungen jetzt nicht mehr durch Abhängigkeit des zeichnenden/erwerbenden Unternehmens, also durch eine (implizite) Verweisung auf die §§ 15 AktG, 115 GmbHG[4], umschrieben. An die Stelle dieser Regelung ist ein Verweis auf § 228 Abs. 3 HGB, also den rechnungslegungsrechtlichen Begriff des verbundenen Unternehmens getreten.

Ein Anliegen der folgenden Überlegungen besteht darin, der Bedeutung dieser Gesetzesänderung nachzugehen. Interessant ist diese Frage nicht nur wegen ihres eigentlichen Gegenstandes, sondern auch deshalb, weil sie auf ein Grundproblem zukünftig österreichischen Konzernrechts[5] hinweist. Eignet sich das Konzept verbundener Unternehmen im Rechnungslegungsrecht dazu, so lautet die Frage, als Anknüpfungsbegriff für konzernrechtliche Regelungen im Interesse des Minderheiten- und Gläubigerschutzes?[6] Es versteht sich von selbst, daß diese Frage ohne Vorklärungen im Bereich der Rechnungslegung nicht beantwortet werden kann.

Der Name von Herrn *Kropff* gehört zu jenen, die mich seit meinen wissenschaftlichen Anfängen begleitet haben. Zum Gegenstand dieses Beitrags hat er sich

---

1 Zur Funktion dieser Definitionsnorm *Koppensteiner* in Kölner Komm. zum AktG, 2. Aufl., § 15 Rn 3.
2 Vgl. 7. RL zur Angleichung des Gesellschaftsrechts (Konzernbilanzrichtlinie), abgedruckt bei *Lutter*, Europäisches Unternehmensrecht, 4. Aufl., 1996, 207 ff.
3 öBGBL 1996/304, im folgenden als EU-GesRÄG zitiert.
4 Diese Bestimmungen entsprechen § 15 dAktG 1937.
5 Dazu *Koppensteiner*, FS Ostheim, 1990, 403 ff, *ders.*, FS Steindorff, 1990, 79 ff. Zur Bedeutung europarechtlicher Vorgaben in diesem Zusammenhang *Nowotny* in *Koppensteiner*, Österreichisches und europäisches Wirtschaftsprivatrecht, Teil 1: Gesellschaftsrecht, 1994, 395.
6 Dazu schon *Nowotny* in Straube, HGB-Kommentar, Bd. 2, 1992, § 244 Rn 13, *Koppensteiner*, FS Steindorff, 98 ff mit dem Vorschlag auf den (qualifizierten) Konzern als Anknüpfungsbegriff zu verzichten und statt dessen durchweg Abhängigkeit genügen zu lassen. Die Verfasser von § 244 HGB wollten in den gesellschaftsrechtlichen Konzernbegriff nicht eingreifen und künftigen Regelungen nicht vorgreifen. § 244 enthalte eine am Zweck des Konzernabschlusses ausgerichtete eigenständige Abgrenzung, die sich mit einer an gesellschaftsrechtlichen Schutzzielen ausgerichteten Konzerndefinition nicht decke (Regierungsbegründung bei *Lukas/Zetter*, Rechnungslegungsgesetz, 1991, 214 f). Mit der Novellierung der §§ 51 Abs. 2, 66 Abs. 1 AktG wurde dieser Gedanke aufgegeben, wenn auch nur am Rand des Problemfeldes.

früh – und immer noch führend – geäußert[7]. Auch in Österreich ist er inzwischen gut bekannt[8]. Ich hoffe, daß die hier vorgetragenen Überlegungen geeignet sind, ihren Zweck zu erfüllen, nämlich den Jubilar zu ehren und ihn vielleicht zu interessieren.

II. Rechnungslegung[9]

1. Rechtsfolgen

Die Hauptrechtsfolge der Unternehmensverbindung besteht in der Verpflichtung zur Vollkonsolidierung der beteiligten Unternehmen. Daneben wird der Tatbestand in den Gliederungsvorschriften für die Bilanz[10] und die Gewinn- und Verlustrechnung[11] eingesetzt[12]. Der Zweck dieser Bestimmungen und jener über die Konzernbilanz ist nicht identisch. Dort geht es im Ausgangspunkt darum, dem Charakter des Konzerns als eines Unternehmens im wirtschaftlichen Sinn durch einen zusammenfassenden Abschluß Rechnung zu tragen. Hinzu kommen aber Subziele, die diesen Ausgangspunkt in verschiedenster Weise modifizieren, wie etwa Anforderungen an Rechtsform und Sitz des Adressatenkreises, Entfall der Konsolidierungspflicht bei kleinen Konzernen, praktische Schwierigkeiten bei Führung nachgeordneter Unternehmen oder der Beschaffung von Daten, die für den Konzernabschluß erforderlich sind. Für die Offenlegung der Beziehungen zu verbundenen Unternehmen im Einzelabschluß spielen diese Subziele dagegen fast keine Rolle. So ist es aus der Perspektive einer untergeordneten AG und der an ihrem Schicksal interessierten Personen gleichgültig, welche Rechtsform ein übergeordneter Unternehmensträger hat und wie groß der Konzern insgesamt ist[13]. Die Mehrdimensionalität der mit dem Begriff verbundener Unternehmen zusammenhängenden Rechtsfolgen und die

---

7   *Kropff*, DB 1986, 364 ff. *Ulmer*, FS Goerdeler, 1987, 623, 633 bemerkt mit Recht, es sei überraschend, daß sich die Ansicht von *Kropff* nicht durchgesetzt habe. Letzteres ist heute wohl anders zu beurteilen.

8   S. *Kropff*, FS Kastner, 1992, 279 ff.

9   §§-Bezeichnungen in diesem Abschnitt beziehen sich, wenn nicht anders vermerkt, auf das (österreichische) HGB.

10 § 224 Abs. 2 Aktivseite A III. 1. und 2., B II. 2., III. 2., Abs. 3 Passivseite D 6, § 225 Abs. 2 (gesonderter Ausweis von Forderungen und Verbindlichkeiten unter verbundenen Unternehmen sowie von Anteilen an verbundenen Unternehmen).

11 § 231 Abs. 2 Z. 10–12, Z. 14; Abs. 3 Z. 9–11, Z. 13 (Aufwendungen und Erträge aus verbundenen Unternehmen). Auch in den Vorschriften über den Anhang finden sich Regeln zu verbundenen Unternehmen, ebenso im Kontext der Angabe von Organbezügen. Auch im Rahmen der Inkompatibilitätsvorschriften für Prüfer spielt der Begriff eine wichtige Rolle (§ 271 Abs. 2 Z. 3 und 4, Abs. 4 Z. 3). Vgl. *Nowotny*, aaO (Fn 6), § 228 Rn 44.

12 Die Neufassung dieser Bestimmungen durch das EU-GesRÄG 1996 beruht auf der zunächst unvollständigen Umsetzung der 4. RL durch das Rechnungslegungsgesetz von 1990. Dazu *Grünwald* in Koppensteiner (Fn 5), 1, 67 ff.

13 Ausführlicher zum Sinn der Erfassung verbundener Unternehmen im Einzelabschluß, namentlich in Abgrenzung zur allenfalls erforderlichen Offenlegung der Beziehungen zu Beteiligungsunternehmen *Kropff*, DB 1986, 366 f.

Unterschiedlichkeit der ihnen zugrundeliegenden Zwecke erklärt, daß jener Begriff nicht immer und überall denselben Inhalt haben kann. Der Wortlaut von § 228 Abs. 3 trägt dem teilweise Rechnung, teilweise nicht. Es wird zu untersuchen sein, was dies bedeutet.

2. Mutter- und Tochterunternehmen

a) Verbundene Unternehmen werden für Zwecke der Aufstellung des Einzelabschlusses in § 228 Abs. 3 wie im deutschen Recht grundsätzlich durch Verweisung auf die tatbestandlichen Voraussetzungen der Pflicht zur Vollkonsolidierung, also auf die §§ 244 ff definiert. Verbunden sind Unternehmen daher nur, wenn zumindest ein Mutter- und ein Tochterunternehmen iSv § 244 vorliegt[14]. Es ist deshalb zweckmäßig, zunächst auf diese Tatbestände einzugehen. Fragen des Unternehmensbegriffs im bilanzrechtlichen Sinn bleiben unerörtert[15], soweit sie nicht mit der Rechtsform zusammenhängen[16].

b) Im Zusammenhang mit den Control-Tatbeständen nach § 244 Abs. 2 stellen sich wenig Fragen. Für die Stimmrechtsmehrheit nach Z. 1 ist Tatbestandserfüllung umstritten, wenn im Einzelfall als Folge qualifizierter Mehrheitserfordernisse, Zustimmungsrechte anderer Gesellschafter oder eines Entherrschungsvertrags keine (gesicherte) Beherrschungsmöglichkeit besteht. Die hM bejaht die Frage aus Gründen des Wortlauts und der Rechtsklarheit[17]. Für den Bereich der Konsolidierungspflicht sind daran Zweifel anzumelden. § 250 Abs. 3 (= § 297 Abs. 3 dHGB) bringt zum Ausdruck, daß die Konzernbilanz auf die wirtschaftliche Einheit des Unternehmensverbunds bei juristischer Mehrgliedrigkeit reagiert. An diesem Erfordernis fehlt es, wenn ein Unternehmen bei einem anderen trotz Stimmenmehrheit keine Beherrschungsmöglichkeit hat. Bei Einbeziehung des Umstandes, daß § 244 Abs. 2 Z. 1 auch die Abgrenzung verbundener Unternehmen determiniert, verändern sich die Perspektiven. Denn die Ausklammerung des hier interessierenden Sachverhalts aus dem Verbundtatbestand wäre mit den Zwecken der Normen, die an diesen Tatbestand anknüpfen, kaum vereinbar. Das spricht dafür, an der herrschenden Meinung festzuhalten. Unsinnige Konsequenzen für die Konsolidierungspflicht ergeben sich daraus nicht, weil Mutterunternehmen dieser Pflicht nach § 249 Abs. 1 Z. 1 entgehen können.

Im Unterschied zum deutschen Recht stellt § 244 Abs. 2 Z. 3 nur darauf ab, ob einem Unternehmen das Recht zusteht, einen beherrschenden Einfluß auszuüben. In

---

14 Aus dem Wortlaut von § 228 Abs. 3 ergibt sich indes, daß eine tatbestandsmäßige Unternehmensverbindung nicht nur in der Vertikalbeziehung, sondern zwischen allen Rechtsträgern besteht, die in einen Konzernabschluß einzubeziehen sind. Vgl. *Nowotny*, aaO (Fn 6), § 228 Rn 43.

15 Dazu etwa *Clausen*, Verbundene Unternehmen, 1992, 54 ff, s. ferner *Nösser*, Verbundene Unternehmen im Bilanzrecht, 1992, 29 ff, für Österreich *Nowotny*, aaO (Fn 6), § 244 Rn 15.

16 Dazu sub 3b.

17 Vgl. *Nowotny*, aaO (Fn 6), § 244 Rn 31 mwN, auch der Gegenansicht; für letztere auch *Baumbach/Hopt*, Handelsgesetzbuch, 29. Aufl. 1995, § 291 Rn 8.

den Materialien[18] wird freilich klargestellt, daß eine gesellschaftsrechtlich vermittelte Einflußmöglichkeit vorliegen müsse. Daraus hat man auch für Österreich abgeleitet, daß das Recht zur Beherrschung auf einer Satzungsbestimmung oder einem Beherrschungsvertrag beruhen müsse[19]. Die Zulässigkeit von Beherrschungsverträgen nach österreichischem Recht ist nicht selbstverständlich, aber – trotz Gegenstimmen[20] – mit der hM[21] doch zu bejahen. Bisher sind nämlich keine überzeugungskräftigen Gründe vorgetragen worden, die es erforderlich machen würden, die Gesellschaft als juristische Person auch dann noch zu schützen, wenn die Interessen der mit ihr verknüpften natürlichen Personen auf andere Weise sichergestellt sind[22]. § 244 Abs. 2 Z. 4 nimmt auf Stimmrechtsbindungen bezug. Sie sind nach heutigem Erörterungsstand auch in Österreich zulässig und mit Leistungsklage durchsetzbar[23].

Für sämtliche Tatbestände nach § 244 Abs. 2 kann die Zurechnungsregel nach Abs. 4 bedeutsam werden. Demnach gelten als Rechte, die einem Mutterunternehmen zustehen, auch die einem Tochterunternehmen zustehenden Rechte. Hinzu kommen die Rechte, die für Rechnung der Mutter- oder Tochterunternehmen von anderen Personen gehalten werden[24]. Was für Rechnung in diesem Zusammenhang bedeuten soll, ist für Österreich überhaupt noch nicht erörtert worden. Indessen ist zu erwarten, daß sich die für Deutschland in diesem Zusammenhang auftauchenden Fragen[25] in Österreich in gleicher Weise stellen werden. Fraglich ist ferner, wie zu entscheiden ist, wenn das übergeordnete an zwei untergeordneten Unternehmen die Voraussetzungen von § 244 Abs. 2 jeweils nur durch Zurechnung nach Abs. 4 erfüllt. Der Wortlaut der Bestimmung setzt ein Tochterunternehmen voraus und ordnet als Rechtsfolge Zurechnung an. Die interessierende Sachverhaltslage wäre demnach nicht erfaßt. Doch ist eine Analogie geboten. Denn auch unter den angegebenen Voraussetzungen hat das übergeordnete Unternehmen die von § 244 Abs. 2 angesprochenen Beherrschungsmöglichkeiten. Dabei handelt es sich aber um den ausschlaggebenden Gesichtspunkt.

---

18 Bei *Lukas/Zetter*, aaO (Fn 6), 215.

19 *Nowotny*, aaO (Fn 6), § 244 Rn 38, *Steiner*, ecolex 1990, 748, 749.

20 Vgl. *Jabornegg* in *Schiemer/Jabornegg/Strasser*, Komm. z. AktG, 3. Aufl. 1993 § 15 Rn 37, *Vanis*, GesRZ 1987, 132 ff.

21 Für N. *Jabornegg*, aaO (Fn 20), ferner *Koppensteiner*, FS Ostheim, 1990, 407.

22 Trotz Fehlens ausdrücklicher Bestimmungen ist dies auch in Österreich gesichert. Vgl. *Koppensteiner*, Komm. zum GmbHG, 1994, § 49 Rn 25 f mwN, ausführlicher *Krejci*, Empfiehlt sich die Einführung neuer Unternehmensformen?, Verhandlungen des 10. Österreichischen Juristentages I/1, 349 ff.

23 S. *Koppensteiner*, Komm. z. GmbHG, 1994, § 39 Rn 19, 22 mwN; dort auch zur Möglichkeit einstweiligen Rechtsschutzes.

24 Von der Gesamtheit der berücksichtigungsbedürftigen Rechte sind jene abzuziehen, die mit Anteilen verbunden sind, die von dem Mutterunternehmen oder vom Tochterunternehmen für Rechnung einer anderen Person gehalten werden, ferner solche, die mit Anteilen verbunden sind, die als Sicherheit gehalten werden, wenn ihre Wahrnehmung nach Weisung des Sicherungsgebers oder in dessen Interesse zu erfolgen hat. Zu Kongruenzen oder Inkongruenzen dieser aus der Konzernbilanzrichtlinie folgenden Zurechnungsregel mit § 16 Abs. 2–4 dAktG s. *Ulmer*, FS Goerdeler, 1987, 643.

25 Zu ihnen *Koppensteiner*, FS Rowedder, 1994, 213, 214 ff.

Aus der Sicht untergeordneter Gesellschaften kann, auch wegen der Zurechnung nach Abs. 4, durchaus zweifelhaft sein, ob sie Tochterunternehmen iSv § 244 und deshalb verbundene Unternehmen iSv § 228 Abs. 3 sind. Dennoch kennt weder die Konzernbilanzrichtlinie noch das HGB entsprechende Mitteilungspflichten. Für börsenotierte Gesellschaften wird dieses Problem durch § 91 BörseG teilweise entschärft. Denn ihnen gegenüber ist Erwerb/Veräußerung von Anteilen, die u. a. Stimmrechte von 50% überschreiten/unterschreiten, meldepflichtig[26]. An einer österreichischen Börse notierte Gesellschaften werden auf dieser Grundlage regelmäßig erfahren, ob jemandem die Mehrheit ihrer Stimmrechte zusteht[27]. Die Tatbestände nach § 244 Abs. 2 Z. 2 und 3 sind börsenrechtlich aber nicht mitteilungspflichtig. § 92 Z. 3 BörseG betrifft zwar auch Stimmrechtsvereinbarungen, korrespondiert inhaltlich aber nicht mit § 244 Abs. 2 Z. 4. Die Regeln über die Zurechnung von Rechten (§ 244 Abs. 4 einerseits, § 92 Z. 1 und 2 BörseG andererseits) sind ebenfalls nicht deckungsgleich. Selbst im Anwendungsbereich börsenrechtlicher Mitteilungspflichten wird das hier interessierende Informationsdefizit also nicht zuverlässig beseitigt. Die analoge Ausdehnung jener Pflichten zugunsten nicht börsennotierter Gesellschaften kommt nicht in Betracht. Das folgt aus der Verzahnung der Bestimmung mit der Transparenzrichtlinie[28], die ihrerseits kapitalmarkt-, nicht verbandsrechtlich motiviert ist. Außerdem verweist Art. 6 der Transparenzrichtlinie auf die Konzernbilanzrichtlinie. Deren Regelungsgegenstand wurde also bedacht, aber ohne Ausdehnung der Mitteilungspflichten.

c) § 228 Abs. 3 verweist auf § 244 in toto, also einschließlich dessen Abs. 1. Demnach besteht eine Konsolidierungspflicht auch dann, wenn das Mutterunternehmen eine Beteiligung gemäß § 228 Abs. 1 an anderen Unternehmen hält[29] und diese einheitlich leitet. Wie der deutsche hat also auch der österreichische Gesetzgeber die Wahlmöglichkeit nach Art. 1 Abs. 2 der Konzernbilanzrichtlinie genutzt. Fraglich ist zunächst, ob das Beteiligungserfordernis gemäß § 244 Abs. 1 anhand der Zurechnungsvorschrift in Abs. 4 zu konkretisieren ist. Die Frage stellt sich deshalb, weil § 228 keine eigene Zurechnungsvorschrift enthält. Der Wortlaut von § 244 Abs. 4 legt eine verneinende Antwort nahe. Denn die Bestimmung bezieht sich in ihrem Tatbestand nur auf Rechte, zielt also auf die Tatbestände nach § 244 Abs. 2. Im Kontext von § 244 Abs. 1 ist dagegen nicht von Rechten, sondern nur von einer Beteiligung die Rede. Hinzu kommt, daß der Beteiligungsbegriff anders als § 244 Abs. 2, 4 nicht auf Einflußmöglichkeiten sondern auf die kapitalmäßigen Verflechtungen abstellt[30]. Dennoch sprechen die besseren Gründe für die analoge

26 Zu § 91 BörseG und dem dahinter stehenden Richtlinienbestand ausführlich *Gruber* in *Koppensteiner*, Österreichisches und europäisches Wirtschaftsprivatrecht, Teil 4: Börsen- und Kapitalmarktrecht, 1, 235 ff.

27 Allerdings verlangt § 91 BörseG eine Aktiengesellschaft mit Sitz in Österreich. Zur Richtlinienwidrigkeit dieser Bestimmung *Gruber*, aaO, 243.

28 Abgedruckt bei *Lutter*, aaO (Fn 2), 589.

29 Die Beteiligungshöhe nach dieser Bestimmung wurde durch das EU-GesRÄG in Anpassung an Art. 17 RL auf 20% reduziert.

30 Vgl. *Nowotny*, aaO (Fn 6), § 228 Rn 31.

Anwendung von § 244 Abs. 4, nebenbei bemerkt auch von Abs. 5. Ausschlaggebend ist, daß sowohl der Beteiligungsbegriff als auch der Tatbestand verbundener Unternehmen eine bestimmte bilanzrechtlich erhebliche Interessenlage zum Ausdruck bringen. Daraus ist abzuleiten, daß auch die Maßstäbe für die Ermittlung der jeweils relevanten Sachverhalte dieselben sein sollten. § 228 Z. 2 unterstützt dieses Ergebnis. Demnach sind im Anhang auch Namen und Sitz von Unternehmen anzugeben, an denen eine Beteiligung von mindestens 20% besteht. In diesem Zusammenhang wird die entsprechende Anwendung von § 244 Abs. 4 und 5 ausdrücklich angeordnet[31].

Was einheitliche Leitung bedeutet, ist in Österreich genauso unsicher wie dies für Deutschland zutrifft. Auszugehen ist jedenfalls von den in den §§ 15 AktG, 115 GmbHG enthaltenen Definitionen. Der Konzern iS dieser Bestimmungen wird in Österreich fast allgemein als wirtschaftliche Einheit aufgefaßt[32]. Dieser Vorstellung ist zu folgen[33]; für den Bereich des Konzernbilanzrechts kann sie sich zusätzlich auf § 250 Abs. 3 HGB stützen. Einheitliche Leitung liegt aus dieser Sicht dann vor, wenn die Aktivitäten verschiedener rechtlich selbständiger Unternehmen durch entsprechende Einflußnahme auf deren Geschäftsführung planmäßig so koordiniert werden, daß dies der möglichen Leitungsstruktur eines Einheitsunternehmens entspricht. Was das konkret bedeutet, welche unternehmerischen Funktionen mit anderen Worten Gegenstand einheitlicher Leitung sein müssen, ist auch in Österreich heftig umstritten. Im neueren Schrifttum überwiegt die Annahme, ausschlaggebend sei die verbundweite Koordination des finanziellen Bereichs[34].

Selbst wenn diese Annahme zur allgemeinen Auffassung würde, womit wegen Fehlen eindeutiger gesetzlicher Determinanten nicht zu rechnen ist, wäre der Begriff einheitlicher Leitung und damit der des Konzerns noch immer nicht rechtssicher konkretisiert. Denn die Anforderungen, die an die konzernkonstitutive Zentralisierung des Finanzwesens im einzelnen zu stellen sind, können ihrerseits nicht als geklärt gelten[35]. Das deutsche Recht entschärft diese Schwierigkeiten durch die an Abhängigkeit anknüpfende Konzernvermutung in § 18 Abs. 1 S. 2 dAktG[36]. Für das österreichische Recht fehlt eine entsprechende Regel. Doch gilt im Ergebnis dasselbe wie für Deutschland[37]. Verbunden iSv § 228 Abs. 3 sind wegen § 244 Abs. 1 daher auch herrschende und abhängige Unternehmen, solange die Konzernvermutung nicht widerlegt ist. Es wird sich zeigen, daß gerade diese Einsicht geeignet ist, Mängel der in § 66 Abs. 1 AktG enthaltenen Verweisung auf § 228 Abs. 3 erheblich abzumildern.

---

31 Wie hier *Nowotny*, aaO (Fn 6), § 228 Rn 14, § 244 Rn 16.
32 S. OGH SZ 56/101, *Kastner/Doralt/Nowotny*, Gesellschaftsrecht, 5. Aufl., 1990, 31 mwN, für Deutschland vgl. *Koppensteiner* in Kölner Komm. zum AktG, 2. Aufl., § 18 Rn 15 mwN.
33 Vgl. *Koppensteiner* (Fn 22), § 115 Rn 15.
34 Für N. *Koppensteiner*, aaO.
35 Näher *Koppensteiner, FS Steindorff, 1990, 99 f.
36 Die Schwäche dieser Vermutung besteht darin, daß genaue Aussagen über ihre Widerlegung nicht möglich sind, solange kein an feststellungsfähigen Tatsachen orientierter Begriff des Konzerns formuliert ist. S. *Koppensteiner*, FS Steindorff, 100 f mwN.
37 HM; vgl. *Koppensteiner* (Fn 22), § 115 Rn 17 mN.

d) Die Möglichkeit mehrerer Mutterunternehmen folgt für § 244 ohne weiteres daraus, daß die Beherrschungsvarianten nach Abs. 1 und 2 gegenüber verschiedenen übergeordneten Unternehmen erfüllt sein können[38]. Schwieriger ist die Frage, ob dies auch für ein- und denselben Tatbestand zutrifft. Ist es z. B. möglich, daß mehreren Mutterunternehmen das in § 244 Abs. 2 Z. 3 erwähnte Recht zusteht, einen beherrschenden Einfluß auszuüben oder daß ein Unternehmen von mehreren iSd § 244 Abs. 1 einheitlich geleitet wird? Für das deutsche Aktienkonzernrecht werden diese Fragen überwiegend bejaht[39]. Für Österreich ist die Frage noch wenig untersucht. Doch besteht kein Grund, etwas anderes als für das deutsche Recht anzunehmen[40]. Auf das Recht der Rechnungslegung kann dieses Ergebnis freilich nicht ohne weiteres übertragen werden. Vielmehr sind dort zusätzliche Gesichtspunkte zu berücksichtigen. Denn der Wortlaut von § 244 Abs. 1 und 2 deutet eindeutig daraufhin, daß als Mutterunternehmen jeweils nur ein Unternehmen in Betracht kommt. Bestätigt wird dies durch eine systematische an § 244 Abs. 2 Z. 4 anknüpfende Überlegung. Stimmbindungsverträge begründen nach dieser Bestimmung nur dann eine Konsolidierungspflicht, wenn sie einem Unternehmen, das für die Bestellung oder Abberufung von Organmitgliedern erforderliche Stimmenpotential verschaffen. Nicht tatbestandsmäßig ist ein Vertrag, der die beteiligten Unternehmen dazu verpflichtet, ihnen zustehende Stimmrechte einvernehmlich auszuüben. Das darin zum Ausdruck kommende Prinzip ist aus Gründen teleologischer Folgerichtigkeit auch auf die anderen Verbundtatbestände des § 244 zu beziehen. Hinzu kommt, daß § 262 (= § 310 dHGB) Gemeinschaftsunternehmen dadurch gesondert behandelt, daß nicht Voll-, sondern Quotenkonsolidierung zugelassen wird. Zwar spricht die Bestimmung nur von gemeinsamer Führung eines Unternehmens, also nicht von einheitlicher Leitung. Außerdem behandelt sie nur den Fall eines Gemeinschaftsunternehmens, das von einem Tochter- und einem dritten Unternehmen geführt wird. Aber zwischen gemeinsamer Führung und gemeinsamer Leitung läßt sich nicht überzeugend unterscheiden. Auch wäre es sinnlos bei einheitlicher Leitung eines Gemeinschaftsunternehmens durch zwei Mutterunternehmen Vollkonsolidierung vorzusehen, wenn auf der nachgeordneten Ebene Quotenkonsolidierung möglich ist. Insgesamt spricht daher entschieden mehr gegen als für die Zuordnung von Gemeinschaftsunternehmen zu § 244 und damit zu § 228 Abs. 3[41]. Bestätigt wird das hier gewonnene Ergebnis durch die Vorgaben der Konzernbilanzrichtlinie. *Claussen*[42] hat mE überzeugend gezeigt, daß allein das hier

---

38 Einzelheiten und N. bei *Nowotny*, aaO (Fn 6), § 244 Rn 46 f.
39 Vgl. *Koppensteiner*, aaO (Fn 1), § 18 Rn 25, § 291 Rn 40 f je mwN.
40 Vgl. *Koppensteiner*, aaO (Fn 22), § 115 Rn 11, 16, je mwN.
41 Wie hier die Materialien zu § 262 (bei *Lukas/Zetter*, aaO (Fn 6), 225): Quotenkonsolidierung, wenn keiner der Gesellschafter unmittelbar oder mittelbar mit mehr als der Hälfte des Kapitals beteiligt ist, keine Zulässigkeit der Vollkonsolidierung. Ebenso *Nowotny*, aaO (Fn 6), § 228 Rn 54, *Platzer* in Straube, aaO (Fn 6), § 262 Rn 4. Für Deutschland ist die Frage umstritten. N. etwa bei *Nösser* (Fn 15), 92 f. Anders wie hier auch *Baumbach/Hopt*, aaO (Fn 17), § 310 Rn 1 gegen die amtliche Begründung.
42 aaO (Fn 15), 69 ff.

vertretene Gesetzesverständnis richtlinienkonform ist. Wertvoll ist namentlich der Nachweis, daß die Kommission Gemeinschaftsunternehmen als außerhalb der wirtschaftlichen Einheit Konzern stehende Unternehmen auffaßt.

e) Zusammenfassend ist festzuhalten: Im Vergleich zu den Verbundtatbeständen des österreichischen Gesellschaftsrechts (§§ 15 AktG, 115 GmbHG) ist die Mutter-Tochterunternehmensbeziehung in zweifacher Hinsicht enger. Herrschende und abhängige Unternehmen werden dann nicht erfaßt, wenn die Konzernvermutung widerlegt ist, Gemeinschaftsunternehmen überhaupt nicht. Das erste dieser Ergebnisse ist praktisch nicht besonders bedeutsam, weil wegen der Formaltatbestände in § 244 Abs. 2 wohl nur die sog. Hauptversammlungsmehrheit exkludiert ist[43]. Daß Gemeinschaftsunternehmen mit ihren Müttern nicht iSv § 228 Abs. 3 verbunden sind, führt dagegen zu Ergebnissen, die aus der Sicht des Zwecks der Normen, die an diese Bestimmung anknüpfen, kaum befriedigen können. Dennoch ist dieses Ergebnis de lege lata, wie dargelegt, wohl unvermeidbar. Auf die Frage, was es in aktienrechtlichem Zusammenhang bedeutet, wird zurückzukommen sein.

3. Vollkonsolidierung

a) Die Definition verbundener Unternehmen im § 228 Abs. 3 stellt nicht nur auf die Tatbestandsvarianten nach § 244 ab, sondern verlangt darüber hinaus, daß die Unternehmen nach den Vorschriften über die vollständige Zusammenfassung der Jahresabschlüsse (Vollkonsolidierung) in den Konzernabschluß eines Mutterunternehmens einzubeziehen sind. Dabei kommt es darauf an, welches Unternehmen als oberstes Mutterunternehmen den am weitestgehenden Konzernabschluß gemäß §§ 244 bis 267 aufzustellen hat, auch wenn die Aufstellung unterbleibt. Von Tochterunternehmen, die gemäß den §§ 248 oder 249 nicht einbezogen werden, wird gesagt, daß es sich ebenfalls um verbundene Unternehmen handelt. Bis hierher entspricht die Regelung fast in allen Details den Bestimmungen in § 271 Abs. 2 dHGB[44]. Im Unterschied zum deutschen Recht, das auf die in den §§ 291 und 292 enthaltenen Regelungen über befreiende Konzernabschlüsse bei Auslandssachverhalten verweist, heißt es im § 228 Abs. 3, die für reine Inhaltssachverhalte maßgebenden Regeln seien sinngemäß anzuwenden, wenn das oberste Mutterunternehmen seinen Sitz im Ausland hat. Damit entfällt ein wesentlicher Teil der Probleme, die sich für das deutsche Recht stellen[45]. Im übrigen ist bemerkenswert,

---

43 In den Materialien zu § 244 wird dieser Sachverhalt ausdrücklich angesprochen (s. *Lukas/Zetter*, aaO (Fn 6), 215).

44 In den Materialien wird denn auch ausdrücklich gesagt, § 228 Abs. 3 entspreche § 271 dHGB. S. *Lukas/Zetter*, aaO (Fn 6), 205.

45 Gemeint ist der Fall des einstufigen Konzerns mit Sitz des Mutterunternehmens im Ausland. In einem solchen Fall ist das inländische Unternehmen nicht konsolidierungspflichtig, weshalb ein befreiender Konzernabschluß nicht in Betracht kommt. Aus § 271 Abs. 2 dHGB folgt, daß dann auch keine Unternehmensverbindung vorliegt. Auch bei mehrstufigen Konzernen ergeben sich Probleme (zum Ganzen statt vieler *Nösser*, aaO (Fn 15), 74 ff mwN).

daß der österreichische Gesetzgeber ausdrücklich davon ausgeht, § 228 Abs. 3 entspreche Art. 41 der Konzernbilanzrichtlinie[46]. Zu klären bleiben zwei Fragen. Hängt der Tatbestand verbundener Unternehmen von der Rechtsform des übergeordneten ab? Und: kommt es auf die größenabhängige Befreiung von der Aufstellung eines konsolidierten Abschlusses in § 246 an?

b) Konsolidierungspflichtig sind nach dem Wortlaut von § 244 nur Kapitalgesellschaften[47]. In Verbindung mit der Grammatik von § 228 Abs. 3[48] deutet dies darauf hin, daß verbundene Unternehmen nicht vorliegen, wenn das übergeordnete Unternehmen nicht Kapitalgesellschaft ist. Mit der Konzernbilanzrichtlinie ist dieses Ergebnis vereinbar. Denn deren Art. 41 Abs. 5 sieht ausdrücklich vor, daß Mitgliedstaaten, die die Konsolidierungspflicht auf Mutterunternehmen in der Rechtsform einer Kapitalgesellschaft beschränken, auch anordnen können, daß Nichtkapitalgesellschaften und ihre Tochterunternehmen keine verbundenen Unternehmen sind[49]. Dennoch vertritt *Nowotny*[50] im Einklang mit der auch in Deutschland überwiegenden Auffassung[51] die Ansicht, für den Tatbestand verbundener Unternehmen komme es auf die Rechtsform des Mutterunternehmens nicht an. Für diese Auffassung läßt sich der Normzweck des Begriffs verbundene Unternehmen geltend machen. Er gestattet es, wie schon angedeutet, nicht, im Einzelabschluß der Kapitalgesellschaft danach zu differenzieren, ob das übergeordnete Unternehmen Kapitalgesellschaft ist oder nicht.

Fraglich ist nur, ob sie mit dem Wortlaut von § 228 Abs. 3 vereinbar gemacht werden kann. Ein Anhaltspunkt dafür ergibt sich daraus, daß der Verbundbegriff ausdrücklich auch auf ausländische Muttergesellschaften ausgedehnt wird und zwar unabhängig davon, ob diese einen befreienden Konzernabschluß nach § 245 aufstellen könnten. Dies stellt sich als Durchbrechung der Verknüpfung des Begriffs verbundener Unternehmen mit der Konsolidierungspflicht dar und erlaubt es wohl, der Ansicht von *Nowotny* zu folgen. Sie wird, wie *Kropff* [52] betont, davon unterstützt, daß § 228 Abs. 3 auch eingreift, wenn kein Konzernabschluß aufgestellt wird.

c) Nach § 246 entfällt die Pflicht einen Konzernabschluß-/Lagebericht aufzustellen, wenn die Unternehmensverbindung bestimmte Größenmerkmale nicht überschreitet[53]. Welche Unternehmen miteinander verbunden sind, richtet sich nach dem Wortlaut von § 228 Abs. 3 danach, ob sie in einen obligatorischen Konzernabschluß einzubeziehen sind. Auf der Ebene der Wortlautanalyse ist daraus abzuleiten, daß im Anwendungsbereich von § 246 Abs. 1 keine Unternehmensverbin-

---

46   S. *Lukas/Zetter*, aaO (Fn 6), 205.
47   Für § 244 Abs. 2 ergibt sich dies aus der Verwendung des Begriffs Mutterunternehmen, der in Abs. 1 seinerseits mit einer Kapitalgesellschaft identifiziert wird.
48   Einzubeziehen sind, aufzustellen hat.
49   Dazu namentlich *Nösser*, aaO (Fn 15), 47 f, 55 f, s. auch *Kropff*, DB 1986, 368.
50   AaO (Fn 6), § 228 Rn 46.
51   N. bei *Schultze-Osterloh* in Baumbach/Hueck, GmbH-Gesetz, 16. Aufl., 1996, § 42 Rn 116.
52   DB 1986, 336. Gesehen wird selbstverständlich, daß sich ein zwingendes Argument auch daraus nicht ableiten läßt. Zur Entwicklung der Diskussion *Clausen*, aaO (Fn 15), 14 ff, 48 ff.
53   Ausgenommen sind die Fälle nach § 246 Abs. 3.

dung vorliegt. In dieselbe Richtung weist auch der Umstand, daß von Unternehmen, die gemäß den §§ 248 oder 249 nicht in den Konzernabschluß einbezogen werden, ausdrücklich gesagt wird, auch sie seien miteinander verbunden. Für § 246 fehlt eine entsprechende Anordnung. Andererseits liegt wiederum auf der Hand, daß das Ergebnis aus der Sicht der Normen, die Rechtsfolgen mit dem Tatbestand verbundener Unternehmen verbinden, sinnwidrig ist. Es ist aber auch nicht zwingend. Denn es steht fest, daß der Gesetzgeber Art. 41 der Konzernbilanzrichtlinie umsetzen wollte. Die Definition verbundener Unternehmen in Abs. 1 und 2 dieser Bestimmung enthält keine Größenmerkmale. Eine Ausnahme hiervon wird nicht zugelassen. Daraus ist zu folgern, daß die Formulierung von § 228 Abs. 3 dem Normzweck nicht entspricht; dem Gesetzgeber ist ein Formulierungsfehler unterlaufen. Er ist interpretativ zu korrigieren. Verbundene Unternehmen liegen auch dann vor, wenn wegen § 246 kein Konzernabschluß aufzustellen ist[54].

III. Zeichnung/Erwerb von Aktien eines übergeordneten Unternehmens

1. Entstehungsgeschichte und Normzweck

a) Nach § 51 Abs. 2 AktG aF war es einem abhängigen Unternehmen verboten, als Gründer oder Zeichner oder in Ausübung eines Bezugsrechts Aktien der herrschenden Gesellschaft zu übernehmen. Derivativ durften abhängige Unternehmen Aktien der herrschenden Gesellschaft nur unter denselben Voraussetzungen erwerben wie diese selbst (§ 66 Abs. 1 aF). Der Zweck von § 51 Abs. 2 aF wurde in der Sicherung realer Kapitalaufbringung wie auch in der Verhinderung der Selbstkontrolle des Managements gesehen[55]. Das grundsätzliche Verbot derivativen Erwerbs von Aktien einer herrschenden Gesellschaft durch ein abhängiges Unternehmen hat man mit Recht auf denselben Grundgedanken zurückgeführt[56]. Zu beachten ist indes, daß der Sinn der für abhängige Unternehmen geltenden Übernahme-/Erwerbsverbote nicht darin bestehen kann, Einflußnahmen der Verwaltung der Gesellschaft in ihrer eigenen Hauptversammlung zu verhindern. Denn diesem Interesse wird schon durch das Stimmverbot in § 114 Abs. 6 AktG Rechnung getragen. Zumindest als Hauptzweck der angesprochenen Verbote mußte daher die Abwehr der mit wechselseitigen Beteiligungen verbundenen Kapitalverwässerungseffekte angenommen werden[57]. Unter dem Gesichtspunkt des Umgehungsschutzes spielen daneben auch Erwägungen eine Rolle, die mitursächlich für das Verbot des Erwerbs eigener Aktien sind. Hingewiesen sei auf die Gefahr der

---

54 Für Österreich wie hier *Nowotny*, aaO (Fn 6), § 228 Rn 46, ebenso die in Deutschland herrschende Meinung; vgl. *Kropff*, DB 1986, 366. WN bei *Schultze-Osterloh*, aaO (Fn 51), ausführlicher *Clausen*, aaO (Fn 15), 84 ff, *Nösser*, aaO (Fn 15), 65 ff, je mwN.

55 Vgl. *Jabornegg*, aaO (Fn 20), § 51 Rn 12 mit Bezugnahme auf *Lutter*.

56 *Jabornegg*, aaO (Fn 20), § 66 Rn 1.

57 Dazu *Koppensteiner*, WBl 1990, 2 ff, s. auch *Lutter* in Kölner Komm. zum AktG, § 71 d Rn 6 f mwN, *Kalss*, AG 1996, 550, 556 mit Hinweis auf *Nowotny*.

Spekulation in eigenen Aktien oder Maßnahmen der Kurspflege zum möglichen Nachteil Dritter. Auch liegt die Gefahr von Verstößen gegen den Gleichbehandlungsgrundsatz beim Erwerb eigener Aktien – auch über abhängige Unternehmen – besonders nahe[58]. Evident sind allerdings auch die Grenzen des Umgehungstopos. Tochterunternehmen sind aus Aktien der Muttergesellschaft dividendenberechtigt. Bezugsrechte können sie zwar nicht ausüben, aber veräußern. Mit eigenen Aktien sind diese Rechte nicht verbunden[59].

b) Wie schon bemerkt hat das EU-GesRÄG den Adressatenkreis der §§ 51 Abs. 2, 66 Abs. 1 AktG umformuliert. An die Stelle abhängiger Unternehmen ist eine Verweisung auf § 228 Abs. 3 HGB getreten[60]. Begründet wird dies damit, daß hinsichtlich des Abhängigkeitstatbestands nach § 15 AktG strittig sei, ob hierfür – wie in Art. 24 a Kapitalrichtlinie vorgesehen – die Möglichkeit ausreicht, einen beherrschenden Einfluß auszuüben. Außerdem verlange die Richtlinie auch die Einbeziehung in Mehrheitsbesitz stehender Unternehmen[61]. Festzuhalten ist, daß eine Veränderung des ursprünglichen Zweckgefüges der §§ 51 Abs. 2, 66 Abs. 1 nicht beabsichtigt war. Im Gegenteil: Nach § 225 Abs. 5 S. 2 HGB muß für Anteile an herrschenden oder mit Mehrheit beteiligten Unternehmen auf der Passivseite eine Rücklage ausgewiesen werden. Diese Rücklage darf nur durch Umwidmung frei verfügbarer Kapital- und Gewinnrücklagen gebildet werden, soweit diese einen Verlustvortrag übersteigen. Sogar im Kontext des ausnahmsweise zulässigen Erwerbs von Aktien einer übergeordneten Gesellschaft legt das Gesetz also Wert darauf, daß dadurch die Kapitalgrundlage nicht beeinträchtigt wird. Das bestätigt, daß dem grundsätzlichen Verbot solchen Erwerbs derselbe Gedanke zugrunde liegen muß.

2. Diskrepanz zwischen der Neufassung der §§ 51 Abs. 2, 66 Abs. 1 AktG und deren Zweck

a) Wie dargelegt wollte der Gesetzgeber des EU-GesRÄG den vorher maßgeblichen Abhängigkeitsbegriff nicht verändern, sondern nur klarstellen, daß schon eine Beherrschungsmöglichkeit ausreicht. Zu beachten ist in diesem Zusammenhang, daß Abhängigkeit mit dem Kapitalverwässerungseffekt der wechselseitigen Beteiligung nur mittelbar etwas zu tun hat. Mittelbar ist dieser Zusammenhang deshalb, weil die Beherrschungsmöglichkeit normalerweise auf einer Kapitalbeteili-

---

58 Vgl. *Lutter,* aaO, § 71 d Rn 7, § 71 Rn 12, mwN. Ferner etwa noch *Kindl,* ZEuP 1994, 77, 78 f, 86.

59 Dazu die Materialien (Fn 61), 84.

60 Auch § 65 Abs. 1 AktG über die ausnahmsweise Zulässigkeit des Erwerbs eigener Aktien, auf den in § 66 verwiesen wird, arbeitet in Z. 4 und 5 mit dem Begriff verbundener Unternehmen. Die damit verbundenen Fragen müssen hier dahinstehen.

61 Vgl. die Regierungsvorlage, 32 der BlgStProtNR XX. GP, 79, 86. Es könnte sein, daß diese Begründung und ihr Resultat auf *Nowotny* zurückgeht, der sie schon früher favorisiert hat (aaO (Fn 5), 438). Dem anscheinend folgend *Kalss,* AG 1996, 550, 552.

gung beruhen wird. Zwingend ist dies aber nicht. Der in § 244 Abs. 2 Z. 3 angesprochene Beherrschungsvertrag setzt eine Beteiligung nicht voraus, auch wenn er ohne eine solche kaum jemals abgeschlossen werden wird. Zu folgern bleibt, daß die Tatbestandsmäßigkeit von Abhängigkeit im Kontext der Übernahme/des Erwerbs von Aktien einer übergeordneten Gesellschaft zumindest hauptsächlich auf jene Nebenzwecke der Regelung zielen muß, die nichts mit wechselseitiger Beteiligung zu tun haben. Soweit Abhängigkeit und Beteiligung parallel laufen, wird allerdings gleichzeitig verhindert, daß das herrschende Unternehmen seine Einflußmöglichkeiten dazu nutzt, die eigene Kapitalgrundlage zu schmälern.

Der nach der Neufassung des Gesetzes ausschlaggebende § 228 Abs. 3 HGB erfaßt wie dargelegt nicht alle Fälle von Abhängigkeit. Außerhalb des Eingreifens der Konzernvermutung liegt keine Unternehmensverbindung vor, wenn Abhängigkeit nicht auf der Mehrheit der Stimmrechte, sondern einer bloßen Hauptversammlungsmehrheit beruht. Dasselbe gilt bei koordinierter Beherrschung eines Gemeinschaftsunternehmens. In beiden Fällen müßten die §§ 51 Abs. 2, 66 Abs. 1 AktG als Folge ihres Zwecks aber anwendbar sein. Daß dies so ist, läßt sich mit der Erwägung begründen, daß der Text des Gesetzes hinter der ausdrücklich erklärten Intention seiner Verfasser zurückbleibt. Hinzu kommt ein systematischer Gesichtspunkt. § 225 Abs. 5 S. 1 HGB schreibt vor, daß Anteile an herrschenden oder mit Mehrheit beteiligten Unternehmen je nach ihrer Zweckbestimmung im Anlage- oder im Umlaufvermögen in einem gesonderten Posten auszuweisen sind. Nach § 240 Z. 2 und 3 HGB muß der Anhang von Aktiengesellschaften auch Angaben über Bestand und Zugang von Aktien im Besitz abhängiger oder im Mehrheitsbesitz der Gesellschaften stehender Unternehmen enthalten. Diese Vorschriften befinden sich in einem offensichtlichen systematischen Zusammenhang mit jenen Bestimmungen, die die Übernahme und den Erwerb von Aktien eines übergeordneten Unternehmens regeln. Sie sind deshalb geeignet, Licht darauf zu werfen, was das Gesetz mit den Tatbeständen jener Bestimmungen eigentlich meint. Hier interessiert, daß Abhängigkeit im Kontext der §§ 225 Abs. 5, 240 Z. 2 und 3 ohne Bezugnahme auf die in den §§ 228 Abs. 3, 244 HGB enthaltenen Definitionen umschrieben wird. Das bestätigt das hier für richtig gehaltene Ergebnis.

b) Schwieriger sind Mehrheitsbeteiligungen zu beurteilen, die nicht mit einer Stimmenmehrheit verbunden sind. An ihrer Tatbestandsmäßigkeit im deutschen Recht bestehen keine Zweifel. § 228 Abs. 3 HGB erfaßt solche Fälle nicht. Die Materialien sind ambivalent. Zwar ist dort, wie berichtet, farblos von der Notwendigkeit der Erfassung einer Mehrheitsbeteiligung die Rede, was auch die bloße Kapitalmehrheit meinen kann. Andererseits wird die Änderung der Rechtslage wesentlich mit Art. 24 a der Kapitalrichtlinie begründet. Demnach kommt es aber nicht auf eine Mehrheitsbeteiligung schlechthin, sondern nur auf die Mehrheit der Stimmrechte an[62]. Vom Blickpunkt der Kapitalverwässerung her gesehen ist die Innehabung einer Mehrheit des Kapitals einer untergeordneten Gesellschaft grundsätzlich interessanter als Abhängigkeit. Da dieser Aspekt immer noch als

---

62 Zu dieser Diskrepanz auch *Jud/Saurer*, RdW 1996, 252 f.

zentrale Zielsetzung der §§ 51 Abs. 2, 66 Abs. 1 AktG aufzufassen ist, liegt auch insoweit eine korrigierende Interpretation der Verweisung auf § 228 Abs. 3 HGB nahe. Von der amtlichen Begründung des Gesetzes wird dieses Ergebnis zwar nicht erzwungen, erscheint aber doch mit ihr vereinbar. Unterstützt wird es wiederum von den §§ 225 Abs. 5, 240 Z. 2 und 3 HGB. Denn dort wird auf Mehrheitsbesitz schlechthin abgestellt. Das deckt auch die bloße Kapitalmehrheit[63].

3. § 228 Abs. 3 HGB als Grundlage gesellschaftsrechtlicher Eindämmung von Risiken des Unternehmensverbundes?

Die vorstehenden Überlegungen haben gezeigt, daß die aufgeworfene Frage zu verneinen ist[64]. Am deutlichsten zeigt sich dies daran, daß nicht alle Fälle von Abhängigkeit erfaßt werden. Dabei handelt es sich aber um den Schlüsselbegriff des Konzernrechts[65]. Weniger gravierend, aber auch nicht zu vernachlässigen ist, daß auch der Gleichordnungskonzern außerhalb der Tatbestandsbildung von § 228 Abs. 3 HGB liegt. Dasselbe gilt für wechselseitige Beteiligungen, die nicht in den Anwendungsbereich der §§ 51, 66 AktG fallen. Es hätte sich empfohlen, sie schon im Rechnungslegungsrecht zu berücksichtigen. Aus der Perspektive des Minderheiten- und Gläubigerschutzes ist das Regelungsbedürfnis evident.

---

63 Anders wie hier *Jud/Saurer*, RdW 1996, 252, 253 f.
64 Sehr viel zurückhaltender *Nowotny*, aaO (Fn 5), 439 ff.
65 Vgl. *Kropff*, FS Kastner, 279 ff. Dort wird (für Österreich) geprüft, inwieweit § 311 dAktG verbesserungsbedürftig ist. Daß diese Bestimmung an Abhängigkeit anknüpft, steht für *Kropff* dabei aber mit Recht außer Zweifel. S. ferner *Koppensteiner*, FS Steindorff, 98 ff. In DB 1986, 368 f führt *Kropff* aus, daß die Formulierung des § 271 Abs. 2 dHGB mit der Systematik des § 311 dAktG nicht vereinbar ist.

Die „formunwirksame" schriftliche Auskunftserteilung nach § 131 AktG

DIETMAR KUBIS

I. Die praktische Relevanz schriftlicher Auskunftserteilung

Nach § 131 Abs. 1 AktG ist das Auskunftsrecht des Aktionärs auf die Hauptversammlung fokussiert. Anders als die Inhaber von GmbH-Anteilen[1] oder die Komplementäre einer Personenhandelsgesellschaft[2] sind die Eigentümer eines Unternehmens in der Rechtsform der Aktiengesellschaft somit regelmäßig darauf angewiesen, ihr Informationsbedürfnis auf die ordentliche Hauptversammlung zu konzentrieren. Neben dieser zeitlichen Einschränkung erfährt das Auskunftsrecht des Aktionärs eine zusätzliche gegenständliche Beschränkung, indem die nachgesuchte Auskunft „zur sachgerechten Beurteilung des Gegenstands der Tagesordnung erforderlich sein muß" (vgl. § 131 Abs. 1 S. 1 AktG). Auch wenn diese inhaltliche Begrenzung des Informationsrechts jedenfalls im Rahmen der Vorlage des Jahresabschlusses kaum noch ernsthafte Dämme gegen sachlich fundierte Aktionärsfragen zu errichten vermag, so erfährt das aktienrechtliche Auskunftsrecht hierdurch zumindest eine formale Beschränkung, die allerdings nicht Gegenstand dieser Untersuchung sein soll.

Obwohl das schriftliche Auskunftsverlangen (zumeist bereits im Vorfeld der Hauptversammlung geäußert) und dessen Erfüllung in der Praxis eine erhebliche Rolle spielen, hat die Frage der Form von Informationsersuchen und -befriedigung in der Rechtsprechung zumeist eine eher untergeordnete Bedeutung. Sie wurde zudem bislang nur im Zusammenhang mit Auskunftsersuchen zu solchen Themenkomplexen relevant, bei denen das zeitliche Moment gegen eine (vollständige) Verlesung sprach – also bei umfangreichen Vertragswerken[3], bei komplexen Dateien[4] oder bei der Vorlage abgekürzter Jahresabschlüsse[5]. Wenngleich die Überreichung einer Abschrift derart umfangreicher Dokumente sicherlich den bedeutsamsten Anlaß für die Befassung mit der Formfrage innerhalb des § 131 AktG darstellt, so ist die praktische Relevanz der schriftlichen Beantwortung von Aktionärsfragen durchaus nicht auf derartige Fallgestaltungen beschränkt. Gerade im Hinblick auf die steigende Anzahl der (wirklich oder vorgeblich) „kritischen Aktionäre", die die Maßnahmen der Verwaltung zunehmend detaillierter hinterfragen, gelangt die Schriftform von Frage und (Nicht-)Antwort mehr und mehr in den Vordergrund. Mit anderen Worten: Die praktische Relevanz der Auskunftsform ist die zwangsläufige Folge eines Mengenproblems, das in Gestalt der zahlreicher werdenden Aktionärsfragen mit immer mehr nachgefragten Detailinformationen die Hauptversammlungen der letzten Jahre prägt.

---

1 Zum jederzeitigen Informationsrecht in der GmbH vgl. nur *Baumbach/Hueck/Zöllner,* Komm. z. GmbHG, 16. Aufl., 1996, § 51a Rdn. 1; *Hachenburg/Hüffer,* Großkomm. z. GmbHG, 8. Aufl., 1991, § 51a Rdn. 34; *Fischer/Lutter/Hommelhoff,* Komm. z. GmbHG, 14. Aufl., 1995; § 51a Rdn. 19.

2 Zum jederzeitigen Informationsrecht des unbeschränkt haftenden Personengesellschafters vgl. nur *Schlegelberger/Martens,* Komm. z. HGB, 5. Aufl., 1992, § 118 Rdn. 1.

3 Vgl. *BGH* Die AG 1967, 200 = BB 1967, 602 = DB 1967, 940 = NJW 1967, 1462 = WM 1967, 503.

4 Vgl. *BGHZ* 101, 1 = Die AG 1987, 344 = DB 1987, 2033 = NJW 1987, 3186 = WM 1987, 1065 = ZIP 1987, 1239 m. Anm. *Niehus.*

5 Vgl. *OLG Düsseldorf* Die AG 1992, 34 = BB 1992, 177 = DB 1991, 2532 = WM 1991, 2148 (Vorinstanz: *LG Köln* Die AG 1991, 280).

Im Gegensatz zum flüchtig gesprochenen Wort, dessen Reproduktion nach der „BMW-Entscheidung" des *BGH* vom 19. September 1994[6] auf die Verwaltung und den betroffenen Aktionär beschränkt ist, hat die schriftliche Auskunft den unbestreitbaren Vorteil, daß sie sich weder verflüchtigt noch inhaltlich relativierbar ist. Auch deshalb wird von ihr in der Praxis der Hauptversammlung zunehmend Gebrauch gemacht. Allerdings beschränkt sich die schriftliche Auskunftserteilung auf die Fälle des – zumeist kurzfristig und inhaltlich wenig konkretisierten – hergestellten Einvernehmens zwischen dem Vorstand (gelegentlich auch dem Versammlungsleiter) und dem fragenden Aktionär. Ob die so versprochene Auskunft in angemessener Frist, inhaltlich vollständig und sachlich zutreffend erteilt wird, entzieht sich jeder empirischen Betrachtung. Unbestreitbar ist jedenfalls der hiermit zusammenhängende Nachteil gegenüber der mündlich erteilten Auskunft: Die übrigen anwesenden Aktionäre und Aktionärsvertreter erfahren zum nachgefragten Thema nichts. Auch dieser Befund spiegelt sich in der Gerichtspraxis nicht wider.

Von den soeben beschriebenen objektiven Qualitätsmerkmalen der schriftlichen Auskunft zu unterscheiden sind die hiermit verbundenen Zielsetzungen:

Aktionärsseitig steht das Interesse im Vordergrund, Detailinformationen zur aktuellen Geschäftslage möglichst vollständig und präzise zu erhalten, ohne hierdurch den Ablauf der Hauptversammlung zu behindern. Ein Teil dieser Aktionäre, der die Schriftlichkeit der Beantwortung seiner Frage gar nicht immer antizipiert, leitet diese (vernünftigerweise!) dem Vorstand bereits im Vorfeld der Hauptversammlung zu, um eine hinreichende Auskunftsfähigkeit des Vorstands zu Detailinformationen herzustellen[7]. Sofern es dem so beschriebenen Aktionärskreis allein um die Aufhellung persönlicher Informationsdefizite geht, wird dieses Procedere kaum jemals Gegenstand gerichtlicher Auseinandersetzungen sein. Anders jedoch bei denjenigen Aktionären, die das Auskunftsrecht zur Verfolgung weiterreichender Ziele nutzen. Dieser – zahlenmäßig eher geringfügige – Kreis von Anteilseignern steht bei der juristischen Relevanz der Auskunftsform im Vordergrund. Er wird die schriftliche Beantwortung seiner Fragen ablehnen, um mit Hilfe der verlangten mündlichen Auskunft weitere Aktionäre für eine bestimmte Sachposition gewinnen zu können.

Verwaltungsseitig ist die schriftliche Beantwortung von Aktionärsfragen ebenfalls nicht ohne Wert. Zum einen führt die nachträgliche schriftliche Auskunftserteilung zu einer erheblichen zeitlichen Entlastung bei der Abwicklung einer Hauptversammlung – allerdings um den Preis, daß die dies akzeptierenden Aktionäre wegen der Zeitersparnis bei der Fragenbeantwortung nicht mehr als mittelbarer Verursacher für redezeitbeschränkende Maßnahmen herangezogen werden können und vorgängige Maßnahmen dieser Art ggf. sogar wieder aufgehoben werden müssen. Zum andern – und hierin liegt fraglos der eigentliche „innere Wert"

---

6 *BGHZ* 127, 107 = Die AG 1994, 559 = BB 1994, 2091 = DB 1994, 2180 = NJW 1994, 3048 = WM 1994, 1879 = ZIP 1994, 1597.

7 Zur erweiterten Auskunftspflicht des Vorstands nach entsprechender Ankündigung durch den Aktionär vgl. *Eckardt,* Geßler/Hefermehl, Komm. z. AktG, 1973 ff, § 131 Rdn. 67.

der schriftlichen Auskunft – können die Antworten im Nachgang zur Hauptversammlung unter Zuhilfenahme aller personellen und sachlichen Ressourcen der Verwaltung wohlüberlegt formuliert werden. Daß sich dabei die Verfahrensvoraussetzungen für ein Auskunftserzwingungsverfahren wegen des regelmäßig unterlassenen Widerspruchs (§ 132 Abs. 2 S. 1, 2. Alt. AktG) zu Lasten des Aktionärs verschlechtern, ist aus Sicht einer wenig auskunftsfreudigen Verwaltung sicherlich ein ebenso angenehmer Nebeneffekt wie der mit dem Versprechen einer schriftlichen Fragenbeantwortung verbundene Aktionärsverzicht auf die Protokollierung eines Widerspruchs nach § 131 Abs. 5 AktG als Voraussetzung für die Anfechtungsbefugnis nach § 245 Nr. 1 AktG. Um so verwunderlicher ist es, daß die Gerichtspraxis unter diesen Folgeaspekten bislang nur am Rande mit der Praxis schriftlicher Auskunftserteilung konfrontiert war.

II. Die herrschende Auffassung:
Mündliches Auskunftsverfahren als gesetzlicher Regelfall

Ebensowenig wie die sachlich vergleichbaren Vorschriften des § 51a GmbHG und des § 118 HGB regelt § 131 AktG die Form der Auskunftserteilung. Lediglich bei der Frage des Rechts zur Einsichtnahme in die Bücher und in die sonstigen Dokumentationen der Gesellschaft verhält sich § 131 AktG mit Ausnahme der Vorlagepflicht bei abgekürzten Abschlüssen nach Abs. 1 S. 3 – anders als die genannten Parallelnormen – schweigend. Ansonsten ist ein Unterschied zur Frage der gebotenen Auskunftsform anhand der gesetzlichen Vorschriften nicht auszumachen.

Blickt man in die diesbezügliche Handhabung des § 51a GmbHG, so besteht eine relativ einmütige Meinung zur Formfrage. Danach hat der Gesellschafter zwar keinen Anspruch auf schriftliche Befriedigung seines Informationsbedürfnisses; gleichwohl hat eine von der Geschäftsführung gewählte Schriftform der Auskunft schuldbefreiende Wirkung[8]. Weitaus heterogener ist dagegen das Meinungsbild zur Form der aktienrechtlichen Auskunftserteilung. Allerdings werden die verschiedenen Aspekte hierzu nicht mit der erforderlichen Deutlichkeit voneinander getrennt. Um eine Transparenz innerhalb des gesamten Meinungsspektrums zu erreichen, sind deshalb folgende Fragen gesondert zu behandeln: Kann sich der Aktionär auf die schriftliche Formulierung seiner Fragen zur Erlangung der gewünschten Auskunft in der Hauptversammlung beschränken (dazu sogleich unter 1.)? Kann der Aktionär die Erfüllung seines Auskunftsverlangens in Schriftform beanspruchen (dazu sogleich unter 2.)? Kann der Vorstand seinerseits den Aktionär auf die schriftliche Beantwortung der gestellten Fragen verweisen und den Auskunftsanspruch somit allein auf dem Schriftweg erfüllen (dazu sogleich unter 3.)?

---

8   *OLG Köln* GmbH-Rdsch. 1985, 358, 359; *Baumbach/Hueck/Zöllner,* aaO (Fn. 1), § 51a GmbHG Rdn. 15; *Scholz/Karsten Schmidt,* Komm. z. GmbHG, 8. Aufl., 1995, § 51a Rdn. 23; teilweise einen Anspruch des Gesellschafters auf schriftliche Auskunft bejahend *Fischer/Lutter/Hommelhoff,* aaO (Fn. 1), § 51a GmbHG Rdn. 19; *Hachenburg/Hüffer,* aaO (Fn. 1), § 51a GmbHG Rdn. 3; offengelassen von *OLG Düsseldorf* WM 1990, 1823, 1824.

Um die vorstehenden Fragen von begrifflichen Verwirrungen zu befreien, bedarf es vorab noch einer Klarstellung der hier behandelten Schriftform von Antworten der Verwaltung auf Aktionärsfragen. Hierunter wird nicht etwa die Verweisung des Aktionärs auf Einsichtnahme in bereitgehaltene Dokumente verstanden, die als Alternative zur Verlesung derartiger Dokumente bereits mehrfach Gegenstand gerichtlicher Auseinandersetzungen war[9]. Vielmehr wird im folgenden unter „schriftlicher Auskunft" ausschließlich die Überreichung einer schriftlich verkörperten, vom Vorstand autorisierten Erklärung zu den vorgebrachten Aktionärsfragen verstanden. Diese kann durchaus aus einer Abschrift der zur Einsichtnahme angebotenen Dokumente bestehen; sie kann aber auch eine Zusammenfassung komplexer Inhalte durch den Vorstand darstellen. Es geht mithin nachfolgend nicht um die Authentizität von verwaltungsseitig mitgeteilten Tatsachen, sondern ausschließlich um die Form derartiger Mitteilungen. Insofern tragen die Entscheidungen, die den Grundsatz der mündlichen Aktionärsauskunft mit dem Verlangen des Aktionärs nach Verifizierung von verwaltungsseitigen Zusammenfassungen komplexer Dokumentationen konfrontieren[10], eher zur Vermischung als zur Aufklärung der hier zu behandelnden Rechtsfragen bei. Sowohl die wortgetreue Verlesung eines Dokuments als auch dessen – inhaltlich verkürzte – Wiedergabe in Form einer Zusammenfassung stellt eine mündliche Antwort auf die dazugehörige Aktionärsfrage dar. Insofern führt diese alternative Handhabung – wenngleich für die Abwicklung einer Hauptversammlung in der Praxis höchst bedeutsam – bei der hier untersuchten Zulässigkeit einer schriftlichen Auskunft durch den Vorstand nicht weiter.

1. Zulässigkeit schriftlicher Fragestellung

Wird bereits die Behandlung der Form bei der Auskunftserteilung in Rechtsprechung und Schrifttum eher zurückhaltend erörtert, so gilt dies erst recht für die Form des Auskunftsverlangens. Soweit ersichtlich, beschränkt sich die Judikatur hierzu auf den Ausspruch des *LG Köln*[11], demzufolge die im Vorfeld der Hauptversammlung schriftlich eingereichten Fragen in der Versammlung selbst verlesen werden müssen. Zur Begründung führt das Gericht an, daß die (anderen) Teilnehmer der Hauptversammlung von den Fragen Kenntnis haben müßten, um dem Gang der Versammlung folgen zu können. So richtig es ist, daß mündliche Antworten auf schriftlich gestellte Fragen den übrigen Versammlungsteilnehmern eher rätselhaft vor-

---

9 *BGHZ* 101, 1 = Die AG 1987, 344 = DB 1987, 2033 = NJW 1987, 3186 = WM 1987, 1065 = ZIP 1987, 1239; *BGH* Die AG 1967, 200 = BB 1967, 602 = DB 1967, 940 = NJW 1967, 1462 = WM 1967, 503; *OLG Düsseldorf* WM 1991, 2148, 2153.
10 Vgl. Fn. 9; folgerichtig insoweit *OLG Hamburg* Die AG 1968, 190, das den erhobenen Anspruch des Aktionärs auf die Verlesung eines 49seitigen Vertragswerks anhand des Grundsatzes mündlicher Auskunftserteilung prüft, ohne in diesem Zusammenhang auf die Möglichkeit einer verkürzten Wiedergabe zu rekurrieren.
11 Die AG 1991, 38.

kommen mögen, so zweifelhaft erscheint zunächst die Prämisse dieser Begründung. Die Argumentation des genannten Urteils übersieht nämlich nicht nur, daß den übrigen Versammlungsteilnehmern das Rätselraten erspart bliebe, wenn auch die Beantwortung schriftlich eingereichter Aktionärsfragen ausschließlich in schriftlicher Form erfolgte. Sie vermag auch nicht zu erklären, weshalb alle Teilnehmer einer Hauptversammlung überhaupt ein berechtigtes Interesse daran haben könnten, Fragen eines einzelnen Aktionärs und die darauf erteilten Antworten überhaupt zur Kenntnis zu nehmen.

Etwas großzügiger ist dagegen das Schrifttum. Dieses läßt eine schriftliche Fragestellung durch den Aktionär ohne weiteres zu[12]. Mit Ausnahme von *Meilicke/Heidel,* die sich auf die Nichtexistenz eines „Grundsatzes der Mündlichkeit in der Hauptversammlung" berufen[13], wird diese Ansicht allerdings nicht begründet. Immerhin findet die Großzügigkeit dort ihre Grenze, wo der Aktionär die schriftlich formulierten Fragen ausschließlich außerhalb der Hauptversammlung an den Vorstand richtet[14].

2. Anspruch auf schriftliche Auskunftserteilung

Bereits unter der Geltung des § 112 AktG 1937, der zur Formfrage ebensowenig Aussagekraft hatte wie seine derzeit gültige Nachfolgevorschrift, bekräftigte der *BGH*[15] den Grundsatz der mündlichen Auskunft in der aktienrechtlichen Hauptversammlung, allerdings ohne die Schriftform als rechtliche Alternative näher zu diskutieren. Auch in der Entscheidung vom 9. September 1987[16] äußerte sich der *II. Senat* nicht zum Anspruch des Aktionärs auf schriftliche Informationserteilung, sondern ausschließlich zur Liberationswirkung von verwaltungsseitig angebotener Einsichtnahme in schriftliche Aufzeichnungen anstelle der begehrten mündlichen Auskunft. Somit blieb es der Entscheidung des *BGH* vom 5. April 1993 vorbehalten, den informationsbedürftigen Aktionär grundsätzlich auf die ausschließlich mündliche Beantwortung seiner Fragen zu verweisen[17].

---

12 *F.-J. Semler,* Münchener Handbuch des Gesellschaftsrechts, Band 4: Aktiengesellschaft, 1988, § 37 Rdn. 18; *Hüffer,* Komm. z. AktG, 2. Aufl., 1995, § 131 Rdn. 8; *Eckardt,* aaO (Fn. 7), § 131 AktG Rdn. 26; *Meilicke/Heidel,* DStR 1992, 72, 74 (re. Sp.); noch weitergehend *Luther,* FS Möhring, 1975, 221, 223 f, der das schriftliche Auskunftsverlangen aus Praktikabilitätserwägungen präferiert.

13 AaO (Fn. 12).

14 *F.-J. Semler,* aaO (Fn. 12), § 37 Rdn. 19; *Hüffer,* aaO (Fn. 12) § 131 AktG Rdn. 8; *Zöllner,* Kölner Komm. z. AktG, 1. Aufl., 1971, § 131 Rdn. 77; *Eckardt,* aaO (Fn. 7), § 131 AktG Rdn. 25.

15 Die AG 1967, 200 = BB 1967, 602 = DB 1967, 940 = NJW 1967, 1462, 1463 = WM 1967, 503, 505.

16 *BGHZ* 101, 1, 15 f = Die AG 1987, 344, 347 f = DB 1987, 2033, 2035 = NJW 1987, 3186, 3190 = WM 1987, 1065, 1069 = ZIP 1987, 1239, 1244 m. Anm. *Niehus.*

17 *BGHZ* 122, 211, 236 = Die AG 1993, 422, 429 = DB 1993, 1074, 1080 = NJW 1993, 1976, 1982 = WM 1993, 1087, 1096 = ZIP 1993, 751, 760 („SSI"); ebenso *LG Ingolstadt* WM 1991, 685, 692.

Im rechtswissenschaftlichen Schrifttum wird ein Anspruch des Aktionärs auf eine Erfüllung seines Auskunftsverlangens in schriftlicher Form einhellig verneint[18]. Eine Begründung hierfür wird allerdings selten mitgeliefert. Daß die Antwort noch in der Hauptversammlung erteilt werden müsse und eine schriftliche Beantwortung schon deshalb ausscheide[19], beruht auf einer Unterschätzung der personellen und technischen Ressourcen, die insbesondere von größeren Aktiengesellschaften während einer Hauptversammlung vorgehalten werden. Auch der Hinweis auf die fehlende Verpflichtung des Vorstands zur Rechenschaftslegung im Sinne der §§ 259f BGB[20] geht als Begründung fehl. Wie bereits ausgeführt, geht es bei der Frage der Schriftform nicht um die Verifizierung des Inhalts von Vorstandsantworten, sondern allein um die Form der Übermittlung.

3. Erfüllungswirkung schriftlich erteilter Auskünfte

Die Frage nach der schuldbefreienden Wirkung einer schriftlich erteilten Auskunft anstelle der – fraglos zulässigen – mündlichen Beantwortung von Aktionärsfragen gehört zu den häufiger erörterten Themenkreisen des aktienrechtlichen Auskunftsverfahrensrechts. Nachdem der *BGH* im Jahr 1967 noch am Grundsatz mündlicher Auskunftserteilung festgehalten hatte[21], relativierte er 20 Jahre später diesen Standpunkt. Danach soll der Vorstand in Ausnahmefällen seiner Auskunftspflicht dadurch genügen, daß er dem fragenden Aktionär während der Hauptversammlung Einsicht in solche Dokumente gewährt, die das geäußerte Informationsbedürfnis schneller und zuverlässiger befriedigen als eine umfängliche mündliche Auskunft[22]. Daß der *BGH* in der angeführten Entscheidung die bloße Einsichtnahme anstelle der Überlassung von Abschriften der bereitgehaltenen Dokumente als Alternative anführt, mag an der fehlenden Anforderung des betroffenen Aktionärs liegen und kann an dieser Stelle vernachlässigt werden. Zwei Punkte an der Argumentation des *Senats* verdienen jedoch schon an dieser Stelle eine Hervorhebung. Zum einen bürdet die zitierte Entscheidung[23] dem (klagenden) Aktionär die Darlegungslast dafür auf, daß die angebotene Einsichtnahme aufgrund der zeitlichen Enge nicht zur Befriedigung

---

18 *Ebenroth,* Das Auskunftsrecht des Aktionärs und seine Durchsetzung im Prozeß unter besonderer Berücksichtigung des Rechts der verbundenen Unternehmen, 1970, S. 129; *Obermüller/Werner/ Winden,* Die Hauptversammlung der Aktiengesellschaft, 3. Aufl., 1967, S. 165; *Steiner,* Die Hauptversammlung der Aktiengesellschaft, 1995, § 11 Rdn. 12; *F.-J. Semler,* aaO (Fn. 12), § 37 Rdn. 20; *Hüffer,* aaO (Fn. 12), § 131 AktG Rdn. 22 a. E.; *Zöllner,* aaO (Fn. 14), § 131 AktG Rdn. 81; *Eckardt,* aaO (Fn. 7), § 131 AktG Rdn. 65; *Barz,* in: Großkomm. z. AktG, 3. Aufl., 1970ff, § 131 Anm. 23; *Brandes,* WM 1994, 2177, 2184; *Meilicke/Heidel,* DStR 1992, 72, 74 (re. Sp.); *Wohlleben,* Informationsrechte des Gesellschafters, Diss. München 1988, S. 121f.

19 So *Obermüller/Werner/Winden,* aaO (Fn. 18), S. 165.

20 *Obermüller/Werner/Winden* aaO (Fn. 18), S. 165f.

21 Vgl. Fn. 15.

22 *BGHZ* 101, 1, 15f = Die AG 1987, 344, 347f = DB 1987, 2033, 2035 = NJW 1987, 3186, 3190 = WM 1987, 1065, 1069 = ZIP 1987, 1239, 1244 m. Anm. *Niehus;* ebenso *OLG Düsseldorf* WM 1991, 2148, 2153.

23 Vgl. Fn. 22.

des geäußerten Informationsbedürfnisses ausgereicht hätte. Nicht die Verwaltung, sondern der auf die Einsichtnahme verwiesene Aktionär soll demgemäß dartun (und ggf. beweisen), daß die Alternative zur mündlichen Antwort auf seine Fragen u. U. nicht gleichwertig ist. Zum andern – und dies erscheint eines Merkpostens für die weitere Erörterung des schriftlichen Auskunftserteilungsverfahrens würdig – stellt der *BGH* an gleicher Stelle[24] klar, daß jeder Teilnehmer der Hauptversammlung die Möglichkeit haben muß, vom Inhalt der Auskunft Kenntnis zu nehmen.

Das jüngere Schrifttum ist dem vorbeschriebenen Regel-Ausnahme-Verhältnis des *BGH* durchweg gefolgt, wobei stets die bloße Einsichtnahme (und nicht die Aushändigung einer schriftlichen Antwort) als Alternative zur mündlichen Beantwortung genannt werden[25]. Man wird den genannten Autoren jedoch unterstellen können, daß eine Überlassung der zur Einsichtnahme angebotenen Dokumente an den fragenden Aktionär dieselbe schuldbefreiende Wirkung haben soll, da sie gegenüber der bloßen Einsichtnahme ein Mehr darstellt. Insofern dürfte der Vorstand unter den genannten Voraussetzungen den Auskunftsanspruch auch durch Überreichung einer Abschrift der ausgelegten Dokumente – also in schriftlicher Form – erfüllen können. Ob er den einen oder anderen Weg wählt, bleibt ihm nach nunmehr gefestigter Auffassung überlassen, sofern dies nur innerhalb der Hauptversammlung – und nicht etwa später – geschieht. Eine mündliche Beantwortung der Aktionärsfragen wirkt allerdings nach unbestrittener Auffassung stets schuldbefreiend.

4. Zusammenfassung der herrschenden Auffassung

Faßt man die herrschende Auffassung zu den drei behandelten Fragen zusammen, so gelangt man zu folgenden Thesen:
1. Der Aktionär muß sein Auskunftsverlagen in der Hauptversammlung mündlich oder schriftlich vorbringen.
2. Ein Anspruch des Aktionärs auf schriftliche Auskunftserteilung besteht nicht.
3. Der Vorstand kann anstelle der mündlichen Antwort auf die Einsichtnahme in ausgelegte Dokumente verweisen (oder diese an den Aktionär qua Abschrift aushändigen), wenn diese Dokumente hinsichtlich ihrer Aussagekraft der mündlichen Antwort überlegen sind.

 Kombiniert man die Abläufe einer fiktiven Hauptversammlung anhand der vorgenannten Zusammenfassung, so wird die „stumme" Versammlung der Anteilseigner im Extremfall zur Realität – nämlich dann, wenn alle Aktionäre ihre Fragen schriftlich überreichen und der Vorstand zur Beantwortung derselben ausschließlich auf die Einsichtnahme in vorhandene Dokumentationen mit optimaler Aussagekraft verweist. Die Mehrzahl der Aktionäre wird auf diese Weise von Frage und Antwort „verschont" bleiben. Die Möglichkeit, sich die schriftlich gestellten Fragen einzel-

---

24 Vgl. Fn. 22.

25 *F.-J. Semler*, aaO (Fn. 12), § 37 Rdn. 20; *Hüffer*, aaO (Fn. 12), § 131 AktG Rdn. 22; *Meilicke/Heidel*, DStR 1992, 72, 75; *Wohlleben*, aaO (Fn. 18), S. 122f.

ner Aktionäre zu eigen zu machen und somit wieder ein „echtes Versammlungs-klima" herzustellen, bleibt insofern graue Theorie, als die Frage nach den von ande-ren Aktionären (schriftlich) gestellten Fragen zur sachgemäßen Beurteilung des gerade anstehenden Tagesordnungspunkts regelmäßig nicht erforderlich sein wird (vgl. § 131 Abs. 1 S. 1 AktG). Die vom *BGH* geforderte[26] Möglichkeit der Kennt-nisnahme aller versammelten Aktionäre vom Inhalt der Auskunft ist somit nicht ein-mal hinsichtlich des Auskunftsersuchens gewährleistet.

III. Die aktienrechtlichen Vorgaben für das Auskunftsverfahren in der Hauptver-sammlung

1. Das Auskunftsverfahren als Mittel zur kollektiven Willensbildung

a) Nach dem herkömmlichen Verständnis dient das Auskunftsrecht der Vorberei-tung des fragenden Aktionärs auf die Ausübung seiner weiteren Rechte, insbeson-dere der Stimmrechtsausübung[27]. Es wird deshalb als eigennütziges mitgliedschaft-liches Individualrecht bezeichnet[28]. Nimmt man diese Klassifizierung ernst, so bestehen gegen ein rein schriftliches Auskunftsverfahren keinerlei Bedenken und es erhebt sich allenfalls die Frage, weshalb dieses auf die Hauptversammlung kon-zentriert werden muß. Dem (schriftlich) fragenden Aktionär ist zur eigenen Wil-lensbildung mit einer schriftlichen Auskunft jedenfalls ausreichend Genüge getan, wenn die Antwort nur so rechtzeitig übermittelt wird, daß er diese für die weitere Behandlung des aufgerufenen Tagesordnungspunktes – insbesondere für die sich anschließende Stimmabgabe – rechtzeitig genug technisch und intellektuell ver-arbeiten kann. Daß die übrigen Versammlungsteilnehmer im Falle des schriftlichen Auskunftsverfahrens von Frage und Antwort keinerlei Kenntnis erhalten, mag zwar ungewöhnlich anmuten; dies ist jedoch nur die logische Konsequenz einer Ablei-tung der Rechtsfolgen aus der begrifflichen Einordnung des Auskunftsrechts als eigennütziges Individualrecht.

Indes ist eine solche Ableitung nicht nur methodisch zweifelhaft; vielmehr ist bereits die beschriebene begriffliche Einordnung des Auskunftsrechts zu eng. Einige Beispiele, die die Anhänger der streng individualrechtlichen Sichtweise in Argumentationsnot bringen, mögen dies belegen:

aa) Der verspätet zur Hauptversammlung erscheinende Aktionär muß nach überwiegender Auffassung den Informationsstand der Hauptversammlung so gegen sich gelten lassen, wie er ihn vorfindet. Fragen, die bereits von anderen Aktionären

---

26 Vgl. Fn. 22.
27 Vgl. *Kropff,* Begr. RegE. z. AktG 1965, S. 184; *Obermüller/Werner/Winden,* aaO (Fn. 18), S. 166; *Karsten Schmidt,* Informationsrechte in Gesellschaften und Verbänden (ZHR-Beiheft Bd. 54), 1984, S. 21 f; *Hüffer,* aaO (Fn. 12), § 131 AktG Rdn. 1; ausführl. *Wohlleben,* aaO (Fn. 18), S. 25 ff; aus der Rspr. zuletzt *BayObLG* Die AG 1996, 180, 181 = DB 1996, 130 = NJW-RR 1996, 679, 680; weitergehend *BGH* Die AG 1983, 75, 80 = DB 1983, 273, 277 = 1983, 878, 882, der das Aus-kunftsrecht als Mittel zur Rechenschaft über die Verwaltung des eingesetzten Kapitals betrachtet.
28 Vgl. statt vieler *Karsten Schmidt, Hüffer* und *Wohlleben* jeweils aaO (Fn. 27).

gestellt und vom Vorstand beantwortet worden sind, braucht die Verwaltung folglich nicht ein weiteres Mal zu beantworten[29]. So zutreffend diese Auffassung im Ergebnis ist, so wenig ist sie mit der Qualifizierung des Auskunftsrechts als eigennütziges Individualrecht vereinbar. Der verspätet erscheinende Aktionär hat nämlich gerade keine Möglichkeit, sein persönliches Informationsdefizit durch eine Wiederholung der bereits gestellten Fragen und der hierauf erteilten Antworten zu beseitigen.

bb) Ein Aktionär, der die Hauptversammlung vor Beantwortung seiner Fragen verläßt, bringt hiermit sichtbar zum Ausdruck, daß er auf die Erfüllung seines Auskunftsverlangens verzichtet. Er macht mithin von seiner Dispositionsbefugnis über das individuelle Auskunftsrecht in zulässiger Weise Gebrauch. Dies müßte eigentlich unbestritten dazu führen, daß eine Beantwortung der gestellten Fragen ohne weitere Folgen für die Verwaltung unterbleiben kann[30]. Indes wird auch diese Konsequenz in Zweifel gezogen, ohne daß sich die für einen Fortbestand der Auskunftspflicht votierenden Autoren mit dem individualrechtlichen Charakter des Anspruchstatbestands auseinandersetzen[31].

cc) Wenn das Auskunftsrecht ausschließlich der individuellen Aktionärsinformation dienen soll, dann ist seine Ausübung überall dort fraglich, wo ein Informationsdefizit beim Fragesteller ersichtlich nicht besteht, weil dieser die nachgefragte Antwort bereits kennt oder ungeachtet derselben bereits zu einer Stimmabgabe in einem festgelegten Sinne entschlossen ist. Diese Fallkonstellation ist in der Praxis häufig zu beobachten, was darauf schließen läßt, daß es dem fragenden Aktionär nicht um die eigene Information, sondern um die Aufklärung der übrigen Versammlungsteilnehmer geht[32]. Von der streng individualrechtlichen Sichtweise ausgehend, müßte das Auskunftsrecht in derartigen Fällen, da nur formal bestehend, unter dem Aspekt des Rechtsmißbrauchs versagt werden. Die Gerichtspraxis läßt das Auskunftsverlangen in solchen Konstellationen gleichwohl zu[33].

dd) Nicht zu übersehen ist schließlich die Friktion zwischen der Einordnung des Auskunftsrechts als eigennütziges Individualrecht und der Behandlung seiner Verletzung im Anfechtungsprozeß. Weder unter Kausalitätsaspekten noch unter den Kriterien der Relevanztheorie läßt es sich leugnen, daß die Verletzung des – als rein individualrechtlich qualifizierten – Auskunftsrechts beim Minderheitsaktionär niemals Einfluß auf das Beschlußergebnis haben kann. Die Verweigerung einer Antwort auf Fragen des Minderheitsaktionärs mag zwar dessen eigenes Abstimmungsverhalten beeinflussen. Auf die Willensbildung bei den übrigen Aktionären vermag sie jedoch deshalb keinen rechtlich relevanten Einfluß zu nehmen, weil das Aus-

---

29 *LG Essen* Die AG 1962, 126 = BB 1962, 612; *Obermüller/Werner/Winden,* aaO (Fn. 18), S. 170; a. A. *Eckardt,* aaO (Fn. 7), § 131 AktG Rdn. 138.

30 Konsequent *Obermüller/Werner/Winden,* aaO (Fn. 18), S. 166 f; ebenso *Barz,* aaO (Fn. 18), § 131 AktG Anm. 4.

31 *Steiner,* aaO (Fn. 18), § 11 Rdn. 20; *F.-J. Semler,* aaO (Fn. 12), § 37 Rdn. 19; *v. Godin/Wilhelmi,* Komm. z. AktG, 4. Aufl., 1971, § 131 Rdn. 2; ebenso – wenngleich aus seiner Sicht nicht ganz konsequent – *Zöllner,* aaO (Fn. 14), § 131 AktG Rdn. 79.

32 Vgl. dazu *Trouet* NJW 1986, 1302 ff.

33 *OLG Düsseldorf* Die AG 1987, 22, 23 = ZIP 1986, 1557, 1558 (gegen *LG Dortmund* Die AG 1987, 21, 22 als Vorinstanz); ebenso *Meilicke/Heidel,* DStR 1992, 72, 74.

kunftsrecht der Herstellung eines ausreichenden Informationsstandes nur beim fragenden Aktionär dienen soll. Wenn die h. M.[34] bei der Prüfung des kausalen oder relevanten Zusammenhangs zwischen Auskunftsverweigerung und Beschlußergebnis auf das Abstimmungsverhalten eines fiktiven objektiv urteilenden Aktionärs (und nicht auf dasjenige des in seinem individuellen Auskunftsrecht verletzten) Aktionärs abstellt, so schwingt hierbei der Gedanke mit, daß neben dem Fragesteller auch andere Versammlungsteilnehmer der verweigerten Antwort eine abstimmungsrelevante Bedeutung beimessen könnten. So begrüßenswert diese Fiktion zur Aufrechterhaltung einer empfindlichen Sanktionierung des Auskunftsanspruchs von Minderheitsgesellschaftern ist, so wenig ist sie mit der streng individualrechtlichen Klassifizierung des Auskunftsanspruchs in Einklang zu bringen.

b) Die vorstehenden Beispiele veranschaulichen, daß weder die Rechtsprechung noch die Literatur bei der Rechtsfindung in konkreten Fallkonstellationen an einer streng individualrechtlich ausgerichteten Einordnung des Auskunftsanspruchs aus § 131 Abs. 1 AktG festhalten. Die hierbei gefundenen Ergebnisse für die jeweils zur Entscheidung anstehenden Einzelfälle sind zwar in der Regel sachgerecht. Sie verdeutlichen aber zugleich, daß der Auskunftsanspruch nicht allein auf die individuelle Willensbildung beim fragenden Aktionär abzielt. Insofern ist diese Einengung zugunsten des anspruchsstellenden Aktionärs abzulehnen und statt dessen – der Ansicht von *Zöllner*[35] folgend – wie folgt zu erweitern: *Das Auskunftsrecht nach § 131 AktG ist ein Individualrecht, das auf die Information der Hauptversammlung als Organ zielt.* Das ändert nichts daran, daß das Auskunftsrecht materiell-rechtlich und verfahrensrechtlich grundsätzlich zur Disposition des fragenden Aktionärs steht. Insoweit mag man das Auskunftsrecht getrost als individuelles bezeichnen, um einer Verwechslung mit den kollektiven Informationsrechten[36] vorzubeugen. An der Zielsetzung des § 131 AktG, der Hauptversammlung insgesamt zur nachgefragten Information zu verhelfen und somit zu einer kollektiven Willensbildung beizutragen, ändert dies jedoch nichts.

Nur ein so verstandenes Auskunftsrecht deckt sich auch mit den Anforderungen des *BGH* an eine erfüllungstaugliche Auskunftserteilung, denenzufolge jeder an der Hauptversammlung teilnehmende Aktionär die Möglichkeit haben muß, von dem Inhalt der Auskunft Kenntnis zu nehmen[37]. Sie ermöglicht zudem eine friktionsfreie Begründung der in den vorstehenden Beispielen aufgeworfenen Rechts-

---

34 *BGHZ* 122, 211, 239 = Die AG 1993, 422, 429 = DB 1993, 1074, 1081 = NJW 1993, 1976, 1983 = WM 1993, 1087, 1097 = ZIP 1993, 751, 761 („SSI"); *BGH* Die AG 1990, 259, 262 = BB 1990, 667, 669 = NJW-RR 1990, 350, 353 = WM 1990, 140, 143 f = ZIP 1990, 168, 171; *BGHZ* 107, 296, 307 = Die AG 1989, 399, 401 = NJW 1989, 2689, 2691 = WM 1989, 1128, 1132; *BGHZ* 103, 184, 186 = BB 1988, 577 = NJW 1988, 1579, 1580 = WM 1988, 325, 326 = ZIP 1988, 301, 302; *Zöllner,* aaO (Fn. 14), § 131 AktG Rdn. 95; ebenso – aus Sicht der Relevanztheorie – *Hüffer, Geßler/Hefermehl,* Komm. z. AktG, 1973 ff, § 243 Rdn. 32.

35 AaO (Fn. 14), § 131 AktG Rdnrn. 2f, 81.

36 Vgl. hierzu sowie zur Abgrenzung von den individuellen Informationsrechten ausführlich *Karsten Schmidt,* aaO (Fn. 27), S. 15 ff.

37 Vgl. Fn. 22.

fragen. Danach ist jede Auskunft der Hauptversammlung auch dann nur einmal zu erteilen, wenn einzelne Aktionäre die Antwort (z. B. wegen verspäteten Erscheinens oder wegen vorübergehenden Verlassens des Versammlungsraums) aus technischen Gründen nicht vernommen haben. Die Auskunft ist ferner konsequenterweise auch dann zu erteilen, wenn der fragende Aktionär die Hauptversammlung zwischenzeitlich verlassen hat[38]. Sie ist – vorbehaltlich des Rechtsmißbrauchsgedankens – grundsätzlich auch auf Fragen des (scheinbar) bereits informierten Aktionärs zu erteilen. Und: Der objektiv urteilende Aktionär (als fiktiver Ausschnitt der Hauptversammlung) bleibt als Maßstab für Kausalitätserwägungen im Anfechtungsverfahren erhalten.

Für die hier anstehende Frage nach der Form von Frage und Antwort läßt die vorbeschriebene Zweckrichtung des Auskunftsrechts ebenfalls nur eine Lösung zu: Sowohl das Auskunftsverlangen als auch die darauf erteilte Antwort müssen den übrigen Versammlungsteilnehmern zumindest soweit verständlich gemacht werden, daß der inhaltliche Zusammenhang für jeden erschienenen Aktionär oder Aktionärsvertreter nachvollziehbar bleibt. Ein ausschließlich schriftliches Auskunftsverfahren ist hiermit nicht vereinbar.

2. Das Problem der „zeitlichen Unmöglichkeit"

Betrachtet man die Praxis der Hauptversammlungen, so taucht der Wunsch der Verwaltung nach schriftlicher Fragenbeantwortung häufig im Zusammenhang mit dem Problem zeitlicher Überdehnung im Falle mündlicher Auskunftserteilung auf. Letztlich beruht auch die Abkehr des *BGH*[39] vom ausnahmslosen Grundsatz der Mündlichkeit u. a. auf der Bewältigung des Zeitproblems, wenn der *II. Senat* die Substitution mündlicher Fragenbeantwortung davon abhängig macht, daß die alternativ angebotene Einsichtnahme in bereitgelegte Dokumente das Informationsbedürfnis des Aktionärs schneller und zuverlässiger befriedigt.

Gerade die großen Publikumsaktiengesellschaften leiden aufgrund des großen Zulaufs zahlreicher rede- und informationsbedürftiger Aktionäre unter der Verwaltung des Zeitmangels. Ob der Versammlungsleiter wegen der häufig allzu großzügigen Duldung langatmiger (Schein-)Antworten durch den Vorstand oder einzelne Aktionäre mit ihren ausschweifenden Redebeiträgen dafür die Hauptverantwortung tragen, mag hier dahinstehen. Dasselbe gilt für die sachliche Berechtigung jüngst erhobener Forderungen nach Ausdehnung der Hauptversammlung auf einen oder mehrere Folgetage. Fest steht allerdings, daß keine noch so vernünftige Versammlungsleitung eine Hauptversammlung ordnungsgemäß abwickeln könnte, wenn bei großen Publikums-Aktiengesellschaften auch nur 1% der vorhandenen

---

38 Insofern inkonsequent *Zöllner,* aaO (Fn. 14), § 131 AktG Rdnr. 79, der die Aufnahme des Auskunftsbegehrens durch einen anderen (in der Hauptversammlung verbliebenen) Aktionär zur Voraussetzung für eine fortbestehende Auskunftspflicht des Vorstands erhebt.

39 *BGHZ* 101, 1 = Die AG 1987, 344 = DB 1987, 2033 = NJW 1987, 3186 = WM 1987, 1065 = ZIP 1987, 1239 m. Anm. *Niehus.*

Aktionäre zur Hauptversammlung erscheinen und dort von ihrem Auskunftsrecht Gebrauch machen würden.

In tatsächlicher Hinsicht ließe sich dieser – hier als „zeitliche Unmöglichkeit" beschriebene – Zustand durch eine Konzentration auf ein schriftliches Auskunftsverfahren erheblich abmildern, wobei der Unterschied zwischen Einsichtnahme und schriftlicher Beantwortung qua Aushändigung einer Fotokopie der einsichtsbereiten Dokumente an dieser Stelle wiederum vernachlässigt werden kann. Eine gut präparierte Verwaltung, die vorhersehbare Fragen samt Antwort ohnehin schriftlich vorbereitet hat, wird die meisten Aktionärsfragen in überschaubarer Zeit mit schriftlichen Antworten versehen können. Dies gilt zumal dann, wenn der Aktionär durch eigene schriftliche Fragestellung zur Präzision seines Auskunftsverlangens gezwungen wird und eine Abgrenzung von bloßen rhetorischen Fragen hierdurch erleichtert wird. Gleichwohl sollte das Aktienrecht der Versuchung zur Bewältigung einer „zeitlichen Unmöglichkeit" durch ein Ausweichen auf das schriftliche Auskunftsverfahren widerstehen. Vielmehr stellt § 131 AktG andere und bessere Instrumentarien bereit, um einer „zeitlichen Unmöglichkeit" zu entgehen. Dies läßt sich anhand der – in der Gerichtspraxis immer wieder auftauchenden – Fallgruppen belegen:

Die in der Judikatur bereits mehrfach behandelte Frage der Verlesungspflicht bei umfangreichen Vertragswerken[40] bereitet die geringsten Probleme, weil sich hinter dieser Fallkonstellation ein Scheinproblem verbirgt. Wenn in der Literatur aus Mißtrauen gegen eine unzutreffende oder unvollständige Zusammenfassung eines Vertragswerkes durch den Vorstand der Forderung nach vollständiger Verlesung Nachdruck verliehen wird[41], so beruht dies auf einer Verkennung der inhaltlichen Reichweite des Auskunftsrechts. Das Verlangen eines Aktionärs nach Vorlesung eines vollständigen Vertragswerks ist per se nämlich niemals „zur sachgerechten Beurteilung eines Gegenstands der Tagesordnung erforderlich" (vgl. § 131 Abs. 1 S. 1 AktG). Dies schließt nicht aus, daß der Aktionär im Einzelfall ein berechtigtes Interesse an der Verlesung einzelner Vertragsregelungen (einschließlich zunächst scheinbar bedeutungsloser Nebenbestimmungen) haben kann. In diesem Fall muß er jedoch seine Frage präzisieren, um den Vorstand zur wörtlichen Wiedergabe der interessierenden Passage zu zwingen[42]. Eine so verstandene Begrenzung des Auskunftsrechts wird regelmäßig dazu führen, daß eine „zeitliche Unmöglichkeit" als Argument für eine schriftliche Beantwortung erst gar nicht entsteht.

Als scheinbar schwieriger erweist sich die Handhabung komplexer Dateien (im Sinne einer Auflistung einer größeren Datenmenge). Es ist deshalb nicht verwunderlich, daß die Rechtsprechung gerade anhand dieser Fallgruppe den Grundsatz des mündlichen Auskunftsverfahrens aufgeweicht hat[43]. Indes ist auch hier

---

40 *BGH* Die AG 1967, 200 = BB 1967, 602 = DB 1967, 940 = NJW 1967, 1462; *OLG Hamburg* Die AG 1968, 190; *OLG Koblenz* BB 1967, 1293.

41 Vgl. *Steiner,* aaO (Fn. 18), § 11 Rdn. 13; *Eckardt,* aaO (Fn. 7), § 131 AktG Rdn. 69; *Pleyer/ Schaudwet,* GmbH-Rdsch. 1967, 250, 251.

42 Sehr anschaulich zur Art der Fragestellung *Luther,* aaO (Fn. 12), S. 221, 229 ff.

43 Vgl. *BGH* (Fn. 4).

nicht ersichtlich, weshalb der Aktionär die Verlesung ganzer Dateien nach § 131 Abs. 1 AktG beanspruchen können sollte. So verlangte beispielsweise der Kläger im Verfahren vor dem *BGH*[44], das zur Abkehr von der grundsätzlich mündlich zu erteilenden Auskunft führte, eine nach Datum, Stückzahl, Nennbetrag und Erwerbskosten gegliederte Übersicht über den Handel seiner (Bank-)Aktiengesellschaft in eigenen Aktien. Welches Informationsbedürfnis der Kläger mit einer derart detaillierten Aufstellung zu stillen suchte, wird im Tatbestand der veröffentlichten Entscheidung nicht mitgeteilt. Dies verwundert insofern nicht, als eine derart pauschal formulierte Auskunft mangels objektiver Eignung zur Beurteilung des anstehenden Tagesordnungspunktes auch gar nicht verlangt werden kann. Vielmehr hätte sich der Kläger – bei aller Sensibilität für den Handel von Kreditinstituten mit eigenen Aktien – zunächst auf gezielte Fragen zu den Umsätzen mit eigenen Papieren beschränken oder bestimmte andere Kennzahlen, an deren Aufklärung ihm gelegen war, konkret erfragen müssen.

Die vorbeschriebene Fallkonstellation verdeutlicht, daß die Furcht vor einer „zeitlichen Unmöglichkeit" keinen Grund darstellt, auf ein schriftliches Auskunftsverfahren auszuweichen. Vielmehr wird man dem Aktionärswunsch nach Offenlegung komplexer Dateien mit dem Merkmal der Erfordernis sachgerechter Beurteilung hinreichend begegnen können. Sofern der Aktionär gleichwohl auf einer mündlichen Offenbarung des umfänglich dokumentierten Datenmaterials beharrt, sollte die Verwaltung dem Aktionär eine Präzisierung seiner konkreten Fragen anheimstellen oder – im Weigerungsfall – ein pauschales Verlesungsverlangen schlichtweg ablehnen.

3. Das Verhältnis des Auskunftsrechts zu anderen Informationsquellen des Aktionärs

Eine rechtsformspezifische Entscheidung über die juristisch korrekte Form des aktienrechtlichen Auskunftsverfahrens bleibt zwangsläufig unausgewogen, wenn man sie nicht anhand der übrigen gesetzlichen Informationsquellen des Aktionärs überprüft. Hierbei bietet sich der Vergleich mit drei verschiedenen Gestaltungsarten der Aktionärsinformation an: der Bekanntmachung, der Vorlage zwecks Einsichtsgewährung (nebst Abschrift auf Anforderung) und der (mündlichen) Erläuterung durch den Vorstand.

Die Bekanntmachung in den Gesellschaftsblättern ist vom Gesetz als strengstes Formerfordernis gewählt worden, um alle vorhandenen Aktionäre für die Publizierung besonders einschneidender Maßnahmen nachweislich erreichen zu können. Dies betrifft namentlich die Einberufung zur Hauptversammlung sowie diejenigen Tagesordnungspunkte, zu denen die Hauptversammlung Beschluß fassen soll (vgl. § 124 Abs. 1, Abs. 2 S. 2 AktG) einschließlich der dazugehörigen Verwaltungsvorschläge und des wesentlichen Inhalts strukturändernder Vertrags-

---

44 AaO (Fn. 4).

werke[45]. Auch für die Vorbereitung des Aktionärs auf die Beschlußfassung im Vorfeld der Hauptversammlung hat das Gesetz die Schriftform vorgesehen. Dies betrifft neben dem Jahresabschluß alle strukturändernden Maßnahmen sowie solche Verträge der Gesellschaft, die das Gründungsrecht als besonders gefährlich einstuft (Nachgründungsverträge). Hier bleibt es regelmäßig dem einzelnen Aktionär überlassen, ob er sich mit der Einsichtnahme in die rechtzeitig ausgelegten Dokumente begnügt oder eine Abschrift anfordert (vgl. §§ 52 Abs. 2 S. 2 und 3, 175 Abs. 2, 293 f AktG, 63 Abs. 1 und 3 UmwG). In der Hauptversammlung selbst dauert die Vorlagepflicht mit dem korrespondierenden Einsichtsrecht des Aktionärs regelmäßig an (vgl. §§ 52 Abs. 2 S. 4, 176 Abs. 1, 293 g Abs. 1 AktG, 64 Abs. 1 S. 1 UmwG). Hier tritt allerdings die Verpflichtung des Vorstands hinzu, die beschlußrelevanten Inhalte zu erläutern. Daß diese Erläuterung mündlich zu erfolgen hat, wird zwar vom Gesetz nicht durchgängig erwähnt (vgl. einerseits §§ 52 Abs. 2 S. 5, 176 Abs. 1 S. 2 AktG, andererseits §§ 293 g Abs. 2 S. 1 AktG, 64 Abs. 1 S. 2 UmwG), versteht sich aber von selbst. Ebenso selbstverständlich dürfte es sein, daß der Vorstand dabei nicht den Wortlaut der ausgelegten Dokumente qua Verlesung wiederholt, sondern den wesentlichen Inhalt mit eigener Wortwahl unter Berücksichtigung der spezifischen Verhältnisse bei der Gesellschaft wiedergibt.

Systematisch fügt sich das Auskunftsrecht nach § 131 AktG in das vorbeschriebene aktienrechtliche Informationssystem dergestalt nahtlos ein, daß es dem Aktionär in allen Fällen eines besonderen individualrechtlichen Informationsanspruchs grundsätzlich erhalten bleibt und der Gegenstand des besonderen Informationsbedürfnisses lediglich bei der Beurteilungserheblichkeit nach § 131 Abs. 1 S. 1 AktG eine Rolle spielt[46]. Gegenständlich reicht der allgemeine Auskunftsanspruch also prinzipiell weiter als die beschriebenen besonderen Informationsrechte. Allerdings wird der Anspruch des Aktionärs aus § 131 Abs. 1 S. 1 AktG durch die Erfüllung einer inhaltsgleichen besonderen Informationspflicht durch den Vorstand auch dann erfüllt, wenn diese in anderer Form – etwa durch Vorlage zwecks Einsichtnahme bzw. zwecks Abschrift – erfolgt. Aus diesem Grunde kann der Aktionär Fragen zu solchen Themen, die in den vorgelegten Dokumenten hinreichend behandelt sind, in der Hauptversammlung nicht mehr stellen[47].

Betrachtet man das gesamte aktienrechtliche Informationssystem, so ergibt sich hinsichtlich der Form der Informationserteilung folgendes Bild: Die Bekanntmachung in den Gesellschaftsblättern ist dem existentiellen Informationsbedürfnis des Aktionärs (Ort, Zeit und Tagesordnung der Hauptversammlung) vorbehalten. Wichtige Informationen zur individuellen Willensbildung (Jahresabschluß, strukturändernde Verträge) sind von der Verwaltung schriftlich zu fertigen und im Vorfeld der Hauptversammlung zur Einsichtnahme durch die Anteilseigner auszulegen bzw. – auf Anforderung – diesen abschriftlich zu übersenden. In beiden

---

45 Zur gegenständlichen Reichweite der Bekanntmachungspflicht von Verträgen nach § 124 Abs. 2 S. 2 AktG vgl. *Werner*, Großkomm. z. AktG, 4. Aufl., 1992 ff, Rdnrn. 48 f m. w. N.
46 Ausführl. hierzu *Ebenroth*, aaO (Fn. 18), S. 62 ff.
47 So auch *LG Köln* AG 1991, 280 zum vorgelegten Jahresabschluß.

Fällen schreibt das Gesetz die schriftliche Darlegung deshalb vor, weil es entweder auf exakte Daten (z. B. im Jahresabschluß) oder auf den genauen Wortlaut (z. B. im bekanntgemachten Beschlußvorschlag des Vorstands) ankommt. Weitergehende Aktionärsinformationen hat der Gesetzgeber hingegen nur in besonders elementaren Entscheidungssituationen, insbesondere bei strukturändernden Maßnahmen, mit einer Erläuterungspflicht des Vorstands in mündlicher Form belegt. Weshalb bei allen übrigen – in der Regel weniger wichtigen – Beschlußgegenständen, die das Auskunftsrecht nach § 131 AktG abdeckt, wieder auf die strengere Schriftform der Informationserteilung zurückgegriffen werden sollte, ist nicht zu erklären. Vielmehr muß es hier bei der mündlichen Auskunft durch den Vorstand verbleiben. Die Richtigkeit dieser These ergibt sich auch aus einem Umkehrschluß aus § 131 Abs. 1 S. 3 AktG. Wäre die Schriftform bereits die regelmäßige Auskunftsform nach Satz 1 dieser Vorschrift, hätte es einer ausdrücklichen Verpflichtung zur Vorlage des vollständigen Jahresabschlusses durch den Gesetzgeber nicht mehr bedurft. Die Klarstellung in § 131 Abs. 1 S. 3 AktG war jedoch deshalb vonnöten, weil der Aktionär ansonsten auf die Regelform der Auskunftserteilung – nämlich die mündliche Fragenbeantwortung – angewiesen wäre.

IV. Folgerungen für das aktienrechtliche Auskunftsverfahren

Wie die vorstehenden Betrachtungen gezeigt haben, geht die herrschende Auffassung zu Recht von einem Grundsatz der Mündlichkeit beim Auskunftsverfahren aus. Die von ihr apostrophierten Ausnahmen sind allerdings in zweierlei Hinsicht einzuschränken: Zum einen gilt das Mündlichkeitsprinzip – entgegen der überwiegenden Auffassung im Schrifttum[48] – auch für das Auskunftsverlangen des Aktionärs, weil nur durch die mündliche Frage eine ausreichende Verständnisgrundlage für die kollektive Willensbildung geschaffen wird. Zum andern ist die von der Rechtsprechung formulierte ausnahmsweise Einsichtsgewährung in komplexe Dateien zur Bewältigung des Zeitproblems[49] als dogmatischer Fehlgriff im Gefüge des aktienrechtlichen Auskunftsverfahrens abzulehnen. Statt dessen muß es bei der Mündlichkeit von Frage und Antwort als regelmäßige Form der Aktionärsinformation nach § 131 Abs. 1 S. 1 AktG verbleiben. Vom Vorstand aufgedrängte schriftliche Antworten führen demgegenüber nicht zur Erfüllung des Auskunftsanspruchs.

Mit der Festschreibung des Mündlichkeitsgrundsatzes erhebt sich naturgemäß die Frage, ob die häufig geübte Praxis eines Einvernehmens zwischen Aktionär und Verwaltung über eine (nachträgliche) schriftliche Fragenbeantwortung hiermit überhaupt vereinbar ist. Wenn – wie vorstehend unter III. 1. a. bb. ausgeführt – schon das vorzeitige Verlassen der Hauptversammlung durch den fragenden Aktionär den Vorstand nicht von der Auskunftserteilung entbindet, so gilt dies

---

48 Vgl. Fn. 12.
49 Vgl. Fn. 22.

scheinbar erst recht für den ausdrücklichen Verzicht auf die zuvor gewünschte mündliche Auskunftserteilung. In beiden Fällen wird die kollektive Willensbildung nämlich gleichermaßen gestört. Dennoch erlauben beide Fallkonstellationen eine unterschiedliche Behandlung, die auch die Dispositionsbefugnis des fragenden Aktionärs über sein Auskunftsrecht unberührt läßt. Während der explizite Verzicht des Aktionärs auf die mündliche Beantwortung der gestellten Frage jedem anderen Versammlungsteilnehmer die Gelegenheit zum Aufgreifen dieser Frage gibt, wohnt dem konkludenten Verzicht durch Verlassen der Hauptversammlung ein besonderer Überraschungseffekt zu Lasten der übrigen Aktionäre bei. Wegen der Aktivlegitimation dieser Aktionäre sowohl im Auskunftserzwingungsverfahren nach § 132 AktG als auch im Anfechtungsprozeß ist der Versammlungsleiter deshalb gut beraten, nach dem Verlassen der Hauptversammlung durch den fragenden Aktionär den verbliebenen Teilnehmern ausdrücklich Gelegenheit zu geben, sich die unbeantwortet gebliebene Frage zu eigen zu machen.

Bestehen gegen die zwischen Vorstand und Aktionär ausdrücklich vereinbarte Schriftform der Auskunftserteilung damit keine Bedenken, so müssen zwei verfahrensrechtliche Konsequenzen eines solchen Vorgehens berücksichtigt werden, wenn die Beantwortung im Nachgang zur Hauptversammlung erfolgt. Zum einen wird es der Vorstand wegen § 131 Abs. 4 AktG nicht vermeiden können, die übrigen Aktionäre in der nächstfolgenden Hauptversammlung[50] auf deren Verlangen über den Inhalt der nachträglich erteilten Auskunft zu unterrichten. Zum andern begibt sich der nicht förmlich zur Niederschrift widersprechende (und wegen seines Einverständnisses auch nicht widerspruchsberechtigte!) Aktionär nicht nur seiner Anfechtungsbefugnis; er riskiert vielmehr auch die Verfristung eines etwaigen Antrags nach § 132 AktG für den Fall, daß die versprochene Antwort ausbleibt oder unvollständig erteilt wird[51]. Ein an diese Stelle tretender (klagbarer) Anspruch aus dem vorstandsseitigen Versprechen nachträglicher schriftlicher Fragenbeantwortung muß wegen der Unvereinbarkeit mit dem aktienrechtlichen Informationssystem, das auf die Hauptversammlung fokussiert ist, demgegenüber verneint werden. Insofern kann dem Aktionär von einem Einverständnis zur nachträglichen schriftlichen Fragenbeantwortung nur abgeraten werden.

---

50 A. A. *Eckardt,* aaO (Fn. 7), § 131 AktG Rdn. 161, der in diesem Fall eine Auskunftspflicht des Vorstands außerhalb der Hauptversammlung annimmt; wie hier dagegen *Obermüller/Werner/ Winden,* aaO (Fn. 18), S. 167; *Hüffer,* aaO (Fn. 12), § 131 AktG Rdn. 42; *Zöllner,* aaO (Fn. 14), § 131 AktG Rdn. 59; ausführl. *Duden,* FS v. Caemmerer, 1978, 499, 503.

51 Der Grund für die Verfristung liegt in der legislatorischen Zielsetzung des § 132 Abs. 2 S. 2 AktG, die Ungewißheit über die Gültigkeit des gefaßten Beschlusses zu beseitigen; ebenso für den Parallelfall einer verweigerten Vorlage nach § 131 Abs. 1 S. 3 AktG *OLG Düsseldorf* WM 1991, 2148, 2152. Gegen jedwedes Rechtsschutzbedürfnis des Aktionärs nach dessen Einverständnis zur nachträglichen Beantwortung sprechen sich *Steiner,* aaO (Fn. 18), § 11 Rdn. 15, und *Eckardt,* aaO (Fn. 7), § 131 AktG Rdn. 68, aus.

V. Dispositionsbefugnis des Satzungsgebers über die Form des Auskunftsverfahrens?

Mit der Erkenntnis, daß das Auskunftsverfahren nach § 131 Abs. 1 S. 1 AktG dem Grundsatz der Mündlichkeit unterliegt, ist noch keine Aussage darüber getroffen worden, ob nicht die Satzung eine schriftliche Fragenstellung und/oder -beantwortung vorschreiben kann. Aus der häufig anzutreffenden Formulierung, daß die Satzung das Auskunftsrecht nicht einschränken dürfe, sind zunächst nur zwei Folgerungen abzuleiten: Erstens darf die Fragenbeantwortung nicht auf einen Zeitpunkt nach der Hauptversammlung verschoben werden[52]. Zweitens kann die Satzung nicht vorschreiben, daß der Aktionär seine Fragen schriftlich vorzubringen hat[53]. Beide vorgenannten Regelungen würden in der Tat zu einer Einschränkung des Auskunftsrechts führen, die mit § 23 Abs. 5 AktG nicht vereinbar wären.

Offen ist damit lediglich die Frage, ob die Satzung – exklusiv oder nach Wahl des Vorstands – die schriftliche Beantwortung der Aktionärsfragen mit Erfüllungswirkung belegen kann. Auch diese Frage ist in beiden Varianten zu verneinen. Zwar ist die Einschränkung des Auskunftsanspruchs wegen der qualitativen Gleichwertigkeit beider Auskunftserteilungformen nicht so offensichtlich wie in den beiden vorbeschriebenen Fallkonstellationen. Gleichwohl ist dem Auskunftsanspruch als Vehikel zur kollektiven Willensbildung der Charakter einer abschließenden Regelung i. S. d. § 23 Abs. 5 S. 2 AktG beizumessen, so daß der gesetzliche Grundsatz mündlicher Auskunftserteilung als satzungsfest angesehen werden muß.

---

52 Ebenso *Steiner,* aaO (Fn. 18), § 11 Rdn. 1; vgl. auch *Eckardt,* aaO (Fn. 7), § 131 AktG Rdn. 16 hinsichtlich der Unzulässigkeit einer satzungsmäßigen Verpflichtung zur Vorab-Einreichung von Aktionärsfragen.

53 Ebenso *Hüffer,* aaO (Fn. 12), § 131 AktG Rdn. 8; *Meilicke/Heidel,* DStR 1992, 72, 73; a. A. *Eckardt,* aaO (Fn. 7), § 131 AktG Rdnrn. 17, 26; *Luther,* FS Möhring, 1975, S. 221, 223.

Die Übertragende Auflösung:
Liquidation der Aktiengesellschaft oder Liquidation des Minderheitenschutzes?

MARCUS LUTTER und TIM DRYGALA

I. Einleitung

Das zum 1.1.1995 in Kraft getretene neue Umwandlungsgesetz hat auch eine Stärkung des Minderheitenschutzes mit sich gebracht. So wurde insbesondere das bisher nur von der aktienrechtlichen Verschmelzung her bekannte Schutzsystem des Berichts der Geschäftsleitung, der sachverständigen Prüfung des Vorhabens und der Möglichkeit einer gerichtlichen Wertkontrolle auf alle Gesellschaftsformen ausgedehnt und außerdem nicht nur für die Verschmelzung, sondern auch für alle anderen im UmwG geregelten Formen der Umstrukturierung vorgesehen. Die Durchführung der Umwandlung ist dadurch nicht unbedingt leichter geworden, was in der Literatur zum Teil beklagt, vom Gesetzgeber aber im Interesse des Minderheitenschutzes in Kauf genommen wird[1]. Zusätzlich wurde für viele Fälle ein Anspruch auf eine angemessene und gerichtlich nachprüfbare Abfindung eingeführt (vgl. §§ 29, 125, 207 UmwG).

Zur Freude der beteiligten Wirtschaftskreise scheint sich aber ein weiterer Weg zu eröffnen, mit dem zwar dieselben Wirkungen wie mit einer Verschmelzung erreichbar sind, der aber die Beachtung der im UmwG vorgesehen Schutzmaßnahmen weitgehend entbehrlich macht. Dieser Weg ist die Vermögensübertragung auf den Mehrheitsaktionär verbunden mit der Liquidation der ursprünglichen Gesellschaft (§ 179a III AktG). Das OLG Stuttgart hat eine solche Vorgehensweise unter bestimmten Voraussetzungen für zulässig erklärt[2]. Nachdem der BGH die Revision gegen diese Entscheidung nicht angenommen hat[3] und das Urteil des OLG bzw. die im wesentlichen gleichlautende Entscheidung der Vorinstanz[4] in der Literatur – auch aus Kreisen des BGH[5] – überwiegend auf Zustimmung stießen[6], erscheint diese (im Anschluß an die Entscheidung des OLG Stuttgart so genannte) Moto-Meter-Methode der Beratungspraxis als ein gangbarer und einfacher Weg zur Umstrukturierung von Unternehmen. Es kann daher nicht verwundern, daß in Fällen, in denen das Steuerrecht keine Hindernisse in den Weg legt, bei Unternehmen und ihren Beratern darüber nachgedacht wird, ob man dem Moto-Meter-Beispiel folgen sollte. Aus diesem Grunde und weil das neue Umwandlungsgesetz einige neue Aspekte in die Diskussion hereingetragen hat, soll an dieser Stelle die Zulässigkeit der Vermögensübertragung auf den Mehrheitsaktionär, verbunden mit der Auflösung der Gesellschaft, noch einmal genauer untersucht werden. Aus Vereinfachungsgründen wird dabei der Vorgang im folgenden als *Übertragende Auflösung* bezeichnet.

---

1 Näher dazu *Lutter* in Lutter (Hrsg.), UmwG, § 8, Rdnr. 6.
2 OLG Stuttgart, ZiP 1995, 1515 ff.
3 Beschluß v. 5.12.1994 – II ZR 8/94 (unveröffentlicht).
4 LG Stuttgart, DB 1993, 472.
5 *Henze,* ZiP 1995, 1473; *ders.,* FS Boujong, 1996, 233, 240; vgl. zum Thema auch *Henze,* DStR 1993, 1863, 1866 f.
6 Für Zulässigkeit *Scholz/K. Schmidt,* GmbHG, 8. Aufl., § 60, Rdnr. 16; *Friedrich,* BB 1994, 89, 94; a. A. *Lutter/Hommelhoff,* GmbHG, 14. Aufl., § 60, Rdnr. 6; *Lutter* in Lutter (Hrsg.), UmwG, § 1, Rdnr. 21.

II. Die Moto-Meter-Entscheidung als Ausgangspunkt der Überlegungen

1. Der Sachverhalt

Im Jahre 1991 erwarb die Robert Bosch GmbH die qualifizierte Mehrheit an der Moto-Meter AG in Stuttgart und baute sie durch börsliche und außerbörsliche Zukäufe weiter aus. Ihre Beteiligung betrug zuletzt 97,76%. Im Jahre 1992 gab die Mehrheitsaktionärin ihren Plan bekannt, die Moto-Meter AG aufzulösen und ihren Geschäftsbetrieb zu erwerben. In Vorbereitung dieses Vorhabens bot sie den freien Aktionären eine Übernahme ihrer Aktien zum Preis von 615 DM pro Aktie an. Zur Stützung ihres Angebots hatte sie ein Wirtschaftsprüfergutachten zum Wert der Moto-Meter eingeholt, das einen Unternehmenswert von 429 DM pro Aktie ermittelte. Weiterhin wurde in Vorbereitung der Übernahme eine 100%ige Tochtergesellschaft gegründet, auf die später die Vermögensübertragung erfolgen sollte. Im Mai 1992 wurde zwischen der Moto-Meter und dieser Tochtergesellschaft ein Vermögensübernahmevertrag geschlossen, der unter der Bedingung einer Zustimmung der Hauptversammlung stand. Ferner wurde im Mai die Auflassung der Betriebsgrundstücke erklärt. Im Juli 1992 stimmte die Hauptversammlung mit überwältigender Mehrheit der Vermögensübertragung und der Auflösung zu.

2. Die Entscheidung

Die hiergegen gerichtete Anfechtungsklage von Kleinaktionären und der Deutschen Schutzvereinigung für Wertpapierbesitz blieb in allen Instanzen erfolglos. Wenig überraschend war dabei, daß die Gerichte der Ansicht der Anfechtungskläger nicht folgten, die übertragende Auflösung in der hier praktizierten Form sei eine Umgehung der Schutzvorschriften für die Verschmelzung und habe außerdem der sachlichen Rechtfertigung bedurft. Diese Einwände hatte der BGH bereits in zwei Entscheidungen zu vergleichbaren Sachverhalten für unbegründet erklärt[7]. Überraschung verursachten jedoch die Ausführungen der Gerichte zur Frage der Treupflichtverletzung, denn noch in BGHZ 103, 184 – Linotype – hatte der BGH ausgeführt, daß der Mehrheitsgesellschafter treuwidrig handele, wenn er vor der Beschlußfassung der Hauptversammlung bereits Absprachen über die Übernahme wesentlicher Teile des Gesellschaftsvermögens treffe und damit der Minderheit die Chance nehme, sich um den Erwerb dieser Unternehmensteile zu bemühen und das Unternehmen in irgendeiner Form selbst fortzuführen[8]. Genau dies schien hier passiert zu sein.

Das OLG Stuttgart[9] kam jedoch zu einer anderen Beurteilung. Zwar habe eine unzulässige Vorabsprache im Sinne der Linotype-Entscheidung vorgelegen. Diese

---

7 BGHZ 76, 352, 353; BGHZ 103, 184, 187ff. – Linotype –; zustimmend aus der Literatur etwa *Zöllner* in *Baumbach/Hueck,* GmbHG, 16. Aufl., Anh. § 47, Rdnr. 51; *Schulze/Osterloh* in *Baumbach/Hueck,* aaO., § 60, Rdnr. 18; *Scholz/K. Schmidt,* GmbHG, 8. Aufl., § 60, Rdnr. 16.

8 BGHZ 103, 184, 193f.

9 OLG Stuttgart, ZiP 1995, 1515ff.

sei aber im konkreten Fall folgenlos geblieben, weil angesichts der Größe des Unternehmens (eines bedeutenden Automobilzulieferers) der Minderheit die finanziellen Möglichkeiten zum Erwerb von vornherein gefehlt hätten[10]. Auch ein Sondervorteil zugunsten des Mehrheitsaktionärs liege nicht vor, da der Übernahmepreis durch einen Wirtschaftsprüfer geprüft worden sei und zudem einen „Sicherheitszuschlag" gegenüber den Feststellungen des Gutachtens enthalte. Weitere Anhaltspunkte für eine zu niedrige Festsetzung des Übernahmepreises seien nicht erkennbar[11]. Der BGH hat die dagegen eingelegte Revision nicht angenommen[12]. Die Ausführungen des Bundesrichters Henze zum Thema[13] lassen erkennen, daß der BGH offenbar mit dem OLG Stuttgart einer Meinung war und der Revision deshalb keine Aussicht auf Erfolg beigemessen hat.

3. Die daraus folgende Rechtsregel

Abstrahiert man von dem entschiedenen Einzelfall, so scheint danach folgende Rechtsregel zu gelten: Eine Aktiengesellschaft kann mit satzungsändernder Mehrheit aufgelöst und ihr Vermögen im Ganzen an den Mehrheitsgesellschafter (oder ein von ihm abhängiges Unternehmen) verkauft werden, sofern die Gesellschaft groß genug ist, um eine Kaufmöglichkeit für die Minderheit wirtschaftlich auszuschließen und zuvor ein Bewertungsgutachten eingeholt wurde, an dem sich der zwischen der Gesellschaft und dem Mehrheitsaktionär vereinbarte Kaufpreis orientiert.

Diese Regel soll im folgenden auf ihre Vereinbarkeit mit dem geltenden Aktienrecht und insbesondere mit dem neuen UmwG überprüft werden.

III. Die Übertragende Auflösung als Umgehungssachverhalt

1. Bisherige Rechtslage

Das wirtschaftliche Ergebnis der hier diskutierten Vorgehensweise legt den Gedanken an eine Gesetzesumgehung ausgesprochen nahe; das ist schon vor der Linotype-Entscheidung des BGH vielfach ausgesprochen worden[14]. Denn einerseits ist es zulässig, das Vermögen einer Aktiengesellschaft auf einen Dritten zu übertragen. § 179a III AktG (früher: § 361 AktG) erklärt es auch für zulässig, anläßlich der Vermögensübertragung die Aktiengesellschaft aufzulösen. Der Vorgang als solcher ist

---

10 OLG Stuttgart, ZiP 1995, 1515, 1518.
11 OLG Stuttgart, ZiP 1995, 1515, 1519 ff.
12 Siehe oben bei Fn. 3.
13 *Henze*, ZiP 1995, 1473 ff.; *ders.* DStR 1993, 1866 f; *ders.*, FS Boujong, 233 ff.
14 *Hirte*, Bezugsrechtsausschluß und Konzernbildung, 1986, S. 151 f.; *Grunewald*, Der Ausschluß aus Gesellschaft und Verein, 1987, 299 f.; *Timm*, JZ 1980, 665, 670; ablehnend dazu *Henze*, DStR 1993, 1867.

daher im Prinzip dem Gesetz bekannt: Es ist zulässig, das Vermögen einer Aktiengesellschaft uno actu auf einen Dritten zu übertragen und gleichzeitig die Gesellschaft aufzulösen.

Fraglich ist aber andererseits, ob das auch dann gilt, wenn dieser Dritte zugleich der Mehrheitsgesellschafter oder eine ihm nahestehende Person, z. B. eine Tochtergesellschaft, ist[15]. Denn dann kann wirtschaftlich das gleiche Ergebnis erreicht werden wie durch die Eingliederung nach §§ 319 ff. AktG, den Abschluß eines Unternehmensvertrages oder eine Verschmelzung auf den Mehrheitsgesellschafter bzw. eine von ihm kontrollierte Tochter. Bei Abschluß eines Beherrschungs- oder Gewinnabführungsvertrages wäre jedoch nach § 305 I AktG den Minderheitsaktionären eine angemessene Abfindung zu gewähren. Bei einer Verschmelzung auf den Mehrheitsgesellschafter oder eine ihm gehörende Gesellschaft würde Gleiches gelten. Nach § 29 I UmwG kann bei einer Verschmelzung von Rechtsträgern unterschiedlicher Rechtsform jeder Anteilseigner verlangen, daß der übernehmende Rechtsträger seine Anteile gegen Gewährung einer angemessenen Barabfindung übernimmt. Vor allem aber kann auf dem Wege der Auflösung der Minderheitsgesellschafter aus der Gesellschaft entfernt werden, was auf dem Wege der Verschmelzung und des Unternehmensvertrages nicht möglich wäre[16].

Eine Umgehung könnte jedoch nur dann vorliegen, wenn den genannten Vorschriften – bzw. ihren Vorläufern aus der Zeit vor dem UmwG – Ausschließlichkeitswirkung zukäme. Dies hat die bisherige Rechtsprechung stets verneint[17]. §§ 33 Abs. 2 KapErhG, 369 Abs. 2 AktG a. F., die dem heutigen § 29 UmwG entsprechen, sei nicht zu entnehmen, daß die Fortführung einer Aktiengesellschaft in der Rechtsform einer GmbH allein bei Einhaltung der für die verschmelzende Umwandlung vorgesehenen Voraussetzung möglich sei. Das sei vor allem nicht der Fall, weil das Gesetz nur eine Verschlechterung der Beteiligungsposition des Aktionärs verhindern wolle, die dann eintrete, wenn er Gesellschafter in einer GmbH werde. Eines solchen Schutzes bedürfe es für den Fall der Vermögensübernahme durch den Mehrheitsgesellschafter nicht, weil der Gesellschaftszweck mit der Auflösung beendet werde und der Gesellschafter damit aus der Gesellschaft ausscheide[18].

2. Der Einfluß des neuen UmwG

§ 29 Abs. 1 UmwG übernimmt den Schutz der Aktionäre, der für die Verschmelzung einer AG oder KGaA mit einer GmbH gilt, und dehnt ihn auf alle anderen Fälle der Mischverschmelzung aus, weil auch bei ihnen der Grund für diesen besonderen

---

15 Bejahend *Friedrich,* DB 1994, 89, 94; *Scholz/K. Schmidt,* GmbHG, § 70, Rdnr. 14; *Hachenburg/ Hohner,* GmbHG, § 70, Rdnr. 15.

16 Zutr. *K. Schmidt,* GesR, § 38 IV, S. 992 f.

17 BGHZ 76, 352, 353; BGHZ 103, 184, 187 ff.; ablehnend auch *Henze,* DStR 1993, 1867; *Scholz/ K. Schmidt,* aaO., Rdnr. 16; offener nach Inkrafttreten des neuen UmwG *ders.* in Großkomm. AktG, 4. Aufl., § 243, Rdnr. 49.

18 BGHZ 103, 184, 188 f.; OLG Stuttgart, ZIP 1995, 1515, 1518; zust. *Henze,* ZIP 1995, 1473, 1475.

Schutz in Form eines Anspruchs auf Barabfindung gegeben ist[19]. Da die Vorschriften des Umwandlungsgesetzes eine Vermögensübertragung auf andere als die in diesem Gesetz geregelte Weise nicht ausschließen, insbesondere auch nicht für den Fall, daß der Mehrheitsgesellschafter die Auflösung betreibt und das Vermögen oder wesentliche Vermögensteile der aufgelösten Gesellschaft übernimmt, wird vor allem von *Henze* angenommen, daß sich an der Rechtsprechung des BGH auch unter der Geltung des Umwandlungsgesetzes nichts zu ändern habe und daher auch nichts ändern werde[20].

Diese Ansicht greift jedoch entschieden zu kurz. Sie vernachlässigt bereits den rechtlichen Hintergrund der bisherigen Entscheidungen zur Auflösung von Aktiengesellschaften unter Vermögensübertragung auf den Mehrheitsaktionär. In diesen Fällen wurde oftmals eine Umstrukturierung angestrebt, weil aufgrund der bestehenden Mehrheitsverhältnisse oder der wirtschaftlichen Gegebenheiten die auf Publikumsbeteiligung angelegte Rechtsform der AG nicht mehr als zweckmäßig empfunden wurde[21]. Es handelte sich damit um Maßnahmen des „going private", also des Ausschlusses der Öffentlichkeit in einer ursprünglich als öffentlich angelegten Gesellschaft[22].

Ein solches going private wurde vom bisherigen Recht aber dadurch fast unmöglich gemacht, daß §§ 369 II AktG, 33 III KapErhG für den Formwechsel von der AG in die GmbH Einstimmigkeit forderten und damit ein praktisch nicht zu realisierendes Erfordernis aufstellten. Angesichts dieser Tatsache konnte man es als vertretbar ansehen, daß der BGH den Umweg über die Auflösung als gangbar ansah. Es fragt sich aber, ob nicht das neue Umwandlungsgesetz neue Gesichtspunkte gebracht hat, die nach einer Neubewertung der Umgehungsfrage verlangen.

Diese Problematik hat zwei Aspekte: Zum einen schützt das UmwG das Interesse des Aktionärs, bei der Umwandlung nicht finanziell benachteiligt zu werden, und zwar insbesondere durch die Kontrolle des Umtauschverhältnisses und der zu gewährenden Abfindung (Vermögensschutz). Zum anderen schützt das UmwG aber auch das Interesse am Erhalt der Mitgliedschaft als solcher, und zwar durch die Möglichkeit, die Mitgliedschaft in dem umgewandelten Rechtsträger fortzusetzen (Bestandsschutz). Beide Fragen können auch für die übertragende Auflösung relevant werden. Da sie unterschiedliche Problemkreise betreffen, sollen sie im folgenden getrennt beleuchtet werden.

3. Die Vermögensschutzvorschriften im neuen UmwG

Die Ansicht *Henzes*[23] unterschätzt das Ausmaß, im dem sich die Rechtslage durch das UmwG geändert hat. Das gilt vor allem für den Vermögensschutz der Aktionäre.

---

19   *Dehmer,* Umwandlungsrecht, 2. Aufl. 1996, § 29 UmwG, Rdnr. 1; *Bermel* in *Goutier/Knopff/Tulloch,* Komm. zum UmwG, § 29, Rdnr. 1.
20   So *Henze,* ZIP 1995, 1473, 1477.
21   Vgl. BGHZ 103, 184 – Linotype –; OLG Stuttgart, ZIP 1995, 1515 – Moto-Meter –.
22   Näher dazu *Vollmer/Grupp,* ZGR 1995, 459.
23   *Henze,* ZiP 1995, 1473, 1474 f.

§ 240 I UmwG erlaubt heute den Formwechsel in eine GmbH mit einer Mehrheit von ³/₄ des bei der Beschlußfassung vertretenen Grundkapitals; §§ 50 I, 65 I UmwG stellen dasselbe Erfordernis für die Verschmelzung auf eine GmbH auf. Die Mehrheitsanforderungen wurden damit deutlich abgesenkt, sie entsprechen nunmehr dem, was auch für die Vermögensübertragung und die Liquidation erforderlich ist, §§ 179 a, 262 I Nr. 2 AktG. Vermögensübertragung in Verbindung mit Auflösung einerseits und Verschmelzung und Formwechsel andererseits sind daher heute noch mehr als früher austauschbare Vorgänge. Schon von daher besteht Anlaß, über die Frage der Umgehung erneut nachzudenken[24].

Gleichzeitig mit der Abschwächung des Mehrheitserfordernisses hat das Gesetz jedoch den Minderheitenschutz auf andere Weise ausgebaut. Es hat nämlich für alle Rechtsformen den Umwandlungsbericht und für alle Fälle des Rechtsformwechsels den Anspruch auf angemessene Barabfindung eingeführt, wobei im letzteren Falle die Höhe der Barabfindung einer gerichtlichen Kontrolle unterliegt (Spruchverfahren, §§ 305 ff. UmwG).

Damit erweist sich die Aussage als unzutreffend, daß die Schutzvorschriften des Umwandlungsgesetzes den Gesellschafter nur in seiner aktiven Rolle als Mitglied der werbenden Gesellschaft schützen wollen und daß für einen solchen Schutz kein Anlaß mehr besteht, sobald die Gesellschaft aufgelöst sei[25].

Das Gegenteil ist richtig. Das Gesetz schützt umfassend auch denjenigen, der gegen Abfindung aus der Gesellschaft ausscheidet, nämlich zum einen durch den Umwandlungsbericht (§§ 8, 127, 192 UmwG), der stets auch Aussagen zur angemessenen Höhe der Abfindung enthalten muß. Mit dessen Hilfe kann der Aktionär die Angemessenheit der Abfindung zumindest auf Plausibilität überprüfen[26]. Hinzu kommt zum anderen die Überprüfung durch einen Sachverständigen (§§ 9–12 UmwG). Ist der Aktionär mit dem Ergebnis nicht einverstanden, so kann er Antrag auf Festsetzung einer angemessenen Abfindung durch das Gericht stellen (§ 34 UmwG). Das gilt insbesondere auch für den Fall, daß der Aktionär mit den Feststellungen des Sachverständigen nicht übereinstimmt. Diese Regelungen zeigen, daß das System des heutigen Gesetzes ganz anders funktioniert: Nach § 369 AktG a. F. konnte der Aktionär den Formwechsel in die GmbH verhindern und damit seine mitgliedschaftliche Rechtsposition unverändert erhalten. Nach heutigem Recht muß er die Veränderung dulden, kann aber entweder in der Gesellschaft bleiben und die Höhe des Umtauschverhältnisses gerichtlich überprüfen lassen oder sich aber seine Mitgliedschaft gegen angemessene Abfindung abkaufen lassen. Er wird also nicht nur in seiner mitgliedschaftlichen Rechtsposition, sondern *auch in seinen Vermögensinteressen umfassend geschützt.*

Dieser Schutz geht verloren, wenn statt der Umwandlung der Weg der Auflösung unter Vermögensübertragung gewählt wird. Denn zum einen verkürzt ein

---

24 So auch *K. Schmidt* in Großkomm. zum AktG, § 243, Rdnr. 49; *ders.* ZGR 1995, 675, 676.
25 So aber BGHZ 103, 187 ff.; OLG Stuttgart, ZIP 1995, 1515, 1518; *Henze,* ZiP 1995, 1473, 1474 f.
26 Vgl. *Lutter* in Lutter (Hrsg.), Komm. zum UmwG, § 8, Rdnr. 14; *Sagasser/Bula,* Umwandlungen, Rdnr. G 69; *Dehmer,* Umwandlungsrecht, § 8 UmwG, Rdnr. 17; ebenso schon zum alten Recht *Kraft* in Kölner Komm. zum AktG, 2. Aufl., § 340 a, Rdnr. 5; *Grunewald* in *Geßler/Hefermehl/ Eckardt/Kropff,* Komm. zum AktG, § 340 a, Rdnr. 5.

solches Verfahren die Informationsmöglichkeiten der Minderheit. Ein Bericht über die Wertverhältnisse des betroffenen Unternehmens, wie ihn § 8 UmwG vorsieht, muß weder erstellt noch den Aktionären zugänglich gemacht werden. Die Pflicht zur Offenlegung des Vermögensübernahmevertrages, der nach §§ 179a, 124 II 2 AktG in den Geschäftsräumen der Gesellschaft auszulegen und seinem wesentlichen Inhalt nach in den Gesellschaftsblättern bekanntzumachen ist[27], bildet kein hinreichendes Korrektiv. Denn der Vertrag enthält lediglich das Ergebnis der Verhandlungen zwischen den Parteien, insbesondere also die Verpflichtung zur Vermögensübertragung zu einem bestimmten Preis. Diese Angabe ist als solche aber nichtssagend. Im Gegensatz zum Bericht nach § 8 UmwG enthält der Vertrag keine Angaben zum Wie und Warum des Vorgangs und des vereinbarten Preises; weder die Motive für die Vermögensübertragung noch die Modalitäten der Preisfindung gehen daraus hervor. Die Pflicht zur mündlichen Erläuterung in der Hauptversammlung (§ 179a II 4 AktG) kann das nicht ausgleichen: Aufgrund der lediglich mündlichen Darstellung und der in der Hauptversammlung nur beschränkt zur Verfügung stehenden Zeit ist eine ernsthafte Auseinandersetzung mit dem Vertragsinhalt nicht möglich. Genau aus diesem Grund verlangt das UmwG einen vorherigen *schriftlichen* Bericht[28].

Verkürzt wird zum anderen auch der Schutz der §§ 9–12 UmwG. Die Prüfung durch einen Wirtschaftsprüfer ist lediglich auf freiwilliger Basis möglich, wobei die Minderheit auch dabei nicht über die Vorgehensweise und die einzelnen Feststellungen des Prüfers informiert wird[29]. Vor allem aber fehlt der Minderheit die Möglichkeit, die Angemessenheit der Abfindung gerichtlich nachprüfen zu lassen. Das Verfahren nach §§ 305ff. UmwG ist nicht analogiefähig, weil die Zuständigkeit des Gerichts und die Anwendbarkeit der Verfahrensvorschriften des FGG nicht im Wege der Analogie, sondern nur durch eine Entscheidung des Gesetzgebers hergestellt werden können[30].

Eine Wertkontrolle im Rahmen des Anfechtungsprozesses ist zwar denkbar, aber für sie fehlen der Minderheit die Informationen, um die Festsetzung eines zu niedrigen Kaufpreises substantiiert darlegen zu können[31]. Hier trifft die mangelnde Information der Minderheit zusammen mit der Tatsache, daß in einem Anfechtungsprozeß der Beibringungsgrundsatz, in einem Spruchverfahren hingegen der

---

27 Darauf abstellend *Henze,* ZiP 1995, 1473, 1478.

28 Ausdr. Begr. zum Reg.-Entw, *Ganske,* S. 53: „Ein solches formalisiertes Informationsrecht hat einen größeren Wert als die allgemeinen Unterrichtungs- und Einsichtsrechte." Ebenso schon zu § 340a AktG a.F. *Keil,* Der Verschmelzungsbericht nach § 340a AktG, S. 23; *Timm,* AG 1989, 103f.

29 Gerade dieses Informationsdefizit wurde im Moto-Meter-Fall von den Aktionären gerügt, vgl. OLG Stuttgart, ZiP 1995, 1515, 1521.

30 So LG Stuttgart, DB 1993, 473f.; OLG Stuttgart, DB 1997, 267; wohl auch *Hüffer,* AktG, 2. Aufl., § 179a, Rdnr. 12: Abfindungsanspruch analog § 305 AktG nur de lege ferenda möglich.

31 Instruktiv dazu OLG Stuttgart, ZiP 1995, 1521: Einerseits wird eine Pflicht zur Offenlegung des Wirtschaftprüfergutachtens unter Geheimhaltungsaspekten verneint; andererseits wird von der Aktionärsminderheit die substantiierte Darlegung einer Fehlbewertung gefordert – das kann nicht richtig sein. Aus diesem Grunde kann – entgegen OLG Stuttgart, DB 1997, 268 – die Anfechtungsmöglichkeit auch nicht als hinreichende Form des Minderheitenschutzes angesehen werden.

Amtsermittlungsgrundsatz nach dem FGG gilt (vgl. § 307 I UmwG). Dasselbe gilt in bezug auf den Schadensersatzanspruch der Minderheit im Falle eines zu billigen Verkaufs an den Mehrheitsaktionär, den der BGH als Schutzmöglichkeit erwogen hat[32]: Auch hier werden dem Minderheitsaktionär die Informationen fehlen, die er benötigt, um eine Klage auch nur schlüssig erheben zu können. Ohne ergänzende Informationen und/oder Erleichterungen der Darlegungslast ist ein effektiver Schutz der finanziellen Interessen der Minderheit im Anschluß an eine übertragende Auflösung der Gesellschaft daher nicht zu gewährleisten[33].

4. Der Bestandsschutz der Mitgliedschaft im Umwandlungsgesetz

Bisher nicht genügend gewürdigt wird auch, daß das UmwG den Bestandsschutz der Mitgliedschaft als solcher verstärkt hat. Denn sind bei Umwandlungsvorgängen nach dem UmwG Minderheitsgesellschafter abzufinden, so ist diese Abfindung stets als ein *Angebot* der Gesellschaft ausgestaltet. Dieses Angebot kann der Minderheitsgesellschafter annehmen, aber auch ablehnen. Wenn er möchte, ist er also nicht daran gehindert, seine Beteiligung an der neuen Gesellschaft bzw. in der neuen Rechtsform fortzusetzen. Insbesondere hat das UmwG die letzten Möglichkeiten beseitigt, in denen im Zuge einer Umstrukturierung widersprechende Gesellschafter *gegen ihren Willen* aus der Gesellschaft verdrängt werden konnten. §§ 11 Nr. 2, 24 II Nr. 2 UmwG a.F., die entsprechendes vorsahen, wurden durch das UmwG 1995 aufgehoben[34]. Das neue Umwandlungsgesetz erlaubt demgegenüber in § 120 I die Verschmelzung mit dem Vermögen des Mehrheitsgesellschafters nur noch für den Fall, daß diesem *alle Anteile* des zu verschmelzenden Rechtsträgers gehören. Diese Veränderung rechtfertigt die Gesetzesbegründung mit der Erwägung, daß „*die Möglichkeit, außenstehende Anteilsinhaber gegen eine Abfindung, aber ohne ihre Zustimmung aus der Gesellschaft hinauszudrängen, nicht den Grundsätzen des Minderheiten- und Anlegerschutzes entspricht*"[35].

Dieser Grundsatz gilt auch im Recht des Vertragskonzerns. Für Beherrschungs- und Gewinnabführungsverträge bestimmt § 305 AktG, daß eine Abfindung nur auf Verlangen des außenstehenden Aktionärs zu erfolgen hat. Bei der Eingliederung sieht zwar § 320 IV AktG den Übergang der Minderheitsaktien auf die Hauptgesellschaft vor. Dafür sind der Minderheit aber Aktien der Hauptgesellschaft zu gewähren (§ 320 V 2 AktG). Ist die Hauptgesellschaft selbst eine abhängige Gesell-

---

32 Vgl. BGHZ 103, 189.

33 Das übersehen insbesondere *Friedrich,* DB 1994, 89, 93 f. und OLG Stuttgart DB 1997, 268.

34 Näher dazu *Decher* in *Lutter* (Hrsg.), Komm. zum UmwG, § 207, Rdnr. 1 f.

35 So ausdr. Begr. zum Reg.-Entw. zu § 120 UmwG, abgedr. bei *Ganske,* Umwandlungsrecht, 2. Aufl., S. 146. Demgegenüber hat der österreichische Gesetzgeber bei der jüngsten Reform des Umwandlungsgesetzes die Möglichkeit zur Umwandlung auf den mit mehr als 90% beteiligten Mehrheitsgesellschafter beibehalten. Die Minderheit scheidet dabei gegen Abfindung aus. Zur Vorbereitung des Beschlusses und zur Kontrolle der Abfindung sind die minderheitenschützenden Vorschriften der §§ 220 ff. öAktG entsprechend anzuwenden, vgl. § 2 II öUmwG i.d. Fassung des EU-GesR-ÄnderungsG, öBGBl. 1996, Nr. 304 sowie *Hügel,* ecolex 1996, 527, 538 f.

schaft, besteht eine Pflicht zur Barabfindung. Jedoch ist auch diese Barabfindung eine wahlweise Abfindung, die der Aktionär annehmen kann oder auch nicht[36]. Auch hier besteht also – ähnlich wie bei der Verschmelzung – die Möglichkeit, die Mitgliedschaft im neuen Rechtsträger fortzusetzen.

Nach Inkrafttreten des UmwG ergibt sich daher folgende, bisher nicht hinreichend zur Kenntnis genommene Lage: Die übertragende Auflösung würde, wenn man sie für zulässig hielte, *de lege lata die einzige Möglichkeit darstellen,* einen Aktionär (oder überhaupt einen Gesellschafter) im Zuge einer Umstrukturierung *gegen seinen Willen aus der mitgliedschaftlichen Beteiligung zu verdrängen und auf einen (ungeprüften) Geldzahlungsanspruch zu verweisen.* Mitentscheidend für das Ergebnis ist daher weniger, wie man die rechtstechnischen Unterschiede zwischen übertragender Auflösung und Verschmelzung beurteilt, sondern die Frage, ob und wenn ja, unter welchen Voraussetzungen eine derartige Zwangsabfindung mit dem geltenden Recht vereinbar ist. Das gilt vor allem im Hinblick auf die oben zitierte, über das Umwandlungsgesetz hinausweisende Gesetzesbegründung, die ein solches Ergebnis für unerwünscht erklärt. Dieser Frage muß man sich stellen, anstatt lediglich zu behaupten, die Liquidation sei das Recht des Gesellschafters, der über die satzungsändernde Mehrheit verfügt, wobei der dahinterstehende wirtschaftliche Zweck keine Rolle spiele[37]. Insbesondere stellt sich die Frage, ob nicht in den neuen Regelungen des UmwG und des Konzernrechts eine allgemeine Absage des Gesetzes an einen mittelbaren Ausschluß der Minderheit aus der Aktiengesellschaft zu sehen ist[38].

5. Die Umgehungsfestigkeit des Vermögensschutzes

Die bisherige Betrachtung hat gezeigt, daß das UmwG eine erhebliche Stärkung des Minderheitenschutzes bewirkt hat. Eine Gesetzesumgehung setzt jedoch weiterhin voraus, daß zwischen den fraglichen gesetzlichen Regeln und dem zu untersuchenden Tatbestand ein so enger Zusammenhang besteht, daß es geboten erscheint, die gesetzlichen Regeln auch auf die von den Parteien gewählte, anderweitige Gestaltung anzuwenden[39]. Auch dies soll für den Vermögensschutz und den Bestandsschutz getrennt untersucht werden.

a) Notwendigkeit eines besonderen Vermögensschutzes

Im Hinblick auf den Vermögensschutz stellen sich Umwandlung und übertragende Auflösung als austauschbare Vorgänge dar. Die Tatsache, daß der eine Vorgang im

---

36 Vgl. *Hüffer,* Komm. zum AktG, 2. Aufl., § 320, Rdnr. 15.
37 So in der Sache *Henze,* ZIP 1995, 1473 ff.; ebenso *Friedrich,* DB 1994, 89, 93 f. und OLG Stuttgart, DB 1997, 267.
38 Nur zur Vermeidung aller Mißverständnisse: Die „echte" Auflösung unter „echter" Liquidation steht nicht in Frage und kann von der satzungsändernden Mehrheit ohne sachlichen Grund beschlossen werden, vgl. *Lutter,* ZHR 153 (1989), 446 ff.
39 Sog. Umgehungszusammenhang, vgl. *Teichmann,* Die Gesetzesumgehung, 1962, 67 ff.; *Lieser,* JA 1988, 621.

Wege der Gesamtrechtsnachfolge, der andere im Wege der Einzelübertragung erfolgt, stellt unter Wertungsgesichtspunkten keinen Unterschied dar. Insbesondere rechtfertigen der mit der Einzelübertragung verbundene Aufwand und die steuerliche Benachteiligung des Vorgangs es nicht, größere Eingriffe in die Mitgliederinteressen zuzulassen.

Nicht zutreffend ist es auch, die Vorschriften des Umwandlungsgesetzes lediglich als einen Schutz der existenten Mitgliedschaft zu verstehen. Vielmehr zeigen die §§ 8, 9 ff., 29 UmwG deutlich, daß auch der ausscheidende Gesellschafter geschützt werden soll[40]. Weiterhin läßt sich gegen eine Gleichwertigkeit der in Frage stehenden Gestaltungsformen nicht einwenden, auf einen derartigen Schutz bestehe im Liquidationsverfahren kein Anspruch[41]. Es kann auf keinen Fall richtig sein, daß der Liquidationsbeschluß der Mehrheit freie Hand zu einer Benachteiligung der Minderheit geben würde. Zwar wird der gemeinsame Zweck durch den Liquidationsbeschluß beendet, aber die Gesellschafter sind jedenfalls bis zur Vollbeendigung noch Gesellschafter. Daher bleibt die Mehrheit auch verpflichtet, auf deren Belange angemessene Rücksicht zu nehmen[42]. Blendet man an dieser Stelle das Interesse am Erhalt der Mitgliedschaft als solcher aus der Betrachtung aus (dazu unten 6), so kann sich dieses Interesse nur auf den ordnungsgemäßen Verlauf des Liquidationsverfahrens richten. Das hier relevante Interesse der Minderheit ist daher finanzieller Natur: Es besteht darin, im Rahmen der Liquidation den bestmöglichen Erlös zu erhalten, oder – negativ formuliert – darin, zu verhindern, daß der Mehrheitsgesellschafter das Unternehmen oder dessen wesentliche Teile unter Wert übernimmt[43].

aa) Die Unterschiede zur „echten" Liquidation

Anders als im Fall der echten Liquidation kann man für die übertragende Auflösung nicht davon ausgehen, daß der Minderheitsaktionär im Falle der Liquidation eines besonderen Vermögensschutzes nicht bedürfe. Zwar enthalten die §§ 262 ff. AktG keine besonderen Bestimmungen zum Minderheitenschutz[44]. Aber das findet seinen Grund darin, daß bei einer „echten" Liquidation unter Veräußerung des Gesellschaftsvermögens an Dritte die Interessen von Mehrheit und Minderheit identisch sind: Beiden geht es darum, von dem Käufer des Unternehmens bzw. einzelner Teile davon einen möglichst hohen Kaufpreis zu erzielen, um so die zur Verteilung

---

40 Vgl. dazu *Lutter* in Lutter (Hrsg.), Komm. zum UmwG, § 8, Rdnr. 14; *Sagasser/Bula,* Umwandlungen, Rdnr. G 69; *Dehmer,* Umwandlungsrecht, § 8 UmwG, Rdnr. 17; *Bermel* in *Goutier/ Knopff/ Tulloch,* Komm. zum UmwG, § 8, Rdnr. 2.
41 So aber BGHZ 103, 189.
42 Zutr. *Wiedemann,* JZ 1989, 447, 448 f.; *ders.* FS Heinsius, 949, 962; *Hirte,* Bezugsrechtsausschluß und Konzernbildung, 1986, 143.
43 So auch *Hüffer* in *Geßler/Hefermehl/Eckardt/Kropff,* Komm. zum AktG, § 262, Rdnr. 44; *Zöllner* in *Baumbach/Hueck,* GmbHG, 16. Aufl., Anh. § 47, Rdnr. 51; *Rowedder/Koppensteiner,* GmbHG, 2. Aufl., § 47, Rdnr. 105; *Hachenburg/Ulmer,* GmbHG, § 60, Rdnr. 29.
44 Näher dazu *Kraft* in Kölner Komm. zum AktG, 2. Aufl., vor § 262, Rdnr. 31; OLG Stuttgart, DB 1997, 267.

anstehende Liquidationsmasse nach Kräften zu erhöhen[45]. Den Vermögensinteressen der Minderheit ist damit bei der Veräußerung an Dritte Rechnung getragen, weil dann die Kräfte des Marktes für eine Kontrolle des Kaufpreises ausreichen. Ist hingegen der Mehrheitsgesellschafter oder eine ihm nahestehende Gesellschaft der Käufer, so entfällt dieser Interessengleichlauf. Hier kann es für den Mehrheitsgesellschafter durchaus günstiger sein, den Kaufpreis möglichst niedrig festzusetzen, denn je niedriger der Kaufpreis ausfällt, um so geringer ist der Anteil, der bei der Vermögensverteilung auf die freien Aktionäre entfällt. Rechtlich ist der Mehrheitsgesellschafter nicht einmal gehindert, den Kaufpreis auf Null festzusetzen[46].

Man kann daher hinsichtlich des Schutzes der Vermögensinteressen nicht an der Tatsache vorbeigehen, daß der Kaufvertrag über das Gesellschaftsvermögen zwischen abhängigem und herrschendem Unternehmen zustandekommt. Das Gesetz betrachtet solche Geschäft mit Mißtrauen, wie sich etwa an §§ 311ff. AktG zeigt. Denn es kann nie ausgeschlossen werden, daß sich beim Abschluß des Vertrages nicht die entgegengesetzten Interessen zweier unabhängiger Vertragsparteien gegenüberstehen, sondern daß sich das Interesse des Mehrheitsgesellschafters durchsetzt. Verträge gewinnen ihre inhaltliche Ausgewogenheit aber erst aus dem Interessengegensatz zwischen den Parteien. Dieser Gegensatz sorgt dafür, daß das Ergebnis aus Sicht der Parteien angemessen ist und deshalb auch von der Rechtsordnung akzeptiert werden kann[47]. Diese Richtigkeitsgewähr fehlt, wenn der eine Vertragspartner die Entscheidung des anderen kraft seiner Mehrheitsbeteiligung beeinflussen kann, sei es, daß er im Liquidationsverfahren Einfluß auf die Liquidatoren nimmt, sei es, daß er kraft seiner Mehrheit von vornherein nach § 179a AktG bestimmt, daß der Verkauf zu den festgelegten Konditionen an ihn erfolgen soll. Konsequenz dieser gestörten Richtigkeitsgewähr des Veräußerungsvertrages ist es, daß die Rechtsordnung zur Reaktion aufgerufen ist. Sie darf die einseitige Interessendurchsetzung nicht hinnehmen, sondern muß die Störung der vertraglichen Richtigkeitsgewähr zur Kenntnis nehmen und darauf angemessen reagieren[48].

bb) Position der Rechtsprechung

Die Rechtsprechung und ein Teil der Literatur halten es für möglich, den Minderheitsinteressen auch ohne Aufstellung besonderer Vorschriften für den Vermögensschutz Rechnung zu tragen. Denn anders als derjenige Gesellschafter, der gegen Abfindung aus der Gesellschaft ausscheide, erhalte der Aktionär in der aufgelösten Gesellschaft nicht nur Geld, sondern könne sich am Wettbewerb um den Erwerb der Güter der AG im Rahmen der Liquidation beteiligen und so selbst Unternehmer werden. Schon diese Konkurrenz mit dem Mehrheitsgesellschafter um den Erwerb

---

45 Wie hier auch *Hirte,* Bezugsrechtsausschluß und Konzernbildung, 1986, S. 143; *Winter,* Mitgliedschaftliche Treubindungen im GmbH-Recht, 1986, S. 158 mwN.

46 Zutr. *Timm,* ZGR 1987, 403, 434.

47 Sog. Richtigkeitsgewähr, vgl. *Schmidt-Rimpler,* in FS Raiser, 1974, S. 14, 25; *Canaris* in FS Lerche, S. 873, 882; *Fastrich,* Richterliche Inhaltskontrolle im Privatrecht, 1992, S. 73ff. mwN.

48 So BVerfGE 82, 242 – Handelsvertreter –; BVerfG WM 1993, 2199ff. = ZiP 1993, 1775 = NJW 1994, 36 – Bürgschaft –.

der Güter werde für einen angemessenen Preis sorgen. Zusätzlich könne ein Bewertungsgutachten durch einen neutralen Sachverständigen eingeholt werden, um den Preis des Unternehmens angemessen zu bestimmen[49].

cc) Stellungnahme

Mit der oben geforderten angemessenen Reaktion der Rechtsordnung auf die gestörte Richtigkeitsgewähr des Vermögensübernahmevertrages steht in keiner Weise fest, wie diese angemessene Reaktion zu erfolgen hat. Als mildestes Mittel könnte man in der Tat zunächst an einen Selbstschutz durch die Beteiligten denken, wie er dem OLG Stuttgart und *Henze* offenbar vorschwebt. Dieser Selbstschutz läge dann in der Möglichkeit, den Kaufpreis durch einen neutralen Dritten kontrollieren zu lassen, und im Recht der Minderheit, bei zu niedrigem Kaufpreis ein eigenes Angebot abzugeben[50]. Fraglich ist aber, ob darin ein ausreichender Selbstschutz zu sehen ist.

aaa) Hinreichender Selbstschutz durch Wettbewerb zwischen Mehrheit und Minderheit

Problematisch ist vor allem die Effektivität eines Konkurrenzangebots der Minderheitsaktionäre. Dessen Wirksamkeit ist schon deshalb eingeschränkt, weil der Mehrheitsgesellschafter kraft seiner satzungsändernden Mehrheit jederzeit auch die Fortsetzung der aufgelösten Gesellschaft beschließen kann, § 274 AktG. Wenn also konkurrierende Angebote seine Absicht zu vereiteln drohen, das Vermögen billig zu übernehmen, kann er den ganzen Vorgang schlicht rückgängig machen. Daß ein Konkurrent mit seinem Angebot wirklich eine Chance auf Erfolg hat, ist keineswegs sichergestellt. Das mindert die Bereitschaft von Aktionären, aber auch von Dritten, sich um einen Erwerb überhaupt zu bemühen, nachdem der Großaktionär signalisiert hat, er strebe die Übernahme des Vermögens im Ganzen an[51].

Problematisch ist auch die angebliche Konkurrenz zwischen der Mehrheit und der Minderheit beim Erwerb. Faktisch wird diese Konkurrenz dadurch eingeschränkt, daß in vielen Fällen die Übernahme des Unternehmen als Ganzes die beste Form der Liquidation ist, denn dann kann das Unternehmen zu den höheren Fortführungs- und nicht lediglich zu Liquidationswerten veräußert werden[52]. Dann kann von vornherein nur ein Interessent zum Zug kommen. Hinzu kommt, daß in vielen Fällen der Minderheit die finanziellen Möglichkeiten fehlen werden, um das Unternehmen oder Teile davon zu erwerben. Der Gedanke einer Konkurrenz zwischen Mehrheit und Minderheit um den Erwerb der Vermögensgegenstände hat vom

---

49 So OLG Stuttgart, ZiP 1995, 1515ff.; zust. *Henze,* ZiP 1995, 1478; *Winter,* Mitgliedschaftliche Treubindungen im GmbH-Recht, S. 162.
50 So OLG Stuttgart, ZIP 1995, 1515, 1520; BGHZ 103, 184, 192; *Henze,* ZIP 1995, 1473.
51 *Lutter,* ZHR 153 (1989), 446, 451.
52 *Scholz/K. Schmidt,* § 70 GmbHG, Rdnr. 14; *Hüffer,* AktG, § 268, Rdnr. 3; *ders.* in *Geßler/Hefermehl/Eckardt/Kropff,* Komm. zum AktG, § 268, Rdnr. 4; *Kraft* in Kölner Komm. zum AktG, § 268, Rdnr. 3.

Recht der GmbH her Eingang in die Erwägungen gefunden[53]. Bei den dort gegebenen personalistischen Strukturen ergibt ein solches Kriterium durchaus einen Sinn, weil der Minderheitsgesellschafter häufig eine zwar unter 25% liegende, aber doch immerhin eine beachtliche Beteiligung an der Gesellschaft hält, dort unter Umständen auch selbst geschäftlich tätig ist und deshalb über entsprechendes Know-how verfügt, um sich mit einem Teil des Unternehmens selbständig zu machen[54]. Anders ist es aber in der typischen Publikums-AG mit ihrem rein finanziell beteiligten Kleinaktionären. Dort ist der Gedanke an eine Konkurrenz im Erwerb in der Regel aussichtslos[55], so daß entsprechende Angebote von Kleinaktionären von der Gesellschaft als erkennbar unseriös zurückgewiesen werden[56].

Die Möglichkeit der Konkurrenz steht daher in der allergrößten Vielzahl der aktienrechtlichen Fälle nur auf dem Papier und ist daher *kein hinreichender Schutz für die Minderheit*. Dem kann man auch nicht entgegenhalten, es komme nur auf die rechtliche, nicht auf die tatsächliche Möglichkeit zum Erwerb an[57]. Denn hier geht es um die Abwägung, ob eine Selbstkontrolle durch Rechtsgeschäft die gerichtliche Kontrolle entbehrlich macht, die das UmwG für Fälle dieser Art vorsieht. Einen Selbstschutz durch rechtsgeschäftliche Gestaltung kann man aber nur dann für relevant erklären, wenn er – zumindest in der Mehrzahl der Fälle – auch wirklich funktioniert. Denn die bloße rechtliche Möglichkeit, sich durch Verträge und bei Abschluß von Verträgen selbst zu schützen, hat jeder geschäftsfähige Bürger kraft seiner Privatautonomie. Um die tatsächliche Fähigkeit zu solchem Schutz ist es in vielen Fällen – von den Allgemeinen Geschäftsbedingungen bis zum Haustürgeschäft – deutlich schlechter bestellt. Gerade in diesen Fällen erachtet die Rechtsordnung das rechtliche Potential zum Selbstschutz nicht für ausreichend, sondern fragt danach, ob der vertragliche Selbstschutz mit zumutbaren Mitteln auch durchsetzbar ist. Wo diese Möglichkeit deutlich eingeschränkt ist, besteht typischerweise Bedarf für die Intervention des Rechts. Das kann auch hier nicht anders gesehen werden. Wer nur auf die rechtliche Möglichkeit abstellt, mit dem Mehrheitsgesellschafter in Konkurrenz zu treten, setzt das Fernrohr (bewußt?) an das blinde Auge[58].

---

53 BGHZ 76, 352, 354; näher dazu *Winter,* Mitgliedschaftliche Treubindungen im GmbH-Recht, S. 158 f.
54 Auch die amerikanische Praxis behandelt den freezeout in der close corporation nach anderen Regeln als denjenigen, die für die börsennotierte Gesellschaft gelten, vgl. *Clark,* Corporate Law, 1986, § 12.3 einerseits, § 12.4 andererseits. Auch nach deutschem Recht zwingt nichts dazu, die beiden Gesellschaftsformen im Hinblick auf die hier untersuchte Problematik unbedingt gleich zu behandeln.
55 So *Wiedemann,* JZ 1989, 447, 449; *Bommert,* JZ 1988, 509, 510; für Differenzierung nach der Rechtsform auch *Martens,* GmbHR 1984, 265, 270.
56 Vgl. OLG Stuttgart, ZIP 1995, 1515, 1520.
57 So aber BGHZ 76, 352; BGHZ 103, 184, 192.
58 Die Bürgschaftsentscheidung des BVerfG wurde oben (bei Fn. 48) nicht ohne Grund zitiert. Denn die Argumentation des II. Senats des BGH und des OLG Stuttgart (DB 1997, 268) in dieser Frage erinnert fatal an die Aussage des BGH in den Bürgschaftsfällen, rechtlich sei jeder Erwachsene zur angemessenen Ausgestaltung der von ihm geschlossenen Verträge in der Lage (BGHZ 106, 269 ff.; BGH WM 1989, 669 ff.). Es ist zu hoffen, daß die zweifellos notwendige Berücksichtigung der tatsächlichen Verhältnisse hier auch ohne Intervention des Verfassungsrechts gelingt.

bbb) Selbstschutz durch freiwillige Begutachtung

Somit verbleibt als ernsthafte Schutzmöglichkeit nur die Kontrolle durch den Wirtschaftsprüfer. Auch insoweit ist Skepsis angezeigt. Denn die Auswahl des Wirtschaftsprüfers erfolgt durch den Vorstand der aufzulösenden Gesellschaft. Dabei sind Beeinflussungen durch den Mehrheitsgesellschafter nicht nur nicht auszuschließen, sondern gang und gäbe[59]. Dem kann man sich nicht mit Hinweis darauf entziehen, daß der Wirtschaftsprüfer kraft seiner Stellung unabhängig und nur seiner Berufsordnung (mit den entsprechenden Haftungsfolgen) verpflichtet sei[60].

Man sollte zwar meinen, daß von einem derartigen neutralen Dritten eine verläßliche und auch den Interessen der Minderheit gerecht werdende Bewertung zu erwarten sei. Dagegen sprechen aber die im Verschmelzungsrecht gemachten Erfahrungen. Auch die Verschmelzung verlangte nach altem und verlangt nach neuem Recht die Begutachtung des Verschmelzungsvertrages durch sachverständige Prüfer. In zahlreichen solchen Fällen haben die nachfolgenden Spruchverfahren Unterbewertungen zu Lasten der Minderheit aufgedeckt und zu Nachzahlungen geführt[61], und zwar in einem Umfang, der über den vom OLG Stuttgart postulierten Sicherheitszuschlag[62] weit hinausgeht. Das weckt deutliche Zweifel an der unbedingten Verläßlichkeit des vom Mehrheitsgesellschafter in Auftrag gegebenen Wirtschaftprüfergutachten, und zwar trotz der Beteiligung „renommierter" Wirtschaftprüfungsgesellschaften, denen das OLG Stuttgart offenbar besonderes Vertrauen entgegenbringt.

Schuld an diesem Problem ist nicht eine fehlerhafte Berufsauffassung der Wirtschaftsprüfer, sondern das Recht. Denn die Unternehmensbewertung in ihrer heute praktizierten Form enthält zahlreiche Unsicherheiten, da sie in nicht unerheblichem Maß auf Prognosen der zukünftigen Entwicklung beruht[63]. Zusätzlich eröffnet sie Bewertungsspielräume, die von den zukünftigen Abschreibungen und Reinvestitionen bis zur Festsetzung des Risikozuschlags im Kapitalisierungszinsfuß reichen[64]. Alles dies sind „weiche", in hohem Maße interpretationsbedürftige und interpretationsfähige Kriterien. Aus diesem Grunde bestehen auch bei Einhaltung der Vorschriften der WPO und der zur Unternehmensbewertung aufgestellten Grundsätze[65]

---

59 Nicht umsonst verlangt § 60 III UmwG eine gerichtliche Bestellung, wenn für die übertragende und die übernehmende Aktiengesellschaft ein gemeinsamer Verschmelzungsprüfer bestellt werden soll. Zu den Hintergründen dieser Norm vgl. *Grunewald* in *Lutter,* UmwG, § 60, Rdnr. 4; *Lutter* in Lutter, UmwG, § 10, Rdnr. 8.

60 So aber OLG Stuttgart, ZIP 1995, 1521.

61 Deutlich war dies etwa jüngst im Falle Paulaner mit einer Heraufsetzung der Abfindung von 900 auf 1500 DM, vgl. BayObLG, AG 1996, 127 ff.; besonders deutlich im Fall Bauverein zu Hamburg mit einer Heraufsetzung der Ausgleichszahlung von 90 auf 430 DM, vgl. LG Hamburg, AG 1995, 517. Diese Beispielsfälle lassen sich beliebig vermehren.

62 OLG Stuttgart, ZiP 1995, 1515, 1521.

63 Vgl. *Lutter/Drygala,* AG 1995, 49; *Lutter* in Lutter (Hrsg.), Komm. zum UmwG, § 10, Rdnr. 13; *Dehmer,* § 10 UmwG, Rdnr. 5.

64 Vgl. *Koppensteiner* in Kölner Komm. zum AktG, § 304, Rdnr. 16; *Geßler* in *Geßler/Hefermehl/ Eckhardt/Knopff,* Komm. zum AktG, § 304, Rdnr. 79.

65 Grundsätze zur Durchführung von Unternehmensbewertungen des IDW, abgedruckt bei *Helbing,* Unternehmensbewertung, 547 ff.

erhebliche Unsicherheiten und Spielräume, die sich zugunsten des Mehrheitsaktionärs ausnutzen lassen, ohne sich dem Vorwurf eines Parteigutachtens aussetzen zu müssen. Die Erfahrungen mit der gerichtlichen Nachprüfung in den Spruchstellenverfahren lassen es jedenfalls als sinnvoll erscheinen, daß der Gesetzgeber des UmwG sich nicht auf die einmalige Prüfung durch den Wirtschaftsprüfer beschränkt, sondern eine „zweite Instanz" zur Kontrolle in Gestalt der §§ 305 ff. UmwG nachgeschaltet hat. Das spricht im starken Maße dagegen, sich bei der übertragenden Auflösung allein auf das Gutachten eines Wirtschaftsprüfers zu verlassen.

b) Identität der Interessenlage mit den im UmwG geregelten Sachverhalten

Das alles belegt, daß in Hinblick auf die Vermögensinteressen der Minderheitsaktionäre zwischen der Umwandlung und der übertragenden Auflösung wertungsmäßig kein Unterschied besteht. In beiden Fällen geht das Interesse der Aktionäre dahin, für die aufzugebende Mitgliedschaft einen angemessenen Gegenwert zu erhalten. Die vom BGH angeführten Schutzinstrumente zugunsten der Minderheit im Falle der übertragenden Auflösung erweisen sich nicht als zureichend, so daß ein angemessener Vermögensschutz damit nicht realisiert werden kann. Das überrascht um so mehr, als die Rechtsprechung in anderem Zusammenhang ausdrücklich auf dem Standpunkt steht, daß mit Hinblick auf die Feldmühle-Entscheidung des BVerfG[66] ein Verlust mitgliedschaftlicher Rechtspositionen nur gegen gesicherten Ersatz des vollen wirtschaftlichen Werts der Beteiligung zulässig sei[67]. Gerade das ist im Rahmen der Moto-Meter-Methode in keiner Weise sichergestellt. Daher besteht Bedarf, auf die Vorschriften des UmwG zurückzugreifen. Nur so läßt sich sicherstellen, daß der ausscheidende Aktionär im Rahmen der Liquidation auch tatsächlich das erhält, was ihm wertmäßig gebührt.

c) Anerkennung eines Umgehungsschutzes durch das UmwG selbst

Ergänzend ist darauf hinzuweisen, daß der Gesetzgeber bei der Reform des Umwandlungsrechts an einen vergleichbaren Umgehungsfall gedacht hat: Durch Art. 6 Nr. 6 des Umwandlungsbereinigungsgesetzes wurden die §§ 293 a–g in das AktG eingefügt und damit die Rechtsinstitute des Umwandlungsberichts und der Umwandlungsprüfung auf den Abschluß von Unternehmensverträgen ausgedehnt. Damit folgt auch das Recht des Vertragskonzerns nunmehr dem vom UmwG her bekannten System von Bericht, Prüfung, Beschluß und Wertkontrolle[68]. Die Gesetzesbegründung führt dazu aus, daß es sich bei Verschmelzung und Unternehmens-

---

66 BVerfGE 14, 263 ff.

67 BGH ZiP 1996, 346, 348 zum Ausscheiden aus einer LPG; die dafür maßgeblichen Regeln des LwAnpG sind inhaltlich mit den Regeln des UmwG 1995 in vielen Punkten identisch, so daß die dort vertretenen Auslegungsgrundsätze auch hier gelten müssen. Vgl. zum Problem auch *Lohlein,* ZiP 1994, 1065, 1066 f.

68 Näher zu dieser Neuregelung *Bungert,* DB 1995, 1384, 1449; *Hüffer,* Komm. zum AktG, 2. Aufl., § 293 a, Rdnr. 2.

vertrag aus Sicht der Minderheit um austauschbare Vorgänge handele, bei denen die Anwendung derselben Regeln geboten sei[69]. Auch das spricht dafür, daß der Gesetzgeber mit dem Minderheitenschutzsystem des UmwG nicht nur eine punktuelle Regelung erreichen wollte, sondern mit diesem Gesetz den Standard definiert hat, der heute zum Schutz der Minderheit vor Vermögenseinbußen bei Umstrukturierungen insgesamt erforderlich ist. Er hat zudem auch die Möglichkeit erkannt, auf anderweitige Gestaltungen auszuweichen und dies für einen besonders relevanten Fall, nämlich den Unternehmensvertrag, zu unterbinden versucht. Das spricht in starkem Maße dafür, ein Unterlaufen dieses Standards durch die übertragende Auflösung nicht zuzulassen.

d) Rechtsfolge

Fraglich ist damit die Rechtsfolge der Gesetzesumgehung. Diese besteht regelmäßig nicht in der schlichten Unzulässigkeit des Vorgangs, sondern in der Anwendung der umgangenen Norm auf den Umgehungssachverhalt. Das ist für den wohl bedeutendsten Fall der Gesetzesumgehung im Gesellschaftsrecht, nämlich für die verdeckte Sacheinlage[70], allgemein anerkannt: Die fraglichen Gegenstände *können* eingelegt werden, aber nur unter Beachtung der für Sacheinlagen geltenden Regeln. Genauso ist hier zu verfahren, zumal ein Verbot der Vermögensübertragung im Wege der Einzelrechtsnachfolge mit den Intentionen des UmwG auch nicht vereinbar wäre[71]. Die Gesellschaft *kann also mit der erforderlichen Mehrheit aufgelöst* und ihr Vermögen auf den Mehrheitsgesellschafter übertragen werden, jedoch sind auf diesen Vorgang *die vermögensschützenden Vorschriften des UmwG und der §§ 293 a ff. AktG entsprechend anzuwenden.* Auch insoweit haben das UmwG und die ergänzenden Vorschriften des AktG eine bedeutsame Veränderung mit sich gebracht: Während nach altem Recht die Annahme eines Umgehungssachverhalts eine faktisch unüberwindliche Auflösungsbremse gewesen wäre, weil das Einstimmigkeitserfordernisses in § 369 II AktG a.F. nicht zu erreichen war[72], geben das neue UmwG und die entsprechenden Bestimmungen des AktG nun die Möglichkeit, unter dem Gesichtspunkt des Vermögensschutzes flexibler zu reagieren. Statt der generellen Unzulässigkeit steht nur noch die entsprechende Anwendung der Vermögensschutzvorschriften des UmwG und der §§ 293 a ff. AktG im Raum, während das Mehrheitserfordernis nach § 179 a AktG und den entsprechenden Vorschriften des UmwG identisch ist. Um so unplausibler ist es, auch unter der neuen Rechtslage schlicht an der alten Lösung festzuhalten. Vielmehr spricht alles dafür, dasselbe Problem – Schutz des Vermögens der ausscheidenden Aktionäre – auch mit denselben Mitteln zu bewältigen.

---

69 Vgl. Begr. zum Reg. Entw. bei *Ganske,* Umwandlungsrecht, 1. Aufl., S. 297.
70 Zu dieser BGHZ 100, 47 ff.; BGHZ 113, 335; *Lutter/Hommelhoff,* GmbHG, 14. Aufl., § 5, Rdnr. 36, jeweils mwN.
71 Zutr. *K. Schmidt,* ZHGR 1995, 675, 676; ebenso *Lutter* in Lutter, UmwG, § 1, Rdnr. 21.
72 Darauf abstellend *Emmerich,* Jus 1988, 908.

6. Umgehungsfestigkeit des Bestandsschutzes der Mitgliedschaft

a) Notwendigkeit einer eigenständigen Betrachtung

Unabhängig von der soeben untersuchten Problematik ist die Frage zu beantworten, ob auch der vom UmwG gewährte Bestandsschutz der Mitgliedschaft umgehungsfest ausgestaltet ist. Ausgangspunkt dieser Überlegung ist die Tatsache, daß nach § 29 UmwG keine Zwangsabfindung möglich ist, sondern Aktionäre, die die Abfindung nicht annehmen, auch an der neuen Gesellschaft beteiligt werden müssen. Die Frage, ob § 29 UmwG auch insoweit Umgehungsschutz genießt, muß von der oben behandelten Frage des Vermögenschutzes getrennt bewertet werden, weil die Wertungsgrundlagen in zweifacher Hinsicht unterschiedlich sind: Zum einen kann sich ein Umgehungsschutz auch in Hinblick auf die Erhaltung der Mitgliedschaft nicht auf Art. 6 Nr. 6 des Umwandlungsbereinigungsgesetzes und die dadurch eingeführten §§ 293 a–g AktG stützen. Diese Vorschriften betreffen vielmehr ausschließlich Maßnahmen des Vermögensschutzes (Bericht, Sachverständigenprüfung), während sich die Frage nach dem Erhalt der Mitgliedschaft beim Unternehmensvertrag gar nicht stellt: Da das abhängige Unternehmen in seiner rechtlichen Struktur unverändert fortbesteht, kommt eine Zwangsabfindung von vornherein nicht in Betracht. Von daher ist die bestehende Parallele zum Recht des Vertragskonzerns hier schwächer ausgeprägt als bei der oben erörterten Problematik.

Zum anderen sind die Folgen wesentlich einschneidender, die sich aus einer Umgehungsfestigkeit auch des Mitgliedschaftsschutzes ergeben würden. Denn würde man insoweit einen allgemeinen Grundsatz anerkennen, daß bei Fortführung des Unternehmens die Mitgliedschaft an der Gesellschaft nicht entzogen werden darf, wäre der Weg der übertragenden Auflösung endgültig versperrt. Die oben bejahte Möglichkeit, unter Heranziehung ergänzender Regeln den Minderheitenschutz zu verstärken, ohne die Zulässigkeit der Maßnahme selbst in Frage zustellen, besteht hier nicht. Es geht vielmehr um das schlichte Verbot der Auflösung unter Vermögensübertragung auf den Mehrheitsaktionär. Angesichts der Tatsache, daß § 179a AktG die Vermögensübertragung unter gleichzeitiger Auflösung der Gesellschaft ausdrücklich zuläßt, ohne dabei nach der Person des Vermögenserwerbers zu fragen, ist ein solches generelles Verbot nur schwer und nicht ohne wirklich zwingende Gründe zu bejahen. Ob solche zwingenden Gründe für einen Umgehungsschutz auch im Hinblick auf die Bestandsinteressen der Mitglieder vorliegen, ist nachfolgend zu prüfen.

b) Der Umfang des Bestandsschutzes

Für einen möglichst weitgehenden Bestandschutz spricht, daß die Mitgliedschaft des Aktionärs ein wohlerworbenes Gut ist, das nicht ohne zwingenden Grund angetastet werden darf. Deshalb ist ein Ausschluß gegen den Willen des Gesellschafters regelmäßig nur zulässig, wenn in seiner Person ein wichtiger Grund dafür besteht[73].

---

73 Statt aller *Wiedemann*, GesR I, S. 382 ff.; *Grunewald*, Der Ausschluß aus Gesellschaft und Verein, S. 29 ff.

Auch läßt § 29 UmwG eine Wertungsentscheidung des Gesetzgebers dahingehend erkennen, daß ein Verlust der Mitgliedschaft nach Kräften vermieden werden und die Entscheidung über das Gehen oder Bleiben in die Hand des Gesellschafters gelegt werden soll[74]. Die Gesetzesbegründung zum Umwandlungsrecht betrachtet dies als ein zwingendes Gebot des Minderheitenschutzes[75].

Unantastbar ist die Mitgliedschaft deshalb aber nicht. Es kann im Interesse des Unternehmens notwendig sein, in diese Mitgliedschaft einzugreifen; diese Eingriffe können bis hin zum Verlust der Mitgliedschaft führen[76]. Gänzlich gewährleisten läßt sich die Mitgliedschaft ohnehin nicht. Insbesondere sind die Inhaber von Kleinstbeteiligungen im Falle von Kapitalherabsetzungen gefährdet, wenn sie weniger Aktien besitzen, als nach einer Zusammenlegung für den Besitz einer Aktie nötig sind[77]. Von daher ist die Kleinbeteiligung von vornherein anfällig für den Verlust der Mitgliedschaft. Dasselbe Problem stellt sich auch im UmwG, das den Mindestbetrag eines GmbH-Geschäftsanteils in §§ 46 I und 54 III auf 50,– DM festsetzt. Auch hier stellt sich die Frage, wie mit Aktionären zu verfahren ist, die mit weniger als 10 Aktien im Nennwert von je 5,– DM an einer AG beteiligt sind und ob diese Gesellschafter nicht auch gegen ihren Willen abgefunden werden können[78]. Schon aus diesen Gründen kann die Gesetzesbegründung zu § 120 UmwG nicht als generelle Absage an ein zwangsweises Ausscheiden der Minderheit gedeutet werden: Sie definiert vielmehr einen Regelfall, der aber Ausnahmen zuläßt.

c) Interessenabwägung

aa) Das Bestandsinteresse des Aktionärs

Sieht man von möglichen finanziellen Einbußen ab, die nach hier vertretener Ansicht aber durch Anwendung der Regeln des UmwG aufgefangen werden können, so ist der Verlust der Mitgliedschaft für den Aktionär vor allem unter dem Gesichtspunkt beachtlich, daß seine Auswahlentscheidung hinsichtlich der Kapitalanlage mißachtet wird. Ihm wird das Recht genommen, sich gerade an diesem Unternehmen zu beteiligen, in dessen wirtschaftliches Potential er unter Umständen große Erwartungen hat[79]. Das könnte dafür sprechen, einen Ausschluß durch übertragende Auflösung nicht oder nur unter ganz engen Voraussetzungen zuzulassen[80].

---

74 So auch *Decher* in *Lutter* (Hrsg.), Komm. zum UmwG, § 207, Rdnr. 1.

75 Vgl. Begr. zum Reg.-Entw. zu § 120 UmwG bei *Ganske,* Umwandlungsrecht, 2. Aufl., S. 146.

76 Vgl. BGHZ 55, 381, 386 – Gema – BGHZ 63, 382, 294; *Wiedemann,* Gesellschaftsrecht, Band I, 1980, S. 384f.

77 Vgl. *Grunewald,* Der Ausschluß aus Gesellschaft und Verein, S. 158; *Hirte,* Bezugsrechtsausschluß und Konzernbildung, S. 31ff.; *Lutter* in Kölner Komm. zum AktG, 2. Aufl., § 222, Rdnr. 24f.

78 Dafür *Winter* in *Lutter* (Hrsg.), UmwG, § 54, Rdnr. 32; *Bermel* in *Goutier/Knopf/Tulloch,* UmwG, § 46, Rdnr. 12; *Grunewald* in *Geßler/Hefermehl/Eckardt/Kropff,* Komm. zum AktG, § 344, Rdnr. 16; a.A. zum alten Recht *Dehmer,* UmwR, 1. Aufl., § 23 KapErhG, Rdnr. 12; *Scholz/Priester,* 7. Aufl., § 23 KapErhG, Rdnr. 12.

79 *Immenga,* Die personalistische Kapitalgesellschaft, 1970, S. 255; *Bommert,* JR 1988, 509, 511 mwN.

80 So *Timm,* ZGR 1987, 435 (Trennung der Aktionäre von „ihrem Unternehmen").

bb) Das Rationalisierungsinteresse der Gesellschaft

Gegen die generelle Berücksichtigung dieses Interesses des Aktionärs spricht aber, daß ihm widerstreitende Interessen des Unternehmens entgegenstehen. Denn verneint man die generelle Möglichkeit, durch eine Auflösung unter Vermögensübertragung die Kleinaktionäre zu verdrängen, so erweist sich die Entscheidung zur Aufnahme von Minderheitsgesellschaftern als eine Einbahnstraße: Hat man sich einmal dafür entschieden, kann ein Minderheitsgesellschafter, dem es darum zu tun ist, auf alle Zeiten beteiligt bleiben. Mögliche Formwechsel und Verschmelzungen des Unternehmens ändern daran nichts. Das kann zu der Lage führen, daß neben dem Großaktionär nur noch ganz wenige freie Aktionäre beteiligt sind. In einer solchen Lage steht der Nutzen, der dem Unternehmen aus der Beteiligung dieser Aktionäre zufließt, in keinem Verhältnis mehr zu dem Aufwand, den die Abhaltung von Hauptversammlungen, die Erteilung von Informationen und die Führung von Anfechtungsprozessen verursacht. Dieses Argument gewinnt in dem Maß an Bedeutung, in dem der Gesetzgeber fortfährt, an die Börsennotierung einer Aktiengesellschaft Sonderpflichten zu knüpfen, die von der ad-hoc-Publizität bis zu Verhaltenspflichten bei Übernahmeangeboten reichen. Diese Sonderpflichten auf sich zu nehmen, wird um so unrationeller, je kleiner der verbleibende Rest an Aktionären ist[81]. Hat sich daher der Aktionärskreis entsprechend verkleinert, besteht ein lebhaftes Interesse der Gesellschaft daran, sich zur Einsparung unnötiger Kosten vom verbliebenen Rest der Aktionärsminderheit zwangsweise zu trennen.

cc) Vorrangigkeit der ökonomischen Interessen

Es fragt sich daher ernsthaft, ob ein Zwang zur fortdauernden Mitgliedschaft des Minderheitsaktionärs durch dessen Bestandsinteresse gerechtfertigt werden kann. Dieses Interesse wird nämlich weiterhin dadurch relativiert, daß der typische Kleinaktionär die oben angesprochene Bindung an „sein Unternehmen" nicht aufweist. Für ihn handelt es sich um eine Kapitalanlage, die durch andere Anlagen, insbesondere durch den Erwerb von Aktien eines anderen Unternehmen, jederzeit ersetzbar ist. Seinen Interessen kann im Regelfall jedenfalls bei der Beteiligung an einer Aktiengesellschaft – in einer personalistischen Gesellschaft kann dies deutlich anders sein – mit einer Wertkontrolle hinreichend gedient werden. Das vermindert deutlich die Notwendigkeit, einen absoluten Schutz der Mitgliedschaft als solcher einzuführen bzw. beizubehalten. Vielmehr kann sich in solchen Fällen der typischen Finanzbeteiligung auch ein Ausscheiden der Minderheit gegen eine vollwertige und gerichtlich nachprüfbare Abfindung als eine sachgerechte und angemessene Regelung darstellen[82].

Für diese Sichtweise spricht auch, daß sich die Beteiligung des Aktionärs an „seinem Unternehmen" ohnehin nicht halten läßt. Denn wann man vom unzweifel-

---

81 So auch *Hopt,* FS Volhard, S. 74, 78.
82 So – unter verfassungsrechtlichen Aspekten – auch BVerfGE 14, 263, 282 ff. – Feldmühle –. Die Tatsache, daß eben dies im Rahmen der Moto-Meter-Methode in keiner Weise gesichert ist, verkennt OLG Stuttgart, DB 1997, 268.

haft zulässigen Vorgang der Verschmelzung her denkt, dann ist die Beteiligung an dem aufnehmenden Rechtsträger auch nicht mehr identisch mit der Beteiligung, die der Aktionär ursprünglich einmal erworben hat. Denn gerade die Zusammenfügung mit einer anderen Gesellschaft ändert das Gepräge des Unternehmens ganz entscheidend, so daß sich die Beteiligung an der alten und an der neuen Gesellschaft nur bedingt als identisch darstellt. Dann ist es aber auch keine große Einbuße, wenn man dem Aktionär die Beteiligung an diesem Aliud verweigert und ihn zwangsweise mit Geld abfindet. Unter Umständen kann er sich mit diesem Geld in eine Gesellschaft einkaufen, die der untergegangenen ähnlicher ist als die, die aus dem Untergang entstand.

Zu berücksichtigen sind auch die einschneidenden Konsequenzen, die sich auf Seiten der Gesellschaft ergeben, wenn man eine Umgehung des § 29 UmwG auch unter dem Aspekt der Mitgliedschaft bejahen wollte. Ein solcher absoluter Schutz der Mitgliedschaft zwingt sie zur Beibehaltung einer Rechtsform, die den wirtschaftlichen Strukturen nicht mehr angemessen ist und damit letztlich zu einem ökonomisch unrationellen Verhalten. Diese Konsequenz geht vor allem dann zu weit, wenn man bedenkt, daß sie im wesentlichen nur durch das Interesse des Aktionärs daran gerechtfertigt werden kann, gerade an diesem und an keinem anderen Unternehmen beteiligt sein zu wollen.

All dies spricht dafür, eine generelle Umgehung insoweit, als es um den Verlust der Mitgliedschaft geht, trotz der Regelung der §§ 29, 120 UmwG nicht anzunehmen, sofern lediglich die finanziellen Interessen einer kleinen Minderheit betroffen sind, die sich auch durch eine angemessene Abfindung hinreichend kompensieren lassen. Verneint man für diesen Fall einen Schutz des Bestandsinteresses, so muß man aber die Frage nach der generellen Unzulässigkeit der übertragenden Auflösung unter Umgehungsaspekten verneinen. Denn ob Interessen betroffen sind, die über diejenigen einer reinen Finanzbeteiligung hinausgehen, kann nur im Einzelfall entschieden und daher mit dem rechtlichen Instrument der Umgehung nicht hinreichend beurteilt werden. Vielmehr ist die Frage, ob der Mitgliedschaftsverlust im Einzelfall doch zu einer maßgeblichen Interessenverletzung führt, im Rahmen der Mißbrauchskontrolle zu berücksichtigen.

d) Rechtsvergleichende Betrachtung

Für das hier gefundene Ergebnis sprechen auch die Erfahrungen aus dem US-amerikanischen Recht. Auch dort stellte sich das hier bearbeitete Problem, das dort unter dem Stichwort dissolution freezeout bekannt geworden ist[83]. Die ältere Rechtsprechung tendierte zur Unzulässigkeit dieser Methode, und zwar mit der auch hier vertretenen Begründung, daß bei der Veräußerung die Rechte der Aktionäre, insbesondere das Recht auf Gleichbehandlung, nicht gewahrt seien[84]. Auf diesen Zustand

---

83 Vgl. *Merkt,* US-Amerikanisches Gesellschaftsrecht, 1991, Rdnr. 1035; *Wiedemann,* JZ 1989, 447; *Immenga,* Die personalistische Kapitalgesellschaft, 1970, S. 162.
84 *Kellog* v. Georgia Pacific Paper Corp., 227 F. Supp. 719 (W.D. Ark. 1964); *Zimmermann* v. Tide Water Associated Oil Co., 143 p. 2d 409 (1943); *Kirtz* v. Grossman, 463 S.W. 2d 541 (Mo. App. 1971); Cathedral Estates Inc. v. Taft Ralty Corp., 157 F. Supp 895 (D. Conn. 1954).

reagierte die Gesetzgebung. Sie erkannte an, daß in bestimmten Situationen ein Recht der Mehrheit, sich von der Minderheit zu trennen, anerkennenswert sei. Gleichzeitig versuchte sie, den Schutz der Minderheit innerhalb des Abfindungsvorgangs zu verbessern. Daher erlauben heute die meisten Gesellschaftsrechtsgesetze der USA, daß die Minderheit bei Verschmelzungen zwangsweise in Bargeld abgefunden wird (Cash – Out oder Short – Form Merger). Diese Form der Zwangsabfindung ist heute nicht nur in den Staaten anzutreffen, die beim Minderheitenschutz „nachlässig" sind, sondern es ist auch im Gesellschaftsrechts-Modellgesetz (R.M.B.C.A.) vorgesehen (dort § 11.01 B 3)[85].

Der Schutz der Minderheit erfolgt durch ein hohes Mehrheitserfordernis (90%), eine rechtzeitige Information über Zwecke und Auswirkungen des Going Private (fairness of disclosure) und eine gerichtliche Abfindungskontrolle (fairness of price). Ein Teil der Rechtsprechung verlangt zudem, daß der Ausschluß der Minderheit einem anerkennenswerten geschäftlichen Zweck gedient hat (business purpose test)[86].

Auch wenn das deutsche Recht die gesetzliche Möglichkeit zur Zwangsabfindung nicht kennt, spricht die amerikanische Erfahrung doch dagegen, in der Trennung von der Minderheit per se eine Umgehung der Schutzbestimmungen des UmwG und des Konzernrechts zu sehen. Denn die amerikanischen Fälle sprechen dafür, daß es für ein solches Vorgehen durchaus legitime Gründe geben kann[87], weshalb man nach deutschem Recht die Möglichkeit, dieses Ziel wenigstens im Wege der Auflösung zu erreichen, nicht verbauen sollte.

7. Ergebnis: Umgehung nur der Vermögensschutzvorschriften

Die Betrachtung hat gezeigt, daß die Aussage des BGH, eine Umgehung liege nicht vor, auch unter der Geltung des neuen UmwG insoweit zutrifft, als es um den zwangsweisen Ausschluß der Minderheit geht. Hier sprechen in der Tat gute Gründe dafür, die Maßnahme jedenfalls nicht generell für unzulässig zu halten. Entscheidend zu kurz greift aber die Aussage, auch eine finanzielle Benachteiligung sei nicht zu erwarten. Insbesondere trifft die Überlegung nicht zu, der finanzielle Minderheitenschutz sei durch Konkurrenz im Liquidationsverfahren oder durch ein Bewertungsgutachten hinreichend gesichert. Die finanziellen Minderheitsinteressen bedürfen vielmehr der Anwendung der Schutzvorschriften, die auch das UmwG und das AktG für den Schutz derjenigen vorsiehen, die gegen Abfindung aus der Gesellschaft ausscheiden.

8. Allgemeine Konsequenzen

Die übertragende Auflösung einer Aktiengesellschaft ist unter Umgehungsgesichtspunkten nicht generell unzulässig. Unzulänglich sind jedoch die Schutzvorkehrun

---

85 Näher *Merkt*, aaO., Rdnr. 1039.
86 Näher *Merkt*, aaO., Rdnr. 1056 ff.; *Wiedemann*, JZ 1989, 447; *Clark*, Corporate Law, 1986, S. 504 ff.
87 Ebenso aus europäischer Perspektive *Hopt*, FS Volhard, 1996, 74, 78. Zur Rechtslage in Österreich vgl. bei Fn. 35.

gen, die der BGH in Hinblick auf die Sicherung des Liquidationserlöses eingeführt hat. Diese bedürfen der Verstärkung durch vorsichtige Heranziehung der Regeln des UmwG. Das bedeutet:

a) Notwendigkeit eines schriftlichen Berichts

Den Minderheitsaktionären ist in einem ausführlichen Bericht das Vorhaben als solches, die dafür sprechenden Gründe, der abzuschließende Vermögensübertragungsvertrag, die Auswirkungen auf die Vermögenslage der Gesellschaft und des einzelnen Aktionärs sowie die Höhe des zu erwartenden Liquidationserlöses ausführlich zu erläutern (Vermögensübernahmebericht analog § 8 UmwG). Der Bericht muß – mit Ausnahme geheimhaltungsbedürftiger Daten – die wesentlichen Grundlagen der Unternehmensbewertung einschließlich des dazugehörigen Zahlenwerks offenlegen[88].

b) Pflicht zur Prüfung des Vorgangs

Der vorgeschlagene Übernahmevertrag und die vorgenommene Unternehmensbewertung sind von einem Wirtschaftsprüfer zu begutachten[89], der über das Ergebnis seiner Prüfung zu berichten hat (analog §§ 9–12 UmwG).

c) Bekanntmachung

Der Übernahmevertrag, der Vermögensübernahmebericht und die Stellungnahme des Wirtschaftsprüfers sind entsprechend den Regeln des UmwG bekanntzumachen (§ 63 UmwG analog).

d) Zulassung von Gegengeboten

Den Aktionären ist die Möglichkeit einzuräumen, selbst Gegenstände aus der Liquidationsmasse zu erwerben. Zwar könnte man daran denken, dieses vom BGH eingeführte Recht mit Hinblick auf die hier befürwortete Verstärkung der anderweitigen Minderheitenrechte für entbehrlich zu erklären. Dagegen spricht aber, daß bei jeder Liquidation – auch ohne Beteiligung des Mehrheitsaktionärs – den Abwickler die Verpflichtung trifft, alles zu tun, um eine möglichst reichhaltige Verteilungsmasse zu erwirtschaften. Wenn der maximale Erlös durch eine Veräußerung des Unternehmens als Ganzes erzielt wird, ist so zu verfahren. Das Recht der Abwickler, das Unternehmen als Ganzes zu veräußern, ist seit langem anerkannt[90]. Denn die Mehrleistung, die in der Übertragung eines intakten Gesamtunternehmens gegenüber der Einzelveräußerung liegt, eröffnet die Chance auf einen höheren Erlös. Liegt dagegen der realisierbare Substanzwert der Vermögensgegenstände, die zum

---

88 Zur Reichweite der Angaben vgl. *Lutter* in Lutter (Hrsg), UmwG, § 8, Rdnr. 20 ff.
89 Insoweit übereinstimmend OLG Stuttgart, ZIP 1995, 1515, 1520 f.; *Henze,* ZIP 1995, 1473, 1478.
90 So RG LZ 1913 Sp. 212 Nr. 5; BGHZ 76, 352, 356; *Kraft* in Kölner Komm. zum AktG, § 268, Rdnr. 3; *Wiedemann* in Großkomm. zum AktG, § 268, 3. Aufl., Rdnr. 6.

Gesellschaftsvermögen gehören, namentlich des Grundbesitzes, höher, dann ist die Einzelveräußerung vorzuziehen[91]. Da die hier vertretene Lösung die Minderheitsrechte stärken und nicht schwächen soll, muß diese Abwägung zwischen Einzel- und Gesamtveräußerung auf jeden Fall erfolgen. Das wird zwar in der Regel dazu führen, daß der Gesamtveräußerung der Vorzug zu geben ist, aber im Einzelfall kann dies auch einmal anders sein: Denkt man z.B. an eine Wohnungsbaugesellschaft, so ist durchaus vorstellbar, daß einzelne Immobilien das Interesse einzelner Aktionäre finden und daß dabei auch ein besserer Preis zu erzielen ist als bei einem Paketverkauf aller Immobilien auf einen Schlag, für den es naturgemäß nur wenige Interessenten geben wird.

Gelegenheit zur Abgabe von konkurrierenden Angeboten besteht dabei innerhalb der Frist zwischen Offenlegung des Vorhabens mitsamt den erforderlichen Unterlagen und der Durchführung der Hauptversammlung. Die Frist beträgt somit einen Monat. Gehen in dieser Zeit ernstzunehmende Angebote ein, die zu einer besseren Verwertung als der im Vermögensübertragungvertrag vorgesehenen führen, so handelt die Mehrheit treuwidrig, wenn sie gleichwohl die Vermögensübertragung mit ihrer satzungsändernden Mehrheit beschließt (näher dazu unten VI).

e) Anfechtbarkeit bei Verletzung von Formvorschriften

Die Verletzung dieser Informations- und Prüfungspflichten begründet – wie im Umwandlungsrecht – die Anfechtbarkeit des darauf beruhenden Beschlusses[92].

f) Gerichtliche Wertkontrolle

Probleme macht die Wertkontrolle. Eine analoge Anwendung des Spruchverfahrens scheidet aus[93]. Daher ist nur möglich, einem potentiellen Kläger Erleichterungen im Rahmen des streitigen Verfahrens zu verschaffen. Da er die fraglichen Umstände nicht oder nur schwer erkennen kann, weil sie aus der Sphäre der Gesellschaft stammen, bieten sich hier, ähnlich wie im Konzernrecht, Erleichterungen der Substantiierungslast an[94]. Der Kläger muß daher nur Indizien darlegen, die auf eine Fehlbewertung der Vermögensgegenstände hindeuten. In diesem Fall muß sich die Gesellschaft zur Korrektheit der Bewertung erklären. Im Zweifelsfall ist – wie im Spruchverfahren – ein erneutes Gutachten eines gerichtlich bestellten Sachverständigen einzuholen.

IV. Materielle Beschlußkontrolle

Zustimmung verdient hingegen die Rechtsprechung des BGH zur Frage der materiellen Beschlußkontrolle. Der BGH vertritt bekanntlich in dieser Frage eine diffe-

---

91 *Hüffer* in *Geßler/Hefermehl/Eckhardt/Kropff*, Komm. zum AktG, § 268, Rdnr. 4.
92 Zur Entbehrlichkeit eines besonderen Kausalitätsnachweises *Lutter* in Lutter, aaO., § 8, Rdnr. 51.
93 Zutr. LG Stuttgart, DB 1993, 473 f.
94 Vgl. dazu BGHZ 122, 123, 131 f. – TBB –, *Drygala*, GmbHR 1993, 317, 327 f.; *Kowalski*, GmbHR 1993, 253.

renzierende Ansicht, wonach es in einem ersten Schritt auf die Frage ankommt, ob der Beschluß in die – fortbestehende – Mitgliedschaft der Minderheit eingreift[95], und sodann in einem zweiten Schritt gefragt wird, ob der Beschlußinhalt vom Gesetz als per se gerechtfertigt angesehen wird[96].

Den Beschluß über die Auflösung einer Kapitalgesellschaft zählt der BGH zu Recht zur letzteren Kategorie. Es überzeugt dabei vor allem die Begründung, daß man durch die Forderung nach einer sachlichen Rechtfertigung die Bindung des investierten Kapitals in einem Maße erhöhen würde, das über die vom Gesetz aufgestellten Voraussetzungen hinausgeht[97]. Denn die Auflösung der Gesellschaft dient dem Zweck, das eingesetzte Kapital dem unternehmerischen Risiko, das mit der Investition in eine Aktiengesellschaft zwangsläufig einhergeht, wieder zu entziehen. Wollte die Rechtsprechung hier kontrollierend eingreifen, bestünde die Gefahr, die auflösungswilligen Gesellschafter gegen deren Willen an diesem Risiko festzuhalten[98]. Dieses Ergebnis wäre aber auch mit dem Anliegen des Minderheitenschutzes nicht zu begründen. Für die Lösung des BGH in dieser Frage spricht auch, daß für den vergleichbaren Fall der Verschmelzung nach zutreffender Auffassung eine materielle Beschlußkontrolle ebenfalls nicht erforderlich ist[99]. Für den Beschluß zur Vermögensübertragung gilt nichts anderes, da er im wesentlichen Folge des Auflösungsbeschlusses ist[100].

V. Rechtsmißbrauchskontrolle

1. Möglicher Mißbrauch der Liquidation

Mit der Ablehnung einer Sachkontrolle des Auflösungs- und Vermögensübertragungs-Beschlusses ist nur die 1. Stufe der Kontrolle von Mehrheitsentscheidungen beantwortet. Offen ist noch, inwieweit die übertragende Auflösung unter dem Gesichtspunkt des Mehrheitsmißbrauchs angreifbar ist. Gerade in den Fällen, in denen keine materielle Beschlußkontrolle stattfindet, besteht die Notwendigkeit zur Überprüfung des Beschlusses in Hinblick auf einen etwaigen Rechtsmißbrauch (Mißbrauch der Mehrheitsmacht).

---

95 BGHZ 71, 40, 44 ff.; BGHZ 80, 69, 74; BGHZ 83, 319, 322.
96 BGHZ 70, 117, 121 ff. – Mannesmann –; BGHZ 76, 352, 353; BGHZ 103, 184, 189 ff. – Linotype –. Dem BGH folgend u. a. *Timm*, ZGR 1987, 401 ff.; *Lutter*, ZHR 153 (1989), 446, 448 f.; *Zöllner*, Kölner Komm. zum AktG, 1. Aufl., § 243, Rdnr. 193; *K. Schmidt* in Großkomm. zum AktG, 4. Aufl., § 243, Rdnr. 45 f.; a. A. und für eine generelle Beschlußkontrolle *Wiedemann*, JZ 1989, 448 f.; *ders.* in FS Heinsius, 949, 964 f.; *Wiedemann/Hirte*, ZGR 1986, 163 ff.; *Martens*, FS Robert Fischer, 1979, S. 437, 445; *ders.*, GmbHR 1984, 370.
97 BGHZ 103, 190 f.; *Ulmer* in FS Möhring, S. 301 ff.
98 So auch *Hüffer*, AktG, 2. Aufl., § 243, Rdnr. 28.
99 Vgl. *Lutter* in Lutter (Hrsg.), Komm. zum UmwG, § 13, Rdnr 22; *ders.*, ZGR 1981, 171, 177 ff.; *Timm*, ZGR 1987, 403, 412 ff.; *Kindler*, ZHR 1994, 339 ff.
100 Insoweit zutr. *Henze*, ZiP 1995, 1473, 1476.

2. Funktionsfremder Einsatz der Auflösung

Bedenken gegen die Rechtmäßigkeit der Maßnahme können sich in Fällen der hier erörterten Art aus dem Sinn und Zweck der Vorschriften über die Auflösung und Liquidation ergeben. Ihr Zweck ist es, die Gesellschafter in die Lage zu versetzen, das investierte Kapital liquide zu machen und für andere Verwendungen freizustellen. Verfolgen aber die Mehrheit und insbesondere ein einzelner Mehrheitsgesellschafter gar nicht dieses Ziel, sondern benutzen sie die Möglichkeit der Liquidation der Gesellschaft dazu, deren Vermögen zu übernehmen, so könnte es sich de facto um den Ausschluß der Minderheit aus der Gesellschaft handeln, der lediglich in die Form einer (wirtschaftlich gar nicht durchgeführten) Liquidation gekleidet ist[101].

3. Position der Rechtsprechung

Der BGH vertritt auch hierzu eine restriktive Auffassung. Er begründet diese damit, daß die Maßnahme nicht einem Ausschluß aus der Gesellschaft gleichkomme. Ein Unterschied bestehe darin, daß der Minderheitsaktionär im Falle des Ausschlusses aus Rechtsgründen sowohl von der Weiterverfolgung des Gesellschaftszwecks als auch von der Fortführung des Unternehmens abgeschnitten ist. Dies sei bei der Liquidation anders, da der Minderheiter hier rechtlich nicht gehindert sei, sich um den Erwerb des Unternehmens oder von Teilen davon zu bemühen, um so den Gesellschaftszweck – wenn auch vielleicht in verringertem Umfang – fortzusetzen[102]. Auch werde die Auflösung in einem solchen Fall nicht zu einem eigensüchtigen und funktionsfremden Zweck eingesetzt. Vielmehr finde durchaus eine Liquidation statt, deren Folgen auch alle Gesellschafter in gleichem Maße treffen. Die in der Literatur vermißte Freisetzung des investierten Kapitals liege bereits darin, daß es nicht mehr der gesellschaftsrechtlichen Zweckbindung unterliege. Auch sei kein Anhaltspunkt ersichtlich, warum es dem Mehrheitsgesellschafter generell verboten sein sollte, im Zuge der Liquidation Teile der frei gewordenen Vermögensmasse zu erwerben[103].

4. Stellungnahme

Der Unterschied zwischen den beiden Ansichten liegt darin begründet, daß sie von einem unterschiedlichen Verständnis vom Zweck der Liquidation ausgehen. Für den

---

101 *Lutter,* ZHR 1989, 153 f.; *ders.* ZGR 1981, 171, 177 ff.; *Timm,* JZ 1980, 665, 669 f.; *Immenga,* Kapitalgesellschaft, 1970, S. 258 f.; *Hüffer* in *Geßler/Hefermehl/Eckhardt/Kropff,* Komm. zum AktG, § 243, Rdnr. 52 ff.; *Hachenburg/Ulmer,* GmbHG, 8. Aufl., § 60, Rdnr. 31; *Martens,* GmbHR 1984, 270; unklar *K. Schmidt* in Großkomm. zum AktG, 4. Aufl., § 243, Rdnr. 49; a.A. *Winter,* Mitgliedschaftliche Treuebindungen im GmbH-Recht, S. 162.
102 BGHZ 103, 184, 192; ebenso *Winter,* aaO., S. 162.
103 BGHZ 103, 192 f.

BGH liegt Liquidation schon vor, wenn das Vermögen aus der gesellschaftsrechtlichen Zweckbindung gelöst und einer neuen Verwendung zugeführt wird. Die Literatur verlangt hingegen, daß es zu einer Desinvestition im materiellen Sinne kommt, daß also das in der Gesellschaft gebundene Kapital „flüssig gemacht" wird[104]. Anders gewendet bedeutet dies, daß die Rechtsprechung allein auf den Fortbestand der *Gesellschaft* abstellt, während die Literatur den Mißbrauch darin sieht, daß trotz Auflösung der Gesellschaft das von ihr betriebene *Unternehmen* fortgesetzt wird[105]. Dann fehlt es vor allem an der bereits oben angesprochenen Absicht, das Kapital aus dem unternehmerischen Risiko zu lösen: Zweck der Maßnahme ist ja gerade die Fortsetzung der bisher betriebenen unternehmerischen Tätigkeit und damit auch des bisherigen Risikos. Das ist natürlich vor allem dann der Fall, wenn der Mehrheitsgesellschafter selbst die Vermögensgegenstände der Gesellschaft ganz oder zum großen Teil übernimmt.

a) Mißbrauch in Hinblick auf finanzielle Interessen der Minderheit

Fraglich ist aber, ob der letztgenannte Gedanke wirklich zutrifft. Denn an einer Aufgabe der unternehmerischen Tätigkeit und einer Freisetzung des gebundenen Kapitals fehlt es auch, wenn der Mehrheitsgesellschafter ursprünglich vorhatte, die Vermögensgegenstände am Markt anzubieten, sich dann aber kein Käufer findet und er sich dann entschließt, die Gegenstände oder das Unternehmen als Ganzes selbst zu erwerben. Eine solche nachträgliche Entscheidung muß zulässig sein, wenn man nicht dem Mehrheitsgesellschafter die Beteiligung an der Liquidation vollständig verbieten will[106]. Dann unterscheidet sich der Fall der von vornherein geplanten Übernahme durch den Mehrheitsaktionär von dieser – zulässigen – Gestaltung nur durch die von Anfang an bestehende Absicht des Großaktionärs, das Unternehmen in anderer Form fortzusetzen. Allein durch diesen Willen werden die Interessen der Minderheit aber finanziell nicht beeinträchtigt[107]. Denn wenn der Großaktionär diesen Willen nicht gebildet hätte und das Unternehmen am Markt veräußert worden wäre, hätten die Minderheitsaktionäre ebenfalls nur den Liquidationserlös erhalten. Unter finanziellen Gesichtspunkten betrachtet, wäre ein denkbarer Mißbrauch der Mehrheitsmacht damit zumindest durch den Gedanken des rechtmäßigen Alternativverhaltens gerechtfertigt.

b) Mißbrauch der Auflösung zur Verdrängung aus der Mitgliedschaft

Anders kann man das Verhalten der Mehrheit nur dann sehen, wenn man den Gedanken des Mißbrauchs auf die Mitgliedschaft als solche bezieht. In diesem Fall könnte

---

104 So ausdr. *Lutter,* ZGR 1981, 177.
105 Ausdr. *Grunewald,* Der Ausschluß aus Gesellschaft und Verein, 1987, S. 298 f.
106 Für ein solches Verbot *Timm,* JZ 1980, 665, 670; *Bommert,* JZ 1988, 509, 511; dagegen *Lutter* ZGR 1981, 181; *Hachenburg/Hohner,* GmbHG, 8. Aufl., § 70, Rdnr. 17; *Scholz/K. Schmidt,* GmbHG, 8. Aufl., § 70, Rdnr. 14 mwN.
107 Insoweit zutr. *Henze,* DStR 1993, 1867.

man argumentieren, daß die Beendigung der Mitgliedschaft rechtsmißbräuchlich sei, wenn tatsächlich keine Beendigung der Unternehmenstätigkeit gewollt sei[108]. Dann müßte man aber annehmen, daß das geltende Aktienrecht die Mitgliedschaft als solche – auch bei Fehlen finanzieller Nachteile – um ihrer selbst willen schützt. Das kann aber speziell für den Fall der Auflösung aus den oben (III 6) dargestellten Gründen nicht per se angenommen werden. Vielmehr gibt es durchaus legitime Gründe, die die Mehrheit zur Wahl der übertragenden Auflösung und zur Trennung von der Minderheit bestimmen können. In einem solchen Fall, in dem das Bestandsinteresse der Kleinaktionäre hinter die Interessen der Gesellschaft zurücktritt, kann man die Auflösung der Gesellschaft nicht allein mit dem Argument für mißbräuchlich erklären, daß eine „wirkliche" Liquidation nicht gewollt war.

c) Mißbrauch im Hinblick auf den Einzelfall

Fraglich aber bleibt, ob ein Einsatz der übertragenden Auflösung damit stets zulässig ist, sofern nur die entsprechende Mehrheit erreicht wird. Die generelle Zulässigkeit der übertragenden Auflösung folgt nach der hier vertretenen Ansicht aus der Tatsache, daß den finanziellen Interessen der Minderheit auf andere Weise Rechnung getragen werden kann und daß die Auflösung legitim ist, wenn sie dem Zweck dient, die Trennung von einer wirtschaftlich nicht mehr nennenswerten und daher für das Unternehmen eher belastenden Minderheit herbeizuführen. Aus dieser Zweckbestimmung folgt zugleich die Grenze des Einsatzes dieses Rechtsinstruments. Illegitim und damit rechtsmißbräuchlich ist die übertragende Auflösung daher, wenn sie nicht dem zuletzt genannten Zweck dient. In diesem Fall läßt sich zugunsten der Zulässigkeit der Maßnahme insbesondere nicht der Umstand anführen, daß die Trennung von der Minderheit aus wirtschaftlichen Gründen zwingend geboten ist; das impliziert, daß in Wirklichkeit anderweitige Absichten verfolgt werden. Damit kommt es für die Frage des Rechtsmißbrauchs entscheidend darauf an, wie sich der Kreis der Minderheitsgesellschafter zusammensetzt und ob Aktionäre beteiligt sind, deren Interessen im Einzelfall durch eine Abfindung objektiv nicht gewahrt werden können. Hierzu kommen mehrere Fallgruppen in Betracht.

aa) Keine Änderung der Verhältnisse gegenüber Börsengang

Zum einen ist zu erwägen, inwieweit die Öffnung der Gesellschaft gegenüber der Öffentlichkeit einen Vertrauenstatbestand begründet[109]. Hat sich die Gesellschaft zu einem früheren Zeitpunkt entschlossen, eine bestimmte Menge Aktien der Öffentlichkeit anzubieten, so geht diese Öffentlichkeit durchaus davon aus, daß mit dem Erwerb der Aktien eine dauerhafte Beteiligung erworben werden kann[110]. An die

---

108 *Timm*, JZ 1980, 665, 669 f.; *Immenga*, Kapitalgesellschaft, 1970, S. 258 f.; *Hüffer* in *Geßler/Hefermehl/Eckhardt/Kropff*, Komm. zum AktG, § 243, Rdnr. 52 f.; *Hachenburg/Ulmer*, GmbHG, 8. Aufl., § 60, Rdnr. 31.
109 Vgl. zu derartigen vertrauensschaffenden Maßnahmen im GmbH-Recht *Winter*, aaO., S. 160.
110 So unter dem Gesichtspunkt des delisting auch *Vollmer/Grupp*, ZGR 1995, 478.

Möglichkeit, im Wege der übertragenden Auflösung wieder aus der Gesellschaft verdrängt zu werden, denkt niemand. Dieser Aspekt spricht dagegen, eine übertragende Auflösung stets dann für zulässig anzusehen, wenn nicht mehr als 25% freie Aktionäre beteiligt sind[111]. Hier ist das Vertrauensinteresse der Aktionäre, das durch den Börsengang der Gesellschaft begründet wurde, ohne weiteres vorrangig.

Das kann anders sein, wenn – wie etwa in den Fällen Linotype und Moto-Meter – nach einer Unternehmensübernahme und einem Kaufangebot durch den neuen Mehrheitsaktionär nur noch ein verschwindend kleiner Rest an Aktionären in der Gesellschaft zurückbleibt, die weder durch Geld noch durch gute Worte zum Verkauf zu überreden sind[112]. Bei einer solchen Lage, die durch einen länger anhalten Schrumpfungsprozeß im Kreis der freien Aktionäre und eine überwältigende Mehrheit des Großaktionärs gekennzeichnet ist, wird das Vertrauen in die Dauerhaftigkeit der Anlagemöglichkeit zerstört, so daß die übertragende Auflösung mit dem erstrebten Bereinigungszweck gerechtfertigt werden kann.

Die Grenze dafür wird man bei einem Rest von 5% an freien Aktionären zu ziehen haben, wie sich aus einer Parallelwertung zu § 320 I AktG ergibt. Auch nach dieser Vorschrift ist es möglich, eine nur 5%ige Minderheit zur Abgabe ihrer Aktien zu zwingen, wobei den außenstehenden Aktionären allerdings die Möglichkeit verbleibt, ihre Mitgliedschaft in der Muttergesellschaft fortzusetzen (§ 320 II Nr. 2 AktG). Die vergleichbare Intensität des Eingriffs in das Bestandsinteresse der freien Aktionäre rechtfertigt es, sich an diesem Mehrheitserfordernis zu orientieren und die übertragende Auflösung nur dann nicht für rechtsmißbräuchlich zu halten, wenn sie von einer 95%igen Mehrheit der Aktionäre getragen wird. Da die Börsenzulassung zumeist die Plazierung eines höheren Anteils an den Aktien der Gesellschaft voraussetzt (vgl. § 9 I 2 BörsZulVO), ist für die börsenzugelassene Gesellschaft der Weg der übertragenden Auflösung nur in Ausnahmefällen gangbar.

bb) Vorhandensein weiterer bedeutender Aktionäre

Weiterhin beruht die Annahme, die übertragende Auflösung sei unter bestimmten Voraussetzungen zulässig, auf der Voraussetzung, daß die noch vorhandenen Minderheitsaktionäre mit ihrer Beteiligung vornehmlich finanzielle Zwecke verfolgen und daß deshalb eine Betrachtung des Vorgangs unter rein finanziellen und nicht unter mitgliedschaftlichen Zwecken ausreicht, um ihre Interessen zu wahren[113]. Davon kann keine Rede sein, sofern noch Minderheitsaktionäre vorhanden sind, die mit ihrer Beteiligung erkennbar andere als nur reine Geldanlagezwecke verfolgen. Ein solches Interesse muß man vor allem bei Aktionären annehmen, die eine Beteiligung in solcher Höhe halten, daß diese besondere Minderheitenrechte vermittelt. Das ist ab 5% der Fall. Hat die Gesellschaft also noch Minderheitsaktionäre,

---

111 So aber *Friedrich,* BB 1994, 89, 93 f.
112 Die Mehrheit des Großaktionärs betrug in diesen Fällen 96 bzw. 99%, vgl. zum Sachverhalt BGHZ 103, 184 sowie OLG Stuttgart, ZIP 1995, 1515.
113 Siehe oben bei Fn. 45.

die mit mehr als 5% beteiligt sind, so ist die übertragende Auflösung im Zweifel als mißbräuchliche Verdrängung der Minderheit anzusehen[114].

Eine solche Lage läßt sich auch nicht dadurch bereinigen, daß man dem „großen Kleinaktionär" die Möglichkeit einräumt, sich nach oder im Zuge der Vermögensübertragung an der neuen Gesellschaft zu beteiligen und so seine Zustimmung zum Vorhaben erwirkt. Denn ermöglicht man einigen Minderheitsaktionären die Fortsetzung ihrer Mitgliedschaft in der neuen unternehmenstragenden Gesellschaft, anderen jedoch nicht, so liegt ein Verstoß gegen das Gleichbehandlungsgebot nach § 53a AktG vor, an das gerade die Mehrheit gebunden ist[115]: Der Auflösungsbeschluß wäre aus diesem Grund anfechtbar. Denn es bedarf keiner näheren Begründung, daß die übertragende Auflösung nicht dazu gedacht sein kann, dem Mehrheitsaktionär die Auswahl zu ermöglichen, welchen der ursprünglichen Minderheitsaktionäre er in die neue Gesellschaft mitnimmt. Hier kann das Motto nur lauten: Alle oder keiner.

VI. Treupflichtverletzung gegenüber der AG und den Minderheitsaktionären

Das Argument der Treupflicht, unter dem die Rechtsprechung die hier behandelten Fälle überwiegend gewürdigt hat[116], spielt für das Ergebnis nur noch eine untergeordnete Rolle. Das gilt vor allem für die Frage der vorherigen Absprache hinsichtlich der Verwertung des Gesellschaftsvermögens. Nach der hier vertretenen Ansicht ist dieser Gesichtspunkt im Regelfall ohne Bedeutung, da es nur selten ernsthafte konkurrierende Angebote geben wird. Für diese Ausnahmefälle hat das Kriterium immerhin weiterhin seine Bedeutung. Denn der Beschluß der Mehrheit, anstelle des besseren Konkurrenzangebots das Angebot des Mehrheitsgesellschafters anzunehmen, wäre eine Verfolgung von Sondervorteilen, wie sie deutlicher kaum denkbar ist[117]. Wurde der Minderheit hingegen Gelegenheit gegeben, während der Vorbereitung der Hauptversammlung konkurrierende Angebote abzugeben und wurde davon kein Gebrauch gemacht, so ist in der Tat nicht ersichtlich, warum der Beschluß treuwidrig sein soll. Denn sofern die oben beschriebenen Schutzmechanismen im Hinblick auf die Vermögensinteressen der Aktionäre beachtet sind und die Maßnahme auch unter dem Aspekt des Beteiligungsinteresses keinen Bedenken begegnet, darf der Mehrheitsaktionär durchaus mit offenen Karten spielen und die Überleitung der Vermögensgegenstände auf sich selbst bereits vor der formellen Auflösung der Gesellschaft in die Wege leiten[118]. Auch im übrigen ist kaum vorstellbar, daß eine übertragende Auflösung unter Wahrung der Vermögensinteressen

---

114 Anders allerdings BGHZ 76, 352 zur GmbH.
115 Näher dazu *Lutter/Zöllner,* Kölner Komm. zum AktG, 2. Aufl., § 53a, Rdnr. 25, 31 ff.; *Hüffer,* aaO., § 53a, Rdnr. 4.
116 BGHZ 76, 352, 353 f.; BGHZ 103, 184, 195; *Lutter,* JZ 1976, 225; *ders.* ZHR 1989, 453 f.; *Zöllner* in Kölner Komm. zum AktG, § 243, Rdnr. 195.
117 So auch *Bommert,* JR 1988, 510.
118 Insoweit zutr. *Friedrich,* DB 1994, 89, 93 f.

und ohne Verletzung eines besonderen Beteiligungsinteresses als treuwidrig zu beurteilen wäre[119].

Die Rechtsprechung gelangt zu gleichen Ergebnissen. Sie hält zwar das Kriterium der Vorabsprache nach wie vor für beachtlich, erklärt es aber im Ernstfall für folgenlos: Nach den Ausführungen der Moto-Meter-Entscheidung wird die Treupflichtverletzung nicht kausal für einen Schaden der Minderheit, wenn diese von vornherein keine wirtschaftliche Aussicht auf Erwerb des Unternehmens hatte[120]. Der nach dieser Ansicht materiell vorliegende Treupflichtverstoß ist daher in der normalen Publikums-AG ohne Bedeutung, so daß das herrschende Unternehmen nach der Einholung eines Bewertungsgutachtens allen rechtlichen Pflichten gegenüber der Minderheit ledig ist. Auch hierin zeigt sich, daß das aus dem Recht der GmbH übernommene Kriterium der Konkurrenz in der Liquidation nur ganz ausnahmsweise in der Lage ist, einen Beitrag zum aktienrechtlichen Minderheitenschutz zu leisten.

VII. Zusammenfassung und rechtspolitischer Ausblick

1. Die übertragende Auflösung stellt in der Form, wie sie nach Ansicht der Rechtsprechung in der Folge des Moto-Meter-Urteils gegenwärtig praktiziert werden kann, eine gefährliche offene Flanke im System des Minderheitenschutzes dar. Denn die Rechtsprechung vernachlässigt die Vermögensinteressen der Aktionäre. Sieht man von der angeblichen Konkurrenz um den Erwerb der Liquidationsmasse ab, die unter den Bedingungen der typischen Aktiengesellschaft wirklichkeitsfremd ist, so verbleibt als einziger Schutz der Minderheit ein Wirtschaftsprüfergutachten, das weder offengelegt werden muß noch in Hinblick auf die festgestellten Unternehmenswerte einer gerichtlichen Nachprüfung unterliegt. Das entspricht nicht den Erfordernissen der Transparenz und des effektiven Rechtsschutzes, die ansonsten im Kapitalgesellschaftsrecht allgemein anerkannt sind und durch das UmwG noch einmal verstärkt wurden.

   An dieser Stelle ist Nachbesserung dringend erforderlich. Zu diesem Zweck sind die Schutzmaßnahmen des UmwG mit seinem System des Berichts, der Prüfung und der Wertkontrolle entsprechend heranzuziehen.

2. Entscheidet man sich für den hier vorgeschlagenen Ausbau des Vermögensschutzes, so kann man im übrigen großzügigere Maßstäbe anlegen. Denn im Regelfall ist dem typischen Anlagegesellschafter mit einer dem wirtschaftlichen Wert entsprechenden Abfindung ebenso gut geholfen wie mit einer Fortsetzung seiner Mitgliedschaft. Zu berücksichtigen sind jedoch das durch den Börsengang erzeugte Vertrauen und das besondere Beteiligungsinteresse von Minderheitsgesellschaftern, die mit mehr als 5% an der Gesellschaft beteiligt sind.

---

119 In Betracht käme allenfalls noch, daß die Auflösung aus besonderen Gründen „zur Unzeit" erfolgt (vgl. BGHZ 103, 189) oder die Mehrheit mit der Auflösung bezweckt, die Minderheit von einer besonderen Geschäftschance abzuschneiden, die sich der Gesellschaft zur Zeit des Beschlusse bietet (vgl. zu diesen Fällen *Merkt,* aaO., 1028.

120 OLG Stuttgart, ZiP 1995, 1515, 1519.

3. Dem bisher vom BGH im Rahmen des Treupflicht erörterten Kriterium, ob Vorabsprachen über den Erwerb getroffen wurden, kommt zukünftig kaum noch Bedeutung zu. Nach hier vertretener Ansicht ist die Vorabsprache unbedenklich, wenn die unter 1) angesprochenen Schutzmaßnahmen eingehalten wurden und die Vorabsprache konkurrierenden Angeboten noch Raum läßt. Nach Ansicht der Rechtsprechung ist die Vorabsprache zwar nach wie vor unzulässig, aber im Regelfall folgenlos.

4. Die immer wieder aufkeimenden Konflikte um die übertragende Auflösung lassen erkennen, daß hier ein wirtschaftliches Bedürfnis auf Seiten von Gesellschaften besteht, für die sich die Publikums-Aktiengesellschaft nicht mehr als die geeignete Rechtsform darstellt. Das weckt Zweifel daran, ob der Gesetzgeber gut beraten war, den Grundsatz der Erhaltung der Mitgliedschaft im UmwG so durchgängig festzuschreiben, wie dies jetzt geschehen ist. Denn die Rigidität des UmwG in dieser Frage provoziert geradezu die Herausbildung praeter legem entwickelter Verfahren[121], bei denen dann die Minderheit – wie gerade die Moto-Meter-Methode zeigt – vermögensmäßig und im Hinblick auf die Möglichkeiten effektiven Rechtsschutzes schlechter steht als sie bei Anwendung des UmwG stünde. Deshalb und aufgrund des anerkennenswerten ökonomischen Arguments auf Seiten der Gesellschaften erscheint es vorzugswürdig, diese Fälle, wenn man sie denn ohnehin nicht verhindern kann, zumindest in rechtlich geordnete Bahnen zu lenken. Der Gesetzgeber sollte daher bei passender Gelegenheit für den Fall des Formwechsels oder der Mischverschmelzung einer AG die zwangsweise Abfindung einer nicht mehr als 5%igen Minderheit unter voller Wahrung ihrer finanziellen Interessen zulassen[122]. Das erspart einerseits den Gesellschaften die mit der Auflösung verbundenen Nachteile und stellt andererseits den Mindeststandard des vermögensmäßigen Minderheitenschutzes, wie er durch das UmwG definiert wird, für diese Gesellschaften zweifelsfrei wieder her.

---

121 Eine weitere Möglichkeit besteht darin, die AG auf eine Personengesellschaft oder GmbH zu verschmelzen und deren Gesellschaftsvertrag zuvor so unattraktiv zu gestalten, daß dem Minderheit faktisch nur der Austritt und die Wahl der Abfindung übrig bleibt; zu dieser Methode *Lutter* in Lutter, UmwG, § 13, Rdnr. 39.

122 Für eine gesamteuropäische Regel dieses Inhalts auch *Hopt*, FS Volhard, 1996, S. 74, 78.

Mitwirkungsrechte und Sicherung außenstehender Aktionäre im Falle der Änderung eines Unternehmensvertrags durch Beitritt eines weiteren Unternehmens

Andreas Pentz

Nach §§ 304, 305 AktG müssen Unternehmensverträge im Sinne des § 291 Abs. 1 AktG Ausgleichs- bzw. Abfindungsangebote des anderen Vertragsteils[1] für die außenstehenden Aktionäre enthalten. Für die Zustimmung der Hauptversammlung der Gesellschaft zu einer Änderung der Bestimmungen eines Unternehmensvertrags, die zur Leistung eines Ausgleichs oder einer Abfindung verpflichten, verlangt § 295 Abs. 2 AktG einen (zustimmenden) Sonderbeschluß der außenstehenden Aktionäre als besonderes Wirksamkeitserfordernis; entsprechendes gilt nach § 296 Abs. 2 AktG im Falle der Aufhebung eines solchen Vertrags. Die mit diesen Bestimmungen zusammenhängenden Rechtsfragen haben besondere Bedeutung für den Fall der Änderung eines Beherrschungsvertrags durch Beitritt eines weiteren Unternehmens auf Seiten des anderen Vertragsteils durch ein Urteil des Bundesgerichtshofs vom 15. 6. 1992[2] und durch Beschlüsse des Landgerichts Mannheim vom 21. 8. 1995[3] erfahren. Während sich der Bundesgerichtshof in seinem Urteil maßgeblich mit der Frage der Erforderlichkeit von Sonderbeschlüssen in diesem Falle befaßt hat, lag den Beschlüssen des Landgerichts Mannheim die Frage zugrunde, ob den außenstehenden Aktionären entsprechend §§ 304, 305 AktG in einer derartigen Gestaltung neue Ausgleichs- bzw. Abfindungsangebote zu unterbreiten waren. Der nachfolgende Beitrag befaßt sich aus Anlaß der beiden Entscheidungen mit der Frage, wie unter Aspekten des aktienrechtlichen Minderheitenschutzes auf den Beitritt eines weiteren Unternehmens auf Seiten des anderen Vertragsteils zu einem Unternehmensvertrag rechtlich zu reagieren ist. Nachdem die Rechtsfragen um einen solchen Vertragsbeitritt zu Recht als bislang noch nicht hinreichend diskutiert[4] und auch nach den vorliegenden Entscheidungen verschiedene sich in diesem Zusammenhang stellende Fragen als offen bezeichnet werden müssen[5], würde sich der *Verf.* freuen, wenn die nachstehenden Überlegungen bei dem Jubilar auf ein ähnliches Interesse stießen, wie diejenigen im Zusammenhang mit dem Begriff des außenstehenden Aktionärs[6], und der Beitrag gleichsam als Fortsetzung ihrer Korrespondenz über die Rechtsstellung außenstehender Aktionäre angesehen werden würde.

I. Die Vertragsänderung im Fall ASEA/BBC und die hierzu ergangenen Entscheidungen, Meinungsstand; Gang der Untersuchung

Bevor mit der Untersuchung der die Sicherung der außenstehenden Aktionäre betreffenden Fragen begonnen wird, sollen zunächst (unter 1.) nochmals anhand der

---

1 Schuldner der Ausgleichs- und Abfindungsleistungen ist in beiden Fällen der andere Vertragteil; s. nur *Hüffer*, AktG, 2. Aufl. (1995), § 304 RdNr. 4, § 305 RdNr. 5.
2 BGHZ 119, 1 = NJW 1992, 2760 = WM 1992, 1479 = ZIP 1992, 1227 – ASEA/BBC mit Anm. *Windbichler* in EWiR 1992, 953. Vorinstanzen: OLG Karlsruhe ZIP 1991, 101 mit Anm. *Altmeppen* EWiR 1991, 107; LG Mannheim ZIP 1990, 379 mit Anm. *Timm* EWiR 1990, 323.
3 ASEA/BBC; der Beschluß Az.: 24 AktE 6/93 (nicht rechtskräftig) ist in ZIP 1996, 22 abgedruckt.
4 So *Priester* in seiner Besprechung der vorinstanzlichen Entscheidungen zu BGHZ 119, 1 in ZIP 1992, 293, 294.
5 Vgl. die Bemerkung von *Windbichler* in EWiR 1992, 953, 954.
6 AG 1996, 97 ff.

vorliegenden Entscheidungen die sich mit dem Vertragsbeitritt eines weiteren Unternehmens stellenden Rechtsfragen am Beispiel des Beitritts zu einem Beherrschungsvertrag angerissen und der hierzu erreichte Meinungsstand in Rechtsprechung und Literatur dargelegt werden. Im Anschluß hieran wird (unter 2.) der weitere Gang der Untersuchung festgelegt.

1. Die Vertragsänderung im Fall ASEA/BBC und die hierzu ergangenen Entscheidungen, Meinungsstand

Die ASEA Brown Boveri AG Mannheim – im folgenden nur noch: ABB Mannheim – hatte im Jahre 1986 mit der BBC Brown Boveri & Cie AG Baden (Schweiz) – im folgenden nur noch: BBC Baden – einen Beherrschungsvertrag geschlossen und sich hierdurch der Leitung dieser Gesellschaft unterstellt. Für die außenstehenden Aktionäre war in dem Beherrschungsvertrag ein fester Ausgleich nach § 304 Abs. 2 S. 1 AktG und eine Barabfindung nach § 305 Abs. 2 Nr. 3 AktG[7] vorgesehen. Hinsichtlich der Angemessenheit der vertraglichen Ausgleichs- und Abfindungsleistungen wurden mehrere Spruchstellenverfahren nach § 306 AktG eingeleitet, die nach wie vor anhängig, derzeit jedoch ausgesetzt sind.

Im Jahre 1988 stimmte die Hauptversammlung der ABB Mannheim dann einem Vertragsbeitritt der ASEA Brown Boveri AG Zürich – im folgenden nur noch: ABB Zürich – zu dem bereits bestehenden Beherrschungsvertrag im Wege der Vertragsänderung zu. Diese Gesellschaft ist ein Gemeinschaftsunternehmen der BBC Baden und der schwedischen ASEA AB Västeras und wurde im Zusammenhang mit konzerninternen Umstrukturierungen im elektronischen Bereich gegründet; ihre heutige Mehrheitsbeteiligung an der ABB Mannheim beruht auf der Übertragung der ursprünglich der BBC Baden zustehenden Aktien, die Teil der bei der Gründung erbrachten Sacheinlage waren. Gleichzeitig mit dem Beitritt der ABB Zürich zu dem Beherrschungsvertrag verzichtete die BBC Baden auf die Ausübung des ihr beherrschungsvertraglich zustehenden Weisungsrechts für den Zeitraum, in dem der ABB Zürich eine Mehrheitsbeteiligung an der ABB Mannheim zustehen würde. Neue Ausgleichs- und Abfindungsangebote für die außenstehenden Aktionäre enthielt der geänderte Beherrschungsvertrag nicht. Sonderbeschlüsse außenstehender Aktionäre wurden in diesem Zusammenhang nicht gefaßt.

Mit einer gegen den Beschluß der Hauptversammlung gerichteten Nichtigkeits- und Anfechtungsklage wandten sich verschiedene außenstehende Aktionäre im Anschluß hieran gegen die Wirksamkeit des zustimmenden Hauptversammlungsbeschlusses. Sie machten geltend, der Beschluß habe zu seiner Wirksamkeit eines Sonderbeschlusses nach § 296 Abs. 2 AktG, zumindest jedoch eines solchen nach § 295 Abs. 2 AktG bedurft; im übrigen sei ihnen zu Unrecht die Auskunft zu

---

7   Eine Barabfindung nach § 305 Abs. 2 Nr. 3 AktG mußte in dem Beherrschungsvertrag deshalb vorgesehen werden, weil es sich bei dem herrschenden Unternehmen als dem anderen Vertragsteil um eine ausländische Aktiengesellschaft gehandelt hat, vgl. hierzu *Hüffer,* AktG aaO (Fn. 1) § 305 RdNr. 16.

verschiedenen, auf der Hauptversammlung gestellten Fragen verweigert worden. Auf die Anfechtungsklage hin erklärte der Bundesgerichtshof[8] den Beschluß wegen einer nicht gerechtfertigten Auskunftsverweigerung für nichtig[9]. Keinen Mangel sah er demgegenüber in der unterbliebenen Fassung eines Sonderbeschlusses nach § 295 Abs. 2 oder § 296 Abs. 2 AktG[10]. Hinsichtlich der fehlenden Abfindungs- und Ausgleichsbestimmungen des Vertrages wies der Bundesgerichtshof darauf hin, daß sich die Aktionäre durch den Vertragsbeitritt zwar möglicherweise grundlegend veränderten Bedingungen gegenübersähen und dies für die Erforderlichkeit eines neuen Abfindungsangebots sprechen könne; über diese Frage sei jedoch nur in dem gegenüber dem vorliegenden Rechtsstreit vorrangigen (ausgesetzten) Spruchstellenverfahren zu entscheiden. Die Bestimmung eines neuen Ausgleichsangebotes hielt der Bundesgerichtshof mit dem Hinweis für entbehrlich, die durch den festen Ausgleich gesicherten Aktionäre seien wegen der mit dem Vertragsbeitritt verbundenen gesamtschuldnerischen Mithaftung des beigetretenen Unternehmens in ihrem Kompensationsinteresse nicht tangiert, im übrigen komme diese Mithaftung auch im Ergebnis einer neuen Ausgleichsvereinbarung gleich; hinsichtlich einer etwaigen Anpassung des Ausgleichs verwies er ebenfalls auf das insoweit vorrangige Spruchstellenverfahren[11].

Aufgrund dieses Urteils faßte die Hauptversammlung der ABB Mannheim im Jahre 1992 einen erneuten Zustimmungsbeschluß zu der Vertragsänderung, die wiederum keine Ausgleichs- oder Abfindungsbestimmungen vorsah. Im Anschluß an diese Hauptversammlung haben verschiedene außenstehende Aktionäre neuerliche Anträge auf gerichtliche Bestimmung des Ausgleichs und der Abfindung gestellt. Das Landgericht Mannheim hat diese Anträge zwar für zulässig, aber für unbegründet gehalten. Hinsichtlich der Frage der Erforderlichkeit eines erneuten Ausgleichsangebotes hat es unter Hinweis auf die vorangegangene Entscheidung des Bundesgerichtshofs[12] ausgeführt, die hier durch eine feste Ausgleichsleistung gem. § 304 Abs. 2 S. 1 AktG gesicherten außenstehenden Aktionäre stünden aufgrund des Vertragsbeitritts der ABB Zürich nicht schlechter, sondern wegen der hiermit hinzukommenden gesamtschuldnerischen Haftung eines weiteren Schuldners sogar besser als vorher. Zu den Anträgen auf Festsetzung einer erneuten (Bar-)Abfindung entsprechend § 305 Abs. 2 Nr. 3 AktG hat es zwar unter Hinweis auf *Priester*[13] die Auffassung vertreten, daß ein derartiges Angebot den außenstehenden Aktionären grundsätzlich hätte unterbreitet werden müssen, da ihre Herrschaftsrechte durch den Vertragsbeitritt „erneut" beeinträchtigt würden. Im vorliegenden Falle sei jedoch zu berücksichtigen, daß die außenstehenden Aktionäre die Gesellschaft wegen des noch nicht abgeschlossenen Spruchstellenverfahrens aus dem Jahre 1986 nach wie

---

8 Zu den Einzelheiten s. BGHZ 119, 1, 15 ff.

9 AaO S. 15 ff.

10 AaO S. 6 ff.

11 AaO S. 7 f, 9 f.

12 BGHZ 119, 1, 10.

13 ZIP 1992, 293, 298, 299; im einzelnen hierzu sogleich im Text. Der BGH hatte diese Frage offen gelassen, vgl. BGHZ 119, 1, 9 f.

vor verlassen könnten. Da die außenstehenden Aktionäre durch diese Möglichkeit ausreichend geschützt seien, bestehe für ein erneutes Abfindungsangebot kein Anlaß; insbesondere stelle auch die bloße Erwartung der Aktionäre, daß ein derartiges Abfindungsangebot heute günstiger als das im Vertrag aus dem Jahre 1986 enthaltene ausfallen könne, keine hinreichende Grundlage für eine derartige Neubestimmung dar.

Kort[14] hat in einer ersten Besprechung der Entscheidung dem Landgericht hinsichtlich seiner Auffassung zur Frage der Neufestsetzung des Ausgleichs zugestimmt, einen Anspruch der außenstehenden Aktionäre auf Neufestsetzung der Abfindung in entsprechender Anwendung des § 305 AktG unter Hinweis auf die ratio des § 305 Abs. 4 S. 3 AktG jedoch für erwägenswert gehalten. Bereits vor dem Urteil des Bundesgerichtshofs und den landgerichtlichen Beschlüssen hatte sich *Priester*[15] mit der Frage der Neufestsetzung von Abfindung und Ausgleich im Falle des Vertragsbeitritts befaßt und sich hierbei für die Erforderlichkeit eines erneuten Abfindungsangebots mit der Erwägung ausgesprochen, die außenstehenden Aktionäre seien bei Abschluß des seinerzeitigen Vertrags von der Einbindung der Gesellschaft in einen bestimmten Konzern ausgegangen, hätten auf den Fortbestand der einmal eingetretenen Konzernherrschaft gebaut und deshalb eine Abfindung nicht angenommen. Nachdem sich diese Entscheidungsgrundlage nachhaltig verändert und der Gesetzgeber das hiermit verbundene Problem offenbar nicht gesehen habe, sei von einer Gesetzeslücke auszugehen. Da sich den §§ 304, 305 AktG das Prinzip entnehmen lasse, daß ein Aktionär, der die Begründung von Konzernherrschaft nicht verhindern könne, durch Abfindungs- und Ausgleichsleistungen zu schützen sei, müsse diese Lücke durch eine Analogie zu § 305 AktG geschlossen werden. Sei ein variabler Ausgleich vereinbart, müsse dieser im Wege der Vertragsanpassung neu bestimmt werden; die Neubestimmung einer festen Ausgleichszahlung sei demgegenüber regelmäßig nicht erforderlich. Hinsichtlich der Frage eines erneuten Abfindungsangebots ähnlich hatten sich vorher schon auch *Timm*[16] und *Altmeppen*[17] in ihren Besprechungen der vorinstanzlichen Entscheidungen zu BGHZ 119, 1 geäußert. Nach *Hirte*[18] hätte dagegen wegen der im konkreten Fall mit dem Vertragsbeitritt faktisch verbundenen Auswechslung des Vertragspartners auf einen Sonderbeschluß der außenstehenden Aktionäre nicht verzichtet werden dürfen.

2. Gang der Untersuchung

Im Zusammenhang mit dem Beitritt eines weiteren Unternehmens auf Seiten des anderen Vertragsteils im Wege der Vertragsänderung ist vorab zu bemerken, daß

---

14 EWiR 1995, 1049 f; zur Frage der Neufestsetzung von Ausgleich und Abfindung s. auch die Anmerkung von *Altmeppen* EWiR 1991, 107, 108.
15 ZIP 1992, 293, 298, 299.
16 EWiR 1990, 323, 324 zu LG Mannheim ZIP 1990, 379, allerdings mit maßgeblich auf die Abfindung in Aktien gestützten Erwägungen.
17 EWiR 1991, 107, 108 zu OLG Karlsruhe ZIP 1991, 101.
18 ZGR 1994, 644, 658.

diese Gestaltung im Gesetz nicht unmittelbar angesprochen wird. Zur Beantwortung der Frage, ob und ggf. wie im Hinblick auf den gesetzlich geforderten Minderheitenschutz hierauf rechtlich zu reagieren ist, ist deshalb zu untersuchen, ob allgemeine Normen oder dem Gesetz zugrundeliegende Wertungen und Prinzipien die mit einem derartigen Beitritt verbundenen Probleme regeln oder ob insoweit von einer Gesetzeslücke, also einer planwidrigen Unvollständigkeit des Gesetzes ausgegangen werden muß[19]. Hierfür ist zunächst zu untersuchen, welcher Schutz der außenstehenden Aktionäre im Gesetz im einzelnen gefordert wird (unter II.). Denn nur anhand des sich hieraus ergebenden abstrakten Modells läßt sich klären, ob das Gesetz für die in Rede stehende Frage eine abschließende Regelung enthält, die Gestaltung seinem Plan nach mithin zumindest wertungsmäßig abdeckt, oder ob insoweit eine Regelungslücke besteht[20], die dann ggf. durch die in der Literatur vorgeschlagene und auch vom Bundesgerichtshof erwogene entsprechende Anwendung einzelner Bestimmungen zu schließen wäre (unter III., IV.). Zwar spricht auf den ersten Blick für eine Analogie zu §§ 304, 305 AktG die Ähnlichkeit zwischen dem erstmaligen Vertragsabschluß und dem Beitritt eines Unternehmens zu einem bereits bestehenden Unternehmensvertrag, da es hierdurch ähnlich wie bei dem erstmaligen Abschluß zur Unterstellung der Gesellschaft unter fremde Leitungsmacht bzw. zur Übernahme einer Gewinnabführungsverpflichtung in einer bislang so nicht gegebenen Qualität kommt. Allein mit dem Hinweis auf diese Ähnlichkeit der Vorgänge läßt sich jedoch eine Analogie zu §§ 304, 305 AktG noch nicht ohne weiteres begründen, selbst wenn der Gesetzgeber die mit einem Vertragsbeitritt der hier in Rede stehenden Art verbundene Problematik nicht gesehen haben sollte[21]. Denn die Frage des Bestehens der für eine Analogie erforderlichen Regelungslücke ist nicht allein danach zu beantworten, ob das Gesetz für die einschlägige Gestaltung eine ausdrückliche Regelung enthält, sondern danach, ob es die in Frage kommende Bestimmung seinem Plan nach enthalten müßte[22].

II. Der Schutz außenstehender Aktionäre im aktienrechtlichen Vertragskonzern

Das zugunsten der außenstehenden Aktionäre in den §§ 291 ff AktG enthaltene Schutzsystem ist im Ausgangspunkt eindeutig dadurch bestimmt, daß das Gesetz die Erforderlichkeit vertraglicher Unternehmensverbindungen anerkennt. In den §§ 291 ff AktG räumt das Gesetz unter bestimmten Voraussetzungen dem Interesse des anderen Vertragsteils Vorrang gegenüber dem Interesse der außenstehenden Aktionäre an der Existenz einer unbeeinflußten Aktiengesellschaft ein und ermög-

---

19 Zu den für das Vorliegen einer Regelungslücke erforderlichen Voraussetzungen s. statt anderer *Larenz/Canaris,* Methodenlehre der Rechtswissenschaft (Studienausgabe), 3. Aufl. (1995) S. 191 ff, 194 ff; *Bydlinski,* Juristische Methodenlehre und Rechtsbegriff, 2. Aufl. (1991), 3. Buch, 3. Teil I. 2; eingehend auch *Canaris,* Die Feststellung von Lücken im Gesetz, 2. Aufl. (1983) S. 33 ff, 39.

20 *Larenz/Canaris* aaO S. 194; *Canaris* aaO S. 34 ff; *Bydlinski* aaO.

21 Insoweit im Ansatz teilweise abw. *Priester* ZIP 1992, 293, 298.

22 Statt anderer *Larenz/Canaris* aaO (Fn. 19) S. 194, 196 f.

licht ihm, die Gesellschaft (genauer: das von ihr betriebene Unternehmen im handelsrechtlichen Sinne) in seinem Interesse einzusetzen. Die hiermit verbundene Einbindung der Gesellschaft haben die außenstehenden Aktionäre bei Vorliegen der vom Gesetz hieran geknüpften Voraussetzungen hinzunehmen[23]. Das mit der Hintansetzung ihrer Interessen verbundene Problem löst das Gesetz teils mittelbar durch die Sicherung der Gesellschaft, teils unmittelbar durch die Einräumung direkter Ansprüche und durch besondere Mitwirkungserfordernisse:

1. Um beide Gesichtspunkte, die Aktiengesellschaft als „gemeinsame Veranstaltung" ihrer Gesellschafter und als in einen Konzern eingliederungsfähiges Objekt, zu berücksichtigen, hat der Gesetzgeber zunächst sicherstellen müssen, daß das Vermögen der Gesellschaft, soweit es noch zu Zeiten des Betriebes im gemeinsamen Interesse ihrer Gesellschafter erwirtschaftet wurde, festgeschrieben und damit für den Liquidationsfall zugunsten aller Aktionäre reserviert wird. Denn eine Auskehrung dieses Vermögens an den anderen Vertragsteil würde eine sachlich nicht gerechtfertigte Bevorzugung dieses Unternehmens gegenüber den übrigen Aktionären bedeuten[24]. Das Gesetz stellt deshalb in § 302 Abs. 1 AktG sicher, daß der zu Beginn des Vertrages bestehende Vermögenszustand „eingefroren" wird, indem es dort die Pflicht des anderen Vertragsteils statuiert, jeden während der Vertragsdauer sonst entstehenden Jahresfehlbetrag auszugleichen, soweit dieser nicht dadurch ausgeglichen wird, daß den anderen Gewinnrücklagen Beträge entnommen werden, die *während der Vertragsdauer* in sie eingestellt worden sind. Auf diese Art und Weise wird das Verwenden „vororganschaftlicher" Rücklagen verhindert und die den Aktionären im Liquidationsfalle zustehende Quote erhalten[25].

2. Da das Interesse des Aktionärs nicht nur auf den auf seine Beteiligung im Falle der Liquidation entfallenden Erlös beschränkt ist, sondern er mit seiner Beteiligung maßgeblich eine Verzinsung des von ihm eingebrachten Kapitals durch die Ausschüttung einer Dividende bezweckt und diese Aussichten bei Bestehen eines Beherrschungsvertrags zumindest gefährdet werden, bei Vorliegen eines Gewinnabführungsvertrags wegen des Fehlens auszuschüttender Gewinne gänzlich entfallen, sieht § 304 AktG das Erfordernis eines angemessenen Ausgleichs[26] vor. Hierdurch wird der betroffene Aktionär in seinem insoweit beste-

---

23 BGHZ 119, 1, 7.

24 Schon vor 1965 wurde das Abführen vororganschaftlicher Rücklagen aus Gründen der Gleichbehandlung für unzulässig gehalten, vgl. *Schilling* in GroßKomm AktG, 2. Aufl. (1961), § 256 Anm. 13.

25 Der der Bestimmung hierneben ebenfalls zugrundeliegende, häufig in den Vordergrund gerückte Gläubigerschutz kann für die vorliegende Untersuchung unberücksichtigt bleiben.

26 Der anstelle des Ausgleichs verbreitet verwendete Begriff der Dividendengarantie ist insoweit zumindest mißverständlich, als er nur den Fall des Beherrschungsvertrags und auch dort nur den festen Ausgleich nach § 304 Abs. 1 S. 2 AktG betrifft (zutreffend deshalb BGHZ 119, 1, 11). Bei Vorliegen eines Gewinnabführungsvertrags wird keine Dividende ausgeschüttet und kann der Höhe nach demgemäß auch nicht garantiert werden. Im Falle des variablen Ausgleichs nach § 304 Abs. 2 S. 2 AktG handelt es sich ebenfalls nicht um eine garantierte Dividende, da die Auszahlung entfällt, wenn bei dem herrschenden Unternehmen kein Gewinn anfällt.

henden Interesse von dem weiteren wirtschaftlichen Schicksal der Gesellschaft losgekoppelt und gleichsam neben ihr geschützt.

3. Die Interessen des Aktionärs blieben indessen nur unvollkommen berücksichtigt, wenn das Gesetz nicht auch die insbesondere mit einem Beherrschungsvertrag verbundenen Einschränkungen der dem Aktionär zustehenden „Herrschaftsrechte" und der sonstigen für ihn außerhalb des bereits behandelten Bereichs liegenden Interessen[27] bedenken würde. Vor diesem Hintergrund und um den Aktionär nicht gegen seinen Willen in eine „Rentnerposition" zu verweisen, schreibt das Gesetz in § 305 AktG das Angebot einer angemessenen Abfindung im Unternehmensvertrag vor. Den außenstehenden Aktionären soll hierdurch die Möglichkeit eingeräumt werden, die Gesellschaft zu verlassen, wenn sie sich nicht auf das Beziehen eines Ausgleichs beschränken wollen. Das Gesetz ermöglicht dabei in diesem Zusammenhang in § 305 Abs. 4 S. 1 AktG eine zeitliche Limitierung des notwendigen Abfindungsangebots[28]; im Interesse des anderen Vertragsteils soll diesem hierdurch möglichst bald Klarheit über den Umfang der (ihn belastenden) Abfindungsleistungen verschafft werden. Hat der außenstehende Aktionär sich also innerhalb einer hiernach vorgesehenen Frist nicht für sein Ausscheiden entschieden, ist er – was im folgenden zu beachten sein wird – auf seine Rolle als den vertraglichen Ausgleich nach § 304 AktG beziehender „Rentner" beschränkt.

4. Im Gesetz berücksichtigt ist schließlich der hier maßgeblich interessierende Fall, daß der der jeweiligen Ausgleichs- bzw. Abfindungsbestimmung zugrundeliegende Unternehmensvertrag geändert oder beendet wird. Um den Vertragsparteien nicht einen Eingriff in die auf der Grundlage des Vertrages erworbenen Rechte der außenstehenden Aktionäre nach §§ 304, 305 AktG ohne deren Mitwirkung zu ermöglichen und vor dem Hintergrund, daß der andere Vertragsteil regelmäßig über die für die Vertragsänderung[29] bzw. -beendigung[30] erforderliche Hauptversammlungsmehrheit verfügen wird[31], sieht das Gesetz in §§ 295 Abs. 2, 296 Abs. 2, 297 Abs. 2 AktG für diese Fälle das Erfordernis eines Sonderbeschlusses der außenstehenden Aktionäre vor. Für den Fall der Änderung eines Unternehmensvertrags wird nach der Rechtsprechung[32] in Übereinstimmung mit der ganz herrschenden Meinung in der Literatur[33] das Mitwirkungserfordernis der außenstehenden Aktionäre nach § 295 Abs. 2 AktG entsprechend dem Wort-

---

27 Die Materialien führen hierzu als Beispiel etwa entgehende Aussichten auf Kapitalerhöhungen aus Gesellschaftsmitteln und den Umstand auf, daß die Gesellschaft nach Beendigung des Unternehmensvertrags womöglich nicht mehr überlebensfähig sein wird, s. bei *Kropff*, Aktiengesetz mit Begründung des Regierungsentwurfs und Bericht des Rechtsausschusses (1965), S. 397.

28 *Geßler* in Geßler/Hefermehl/Eckardt/Kropff AktG (1973 ff) § 305 RdNr. 56.

29 § 295 Abs. 1 S. 1 AktG.

30 Zu den hier denkbaren Fällen s. *Hüffer* AktG aaO (Fn. 1) § 296 RdNr. 5.

31 *Emmerich/Sonnenschein* Konzernrecht, 5. Aufl. (1993) § 14 IV 2b.

32 BGHZ 119, 1, 8; ähnlich bereits BGH WM 1974, 713, 715.

33 S. nur *Geßler* in Geßler/Hefermehl/Eckardt/Kropff AktG aaO (Fn. 28) § 295 RdNr. 29; *Hüffer,* AktG aaO (Fn. 1) § 295 RdNr. 10 mit weiteren Nachweisen; *Koppensteiner* in KölnKomm AktG, 2. Aufl. (1986 ff) § 295 RdNr. 13; *Emmerich/Sonnenschein,* aaO (Fn. 31) § 14 IV 2b, jew. mit weiteren Nachweisen; kritisch *Bayer* ZGR 1993, 599, 603 ff.

laut sowie dem Sinn und Zweck der Bestimmung auf solche Fälle beschränkt, in denen die bisher geltende Ausgleichs- oder Abfindungsregelung (zumindest mittelbar) geändert werden soll. Im übrigen sieht das Gesetz einen besonderen Schutz des Aktionärs vor Vertragsänderungen nicht vor. Dieser Umstand wird deutlich an dem § 305 Abs. 3 S. 2 AktG zugrundeliegenden, über diesen Bereich jedoch hinaus geltenden[34] Stichtagsprinzip, aus dem sich der Grundsatz ableiten läßt, daß Ausgleichs- und Abfindungsbestimmungen für die gesamte Vertragsdauer gelten und nachträgliche Änderungen keinen Grund für eine Neubestimmung darstellen[35], aber auch an der durch § 305 Abs. 4 AktG im Interesse des anderen Vertragsteils eingeräumten Möglichkeit, das Abfindungsangebot zu befristen.

5. Als *Zwischenergebnis* ist sonach für die nachfolgende Untersuchung festzuhalten, daß das Gesetz die Interessen des außenstehenden Aktionärs vor den ihm im Zusammenhang mit Unternehmensverträgen drohenden Beeinträchtigungen dann als hinreichend gewahrt ansieht, wenn er in dreifacher Hinsicht geschützt ist: Einerseits muß er (über § 305 AktG) zumindest vorübergehend die Möglichkeit zum Ausscheiden gehabt haben. Andererseits muß er, wenn er sich für ein Verbleiben in der Gesellschaft und die hiermit verbundene Beschränkung auf eine „Rentnerposition" entschieden hat, zum einen (über § 302 Abs. 1 AktG) hinsichtlich seiner quotalen Beteiligung an einem etwaigen Liquidationserlös der Höhe nach[36] und zum anderen (über § 304 AktG) hinsichtlich seiner Dividendenaussichten gesichert sein. Gegen Eingriffe in die aufgrund des Unternehmensvertrags erworbenen Ansprüche wird der außenstehende Aktionär nach dem gesetzlichen Plan durch Mitwirkungsrechte geschützt. Einen darüber hinausgehenden besonderen Schutz gegen eine von seinen subjektiven Erwartungen abweichende Entwicklung des Vertragsverhältnisses sieht das Gesetz bewußt nicht vor.

III. Analoge Anwendung der §§ 304, 305 AktG auf den Fall des Vertragsbeitritts eines weiteren Unternehmens als dem anderen Vertragsteil?

Untersucht man die Frage, ob und in welchen Fällen den außenstehenden Aktionären wegen der für sie mit einem Vertragsbeitritt verbundenen Folgen ein neues Ausgleichs- bzw. Abfindungsangebot entsprechend §§ 304, 305 AktG zu unterbreiten ist, ist zunächst offensichtlich, daß sich eine derartige Analogie nicht aus den hinter § 302 Abs. 1 AktG stehenden Überlegungen (mittelbarer Schutz der außenstehenden Aktionäre) herleiten läßt. Da es durch den Vertragsbeitritt insoweit lediglich zu einer weiteren (gesamtschuldnerischen) Haftung des hinzutretenden Unter-

---

34 Zur Geltung des Stichtagsprinzips bei § 304 s. *Hüffer,* AktG aaO (Fn. 1) § 304 RdNr. 10 mit umfangreichen Nachweisen.

35 Im einzelnen, auch zu best. Ausnahmen s. *Koppensteiner* in KölnKomm AktG aaO (Fn. 33) § 304 RdNr. 30, 45 ff.

36 § 302 Abs. 1 AktG sieht aufgrund seines bilanziellen Ansatzes keine gegenständliche Erhaltung des zum Zeitpunkt des Vertragsabschlusses vorhandenen Vermögens vor.

nehmens kommt, ist eine Bedrohung der Interessen der außenstehenden Aktionäre in diesem Bereich nicht ersichtlich.

Soweit es um die Frage der Zulässigkeit einer Analogie zu §§ 304, 305 AktG im Hinblick auf etwaige Auswirkungen des Vertragsbeitritts auf die Ausgleichs- und Abfindungsrechte der außenstehenden Aktionäre geht, steht einem derartigen Vorgehen das übrige System des Schutzes außenstehender Aktionäre entgegen: Eine derartige Analogie würde der Rechtsfolge nach zur Anpassung bzw. zur Neufestsetzung der Ausgleichs- und Abfindungsangebote führen[37] oder zumindest jedoch zu dem Erfordernis eines (über § 306 AktG überprüfbaren) neuen Angebots hierüber. Damit käme es aber zu einem durch das Gesetz gerade nicht gewollten Eingriff in die durch den Unternehmensvertrag geprägte Rechtsposition der außenstehenden Aktionäre. Das Gesetz setzt bei den von ihm als relevant anerkannten Veränderungen nicht bei den §§ 304, 305 AktG an, sondern läßt einen Eingriff in die Rechtsposition außenstehender Aktionäre nur zu, wenn diese hieran im Wege der vorgesehenen Sonderbeschlüsse mitgewirkt haben. Bei Zugrundelegung dieser Vorgabe kann es bei der Reaktion auf die mit einer Vertragsänderung verbundenen Folgen für die außenstehenden Aktionäre von vornherein nicht um die Frage einer analogen Anwendung der §§ 304, 305 AktG, sondern nur darum gehen, in welchen Fällen des Vertragsbeitritts ein Sonderbeschluß der außenstehenden Aktionäre erforderlich ist und ob ihnen in diesem Zusammenhang ein neues Ausgleichs- bzw. Abfindungsangebot unterbreitet werden muß[38].

Die erwogene Analogie läßt sich auch nicht aus der die Anwendung der Grundsätze über den Wegfall der Geschäftsgrundlage nahelegenden Erwägung rechtfertigen, der Vertragsbeitritt habe für die Gesellschaft und damit auch für die außenstehenden Aktionäre zu einer geänderten Situation geführt[39]. Für den Fall des Beitritts zu einem *Gewinnabführungsvertrag* steht dem entgegen, daß eine nachteilige Veränderung der Rechtsposition der außenstehenden Aktionäre hierdurch nicht ersichtlich ist; an der Beeinträchtigung bzw. dem Wegfall des unternehmerischen Eigeninteresses der Gesellschaft[40] ändert sich durch den Beitritt nichts. Soweit der Bundesgerichtshof im Zusammenhang mit dem Beitritt zu einem *Beherrschungsvertrag* im Hinblick auf die Frage einer Neufestsetzung des Abfindungsangebots darauf hingewiesen hat, der Aktionär sehe sich hierdurch einer gegenüber seiner ursprünglichen Situation wesentlich veränderten gegenüber, ist zunächst zu bemerken, daß der Aktionär, wie bereits dargelegt[41], durch das Gesetz nicht in seiner Erwartung eines bestimmten Verlaufs der Ausübung der aus dem Beherrschungsvertrag resultierenden Herrschaftsrechte geschützt wird. Sein Schutz vollzieht sich

---

37 Hierzu *Priester* ZIP 1992, 293, 299, 301.

38 Kritisch zu *Priester* auch *Mühlbert*, Aktiengesellschaft, Unternehmensgruppe und Kapitalmarkt, 2. Aufl. (1996) S. 495, 510 Fn. 631, allerdings mit abw. Ansatz.

39 Vgl. in diesem Zusammenhang die Bemerkungen des BGH in BGHZ 119, 1, 9.

40 Zur Beeinträchtigung des Eigeninteresses der Gesellschaft bei Vorliegen eines Gewinnabführungsvertrags und auch der hiermit verbundenen Verlustübernahmeverpflichtung nach § 302 Abs. 1 AktG vgl. *Pentz*, Die Rechtsstellung der Enkel-AG in einer mehrstufigen Unternehmensverbindung (1994) S. 42 ff.

41 S. oben bei II 4. a.E.

vielmehr (bis auf den hier nicht tangierten Schutz nach § 302 Abs. 1 AktG) gleichsam losgelöst von der Gesellschaft; sein Ausgleich, der funktional an die Stelle der Dividende tritt, ist ihm unabhängig von den Verhältnissen der Gesellschaft garantiert. Das herrschende Unternehmen ist (was das Gesetz angesichts der umfassenden Sicherung der außenstehenden Aktionäre zulassen konnte) im Rahmen seines Weisungsrechts nach § 308 AktG zur nahezu schrankenlosen[42] Ausübung von Leitungsmacht berechtigt, seine Weisungen können für die Gesellschaft insbesondere auch nachteilig sein, solange sie durch das Interesse konzernverbundener Unternehmen gerechtfertigt sind (§ 308 Abs. 1 S. 2 AktG). Der Aktionär muß vor diesem Hintergrund in jedem Falle damit rechnen, daß sich die Voraussetzungen, unter denen er sich seinerzeit für ein Verbleiben in der Gesellschaft entschieden hat, auch grundlegend ändern könnten[43]. Seinem Interesse ist nach dem gesetzgeberischen Plan Genüge getan, wenn er (ggf. befristet) die Möglichkeit hatte, über die Abfindung nach § 305 AktG aus der Gesellschaft auszuscheiden. Hat sich der Aktionär in diesem Zusammenhang jedoch einmal dem Vertrag nach endgültig für sein Verbleiben in der Gesellschaft und damit zugleich gegen seine „Herrschaftsrechte" und für die mit dem Unternehmensvertrag für ihn sonst verbundenen Einschränkungen entschieden, muß er sich hieran festhalten lassen. Ein neues Abfindungsangebot könnte nichts mehr kompensieren, worauf der Aktionär nicht bereits verzichtet hätte; § 305 AktG läuft hier seinem Schutzzweck nach leer. Die mit einem Vertragsbeitritt der hier in Rede stehenden Art verbundenen Folgen sind in ihrer Qualität auch nicht derart ungewöhnlich, als daß sie eine über das Gesetz und den hiermit angelegten Plan hinausgehende Rechtsfortbildung gebieten würden[44]. Sie sind in ihren Auswirkungen durchaus mit Vorgängen zu vergleichen, zu denen es aufgrund konzerninterner Umstrukturierungsmaßnahmen oder im Zusammenhang mit der Änderung von Beteiligungsverhältnissen kommen kann.

Für die Frage der Anwendbarkeit der Grundsätze über den Wegfall der Geschäftsgrundlage bedeutet dies, daß ihnen zum einen entgegensteht, daß der Schutz des Aktionärs (bis auf den hier nicht tangierten Schutz durch § 302 Abs. 1 AktG) getrennt von den Verhältnissen der Gesellschaft erfolgt und deshalb in Vorgängen, deren Auswirkung sich auf die Gesellschaft beschränkt, von vornherein kein die Anpassung rechtfertigender Umstand liegen kann. Zum anderen scheitert eine Anwendung dieser Grundsätze an der (mit dem gesetzlichen Schutzmodell in Zusammenhang stehenden) Risikoverteilung zu Lasten des außenstehenden Aktionärs, der die sich nach seinem Verbleiben in der Gesellschaft sich ergebenden Entwicklungen hinzunehmen hat; dieser Umstand schließt die Anwendung der Grundsätze über den Wegfall der Geschäftsgrundlage aus[45]. Im übrigen stünde ein derartiges Vorgehen

---

42 Vgl. die marginalen Einschränkungen in § 308 Abs. 1 S. 2, Abs. 2 AktG.
43 Vgl. zu sonstigen Vorgängen wie etwa dem Wechsel von Organen auch die Überlegungen des Landgerichts Mannheim in ZIP 1990, 379, 382; gegen die Berücksichtigungsfähigkeit derartiger Erwägungen aber *Priester* ZIP 1992, 293, 298.
44 Abw. *Priester* ZIP 1992, 293, 298.
45 Zur Bedeutung der normativen Risikozuweisung im Zusammenhang mit dem Institut des Wegfalls der Geschäftsgrundlage s. nur statt anderer *Teichmann* in Soergel BGB, 12. Aufl. (1990), § 242 RdNr. 229 ff, 237 ff.

auch in einem wertungsmäßigen Widerspruch zu den in §§ 295 Abs. 2, 296 Abs. 2, 297 Abs. 2 AktG enthaltenen Vorgaben, wonach bei Veränderungen primär nicht bei den Ausgleichs- und Abfindungsbestimmungen, sondern an den Mitwirkungsrechten außenstehender Aktionäre anzusetzen ist.

IV. Die Mitwirkungsrechte außenstehender Aktionäre im Falle des Vertragsbeitritts

Nachdem sich die Frage der Auswirkung eines Vertragsbeitritts angesichts der vorstehenden Ausführungen auf die Frage nach der Erforderlichkeit von Sonderbeschlüssen außenstehender Aktionäre konzentriert, ist zu untersuchen, in welchen Gestaltungen unternehmensvertraglicher Verbindungen von solchen Mitwirkungserfordernissen bei einem Vertragsbeitritt auszugehen ist. Dabei ist entsprechend der gesetzlichen Vorgaben maßgeblich darauf abzustellen, ob und inwieweit den außenstehenden Aktionären durch den Vertragsbeitritt eine Beeinträchtigung ihrer durch den jeweiligen Unternehmensvertrag geprägten Rechtsstellung droht. Im einzelnen ist insoweit zwischen den Auswirkungen hinsichtlich des Ausgleichs und hinsichtlich der Abfindung zu trennen:

1. Mitwirkungsrechte wegen eines Eingriffs in Ausgleichsansprüche

Im Zusammenhang mit der Rechtslage zu § 304 AktG ist zwischen dem festen und dem variablen Ausgleich zu unterscheiden:

a) Fester Ausgleich

Sind die außenstehenden Aktionäre durch einen *festen Ausgleich* nach § 304 Abs. 2 S. 1 AktG gesichert, ist mit dem Beitritt eines weiteren Unternehmens zu dem Unternehmensvertrag kein Eingriff in ihre hierdurch erworbenen Rechte verbunden[46]. Die außenstehenden Aktionäre erleiden keinen Nachteil, ihre Rechtslage wird vielmehr insoweit verbessert, als sie neben dem bisherigen Schuldner einen weiteren erhalten[47]. Mit Blick auf einen durch den Unternehmensvertrag gewährten festen Ausgleich läßt sich sonach ein Sonderbeschlußerfordernis nicht begründen.

b) Variabler Ausgleich

Eine abweichende Situation besteht im Falle der Vereinbarung eines *variablen Ausgleichs* gem. § 304 Abs. 2 S. 2 AktG. Unterliegt die Gesellschaft der Herrschaft zweier Unternehmen, ist der variable Ausgleich jedoch nur an die Dividende eines der anderen Vertragsteile geknüpft, entfällt die Grundlage für die vom Gesetzgeber insoweit vorausgesetzte „per-se-Angemessenheit"[48] dieser Ausgleichsform. Im

---

46 LG Mannheim ZIP 1995, 22, 24; ebenso *Priester* ZIP 1992, 293, 298; *Kort* EWiR 1995, 1049 f; s. auch BGHZ 119, 1, 8; *Exner,* Beherrschungsvertrag und Vertragsfreiheit (1984) S. 299, 300.
47 BGHZ 119, 1, 8; LG Mannheim ZIP 1992, 22, 24; *Exner,* aaO S. 299.
48 Hierzu *Pentz,* aaO (Fn. 40) S. 72 ff.

Hinblick auf die mit einem derartigen Beitritt dann verbundenen Nachteile und die hier drohende Beeinträchtigung der Belange der außenstehenden Aktionäre ist ein Vertragsbeitritt in diesem Falle deshalb als Vertragsänderung anzusehen, die nach § 295 Abs. 2 AktG zu ihrer Wirksamkeit eines zustimmenden Sonderbeschlusses der außenstehenden Aktionäre bedarf. Den außenstehenden Aktionäre ist in diesem Zusammenhang dann, wie sich aus § 304 Abs. 3 S. 2 AktG ergibt, ein neues Ausgleichsangebot zu unterbreiten[49]. Der zu fassende Sonderbeschluß kann nicht mit der Begründung angefochten werden, der angebotene Ausgleich sei unangemessen; insoweit gilt gem. § 304 Abs. 3 S. 2, 3 AktG der Vorrang des Spruchstellenverfahrens nach § 306 AktG[50].

2. Mitwirkungsrechte wegen eines Eingriffs in Abfindungsansprüche

Soweit es um die Frage geht, ob der Vertragsbeitritt eines weiteren Unternehmens als anderer Vertragsteil im Hinblick auf die Abfindung einen Umstand darstellt, der einen Sonderbeschluß der außenstehenden Aktionäre erforderlich macht, ist zwischen der Rechtslage bei Barabfindung und der Abfindung in Aktien zu unterscheiden:

a) Barabfindung

Wurde dem außenstehenden Aktionär in dem Unternehmensvertrag ein Barabfindungsangebot unterbreitet, läßt sich das Erfordernis eines Sonderbeschlusses außenstehender Aktionäre nicht begründen; eine Beeinträchtigung dieser Rechte außenstehender Aktionäre ist mit dem Vertragsbeitritt nicht verbunden. Die Aktionäre erhalten auch hier lediglich einen weiteren Schuldner bzw. es tritt ein weiterer Interessent für ihre Aktien hinzu.

(1) Soweit das Landgericht Mannheim im Zusammenhang mit der Frage der analogen Anwendung des § 305 AktG das grundsätzliche Erfordernis eines erneuten Abfindungsangebots mit der Erwägung bejaht hat, die Antragsteller seien in ihren Herrschaftsrechten „erneut" beeinträchtigt worden[51], ist ein Anhaltspunkt dafür, worin diese erneute Beeinträchtigung liegen könnte, nicht ersichtlich. Tatsächlich ist mit dem Beitritt eines weiteren anderen Vertragsteils keine derartige, für die außenstehenden Aktionäre nachteilige Veränderung verbunden: Die außenstehenden Aktionäre haben nach wie vor die ihnen als solche zustehenden speziellen Rechte nach §§ 295 Abs. 2, 296 Abs. 2, 297 Abs. 2, 302 Abs. 3 S. 3, 309 Abs. 4, 310 Abs. 4 AktG, ebenso können sie weiterhin im bisherigen Umfang auch ihre allgemeinen Aktionärsrechte wahrnehmen. Der Beitritt des weiteren Unternehmens ist insoweit auf ihre Rechtsstellung ohne Einfluß. Auch die durch den Unternehmensvertrag in Frage gestellte Überlebensfähigkeit der Gesellschaft nach der Vertragsbeendigung bietet keinen Ansatzpunkt für eine Beeinträchtigung des Aktio-

---

49 Vgl. *Priester* ZIP 1992, 293, 298.
50 *Geßler* in Geßler/Hefermehl/Eckardt/Kropff AktG, aaO (Fn. 28) § 295 RdNr. 37; *Koppensteiner* in KölnKomm AktG, aaO (Fn. 33) § 295 RdNr. 29.
51 ZIP 1996, 22, 25.

närs, die nach den Vorgaben des Gesetzes qualitativ beachtlich von seiner bisherigen abweicht. Nach wie vor unterliegt die Gesellschaft fremder Leitung, nach wie vor haftet das (bzw. nach dem Beitritt: haften die) herrschende(n) Unternehmen für fehlerhafte Weisungen[52], ebenso haften die gesetzlichen Vertreter (§§ 309, 310 AktG).

(2) Besondere Überlegungen zur Frage der Beeinträchtigungen der außenstehenden Aktionäre finden sich in den Beiträgen von *Rehbinder*[53] und *W. F. Bayer*[54], auf die der Bundesgerichtshof anläßlich seiner Erwägungen zur Frage der Erforderlichkeit eines erneuten Abfindungsangebotes hingewiesen hat. Die Beiträge befassen sich im Zusammenhang mit Problemen in Mehrstufigkeitsgestaltungen mit Vorgängen auf unterschiedlichen Stufen[55], also nicht unmittelbar mit dem hier in Rede stehenden Fall eines Vertragsbeitritts im Wege der Vertragsänderung, der sich nur auf einer Stufe dieser Unternehmensverbindung abspielt, und sind deshalb nicht unmittelbar einschlägig. Die dort geäußerten Überlegungen könnten jedoch ggf. entsprechend auch für die vorliegende Gestaltung von Bedeutung sein. Im Zusammenhang mit der bezeichneten Mehrstufigkeitsgestaltung hat sich *Rehbinder* nämlich der von ihm referierten Auffassung *Bayers* angeschlossen, wonach dann, wenn einem zwischen dem Enkel- und dem Tochterunternehmen abgeschlossenen Unternehmensvertrag ein solcher zwischen dem Tochter- und dem Mutterunternehmen folgt[56], den außenstehenden Aktionären der Enkelgesellschaft ein neues Abfindungsangebot zu unterbreiten ist, da diesen „ein weiterer Verbleib in der Gesellschaft (...) wegen grundlegender Veränderung der Bewertungsgrundlage unzumutbar"[57] sei. *Bayer*[58] stellt insoweit darauf ab, daß die „Bewertungsgrundlage" der Aktie sich in derartigen Fällen „entscheidend verändert" habe, die betreffende Aktie „mit Sicherheit" ein nicht mehr zum amtlichen Handel zugelassenes Spezialpapier geworden und eine „derartige Entwicklung (...) für die außenstehenden Aktionäre nicht vorhersehbar gewesen" sei, weshalb sie auch nicht als durch die im Vertrag vorgesehenen Ausgleichsleistungen abgegolten angesehen werden könne. Zu dieser Auffassung ist zunächst zu bemerken, daß die Kompensation eines Kursverlustes der Aktie durch Ausgleichszahlungen nicht dem Zweck des § 304 AktG entspricht und eine rechtlich relevante Beeinträchtigung sich aus diesem Umstand deshalb auch nicht herleiten läßt. Weiter spricht gegen die Richtigkeit dieser Auffassung, daß hiernach implizit unterstellt wird, ein außenstehender Aktionär solle jedenfalls durch § 305 AktG gegen einen Kursverfall seines Wertpapiers geschützt werden. Diese Auffassung ist bereits im Ansatz unzutreffend. Wäre sie richtig, müßte § 305 AktG konsequenterweise lediglich für börsennotierte Aktien gelten, was schon im Hinblick auf den Wortlaut des § 305 AktG ersichtlich nicht der Fall ist.

---

52 Zum Haftungsgrund s. nur die Nachweise bei *Hüffer,* AktG aaO (Fn. 1) § 309 RdNr. 26 ff.

53 ZGR 1977, 581, 606.

54 FS Ballerstedt (1975) S. 157, 179.

55 Auch im Rahmen dieser Gestaltungen ist der Auffassung von *Rehbinder* und *Bayer* nicht zu folgen, vgl. *Pentz,* aaO (Fn. 40) S. 104 f.

56 Also im Falle der aufsteigenden Begründung einer mehrstufigen Unternehmensverbindung („von unten nach oben").

57 *Rehbinder* ZGR 1977, 581, 606.

58 AaO (Fn. 46) S. 179.

Im übrigen sind Kursschwankungen durch eine Vielzahl von Umständen beeinflußt, die mit der mit einem Unternehmensvertrag einhergehenden Wirkung nichts
gemein haben. § 305 AktG zielt, wie bereits die Begründung des Regierungsentwurfs zeigt[59], ausschließlich auf speziell gesellschaftsrechtlich vermittelte Nachteile; etwaige börsenbedingte Kursnachteile liegen außerhalb des Schutzbereichs
dieser Bestimmung. Die von *Bayer* angeführten Umstände können deshalb auch
keine das Sonderbeschlußerfordernis nach § 295 Abs. 2 AktG auslösende Tatsache
darstellen.

(3) Auch die von *Exner*[60] geäußerte Befürchtung schließlich, durch einen Beitritt im Wege der Vertragsänderung könne das bei einem gleichzeitigen Abschluß
von Unternehmensverträgen mit zwei herrschenden Unternehmen erforderliche
doppelte Abfindungsgebot unterlaufen werden, liegt außerhalb des Schutzzwecks
von § 305 AktG. Unabhängig von der Frage der grundsätzlichen Richtigkeit dieser Auffassung könnte zwar im Einzelfall an ein Umgehungsgeschäft gedacht werden; dies kann jedoch kein Anlaß sein, bei einer erst im nachhinein erforderlich
gewordenen Änderung des Unternehmensvertrags ebenfalls diese Maßstäbe anzu-
legen[61].

b) Abfindung in Aktien

Soweit es um die mit einem Ausgleich in Aktien verbundenen Rechtsfragen geht, ist
danach zu unterscheiden, ob das Abfindungsangebot noch läuft oder ob eine nach
§ 305 Abs. 4 AktG vorgesehene Frist zur Annahme des Abfindungsangebots bereits
verstrichen ist[62]:

(1) Wurde den außenstehenden Aktionären gem. § 305 Abs. 2 Nr. 1 AktG ein
Abfindungsangebot in Aktien des anderen Vertragsteils unterbreitet und ist dieses
Angebot noch nicht verfristet, besteht zwar für den betroffenen außenstehenden
Aktionär – der sich gerade noch nicht endgültig für ein schlichtes „Rentnerdasein"
entschieden hat – nach wie vor die Möglichkeit zum Ausscheiden aus der Gesellschaft; mittelbar ändert sich jedoch seine bisherige, durch den Unternehmensvertrag
geprägte Rechtsstellung. Während der Aktionär nämlich bislang die Möglichkeit
hatte, in einem seiner Beteiligung an der Gesellschaft entsprechenden Umfang zum
anderen Vertragsteil zu wechseln, müßte er sich jetzt mit der Beteiligung an einer
von zwei Gesellschaften zufrieden geben und die hiermit korrespondierende Einschränkung seiner Mitsprache- und Einwirkungsrechte hinnehmen. Aus diesem
Grund dürfen nach den Vorgaben des Gesetzes der Vertragsbeitritt und die hiermit
verbundene mittelbare Auswirkung auf die Rechtsstellung des Aktionärs nicht ohne
die Mitwirkung der außenstehenden Aktionäre, in deren Rechte eingegriffen werden

---

59   S. bei *Kropff,* aaO (Fn. 27) S. 397. Zum Schutzzweck des § 305 AktG s. auch *Würdinger* in Groß-
      Komm AktG, 3. Aufl. (1973 ff) § 305, Einleitung; *Geßler* in Geßler/Hefermehl/Eckardt/Kropff
      AktG aaO (Fn. 28), Vorb. zum Vierten Abschnitt RdNr. 3; *Koppensteiner* in KölnKomm AktG aaO
      (Fn. 33) § 305 RdNr. 2; *Hüffer,* AktG aaO (Fn. 1) § 305 RdNr. 1 und oben II. 3 a.E.

60   AaO (Fn. 46) S. 300.

61   S. in diesem Zusammenhang auch die Bemerkungen in BGHZ 119, 1, 6.

62   Insoweit ist auch § 305 Abs. 4 S. 3 AktG zu beachten.

würde, stattfinden; auch in diesem Falle ist deshalb ein Sonderbeschluß nach § 295 Abs. 2 AktG erforderlich. Wird den außenstehenden Aktionären im Rahmen der Vertragsänderung ein neues Abfindungsangebot unterbreitet, kann der von ihnen zu fassende Sonderbeschluß nicht mit der Begründung angefochten werden, die Abfindung sei unangemessen; zur Wahrung ihrer Rechte können die außenstehenden Aktionäre insoweit lediglich ein Spruchstellenverfahren nach § 306 AktG einleiten, § 305 Abs. 5 S. 1 AktG[63].

Wurden in Mehrstufigkeitsverhältnissen den außenstehenden Aktionären nach § 305 Abs. 2 Nr. 2 (1.Var.) AktG als Abfindung Aktien des am anderen Vertragsteil mit Mehrheit beteiligten oder diesen beherrschenden Unternehmens mit Sitz im Inland angeboten, gilt entsprechendes, sofern dieses Unternehmen nicht auch zumindest in gleichem Umfang an dem beitretenden anderen Vertragsteil beteiligt ist oder es sich bei ihm nicht um das hinzutretende Unternehmen selbst handelt. Entspricht die Beteiligung dieses dritten Unternehmens demgegenüber in beiden Fällen einander, ist es sogar in einem höheren Umfang an dem beitretenden anderen Vertragsteil beteiligt oder ist es der hinzutretende Vertragsteil selbst, fehlt es an der zu fordernden Beeinträchtigung des außenstehenden Aktionärs. Daß sich die jeweilige Beteiligung am anderen Vertragsteil auch verändern kann, spricht nicht gegen dieses Ergebnis; denn mit dieser Entwicklung muß der Aktionär in jedem Falle des § 305 Abs. 2 Nr. 2 (1.Var.) AktG rechnen.

(2) War das Angebot, die außenstehenden Aktionäre in Aktien abzufinden, demgegenüber nach § 305 Abs. 4 AktG befristet und ist die hiernach vorgesehene Frist zum Zeitpunkt des Vertragsbeitritts bereits verstrichen, fehlt es an der vom Gesetz geforderten Beeinträchtigung der durch den Unternehmensvertrag geprägten Rechtsstellung der außenstehenden Aktionäre. Auch hier hat sich der Aktionär trotz der hiermit verbundenen Einschränkungen für ein Verbleiben in der Gesellschaft entschieden, womit die Bestimmung des § 305 AktG hier ihrem Normzweck nach leerläuft; sie kann nichts mehr erhalten, worauf der Aktionär, der sich für die „Rentnerrolle" einmal entschieden hat, nicht bereits verzichtet hätte.

IV. Ergebnis

Das Aktiengesetz schützt den außenstehenden Aktionär im Recht der Unternehmensverträge teils mittelbar durch die Festschreibung der zu Beginn der vertraglichen Unternehmensverbindung vorhandenen Vermögenslage (§ 302 Abs. 1 AktG), teils unmittelbar durch das Einräumen eigener Ansprüche (§§ 304, 305 AktG). Vor einem Eingriff in die dem außenstehenden Aktionär unmittelbar zustehenden Rechte wird dieser primär nicht durch das Erfordernis neuer Ausgleichs- bzw. Abfindungsangebote, sondern dadurch geschützt, daß derartige Änderungen wirksam nicht ohne seine Mitwirkung zustande kommen können (§§ 295 Abs. 2, 296 Abs. 2, 297 Abs. 2 AktG). Eine wirksame Neufestsetzung der Ausgleichs- und

---

63 *Geßler* in Geßler/Hefermehl/Eckardt/Kropff AktG, aaO (Fn. 28) § 295 RdNr. 37; *Koppensteiner* in KölnKomm AktG, aaO (Fn. 33) § 295 RdNr. 29.

Abfindungsleistungen ohne vorherige Befassung der außenstehenden Aktionäre hiermit kann es sonach nicht geben. Diese klare Unterscheidung zwischen den das Sonderbeschlußerfordernis auslösenden Auswirkungen einer Vertragsänderung und der Sicherung nach §§ 304, 305 AktG selbst ist auch bei der Frage zu beachten, wie im einzelnen auf eine Vertragsänderung durch Beitritt eines weiteren Unternehmens als dem anderen Vertragsteil rechtlich zu reagieren ist.

Entsprechend der gesetzlichen Vorgabe ist bei dem Beitritt eines weiteren Unternehmens im Wege der Vertragsänderung maßgeblich darauf abzustellen, ob es im Zusammenhang mit diesem Vertragsbeitritt für die außenstehenden Aktionäre zu einer (zumindest mittelbaren) Änderung ihrer durch den Unternehmensvertrag geprägten Rechtsstellung kommt. Auswirkungen dieser Art liegen nicht vor, wenn die außenstehenden Aktionäre durch feste Ausgleichszahlungen und durch eine Barabfindungen gesichert sind. Hier mag der Beitritt für die außenstehenden Aktionäre zwar unerwartet gekommen sein, er ist aber ohne Auswirkung auf ihre Rechtsstellung hinsichtlich ihrer Ausgleichs- und Abfindungsansprüche geblieben; ob hierneben die Möglichkeit zum Ausscheiden aus der Gesellschaft wegen eines noch anhängigen Spruchstellenverfahrens besteht, ist insoweit ohne Belang. Eine analoge Anwendung der §§ 304, 305 AktG auf den Fall eines solchen Vertragsbeitritts scheitert am System der §§ 295 Abs. 2, 304, 305 AktG, das die für eine derartige Analogie erforderliche Regelungslücke nicht aufweist.

Sind die außenstehenden Aktionäre demgegenüber durch eine variable Ausgleichszahlung und/oder durch ein noch laufendes Abfindungsangebot in Aktien des anderen Vertragsteils gesichert, handelt es sich auch bei dem beschriebenen Vertragsbeitritt im Wege der Vertragsänderung um eine solche Änderung, die der besonderen Mitwirkung der außenstehenden Aktionäre nach § 295 Abs. 2 AktG bedarf. Sieht der Vertrag dagegen als noch laufendes Abfindungsangebot Aktien eines am anderen Vertragsteil mit Mehrheit beteiligten oder diesen beherrschenden Unternehmens vor, bedarf es zur Untersuchung der Auswirkung auf die Rechtsstellung der außenstehenden Aktionäre einer Überprüfung anhand der jeweiligen Beteiligungsquoten. Wird den außenstehenden Aktionären im Zusammenhang mit der Vertragsänderung je nach Sachlage ein erneutes Ausgleichs- und/oder Abfindungsangebot unterbreitet, kann eine Anfechtungsklage nicht darauf gestützt werden, das betreffende Angebot sei unangemessen; die Angemessenheit des Angebots kann jedoch im Spruchstellenverfahren nach § 306 AktG überprüft werden.

Aus Sicht der Praxis empfiehlt es sich sonach, in Unternehmensverträgen stets einen festen Ausgleich vorzusehen, das Abfindungsangebot zeitlich zu limitieren und – soweit möglich – vertraglich eine Barabfindung zu bestimmen. Mit einem derartigen Vorgehen ist einerseits gewährleistet, daß nicht jede umstrukturierende Maßnahme der Mitwirkung der außenstehenden Aktionäre bedarf, andererseits wird hierdurch gleichzeitig den in der Literatur unter dem Aspekt des Minderheitenschutzes geäußerten grundsätzlichen Bedenken gegen die Angemessenheit der variablen Ausgleichsform[64] Rechnung getragen.

---

64 Zur grundsätzlichen Kritik am variablen Ausgleich vgl. nur *Emmerich/Sonnenschein* aaO (Fn. 33) § 17 4b mit weiteren Nachweisen.

Geklärte und ungeklärte Fragen
der Konzernmitbestimmung

THOMAS RAISER

I. Einleitung

Die Regelung der Mitbestimmung im Konzern in § 5 MitbestG gehörte von Anfang an zu den umstrittensten des Mitbestimmungsgesetzes. Während der Gesetzesberatungen wurde jahrelang die Gesamtkonzeption angegriffen. Zwar leuchtete allgemein ein, daß die paritätische Mitbestimmung der Arbeitnehmer, wenn man sie denn überhaupt wollte, im Konzern an der Konzernspitze angesiedelt werden müsse, weil dort die für alle beteiligten Unternehmen maßgeblichen Entscheidungen gefällt werden, und daß folgerichtig sämtliche in einem Konzernunternehmen beschäftigten Arbeitnehmer bei der Wahl der Arbeitnehmervertreter zum Aufsichtsrat des herrschenden Unternehmens aktiv und passiv wahlberechtigt sein müßten. Der Grundgedanke der Mitbestimmung verlangte, Konzerne als wirtschaftliche Einheit und daher insoweit auch rechtlich als einheitliches Unternehmen zu betrachten. Die Lösung war auch durch §§ 76a, 77 BetrVG 1952, durch das Montan-Mitbestimmungsergänzungsgesetz von 1956 und durch die Einrichtung des Konzernbetriebsrats gemäß §§ 54 ff. BetrVG 1972 vorgezeichnet. Auch die Mitbestimmungskommission hatte empfohlen, allen Arbeitnehmern eines Konzerns ein Mitbestimmungsrecht im herrschenden Unternehmen zu gewähren[1]. Folgerichtig verlangten die Wirtschaftsverbände jedoch einen Verzicht auf die Mitbestimmung oder jedenfalls auf die paritätische Besetzung der Aufsichtsräte in den Konzerntöchtern[2]. Forderungen dieser Art konnten verstärkt werden durch das Argument, daß andernfalls eine Überparität, das heißt ein übermäßiger Einfluß der Arbeitnehmerseite auf die Unternehmensleitung, entstehen würde, weil auch die Vertreter der Anteilseignerseite in abhängigen Unternehmen bereits unter Mitwirkung der paritätischen Mitbestimmung im herrschenden Unternehmen bestellt wurden. Als problematisch erwies sich die Konzeption von Anfang an ferner in den Fällen, in denen die Mitbestimmung im herrschenden Unternehmen nicht eingerichtet werden konnte, weil dieses in einer nicht mitbestimmungspflichtigen Rechtsform geführt wurde, seinen Sitz im Ausland hatte oder Tendenzschutz genoß.

Soweit diese Kritik auf einen überparitätischen Einfluß der Arbeitnehmerseite zielte, wurde ihr durch die Einführung der Zweitstimme des von der Anteilseignerseite gestellten Aufsichtsratsvorsitzenden, also durch den Verzicht auf die volle Parität, die Spitze genommen. Im übrigen erledigten sich die Einwände de lege lata durch die Entscheidung des Gesetzgebers, ungeachtet der Mitbestimmung an der Konzernspitze auch die Mitbestimmung in den einzelnen Konzernunternehmen nach Maßgabe des jeweils auf sie anwendbaren Mitbestimmungsstatuts vorzuschreiben, sowie durch die Notlösung des § 5 Abs. 3 MitbestG, wonach bei mitbestimmungsfreier Konzernspitze die Konzernmitbestimmung in dem der Konzernleitung am nächsten stehenden Unternehmen einzurichten war. Zwar wäre es verfehlt, sich hierzu einfach mit dem Satz: „Roma locuta, causa finita" zu begnügen, denn die sachlichen und systematischen Einwände gegen den Spruch des Gesetz-

---

1 BT-Drucks. VI/334 Abschn. V, 1.5.5. und 29 ff.

2 Vgl. *Schaub*, Protokoll des BT-Ausschuß für Arbeit und Sozialordnung, Prot.-Nr. 55, 59 zur Sitzung vom 7.11.1974; ausführlich ferner *Lutter*, Mitbestimmung im Konzern, 1975.

gebers sind dadurch nicht ohne weiteres gegenstandslos geworden. Doch spielen sie seitdem in der rechtspolitischen Diskussion keine Rolle mehr. Auch die gegenwärtige Reformdebatte hat darüber keine nachhaltigen Klagen laut werden lassen, anders als etwa zur Überbesetzung der Aufsichtsräte mit bis zu 20 Mitgliedern und der daraus folgenden Beeinträchtigung ihrer Arbeitsfähigkeit und Effektivität. Die Praxis hat sich mit den Vorschriften arrangiert. Sie gehören nicht zu den drückendsten des Mitbestimmungsrechts.

Nach dem Inkrafttreten des Gesetzes trat statt dessen eine Vielzahl von Auslegungsfragen in den Vordergrund. Diese bezogen sich zunächst auf die in dem Gesetz verwendeten Begriffe des Unternehmens und des Konzerns: Deckt sich der mitbestimmungsrechtliche Unternehmensbegriff mit dem aktienrechtlichen oder gibt es hier Unterschiede? Verwendet das Gesetz beim herrschenden Unternehmen den gleichen Begriff wie bei den abhängigen Unternehmen? Verlangt der Unternehmensbegriff einen eigenen Geschäftsbetrieb, ein auf Gewinn gerichtetes Unternehmensziel, eigene Arbeitnehmer? Unter welchen Voraussetzungen kann mitbestimmungsrechtlich von eigener Leitung und daher von einem Konzern gesprochen werden und im Zusammenhang damit, gibt es einen Konzern im Konzern? Kann auch die AG oder GmbH & Co. KG ein Konzern im mitbestimmungsrechtlichen Sinn sein und wenn ja, unter welchen Voraussetzungen? Ungeklärt waren ferner die mitbestimmungsrechtliche Behandlung von Gemeinschaftsunternehmen mit paritätischer Beteiligung mehrerer Muttergesellschaften und die Frage, wann im Fall des § 5 Abs. 3 MitbestG die Konzernleitung ein Konzernunternehmen über ein oder mehrere andere Konzernunternehmen beherrscht.

Die genannten Fragen haben alsbald nach dem Inkrafttreten des Gesetzes eine Flut von Äußerungen hervorgerufen, die zu einem in der Regel hochkontroversen Meinungsstand führten[3]. Naturgemäß konnten sie von den Gerichten als den für ihre Entscheidung zuständigen Instanzen nicht mit dem gleichen Tempo geklärt werden. In der Zwischenzeit wurden jedoch viele von ihnen an die Gerichte herangetragen. Zu kaum einer anderen Vorschrift des MitbestG gibt es eine so reichhaltige Judikatur wie zu § 5 MitbestG. Schon aus diesem Grund lohnt es sich, nach 20jähriger Geltung des Gesetzes Bilanz zu ziehen, welche Fragen als geklärt gelten können, welche noch offen sind und wo sich möglicherweise neue Probleme gezeigt haben. Man darf vermuten, daß eine solche Untersuchung auch das Interesse des Jubilars findet, der sich beruflich und wissenschaftlich lebenslang mit dem Konzernrecht beschäftigt und wesentliches zu seiner Fortentwicklung beigetragen hat.

II. Der mitbestimmungsrechtliche Unternehmensbegriff

Die Frage, welche rechtlichen Anforderungen an den mitbestimmungsrechtlichen Unternehmensbegriff zu stellen sind, mußte von den Gerichten naturgemäß schon

---

3 Nachweise bei *Raiser*, Mitbestimmungsgesetz, 2. Auflage, 1984, § 5; *Windbichler*, Arbeitsrecht im Konzern, 1989, 498 ff.; *Romeikat*, Konzernmitbestimmung auf nachgeordneten Konzernstufen, Diss. München 1989, 68 f.

alsbald nach dem Inkrafttreten des Gesetzes aufgegriffen werden. Der Begriff ist bekanntlich weder im Mitbestimmungsgesetz noch im Aktiengesetz definiert. Als ersten Schritt machten sich die Gerichte von vornherein die im Schrifttum vertretene Ansicht zu eigen, wonach die aktienrechtliche Auslegung nicht unbesehen in das Mitbestimmungsrecht übernommen werden könnte, der Begriff vielmehr aus Sinn und Zweck des Mitbestimmungsgesetzes selbst heraus abzuleiten sei[4]. Schon aus dem Wortlaut des § 5 MitbestG folgte weiter, daß der Begriff auf seiten des herrschenden und der abhängigen Unternehmen nicht identisch abgegrenzt zu werden brauchte, denn beim herrschenden Unternehmen verweist die Vorschrift auf § 1 Abs. 1 Nr. 1 MitbestG, bei den abhängigen Unternehmen fehlt die Verweisung.

1. Beim *herrschenden Unternehmen* konnte die Frage danach nur lauten, ob die in § 1 aufgeführten Gesellschaftsformen den Unternehmensbegriff ohne weiteres erfüllen oder ob weitere Merkmale hinzukommen müssen, namentlich, ob die Gesellschaft einen eigenen Geschäftsbetrieb unterhalten und/oder eigene Arbeitnehmer beschäftigen muß. Die Gerichte haben letzteres durchweg verneint und die formale Organisation als AG, KGaA, GmbH oder eG genügen lassen. Am ausführlichsten hat sich das OLG Stuttgart im Fall der *Mahle*-GmbH mit der Frage beschäftigt[5]. Für den *Mahle*-Konzern hatten die Beteiligten die ungewöhnliche rechtliche Konstruktion gewählt, wonach die Anteile an der Betriebs-GmbH zu mehr als 99% in eine „Stiftungs"-GmbH eingebracht wurden, deren Stimmrecht aber ausgeschlossen wurde, während eine dritte „Verwaltungs"-GmbH die restlichen 0,08% der Anteile, aber sämtliche Stimmen erhielt. Die Gesellschafter der Stiftungs- und der Verwaltungs-GmbH waren im wesentlichen identisch und zugleich Aufsichtsratsmitglieder der Anteilseigner in der Betriebsgesellschaft. Während die Stiftungsgesellschaft den Gewinn erhielt und satzungsgemäß für gemeinnützige Zwecke verwendete, war die Verwaltungsgesellschaft nicht auf Gewinn gerichtet. Die Eigentümer steuerten mit Hilfe der Verwaltungsgesellschaft und ihrer Sitze im Aufsichtsrat der Betriebsgesellschaft das Unternehmen. Die Frage war, ob außer in der Betriebsgesellschaft, deren Mitbestimmungspflicht nach § 1 MitbestG außer Streit war, auch die Verwaltungsgesellschaft gemäß § 5 Abs. 1 MitbestG einen paritätisch besetzten Aufsichtsrat zu bilden hätte. Beide Gerichte bejahten die Frage. Sie führten aus, daß die Verwaltungsgesellschaft als GmbH geführt werde genüge für den mitbestimmungsrechtlichen Unternehmensbegriff. Dieser entfalle nicht deshalb, weil die Verwaltungsgesellschaft keinen eigenen Geschäftsbetrieb unterhalte, keine eigenen Arbeitnehmer beschäftige und auch nicht auf Gewinn gerichtet sei, der Gewinn vielmehr über die Stiftungs-GmbH gemeinnützigen Zwecken zufließe.

An der Richtigkeit dieser Würdigung kann man kaum zweifeln, schon deshalb nicht, weil es andernfalls möglich wäre, atypisch organisierte Konzerne der Konzernmitbestimmung zu entziehen, ohne daß überhaupt noch geprüft werden müßte, ob und, wenn ja, von welchem Konzernunternehmen einheitliche Leitung ausgeübt wird. Da sich der Sinn der Konzernmitbestimmung darauf richtet, den Arbeit-

---

4 So zuerst wohl OLG Düsseldorf AG 1979, 318 = DB 1979, 699.
5 OLG Stuttgart AG 1990, 168 und zuvor LG Stuttgart AG 1989, 445 mit Anmerkung *Raiser* in EWiR 1989, 195.

nehmern an der Stelle im Konzern ein Mitbestimmungsrecht zu gewähren, an der die maßgeblichen unternehmerischen Entscheidungen getroffen werden, wäre es verfehlt, neben der Aufzählung der in Betracht kommenden Rechtsformen schon eine restriktive Definition des Unternehmensbegriffs als Hebel zur Begrenzung der Konzernmitbestimmung zu benützen. Die Aufgabe erfüllen vielmehr die in § 5 MitbestG gebrauchten Begriffe des Konzerns und der einheitlichen Leitung, welcher diesen konstituiert. Auch in anderen Fällen haben die Gerichte daher mit Recht die Konzernmitbestimmung niemals deshalb scheitern lassen, weil die Konzernleitung in den Händen einer Holdinggesellschaft ohne eigene Arbeitnehmer lag[6].

Allerdings haben das OLG Celle[7] und ihm folgend auch das OLG Bremen[8] entschieden, daß in der *GmbH oder AG & Co. KG* die Komplementär-Gesellschaft, sofern sie sich auf die Leitung der KG beschränkt, nicht herrschendes Unternehmen sei, die Anwendung des § 5 MitbestG neben § 4 MitbestG also nicht in Betracht komme. Beide Gerichte begründen ihre Ansicht mit einer systematischen Auslegung des Gesetzes: Gemäß § 4 MitbestG finde eine Zurechnung der Arbeitnehmer der KG zur Komplementär-Gesellschaft nur bei überwiegender Identität der Gesellschafter statt. Über diese Einschränkung der Mitbestimmungspflicht könne durch die zusätzliche Anwendung des § 5 MitbestG nicht einfach hinweggegangen werden. Diese Begründung überzeugt indes nicht, denn keinesfalls jede Komplementär-GmbH oder -AG beherrscht die KG. Ein Herrschaftsverhältnis, das die Anwendung des § 5 MitbestG rechtfertigt, kann vielmehr nur dann vorliegen, wenn die Komplementär-Gesellschaft nach der Ausgestaltung des Gesellschaftsvertrags der KG die Unternehmensleitung in der Hand hat, die Rechte der Kommanditisten also zurückgedrängt sind. Ist solches der Fall, besteht kein Grund, auf die Konzernmitbestimmung zu verzichten, zumal wenn die Gesellschafter der Komplementär-Gesellschaft und die Kommanditisten verschiedene Personen sind[9].

Zweifelhaft konnte weiterhin sein, ob nicht für *Unternehmen der öffentlichen Hand* eine Ausnahme gemacht werden müßte, weil die Mitbestimmung den Einfluß der Trägerkörperschaft vermindert und daher die demokratische Legitimation der Unternehmensleitung in Frage stellt. Das Problem gelangte erstmals im vom LG Köln entschiedenen Fall der *ZVG* vor die Gerichte[10]. Gegenstand der *ZVG*, deren Geschäftsanteile vollständig im Besitz des Bundes lagen, war der Erwerb, die Verwaltung und Verwertung von Industriebeteiligungen sowie von Grundstücken, Gebäuden, Transportmitteln und anderen Einrichtungen vorwiegend für militärische Zwecke. Sie wurde zur Erledigung von Verwaltungsaufgaben, insbesondere solchen des Bundesministeriums für Verteidigung, eingesetzt, zu denen sie angab, die Aufgaben könnten ebensogut unmittelbar von der öffentlichen Verwaltung erfüllt werden. Mit Recht sah das LG darin indessen keinen Grund für eine Aus-

---

6 OLG Celle BB 1993, 957; LG Stuttgart AG 1993, 473; OLG Stuttgart AG 1995, 380; LG Hannover AG 1993, 190; LG Hamburg AG 1996, 89.
7 OLG Celle BB 1979, 1577.
8 OLG Bremen DB 1980, 1332, 1334 in einer AG & Co., KG.
9 So auch *Hanau/Ulmer* § 5 MitbestG Rdn. 9; Gemeinschaftskommentar/*Schneider* § 5 Rdn. 62 ff.
10 LG Köln AG 1985, 252.

nahme von der Mitbestimmung, weil die öffentliche Hand, wenn sie sich auf den Boden des Privatrechts, also der Gleichordnung mit dem Bürger, begibt, auch in gleicher Weise wie dieser die Beschränkungen des Privatrechts zu beachten habe. Es konnte sich für diese Ansicht vor allem auch auf das *VEBA-Gelsenberg*-Urteil des BGH[11] berufen, das sogar soweit gegangen war, den Bund selbst als Unternehmen im konzernrechtlichen Sinn anzusehen, was mitbestimmungsrechtlich allerdings nicht in Betracht kommt, weil die Konzernmitbestimmung nur in privater Rechtsfom geführten Unternehmen eingerichtet werden kann. Die Entscheidung entspricht der herrschenden Meinung im Schrifttum.

2. Auf der Seite der *abhängigen Unternehmen* erschien der Unternehmensbegriff bis vor kurzem als unproblematisch. Das Gesetz verwendet den Begriff ohne Einschränkungen und gibt damit zu erkennen, daß alle Rechtsformen des Privatrechts in Frage kommen. Allein diese Auslegung entspricht auch dem Sinn des Gesetzes, das die Legitimation der Konzernleitung durch alle im Konzern beschäftigten Arbeitnehmer anstrebt. Unerheblich ist deshalb, ob das abhängige Unternehmen einen eigenen Geschäftsbetrieb unterhält, ob es Gewinn erstrebt, ob es selbst unter die Montanmitbestimmung fällt oder Tendenzschutz genießt und vor allem, wie viele Arbeitnehmer es beschäftigt. Alle diese Punkte erscheinen als so wenig zweifelhaft, daß sich die Gerichte mit ihnen bisher überhaupt nicht zu beschäftigen brauchten.

Demgegenüber hat neuerdings der Fall der *Berliner Landesbank*[12] die Frage aufgeworfen, ob auch eine *Anstalt des öffentlichen Rechts* abhängiges Unternehmen im Sinn des § 5 MitbestG sein könne. Im Zug einer Neuordnung der Berliner öffentlichen Banken wurde die Landesbank in einen von der Bankgesellschaft Berlin AG geführten Konzern einbezogen. Da wegen der Rechtsnatur der Landesbank als Anstalt öffentlichen Rechts die gewöhnlichen konzernrechtlichen Konstruktionen nicht anwendbar waren, wählte das Land zu diesem Zweck das Instrument eines Vertrags „über eine stille Gesellschaft und zur Begründung der einheitlichen Leitung" zwischen Bankgesellschaft und Landesbank. Die schwierige Frage, ob diese Konstruktion verfassungsrechtlich zulässig ist, kann hier nicht verfolgt werden[13]. Geht man von ihrer Zulässigkeit aus, muß die einheitliche Leitung bejaht werden. Die Anwendbarkeit des § 5 MitbestG hängt dann davon ab, ob die Landesbank ein Unternehmen im Sinn dieser Vorschrift ist. Der Wortlaut des Gesetzes schließt eine solche Interpretation nicht aus. Sie entspricht auch dem Sinn der Konzernmitbestimmung, denn für die Legitimation der Konzernleitung von seiten der Arbeitnehmer kann es keinen Unterschied machen, ob diese in einem privatrechtlich oder öffentlichrechtlich organisierten Unternehmen beschäftigt sind. Auch der Umstand, daß sich die Mitbestimmung der Arbeitnehmer in der Landesbank selbst nach dem Personalvertretungsrecht richtet und daß dieses die für die Anwendung des Mitbestimmungsgesetzes wesentliche Differenzierung zwischen „gewöhnlichen" und

---

11 BGHZ 69, 334.
12 LAG Berlin AG 1996, 140 und dazu *Raiser,* Konzernverflechtungen unter Einschluß öffentlicher Unternehmen, ZGR 1996, 458, 465 ff.
13 Vgl. dazu *Raiser* aaO 470 ff.

leitenden Angestellten nicht kennt, kann dann nicht den Ausschlag geben. Letztlich ist, sofern sich die Einbeziehung einer Anstalt des öffentlichen Rechts in einen von einer AG oder GmbH geführten Konzern verfassungsrechtlich als zulässig erweist, deren Einbeziehung auch in die Konzernmitbestimmung nur folgerichtig. Die gegenteilige Meinung des LAG Berlin kann, soweit sie sich auf konzern- und mitbestimmungsrechtliche Argumente stützt, nicht überzeugen[14].

III. Die Begriffe der einheitlichen Leitung und des Konzerns

1. Wesentlich komplexere Auslegungsfragen hat der für die Anwendbarkeit des § 5 MitbestG maßgebliche Konzernbegriff aufgeworfen. Nach der Formulierung des Gesetzes eindeutig ist immerhin die Beschränkung der Vorschrift auf Unterordnungskonzerne. Unbestritten blieb auch, daß die Verweisung auf § 18 Abs. 1 AktG vor allem den Rückgriff auf die doppelte Vermutung eröffnet, daß ein im Mehrheitsbesitz stehendes Unternehmen von dem an ihm mit Mehrheit beteiligten Unternehmen abhängig ist und daß ein abhängiges Unternehmen zusammen mit dem herrschenden Unternehmen einen Konzern bildet. Nachdem das Gesetz mit Hilfe der zweiten Stimme des Aufsichtsratsvorsitzenden zum leichten Übergewicht der Anteilseignerseite im Aufsichtsrat zurückgekehrt war, bestand auch kein Grund mehr, die Vermutungen allein wegen der paritätischen Besetzung der Aufsichtsräte als widerlegt anzusehen[15].

Im übrigen haben die Gerichte aber im Anschluß an die ganz überwiegende Meinung im Schrifttum durchweg die Ansicht vertreten, daß nicht nur der mitbestimmungsrechtliche Unternehmensbegriff, sondern auch die mitbestimmungsrechtlichen Begriffe der einheitlichen Leitung und des Konzerns nicht identisch mit den aktienrechtlichen zu sein brauchen, sondern Abweichungen zulassen, sofern Sinn und Zweck des MitbestG solche erfordern[16]. Für das Mitbestimmungsrecht noch nicht ausdrücklich entschieden ist die Frage, ob das Konzernverhältnis stets auf einer gesellschaftsrechtlichen Beteiligung beruhen muß oder ob auch Austauschbeziehungen genügen können. Nachdem der Bundesgerichtshof seit seinem Urteil im Fall *BuM/Westdeutsche Landesbank*[17] im Aktienkonzernrecht stets einen gesellschaftsrechtlich vermittelten Einfluß verlangt, ist allerdings nicht mehr damit zu rechnen, daß ein Gericht die Frage im Mitbestimmungsrecht anders entscheiden wird.

Das Problem spitzt sich deshalb zu auf die Frage, unter welchen Voraussetzungen ein herrschendes Unternehmen ein oder mehrere abhängige Unternehmen *unter der einheitlichen Leitung des herrschenden Unternehmens zusammenfaßt*. Die

---

14 Die letztinstanzliche Entscheidung des BAG steht noch aus.

15 H. L., vgl. die Nachweise bei *Raiser*, MitbestG § 5 Rdn. 10. In diesem Punkt unterscheidet sich § 5 MitbestG von § 76 Abs. 4 BetrVG 1952.

16 Vgl. OLG Düsseldorf DB 1979, 699; OLG Zweibrücken AG 1984, 80; OLG Frankfurt ZIP 1987, 107; LG München AG 1996, 186.

17 BGHZ 90, 381.

Frage ist im Aktienkonzernrecht bekanntlich bis heute nicht geklärt. Angesichts der geringen gesellschaftsrechtlichen Bedeutung der Abgrenzung zwischen bloßer Abhängigkeit und Zusammenfassung in einem Konzern werden die Gerichte in absehbarer Zeit auch schwerlich Gelegenheit finden, dazu abschließend Stellung zu nehmen. Im Gegensatz dazu hat sich die Frage im Bereich der Konzernmitbestimmung als das Hauptproblem erwiesen, welches die Rechtsprechung am häufigsten beschäftigt hat. Kristallisationskern der streitig gewordenen Fälle sind zum einen Gemeinschaftsunternehmen, die von mehreren in gleicher Höhe beteiligten Muttergesellschaften geführt werden und in denen daher die Frage geklärt werden muß, ob die Konzernmitbestimmung in allen Müttern einzurichten ist. Noch häufiger ging es zum anderen um dezentralisiert geführte mehrstufige Konzerne, in denen unternehmerische Entscheidungen auf mehreren Ebenen getroffen werden und daher das Problem des „Konzerns im Konzern" auftritt, das heißt die Frage, ob auch die Konzernmitbestimmung gleichzeitig auf mehreren Ebenen anzusiedeln ist.

2. Die Möglichkeit des *Konzerns im Konzern* haben sowohl die Zivilgerichte als auch die Arbeitsgerichte[18] von Anfang an anerkannt. Sie haben sich dabei entschlossen über den Einwand hinweggesetzt, eine Teilung der einheitlichen Leitung sei begrifflich nicht möglich. Statt dessen haben sie sich auf die Erfahrung berufen, daß in großen Unterordnungskonzernen die Muttergesellschaft tatsächlich nicht selten unternehmerische Teilfunktionen an Tochtergesellschaften delegiert, diesen insoweit Entscheidungsfreiheit einräumt und ihnen in gewissem Umfang auch die Leitung von in der Konzernhierarchie weiter unten stehenden Enkelgesellschaften überläßt. Im Einklang mit dem Grundgedanken der Konzernmitbestimmung verlangen sie in solchen Fällen folgerichtig, diese nicht lediglich bei der Mutter-, sondern auch bei der Tochtergesellschaft einzurichten. Das Bedenken, das nötige zu einer unrationellen Vermehrung der Mitbestimmungsgremien, konnte demgegenüber nicht den Ausschlag geben. Die Frage kann inzwischen als durch die ständige Rechtsprechung geklärt gelten, und es lassen sich auch kaum durchschlagende Einwände dagegen erheben.

Die grundsätzliche Möglichkeit eines mitbestimmungsrechtlichen Konzerns im Konzern verlagert das Problem zunächst allerdings nur, denn sie verlangt nunmehr, die Kriterien dafür herauszuarbeiten, wann eine gespaltene Konzernleitung vorliegt, die es notwendig macht, eine Konzernmitbestimmung sowohl bei der Mutter- als auch bei der Tochtergesellschaft einzurichten. Zudem mußte in jedem rechtshängig werdenden Streitfall die Führungsstruktur des Konzerns nach Maßgabe dieser Kriterien durchleuchtet werden. Angesichts der vielgestaltigen Möglichkeiten, Entscheidungsbefugnisse im Konzern abzustufen und der Schwierigkeit, Führungsstrukturen zu durchschauen, sprach bei diesem Ansatz zunächst alles für hochkomplexe Verfahren mit unsicherem Ausgang und problematischen Einzelfallentscheidungen.

---

18 OLG Düsseldorf AG 1979, 318; OLG Zweibrücken AG 1984, 80; LG Nürnberg-Fürth ZIP 1984, 325; LG Frankfurt ZIP 1986, 573; OLG Frankfurt ZIP 1987, 107; LG Hannover AG 1993, 190; LG Hamburg AG 1996, 89; LG München AG 1996, 186, LAG Düsseldorf DB 1978, 987; BAG AG 1981, 227.

Im Rückblick erweisen sich bisher solche Befürchtungen indessen als unbegründet, denn die Judikatur vermittelt ein durchaus einheitliches Bild. Dabei fällt als erstes auf, daß die ordentlichen Gerichte den Tatbestand bisher in allen Fällen verneint haben[19]. Lediglich das BAG[20] hat ihn in einem Fall bejaht, und in diesem ging es nicht um die unternehmerische Mitbestimmung gemäß § 5 MitbestG, sondern um die anders gelagerte Frage, ob in der Zwischengesellschaft betriebsverfassungsrechtlich relevante Punkte entschieden werden, welche die Bildung eines Konzernbetriebsrats nach § 54 BetrVG erforderlich machen.

Richtungweisend für die Judikatur der Zivilgerichte wurde der Beschluß des OLG Zweibrücken vom 9. Nov. 1983[21]. In diesem unterscheidet der Senat zwischen der einfachen Delegation von Befugnissen der Unternehmens- bzw. Konzernleitung auf nachgeordnete Stellen im Zug der typischen, auf Spezialisierung beruhenden Arbeitsteilung, ohne daß die Verantwortlichkeit der Konzernspitze entfällt, und einer Übertragung eigenverantwortlicher unternehmerischer Leitungsbefugnisse für einen Teilbereich des Konzerns. Nur im zweiten Fall nimmt es einen Konzern im Konzern an, in dem auch die selbständige mitbestimmungsrechtliche Legitimation des Leitungsorgans erforderlich ist. Soweit hingegen das abhängige Unternehmen die ihm übertragene Steuerung der ihrerseits von ihm abhängigen Unternehmen nur unter der Aufsicht und Letztverantwortung der Konzernspitze ausführt, ähnlich wie wenn in ungegliederten Unternehmen Geschäftsführungsbefugnisse an leitende Angestellte delegiert werden, ist nach den Ausführungen des Senats der Tatbestand des Konzerns im Konzern nicht erfüllt, selbst wenn der Leitung der Tochtergesellschaft in erheblichem Umfang die Befugnis zu Ermessensentscheidungen zusteht, welche der Vorstand der Muttergesellschaft nur noch in beschränktem Umfang verantworten kann. Das OLG Zweibrücken ergänzt diese Überlegungen noch durch den Hinweis auf die gesetzliche Rechtstellung des Aufsichtsrats, der die Gesellschaft oder den Konzern nicht selbst leitet, sondern die Unternehmensleitung lediglich überwacht. Da die Mitbestimmung im Aufsichtsrat angesiedelt ist, kann eine zusätzliche Konzernmitbestimmung im Aufsichtsrat der Tochter nur dann beansprucht werden, wenn dieser die Leitung der Tochter und der dieser nachgeordneten Enkelgesellschaften seinerseits eigenverantwortlich und unabhängig vom Aufsichtsrat der Muttergesellschaft kontrolliert. Auf derselben Linie liegt es, wenn das OLG schließlich noch darauf hinweist, daß ein Beherrschungsvertrag zwischen Mutter und Tochter regelmäßig ein Indiz für eine nur abgeleitete Zuständigkeit der Tochter bei fortdauernder „Rahmenverantwortlichkeit" von Vorstand und Aufsichtsrat der Mutter darstellt, die einen Konzern im Konzern ausschließt.

Die Mehrzahl der Gerichte, die sich in der nachfolgenden Zeit mit der Frage beschäftigen mußten, greift die Unterscheidung zwischen eigenverantwortlicher und lediglich abgeleiteter Führung eines Konzernteils als maßgebliches Kriterium

---

19 Vgl. die in Fußn. 18 zitierten Entscheidungen. Die einzige Ausnahme bildet der unveröffentlichte Beschluß des LG Koblenz, der dann vom OLG Zweibrücken aaO aufgehoben wurde. Vgl. dazu die Besprechung von *Konzen* ZIP 1984, 269.
20 BAGE 34, 230 = BAG AG 1981, 227.
21 AG 1984, 80.

dafür auf, ob ein mitbestimmungspflichtiger Konzern im Konzern vorliegt. Auch wenn sie die Überlegungen des OLG Zweibrücken nicht ausdrücklich nachvollziehen, stellen sie auf Umfang und Inhalt der dem abhängigen Unternehmen überlassenen Leitungsmacht ab. Selbstverständlich macht der Ansatz die Aufklärung der Entscheidungsstrukturen in jedem einzelnen Streitfall nicht überflüssig, sondern verlangt gerade deren Analyse. Doch begründet die Unterscheidung die durchweg erkennbare Linie der Gerichte, den mitbestimmungspflichtigen Konzern im Konzern lediglich in vom typischen Erscheinungsbild von Unterordnungskonzernen abweichenden Ausnahmefällen zu bejahen.

Dogmatisch ist der Ansatz allerdings unhaltbar[22]. Zutreffend haben die Gerichte zwar gesehen, daß ein Beherrschungs- (und auch ein Gewinnabführungs-) vertrag zwischen Mutter- und Tochtergesellschaft die Tochter vollständig den Weisungen der Mutter unterwirft und auch ihrer finanziellen Autonomie beraubt[23]. Der Vorstand der Tochter kann diese nicht mehr eigenverantwortlich und gemäß ihren eigenen unternehmerischen Interessen leiten, sondern hat das Konzerninteresse zu verfolgen. Das schließt auch eine Zusammenfassung von unter der Herrschaft der Tochter stehenden Enkelgesellschaften unter deren einheitlicher Leitung aus. Anders liegt es dagegen im faktischen Konzern, weil das geltende Aktienrecht daran festhält, daß der Vorstand der Tochter diese weisungsfrei und unter eigener Verantwortung zu leiten hat. Das Gesetz konzediert lediglich einen Einfluß des herrschenden Unternehmens, der aber regelmäßig nicht dazu benützt werden darf, die Tochter zu für sie nachteiligen Geschäften oder Maßnahmen zu veranlassen[24]. Insoweit bleibt es daher bei einer nicht delegierten, sondern originären Leitungsmacht des Vorstands der Tochter. Für die Konzernmitbestimmung ist demgegenüber, worauf das OLG Zweibrücken mit Recht hinweist, auf die Kompetenzen des Aufsichtsrats der Tochter abzustellen, in dem sie angesiedelt werden soll. Dessen wichtigste Aufgaben sind allem voran die Bestellung und Abberufung der Vorstandsmitglieder, ferner die Mitwirkung an der Feststellung des Jahresabschlusses, die Zustimmung zu gemäß § 111 Abs. 4 AktG genehmigungspflichtigen Geschäften und allgemeiner: die auch prospektive Mitwirkung bei der Unternehmensplanung und der Gestaltung der Unternehmenspolitik. Eine zusätzliche Konzernmitbestimmung in der Tochtergesellschaft ist deshalb nur gerechtfertigt, wenn die Konzernspitze der Tochter bei diesen Führungsaufgaben auch in bezug auf die ihr untergeordneten Enkelgesellschaften ein ins Gewicht fallendes Maß unternehmerischer Freiheit und Eigenverantwortlichkeit beläßt, also zum Beispiel darauf verzichtet, auf die Besetzung der Vorstände der Tochter und der Enkelinnen oder auf deren Planungen maßgeblichen Einfluß zu nehmen.

Welche Anforderungen die Gerichte an die eigenverantwortliche Leitung eines Konzernteils und daher an die Bejahung eines mitbestimmungspflichtigen Kon-

---

22 Vgl. dazu vor allem die Kritik von *Romeikat* aaO (Fußnote 3), 99 ff.; ferner *Richardi*, Arbeitnehmerbeteiligung im Aufsichtsrat einer arbeitnehmerlosen Aktiengesellschaft, in: Festschrift für *Zeuner*, 1993, 147, 152 ff.
23 Vgl. §§ 291 Abs. 3, 308 AktG.
24 § 311 AktG.

zerns im Konzern stellen, läßt sich aus den bisherigen Entscheidungen nicht mit Sicherheit ableiten, da sie, wie erwähnt, sämtlich negativ ausgegangen sind. Im Fall des OLG Zweibrücken[25] hatte ein Großunternehmen der Bauwirtschaft eine Unternehmensgruppe erworben, die auf den Fertigbau spezialisiert war, und in gewissem Ausmaß deren Eigenständigkeit erhalten. Doch war es zu einem Beherrschungsvertrag zwischen der Konzernleitung und der Obergesellschaft der erworbenen Unternehmensgruppe gekommen, der zahlreiche Zustimmungsvorbehalte zugunsten der Konzernleitung enthielt. Ungeachtet seiner falschen theoretischen Konzeption schloß das OLG aus dieser Struktur überzeugend auf den generellen Beherrschungswillen der Konzernspitze, der eine eigenständige Leitung des in Frage stehenden Teilbereichs ausschloß. Im Fall des LG Nürnberg-Fürth[26] stellte das Gericht bei einer in der Energieversorgung tätigen Unternehmensgruppe fest, daß die Konzernspitze die Leitlinien der Investitions-, Strompreis-, Finanz- und Personalpolitik vorgab und der Tochter keine eigenständige Gestaltung ermöglichte. Zutreffend meinte die Kammer, unter solchen Umständen werde die gesetzliche Konzernvermutung auch nicht dadurch widerlegt, daß die Konzernspitze nicht die Mehrheit der Aufsichtsratsmitglieder der Tochter stelle.

In dem Unternehmen der Metallindustrie, das Gegenstand der Verfahren vor dem LG und vor dem OLG Frankfurt war[27], schloß wiederum ein Beherrschungsvertrag zwischen Mutter und Tochter, der eine Liste zustimmungsbedürftiger Geschäfte auch in Enkelgesellschaften enthielt, die Bejahung eines Konzerns im Konzern zwischen Tochter und Enkelinnen aus. Hinzu kam in diesem Fall, daß der Aufsichtsrat der Tochter auf seiten der Anteilseigner ausschließlich mit Vorstandsmitgliedern der Muttergesellschaft besetzt war. Im Fall des LG Hamburg[28] beherrschte die Konzernspitze die Enkelgesellschaften über eine arbeitnehmerlose Zwischenholding, steuerte die Enkelinnen aber unter Umgehung der Tochter durch direkte Empfehlungen und mittels eines beratenden Ausschusses. Auch diese Struktur belegte, wie das Gericht überzeugend ausführte, den Herrschaftswillen und die tatsächliche Leitung der Muttergesellschaft. Ähnlich lag es schließlich im Fall des LG München[29]: Hier stellte das Gericht fest, daß die Gesellschaft, für welche die Arbeitnehmervertreter die Einrichtung der Konzernmitbestimmung verlangten, vollständig in das Berichtswesen und das Controlling der übergeordneten Konzernspitze einbezogen war, unmittelbar an diese quartalsweise über die Entwicklung der Vermögens-, Finanz- und Ertragslage sowie über die Personalentwicklung zu berichten hatte, und daß auch die Investitionsentscheidungen mit dem Vorstand des herrschenden Unternehmens abgestimmt werden mußten. Auch bei einer solchen Führungsorganisation fehlt es zweifellos an einer eigenen Leitungsbefugnis.

Keine der Entscheidungen gibt also bei Würdigung der konkreten von den Gerichten festgestellten Umstände im Ergebnis Anlaß zur Kritik. Sie belegen dar-

---

25 AG 1984, 80.
26 ZIP 1984, 325.
27 LG Frankfurt ZIP 1986, 573; OLG Frankfurt ZIP 1987, 107.
28 AG 1996, 89.
29 AG 1996, 186.

über hinaus auch eine bemerkenswerte Sicherheit der Würdigung. Ungeachtet des unrichtigen theoretischen Ansatzes haben die Gerichte offenkundig die Kriterien erfaßt, auf die es für die Abgrenzung ankommen muß, und können mit ihrer Hilfe die tatsächlichen Abgrenzungsschwierigkeiten zuverlässig meistern. Die von ihnen verfolgte restriktive Tendenz ist nicht nur in der Sache begründet, sondern erleichtert auch die Entscheidungen. Bestätigt sich dieser Eindruck in der Zukunft, so kann auch das mitbestimmungsrechtliche Problem des Konzerns im Konzern als gelöst gelten.

3. Für die mitbestimmungsrechtliche Beurteilung der *Gemeinschaftsunternehmen* gilt dieses Urteil nicht in demselben Maße. Im Aktienkonzernrecht ist seit dem *Seitz*-Urteil[30] des BGH bekanntlich anerkannt, daß ein Unternehmen gleichzeitig von mehreren Muttergesellschaften abhängig sein kann, welche zusammen die Mehrheit der Aktien besitzen, sofern eine gemeinsam ausgeübte Herrschaft auf Dauer gesichert ist. Die Arbeitsgerichte haben darüber hinaus zunächst im Zusammenhang mit der Mitbestimmung nach § 76 BetrVG 1952[31], sodann aber auch für § 5 MitbestG entschieden, daß ein Gemeinschaftsunternehmen gleichzeitig unter der Leitung mehrerer Muttergesellschaften stehen kann, so daß die Konzernmitbestimmung in allen einzurichten ist[32]. Begründet wird auch diese Judikatur mit Sinn und Zweck der unternehmerischen Mitbestimmung, die Ausübung der Mitwirkungsrechte auf der Unternehmensebene anzusiedeln, auf welcher der für die Unternehmensleitung maßgebliche Wille gebildet wird. Findet diese Willensbildung in mehreren Unternehmen statt, die sich aufeinander abstimmen, so muß die Mitbestimmung deshalb in allen verankert werden, weil die Mitbestimmungsrechte andernfalls durch die formale Aufspaltung einer Mehrheitsbeteiligung leicht unterlaufen werden könnten. Obwohl diese Judikatur nicht unwidersprochen geblieben ist[33], muß sie inzwischen als gesichert betrachtet werden.

Nicht anders als beim Konzern im Konzern beantwortet die abstrakte Möglichkeit der doppelten Konzernmitbestimmung bei gemeinsamer Konzernleitung die Frage aber noch nicht, unter welchen Voraussetzungen sie im konkreten Fall zu bejahen ist. Im Fall BAGE 22, 390 hatten die Muttergesellschaften ihre Stimmrechte gepoolt und stimmten ihre Geschäftspolitik im Hinblick auf das Gemeinschaftsunternehmen aufeinander ab. Solange dieser Zustand anhielt, konnte die Mitbestimmung in der Tat kaum wirksam werden, wenn sie nicht in beiden Muttergesellschaften verankert wurde. Im Fall BAGE 53, 287 lagen die Anteile eines Gemeinschaftsunternehmens je zur Hälfte in den Händen einer deutschen und einer japanischen Gesellschaft. Die beiden Mütter hatten vereinbart, in wichtigen Geschäftsführungsangelegenheiten der Tochter und bei der Ernennung und Abberufung von Geschäftsführern und leitenden Angestellten „auf der Grundlage gleichberechtigter 50 : 50 Gesellschafter" zu entscheiden. Sie wollten ihre Zustim-

---

30 BGHZ 62, 193, vgl. ferner BGHZ 74, 359; 80, 69; 95, 330 u. a.
31 BAGE 22, 390; LAG Hamm BB 1977, 1449; BAG AG 1996, 367.
32 BAGE 53, 287.
33 Vgl. statt aller *Richardi*, Konzernzugehörigkeit eines Gemeinschaftsunternehmens, 1977, 72; *Windbichler,* Arbeitsrecht im Konzern, 1989, 522 ff.

mung zu Einzelheiten der Geschäftsführung jeweils getrennt erteilen und auch die Berichte der gemeinschaftlichen Tochter über den Geschäftsverlauf und die finanzielle Situation getrennt entgegennehmen, ferner für erforderlich gehaltene Berichte auch ohne Abstimmung mit der anderen Vertragspartei anfordern. Beide Vorinstanzen bejahten bei dieser Regelung die Leitung durch beide Mütter. Demgegenüber bejahte das BAG zwar die doppelte Abhängigkeit, begnügte sich bezüglich der einheitlichen Leitung jedoch mit dem Hinweis auf die Konzernvermutung nach § 18 Abs. 1 Satz 3 AktG, verwies den Fall dann aber an die Vorinstanz zurück, um dem Unternehmen Gelegenheit zu verschaffen, die Vermutung zu widerlegen, und ersparte sich auf diese Weise die Entscheidung der kritischen Frage. In der Sache liegt im getrennten Operieren der beiden Muttergesellschaften und in der Möglichkeit, Mehrheitsentscheidungen der jeweils anderen zu verhindern, noch keine einheitliche Leitung.

Auch dem jüngsten einschlägigen Beschluß des BAG[34] lag ein Gemeinschaftsunternehmen mit je hälftiger Beteiligung der beiden Muttergesellschaften zugrunde. Die Verbindung aller drei Gesellschaften wurde durch die Personalunion sämtlicher Vorstandsmitglieder hergestellt. Das BAG meinte, diese Personenidentität genüge zwar zur Begründung eines Abhängigkeitsverhältnisses, nicht jedoch zur einheitlichen Leitung. Es argumentierte, die Zugehörigkeit derselben Personen zu mehreren Vorständen sei ambivalent, weil jedes Vorstandsmitglied bald im Interesse eines der beiden herrschenden, bald im Interesse des abhängigen Unternehmens entscheiden könne. Selbst wenn infolge der Personenidentität eine einheitliche Leitung aller drei Unternehmen vorliege, lasse sich die Zusammenfassung unter der Führung gerade eines oder beider herrschenden Unternehmen unter diesen Umständen nicht feststellen. Da ein Fall des § 76 Abs. 4 BetrVG 1952 vorlag, könne der Nachweis der einheitlichen Leitung unter den herrschenden Unternehmen anders als bei § 5 MitbestG auch nicht durch die Konzernvermutung des § 18 Abs. 1 AktG ersetzt werden.

Diese Begründung ist verfehlt, denn sofern der gemeinsame Vorstand alle drei Unternehmen tatsächlich einheitlich leitet, beruht die Möglichkeit dazu auf der Koordination der beiden Muttergesellschaften und ihrer Herrschaft über die gemeinsame Tochter. Diese Struktur muß genügen, die Zusammenfassung unter einheitlicher Leitung zu begründen. Geklärt werden mußte daher, ob die drei Gesellschaften tatsächlich einheitlich geleitet wurden. Die Personenidentität aller Vorstandsmitglieder sprach dafür, denn welchen anderen Sinn sollte sie haben. Als Gegenargument kam möglicherweise in Betracht, daß es sich um Versicherungsunternehmen handelte, die in verschiedenen Sparten tätig waren.

Zusammengenommen erlauben die drei genannten Entscheidungen noch keine Antwort auf die Frage, unter welchen Voraussetzungen die Gerichte bei Gemeinschaftsunternehmen die einheitliche Leitung durch mehrere Muttergesellschaften bejahen mit der Folge, daß die Konzernmitbestimmung unter Zurechnung der Arbeitnehmer der Töchter bei allen Müttern einzurichten ist. Der Punkt muß als in der Rechtsprechung bislang ungeklärt gelten.

---

34 BAG AG 1996, 367.

IV. Mitbestimmung an der fiktiven Teilkonzernspitze

Unterliegt das herrschende Unternehmen des Konzerns selbst nicht der Konzernmitbestimmung, weil es in einer nicht mitbestimmungspflichtigen Rechtsform geführt wird oder seinen Sitz im Ausland hat, so ist die Konzernmitbestimmung gemäß § 5 Abs. 3 MitbestG in dem der Konzernleitung am nächsten stehenden Konzernunternehmen einzurichten, über welches das herrschende Unternehmen die anderen Konzernunternehmen beherrscht. Die Vorschrift stellt nach allgemeiner Ansicht eine Notlösung dar, die dazu dient, eine Flucht aus der Konzernmitbestimmung zu verhindern. Sachlich kann sie nicht befriedigen, denn sie zwingt einerseits im Regelfall dazu, die Mitbestimmung in einer Tochtergesellschaft einzurichten, die keine Leitungsfunktionen im Konzern wahrnimmt, und kann andererseits die von den herrschenden Unternehmen ausgeübte Konzernleitung nicht erreichen. Sie fingiert nur einen unter einheitlicher Leitung der Tochtergesellschaft stehenden Teilkonzern. Um diese Unstimmigkeit abzumildern, vertritt ein großer Teil des Schrifttums die Ansicht, die Tochtergesellschaft müsse wenigstens noch gewisse Mindestfunktionen für die Konzernleitung erfüllen, wenngleich unter Umständen auch nur in Gestalt der Weiterleitung von Weisungen der Mutter an die der Tochter nachgeordneten Enkelgesellschaften oder der Weitergabe von deren Berichten an die Mutter. Die Gegenmeinung stellt dagegen allein auf die Kapitalverflechtung ab[35]. Die Frage ist, soweit ersichtlich, in der Judikatur bisher nur vom LG und OLG Stuttgart[36] im Beschluß zum schweizerischen *Vögele*-Konzern behandelt worden, und zwar mit gegenteiligem Ergebnis in beiden Instanzen. In dem Fall war eine Aktiengesellschaft schweizerischen Rechts Alleingesellschafterin einer in Stuttgart ansässigen GmbH, die ihrerseits mehrere Tochter- und Enkelgesellschaften mit Sitz in der Bundesrepublik hatte. Die GmbH beschäftigte keine Arbeitnehmer und übte keinerlei Konzernleitungsfunktionen aus, sondern diente lediglich als Zwischenholding, die sich darauf beschränkte, die Beteiligungen zu verwalten. Die Konzernleitung war dagegen in einer anderen von der Muttergesellschaft beherrschten schweizerischen Gesellschaft konzentriert. Das OLG Stuttgart entschied, die GmbH sei gleichwohl als fingierte Teilkonzernspitze anzusehen, in der nach § 5 Abs. 3 MitbestG ein Konzernaufsichtsrat einzurichten ist. Es begründete seine Ansicht damit, § 5 Abs. 3 MitbestG verlange lediglich, daß das herrschende Unternehmen die Konzernleitung *über* die Tochtergesellschaft ausübe. Dazu genüge die Kapitalverflechtung, auf die Leitungswege komme es nicht an. Der Beschluß hat, wie zu erwarten war, im Schrifttum ein geteiltes Echo gefunden[37]. Ich halte ihn für richtig[38]. Doch eine Schwalbe macht noch keinen Sommer, weshalb auch dieses Problem noch nicht geklärt ist.

---

35 Vgl. statt aller *Fitting/Wlotzke/Wissmann*, 2. Aufl. § 5 Rdn. 62 f.; *Hanau/Ulmer* § 5 Rdn. 70; *Romeikat*, Konzernmitbestimmung auf nachgeordneten Konzernstufen, 136 f.; OLG Celle BB 1993, 957, 959.

36 LG Stuttgart, AG 1993, 473, OLG Stuttgart AG 1995, 380 = JZ 1995, 795 mit Anmerkung *Großfeld* = ZIP 1995, 1006 mit Anmerkung *Mankowski* = IPRax 1995, 377 mit Anmerkung *Kronke*.

37 Vgl. die zitierten Besprechungen. Auf die international-privatrechtlichen Fragen, die der Fall aufwarf, braucht an dieser Stelle nicht eingegangen zu werden.

38 Vgl. *Raiser*, MitbestG 2. Aufl. § 5 Rdn. 35 f.

Zum Analogieverbot des § 1 Abs. 2 UmwG
– Denkanstöße gegen ein gesetzliches Denkverbot –

KARSTEN SCHMIDT

I. Eine rechtspolitisch mißglückte Regelung

1. Der doppelte Inhalt des § 1 Abs. 2 UmwG

a) Nach § 1 Abs. 2 UmwG ist eine Umwandlung i. S. des § 1 Abs. 1 UmwG außer in den im Umwandlungsgesetz geregelten Fällen nur möglich, wenn sie durch ein anderes Bundesgesetz oder ein Landesgesetz ausdrücklich vorgesehen ist. Die Vorschrift hat einen doppelten Inhalt[1]: Sie verbietet die privatautonome Schaffung zusätzlicher Umwandlungsvarianten, und sie statuiert ein Analogieverbot. Beides wird nicht immer hinreichend auseinandergehalten, muß aber auseinandergehalten werden, denn es ist nicht dasselbe, ob der Kautelarpraxis die Freiheit zugestanden wird, nach Gutdünken neue Umwandlungsvarianten hinzuzuerfinden, oder ob man der Rechtsprechung zugesteht, den Kanon der Umwandlungsvarianten im Wege der Rechtsfortbildung durch Analogie zu ergänzen. Folglich kann es auch nicht dasselbe sein, wenn § 1 Abs. 2 UmwG den Erfindungsreichtum der Kautelarpraxis eindämmt und wenn die Vorschrift den Gerichten verbietet, Lücken im Umwandlungsrecht durch Analogiebildung zu schließen. In ersterer Hinsicht stößt § 1 Abs. 2 UmwG auf keinen vernünftigen Zweifel: So wenig wie bei der gesellschaftsrechtlichen Rechtsformwahl oder im Recht der Verfügungsgeschäfte – worum ja die Umwandlungsregelungen der Sache nach kreisen – kann der Gesetzgeber im Umwandlungsrecht auf eine Bestimmung der zulässigen Rechtsformen und Gestaltungsvarianten verzichten. Dieser Regelungsgehalt ist allerdings, wie das Sachenrecht zeigt, auch ohne eine besondere Verbotsnorm erkennbar. Jede Kritik an § 1 Abs. 2 UmwG kann sich deshalb nur auf das Analogieverbot beziehen.

b) Der Inhalt des Analogieverbots wird üblicherweise dahin umschrieben, daß zwar Analogien – also gleichsam stillschweigende Verweisungen – innerhalb des Umwandlungsgesetzes zulässig[2], Ausdehnungen des numerus clausus der Umwandlungsformen und der umwandlungsfähigen Rechtsträger dagegen unzulässig sind, das Analogieverbot also unüberwindbar ist[3].

2. Die gesetzgeberische Entscheidung und ihre Begründung

Bekanntlich war die Vorschrift des § 1 Abs. 2 UmwG im Vorfeld des neuen Gesetzes umstritten[4], und bekanntlich hat sich der Gesetzgeber im Wissen um diese Kritik[5], wenn auch ohne besonderen Hinweis darauf, für die Beibehaltung dieser Entwurfs-

---

1 *Karsten Schmidt,* Gesellschaftsrecht, 3. Aufl. 1997, S. 370.
2 *Dehmer,* Komm. z. UmwG, UmwStG, 2. Aufl. 1996, § 1 UmwG Rdnr. 27; *Schwarz,* in: Widmann/ Mayer, Umwandlungsrecht, 1996, § 1 UmwG Rdnr. 36.
3 *Bermel,* in: Goutier/Knopf/Tulloch, Kommentar zum Umwandlungsrecht, 1995, § 1 UmwG Rdnrn. 47 ff.
4 Arbeitskreis Umwandlungsrecht, ZGR 1993, 322; *Karsten Schmidt,* in: Institut der Wirtschaftsprüfer (Hrsg.), Vorträge und Diskussionen auf dem IDW-Umwandlungssymposion, 1993, S. 49 f.; ausführlich *ders.,* ZGR 1990, 590 ff.
5 Sie wurde vom Verfasser dieses Beitrags auch in der Anhörung beim Rechtsausschuß des Bundestages in der Sitzung vom 20. 4. 1994 vorgetragen.

vorschrift entschieden. Die Regierungsbegründung[6] weist im Zusammenhang mit § 1 Abs. 2 UmwG vor allem auf dreierlei hin:

– darauf, daß die nach allgemeinem Zivil- und Handelsrecht bestehenden Umwandlungseffekte – einschließlich der Umwandlung durch Anwachsung – unberührt bleiben,

– darauf, daß der numerus clausus dem im Gesellschaftsrecht geltenden Typenzwang entspreche, sowie

– darauf, daß dieser numerus clausus bisher schon gegolten habe.

Aus dieser Begründung spricht eine unzureichende Trennung der in § 1 Abs. 2 UmwG enthaltenen Regelungen. Zum ersten in der Begründung angeführten Gesichtspunkt bleibt anzumerken, daß die Umwandlung im Bereich der Personengesellschaften in starkem Maß von Übertragungs- und Anwachsungsmodellen beherrscht bleiben wird, weil diese den Beteiligten freie Hand in der Bestimmung des Umwandlungszeitpunkts geben. Der Formwechsel und die Verschmelzung von Personengesellschaften wird sich auch künftig überwiegend außerhalb des Umwandlungsrechts abspielen[7]. Es handelt sich nicht um eine Begründung, sondern um eine Begrenzung des § 1 Abs. 1 UmwG. Der zweite Gesichtspunkt (Hinweis auf den gesellschaftsrechtlichen Rechtsformzwang) vermag nur die privatautonome Schaffung zusätzlicher Umwandlungsvarianten zu unterbinden, nicht aber die Rechtsfortbildung. Der dritte schließlich, der allein geeignet wäre, das Analogieverbot zu tragen, erscheint gerade im Blick auf die Diskussion vor 1994 fragwürdig: Damals sprach zwar die herrschende Meinung von einem umwandlungsrechtlichen numerus clausus[8], doch hatte der Rechtsfortbildungsbedarf unter dem alten Umwandlungsrecht dergestalt zugenommen, daß sich eine Öffnung des numerus clausus abzeichnete[9], und zwar vor allem im Umwandlungsrecht der Vereine[10]. Die Geschichte der Umwandlungsgesetzgebung bietet insofern ein recht perplexes Bild: Aus kasuistischen Einzelregelungen erwachsen, wuchs das Umwandlungsrecht allmählich zu einem System zusammen, um nun den Anwender doch wieder auf einen kasuistischen numerus clausus zu verweisen, dessen mögliche Lückenhaftigkeit sich der Gesetzgeber offenbar nicht eingestehen will.

3. Privatrechtliche Analogieverbote als Denkverbote

Analogieverbote im Privatrecht müssen von analogiehindernden Einzelnormen unterschieden werden. Die Frage z. B., ob § 253 BGB eine Analogiebildung zu

---

6 Abdruck bei *Ganske,* Umwandlungsrecht, 2. Aufl. 1995, S. 43 f.; *Neye,* UmwG, UmwStG, 1995, S. 111 f.; *Schaumburg/Rödder,* UmwG, UmwStG, 1995, S. 35.

7 *Karsten Schmidt,* Gesellschaftsrecht, aaO (Fn. 1), S. 345 ff., 373 f.

8 Vgl. nur *Kraft,* in: KK z. AktG, 2. Aufl. 1990, § 339 Rdnr. 36; *Scholz/Priester,* Komm. z. GmbHG, 7. Aufl. 1990, Anhang Umwandlungsrecht, Einführung Rdnr. 17; *Oetker,* NJW 1991, 390 f.

9 Dazu in der 2. Aufl. des Lehrbuchs des Verfassers (1991), S. 312 f.: „So wurde aus gesetzlicher Kasuistik allmählich ein System des Umwandlungsrechts, das heute die Frage aufwirft, ob vorhandene Lücken im Wege der Analogie geschlossen werden dürfen."

10 Vgl. namentlich *Drobnig/Becker/Remien,* Verschmelzung und Koordinierung von Verbänden, 1991, S. 13 ff.

§ 847 BGB untersagt[11], hat nichts mit unserem § 1 Abs. 2 UmwG zu tun. Die analogiehindernde Einzelnorm stellt kein Analogieverbot im hier gemeinten Sinne dar, sondern sie versteht sich als der – wie das Beispiel des § 253 BGB zeigt, häufig nicht dauerhaft glückende – Versuch, Gesetzeslücken durch einen Ausschließlichkeitstatbestand zu versperren: Sie entscheidet die von ihr ausgeschlossenen Fälle mit. – § 1 Abs. 2 UmwG ist von anderer Qualität. Dieses Analogieverbot ist ein Rechtsfortbildungsverbot, wie es – sieht man vom strafrechtlichen Analogieverbot ab – nicht einmal unter dem überholten Kodifikationsverständnis der Aufklärungszeit verwirklicht wurde[12]: Es ist ein die Lückenlosigkeit des gesetzten Rechts selbst produzierendes – oder simulierendes – Denkverbot. Im Hinblick darauf hat der Arbeitskreis Umwandlungsrecht vor dem Gesetzgebungsverfahren mahnend vermerkt[13]: „Derartige Verbote haben sich, wie rechtshistorische Erfahrung umfassend ergibt, noch nie bewährt und sind überdies unter dem Gleichheitsgebot der Verfassung bedenklich."

4. Von der rechtspolitischen Kritik zur verfassungsrechtlichen Prüfung

Die eindeutige gesetzgeberische Entscheidung ruft nach der rechtspolitischen Kritik das Verfassungsrecht auf den Plan[14]. Die Grundrechtsbindung des Privatrechtsgesetzgebers ist im Prinzip unbestritten[15] und namentlich von *Canaris* in den Mittelpunkt des zivilrechtlichen Interesses gerückt worden[16]. Das gilt auch für die Vertragsfreiheit[17]. Im Lichte der Ordnungsaufgabe des Privatrechts untersagt es nun Art. 2 GG allerdings dem Gesetzgeber nicht, durch einen numerus clausus von zulässigen Gestaltungsformen die gesellschaftsrechtlichen Gestaltungsvarianten zu begrenzen[18]. Das entspricht der in der Rechtsprechung des Bundesverfassungsgerichts herausgearbeiteten Lehre, die jede nicht sonst verfassungswidrige Rechtsnorm als zulässige Schranke der Wirtschafts- und Vertragsfreiheit anerkennt[19]. Immer aber bleibt der Gesetzgeber an den Gleichheitsgrundsatz gebunden[20], und es versteht sich, daß ein Analogieverbot, wo es die Vertragsfreiheit einschränkt, vor allem sub specie Art. 3 GG bedenklich sein kann. Hindert es doch, wo der gesetzliche numerus clausus Lücken entstehen läßt oder kaschiert, ex definitione die Gleichbehandlung gleichartiger Sachverhalte[21].

---

11 Dazu etwa *Larenz/Canaris,* Methodenlehre der Rechtswissenschaft, 3. Aufl. 1995, S. 250.
12 Über die Zulassung der Analogie in den Kodifikationswerken der Aufklärungszeit vgl. *Raisch,* Juristische Methoden, 1995, S. 83, 91 ff.
13 ZGR 1993, 322.
14 Vgl. *Lutter,* Komm. z. UmwG, 1996, § 1 Rdnr. 18.
15 Eingehend *Höfling,* Vertragsfreiheit, Eine grundrechtsdogmatische Studie, 1991, S. 4 ff., 20 ff., 44 ff.
16 *Canaris,* JuS 1989, 161 ff. und öfter.
17 *Erichsen,* in: Isensee/Kirchhof, Hdb. des Staatsrechts VI, 1989, § 152 Rdnr. 56.
18 *Dürig,* in: Maunz/Dürig/Herzog/Scholz, Komm. z. GG, Stand 1996, Art. 2 Abs. 1 Rdnr. 54.
19 Belege bei *v. Mangoldt/Klein/Starck,* Komm. z. GG, 3. Aufl. 1985, Art. 2 Abs. 1 Rdnr. 98.
20 Dazu *Sachs,* in: Isensee/Kirchhof, Hdb. des Staatsrechts V, 1992, § 127 Rdnr. 123.
21 *Larenz/Canaris,* aaO (Fn. 11), S. 250.

Bezogen auf § 1 Abs. 2 UmwG werden deshalb in Zukunft zwei Lösungen zu diskutieren sein:

– Eine Radikallösung könnte darin bestehen, daß der doppelte Inhalt des § 1 Abs. 2 UmwG auf das an die Umwandlungsbeteiligten gerichtete Verbot zurückgeschnitten wird, dem numerus clausus der Umwandlungsfälle nach Gutdünken weitere hinzuzufügen. Das Analogieverbot wäre bei dieser Betrachtung wegen Verstoßes gegen Art. 3 GG insgesamt nichtig, was in einschlägigen Fällen zur Vorlage gemäß Art. 100 GG zwingen müßte.

– Eine differenzierende Lösung hätte darin zu bestehen, lediglich einzelne Lücken im Umwandlungsrecht durch verfassungskonforme Analogiebildung zu schließen. Das Analogieverbot würde bei dieser Betrachtung lediglich partiell durchbrochen, eine Vorlage an das Bundesverfassungsgericht überflüssig[22].

Einstweilen wird sich die Diskussion auf den zweiten, minder einschneidenden Lösungsweg konzentrieren: Das Analogieverbot ist als geltendes Recht bis hin zur Grenze eines im Einzelfall nachweisbaren Verfassungsverstoßes zu respektieren[23]. Die partielle Öffnung des Analogieverbots hat also Vorrang vor dem generellen Verdikt der Verfassungswidrigkeit. Sie führt zu verfassungsgetragener Rechtsfortbildung contra legem[24].

II. Die Detaildiskussion

1. Gegenstände der Betrachtung

Drei Arten von Rechtsträgern haben die rechtspolitische Kritik am Analogieverbot des § 1 Abs. 2 UmwG bis 1994 bestimmt: die Partnerschaftsgesellschaft, die Partenreederei und die Erbengemeinschaft[25]. Nennenswerte Varianten sind auch seither nicht hinzugekommen, so daß die Detaildiskussion auch nach dem Inkrafttreten des Umwandlungsgesetzes hier anzuknüpfen hat.

2. Partnerschaftsgesellschaft und Partenreederei

Die Nicht-Einbeziehung der Partnerschaftsgesellschaft in den Kreis der umwandlungsfähigen Rechtsträger ist als verfassungswidrig qualifiziert worden[26], und nichts anderes hätte dann konsequenterweise für die Partenreederei zu gelten[27]. Bedenkt man die Intentionen der 1994 vollendeten Bereinigung des Umwandlungs-

---

22 Kritisch zu dieser Methode freilich *Neuner,* Die Rechtsfindung contra legem, 1992, S. 128 ff.
23 *Lutter,* aaO (Fn. 14), § 1 Rdnr. 18 m.w.N.
24 Vgl. allerdings Fn. 22.
25 *Karsten Schmidt,* ZGR 1990, 591 f.; *ders.,* NJW 1995, 7.
26 *Wertenbruch,* ZIP 1995, 712 ff.
27 Zweifelnd *Lutter,* aaO (Fn. 14), § 1 Rdnr. 5.

rechts, so handelt es sich bei diesem Versäumnis gewiß um eine anstößige Inkonsequenz, die sinnvollerweise – d. h. ohne den § 1 Abs. 2 UmwG – durch Analogiebildung hätte behoben werden müssen. Es ist, was die Gesetzgebungspraxis anlangt, nicht ohne Delikatesse, daß der Gesetzgeber schon während des Gesetzgebungsverfahrens mit dem Partnerschaftsgesellschaftengesetz vom 25. Juli 1994 das Versagen des im Umwandlungsgesetz vom 28. Oktober 1994 enthaltenen Analogieverbots demonstriert hatte[28]. Indes lassen sich die Rechtsfolgen eines Formwechsels und einer Verschmelzung bei diesen Gesamthandsgesellschaften auch durch Übertragungs- und Anwachsungslösungen oder durch Gesellschafteraustritt erreichen[29], und was das Desiderat bei der Spaltung anlangt, so stehen diese Rechtsformen – von denen die Partenreederei bisher sogar als registerunfähig angesehen wird[30] – der Gesellschaft bürgerlichen Rechts nicht nach. Bezogen auf diese Rechtsformen wird man das Analogieverbot des § 1 Abs. 2 UmwG zwar als einen rechtspolitischen Fehler, nicht aber als eine verfassungswidrige Norm einzustufen haben[31]. Doch ist die Diskussion noch im Fluß, und die Grundlage kann sich ändern, wenn mit der geplanten Reform des § 105 Abs. 2 HGB[32] künftig der Zugang der BGB-Gesellschaften zum Recht der eintragungs- und umwandlungsfähigen Handelsgesellschaften erleichtert wird. Der Gesetzgeber des Partnerschaftsgesellschaftengesetzes hat angekündigt, daß einem sich etwa abzeichnenden Regelungsbedarf durch eine Ergänzung des Umwandlungsgesetzes Rechnung getragen werden könnte[33]. Eine Streichung oder Korrektur des § 1 Abs. 2 UmwG wäre allerdings vorzuziehen, wenn man auch für etwa künftig erkennbar werdende Fälle die passende Lehre aus diesem Vorgang ziehen wollte.

3. Erbengemeinschaft

Komplizierter stellt sich das Bild bei der Erbengemeinschaft dar. Die Erbengemeinschaft ist im Umwandlungsgesetz nicht unter den umwandlungsfähigen Rechtsträgern genannt (§§ 2, 124, 191 UmwG). Das steht teils mit der Natur der Sache in Einklang, teils stößt es auf schwerwiegende Bedenken.

a) Die Erbengemeinschaft kann kein formwechselnder Rechtsträger sein[34]. Das folgt nicht allein aus §§ 1 Abs. 2, 191 UmwG, sondern entspricht auch der Natur der Sache: Die Erbengemeinschaft, obwohl als Gesamthand konstituiert, ist kein organschaftlich verfaßtes Subjekt, sondern nichts als die Rechtsform für die gemeinschaftliche Innehabung eines Sondervermögens, die mit dem Erbfall beginnt

---

28 Näher *Michalski/Römermann,* Komm. z. PartGG, 1995, § 7 Rdnr. 8.
29 Vgl. für die Partenreederei *Karsten Schmidt,* Die Partenreederei als Handelsgesellschaft, 1995, S. 124 f.; für die Partnerschaftsgesellschaft *ders.,* NJW 1995, 7.
30 Vgl. nur *Ruhwedel,* Die Partenreederei, 1973, S. 159; krit. *Karsten Schmidt,* Die Partenreederei als Handelsgesellschaft, aaO (Fn. 29), S. 48 f.
31 *Karsten Schmidt,* Gesellschaftsrecht, aaO (Fn. 1), S. 372.
32 Referentenentwurf eines Handelsrechtsreformgesetzes von 1996.
33 Amtliche Begründung, in: *Seibert,* Die Partnerschaft, 1994, S. 101.
34 *Decher,* in: Lutter, aaO (Fn. 14), § 190 Rdnr. 12.

und mit der Auseinandersetzung endet. Die Rechtsfigur der Gesamthand darf hier keine Übereinstimmungen mit den Personengesellschaften vortäuschen[35]. Wollte man einen Formwechsel zulassen, so ließe sich – vorbehaltlich einer erbrechtlichen Nachhaftung der Miterben – nachträglich eine Situation herbeiführen, als wäre an Stelle der Miterben etwa eine GmbH Alleinerbin und als solche mit erbrechtlichen Beschränkungen und Beschwerungen – die Fortdauer einer Testamentsvollstreckung eingeschlossen – belastet. Hierdurch würden Funktionsabgrenzungen zwischen Erbrecht und Gesellschaftsrecht verwischt, systemwidrige Auslegungsprobleme in das Erbrecht hineingetragen und umwandlungsrechtliche Umgehungsversuche heraufbeschworen. Es bedarf dieser Umwandlungsvariante auch nicht, denn nach § 2033 BGB können die Miterben ihre Vermögensanteile als Nachlaß simultan auf einen neu zu gründenden Rechtsträger übertragen, womit die Erbengemeinschaft endet, ohne daß die Erbenstellung der Miterben hiervon berührt wird[36].

b) Die Erbengemeinschaft ist auch kein verschmelzungsfähiger Rechtsträger[37]. Das bedarf der Erläuterung.

aa) Als neuer Rechtsträger bei der Verschmelzung durch Neugründung scheidet die Erbengemeinschaft ohne weiteres aus, denn eine Erbengemeinschaft kann als Gesamthandsgemeinschaft nur kraft Gesetzes gemäß §§ 1922, 2032 BGB und niemals durch Gründung entstehen.

bb) Auch als übernehmender Rechtsträger scheidet die Erbengemeinschaft aus: Als eine auf Abwicklung zielende Gesamthand kann eine Erbengemeinschaft kein neues Unternehmen hinzuerwerben[38]. Dieser erbrechtliche Grundsatz darf auch durch das Umwandlungsrecht nicht konterkariert werden. Es hat also bei der herrschenden Meinung zu bleiben.

cc) Nicht a limine ausgeschlossen schiene dagegen die Zulassung der Erbengemeinschaft als übertragender Rechtsträger. Wäre eine solche Verschmelzung zugelassen, so hätte das Umwandlungsrecht eine neue Variante der Erbauseinandersetzung geschaffen: die Übertragung des gesamten Nachlasses aus der Erbengemeinschaft auf einen bestehenden oder neu zu gründenden Rechtsträger im Wege rechtsgeschäftlicher Universalsukzession. Erben, die nicht den Nachlaß im ganzen, sondern nur wesentliche Teile des Nachlasses – z. B. ein ererbtes einzelkaufmännisches Unternehmen – auf diese Weise auf einen neuen Rechtsträger – z. B. auf eine GmbH – überführen wollten, könnten, was sie im Privatvermögen belassen wollten, zuvor durch Teilauseinandersetzung aus der Erbengemeinschaft herausnehmen.

Indes bedarf es der Zulassung einer Verschmelzung für diesen Zweck ebensowenig wie des Formwechsels, denn die Miterben können auch diesen Verschmelzungseffekt auf dem Weg erreichen, den ihnen das BGB anbietet: Übertragen alle

---

35 *Raiser* (AcP 194 [1994], 495 ff.) will nach dem Umwandlungsrecht die Rechtsfigur der Gesamthand aus dem Gesellschaftsrecht eliminieren; vgl. dazu aber *Ulmer,* ZHR 161 (1997), 113 Fn. 60 a.

36 *Palandt/Edenhofer,* BGB, 56. Aufl. 1997, § 2033 Rdnrn. 3, 5.

37 *Heckschen* in: Widmann/Mayer, aaO (Fn. 2), Verschmelzung, Rdnr. 83; *Lutter,* aaO (Fn. 14), § 3 Rdnr. 5.

38 KG, HRR 1932 Nr. 749.

Miterben (ggf. nach vorheriger Teil-Auseinandersetzung) die Anteile am Nachlaß simultan auf einen vorhandenen Rechtsträger, so fällt der Nachlaß im Wege der Universalsukzession diesem Erwerber zu. Dies ist ein Verschmelzungseffekt, der die Regeln des Umwandlungsgesetzes ersetzt, ohne daß sich an der Erbenstellung der Veräußerer etwas ändert.

c) Keinen Ersatz gibt es dagegen für die Ausgliederung. Nicht zuletzt vor dem Hintergrund des alarmierenden Haftungsurteils des Bundesgerichtshofs von 1984 über die Haftung minderjähriger Unternehmer-Miterben[39], das nach der Aufhebung durch das Bundesverfassungsgericht[40] erst jetzt einer gesetzesgetragenen Lösung zugeführt wird[41], ist das Bedürfnis nach Ausgliederung des von einem Einzelkaufmann ererbten Unternehmens unverkennbar. Der Erblasser hätte in einem solchen Fall nach §§ 152 ff. UmwG sein Unternehmen auf einen übernehmenden Rechtsträger – z. B. auf eine GmbH – ausgliedern können, und man wird auch die Eintragung einer zu seinen Lebzeiten schon angemeldeten Ausgliederung nach seinem Tode noch zulassen mögen. Die Ausgliederung aus der Erbengemeinschaft läßt das Gesetz dagegen nicht zu.

III. Die Ausgliederung aus dem Vermögen der Erbengemeinschaft

1. Analoge Anwendung des § 152 UmwG

a) Die Ausgliederung aus dem Vermögen eines Einzelkaufmanns nach §§ 152 ff. UmwG ist an die Stelle der übertragenden Umwandlung nach §§ 50 ff., 56 a ff. UmwG getreten. *Damrau* hat bereits 1985 eine analoge Anwendung dieser Bestimmungen auf das einer Erbengemeinschaft angefallene Unternehmen vorgeschlagen[42], übrigens sehr zur Verwunderung der Gesellschaftsrechtsliteratur, die diesen Nicht-Gesellschaftsrechtler sogleich über das damals noch ungeschriebene Analogieverbot zu belehren suchte[43]. Für das neue Umwandlungsgesetz schlägt nun *Karollus* gar eine direkte Anwendung vor, weil das vom Einzelkaufmann auf die Erbengemeinschaft übergegangene Unternehmen i. S. des Gesetzes ein einzelkaufmännisches sei[44].

So sehr dem im Ergebnis zugestimmt werden muß, so bedenklich scheint doch die Methode. Zwar ist nicht auszuschließen, daß die direkte Anwendung in der Juristenzunft Beifall findet, gibt doch der Jurist gegenüber der Rechtsfortbildung contra legem auch sonst geheuchelter Gesetzestreue nicht selten den Vorzug. Doch

---

39 BGHZ 92, 259 = JZ 1985, 243 m. Anm. *John* = NJW 1985, 136 m. Anm. *Karsten Schmidt*; dazu eingehend *Damrau*, NJW 1985, 2236; *Karsten Schmidt*, NJW 1985, 2785 ff.; *Strothmann*, ZIP 1985, 969 ff.; *Reuter*, AcP 192 (1992), 137 ff.

40 BVerfGE 72, 155 = NJW 1986, 1895.

41 Dazu ZRP 1996, 275.

42 *Damrau*, NJW 1985, 2239; vorsichtig sympathisierend *Karsten Schmidt*, NJW 1985, 2786.

43 Vgl. die Nachweise bei *Lutter/Karollus*, aaO (Fn. 14), § 152 Rdnr. 15 Fußn. 15.

44 *Karollus*, in: Lutter (Hrsg.), Kölner Umwandlungsrechtstage, 1995, S. 188 f.; *Lutter/Karollus*, aaO (Fn. 14), § 152 Rdnr. 15; vgl. sogar ebd. Rdnr. 16 zur Gütergemeinschaft.

erinnern wir uns: *Damrau*, von dem der Gedanke ausging, hätte es ferngelegen, die Erbengemeinschaft umwandlungsrechtlich zum Einzelkaufmann zu erklären. Mit diesem Gedanken liebäugeln wir erst, seitdem das Analogieverbot im Gesetz festgeschrieben ist. Wenn aber das Umwandlungsrecht bei der Figur des Rechtsträgers anknüpft[45] und die spaltungsfähigen Rechtsträger in § 124 aufzählt, geht es eben nicht an, zum Rechtsträger eines auf die Erbengemeinschaft übergegangenen Unternehmens einen nicht mehr vorhandenen Einzelkaufmann zu erklären. Selbst eine verfassungskonforme Auslegung, um die es sich bei der direkten Anwendung allein handeln könnte, findet nämlich ihre Grenze, wo sie mit dem Gesetzeswortlaut und dem klar erkennbaren Willen des Gesetzgebers in Widerspruch treten würde[46]. Mit der direkten Anwendung der §§ 152 ff. UmwG wird diese Grenze eindeutig überschritten.

b) Es kann sich also nur um jene analoge Anwendung handeln, die der Gesetzgeber in § 1 Abs. 2 UmwG zu unterbinden sucht. *Karollus*[47] spricht denn auch mit Recht nur von einer „Parallele (!) zum Einzelunternehmer", die unverzichtbar sei, „um das unerträgliche – und vielleicht nicht einmal verfassungskonforme – Ergebnis zu vermeiden, daß ein Rechtsträger eines vollkaufmännischen Unternehmens, bei dem noch dazu ein besonderer Umstrukturierungsbedarf besteht, ganz von der Umwandlung ausgeschlossen wird". Dem ist voll und ganz zuzustimmen. Nur muß eben, soll dieser Weg eröffnet werden, das Analogieverbot des § 1 Abs. 2 UmwG beiseitegeschoben werden, und dazu verhilft die hier vorgeschlagene Methode: Wenn der Gesetzgeber den Miterben eines Einzelkaufmanns diejenige Umwandlungsform versagt, die es dem Einzelkaufmann selbst eröffnet, verstößt er gegen Art. 3 Abs. 1 GG. Die Umwandlung ist analog §§ 152 ff. UmwG zuzulassen. Einer Vorlage nach Art. 100 GG bedarf es hierfür nicht.

2. *Handels- und umwandlungsrechtliche Implikationen*

a) Die Ausgliederung analog §§ 152 ff. UmwG ist ein Weg, auf dem die Erben nach § 27 Abs. 2 HGB die handelsrechtliche Erbengemeinschaft binnen drei Monaten beseitigen können, wenn man mit der vom Verfasser herausgearbeiteten, freilich bestrittenen[48], Lehre die Überführung des Unternehmens auf eine Handelsgesellschaft als Einstellung der Fortführung durch die Erbengemeinschaft ansieht[49]. Sie muß dann allerdings vor Ablauf der Dreimonatsfrist im Handelsregister eingetragen sein.

---

45 Dieser Ansatz geht auf die Vorschläge auf dem ZGR-Umwandlungssymposion zurück; vgl. *Karsten Schmidt*, ZGR 1990, 593; anders noch der ministerielle Diskussionsentwurf.
46 BVerfGE 18, 97, 111; *v. Mangold/Klein/Starck*, GG, 3. Aufl. 1985, Art. 1 Abs. 3 Rdnr. 206.
47 In: Kölner Umwandlungsrechtstage, S. 189.
48 Dagegen *Lieb*, in: MünchKomm. z. HGB, 1996, § 27 Rdnr. 55.
49 *Karsten Schmidt*, Handelsrecht, 4. Aufl. 1994, S. 273; *ders.*, NJW 1985, 2790; zust. *Canaris*, Handelsrecht, 22. Aufl. 1995, S. 124.

b) Umwandlungsrechtlich sind die §§ 152 ff. UmwG analog anwendbar. Die Ausgliederung kann nicht erfolgen, wenn der Nachlaß überschuldet ist (§ 152 Satz 2 UmwG). An die Stelle der Erklärungen und Anmeldungen des Einzelkaufmanns treten Erklärungen und Anmeldungen aller Miterben[50]. Die bei einer Ausgliederung zur Neugründung entstehenden Anteile fallen im Fall einer Kapitalgesellschaft als Surrogate des übertragenen Vermögens in die Erbengemeinschaft (§ 2041 BGB)[51], während im Fall einer Personengesellschaft, an der nach h.M. eine Erbengemeinschaft nur im Auflösungsstadium beteiligt sein kann[52], ein direkter Anfall an die einzelnen Miterben nach Maßgabe ihrer Erbteile anzunehmen ist[53]. Das ist für die Durchführung der Ausgliederung von erheblicher Bedeutung: Soll das ererbte Unternehmen aus der Erbengemeinschaft auf eine Personengesellschaft ausgegliedert werden, so hat dies zugleich den Effekt einer Teil-Auseinandersetzung, und entsprechend haben auch die Anmeldungen zum Handelsregister zu lauten. Die handelsrechtliche Erbenhaftung nach § 27 HGB kann nach der hier vertretenen Ansicht gemäß § 27 Abs. 2 HGB durch fristgemäße Ausgliederung ausgeschaltet werden. Die erbrechtliche Haftung nach §§ 1967, 2058 BGB unterliegt den Enthaftungsgrundsätzen analog § 157 UmwG.

IV. Zusammenfassung

1. An der im Gesetzgebungsverfahren gegenüber § 1 Abs. 2 UmwG geübten Kritik ist festzuhalten. Die Vorschrift ist sinnvoll nur, soweit sie die freie Erfindung zusätzlicher Umwandlungsvarianten durch die Kautelarpraxis verbietet, was sich aber aus der Aufzählung der Umwandlungsformen und der umwandlungsfähigen Rechtsträger von selbst ergibt. Die Vorschrift ist abzulehnen, soweit sie ein striktes Analogieverbot verhängt. De lege ferenda gehört § 1 Abs. 2 UmwG gestrichen.

2. Unter verfassungsrechtlichen Gesichtspunkten kann das Analogieverbot nach bisheriger Beurteilung nicht im Recht der Partnerschaftsgesellschaft und der Partenreederei, wohl aber im Recht der Erbengemeinschaft durchbrochen werden[54]. Diese ist zwar kein dem Formwechsel oder der Verschmelzung zugänglicher Rechtsträger, aber unter dem Gesichtspunkt des Art. 3 GG muß die Ausgliederung des von einem Einzelkaufmann ererbten Unternehmens aus einer Erbengemeinschaft zugelassen werden. Es handelt sich hierbei nicht um eine unmittelbare, sondern um eine entgegen § 1 Abs. 2 UmwG zulässige analoge Anwendung der §§ 152 ff. UmwG. Eines Vorlageverfahrens gemäß Art. 100 GG bedarf es für diese von der Verfassung gebotene Durchbrechung des § 1 Abs. 2 UmwG nicht.

---

50 *Lutter/Karollus,* aaO (Fn. 14), § 152 Rdnr. 15.
51 Ebenso *Lutter/Karollus,* aaO (Fn. 14), § 152 Rdnr. 15.
52 Vgl. für die h.M. *Palandt/Edenhofer,* aaO (Fn. 36), § 2032 Rdnr. 8.
53 A.M. *Lutter/Karollus,* aaO (Fn. 14), § 152 Rdnr. 15 m.w.N.
54 *Karsten Schmidt,* Gesellschaftsrecht, aaO (Fn. 1), S. 372.

Das Informationsrecht des Aufsichtsratsmitglieds einer Holding AG

Uwe H. Schneider

I. Offene Fragen bei der Bestimmung der rechtlichen Ordnung des konzerninternen Informationssystems

1. Die rechtliche Ordnung des konzerninternen Informationssystems ist im Gesetz nur unvollkommen geregelt. Hierauf hat *Kropff,* dem diese Überlegungen gewidmet sind, wiederholt hingewiesen.[1] Auch die im Entwurf eines Gesetzes zur Kontrolle und Transparenz im Unternehmensbereich[2] vorgesehene Verpflichtung zur Schaffung eines Risiko-Überwachungssystems handelt nur von einem Teilaspekt. Manches, etwa im Verhältnis des Konzernrechts zum Aufsichtsrecht, zum Betriebsverfassungsrecht und Steuerrecht usw. ist zudem nicht aufeinander abgestimmt. So berücksichtigen etwa das Betriebsverfassungsrecht durch die Möglichkeit der Einrichtung eines Konzernbetriebsrats und die *EG-Richtlinie vom 23. September 1993 über die Einsetzung eines Europäischen Betriebsrats*[3] auch die Interessen der Arbeitnehmer von Tochtergesellschaften an einer konzernweiten Information. Gilt aber das Entsprechende auch für die Anteilseigner der Tochtergesellschaften oder hat sich hier das konzernbezogene Betriebsverfassungsrecht weit über die Berücksichtigung der Interessen der Anteilseigner an konzernweiter Information im Konzernrecht hinaus fortentwickelt?[4]

2. Auch die höchstrichterliche Rechtsprechung hilft häufig nicht weiter und in der Lehre wird das konzerninterne Informationssystem nicht zu den Kernfeldern[5] gezählt. Zahlreiche Teilaspekte sind nicht behandelt. Vieles ist streitig, die Praxis häufig ratlos.

3. Fragt man angesichts dieser unsicheren Rechtslage nach dem Informationsrecht des einzelnen Aufsichtsratsmitglieds bei Konzernlagen, so sollte man sich zunächst die Konfliktlage vor Augen führen. Bei der konzernfreien Gesellschaft soll die Information dem Aufsichtsrat und dessen einzelnen Mitgliedern die diesem übertragene Überwachungsaufgabe ermöglichen. Doch soll die Berichterstattung auch nicht die Geschäftstätigkeit des Vorstandes stören; bloße Neugier rechtfertigt kein weitergehendes Informationsverlangen. Und vor allem gilt es zu verhindern, daß das einzelne Aufsichtsratsmitglied Informationen begehrt, um sie im eigenen Namen auszunutzen. Überträgt man dies auf Konzernlagen, so ist zu bedenken, daß sich nicht nur die Überwachungsaufgabe des Aufsichtsrats verändert, sondern es

---

1 S. etwa *Kropff,* ZGR 1984, 112, 133.
2 S. dazu § 93 Abs. 1 im RefE zu einem Gesetz zur Konzernkontrolle und Transparenz im Unternehmensbereich (KonTraG) vom 22. November 1996 sowie *Seibert,* WM 1997, 1; krit. Stellungnahme des Deutschen Anwaltsvereins, ZiP 1997, 163, 165.
3 EG-Richtlinie vom 23. September 1993 über die Einsetzung eines Europäischen Betriebsrats[3] oder die Schaffung eines Verfahrens zur Unterrichtung und Anhörung der Arbeitnehmer in gemeinschaftsweit operierenden Unternehmen und Unternehmensgruppen, ABl. EG Nr. L 254 vom 30. 9. 1994, S. 64.
4 Zum Auskunftsrecht des Aktionärs der Untergesellschaft über „die Muttergesellschaft": *Vossel,* Auskunftsrechte im Aktienkonzern, 1996, S. 37 ff.
5 Ein entsprechender Hinweis fehlt etwa bei *Hopt,* in: Festschr. für *Volhard,* 1996, S. 74. Auch bei *Hoffmann,* Der Aufsichtsrat, 3. Aufl., bleiben Konzernlagen unberücksichtigt. S. aber auch *Semler,* Leitung und Überwachung der Aktiengesellschaft, 2. Aufl., S. 233; *Lutter/Krieger,* Rechte und Pflichten des Aufsichtsrats, 3. Aufl., S. 45, 154; *Uwe H. Schneider,* BB 1981, 249, 251.

können sich auch angesichts unterschiedlicher Interessenkreise die Konflikte verschärfen. Kann etwa der Aufsichtsrat der Holding AG Auskunft aus den Personalakten eines Mitarbeiters einer Tochtergesellschaft und die Vorlage einer Liste von deren Kreditnehmern verlangen? Und kann der Aufsichtsrat der Tochtergesellschaft Auskunft darüber verlangen, ob ein Vorstandsmitglied der Holding AG Informationen, die bei der Konzernleitung erlangt wurden, und zwar über Geschäftschancen der Tochtergesellschaft, im eigenen Interesse ausgenutzt hat.

Im Blick hierauf ist zu unterscheiden

– zwischen dem Recht des *Aufsichtsratsmitglieds eines herrschenden Unternehmens* im Konzern auf Information über Vorgänge bei Tochtergesellschaften

– und dem Recht des *Aufsichtsratsmitglieds eines beherrschten Unternehmens* auf Information über die „einheitliche Leitung", die durch das herrschende Unternehmen ausgeübt wird, also insbesondere über die künftige Geschäftspolitik.

4. Die folgenden Überlegungen greifen nur den ersten Fragenbereich, nämlich zum Informationsrecht des Aufsichtsratsmitglieds einer Holding AG auf. Insoweit wird nach einem Blick auf die Rechtslage bei der konzernfreien Gesellschaft zu untersuchen sein,

– ob das Aufsichtsratsmitglied des herrschenden Unternehmens nur von seinem Unternehmen

– oder auch von den Tochtergesellschaften

die für die Wahrnehmung seiner Aufgaben erforderlichen Informationen verlangen kann.

5. Sodann hat man sich weiter vor Augen zu führen, daß das Informationsrecht des Aufsichtsratsmitglieds im Zusammenhang mit der Überwachungsaufgabe des Aufsichtsrats und dem Informationsrecht des Aufsichtsrats als Organ zu sehen ist; und demgemäß ist auch zu unterscheiden, ob das Aufsichtsratsmitglied sein Informationsverlangen an den Aufsichtsrat (organinternes Informationsrecht) oder an den Vorstand (organübergreifendes Informationsrecht) richten muß.

II. Umfang und Grenzen des Informationsrechts des Aufsichtsrats bei der konzernfreien Aktiengesellschaft

6. Im Blick auf diese Auffächerung der Fragestellung werden § 90 und § 111 Abs. 2 AktG verständlich. Die Vorschriften regeln die Stellung des Aufsichtsrats und seiner Mitglieder im Informations- und Berichtssystem der Aktiengesellschaft.

7. Nicht ausdrücklich aus dem Gesetz ergeben sich die Grenzen des Informationsrechts des Aufsichtsrats. Dazu bedarf es vielmehr im Blick auf die Aufgaben des Aufsichtsrats einer Zusammenschau. Hieraus folgt, daß das Informationsrecht des Aufsichtsrats nur „im Interesse der Gesellschaft" besteht – das bedarf keiner Erläuterung –, und zwar über „Angelegenheiten der Gesellschaft", wenn dies „der Wahrnehmung der Aufgaben des Aufsichtsrats" dient und wenn die Information hierfür „erforderlich" ist.

8. Unmittelbar aus dem Wortlaut des § 90 Abs. 3 AktG folgt, daß der Aufsichtsrat vom Vorstand einen Bericht verlangen kann „über Angelegenheiten der Gesellschaft ...". Das bedeutet auf der einen Seite eine gewisse Beschränkung; denn

die Berichtspflicht erstreckt sich nicht auf Angelegenheiten Dritter. Anders formuliert: Der Vorstand ist nicht verpflichtet, Berichte über Dritte, etwa Wettbewerber, Zulieferer, Kunden oder Verbandsmitglieder anzufertigen und vorzulegen, wenn dies nicht zugleich eine Angelegenheit der Gesellschaft ist. Auf der anderen Seite ist aber alles berichtspflichtig, was als „Angelegenheit der Gesellschaft" angesehen werden kann.

9. § 90 AktG nennt keine weiteren Schranken für das Berichtsrecht. Teilweise wird daher die Ansicht vertreten, es bestehe im übrigen ein Anspruch des Aufsichtsrats auf „uneingeschränkte eigenständige Informationsversorgung".[6] Dem ist nicht zu folgen. Weitergehende Grenzen der Berichtspflicht des Vorstands und des Rechts auf Bericht durch den Vorstand ergeben sich vielmehr im Wege der teleologischen Auslegung aus dem Sinn und Zweck der Berichtspflicht des Vorstands und des Berichtsrechts des Aufsichtsrats.[7]

Der Aufsichtsrat ist *zum einen* ein Überwachungsorgan und ein Organ, dem bestimmte Bestellungskompetenzen zugeordnet sind. Er ist kein Organ der Geschäftsführung. Entsprechend beschränkt sich das Berichtsrecht auf Umstände im Rahmen der Überwachung und der Bestellung von Vorstandsmitgliedern. Und *zum anderen* erstreckt sich die Überwachung nur auf die Geschäftsführung. Auch dies führt zu einer Beschränkung.

Im einzelnen: Als Überwachungsorgan hat der Aufsichtsrat die Rechtmäßigkeit, die Ordnungsmäßigkeit, die Zweckmäßigkeit und die Wirtschaftlichkeit der Geschäftsführung zu überwachen. Er hat unter dem Gesichtspunkt der Wirtschaftlichkeit vor allem auf die Sicherung der Liquidität, der Rentabilität und der Stabilität des Unternehmens zu achten. Dabei beschränkt sich die Aufgabe des Aufsichtsrats als Kontrollorgan nicht auf die retrospektive Überwachung, also auf die Kontrolle der in der Vergangenheit liegenden Sachverhalte. Die Kontrolle bezieht sich vielmehr auch auf die vorausschauende Überwachung, insbesondere die künftige Geschäftspolitik und das Risikomanagement. Insoweit ist die Beratung „das vorrangige Mittel der in die Zukunft gerichteten Kontrolle des Vorstands".[8]

Nur um diese Aufgaben, nämlich die Überwachung und die Bestellung der Vorstandsmitglieder vornehmen zu können, ist dem Vorstand eine Berichtspflicht gegenüber dem Aufsichtsrat und dem Aufsichtsrat ein Recht auf Berichterstattung gegenüber dem Vorstand eingeräumt.

Freilich braucht kein konkreter Anlaß zum Mißtrauen zu bestehen. Das Gegenteil ist der Fall. Der Aufsichtsrat hat vielmehr „unabhängig davon" seine Überwachungsaufgabe zu erfüllen. Wenn der Aufsichtsrat dies nicht tut, sondern abwartet, bis Anlaß zum Mißtrauen besteht, so verletzen die Aufsichtsratsmitglieder ihre Pflichten.[9]

---

6 So *Theisen*, Information und Verschwiegenheitspflicht im Aufsichtsrat mitbestimmter Aktiengesellschaften, ZfbF 1979, 838.

7 *Mertens*, in Kölner Komm. AktG, 2. Aufl., § 90 Rdnr. 4; *Lutter*, Information und Vertraulichkeit im Aufsichtsrat, 2. Aufl., S. 2; *Semler*, Die Überwachungsaufgabe des Aufsichtsrats, 1980, S. 43; *Mertens*, Die AG 1980, 67; *Sina*, NJW 1990, 1018; Münch. Hdb/AG-*Wiesner*, 2. Aufl., S. 202.

8 BGH, NJW 1991, 1830, 1831.

9 OLG Düsseldorf, Die AG 1984, 273, 275.

10. Eine weitere Beschränkung ergibt sich daraus, daß der Überwachung nicht jede einzelne Geschäftsführungsmaßnahme und jeder einzelne Mitarbeiter unterliegt, sondern „die Geschäftsführung". Entsprechend kann der Aufsichtsrat auch nur solche Informationen verlangen, die „erforderlich" sind, um sich ein Bild „von der Geschäftsführung" machen zu können. Kontrolladressat ist zwar der Vorstand.[10] Die Überwachung ist aber zugleich Funktionskontrolle und damit auch Überwachung der Leitungsorganisation.[11]

Der Aufsichtsrat kann daher einen Bericht über die Personalentwicklung, die Gehaltsstruktur und die Lehrlingsausbildung verlangen. An der „Erforderlichkeit" würde es jedoch etwa fehlen, wenn dem Aufsichtsrat alle Personal- oder Kreditakten oder eine vollständige Liste aller abgelehnten Bewerber um einen Arbeitsplatz mit einer ausführlichen Begründung für die Ablehnung oder eine Liste der Arbeitnehmer vorgelegt werden müßte, die Teile ihres Lohns abgetreten haben.[12]

11. Von den wenigen vorgenannten Voraussetzungen abgesehen, gilt es festzuhalten, daß der Vorstand in der Regel zu umfassender Offenlegung gegenüber dem Aufsichtsrat und seinen Mitgliedern verpflichtet ist. Es gibt keine weitergehende Geheimhaltungsbefugnis.[13]

Ob eine Information und damit ein Bericht für die Wahrnehmung der Aufgaben des Aufsichtsrats, insbesondere für die Überwachung der Geschäftsführung und die Bestellung der Vorstandsmitglieder „erforderlich ist", entscheidet aber nicht der Vorstand, sondern, wenn der Bericht von dem Aufsichtsrat verlangt wird, der Aufsichtsrat. Dabei ist ihm ein weites Ermessen eingeräumt.[14]

12. Die hier entwickelten institutionellen Grenzen des Berichtsrechts gelten, ohne daß dies weiterer Begründung bedürfte, auch für das Einsichtsrecht des Aufsichtsrats nach § 111 Abs. 2 AktG.

III. Umfang und Grenzen des Informationsrechts des einzelnen Aufsichtsratsmitglieds bei der konzernfreien Aktiengesellschaft

13. Nach § 90 Abs. 5 AktG hat das einzelne Aufsichtsratsmitglied das Recht, von den Vorstandsberichten, die dem Aufsichtsrat vorgelegt wurden, Kenntnis zu nehmen.

§ 90 Abs. 3 Satz 2 AktG gibt darüber hinaus dem einzelnen Aufsichtsratsmitglied das Recht, vom Vorstand einen Bericht verlangen zu können. Die Vorschrift begrenzt den Anspruch nicht ausdrücklich auch dem Inhalt nach.

---

10 Gegen die Unterscheidung zwischen Überwachungsgegenstand und Kontrolladressat: *Semler,* Leitung und Überwachung der Aktiengesellschaft, 2. Aufl., S. 60.

11 Die Einzelheiten sind streitig; die Unterschiede in den Ansichten werden völlig überbewertet; s. auch *Mertens,* in Kölner Komm. AktG, 2. Aufl., § 111 Rdnr. 21, 23.

12 S. auch die Beispiele bei *Mertens,* in Kölner Komm. AktG, 2. Aufl., § 90 Rdnr. 6f.; sowie bei *Potthoff/Trescher,* Das Aufsichtsratsmitglied, 3. Aufl. 1995, S. 98.

13 *Lutter,* Information und Vertraulichkeit im Aufsichtsrat, 2. Aufl., S. 2, 148; *Nirk,* in: Handbuch der Aktiengesellschaft, Stand 1980, Rdnr. I 389; *Hefermehl,* in AktG-Komm., § 90 Rdnr. 30; *Schmidt-Aßmann/Ulmer,* Beil. zu BB Heft 27/1988, S. 3; zuletzt: *Sina,* NJW 1990, 1018.

14 *Hefermehl,* in AktG Komm., § 90 Rdnr. 19.

– *Institutionelle Grenzen* ergeben sich jedoch aus der akzessorischen Natur des Berichtsrechts des Aufsichtsratsmitglieds und mittelbar aus den institutionellen Grenzen des Berichtsrechts des Aufsichtsrats.

– *Individuelle Grenzen* für das Informationsrecht des einzelnen Aufsichtsratsmitglieds können sich ferner aus Gründen ergeben, die in der Person des Aufsichtsratsmitglieds liegen.

14. Das Berichtsrecht des einzelnen Aufsichtsratsmitglieds gegenüber dem Vorstand ist ein akzessorisches Recht. In erster Linie ist es der Aufsichtsrat als Kollektivorgan, der die Art und Weise der Überwachung bestimmt.[15]

Es ist daher auch der Aufsichtsrat als Kollektivorgan, der darüber zu entscheiden hat, ob er im Rahmen der Überwachung eine Beratung des Vorstands für erforderlich hält. Und es ist in erster Linie der Aufsichtsrat als Kollektivorgan, der vom Vorstand einen Bericht verlangen kann, wenn er dies für die Ausübung seiner Überwachungsaufgabe als erforderlich ansieht. Das einzelne Aufsichtsratsmitglied kann und darf daher in der Regel nicht umfassende und breit angelegte Prüfungsaktivitäten entwickeln und sich dadurch zu einer eigenständigen Prüfungsinstanz herausbilden.

15. Das Recht auf Berichterstattung ist dem einzelnen Aufsichtsratsmitglied aber gerade deshalb eingeräumt worden, weil im Aufsichtsrat unterschiedliche Vorstellungen über die Art und Weise der Überwachung bestehen können. Das einzelne Aufsichtsratsmitglied kann daher selbst initiativ werden. Es kann in eigener Verantwortung einen Vorstandsbericht anfordern, und es kann die erlangten Informationen dazu verwenden, den Aufsichtsrat zu eigenen Maßnahmen zu veranlassen. Das Aufsichtsratsmitglied handelt dabei in eigener Verantwortung. Das Aufsichtsratsmitglied ist daher nicht darauf beschränkt, die Vorlage von Berichten nur verlangen zu können, wenn der Aufsichtsrat keine Kontrollaktivität entfaltet. Es hat vielmehr auch ein Recht auf Berichterstattung, wenn es die Ansicht vertritt, daß die Überwachung durch den Aufsichtsrat bisher unzulänglich oder unvollständig ist.

Insoweit hat das einzelne Aufsichtsratsmitglied ein weites Ermessen. Es unterliegt keinem Begründungszwang, weshalb es eine bestimmte Information für erforderlich hält, sofern nur der Bezug zur Überwachungsaufgabe des Aufsichtsrats gewahrt bleibt.

16. Dient das organübergreifende Berichtsrecht des Aufsichtsratsmitglieds nur dazu sicherzustellen, daß das einzelne Aufsichtsratsmitglied entsprechend auf den Aufsichtsrat einwirken kann, damit dieser seiner Überwachungsaufgabe nachkommt, so folgt daraus zugleich, daß die institutionellen Schranken des Berichtsrechts des Aufsichtsrats entsprechend auch für das Berichtsrecht des einzelnen Aufsichtsratsmitglieds gelten.

Nur in dieser Weise wird man die von der herrschenden Lehre vertretenen Ansicht verstehen dürfen, jedes Aufsichtsratsmitglied könne vom Vorstand jederzeit die Erstattung eines Berichts an den Aufsichtsrat „über – im weitesten Sinne – alle

---

15 Siehe hierzu BGHZ 85, 293, 299 (Hertie).

Angelegenheiten der Gesellschaft und des Konzerns sowie über alle wichtigen Angelegenheiten in verbundenen Unternehmen verlangen".[16]

Das Informationsrecht des einzelnen Aufsichtsratsmitglieds geht somit aber nicht über das für die Wahrnehmung der Überwachungsaufgabe Erforderliche hinaus; denn es hat keine eigenständigen Aufgaben im Rahmen der gesellschaftsinternen Zuständigkeitsordnung wahrzunehmen. Auch das Berichtsrecht des einzelnen Aufsichtsratsmitglieds gegenüber dem Vorstand kann demnach nur „im Interesse der Gesellschaft" wahrgenommen werden. Es beschränkt sich auf „Angelegenheiten der Gesellschaft", es muß der „Überwachungsaufgabe des Aufsichtsrats" dienen und der Bericht muß „erforderlich" sein.

17. Nach § 111 Abs. 2 AktG hat der Aufsichtsrat ein besonderes Einsichtsrecht. Eine § 90 Abs. 3 Satz 2 AktG entsprechende Bestimmung, wonach auch ein einzelnes Aufsichtsratsmitglied, wenn es von einem weiteren Aufsichtsratsmitglied in seinem Verlangen unterstützt wird, einen Vorstandsbericht verlangen kann, fehlt bei § 111 Abs. 2 AktG. Daraus folgt, daß das Einsichtsrecht nur dem Aufsichtsrat als Organ zusteht. Ein individuelles Organmitgliedschaftsrecht für das einzelne Aufsichtsratsmitglied fehlt.

18. Streitig ist die Frage, welchem Organ die Zuständigkeit zufällt, darüber zu entscheiden, ob die Voraussetzungen vorliegen, die ein Aufsichtsratsmitglied zur Berichterstattung berechtigen. Was eine Angelegenheit der Gesellschaft ist und welche Vorgänge in die Überwachung mit einbezogen werden, ob ein Bericht erforderlich ist oder nicht, kann im Einzelfall nämlich zweifelhaft sein. Im Blick hierauf wird teilweise die Ansicht vertreten, der Aufsichtsrat habe einen nicht überprüfbaren Beurteilungsspielraum.

Der Vorstand brauche den Bericht aber nur dem Aufsichtsratsvorsitzenden zu erstatten.[17] Auch könne sich der Vorstand in einem solchen Fall durch Beschluß des Aufsichtsrats von der Pflicht zur Berichterstattung befreien lassen.[18]

Dem ist nicht zu folgen. Wenn ein Organ einer Gesellschaft in Pflicht genommen wird, so hat es in eigener Zuständigkeit zu prüfen, ob die entsprechenden Rechte und Pflichten bestehen. Das gilt allgemein, aber auch im besonderen bei der Geltendmachung des Berichtsrechts durch ein Aufsichtsratsmitglied. Der Vorstand kann demgemäß in eigener Zuständigkeit die Information mit der Begründung verweigern, das Auskunftsbegehren sei offenkundig nicht im Interesse der Gesellschaft gestellt, betreffe keine Angelegenheit der Gesellschaft oder sei für die Überwachungstätigkeit nicht erforderlich.[19]

19. Neben den institutionellen Grenzen können sich auch aus Gründen, die in der Person eines Aufsichtsratsmitglieds liegen, individuelle Grenzen für das Informationsrecht ergeben. So ist zwar streitig, ob und in welchem Umfang das Auf-

---

16 *Lutter/Krieger,* Rechte und Pflichten des Aufsichtsrats, 2. Aufl., S. 195.

17 *Lutter,* Information und Vertraulichkeit im Aufsichtsrat, 2. Aufl., S. 35.

18 *Mertens,* in Kölner Komm. AktG, 2. Aufl., § 90 Rdnr. 14.

19 Will sich der Aufsichtsrat nicht mit der Entscheidung des Vorstands abfinden, so kann er die Bestellung der Vorstandsmitglieder und die Ernennung zum Vorsitzenden des Vorstands widerrufen, § 84 Abs. 3 AktG.

sichtsratsmitglied einer Aktiengesellschaft an einer Wettbewerbstätigkeit gehindert ist.[20]

Folgt man aber der an anderer Stelle begründeten Ansicht, daß eine Wettbewerbstätigkeit kein allgemeines Bestellungshindernis darstellt, so bedeutet dies, daß Interessenkollisionen im Einzelfall zu lösen sind. Im Blick hierauf kann bei bestehender Wettbewerbstätigkeit ein Aufsichtsratsmitglied nicht nur an der Mitwirkung an der Beschlußfassung gehindert sein. Auch sein Informationsrecht ist ausgeschlossen, wenn zu befürchten ist, daß die Information mißbraucht wird.[21]

IV. Umfang und Grenzen des Informationsrechts des Aufsichtsrats einer Holding AG

20. Folgt man der hier vertretenen Ansicht, daß die Berichtspflicht des Vorstands und das Informationsrecht des Aufsichtsrats im Blick auf die Überwachungsaufgabe des Aufsichtsrats zu sehen sind, so sollte man sich zunächst die besonderen Aufgaben des Aufsichtsrats einer Holding AG vor Augen führen. Die Überwachungsaufgabe des Aufsichtsrats des herrschenden Unternehmens erstreckt sich, wie schon an anderer Stelle gezeigt, auf den Aufgaben- und Verantwortungsbereich der Konzerngeschäftsleitung, und zwar auch, soweit sie sich in den einzelnen Konzernunternehmen entfaltet.[22] Dabei hat *Hommelhoff*[23] kürzlich zutreffend darauf hingewiesen, daß nicht nur die Leitung, sondern auch die Überwachung im Konzern vernetzt sind, weil die Überwachungsorgane der einzelnen Konzernunternehmen zusammenwirken.

21. Im Blick hierauf erweitert sich auch die Berichtspflicht des Vorstands. § 90 AktG verpflichtet den Vorstand nicht ausdrücklich zur Regelberichterstattung über die beabsichtigte Konzernpolitik, die Rentabilität der Konzernunternehmen, den Gang der Geschäfte bei den Konzernunternehmen usw. Einigkeit besteht indessen darüber, daß sich die Berichtspflicht des Vorstands auch auf entsprechende Vorgänge im Konzern erstrecken muß. Unterschiedliche Ansichten bestehen jedoch hinsichtlich des Umfangs und in der Begründung. So wird die Ansicht vertreten, daß der Vorstand an den Aufsichtsrat „in gleicher Weise und nach den gleichen Regeln" über den Konzern zu berichten habe wie über Vorgänge bei der Gesellschaft.[24] Dem ist entgegenzuhalten, daß sich aus § 90 Abs. 1 Satz 2 AktG ergibt, daß Vorgänge bei den Konzernunternehmen aus der Sicht des herrschenden Unternehmens neu zu qualifizieren sind. Daraus folgt weiter, daß der Vorstand zwar über die Konzernge-

---

20 Zum Stand der Diskussion: *Uwe H. Schneider,* BB 1995, 365.
21 Ebenso *Mertens,* in Kölner Komm. AktG, 2. Aufl., § 90 Rdnr. 13; *Hüffer,* AktG, 2. Aufl., § 90 Rdnr. 12a mit weiteren Nachw.
22 A.A. *Hoffmann-Becking,* ZHR 159 (1995), 324, 331; dagegen aber schon *Uwe H. Schneider,* BB 1981, 249, 252; ebenso *Lutter/Krieger,* Rechte und Pflichten des Aufsichtsrats, 3. Aufl., S. 57; *Martens,* ZHR 159 (1995), 567, 576; *Semler,* in *Lutter* (Hrsg.), Holding-Handbuch, 1995, S. 149; *Hommelhoff,* ZGR 1996, 144; aus betriebswirtschaftlicher Sicht s. auch *Theisen,* Der Konzern, 1991, S. 447 ff.; ders., Grundsätze einer ordnungsmäßigen Information des Aufsichtsrats, 2. Aufl., S. 135 ff.
23 *Hommelhoff,* ZGR 1996, 144.
24 *Lutter/Krieger,* Rechte und Pflichten des Aufsichtsrats, 3. Aufl., S. 178.

schäftspolitik zu berichten hat. Über die Rentabilität von Konzernunternehmen, den Gang der Geschäfte bei Konzernunternehmen usw. ist aber nur zu berichten, wenn dies *aus der Sicht des herrschenden Unternehmens* als „wichtiger Anlaß" zu sehen ist.[25]

22. Auch das weitgehende Informationsrecht des Aufsichtsrats erstreckt sich bei Konzernsachverhalten auf Vorgänge bei den Tochtergesellschaften. Dies ergibt sich für das Berichtsrecht ausdrücklich aus § 90 Abs. 3 Satz 1 AktG; denn hiernach kann der Aufsichtsrat vom Vorstand jederzeit auch einen Bericht über die rechtlichen und geschäftlichen Beziehungen zu verbundenen Unternehmen sowie über geschäftliche Vorgänge bei diesen Unternehmen verlangen. Damit trägt das Aktiengesetz im Rahmen des Informationssystems nicht nur dem Umstand Rechnung, daß sich die Überwachungsaufgabe des Aufsichtsrats auch auf die Konzern-Geschäftsführung erstreckt, soweit diese bei Tochtergesellschaften umgesetzt wird, sondern berücksichtigt auch, daß Risiken aus Vorgängen bei den Tochtergesellschaften durchschlagen können.[26]

23. Aus § 90 Abs. 3 Satz 1 AktG folgt darüber hinaus, daß das Informationsrecht des Aufsichtsrats einer Holding AG hinsichtlich der Vorgänge bei Tochtergesellschaften im Vergleich zu Vorgängen bei der Gesellschaft selbst weiter eingeschränkt ist. Es ist nämlich auf solche Vorgänge beschränkt, „die auf die Lage der Gesellschaft von erheblichem Einfluß sein können". Der Einfluß kann die Geschäftspolitik betreffen, die Rentabilität der Gesellschaft, den Gang der Geschäfte, insbesondere den Umsatz, sowie Geschäfte, die für die Rentabilität und die Liquidität der Gesellschaft von erheblicher Bedeutung sein können. Auch Vorgänge, die den goodwill des Konzerns betreffen, können von erheblichem Einfluß sein.

24. Aus den voranstehenden Überlegungen ergibt sich, daß die schlichte Formulierung: „Das Informationsrecht des Aufsichtsrats des herrschenden Unternehmens erstreckt sich auf alle Vorgänge im Konzern", nicht zutrifft. Vielmehr wird das Folgende deutlich:

– *Erstens:* Bei Bestimmung der Grenzen des Informationsrechts ist der veränderte Verantwortungsbereich des Aufsichtsrats des herrschenden Unternehmens zu berücksichtigen. Mit der Konzernierung wird der Aufsichtsrat des herrschenden Unternehmens zum „Konzern-Überwachungsorgan".[27] Kontrolladressat der Konzernüberwachung ist aber nur der Vorstand des herrschenden Unternehmens bei Ausübung der Konzernleitung.[28] Kontrolladressat sind demgegenüber weder die Tochtergesellschaften noch deren Organe und schon gar nicht die Mitarbeiter der nachgeordneten Konzernunternehmen. Deshalb gehört es auch nicht zu den Aufgaben des Aufsichtsrats der Holding AG, die geschäftsführenden Organe der Tochtergesellschaften zu beraten.

---

25 Ähnlich wohl *Mertens,* in Kölner Komm. AktG, 2. Aufl., § 90 Rdnr. 18 ff.
26 S. bereits *Uwe H. Schneider,* BB 1981, 252; *Lutter,* in: Festschr. für *Stimpel,* 1985, S. 831; *Semler,* Die Überwachungsaufgabe des Aufsichtsrats, 2. Aufl., S. 233; a. A. *Götz,* ZGR 1990, 646; *Hoffmann-Becking,* ZHR 159 (1995), 325, 331; einschränkend: *Hachenburg/Raiser,* GmbHG, 8. Aufl., § 52 Rdnr. 93.
27 A. A. *Hoffmann-Becking,* ZHR 159 (1995), 331.
28 So ausdrücklich *Scholz/Uwe H. Schneider,* GmbHG, 8. Aufl., § 52 Rdnr. 113.

– *Zweitens:* Maßstab für die Überwachung durch den Aufsichtsrat der Holding AG ist das Interesse des herrschenden Unternehmens.[29] Hieraus ergibt sich auch, daß der Aufsichtsrat der Frage nachzugehen hat, ob der Vorstand ausgleichspflichtige Leitungsmaßnahmen im Verhältnis zu den abhängigen Unternehmen und Tochtergesellschaften, die in der Rechtsform der AG sind, veranlaßt hat. Sind solche Maßnahmen veranlaßt worden, so hat er für Ausgleichszahlungen zu sorgen, weil andernfalls die herrschende AG schadensersatzpflichtig wird, § 317 AktG. Wird die Tochtergesellschaft in der Rechtsform der GmbH geführt, so hat der Aufsichtsrat des herrschenden Unternehmens darauf zu achten und dagegen vorzugehen, wenn bei einer abhängigen GmbH verdeckte Gewinnausschüttungen an das herrschende Unternehmen oder Schwestergesellschaften vorgenommen oder die Treupflichten des herrschenden Unternehmens verletzt wurden.

– *Drittens:* Die Vorgänge bei den Tochtergesellschaften sind aus der Sicht des herrschenden Unternehmens neu zu bewerten. Welche Vorgänge auf die Lage der Holding AG von erheblichem Einfluß sein können, ist allein aus der Sicht der Holding AG zu beurteilen. Dabei wäre der Hinweis, daß Vorgänge bei unbedeutenden Tochtergesellschaften in keinem Fall „erheblichen Einfluß" auf die Holding AG gewinnen können, unzutreffend; denn große Verluste bei Tochtergesellschaften müssen möglicherweise auch dann im Interesse des herrschenden Unternehmens ausgeglichen werden, wenn kein Rechtsanspruch hierauf besteht („Ansteckungsgefahr").

– *Viertens:* Die Interessen der Tochtergesellschaft und die Interessen Dritter, etwa der Arbeitnehmer der Tochtergesellschaft können einer Informationsbeschaffung und damit auch einem Informationsrecht entgegenstehen.[30]

25. Weil Kontrolladressat der Vorstand des herrschenden Unternehmens ist, ist auch nur dieser zur Anfertigung von Konzernberichten zuständig. Der Aufsichtsrat des herrschenden Unternehmens und dessen Mitglieder dürfen sich jedenfalls nicht an die Organe der Tochtergesellschaften wenden und diese sind nicht verpflichtet, dem Aufsichtsrat des herrschenden Unternehmens Bericht zu erstatten.

26. Davon zu unterscheiden ist die Frage, ob der Vorstand seinerseits verpflichtet ist, sich die Informationen über Vorgänge bei den Tochtergesellschaften zu beschaffen. Zu bedenken ist dabei *zum einen,* daß der Vorstand der Holding AG nur in begrenztem Umfang rechtlich und tatsächlich in der Lage ist, entsprechende Informationen zu besorgen.[31] So kann die Weitergabe von Informationen von der Tochtergesellschaft an das herrschende Unternehmen für die Tochtergesellschaft einen „Nachteil" i.S.v. § 311 AktG darstellen.[32] Zu bedenken ist *zum anderen,* daß

---

29 *Scheffler,* DB 1994, 795; Münch. Hdb/AG-*Krieger,* § 69 Rdnr. 40; *Mertens,* in: Kölner Komm. AktG, 2. Aufl., § 111 Rdnr. 24.

30 Siehe dazu unter Nr. 26.

31 Im Blick hierauf enthält das Kreditwesengesetz besondere Regelungen für die Konsolidierung, wobei berücksichtigt wird, daß Mutterunternehmen, insbesondere bei grenzüberschreitenden Sachverhalten gehindert sein können, die Informationen, die für die Konsolidierung erforderlich sind, beizuziehen.

32 *Krieger,* in: *Lutter* (Hrsg.), Holding-Handbuch, 1995, S. 202.

Tochtergesellschaften aus datenschutz- und kapitalmarktrechtlichen[33] Gründen, aus Gründen des Bankgeheimnisses, des Versicherungsgeheimnisses, des Geheimnisschutzes im Interesse der Arbeitnehmer und aus sonstigen Gründen gehindert sein können, Informationen an das Mutterunternehmen weiterzugeben.

Im Blick hierauf läßt sich zwar festhalten, daß der Konzern in der Regel eine Informationseinheit darstellt. In Ausnahmefällen können jedoch auch im Konzern im Verhältnis der Konzernunternehmen zueinander rechtliche Vertraulichkeitsschranken bestehen. Dies ist bei der Würdigung der Grenzen des Informationsrechts des Aufsichtsrats und seiner Mitglieder zu berücksichtigen; denn die im Aufsichtsrat tätigen Personen üben ihre Tätigkeit im Nebenamt aus. Sie sind trotz ihrer Einbindung in die Organisationsverfassung auch „Dritte". So kann der Aufsichtsrat zwar die Vorlage der Personalakten einzelner Mitarbeiter des Unternehmens verlangen. Zweifelhaft ist aber, ob er Einsicht in die Personalakten der Mitarbeiter von Tochtergesellschaften verlangen kann oder ob auch im Konzern die Vertraulichkeit zu wahren ist.[34] Hierauf wird an anderer Stelle noch näher einzugehen sein.

27. Soweit es um Vorgänge bei der Holding AG geht, entscheidet der Aufsichtsrat in eigener Zuständigkeit, ob Informationen erforderlich sind. Soweit es aber um Vorgänge bei den Tochtergesellschaften geht, obliegt es dem Vorstand, darauf zu achten, daß sich die Gesellschaft im Außenverhältnis rechtmäßig verhält. Deshalb hat auch der Vorstand darüber zu entscheiden, ob die Information über Vorgänge bei den Tochtergesellschaften verantwortet werden kann.

V. Umfang und Grenzen des Informationsrechts des einzelnen Aufsichtsratsmitglieds einer Holding AG

28. Das einzelne Aufsichtsratsmitglied seinerseits hat ein Recht, den Konzernbericht einzusehen. Zugleich folgt aus dem engen Zusammenhang von § 90 Abs. 3 Satz 1 AktG mit § 90 Abs. 3 Satz 2 AktG, daß auch das einzelne Aufsichtsratsmitglied über Konzernsachverhalte einen Bericht verlangen kann.

29. Geht man aber davon aus, daß die institutionellen Grenzen des Informationsrechts des Aufsichtsrats auch für das Informationsrecht des einzelnen Aufsichtsratsmitglieds bestehen, so folgt daraus, daß auch das einzelne Aufsichtsratsmitglied nur über solche Vorgänge bei Tochtergesellschaften Auskunft verlangen kann, die auf die Lage der Holding AG von erheblichem Einfluß sein können. Das Aufsichtsratsmitglied des herrschenden Unternehmens ist nicht berechtigt, im Interesse der Tochtergesellschaften tätig zu werden.

30. Dem könnte man entgegenhalten, jedenfalls für die Arbeitnehmervertreter sei zu berücksichtigen, daß sie nach § 5 MitbestG 1976 auch durch die Arbeitnehmer der Tochtergesellschaften bestellt wurden. Sie hätten daher auch deren Interes-

---

33 Weitgehend ungeklärt ist bislang, ob und in welchem Umfang § 14 Abs. 1 Nr. 2 WpHG den konzerninternen Informtionsfluß begrenzt; s. immerhin *Assmann/Uwe H. Schneider* (Hrsg.), Wertpapierhandelsgesetz, 1995, § 14 Rdnr. 49 ff.

34 A.A. *Martens,* ZHR 159 (1995), 586.

sen zu berücksichtigen. Dies kann aber nur geschehen, soweit dies zugleich im Interesse des herrschenden Unternehmens ist; denn dies ist der alleinige Maßstab für die Überwachungsaufgabe des Aufsichtsrats des herrschenden Unternehmens. Im übrigen haben die Arbeitnehmervertreter im Aufsichtsrat dieselben Rechte und Pflichten wie die Vertreter der Anteilseigner.

31. Neben diesen engeren institutionellen Grenzen des Rechts auf Information über Vorgänge bei Tochtergesellschaften, können sich bei einem Aufsichtsratsmitglied der Holding AG auch besondere Interessenkollisionen gerade aus Konzernsachverhalten ergeben. So kann die Wettbewerbslage nur im Verhältnis zu einer oder mehreren Tochtergesellschaften bestehen. Ist dies der Fall und liegt eine besonders schwere Interessenkollision vor, so kann auch dies das Informationsrecht des Aufsichtsratsmitglieds begrenzen.

VI. Kein Informationsrecht des Aufsichtsratsmitglieds gegenüber Tochtergesellschaften

32. Angesichts der rechtlichen Selbständigkeit der Konzernunternehmen scheint es auf den ersten Blick abwegig zu fragen, ob ein Aufsichtsratsmitglied des herrschenden Unternehmens einen unmittelbaren Informationsanspruch gegenüber den Tochtergesellschaften oder gar deren geschäftsführendes Organ hat. Immerhin ist daran zu erinnern, daß die höchstrichterliche Rechtsprechung wohl davon ausgeht, daß die Mitglieder des geschäftsführenden Organs des herrschenden Unternehmens auch der Tochtergesellschaft gegenüber zur ordnungsgemäßen Unternehmensleitung verpflichtet ist.[35] Bei Verletzung dieser Pflichten kann ein Schadensersatzanspruch begründet sein.

33. Deshalb könnte man auch daran denken, daß die Aufsichtsratsmitglieder den Tochterunternehmen gegenüber zur ordnungsgemäßen Überwachung verpflichtet sind. Dann wäre es zu einem selbständigen Informationsrecht nur ein kleiner Schritt.

Schon oben wurde jedoch gezeigt, daß es nicht die Aufgabe des Aufsichtsrats des herrschenden Unternehmens ist, dafür zu sorgen, daß die Interessen der Tochtergesellschaften gewahrt werden. Besteht aber keine solche Überwachungsaufgabe, bestehen keine entsprechenden Pflichten, so läßt sich damit auch kein Informationsrecht gegenüber den Tochtergesellschaften begründen.[36]

---

35 S. dazu *Scholz/Uwe H. Schneider,* GmbHG, 8. Aufl., § 43 Rdnr. 256ff.
36 S. schon *Uwe H. Schneider,* BB 1981, 252.

Deutsches Konzernprivileg und europäischer Kapitalschutz – ein Widerspruch?

WOLFGANG SCHÖN

I. Das Problem

Art. 54 Abs. 3 g EGV ermächtigt die Organe der Europäischen Gemeinschaft, „soweit erforderlich die Schutzbestimmungen (zu) koordinieren, die in den Mitgliedstaaten den Gesellschaften im Sinne des Artikels 58 Absatz 2 im Interesse der Gesellschafter sowie Dritter vorgeschrieben sind, um diese Bestimmungen gleichwertig zu gestalten"[1]. Auf dieser Rechtsgrundlage beruht die Zweite Richtlinie 77/91/EWG vom 13.12.1976 (Kapital-RL)[2], welche die „einzelstaatlichen Vorschriften über die Gründung der Aktiengesellschaft sowie die Aufrechterhaltung, die Erhöhung und die Herabsetzung ihres Kapitals" koordiniert, „um beim Schutz der Aktionäre einerseits und der Gläubiger der Gesellschaft andererseits ein Mindestmaß an Gleichwertigkeit sicherzustellen"[3]. Das Erfordernis eines wirksamen Gläubigerschutzes nahm die Gemeinschaft zum Anlaß, „Vorschriften (zu) erlassen, um das Kapital als Sicherheit für die Gläubiger zu erhalten, indem insbesondere untersagt wird, daß das Kapital durch nicht geschuldete Ausschüttungen an die Aktionäre verringert wird (...)"[4].

Diese gemeinschaftsrechtlichen Ziele bilden den Hintergrund für Art. 15 und 16 Kapital-RL, deren wesentlicher Regelungsgehalt darin besteht, daß „ausgenommen in den Fällen einer Kapitalherabsetzung (...) keine Ausschüttung an die Aktionäre erfolgen (darf), wenn bei Abschluß des letzten Geschäftsjahres das Nettoaktivvermögen, wie es der Jahresabschluß ausweist, den Betrag des gezeichneten Kapitals zuzüglich der Rücklagen, deren Ausschüttung das Gesetz oder die Satzung nicht gestattet, durch eine solche Ausschüttung unterschreitet oder unterschreiten würde" (Art. 15 Abs. 1a Kapital-RL). Dabei darf „der Betrag einer Ausschüttung an die Aktionäre (...) den Betrag des Ergebnisses des letzten abgeschlossenen Geschäftsjahres, zuzüglich des Gewinnvortrags und der Entnahmen aus hierfür verfügbaren Rücklagen, jedoch vermindert um die Verluste aus früheren Geschäftsjahren sowie um die Beträge, die nach Gesetz oder Satzung in Rücklagen eingestellt worden sind, nicht überschreiten" (Art. 15 Abs. 1c Kapital-RL). „Jede Ausschüttung, die entgegen Artikel 15 erfolgt, ist von den Aktionären, die sie empfangen haben, zurückzugewähren, wenn die Gesellschaft beweist, daß diesen Aktionären die Unzulässigkeit der an sie erfolgten Ausschüttung bekannt war oder sie darüber nach den Umständen nicht in Unkenntnis sein konnten." (Art. 16 Kapital-RL).

In dem „Gesetz zur Durchführung der 2.gesellschaftsrechtlichen EG-Richtlinie" vom 13.12.1978[5] hat der deutsche Gesetzgeber mit Wirkung zum 1.7.1979 auch Art. 15 und 16 Kapital-RL in deutsches Recht umgesetzt. Im Hinblick darauf, daß die Konzeption des Kapitalschutzes in der Richtlinie weitgehend auf der deutschen Rechtstradition beruhte, bedurfte das aktienrechtliche Verbot der Einlagen-

---

1 zur Reichweite *Lutter,* Europäisches Unternehmensrecht, 4. Aufl., 1996, S. 8 ff.; *Schön,* ZGR 1995, S. 1 ff., 13 ff. m.w.N.

2 abgedruckt bei *Lutter* a.a.O. (FN. 1), S. 114 ff.; *Hommelhoff/Jayme,* Europäisches Privatrecht, 1993, S. 223 ff.

3 Kapital-RL, Zweiter Erwägungsgrund.

4 Kapital-RL, Vierter Erwägungsgrund.

5 BGBl 1978, S. 1959.

rückgewähr nach §§ 57, 58 Abs. 5, 62 AktG keiner wesentlichen Änderungen. Die Erlaubnis zur Entrichtung von Bauzinsen (§ 57 Abs. 3 AktG a.F.) wurde gestrichen, der Gutglaubensschutz des Empfängers auch bei leichter Fahrlässigkeit ausgeschlossen und zugleich die Beweislast für die Unredlichkeit des Aktionärs der Gesellschaft auferlegt (§ 62 Abs. 1 S. 2 AktG). Wegen des Fortfalls der Bauzinsen wurde im Jahre 1982[6] auch der Gutglaubensschutz auf empfangene „Gewinnanteile" beschränkt. Die Regelung „trägt dem Umstand Rechnung, daß Dividenden die einzigen Leistungen der Gesellschaft sind, die ein Aktionär rechtens ohne Gegenleistung erwarten darf"[7].

Während die Kapital-RL keine expliziten Ausnahmen von dem Verbot der Einlagenrückgewähr kennt, bietet sich bei der Betrachtung des deutschen Aktienrechts ein differenziertes Bild. Für den Vertragskonzern statuiert § 291 Abs. 3 AktG, daß „Leistungen der Gesellschaft auf Grund eines Beherrschungs- oder eines Gewinnabführungsvertrags (...) nicht als Verstoß gegen die §§ 57, 58 und 60 (gelten)." Dieses „Konzernprivileg" wird dem herrschenden Unternehmen von der herrschenden Meinung auch bei der faktischen Abhängigkeit zugestanden: Art. 311 AktG wird überwiegend dahin interpretiert, daß die abhängige Gesellschaft auf Weisung des herrschenden Unternehmens nachteilige Rechtsgeschäfte oder andere Maßnahmen unter Verstoß gegen die aktienrechtliche Vermögensbindung vollziehen darf, wenn nur zum Ende des Geschäftsjahrs ein Vorteilsausgleich festgelegt wird[8]. Dieser Auslegung stehen zwar bereits nach deutschen Recht gewichtige Bedenken entgegen[9], sie prägt jedoch die gesellschaftsrechtliche Praxis.

Diese erste Durchsicht der europäischen und deutschen Vorschriften über die aktienrechtliche Vermögensbindung führt zu dem Ergebnis, daß das Verbot der Einlagenrückgewähr auf europäischer Ebene zwingend verankert ist, auf nationaler Ebene jedoch für das Konzernrecht außer Kraft gesetzt wird. Diese Durchbrechung wäre ohne weiteres legitimiert, wenn das „Konzernprivileg" auch auf europäischer Ebene Geltung beanspruchen könnte. Daher sahen die Vorentwürfe einer Konzernrechts-RL aus den Jahren 1974/75[10] und 1984[11] für den Vertragskonzern vor, daß „die Vorschriften der Artikel 15 bis 17 der zweiten Richtlinie (...) keine Anwendung auf Leistungen der Gesellschaft (finden), die aufgrund einer Weisung (...) zu vollziehen sind."[12] Diese Vorentwürfe haben indessen nicht einmal das Stadium eines

---

6 Gesetz vom 25.10.1982 BGBl I 1982, S. 1425 ff.

7 *Lutter* in: Kölner Kommentar z. AktG, 2. Aufl., 1988, § 62 AktG Rz. 31.

8 *Kropff* in: Geßler/Hefermehl/Eckardt/Schmidt, AktG, 1976, § 311 AktG Rz. 65; *Koppensteiner* in: Kölner Kommentar z. AktG, 2. Aufl., 1987, § 311 AktG Rz. 107; *Hüffer*, AktG, 2. Aufl., 1995, § 311 AktG Rz. 49 m.w.N.

9 *Flume*, Die juristische Person, 1983, § 4 IV, S. 127; *Lutter*, FS Stiefel, 1987, S. 505 ff., 530 f.; zuletzt ausführlich *Altmeppen*, ZIP 1996, S. 693 ff.

10 abgedruckt bei *Lutter*, Europäisches Gesellschaftsrecht, 2. Aufl., 1984, S. 187 ff.

11 abgedruckt bei *Lutter* a.a.O. (FN. 1), S. 244 ff.

12 Art. 24 Abs. 1b Vorentwurf Konzernrechts-RL 1984; ebenso bereits Art. 23 Abs. 1b des Vorentwurfs von 1974/75. Ein Weisungsrecht des herrschenden Unternehmens enthielt auch Art. 240 Abs. 1 des Verordnungsvorschlags über das Statut für Europäische Aktiengesellschaften v. 30.4.1975 (abgedruckt bei *Lutter* a.a.O. (FN. 10), S. 363 ff.; dazu *Geßler* in: Lutter (Hrsg.), Die

förmlichen Richtlinienvorschlags der Kommission erreicht, der letzte Vorschlag wurde im Jahre 1990 zurückgezogen. Die Angleichung des Konzernrechts in Europa ist damit – trotz intensiver Bemühungen der Wissenschaft – in weite Ferne gerückt.

Das Fehlen eines harmonisierten Konzernrechts auf europäischer Ebene erweist sich damit nicht nur unter dem vieldiskutierten[13] Gesichtspunkt eines unzureichenden Minderheiten- oder Gläubigerschutzes als problematisch. Lutter hat treffend darauf hingewiesen, daß eine europarechtliche Regelung des Phänomens „Konzern" zugleich dessen Legitimation als rechtliche Institution bedeuten würde[14]. Daher waren die Arbeiten an der Konzernrechts-RL von vornherein darauf gerichtet, für Konzernverbindungen Lockerungen der allgemeinen Kapitalerhaltungregeln nach Art. 15, 16 Kapital-RL einzuführen, um „dieser Struktur eine eigene rechtliche Grundlage zu geben"[15]. Ohne eine solche Legitimation durch ein europäisches Konzernrecht stellt sich daher die Frage nach der Zulässigkeit nachteiliger Weisungen im vertraglich oder faktisch konstituierten Konzern mit besonderer Schärfe. Sie mündet in das Problem, ob das Konzernprivileg des deutschen Aktienrechts mit den europarechtlichen Vorgaben der Kapital-RL vereinbar ist. Im Fall eines Widerspruchs zwischen den Regelungen stellen sich die Folgefragen nach einer richtlinienkonformen Auslegung des deutschen Aktienrechts, nach unmittelbarer Wirkung der Richtlinie, nach Vertragsverletzungsverfahren der Kommission und Schadensersatzansprüchen betroffener Gläubiger.

II. Vorgaben der Kapital-RL für das deutsche Konzernrecht

1. Ausgangslage

Die Frage, ob die in § 291 Abs. 3 AktG für den Vertragskonzern statuierte und von der h.M. auch für den faktischen Konzern postulierte Modifizierung der §§ 57 ff. AktG mit den Vorgaben der Art. 15, 16 Kapital-RL übereinstimmt, ist – soweit ersichtlich – im deutschen Schrifttum bisher nicht erörtert worden. Aus Anlaß der Umsetzung der Kapital-RL in deutsches Recht wurden in der Literatur überwiegend

---

Europäische Aktiengesellschaft, 1976, S. 275 ff.). Die Verordnungsvorschläge zur SE von 1989 und 1991 verzichten im Hinblick auf die Erfahrungen mit der Harmonisierung des Konzernrechts auf ein Konzernrecht (dazu *Hommelhoff* in: Lutter (Hrsg.), Konzernrecht im Ausland, ZGR-Sonderheft 11, 1994, S. 55 ff., 60).

13 vgl. die Sammelbände von *Hopt* (Hrsg.), Groups of Companies in European Law, 1982; *Sugarman/Teubner* (Hrsg.), Regulating Corporate Groups in Europe, 1990; *Mestmäcker/Behrens* (Hrsg.), Das Gesellschaftsrechte der Konzerne im internationalen Vergleich, 1991; *Wymeersch* (Hrsg.), Groups of Companies in the EEC, 1993; *Lutter* (Hrsg.), Konzernrecht im Ausland, ZGR-Sonderheft 11, 1994.

14 a.a.O. (FN. 1), S. 240; *ders.*, ZGR 1987, S. 324 ff., 330 ff.

15 *Gleichmann* in: Mestmäcker/Behrens a.a.O. (FN. 13), S. 581 ff., 587 f., 596; *Behrens* in: Dauses (Hrsg.), Handbuch des EG-Wirtschaftsrechts, Stand 1996, Abschn. E.III. Rz. 97; *Immenga,* RabelsZ 48 (1984), S. 48 ff., 50, 72 ff.; *Guyon* in: Hopt a.a.O. (FN. 13), S. 155 ff., 168 f.

der aktuelle legislatorische Handlungsbedarf diskutiert und der Inhalt gesetzlicher Neuregelungen behandelt, z. B. die eingehenden Vorschriften über den Erwerb eigener Aktien[16]. Erst in den Folgejahren wurde deutlich, daß auch hergebrachte Rechtsinstitute des Aktienrechts durch die Kapital-RL in ein neues Licht gerückt wurden – wie an den Beispielen der „verschleierten Sacheinlage"[17] oder der Inhaltskontrolle beim Bezugsrechtsausschluß[18] belegt werden kann. Für das Konzernrecht hat sich eine solche Diskussion noch nicht entwickelt. Daher können im folgenden nur vorsichtige erste Schritte zur Klärung des Abgrenzungsproblems gewagt werden.

2. Konzernrecht als „Bereichsausnahme" des Kapitalerhaltungsrechts?

Das deutsche Konzernprivileg könnte unbeanstandet die Kontrolle durch das europäische Gesellschaftsrecht passieren, wenn die Kapital-RL von vornherein einen expliziten oder impliziten Vorbehalt für die ausstehende Harmonisierung des Konzernrechts enthalten würde. Ein Beispiel für einen solchen Regelungsvorbehalt zugunsten des Konzernrechts bietet die Einpersonen-GmbH-RL vom 2.12.1989[19]. Nach Art. 2 Abs. 2 dieser Richtlinie können „bis zur Koordinierung der einzelstaatlichen Vorschriften für das Konzernrecht (...) die Gesetze der Mitgliedstaaten besondere Bestimmungen oder Sanktionen vorsehen", mit deren Hilfe Unternehmensgruppen unter Beteiligung von Ein-Personen-GmbH einer verschärften Haftung unterworfen werden[20].

Auch in der Kapital-RL werden bereichsspezifische Vorbehalte zugunsten nationaler Einzelregelungen oder deren künftiger Koordinierung angeordnet, z. B. für die Umwandlung von Unternehmen (Art. 13), die Zuständigkeit und das Verfahren bei Satzungsänderungen (Art. 14) oder die Kapitalerhöhung aus Gesellschaftsmitteln (Art. 15 Abs. 3). Für das Konzernrecht ist jedoch ein solches Reservat nicht formuliert worden. Daher ließe sich allenfalls überlegen, ob die Kapital-RL eine konkludente Bereichsausnahme für Konzernverbindungen enthält, die Wertabgaben innerhalb einer Unternehmensgruppe vom Kapitalschutz der Art. 15 und 16 Kapital-RL eximiert. Dafür könnte die Entstehungsgeschichte der Richtlinie angeführt werden: Parallel zu den Arbeiten an der Kapital-RL wurde der erste Vorentwurf einer Konzernrechts-RL aus dem Jahre 1974/75 vorgelegt. Aus diesem Umstand könnte man den Schluß ziehen, daß die zunächst verabschiedete Kapital-

---

16 *Niessen,* AG 1970, S. 281 ff.; *Pipkorn,* ZHR 141 (1977), S. 330 ff., 341 ff.; *Lutter,* FS Ferid, 1978, S. 599 ff.; *Ganske,* DB 1978, S. 2461 ff.; *Müller,* Wpg. 1978, S. 565 ff.; *Hüffer,* NJW 1979, S. 1065 ff.

17 EuGH v. 16.7.1992 Rs. C-83/91 *(Meilicke)* EuGHE 1992, S. I–4673 ff.

18 EuGH v. 19.11.1996 Rs. C-42/95 *(Siemens/Nold)* EuZW 1997, S. 52 f.

19 abgedruckt bei *Lutter* a.a.O. (FN. 1), S. 278 ff.

20 zum Verständnis dieses Vorbehalts vgl. BGHZ 122, S. 123 ff., 135 f.; *Roth,* ZIP 1992, S. 1054 ff.; *Meilicke,* DB 1992, S. 1867 ff.; *Knobbe-Keuk,* DB 1992, S. 1461 ff., 1464 f.; *Drygala,* ZIP 1992, S. 1528 ff.; *Kindler,* ZHR 157 (1993), S. 1 ff.; *Schüppen,* DB 1993, S. 969 ff.; *Schwarz,* IStR 1993, S. 23 ff.; *Wilhelm,* EuZW 1993, S. 729 ff.

RL für die zugleich in Aussicht genommene Harmonisierung des Konzernrechts keine inhaltlichen Festlegungen schaffen sollte.

Dieser Gedanke erweist sich indessen unter systematischen und teleologischen Gesichtspunkten nicht als stichhaltig. Denn die genannten Vorentwürfe zur Konzernrechts-RL sahen ja besondere Befreiungen vom Kapitalschutz der Art. 15 ff. Kapital-RL vor, für die keine Notwendigkeit bestanden hätte, wenn die Kapital-RL von vornherein das Konzernrecht unberührt gelassen hätte. Vor allem aber ist zu bedenken, daß die verdeckte Einlagenrückgewähr im Rahmen einer Unternehmensgruppe den praktisch wichtigsten (und gefährlichsten) Fall einer Aushöhlung des Grundkapitals bildet und daher die Art. 15, 16 Kapital-RL ihren „effet utile" wesentlich verlieren würden, wenn konzernbedingte Vermögensverschiebungen a limine der europarechtlich angeordneten Kapitalbindung entzogen wären. Dies wird besonders deutlich, wenn man einen Blick in die anderen Mitgliedstaaten der Gemeinschaft wirft, die sämtlich – von Portugal abgesehen[21] – über kein ausgebildetes Konzernrecht verfügen, jedoch durchaus das Faktum kennen und akzeptieren, daß eine abhängige Kapitalgesellschaft zu nachteiligen Handlungen im Interesse des herrschenden Unternehmens oder anderer Mitglieder der Unternehmensgruppe veranlaßt wird[22]. Soll für diese Konzernverhältnisse pauschal auf den Schutz der Art. 15, 16 Kapital-RL verzichtet werden? Das wird niemand behaupten wollen. Im Bereich der Unternehmensgruppen kann die Frage nach dem Verhältnis des europäischen Kapitalschutzes zum nationalen Konzernrecht daher zunächst darauf gerichtet sein, welche konkreten Anforderungen die Art. 15, 16 Kapital-RL aufstellen. Anschließend muß überlegt werden, ob Ausnahmen vom Verbot der Einlagenrückgewähr auf der Grundlage der besonderen organisationsrechtlichen und gläubigerschützenden Regelungen des deutschen Konzernrechts für alle oder bestimmte Konzerntypen gerechtfertigt werden können.

3. Art. 15, 16 Kapital-RL und verdeckte Ausschüttungen

Art. 15 Abs. 1a und 1c Kapital-RL verbietet Ausschüttungen, wenn diese das Kapital (einschließlich der gesetzlich oder statutarisch gebundenen Rücklagen) angreifen oder den Jahresgewinn (zuzüglich aufgelöster Rücklagen und abzüglich vorgetragener Verluste) übersteigen. Als Ausschüttungen werden in Art. 15 Abs. 1d Kapital-RL „insbesondere die Zahlung von Dividenden und von Zinsen für Aktien" benannt. Der Kernbereich der Regelung besteht somit darin, daß keine offenen Ausschüttungen erfolgen dürfen, die zu Lasten des gezeichneten Kapitals gehen können[23]. Die Tatbestände des Konzernrechts betreffen jedoch – abgesehen von den Leistungen aufgrund eines Gewinnabführungsvertrags – überwiegend verdeckte

---

21 *Lutter/Overrath* in: Lutter a.a.O. (FN. 13), S. 229 ff.
22 vgl. die umfangreichen Darstellungen in den Sammelbänden FN. 13.
23 ausführlich *Ullrich*, Verdeckte Vermögensverlagerungen in den Aktien- und GmbH-Rechten Frankreichs, Belgiens und Deutschlands, 1993, S. 8 ff.; *Buttaro/Griffi*, La seconda direttiva CEE in materia societaria, 1984, S. 127 ff.; *Werlauff*, EC Company Law, 1993, S. 154 ff.

Ausschüttungen, die in Form nachteiliger Rechtsgeschäfte oder anderer Maßnahmen zulasten des abhängigen Unternehmens auf der Grundlage einer Weisung oder jedenfalls des Einflusses des herrschenden Unternehmens vorgenommen werden. Art. 15, 16 Kapital-RL können daher das „Konzernprivileg" der §§ 291 Abs. 3, 311 AktG nur dann wirksam einschränken, wenn diese europäischen Vorschriften auch die verdeckte Einlagenrückgewähr Anwendung finden.

Ullrich[24] hat zu begründen versucht, daß Art. 15, 16 Kapital-RL lediglich die offene Ausschüttung regeln, nicht jedoch verdeckte Gewinnausschüttungen an die Aktionäre verbieten. Sie beruft sich dafür auf das Erfordernis der Rechtssicherheit und Rechtsklarheit, das bei europäischen Richtlinien wegen des Umsetzungsauftrags an den nationalen Gesetzgeber besonderer Beachtung bedürfe. Eine teleologische Erweiterung des Regelungsgehalts der Art. 15, 16 Kapital-RL über den Kernbereich regulärer Gewinnausschüttungen hinaus sei mit dieser Verpflichtung der europäischen Organe, den Mitgliedstaaten eindeutige Handlungsanweisungen zu geben, nicht vereinbar. Hinzu komme, daß lediglich in Deutschland ein umfassendes aktienrechtliches Verbot verdeckter Gewinnausschüttungen bekannt sei, so daß der Richtlinienbefehl der Art. 15, 16 Kapital-RL auch nicht auf der Grundlage gemeinsamer Rechtsvorstellungen der Mitgliedstaaten erweitert werden könne. Schließlich führt sie anhand der Rechtsfigur der „verschleierten Sacheinlage" aus, daß eine vorschnelle Interpretation des europäischen Kapitalschutzrechts auf der Grundlage deutscher Rechtstradition auf Unverständnis im europäischen Umfeld stoßen würde.

Dieser restriktiven Sicht ist nicht zu folgen. Zunächst ist festzuhalten, daß die Fälle der „verschleierten Sacheinlage" und der „verdeckten Gewinnausschüttung" in Hinsicht auf das Problem einer teleologischen Erweiterung des Richtlinienbefehls nicht vergleichbar sind. Die Problematik der „verschleierten Sacheinlage" besteht darin, daß die Kapital-RL diesen Fall ihrem Wortlaut nach eindeutig nicht regelt und daher versucht wird, einen Kapitalschutzmechanismus im Wege der Analogie oder mit Hilfe der Rechtsfigur der „Gesetzesumgehung" zu begründen[25]. Demgegenüber kann die Einbeziehung verdeckter Gewinnausschüttungen in den Normbereich der Art. 15, 16 Kapital-RL auch ohne Überschreitung der Grenzen des Wortlauts der Richtlinie geleistet werden. Dafür ist zunächst darauf hinzuweisen, daß Art. 15 Abs. 1d Kapital-RL als Gegenstand der Ausschüttungskontrolle „*insbesondere* Dividenden und Zinsen" erwähnt und damit erkennbar Raum läßt, auch irreguläre Wertabgaben zu erfassen[26]. Dem entspricht es, wenn im vierten Erwägungsgrund der Richtlinie allgemein „nicht geschuldete Ausschüttungen an die Aktionäre" untersagt werden. Daher wird auch die Zulässigkeit von Abschlagszahlungen nach Art. 15 Abs. 2 Kapital-RL an eine besondere Zwischenbilanz geknüpft. Für einen besonders wichtigen Fall verdeckter Einlagenrückgewähr, nämlich den entgeltlichen Erwerb eigener Aktien, wird explizit in der Richtlinie angeordnet, daß „der Erwerb nicht dazu führen (darf), daß das Nettoaktivvermögen

---

24 a.a.O. (FN. 23), S. 10 ff.
25 vgl. zuletzt *Lutter,* FS Everling, Bd. I, 1995, S. 757 ff., 769.
26 *Werlauff* a.a.O. (FN. 23), S. 175 ff.

den in Artikel 15 Absatz 1 Buchstabe a) genannten Betrag unterschreitet." (Art. 19 Abs. 1c Kapital-RL). Damit wird deutlich, daß das gezeichnete Kapital nicht nur vor ungedeckten offenen Ausschüttungen geschützt werden soll. Es wäre auch unverständlich, wenn Art. 16 Kapital-RL zwar gegen den leicht fahrlässigen, aber unvorsätzlichen Empfänger einer ungerechtfertigten Dividende einen Rückzahlungsanspruch anordnen würde, nicht jedoch gegen den Aktionär, der in Kollusion mit der Geschäftsleitung ein wertvolles Gesellschaftsgut unter Wert erwirbt. Der Primärzweck der Art. 15, 16 Kapital-RL verlangt mit Eindeutigkeit nach einem Schutz des Gesellschaftskapitals vor verdeckten Zuwendungen an Gesellschafter.

Diese Überlegungen werden durch ein weiteres Argument bestätigt: Der rechtspolitische Grund für das zwingende Verbot verdeckter Gewinnausschüttungen im Aktienrecht liegt nicht nur im Kapitalschutz, sondern auch in dem Gebot der Gleichbehandlung der Aktionäre[27]. Insbesondere im Rahmen von Konzernverbindungen begründen verdeckte Leistungen an beherrschende Gesellschafter die permanente Gefahr einer Schädigung der Minderheitsbeteiligten. Die Gleichbehandlung der Gesellschafter im Aktienrecht gehört aber nicht nur zu den hergebrachten Grundsätzen des deutschen Gesellschaftsrechts, sondern ist zugleich in Art. 42 Kapital-RL zwingend auf europäischer Ebene festgeschrieben. Auch dieser Regelungszweck würde entschieden verfehlt, wenn Art. 15, 16 Kapital-RL ausschließlich Vorgaben für die Zulässigkeit offener Ausschüttungen treffen würde und verdeckten Wertabgaben zugunsten von Konzernunternehmen und zulasten von Minderheitsbeteiligten freien Raum geben würde[28].

4. Kapital- oder Vermögensbindung im europäischen Aktienrecht?

Es gehört zu den hergebrachten Unterschieden zwischen den Rechten der Aktiengesellschaft und der GmbH in Deutschland, daß §§ 30, 31 GmbHG lediglich das Stammkapital vor Zugriffen der Gesellschafter außerhalb der regulären Gewinnverteilung schützen[29], während §§ 57 ff. AktG als Grundlage einer umfassenden aktienrechtlichen Vermögensbindung verstanden werden. Zur Begründung wird vor allem § 58 Abs. 4 und 5 AktG herangezogen, der als Vermögensrecht des Aktionärs (außerhalb der Auflösung der Gesellschaft oder einer Kapitalherabsetzung) lediglich dessen Gewinnanspruch benennt[30]. Damit wird einerseits der Gläubigerschutz optimiert, andererseits die Kompetenz der Hauptversammlung zur Entscheidung über die Verwendung des Jahresergebnisses gesichert (§ 174 AktG). Es fragt sich, ob diese umfassende Vermögensbindung auch durch die Art. 15, 16 Kapital-RL gefordert wird.

---

27 *Zöllner* in: Kölner Kommentar z. AktG, 2. Aufl., 1988, § 53a AktG Rz. 49, 73; *Lutter,* FS Stiefel, 1987, S. 505 ff., 523 f.

28 *Werlauff* a.a.O. (FN. 23), S. 177.

29 *Baumbach/Hueck,* GmbHG, 16. Aufl., 1996, § 30 GmbHG Rz. 3 m.w.N.; a.A. *Wilhelm,* FS Flume, Bd. II, 1978, S. 337 ff., 348 ff.

30 *Lutter* a.a.O. (FN. 7), § 57 AktG Rz. 5 f.

Bedenken gegen eine derart weitgehende Vermögensbindung ergeben sich aus mehreren Gesichtspunkten: Eine Sicherung der Hauptversammlungskompetenzen im Hinblick auf die Gewinnverwendung wird von der Teleologie der Kapital-RL nicht gedeckt – dieses organisatorische Anliegen ist Gegenstand von Art. 50 Abs. 1 der (5.) Struktur-RL, die indessen noch nicht über das Stadium eines Richtlinien-vorschlags hinausgekommen ist[31]. Auch enthält der Wortlaut der Kapital-RL keine positive Beschränkung der Aktionärsrechte auf den Gewinnanspruch i.S. von § 58 Abs. 4, 5 AktG, sondern lediglich negativ ein Verbot von „Ausschüttungen", die das Kapital angreifen bzw. nicht vom letzten Jahresergebnis gedeckt sind. Schließlich wird in den meisten europäischen Staaten der Kapitalschutz vorwiegend in dem engen Sinne praktiziert, der im Deutschland für das Stammkapital der GmbH ange-ordnet ist[32].

Dennoch spricht vieles dafür, der Kapital-RL ein umfassendes Ausschüttungs-verbot zu entnehmen. Bereits die allgemeine Erwägung in der Präambel, „nicht geschuldete Ausschüttungen" zu untersagen, deutet an, daß den Aktionären nur ord-nungsmäßig zugewiesene Gewinnauszahlungen zugewandt und alle anderen Zuwendungen unterbunden werden sollen. Des weiteren muß das Gebot der Gleich-behandlung der Gesellschafter (Art. 42 Kapital-RL) befolgt werden, das verdeckte Wertabgaben zugunsten einzelner Aktionäre auch oberhalb des gezeichneten Kapi-tals und der gesetzlich oder statutarisch festgelegten Rücklagen verbietet. Und schließlich macht Art. 15 Abs. 2 Kapital-RL, der für A-Conto-Zahlungen auf den Jahresgewinn die Erstellung einer Zwischenbilanz fordert, deutlich, daß im Inter-esse der Gesellschafter und der Gläubiger der Aktiengesellschaft jede Wertabgabe aus dem Gesellschaftsvermögen im Rahmen der gesellschaftsrechtlichen Publizität offengelegt werden muß[33]. Andernfalls wäre wohl auch die Verpflichtung, gleich-zeitig mit dem Jahresabschluß den Vorschlag zur Verwendung des Ergebnisses sowie diese Verwendung offenzulegen (Art. 50 Bilanz-RL), in ihrer Aussagekraft erheblich eingeschränkt. Art. 15, 16 Kapital-RL muß daher im Sinne eines strengen Auszahlungsverbots außerhalb offener Ausschüttungen des korrekt festgestellten Gewinns verstanden werden.

5. Vermögensbindung und konzernrechtliche Ausgleichspflicht

Ein Verstoß des deutschen Konzernprivilegs gegen die Kapitalerhaltungsregeln des europäischen Rechts wäre indessen bereits tatbestandlich ausgeschlossen, wenn die Ausgleichsansprüche, welche § 302 AktG im Vertragskonzern oder § 311 Abs. 1 und 2 AktG im faktischen Konzern zugunsten des abhängigen Unternehmens vor-sehen, von vornherein das Merkmal einer „Ausschüttung" an den Aktionär aus-schließen würden. So hat Geßler[34] zu § 311 AktG argumentiert, daß von einer

---

31   abgedruckt bei *Lutter* a.a.O. (FN. 1), S. 176 ff.
32   *Lutter*, Kapital, Sicherung der Kapitalaufbringung und Kapitalerhaltung in den Aktien- und GmbH-Rechten der EWG, 1964, S. 332 f.
33   *Werlauff* a.a.O. (FN. 23), S. 176.
34   FS Westermann, 1974, S. 145 ff., 154; *Kropff* a.a.O. (FN. 8), § 311 AktG Rz. 65.

„Rückgewähr von Einlagen" (…) „keine Rede sein (kann), wenn der Nachteil entweder innerhalb des Geschäftsjahrs ausgeglichen oder auf ihn ein Rechtsanspruch eingeräumt werden muß, der auch den Nachteil der Verzögerung des tatsächlichen Ausgleichs umfassen muß."

Die Frage, ob die Ausgleichsmechanismen im vertraglich und im faktisch konstituierten Konzern von vornherein den Tatbestand einer Durchbrechung der aktienrechtlichen Vermögensbindung verhindern, muß für beide Konzerntypen differenzierend beantwortet werden. Für den Vertragskonzern macht die explizite Aufhebung der §§ 57 ff. AktG in § 291 Abs. 3 AktG deutlich, daß dem herrschenden Unternehmen Eingriffe in die Vermögensordnung der Tochtergesellschaft gestattet werden, die nach allgemeinen Maßstäben als unzulässige Einlagenrückgewähr gelten würden. Der spätere Verlustausgleich nach § 302 AktG kompensiert diese Eingriffe nicht automatisch – nach dieser Vorschrift ist lediglich zum Ende des Geschäftsjahrs der aggregierte „Jahresfehlbetrag" auszugleichen, nicht jedoch sind die konkreten Vermögensopfer der Gesellschaft zu ersetzen (der Jahresfehlbetrag kann je nach Geschäftsentwicklung höher oder niedriger als die Wertabgaben des Tochterunternehmens an das Mutterunternehmen liegen). Im faktischen Konzern läßt sich demgegenüber durchaus vertreten, daß eine relevante Vermögensminderung von vornherein nicht eintreten kann, wenn sich im Einzelfall der Vorstand der abhängigen Gesellschaft und das herrschende Unternehmen von vornherein auf einen zeitnahen und inhaltlich bestimmten finanziellen Ausgleich für den zugefügten Nachteil einigen[35]. Dieses Argument kann jedoch schon dann nicht mehr eingreifen, wenn die Vermögensverschiebung zugunsten des Aktionärs gerade in einer einseitigen Vorleistung der Gesellschaft unter Übernahme des Insolvenzrisikos des Gesellschafters besteht, wie dies bei der Gewährung von Darlehen oder der Stellung von Sicherheiten für den Gesellschafter der Fall ist[36]. Vor allem aber ist zu bedenken, daß im Regelfall das unbestimmte und unklagbare Versprechen des Gesetzes in § 311 AktG, daß der Tochtergesellschaft nach Ablauf des Geschäftsjahrs ein angemessener Ausgleichsanspruch eingeräumt werden muß, den aktuellen Vermögensverlust, der durch die nachteilige Maßnahme eintritt, weder rechtlich noch wirtschaftlich kompensieren kann. Das herrschende Verständnis des § 311 AktG, das die Vermögensbindung der §§ 57 ff. AktG auch für diese Fallgestaltungen aufhebt, ist mit den Anforderungen der Art. 15, 16 Kapital-RL nicht vereinbar.

III. Rechtfertigung des Konzernprivilegs?

1. Die Ansicht Werlauffs

Werlauff zieht aus dem umfassenden Charakter des Kapitalschutzes der Art. 15, 16 Kapital-RL die Konsequenz, daß nur auf der Ebene des europäischen Gesellschaftsrechts Ausnahmen zugunsten von Konzernunternehmen statuiert werden

---

35 *Altmeppen* a.a.O. (FN. 9), S. 695 Anm. 19, S. 698 a.E.
36 vgl. *Schön,* ZHR 159 (1995), S. 351 ff., 371 f.

können, sofern diese Regelungen besondere Ausgleichsmechanismen zum Schutz der Konzerntochter enthalten: „In these specific situations, where Community law will itself prescribe compensation, various forms of transfer of resources from the company to its owners and thereunder presumably thus also disguised allocation can therefore be legalised on an exceptional basis according to Community law."[37] Damit wäre die Möglichkeit, auf nationaler Ebene ein Konzernprivileg zu statuieren, von vornherein ausgeschlossen. Daher ist zu überlegen, ob die Abweichung des deutschen Konzernrechts von der Kapital-RL in anderer Weise gerechtfertigt werden kann.

2. Die Kapital-RL als „Mindeststandard"

Enthält das nationale Gesellschaftsrecht Abweichungen von den Vorgaben einer Richtlinie, so wird häufig eine Rechtfertigung mit der Begründung versucht, daß die Richtlinie lediglich einen „Mindestschutz" anordne, der von den Regelungen in den Mitgliedstaaten erweitert werden könne[38]. Mit dieser Überlegung wurde sowohl für die „verschleierte Sacheinlage" als auch für die besonderen materiellen Voraussetzungen des Bezugsrechtsausschlusses unternommen, die Unbedenklichkeit des strengeren deutschen Rechts zu begründen[39]. Im Falle der konzernrechtlichen Modifikationen der §§ 57 ff. AktG kann dieses Argument nicht unbesehen verwendet werden. Zwar kennt das Aktiengesetz mit der Verlustübernahmepflicht des herrschenden Unternehmens im Vertragskonzern (§§ 302, 303 AktG) sowie der Verpflichtung zum Nachteilsausgleich im faktischen Konzern (§ 311 Abs. 2 AktG) besondere Mechanismen zum Schutz der Gesellschaftsgläubiger und Minderheitsaktionäre, die das europäische Gesellschaftsrecht (noch) nicht vorsieht. Jedoch steht dieser Verschärfung der Innenhaftung des herrschenden Unternehmens eine Reduktion des eigentlichen Kapitalschutzes nach §§ 57 ff. AktG gegenüber. Der gewöhnliche aktienrechtliche Kapitalschutz wird durch das Konzernrecht daher nicht verbessert, sondern ersetzt. Damit stellt sich nicht die Frage nach einer zulässigen Erweiterung des Gläubigerschutzes über die Richtlinie hinaus, sondern nach der Zulässigkeit einer Ersetzung europarechtlicher Schutzmechanismen durch andere mitgliedstaatlich geprägte Sicherungssysteme.

Vor diesem Hintergrund kann das deutsche Konzernrecht weiterhin nicht einfach mit der Begründung gerechtfertigt werden, es sei als älteres Recht dem europäischen Gesetzgeber bekannt gewesen und daher bei Erlaß der Kapital-RL legislatorisch akzeptiert worden. Der Gedanke, älteres Recht könne durchaus von den Schutzvorgaben einer Richtlinie abweichen, hat eine gewisse Berechtigung bei Rechtsvorschriften, deren Schutzsystem über das gemeinschaftsrechtlich geforderte

---

37 a.a.O. (FN. 23), S. 178.
38 vgl. zur Diskussion *Lutter,* FS Everling, Bd. 1, 1995, S. 757 ff., 767 ff. sowie die demnächst erscheinende Dissertation von *Drinkuth.*
39 BGHZ 110, S. 47 ff., 68 ff.

Maß hinausreicht[40], nicht jedoch bei solchen Regelungen, die hinter dem Gemeinschaftsrecht zurückbleiben.

3. Das Konzernrecht als „gleichwertige" Sicherung

Art. 54 Abs. 3 g EGV fordert keine Vereinheitlichung, sondern lediglich eine „Angleichung" der nationalen Gesellschaftsrechte, um einen (mindestens) „gleichwertigen" Schutz der Gesellschafter, Gläubiger und anderer Personen im Kapitalgesellschaftsrecht durchzusetzen. Dieses Ziel der „Gleichwertigkeit" erlaubt es dem Richtliniengeber, den Mitgliedstaaten Wahlrechte einzuräumen, um unterschiedliche gleichwertige Lösungen zur Verfügung zu stellen[41]. Daher kennt das europäische Gesellschaftsrecht in der Tat Fallgestaltungen, in denen ein europarechtlich vorgesehenes Sicherungsinstrument durch gleichwertige Alternativen des nationalen Gesellschaftsrechts ersetzt werden kann. Jüngstes Beispiel ist die Option in Art. 3 Abs. 1 des Vorschlags einer dreizehnten Richtlinie über Übernahmeangebote, die den Mitgliedstaaten freistellt, anstelle des Zwangs für kontrollierende Aktionäre zur Abgabe eines umfassenden Übernahmeangebots „andere geeignete und mindestens gleichwertige Vorkehrungen zum Schutz der Minderheitsaktionäre dieser Gesellschaft vor(zu)sehen." Damit sollen – ausweislich der Erwägungsgründe – die Schutzmechanismen des deutschen Konzernrechts als Alternative zum angloamerikanisch geprägten Konzept eines kapitalmarktrechtlichen Minderheitenschutzes hervorgehoben werden[42]. Derartige Wahlrechte können auch verdeckt angelegt sein – erwähnt sei die Richtlinie 76/207/EWG[43] zur „Verwirklichung des Grundsatzes der Gleichbehandlung von Männern und Frauen hinsichtlich des Zugangs zur Beschäftigung (…)", die kraft Gemeinschaftsrechts zwar ein Diskriminierungsverbot für Arbeitgeber, aber keine verbindliche Sanktion vorsieht und damit den Mitgliedstaaten ein implizites Wahlrecht „unter den verschiedenen, zur Verwirklichung ihrer Zielsetzung geeigneten Lösungen" beläßt[44].

Für das Verhältnis des Konzernrechts zum Kapitalschutz nach Art. 15, 16 Kapital-RL stellt sich die Frage, ob eine solche Ersetzung europarechtlicher Richtlinienvorgaben durch „gleichwertige" nationale Regelungssysteme auch ohne ausdrückliche Freigabe in der Richtlinie zulässig ist. Art. 54 Abs. 3g EGV, der die Schaffung „gleichwertiger" Schutzmechanismen in den Mitgliedstaaten der Gemeinschaft als Aufgabe der Rechtsangleichung betrachtet, scheint eine solche Option nahezulegen. Und Art. 189 Abs. 3 EGV überläßt den Mitgliedstaaten „die Wahl der Form und der Mittel" hinsichtlich der mit der Richtlinie zu erreichenden Ziele. Schließlich kön-

---

40   *Lutter* a.a.O. (FN. 1), S. 25.
41   *v. Hulle* in: Lenz (Hrsg.), EG-Handbuch Recht im Binnenmarkt, 2. Aufl., 1994, S. 479 ff., 481;
     Lutter, FS Everling, 1995, Bd. I, S. 757 ff., 769.
42   zur Kritik *Schön,* ZHR 160 (1996), S. 221 ff., 240 ff.; *Hopt,* ZHR 161 (1997).
43   abgedruckt in: *Hommelhoff/Jayme* a.a.O. (FN. 2), S. 337 ff.
44   ausführlich EuGH v. 10.4.1984 Rs. 14/83 (*v. Colson* u. *Kamann* ./. NRW) EuGHE 1984,
     S. 1891 ff., 1907 Rz. 18.

nen auch das „Subsidiaritätsprinzip"[45] des Art. 3b Abs. 2 EGV sowie die „Erforderlichkeits"-Klausel in Art. 54 Abs. 3g EGV für eine solche großzügige Interpretation der Richtlinie ins Feld geführt werden.

Indessen bleibt zu beachten, daß die Wahlfreiheit des Art. 189 Abs. 3 EGV die Mitgliedstaaten im Grundsatz nicht dazu berechtigt, eindeutigen und detaillierten Vorgaben der Richtlinie zuwiderzuhandeln. „Ziele" i.S. des Art. 189 Abs. 3 EGV sind nicht allgemeine Vertragsziele, sondern „die sich aus dem Inhalt der Richtlinie ergebenden Rechtswirkungen, denen der Mitgliedstaat innerstaatliche Wirksamkeit zu verschaffen hat"[46]. Eine rechtliche Grenze für diese weitgehende Bindung des nationalen Gesetzgebers durch Richtlinien hat sich nicht entwickeln lassen[47]. Weiterhin belassen sowohl das Subsidiaritäts- als auch das Erforderlichkeitsprinzip die Entscheidungsprärogative über die Notwendigkeit einer einheitlichen Regelung den Organen der Gemeinschaft, nicht aber den einzelnen Mitgliedstaaten eine originäre Abweichungskompetenz[48]. Und schließlich dient Art. 54 Abs. 3 g EGV nicht nur den materiellen Zielen eines Gesellschafter-, Gläubiger- und Drittschutzes, sondern auch dem übergeordneten formalen Ziel eines transparenten „level playing field" übereinstimmender rechtlicher Rahmenbedingungen für Unternehmen[49]. Eine grundsätzliche Befugnis der Mitgliedstaaten, Richtlinienanweisungen durch materiell gleichwertige nationale Lösungen zu ersetzen, kann es daher nicht geben. Die Art. 15, 16 Kapital-RL sind zwingendes Recht, es steht nicht im Belieben des deutschen Aktienrechts, für Teilbereiche gesonderte Sicherungssysteme anzuordnen.

4. Der Vertragskonzern als organisationsrechtliche Regelung im Unterschied zum faktischen Konzern als bloßer Gefahrentatbestand

Es ergibt sich, daß das „Konzernprivileg" des deutschen Aktienrechts im Grundsatz nicht mit den Vorgaben der europäischen Kapital-RL vereinbar ist. Dennoch läßt sich für diese Abweichung bei dem Vertragskonzern – anders als für den faktischen Konzern – eine gemeinschaftsrechtliche Legitimation finden. Dafür bedarf es einer Würdigung des spezifischen Regelungscharakters des Rechts der Unternehmensverträge.

Der grundlegende Unterschied zwischen dem faktischen Konzern der §§ 311 ff. AktG und dem Vertragskonzern der §§ 291 ff. AktG ist darin zu finden, daß die Leitungsmacht des herrschenden Unternehmens auf einem besonderen Organisationsakt beruht, der die Selbständigkeit der abhängigen juristischen Person

---

45 vgl. dazu die Klage der Bundesrepublik Deutschland gegen die Richtlinie über Einlagensicherungssysteme bei Kreditinstituten; zuletzt GA Léger, ZIP 1997, S. 13 ff.; EuGH v. 13.5.1997 Rs. C-233/94.

46 *Grabitz* a.a.O. Rz. 57; *Lukes* in: Dauses (Hrsg.), Handbuch des EG-Wirtschaftsrechts, Stand 1996, B.II. Rz. 64 f.

47 kritisch *Geiger*, EG-Vertrag, 1993, Art. 189 Rz. 10.

48 *Schön*, ZGR 1995, S. 1 ff., 34 ff.

49 *Schön*, ZHR 160 (1996), S. 221 ff., 232.

de jure aufhebt[50]. Dieser Organisationsakt „ist kein schuldrechtlicher Vertrag, sondern ein gesellschaftsrechtlicher Organisationsvertrag, der satzungsgleich den rechtlichen Status der beherrschten Gesellschaft ändert."[51] Er verlagert die Herrschaft über die Willensbildung der Gesellschaft auf die Konzernleitung. Das herrschende und das abhängige Unternehmen werden zu einer neuen rechtlichen Struktur zusammengefaßt: dem vollständigen Zugriff der Muttergesellschaft auf das Vermögen der Tochtergesellschaft steht die Pflicht zum Ausgleich sämtlicher Fehlbeträge gegenüber.

Die vertragliche Konzernierung betrifft daher in erster Linie die Aufhebung der rechtlichen Selbständigkeit der Tochtergesellschaft im Sinne einer Zweckänderung bzw. einer Neuordnung der gesellschaftsrechtlichen Willensbildung. Dieser Bereich – Willensbildung in der Aktiengesellschaft, Ausgestaltung der Satzung und insbesondere des Gesellschaftszwecks sowie die Grenzen der Existenzsicherung der juristischen Person – ist bisher im Grundsatz noch nicht Gegenstand der Angleichungsmaßnahmen im Europäischen Gesellschaftsrecht gewesen (Ausnahmen betreffen insbesondere die Verschmelzung und Spaltung von Aktiengesellschaften[52]). Die Struktur-RL der Gemeinschaft, die erste Ansätze für eine gemeinschaftsweite Ordnung aktienrechtlicher Willensbildung einführen sollte, ist nicht über das Stadium eines Vorschlags hinausgelangt[53]. Daher steht es den Mitgliedstaaten nach wie vor frei, diese Aspekte der rechtlichen Organisation von Unternehmen und Unternehmenszusammenschlüssen in eigener Verantwortung zu regeln.

Wenn aber den Mitgliedstaaten erlaubt ist, die satzungsmäßige Existenz der juristischen Person und die Eigenständigkeit ihrer Willensbildung ohne Rücksicht auf das europäische Recht auszugestalten, müssen die nachteiligen Konsequenzen für die Vermögensbindung in der juristischen Person vorläufig hingenommen werden. Das gesetzliche Modell der vertraglichen Konzernierung ähnelt insofern einer besonderen Rechtsform für verbundene Unternehmen. Da weder der EG-Vertrag noch das europäische Sekundärrecht den Mitgliedstaaten einen Typenzwang für das Kapitalgesellschaftsrecht vorgeben, muß diese wie jede andere Organisationsform bis zu einer Angleichung des Konzernrechts akzeptiert werden.

Demgegenüber stellt der faktische Konzern die verbundenen Unternehmen nicht auf eine neuartige rechtliche Grundlage, vielmehr bleibt es bei der grundsätzlichen Trennung der Organisations- und Vermögenssphären der beteiligten Gesellschaften. Dann besteht aber kein Grund, die strenge Kapitalbindung der Art. 15, 16 Kapital-RL im faktischen Konzern aufzugeben oder auch nur einzuschränken. Eine Auslegung des § 311 AktG, die eine Einschränkung der §§ 57 ff. AktG bedeutet, ist mit der Kapital-RL nicht vereinbar.

---

50 *Hüffer* a.a.O. (FN. 8), § 291 AktG Rz. 17; *Geßler* a.a.O. (FN. 8), § 291 AktG Rz. 20 ff.
51 BGHZ 105, S. 324 ff., 331.
52 vgl. die Fusions-RL und die Spaltungs-RL (abgedruckt bei *Lutter* (FN. 1), S. 131 ff., 196 ff.).
53 dazu *Lutter* a.a.O. (FN. 1), S. 171 ff.

IV. Konsequenzen für das deutsche Konzernrecht

Es bleibt die Erkenntnis, daß die Annahme eines „Konzernprivilegs" im faktischen Konzern, das zur Aufhebung der Kapitalbindung für Maßnahmen im Interesse des herrschenden Unternehmens oder anderer Konzerngesellschaften führen würde, mit den strengen Vorgaben der Art. 15, 16 Kapital-RL nicht vereinbar ist. Bei einem solchen Verstoß müßte die Europäische Kommission über ein Vertragsverletzungsverfahren nach Art. 169 EGV nachdenken. Geschädigte Gläubiger könnten im Einzelfall versuchen, ihren Ausfall durch einen Schadensersatzanspruch gegen die Bundesrepublik Deutschland geltend zu machen, wie dies bei der fehlerhaften Sicherung von Ansprüchen auf Konkursausfallgeld[54] oder Ansprüchen gegen Pauschalreiseveranstalter[55] bereits exemplifiziert worden ist.

Derartigen verfahrensrechtlichen Schritten vorgelagert ist aber die Frage nach einer richtlinienkonformen Auslegung des deutschen Konzernrechts. Eine solche richtlinienkonforme Auslegung ist den deutschen Gerichten originär kraft Gemeinschaftsrechts (Art. 5 EGV) aufgegeben[56]; sie setzt keinen entsprechenden legislatorischen Willen des deutschen Gesetzgebers voraus, vielmehr reicht es aus, wenn der mögliche Wortsinn der nationalen Norm für die Herstellung von Richtlinienkonformität nicht überschritten und dem erklärten Regelungszweck nicht zuwidergehandelt wird. Unter diesen Voraussetzungen können auch gesetzliche Vorschriften des Gesellschaftsrechts, die zeitlich vor Erlaß oder Wirksamwerden der Richtlinie geschaffen worden sind, nachträglich in Übereinstimmung mit dem Gemeinschaftsrecht ausgelegt werden[57].

§ 311 AktG erfüllt die Ansprüche, die an eine solche richtlinienkonforme Auslegung gestellt werden. Der Wortsinn ist offen, über die Zulässigkeit oder Unzulässigkeit verdeckter Einlagenrückgewähr hat der Gesetzgeber keine eindeutige Aussage gefällt. Daher haben sich im bisherigen Meinungsspektrum[58] sowohl die Befürworter als auch die Gegner eines „Konzernprivilegs" auf Aspekte aus dem Wortlaut und dem Regelungszweck der Vorschrift berufen können. Unter diesen Voraussetzungen zwingt das Europarecht den nationalen Richter, der mitgliedstaatlichen Norm denjenigen Inhalt zu geben, der einzig den Ansprüchen der Kapital-RL genügt: Die §§ 57 ff. AktG entfalten volle Wirkung im faktischen Aktienkonzern. Eine Aufhebung der Vermögensbindung läßt sich ohne vertragliche Konzernierung nicht mit dem europäischen Kapitalschutzsystem vereinbaren.

---

54 EuGH v. 19.11.1991 Rs. C-6/90 u.a. *(Francovich)* EuGHE 1991, S. I–5357 ff., 5413 ff.
55 EuGH v. 8.10.1996 Rs. C-178/94 u.a. *(Dillenkofer)* EuZW 1996, S. 654 ff.
56 EuGH v. 10.4.1984 a.a.O. (FN. 44), S. 1909 Rz. 26; EuGH v. 14.7.1994 Rs. C-91/92 *(Faccini Dori)* EuGHE 1994, S. I–3325 ff., 3357 Rz. 26 f.; vgl. auch *Lutter*, JZ 1992, S. 593 ff.; *Everling*, ZGR 1992, S. 376 ff., 378 ff.; *Schön*, Die Auslegung europäischen Steuerrechts, 1993, S. 35 ff.
57 EuGH v. 13.11.1990 Rs. C-106/89 *(Marleasing)* EuGHE 1990, S. I–4135 ff., 4159 f. Rz. 8–12.
58 vgl. die Zitate FN. 8 und 9.

Stimmverbote im Zusammenhang mit § 32 MitbestG

JOHANNES SEMLER

Vorbemerkung

Bruno Kropff hat maßgeblich an der Neubearbeitung unseres Aktiengesetzes mitgearbeitet. Wesentliche Neuerungen, insbesondere weite Teile des Konzernrechts, entstammen seiner Feder. Bei allen Regelungen, die er für erforderlich hielt, stand stets der Gesamtzusammenhang zwischen einer neuen Vorschrift und dem System unseres Gesellschaftsrechts im Vordergrund seiner Überlegungen. Die Vorschrift des § 32 MitbestG widerspricht dieser Grundauffassung von der Einheit des Gesellschaftsrechts. Ebenso wie schon vorher § 15 MitbestErgG durchbricht die mit § 32 MitbestG getroffene Regelung die gewachsene Zuständigkeitsordnung für die Organe der Aktiengesellschaft. Die Vorschrift ist dogmatisch falsch konzipiert, unzureichend durchdacht und oberflächlich formuliert[1]. Sie hat nichts ihresgleichen und geht entscheidend über die Regelungen nach § 111 Abs. 4 AktG hinaus. Damit unterscheiden sich die Rechtsfolgen des § 32 MitbestG auch grundlegend von denen der §§ 27, 50, 52, 83, 179a AktG.

Mit dem folgenden Beitrag soll versucht werden, eine bisher wenig gesehene Frage[2] bei der Anwendung der Vorschriften des § 32 MitbestG[3] systemgerecht zu lösen. Damit soll einer Jahrzehnte währenden beruflichen und persönlichen Freundschaft gedacht werden, der der Verfasser außerordentlich viel verdankt.

1. Zur Regelung von § 32 MitbestG

Ebenso wie bei der Abfassung der Vorschrift des § 15 MitbestErgG bestand bei den Beratungen über das MitbestG die Sorge, daß bei Unternehmensverbindungen, in

---

1 Vgl. schon zu den Vorschlägen des Entwurfs *Bayer,* Mitbestimmung und Konzern, DB 1975, 1167, 1172; *Lutter,* Mitbestimmung im Konzern, 1975, S. 71. Gegen die Vorschrift des § 32 MitbestG vgl. *Fitting/Wlotzke/Wissmann,* Mitbestimmungsgesetz, 2. Aufl., 1978, § 32 Rn 4; *Föhr* in *Benze/Föhr/Kehrmann/Kieser/Lichtenstein/Schwegler/Unterhinninghofen,* MitbestG 1976, 1977, § 32 Rn 6; *Lutter,* Zur Wirkung von Zustimmungsvorbehalten nach § 111 Abs. 4 AktG auf nahestehende Gesellschaften, FS Fischer, 1979, S. 42; *Matthießen,* Stimmrecht und Interessenkollision im Aufsichtsrat, 1989, S. 262; *Mertens,* Kölner Komm., 2. Aufl., 1996, Anh. § 117 B § 32, Rn 2; *Raiser,* Mitbestimmungsgesetz, 1977, § 32 Rn 3; *U. H. Schneider,* in *Fabricius* (Hrsg.), GK MitbestG, § 32 Rn 9–12; *Ulmer,* Hanau/Ulmer, MitbestG, 1981, § 32 Rn 3, 10.

2 Vgl. nur *Hoffmann/Lehmann/Weinmann,* Mitbestimmungsgesetz, 1978, § 32 Rn 50; *Matthießen* (FN 1), S. 262; *Philipp,* Die Ausübung von Beteiligungsrechten nach § 32 des Mitbestimmungsgesetzes, DB 1976, 1622, 1626.

3 Vgl. zu § 32 MitbestG: *Crezelius,* Die Stellung der Vertretungsorgane in § 32 MitbestG, ZGR 1980, 359; *Eichler,* Beschränkung der Vertretungsmacht des Vorstands durch § 32 MitbestG?, BB 1977, 1064; *Fitting/Wlotzke/Wissmann* (FN 1); *Hanau/Ulmer* (FN 1); *Hoffmann,* Zu den konzernrechtlichen Bestimmungen des Regierungsentwurfes eines Gesetzes über die Mitbestimmung der Arbeitnehmer, BB 1974, 1276, 1277; *Hoffmann/Lehmann/Weinmann* (FN 2), § 32 Rn 50; *Hoffmann-Becking* in Münchener Handbuch d. Gesellschaftsrechts, Bd. 4 Aktiengesellschaft, § 29, Rn 42; *Krieger,* Die externe Überwachung in einer Holding, in *Lutter* (Hrsg.), Holdinghandbuch, 1995, Abschnitt E; *Luther,* Korreferat, ZGR 1977, 306; *Lutter/Krieger,* Rechte und Pflichten des Aufsichtsrats, 3. Aufl., 1993, Rn 196; *Meilicke/Meilicke,* Kommentar zum Mitbestimmungsgesetz 1976, 2. Aufl., 1976, Rn 16; *Philipp* (FN 2) DB 1976, 1622; *Säcker,* Die Geschäftsordnung für den Aufsichtsrat eines mitbestimmten Unternehmens, DB 1977, 2031; *Schaub,* Die innere Organisation

denen sowohl das herrschende als auch das abhängige Unternehmen[4] (§ 17 AktG) den Vorschriften des MitbestG unterliegen, eine politisch nicht gewollte Kumulation des Arbeitnehmereinflusses und damit der Mitbestimmung eintreten könnte[5]. Um dies zu verhindern, sollte im Unternehmensverbund bei bestimmten Geschäften weder für unmittelbaren noch für mittelbaren Arbeitnehmereinfluß Raum sein. Es kann dahingestellt sein, ob eine solche Regelung rechts- und gesellschaftspolitisch nötig war[6].

Das rechtspolitische Ziel wird in der Weise verwirklicht, daß bestimmte Beteiligungsrechte gegenüber oder an der Untergesellschaft durch die Obergesellschaft „nur auf Grund von Beschlüssen des Aufsichtsrats ausgeübt werden" dürfen. Der Beschluß des Aufsichtsrats bedarf nur der Mehrheit der Stimmen der Anteilseigner[7]. Die so getroffene Entscheidung ist „für das zur gesetzlichen Vertretung des Unternehmens befugte Organ verbindlich". Die Sonderregelung gilt für die Ausübung der Obergesellschaft zustehenden Rechte bei

- der Bestellung, dem Widerruf der Bestellung und der Entlastung von Verwaltungsträgern,
- der Beschlußfassung über die Auflösung oder die Umwandlung der Untergesellschaft,
- dem Abschluß von Unternehmensverträgen mit der Untergesellschaft,
- der Fortsetzung der Untergesellschaft nach ihrer Auflösung,
- der Übertragung des Vermögens der Untergesellschaft.

Die Regelungen sind auch anzuwenden, wenn die Hauptversammlung den Vorstand der Untergesellschaft nach § 83 AktG zur Vornahme eines der § 32 MitbestG unterliegenden Geschäfte anweisen will; im Verhältnis einer mitbestimmten Obergesellschaft zur mitbestimmten Untergesellschaft darf der Vorstand nur unter Beachtung der Regelungen des § 32 MitbestG handeln.

2. Bedeutung der Kompetenzveränderung

Die Bedeutung der Kompetenzzuweisung des § 32 MitbestG ist strittig.

Nach allgemeinen Grundsätzen wird eine Aktiengesellschaft ausschließlich von ihrem Vorstand vertreten, die Vertretungsbefugnis des Vorstands kann nicht beschränkt werden (§ 82 Abs. 1 AktG). Bei ihrer Geschäftsführung haben die Mitglieder des Vorstands zwar die Beschränkungen einzuhalten, die von der Satzung, durch Beschlüsse von Aufsichtsrat und Hauptversammlung und durch die

---

des Aufsichtsrats, ZGR 1977, 293; *U. H. Schneider* (FN 1); *Semler,* Leitung und Überwachung in der Aktiengesellschaft, 1996, Rn 368; *Wlotzke/Wissmann,* Das neue Mitbestimmungsgesetz, DB 1976, 966.

4 Eine Konzernverbindung ist nicht erforderlich, auch eine Verbindung im Sinne von § 16 AktG reicht für die Anwendung von § 32 MitbestG, vgl. *Mertens* (FN 1), § 32 Rn 6.

5 Vgl. *Mertens* (FN 1), § 32 Rn 2 mit weiteren Nachweisen.

6 Vgl. *Semler* (FN 3), Rn 369, FN 594 sowie *U. H. Schneider* (FN 1), § 32 Rn 7f.; *Föhr* (FN 1) § 32 Rn 3.

7 Auf die Frage der Beschlußfassung im Aufsichtsrat bei Beschlüssen nach § 32 MitbestG kommt es hier nicht an, deswegen wird auf diese Frage nicht eingegangen.

Geschäftsordnungen von Vorstand und Aufsichtsrat getroffen worden sind. Aber weder der Aufsichtsrat (§ 111 Abs. 4 S. 1 AktG) noch die Hauptversammlung (§ 119 Abs. 2 AktG) können von sich aus[8] über Fragen der Geschäftsführung entscheiden.

Die Vorschrift des § 32 MitbestG zeigt, daß das Gesetz diese Grundsätze durchbricht. Es bedarf keiner Begründung, daß der Gesetzgeber zu einer solchen Durchbrechung befugt ist. Fraglich ist allerdings, wie weit das Gesetz bei der Regelung des § 32 MitbestG von der Normalzuständigkeit abweicht.

Im Schrifttum wird vereinzelt eine bloße Beschränkung der Geschäftsführungsbefugnis[9], von der h.M. aber zugleich auch eine Beschränkung der Vertretungsbefugnis[10] des Vorstands angenommen. Der herrschenden Meinung ist zu folgen. Zwar wird dem Vorstand die Vertretungsbefugnis nicht vollständig entzogen. In der Hauptversammlung der Untergesellschaft werden die Beteiligungsrechte der Obergesellschaft weiterhin von ihrem Vorstand wahrgenommen. Aber der Vorstand kann das Stimmrecht der Obergesellschaft in den von § 32 MitbestG erfaßten Angelegenheiten nur ausüben, wenn und soweit der Aufsichtsrat dazu Beschlüsse gefaßt hat. Das Gesetz spricht nicht von „dürfen", sondern von „können". Der Vorstand ist rechtlich schlicht nicht in der Lage, in der Hauptversammlung der Tochtergesellschaft wirksam abzustimmen, wenn es an einem entsprechenden Beschluß des Aufsichtsrats der Obergesellschaft fehlt. Das Stimmrecht der Obergesellschaft ruht[11]. Wird die Stimme dennoch abgegeben, ist die Stimmabgabe gem. § 134 BGB nichtig. Der Versammlungsleiter kann sie zurückweisen. Eine nichtige Stimmabgabe macht den Beschluß allerdings nicht nichtig[12], sondern nur anfechtbar.

3. Ausmaß der Kompetenzbeschränkung

Durch die Regelung des § 32 MitbestG wird weder dem Vorstand die Vertretungskompetenz vollständig entzogen noch eine eigene Vertretungskompetenz des Aufsichtsrats begründet.

---

8 Zu anderen Beschränkungen vgl. *Semler* (FN 3), Rn 373.

9 Für § 15 MitbestErgG: *Hefermehl* in *Gessler/Hefermehl/Eckardt/Kropff*, Komm. AktG, 1973/74, § 82, Rn 30; *Gessler,* Die Mitbestimmung in Holdinggesellschaften des Bergbaus und der Eisen und Stahl erzeugenden Industrie, BB 1956, 625, 631; *Kunze,* Die gesetzliche Regelung der Mitbestimmung in den Montanobergesellschaften, AuR 1956, 257, 261; *Meyer-Landrut,* Großkomm., 1973, § 82 Anm. 14.
   Für § 32 MitbestG: *Biener,* Die Überwachung der Geschäftsführung durch den Aufsichtsrat, BFuP 1977, 489, 494 FN 15; *Crezelius* (FN 3); *Eichler* (FN 3), BB 1977, 1064; *Winfried Werner,* Bespr. von Dietrich Hoffmann, Der Aufsichtsrat, DB 1979, Heft 31, Seit VI, der in § 32 MitbestG ein Stimmverbot sieht; *U. H. Schneider* (FN 1), § 32 Rn 28, der ein ruhendes Stimmrecht annimmt.

10 So die h.M.: Allgemein *Lutter/Krieger* (FN 3), § 5 Rn 8; zu § 15 MitbestErgG: *Fitting,* Das Mitbestimmungsgesetz für Obergesellschaften, BABl. 1965, 499, 509; *Kötter,* Mitbestimmungs-Ergänzungsgesetz (Holding-Novelle), 1958, § 15 Anm. 6; *Mertens* (FN 1), § 78 Rn 18; zu § 32 MitbestG: *Föhr* (FN 1), § 32 Rn 16; *Hoffmann* (FN 3), Rn 343; *Hoffmann/Lehmann/Weinmann* (FN 2), § 32 Rn 16; *Meilicke/Meilicke* (FN 3), Rn 16; *Mertens* (FN 1), Anh. § 117 B, § 32 Rn 14; *Raiser* (FN 1), § 32 Rn 21.

11 Vgl. *Mertens* (FN 1), § 32 Rn 14.

12 Vgl. *Fitting/Wlotzke/Wissmann* (FN 1), § 32 Rn 24; *Hoffmann/Lehmann/Weinmann* (FN 2), § 32 Rn 49; *Hüffer,* AktG, 2. Aufl., 1995, § 136 Rn 24; *U. H. Schneider* (FN 1), § 32 Rn 49.

Der Vorstand bleibt das Organ der Aktiengesellschaft, das deren Willen nach außen zum Ausdruck und zur Wirksamkeit bringt. Aber der Vorstand kann nur handeln, wenn und soweit sein Handeln vom Aufsichtsrat freigegeben worden ist. Er benötigt für die Abgabe der Stimme der Gesellschaft eine entsprechende Vollmacht des Aufsichtsrats[13], er ist vorher in seiner Geschäftsführungsbefugnis und in seiner Vertretungsmacht beschränkt. Solange er keine Vollmacht hat, richten sich die Folgen seines vollmachtlosen Handelns nach §§ 177 ff. BGB. Andererseits darf und kann der Aufsichtsrat seine Beschlüsse nach § 32 MitbestG nicht selbst durch Wahrnehmung der Stimmrechte der Obergesellschaft in der Hauptversammlung der Untergesellschaft verwirklichen.

Der ordnungsmäßig, gemäß § 32 MitbestG legitimierte und damit bevollmächtigte Vorstand ist nun zwar nicht darin frei, ob er die Beschlüsse des Aufsichtsrats zur Wirksamkeit bringen soll oder nicht; der Vorstand ist in den § 32 MitbestG unterliegenden Angelegenheiten vom Aufsichtsrat weisungsabhängig. Er muß die vom Aufsichtsrat gefaßten Beschlüsse zur Wirksamkeit bringen. Aber er ist nicht nur Bote des Aufsichtsrats, er bleibt als Vorstand das vertretungsberechtigte Organ der Gesellschaft. Er hat in den Fällen des § 32 MitbestG das ihm allgemein kraft Gesetzes (§ 32 MitbestG) und konkret durch den Aufsichtsrat übertragene Geschäft zu besorgen. Er handelt jedoch als Beauftragter. Damit gelten für ihn auch die Bestimmungen des § 665 BGB: Der Vorstand darf als Beauftragter von den Weisungen des Auftraggebers (hier: des Aufsichtsrats) abweichen, „wenn er den Umständen nach annehmen darf, daß der Auftraggeber bei Kenntnis der Sachlage die Abweichung billigen würde". Dies gilt gleichermaßen für das Innenverhältnis wie für das Außenverhältnis[14]. Ein sklavisches Befolgen eines Aufsichtsratsbeschlusses, von dem der Vorstand später erkennt, daß er zu dieser Zeit vom Willen des Aufsichtsrats nicht mehr getragen werden dürfte, ist mit der Sorgfaltspflicht des Vorstands (§ 93 Abs. 1 AktG) und dem zugrunde liegenden Auftragsrecht nicht vereinbar.

Der Leiter der Hauptversammlung der Untergesellschaft darf die Stimmabgabe des Vorstands des Obergesellschaft nicht zurückweisen, wenn dieser ordnungsgemäß vom Aufsichtsrat bevollmächtigt ist, auch wenn ihm bekannt ist, daß der Aufsichtsrat einen inhaltlich anderen Beschluß gefaßt hat. Dem Leiter der Hauptversammlung fehlt die Kompetenz, die Rechtmäßigkeit einer Anwendung von § 665 BGB zu überprüfen. Wenn der Aufsichtsrat der Obergesellschaft einen Beschluß gemäß § 32 MitbestG gefaßt und dem Vorstand der Obergesellschaft bekannt gegeben hat, begründet er damit zugleich das Risiko, das aus einer fehlerhaften Inanspruchnahme der Ermessensfreiheit aus § 665 BGB resultiert. Der in der Hauptversammlung der Untergesellschaft gefaßte Beschluß ist wirksam, es besteht keine Anfechtungsmöglichkeit. Durch die Stimmangabe ist weder das Gesetz mit Bezug auf die Untergesellschaft noch die Satzung der Untergesellschaft (§ 243 Abs. 1 AktG) verletzt.

---

13 A. A. *U. H. Schneider* (FN 1), § 32 Rn 29.
14 A. A. *Mertens* (FN 1), § 78 Rn 19.

Ein Beschluß gemäß § 32 MitbestG wird von den Anteilseignern im Aufsichtsrat als Aufsichtsrat gefaßt. Auf zahlreiche sich aus diesem Zusammenhang ergebende Fragen kommt es hier nicht an. Aber eine spezielle Frage soll behandelt werden. Unterliegen einzelne Aufsichtsratsmitglieder bei einer Beschlußfassung nach § 32 MitbestG einem Stimmverbot, wenn sie zugleich einem Organ der Untergesellschaft angehören?

Zur Vorbereitung der auf § 32 MitbestG gerichteten Erörterung erscheint eine vorangehende Behandlung der Stimmrechtsbeschränkungen förderlich, die sich bei Entlastungsverhandlungen für die Gesellschaft und für Angehörige ihrer Organe ergeben[15].

4. Unmittelbarer und mittelbarer Stimmrechtsausschluß der Gesellschaft nach § 136 AktG

Das Gesetz legt im einzelnen fest, wann jemand daran gehindert ist, Stimmrechte in der Hauptversammlung auszuüben (§ 136 AktG).

Schrifttum[16] und Rechtsprechung haben zur Verdeutlichung dieser Stimmrechtsausschlußvorschriften zahlreiche Fälle entwickelt, die zwar nicht unmittelbar von der Vorschrift des § 136 AktG erfaßt, im Ergebnis aber ebenso zu behandeln sind. Damit soll sichergestellt werden, daß „das Abstimmungsergebnis … (nicht) durch einen Aktionär, der ein unmittelbares persönliches Interesse am Gegenstand der Beschlußfassung hat, … beeinflußt wird".

Einige Tatbestände seien im folgenden behandelt:

a) Unmittelbarer Stimmrechtsausschluß

„Niemand kann für sich oder einen anderen das Stimmrecht ausüben, wenn darüber Beschluß gefaßt wird, ob er zu entlasten … ist" (§ 136 Abs. 1 S. 1 AktG). „Für Aktien, aus denen der Aktionär … (selbst) das Stimmrecht nicht ausüben kann, kann das Stimmrecht auch nicht durch einen anderen ausgeübt werden" (§ 136 Abs. 1 S. 2 AktG).

Damit ist klar, daß ein Aufsichtsratsmitglied in der Hauptversammlung der Gesellschaft, die er zu beaufsichtigen hat, weder aus eigenen noch aus fremden Aktien das Stimmrecht ausüben kann, wenn die Entlastung des Aufsichtsrats ansteht[17].

---

15 Vgl. umfassend *Zöllner*, Die Schranken mitgliedschaftlicher Stimmrechtsmacht, 1963, S. 195 ff.; allgemein *Ulmer*, Münchener Komm., 2. Aufl., 1986, § 709 Rn 60.

16 Vgl. *Zöllner*, Kölner Komm., 1. Aufl., 1985, § 136 Rn 44 ff. mit ausführlicher Dokumentation.

17 Auf die Frage, ob sich ein Aufsichtsratsmitglied auch dann der Stimme enthalten muß, wenn Einzelentlastung beschlossen ist und es nicht um seine eigene Entlastung geht, wird hier nicht eingegangen.

b) Mittelbarer Stimmrechtsausschluß einer Gesellschaft wegen Anteilsbesitzes

Häufig bewirkt eine Gesellschaft (A), die an einer Aktiengesellschaft (B) beteiligt ist, daß einer ihrer maßgeblichen Anteilseigner (C) in den Aufsichtsrat der Aktiengesellschaft (B) eintritt.

Im Normalfall hat dies keine Auswirkung auf die Ausübung des Stimmrechts der Gesellschaft (A) in der Hauptversammlung der Aktiengesellschaft (B). Sie kann an der Entlastung des Anteilseigners (C) mitwirken. Juristische Personen sind selbständig und vom Schicksal ihrer Anteilseigner nicht abhängig[18].

Anders aber, wenn sich die Gesellschaft (A) unter dem beherrschenden Einfluß des Anteilseigners (C) befindet. Es entspricht der ganz herrschenden Meinung, daß eine Kapitalgesellschaft, die auf welche Weise auch immer unter dem beherrschenden Einfluß eines Aufsichtsratsmitgliedes steht, bei der Entlastung dieses Aufsichtsratsmitgliedes nicht mitstimmen darf[19]. In derartigen Fällen ist nicht gewährleistet, daß die Willensbildung in der Gesellschaft A ohne maßgebliche Berücksichtigung entgegenstehender eigener Interessen des Anteilseigners C erfolgt. „Die juristische Person ist daher vom Stimmrecht ausgeschlossen, wenn sie unter dem beherrschenden Einfluß ihres von einem Stimmverbot betroffenen Mitglieds steht."[20]

c) Mittelbarer Stimmrechtsausschluß einer Gesellschaft wegen Zugehörigkeit zum Geschäftsleitungsorgan

In einer anderen Fallkonstellation ist die Gesellschaft (A) an einer Aktiengesellschaft (B) beteiligt; die Gesellschaft (A) bewirkt, daß das Mitglied ihres Geschäftsleitungsorgans (C) in den Aufsichtsrat der Aktiengesellschaft (B) eintritt.

Auch hier wird jedenfalls bei einem mehrgliedrigen Geschäftsleitungsorgan im Normalfall von dem Bestehen eines Stimmrechts der Gesellschaft (A) auszugehen sein. Im allgemeinen wird ein einzelnes, möglicherweise betroffenes Mitglied die anderen Mitglieder des Geschäftsleitungsorgans nicht zu einer Vorrangigkeit der Interessen dieses Mitglieds bewegen können[21]. Sie sind vom Entlastungsbeschluß nicht betroffen. Auch handelt es sich nicht um einen Ausfluß der Geschäftsführung des Organs.

Anders sieht es aus, wenn das Geschäftsleitungsmitglied (C) im Geschäftsleitungsorgan der Gesellschaft (A)[22] einen beherrschenden Einfluß hat. Dieser

---

18 *Zöllner* (FN 16), § 136 Rn 40.
19 Vgl. RG, Urt. v. 22.1.1935, II 198/34, RGZ 146, 385; BGH, Urt. v. 29.1.1962, II ZR 1/61, BGHZ 36/296; *Eckardt* in Gessler/Hefermehl/Eckardt/Kropff, § 136 Rn 29 f.; *Zöllner* (FN 15), S. 281.
20 *Zöllner* (FN 16), § 136 Rn 41 m. Nachw.
21 Vgl. dazu aber *Zöllner* (FN 15) S. 201 ff.
22 Dabei kommt es entgegen der heute wohl noch herrschenden Auffassung (vgl. *Reuter* in Münchener Komm., 3. Aufl., 1993, § 34 Rn 8 mit Hinweisen) nicht auf die Rechtsform dieser Gesellschaft an. Die Notwendigkeit gilt gleichermaßen für juristische Personen (unbestr.) wie für Bruchteils- und Gesamthandsgemeinschaften.

kann sich daraus ergeben, daß das Organmitglied (C) alleiniges Organmitglied ist oder daß auch weitere Organmitglieder von Gesellschaft (A) dem Aufsichtsrat der Aktiengesellschaft (B) angehören.

Dann darf die Gesellschaft (A) ihr Stimmrecht nicht ausüben, weil ihr Willensbildungsorgan unter dem (mit-)beherrschenden Einfluß des Geschäftsleiters (C) steht, der selbst als Mitglied des Aufsichtsorgans der Aktiengesellschaft (B) zu entlasten ist. Dieses Willensbildungsorgan der Gesellschaft (A) hat aber über die Ausübung des Stimmrechts in der Hauptversammlung der Aktiengesellschaft (B) zu entscheiden. Diese Entscheidung darf nur dann zur Stimmabgabe führen, wenn der Willensbildungsprozeß nicht von den besonderen Interessen des Aufsichtsratsmitglieds (C), der zugleich Geschäftsleiter bei Gesellschaft (A) ist, beeinflußt sein kann. Einer weitergehenden Auffassung[23], wonach das Stimmrecht der Gesellschaft (A) bereits dann ausgeschlossen ist, wenn der Geschäftsleiter (A) auch nur einer von mehreren gesetzlichen Vertretern der Gesellschaft (A) ist, folge ich nicht. Das Zusammengehörigkeitsgefühl der Mitglieder eines Organs ist im allgemeinen nicht so entwickelt, daß auch die nicht betroffenen Mitglieder die Interessen ihres Kollegen denen des Unternehmens voranstellen.

d) Mittelbarer Stimmrechtsausschluß einer Gesellschaft wegen Zugehörigkeit zum Aufsichtsrat

Schließlich ist auch noch an einen vierten Fall zu denken: Wiederum ist die Gesellschaft (A) an einer Aktiengesellschaft (B) beteiligt; die Gesellschaft (A) bewirkt, daß das Mitglied ihres Aufsichtsrats (C) zugleich auch in den Aufsichtsrat der Aktiengesellschaft (B) eintritt.

Hier wird – vielleicht von ganz besonderen Ausnahmefällen faktischer Kontrolle abgesehen – ein Stimmverbot weder in Betracht kommen, wenn das Geschäftsleitungsorgan der Gesellschaft (A) aus eigener Machtvollkommenheit über die Stimmabgabe der Gesellschaft (A) in der Hauptversammlung der Aktiengesellschaft (B) entscheidet noch wenn diese Stimmabgabe einem Zustimmungsvorbehalt des Aufsichtsrats nach § 131 Abs. 4 S. 2 AktG unterliegt[24]. Denn der Zustimmungsvorbehalt kann von Rechts wegen zwar eine Stimmabgabe der Gesellschaft (A) verhindern, nicht aber gegen den Willen des Geschäftsleitungsorgans eine bestimmte Stimmabgabe bewirken.

5. Stimmverbot bei der Beschlußfassung des Vorstands, wenn ihm ein zu entlastendes AR-Mitglied angehört

Während bisher die Frage nach der Stimmberechtigung des Aktionärs im Zentrum der Untersuchung stand, soll jetzt die Frage erörtert werden, wie sich ein Organ-

---

23 *Zöllner* (FN 16), § 136 Rn 47 mit Nachweisen; wie hier *Mertens* (FN 1), § 77 Rn 33.
24 *Zöllner* (FN 16), § 136 Rn 48.

mitglied dieser Eigentümergesellschaft zu verhalten hat, wenn das Organ zu beschließen hat, ob das Stimmrecht der Eigentümergesellschaft zur Entlastung eines Organmitgliedes eingesetzt werden darf, das bei der Beteiligungsgesellschaft Mitglied eines Organs der Gesellschaft ist.

Diese Frage stellt sich außerhalb des MitbestG allerdings nicht für Mitglieder des Aufsichtsrats, sondern für Mitglieder des Vorstands eines Unternehmens. Der Vorstand beschließt über die Ausübung von Stimmrechten aus dem Eigentum an stimmberechtigten Anteilen an Untergesellschaften des Unternehmens. Sie wird praktisch, wenn die Entscheidung über das Stimmverhalten dem Gesamtvorstand zusteht. Wenn diese Entscheidung in die Ressortzuständigkeit eines einzelnen Vorstandsmitgliedes fällt, der nicht selbst dem Aufsichtsrat der Untergesellschaft angehört, stellt sie sich nicht. Solange der Vorgang nicht in die Zuständigkeit des Gesamtvorstands effektiv abgegeben ist, braucht die etwaige Inhabilität eines anderen, mit der Angelegenheit nicht befaßten Vorstandsmitgliedes nicht berücksichtigt zu werden. In einem solchen Fall besteht auch nach allgemeinen Grundsätzen keine Mitzuständigkeit des Vorstandsmitgliedes, das das Aufsichtsratsmandat bekleidet. Denn die Wahrnehmung des Aufsichtsratsmandats ist Tätigkeit für die Untergesellschaft und keine Pflichterfüllung in der Obergesellschaft. Eine Mitzuständigkeit ergibt sich nur, wenn mehrere Vorstandsmitglieder für eine Angelegenheit der Gesellschaft gleichzeitig zuständig sind.

Für die Beschlußfassung im Vorstand fehlen – anders als beim Aufsichtsrat (§ 108 AktG) – gesetzliche Regelungen. Ersatzweise wird zumeist auf die entsprechenden Vorschriften des Vereinsrecht im BGB zurückgegriffen. Allerdings regelt das Vereinsrecht den Ausschluß vom Stimmrecht (§ 34 BGB) ausdrücklich zunächst nur für die Stimmabgabe des Mitglieds in der Mitgliederversammlung. Aber diese Vorschrift ist kraft ausdrücklicher Verweisung (§ 28 Abs. 1 BGB) auch für die Beschlußfassung im Vorstand des Vereins anzuwenden[25].

Das Vereinsrecht schließt die Stimmberechtigung des Vereinsmitglieds bzw. in entsprechender Anwendung das Stimmrecht eines Vorstandsmitglieds ausdrücklich aus, wenn die Beschlußfassung die Vornahme eines Rechtsgeschäfts durch den Verein mit ihm oder die Einleitung oder Erledigung eines Rechtsstreits zwischen ihm und dem Verein betrifft (§ 34 BGB). Die Entlastung ist dabei nicht genannt. Sie war allerdings zur Zeit der Abfassung des BGB gedanklich einbezogen, denn die Entlastung wurde seinerzeit als Rechtsgeschäft aufgefaßt und darum in § 34 BGB nicht besonders erwähnt[26].

Die Einbeziehung der Entlastung in den Geltungsbereich des § 34 BGB entspricht dem Sinngehalt dieser Vorschrift selbst dann, wenn man mit der

---

25 Zwar wird die Anwendbarkeit dieser Vorschrift im Aktienrecht auf Fälle beschränkt, in denen der Geschäftsführungsvorgang neben seiner Innenwirkung auch eine Außenwirkung hat (*Reuter* [FN 22], § 28 Rn 1); aber dies muß auch gelten, wenn durch die Beschlußfassung die bevorstehende Außenwirkung wie hier bindend festgelegt wird.

26 Vgl. *Reuter* (FN 22), § 34 Rn 4 mit Hinweis auf *Wilhelm,* Rechtsform und Haftung bei der juristischen Person, 1981, S. 73 f.

herrschenden Meinung[27] eine inhaltlich erweiterte Anwendung im übrigen ablehnt. Die analoge Anwendung des § 34 BGB auf Beschlußfassungen des Vorstands einer Aktiengesellschaft ist damit zu begründen, daß die Wertungsvorstellungen des Aktiengesetzes für die Anwendung von Stimmverboten aus dem Wortlaut der Vorschrift des § 136 Abs. 1 AktG deutlich hervorgehen. Es wäre schließlich nicht zu verstehen, wenn das Gesetz die Mitwirkung eines unmittelbar betroffenen Aktionärs wegen möglichen Interessenwiderstreits bei der Beschlußfassung über die Entlastung ausschließen, zugleich aber seine Mitwirkung beim willensbildenden, korporativen Beschluß des Anteilseignerorgans zulassen würde. Es besteht die konkrete Gefahr, daß das persönliche Interesse am Abstimmungsergebnis das mitgliedschaftliche Interesse (bzw. hier das organschaftliche Interesse) überwiegt. In einem solchen Fall besteht die weitere Gefahr, daß eine auf das organschaftliche Interesse ausgerichtete Stimmabgabe unterbleibt.

Wenn die Beschlußzuständigkeit nicht beim Gesamtvorstand liegt, sondern in die Ressortzuständigkeit eines Vorstandsmitgliedes fällt, das selbst dem Aufsichtsrat der Untergesellschaft angehört, darf es im Rahmen seiner Geschäftsführungszuständigkeit nicht über die bevorstehende Entlastung in der Hauptversammlung der Untergesellschaft entscheiden. Dies ist aus der Überlegung abzuleiten, daß derjenige, der im Organ an der Ausübung seines Stimmrechts gehindert ist, erst recht dann nicht für die Gesellschaft handeln darf, wenn ihm die Handlungsbefugnis allein zusteht. Die Entscheidungszuständigkeit geht ohne weiteres auf den Gesamtvorstand über. Bei der Entscheidung des Gesamtvorstands hat ein Vorstandsmitglied, das dem Aufsichtsrat der Untergesellschaft angehört, kein Stimmrecht.

Zusammengefaßt ist festzuhalten, daß ein Vorstandsmitglied, das in der Entlastungsperiode dem Aufsichtsrat der Untergesellschaft angehört hat, an der Stimmabgabe gehindert ist, wenn er selbst für die Stimmabgabe zuständig ist oder im Vorstand der Obergesellschaft darüber Beschluß gefaßt wird, ob der Aufsichtsrat der Untergesellschaft mit den Stimmen der Obergesellschaft entlastet werden soll.

Die Mitglieder des Aufsichtsrats der Obergesellschaft sind gemeinhin mit diesem Vorgang nicht befaßt. Sie wirken an der Beschlußfassung des Vorstands als einer in dessen Kompetenz fallenden Geschäftsführungsmaßnahme nicht mit. Dabei kommt es nicht darauf an, ob der Vorstand in diesem Fall einem Zustimmungsvorbehalt unterliegt oder nicht (vgl. dazu oben 4 d).

6. Folgen einer unberechtigten Stimmrechtsausübung

Wenn an der Beschlußfassung des Vorstands (oder eines anderen Geschäftsleitungsorgans) ein Mitglied mitwirkt, das nach den oben entwickelten Überlegungen an seiner Stimmabgabe gehindert ist, können sich in zweierlei Richtung Folgen ergeben:

– Die unzulässige Stimmabgabe kann Auswirkungen auf die Gültigkeit des Beschlusses im Organ der Obergesellschaft haben.

---

27 Vgl. *Reuter* (FN 22), § 34 Rn 3ff.

– Die unter Mitwirkung eines nicht stimmberechtigten Organmitgliedes zustande gekommene Willensbildung in der Obergesellschaft kann Auswirkungen auf die Wirksamkeit der Stimmabgabe in der Hauptversammlung der Untergesellschaft haben.

a) Folgen einer unzulässigen Stimmabgabe im Organ der Obergesellschaft

Es fehlt an gesetzlichen Regeln für die Beurteilung der Wirksamkeit von Vorstandsbeschlüssen. Allerdings sind im Schrifttum Grundsätze zu Beschlußmängeln entwickelt worden[28].

Mängel einer Stimmabgabe wirken sich auf einen Vorstandsbeschluß nur aus, wenn es ohne die fehlerhafte Stimmabgabe zu diesem Beschluß nicht gekommen wäre[29]. Dies folgt schon daraus, daß bei Beachtung der gesetzlichen Regeln die verbotswidrig abgegebene Stimme vom Versammlungsleiter schlicht nicht mitgezählt werden darf[30]. Wenn der Beschluß auch bei Stimmenthaltung des an der Stimmabgabe gehinderten Vorstandsmitglieds zustande gekommen wäre, ist die fehlerhafte Stimmabgabe unbeachtlich. Es kann nicht angenommen werden, daß sich ein anderes Abstimmungsergebnis ergeben hätte, wenn die Notwendigkeit der Stimmenthaltung des betroffenen Vorstandsmitglieds bekannt gewesen wäre.

Aber auch ein Beschluß, der auf einer fehlerhaft abgegebenen Stimme beruht, ist nicht ohne weiteres nichtig. Es bedarf zu seiner Unwirksamkeit einer Anfechtung, die aber nicht notwendig als solche bezeichnet werden muß. Jede deutlich Gegenvorstellung, die auf den Mangel einer Stimmabgabe verweist und die zu erkennen gibt, daß das widersprechende Organmitglied seine Stimmabgabe als unwirksam und damit den Beschluß vernichtet sehen will, ist als rechtlich bedeutsame Anfechtung zu sehen.

Anfechtungsberechtigt ist jedes Mitglied des Beschlußgremiums, weil dieses (und nur dieses) in seinen Rechten verletzt worden ist. Dagegen haben der Aufsichtsrat oder gar die Hauptversammlung keine rechtliche Möglichkeit, einen fehlerhaft zustande gekommenen Vorstandsbeschluß durch Anfechtung aufzuheben[31]. Wenn diese Organe das Verhalten des Vorstandes mit rechtlicher Wirkung für fehlerhaft halten, müssen sie im Rahmen ihrer Zuständigkeit mit den ihnen zur Verfügung stehenden Mitteln (Einwirkungsrechte) gegen das sich aus dem Beschluß ergebende Verhalten des Vorstandes (und nicht gegen die rechtliche Wirksamkeit des Beschlusses) einschreiten.

Über die Wirkung einer Anfechtung entscheidet zunächst das betreffende Gremium selbst. Läßt das Gremium die Anfechtung unbeachtet oder weist es die Anfechtung zurück, muß der Anfechtende zunächst den Aufsichtsrat anrufen. Weist

---

28 *Ulmer* (FN 15), § 709 Rn 88 ff.
29 *Mertens* (FN 1), § 77 Rn 27; *Ulmer* (FN 15), § 709 Rn 89, 93; *Zöllner* (FN 16), § 136 Rn 58.
30 *Zöllner* (FN 16), § 136 Rn 57.
31 *Mertens* (FN 1), § 77 Rn 27; *Lemke,* der fehlerhafte Aufsichtsratsbeschluß, 1994, S. 194, der unter besonderen Umständen auch ein Anfechtungsrecht der Aktionäre sieht, S. 182; dazu *Götz,* Rechtsfolgen fehlerhafter Aufsichtsratsbeschlüsse, FS Lüke, 1997, S. 167, 171, 185.

auch dieser die Einwendungen des Anfechtenden zurück oder bleibt das Aufsichts-
organ untätig, so kann das betreffende Mitglied des Geschäftsleitungsorgans aufgrund seiner Anfechtung von der Gesellschaft die Feststellung der Nichtigkeit des
Beschlusses durch Klage begehren[32].

Ein unter Mißachtung bestehender Stimmverbote zustande gekommener Vorstandsbeschluß kann durchaus auf fehlerhaft abgegebenen Stimmrechten beruhen.
Häufig gehören mehrere Mitglieder des Vorstandes der Obergesellschaft dem Aufsichtsrat der Untergesellschaft an. Wenn sie die Mehrheit im Vorstand der Obergesellschaft bilden und die Stimmverbote mißachten, beruht der Beschluß auf
diesen fehlerhaften Stimmen. Seine Nichtigkeit kann erfolgreich durch Anfechtung
herbeigeführt werden.

*b) Folgen einer mangelhaften Stimmabgabe im Organ der Obergesellschaft bei der
Beschlußfassung in der Untergesellschaft*

Die Mitwirkung eines Vertreters der Obergesellschaft an der Beschlußfassung in der
Untergesellschaft ist primär eine Vertretungshandlung desjenigen, der die Obergesellschaft vertritt. Der Stimmabgabe liegt zwar eine Geschäftsführungshandlung
zu Grunde, aber deren Wirksamkeit oder Unwirksamkeit hat allgemein keine
Bedeutung für die Wirksamkeit der in der Vertretungshandlung liegenden Stimmabgabe.

Die Stimmabgabe erfolgt auch nicht verbotswidrig. Die Obergesellschaft
selbst unterliegt keinem Stimmverbot. Die fehlende Berechtigung eines oder
mehrerer Mitwirkender am Geschäftsführungsbeschluß führt nicht zu einem
Stimmverbot der Gesellschaft selbst, solange diese nicht unter dem beherrschenden
Einfluß der im Aufsichtsrat der Untergesellschaft vertretenen Vorstandsmitglieder
steht (vgl. oben 4 c).

Damit entfällt auch die Möglichkeit einer Anfechtung des unter (maßgeblicher)
Mitwirkung der Obergesellschaft zustande gekommenen Entlastungsbeschlusses.
Denn dieser Beschluß ist wirksam zustande gekommen und mit keinen Mängeln
behaftet.

7. Stimmverbote bei der Abstimmung nach § 32 MitbestG

Die allgemeinen Grundsätze für die Reichweite des Stimmverbots bei Entlastungsverhandlungen zeigen uns, wie in Fällen des § 32 MitbestG zu urteilen ist.

Wenn der Aufsichtsrat einer mitbestimmten Aktiengesellschaft gemäß § 32
MitbestG über die Entlastung des Aufsichtsorgans oder des Geschäftsleitungsorgans einer abhängigen mitbestimmten Aktiengesellschaft beschließt, handelt er
als Geschäftsführungsorgan der Aktiengesellschaft. Jedes Aufsichtsratsmitglied,

---

32 Vgl. hierzu allgemein *Karsten Schmidt,* Anfechtungsbefugnisse von Aufsichtsratsmitgliedern,
   FS Semler, 1993, S. 329, 343; *BGH,* Urt. v. 17.5.1993, II ZR 89/92, BGHZ 122/342.

das an einer solchen Beschlußfassung des Aufsichtsrats mitwirkt, handelt geschäfts-
führend.

Ein Aufsichtsratsmitglied, das selbst dem zu entlastenden Organ angehört,
würde im Ergebnis an seiner eigenen Entlastung mitwirken, wenn es an der
Beschlußfassung gemäß § 32 MitbestG teilnimmt. Eine solche Mitwirkung ist
gem. § 136 AktG verboten. Aufsichtsratsmitglieder der Obergesellschaft müssen
sich daher bei der Beschlußfassung über die beabsichtigte Entlastung gem. § 32
MitbestG der Stimme enthalten, wenn sie dem zu entlastenden Aufsichtsrat der
Untergesellschaft angehören. Sie sind vom Stimmrecht ausgeschlossen[33].

Ein Beschluß, der verbotswidrig unter Mitwirkung des vom Stimmrecht ausgeschlossenen Aufsichtsratsmitglieds gemäß § 32 MitbestG gefaßt worden ist, ist
zwar nicht ohne weiteres nichtig, aber anfechtbar, wenn er auf dieser Stimmabgabe
beruht.

Die Mangelhaftigkeit des Beschlusses gem. § 32 MitbestG hat keine Auswirkung auf die Wirksamkeit des Beschlusses der Hauptversammlung. Der Versammlungsleiter muß die abgegebene Stimme mitzählen, auch wenn er die Anfechtbarkeit
des Beschlusses des Aufsichtsrats der Obergesellschaft kennt. Solange der Beschluß
nicht wirksam angefochten ist, hat er rechtlich Bestand.

Wenn aber der im Aufsichtsrat der Obergesellschaft gem. § 32 MitbestG
gefaßte Beschluß erfolgreich angefochten und dementsprechend nichtig ist, fehlt
dem Vorstand der Obergesellschaft die für die Stimmabgabe notwendige Ermächtigung. Wird die Stimme der Obergesellschaft dennoch abgegeben, ist die Stimmabgabe unwirksam, der kundige Versammlungsleiter muß sie zurückweisen.

---

33 A. A. *Hoffmann/Lehmann/Weinmann* (FN 2), § 32 Rn 50; *Matthießen* (FN 1), S. 265.

Abfindung in Aktien:
Das Gebot der Gattungsgleichheit
– Bericht über ein
aktienrechtliches Schiedsgerichtsverfahren –

Wolfram Timm und Torsten Schöne

I. Einleitung

Hat man in den letzten Jahren aufmerksam die Mitteilungen im „gelben Teil" der Zeitschrift „Die Aktiengesellschaft" (= AG-Report) gelesen, so ist man auf ein erstaunliches Phänomen gestoßen: die Erledigung aktienrechtlicher Anfechtungsprozesse oder Spruchstellenverfahren durch Vereinbarungen einer schiedsgerichtlichen Beendigung der entsprechenden Aktionärsklagen oder -anträgen. Dies überrascht umso mehr, als sich über Jahrzehnte hinweg in der Rechtsprechung[1] wie auch der Kommentar- und Aufsatzliteratur[2] zum Beschlußmängelrecht die Feststellung findet, aufgrund der §§ 241 ff, 248 f AktG sei im Aktienrecht kein Raum für eine schiedsgerichtliche Streiterledigung außerhalb des Verfahrens vor den ordentlichen Gerichten. Der BGH hat seine Auffassung zuletzt mit Urteil vom 29.3.1996 bestätigt[3]. Zu entscheiden war über die Frage der Schiedsfähigkeit einer Nichtigkeitsklage im GmbH-Recht. Auf der Grundlage der analogen Anwendung der §§ 241 ff AktG im GmbH-Recht entschied der II. Zivilrechtssenat, daß die §§ 248 Abs. 1 S. 1, 249 Abs. 1 S. 1 AktG auf Entscheidungen privater Schiedsgerichte nicht entsprechend anwendbar seien. Die in diesen Vorschriften bestimmte Rechtskrafterstreckung des Urteils auch auf Aktionäre bzw. Gesellschafter und Organmitglieder, die nicht Verfahrenspartei sind, könne wegen einer Vielzahl bestehender Rechtsunsicherheiten nicht ohne weiteres auf den Spruch eines privaten Schiedsgerichts übertragen werden. So fehle im Schiedsverfahrensrecht eine dem § 246 Abs. 3 AktG entsprechende Vorschrift, durch die die Gefahr unterschiedlicher Entscheidungen verschiedener Gerichte ausgeschlossen werde. Zudem bestünden nach der gegenwärtigen Rechtslage auch unüberbrückbare Schwierigkeiten bei der Frage nach der „Auswahlbefugnis" der zu ernennenden Schiedsrichter, wenn mehrere Minderheitsaktionäre bzw. -gesellschafter gleichzeitig oder zeitlich nacheinander gegen den Mehrheitsbeschluß vorgehen, und eine Einigung über die Personen des Schiedsgerichts nicht erreicht werden kann. Zwar seien insoweit verschiedene Lösungsansätze denkbar, doch scheitere eine entsprechende Rechtsfortbildung an gesetzlichen Vorgaben, die einen Lösungsansatz stützen könnten. Die Entscheidung der in ihren Rechtswirkungen weitreichenden Frage der Schiedsfähigkeit entsprechender Klagen müsse daher dem Gesetzgeber überlassen bleiben.

Vor diesem Hintergrund wäre auch die Schiedsfähigkeit von Spruchverfahren gem. §§ 305 ff. UmwG zu verneinen. Denn auch hier sieht das Gesetz in § 311 S. 2 UmwG eine Rechtskrafterstreckung der Entscheidung auf nicht am Verfahren Beteiligte vor.

---

1 Vgl. BGH LM § 199 AktG 1937 Nr. 1 m. Anm. *Robert Fischer* = BB 1951, 683 ff = MDR 1951, 674 ff; OLG Hamm NJW-RR 1987, 1319 ff = ZIP 1987, 780 ff = EWiR § 45 GmbHG 1/87, 371 (*Günther*) = DB 1987, 680 ff = AG 1988, 80 ff = GmbHR 1987, 472 ff.

2 *Hüffer*, AktG, 2. Aufl., 1995, § 246 Rdn. 19; *ders.*, in: *Geßler/Hefermehl/Eckardt/Kropff*, AktG, Kommentar, 1973 ff, § 246 Rdn. 68; *Zöllner*, in: Kölner Komm. z. AktG, 1. Aufl., 1976, § 246 Rdn. 61; differenzierend *Bork*, ZZP 100 (1987), 249, 266 ff. Aus der prozeßrechtlichen Literatur vgl. *Thomas/Putzo*, ZPO, 20. Aufl., 1997, § 1025 Rdn. 4; *Albers*, in: *Baumbach/Lauterbach/Albers/ Hartmann*, ZPO, 55. Aufl., 1997, § 1025 Rdn. 31, 36.

3 NJW 1996, 1753 ff = ZIP 1996, 830 ff = WM 1996, 856 ff = DB 1996, 1172 ff = BB 1996, 1074 ff = GmbHR 1996, 432 ff = AG 1996, 318 ff.

Die vorgenannte Entscheidung des BGH kann zwar – wie bereits an anderer Stelle ausgeführt[4] – letztendlich nicht überzeugen. So kann beispielsweise die ausschließliche Zuständigkeit des zeitlich zuerst einberufenen Schiedsgerichts bestimmt werden, und auch hinsichtlich der Schiedsrichterernennung erscheint es mangels eines Interessenwiderstreits auf Seiten der gegen den Beschluß vorgehenden Aktionäre/Gesellschafter zumutbar, sich auf einen gemeinsamen Schiedsrichter zu einigen bzw. bei späterem Verfahrenseintritt das bereits gebildete Schiedsgericht zu akzeptieren.

Es bleibt abzuwarten, ob die Entscheidung des BGH vom 29.3.1996[5] den Schlußpunkt der Diskussion um die Schiedsfähigkeit von Anfechtungs- und Nichtigkeitsklagen gem. §§ 246, 249 AktG markiert. Die weitere Entwicklung bleibt spannend. Es wäre zu begrüßen, wenn die geplante Neuregelung des Schiedsgerichtsrechts der Rechtsentwicklung deutliche, kurskorrigierende Impulse verleihen könnte.[6] Zudem mehren sich in der Literatur die Stimmen, die sich für die Schiedsfähigkeit von Anfechtungs- und Nichtigkeitsklagen aussprechen.[7]

Bis zu einer gesetzlichen Änderung der Rechtslage und der höchstrichterlichen Rechtsprechung wird die Praxis allerdings die BGH-Entscheidung vom 29.3.1996 zu berücksichtigen haben. Gleichwohl beschreitet die Rechtspraxis – ungeachtet möglicher rechtlicher Bedenken – Umwege, um das von ihr angestrebte Ziel der schiedsgerichtlichen Streitbeilegung zu erreichen. Auch nach der letzten Entschei-

---

4 Vgl. Urteilsanmerkung *Timm/Witzorrek*, EWIR § 248 1/96, 481 und ausführlich *Timm*, ZIP 1996, 445.

5 NJW 1996, 1753 ff (Fn. 3).

6 Vgl. den Entwurf eines Gesetzes zur Neuregelung des Schiedsverfahrensrechts (Schiedsverfahrens-Neuregelungsgesetz – SchiedsVfG) vom 12.7.1996, BT-Drucks. 13/5274. Gem. § 1030 Abs. 1 S. 1 E-SchiedsVfG soll jeder vermögensrechtliche Anspruch Gegenstand einer Schiedsabrede sein können. Nach S. 2 dieser Vorschrift soll eine Schiedsvereinbarung über nichtvermögensrechtliche Ansprüche insoweit rechtliche Wirkung entfalten, als die Parteien berechtigt sind, über den Gegenstand des Streits einen Vergleich zu schließen. In der Begründung zu § 1030 E-SchiedsVfG wird ausgeführt: "... die Schiedsunfähigkeit bestimmter gesellschaftsrechtlicher Anfechtungs- und Nichtigkeitsklagen wird sich künftig nicht mehr aus dem Kriterium der ausschließlichen Zuständigkeit der Landgerichte – etwa nach § 246 Abs. 3 S. 1 AktG – herleiten lassen. ... Fraglich bleibt jedoch, inwieweit ein Schiedsspruch Rechtsgestaltung mit Wirkung für und gegen Dritte bewirken, ein Schiedsspruch über eine aktienrechtliche Anfechtungsklage also beispielsweise für und gegen alle Aktionäre wirken kann. Diese Problematik soll durch die Aussage, daß jeder vermögensrechtliche Anspruch (grundsätzlich) schiedsfähig ist, nicht in bejahendem Sinne präjudiziert, sondern angesichts ihrer Vielschichtigkeit in tatsächlicher und rechtlicher Hinsicht weiterhin der Lösung durch die Rechtsprechung unter Berücksichtigung der konkreten Umstände des Einzelfalls überlassen bleiben." Zwar haben diese gesetzgeberischen Überlegungen den BGH in seiner Entscheidung vom 29.3.1996 (BGH NJW 1996, 1753 ff) nicht davon abgehalten, die Schiedsunfähigkeit GmbH-rechtlicher Anfechtungsklagen allgemein festzustellen und ausreichende gesetzgeberische Vorgaben für einen unabdingbaren Schutz nicht beteiligter Dritte anzumahnen. Gleichwohl bleibt abzuwarten, ob der BGH an seiner ablehnenden Position festhält, wenn die §§ 1025 ff ZPO durch das SchiedsVfG geändert worden sind.

7 Vgl. zum Beschlußmängelrecht *Karsten Schmidt*, in: Großkomm. z. AktG, 4. Aufl., 1995, § 246 Rdn. 114 ff, insb. Rdn. 121 f (für den ein Einzelverfahren regelnden Schiedsvertrag). Aus der prozeßrechtlichen Literatur vgl. *Zöller/Geimer*, ZPO, 20. Aufl., 1997, § 1025 Rdn. 38; *Stein-Jonas/Schlosser*, ZPO, 21. Aufl., 1994, § 1025 Rdn. 27 f; *Schwab/Walter*, Schiedsgerichtsbarkeit, 5. Aufl., 1995, Kap. 4 Rdn. 6.

dung des BGH werden entsprechende Schiedsgerichtsverfahren über den Umweg eines ordentlichen Verfahrens durchgeführt: Nach Einleitung eines Rechtsstreits vor dem ordentlichen Gericht erfolgt zu einem späteren Zeitpunkt die einvernehmliche Klagerücknahme unter entsprechender gleichzeitiger Vereinbarung einer schiedsgerichtlichen Einigung. Über ein solches aktienrechtliches Schiedsgerichtsverfahren und sein Ergebnis soll hier berichtet werden. Es handelt sich um ein Verfahren, in dem über eine Rechtsfrage zu entscheiden war, die kürzlich erstmals in der Literatur von *Lutter* in der Festschrift für *Mestmäcker* aufgegriffen und dort breit erörtert worden war.[8] Worum ging es im einzelnen?

II. Rechtlicher Problemaufriß

Die gesetzlichen Vorschriften über die unterschiedlichen Arten einer Unternehmensverbindung schreiben regelmäßig vor, daß den Gesellschaftern betroffener Rechtsträger entweder als Ausgleich für den Verlust ihrer Rechtsstellung oder als Gegenleistung für die Vermögensübertragung Aktien der begünstigten Gesellschaft zu gewähren sind. So sieht § 305 Abs. 2 Ziff. 1 AktG für den Beherrschungs- und Gewinnabführungsvertrag die Gewährung von „eigenen" Aktien der herrschenden Gesellschaft vor. § 320b Abs. 1 S. 2 AktG schreibt für den Fall der Eingliederung vor, daß den ausgeschiedenen Aktionären der eingegliederten Gesellschaft „eigene" Aktien der Hauptgesellschaft als Abfindung gewährt werden müssen. Ähnliches gilt für die Regelungen in §§ 5 Abs. 1 Ziff. 3, 36, 126 Abs. 1 Nr. 3 UmwG, wonach bei Verschmelzungen und Spaltungen den Anteilsinhabern des übertragenden Rechtsträgers Anteile des übernehmenden Rechtsträgers zu gewähren sind. Die §§ 305, 320b AktG geben indes keine Antwort auf die Frage, welcher Gattung im Sinne des § 12 Abs. 1 AktG die als Abfindung anzubietenden Aktien anzugehören haben. Im UmwG fehlt ebenfalls eine differenzierende Aussage zur Gattungsart der zu gewährenden Anteile.

Lutter hat unter umfangreicher Auswertung des Schrifttums für die Fallgruppen des Abschlusses eines Gewinnabführungs- und Beherrschungsvertrages, der Eingliederung und der Verschmelzung den allgemeinen Grundsatz formuliert, daß Inhaber von Stammaktien im Falle eines gesetzlich angeordneten Rechtsverlustes mit Stammaktien abzufinden sind.[9] Dieses Ergebnis deckt sich mit der wohl h.L. zur Eingliederung[10] und Verschmelzung[11]; für die Abfindung gem. § 305

---

8 Vgl. *Lutter*, in: FS *Mestmäcker*, 1996, 943 ff.

9 *Lutter*, in: FS *Mestmäcker*, 1996, 943, 948 ff.

10 Vgl. *Koppensteiner*, in: Kölner Komm. z. AktG, 2. Aufl., 1986 ff, § 320 Rdn. 22; *Hüffer*, aaO (Fn. 2), § 320b AktG Rdn. 4; *Krieger*, in: Münchener Handbuch des Gesellschaftsrechts, Band 4, Aktiengesellschaft, 1988, § 73 Rdn. 19; *Semler/Grunewald*, in: *Geßler/Hefermehl/Eckardt/ Kropff*, aaO (Fn. 2), § 320 AktG Rdn. 22.

11 Vgl. *Sagasser/Bula*, Umwandlungen, 1995, S. 67; *Lutter*, in: *Lutter*, UmwG, 1996, § 5 Rdn. 10; *Dehmer*, Umwandlungsrecht, Umwandlungssteuerrecht, Kommentar, 1994, § 339 AktG Anm. 5; *Grunewald*, in: *Geßler/Hefermehl/Eckardt/Kropff*, aaO (Fn. 2), § 340 AktG Rdn. 9; *Schilling*, in: Großkomm. z. AktG, 3. Aufl., 1975, § 339 Anm. 8; *Heckschen*, Verschmelzung von Kapitalgesellschaften, 1989, S. 18.

Abs. 2 AktG ist das Meinungsbild noch uneinheitlich.[12] Diese arterhaltende Regel ist in ihrer praktischen Umsetzung unproblematisch, wenn das Kapital der beteiligten Gesellschaften ausschließlich aus Stammaktien besteht. Problemfälle ergeben sich aber bei Abweichungen in der Struktur der beiderseitigen Kapitalausstattungen. Insoweit vertritt Lutter die Ansicht, daß ausnahmsweise die Gewährung von stimmrechtlosen Vorzugsaktien an die (vormaligen) Inhaber von Stammaktien zulässig sein soll, sofern diesen Aktionären dabei die vermögens- und herrschaftsmäßige Stellung weitgehend erhalten bleibe, die sie vorher innehatten. Daher sei ausnahmsweise eine Abfindung in Aktien mit je 50% Stamm- und 50% Vorzugsaktien an die Minderheitsaktionäre einer AG zulässig, wenn diese AG, die ausschließlich Stammaktien ausgegeben hat, in eine AG eingegliedert bzw. auf eine AG verschmolzen wird, deren Aktienbestand zu 50% aus Stammaktien und zu 50% aus Vorzugsaktien besteht.[13]

III. Das Schiedsverfahren

In dem Schiedsverfahren, über das hier berichtet wird, ging es genau um die Klärung der vorstehend dargestellten Rechtsfrage, nämlich ob die Abfindung von stimmberechtigten Aktionären einer eingegliederten AG (nachfolgend: Y-AG) mit Aktien der Hauptgesellschaft (nachfolgend: Z-AG) rechtens ist, die – entsprechend der Kapitalstruktur der Hauptgesellschaft – je zur Hälfte aus Stamm- und Vorzugsaktien besteht.

Die Klägerin (nachfolgend: X-GmbH), eine langjährige Aktionärin der Y-AG, hatte gegen den im Juni 1995 gefaßten Eingliederungsbeschluß vor dem zuständigen Landgericht Anfechtungsklage erhoben. Dieser Rechtsstreit wurde im Dezember 1995 durch einen gerichtlichen Vergleich beendet, in dem die Parteien u.a. regelten, daß die Aufsplittung des Abfindungsangebots durch ein Schiedsgericht überprüft werden sollte. Das gerichtliche Verfahren wurde durch Klagerücknahme erledigt. Der Vergleich enthielt unter anderem folgende Klauseln:

„§ 1 Schiedsgerichtsverfahren

  1. Die Klägerin ist berechtigt, in einem Schiedsgerichtsverfahren zwischen der Klägerin und der Beklagten klären zu lassen, ob das von der Z-AG im Rahmen der Eingliederung den außenstehenden Aktionären der Beklagten unterbreitete Abfindungsangebot … insoweit rechtlich zulässig ist, als nicht nur Stammaktien, sondern zu hälftigem Anteil stimmrechtslose Vorzugsaktien der Z-AG angeboten werden.

  2. Falls das Schiedsgericht zu dem Ergebnis kommt, daß auch das Angebot von stimmrechtslosen Vorzugsaktien im vorliegenden Fall als Abfindung im Rahmen einer Eingliederung gegen Stammaktien der Aktionäre des

---

12 Vgl. die Fundstellennachweise bei *Lutter*, in: FS *Mestmäcker*, 1996, 943, 944 in Fn. 7 bis 9 sowie *Koppensteiner*, in: Kölner Komm. z. AktG, aaO (Fn. 10), § 305 AktG Rdn. 49 m.w.N.

13 Vgl. *Lutter*, in: FS *Mestmäcker*, 1996, 943, 948 ff.; *ders.*, in: *Lutter*, aaO (Fn. 11), § 5 UmwG Rdn. 11.

einzugliedernden Unternehmens rechtlich zulässig ist, so ist das Schiedsgerichtsverfahren durch diesen Spruch beendet.

3. Kommt das Schiedsgericht hingegen zu dem Ergebnis, daß die Abfindung
durch hälftige Gewährung von stimmrechtslosen Vorzugsaktien der Z-AG
gegen Stammaktien der Beklagten im vorliegenden Fall nicht zulässig ist,
so verpflichtet sich die Beitretende (= Z-AG), an die außenstehenden
Aktionäre der Beklagten, die dies verlangen, Zug um Zug gegen Rückgabe
der ausgegebenen stimmrechtslosen Vorzugsaktien Stammaktien der Z-AG
herauszugeben.

…

Allen außenstehenden Aktionären der Beklagten, die das Abfindungsangebot der Beklagten bereits angenommen haben, steht ein entsprechendes modifiziertes Umtauschrecht … zu.“

„§ 7: Protokollierung des Vergleichs

1. Mit diesem Vergleich ist der zwischen den Parteien anhängige Rechtsstreit
   vor dem Landgericht (…) übereinstimmend erledigt.

2. Die vertragsschließenden Parteien verpflichten sich übereinstimmend,
   diesen Vergleich vor dem Landgericht (…) vorzulegen und bei Empfehlung
   durch das Gericht zu Protokoll zu geben. Die Klägerin wird sodann die
   Klage zurücknehmen. Kostenanträge werden nicht gestellt.

3. Die Klägerin hält in Ansehung dieses Prozeßvergleichs ihre Einwendungen
   gegen die Eintragung der Eingliederung in das Handelsregister gegenüber
   dem Registergericht (…) nicht weiter aufrecht. „

Kurze Zeit nach der vergleichsweisen Beendigung des Rechtsstreits vor dem
ordentlichen Gericht wurde die Eingliederung in das Handelsregister eingetragen.

Über Gründe und Zulässigkeit einer solchen Verfahrensweise soll hier nicht
weiter spekuliert werden. Nur am Rande sei erwähnt, daß der Gegenstandswert für
das Schiedsverfahren deutlich abweichend vom aktienrechtlichen Regelstreitwert[14]
vereinbart worden ist, und zwar mit der ausdrücklichen Maßgabe, daß die Beklagte
alle Kosten des Schiedsgerichtsverfahrens unabhängig vom Ausgang des Verfahrens zu tragen hat. Entsprechende Schiedsgerichte werden durchgeführt, ohne daß
dort im Regelfall die Zulässigkeit des Verfahrens noch groß problematisiert wird.
Wenn – wie im Berichtsverfahren geschehen – letztlich nicht nur der Kläger oder
Antragssteller, sondern alle in gleicher Weise in ihren Rechten möglicherweise ver-
letzte Aktionäre von einem für sie günstigen Ergebnis profitieren sollen, bestehen
unter dem Aspekt eines Schutzes auch für die am Verfahren nicht unmittelbar
beteiligten Aktionäre keine überzeugenden Gründe, den einvernehmlich gewählten
Weg zum Schiedsgericht zu versperren. Dieses Verfahren ist für alle Beteiligte auch
unter Zeitaspekten zu befürworten. Ein solches Schiedsgerichtsverfahren wird zumindest in zeitlicher Hinsicht zu einer schnelleren Erledigung führen als ein ordentliches Verfahren über mehrere Instanzen mit – was gelegentlich zu beobachten ist –

---

14 Zur Festsetzung des Regelstreitwerts gem. § 247 Abs. 1 AktG vgl. ausführlich *Karsten Schmidt*,
    aaO (Fn. 7), § 247 AktG Rdn. 12 ff.

unter Umständen mehreren Revisionsverfahren und mehrfachen Zurückverweisungen in derselben aktienrechtlichen Angelegenheit.

IV. Die Entscheidung des Schiedsgerichts

Der Interessenwiderstreit, der sich infolge eines Abfindungsanspruchs gem. § 320b Abs. 1 S. 2 AktG mit hälftiger Mischung von Stamm- und Vorzugsaktien zwischen den Minderheitsgesellschaftern der eingegliederten AG und der Hauptgesellschaft ergibt, ist von den Beteiligten des Schiedsverfahrens wie folgt skizziert worden: Die beklagte Y-AG rechtfertigte das Abfindungsangebot der Z-AG damit, daß deren Grundkapital je zur Hälfte aus Stamm- und Vorzugsaktien bestehe, und diese Aufteilung folgerichtig auch für die zur Abfindung zugewiesenen Aktien gelten müsse. Eine Abfindung ausschließlich in Stammaktien würde zu einer überproportionalen Verdoppelung des Stimmrechtseinflusses der außenstehenden Aktionäre der (früheren) Y-AG führen. Das sei mit der Verpflichtung zu einem angemessenen Ausgleich, der nicht zu einer Benachteiligung, aber auch nicht zu einer Bevorzugung führen dürfe, nicht vereinbar. Die klagende X-GmbH vertrat demgegenüber die Auffassung, die von der Z-AG angebotene Handhabung laufe auf einen teilweisen Stimmrechtsentzug für außenstehende Aktionäre der Y-AG hinaus, der mit dem Grundsatz des Primärschutzes nicht vereinbar sei. Ohne Zustimmung dürfe keinem Aktionär sein Stimmrecht entzogen werden. Die Mehrheitseingliederung des § 320 Abs. 1 AktG habe für die ausscheidenden Aktionäre enteignenden Charakter (vgl. § 320a AktG). Deshalb müsse die Abfindung ein deckungsgleiches Äquivalent bieten. Diesem Anspruch könne nur durch ausnahmslose Zuweisung von Stammaktien entsprochen werden. Etwaige hierdurch bedingte Verschiebungen im Stimmpotential der Z-AG seien geringfügig und infolge der Verteilung des Grundkapitals der Z-AG strukturbedingt unvermeidlich.

Das Schiedsgericht hat einen gesetzlichen Anspruch der Klägerin gem. § 320b Abs. 1 S. 2 AktG auf Abfindung ausschließlich in Stammaktien der Hauptgesellschaft befürwortet. Die den Schiedsspruch tragenden Entscheidungsgründe sind nachfolgend wörtlich – lediglich stellenweise um einige Fundstellennachweise ergänzt – wiedergegeben:

„Die Lösung hat deshalb nach Auffassung des Schiedsgerichts die rechtlichen Besonderheiten der Eingliederung ebenso nachzuvollziehen wie die Wertungen, die sich im Umwandlungsgesetz zur Lösung vergleichbarer Situationen finden:

Die Frage, ob die Anteilsgewährung in eigenen Aktien i.S.v. § 320b Abs. 1 S. 2 AktG notwendig dahingehend zu beantworten ist, daß dem Minderheitsgesellschafter Aktien derselben Gattung zu gewähren sind, die er bei der eingegliederten Gesellschaft inne hatte, läßt sich nicht isoliert für diese Vorschrift beantworten. Das Rechtsproblem ist vielmehr im Kontext sämtlicher Umstrukturierungsmöglichkeiten zu sehen, da der Gesetzgeber das Problem nicht ausdrücklich geregelt hat, eine Lösung sich daher nur aus den gesetzgeberischen Grundentscheidungen herleiten läßt.

Insoweit ist die Lösung auch nicht unmittelbar § 23 UmwG zu entnehmen: § 23 UmwG schreibt für den Fall des Verlustes von Anteilsrechten ohne Stimmrecht, also auch Vorzugsaktien gem. § 12 Abs. 1 S. 2 AktG, die Gewährung gleichwertiger Rechte vor, garantiert also einen bestands- und arterhaltenen Schutz des Anteilsinhabers. Diese Sonderregelung läßt sich nach Auffassung des Schiedsgerichts jedoch nicht ohne weiteres auf den Verlust von Stammaktien infolge Eingliederung übertragen. Das Umwandlungsrecht bietet in § 23 UmwG einen Verwässerungsschutz für Inhaber solcher Sonderrechte, die mangels Stimmrecht keinen Einfluß auf die Verbindung nehmen konnten. Besteht ein gesellschaftsrechtliches Mitwirkungsrecht, bedarf es des Schutzes aus § 23 UmwG nicht.[15] Dies ist bei Stammaktien der Fall.

Allerdings sind dem UmwG durchaus ähnliche Wertungen zu entnehmen: Bei Mischverschmelzungen und -spaltungen sind die Anteilsinhaber des übertragenden Rechtsträgers nicht gezwungen, ihre bisherige Mitgliedschaft mit veränderter Rechtsstellung fortzusetzen. Ihnen steht stattdessen gem. § 29 Abs. 1 S. 1 UmwG ein Recht auf Barabfindung zu, falls sie gegen den Umwandlungsbeschluß Widerspruch zu Protokoll erklärt haben.[16] Mit anderen Worten: Sie müssen nur dann eine andere Rechtsstellung akzeptieren, wenn sie damit einverstanden sind.

Für rechtsformwahrende Umwandlungen gibt es keine Vorschrift, aus der zu entnehmen ist, daß sich die Rechtsstellung des Anteilsinhabers eines übertragenden Rechtsträgers nach der Umwandlung unverändert im übernehmenden Rechtsträger fortsetzen muß. Aus § 29 Abs. 1 S. 1 und 2 und § 50 Abs. 2 UmwG läßt sich durchaus – was hier aber im Ergebnis letztlich offen bleiben kann – der allgemeine Rechtsgedanke herleiten, daß belastende Veränderungen der Mitgliedschaft der Zustimmung des betroffenen Gesellschafters bedürfen. Oder anders gewendet: Ohne ausdrückliche Zustimmung der Anteilsinhaber des übertragenden Rechtsträgers sind diesen gleichartige Mitgliedschaften im übernehmenden Rechtsträger einzuräumen. Dafür spricht auch das in den Definitionen der Verschmelzung und Spaltung zum Ausdruck kommende Prinzip, wonach die Anteilsgewährung die Gegenleistung für die Vermögensübertragung darstellt.[17] Die Gegenleistung läßt sich nicht nur wirtschaftlich verstehen, sondern muß auch die rechtliche Ausgestaltung der Mitgliedschaft berücksichtigen; der Gesellschafter hatte sich schließlich vor der Umwandlungsentscheidung nicht ohne Grund gerade für die von ihm gewählte Rechtsform der Mitgliedschaft entschieden.

Letztlich kann auch nicht übersehen werden, daß § 29 Abs. 1 UmwG für die dort genannten Fälle ein Wahlrecht des betroffenen Anteilsinhabers zwischen „Anteilsgewährung mit abweichender Rechtstellung" und Barabfindung gewährt. Dieses Wahlrecht steht dem Minderheitsgesellschafter der eingegliederten Gesell-

---

15 So *Vossius*, in: *Widmann/Mayer*, Umwandlungsrecht, Loseblatt (Ergänzungslieferung Juli 1996), § 23 UmwG Rdn. 9 und 12; *Grunewald*, in: Lutter, aaO (Fn. 13), § 23 UmwG Rdn. 2; im Ergebnis ebenso *Bermel*, in: *Goutier/Knopf/Tulloch*, Kommentar zum Umwandlungsgesetz, 1995, § 23 Rdn. 8; a.A. *Dehmer*, Umwandlungsgesetz, Umwandlungssteuergesetz , 2. Aufl., 1996, § 23 Rdn. 4 f.

16 Zum Widerspruchserfordernis gem. § 29 Abs. 1 UmwG vgl. *Grunewald*, in: *Lutter*, aaO (Fn. 11), § 29 UmwG Rdn. 10 ff; *Dehmer*, aaO (Fn. 15), § 29 UmwG Rdn. 11 ff.

17 Vgl. statt aller *Dehmer*, aaO (Fn. 15), § 2 UmwG Rdn. 15.

schaft gem. § 320b Abs. 1 S. 2 AktG nicht zu. Er muß Aktien der Hauptgesellschaft als Ausgleich annehmen, es sei denn, die Hauptgesellschaft ihrerseits ist eine abhängige Gesellschaft.[18] Er hat somit grundsätzlich, anders als bei Verschmelzung und Spaltung, kein Widerspruchsrecht mit Barabfindung. Das aber spricht dafür, daß dem Gesellschafter keine Rechtstellung zuzumuten ist, die strukturell anders aussieht als seine bisherige Rechtstellung.

Die Eingliederung unterscheidet sich insoweit von anderen Fällen der Unternehmensverbindungen im wesentlichen dadurch, daß bei rechtlichem Fortbestand des eingegliederten Unternehmens die Minderheitsaktionäre ihr Beteiligungsrecht verlieren. Dieser Entzug beinhaltet deshalb eine Enteignung, die dem Schutzbereich des Art. 14 Abs. 1 GG unterfällt.[19] Die in § 320b Abs. 1 S. 1 AktG normierte Abfindung hat die Funktion einer Enteignungsentschädigung gemäß Art. 14 Abs. 3 S. 2 GG. Sie ist unter gerechter Abwägung der Interessen der Beteiligten im Einzelfall zu bestimmen, wie es das Grundgesetz vorschreibt.

Die Interessen der X-GmbH sind durch den Wunsch nach vollständiger Kompensation des von ihr nicht gewollten Substanzverlustes geprägt. Mag ihre Splitterbeteiligung an der Y-AG wirtschaftlich auch von geringem Gewicht gewesen sein, so war sie doch geprägt von einer sortenreinen Bündelung von Stammaktien, die in vollem Umfang zur aktiven Beeinflussung der Verwaltung des Gesellschaftsvermögens und der Verwendung des Ertrages berechtigten. Diese Möglichkeiten zur aktiven Teilhabe finden in der Bewertung durch den Markt ihren Niederschlag. Stammaktien werden durchweg höher bewertet als Vorzugsaktien[20], mag es auch Ausnahmen geben. Die höhere Wertschätzung hat einen realen wirtschaftlichen Hintergrund, den es bei der Auslotung der Angemessenheit der Entschädigung zu berücksichtigen gilt.

Vor diesem wirtschaftlichen Hintergrund ist das Schiedsgericht der Auffassung, daß der Grundsatz der Arterhaltung im Fall der Eingliederung uneingeschränkt Geltung behält. Der im Einzelfall und besonderen Kapitalkonstellationen zu erwartende Vorteil ist faktisch so geringfügig, daß er den Anspruch des Enteigneten auf volle Kompensation letztlich nicht zu mindern vermag.

Nichts anderes folgt letztlich auch aus dem von *Lutter* betonten Ausgangspunkt, daß bei Umstrukturierungsmaßnahmen der Gleichbehandlungsgrundsatz zwischen den Anteilsinhabern der beteiligten Rechtsträger zu beachten ist.[21] Die Beachtung des Gleichbehandlungsgrundsatzes erfolgt gerade nicht allein durch die korrekte Berechnung des Umtauschverhältnisses. Gerade weil das Umtausch-

---

18 In diesem Fall greift § 320b Abs. 1 S. 3 AktG ein, wonach den ausgeschiedenen Aktionären nach deren Wahl eigene Aktien der Hauptgesellschaft oder eine angemessene Barabfindung zu gewähren ist; vgl. dazu näher *Hüffer*, aaO (Fn. 2), § 320b AktG Rdn. 5.

19 BVerfGE 14, 263 ff = NJW 62, S. 1667 f (Feldmühle), BGHZ 82, 188, 192 = NJW 1982, 933, 934 = WM 1982, 86 f; ZIP 1982, 172 f = BB 1982, 269 f = DB 1982, 421 = AG 1982, 129, 130 (Hoesch/Hoogovens); *Kimminich*, in: Bonner Kommentar zum Grundgesetz, Loseblatt (79. Lieferung), März 1997, Art. 14 Rdn. 38 m.w.N.

20 Vgl. ausführlich *Lutter*, in: FS *Mestmäcker*, 1996, 943, 952 mit konkreten Beispielsfällen in Fn. 39.

21 *Lutter*, in: FS *Mestmäcker*, 1996, S. 943, 949.

verhältnis im Ergebnis nur eine wirtschaftliche Bewertung der Anteile vornimmt[22], fordert die Beachtung des Gleichbehandlungsgrundsatzes eine Ergänzung des Umtauschverhältnisses durch den Grundsatz der Gattungs- oder Artengleichheit. Sind bspw. in einem übertragenden Rechtsträger mehrere Aktiengattungen vorhanden, ist der übernehmende Rechtsträger einer Verschmelzung bzw. Spaltung grds. verpflichtet, diesen unterschiedlichen Rechtsstellungen bei der Anteilsgewährung Rechnung zu tragen, und den Aktionären jeder Aktiengattung entsprechende Aktien zu gewähren. Eine einheitliche Anteilsgewährung verstieße bereits gegen das Gebot der Gleichbehandlung der Aktionäre der übertragenden Gesellschaft untereinander. Von der Verpflichtung zur Beachtung des „Artengleichheitsgrundsatzes" ist der übernehmende Rechtsträger nur befreit, wenn ihm die Erfüllung dieser Verpflichtung rechtlich unmöglich ist. Insoweit läßt sich durchaus eine Parallele zu § 23 UmwG ziehen; der Unterschied, daß dem Minderheitsgesellschafter der eingegliederten Gesellschaft im Gegensatz zu den Sonderrechtsinhabern bei der Umstrukturierungsentscheidung ein Stimmrecht zusteht, wiegt nicht so schwer, daß dadurch Parallelwertungen von vornherein ausgeschlossen sind. Nach der ratio des § 23 UmwG müssen die den Sonderrechtsinhabern gewährten neuen Rechte von der gleichen Art wie die alten sein. Die Rechtsinhaber sollen vor einer Veränderung ihrer Rechtsposition geschützt werden. Ihre Rechtsstellung soll soweit wie möglich in dem neuen Rechtsträger beibehalten werden. Nach einhelliger Ansicht ist es unproblematisch, Anteilsinhabern ohne Stimmrecht Anteile mit Stimmrecht zuzuteilen; zwar verlieren die Anteilsinhaber des übernehmenden Rechtsträgers dann an Einfluß, doch können diese ihre Interessen selbst wahren, da sie über die Verschmelzung beschließen.[23] Eine Ausnahme von dem Prinzip der Anteilsgewährung gleicher Art ist allenfalls gerechtfertigt, wenn seine Durchführung aufgrund der Rechtsform des übernehmenden Rechtsträgers nicht möglich ist.[24] – Überträgt man diese Wertungen auf die Eingliederung, bliebe zu klären, unter welchen Umständen es dem übernehmenden Rechtsträger rechtlich unmöglich ist, Aktien einer bestimmten Gattung zu gewähren. Da die Aktiengewährung regelmäßig eine Kapitalerhöhung erforderlich macht, die Aktien also erst geschaffen werden müssen, liegt es nahe, die Schranke für die inhaltliche Ausgestaltung der zu gewährenden Aktien in der Satzung der Aktiengesellschaft zu sehen sein. Sieht die Satzung bspw. nur die Gewährung von vinkulierten Namensaktien vor, ist die übernehmende Aktiengesellschaft nicht verpflichtet, zuvor ihre Satzung zu ändern, um Inhaberaktien zu gewähren. Man kann aber – worüber das Schiedsgericht letztlich nicht entscheiden muß – durchaus auch eine strengere Ansicht vertreten und eine entsprechende vorherige Satzungsänderung fordern; lediglich wenn die hierfür erforderlichen Mehrheitsverhältnisse nicht erreicht werden sollten, wäre dann von rechtlicher Unmöglichkeit auszugehen. Konkret bedeutet dies für den vorliegenden Streitfall: Da die Z-AG sowohl Stamm- als

---

22 So prägnant *Lutter*, in: FS *Mestmäcker*, 1996, 943, 953. Zur Berechnung des Umtauschverhältnisses bei Verschmelzungen vgl. statt aller die ausführliche Kommentierung von *Bermel/Hannappel*, in: *Goutier/Knopf/Tulloch*, aaO (Fn. 15), § 5 UmwG Rdn. 6 ff.

23 Zutreffend *Grunewald*, in: *Lutter*, aaO (Fn. 11), § 23 UmwG Rdn. 6 m.w.N.

24 Vgl. *Grunewald*, in: *Lutter*, aaO (Fn. 11), § 23 UmwG Rdn. 7.

auch Vorzugsaktien ausgegeben hat, ist sie verpflichtet, der X-GmbH Stammaktien zum Ausgleich für den Verlust ihrer Stammaktien an der Y-AG zu gewähren.

Eine den Grundsatz der Artengleichheit beachtende Anteilsgewährung an die X-GmbH und die übrigen Aktionäre stellt für die Z-AG keine unzumutbare Belastung dar. Die tatsächlichen Einwirkungsmöglichkeiten aller abzufindenden Aktionäre bleiben nach der Eingliederung marginal. Das Schiedsgericht hält es für ausgeschlossen, daß ein derartiger Anteil zu irgendwelchen merkbaren Verschiebungen in den Machtverhältnissen der Z-AG führen könnte. Im übrigen bestünden – worauf aber letztlich nicht entscheidend abzustellen ist – auch durchaus Bedenken dagegen, die Gewährung von Stammaktien und Vorzugsaktien zu je 50 % damit zu begründen, daß sich ansonsten bei einer reinen Anteilsgewährung in Stammaktien im Einzelfall die austarierten Mehrheitsverhältnisse bei der Hauptgesellschaft empfindlich ändern können. Die Hauptgesellschaft hat keinen Anspruch darauf, daß sich bei ihr die Mehrheitsverhältnisse durch die Eingliederung nicht ändern. Wie gerade § 320b Abs. 1 AktG zeigt, führt die zwingende Anteilsgewährung an die Minderheitsgesellschafter der eingegliederten Gesellschaft notwendig dazu, daß die Beteiligungsstruktur der Hauptgesellschaft Veränderungen erfährt. Bei einer entsprechenden Größenordnung der einzugliedernden Gesellschaft können diese Veränderungen durchaus spürbar sein. Das ist jedoch Konsequenz einer Entscheidung der Hauptgesellschaft, die ohne Mitwirkung ihres Mehrheitsgesellschafters nicht getroffen werden kann. Ist eine Veränderung der feinabgestimmten Mehrheitsverhältnisse in der Hauptgesellschaft nicht erwünscht, muß die Eingliederung notfalls unterbleiben. Die Anteilsgewährung zu je 50% in Stamm- und Vorzugsaktien ist zudem kein generell taugliches Mittel, den Einfluß z. Bsp. eines 51% Mehrheitsgesellschafters der Hauptgesellschaft nach der Eingliederung unverändert aufrecht zu erhalten; ob dies im Einzelfall rechnerisch erreicht werden kann, hängt vielmehr entscheidend vom Wert der einzugliedernden Gesellschaft und der Größe des von dem Minderheitsgesellschafter gehaltenen Anteils ab. Der Schutz des Minderheitsgesellschafters in der eingegliederten Gesellschaft hängt – provokant ausgedrückt – nicht von „Mehrheits-Zahlenspielereien" in der Hauptgesellschaft ab.

Die bei *Lutter*[25] in den Vordergrund gestellte Saldierung von Vor- und Nachteilen – „Nullsummenspiel" – führt im Ergebnis nicht zu einer anderen Wertung des vorliegenden Falles. Die rechnerische Verdoppelung des Stimmrechts ist für die X-GmbH ein Vorteil. Er ist aber auch nicht saldierungspflichtig, weil letztlich nicht unangemessen. Wie im Bereich des Schadensersatzrechts wird auch im Enteignungsrecht ein Vorteil saldiert, wenn eine Abwägung der beiderseitigen Interessen dies gebietet.[26] Es handelt sich insoweit um Billigkeitserwägungen, die einschließen, ob die Abrechnung für den Geschädigten zumutbar ist und eine Nichtanrechnung zu einer unzumutbaren Belastung des Geschädigten führen würde.[27]

---

25   In: FS *Mestmäcker*, 1996, 943, 949.
26   Vgl. *Kimminich*, aaO (Fn. 19), Art. 14 GG Rdn. 517 m.w.N.
27   *Grunsky*, in: Münchener Kommentar z. BGB, 3. Aufl., 1994, Vorbemerkung zu § 249 BGB Rdn. 96 m.w.N.

Eine Abfindung mit Stammaktien entspricht in diesem Sinne dem Gebot der Billigkeit. Der Vorteil – der rechnerische Stimmgewinn – ist vernachlässigenswert gering. Er ist zudem in seiner Substanz flüchtig, weil er untrennbar mit dem Fortbestand der speziellen Kapitalstruktur der Z-AG verbunden ist. Der Anteil der Vorzugsaktien ist bei der Z-AG bis zur Höchstgrenze des § 139 Abs. 2 AktG ausgeschöpft. Er kann deshalb nicht weiter gesteigert, wohl aber vermindert werden. Eine sich hieraus ergebende Erhöhung des Stammaktienanteils würde zu einer entsprechenden Abschmelzung des Stimmgewichts der einzelnen Aktien auf das Gesamtkapital führen. Parallel hierzu würde sich der errechnete Vorteil kürzen. Dessen effektive Substanz steht ohnehin unter dem Vorbehalt des § 140 Abs. 2 AktG.

Ob man – in Extremfällen – die Anteilsgewährung je zur Hälfte in Stamm- und Vorzugsaktien allein damit rechtfertigen könnte, daß dies der Beteiligungsstruktur bei der Hauptgesellschaft entspreche, erscheint dem Schiedsgericht darüber hinaus nicht unzweifelhaft zu sein. *Lutter* ist in seinem Beispiel offensichtlich unausgesprochen davon ausgegangen, daß jeder Aktionär der Hauptgesellschaft ebensoviele Vorzugsaktien wie Stammaktien hält.[28] Dort wird ... lediglich von einer Gesamtrelation zwischen Stamm- und Vorzugsaktien ausgegangen. Sind bei der Hauptgesellschaft dagegen – wie im konkreten Fall – Aktionäre vorhanden, die ausschließlich Stammaktien halten und gibt es andere Aktionäre, die Inhaber ausschließlich von Vorzugsaktien sind, ist es unter dem Gesichtspunkt der Gleichbehandlung schwerlich geboten, den Minderheitsgesellschafter der eingegliederten Gesellschaft zu zwingen, beide Aktiengattungen paritätisch zu erwerben, obwohl er in der eingegliederten Gesellschaft nur Stammaktien inne hatte. Der Grundsatz der Gleichbehandlung der Aktionäre gilt nur individuell untereinander, nicht gegenüber der Aktionärsgesamtheit. Auf die Relation „50/50" bei der Aktionärsgesamtheit kann deshalb nicht abgestellt werden. Im übrigen käme dem Gleichbehandlungsgrundsatz in der Gesellschaft keine „tatsächliche Ewigkeitsgarantie" zu. Es könnte jederzeit ein Aktionär „auftauchen", dessen Rechtsstellung eben nicht mit den Rechtsstellungen der bisherigen Gesellschafter vergleichbar wäre; auch unter diesem Aspekt erschiene es verfehlt, selbst in Extremfällen dem Gedanken von *Lutter* zu folgen. Insoweit bliebe nämlich § 327 Abs. 1 Nr. 3 AktG unberücksichtigt: Dem Minderheitsstammaktionär der eingegliederten Gesellschaft werden im Zuge der Eingliederung die Hälfte seiner Stimmrechte entzogen, obwohl die Hauptgesellschaft anschließend jederzeit die Möglichkeit hat, die Eingliederung durch den Verkauf auch nur einer Aktie an einen Dritten wieder zu beenden. Auch das spricht gegen die von *Lutter* entwickelte Lösung.

Die Geringfügigkeit des Vorteils auf seiten der X-GmbH indiziert dessen Akzeptanz für die Z-AG. Die von ihr errechneten Nachteile sind in ihrer praktischen Relevanz nicht meßbar. Deshalb entspricht es auch nicht den Geboten der Billigkeit, sie zu ihren Gunsten anzurechnen.

Eine im Sinne des § 320b Abs. 1 S. 2 AktG angemessene Abfindung hat daher dem Grundsatz der Arterhaltung zu entsprechen."

---

28 Vgl. *Lutter*, in: FS *Mestmäcker*, 1996, 943, 950 f.

V. Gilt das Gebot der Gattungsgleichheit auch bei Gewährung von Stammaktien für Vorzugsaktien?

In dem vorstehend geschilderten Schiedsverfahren ging es um die Rechtsfrage, ob Stammaktionäre ausnahmsweise eine Abfindung teilweise in Vorzugsaktien hinnehmen müssen. Das ist – wie im Schiedsspruch ausführlich dargelegt – zu verneinen. Wie aber ist der umgekehrte Fall zu beurteilen? Um ein Beispiel zu nehmen: In der Hauptgesellschaft und in der eingegliederten Gesellschaft sind jeweils Stamm- und Vorzugsaktien ausgegeben. Bestehen rechtliche Bedenken dagegen, wenn die Vorzugsaktionäre der eingegliederten Gesellschaft durch Stammaktien der Hauptgesellschaft abgefunden werden oder muß die Hauptgesellschaft Vorzugsaktien gewähren und sie ggfs. durch eine bedingte Kapitalerhöhung gem. § 192 Abs. 2 Nr. 2 AktG schaffen? Diese Frage wird für die Eingliederung – soweit ersichtlich – in der Kommentarliteratur nur von *Hüffer* aufgeworfen, der die Zulässigkeit der Abfindung von stimmrechtslosen Verzugsaktionären mit Stammaktien befürwortet.[29] Zur Begründung führt er aus, der Vorzug könne gem. § 141 Abs. 1 AktG grundsätzlich aufgehoben werden, und zwar auch ohne Zustimmung der betroffenen Aktionäre, wenn es sich – wie bei der Eingliederung – nur um eine mittelbare Beeinträchtigung handele.[30] Dieser Argumentation folgt *Lutter* für den Anteilstausch bei der Verschmelzung.[31]

Die unterschiedlichen Ergebnisse, wonach zwar die Abfindung von Stammaktionären mit Vorzugsaktien unzulässig, von Vorzugsaktionären mit Stammaktien aber zulässig sein soll, stimmen besonders deshalb nachdenklich, weil sie von Autoren stammen, die das Gebot der Gattungsgleichheit anerkennen. Das Gebot der Gattungsgleichheit zwischen abgefundenen und zu gewährenden Aktien scheint sich somit letztlich auf den Schutz der abfindungsberechtigten Aktionäre zu reduzieren. Oder mit anderen Worten: Eine „Durchbrechung" des Gattungsgleichheitsgebots scheint rechtlich nicht zu beanstanden zu sein, wenn die Abfindung in einer anderen Gattung die abfindungsberechtigten Aktionäre „besserstellt". Eine solche Schlußfolgerung wäre indes vorschnell.

Die Argumentation von *Hüffer*, die Gewährung von Stammaktien für Vorzugsaktien sei ohne Zustimmung der betroffenen Vorzugsaktionäre zulässig, weil sich die Eingliederung lediglich als mittelbare Beeinträchtigung der Vorzüge darstelle[32], soll hier nicht näher auf ihre Tragfähigkeit hin untersucht werden. Sie wird jedenfalls nicht dem Schutz aller an der Eingliederung beteiligten Aktionäre gerecht. Sie vernachlässigt – um das Ergebnis vorwegzunehmen – den ebenfalls gebotenen Schutz der Minderheits-Stammaktionäre der Hauptgesellschaft.

Das Gattungsgleichheitsgebot bei der Abfindung in Aktien gem. § 320b Abs. 1 S. 2 AktG bzw. der Anteilsgewährung gem. § 2 UmwG ist nicht nur Ausdruck des

---

29 *Hüffer*, aaO (Fn. 2), § 320b AktG Rdn. 4. Für den Anteilstausch bei der Verschmelzung ebenso *Lutter*, in: *Lutter*, aaO (Fn. 11), § 5 UmwG Rdn. 13.

30 *Hüffer*, aaO (Fn. 29).

31 *Lutter*, aaO (Fn. 29).

32 *Hüffer*, aaO (Fn. 2), § 320b AktG Rdn. 4.

Primärschutzes der Aktionäre der eingegliederten bzw. übertragenden Gesellschaft. Er trägt vielmehr zugleich dem Grundsatz der Gleichbehandlung der Anteilsinhaber der beteiligten Rechtsträger untereinander Rechnung. Für die Verschmelzung ist der Gleichbehandlungsgrundsatz der Anteilsinhaber der beteiligten Rechtsträger untereinander seit langem anerkannt.[33] Bei der Eingliederung kann nichts anderes gelten. In beiden Fällen werden die Aktionäre der beteiligten Gesellschaften zukünftig Aktionäre einer Gesellschaft sein.[34] Die Beachtung des Gleichbehandlungsgrundsatzes erschöpft sich nicht in der Ermittlung eines angemessenen Umtauschverhältnisses. Die zutreffende Ermittlung des Umtauschverhältnisses[35] gewährleistet zwar bei der Eingliederung (vgl. § 320b Abs. 1 S. 4 AktG) und der Verschmelzung einen Vermögensschutz in zweierlei Hinsicht. Sie sorgt einerseits dafür, daß die Umstrukturierungsentscheidung für die Aktionäre der eingeliederten bzw. übertragenden AG nicht mit einer Vermögenseinbuße verbunden ist[36] und bedeutet zugleich andererseits aus Sicht der Aktionäre der Hauptgesellschaft bzw. übernehmenden AG vor allem Schutz vor einer wertmäßigen Verwässerung ihrer Anteile.[37] Demgegenüber kann das Umtauschverhältnis vor einer Verwässerung der Stimmrechtsmacht nur begrenzt schützen. Es kann lediglich bewirken, daß die Schmälerung der Stimmrechtsquote des einzelnen Aktionärs nur insoweit eintritt, wie dies durch die mit der Eingliederung (bzw. Verschmelzung) zwangsläufig verbundenen Erweiterung des stimmberechtigten Aktionärskreises notwendig ist. Einer ungerechtfertigten Ausdehnung des stimmberechtigten Aktionärskreises kann das Umtauschverhältnis hingegen nicht vorbeugen. Der Grundsatz zur Gleichbehandlung aller Aktionäre der beteiligten Rechtsträger macht deshalb nicht nur die Ermittlung eines angemessenen Umtauschverhältnisses, sondern auch die Gewährung von Aktien gleicher Gattung erforderlich. Vorzugsaktionäre der eingegliederten Gesellschaft sind deshalb in Vorzugsaktien der Hauptgesellschaft abzufinden.[38] Geschieht

---

33 Vgl. *Schilling*, JZ 1953, 489, 490; *ders.*, in: Großkomm. z. AktG, 3. Aufl., 1975, § 339 Anm. 8; *Schilling/Zutt*, in: *Hachenburg*, GmbHG, 7. Aufl., 1984, § 77 Anh. II, § 21 KapErhG Rdn. 13; *Lutter*, in: *Lutter*, aaO (Fn. 11), § 5 UmwG Rdn. 12; *ders.*, in: FS *Mestmäcker*, 1996, 943, 949; *Lutter/Hommelhoff*, GmbHG, 13. Aufl., 1991, Anh. Verschmelzung, § 21 KapErhG Rdn. 3; *Priester*, in: *Scholz*, GmbHG, 7. Aufl., 1988, Anh. Umw., § 21 KapErhG Rdn. 13.

34 So die Begründung für die Verschmelzung von *Schilling*, JZ 1953, 489, 490; *ders.*, in: Großkomm. z. AktG, aaO (Fn. 33), § 339 AktG Anm. 8.

35 Das Umtauschverhältnis drückt das Verhältnis aus, wie viele Aktien ein Aktionär der eingegliederten AG bzw. übertragenden AG an Aktien der Hauptgesellschaft bzw. übernehmenden AG erhält, jeweils bezogen auf einen bestimmten Anteils-Nominalbetrag; vgl. zur Verschmelzung statt aller *Bermel/Hannappel*, in: *Goutier/Knopf/Tulloch*, aaO (Fn. 15), § 5 UmwG Rdn. 7.

36 Die Summe der Aktien in der Hauptgesellschaft soll denselben Unternehmenswert repräsentieren wie die Summe der Aktien in der eingegliederten Gesellschaft; vgl. zum Parallelfall Verschmelzung *Bermel/Hannappel*, in: *Goutier/Knopf/Tulloch*, aaO (Fn. 15), § 5 UmwG Rdn. 13.

37 Vgl. *Lutter*, in: *Lutter*, aaO (Fn. 11), § 13 UmwG Rn. 34. Terminologisch ist der Begriff „Kapitalverwässerung" allerdings klärungsbedürftig. Er sollte nur für eine solche Schmälerung der Beteiligungsquote verwandt werden, die durch eine unrichtige Berechnung des Umtauschverhältnisses hervorgerufen wird.

38 So bereits *Schilling*, in: Großkomm. z. AktG, aaO (Fn. 33), § 339 AktG Anm. 8 mit zutreffendem Hinweis, daß die festzusetzende Vorzugsdividende anhand des Umtauschverhältnisses ermittelt werden muß.

das nicht, ist das Abfindungsangebot aus Sicht der Stammaktionäre der Hauptgesellschaft unangemessen. Die Minderheits-Stammaktionäre können somit den Zustimmungsbeschluß der Hauptgesellschaft zur Eingliederung gem. § 243 Abs. 1 AktG anfechten.[39]

Die vorstehenden Ausführungen gelten in gleicher Weise für die Abfindung der außenstehenden Aktionäre gem. § 305 AktG. Deren Abfindung in Aktien richtet sich ebenfalls nach der Verschmelzungsrelation (vgl. § 305 Abs. 3 S. 1 AktG). Werden die außenstehenden Aktionäre einer abhängigen AG gem. § 305 Abs. 2 Nr. 1 oder Nr. 2 AktG in Aktien abgefunden, treten sie in gleicher Weise wie bei der Eingliederung und der Verschmelzung neben die Aktionäre der abfindenden Aktiengesellschaft. Es liegt deshalb nahe, mit der Begründung von *Schilling*[40] die Geltung des Gleichbehandlungsgrundsatzes auch auf das Verhältnis der Aktionäre der herrschenden und abhängigen Gesellschaft anzuwenden. Folgt man dieser Argumentation, stehen der Geltung des Gattungsgleichheitsgebots bei der Abfindung gem. § 305 Abs. 2 Nr. 1 und Nr. 2 AktG keine durchgreifenden Einwände entgegen. Insbesondere das in § 305 Abs. 2 Nr. 2 AktG eröffnete Wahlrecht zwischen einer Abfindung in Aktien oder einer Barabfindung rechtfertigt keine andere Beurteilung. Entscheidet sich das abfindungspflichtige Unternehmen für eine Abfindung in Aktien[41], muß es einerseits die Interessen der abfindungsberechtigten Aktionäre auf weitestgehende Fortschreibung ihrer Mitgliedschaft und andererseits die ihrer eigenen Aktionäre auf geringstmögliche Beeinträchtigung ihrer Rechtsstellungen durch die Erweiterung des Aktionärskreises berücksichtigen.

VI. Auswirkungen des Gattungsgleichheitsgebots auf die nicht-verhältniswahrende Spaltung gem. § 128 UmwG

Abschließend sei noch ein weiteres Problemfeld im Zusammenhang mit dem Gebot der Gattungsgleichheit angesprochen und zur Diskussion gestellt. Um ein Beispiel zu nennen: Bei einer Spaltung führt die Anteilsgewährung durch die übernehmende oder neu gegründete Aktiengesellschaft nicht zu einer Veränderung der Beteili-

---

39   Die Anfechtung des Eingliederungsbeschlusses der eingegliederten Gesellschaft bei Verletzung des Gattungsgleichheitsgrundsatzes ist durch § 320b Abs. 2 S. 1 AktG nicht ausgeschlossen. Zwar werden die Minderheitsaktionäre der eingegliederten Gesellschaft auf das Spruchstellenverfahren gem. § 306 AktG verwiesen, wenn die angebotene Abfindung „nicht angemessen" ist. „Unangemessenheit" gem. § 320b Abs. 2 S. 1 AktG wird jedoch im Sinne einer zu „niedrigen Bemessung des Umtauschverhältnisses" gem. § 14 Abs. 2 UmwG auszulegen sein. Die Verletzung des Grundsatzes der Gattungsgleichheit hindert damit eine Anfechtung des Eingliederungsbeschlusses nicht; vgl. *Semler/Grunewald*, in: *Geßler/Hefermehl/Eckardt/Kropff*, aaO (Fn. 2), § 320 AktG Rdn. 28 i.V.m. Rdn. 11 und 13. Dasselbe gilt für den übertragenden Rechtsträger einer Verschmelzung; vgl. *Bork*, in: *Lutter*, aaO (Fn. 13), § 14 UmwG Rdn. 15; *Dehmer*, aaO (Fn. 15), § 14 UmwG Rdn. 21.

40   Vgl. *Schilling*, JZ 1953, 489, 490; *ders.*, in: Großkomm. z. AktG, aaO (Fn. 33), § 339 AktG Anm. 8.

41   Vgl. zum Wahlrecht des Unternehmens *Koppensteiner*, in: Kölner Komm. z. AktG, aaO (Fn. 10), § 305 AktG Rdn. 23.

gungsquoten; einzelne Aktionäre bzw. Aktionärsgruppen erhalten aber Aktien in einer anderen Gattung. Führt dies dazu, daß der Spaltungsbeschluß der übertragenden Aktiengesellschaft statt des 3/4-Mehrheitserfordernisses (§§ 125 S. 1, 65 Abs. 1 S. 1 UmwG) der Einstimmigkeit aller Aktionäre gem. § 128 UmwG bedarf?

Die nicht-verhältniswahrende Spaltung wird in § 128 UmwG legaldefiniert als eine Auf- oder Abspaltung, bei der die Anteile oder Mitgliedschaften der übernehmenden Rechtsträger den Anteilsinhabern des übertragenden Rechtsträgers nicht in dem Verhältnis zugeteilt werden, das ihrer Beteiligung an dem übertragenden Rechtsträger entspricht. S. 2 des § 128 UmwG stellt für die Spaltung zur Aufnahme klar, daß die zwangsläufig niedrigere Beteiligungsquote am übernehmenden Rechtsträger nicht dazu führt, die Spaltung als eine nicht-verhältniswahrende zu behandeln.[42]

Soweit die nicht-verhältniswahrende Spaltung bislang in der Literatur erörtert worden ist, wird sie ausschließlich in dem Sinne verstanden, daß sich die Beteiligungsquoten der Anteilsinhaber des übertragenden Rechtsträgers an dem neu gegründeten bzw. übernehmenden Rechtsträger abweichend von den Beteiligungsquoten an dem übertragenden Rechtsträger gestalten. Dem Tatbestand der nicht-verhältniswahrenden Spaltung wird sowohl eine reine Verschiebung der Beteiligungsverhältnisse als auch die sog. „Spaltung zu Null" zugeordnet.[43] Das Einstimmigkeitserfordernis dient der besonderen Schutzbedürftigkeit der Gesellschafterminderheit. Die Minderheit soll nicht Gefahr laufen, in eine wertlose Aktiengesellschaft abgeschoben zu werden, indem die 3/4-Mehrheit beschließt, das gemeinsame Unternehmen in zwei Teile aufzuspalten, wobei sie sich den florierenden Teil und der Minderheit den „Ladenhüter" zuweist.[44] „Unbequeme" Minderheiten können aber auch dadurch „mundtot" gemacht werden, daß sie zwar mit derselben Beteiligungsquote an dem übernehmenden Rechtsträger beteiligt werden, sie aber statt Stammaktien lediglich stimmrechtslose Vorzugsaktien erhalten. Diese Abweichung von dem status quo ante stellt fraglos eine Verletzung des Gleichbehandlungsgrundsatzes gem. § 53a AktG dar. Sie ist deshalb jedenfalls ohne Zustimmung der betroffenen Aktionäre unwirksam. Allerdings stellt sich die Frage, ob man es bei dieser Zustimmungslösung belassen kann. Die nicht-verhältniswahrende Spaltung ist das „gesetzliche Paradebeispiel" einer Abweichung vom Gleichbehandlungsgrundsatz. Der Gesetzgeber hat es indes – im Interesse der Rechtssicherheit zutreffend[45] – nicht bei einer Zustimmungslösung der betroffenen Gesellschafter[46] belassen. Es erscheint deshalb mit guten Gründen vertretbar, eine Abweichung von dem Gebot der Gattungsgleichheit bei der Anteilsgewährung, die

---

42 Vgl. Gesetzesbegründung, abgedruckt bei: *Ganske*, Umwandlungsrecht, 2. Aufl., 1995, S. 159.

43 Vgl. *Priester*, in: *Lutter*, aaO (Fn. 11), § 128 UmwG Rdn. 9 f; *Dehmer*, aaO (Fn. 15), § 128 UmwG Rdn. 7 ff; *Mayer*, in: *Widmann/Mayer*, aaO (Fn. 15), § 128 UmwG Rn. 27 ff; *Engelmeyer*, Die Spaltung von Aktiengesellschaften nach dem neuen Umwandlungsrecht, 1995, 172 ff; *J. Pieroth*, Schutz von Minderheitsgesellschaftern bei der nicht-verhältniswahrenden Spaltung von Kapitalgesellschaften, 1994, S. 3 ff.

44 Vgl. *Lutter*, ZGR 1990, 392, 404.

45 Vgl. *Priester*, in: *Lutter*, aaO (Fn. 11), § 128 UmwG Rdn. 13.

46 So aber der Vorschlag von *Hoffmann-Becking*, ZGR 1990, 482, 491; *J. Pieroth*, aaO (Fn. 43), S. 149 ff.

gleichfalls eine Ungleichbehandlung darstellt, in den Tatbestand der nicht-verhältniswahrenden Spaltung mit einzubeziehen. Diese Auslegung wäre von dem Wortlaut des § 128 S. 1 UmwG noch gedeckt. Die Zuteilung „nicht in dem Verhältnis, das ihrer Beteiligung am übertragenden Rechtsträger entspricht", ist bei einer rechtsformwahrenden Spaltung nicht notwendig auf die kapitalmäßige Beteiligungsquote beschränkt, sondern erfaßt auch die Anteilsgewährung in einer anderen Aktiengattung.

Schutz der Aktionärsminderheit
bei einfacher Konzernierung

WOLFGANG ZÖLLNER

I.

Minderheitsaktionäre einer bislang selbständigen AG können über Nacht zu Minderheitsaktionären einer abhängigen AG werden. Sinnvoller *vorbeugender* Schutz[1] dagegen ist derzeit nur in Gestalt von Maximalstimmrechten möglich, die das Bundesministerium der Justiz im Entwurf eines Gesetzes mit dem anspruchsvollen Titel „Gesetz zur Kontrolle und Transparenz im Unternehmensbereich" (KonTraG) zur Abschaffung vorschlägt – ein Vorhaben, das vermutlich zum Erfolg gebracht werden wird, weil es derzeit gängigen Kapitalmarktideologien entspricht. Ich prophezeie, daß man in etwas späterer Zeit diese die aktienrechtliche Gestaltungsfreiheit weiter einengende Neuerung bereuen wird[2], aber derzeit muß offenbar gesetzgeberisches Regulieren auf allen Gebieten stattfinden, weil niemand mehr Regelungsfreiheit ertragen kann[3]. Schutzvorkehrungen durch andere gesetzlich nicht vorgezeichnete Satzungsregelungen, wie sie für die GmbH denkbar sind, können für die AG-Satzung wegen des geringen Spielraums, den § 23 Abs. 5 AktG eröffnet, kaum wirksam vorgesehen werden[4]. Einen gewissen Schutz bietet die Vinkulierung der Aktien[5], aber selbst wenn für die Genehmigung die Erforderlichkeit eines Hauptversammlungsbeschlusses vorgeschrieben wird (§ 68 II 3 AktG) sichert dies den einzelnen Minderheitsaktionär nur, wenn für die Beschlußfassung eine qualifizierte Mehrheit erforderlich ist und er über die dazu komplementäre Sperr-

---

1   Beim Konzernschutz wird gern unterschieden zwischen dem sog. Konzerneingangsschutz und dem Konzernschutz im etablierten Konzern. Mit dem Konzerneingangsschutz kann die Konzernbildung bzw. evtl. schon die Begründung von Abhängigkeit verhindert werden (vorbeugender Konzernschutz oder Konzernpräventivschutz im eigentlichen Sinn) oder es werden doch zumindest (evtl. überwindbare) Hürden für die Etablierung von Abhängigkeit oder Konzernleitung aufgestellt. Weniger glücklich ist der leider ebenso vielverwendete wie mißverständliche Begriff der Konzerneingangs- oder Konzernbildungskontrolle. Der Kontrollbegriff ist den Privatrechtlern außer Kontrolle geraten. Zum Konzerneingangsschutz hat der Jubilar einen wichtigen Beitrag geleistet, vgl. *Kropff*, FS Goerdeler, 1987, S. 259. Frühzeitig eindringlich für Konzerneingangskontrolle plädiert zu haben, ist das Verdienst von *Lutter* (s. schon DB 1973 Beil. Nr. 21 zu Heft 46; *ders.,* FS Barz, 1974, S. 199; *ders.,* FS Westermann, 1974, S. 347); *U.H. Schneider* (in: Der GmbH-Konzern, 1976, S. 78) und *Timm* (zusammen mit *Lutter* in: NJW 1982, 409). Das Plädoyer wird intensiv fortgesetzt von *Emmerich/Sonnenschein*, Konzernrecht 5. Aufl., S. 99 ff. mit umfangreicher (= zu umfangreicher) Literaturliste auf Seiten 97/98. Ausführlich aus noch neuerer Zeit *Binnewies*, Die Konzerneingangskontrolle in der abhängigen Gesellschaft, 1996, S. 307 ff.

2   Zum rechtspolitischen Für und Wider ausführlich *Zöllner/Noack* AG 1991, 117 ff. m.N. der bis dahin erschienenen Stellungnahmen. Ausführlich ferner *Sünner*, FS Quack, 1991, S. 457 (461 ff.); *Binnewies* (Fn. 1) S. 307 ff. Völlig unverständlich ist, daß die Abschaffung der Höchststimmrechte auch auf nicht an der Börse notierte Aktiengesellschaften erstreckt werden soll.

3   Zur allgemeinen Problematik gesetzgeberischer Überregulierung privatrechtlicher Fragen s. *Zöllner*, Die Privatrechtsgesellschaft im Gesetzes- und Richterstaat, 1996.

4   Ausführlich wird die Frage des Schutzes durch Satzungsklauseln entwickelt bei *Binnewies* (Fn. 1) S. 291 ff., der neben den oben im Text erwähnten Möglichkeiten des Höchststimmrechts und der Vinkulierung auf statutarische Tätigkeits- und Wettbewerbsverbote (S. 315 ff.) und Abhängigkeitsbegründungsverbote eingeht. Vgl. ferner *Emmerich/Sonnenschein* (Fn. 1) S. 110 ff.

5   Dazu zuletzt *Binnewies* (Fn. 1) S. 292 ff. mit umfassenden Nachweisen.

minorität verfügt[6]. Daß Einstimmigkeit für die Genehmigung vorgesehen würde, ist aus praktischen Gründen kaum denkbar; schon das Erfordernis qualifizierter Mehrheit ist wenig zweckmäßig. Daß die Vinkulierung aus der Sicht des Kapitalmarkts wesentlich bedenklicher sein kann als Höchststimmrechte, sei nur am Rand vermerkt. Wie auch immer: Vorkehrungen gegen den Erwerb der Mehrheit oder einer die Beherrschung ermöglichenden geringeren Beteiligungsquote werden, von eher zum personalistischen Charakter neigenden Gesellschaften abgesehen, aus vielen Gründen in der Regel ausscheiden. Selbstverständlich bedarf der Erwerb einer abhängigkeitsbegründenden Beteiligung keiner Zustimmung der Hauptversammlung der abhängigen Gesellschaft, und zwar auch dann nicht, wenn der Erwerber konzernrechtlich als Unternehmen zu qualifizieren ist. Erst recht bedarf es nicht der Zustimmung der Minderheit.

Glücklicherweise gibt es Abhängigkeitslagen, die der abhängigen AG und damit ihrer Minderheit nicht zum Schaden geraten. Insbesondere die bloß potentielle, aber nicht praktizierte Abhängigkeit stellt zwar einen Risikozustand dar, aber einen, dessen Risiken sich mitunter über Jahrzehnte nicht realisieren. Häufiger freilich entwickelt sich aus Abhängigkeitslagen in praktisch höchst unterschiedlichem Tempo die Einbeziehung der abhängigen Gesellschaft in einen Konzern[7]. Besteht dieser Konzern bereits vorher (d.h. ohne Einbeziehung der abhängigen Gesellschaft) – das unmittelbar, d. h. auf der nächsten Stufe herrschende Unternehmen braucht dazu keineswegs Konzernspitze zu sein – wird die Einbeziehung meist bald nach dem Erwerb der beherrschenden Beteiligung erfolgen. Wird der Konzern dagegen mit der abhängigen Gesellschaft erst aufgebaut, kann der konzernfreie, wenngleich abhängige Zustand sich länger hinziehen. Die Frage, inwieweit rechtlich ein Präventivschutz gegen die Einbeziehung einer abhängigen Gesellschaft in einen Konzern besteht, ist sehr viel schwieriger zu beurteilen als der Präventivschutz gegen die Begründung von Abhängigkeit.

II.

Bevor ich auf Rechtsfragen des Konzerneingangsschutzes eingehe, scheint mir ein Blick auf die als Einbeziehung in einen Konzern deutbaren Sachverhalte nützlich.

1. Ich verwende bewußt nicht den beliebten Terminus der Eingliederung in einen Konzern, nicht wegen der Verwechslungsgefahr mit der fusionsähnlichen Eingliederung ieS der §§ 319 ff. AktG, sondern weil der Begriff die Vorstellung einer recht starken Einordnung in (und einer Ausrichtung auf) das Konzernganze weckt.

---

6   Meine Auffassung, daß sich aus dem Zweck der Vinkulierung ein Stimmverbot für Veräußerer und Erwerber des zur Beurteilung stehenden Übertragungsvorgangs, jedenfalls i.d.R., ergebe (s. KK-*Zöllner*, 1. Aufl. § 136 Rn. 29) hat sich nicht durchzusetzen vermocht, obgleich die Gegenargumente sämtlich oberflächlich und unzutreffend sind (so zuletzt wieder bei *Binnewies* (Fn. 1) S. 294, der die alten Hüte von der restriktiven Handhabung der Stimmverbote hervorholt. Darum geht es gar nicht).

7   Zum Weg in den Konzern und seinen Stadien vgl. z.B. *Kropff* (Fn. 1) S. 259 ff. (261); *Behrens* ZGR 1975, 433 (440 f.); *Lutter/Timm* NJW 1982, 409 (412 f.); *Binnewies* (Fn. 1) S. 11 ff.

Einbeziehung ist in einem viel weiteren, unspezifischeren Sinn gemeint und soll alle Sachverhalte decken, bei denen sich konstatieren läßt, daß die Gesellschaft von der nach § 18 AktG definitionsgemäß erforderlichen einheitlichen Leitung miterfaßt wird.

2. Die Feststellung, wann dieser Sachverhalt vorliegt und eintritt, ist freilich an Tatsachen vielfach schwer festzumachen. Meine auf dem 59. DJT am Beginn meines Referats gemachte Feststellung[8], daß Konzernrechtler Hochstapler seien – in dem hier präsentierten, zu seinem Geburtstag gedachten Beitrag muß ich *Bruno Kropff* selbstverständlich davon ausnehmen – hat bislang keine Läuterung der zahlreichen Jünger des Konzernrechtsmetiers bewirkt. Im Gegenteil: die Konzernrechtler bauen an ihren Phantasiegebilden weiter und versuchen, den Anschein der Seriosität zu wecken, statt in sokratischer Bescheidenheit zuerst einmal zu bekennen, daß sie eigentlich nichts wissen. Denn sie wissen das Wichtigste nicht, sie wissen nicht, was ein Konzern ist. Der gesetzlichen Definition gemäß muß irgend jemand leiten, aber wie und zu welchem Ende, ist höchst unbestimmt. Z.B. ist schon nicht sicher, ob ein Konzern besteht, wenn *ein* Unternehmen das *andere* irgendwie leitet, dabei aber beide Unternehmen nicht aufeinander bezieht, sondern als selbständige wirtschaftliche Entitäten beläßt. Ein Mehrheitsgesellschafter ohne Unternehmensqualität kann ein Unternehmen leiten, ohne daß ein Konzern entsteht; ob dies auch ein die Mehrheit haltendes Unternehmen kann, ist höchst zweifelhaft. Sind herrschendes und abhängiges Unternehmen wirtschaftlich nicht aufeinander bezogen iS gleichen oder benachbarten Unternehmensgegenstands, Zulieferer- oder Abnehmereigenschaft u.ä., ließe sich auch bei sich intensivierender Leitung die Bildung einer wirtschaftlichen Einheit lange fernhalten. Beide Unternehmen werden dann einheitlich jedenfalls nicht iS einer solchen Einheit, sondern einer Zweiheit geleitet. Der Begriff der einheitlichen Leitung läßt sich aber auch dahin verstehen, daß ein und dieselbe Person oder Stelle leitet. Nicht die Objekte der Leitung werden dann zur Einheit, sondern es gibt ein einheitliches Konzernleitungs-„Organ"[9], eine Leitungszentrale. Für dieses zweite Verständnis spräche manches[10]. Zwar sind die spezifischen Konzerngefahren bei bloß einheitlichem Leitungsorgan deutlich weniger virulent. Aber ohne detaillierte Kenntnis von Zielen und Ergebnissen der Einwirkung auf das abhängige Unternehmen durch Leitung läßt sich schwer erkennen, ob und inwieweit die Unternehmen sachlich aufeinander bezogen, d. h. als wirtschaftliche Einheit geführt werden. Überdies kämen wir bei Verneinung eines Konzerns in solchen Tatbeständen zu dem seltsamen Ergebnis, daß eine Holding-Gesell-

---

8 Vgl. *Zöllner*, Referat zum 59. Deutschen Juristentag 1992, Sitzungsbericht R, S. 35.

9 Selbstverständlich ist das nicht i.S. gesellschaftsrechtlicher Organstellung gemeint. Leitungszentrale kann ein Einzelkaufmann und sogar ein Privatmann sein.

10 Man muß dann allerdings zusätzlich annehmen, daß dem Begriff der Zusammenfassung in § 18 AktG keine selbständige Bedeutung zukomme, sondern daß Zusammenfassung i.S.d. Vorschrift immer schon bei einheitlicher Leitung durch eine Leitungszentrale vorliege. In diesem Sinn *Koppensteiner* in: KK § 18 Rn. 3, der aber dann doch auf *Gegenstandsbereiche* einheitlicher Leitung abstellt (Rn. 12), ferner das Wesen des Konzerns in einer wirtschaftlichen Einheit sieht (Rn. 15) und für maßgebend die verbundweite finanzielle Koordination hält (Rn. 20).

schaft als Konzernspitze nicht selber zum Konzern gehört. Gegenüber dieser weniger im Zentrum stehenden Problematik sehr viel intrikater ist die viel behandelte Frage, ab welcher Intensität der Einwirkung wir von einem Konzern sprechen können. Auf diese Problematik ist sogleich zurückzukommen (unten III 3).

3. Wie die Dinge nach dem Erwerb einer beherrschenden Beteiligung ablaufen können und vielfach ablaufen, ist bekannt: Das herrschende Unternehmen beginnt auf die abhängige Gesellschaft einzuwirken, diese macht brav ihren Abhängigkeitsbericht, das herrschende Unternehmen gleicht, wenn es nachteilig einwirkt, vielleicht auch aus – da die Aktionäre vom Abhängigkeitsbericht nur das Testat erfahren, hingegen nicht einmal die Zahl der im Abhängigkeitsbericht aufgeführten Maßnahmen und Rechtsgeschäfte, aus denen Rückschlüsse auf die Leitungsdichte gezogen werden könnten, werden sie über eine zur Konzernierung führende Entwicklung im unklaren gelassen. Aus der gelegentlichen Einwirkung kann ständige Leitung, aus lockerer und aufs Grundsätzliche beschränkter Konzernführung kann dichte, alles umfassende Leitung werden, aus nachteilsfreier sich nachteilige Einwirkung entwickeln; im Streben nach greifbaren und vermeintlichen Synergie-Effekten[11] werden immer mehr Segmente der Unternehmenstätigkeit vergemeinschaftet, auch Forschung und Entwicklung, cash-Management, Informationsverarbeitung und vieles andere.

III.

Rechtlich bedeutet diese Entwicklung unter den aus der gesetzlichen Regelung des Konzernrechts im Aktiengesetz abzuleitenden systematischen Kategorien, daß aus der potentiellen die ausgeübte Beherrschung wird, diese geht über in den einfachen Konzern und schließlich in einen Beherrschungsvertrag oder einen qualifizierten Konzern[12]; daß letzterer mit dem Schwinden steuerlicher Anreize für den Abschluß eines Beherrschungs- und Gewinnabführungsvertrags an Attraktivität zugenommen hat, sei nur am Rande vermerkt.

1. Die Hauptschwierigkeiten der Anwendung dieser unterschiedlichen rechtlichen Figuren auf die verschiedenen Entwicklungsstadien des Unternehmensverbunds liegen, wie schon erwähnt, darin, daß für Außenstehende schwer festzustellen ist, wann ein Stadium in das nächste übergeht. Recht hat darauf zunächst einmal so zu reagieren, daß es das Geschehen für die Betroffenen transparenter macht und v.a. die Minderheit nicht im Ungewissen beläßt, wo solche Ungewißheit vermeidbar ist.

---

11 Zu diesen krititsch und erhellend zuletzt *Hartmut Krause*, Das obligatorische Übernahmeangebot, 1996, S. 99 ff.

12 Daß es den qualifizierten Konzern auch im Aktienrecht „gibt", genauer, daß diese mit besonderen Rechtsfolgen verbundene Rechtsfigur auch für das Aktienrecht Bedeutung hat, entspricht der weit überwiegenden Meinung im aktienrechtlichen Schrifttum, vgl. nur *Hüffer*, AktG § 302 Rn. 30; *Stimpel* AG 1986, S. 117 ff.; *Kropff* AG 1993, S. 485; *Emmerich/Sonnenschein* (Fn. 1), S. 398 ff.; *Lutter* in: 25 Jahre Aktiengengesellschaft, 1995, S. 93 ff. Auf die Gründe für und wider kann ich hier nicht eingehen. S. dazu *Zöllner*, Qualifizierte Konzernierung im Aktienrecht, Gedächtnisschrift Knobbe-Keuk, 1997 (erscheint demnächst).

2. Was zunächst den Übergang von der nur potentiellen zur ausgeübten Beherrschung angeht, so sind beide Stadien theoretisch leicht zu unterscheiden. Die praktische Schwierigkeit liegt hier in der Erkennbarkeit der Fakten. Wird der Abhängigkeitsbericht nicht ehrlich erstellt, kommt i.d.R. nur Spektakuläres trotzdem ans Licht. Die Prüfung durch den Abschlußprüfer erstreckt sich nach dem hinreichend deutlich erklärten Willen des Gesetzgebers gerade nicht auf die Vollständigkeit der berichteten Vorgänge. Die Möglichkeiten der Sonderprüfung gemäß § 315 AktG kann man weitgehend vergessen. Der im Referentenentwurf des KonTraG geplante neue § 315 Satz 2 greift zu kurz. Ein Gesetzentwurf, der sich der Verbesserung der Transparenz widmet, hätte zumindest Möglichkeiten der Einsichtnahme in den Abhängigkeitsbericht schaffen sollen, z.B. für einen von der Minderheit gewählten Treuhänder, dem bei Auferlegung einer grundsätzlichen Verschwiegenheitspflicht gestattet wird, die Aktionäre über die für sie relevante verbundrechtliche Lage zu informieren.

3. Hinsichtlich des Übergangs von der bloßen Abhängigkeit in den praktizierten (d.h. nicht nur vermuteten) Konzern hat man es zum einen mit der schon erwähnten Schwierigkeit zu tun, daß niemand theoretisch-abstrakt genau beschreiben kann, wann der Eintritt in das Konzernstadium zu konstatieren ist. Die Bemühungen um eine Präzisierung des Konzerntatbestands möchte ich hier nicht vermehren, weil dies ein eigenes Thema wäre. Da jedoch die Voraussetzungen für die Annahme einer konzernbegründenden einheitlichen Leitung nach der h.L. ziemlich niedrig anzusetzen sind, es insbesondere nicht erforderlich (aber i.d.R. ausreichend) ist, daß Planungseinheit in bezug auf die unternehmerischen Grundfunktionen wie Produktion und Absatz besteht, vielmehr eine verbundweite Koordination des finanziellen Bereichs genügt, müssen die Manager der Konzernpraxis schon bei relativ geringen auf Dauer gerichteten Leitungsbemühungen mit dem Eintritt der Konzernvoraussetzungen rechnen. An dem Eintritt dieser Voraussetzungen besteht jedenfalls wegen der sich aktualisierenden Risikolage ein *besonderes Informationsinteresse* der Minderheitsaktionäre. Es wird Aufgabe weiterer auf Kontrolle und Transparenz im Unternehmensbereich gerichteter Rechtsfortbildung sein müssen, diesem Informationsinteresse Rechnung zu tragen.

Konzernzyniker werden dazu möglicherweise sagen, für die Minderheit habe die Kenntnis vom Übergang in das Konzernstadium wenig Belang, weil es mit Ausnahme der für die abhängige Gesellschaft ohnehin wenig bedeutsamen Konzernrechnungslegung weitgehend bei den schon für das Abhängigkeitsstadium geltenden Rechtsfolgen bleibe. Das ist indessen nur insoweit zutreffend, als es um die auf den jeweiligen *Zustand* bezogenen gesetzlichen Normen geht. Für die Rechtsfortbildung stellt sich hingegen die ganz andere Aufgabe, den *Vorgang* der Überleitung in einen Konzern besonderen Rechtsregeln zu unterwerfen, anders ausgedrückt, einen besonderen Konzerneingangsschutz für den nicht bloß vermuteten, sondern praktizierten Konzern Platz greifen zu lassen. Diese Frage ist in einer Reihe wichtiger Aspekte zwar diskutiert, aber m.E. weder hinsichtlich des geltenden noch hinsichtlich des künftigen Rechts zu einem brauchbaren Ende geführt worden. In der wohl jüngsten umfassenderen Arbeit zum Konzerneingangsschutz von *Binnewies*[13]

---

13 AaO. Fn. 1.

etwa kommt der Verfasser insoweit hinsichtlich der AG zu ganz zurückhaltenden „konservativen" Ergebnissen, die sich kaum als Schutz verstehen lassen. Der bemerkenswerte Vorschlag von *Hommelhoff*[14], dem Vorstand der Obergesellschaft eine besondere, gegenüber der abhängigen Gesellschaft abzugebende Konzernierungserklärung aufzuerlegen, hat sich bisher nicht durchzusetzen vermocht[15]. Der Vorschlag hätte eine intensivere Diskussion verdient. Seine Schwäche lag und liegt vielleicht darin, daß er als einseitig auf Schutzzwecke in der herrschenden AG ausgerichtet verstanden wurde, den Schutz der Minderheit in der abhängigen AG hingegen nicht zu thematisieren schien, obgleich *Hommelhoff* eine Eintragung der Konzernierungserklärung auch im für die abhängige Gesellschaft zuständigen Handelsregister vorschlug.

M.E. könnte aus dem Vorschlag ein brauchbares Konzept für den Konzerneingangsschutz entwickelt werden. Erleichtert wird das mittlerweile dadurch, daß die Tatsache der Einbeziehung einer abhängigen Gesellschaft in einen Konzern, d.h. die Praktizierung einheitlicher Leitung ihr gegenüber, für die abhängige Gesellschaft stets eine publizitätspflichtige Tatsache i.S.v. § 15 I WpHG ist, weil sie sich zumindest auf den allgemeinen Geschäftsverlauf der AG auswirkt und dadurch geeignet ist, den Börsenpreis der Aktien erheblich zu beeinflussen[16]. Allerdings ist diese Pflicht auf Aktiengesellschaften beschränkt, deren Aktien zum amtlichen Börsenhandel oder zum geregelten Markt an einer inländischen Börse zugelassen sind. Daß die Einbeziehung in einen Konzern nach § 289 HGB zu den Pflichtangaben im Lagebericht gehört, dürfte ebenfalls nicht zweifelhaft sein; diese Information kommt freilich für die Aktionäre u.U. sehr spät. Muß der Vorstand der abhängigen Gesellschaft solche Erklärungen abgeben, so ist der Weg nicht weit, auch dem Vorstand der herrschenden Gesellschaft jedenfalls hinsichtlich der für sein Unternehmen bedeutenderen Beteiligungsgesellschaften eine einschlägige Erklärung abzuverlangen, und von da ist es ebenfalls nur ein kleiner Schritt zu der von *U.H. Schneider* vorgeschlagenen Konzerngründung[17], unter der ich mir freilich für die Aktiengesellschaft nichts Spektakuläres vorstellen würde, sondern den Versuch, durch Formalisierung bestimmter Entscheidungen die Konzernentwicklung aus dem für die Unternehmensleitungen zwar angenehmen, für die übrige Welt aber mißlichen Halbdunkel herauszuholen. Es ist im Grunde beinahe skandalös, wenn die Unternehmensleitungen zwar wissen, daß sie etwas gesellschaftsrechtlich höchst Relevantes, nämlich den verbundrechtlichen Status der abhängigen Gesellschaft Veränderndes vorhaben oder schon praktizieren, daß sie dies aber den Betroffenen, deren (mittelbares) Eigentum sie ja für ihre Zwecke mitbenutzen, nicht einmal ankündigen oder wenigstens gleichzeitig kundtun müssen. Noch immer hat das

---

14　Die Konzernleitungspflicht, 1982, S. 407 f.

15　Gegen ihn de lege lata *Kropff* ZGR 1984, 112 (127 ff.)

16　Zustimmend *Kümpel* in: Aßmann/Schneider, Wertpapierhandelsgesetz, 1995, § 15 Rn. 66.

17　*U.H. Schneider*, Die Gründung von faktischen GmbH-Konzernen, in: Hommelhoff u.a. (Hsg.), Entwicklungen im GmbH-Konzernrecht, ZGR Sonderheft 6, 1986, S. 121 ff. für die GmbH; in: AG 1990, 56 (61) hat er seine für die GmbH entwickelte Auffassung freilich nicht auf die AG übertragen mögen.

deutsche Konzernrecht Bereiche, die an die Sümpfe Floridas erinnern. Warum nicht formalisieren, informieren und in einem dem Handelsregister beizugebenden Konzernregister[18] verlautbaren? Daß Derartiges nicht in der Absicht des (seinerzeit zu Recht vorsichtigen) historischen Gesetzgebers lag, ist längst kein Grund mehr, Schutzlücken nicht zu stopfen. Mag die Eintragung in einem Konzernregister nur mit Hilfe des Gesetzgebers zu verwirklichen sein: alles andere ist rechtsfortbildend der lex lata abzugewinnen.

    4. Rechtliche Basis dafür bildet die Treupflicht der Aktionäre[19]. Unternehmensverbindungen iS des aktienrechtlichen Unternehmensverbundrechts, und damit auch der Abhängigkeits- ebenso wie der Konzerntatbestände sind nach derzeitigem rechtlichen Verständnis stets durch ein Mitgliedschaftsverhältnis oder (im Verhältnis Großmutter – Enkelin) durch eine Kette von Mitgliedschaften getragen. Der Begriff der faktischen Unternehmensverbindung oder des faktischen Konzerns ist daher, genau besehen, juristisch falsch, und er ist irreführend, weil er geeignet ist, verfehlte dogmatische Grundvorstellungen zu wecken oder wachzuhalten. Es handelt sich nicht um faktische Verbindungen, sondern um rechtliche Sonderverbindungen, und zwar in Gestalt mitgliedschaftsrechtlicher Verhältnisse oder doch durch die Mitgliedschaft einer Zwischengesellschaft vermittelter Einwirkungsmöglichkeiten. Beides reicht aus, Treupflichten des herrschenden Unternehmens zu begründen. Die konzernrechtlichen Bindungen und Pflichten des herrschenden Unternehmens sind von vornherein mitgliedschaftsimmanent. Für das unmittelbar am abhängigen Unternehmen beteiligte herrschende Unternehmen ist das ohne weiteres ersichtlich, aber auch für das nur mittelbar herrschende Unternehmen ist klar, daß es seine durch ein Zwischenunternehmen vermittelte Macht nicht in stärkerer Weise ausnützen darf als es das unmittelbar beteiligte Zwischenunternehmen dürfte. Ich lasse die besondere Problematik der mittelbaren Bindung und Verantwortung, deren rechtliche Aspekte genauerer Entfaltung wert wären, im folgenden aus Raumgründen beiseite. Daß jedenfalls für den unmittelbar beteiligten Gesellschafter sich aus der Treupflicht Rücksichtspflichten gegenüber der Minderheit ergeben, ist heute selbstverständlich. Diese Rücksichtspflichten können sich auch in Informationspflichten und formalisierten Ankündigungspflichten ausprägen.

IV.

Formalisierung und Information ist die eine Seite der mit dem Konzerneingang verbundenen Statusveränderung. Die andere Seite ist die, ob und wie sich die abhängige Gesellschaft verteidigen und wer die Verteidigungsmaßnahmen vornehmen kann.

---

18 Dazu der bemerkenswerte und weiterführende Vorschlag von *U.H. Schneider*, Die Fortentwicklung des Handelsregisters zum Konzernregister, WM 1986, 181, die ein um Kontrolle und Transparenz im Unternehmensbereich besorgter Gesetzgeber alsbald aufgreifen sollte.

19 Vgl. dazu meine dem Referat auf dem 59. DJT (Fn 8) beigegebenen Thesen 1–3 (aaO S. R 51), die ich im Referat aus Zeitgründen nicht explizieren konnte.

1. Insoweit herrscht weithin Resignation[20]. Daß der BGH für die AG jede Form einer Konzernbildungskontrolle mit Nachdruck im Asea/BBC-Urteil[21] abgelehnt habe, wie *Emmerich/Sonnenschein*[22] behaupten, trifft nicht zu. Der BGH formuliert dort nur, daß die Einbindung eines Unternehmens in eine Konzernherrschaft nach geltendem Recht von den außenstehenden Aktionären hinzunehmen sei. Im Kontext der Entscheidung ist nur gemeint, daß eine Zustimmung der außenstehenden Aktionäre zu einem Unternehmensvertrag nicht erforderlich sei und damit auch nicht zu seiner Änderung. Das ist unbestreitbar richtig. Zur Rolle der Außenseiter im faktischen Konzern sagt die Entscheidung gar nichts. Es ist außerordentlich unglücklich, wenn *Emmerich/Sonnenschein* diese Entscheidung auch dafür anführen, daß eine Konzernbildungskontrolle auf den ersten Stufen der Konzernierung nicht stattfinde.

2. Für das Problem der Verteidigungsmöglichkeiten einer abhängigen Gesellschaft kommt nach geltendem Recht nur ein differenzierendes Konzept in Betracht.

a) Die abhängige Gesellschaft hat, sofern die Satzung nichts anderes ergibt, ihren Zweck in Selbständigkeit zu verfolgen, nicht in Unterordnung unter ein anderes Unternehmen. Soll das anders sein, bedarf es einer Änderung der Satzung. Gleichfalls muß die Satzung geändert werden, und zwar vorher, wenn Konzernmaßnahmen getroffen werden sollen, die vom Unternehmensgegenstand nicht gedeckt sind. Der Unternehmensgegenstand stellt eine Bindung des Vorstands dar, der bei der Leitung der Gesellschaft die Geschäftstätigkeit nach dem Unternehmensgegenstand auszurichten und insbesondere den durch den Unternehmensgegenstand gesteckten Rahmen zu beachten hat[23]. Der in der Satzung abgesteckte Tätigkeitsbereich begrenzt im Interesse der Aktionäre den Kreis der Geschäfte, die der Vorstand zwecks Wahrnehmung seiner Geschäftsführungsaufgabe vornehmen darf.[24] Dazu gehört nicht nur, daß der Vorstand den von der Satzung umschriebenen Unternehmensgegenstand nicht überschreiten darf, sondern daß er grundsätzlich auch den satzungsmäßig umschriebenen Unternehmensgegenstand auszufüllen hat. Wie weit die zuletzt genannte Bindung reicht[25], mag im einzelnen mitunter unklar sein. Jedenfalls aber darf der Vorstand den im Rahmen des Satzungstexts gewachsenen Kernbestand des Unternehmensgegenstands nicht ohne gegenstandsbezogene Satzungsänderung wesentlich einschränken. Deshalb gehört in die Zuständigkeit der Hauptversammlung „jede auf Dauer angelegte Einschränkung des Geschäftsbereichs der AG, wie die Aufgabe eines Produktionszweiges oder der Ver-

---

20 Charakteristisch *Emmerich/Sonnenschein* (Fn. 1) S. 111.
21 BGHZ 119, 1 (7).
22 AaO. S. 104
23 So die fast allgemeine Meinung, vgl. nur *Röhricht*, Großkommentar AktG 4. Aufl. § 23 Rn. 83; *Wiedemann* Großkommentar AktG 4. Aufl. § 179 Rn. 58; KK-*Zöllner* 2. Aufl. § 179 Rn. 119; die demgegenüber von KK-*Mertens* § 82 Rn. 11 (s.a. § 76 Rn. 10) vertretene Einschränkung, daß durch die Gegenstandsvorgabe in der Satzung nicht die unternehmerische Eigenverantwortlichkeit des Vorstands konterkariert werden dürfe, hat sich nicht durchzusetzen vermocht. Gegen sie ausführlich *Schön* ZGR 1996, 429, 436 ff.; *Röhricht* aaO.
24 So fast wörtlich *Röhricht* (Fn. 22).
25 Vgl. zu Einschränkungen und Grenzen KK-*Zöllner* § 179 Rn. 118.

kauf der dafür benötigten Produkionsmittel"[26]. Insoweit kommt es nicht darauf an, ob objektiv die Möglichkeit der Rückkehr zum vollen Unternehmensprogramm besteht, wie manche meinen. Bei Reduzierungen des Unternehmensgegenstands in konzernzugehörigen abhängigen Gesellschaften ist vielmehr von der Endgültigkeit der Maßnahme auszugehen. Selbstverständlich sollte sein, daß die in § 311 AktG zum Ausdruck kommende gesetzgeberische Duldung oder Billigung[27] von nachteiligem Einfluß auf die abhängige Gesellschaft nicht die Verletzung von Unternehmenszweck und Unternehmensgegenstand in die Billigung einzieht.

b) Die Hauptversammlung kann die entsprechenden gegenstandsändernden Beschlüsse zwar mit einer 3/4-Kapitalmehrheit fassen – eine geringere Mehrheit genügt wegen § 179 II 2 AktG nicht –, der Beschluß unterliegt aber der Anfechtung, wenn er die Treupflicht verletzt, deren Einhaltung auch bei Satzungsänderungen erforderlich ist. Eine solche Treupflichtverletzung ist dann gegeben, wenn die Änderung gegen das Interesse der Gesellschaft verstößt. Die geplanten Maßnahmen und die Einbeziehung in den Konzern der abhängigen Gesellschaft dürfen sich insbesondere nicht negativ auf Bestandskraft und Ertrag der Gesellschaft auswirken. Für die Beurteilung der Maßnahmen kommt es daher u.a. auf den wirtschaftlichen Stand der Gesellschaft an. Geht es ihr schlecht, kann die Einordnung in einen Konzern das wirtschaftlich Vernünftige sein. Geht es ihr hingegen wirtschaftlich in Selbständigkeit gut, so besteht i.d.R. kein Grund, selbständigkeitsgefährdende Veränderungen vorzunehmen. Zwar kann die qualifizierte Mehrheit Änderungen des Unternehmensgegenstands grundsätzlich nach ihrem Ermessen beschließen. Wo Zweifel an der Sachgerechtigkeit bestehen, genügt es, wenn sie die Entscheidung durch Sachgründe plausibilisieren kann. Die Darlegungslast und Beweislast verschiebt sich indessen gänzlich zu Ungunsten der Mehrheit, wenn die Entscheidung im Zusammenhang mit der Einbeziehung der Gesellschaft in einen Konzern steht. Die Mehrheit hat dann nach in Anlehnung an die sog. business-judgement-rule[28] entwickelten Erkenntnissen die Darlegungs- und Beweislast dafür, daß die Maßnahmen im Gesellschaftsinteresse liegen. Bei mehrheitsnützigen Maßnahmen kann nicht davon ausgegangen werden, daß die Mehrheit ihr Ermessen fair ausübt; es wäre geradezu abwegig, im Zusammenhang mit der Überführung einer selbständig lebensfähigen Gesellschaft in einen Konzern darauf zu vertrauen, daß die Mehrheit unbefangen deren Gesellschaftsinteresse konkretisiert. Die danach anzunehmende Verteilung der Darlegungs- und Beweislast gilt selbstverständlich auch im Anfechtungsprozeß, mit der Modifikation, daß sie hier zu Lasten der Gesellschaft wirkt, der ja i.d.R. die Rolle der Verteidigung des von der Mehrheit gefaßten Beschlusses zufällt.

---

26 So *Wiedemann*, Großkommentar § 179 Rn. 60.
27 Zu diesem Grundverständnis des § 311 AktG, daß §§ 311 ff. zwar die vom herrschenden Unternehmen ausgeglichene Nachteilszufügung dulden oder billigen, nicht aber die ausgeübte Konzernmacht „legitimieren", vgl. *Hüffer*, AktG § 311 Rn. 7 und 8; KK-*Koppensteiner* vor § 311 Rn. 6; *Kropff* in: Geßler/Hefermehl § 311 Rn. 27 f.
28 Zur business-judgement-rule *Knoll*, Die Übernahme von Kapitalgesellschaften, 1992, S. 254 ff.

c) Nun führt nicht jede Einbeziehung einer abhängigen Gesellschaft in die einheitliche Leitung durch eine Konzernspitze nach den unter a) dargelegten Grundsätzen zur Erforderlichkeit eines Hauptversammlungsbeschlusses. Auch ein Gegensatz zur in § 76 AktG normierten Pflicht des Vorstands, die Gesellschaft selbständig zu leiten, besteht nicht durchweg. Vielmehr läßt sich der lockere „dezentrale" einfache Konzern als eine Form der Kooperation begreifen, dies jedenfalls solange, wie keine Maßnahmen ergriffen werden, die die selbständige Stellung der Gesellschaft am Markt oder sonst ihre Fähigkeit zu selbständiger und gegenüber dem Konzernbeginn ungeschmälerter Fortexistenz tangieren. Keinesfalls darf allerdings die einheitliche Leitung zu Maßnahmen führen, die dem Beurteilungsmaßstab des § 317 II AktG zuwiderlaufen, die also ein ordentlicher und gewissenhafter Geschäftsleiter einer unabhängigen Gesellschaft nicht treffen würde. Hält der Vorstand diese Grenzen bei seinem Konzerngehorsam ein, besteht für die Minderheit nach geltendem Recht keine Möglichkeit, die Praktizierung der einheitlichen Konzernleitung zu unterbinden.

d) Führt der Vorstand der abhängigen Gesellschaften Maßnahmen durch oder läßt er sie zu, für die ein Hauptversammlungsbeschluß als Grundlage erforderlich gewesen wäre, macht er sich schadensersatzpflichtig nach § 93 II AktG. Darüber hinaus kann von ihm die Rückgängigmachung der Maßnahme (und davor schon Unterlassung) mittels Aktionärsklage verlangt werden, weil der Vorstand durch sein Verhalten das Mitgliedschaftsrecht der Aktionäre auf Entscheidungsteilhabe verletzt hat[29]. Der Vorstand kann seinerseits der Klage den Boden entziehen, indem er den erforderlichen Hauptversammlungsbeschluß nachträglich herbeiführt, sofern der Beschluß nicht oder nicht erfolgreich angefochten wird[30].

3. Die schwierigste Frage ist, inwieweit die Minderheitsaktionäre *nachteiligen* Konzerneinfluß dulden müssen.

a) Welche rechtliche Qualität § 311 AktG insoweit zukommt, ist bekanntlich seit langem außerordentlich umstritten[31]. Die Funktion dieser Vorschrift ist nicht auf das reine Abhängigkeitsverhältnis, also den bloß vermuteten Konzern bzw. das Abhängigkeitsverhältnis mit widerlegter Konzernvermutung beschränkt. Vielmehr dürften die dort geregelten Schranken der Einflußausübung und damit auch die durch diese Norm eröffneten Einflußspielräume auch im praktizierten Konzern gelten. Das bedeutet, daß das herrschende Unternehmen einerseits im Konzern nicht *mehr* Einfluß nehmen darf, als § 311 „erlaubt", andererseits daß sich die Einwirkungserlaubnis im Konzern auch nicht verengt. An sich wäre eine Argumentation vorstellbar, daß Konzerneinfluß bereits über den im schlichten Abhängigkeitsverhältnis vorkommenden vereinzelten Einfluß hinausgehe und deshalb, da § 311 AktG den Konzernbegriff nicht erwähnt, durch die Vorschrift bereits nicht mehr gedeckt

---

29 Zu dieser Voraussetzung der Aktionärsklage vgl. *Hommelhoff* (Fn. 14) S. 459 ff.; *Zöllner* ZGR 1988, S. 392 (420 ff.); *Raiser* ZHR 153 (1989), 1 ff.; *v.Gerkan* ZGR 1988, 441 ff.; *Brondics*, Die Aktionärsklage, 1988; *Binge*, Gesellschafterklagen gegen Maßnahmen der Geschäftsführer in der GmbH, 1994; BGH 83, 122 (133 ff.).

30 Vgl. BGH 83, 122 (135).

31 Vgl. die in Fn. 27 zitierten Hinweise.

sei. Gegen eine solche restriktive Interpretation spricht aber nicht nur, daß schon die Begründung des Regierungsentwurfs zu § 311 AktG[32] den „faktischen Konzern" als Regelungsgegenstand nennt, sondern daß ohne Geltung für den Konzern der gesetzgeberische Regelungsaufwand für das reine Abhängigkeitsverhältnis kaum verständlich wäre.

b) Die wichtigste aus § 311 AktG zu entnehmende Einflußgrenze, die unabhängig von der Grunddeutung der Vorschrift[33] ist, stellt das Erfordernis des zeitlich gebundenen Nachteilsausgleichs dar. Diese Grenze bedeutet vor allem, daß solche Nachteile im schlichten Abhängigkeitsverhältnis ebenso wie im faktischen Konzern nicht zugefügt werden dürfen, die nicht ausgeglichen werden können. In abstracto ist dieser Satz weithin anerkannt[34], die effektiven rechtlichen Grenzen des Konzerneinflusses hängen aber naturgemäß davon ab, was als Nachteilsausgleich genügen kann, m.a.W. wann von Unmöglichkeit des Nachteilsausgleichs zu sprechen ist. Die hierzu wiederum wichtigste Frage ist, wieweit man unternehmerische Veränderungen in der abhängigen Gesellschaft für ausgleichsfähig hält. Hierzu muß man vor allem unterscheiden zwischen Maßnahmen, die nur punktuelle, sozusagen „vergängliche" Wirkung haben und solchen, die Dauerwirkung zeigen. Wird etwa im Zuge der einheitlichen Konzernleitung das unternehmerische Programm der abhängigen Gesellschafts so verändert, oder werden ihr Ressourcen genommen, die ihr die Fortführung des Unternehmens in Selbständigkeit wesentlich erschweren würden, so stellt dies einen nicht ausgleichsfähigen Nachteil dar. Selbst eine Auftrags- oder Abnahmegarantie hinsichtlich anderer Produkte – ganz abgesehen davon, daß diese kaum je für mehr als begrenzte Zeit gegeben werden könnte – reicht hierfür nicht aus, weil sie den Verlust der Fähigkeit zu selbständiger Fortexistenz besiegeln würde. Ganz anders kann die Frage naturgemäß zu entscheiden sein für eine Gesellschaft, die diese Fähigkeit bereits verloren hat und deshalb in der Einbindung in einen Konzern geradezu ihre Rettung finden kann.

c) Die Folgen unzulässiger Nachteilszufügung sind bekannt: das herrschende Unternehmen haftet auf Schadensersatz nach § 317 AktG. Inhaltlich geht der Schadensersatz auf Wiederherstellung[35] des ohne die Nachteilszufügung bestehenden Zustands und nicht etwa nur auf Geldersatz. Das bedeutet, daß mit Hilfe des herrschenden Unternehmens das ursprüngliche unternehmerische Programm zu restaurieren ist, daß entzogene Ressourcen zurückzuüberstellen sind u.ä. Diesen Anspruch können auch Minderheitsaktionäre durchsetzen, §§ 317 IV mit 309 IV AktG. Daneben haften nicht nur die veranlassenden gesetzlichen Vertreter des herrschenden Unternehmens nach § 317 III AktG als Gesamtschuldner, sondern auch die Vorstandsmitglieder der abhängigen AG, soweit sie nachteilige Maßnahmen im abhängigen Unternehmen selbst durchgeführt oder pflichtwidrig nicht verhindert

---

32 Begründung Regierungsentwurf bei *Kropff*, AktG, S. 407.
33 Vgl. nochmals Fn. 27.
34 Vgl. *Hüffer*, AktG § 311 Rn. 42; KK-*Koppensteiner* § 311 Rn. 48, 58, 86.
35 Die Anwendbarkeit der §§ 249 ff. BGB bejahen *Hüffer*, AktG 2. Aufl. § 317 Rn. 9; KK-*Koppensteiner* § 317 Rn. 18; MünchHdB-*Krieger* § 69 Rn. 91. Etwas anders *Möhring* FS Schilling 1973, S. 265, der die Wiederherstellung des früheren Zustands „in der wirtschaftlich gebotenen Weise" für erforderlich und genügend hält.

haben. Diese Haftung stützt sich auf § 93 II mit I AktG, der durch § 318 AktG nach nahezu allgemeiner Meinung nicht ausgeschlossen wird; im Gegenteil nimmt die ganz h.M. an, daß § 318 IV im Rahmen nachteiliger Konzerneinwirkung nicht nur für die Haftung nach § 318 Abs. 1, sondern auch für die Haftung der Vorstandsmitglieder nach § 93 AktG heranzuziehen ist [36]. Ganz entsprechendes gilt für die Haftung der Aufsichtsratsmitglieder der abhängigen AG nach §§ 116, 93 II AktG.[37] Im übrigen wird die Zufügung von Nachteilen, die dem Ausgleich nicht zugänglich sind, vielfach einen schweren Eingriff in die Interessen der Aktionäre i.S. der Holzmüller-Entscheidung[38] oder einen strukturverändernden Eingriff i.S. einer im Anschluß an diese Entscheidung entwickelten Lehre[39] darstellen, gegen den die Minderheitsaktionäre im Wege der Aktionärsklage auf Unterlassung oder Beseitigung vorgehen können.

V. Schlußbemerkung

Jedenfalls in der selbständig lebensfähigen abhängigen Gesellschaft kann eine entschlossene Minderheit die intensive, nicht durch Unternehmsvertrag legitimierte Einbeziehung der Gesellschaft in einen Konzern verhindern. Das ist auch sinnvoll, weil der Schutz der Minderheit bei Abschluß eines Beherrschungsvertrags im Weg der Abfindung oft zu spät kommt. Nicht nur die Aktienkurse werden bis dahin aufgrund vorangegangener Konzerneinbindung oft schon gesunken sein, sondern auch der Unternehmenswert. Der Kampf der Minderheit gegen das herrschende Unternehmen verlangt freilich i.d.R. Finanzkraft und Professionalität. Beides steht der Minderheit oft nicht zur Verfügung. Insoweit bleibt die Minderheit, wegen der Gefahr schleichender Aushöhlung der Gesellschaft die auch dann besteht, wenn es nicht zur qualifizierten Konzernierung kommt, solange ungeschützt, wie man Konzerneinfluß ohne ihre Zustimmung überhaupt gestattet[40]. Gegen ein rigoristisches Minderheitenschutzkonzept für den Konzerneingangsschutz sprechen indessen manche Gründe. Daher wird die Rechtsfortbildung jedenfalls einstweilen bei dem hier dargelegten differenzierenden Konzept haltzumachen haben.

---

36 Vgl. *Hüffer* § 318 Rn. 9, 10; KK-*Koppensteiner* § 318 Rn. 10, 11; MünchHdB-*Krieger* § 69 Rn. 98; *Kropff* in: Geßler/Hefermehl § 318 Rn. 12 ff.; s. ferner *Neuhaus* DB 1971, 1193. Abw. *Luchterhandt* ZHR 133 (1970), 1 (42 ff.), der offenbar unzutreffend davon ausgeht, daß der Vorstand der abhängigen Gesellschaft Weisungen des herrschenden Unternehmens zu befolgen habe.

37 Zu besonderen Aufgaben des Aufsichtsrats im Rahmen des Konzerneingangsschutzes vgl. näher *Kropff* (Fn. 1).

38 BGHZ 83, 122 (131). Die Entscheidung ist trotz vieler Kritik heute als im Kern zutreffend anerkannt, vgl. nur *Hüffer* AktG § 119 Rn. 18; *Geßler* FS Stimpel 1985, S. 771 (786); *U. Hübner* FS Stimpel S. 791, 796); *Lutter* FS Stimpel S. 25 (843); *ders*. FS Fleck 1988, S. 169; *Rehbinder* ZGR 1983, 93; *Timm* AG 1989, 104; *Emmerich* AG 1991, 303 und AG 1994, 266.

39 Diese Lehre wird etwa vertreten von *Raiser*, Recht der Kapitalgesellschaften, 2. Aufl. S. 160; *Wiedemann*, Großkomm § 179 Rn. 69 ff.; *Hirte,* Bezugsrechtsausschluß und Konzernbildung, 1986, S. 160 ff.

40 Auf das in der take-over-Diskussion entwickelte Schutzkonzept, dem Erwerber von Aktien ab einer bestimmten Beteiligungsquote ein Pflichtangebot aufzuerlegen, kann ich nicht eingehen. Es wird in Deutschland wohl auch nicht zu einer solchen Regelung kommen.

II. Bilanzrecht

Der negative Unterschiedsbetrag aus der Kapitalkonsolidierung nach HGB, IAS und US-GAAP

JÖRG BAETGE*

* Frau Dipl.-Kffr. Kirsten *Sell* danke ich herzlich für die tatkräftige Mithilfe bei der Erstellung des Beitrages.

1. Einleitung

„Das deutsche Bilanzrecht steht an einem Wendepunkt. Mit dem Kapitalaufnahmeerleichterungsgesetz plant Bonn die Öffnung der Rechnungslegung für internationale Standards."[1] Bei dieser Öffnung der Rechnungslegung steht die Entwicklung von International Accounting Standards (IAS) sowie Generally Accepted Accounting Principles (GAAP) – vor allem auch hervorgerufen durch die vom Kapitalaufnahmeerleichterungsgesetz gebotene Möglichkeit, künftig anstelle des handelsrechtlichen Konzernabschlusses einen befreienden Konzernabschluß auch nach IAS oder US-GAAP aufstellen zu können – im Vordergund des Interesses. Auch in Deutschland stellen immer mehr Unternehmen ihre Konzernabschlüsse nach IAS oder US-GAAP auf[2], was zeigt, daß die Bedeutung internationaler Rechnungslegungsstandards zunimmt. Der verehrte Jubilar hat die Bedeutung aktueller Entwicklungen auf dem Gebiet der Konzernrechnungslegung schon früh erkannt. Seine kritischen Auseinandersetzungen mit den Änderungen im Bereich der Konzernrechnungslegung durch das Bilanzrichtliniengesetz besitzen vor dem Hintergrund der fortschreitenden Harmonisierung auf dem Gebiet der Rechnungslegung große Aktualität.[3]

Der Konzernabschluß hat nach dem in § 297 Abs. 3 HGB kodifizierten Einheitsgrundsatz die Vermögens-, Finanz- und Ertragslage der in den Konzernabschluß einbezogenen Unternehmen so darzustellen, als ob die Unternehmen insgesamt ein einziges Unternehmen wären. Dazu sind im Konzernabschluß alle innerkonzernlichen Beziehungen zu eliminieren. Die Eliminierung konzerninterner Beziehungen, die sogenannte Konsolidierung, ist zentraler Bestandteil des Kompensationszweckes des Konzernabschlusses.[4] Denn „Der Konzernabschluß soll die … Mängel der Einzelabschlüsse dadurch beseitigen, daß er die Einzelabschlüsse zusammenfaßt, und zwar … unter weitgehender Ausschaltung innerkonzernlicher Beziehungen. Ein in dieser Weise bereinigter Konzernabschluß ist geeignet, die Vermögens-, Finanz- und Ertragslage des Konzerns wiederzugeben und darüber hinaus wertvolle Hinweise für die Beurteilung des einzelnen Konzernunternehmens zu liefern."[5] Sämtliche Konsolidierungsvorschriften führen dazu, daß konzerninterne Beziehungen aus dem Konzernabschluß eliminiert werden.

In Deutschland befassen sich die Vorschriften der §§ 301, 302 HGB mit der Kapitalkonsolidierung, bei der innerkonzernliche Kapitalverflechtungen aus dem Konzernabschluß eliminiert werden. In den USA wird dies in der Accounting Principles Board (APB) Opinion 16 (teilweise auch in APB Opinion 17) und für die

1 *Lückmann*, Handelsblatt 2.12.1996.

2 Vgl. dazu beispielsweise die 1995 Geschäftsberichte von Daimler Benz AG, Heidelberger Zement AG, Hoechst AG, Bayer AG, Schering AG, Veba AG.

3 *Kropff*, FS Goerdeler, 1987, S. 259–278; *Kropff*, Komm. z. AktG, 1991, § 337; *Kropff*, DB 1986, 364–368.

4 *Klein*, Handbuch der Konzernrechnungslegung, 1989, 413–427, Rn. 871ff; *Baetge*, Konzernbilanzen, 2. Aufl., 1995, S. 29; *Busse von Colbe*, Konzernabschlüsse, 6. Aufl., 1996, S. 21; *Schruff*, Einflüsse der 7. EG-Richtlinie auf die Aussagefähigkeit des Konzernabschlusses, 1984, S. 43ff.

5 Deutscher Bundestag, BT-Drucksache 4/171, 241.

internationale Rechnungslegung im International Accounting Standard (IAS) 22 des International Accounting Standards Committee (IASC) geregelt. In diesem Beitrag wird ein Spezialproblem der Kapitalkonsolidierung, nämlich die Entstehung und die bilanzielle Behandlung eines negativen Unterschiedsbetrages, im internationalen Vergleich dargestellt und beurteilt. Zunächst wird die Entstehung und bilanzielle Behandlung eines negativen Unterschiedsbetrages aus der Kapitalkonsolidierung bei Anwendung der deutschen Vorschriften des HGB, anschließend nach IAS 22 sowie nach APB Opinion 16 dargestellt und verglichen. Dabei werden Gemeinsamkeiten und wesentliche Unterschiede zu den deutschen Vorschriften gezeigt. IAS 22 sowie APB Opinion 16 werden auf ihre Vereinbarkeit mit den HGB Vorschriften – vor dem Hintergrund des geplanten Kapitalaufnahmeerleichterungsgesetzes – kritisch beurteilt.

2.   Der negative Unterschiedsbetrag nach HGB

2.1   Entstehungsursachen eines negativen Unterschiedsbetrages

2.11 Vorbemerkung

Verbleibt bei der Kapitalkonsolidierung nach der Verrechnung des Beteiligungs-buchwertes des Mutterunternehmens mit dem anteiligen Eigenkapital des Tochter-unternehmens und der Auflösung der stillen Reserven und Lasten ein passiver Unterschiedsbetrag, so ist dieser gemäß § 301 HGB im Konzernabschluß als Unter-schiedsbetrag aus der Kapitalkonsolidierung auszuweisen.[6] Bei der Kapitalkonsoli-dierung, bei der die Kapitalverflechtungen der Konzernunternehmen untereinander zu eliminieren sind, unterscheidet das deutsche Gesetz zwei Grundkonzeptionen.[7] § 301 HGB schreibt die Erwerbsmethode (purchase method) vor, bei der unterstellt wird, daß ein Tochterunternehmen in den Konzernabschluß infolge eines Erwerbs einbezogen wird. Bei der Erwerbsmethode sind zwei Varianten der Kapitalkonsoli-dierung zu unterscheiden, nämlich die Buchwertmethode und die Neubewertungs-methode.[8] Als zweite Methode der Kapitalkonsolidierung nach HGB ist in § 302 HGB die sogenannte Interessenzusammenführungsmethode (pooling-of-interests) kodifiziert. Hierbei wird unterstellt, daß die Beteiligung an einem Unternehmen nicht durch Zahlung eines Kaufpreises erworben wurde, sondern durch einen Anteilstausch.[9] Während § 302 HGB ein Wahlrecht enthält, das es dem Rechnung-

---

6 *Küting/Weber,* Der Konzernabschluß, 4. Aufl., 1997, S. 173; *Zwingmann,* BB 1994, 2314, 2314.

7 *Baetge,* Konzernbilanzen, 2. Aufl., 1995, S. 175; *Busse von Colbe/Ordelheide,* Konzernabschlüsse, 6. Aufl., 1996, S. 200; *Coenenberg,* Die Konzernbilanz nach neuem Handelsrecht, 1989, S. 94; *Scherrer,* Konzernrechnungslegung, 1994, S. 240; *Schildbach,* Der handelsrechtliche Konzern-abschluß, 2. Aufl., 1992, S. 149.

8 *Adler/Düring/Schmaltz,* Komm. z. HGB, AktG, GmbHG, PublG, 6. Aufl., 1996, § 301 Rn. 38; *Baetge,* Konzernbilanzen, 2. Aufl., 1995, S. 180; *Weber/Zündorf,* Handbuch der Konzernrech-nungslegung, 1989, § 301 Rn. 9 ff; WP-Handbuch, Bd. I, 1996, M 320.

9 *Eckes/Weber,* Handbuch der Konzernrechnungslegung, 1989, § 302 Rn. 3; WP-Handbuch, Bd. I, 1996, M 417; *Pellens,* Internationale Rechnungslegung, 1996, S. 271.

legenden erlaubt, unter bestimmten Voraussetzungen anstelle der in § 301 HGB kodifizierten Erwerbsmethode, als Alternative die Interessenzusammenführungsmethode anzuwenden, ist die pooling of interests Methode in den USA zwingend anzuwenden, wenn die Voraussetzungen der APB Opinion 16.45–16.48 erfüllt sind. Ebenso verlangt IAS 22, daß die Unitings of interests Methode angewendet wird, wenn die Voraussetzungen des IAS 22.14–22.16 erfüllt sind.

Ein entstehender Unterschiedsbetrag bei der Interessenzusammenführungsmethode ist gemäß § 302 Abs. 2 HGB grundsätzlich vollständig mit den Rücklagen zu verrechnen, d. h. es entsteht weder ein Geschäfts- oder Firmenwert noch ein negativer Unterschiedsbetrag. Vielmehr ist ein negativer Unterschiedsbetrag vollständig von den Rücklagen abzuziehen, ein positiver Unterschiedsbetrag ist vollständig den Rücklagen hinzuzurechnen.[10] Ebenso wird in anderen Ländern, z. B. in den USA oder Großbritannien, bei Anwendung der Pooling of Interests Methode vorgegangen.[11] Bei der Interessenzusammenführungsmethode ist es generell nicht notwendig, stille Reserven und Lasten aufzudecken, um dadurch den Unterschiedsbetrag zu verteilen. Da bei der Interessenzusammenführungsmethode kein negativer Unterschiedsbetrag aus der Kapitalkonsolidierung verbleibt, wird diese Methode der Kapitalkonsolidierung im folgenden nicht mehr behandelt.

2.12 Entstehung eines negativen Unterschiedsbetrages bei Anwendung der Buchwertmethode des § 301 Abs. 1 Satz 2 Nr. 1 HGB

Ein negativer Unterschiedsbetrag aus der Kapitalkonsolidierung ist nach der Buchwertmethode dann auszuweisen, wenn nach dem Vergleich des Beteiligungsbuchwertes beim Mutterunternehmen mit dem anteiligen Eigenkapital des Tochterunternehmens und der Zuordnung von stillen Reserven und stillen Lasten gemäß § 301 Abs. 1 Satz 3 HGB ein passiver Unterschiedsbetrag verbleibt.[12] Allerdings darf nach dem Anschaffungskostenprinzip aus einem vorläufigen positiven Unterschiedsbetrag (d. h. der Differenz zwischen Beteiligungsbuchwert und anteiligem Eigenkapital vor Aufdeckung der stillen Reserven und stillen Lasten) durch die anschließende Aufdeckung stiller Reserven und stiller Lasten kein negativer Unterschiedsbetrag resultieren. Bei der Aufdeckung stiller Reserven und stiller Lasten sind bei der Buchwertmethode nämlich zwei Restriktionen zu beachten.[13]

---

10 *Baetge,* Konzernbilanzen, 2. Aufl., 1995, S. 243; *Busse von Colbe/Ordelheide,* Konzernabschlüsse, 6. Aufl., 1996, S. 312; *Coenenberg,* Die Konzernbilanz nach neuem Handelsrecht, 1989, S. 118; *Eckes/Weber,* Handbuch der Konzernrechnungslegung, 1989, § 302 Rn. 29; *Scherrer,* Konzernrechnungslegung, 1994, S. 365; *Schildbach,* Der handelsrechtliche Konzernabschluß, 2. Aufl., 1992, S. 181.

11 *Eckes/Weber,* Handbuch der Konzernrechnungslegung, 1989, § 302 Rn. 30.

12 IDW, SABI 2/1988, 51, 55; *Scherrer,* Konzernrechnungslegung, 1994, S. 257; *Schildbach,* Der handelsrechtliche Konzernabschluß, 2. Aufl., 1992, S. 172.

13 *Baetge,* Konzernbilanzen, 2. Aufl., 1995, S. 217ff; *Scherrer,* Konzernrechnungslegung, 1994, S. 251ff; *Weber/Zündorf,* Handbuch der Konzernrechnungslegung, 1989, § 301 Rn. 102; *von Wysocki/Wohlgemuth,* Konzernrechnungslegung unter Berücksichtigung des Bilanzrichtliniengesetzes, 3. Aufl., 1986, S. 114 ff.

Erstens ergibt sich aus dem Anschaffungskostenprinzip der Wert des vorläufigen aktivischen Unterschiedsbetrages als Obergrenze für die Aufdeckung stiller Reserven. Hiernach darf das anteilige Eigenkapital des Tochterunternehmens zu Buchwerten zuzüglich anteilig aufgedeckter stiller Reserven die Anschaffungskosten für die Beteiligung nicht übersteigen.[14] Zweitens dürfen stille Reserven nicht aufgedeckt werden, wenn durch die Verrechnung des Beteiligungsbuchwertes mit dem anteiligen Eigenkapital des Tochterunternehmens ein vorläufiger negativer Unterschiedsbetrag entsteht, weil in diesem Fall das anteilige Eigenkapital des Tochterunternehmens bereits die Anschaffungskosten der Beteiligung des Mutterunternehmens überschreitet. Wegen des Anschaffungskostenprinzips kommt eine Erhöhung des absoluten Wertes des negativen Unterschiedsbetrages durch die Aufdeckung stiller Reserven nicht in Betracht. Anders als die stillen Reserven, sind stille Lasten bei der Buchwertmethode – und auch bei der Neubewertungsmethode – immer vollständig aufzudecken.[15]

Aufgrund der dargestellten Restriktionen kann aus einem vorläufigen positiven Unterschiedsbetrag niemals ein negativer Unterschiedsbetrag resultieren, so daß bei der Buchwertmethode des § 301 HGB lediglich dann ein negativer Unterschiedsbetrag aus der Kapitalkonsolidierung verbleiben kann, wenn das anteilige Eigenkapital des Tochterunternehmens bereits vor Zuordnung der stillen Reserven und stillen Lasten die Anschaffungskosten der Beteiligung des Mutterunternehmens überschreitet. Verbleibt aus der Kapitalkonsolidierung nach der Buchwertmethode ein negativer Unterschiedsbetrag, so ist dieser gemäß § 301 Abs. 3 HGB als „Unterschiedsbetrag aus der Kapitalkonsolidierung" auf der Passivseite der Konzernbilanz auszuweisen. Da das Gesetz indes nicht regelt, an welcher Stelle der Posten im Gliederungsschema des § 266 Abs. 3 HGB auszuweisen ist, kommt es für die Einordnung sowie für die weitere Behandlung gemäß § 309 HGB auf den bilanziellen Charakter bzw. die Entstehungsursachen des negativen Unterschiedsbetrages an.[16]

Als erste Ursache für einen negativen Unterschiedsbetrag kommen erwartete negative Erfolgsbeiträge in Betracht, die zwar in dem relativ niedrigen Kaufpreis der Beteiligung berücksichtigt wurden, sich indes noch nicht im gleichen Ausmaß im Eigenkapital des Tochterunternehmens niedergeschlagen haben.[17] Negative Erfolgsbeiträge können durch mangelnde Rentabilität bzw. durch konkrete Verlusterwartungen für künftige Jahre begründet sein. Ein relativ niedriger Kaufpreis der Beteiligung kann sich zudem aus der Sanierungsbedürftigkeit des erworbenen Tochterunternehmens oder aus Sozialplänen bzw. Einzelabfindungen oder aus

---

14 *Adler/Düring/Schmaltz,* Komm. z. HGB, AktG, GmbHG, PublG, 6. Aufl., 1996, § 301 Rn. 77;
    Biener/Berneke, BiRiLiG, S. 333; IDW, SABI 2/1988, 51ff; Schmalenbachgesellschaft, ZfbF
    1987, Sonderheft, 2. Aufl., 74 ff; WP-Handbuch, Bd. I, 1996, M 337.
15 *Ordelheide,* DB 1986, 493, 497; *Weber/Zündorf,* Handbuch der Konzernrechnungslegung, 1989,
    § 301 Rn. 132.
16 *Adler/Düring/Schmaltz,* Komm. z. HGB, AktG, GmbHG, PublG, 6. Aufl., 1996, § 301 Rn. 129;
    IDW, SABI 2/1988, 51, 55; *Küting/Weber,* Der Konzernabschluß, 4. Aufl., 1997, S. 174.
17 *Baetge,* Konzernbilanzen, 2. Aufl., 1995, S. 228; *Busse von Colbe/Ordelheide,* Konzernab-
    schlüsse, 6. Aufl., 1996, S. 221; *Ordelheide,* Beck'sches Handbuch der Rechnungslegung, 1996,
    C 402, Rn. 44.

anderen Aufwendungen für Umstrukturierungen ergeben, die noch nicht in der Handelsbilanz II (HB II) des Tochterunternehmens berücksichtigt waren.[18] Ist der verbleibende negative Unterschiedsbetrag durch erwartete negative Erfolgsbeiträge begründet, so wird er als badwill bezeichnet.[19]

Als weitere Ursache für einen negativen Unterschiedsbetrag ist denkbar, daß für die Beteiligung weniger bezahlt wurde, als sie tatsächlich wert ist.[20] Bei diesem Gelegenheitskauf oder lucky buy konnte das Mutterunternehmen aufgrund der Marktsituation oder wegen seiner starken Verhandlungsposition die Beteiligung an dem Tochterunternehmen günstig erwerben und einen Kaufpreis durchsetzen, der kleiner als das anteilige Eigenkapital des Tochterunternehmens ist.[21]

Schließlich kommt als Ursache für einen verbleibenden negativen Unterschiedsbetrag der Fall in Betracht, daß das Tochterunternehmen zwischen dem Erwerbszeitpunkt und dem Stichtag, an dem es erstmalig in den Konzernabschluß einbezogen wird – z. B. wenn es bisher wegen untergeordneter Bedeutung gemäß § 296 HGB nicht einbezogen wurde – in erheblichem Maße durch Gewinnthesaurierung Rücklagen angesammelt hat.[22] Dadurch kann das anteilige Eigenkapital des Tochterunternehmens über die ursprünglichen Anschaffungskosten der Beteiligung gestiegen sein. Zudem ist es denkbar, daß vor dem Zeitpunkt der Erstkonsolidierung beim Mutterunternehmen außerplanmäßige Abschreibungen auf die Beteiligung am Tochterunternehmen vorgenommen wurden, wodurch der Beteiligungsbuchwert beim Mutterunternehmen unter das anteilige Eigenkapital des Tochterunternehmens gesunken ist.[23] Diese Fälle eines negativen Unterschiedsbetrages resultieren daraus, daß § 301 Abs. 2 HGB für die Verrechnung des Beteiligungsbuchwertes mit dem anteiligen Eigenkapital alternativ Wertansätze zuläßt, die auf unterschiedlichen (Bewertungs-)Zeitpunkten basieren. So darf gemäß § 301 Abs. 2 HGB auf Basis der Wertansätze zum Zeitpunkt des Erwerbs der Anteile *oder* zum Zeitpunkt der erstmaligen Einbeziehung des Tochterunternehmens *oder* bei einem sukzessiven Anteilserwerb, zu dem Zeitpunkt, zu dem das Unternehmen Tochterunternehmen geworden ist, verrechnet werden. In diesem Fall kann folglich ein negativer Unterschiedsbetrag entstehen, ohne daß ein badwill oder ein lucky buy vorliegt.

18 *Adler/Düring/Schmaltz,* Komm. z. HGB, AktG, GmbHG, PublG, 6. Aufl., 1996, § 309 Rn. 67; *Weber/Zündorf,* Handbuch der Konzernrechnungslegung, 1989, § 309 Rn. 58.

19 *Schildbach,* Der handelsrechtliche Konzernabschluß, 2. Aufl., 1992, S. 172; *Scherrer,* Konzernrechnungslegung, 1994, S. 258; *Baetge,* Konzernbilanzen, 2. Aufl., 1995, S. 228; *Busse von Colbe/Ordelheide,* Konzernabschlüsse, 6. Aufl., 1996, S. 221; *Küting/Weber,* Der Konzernabschluß, 4. Aufl., 1997, S. 228; *Ordelheide,* Beck'sches Handbuch der Rechnungslegung, 1996, C 402, Rn. 44.

20 *Niehus,* WPg 1984, 320, 324.

21 *Adler/Düring/Schmaltz,* Komm. z. HGB, AktG, GmbHG, PublG, 6. Aufl., 1996, § 309 Rn. 67; *Baetge,* Konzernbilanzen, 2. Aufl., 1995, S. 229; *Küting/Weber,* Der Konzernabschluß, 4. Aufl., 1997, S. 228; *Weber/Zündorf,* Handbuch der Konzernrechnungslegung, 1989, § 309 Rn. 59.

22 *Adler/Düring/Schmaltz,* Komm. z. HGB, AktG, GmbHG, PublG, 6. Aufl., 1996, § 301 Rn. 135; *Weber,* Praxis der Kapitalkonsolidierung im internationalen Vergleich, 1991, S. 141.

23 *Baetge,* Konzernbilanzen, 2. Aufl., 1995, S. 228; *Küting/Weber,* Der Konzernabschluß, 4. Aufl., 1997, S. 228.

*2.13 Entstehung eines negativen Unterschiedsbetrages bei Anwendung der Neu-
bewertungsmethode des § 301 Abs. 1 Satz 2 Nr. 2 HGB*

Wird anstelle der Buchwertmethode die zweite Variante der Erwerbsmethode, nämlich die Neubewertungsmethode angewendet, so werden die stillen Reserven und
stillen Lasten bereits vor der Verrechnung des anteiligen Eigenkapitals des Tochterunternehmens mit dem Beteiligungsbuchwert des Mutterunternehmens aufgedeckt.
Die Neubewertung des Eigenkapitals des Tochterunternehmens durch die Aufdeckung stiller Reserven und stiller Lasten darf aufgrund des Anschaffungskostenprinzips, welches für die Neubewertungsmethode explizit in § 301 Abs. 1 Satz 4
HGB gesetzlich kodifiziert ist, nicht dazu führen, daß das anteilige (neubewertete)
Eigenkapital des Tochterunternehmens die Anschaffungskosten für die Beteiligung
überschreitet. Nach wörtlicher Auslegung des HGB darf ein negativer Unterschiedsbetrag bei der Neubewertungsmethode nicht auftreten, da gegen § 301
Abs. 1 Satz 4 HGB verstoßen würde.[24] D. h. die Aufdeckung stiller Reserven und
stiller Lasten ist bei Anwendung der Neubewertungsmethode im Sinne des § 301
HGB auf den Unterschiedsbetrag beschränkt.[25] Sofern bereits das anteilige Eigenkapital auf Buchwertbasis die Anschaffungskosten der Beteiligung übersteigt, ist
nach dem Wortlaut des § 301 Abs. 1 Satz 3 HGB eine Neubewertung nur dann zulässig, wenn das anteilige Eigenkapital durch entsprechend hohe stille Lasten auf
den Betrag der Anschaffungskosten reduziert wird.[26] D. h. ein negativer Unterschiedsbetrag ist bei der Neubewertungsmethode nach HGB nur in dem seltenen
Fall denkbar, daß die Anschaffungskosten der Beteiligung bereits unterhalb des
anteiligen Eigenkapitals auf Basis der Buchwerte liegen.[27]

*2.2   Bilanzielle Behandlung eines negativen Unterschiedsbetrages nach § 309
Abs. 2 HGB*

2.21 Der negative Unterschiedsbetrag als badwill

Resultiert aus den im vorhergehenden Abschnitt dargestellten Gründen ein im
Konzernabschluß auszuweisender negativer Unterschiedsbetrag, so ist die Behandlung dieses Postens in § 309 Abs. 2 HGB gesetzlich geregelt. Sie richtet sich danach,
aus welcher Ursache der Unterschiedsbetrag resultiert.

Stellt der verbleibende negative Unterschiedsbetrag einen badwill dar, d. h.
werden aus der Beteiligung negative Erfolgsbeiträge erwartet, so hat der Unterschiedsbetrag den Charakter einer Rückstellung und sollte daher gesondert unter
den Rückstellungen ausgewiesen werden.[28] Die negative Differenz zwischen anteiligem Eigenkapital und Beteiligungsbuchwert kann in diesem Fall als Zuschuß

---

24 *Weber,* Praxis der Kapitalkonsolidierung im internationalen Vergleich, 1991, S. 141.
25 *Busse von Colbe/Ordelheide,* Konzernabschlüsse, 6. Aufl., 1996, S. 224.
26 WP-Handbuch, Bd. I, 1996, M 355.
27 IDW, SABI 2/1988, 51, 52; WP-Handbuch, Bd. I, 1996, M 355.
28 *Baetge,* Konzernbilanzen, 2. Aufl., 1995, S. 228; WP-Handbuch, Bd. I, 1996, M 346.

zur Verbesserung der Ertragslage oder als Dispositionsreserve für Folgeperioden interpretiert werden.[29] Gemäß § 309 Abs. 2 Nr. 1 HGB darf der negative Unterschiedsbetrag im Falle eines badwill nur dann ergebniswirksam aufgelöst werden, wenn die erwartete ungünstige Entwicklung der künftigen Ertragslage des Tochterunternehmens tatsächlich eintritt. Dem Charakter einer Rückstellung entsprechend sollten die Worte des § 309 Abs. 2 HGB „darf aufgelöst werden" indes so interpretiert werden, daß der nach § 301 Abs. 3 HGB auf der Passivseite auszuweisende Unterschiedsbetrag aufgelöst werden muß, soweit die Gründe für seine Bildung eingetreten sind.[30] Durch die erfolgswirksame Auflösung wird in der Konzern-GuV der Verlust des Tochterunternehmens kompensiert, wohingegen der Aufwand ohne erfolgswirksame Auflösung des negativen Unterschiedsbetrages im Konzernabschluß doppelt erfaßt würde.[31] Steht fest, daß die erwartete ungünstige Entwicklung der Ertragslage nicht eintreten wird, so kann der Unterschiedsbetrag auch ohne Berührung der GuV in das Konzerneigenkapital umgegliedert werden.[32]

2.22 Der negative Unterschiedsbetrag als Ergebnis aus einem lucky buy

Ist die Ursache für einen negativen Unterschiedsbetrag aus der Kapitalkonsolidierung in einem lucky buy zu sehen, d. h. konnte der Kaufpreis aufgrund einer günstigen Marktsituation oder aufgrund besonderen Verhandlungsgeschicks des Mutterunternehmens unter den Wert des anteiligen Eigenkapitals gesenkt werden, so hat der Unterschiedsbetrag den Charakter einer Rücklage und sollte unter dem Eigenkapital ausgewiesen werden.[33] Gemäß § 309 Abs. 2 Nr. 2 HGB darf der auf der Passivseite auszuweisende Unterschiedsbetrag in diesem Fall erfolgswirksam aufgelöst werden, soweit am Abschlußstichtag feststeht, daß dieser einem realisierten Gewinn entspricht. Grundsätzlich ergibt sich aus dem Realitätsprinzip, daß Beschaffungsvorgänge erfolgsneutral in der Bilanz abzubilden sind. Aufgrund dieser geforderten Erfolgsneutralität von Anschaffungsvorgängen darf sich aus dem Erwerb der Beteiligung kein Gewinn ergeben, so daß eine Gewinnrealisierung gemäß dem Realisiationsprinzip erst zum Zeitpunkt der Veräußerung der Anteile feststehen kann.[34]

---

29 *Havermann*, Methoden der Bilanzierung von Beteiligungen, in: IDW (Hrsg.), Rechnungslegung und Prüfung in internationaler Sicht, 1978, 405, 434; *Sahner*, Kapitalkonsolidierung nach der 7. EG-Richtlinie, in: Hans (Hrsg.), Der konsolidierte Abschluß. Unter Berücksichtigung der 4. und 7. EG-Richtlinie, 1983, 38, 44.

30 *Baetge*, Bilanzen, 4. Aufl., 1996, S. 364 ff; *Küting/Weber*, Der Konzernabschluß, 4. Aufl., 1997, S. 229; *Pusecker/Schruff*, BB 1996, 735, 740; IDW, SABI 2/1988, 51, 56; *Weber/Zündorf*, Handbuch der Konzernrechnungslegung, 1989, § 309 Rn. 65; WP-Handbuch, Bd. I, 1996, M 367.

31 *Ordelheide*, Beck'sches Handbuch der Rechnungslegung, 1996, C 402, Rn. 47.

32 IDW, SABI 2/1988, 51, 56.

33 *Baetge*, Konzernbilanzen, 2. Aufl., 1995, S. 229; *Küting*, DB 1983, 457, 458.

34 *Baetge*, Bilanzen, 4. Aufl., 1996, S. 185; IDW, SABI 2/1988, 51, 57; *Küting/Weber*, Der Konzernabschluß, 4. Aufl., 1997, S. 230.

2.23 Der negative Unterschiedsbetrag als Ergebnis aus Gewinnthesaurierungen beim Tochterunternehmen zwischen dem Zeitpunkt des Erwerbs der Anteile und dem abweichenden Erstkonsolidierungszeitpunkt

Resultiert ein verbleibender negativer Unterschiedsbetrag allein daraus, daß das Tochterunternehmen zwischen dem Zeitpunkt des Erwerbs der Anteile und dem Zeitpunkt der erstmaligen Einbeziehung in den Konzernabschluß Gewinne thesauriert hat, so hat der Unterschiedsbetrag in dieser Situation Eigenkapitalcharakter.[35] Die weitere Behandlung eines derartigen Unterschiedsbetrages ist in § 309 Abs. 2 HGB nicht geregelt. Da es sich bei diesem Unterschiedsbetrag um während der Konzernzugehörigkeit erwirtschaftete Beträge handelt, erscheint eine erfolgsneutrale Umgliederung des auf Gewinnthesaurierung beruhenden Unterschiedsbetrages in die Gewinnrücklagen indes zweckgerecht.[36]

Im folgenden werden die Entstehungsursachen sowie die bilanzielle Behandlung eines negativen Unterschiedsbetrages aus der Kapitalkonsolidierung nach IAS 22 dargestellt und im Vergleich zu den Vorschriften des HGB kritisch beurteilt, bevor schließlich die Behandlung eines negativen Unterschiedsbetrages aus der Kapitalkonsolidierung nach den Vorschriften der APB Opinion 16 dargestellt und beurteilt wird.

3. Der negative Unterschiedsbetrag nach IAS[37]

3.1 Entstehungsursachen eines negativen Unterschiedsbetrages

Im Bereich der internationalen Rechnungslegung regelt IAS 22 „Business Combinations" die Vorschriften zur Kapitalkonsolidierung. IAS 22.10 stellt klar, daß sich die Methode der Kapitalkonsolidierung gemäß IAS 22 bei einer Akquisition substantiell von der Methode der Kapitalkonsolidierung bei einer Interessenzusammenführung unterscheidet. Danach ist eine Akquisition eine Verbindung von Unternehmen, bei der ein Unternehmen – das Mutterunternehmen – die Kontrolle über das Reinvermögen sowie die Geschäfts- und Finanzpolitik des anderen Unternehmens – des Tochterunternehmens – erwirbt. Ist die Einbeziehung des Tochterunternehmens in diesem Sinne als Erwerbsvorgang anzusehen, so ist gemäß IAS 22.18 die Erwerbsmethode („purchase method") anzuwenden.[38] Erfüllt eine Unter-

35 *Baetge,* Konzernbilanzen, 2. Aufl., 1995, S. 230; *Weber,* Praxis der Kapitalkonsolidierung im internationalen Vergleich, 1991, S. 144.
36 *Adler/Düring/Schmaltz,* Komm. z. HGB, AktG, GmbHG, PublG, 6. Aufl., 1996, § 301 Rn. 135; *Küting/Weber,* Der Konzernabschluß, 4. Aufl., 1997, S. 230; *Ordelheide,* Beck'sches Handbuch der Rechnungslegung, 1996, C 401, Rn. 127; WP-Handbuch, Bd. I, 1996, M 370.
37 Vgl. zu den folgenden Ausführungen in Abschnitt 3: IASC, IAS 22: Accounting for Business Combinations, in: International Accounting Standards. The full text of all International Accounting Standards extant at 1 January 1995 and current Exposure Drafts, 1995.
38 IDW, Rechnungslegung nach International Accounting Standards, 1995, S. 281; KPMG, International Accounting Standards, 2. Aufl., 1996, S. 134.

nehmensverbindung indes die in IAS 22.14 bis 22.17 kodifizierten Voraussetzungen, so ist die Interessenzusammenführungsmethode („Unitings of interests") als Verfahren der Kapitalkonsolidierung zwingend vorgeschrieben.[39] Bei der Erstkonsolidierung nach IAS 22 ist grundsätzlich auf den Zeitpunkt des Erwerbs der Anteile abzustellen, ab dem die Ergebnisse des Tochterunternehmens und dessen Vermögensgegenstände und Schulden in den Konzernabschluß einzubeziehen sind sowie ein eventuell entstehender Geschäfts- oder Firmenwert bzw. ein negativer Unterschiedsbetrag auszuweisen ist (IAS 22.20). Eine Einbeziehung zum Bilanzstichtag oder zu dem Zeitpunkt, zu dem das Unternehmen Tochterunternehmen geworden ist, kommt nach IAS 22 nicht in Frage. Im Gegensatz zur Vorgehensweise nach dem HGB wird bei der Kapitalkonsolidierung nicht der Buchwert der Beteiligung beim Mutterunternehmen, der aufgrund von vor der Erstkonsolidierung vorgenommenen Abschreibungen auf die Beteiligung von den Anschaffungskosten abweichen kann[40], mit dem anteiligen Eigenkapital des Tochterunternehmens verrechnet, sondern vielmehr sind die Anschaffungskosten der Beteiligung der Vergleichsmaßstab für das Eigenkapital des Tochterunternehmens.

Die Erwerbsmethode nach IAS 22 unterscheidet zwei alternative Vorgehensweisen. Nach der bevorzugten Methode („Benchmark treatment") des IAS 22.31 sind die in den Konzernabschluß zu übernehmenden Vermögensgegenstände und Schulden des Tochterunternehmens zum Erstkonsolidierungsstichtag zu anteiligen Zeitwerten anzusetzen. Dabei werden alle stillen Reserven und alle stillen Lasten anteilig, entsprechend der Beteiligungsquote, aufgedeckt. Nach IAS 22.31 sind dabei keinerlei Restriktionen zu beachten. Dementsprechend kann der Betrag des anteiligen neubewerteten Eigenkapitals des Tochterunternehmens größer werden als die Anschaffungskosten der Beteiligung beim Mutterunternehmen. Im Gegensatz zu den deutschen Vorschriften ist also der Fall denkbar, daß durch die Aufdeckung stiller Reserven und stiller Lasten ein ursprünglich positiver Unterschiedsbetrag zu einem negativen Unterschiedsbetrag aus der Kapitalkonsolidierung wird.

Neben der Verrechnung der Anschaffungskosten der Beteiligung mit dem anteiligen neubewerteten Eigenkapital des Tochterunternehmens, ist gemäß der bevorzugten Methode in IAS 22.31 ein Ausgleichsposten für die Anteile anderer Gesellschafter zu bilden, der den zu Buchwerten bewerteten Anteil der anderen Gesellschafter an den Vermögensgegenständen und Schulden des Tochterunternehmens zeigt. Da dieser Ausgleichsposten auf Basis der Buchwerte vor dem Erwerb ermittelt wird, werden stille Reserven und stille Lasten, die auf Anteile anderer Gesellschafter entfallen, nicht aufgedeckt. Dieses Vorgehen ähnelt der Buchwertmethode nach § 301 HGB insofern, als nur der der Beteiligungsquote entsprechende Anteil der Zeitwerte des Tochterunternehmens in den Konzernabschluß

39 IDW, Rechnungslegung nach International Accounting Standards, 1995, S. 281; *Pellens,* Internationale Rechnungslegung, 1997, S. 450.
40 *Adler/Düring/Schmaltz,* Komm. z. HGB, AktG, GmbHG, PublG, 6. Aufl., 1996, § 301 Rn. 33–36; *Weber/Zündorf,* Handbuch der Konzernrechnungslegung, 1989, § 301 Rn. 37–39.

übernommen wird und der Minderheitenanteil auf Basis der Buchwerte der Vermögensgegenstände und Schulden ermittelt wird.[41] Da die benchmark Methode nach IAS 22.31 durch die im ersten Schritt vorzunehmende Neubewertung des Eigenkapitals des Tochterunternehmens der aus dem HGB bekannten Neubewertungsmethode ähnelt, läßt sie sich treffender als „proportionale Neubewertungsmethode" bezeichnen.[42]

Zur Klärung der Frage, welche Vermögensgegenstände und Schulden des Tochterunternehmens nach IAS in den Konzernabschluß übernommen werden, verweist IAS 22.31 auf IAS 22.27, wonach „assets and liabilities"[43] entsprechend den Verhältnissen am Erwerbsstichtag einzeln anzusetzen sind, wenn es zum einen wahrscheinlich ist, daß für den Erwerber ein künftiger wirtschaftlicher Nutzen aus ihnen resultiert und zum anderen die Anschaffungskosten oder die Zeitwerte der Vermögensgegenstände und Schulden zuverlässig gemessen werden können. Vermögensgegenstände und Schulden, die diese Ansatzkriterien erfüllen, werden als „identifiable assets and liabilities" bezeichnet. In dem Maße, in dem Vermögensgegenstände und Schulden erworben werden, die diese Ansatzkriterien nicht erfüllen, wird die Höhe des Geschäfts- oder Firmenwertes bzw. des negativen Unterschiedsbetrages aus der Kapitalkonsolidierung beeinflußt. Denn ein positiver oder negativer Unterschiedsbetrag wird gemäß IAS 22.28 als der Saldo aus der Verrechnung der Anschaffungskosten der Beteiligung mit der Differenz der vom Erwerber übernommenen Anteile an den Zeitwerten der „identifiable assets and liabilities" definiert. D. h. der Unterschiedsbetrag ergibt sich grundsätzlich aus der Verrechnung der Anschaffungskosten der Beteiligung mit dem anteiligen neubewerteten Eigenkapital.[44]

Neben dieser bevorzugten Methode der Kapitalkonsolidierung läßt IAS 22 in IAS 22.33 eine alternative Methode (allowed alternative treatment) zu. Danach sind die in den Konzernabschluß zu übernehmenden Vermögensgegenstände und Schulden unabhängig von der Beteiligungsquote vollständig zu ihren Zeitwerten anzusetzen. Bei dieser alternativen Methode werden sämtliche stillen Reserven und stillen Lasten – ohne Einschränkungen durch Restriktionen oder durch Berücksichtigung der Beteiligungsquote – in voller Höhe aufgedeckt. Dem Ansatz des vollständigen neubewerteten Eigenkapitals entsprechend wird der Ausgleichsposten für Anteile anderer Gesellschafter auf Basis des neubewerteten Eigenkapitals des

---

41 KPMG, International Accounting Standards, 2. Aufl., 1996, S. 135; *Weber,* Praxis der Kapitalkonsolidierung im internationalen Vergleich, 1991, S. 126.

42 IDW, Rechnungslegung nach International Accounting Standards, 1995, S. 290.

43 IAS 22.27 spricht von assets and liabilities und gibt auch Ansatzkriterien vor. Im folgenden werden die Begriffe „assets" und „liabilities" grundsätzlich mit den Begriffen „Vermögensgegenstände" und „Schulden" übersetzt, auch wenn sich im Einzelfall zwischen den Definitionen nach HGB und IAS Unterschiede ergeben können. Vgl. dazu z. B.: *Adler/Düring/Schmaltz,* Komm. z. HGB, AktG, GmbHG, PublG, 6. Aufl., 1996, § 309 Rn. 12.

44 IDW, Rechnungslegung nach International Accounting Standards, 1995, S. 287; KPMG, International Accounting Standards, 2. Aufl., 1996, S. 135; *Weber,* Praxis der Kapitalkonsolidierung im internationalen Vergleich, 1991, S. 146.

Tochterunternehmens ermittelt.[45] Diese Vorgehensweise ähnelt der Neubewertungsmethode des § 301 Abs. 1 Satz 2 Nr. 2 HGB.[46]

Nach IAS kann – wie auch nach den deutschen Vorschriften – ein negativer Unterschiedsbetrag verschiedene Ursachen haben. Einerseits kann der negative Unterschiedsbetrag aus erwarteten negativen Erfolgsbeiträgen des erworbenen Unternehmens resultieren, d. h. er ergibt sich aus einem badwill. Andererseits ist der Fall denkbar, daß sich der negative Unterschiedsbetrag aus einem lucky buy (bargain purchase[47] bzw. „... net assets ... have ... been acquired at a discount"[48]) ergibt. Die in Deutschland mögliche dritte Ursache für einen negativen Unterschiedsbetrag – ein Tochterunternehmen hat zwischen dem Zeitpunkt des Anteilserwerbs und dem Erstkonsolidierungzeitpunkt Gewinne thesauriert bzw. es wurde eine außerplanmäßige Abschreibung auf die Beteiligung beim Mutterunternehmen vorgenommen – ist nach IAS nicht denkbar, da nach IAS bei der Erstkonsolidierung grundsätzlich auf den Zeitpunkt des Erwerbs der Anteile abzustellen ist. Dagegen ist nach IAS eine Entstehungsursache möglich, die nach HGB nicht in Frage kommt. So ist es denkbar, daß durch die Aufdeckung stiller Reserven und Lasten aus einem vorläufigen positiven Unterschiedsbetrag ein negativer Unterschiedsbetrag resultiert.

Die folgende Tabelle gibt einen zusammenfassenden Überblick über die möglichen Entstehungsursachen eines negativen Unterschiedsbetrages nach HGB und IAS:

	HGB	IAS
1. Lucky buy	ja	ja
2. Badwill	ja	ja
3. Gewinnthesaurierung beim Tochterunternehmen zwischen Erwerbszeitpunkt und Erstkonsolidierung oder außerplanmäßige Abschreibung auf die Beteiligung vor der Erstkonsolidierung	ja	nein
4. Positiver Unterschiedsbetrag wird durch Aufdeckung stiller Reserven/Lasten zu einem negativen Unterschiedsbetrag	nein	ja

Tabelle 1: Entstehungsursachen eines negativen Unterschiedsbetrages nach HGB und IAS

---

45 KPMG, International Accounting Standards, 2. Aufl., 1996, S. 136.
46 *Weber,* Praxis der Kapitalkonsolidierung im internationalen Vergleich, 1991, S. 126.
47 Accounting Standards Committee, Accountancy 1980, 108, 113.
48 IASC, IAS 22: Accounting for Business Combinations, in: International Accounting Standards. The full text of all International Accounting Standards extant at 1 January 1995 and current Exposure Drafts, 1995, IAS 22.50.

3.2 Bilanzielle Behandlung eines negativen Unterschiedsbetrages nach IAS 22

3.21 Vorbemerkung

Nach IAS 22 ist ein negativer Unterschiedsbetrag aus der Kapitalkonsolidierung als Sonderproblem zu lösen, da erworbene Vermögensgegenstände grundsätzlich nicht über ihren Anschaffungskosten angesetzt werden dürfen.[49] Gemäß IAS 22.49 ist es bei einem Unternehmenserwerb grundsätzlich denkbar, daß aus dem Erwerb einer Beteiligung ein negativer Unterschiedsbetrag resultiert. Ein negativer Unterschiedsbetrag aus dem Erwerb resultiert daraus, daß die Anschaffungskosten der Beteiligung geringer sind als das anteilige neubewerte Eigenkapital des Tochterunternehmens zum Zeitpunkt der Bezahlung. IAS 22 sieht bei der bilanziellen Behandlung eines negativen Unterschiedsbetrages zwei Möglichkeiten vor, eine bevorzugte Methode („Benchmark treatment") sowie eine zulässige alternative Methode („Allowed alternative treatment").

3.22 Bevorzugte Methode des IAS 22.49

Nach der bevorzugten Methode des IAS 22.49 sind im Falle eines vorläufigen negativen Unterschiedsbetrages die Zeitwerte der erworbenen nicht-monetären Vermögensgegenstände solange proportional zu reduzieren, bis der Überschuß d. h. der negative Unterschiedsbetrag, eliminiert ist. Dabei soll die Abstockung gewährleisten, daß die übernommenen Vermögensgegenstände des Tochterunternehmens maximal zu den Anschaffungskosten des erwerbenden Mutterunternehmens angesetzt werden.[50]

Übersteigt das anteilige neubewertete Eigenkapital des Tochterunternehmens die Anschaffungskosten der Beteiligung, so liegt gemäß IAS 22.50 ein Gelegenheitskauf (lucky buy) vor. Dementsprechend sind die Zeitwerte der erworbenen nicht-monetären Vermögensgegenstände um den mit dem Gelegenheitskauf realisierten Abschlag zu reduzieren, um sicherzustellen, daß die Beteiligung nicht mit einem die Anschaffungskosten übersteigenden Wert angesetzt wird. Die Abstockung der Zeitwerte soll folglich im Nachhinein – d. h. nach vollständiger Aufdeckung der stillen Reserven und stillen Lasten – gewährleisten, daß das Anschaffungskostenprinzip eingehalten wird.[51]

IAS 22 läßt offen, was unter einer proportionalen Reduzierung der Zeitwerte der nicht-monetären Vermögensgegenstände zu verstehen ist, d. h. welche Größe der Vergleichsmaßstab für die proportionale Zuordnung sein soll. Zudem läßt IAS 22 offen, ob lediglich die Zeitwerte derjenigen nicht-monetären Vermögensgegenstände abzustocken sind, bei denen zuvor stille Reserven und/oder stille Lasten aufgedeckt wurden, oder ob sämtliche nicht-monetären Vermögensgegenstände

49 FASB, The IASC – U.S. Comparison Project: A Report on the Similarities and Differences between IASC Standards and U. S. GAAP, 1996, S. 346.
50 IDW, Rechnungslegung nach International Accounting Standards, 1995, S. 294.
51 KPMG, International Accounting Standards, 2. Aufl., 1996, S. 137.

proportional abzustocken sind. Da IAS 22 bezüglich der Abstockung keinerlei Restriktionen nennt, ist wohl davon auszugehen, daß die Abstockung unabhängig davon zu erfolgen hat, ob bei dem entsprechenden nicht-monetären Vermögensgegenstand zuvor überhaupt stille Reserven und/oder stille Lasten aufgedeckt wurden.

IAS 22 begründet die Forderung nach proportionaler Abstockung nicht. Die proportionale Abstockung der nicht-monetären Vermögensgegenstände zur Eliminierung eines negativen Unterschiedsbetrages kann indes mit Praktikabilitätsüberlegungen begründet werden[52] und, vergleichbar mit den Zuordnungskonzepten stiller Reserven, als objektive Möglichkeit angesehen werden, den Unterschiedsbetrag zu verteilen.[53] Indes können durch eine proportionale Abstockung unglückliche Ergebnisse resultieren.[54] Wird beispielsweise ein Handelsunternehmen wenige Monate vor dem Bilanzstichtag des Mutterunternehmens erworben und resultiert aus dem Erwerb ein negativer Unterschiedsbetrag, so übernimmt das Vorratsvermögen, welches bei Handelsunternehmen in der Regel den größten Posten der Vermögensgegenstände darstellt, nach IAS 22 einen proportionalen Teil des zu eliminierenden Unterschiedsbetrages. Das Vorratsvermögen wird folglich bei der Abstockung der nicht-monetären Vermögensgegenstände um einen erheblichen Teil des negativen Unterschiedsbetrages reduziert. Dies führt dazu, wenn der überwiegende Teil der Vorräte zwischen Akquisitionstag und Konzernabschlußstichtag verkauft sein sollte, daß der aus der Kapitalkonsolidierung resultierende negative Unterschiedsbetrag innerhalb eines sehr kurzen Zeitraumes zu einem erheblichen Teil realisiert wurde, sofern das Vorratsvermögen des Tochterunternehmens zu einem Preis verkauft wurde, der wesentlich höher ist als der (unterbewertete) Wert, zu dem das Vorratsvermögen des Tochterunternehmens aufgrund der Abstockung angesetzt wurde. Da es nicht unwahrscheinlich ist, daß bei der Abstockung von Vorratsvermögen von Handelsunternehmen dieses Problem auftritt, ist zur Zeit (noch) davon auszugehen, daß das IASC diese Möglichkeit in Betracht gezogen und akzeptiert hat.[55]

Indes hat der IASC Board im Dezember 1996 angekündigt, daß voraussichtlich die Wahlmöglichkeit zwischen der bevorzugten und der alternativen Methode zur Behandlung eines negativen Unterschiedsbetrages in IAS 22 eliminiert werden soll und statt dessen die bisher alternativ zugelassene Methode zwingend vorgeschrieben werden soll.[56] Entgegen dieser Ankündigung hat der IASC Board bei der IASC Sitzung im Januar 1997 in London angekündigt, daß der Board sich nun darauf verständigt habe, die alternativ zugelassene Methode des IAS 22 zu eliminieren

---

52 C & L, Understanding IAS, 1996, S. 22–23.
53 Zu den Zuordnungskonzepten stiller Reserven: *Adler/Düring/Schmaltz,* Komm. z. HGB, AktG, GmbHG, PublG, 6. Aufl., 1996, § 301 Rn. 90; *Baetge,* Konzernbilanzen, 2. Aufl., 1995, S. 222; IDW, SABI 2/1988, 51, 52; *Weber/Zündorf,* Handbuch der Konzernrechnungslegung, 1989, § 301 Rn. 117.
54 Vgl. zu folgenden Ausführungen: C & L, Understanding IAS, 1996, S. 22–23.
55 C & L, Understanding IAS, 1996, S. 22–24.
56 IASC, INSIGHT December 1996, S. 9.

und statt dessen eine modifizierte Version der bisherigen bevorzugten Methode zwingend vorzuschreiben.[57] Danach sollen die Zeitwerte der erworbenen Vermögensgegenstände – außer Zahlungsmittel und Zahlungsmitteläquivalente – abgestockt werden, um den negativen Unterschiedsbetrag zu eliminieren. Der Restbetrag soll dabei, wenn es nicht möglich ist, den Unterschiedsbetrag durch diese Abstockung vollständig zu eliminieren, im gleichen Jahr erfolgswirksam vereinnahmt werden.

3.23 Alternative Methode des IAS 22.51

Im Gegensatz zur bevorzugten Methode, nach der lediglich der Betrag, der nach Abstockung der nicht-monetären Vermögensgegenstände auf einen Wert von Null als negativer Unterschiedsbetrag verbleibt, als negativer Unterschiedsbetrag beschrieben und als passiver Rechnungsabgrenzungsposten behandelt werden soll, ist nach der alternativen Methode gemäß IAS 22.51 der gesamte Überschuß des anteiligen neubewerteten Eigenkapitals über die Anschaffungskosten der Beteiligung als negativer Unterschiedsbetrag (negativer Goodwill) zu beschreiben, und als passiver Rechnungsabgrenzungsposten zu behandeln.[58]

D. h. es wird vollständig auf die Abstockung verzichtet, so daß – anders als bei der bevorzugten Methode – die aus der Abstockung z. B. des Vorratsvermögens in Abschnitt 3.22 beschriebenen Probleme unterbleiben. Im Gegensatz zur bevorzugten Methode verstößt die alternative Methode indes in jedem Fall gegen das Anschaffungskostenprinzip, da das neubewertete Eigenkapital des Tochterunternehmens mit einem Betrag ausgewiesen wird, der die Anschaffungskosten übersteigt. Bei der bevorzugten Methode wird lediglich dann und soweit gegen das Anschaffungskostenprinzip verstoßen, wenn nach der Abstockung ein negativer Unterschiedsbetrag verbleibt.

3.24 Behandlung des negativen Unterschiedsbetrages in Folgeperioden

Sofern es bei Anwendung der bevorzugten Methode des IAS 22.49 nicht möglich ist, den negativen Unterschiedsbetrag vollständig durch die Abstockung der nicht-monetären Vermögensgegenstände zu eliminieren, so ist der verbleibende negative Unterschiedsbetrag als solcher zu bezeichnen[59] (der verbleibende negative Unterschiedsbetrag wird in IAS 22.49 als „Negativer Goowill" bezeichnet, im folgenden wird indes einheitlich von negativem Unterschiedsbetrag gesprochen) und als passiver Rechnungsabgrenzungsposten zu behandeln. Insoweit verstößt die bevorzugte Methode gegen das Anschaffungskostenprinzip. Dieser passive Rechnungs-

---

57 IASC, Update, January 1997, S. 2.

58 C & L, Internationale Rechnungslegung: US-GAAP, HGB und IAS, 1994, S. 143; KPMG, International Accounting Standards, 2. Aufl., 1996, S. 137; *Weber,* Praxis der Kapitalkonsolidierung im internationalen Vergleich, 1991, S. 146.

59 *Adler/Düring/Schmaltz,* Komm. z. HGB, AktG, GmbHG, PublG, 6. Aufl., 1996, § 301 Rn. 78.

abgrenzungsposten ist nach IAS 22.49 planmäßig über einen Zeitraum von nicht mehr als fünf Jahren abzuschreiben, sofern nicht eine längere Abschreibungsperiode (maximal zwanzig Jahre) gerechtfertigt werden kann.

Der passive Rechnungsabgrenzungsposten, der bei Anwendung der alternativen Methode des IAS 22.51 auszuweisen ist, soll durch die Abschreibung über nicht mehr als fünf Jahre erfolgswirksam vereinnahmt werden. Sofern eine längere Abschreibungsperiode gerechtfertigt werden kann, darf diese zwanzig Jahre nicht überschreiten. Die Behandlung des negativen Unterschiedsbetrags nach IAS 22.51 als passiver Rechnungsabgrenzungsposten sowie dessen Behandlung in den Folgejahren entspricht somit dem Vorgehen bei der bevorzugten Methode nach IAS 22.49.

Allerdings ist nach der alternativen Methode der gesamte negative Unterschiedsbetrag planmäßig über fünf bis maximal zwanzig Jahre erfolgswirksam zu vereinnahmen, während eine derartige planmäßige Abschreibung bei der bevorzugten Methode lediglich für den Teil des negativen Unterschiedsbetrages vorgesehen ist, der nach der Abstockung der nicht-monetären Vermögensgegenstände verbleibt. Der durch die Abstockung auf die nicht-monetären Vermögensgegenstände verteilte Teil des negativen Unterschiedsbetrages wird bei Anwendung der bevorzugten Methode nach der Annahme des IAS 22.50 dann als Gewinn realisiert, wenn die betroffenen Vermögensgegenstände verkauft oder verbraucht werden. Im Fall von Gegenständen des Umlaufvermögens, z. B. Vorräten, ist der Gewinnrealisierungsprozeß beendet, wenn die Vorräte verkauft sind. Im Fall von Gegenständen des Anlagevermögens, z. B. Maschinen oder Ausrüstungen, wird der Abschlag durch niedrigere künftige Abschreibungen des Vermögensgegenstandes realisiert.

Im Vergleich zu der Vorgehensweise nach dem HGB ist die dargestellte bilanzielle Behandlung eines negativen Unterschiedsbetrages unabhängig von seinen Entstehungsursachen immer gleich, wohingegen die Entstehungsursachen bei der bilanziellen Behandlung eines negativen Unterschiedsbetrages nach § 309 Abs. 2 HGB von entscheidender Bedeutung sind.

4. Der negative Unterschiedsbetrag nach US-GAAP[60]

4.1 Entstehungsursachen eines negativen Unterschiedsbetrages

In den USA ist die Vorgehensweise bei der Kapitalkonsolidierung in APB Opinion 16 sowie zum Teil in APB Opinion 17 (Intangible Assets) geregelt. Da die für die Entstehung und bilanzielle Behandlung eines neagtiven Unterschiedsbetrages aus der Kapitalkonsolidierung relevanten Vorschriften ausschließlich in APB Opinion 16 geregelt sind, wird im folgenden nur auf APB Opinion 16 eingegangen. Danach

---

60 Vgl. zu den folgenden Ausführungen in Abschnitt 4: AICPA, APB Opinion 16: Business Combinations, in: Original Pronouncements. Accounting Standards as of June 1, 1994, 1994.

sind bei der Kapitalkonsolidierung grundsätzlich die Erwerbsmethode („Purchase method") sowie die Interessenzusammenführungsmethode („Pooling of interests") denkbar. Indes wird in APB Opinion 16.43 ausdrücklich darauf hingewiesen, daß diese beiden Methoden der Kapitalkonsolidierung nicht als Alternativen bei der Konsolidierung ein und derselben Unternehmensverbindung zu sehen sind. Vielmehr ist die Interessenzusammenführungsmethode zwingend anzuwenden, wenn sämtliche in APB Opinion 16.45–16.48 genannten Voraussetzungen erfüllt sind.[61] In allen anderen Fällen, in denen ein Unternehmen ein anderes Unternehmen kauft, ist die Erwerbsmethode anzuwenden.

Im Gegensatz zu den Vorschriften des § 301 HGB sowie des IAS 22 unterscheidet APB Opinion 16 nicht zwischen verschiedenen Varianten der Erwerbsmethode. Statt dessen verlangt APB Opinion 16.68 lediglich, daß die in den Konzernabschluß zu übernehmenden Vermögensgegenstände und Schulden zu ihren Zeitwerten anzusetzen sind. Dabei wird an keiner Stelle der Vorschrift zur Erwerbsmethode darauf eingegangen, ob die stillen Reserven und stillen Lasten entsprechend der Beteiligungsquote des Mutterunternehmens oder vollständig aufzudecken sind. Lediglich bei den Ausführungen zu der Interessenzusammenführungsmethode werden Beteiligungsquoten erwähnt.[62] Da bei den Ausführungen zur Erwerbsmethode Hinweise auf eine Berücksichtigung der Beteiligungsquote vollständig fehlen, könnte davon ausgegangen werden, daß nach APB Opinion 16 die stillen Reserven und stillen Lasten unabhängig von der Beteiligungsquote vollständig aufzudecken sind. Dagegen vertreten *ADS* die Ansicht, daß aussschließlich die anteilige Aufdeckung stiller Reserven und stiller Lasten zulässig sei.[63] Da der Wortlaut der Vorschrift der APB Opinion 16 keinen Hinweis darauf enthält, ob eine bestimmte Methode der Kapitalkonsolidierung anzuwenden ist, kann keine dieser Ansichten voll überzeugen. Vielmehr ist wohl davon auszugehen, daß im Rahmen der Vorschrift der APB Opinion 16 grundsätzlich beide Methoden – d. h. vollständige oder anteilige Aufdeckung der stillen Reserven/Lasten – zulässig sind.[64] Dies wird auch durch die Rechnungslegungspraxis in den USA bestätigt. So ergab eine Untersuchung von Unternehmenszusammenschlüssen in den USA, daß beide Methoden der Kapitalkonsolidierung in der Rechnungslegungspraxis der USA durchaus üblich sind.[65] Auch die SEC scheint beide Methoden für zulässig anzusehen, wobei von der SEC vermutlich die Methode mit anteiliger Aufdeckung stiller Reserven und Lasten bevorzugt wird.[66]

---

61 *Pellens,* Internationale Rechnungslegung, 1997, S. 271.
62 FASB, The IASC – U.S. Comparison Project: A Report on the Similarities and Differences between IASC Standards and U. S. GAAP, 1996, S. 339.
63 *Adler/Düring/Schmaltz,* Komm. z. HGB, AktG, GmbHG, PublG, 6. Aufl., 1996, § 301 Rn. 10.
64 *Pellens,* Internationale Rechnungslegung, 1997, S. 275; *Weber,* Praxis der Kapitalkonsolidierung im internationalen Vergleich, 1991, S. 128.
65 FASB, The IASC – U.S. Comparison Project: A Report on the Similarities and Differences between IASC Standards and U. S. GAAP, 1996, S. 341.
66 FASB, The IASC – U.S. Comparison Project: A Report on the Similarities and Differences between IASC Standards and U. S. GAAP, 1996, S. 341.

Bei vollständiger Aufdeckung der stillen Reserven und stillen Lasten ähnelt die Kapitalkonsolidierung nach APB Opinion 16 der Vorgehensweise der zulässigen alternativen Methode nach IAS 22.33. Indes schreibt IAS 22.33 zusätzlich explizit vor, daß ein Minderheitenanteil in Höhe des Anteils anderer Gesellschafter am neubewerteten Eigenkapital des Tochterunternehmens anzusetzen ist. Hingegen ist es nach APB Opinion 16 offen, ob ein Minderheitenanteil auf Basis der Zeitwerte oder auf Basis der Buchwerte vor dem Erwerb auszuweisen ist, wenn der vom Mutterunternehmen erworbene Anteil am Tochterunternehmen geringer ist als 100%.[67]

Analog zu den Vorschriften des IAS 22 ist auch bei der Kapitalkonsolidierung nach APB Opinion 16 für die Wertansätze von Vermögensgegenständen und Schulden gemäß APB Opinion 16.94 auf den Erwerbszeitpunkt abzustellen. Sofern gemäß APB Opinion 16.93 ausnahmsweise zur Vereinfachung auf den Bilanzstichtag abgestellt wird, ist es zwingend erforderlich mit geeigneten Methoden auf die Wertansätze des Erwerbszeitpunktes zurückzurechnen. Im Gegensatz zu den Vorschriften des HGB – und analog zu IAS 22 – ist für die Kapitalkonsolidierung aber nicht der Beteiligungsbuchwert des Mutterunternehmens relevant, sondern die Anschaffungskosten der Beteiligung. Diese Anschaffungskosten sollen gemäß APB Opinion 16.87 in einem ersten Schritt auf die erworbenen Vermögensgegenstände und Schulden verteilt werden, indem den Vermögensgegenständen und Schulden ein Anteil der Anschaffungskosten zugewiesen wird, der normalerweise ihren Zeitwerten am Erwerbstag entspricht. Auch APB Opinion 16 spricht im Zusammenhang mit der Übernahme von Vermögensgegenständen und Schulden in den Konzernabschluß von „identifiable assets and liabilities", indes wird im Gegensatz zu IAS 22 keine Definition gegeben, was darunter zu verstehen ist. In einem zweiten Schritt der Kapitalkonsolidierung ist der Saldo zwischen den Anschaffungskosten der Beteiligung und dem Betrag der neubewerteten Vermögensgegenstände abzüglich der neubewerteten Schulden (dies entspricht dem neubewerteten Eigenkapital) zu ermitteln. Dabei ist es nach APB Opinion 16.87 denkbar, daß der Betrag des neubewerteten Eigenkapitals des Tochterunternehmens die Anschaffungskosten der Beteiligung beim Mutterunternehmen übersteigt. Sofern auf diese Weise ein vorläufiger negativer Unterschiedsbetrag auftritt, ist dieser gemäß APB Opinion 16 zunächst auf Vermögensgegenstände des Anlagevermögens zu verteilen, und lediglich ein verbleibender nicht-verteilbarer negativer Unterschiedsbetrag ist als solcher auszuweisen. Dieser nicht-verteilbare Restbetrag wird auch als „negativer Goodwill" bezeichnet.

Zu den Entstehungsursachen für einen negativen Unterschiedsbetrag äußert sich APB Opinion 16 nicht. Es ist indes davon auszugehen, daß dieser negative Unterschiedsbetrag auch nach US-GAAP entweder aus einem lucky buy resultieren kann oder daß ein badwill vorliegt. Auch nach APB Opinion 16 kann ein negativer Unterschiedsbetrag indes nicht daraus resultieren, daß ein Tochterunternehmen zwischen dem Zeitpunkt des Erwerbs und der erstmaligen Konsolidierung Gewinne

---

67 FASB, The IASC – U.S. Comparison Project: A Report on the Similarities and Differences between IASC Standards and U. S. GAAP, 1996, S. 340.

thesauriert hat, wodurch das neubewertete Eigenkapital des Tochterunternehmens die Anschaffungskosten der Beteiligung übersteigt. Denn bei der Kapitalkonsolidierung ist nach APB Opinion 16.94 wie nach IAS 22 für die Wertansätze der Vermögensgegenstände und Schulden auf den Tag des Beteiligungserwerbs abzustellen. Im Gegensatz zum HGB ist es nach ABP Opinion 16 zudem denkbar, daß durch die Aufdeckung stiller Reserven und stiller Lasten aus einem vorläufigen positiven Unterschiedsbetrag ein negativer Unterschiedsbetrag wird.

Die folgende Tabelle zeigt zusammenfassend die möglichen Entstehungsursachen eines negativen Unterschiedsbetrages nach HGB und US-GAAP:

	HGB	US-GAAP
1. Lucky buy	ja	ja
2. Badwill	ja	ja
3. Gewinnthesaurierung beim Tochterunternehmen zwischen Erwerbszeitpunkt und Erstkonsolidierung oder außerplanmäßige Abschreibung auf die Beteiligung vor der Erstkonsolidierung	ja	nein
4. Positiver Unterschiedsbetrag wird durch Aufdeckung stiller Reserven/Lasten zu einem negativen Unterschiedsbetrag	nein	ja

Tabelle 2: Entstehungsursachen eines negativen Unterschiedsbetrages nach HGB und US-GAAP

4.2 Bilanzielle Behandlung eines negativen Unterschiedsbetrages nach APB Opinion 16

Nach APB Opinion 16.91 soll der Betrag des neubewerteten Eigenkapitals des Tochterunternehmens aufgrund des Anschaffungskostenprinzips die Anschaffungskosten der Beteiligung beim Mutterunternehmen nicht übersteigen. Sofern das neubewertete Eigenkapital des Tochterunternehmens die Anschaffungskosten dennoch übersteigt, sind die Zeitwerte der Vermögensgegenstände des Anlagevermögens, mit Ausnahme des langfristigen Finanzanlagevermögens, um einen proportionalen Anteil des Überschusses zu reduzieren. Die proportionale Abstockung erfolgt dabei üblicherweise in der Art, daß die Zeitwerte jedes einzelnen abzustockenden Vermögensgegenstandes jeweils zur Summe der Zeitwerte aller abstockbaren Vermögensgegenstände in Relation gesetzt werden. Entsprechend der ermittelten Relation werden die Zeitwerte der Vermögensgegenstände des Anlagevermögens abgestockt.[68] Auch APB Opinion 16 äußert sich nicht dazu, ob lediglich diejenigen Vermögensgegenstände abzustocken sind, bei denen zuvor stille Reserven aufgedeckt wurden (vgl. IAS 22).

---

68 *Haried/Imdicke/Smith,* Advanced Accounting, S. 127–129.

Der wesentliche Unterschied zwischen den Vorgehensweisen nach der bevorzugten Methode des IAS 22 bzw. APB Opinion 16 ist darin zu sehen, daß die Abstockung nach APB Opinion 16 auf die Vermögensgegenstände des Anlagevermögens beschränkt ist, während nach IAS 22 die nicht-monetären Vermögensgegenstände abgestockt werden. Aufgrund dieser Beschränkung der Abstockung in APB Opinion 16 ist es nicht möglich, das Vorratsvermögen abzustocken, was bei Anwendung der bevorzugten Methode nach IAS 22 zur Zeit üblich ist und zu erheblicher Kritik an IAS 22 bezüglich der Behandlung eines negativen Unterschiedsbetrages führt.[69] Ein Verzicht auf eine Abstockung, wie sie in der alternativen Methode von IAS 22 vorgeschlagen wird, ist nach APB Opinion 16 nicht zulässig.

Verbleibt nach der Abstockung aller in Frage kommenden Vermögensgegenstände auf Null dennoch ein negativer Unterschiedsbetrag, so wird gemäß APB Opinion 16.87 lediglich dieser Restbetrag als negativer Unterschiedsbetrag bezeichnet und als passiver Rechnungsabgrenzungsposten behandelt.[70] Dieser passive Rechnungsabgrenzungsposten ist in den Folgeperioden planmäßig erfolgswirksam zu vereinnahmen. Dabei darf die Abschreibungsdauer einen Zeitraum von vierzig Jahren nicht überschreiten.[71] Eine sofortige Einstellung des negativen Unterschiedsbetrages in das Konzerneigenkapital ist gemäß APB Opinion 16.92 ausdrücklich untersagt.

5. Zusammenfassung

Mit diesem Beitrag wurden die Entstehungsursachen sowie die bilanzielle Behandlung eines negativen Unterschiedsbetrages aus der Kapitalkonsolidierung nach den Vorschriften des § 301 HGB, des IAS 22 sowie der APB Opinion 16 dargestellt und verglichen. Der Vergleich hat ergeben, daß zwischen den verschiedenen Ansätzen einige Parallelen bestehen. Indes wurde aber besonders deutlich, daß sich IAS 22 und APB Opinion 16 von den deutschen Vorschriften in vielen Teilbereichen erheblich unterscheiden. Im einzelnen wurde folgendes gezeigt:

(1) Ein negativer Unterschiedsbetrag nach IAS und US-GAAP wird grundsätzlich als Überschuß des anteiligen neubewerteten Eigenkapitals des Tochterunternehmens über die Anschaffungskosten der Beteiligung beim Mutterunternehmen definiert. Nach HGB ergibt sich ein negativer Unterschiedsbetrag aus dem Vergleich des anteiligen Eigenkapitals des Tochterunternehmens mit dem ggf. von den Anschaffungskosten abweichenden Buchwert der Beteiligung beim Mutterunternehmen.[72]

---

69 FASB, The IASC – U.S. Comparison Project: A Report on the Similarities and Differences between IASC Standards and U. S. GAAP, 1996, S. 347.
70 *Busse von Colbe/Ordelheide,* Konzernabschlüsse, 6. Aufl., 1996, S. 225.
71 *Weber,* Praxis der Kapitalkonsolidierung im internationalen Vergleich, 1991, S. 147.
72 IDW, Rechnungslegung nach International Accounting Standards, 1995, S. 286.

(2) Ein negativer Unterschiedsbetrag kann nach jedem der drei Rechtskreise aus einem lucky buy oder einem badwill resultieren. Nach den deutschen Vorschriften ist es zudem denkbar, daß ein negativer Unterschiedsbetrag daraus entsteht, daß ein Tochterunternehmen zwischen dem Zeitpunkt des Erwerbs der Beteiligung durch das Mutterunternehmen und dem Zeitpunkt der Erstkonsolidierung Gewinne thesauriert hat oder daß vor der Erstkonsolidierung eine außerplanmäßige Abschreibung auf die Beteiligung vorgenommen wurde. Diese Fälle sind weder nach IAS 22 noch nach APB Opinion 16 denkbar, da bei diesen Vorschriften grundsätzlich auf die Wertansätze zum Zeitpunkt des Erwerbs der Anteile abgestellt wird.

(3) Sowohl nach § 301 HGB als auch nach IAS 22 als auch nach APB Opinion 16 sind stille Reserven und stille Lasten bei den in den Konzernabschluß zu übernehmenden Vermögensgegenständen und Schulden aufzudecken. Dabei sind nach IAS 22 und APB Opinion 16 keinerlei Restriktionen zu beachten, während in Deutschland eindeutige Restriktionen zu beachten sind, die dazu führen, daß in jedem Fall das Anschaffungskostenprinzip eingehalten wird und daß aus einem positiven Unterschiedsbetrag durch die Aufdeckung stiller Reserven und stiller Lasten niemals ein negativer Unterschiedsbetrag werden kann. Bei Anwendung der Vorschriften des IAS 22 oder der APB Opinion 16 kann es dagegen zu einem Verstoß gegen das Anschaffungskostenprinzip kommen.

(4) Die bilanzielle Behandlung des negativen Unterschiedsbetrages hängt in Deutschland von seinen Entstehungsursachen ab. Den Entstehungsursachen entsprechend darf der negative Unterschiedsbetrag nur unter den in § 309 Abs. 2 HGB genannten Voraussetzungen ergebniswirksam aufgelöst werden.

(5) Nach IAS 22 sowie nach APB Opinion 16 sind die bilanzielle Behandlung sowie die ergebniswirksame Auflösung eines negativen Unterschiedsbetrages unabhängig von dessen Enstehungsursachen. Zunächst sind nach IAS 22 die nicht-monetären bzw. nach APB Opinion 16 die Vermögensgegenstände des Anlagevermögens, mit Ausnahme des Finanzanlagevermögens, abzustocken. Ein verbleibender Restbetrag wird als negativer Unterschiedsbetrag (negativer Goodwill) bezeichnet und als Rechnungsabgrenzungsposten behandelt. Ein Unterschied besteht in der Abschreibungsdauer, die nach APB Opinion 16 maximal vierzig Jahre beträgt, nach IAS 22 üblicherweise fünf Jahre, sofern nicht ein längerer Zeitraum gerechtfertigt werden kann, der aber zwanzig Jahre nicht überschreiten darf. Nach der gemäß IAS 22 zulässigen Alternative darf der gesamte negative Unterschiedsbetrag – ohne Abstockung – als passiver Rechnungsabgrenzungsposten angesetzt werden.

Grenzen des Vergleichs von Rechnungslegungssystemen – dargestellt anhand von HGB, US-GAAP und IAS

WOLFGANG BALLWIESER*

* Prof. Dr. *Wolfgang Ballwieser,* Seminar für Rechnungswesen und Prüfung, Ludwig-Maximilians-Universität, München.

I. Problemstellung

Bruno Kropff ist einer der Väter des Aktiengesetzes von 1965, das unser Bilanzrecht bis heute geprägt hat. Seine Dokumentation der Vorstellungen des Gesetzgebers[1] hat zusammen mit seiner Kommentierung der bilanzrechtlichen Vorschriften des Aktiengesetzes[2] unser Bild des gesetzlich Gewollten entscheidend beeinflußt. Im Vorfeld der Novellierung dieses Gesetzes gab es Auseinandersetzungen darüber, ob die Rechnungslegungsvorschriften dem Konzept der gläsernen, aber verschlossenen Taschen[3] folgen sollten. Gemeint war damit eine Abkehr vom tradierten Ziel des Gläubigerschutzes durch vorsichtige Gewinnermittlung und eine Zuwendung zu einer informativeren Gewinnziffer, die aber nicht automatisch ausschüttungsoffen sein sollte. Hintergrund dieses Vorschlags war einerseits die unbefriedigende Situation des Aktiengesetzes von 1937, das z. B. für die Bewertung von Vermögensgegenständen keine festen Wertuntergrenzen kannte, andererseits die generelle Kritik an der Bildung und Auflösung stiller Reserven. Die Verfechter der gläsernen, aber verschlossenen Taschen hatten sich vorher mit den Bilanzierungsregeln der USA auseinandergesetzt und an ihnen Gefallen gefunden. Es ist bekannt, wie der Streit entschieden wurde: Der Gesetzgeber verringerte zwar die Möglichkeiten zur Bildung stiller Reserven, insb. durch das Fixwertprinzip für die Bewertung von Vermögensgegenständen und die Benennung eines erschöpfenden Rückstellungskatalogs, blieb aber dem Konzept der vorsichtigen Gewinnermittlung treu. Dieses Konzept hat die Harmonisierung der Bilanzrechtsregeln in der EU überstanden und ist Grundlage des heutigen HGB.

Nach rund 35jähriger Ruhe kommt die Diskussion um die Gesamtausrichtung der Bilanzierung erneut auf. Sie ist kein Resultat akademischer Bemühungen, sondern Ausfluß der weltweiten Tätigkeit deutscher Konzerne, die mit Konzernabschlüssen nach dem HGB an den amerikanischen Wertpapierbörsen nicht zugelassen werden. In dieser Diskussion wird wertend argumentiert. Dem Hinweis auf „provinzielle deutsche Bilanzierung"[4] steht der Einwand entgegen, daß bei einer Öffnung des Jahresabschlusses für amerikanische Bilanzierungskonventionen das erreichbare Ziel des Gläubigerschutzes unnötig preisgegeben werde, um dagegen ein mit Jahresabschlüssen nicht erreichbares Informationsziel einzutauschen[5]. Der Gesetzgeber bereitet zwar die Öffnung des HGB für befreiende Konzernabschlüsse nach US-GAAP[6] oder IAS[7] für deutsche Konzernmuttergesellschaften

1 Vgl. *Kropff*, Aktiengesetz, 1965.
2 Vgl. *Geßler/Hefermehl/Eckardt/Kropff*, Komm. z. AktG, Bd. III, 1973.
3 Vgl. *Kronstein/Claussen*, Publizität und Gewinnverteilung im neuen Aktienrecht, 1960, S. 136.
4 Vgl. *Krumnow*, Handelsblatt, 26. 2. 1996, 18.
5 Vgl. *Moxter*, FS *Heigl*, 1995, S. 31, 38 f.
6 Generally accepted accounting principles, die von börsennotierten Kapitalgesellschaften in den USA einzuhalten sind, wenn sie das Testat erhalten wollen. Zu Inhalt und Abgrenzung gegenüber GoB vgl. insb. *Haller*, Die Grundlagen der externen Rechnungslegung in den USA, 4. Aufl., 1994, S. 57–62; *Kuhlewind*, Grundlagen einer Bilanzrechtstheorie in den USA, 1997, S. 23–25; *Pellens* (unter Mitarbeit von *Bonse/Fülbier/Sürken*), Internationale Rechnungslegung, 1997, S. 117–127. Zu wichtigen Implikationen vgl. die Beiträge von *Baetge/Roß, Ballwieser, Göbel, Haller, Kuhlewind, Kupsch, Richter, Scherrer, Schildbach* in *Ballwieser*, US-amerikanische Rechnungslegung, 2. Aufl., 1996. Vgl. ferner *Ballwieser*, ZfbF 1993, Sonderheft 32, 107, 118–120.
7 International Accounting Standards. Vgl. hierzu insb. International Accounting Standards Com-

vor[8], aber die Haltung der deutschen Unternehmen hierzu erscheint nach wie vor gespalten. Welche Auswirkungen von einer Öffnung des Konzernrechts mittel- bis langfristig auf den Jahresabschluß ausgehen könnten, ist offen.

Der Streit um das „richtige" Bilanzrechtssystem ist Ausgangspunkt für die hier interessierende Frage, wie sich diese Systeme vergleichen und bewerten lassen. Ich möchte erörtern, welche grundsätzlichen Möglichkeiten und Grenzen bestehen, Sachurteile über die Vorziehenswürdigkeit eines Rechnungslegungssystems gegenüber einem anderen abzugeben. Damit wird zugleich jene Linie verdeutlicht, jenseits derer nurmehr politisch zu werten ist.

Im folgenden wird unter Rechnungslegungssystem die Menge der Normierungen verstanden, die die Ausgestaltung der externen Rechnungslegung prägen. Zur externen Rechnungslegung zählen insbesondere Bilanzen, Gewinn- und Verlustrechnungen, Erläuterungen wie Anhänge oder „notes", Kapitalflußrechnungen, Eigenkapitalveränderungsrechnungen, Segmentberichte, Lage- und Geschäftsberichte. Diese Instrumente werden regelmäßig für ein Geschäftsjahr vorgelegt, können jedoch auch unterjährig erstellt werden. Sie müssen weder alle geprüft noch der Öffentlichkeit allgemein zugänglich sein. Denkbar ist die Offenlegung allein gegenüber bestimmten Regulierungsbehörden oder potentiellen Vertragspartnern, die aufgrund ihrer Verhandlungsmacht die Instrumente erhalten. Die Normierung ist nicht zwingend an Gesetze gebunden, sie kann von Gremien verabschiedet worden sein, die keine Gesetzgebungskompetenz haben, aber faktisch die Beachtung der Regeln erzwingen können.

II. Kriterien zur Beschreibung von Rechnungslegungssystemen

1. Systemelemente

a. Bestandteile der Rechnungslegung

Rechnungslegungssysteme bestehen aus einer Vielzahl von Instrumenten wie Bilanz, GuV, Anhang usf. Sie lassen sich vollständig eruieren und für Vergleichszwecke gegenüberstellen.

b. Zwecksetzungen

Da Rechnungslegungssysteme bestimmte Zwecke erfüllen, liegt es nahe, sie nach ihren Zwecksetzungen zu unterscheiden. Das Problem der Ermittlung von Zweck-

---

mittee (IASC), International Accounting Standards 1997, 1997; *Kleekämper* in *Ballwieser*, US-amerikanische Rechnungslegung, aaO (Fn. 6), S. 285; *IDW*, Rechnungslegung nach International Accounting Standards, 1995; *Pellens*, aaO (Fn. 6), S. 383 ff.

8 Vgl. § 292 a HGB im Entwurf eines Gesetzes zur Verbesserung der Wettbewerbsfähigkeit deutscher Konzerne an internationalen Kapitalmärkten und zur Erleichterung der Aufnahme von Gesellschafterdarlehen (Kapitalaufnahmeerleichterungsgesetz – KapAEG), BR-Ds. 967/96 vom 20. Dez. 1996.

setzungen liegt darin, daß diese hierarchisch, vielfältig, zum Teil widersprüchlich und selten expliziert sind.

Man kann davon ausgehen, daß Rechnungslegungselemente, die publiziert werden müssen, eine Informationsfunktion gegenüber berechtigten Adressaten haben. Diese sollen mit Hilfe der Rechnungslegung die Entwicklung der Unternehmung nachvollziehen und interessenwahrende Entscheidungen treffen können. Damit ist der Individualschutz der Adressaten angesprochen, der i. d. R. um einen Funktionen- oder Institutionenschutz ergänzt ist. Das hierarchische Element der Zwecksetzungen wird deutlich, wenn man es bei der Informationsfunktion nicht beläßt, sondern die Frage „Informationsfunktion wozu?" stellt und zum Individual- oder Funktionenschutz gelangt.

Gewinnermittlungen dienen der Bemessung von Zahlungsansprüchen. So haben die Gesellschafter einer GmbH Anspruch auf den Jahresüberschuß, soweit sich nach Gesetz, Gesellschaftervertrag oder Beschluß nichts anderes ergibt (§ 29 Abs. 1 GmbHG). Sofern handels- und steuerrechtliche Gewinnermittlungsrechnungen identisch sind, bemessen sich Ertragsteuern grundsätzlich nach dem Bruttogewinn. Die Zahlungsbemessungsfunktion ist eine Zwecksetzung für Teile der Rechnungslegung und dokumentiert zusammen mit der Informationsfunktion die Vielfalt der Rechnungslegungszwecke[9].

Sofern mit der Gewinnermittlung verschiedene Zwecke zugleich verfolgt werden sollen, sind Konflikte zu erwarten. Eine dem Imparitätsprinzip folgende Gewinnermittlung bedeutet wegen der asymmetrischen Behandlung von erwarteten Gewinn- und Verlustbeiträgen eine der Informationsfunktion der Rechnungslegung zuwiderlaufende Informationsbeschneidung, die nur durch Zusatzinformationen geheilt werden kann. Das gleiche gilt für eine vorsichtige statt erwartungsgemäße Bestimmung der Nutzungsdauer eines planmäßig abzuschreibenden abnutzbaren Vermögensgegenstandes. Das erklärt die in Teilen bestehende Widersprüchlichkeit der Zwecksetzungen.

Grundsätzlich stellt sich die Frage, ob und in welchem Umfang die Zwecksetzungen der Rechnungslegungssysteme explizit sind. Gegensätzlich sind hier das stark kodifizierte deutsche Rechnungslegungsrecht, dem eine ausdrückliche Vorgabe fehlt, und das dem „case law" und damit einer Kasuistik folgende amerikanische Rechnungslegungsrecht für börsennotierte Unternehmen, das jedoch ein „conceptual framework"[10] mit Zielsetzungen aufweist.

c. Gewinnkonzept

Mit den Rechnungslegungssystemen sind Gewinnkonzepte verbunden. Gewinne können aus Zahlungsüberschußrechnungen resultieren, entstehen aber in der Regel durch Zahlungsperiodisierung. Die Systeme unterscheiden sich in ihren Periodisie-

---

9 Vgl. grundlegend *Stützel*, ZfB 1967, 314.
10 Vgl. FASB, Original Pronouncements, Edition 1996/97, Accounting Standards as of June 1, 1996, Vol. II, SFAC No. 1–6 (= CON 1–6).

rungsregeln. Mit der Art der Gewinnermittlung wird zugleich die interessierende Vermögensgröße festgelegt.

d. Objektivierungsregeln

aa) Objektivierungsgründe und Objektivierungskriterien

Rechnungslegung für Dritte wird nur bedeutsam bei Interessengegensätzen und Informationsasymmetrien. Potentielle Interessengegensätze bestehen zwischen den Rechnungslegenden und den Rechnungslegungsadressaten. Ohne die Gefahr, daß diese Gegensätze den Adressaten zum Nachteil gereichen, gäbe es für den Gesetzgeber oder eine andere Regulierungsinstanz keine Notwendigkeit des Eingreifens. Rechnungslegung dient, soweit sie Informationsfunktion hat, ferner der Verringerung von Informationsasymmetrien. Um den Interessenschutz Dritter zu bewerkstelligen, sind die Rechnungslegungsdaten in gewissem Umfang zu objektivieren. Hierzu tragen die Eindeutigkeit der Bilanzierungsregeln und die Prüfung ihrer sachgemäßen Anwendung bei. Die Eindeutigkeit betrifft die Anzahl von Wahlrechten und – damit verbunden – die explizite statt implizite Regelung von Abbildungssachverhalten.

bb) Freiheitsgrade bei der Abbildung von Sachverhalten

Wahlrechte können auf verschiedenen Ebenen bestehen. Unterscheiden lassen sich Wahlrechte über
a)   den Einbezug von Unternehmen in den Konzernabschluß,
b)   den Ansatz eines Bilanzpostens,
c)   die Bewertung eines Bilanzpostens,
d)   die Gliederung eines Rechnungslegungsbestandteils,
e)   den Ort einer Information.
   Je geringer die Zahl der explizit gegebenen Wahlrechte, desto eindeutiger ist das Rechnungslegungssystem. Implizite Wahlrechte haben verschiedene Ursachen. Sie gehen zurück auf faktisch nicht entscheidbare Prognosen, z. B. bei der Einschätzung eines noch nicht realisierten Verlustes oder der Prüfung der Annahme der Fortführung der Unternehmenstätigkeit, auf nicht operationale Regelungen, z. B. bei einem Verweis auf die angemessene kaufmännische Beurteilung, und auf Regelungslücken, z. B. bei der Behandlung von Derivaten. Die auf die erstgenannte Ursache zurückführbaren impliziten Wahlrechte lassen sich durch kein System vermeiden und können insofern vernachlässigt werden. Bei den anderen Wahlrechtsgründen stellt sich das Problem der Operationalität und Vollständigkeit der Regelung. Hier kann die Regelungsinstanz grundsätzlich wahlrechtsbeschneidend eingreifen.

cc) Anzahl expliziter Regeln

Explizite Regeln haben – bei hinreichender Operationalität – gegenüber impliziten den Vorteil, daß ihre Auslegung leichter gelingt und sie damit eindeutiger sind. Eine explizite Definition von Vermögensgegenständen ist z. B. gegenüber einer durch Auslegungsprozesse zu gewinnenden Definition dann von Vorteil, wenn die Auslegungsprozesse zu verschiedenen Ergebnissen führen. Nur Vermögensgegenstände zu definieren, Schulden aber undefiniert zu lassen, ist hingegen gegenüber der expliziten Definition möglichst vieler mehrdeutiger Begriffe von Nachteil. Dementsprechend sollte der Umfang an expliziten Regeln groß sein.

Es hängt von der Art der expliziten Regeln ab, ob mit ihnen ein Flexibilitätsnachteil verbunden ist. Neue Entwicklungen im wirtschaftlichen Bereich verlangen rechtliche Lösungen, an die eine Regelungsinstanz vorher nicht hat denken können. Insofern sind stets „Auffangvorschriften" nötig. Aus Gründen der Objektivierung der Rechnungslegungsanforderungen sind diese aber zu minimieren.

dd) Prüfung

Geprüfte Elemente von Rechnungslegungssystemen haben bei Kompetenz und Unabhängigkeit des Prüfers Vorteile gegenüber ungeprüften Elementen. Für eine Beschreibung der Rechnungslegungssysteme lassen sich der Umfang und die Art der geprüften Elemente erheben.

e. Feinheit

Die Feinheit eines Informationssystems beschreibt, mit welcher Eindeutigkeit man aus erhaltenen Nachrichten Rückschlüsse auf unbekannte Umweltzustände ziehen kann[11]. Läßt sich aus einer Nachricht y eindeutig auf das Vorliegen eines diese Nachricht auslösenden Umweltzustandes a zurückschließen, ist dies besser, als wenn x mit a und einem alternativen Umweltzustand b kompatibel ist. Ein Informationssystem, das weniger mehrdeutige Rückschlüsse als ein anderes erlaubt, ist feiner. Informationsempfänger ziehen feinere Informationssysteme gröberen immer schwach vor, soweit diese kostenlos sind (*Blackwell*s Theorem).

Feinheit ist mit dem Umfang expliziter Regeln und der Einschränkung von Wahlrechten zur Abbildung von Sachverhalten verbunden, aber damit nicht identisch. Eine Regelung kann z. B. Wahlrechte der Informationsübermittlung belassen, aber zugleich durch Informationspflichten so ausgestaltet sein, daß der Rückschluß von der Nachricht auf den zugrundeliegenden Sachverhalt eindeutig ist. Jedoch unterstützen explizite und eindeutige Regelungen die Feinheit.

f. Rechtzeitigkeit

Rechnungslegung hat – wenn überhaupt – nur für eine begrenzte Zeit Informationsgehalt. Der Grund liegt darin, daß weitere Nachrichten aus der Sphäre des Unternehmens oder anderen Quellen stammend den Adressaten auf verschiedene Art und Weise zugänglich werden. Insofern interessiert für die Beschreibung eines Rechnungslegungssystems die Frage, wann Informationen veröffentlicht sein müssen. Bei gegebener Qualität ist es um so besser, je früher dies erfolgt.

---

11 Vgl. *Demski*, Information Analysis, 2. Aufl., 1980, S. 37; *Ballwieser*, ZfbF 1982, 772, 781 f.

2. Systemumfeld

a. Rechnungslegungssubstitute

Rechnungslegung ist keine Regulierungsinsel. Die zu schützenden Adressaten haben weitere Schutzmöglichkeiten. Diese werden in starkem Maße durch das Gesellschaftsrecht, aber auch andere Regelungen mit öffentlich-rechtlichem Charakter geprägt. Zu denken ist insbesondere an das Haftungs-, Straf- und Konkursrecht.

Ob und in welchem Umfang z. B. Gläubiger durch Gewinnermittlungsregeln zu schützen sind, ist abhängig von deren Möglichkeiten und den damit verbundenen Kosten, sich durch Besicherung, vertragliche Informations- und Prüfungsrechte, Stellung im Konkurs, strafrechtliche Sanktionsmöglichkeiten bei Vertragsbrüchen u. a. m. zu schützen.

Ein weiterer Schutz kann durch Aufsichtsbehörden erfolgen, soweit diese im Interesse Dritter handeln. Kommen die Aufsichtsbehörden als Substitut des Selbstschutzes in Frage, ist ihre Kompetenz und tatsächliche Wirkung zu untersuchen.

b. Wettbewerbsdruck

Rechnungslegungssysteme enthalten nur Mindestanforderungen. Zum Teil entwickeln sich in praxi Usancen, die zu Überschreitungen der Mindestanforderungen führen. Z. B. ist bei großen börsennotierten deutschen Gesellschaften die freiwillige Publikation von Kapitalflußrechnungen, Segmentberichten und DVFA-SG-Ergebnissen[12] zu beobachten. Entsprechendes gilt für die Berichterstattung über Derivate. Dies resultiert in der Regel aus einem Wettbewerbsdruck, geht aber nicht auf rechtliche Anforderungen zurück. Bei einem Vergleich von Rechnungslegungssystemen sind der Umfang und Gehalt der „freiwilligen" Information mit zu berücksichtigen.

c. Rechtseinheit

Soweit die Zahlungsbemessungsfunktion betroffen ist, kann sich die Art der Verbindung von Handels- und Steuerbilanz unterscheiden. Einheitsbilanzen können die Kosten des rechnungslegenden Unternehmens verringern. Zugleich können damit Informationsbeeinträchtigungen verbunden sein.

d. Einbindung in Kapital- und Arbeitsmärkte

Adressaten der Rechnungslegung sind vorrangig Kapitalgeber. Manche Kapitalgeber haben neben der Rechnungslegung z. B. die Möglichkeit, Unternehmensdaten

---

12 Vgl. *Busse von Colbe et al.*, Ergebnis nach DVFA/SG, Gemeinsame Empfehlung, Kommission für Methodik der Finanzanalyse der Deutschen Vereinigung für Finanzanalyse und Anlageberatung e. V. (DVFA), Arbeitskreis „Externe Unternehmensrechnung" der Schmalenbach-Gesellschaft – Deutsche Gesellschaft für Betriebswirtschaft (SG), 2. Aufl., 1996.

über Aufsichtsgremien zu erhalten. Die Schutzbedürfnisse der Adressaten hängen u. a. von den Finanzierungsstrukturen der Gesellschaften und den Einblicksmöglichkeiten jenseits der Rechnungslegung ab. Bei den Finanzierungsstrukturen interessiert insbesondere, in welchem Umfang sich Unternehmen in- und extern sowie mit Eigen- und Fremdkapital finanzieren, wobei bei den Fremdkapitalgebern auch Arbeitnehmer zu berücksichtigen sind.

Rechnungslegungsdaten können wichtige Grundlagen für Lohn- und Gehaltsverhandlungen sein. Die Art der Entlohnung der Mitarbeiter und die damit verbundenen Anreizwirkungen auf die Gewinnermittlung bzw. das zugrunde liegende Rechnungslegungssystem sind zu bedenken.

III. Vergleich der Systeme nach HGB, US-GAAP und IAS

1. Systemelemente

a. Bestandteile der Rechnungslegung

Börsennotierte amerikanische Unternehmen haben wesentlich mehr Informationen als deutsche Unternehmen zu geben. Das betrifft sowohl die Anzahl der Berichtselemente, bei denen Kapitalflußrechnungen, Segmentberichte, Eigenkapitalveränderungsrechnungen, Ergebnisse pro Aktie und Quartalsberichte obligatorisch sind[13], als auch den Berichtsumfang, z. B. beim Wechsel von Bilanzierungsmethoden[14]. Die IAS sind den US-GAAP im wesentlichen nachgestaltet, lediglich Eigenkapitalveränderungsrechnungen und Zwischenberichte fehlen.

b. Zwecke

Bei der handelsrechtlichen Rechnungslegung nach HGB sind der Jahres- und Konzernabschluß zu trennen. Während dem Jahresabschluß neben der Informationsfunktion die Funktion der Zahlungsbemessung zukommt und eine Identität von Handels- und Steuerbilanz durch Maßgeblichkeit und Umkehrmaßgeblichkeit (§ 5 Abs. 1 EStG) gefördert wird, hat der Konzernabschluß reine Informationsfunktion. Das bedeutet jedoch nicht, daß wichtige informationshemmende GoB, wie das Imparitätsprinzip und – jenseits der Equitybewertung und Fremdwährungsumrechnung – das Realisationsprinzip, für den Konzernabschluß außer Kraft gesetzt sind. Gleichermaßen können steuerliche Werte in den Konzernabschluß übernommen werden. Im Gegensatz hierzu sind den Abschlüssen nach US-GAAP und IAS sowohl die Zahlungsbemessungsfunktion als auch die Verbindung zum Steuerrecht fremd.

---

13 Vgl. z. B. *Pellens*, aaO (Fn. 6), S. 287–319 und S. 335–337 (m.w.N.).
14 Vgl. FASB, aaO (Fn. 10), SFAC No. 2 (= CON 2), para. 120–122; FASB, aaO (Fn. 10), APB No. 20; *Haller*, aaO (Fn. 6), S. 280; *Pellens*, aaO (Fn. 6), S. 142.

Die „Statements of Financial Accounting Concepts" (SFAC) des Financial
Accounting Standards Board stellen zwar selbst keine US-GAAP dar[15], sollen aber
das hinter diesen stehende Konzept konkretisieren. Aus SFAC No. 1 ergibt sich der
alleinige Hinweis auf die Informationsfunktion für Kapitalgeber, die, trotz Nennung
auch anderer Adressaten, im Vordergrund stehen[16]. Die Informationen sollen ent-
scheidungserheblich sein und müssen bestimmte Eigenschaften aufweisen. Regeln
zur Ausschüttungsbemessung an die Eigentümer unterliegen dem Staatenrecht statt
der Bundesbehörde für die Wertpapierzulassung und den Wertpapierhandel (SEC),
die für die US-GAAP zuständig ist. Den Bundesstaaten ist es unbenommen,
Gewinnverteilungsregeln am ermittelten Gewinn zu verankern; die Ausschüttung
kann jedoch auch nach Durchführung bestimmter Tests den Gewinn und die Rücklagen überschreiten[17].

Wie die Ausschüttung des Gewinns von der Information über dessen Höhe
getrennt ist, sind Handels- und Steuerbilanz voneinander abgekoppelt[18]. Von der
Umkehrmaßgeblichkeit bei Lifo abgesehen, bestehen keine Verbindungen. Das
führt beispielsweise dazu, daß handelsrechtlich gebotene Garantie- oder Drohverlustrückstellungen steuerlich irrelevant sind[19].

Die IAS übernehmen die Zwecke der handelsrechtlichen US-GAAP vollständig. Das zeigt sich u. a. in den engen Anlehnungen bei der Beschreibung der
Ziele der Rechnungslegung im „framework" des IASC an die entsprechenden Ausführungen im SFAC No. 1 des FASB[20].

Die unterschiedlichen Zwecke der Rechnungslegung in den USA, nach IAS
und in Deutschland erschweren einen unmittelbaren Vergleich. Zwar ist es denkbar,
daß ausgehend von unterschiedlichen Zwecken objektivierungsbedingt im Detail
ähnliche oder gar identische Gewinnermittlungsregeln entstehen[21], jedoch ist dies
für die Mehrzahl der Bilanzierungsvorschriften wie auch für Offenlegungsdetails
weder zu erwarten noch zutreffend. Der Vergleich verlangt insofern eine Wertung
über die Vorziehenswürdigkeit von Zwecken der Rechnungslegungssysteme.

c. Gewinnkonzept

Das Gewinnkonzept nach HGB ist namenlos und ergibt sich implizit aus den Einzelnormen zu Ansatz und Bewertung und den – selbst interpretationsbedürftigen –
Grundsätzen ordnungsmäßiger Buchführung. Der Gewinn im Jahres- und Konzernabschluß wird vorsichtig, umsatzabhängig und verlustantizipierend ermittelt[22].

---

15 Vgl. *Pellens*, aaO (Fn. 6), S. 124; *Kuhlewind*, aaO (Fn. 6), S. 28.
16 Vgl. a. *Haller*, aaO (Fn. 6), S. 223 f.; *Kuhlewind*, aaO (Fn. 6), S. 36–38; *Pellens*, aaO (Fn. 6),
    S. 134.
17 Vgl. *Wüstemann*, WPg 1996, 421; *Brotte*, US-amerikanische und deutsche Geschäftsberichte,
    1997, S. 82–84.
18 Vgl. *Schreiber* in *Ballwieser*, US-amerikanische Rechnungslegung, aaO (Fn. 6), S. 47.
19 Vgl. *Schreiber*, aaO (Fn. 18), S. 78 f.
20 Vgl. FASB, SFAC No. 1 (= CON 1), aaO (Fn. 10), para. 32 bis 54; IASC, Framework for the
    Preparation and Presentation of Financial Statements, in *IDW*, aaO. (Fn. 7), para. 12–21.
21 Vgl. *Mellwig*, BB 1983, 1613, 1616–1618.
22 Vgl. *Moxter*, FS *Goerdeler*, 1987, S. 361, 368.

Hinzu kommt im Hinblick auf Sonderabschreibungen die Möglichkeit zur steuerlichen Wahlrechtsausübung. Da die Umkehrmaßgeblichkeit (§ 5 Abs. 1 Satz 2 EStG) nur den Jahresabschluß berührt, kann man den Konzernabschluß auch dann frei von steuerlichen Werten halten, wenn man Steuervorteile in Anspruch nehmen will. Dies wird aber nicht immer getan; ein entsprechender Zwang fehlt.

In den USA gibt es das explizite Konzept des „comprehensive income", das u. a. den kumulierten Effekt einer Änderung von Rechnungslegungsmethoden (accounting principles) umfaßt[23]. Im wesentlichen ergeben sich aber auch dort die Gewinnermittlungsregeln erst aus Stellungnahmen und Verhaltensweisen, die die US-GAAP konkretisieren. Zwar gibt es bezüglich der US-GAAP keine grundsätzlichen Unterschiede gegenüber den GoB, weil die wesentlichen Prinzipien in beiden Rechtsordnungen zu finden sind, jedoch ist der Inhalt bestimmter GoB nach amerikanischem und deutschem Verständnis zum Teil sehr verschieden. Das betrifft insbesondere[24]

a) das Realisationsprinzip, nach dem in den USA Überschreitungen der Anschaffungs- oder Herstellungskosten z. B. bei der Langfristfertigung, bei Aktiva in fremder Währung und bei nicht bis zur Fälligkeit gehaltenen Wertpapieren möglich oder geboten sind,

b) das Realisations- und das Einzelbewertungsprinzip, nach dem bestimmte Wertpapiere im Portfolio statt einzeln zu bewerten sind, und

c) das Vorsichtsprinzip, wonach der Ansatz von Rückstellungen an engere Voraussetzungen als nach dem HGB geknüpft ist und bei unsicheren Größen grundsätzlich Erwartungswerte anzusetzen sind.

Diese andere Interpretation von GoB führt zu einer aus deutscher Sicht überwiegend[25] unvorsichtigeren Gewinnermittlung. Die IAS folgen im wesentlichen den US-GAAP.

d. Freiheitsgrade der Darstellung

Die amerikanische Rechnungslegung kennt weniger explizite Wahlrechte als das HGB[26]. So sind die Konsolidierungswahlrechte des § 296 Abs. 1 HGB den amerikanischen Regelungen fremd. Auf der Ansatzebene ergeben sich in den USA Einengungen der Freiheitsgrade durch

a) die Pflicht zum Ansatz aktiver latenter Steuern statt des Wahlrechtes im handelsrechtlichen Jahresabschluß,

b) die fehlenden Rechnungsabgrenzungsposten gemäß § 250 Abs. 1 Satz 2 HGB,

c) das fehlende Wahlrecht zum Ansatz von Pensionsaltzusagen,

d) die fehlenden Wahlrechte für Aufwandsrückstellungen,

---

23 Vgl. FASB, SFAC No. 6 (= CON 6), aaO (Fn. 10), para. 70–77; *Kuhlewind* in *Ballwieser*, US-amerikanische Rechnungslegung, aaO (Fn. 6), S. 183, 188–190; *Kuhlewind*, aaO (Fn. 6), S. 44–45.

24 Vgl. a. *Ballwieser* in *Ballwieser*, US-amerikanische Rechnungslegung, aaO (Fn. 6), S. 265, 268–273 (m.w.N.).

25 Für Pensionslasten kann etwas anderes gelten.

26 Vgl. auch *Ballwieser*, aaO (Fn. 24), S. 268–275 (m.w.N.).

e)   den fehlenden Sonderposten mit Rücklageanteil, der u. a. den Überschuß der rein steuerrechtlichen über die handelsrechtlich zulässigen Abschreibungen aufnehmen kann,

f)   die fehlende Möglichkeit der Verrechnung des Konsolidierungsgoodwills mit den Rücklagen.

Auf der Bewertungsebene fehlen Wahlrechte

a)   bei den Herstellungskosten, für die ein Vollkostenansatz geboten ist,

b)   aufgrund der Inanspruchnahme rein steuerlicher Abschreibungen,

c)   bei der Fremdwährungsumrechnung im Konzernabschluß, für die die funktionale Methode gilt.

Gegenüber dem deutschen Recht ergibt sich andererseits die Möglichkeit, unter bestimmten Bedingungen selbsterstellte immaterielle Anlagewerte anzusetzen[27].

Die IAS folgen den US-GAAP, erlauben aber darüber hinaus unter bestimmten Bedingungen die Aktivierung von Entwicklungskosten[28].

Daß mit einem größeren Umfang an eindeutigen Regelungen der Informationsgehalt u. U. abnehmen kann, sei anhand der Bilanzierung aktiver latenter Steuern erläutert. Nach US-GAAP sind Verlustvorträge bei der Berechnung des Aktivums zu berücksichtigen, wenn mehr als 50% Wahrscheinlichkeit für ihre Realisierung sprechen[29]. So klar diese Regel ist, so schwer ist die Einschätzung der Werthaltigkeit des Verlustvortrags. Der FASB hat dies selbst gesehen und im Laufe der Zeit die Bilanzierung latenter Steuern mehrfach geändert[30].

e. Anzahl expliziter Regeln

Gemessen am HGB ist das amerikanische Rechnungslegungssystem in seinen Gewinnermittlungsregeln zugleich lückenreicher und vollständiger. Die Lücken resultieren daraus, daß nur als wesentlich erkannte Teilbereiche bei erkennbarem Problemdruck explizit geregelt werden. Ein systematisches Vorgehen mit möglichst vollständiger Erfassung von Sachverhalten hinsichtlich des Ansatzes, der Bewertung und der Gliederung ist dem amerikanischen Rechtsverständnis fremd. Im Gegensatz hierzu sind bestimmte Tatbestände explizit geregelt, die in Deutschland mit einem auslegungsbedürftigen Verweis auf die GoB aufgefangen werden. Zu denken ist an die Bilanzierung von Leasinggegenständen, die Fremdwährungsumrechnung oder die Behandlung von Methodenänderungen.

Darüber hinaus haben sich die amerikanischen Regelungsinstanzen nicht gescheut, wichtige Begriffe wie „assets" und „liabilities" zu definieren[31]. Auch

---

27   Vgl. *Schildbach* in *Ballwieser*, US-amerikanische Rechnungslegung, aaO (Fn. 6), S. 93, 96. Hierzu zählen auch die in Deutschland als Aktivierungshilfe behandelten Ingangsetzungskosten.

28   Vgl. International Accounting Standards Committee (IASC), aaO (Fn. 7), IAS 9, para. 17.

29   Vgl. FASB, Original Pronouncements, Edition 1996/97, Accounting Standards as of June 1, 1996, Vol. I, SFAS 109, para. 17e sowie *Ordelheide*, FS *Havermann*, 1995, S. 601, 617–620; *Pellens*, aaO (Fn. 6), S. 238–240.

30   Kritisch hierzu *Kleber*, BFuP 1993, 380, 392.

31   Vgl. FASB, aaO (Fn. 10), SFAC No. 6 (= CON 6), para. 25, 35.

wenn jede Definition zur Vermeidung eines unendlichen Regresses selbst auf unerklärte Begriffe zurückgreifen muß und dadurch auslegungsbedürftig wird, ist eine explizite Definition einer impliziten aufgrund geringerer Freiräume vorzuziehen.

Die IAS haben durch ihr späteres Entstehen Definitionsmängel der US-GAAP für ihren Bereich zum Teil geheilt. So sind z. B. die Abgrenzungen von Forschung und Entwicklung, die im Zusammenhang mit der Behandlung der zugehörigen Aufwendungen nötig sind, besser als in den amerikanischen Regelungen gelungen[32].

f. Feinheit

Die Feinheit eines Informationssystems ist wegen des Bezugs auf unbekannte Umweltzustände, die Nachrichten erzeugen, von denen man auf das Vorliegen der Umweltzustände zurückschließen kann, empirisch nur schwer zu überprüfen. Auch ist die Ordnung der Informationssysteme im Hinblick auf deren Feinheit nur unvollständig möglich[33]. Jedoch ist bei kostenloser Informationsverarbeitung die Wertung, daß die Angabe von Bruttowerten (wie historische Anschaffungs- oder Herstellungskosten einerseits und sämtliche plan- und außerplanmäßigen Abschreibungen andererseits) einer Angabe von Nettowerten (wie den fortgeführten Anschaffungs- oder Herstellungskosten allein) vorgezogen wird, ein Resultat des Feinheitstheorems.

Es fällt schwer, die Regelungen nach HGB, US-GAAP und IAS im Hinblick auf die Feinheit zu beurteilen. Z. B. ist der Herstellungskostenansatz nach US-GAAP wegen der fehlenden Möglichkeit, Einzelkosten, Vollkosten oder einen Zwischenwert anzusetzen, eindeutiger und im Hinblick auf die in der Unternehmung vorliegenden Gegebenheiten feiner. Diese Aussage gilt auch dann, wenn man die handelsrechtlichen Erläuterungspflichten der Herstellungskosten einbezieht, weil diesen, empirisch gesehen, so nachgekommen wird, daß die Informationsdefizite nicht geheilt werden[34]. Fraglich ist aber, ob der Vorteil z. B. auch bei der Berechnung latenter Steuern gilt. Hier müssen nach US-GAAP Verlustvorträge einbezogen werden, während dies nach herrschender Meinung in Deutschland nicht gilt[35]. Jedoch schafft genau diese Einbeziehungsnotwendigkeit wegen des Problems der Werthaltigkeit des Verlustvortrags und der Wahrscheinlichkeitsschätzung ein Rückschlußproblem für den Adressaten. In welcher Relation es zu dem Verbot des Einbezugs von Verlustvorträgen steht, ist unklar.

g. Prüfung

Während in Deutschland die Jahresabschlüsse und Lageberichte börsennotierter Gesellschaften sowie die Konzernabschlüsse und Konzernlageberichte prüfungs-

---

32 Vgl. International Accounting Standards Committee (IASC), aaO (Fn. 7), IAS 9, para. 6; IDW, aaO (Fn. 7), IAS 9, para. 6, gegenüber FASB, SFAS No. 2, para. 8, aaO (Fn. 10), Sect. R50.104.

33 Vgl. *Demski*, aaO (Fn. 11), S. 37; *Ballwieser*, aaO (Fn. 11), 782.

34 Vgl. z. B. *Ballwieser/Häger*, Jahresabschlüsse mittelgroßer Kapitalgesellschaften, 1991, S. 101–118.

35 Befürwortend *Ordelheide*, aaO (Fn. 29), S. 611, der aber selbst auf andere Meinungen verweist.

pflichtig sind, gilt dies für die Zwischenberichte börsennotierter Kapitalgesellschaften nicht und für die Kapitalflußrechnungen und Segmentberichte nur dann, wenn sie Bestandteil von Anhang oder Lagebericht sind. Letzteres kann der Bilanzier entscheiden.

In den USA sind die bei der SEC einzureichenden „financial statements" (Bilanz, GuV, Kapitalflußrechnung, Eigenkapitalveränderungsrechnung) und die in den „financial statements schedules" enthaltenen zusätzlichen Angaben (teilweise als Bestandteil der „notes" und teilweise darüber hinausgehend) prüfungspflichtig[36]. Zwischenberichte müssen von einem Wirtschaftsprüfer durchgesehen, aber nicht geprüft werden („review" statt „audit")[37].

Die IAS behandeln die Prüfung nicht.

h. Rechtzeitigkeit

Deutsche Kapitalgesellschaften haben für ihre Jahres- und Konzernabschlüsse eine Veröffentlichungsfrist von 8 Monaten. Zwischenberichte müssen innerhalb eines Zeitraumes von zwei Monaten nach der Berichtsperiode publiziert werden. Börsennotierte Kapitalgesellschaften haben wenigstens einen Halbjahresbericht aufzustellen. In den USA müssen börsennotierte Kapitalgesellschaften ihre Jahresabschlüsse innerhalb von 90 Tagen nach Ende des Geschäftsjahres und ihre Zwischenberichte 45 Tage nach Ablauf des Quartals veröffentlichen. Neben dem kürzeren obligatorischen Zeitraum für den Zwischenbericht ist in den USA auch eine kürzere Frist zur Publikation der Jahresabschlüsse und Zwischenberichte gegeben.

2. Systemumfeld

a. Rechnungslegungssubstitute

Es ist hier allein schon aus Platzgründen nicht möglich, auf andere Schutzinstrumente als die der Rechnungslegung einzugehen. Direkte und indirekte Hinweise hierauf ergeben sich u. a. aus Darstellungen des Gesellschafts- und Insolvenzrechts in der Literatur[38]. Interessanterweise verweist *Kübler* im Zusammenhang mit der Abschaffung des Nennkapitals in den USA darauf, daß die „anlegerschützenden Mechanismen der fiduziarischen Verwaltungs- und Mehrheitsbindung sowie der securities regulation" in den letzten Jahrzehnten „kontinuierlich erweitert, ausdifferenziert und intensiviert worden"[39] seien, während parallel dazu der traditionelle

---

36 Vgl. *Baker/Rapaccioli/Solomon* in *Ordelheide/KPMG*, Transnational Accounting, Vol. II, 1995, S. 2957, S. 3089 iVm. S. 3012–3017.
37 Vgl. *Haller*, aaO (Fn. 6), S. 241; *Pellens*, aaO (Fn. 6), S. 337.
38 Vgl. z. B. *Kübler*, Gesellschaftsrecht, 4. Aufl., 1994, S. 10 ff., S. 158 ff., S. 356 ff.; *Drukarczyk* (unter Mitarbeit von *Rieger* und *Duttle*), Unternehmen und Insolvenz, 1987.
39 *Kübler*, Unternehmensfinanzierung und Kapitalmarkt, 1989 (Gesellschaft für bankwissenschaftliche Forschung), S. 58.

Gläubigerschutz durch Nennkapitalerhaltung und einige andere Instrumente abgebaut wurde. Er erinnert daran, „daß sich der amerikanischen Rechtswirklichkeit nicht der geringste Hinweis auf Probleme und Schwierigkeiten entnehmen läßt, für die die weitgehende Beseitigung des gesetzlichen Gläubigerschutzes verantwortlich gemacht werden könnte; es ist deshalb davon auszugehen, daß er in den USA weitgehend überflüssig geworden ist."[40] Der Grund wird darin gesehen, daß sich Gläubiger auf andere Art und Weise schützen können. Das verweist auf vorhandene Substitutionsmöglichkeiten in einem konkreten Fall, ohne daß es hier möglich ist, die Effizienz der Substitution und die Übertragung des Resultats auf die Rechnungslegung zu diskutieren.

b. Wettbewerbsdruck

Ähnlich schwer wie bei den Rechnungslegungssubstituten fällt es, den Wettbewerbsdruck, der zu einer Übererfüllung der Sollnormen führt, zu konkretisieren. Empirische Untersuchungen zu dieser Frage, die im Idealfall auf repräsentativen Stichproben basieren, sind mir unbekannt. Bei der Anwendung von IAS müssen sie angesichts deren bisher eingeschränkten Bedeutung und der noch nicht abgeschlossenen Entwicklung naturgemäß fehlen.

Betrachtet man nach dem HGB bilanzierende Unternehmen, so ist die Neigung zur Übererfüllung der Gesetzesanforderungen nicht gerade ausgeprägt. Zwar wird das HGB von großen Kapitalgesellschaften und Konzernen übererfüllt, aber das Verhalten ist uneinheitlich und eklektisch. So legten z. B. von den 30 Dax-Gesellschaften im Geschäftsjahr 1995 12 Gesellschaften eine Wertschöpfungsrechnung, 25 Gesellschaften eine Kapitalflußrechnung und 14 Gesellschaften Segmentinformationen, die neben Aufteilungen des Umsatzes wenigstens solche des Ergebnisses enthielten, vor[41]. Die Segmentberichterstattung ist sehr uneinheitlich und orientiert sich nur bei denjenigen Gesellschaften an den relativ strikten amerikanischen Normen, denen ein Interesse an einer Börsennotierung in den USA nachgesagt wird. Die Kapitalflußrechnung wurde bis zur Verabschiedung einer gemeinsamen Stellungnahme von Schmalenbach-Gesellschaft und HFA des IDW im Jahr 1995[42] ebenfalls in den verschiedensten Varianten vorgelegt und findet erst nach dieser Stellungnahme eine gewisse Vereinheitlichung.

c. Einbindung in Kapital- und Arbeitsmärkte

Ohne hier auf die Verbindung von Rechnungslegungssystemen zu Arbeitsmärkten einzugehen, seien einige Anmerkungen zu der Finanzierung deutscher gegenüber amerikanischer Gesellschaften gemacht.

---

40 *Kübler*, aaO (Fn. 39), S. 57.
41 Vgl. *Ballwieser*, FS *Baetge*, 1997, Abschn. 3.3.3.
42 Vgl. HFA 1/1995, Die Kapitalflußrechnung als Ergänzung des Jahres- und Konzernabschlusses, gemeinsame Stellungnahme des Hauptfachausschusses und des Arbeitskreises „Finanzierungsrechnung" der Schmalenbach-Gesellschaft – Deutsche Gesellschaft für Betriebswirtschaft e.V., WPg 1995, 210.

Es herrscht im allgemeinen die Erwartung vor, daß sich amerikanische Unternehmen viel mehr mit Eigen- statt Fremdkapital finanzieren und dieses in höherem Maße über die Börse beziehen. Unbereinigte Kapitalstrukturen, wie sie sich in Jahresabschlüssen dokumentieren, bestärken diesen Eindruck. So zeigen *Perlitz et al.* für deutsche Unternehmen eine Eigenkapitalquote von 26%, während sie bei amerikanischen Gesellschaften 47% beträgt[43].

Ein zweiter Blick korrigiert das Bild. So sind unbereinigte Vergleiche aus Jahresabschlüssen wegen der unterschiedlichen Bilanzierungsregeln, aber auch dem unterschiedlichen Gewicht von Pensionsrückstellungen, nur bedingt aussagefähig. Diesbezügliche Bereinigungen führen zu Quoten von 31% für deutsche und 42% für amerikanische Unternehmen[44]. *Böttcher* kritisiert Unklarheiten bei der Bereinigung[45]. Er untersuchte die Eigenkapitalquote in einer Stichprobe von 74 US-amerikanischen Tochterunternehmen deutscher Konzerne anhand von Handelsbilanz I (originärer US-Abschluß) und Handelsbilanz II (nach deutschen Vorschriften erstellter Abschluß) des Jahres 1989. Im arithmetischen Mittel ergab sich in den Handelsbilanzen I eine Quote von 27,2%, während sie bei den Handelsbilanzen II 23,7% betrug[46]. Er verweist selbst auf die Grenzen einer Verallgemeinerung seiner Ergebnisse, u. a. weil er einen überproportionalen Anteil an Vertriebsgesellschaften in seiner Stichprobe hatte[47]. Doch zeigen beide Untersuchungen, daß das Vorurteil der stärker eigenfinanzierten amerikanischen Unternehmen der genauen Überprüfung bedarf[48].

Ferner zeigen die Bestandsrechnungen nicht das Finanzierungsverhalten bei neuen Investitionsprojekten auf, für die verschiedene Hypothesen entwickelt worden sind. Erstellt man Flußrechnungen, so zeigt sich in beiden Ländern die Vorliebe des Managements für die Selbstfinanzierung[49].

3. Zwischenergebnis

Die wesentlichen Unterschiede zwischen den Rechnungslegungssystemen nach HGB, US-GAAP und IAS resultieren aus Zahl und Umfang der Berichtsbestandteile, ihren Zwecksetzungen und dem Objektivierungsgrad. Ausgehend von unterschiedlichen Zwecksetzungen und unterschiedlichem Objektivierungsgrad resultieren unterschiedliche Gewinnermittlungs- und Informationsregeln. Das Ergebnis

---

43 Vgl. *Perlitz/Küpper/Löbler*, ZGR 1985, 16, 48. Basis waren Konzernabschlüsse der Jahre 1979 und 1980 von 140 deutschen und 189 US-amerikanischen Unternehmen.
44 Vgl. *Perlitz/Küpper/Löbler*, aaO (Fn. 43), 48.
45 Vgl. *Böttcher*, Eigenkapitalausstattung und Rechnungslegung, 1997, S. 31–32.
46 Vgl. *Böttcher*, aaO (Fn. 45), S. 36–37.
47 Vgl. *Böttcher*, aaO (Fn. 45), S. 62.
48 Das Vorurteil wird genährt durch stark aggregierte, aber nicht vergleichbare Daten, die für internationale Vergleiche gegenübergestellt werden. Vgl. hierzu *Böttcher*, aaO (Fn. 45), S. 7–15.
49 Vgl. *Mayer*, in *Hubbard*, Asymmetric Information, Corporate Finance, and Investment, 1990, S. 307; *Schmidt*, in *Ott/Schäfer*, Ökonomische Analyse des Unternehmensrechts, 1993, S. 174.

ist nicht neu, schafft aber für die Abwägung von Rechnungslegungssystemen ein Wertungsproblem im Hinblick auf den vorziehenswürdigen Zweck und die gebotene Objektivierung.

Das Wertungsproblem kann umgangen werden, wenn es sich herausstellen sollte, daß ein System seinen vorgegebenen Zweck nicht erreichen kann: es wäre inkonsistent und deshalb abzulehnen. Die Inkonsistenz kann sowohl an einem zu hohen Anspruch, der mit der Rechnungslegung grundsätzlich nicht zu erfüllen ist, liegen als auch an der konkreten Ausformulierung der Rechnungslegungsregeln bei akzeptiertem Zweck. In die erste Richtung geht die A priori-Argumentation *Moxters*, wenn er den anspruchsvollen Informationsansprüchen der Adressaten die einer Rechnungslegung innewohnenden Grenzen gegenüberstellt[50]. Die A priori-Argumentation wird im folgenden nur zum Teil weiter verfolgt (Abschnitt IV.2). Überwiegend wird geprüft, welche empirischen Ergebnisse zu einem Vergleich des Informationsgehalts von amerikanischen und deutschen Konzernabschlüssen vorliegen (Abschnitt IV.1). Ferner wird kurz auf die Erfüllung des Ziels des Gläubigerschutzes eingegangen (Abschnitt IV.3).

IV. Hinweise auf die Zweckerfüllung

1. Empirische Untersuchungen zum Informationsgehalt[51]

Referenzpunkte für die Bewertung des Informationsgehalts können der Umfang und der Präzisionsgrad der Rechnungslegungsdaten sein. Bei beidem haben die amerikanische Rechnungslegung und die ihr folgenden IAS – wie beschrieben – Vorteile. Was Adressaten mit diesen Daten anfangen können und tatsächlich anfangen, wird durch solch eine Plausibilitätsüberlegung aber nur zum Teil belegt. Interessant erscheinen deshalb auch empirische Untersuchungen, die die Plausibilitäten zu stützen vermögen.

Um den Informationsgehalt einer Rechnungslegung für einen einzelnen Adressaten empirisch messen zu können, muß man dessen Entscheidungssituation, die offengelegten Daten und die Entscheidungswirkungen kennen. Das läßt sich im allgemeinen nicht erfahren. Es bieten sich dann Befragungen wichtiger Adressaten, die Überprüfung der Prognoseeignung bestimmter Tatbestände mithilfe von Rechnungslegungsdaten sowie eine Untersuchung darüber an, ob mit der Veröffentlichung bestimmter Daten Kurswirkungen verbunden sind und ob sich durch ihre Nutzung außergewöhnliche Renditen am Kapitalmarkt erzielen lassen[52].

---

50 Vgl. *Moxter*, aaO (Fn. 5), S. 38; *Moxter*, Bilanzlehre, Bd. I, 1984, insb. S. 122–155. A.A. hierzu (früher) *Kropff*, aaO (Fn. 2), Vorb. zu Bd. III, S. 7.

51 Vgl. *Ballwieser*, FS *Beisse*, 1997, Abschn. V.1.

52 Vgl. zu einem Überblick über die Verfahren *Coenenberg/Haller*, FS *Witte*, 1993, S. 557, 567–575; *dies.*, Handwörterbuch des Rechnungswesens, 5. Aufl., 1993, S. 506, 509–510.

Hier gibt es eine Vielzahl von Untersuchungen, die für beide Länder isoliert anhand von Befragungen, Tests der Prognoseeignung und der Erzielung außergewöhnlicher Renditen den Informationsgehalt ganzer Rechnungslegungsinstrumente oder einzelner Rechnungslegungsgrößen zu belegen versuchen[53]. Damit gelangt man aber noch nicht zu einem aussagefähigen Vergleich des Informationsgehalts der Rechnungslegung in verschiedenen Ländern: Wenn den Zwischenberichten in den USA und in Deutschland statistisch ein Informationsgehalt zukommt, wie läßt sich entscheiden, wo der Gehalt größer ist?

Meines Wissens liegen nur wenige Untersuchungen vor, die – anders als Befragungen von Adressaten oder Experten nach ihren Einschätzungen[54] – statistische Tests zum Informationsgehalt amerikanischer gegenüber deutscher Rechnungslegung zum Inhalt hatten.

So hat *Frankenberg* getestet, ob eine zusätzliche Auswertung von amerikanischen Abschlüssen neben den entsprechenden deutschen Abschlüssen die Rangreihe von Unternehmen, die mithilfe von Kennzahlen erzeugt worden ist, signifikant verändert[55]. Da dies erfüllt wurde, lag in diesem Sinne Informationsgehalt vor. Allerdings fehlt ein Kriterium, welche Rangreihe besser ist, d. h. die Vorziehenswürdigkeit der deutschen oder amerikanischen Rechnungslegung kann nicht eingeschätzt werden.

Alford et al. haben in einer 16 Länder umfassenden Studie den Informationsgehalt und die Rechtzeitigkeit von Gewinnziffern, die nach ausländischen Rechtsordnungen ermittelt wurden, mit dem Informationsgehalt und der Rechtzeitigkeit von Gewinnziffern ähnlicher amerikanischer Unternehmen verglichen[56]. Die Tests folgten den Untersuchungen von *Ball* und *Brown*[57] und prüften den Vorhersagewert von Gewinnänderungen zur Erzielung von Aktienkursüberrenditen. Danach hatten die Gewinnziffern der nach HGB bilanzierenden Unternehmen einen geringeren Informationsgehalt als diejenigen von vergleichbaren US-Gesellschaften[58].

Harris, Lang und *Möller* überprüften für vergleichbare deutsche und amerikanische Unternehmen den statistischen Zusammenhang zwischen der ein- oder mehrjährigen Börsenrendite und dem publizierten Unternehmenserfolg und Eigenkapital mit Hilfe einfacher und multipler linearer Regressionsgleichungen[59]. Sie fragten nach der Bewertungsrelevanz von Jahresabschlußdaten für Kapitalmarkttitel. Als Kriterium für die Stärke der Bewertungsrelevanz wurde das Bestimmtheitsmaß

---

53 Vgl. die in Fn. 52 angegebenen Quellen sowie z. B. *Coenenberg/Henes*, ZfbF 1995, 969.
54 Vgl. *Förschle/Glaum/Mandler*, BFuP 1995, 392.
55 Vgl. *Frankenberg*, Jahresabschlüsse im internationalen Vergleich, 1993, S. 188–298. Basis waren 10 deutsche Tochtergesellschaften amerikanischer Muttergesellschaften und 29 amerikanische Tochtergesellschaften deutscher Mütter. Für diese Gesellschaften wurden die Handelsbilanzen I und II ausgewertet.
56 Vgl. *Alford/Jones/Leftwich/Zmijewski*, Journal of Accounting Research 1993, 183. Grundlage waren 370 deutsche Konzernabschlüsse der Jahre 1982–1990.
57 Vgl. *Ball/Brown*, Journal of Accounting Research 1968, 159.
58 Vgl. *Alford/Jones/Leftwich/Zmijewski*, aaO (Fn. 56), 201.
59 Vgl. *Harris/Lang/Möller*, ZfbF 1995, 996; *dies.*, Journal of Accounting Research 1994, 187. Basis waren 230 Unternehmen pro Land mit Abschlußdaten der Jahre 1981 bis 1991.

der Regressionen herangezogen. Es ergab sich, „daß zwischen deutschen Börsendaten – Aktienkursen und Aktienrenditen – und deutschen Jahresabschlußdaten – Eigenkapital und Erfolg – ein signifikanter Zusammenhang besteht. Es zeigt sich ferner, daß der Zusammenhang zwischen deutschen Aktienrenditen und den veröffentlichten Jahresüberschüssen hinsichtlich der Straffheit des Zusammenhangs dem entsprechenden amerikanischen Zusammenhang vergleichbar, wenn nicht überlegen ist. Daraus läßt sich wiederum schließen, daß die deutschen Jahresüberschüsse – selbst wenn sie wirklich so manipuliert wären, wie oft behauptet wird – aus Sicht eines Investors nicht notwendigerweise schlechter sein müssen als amerikanische."[60]

Zusammenfassend gilt, daß man zwar aufgrund der Menge und des Präzisionsgrades amerikanischer Rechnungslegungsdaten Argumente für deren potentiell bessere Entscheidungserheblichkeit gegenüber deutschen Daten gewinnen kann, aber empirische Untersuchungen dieses Ergebnis nicht eindeutig belegen. Das Resultat von *Alford et al.*, welches der amerikanischen Rechnungslegung einen höheren Informationsgehalt zuweist, steht in Widerspruch zu dem Ergebnis von *Harris, Lang* und *Möller*, das der deutschen Rechnungslegung für den Wertpapiermarkt eine der amerikanischen Rechnungslegung vergleichbare Bewertungsrelevanz bescheinigt.

2. Regelungsinkonsistenz

Im deutschen Konzernabschluß ist – ebenso wie im amerikanischen – die Zahlungsbemessung unerheblich; der Konzernabschluß hat reine Informationsfunktion. Damit sind Wahlrechte, deren Ausnutzung für Adressaten nicht genau zu erkennen und in ihren Wirkungen einzuschätzen sind, unvereinbar. Das gilt insbesondere im Hinblick auf

a)   die Konsolidierungswahlrechte,

b)   die Behandlung des Konsolidierungsgoodwills (Aktivierung oder Verrechnung mit den Rücklagen),

c)   die Möglichkeit der Übernahme rein steuerlicher Werte,

d)   die fehlende Regelung zur Entkonsolidierung und zur Behandlung des Konsolidierungsgoodwills und

e)   die fehlende Festlegung der Fremdwährungsumrechnung.

Bei allen Vorbehalten, die man zu Recht aufgrund der Informationsgrenzen, die jedem Jahresabschluß im Hinblick auf die Adressateninteressen immanent sind, haben kann, ist die Gestaltungsfreiheit, die der Konzernabschluß für die Bilanzierung läßt, nicht begründbar[61].

---

60 *Harris/Lang/Möller*, aaO (Fn. 59), 1025.
61 Vgl. a. *Busse von Colbe* in *Ballwieser*, US-amerikanische Rechnungslegung, aaO (Fn. 6), S. 301, 313 („große Lösung"); *Küting*, DStR 1997, 84, 91.

3. Gläubigerschutz

Der Gewinnermittlung nach dem HGB ist die Orientierung am Gläubigerschutz eigen[62]. Das Vorsichts- und das Imparitätsprinzip sind mit dem Zweck der Informationsvermittlung nicht zu begründen. Informationen sollen in erster Linie durch Gliederungsregeln und Angaben in Anhang[63] und Lagebericht vermittelt werden.

Das Argument, mit vorsichtiger Gewinnermittlung Gläubiger zu schützen, war stets umstritten[64]. Verlangt wurde eine Begründung dafür, daß Reserven still gelegt und still aufgelöst werden müssen. Gleichermaßen wurde die dadurch mögliche Gewinnglättungspolitik als gläubigerschädlich qualifiziert. Insofern stellt sich die Frage, ob die deutschen Bilanzierungsregeln der Zwecksetzung Gläubigerschutz tatsächlich dienen können.

In der Tat gibt es viele Zweifel an der Wirksamkeit eines Gläubigerschutzes durch die deutsche Form der Gewinnermittlung. Das durch die Rechnungslegung mögliche Kaschieren von schlechten Entwicklungen kann zwar dazu beitragen, im Stillen Gegenmaßnahmen vorzunehmen, deren Realisierung bei Offenlegung der Entwicklung schwieriger und kostspieliger gewesen wäre. Soweit dies aber nicht oder erfolglos geschieht, ist die Gefährdung der Gläubiger, denen irgendwann die Gefährdung der Unternehmung nicht mehr verborgen werden kann, um so größer. Auch erleichtert die Gewinnermittlung es den Managern, sich intern zu finanzieren und unter Umständen Projekte zu realisieren, die unrentabel sind, weil eine Kapitalmarktkontrolle unterbleibt.

Mit diesen Vorbehalten ist aber die Vorteilhaftigkeit der Bilanzierung nach US-GAAP, soweit sie auch im Interesse der Gläubiger erfolgen soll, noch nicht belegt. Schwankende Gewinne, die gegenüber dem HGB erleichtert werden, können bei Gläubigern „Überreaktionen" auslösen. Ausgewiesene, aber unrealisierte Gewinnbeiträge (z. B. aus Fremdwährungsposten) können schon wenige Tage nach dem Bilanzstichtag unrealisierbar sein. Bewertungen zu Modell- statt Marktpreisen (bei Derivaten) können den Gläubigerschutz indirekt ebenfalls aushöhlen.

Empirisch gibt es – soweit ich sehe – keine Möglichkeit, die Wirksamkeit des Gläubigerschutzes nach der einen oder der anderen Bilanzierungskonvention zu belegen. Man bewegt sich hier auf schwammigem Grund. Damit ist nicht gesagt, daß Wahlrechte dem Gläubigerschutz dienlich sind.

V. Zusammenfassung

1. *Bruno Kropff* hat unser Verständnis des Bilanzrechts gemäß Aktiengesetz 1965 maßgeblich beeinflußt; er hat dieses mit geprägt. Die Grundkonzeption dieses Aktiengesetzes war schon in seiner Vorbereitung nicht unumstritten: den Ver-

---

62 Vgl. *Beisse*, FS *Beusch*, 1993, S. 77.
63 Das ist Kern der Abkopplungsthese. Vgl. *Moxter*, AG 1979, 141, 141 f.; *Beisse*, FS *Döllerer*, 1988, S. 25, 33 f.; *Moxter*, FS *Budde*, 1995, S. 419, 426 f.
64 Vgl. z. B. *Stützel* in *Barz u.v.a.*, Das Frankfurter Publizitätsgespräch, 1962, S. 244–252; *Schneider*, Betriebswirtschaftslehre, Bd. 2: Rechnungswesen, 2. Aufl., 1997, S. 314–324.

tretern des Gläubigerschutzes durch vorsichtige Gewinnermittlung standen die Verfechter der gläsernen, aber verschlossenen Taschen gegenüber.

2. Die damalige Diskussion gewinnt erneute Aktualität. Das deutsche Bilanzrecht wird – so ist zu erwarten – befreiende Konzernabschlüsse nach IAS und US-GAAP erlauben, die von deutschen Mutterunternehmen vorgelegt werden können, soweit sie im Ausland börsennotiert sind. Mit dieser Entwicklung geht Befriedigung auf der einen, Befürchtung auf der anderen Seite einher.

3. Der Beitrag versuchte zu klären, anhand welcher Kriterien die Rechnungslegungssysteme nach HGB, US-GAAP und IAS grundsätzlich zu vergleichen und zu bewerten sind. Die Vergleichskriterien bezogen sich auf Systemelemente und Elemente des Rechnungslegungsumfeldes.

4. Deskriptive Vergleiche sind relativ leicht anzustellen, während insbesondere aufgrund unterschiedlicher Zwecksetzungen ein Vergleich mit anschließender Bewertung schwer fällt. Um die Lösung des Bewertungsproblems vorzubereiten, wurden neben Plausibilitätsargumenten empirische Anhaltspunkte dafür gesucht, ob die mit den verschiedenen Rechnungslegungssystemen verbundenen Zwecksetzungen tatsächlich erfüllt werden. Bezüglich des Gläubigerschutzes liegen keine verwertbaren Ergebnisse vor. Bezüglich des relativen Informationsgehalts von Abschlüssen nach US-GAAP und HGB gibt es widersprüchliche Ergebnisse. Welches System als überlegen angesehen wird, ist eher eine politische Wertung als eine auf fundierten Daten basierende und insofern objektivierbare Entscheidung. Unbegründbar sind die vielen expliziten Wahlrechte des deutschen Rechts.

Stand und künftige Entwicklung der Harmonisierung der Vorschriften über die Rechnungslegung und deren Prüfung in der Europäischen Union

---

* Der Vortragende gibt seine persönliche Meinung wieder.

I. Bestandsaufnahme

1. Kritik

Verfolgt man die Tagespresse und auch das Schrifttum zu Fragender Rechnungslegung, ihrer Prüfung und Offenlegung, so gewinnt man den Eindruck, daß die seit dem Erlaß der Ersten gesellschaftsrechtlichen Richtlinie[1] im Jahre 1968 von der Kommission der EU intensiv betriebene Harmonisierung die in sie gesetzte Erwartungen nicht erfüllt hat. Immer wenn ein größeres Unternehmen, insbesondere ein börsennotiertes, in eine schwere Krise gerät oder zusammenbricht, wird die Frage aufgeworfen, warum man den veröffentlichten Jahres- und Konzernabschlüssen Hinweise auf eine solche Entwicklung nicht entnehmen konnte, und wie es möglich war, daß die vorhergehenden Jahres- und Konzernabschlüsse von den gesetzlich vorgeschriebenen Prüfern einen meist uneingeschränkten Bestätigungsvermerk erhalten haben.

Das Vertrauen der Öffentlichkeit, insbesondere aber von Investoren, Gläubigern, Gesellschaftern und ihren Aufsichtsräten sowie öffentlicher Stellen, wie z. B. der Finanzverwaltung, wird dadurch in schwerwiegender Weise beeinträchtigt. Dabei geht es nicht nur darum, daß betrügerische Handlungen nicht rechtzeitig erkannt werden, sondern vor allem um die Fälle, in denen Unternehmenskrisen struktureller oder handgemachter Art von Unternehmern in den Abschlüssen nicht offen dargestellt werden, um die Krise ohne Öffentlichkeit besser überwinden zu können. Aus Furcht vor einer sich selbst erfüllenden negativen Prognose verdrängen vermutlich auch Abschlußprüfer ihre Bedenken, solange ihnen die Konsolidierungsvorstellungen des Managements plausibel erscheinen.

Die Unternehmen und ihre Berater kritisieren generell den Aufwand, der mit fortwährenden Änderungen der gesetzlichen Regelungen verbunden ist. International tätige Konzerne mit Sitz in Deutschland und in anderen Mitgliedstaaten der EU müssen hinnehmen, daß europäische Konzernabschlüsse im Ausland nur eingeschränkt anerkannt werden. So muß die Daimler-Benz AG seit ihrem Listing an der New Yorker Börse im Jahre 1993 jährlich zu ihrem Konzernabschluß eine Überleitungsrechnung auf US GAAP[2] und entsprechende Zwischenberichte veröffentlichen; das sind im Ergebnis halbjährlich nach unterschiedlichen Grundsätzen aufgestellte Abschlüsse. Seit die Daimler-Benz AG für das Jahr 1993 einen Gewinn von 615 Mio. DM nach deutschen Rechnungslegungsgrundsätzen und einen Verlust von 1.839 Mio. DM nach US GAAP veröffentlichte[3], wird deutschen Konzernabschlüssen an ausländischen Börsenplätzen noch stärker als früher mißtraut.

---

1 Richtlinie 68/115/EG vom 9. März 1968, ABl. EG Nr. L 65 S. 8.
2 Generally Accepted Accounting Principles der USA (Allgemein anerkannte Rechnungslegungsgrundsätze). Diese werden heute vor allem vom FASB (Financial Accounting Standards Board) einem unabhängigen Gremium aus Sachverständigen entwickelt und von der amerikanischen Börsenaufsichtsbehörde (SEC) unterstützt.
3 Daimler-Benz AG, Konzernabschluß 1993 nach Form 20-F der SEC, Überleitungsrechnung.

Investoren und Gesellschafter ärgert, daß die konservative Anwendung des Vorsichtsprinzips, insbesondere auch wegen der umgekehrten Maßgeblichkeit steuerlicher Sondervorschriften, nicht nur ihre Gewinnerwartungen, sondern auch den Wert ihrer Anteile beeinträchtigt. Sie fordern daher, den sog. Shareholder Value in Anwendung dynamischer Bilanzierungsgrundsätze nach anglo-amerikanischem Vorbild zu verbessern.

Die mittelständischen Kapitalgesellschaften einschließlich der in Deutschland noch zu erfassenden Kapitalgesellschaften & Co halten die rechtsformbezogene Form der Harmonisierung der Rechnungslegung für verfehlt, weil sie zu einer ihrer Auffassung nach überzogenen Bürokratisierung des Mittelstandes führt, die wegen der als zu weitgehend empfundenen Publizität zu Wettbewerbsnachteilen führen kann. Tatsächlich ist das Kosten-NutzenVerhältnis weit ungünstiger als bei großen Unternehmen, weil mittelständische Unternehmen den Kapitalmarkt nur ausnahmsweise in Anspruch nehmen können und sie Bankkredite nur gegen zusätzliche Sicherheiten erhalten.

Wie die Börsenzeitung am 10. Oktober 1995 berichtete, hat eine Reihe von US-Pensionsfonds angekündigt, darauf hinwirken zu wollen, daß Fonds solange nicht in deutsche Aktien investieren, bis die jeweiligen deutschen Unternehmen amerikanische Corporate-Governance-Strukturen und Rechnungslegungsvorschriften übernommen haben. Einige deutsche Global Players gehen deshalb dazu über, die Empfehlungen des IASC[4] ganz oder teilweise auf ihre Konzernabschlüsse anzuwenden[5], um auf diese Weise der Vertrauensschädigung entgegenzuwirken.

Bei dieser Sachlage wird man sich in Europa der Diskussion stellen müssen, ob über eine weitere Harmonisierung, insbesondere eine Anpassung an anglo-amerikanische Rechnungslegungsgrundsätze, Verbesserungen möglich sind. Man muß dabei allerdings berücksichtigen, daß die Erwartungen der Öffentlichkeit auch in den USA und in anderen angelsächsisch bilanzierenden Staaten von den Unternehmen und Abschlußprüfern nicht voll erfüllt werden; es sich also um ein weltweites Problem handelt.

2. Stand der Harmonisierung

a) Europäische Union

Die Harmonisierung der Rechnungslegung in der EU beruht auf Art. 54 Abs. 3 Buchstabe g des EG-Vertrages[6], der im Titel III über die Freizügigkeit, den freien

---

4 International Accounting Standards Committee, 167 Fleet Street, London EC4A 2ES, England.
5 Für das Jahr 1995 haben die folgenden Aktiengesellschaften ihren Konzernabschluß nach den IAS in dualer Form aufgestellt und darüber auch einen Bestätigungsvermerk erhalten: Bayer, Heidelberger Zement und Schering. Die Deutsche Bank hat ihren Konzernabschluß sowohl nach den IAS als auch nach deutschem Recht und somit doppelt aufgestellt.
6 Vertrag zur Gründung der Europäischen Gemeinschaft vom 25. März 1957 (BGBl. II S. 766), zuletzt geändert durch den am 7. Februar 1992 in Maastricht unterzeichneten Vertrag über die Europäische Union.

Dienstleistungs- und Kapitalverkehr und das Niederlassungsrecht des dritten Teils steht. Die Schaffung eines Einheitsrechts ist somit nicht Ziel der Harmonisierung und von der Ermächtigung noch nicht einmal gedeckt. Personen, die die europäische Harmonisierung hierwegen kritisieren, gehen deshalb von falschen Vorstellungen aus.

Seit Verabschiedung der Bilanzrichtlinien[7], die die Rechnungslegung der Kapitalgesellschaften einschließlich der Kreditinstitute und Versicherungsunternehmen abdecken, sind eine Reihe von Mitgliedstaaten, zu denen auch Deutschland gehört, der Auffassung, daß eine weitere Harmonisierung in der bisherigen Form durch Erlaß von Richtlinien nicht mehr wünschenswert ist. In Deutschland ist ein Grund dafür die Befürchtung, daß das Vorsichtsprinzip mit nachteiligen Folgen für die Eigenkapitalausstattung und die Besteuerung aufgegeben werden müßte. Auch die Verabschiedung der sog. Mittelstandsrichtlinie mit unzureichenden Erleichterungen für mittelständische Kapitalgesellschaften und die Einbeziehung bestimmter Kapitalgesellschaften & Co in die Bilanzrichtlinien durch die sog. GmbH & Co-Richtlinie mit qualifizierter Mehrheit gegen Deutschland hat zu dieser Haltung beigetragen.

In diesem Zusammenhang kommt auch der Achten Richtlinie (84/253/EG) des Rates vom 10. April 1984 über die Zulassung der mit der Pflichtprüfung der Rechnungslegungsunterlagen beauftragten Personen Bedeutung zu, weil die Mitgliedstaaten nur Personen und Gesellschaften als Prüfer zulassen dürfen, die diese Voraussetzungen erfüllen. Die Richtlinie enthält Mindestanforderungen, die es den Mitgliedstaaten erlauben, ihre bisherigen Regelungen und Traditionen mit wenigen Ausnahmen fortzuführen. Die Unterschiede sind daher so erheblich, daß auf dieser Basis es kaum möglich sein wird, die Niederlassungsfreiheit der Berufsangehörigen in der EU ohne eine zusätzliche Prüfung im Gastland zu verwirklichen. Als besonders nachteilig wird es empfunden, daß die Richtlinie lediglich den Grundsatz enthält, daß die Abschlußprüfer ihre Tätigkeit unabhängig durchführen müssen, die Anforderungen aber nicht im einzelnen festgelegt worden sind.

---

7 Es handelt sich um die folgenden Richtlinien:
   Vierte Richtlinie des Rates vom 25. Juli 1978 aufgrund von Artikel 54 Abs. 3 Buchstabe g des Vertrages über den Jahresabschluß von Gesellschaften bestimmter Rechtsformen (78/660/EG – ABl. EG Nr. L 222 S. 11).
   Siebente Richtlinie des Rates vom 13. Juni 1983 aufgrund von Artikel 54 Abs. 3 Buchstabe g des Vertrages über den konsolidierten Abschluß (83/349/EG – ABl. EG Nr. L 193 S. 1).
   Richtlinie des Rates vom 8. Dezember 1986 über den Jahresabschluß und den konsolidierten Abschluß von Banken und anderen Finanzinstituten (86/635/EG – ABl. EG Nr. L 372 S. 1).
   Richtlinie des Rates vom 19. Dezember 1991 über den Jahresabschluß und den konsolidierten Abschluß von Versicherungsunternehmen (91/674/EG – ABl. EG Nr. L 374 S. 7).
   Richtlinie des Rates vom 8. November 1990 zur Änderung der Richtlinie 78/660/EG über den Jahresabschluß und der Richtlinie 83/349/EG über den konsolidierten Abschluß hinsichtlich der Ausnahmen für kleine und mittlere Gesellschaften sowie der Offenlegung von Abschlüssen in ECU (90/604/EG – ABl. EG Nr. L 317/57).
   Richtlinie des Rates vom 8. November 1990 zur Änderung der Richtlinien 78/660/EG und 83/349/EWG über den Jahresabschluß bzw. den konsolidierten Abschluß hinsichtlich ihres Anwendungsbereichs (GmbH & Co RL – 90/605/EG – ABl. EG Nr. L 317/60).

b)   Internationale Organisationen

ba)   OECD, Vereinte Nationen

Als zwischenstaatliche Einrichtungen bemühen sich um die Harmonisierung außer der Europäischen Union, die regional beschränkt ist, die OECD[8], in der 24 Industriestaaten zusammengeschlossen sind und die Vereinten Nationen[9]. Diese Organisationen sind von ihren Mitgliedstaaten allerdings verpflichtet worden, lediglich Empfehlungen auszusprechen, die jeweils sowohl die Anforderungen der Bilanzrichtlinien der EU als auch die im anglo-amerikanischen Bereich entwickelten Standards, insbesondere des FASB[10], abdecken. Diese Empfehlungen werden in gleicher Weise wie die Richtlinien der EU kritisiert, weil sie die kontinental-europäische Tradition, die den Gläubigerschutz in den Vordergrund stellt, und die anglo-amerikanische Praxis, die den Investorenschutz an Kapitalmärkten ausschließlich berücksichtigt, nebeneinander bestehen lassen, diese als gleichwertig bezeichnen und deren gegenseitige Anerkennung ohne Überleitungsrechnung empfehlen. Dieses Vorgehen war insoweit erfolgreich, als inzwischen anerkannt ist, daß sich die Rechnungslegung weltweit in diesem Rahmen bewegen sollte. Tatsächlich halten sich auch die neu entwickelten Rechnungslegungsgesetze der Entwicklungsländer und der früheren sozialistischen Länder ganz überwiegend in diesem Rahmen. Die planwirtschaftlichen Rechnungslegungssysteme werden aufgegeben und neue nicht erfunden.

bb)   IASC, IOSCO

Die internationale Harmonisierung wird inzwischen von zwei Organisationen, die seit 1987 zusammenarbeiten, mit dem Ziel vorangetrieben, bis 1998 die Grundregeln für einen weltweit einheitlichen Konzernabschluß zu schaffen, der sodann für die Zwecke der Börsennotierung weltweit uneingeschränkt verwendet werden kann. Diese Organisationen sind IASC und IOSCO.

---

8   Organisation for Economic Cooperation and Development. Die Organisation für wirtschaftliche Zusammenarbeit und Entwicklung wurde durch Übereinkommen vom 14. Dezember 1960 gegründet, das am 30. September 1961 in Kraft getreten ist (G v. 16. 8. 1961, BGBl. II 1150; II 1663). Herbert Biener, Der Beitrag der OECD zur Entwicklung und Harmonisierung der Rechnungslegung, in Festschrift für Walther Busse von Colbe, S. 19–42; OECD, Die Publizitätspflicht multinationaler Unternehmen, Köln 1991.

9   United Nations. Im Jahre 1979 wurde von der unter ECOSOC arbeitenden Kommission für Transnationale Unternehmen eine Arbeitsgruppe für Fragen der Rechnungslegungspublizität (The Intergovernmental Working Group of Experts on International Accounting Standards of Accounting and Reporting – ISAR) eingesetzt; sie arbeitet nunmehr in Genf und wird von UNCTAD betreut. UNCTAD: The Intergovernmental Working Group of Experts on International Standards of Accounting and Reporting, Conclusions on Accounting and Reporting by Transnational Corporations, United Nations, New York und Geneva, 1994, ISBN 92-1-104430-8; ISAR, Objections and Concepts Underlying Financial Statements, New York, 1989, ISBN 92-1-104325-5.

10   Financial Accounting Standards Board. Das FASB ist eine private Einrichtung, die seit 1973 besteht. Das entscheidende Board setzt sich aus sieben Mitgliedern zusammen, die auf fünf Jahre von einem Treuhändergremium gewählt werden. Die Zahl der veröffentlichten Statements of Financial Accounting Standards (SFAS) liegt inzwischen bei über 120.

Das „International Accounting Standards Committee" (Komitee zur Entwicklung internationaler Rechnungslegungsgrundsätze) wurde im Jahre 1973 von 16 Berufsorganisationen der Rechnungsleger aus 10 Staaten mit der Aufgabe gegründet:

– Rechnungslegungsgrundsätze für die Offenlegung von Rechnungslegungsunterlagen im öffentlichen Interesse zu entwickeln und deren weltweite Anerkennung und Beachtung durchzusetzen,

– sich generell für die Verbesserung und Harmonisierung der Vorschriften, Rechnungslegungsgrundsätze und Verfahren bei der Offenlegung von Rechnungslegungsunterlagen einzusetzen.

Das IASC hat inzwischen 33 Empfehlungen (International Accounting Standards – IAS) verabschiedet, von denen 30 anzuwenden sind[11]. Auch diese Empfehlungen zeichneten sich bis 1994 dadurch aus, daß ihre Anforderungen sowohl den Bilanzrichtlinien der EU als auch den anglo-amerikanischen Standards im Grundsatz entsprachen, so daß sie sich im Rahmen der Empfehlungen von OECD und VN hielten. Unter diesen Umständen war es Unternehmen aus Industrieländern, auch deutschen Unternehmen, bisher grundsätzlich möglich, zumindest in Konzernabschlüssen sowohl den nationalen Anforderungen als auch den IAS zu entsprechen. Auch gab es keine grundsätzlichen Probleme bei der weltweiten Anerkennung dieser Abschlüsse durch Regierungen und Aufsichtsbehörden einschließlich der Börsenaufsicht. Die Anerkennung wurde jedoch von der Börsenaufsichtsbehörde der USA (Securities and Exchange Commission – SEC) mit der Begründung versagt, daß die internationale Vergleichbarkeit wegen zu vieler Wahlrechte beeinträchtigt wird und daß die Anforderungen an den Umfang der Rechnungslegung nicht ausreichend sind, insbesondere im Vergleich mit den amerikanischen Rechnungslegungsgrundsätzen, wie sie insbesondere vom Financial Standards Board (FASB) entwickelt werden. Unternehmen, die an einer Börse in den USA zugelassen werden, müssen daher ihre Rechnungslegungsunterlagen entweder nach US GAAP aufstellen oder ihre nationalen Abschlüsse in Ergänzungsrechnungen auf US GAAP überleiten[12]. Die Beachtung der US GAAP führt in vielen Fällen dazu, daß Unternehmen ihr Eigenkapital in unterschiedlicher Höhe ausweisen und unterschiedliche Angaben über ihre Ergebnisse machen müssen, wie dies seit der Börsenzulassung von Daimler Benz in New York deutlich geworden ist. Solche Zusatzrechnungen sind nicht nur für die Unternehmen mit zusätzlichem Aufwand verbunden, die geforderten Angaben sind für die Beteiligten eher verwirrend, weil die Gründe für die Abweichungen nur schwer verständlich zu machen sind.

---

11 IASC, International Accounting Standards 1997 – The full text of all International Accounting Standards extant at 1 January, 1997, erhältlich bei: International Accounting Standards Committee, 167 Fleet Street, London EC4A 2ES, England.

12 *Wolf Bay,* Daimler-Benz unter amerikanischen Publizitätsvorschriften, Der Schweizer Treuhänder 5/94 S. 352 bis 359; *Karlheinz Küting,* US-amerikanische und deutsche Bilanzierung im Vergleich – mit besonderer Berücksichtigung der Konzernrechnungslegung und des Daimler-Benz-Listing in New York, BFuP 4/93 S. 357–389.

Die „International Organization of Securities Commissions" (IOSCO) ist der weltweite Zusammenschluß der Börsenaufsichtsstellen mit dem Ziel die grenzüberschreitende Zusammenarbeit bei der Börsenaufsicht zu fördern. Die Kommission mit Sitz in Montreal hat inzwischen 110 Mitglieder aus über 50 Staaten. Deutschland ist durch das Bundesministerium der Finanzen, das neue Bundesaufsichtsamt für den Wertpapierhandel und die Deutsche Börse AG (früher Arbeitsgemeinschaft der deutschen Wertpapierbörsen) vertreten. Im Jahre 1987 wurde das „Technical Committee" mit der Aufgabe eingesetzt, Vorschläge zur Lösung von Aufsichtsproblemen bei der Zulassung von Wertpapieren international tätiger Emittenten auf dem Gebiet der Rechnungslegungspublizität zu unterbreiten. Dem Komitee, das 16 Mitglieder hat, gehört das Bundesministerium der Finanzen seit 1990 an. Das Technische Komitee hat im Jahre 1990 die „Working Party No 1" (WP 1) eingerichtet, die 13 Mitglieder hat und sich mit Fragen der Rechnungslegungspublizität und deren Harmonisierung befaßt[13]. Aus Anlaß der im Jahre 1987 mit IASC vereinbarten Zusammenarbeit wurde vom Technischen Komitee ein „Accounting Subcommittee"[14] mit der Aufgabe gebildet, unmittelbar mit dem IASC zusammenzuarbeiten[15].

bc) Ergebnisse der Zusammenarbeit

IASC und IOSCO haben am 11. Juli 1995 eine gemeinsame Presseerklärung veröffentlicht und darin mitgeteilt, daß ihrer Auffassung nach ein wichtiges Zwischenergebnis bei der Entwicklung internationaler Rechnungslegungsgrundsätze erreicht worden ist[16]. Gleichzeitig haben sich IOSCO und IASC auf einen Zeitplan und über den Inhalt der noch zu schaffenden oder zu ändernden 16 IAS geeinigt. Danach werden die letzten Änderungen im Jahre 1998 erfolgen, so daß IOSCO seine Empfehlung zum 1. Januar 1999 aussprechen kann. In der Presseerklärung wird des weiteren festgestellt, daß außer der bereits unterstützten Empfehlung IAS 7 (Cash Flow Statement) weitere 14 IAS nach Auffassung von IOSCO keiner Änderung mehr bedürfen, so daß sie ohne weitere Prüfung in das zu unterstützende Paket von IAS aufgenommen werden können. Es besteht damit begründete Aussicht, daß es in wenigen Jahren für international tätige Unternehmen möglich sein wird, den nach den IAS aufgestellten Konzernabschluß weltweit für Zwecke der Börsennotierung verwenden zu können.

Aufgrund dieser Vereinbarung steht fest, daß die IAS im Jahre 1998, insbesondere bezüglich der Bilanzansatz- und Bewertungsvorschriften, weitgehend deckungsgleich mit den US GAAP sein werden, auch wenn ihr Umfang deutlich hinter diesen zurückbleiben wird. Die für einen unterstützenden Beschluß not-

---

13 Die Mitglieder der WP 1 sind: Australien, Belgien, Frankreich, Deutschland, Hong Kong, Italien, Japan, Luxemburg, Niederlande, Spanien, Schweiz, Vereinigtes Königreich, USA.

14 Die Untergruppe hat 4 Mitglieder: Kanada, Frankreich, Vereinigtes Königreich, USA.

15 Biener, Rezeption der US GAAP über IOSCO und IASC? in Festschrift für Wolfgang Dieter Budde, München 1995, S. 87 bis 103.

16 IASC, Press Release vom 11. Juli 1995.

wendige Einstimmigkeit wird bei IOSCO sonst nicht zu erreichen sein. Das Vorsichtsprinzip kontinentaleuropäischer Ausprägung, insbesondere das Imparitätsprinzip, wird in den IAS dann wohl nicht mehr zu finden sein.

3. Zwischenfeststellung

Bei dieser Sachlage stellte sich für die Kommission der EU und die Regierungen der Mitgliedstaaten die Frage, wie es weiter gehen soll. Das Dilemma der bisherigen Richtlinienharmonisierung ist, daß von großen, insbesondere börsennotierten, Unternehmen zu wenig und von mittelständischen Kapitalgesellschaften unverhältnismäßig viel verlangt wird. In Deutschland wird deshalb ein dringendes Bedürfnis gesehen, die Aussagekraft der Abschlüsse, insbesondere der Konzernabschlüsse, und die Qualität der Abschlußprüfer für große Kapitalgesellschaften zu verbessern, um die weltweit festzustellende Erwartungslücke, die nicht nur auf unbegründeten Vorstellungen beruht, möglichst zu schließen. Das Bundesministerium der Justiz hat deshalb im Jahr 1995 eine interministerielle Arbeitsgruppe unter Zuziehung von Sachverständigen mit dieser Aufgabe eingesetzt, die ihre Arbeit inzwischen abgeschlossen hat. Der Referentenentwurf des Bundesministeriums der Justiz eines Gesetzes zur Kontrolle und Tranzparenz im Unternehmensbereich (KonTraG), Stand November 1996, enthält eine Reihe von Änderungsvorschlägen zur Verbesserung der Aufsichtsratstätigkeit und der Qualität der Prüfung, die in der interministeriellen Arbeitsgruppe erörtert wurden, soweit sie sich auf die Tätigkeit des Abschlußprüfers beziehen. Es ist damit zu rechnen, daß auch die nicht übernommenen Überlegungen in absehbarer Zeit zur Diskussion gestellt werden.

Konkret stellt sich für die Kommission der EU und die Mitgliedstaaten die Frage, ob man den bisherigen Weg weiter beschreiten oder die Harmonisierungspolitik ändern soll. Da die Richtlinien nur Mindestanforderungen und im übrigen zahlreiche Wahlrechte enthalten, können die Mitgliedstaaten jeweils für sich entscheiden, ob sie sich der von IOSCO und IASC vorgezeichneten internationalen Entwicklung an der EU vorbei ganz oder teilweise anschließen oder ihren eigenen Weg gehen wollen. Letzteres würde allerdings zur Inländerdiskriminierung transnational tätiger Unternehmen führen, weil z. B. Konzernleitungen mit Sitz in Deutschland ihren Konzernabschluß auch weiterhin weltweit nicht verwenden könnten und deshalb in zwei Bilanzwelten leben müßten. Die Bundesregierung hat inzwischen den Entwurf eines Gesetzes zur Verbesserung der Wettbewerbsfähigkeit deutscher Konzerne an internationalen Kapitalmärkten und zur Erleichterung der Aufnahme von Gesellschafterdarlehen (Kapitalaufnaheerleichterungsgesetz – KapAEG) beschlossen und am 20. 12. 1996 dem Bundesrat zugeleitet (Drs. 967/96). In einem neuen § 292a des Handelsgesetzbuchs sollen deutsche Konzernleitungen, die ausländische Kapitalmärkte in Anspruch nehmen und ihre Konzernabschlüsse nach den dort vorgeschriebenen oder akzeptierten Grundsätzen aufstellen, nach dem Vorbild der Konzernabschlußbefreiungsverordnung unter bestimmten Voraussetzungen von der Pflicht, einen Konzernabschluß nach dem Handelsgesetzbuch aufstellen zu müssen, befreit werden. Der Bundesrat hat diesen Vorschlag im ersten Durchgang unterstützt (Drs. 967/96 – Beschluß), so daß der Gesetzentwurf nunmehr dem deutschen Bundestag zugeleitet werden kann, sobald die Bundesregierung ihre Gegenäußerung beschlossen hat.

II. Künftige Entwicklung der Vorschriften über die Rechnungslegung in der EU

1. Neue Strategie der Kommission

Die Kommission der EU hat inzwischen erkannt, daß die Zusammenarbeit zwischen IOSCO und IASC zu einer weltweiten Harmonisierung der Konzernrechnungslegung für Kapitalmarktzwecke ohne Mitwirkung der Kommission führen kann, zumal in der dafür zuständigen Working Party No. 1 von IOSCO 8 Mitgliedstaaten der EU mitwirken und diese Entwicklung unterstützen[17]. Die Kommission hat durch Kommissar Monti im Binnenmarktrat am 23. 11. 1995 mitteilen lassen, daß sie bei der Harmonisierung der Rechnungslegungsvorschriften künftig eine andere Politik verfolgen wird[18]. Die Kommission wird unter Beachtung der im Maastrichter Vertrag verankerten Grundsätze der Subsidiarität und der Verhältnismäßigkeit neue Rechtsvorschriften oder Änderungen der bestehenden EU-Vorschriften künftig, soweit wie möglich, vermeiden. Zur Lösung der ihrer Auffassung nach dringenden Probleme europäischer Unternehmen, die eine Börsennotierung auf den internationalen Kapitalmärkten anstreben, will sie die Bemühungen des IASC um einen weltweit verwendbaren Konzernabschluß unterstützen und die dortige Entwicklung beeinflussen.

Der bei der Kommission bestehende Kontaktausschuß für Richtlinien der Rechnungslegung hat die Konformität der IAS mit den europäischen Richtlinien der Rechnungslegung überprüft. Er ist zu dem Ergebnis gekommen, daß die Anwendung der IAS in den bis 1. April 1996 bestehenden Fassungen mit den Bilanzrichtlinien mit zwei Ausnahmen, denen jedoch keine besondere Bedeutung zukommt, vereinbar ist[19]. Eine duale Bilanzierung ist daher nur in solchen Mitgliedstaaten nicht möglich, die Wahlrechte zur Anwendung angelsächsischer Rechnungslegungtraditionen nicht ausgeübt haben. Auch nach Auffassung der Kommission ist es insoweit der Entscheidung der nationalen Gesetzgeber vorbehalten, ob sie die Anwendung der IAS im Rahmen der nach den Bilanzrichtlinien aufzustellenden Jahres- und Konzernabschlüsse ermöglichen möchte.

Zu der neuen Konzeption gehört auch, daß die Kommission diese Reform, soweit wie möglich, ohne eine Änderung der Bilanzrichtlinien durchführen möchte.

---

17 Die EU-Mitgliedstaaten sind: Belgien, Frankreich, Deutschland, Italien, Luxemburg, Niederlande, Spanien, Vereinigtes Königreich.

18 Mitteilung der Kommission der EU: Harmonisierung auf dem Gebiet der Rechnungslegung: Eine neue Strategie im Hinblick auf die internationale Harmonisierung vom 14. November 1995, KOM (95) 508 DE.

19 Kommission der EU, Kontaktausschuß für Richtlinien der Rechnungslegung „Eine Überprüfung der Konformität der internationalen Rechnungslegungsgrundsätze (IAS) mit den europäischen Richtlinien der Rechnungslegung" Dok. XV/7003/96-DE Rev. 2 vom 1. April 1996.

Die Kommission fürchtet nicht nur das langwierige Gesetzgebungsverfahren in der EU, sondern auch mögliche Versuche von Mitgliedstaaten, die Teile der Richtlinien, die ihnen nicht zusagen, neu auszuhandeln. Die Kommission will sich allerdings nicht aus der Harmonisierungsarbeit zurückziehen, sondern innerhalb und außerhalb der EU stärkere Aktivitäten entwickeln. Intern soll die Arbeit des Kontaktausschusses intensiviert und sollen seine Beschlüsse veröffentlicht werden. Auf dieser Basis möchte die Kommission sodann größeren Einfluß auf das IASC nehmen, um den europäischen Standpunkt dort stärker durchzusetzen. Die Kommission übersieht dabei, daß es einen solchen gemeinsamen Standpunkt in absehbarer Zeit nicht geben wird, weil die kontinentaleuropäischen Mitgliedstaaten nicht ohne weiteres bereit sein werden, die statische Bilanzierung zugunsten der besonders im Vereinigten Königreich extrem gepflegten dynamischen Bilanzierung aufzugeben.

Die Kommission will im angeblichen Interesse der Unternehmen, die dem Druck der internationalen Kapitalmärkte nicht so unmittelbar ausgesetzt sind und Konzernabschlüsse erstellen, weiter an der Verbesserung der Vergleichbarkeit der Abschlüsse arbeiten. Auch insoweit sollen die Initiativen künftig vom Kontaktausschuß ausgehen, mit dessen Hilfe die Kommission versuchen will, die Tätigkeiten der verschiedenen nationalen Einrichtungen, die sich mit der Entwicklung von Rechnungslegungsgrundsätzen beschäftigen, besser zu koordinieren. Das Problem dabei ist, daß auch insoweit in der EU zwei grundsätzlich verschiedene Systeme zusammentreffen.

2. Rechnungslegungstraditionen

In den kontinentaleuropäischen Staaten ist die Rechnungslegung in den Handelsgesetzbüchern und den Gesellschaftsrechten mehr oder weniger weitgehend gesetzlich geregelt. Die gesetzlichen Vorschriften beschränken sich auf die wichtigsten Grundsätze, unter die die Einzelfälle zu subsumieren sind. Da sich die Gesetzgeber jeweils in der Gesamtverantwortung befinden, werden Interessen der Unternehmen gegen die schutzwürdigen Interessen anderer Personen, insbesondere der Gesellschafter und Gläubiger, abgewogen und zum Ausgleich gebracht. Betriebswirtschaftliche Gesichtspunkte werden nur in diesem Rahmen berücksichtigt. Soweit der Gesetzgeber ein Regelungsbedürfnis nicht sieht oder davon ausgeht, daß Grundsätze ordnungsmäßiger Buchführung (GoB) in der Praxis bestehen, verweist er auf diese. Die GoB werden in Deutschland als unbestimmte Rechsbegriffe verstanden; sie sind als Rechtsnormen revisibel. Der Rechtsprechung kommt damit bei ihrer Bestimmung zentrale Bedeutung zu. Die Bilanzrichtlinien der EU basieren auf diesem kontinenaleuropäischen System, auch wenn sie eine ausdrückliche Verweisung auf Grundsätze ordnungsmäßiger Buchführung oder die anerkannte Handhabung in der Praxis nicht enthalten.

Im anglo-amerikanischen Bereich ist es so, daß die Berufstände der Personen, die in den Unternehmen für die Rechnungslegung verantwortlich sind oder diese als unabhängige Abschlußprüfer prüfen, die Entwicklung der Rechnungslegungsgrundsätze als ihre berufsbezogene Aufgabe betrachten. Die Regierungen und Gesetzgeber dieser Länder haben dies weitgehend akzeptiert, so daß sie nur eingreifen, wenn sie glauben, daß öffentliche Interessen beeinträchtigt werden. Die Maßgeblichkeit der Handelsbilanz für die steuerliche Gewinnermittlung, insbesondere deren Umkehrung, scheidet damit weitgehend aus, obwohl die Finanzverwaltungen in der Praxis von den Ergebnissen der Handelsbilanz ausgehen. Die Berufstände haben keine politische Gesamtverantwortung. Sie sind nur ihrem Berufsstand, der Betriebswirtschaftslehre und den Interessen ihrer auftraggebenden Unternehmen verpflichtet. Soweit sie, wie im Vereinigten Königreich und den USA, in großem Umfang für die Kapitalmärkte tätig werden, dienen ihre Grundsätze in besonderem Maße den Interessen der Investoren. Die Normung durch Berufstände bedeutet, daß deren Empfehlungen nicht den Charakter von Rechtsnormen haben. Sie umschreiben, wie die DIN-Normen im Bereich der Technik, die Regeln, die bei ordnungsgemäßer Berufsausübung eingehalten werden. Im Rechtstreit ist ihre Feststellung der Sachverhaltsaufklärung zuzuordnen, so daß diese Grundsätze nicht revisibel sind. Da es sich nicht um Rechtsätze handelt, erhalten die Empfehlungen der Berufstände eine allgemeinere Verbindlichkeit nur, wenn diese Grundsätze in einem bestimmten Umfang auch tatsächlich angewendet werden und sie deshalb allgemein anerkannt (generally accepted) sind. Eine andere Möglichkeit ist, daß öffentliche Stellen – wie dies die SEC tut – ihre Anwendung verlangen oder unterstützen.

3. Bewertung der Vorschläge

Die Kommission hat sich in ihrem Strategiepapier auch mit der Frage auseinandergesetzt, ob die Schaffung einer europäischen Normungseinrichtung für Rechnungslegungsfragen nach anglo-amerikanischem Vorbild sinnvoll wäre. Sie hält die Schaffung der gesetzlichen Voraussetzungen für ein solches Gremium und die Entwicklung eigener Empfehlungen durch ein solches Gremium für nicht empfehlenswert, weil ein zu großer Zeitaufwand befürchtet wird. Sie möchte sich deshalb stärker auf das IASC konzentrieren und auf dessen Empfehlungen Einfluß nehmen.

Die Kommission meint, daß zumindest für den Fall einer Unstimmigkeit zwischen einem IAS und einer ihrer Richtlinienbestimmungen ernsthaft über die Möglichkeit nachgedacht werden sollte, ob einem Ausschuß Kompetenzen nach einem der sog. Komitologieverfahren eingeräumt werden können, um den Prozeß der Änderung der Bilanzrichtlinien zu beschleunigen[20]. Solche Versuche sind allerdings schon früher abgelehnt worden und dürften auch jetzt keine Chance für eine qualifizierte Mehrheit im Rat haben. Dieses Verfahren, das einem Ausschuß und wenn dieser nicht rechtzeitig entscheidet, der Kommission eine Art Verordnungsbefugnis einräumt, darf nur über Fragen der technischen Durchführung entscheiden. Bei Fragen der Rechnungslegung geht es aber meist um politische Entscheidungen, insbesondere wenn sich diese auf die Ergebnisermittlung, die Höhe des Eigenkapitals oder den Umfang der Publizitätspflichten auswirken.

---

20 Beschluß des Rates vom 13. Juli 1987 zur Festlegung der Modalitäten für die Ausübung der der Kommission übertragenen Durchführungsbefugnisse (87/373/EWG – ABl. EG Nr. L 197 S. 33).

Auch wenn eine abschließende Bewertung der neuen Konzeption der Kommission noch nicht möglich ist, so zeichnet sich aber ab, daß die Mehrheit der Mitgliedstaaten den Verzicht auf weitere Richtlinien unterstützt. Allerdings werden einzelne Mitgliedstaaten, wie z. B. Deutschland, verlangen, daß die Bilanzrichtlinien unter dem Gesichtspunkt des mit Art. 3a EGV neu eingeführten Subsidiaritätsprinzips nochmals untersucht werden. Die Kommission wird unglaubwürdig, wenn sie ihre neue Konzeption zwar mit den „im Maastrichter Vertrag verankerten Grundsätzen der Subsidiarität und der Verhältnismäßigkeit" begründet, dieses Prinzip aber nur zugunsten international tätiger Konzerne, nicht aber auf mittelständische Unternehmen anwenden will.

Die Kommission wird voraussichtlich erfolgreich sein, soweit es darum geht, international tätigen Konzernen die Anwendung der IAS zu ermöglichen. Sie wird aber mit der Erwartung scheitern, daß über den Kontaktausschuß und die verschiedenen nationalen Normungsgremien eine Anpassung der nationalen Rechnungslegungsvorschriften an die IAS erreicht werden kann. So wird z. B. Deutschland in absehbarer Zeit nicht bereit sein können, eine solche Anpassung vorzunehmen, weil dies bedeuten würde, daß das Vorsichtsprinzip imparitätischer Art zugunsten dynamischer Bilanzierungsgrundsätze aufgegeben werden müßte. Mit dem bereits erwähnten Kapitalaufnahmeerleichterungsgesetz wird daher lediglich angestrebt zu tolerieren, daß international tätige deutsche Konzernleitungen ihren Konzernabschluß zur Herstellung ihrer Wettbewerbsfähigkeit an ausländischen Kapitalmärkten nach international anerkannten Grundsätzen, wie den US GAAP und den IAS, mit befreiender Wirkung aufstellen dürfen, so daß sie nicht verpflichtet sind, zusätzlich einen deutschen Konzernabschluß aufstellen zu müssen[21].

4. Europäisches Normungsgremium

Die Regierungen und Gesetzgeber zwischenstaatlicher Einrichtungen und der Nationalstaaten werden auch weiterhin Verantwortung für die Rechnungslegung und Prüfung privatwirtschaftlicher Einrichtungen tragen müssen. Sie sollten sich aber nach anglo-amerikanischem Vorbild der Gesetzgebung nur noch bedienen, wenn die privaten Gremien versagen oder öffentliche Interessen überregionaler oder nationaler Art nicht ausreichend berücksichtigt werden. Selbstverwaltungssysteme können im Rahmen einer weltweiten Harmonisierung nur erfolgreich sein, wenn der privaten Säule mit dem IASC (oder einem Nachfolgegremium) an der Spitze eine Regierungs- und Gesetzgebungssäule gegenübergestellt wird, die sich wiederum in Spitzengremien wie den Vereinten Nationen, der OECD und IOSCO zusammenfinden. Nur auf diese Weise kann ein weltweiter Dialog mit dem Ziel gemeinsamer Rechnungslegungs- und Prüfungsgrundsätze gewährleistet werden. Dabei muß die Unabhängigkeit der beiden Säulen erhalten bleiben, und zwar auf jeder Ebene.

---

21 Vgl. auch *Herbert Biener,* Öffnung des deutschen Rechts für internationale Konzernabschlüsse? in Globale Finanzmärkte, Herausgegeben von der Schmalenbach-Gesellschaft. Deutsche Gesellschaft für Betriebswirtschaft e.V., Stuttgart 1996, S. 113 bis 120.

Soweit zwischenstaatliche oder nationale Regierungen und Gesetzgeber die Empfehlungen dieser Gremien nicht unterstützen können, bleibt es ihnen jeweils unbenommen, im Wege der Gesetzgebung abweichende Regelungen zu schaffen.

Es spricht sehr vieles dafür, daß unabhängige Gremien, die ausschließlich mit
Sachverständigen besetzt sind, nach angelsächsischem Vorbild besser als Gesetzgeber geeignet sind, Grundsätze der Rechnungslegung und Prüfung zu entwickeln
und an die jeweiligen Erfordernisse anzupassen. Dabei ist im angelsächsischen
Bereich von Vorteil, daß der Berufsstand der Accountants nicht nur die Abschlußprüfer, sondern alle Personen erfaßt, die sich auf qualifizierter Basis mit der Rechnungslegung und deren Prüfung im privaten und öffentlichen Bereich befassen.
Aufgrund der in den USA und in Großbritannien gemachten Erfahrungen ist es auch
wichtig, daß solche Gremien vom Berufsstand unabhängig sind. Das häufig festzustellende Schweigen der Berufsstände zu aktuellen und wichtigen Fragen der Rechnungslegung dürfte darauf zurückzuführen sein, daß sich die Vertreter von Prüfungsgesellschaften in den Beschlußgremien des Berufsstandes nicht festlegen
wollen, weil sie sonst die unterschiedlichen Bilanzierungsmethoden ihrer Mandanten nicht mehr uneingeschränkt testieren könnten. Eine Qualitätsverbesserung der
Rechnungslegung ist daher nur zu erreichen, wenn in solche Gremien – wie im
angelsächsischen Bereich – auch die Rechnungsleger der bilanzierungspflichtigen
Unternehmen tätig werden.

Voraussetzung für eine solche Lösung ist allerdings, daß sich die Rechnungsleger auch in den kontinentaleuropäischen Staaten, insbesondere in Deutschland,
für die Selbstverwaltung mit Selbstverpflichtung entscheiden. Solche Gremien sollten in allen Mitgliedstaaten der EU gebildet werden, die sich auf der Ebene der
Europäischen Union in einem entsprechenden Gremium zusammenfinden. Diese
Gremien wären sodann in das IASC zu integrieren. Nationale Gremien dieser Art
sind auch deshalb notwendig, weil die Empfehlungen des IASC sonst nicht als
nationale Grundsätze anerkannt werden können.

*III. Künftige Entwicklung der Vorschriften über die Pflichtprüfung
       und deren Prüfer in der EU*

1. Das Grünbuch der Kommission

a)   Stand des Verfahrens

Die Kommission hat im letzten Jahr dem Rat der EU, dem Europäischen Parlament
und dem Wirtschafts- und Sozialausschuß das Grünbuch vom 24. 7. 1996 über die
„Rolle, Stellung und Haftung des Abschlußprüfers in der Europäischen Union"[22]
zugeleitet. Die Bundesregierung hat das Dokument dem Bundesrat, dem Deutschen

---

22 Dok. KOM (96) 338 endg. vom 24. 7. 1996, Dok. Rat vom 19. 8. 1996 Nr. 9566/96, ABl. C 321
    vom 28. 10. 1996 S. 1. Die Kommission hat ein Korrigendum am 2. 10. 1996 veröffentlicht, KOM
    (96) 338 endg./2, Dok. Rat 9566/96 CR 1 (D).

Bundestag und den Spitzenverbänden der Wirtschaft und der beteiligten Kreise zugeleitet, die außerdem zu einer Anhörung im Bundesministerium der Justiz am 25. Oktober 1996 eingeladen waren[23]. Das Grünbuch basiert auf einer von der Kommission in Auftrag gegebenen Studie[24] und einer im Januar 1996 veröffentlichten Studie der FEE[25]. Die Kommission hat am 5./6. Dezember 1996 zum Grünbuch eine Konferenz abgehalten, zu der außer den Mitgliedstaaten, europäische Spitzenverbände und die nationalen Organisationen der Abschlußprüfer eingeladen waren. Mit dem Grünbuch haben sich in der Zwischenzeit außerdem auf europäischer Ebene das Europäische Parlament und der Wirtschafts- und Sozialausschuß und national der Bundesrat und der Deutsche Bundestag befaßt[26]. Der Bundesrat hat das Grünbuch grundsätzlich begrüßt, aber Zweifel geäußert, ob alle Wege aufgezeigt wurden, mit denen die Unabhängigkeit des Abschlußprüfers gesichert werden kann. Er kritisiert, daß die besonderen Prüfungsformen im Bereich der Prüfung von Sparkassen und Genossenschaften, die sich bewährt haben, nicht erwähnt werden. Er wendet sich außerdem dagegen, daß Jahresabschlußprüfungen und andere Prüfungen öffentlich ausgeschrieben werden sollen. Er bittet die Bundesregierung, in diesem Sinne tätig zu werden und auch dafür zu sorgen, daß die Rolle und Verantwortung der Berufsorganisationen im weiteren Harmonisierungsprozeß stärker berücksichtigt wird.

b) Inhalt des Grünbuchs

Die Kommission gibt als Anlaß für das Grünbuch an, daß die Rolle der Abschlußprüfer seit einiger Zeit weltweit Gegenstand heftiger Debatten ist und daß auch der Berufsstand an die Kommission mit der Bitte herangetreten ist, weitreichende Überlegungen darüber anzustellen, in welchem Umfang diesbezüglich weitere Maßnahmen auf EU-Ebene erforderlich sind. Über die Möglichkeiten zur Schließung der Erwartungslücke wird seit längerem auch in Deutschland nachgedacht[27]. Das Bundesministerium der Justiz hat zur Klärung der damit zusammenhängenden Fragen im Jahre 1995 eine interministerielle Arbeitsgruppe unter Zuziehung von Sachverständigen eingesetzt[28]. Die Kommission untersucht im Grünbuch eingehend und teilweise mit Lösungsvorschlägen die Rolle des Abschlußprüfers bei der Abschlußprüfung und bei Erteilung des Bestätigungsvermerks, die Stellung des Abschlußprüfers hinsichtlich seiner Qualifikation, seine Unabhängigkeit sowie sein Verhältnis zum Unternehmen und staatlichen Behörden und Berufsvereinigungen, insbesondere unter dem Gesichtspunkt der Qualitätskontrolle, die zivilrechtliche

---

23 BR-Drs. 670/1/96.
24 European Commission, The Role, Position and Liability of the Statutory Auditor within the European Union, ISBN 92827-7236-5, Brüssel-Luxemburg, 1996.
25 Federation des Experts Comptables Europeens, The Role, Position and Liability of the Statutory Auditor in the European Union, January 1996, Rue de la Loi 83, B-1040 Bruxelles.
26 BR-Drs. 670/1/96 (Beschluß).
27 *Biener*, Die Erwartungslücke – eine endlose Geschichte, in Festschrift für Hans Havermann, Internationale Wirtschaftsprüfung, Düsseldorf, 1995.
28 Presseerklärung des Bundesministerium der Justiz vom 19. April 1995.

Haftung des Abschlußprüfers, die Pflichtprüfung bei kleinen Gesellschaften, die Prüfungsvorschriften für Konzerne und die Niederlassungs- und Dienstleistungsfreiheit in der Europäischen Union. Die Kommission macht abschließend deutlich, daß sie sich in den nächsten Jahren mit diesen Fragen intensiv befassen möchte. Bei der Herausarbeitung möglicher Schwerpunkte für künftiges Handeln möchte sie den im Maastricht-Vertrag verankerten Grundsätzen der Subsidiarität und Verhältnismäßigkeit besondere Aufmerksamkeit widmen. Im Einklang mit der Mitteilung „Harmonisierung auf dem Gebiet der Rechnungslegung: Eine neue Strategie im Hinblick auf die internationale Harmonisierung" will sie einen Ansatz bevorzugen, durch den Europa in die Lage versetzt wird, in der internationalen Debatte überzeugend mit einem einheitlichen Konzept aufzutreten[29].

c) Die Rolle des Abschlußprüfers

Diese Frage wird im dritten Abschnitt des Grünbuchs mit der eindeutigen Zielsetzung untersucht, die Erwartungen der Öffentlichkeit hinsichtlich der Ordnungsmäßigkeit der Abschlüsse, der Fortführung der Unternehmenstätigkeit, der Entdeckung von Unregelmäßigkeiten, der Einhaltung von Rechtsvorschriften durch die Unternehmensführung und des verantwortungsbewußten Verhaltens der Gesellschaft in umweltpolitischen und gesellschaftlichen Angelegenheiten zu berücksichtigen. Die Kommission möchte allerdings auch stärker herausstellen, daß die Jahres- und Konzernabschlüsse vom Management verantwortlich aufgestellt werden, und daß der Abschlußprüfer hierfür die Verantwortung nicht übernehmen kann. Auch sei offenbar die Ansicht weit verbreitet, daß ein uneingeschränkter Bestätigungsvermerk die materielle Ordnungsmäßigkeit der Abschlüsse gewährleiste, obwohl „ein Satz Zahlen die Ergebnise der Geschäftsätigkeit der Gesellschaft und ihrer Finanzverhältnisse niemals korrekt wiederspiegeln" könne[30]. Den Bilanzlesern müßten daher auch die Grenzen solcher Informationen bewußt gemacht werden.

Zur Fortführung der Unternehmenstätigkeit wird im Grünbuch zutreffend darauf hingewiesen, daß große Teile der Öffentlichkeit vom Bestätigungsbericht des Abschlußprüfers eine Gewähr für die gesunde finanzielle Lage einer Gesellschaft erwarten. Der Kommission ist auch einzuräumen, daß der Abschlußprüfer nicht in die Rolle des Krisenwarners gegenüber der Öffentlichkeit gebracht werden darf, weil sich solche Prophezeiungen sehr leicht aus diesem Grunde verwirklichen können und diese Verantwortung dem Abschlußprüfer nicht zumutbar ist. Die Lösung muß vielmehr in der Weise gesucht werden, daß vom Management im Lagebericht eindeutige Aussagen gemacht werden, die vom Abschlußprüfer auf Vollständigkeit und Plausibilität zu überprüfen und eventuell zu kommentieren sind.

Nach einer im Grünbuch erwähnten Umfrage, die in Großbritannien durchgeführt wurde, erwartet die Öffentlichkeit mit 75 v. H., daß die Aufdeckung von

---

29 Siehe Fn. 18. Die im Binnenmarktrat am 23. November 1995 abgegebene Erklärung wurde den Mitgliedstaaten mit Schreiben des Rates der EU vom 14. Dezember 1995 (Dok. 12 885/95) übermittelt.

30 § 3.10, Fn. 22.

Betrügereien aller Art zu den Aufgaben des Abschlußprüfers gehört und daß nach Meinung von 61 v. H. der Öffentlichkeit der Prüfer verpflichtet sein sollte, nach Anzeichen von Betrug zu suchen. Die Überlegungen der Kommission gehen wie in Deutschland dahin, das Management für die Einrichtung und Aufrechterhaltung eines internen Kontrollsystems verantwortlich zu machen, das nur wenig Raum für Betrugsdelikte läßt und gleichzeitig mit größter Wahrscheinlichkeit eine schnelle Aufdeckung betrügerischer Aktivitäten ermöglicht. Der Abschlußprüfer soll im Bestätigungsvermerk das Vorhandensein derartiger Systeme festhalten und eine Einschätzung zu deren Zweckmäßigkeit vornehmen. Auch soll der Abschlußprüfer die gesetzlichen Vertreter über möglicherweise entdeckte Schwachstellen in den Innenrevisionssystemen und über sämtliche Verdachtsmomente informieren.

Das interne Kontrollsystem soll auch die Einhaltung der Rechtsvorschriften des Gesellschaftsrechts und anderer auf Unternehmen bezogener Vorschriften umfassen.

Inwieweit man den Abschlußprüfer auch in die Prüfung der Berichterstattung im sozialen Bereich und im Bereich der Umwelt einbeziehen kann und sollte, ist eine Frage, die aufgeworfen, aber nicht beantwortet wird. Der Abschlußprüfer muß aber insoweit verantwortlich bleiben, als sich hieraus Auswirkungen auf die Vermögens-, Finanz- und Ertragslage der Unternehmen wesentlicher Art ergeben.

Zum Bestätigungsvermerk meint die Kommission, daß mehr Informationen über Umfang und Art der Tätigkeit gegeben werden sollten, auf denen der Bestätigungsvermerk beruht. Auch wäre es zweckmäßig, die Aufgaben des Abschlußprüfers in diesem Zusammenhang zu verdeutlichen. Nach Auffassung der Kommission sollte ein gleiches Vorgehen bei der Pflichtprüfung seinen Niederschlag in einer gleichlautenden Formulierung des Bestätigungsvermerks finden. Aus deutscher Sicht ist hierzu zu bemerken, daß mit einem Formeltestat dem Abschlußprüfer die Möglichkeit, ergänzende Bemerkungen aufzunehmen, erheblich eingeschränkt wird, weil diese von den Unternehmen als einschränkend abgelehnt werden.

d) Die Stellung des Abschlußprüfers

Zur Qualifikation des Abschlußprüfers weist die Kommission darauf hin, daß wegen der Unterschiede in den Bildungssystemen der Mitgliedstaaten die Berufsabschlüsse nur schwer miteinander zu vergleichen sind. Die Berufsorganisationen hielten es deshalb weiterhin für notwendig, daß Berufsangehörige, die grenzüberschreitend tätig sein wollen, die Berufsqualifikation in dem jeweiligen Mitgliedstaat erwerben. Dies hat nicht nur zur Folge, daß die Niederlassungsfreiheit nur erschwert verwirklicht werden kann. Es macht es auch schwierig, Entwicklungsländern und den früheren sozialistischen Ländern bei dem Aufbau eines Prüferberufs Unterstützung zu geben. Nach der Beurteilung des Verfassers aufgrund der von ihm geführten Verhandlungen zur Verabschiedung der Abschlußprüferrichtlinie[31] unter-

---

31 Achte Richtlinie des Rates vom 10. April 1984 auf Grund von Artikel 54 Absatz 3 Buchstabe g des Vertrages über die Zulassung der mit der Pflichtprüfung der Rechnungslegungsunterlagen beauftragten Personen (84/253/EG – ABl. Nr. L 126 vom 12. 5. 1984, S. 20 bis 26.

scheiden sich das kontinentaleuropäische, insbesondere von Deutschland geprägte System, grundlegend vom angelsächischen, insbesondere dem britischen System. Während Deutschland einen speziellen Prüferberuf entwickelt hat, der für die Abschlußprüferrichtlinie zum Vorbild wurde, sind im angelsächsischen Bereich die Abschlußprüfer Teil des Berufsstandes der Accountants, der alle Rechnungsleger erfaßt und im Vereinigten Königreich sechs lizenzierten Berufsständen zugeordnet ist. Während in Deutschland die akademische Ausbildung mit zwei Staatsexamen im Vordergrund steht, liegt der Schwerpunkt in Großbritannien bei der praktischen Ausbildung mit beruflicher Fortbildung zum Erwerb der erforderlichen theoretischen Kenntnisse. Die Verabschiedung der Abschlußprüferrichtlinie im Jahre 1984 war erst möglich, nachdem sich die Mitgliedstaaten bereitgefunden hatten, die Qualifikation derjenigen Personen, die zu jenem Zeitpunkt nach den jeweiligen Systemen als Abschlußprüfer zugelassen waren, als gleichwertig anzuerkennen; lediglich für Italien wurde überwiegend die Auffassung vertreten, daß es einen vergleichbaren Berufsstand nicht gab. Von diesem Ergebnis ausgehend, wurden die beiden Systeme unter Berücksichtigung verschiedener nationaler Besonderheiten so umschrieben, daß die bestehenden Berufe ohne grundsätzliche Änderungen fortgeführt werden konnten. Da die Abschlußprüferrichtlinie im übrigen der Tradition folgt, lediglich die Mindestanforderungen zu regeln, störte es auch nicht, daß sich die Anforderungen deutlich unter dem Niveau der Wirtschaftsprüferordnung halten. In Deutschland hat es dieser Umstand ermöglicht, im Jahre 1985 den Berufsstand der Vereidigten Buchprüfer auf einem deutlich niedrigeren Niveau einzuführen. Während der deutsche Wirtschaftsprüfer im allgemeinen über 30 Jahre alt ist, wenn er seine Berufslaufbahn startet, nimmt der britische Accountant seinen Beruf im Alter von Mitte 20 auf. Die Verwirklichung der Niederlassungsfreiheit kann deshalb in Kontinentaleuropa zu schwerwiegenden Veränderungen bei den Zulassungsvoraussetzungen führen, sofern die Sprachbarriere von den englischsprechenden Accountants überwunden wird. Das Problem kann sich noch verschärfen, wenn die WTO[32] die ihr auf Initiative des amerikanischen Berufsstandes gesetzte Aufgabe erfüllt, alle Zulassungshemmnisse zu beseitigen, die es Abschlußprüfern unmöglich machen oder erschweren, ihren Beruf über die Grenzen ausüben zu können, ohne nationalen Anforderungen genügen zu müssen, die nur von einzelnen Staaten gestellt werden und nicht weltweit anerkannt sind. Da das angelsächsische Berufsbild des Accountants, insbesondere in der Ausprägung des Berufsstandes in den USA, auch von IFAC[33] fachlich gestützt wird, könnten Deutschland und andere kontinentaleuropäische Staaten sehr bald gezwungen sein, ausländische Prüfer trotz

---

32 Das General Agreement on Trade in Services (GATS) enthält in seinen Artikeln VI und VII die multinationale Verpflichtung, die Hindernisse zu beseitigen, die dem Berufsstand der Accountants den grenzüberschreitenden Dienstleistungsverkehr erschweren oder unmöglich machen (BGBl. II 1994, S. 1443). Die erforderlichen Maßnahmen obliegen der neuen World Trade Organisation (WTO) mit Sitz in Genf.

33 International Federation of Accountants. Es handelt sich um den weltweiten Zusammenschluß der Berufsorganisationen der Accountants. Die Empfehlungen der verschiedenen Committees werden jährlich im IFAC-Handbuch, Technical Pronouncements, veröffentlicht. Die Anschrift lautet: 114 West 47th Street, Suite 2410, New York, New York 10036.

geringerer Qualifkationserfordernisse zuzulassen. Dies würde vermutlich nicht nur die Verhältnisse für die europäischen Partner in den großen sechs internationalen Prüfungsgesellschaften verändern, sondern auch den Gesetzgeber aus Rechts- und Wettbewerbsgründen zwingen, die Ausbildungserfordernisse für den Zugang zum Abschlußprüferberuf abzusenken, wobei noch nicht einmal gesichert wäre, daß die heutigen Anforderungen an den Vereidigten Buchprüfer die Untergrenze bilden könnten. Die Kommission spricht dieses Problem im Grünbuch bedauerlicherweise nicht an.

Zur Frage der Unabhängigkeit des Abschlußprüfers haben sich die Kommission und die Mitgliedstaaten in der Abschlußprüferrichtlinie nur auf den Grundsatz verständigen können, daß der Abschlußprüfer seine Tätigkeit unabhängig ausüben muß, und daß seine Unabhängigkeit von den Mitgliedstaaten sichergestellt werden muß. Der Grund dafür war, daß die Unvereinbarkeitsregelungen, wie sie heute im § 319 Abs. 2 und 3 HGB geregelt sind, ebenso wie Besonderheiten anderer Mitgliedstaaten nicht mehrheitsfähig waren. Es wurde seinerzeit vereinbart, auf solche Regelungen auch im Entwurf der Fünften Richtlinie[34] zu verzichten und statt dessen die Abschlußprüferrichtlinie zu einem späteren Zeitpunkt zu ergänzen. Die Kommission möchte offenbar diese Zusage nunmehr in die Wege leiten.

Als problematisch sieht die Kommission in diesem Zusammenhang eine „geschäftsmäßige" Haltung der Berufsangehörigen, die zunehmenden Verteilungskämpfe um das Prüfgeschäft, die Durchführung von Ausschreibungsverfahren und die Ausführung anderer Beratungsleistungen und weiterer Leistungen an. Nach Auffassung der Kommission könnten Sicherungen zur Gewährleistung der Unabhängigkeit darin bestehen, daß die Erbringung weiterer Leistungen auf Aufgaben beschränkt wird, die nach Art und Anspruch mit dem Berufsbild des Abschlußprüfers vereinbar sind und seine Unparteilichkeit nicht beeinträchtigen, oder daß die Vergütung sowohl für die Prüfungstätigkeit als auch für die sonstigen Leistungen offengelegt werden. Von einem Verbot, solche Leistunge neben der Prüfungstätigkeit zu erbringen, hält die Kommission trotz offenkundiger Wirksamkeit nichts, weil solche Verbote ihrer Auffassung nach leicht umgangen werden könnten. Keinesfalls soll der Prüfer aber in die Unternehmensführung oder in die Entscheidungsprozesse des Auftraggebers eingebunden werden dürfen. Die Aufstellung der Abschlüsse hält die Kommission ebenso wie die Mitwirkung an der Bewertung von Aktiva oder Passiva für Zwecke der Abschlüsse ebenso für unzulässig wie die Mitwirkung bei der Klärung von Rechtsstreitigkeiten, die sich materiell auf die Abschlüsse auswirken können. Als unvereinbar soll auch die Mitwirkung bei Leistungen, die unmittelbare Auswirkungen auf die Unternehmensleitung haben, wie z. B. die Einstellung von Führungskräften, gelten. Die Kommission greift schließlich auch die in Deutschland erneut diskutierte Frage eines turnusmäßigen Wechsels des Abschlußprüfers auf. Eine Lösung, bei der die Unparteilichkeit des

---

34 Vorschlag für eine Fünfte Richtlinie über die Struktur der Aktiengesellschaft vom 9. Oktober 1972 (ABl. EG Nr. C 131/49). Geänderter Vorschlag vom 19. August 1983 (ABl. EG Nr. C 240/2). Dritte Änderung zum Vorschlag über eine Fünfte Richtlinie vom 20. November 1991 (91/C 321/09 ABl. EG Nr. C 321/9).

Abschlußprüfers deutlich sichtbar wird, zugleich aber die Effizienz- und Qualitäts-
nachteile eines turnusmäßigen Wechsels der Prüfungsgesellschaften vermieden
werden, könnte im turnusmäßigen Wechsel von Berufsangehörigen bestehen, die
derselben Prüfungsgesellschaft angehören. Diese Lösung wird auch im Referentenentwurf des Bundesministeriums der Justiz angestrebt[35].

Zur Stellung des Abschlußprüfers im Unternehmen wird es im Grünbuch für
bedenklich gehalten, daß der Vorstand als gesetzlicher Vertreter faktisch die
Abschlußprüfer bestellt und abberuft sowie aus Kostengründen die Pflichtprüfung
auf das Mindestmaß reduziert. Dies soll auch dazu geführt haben, daß die
Abschlußprüfer weniger Aufmerksamkeit auf die Bewertung der Effizienz und
Leistungsfähigkeit des internen Kontrollsystems verwenden, wodurch Betrugs-
delikten und sonstigen Unregelmäßigkeiten Vorschub geleistet wird. Die Kommission weist darauf hin, daß dieses Problem in einigen Mitgliedstaaten durch ver-
stärkten Einsatz von Prüfungsausschüssen und/oder durch Reformierung des
Vorstandsverfahrens oder durch die Einbeziehung anderer Seiten, wie z. B. des
Betriebsrats, bei der Bestellung und Abberufung des Abschlußprüfers entgegen
gewirkt wird. Ein Prüfungsausschuß kann nach Auffassung der Kommission allerdings nur dann wirksam tätig werden, wenn er von einem gut funktionierenden
internen Kontrollsystem unterstützt wird. Diese Überlegungen der Kommission
decken sich mit den Vorstellungen im Referentenentwurf des BMJ, der vorsieht, daß
der Prüfungsauftrag künftig vom Aufsichtsrat erteilt wird und daß der Prüfer verpflichtet wird, das vom Vorstand einzurichtende interne Kontrollsystem im Rahmen
des Prüfungsberichts zu bewerten[36].

e) Qualitätskontrolle

Die wichtige Frage, wie sichergestellt werden kann, daß die Art und Weise, wie
Abschlußprüfer ihre Prüfungen durchführen, ausreichend kontrolliert wird, ist im
Grünbuch eher oberflächlich abgehandelt, obwohl die Kommission darauf hinweist,
daß zur Zeit keine Gewähr besteht, daß Pflichtprüfungen von Berufsangehörigen,
die nach den Bestimmungen der Abschlußprüferrichtlinie zugelassen wurden,
qualitativ gleichwertig sind, und die Kommission deshalb Handlungsbedarf sieht.

---

35 BMJ, Referentenentwurf eines Gesetzes zur Kontrolle und Transparenz im Unternehmensbereich
    (KonTraG), Stand: 22. November 1996. Der Entwurf sieht vor, in § 319 Abs. 2 HGB eine neue
    Nummer 6 aufzunehmen, wonach bei der Prüfung einer Aktiengesellschaft, die Aktien mit amt-
    licher Notierung ausgegeben hat, eine Prüfungsgesellschaft ausgeschlossen ist, wenn sie einen
    Wirtschaftsprüfer beschäftigt, der in den vorhergehenden zehn Jahren den Bestätigungsvermerk
    nach § 322 HGB in mehr als sechs Fällen gezeichnet hat.
36 Der in Fn. 35 bezeichnete Referentenentwurf verpflichtet in § 93 Abs. 1 AktG den Vorstand, ge-
    eignete Maßnahmen zu treffen, um zu gewährleisten, daß den Fortbestand der Gesellschaft gefähr-
    dende Entwicklungen, Unrichtigkeiten der Rechnungslegung und Verstöße gegen gesetzliche Vor-
    schriften, die sich auf die Vermögens-, Finanz- und Ertragslage der Gesellschaft oder des
    Konzerns wesentlich auswirken, früh erkannt werden, sowie zur Einrichtung eines geeigneten
    Überwachungssystems. Außerdem soll § 111 Abs. 2 AktG dahin geändert werden, daß der Auf-
    sichtsrat künftig dem Abschlußprüfer den Prüfungsauftrag erteilt.

Interessant ist der Hinweis, daß die meisten Mitgliedstaaten die Befugnis zur Zulassung von Abschlußprüfern einer oder mehreren Berufsvereinigungen übertragen haben und daß diese Berufsvereinigungen Standesregeln erarbeitet haben, die die entsprechenden Vorgaben enthalten, um die Art und Weise der Durchführung der Prüfungen durch die Berufsangehörigen kontrollieren zu können. Die Kommission hält daher die Frage, wie die Qualitätskontrolle gewährleistet werden kann, für wichtig. Sie hält es für möglich, daß die Qualitätskontrolle in Form des sog. Peer Review erfolgt, bei dem sich ein Prüfer von einem anderen außenstehenden Abschlußprüfer prüfen lassen muß, oder auch durch besondere Aufsichtsgremien. Für diesen Zweck sollen in der EU Prüfungsgrundsätze durch einen besonderen „Mechanismus" nach dem Vorbild der IFAC[37] entwickelt werden.

Ms. Brown, die im britischen Handels- und Industrieministerium unter anderem auch für Fragen der Prüfung zuständig ist, erläuterte anläßlich der bereits erwähnten Konferenz der Kommission am 5. Dezember 1996 das britische System bei der Zulassung und Überwachung von Abschlußprüfern im Rahmen der Abschlußprüferrichtlinie. Danach muß ein Abschlußprüfer, der im Vereinigten Königreich seinen Beruf ausüben möchte, Mitglied einer der sechs Berufsorganisationen sein, die von der Regierung zugelassen sind und darauf zu achten haben, daß nur solche Personen berufstätig werden, die über eine ausreichende Qualifikation für den Beruf des Abschlußprüfers verfügen. Das Ministerium beschränkt sich auf die Überwachung dieser Berufsorganisationen, die schon aus Wettbewerbsgründen dafür sorgen, daß ihre Mitglieder in der Öffentlichkeit ein hohes Ansehen genießen. Auf Frage des Verfassers hat Ms. Brown ergänzend ausgeführt, daß lediglich zwei bis drei Personen im Ministerium die Aufsicht neben anderen Aufgabe durchführen und daß sie dieses System für so flexibel hält, daß es auch auf andere Jurisdiktionen übertragen werden kann. Wenn man bedenkt, daß in Deutschland in jedem Bundesland auf Regierungsebene Prüfungsausschüsse unterhalten werden, die sich finanziell nicht tragen, so wäre es einer eingehenden Untersuchung wert, ob ein „Outsourcing" dieser Leistungen auf die Wirtschaftsprüferkammer und/oder anderer Einrichtungen möglich wäre. Würde man dieses System auch auf Steuerberater erstrecken, könnten die Länder jährlich erhebliche Beträge einsparen. Dabei sollte man sich die britische Erfahrung zunutze machen, daß konkurrierende Organisationen besonders aktiv sind. Vielleicht wäre in Deutschland dann auch zu erreichen, daß im Wege der Selbstverwaltung die Prüfungsgrundsätze in stärkerem Umfang als bisher standardisiert werden.

f) Haftungsbeschränkung

Zur beruflichen Haftung der Abschlußprüfer, die die Kommission für eine wichtige Frage hält, ergibt sich aus dem Grünbuch, daß es in Europa alle denkbaren Lösungen gibt. Während in einzelnen Staaten, wie z. B. in Deutschland, die Haftung nur gegenüber dem geprüften Unternehmen besteht und bei fahrlässigem Handeln auf

---

37 Siehe Fn. 33.

eine relativ niedrigere Haftsumme begrenzt ist, müssen die Abschlußprüfer in einigen Staaten auch gegenüber Dritten unbegrenzt haften, wobei es zwischen diesen
beiden Extremen noch Zwischenlösungen gibt.

Die Kommission scheint von ihrem Vorschlag einer unbegrenzten Haftpflicht
von Abschlußprüfern auch gegenüber Dritten, den sie mit dem Entwurf einer Fünften Richtlinie gemacht hat, Abschied genommen zu haben. Es ist ihr zuzugeben, daß
die Klärung der Rolle und Stellung des Abschlußprüfers positive Auswirkungen auf
die Bewertung seiner Haftpflicht im Falle einer nicht ordnungsdgemäß durchgeführten Prüfung hätte. Sie meint aber auch, daß kein offensichtlicher Grund
besteht, die Haftung des Abschlußprüfers auf das geprüfte Unternehmen zu
beschränken, zumal die Pflichtprüfung im öffentlichen Interesse erfolgt. Ihres
Erachtens wäre es aber angebracht, die Haftung auf Beträge zu begrenzen, die dem
Ausmaß der Pflichtverletzung entsprechen. In Anbetracht der Schwierigkeiten, die
eine Harmonisierung in diesem Bereich mit sich bringen würde, scheint die Kommission sich damit abfinden zu wollen, daß es bei den unterschiedlichen Regelungen der nationalen Gesetzgeber bleibt. Die Niederlassungsfreiheit wird dadurch
nicht erleichtert.

2. Ergebnis der Anhörung

Die Vertreter der Kommission, insbesondere Kommissar Monti und Generaldirektor
Mogg, haben deutlich gemacht, daß sie eine weitere Harmonisierung in der Europäischen Union, insbesondere bezüglich der Grundsätze über die Berufsausübung,
für notwendig halten, weil sonst die europäischen Wirtschaftsprüfer, insbesondere
im Falle einer weltweiten Niederlassungsfreiheit, das Nachsehen haben werden.
Dabei kommt es der Kommission allein auf das Ergebnis an. Sie würde es offensichtlich begrüßen, wenn dieses Ziel im Wege der Standardisierung erreicht werden
könnte. Die Vertreter der Kommission haben in diesem Zusammenhang auf ihre
guten Erfahrungen mit der bereits erwähnten neuen Strategie im Bereich der
Harmonisierung der Rechnungslegung hingewiesen. Sie halten es deshalb für möglich, daß auf der Basis der IFAC-Empfehlungen in kurzer Zeit Fortschritte gemacht
werden können. Diese Grundsätze sollen deshalb alsbald auf ihre Anwendung in der
Europäischen Union überprüft werden. Gleichzeitig sollen geeignete Mechanismen
gefunden werden, die ein Standard-Setting ermöglichen. Die Vertreter der Kommission vermieden es, die Bildung eines Europäischen Standard-Setters mit der
Aufgabe der Normierung zu erwähnen, weil offenbar die Vorstellung besteht, daß
den internationalen Organisationen keine Konkurrenz gemacht werden sollte. Mit
dieser Frage wird man sich aber auseinandersetzen müssen. Wie der Verfasser in
anderem Zusammenhang ausgeführt hat, können die Normen international tätiger
Organisationen nur über entsprechende nationale Normungseinrichtungen zu Normen auf der Ebene der Mitgliedstaaten werden[38]. Die Bildung eines solchen Gre-

---

38 *Biener*, Fachnormen statt Rechtsnormen – Ein Beitrag zur Deregulierung der Rechnungslegung,
   in Festschrift für Hermann Clemm, Rechnungslegung – Warum und wie, München 1996.

miums auf europäischer Ebene wäre daher zweckmäßig, wenn andere Mechanismen vermieden werden sollen, insbesondere der Erlaß von technischen Richtlinien durch einen Ausschuß bei der Kommission.

Der Standpunkt der Kommission wurde in den verschiedenen Referaten und in der Diskussion in großem Umfange unterstützt. Es zeigte sich, daß Vorbehalte gegen weitere Richtlinien bestehen und daß deshalb die neue Strategie der Kommission auch auf die Harmonisierung der Prüfung übertragen werden sollte. Die Kommission wird den Mitgliedstaaten als nächstes Vorschläge unterbreiten, wie diese Ziele verfahrensmäßig weiter behandelt werden sollen.

Internationalisierung der deutschen Konzernrechnungslegung als Kür oder Pflicht?
– zum Regierungsentwurf eines KapAEG –

WALTHER BUSSE VON COLBE

I. Problemstellung

Die *Globalisierung der Kapitalmärkte*, aber auch die zunehmende Internationalisierung der *Produktions-, Handels- und anderer Dienstleistungstätigkeiten* nicht nur der großen, sondern auch vieler mittelständischer Unternehmen in Deutschland erfordern es offenbar, auch ihre *Finanzberichterstattung* in dem Sinne zu internationalisieren, daß sie *international herrschenden Standards* folgt. Das betrifft – zumindest zunächst – nur die Teile der Rechnungslegung, mit denen die Unternehmen sich der Öffentlichkeit gegenüber präsentieren. Da diese Unternehmen fast durchweg als Konzerne i. S. v. § 18 AktG organisiert sind, ist dies die *Konzernrechnungslegung*. Sie besteht aus deutscher Sicht aus dem Konzernabschluß mit seinen Pflichtbestandteilen Konzernbilanz, Konzerngewinn- und Verlustrechnung und Konzernanhang (§ 297 Abs. 1 HGB). In weiten Teilen des von der anglo-amerikanischen Rechnungslegungstradition geprägten Auslandes gehören aber mindestens noch eine *Kapitalflußrechnung* (Cash Flow Statement) sowie eine über die Erfordernisse des § 314 Abs. 1 Nr. 2 HGB weit hinausgehende *Segmentberichterstattung* (Segmentreporting), in den *USA* eine *Eigenkapitalveränderungsdarstellung* sowie viel *eingehendere Informationen* über Einzelheiten des Konzernabschlusses, über die Lage und voraussichtliche Entwicklung des Konzerns in den *Notes* und der *Management Discussion* dazu, als für Anhang und Lagebericht vom HGB gefordert werden[1].

Soweit die deutschen Rechnungslegungsvorschriften zu den im Ausland weitgehend üblichen oder vorgeschriebenen Rechnungslegungselementen nichts sagen (z. B. *Kapitalflußrechnung*) oder nur Mindestregeln enthalten (z. B. Lagebericht und Anhang), ist es den Unternehmn unbenommen, *freiwillig* ihren *Konzernabschluß im Rahmen des HGB* international vorherrschenden Standards *anzupassen*. Das gilt auch für eine entsprechende Ausnutzung expliziter Wahlrechte (z. B. bei der Bewertung und der Abgrenzung des Konsolidierungskreises). Von diesen Möglichkeiten machen auch mehr und mehr Unternehmen Gebrauch, indem sie in den vom nationalen Recht gezogenen Grenzen die *Standards des International Accounting Standards Committee (IAS)* oder des amerikanischen *Financial Accounting Standards Board (SFAS)*, in denen sich die in USA *Generally Accepted Accounting Principles (US-GAAP)* konkretisieren, folgen und einen sog. *dualen Abschluß* publizieren[2]. Insoweit entsteht ein Problem nur insofern, als das HGB einen im internationalen Vergleich immer kleiner werdenden Anteil der Konzernrechnungslegung regelt. Der Bilanzleser als potentieller Investor oder Geschäftspartner kann sich nicht darauf verlassen, daß er in der Finanzberichterstattung der Konzerne jeweils vergleichbare, auf festen Regeln beruhende Informationen findet, wie er sie etwa aus dem amerikanischen Bereich gewohnt ist. Daher sei die Frage erlaubt, ob eine solche *rudimentäre* Regelung dessen, was zunehmend in der Welt als faire Finanzberichterstattung angesehen wird, für den Wirtschaftsstandort Deutschland

---

1 *Pellens*, Internationale Rechnungslegung, 1997.

2 *Goebel/Fuchs*, Die Anwendung der International Accounting Standards in den Konzernabschlüssen deutscher Kapitalgesellschaften, DB 1995, 1521; *Bohl*, Die Anwendung von IASC-Grundsätzen auf Konzernabschlüsse französischer Großunternehmen, DB 1996, 995.

nützlich ist – auch wenn auf anderen Gebieten eher Deregulierung als weitere Regulierung angezeigt ist.

Brisanter wird das Problem der Internationalisierung der Konzernrechnungslegung dann, wenn *Vorschriften des HGB die Anpassung des Konzernabschlusses an die IAS oder SFAS verhindern.* Das gilt insbesondere für manche Bilanzansatz- und Bewertungsregeln. So erlauben oder verlangen IAS und SFAS in bestimmten Fällen die Aktivierung selbsterstellter immaterieller Gegenstände des Anlagevermögens und die Bewertung von Gegenständen des Umlaufvermögens (z. B. bestimmter Wertpapiere) zum Tageswert oder zum anteiligen Verkaufspreis bei langfristiger Fertigung auch oberhalb der Anschaffungs- oder Herstellungskosten. Dem stehen die Bilanzierungsverbote (§ 248 HGB) und das strikte Anschaffungswertprinzip als Höchstwert (§ 253) entgegen. Auch für die Bildung von Rückstellungen und für die Konsolidierungstechnik gibt es einzelne Inkompatibilitäten[3].

Für den zweiten Problembereich sind verschiedene Lösungen möglich:

– Für den Konzernabschluß könnten im HGB *zusätzliche Ansatz-, Bewertungs- und Konsolidierungswahlrechte* eingeräumt werden, die es den Mutterunternehmen erlauben, auch diesen international dominierenden Standards zu folgen. Das würde allerdings die *Hypertrophie von Wahlrechten* im Rechnungslegungsrecht des HGB noch verstärken und die *Verbindung* des Konzernabschlusses mit dem Einzelabschluß i. S. des § 298 Abs. 1 HGB zum Teil lösen.

– Die *zwingenden Konzernrechnungslegungsvorschriften* des HGB könnten so geändert werden, daß sie die bisher unvereinbaren internationalen Standards übernehmen. Dann müßten aber wohl auch zahlreiche existierende *Wahlrechte* so in zwingendes Recht umgewandelt werden, daß die deutschen Vorschriften diesen Standards entsprechen. Sonst entstünde ein kaum noch verständliches Konglomerat von zwingenden und optionalen Regeln. Bei dieser Lösung könnten auch *Lücken* im Regelwerk geschlossen werden. Die Verbindung zwischen Konzern- und Einzelabschluß würde noch stärker unterbrochen als bei der ersten Lösung. Allerdings wäre die Frage zu prüfen, ob die Verbindung, die § 298 Abs. 1 HGB herstellt, überhaupt in jetzigem Ausmaß zweckmäßig ist.

– Da die IAS, aber auch die SFAS laufend komplettiert und den sich ändernden Bilanzierungstatbeständen angepaßt werden, würden insbesondere bei dem zweiten Lösungsansatz häufiger als bisher Änderungen von Rechtsvorschriften nötig. Um dies zu vermeiden, könnten die gesetzlichen Regelungen auf *Rahmenbestimmungen* beschränkt und ihre bindende Ausformung im einzelnen in Anlehnung an anglo-amerikanische Vorbilder einem *Rechnungslegungsrat*, eventuell unter Aufsicht des Bundesjustizministeriums, übertragen werden.

– Den oder bestimmten Konzernen könnte das *Recht* eingeräumt werden, ihren Konzernabschluß *statt nach deutschem Recht* unter Einhaltung von Mindestbedingungen nach den IAS, SFAS oder anderen international *anerkannten*

---

3 Zu Einzelheiten *Institut der Wirtschaftsprüfer in Deutschland*, Rechnungslegung nach International Accounting Standards, 1995; *Risse*, International Accounting Standards für den Konzernabschluß, 1996, S. 93 ff; *Ballwieser* (Hrsg.), US-amerikanische Rechnungslegung, 2. Aufl., 1996.

Standards aufzustellen, prüfen zu lassen und zu publizieren. Das ist der Lösungsansatz, den der *Regierungsentwurf* für das KapAEG verfolgt. Er soll im folgenden untersucht und auch gegen andere Ansätze abgewogen werden.

II. Das Befreiungswahlrecht nach dem KapAEG-Entwurf

Am 11. Dezember 1996 hat die Bundesregierung den Entwurf eines Gesetzes zur Verbesserung der Wettbewerbsfähigkeit deutscher Konzerne an internationalen Kapitalmärkten und zur Erleichterung der Aufnahme von Gesellschafterdarlehen *(Kapitalaufnahmeerleichterungsgesetz (KapAEG))* als Artikelgesetz verabschiedet. Dem Regierungsentwurf war am 7. Juni 1996 ein *Referentenentwurf (KAEG)* vorangegangen. Nach dem Entwurf des KapAEG wird in das HGB ein § 292a mit der Bezeichnung *„Befreiung von der Aufstellungspflicht"* eingefügt werden. Nach *Abs. 1 dieser Vorschrift* braucht ein Mutterunternehmen, das einen *ausländischen Kapitalmarkt* in Anspruch nimmt, einen Konzernabschluß und Konzernlagebericht nach den Vorschriften des HGB nicht aufzustellen, wenn es Konzernabschluß und -lagebericht nach *Methoden* aufstellt, die an dem *ausländischen Kapitalmarkt vorgeschrieben oder anerkannt* sind, der Abschluß von einem nach § 318 HGB bestellten Abschlußprüfer *geprüft* und *bestätigt* wurde sowie nach §§ 325, 328 HGB *offengelegt* wird *(befreiender Konzernabschluß)*. Bei der Offenlegung muß ausdrücklich darauf hingewiesen werden, daß es sich dabei *nicht um einen nach deutschem Recht* aufgestellten Konzernaschluß und -lagebericht handelt.

Nach Absatz 3 des § 292a entfalten ein solcher Abschluß und Lagebericht die befreiende Wirkung nur dann, wenn
- sie im *Einklang mit der 7. EG-Richtlinie* stehen,
- sie einem Konzernabschluß und -lagebericht nach deutschem Recht *gleichwertig* sind,
- die vom deutschen Recht *abweichenden Ansatz-, Bewertungs- und Konsolidierungsmethoden* im Konzernanhang *erläutert* werden und
- die *Erfüllung* dieser Bedingungen vom *Abschlußprüfer bestätigt* wurde.
Einzelheiten sollen durch eine *Rechtsordnung* geregelt werden.

Nach dem Gesetzentwurf wird Konzernen das *umfassende zusätzliche Wahlrecht (Befreiungswahlrecht)* eingeräumt, sich durch Inanspruchnahme eines ausländischen Kapitalmarktes und Erfüllung der in § 292a genannten Bedingungen der deutschen Konzernrechnungslegungspflicht zu entziehen und sich insoweit dem Recht oder den Usancen eines fremden Staates zu unterstellen. Dabei kann es sich um fremdes Gesellschafts- oder, wie insbesondere in den USA, um Börsenrecht handeln. Damit würde der Gesetzgeber für die im Entwurf des KapAEG genannten Mutterunternehmen die Konzernrechnungslegung fremden Regeln überantworten, auf deren Inhalt und Entwicklung er keinen Einfluß hat. „Mit Bilanz*recht* hat dies nichts mehr zu tun"[4]. Die IAS oder SFAS werden im Gesetz nicht genannt, so daß auch noch andere Regelwerke in Betracht kommen.

---

4 *Lutter*, Im Mahlstrom der Interessen: Das Bilanzrecht, NJW 1996, 1945.

Der Regierungsentwurf erscheint zwar liberal, birgt aber wegen der den deutschen Bilanzlesern, wohl auch manchen potentiellen Bilanzaufstellern, nicht vertrauten verschiedenen ausländischen Regelwerken *Gefahren der Rechtsunsicherheit.* Zudem *erschwert* das Nebeneinander von deutschen und vorerst zumindest zwei anderen Regelungen für die Konzernrechnungslegung die *Informationsübermittlung* durch sie und die *Vergleichbarkeit* zwischen den international ausgerichteten und den bei deutschem Recht verbleibenden Finanzberichterstattungen deutscher Konzerne[5].

Das schon bisher bestehende Übermaß an Wahlrechten, das einen Hauptkritikpunkt des Auslandes an der deutschen Rechnungslegung bildet, wird auf diese Weise sogar noch verstärkt.

Daher sollte nochmals sorgsam geprüft werden, ob statt des Befreiungswahlrechts für die auf ausländischen Kapitalmärkten vertretenen Unternehmen *für alle Mutterunternehmen,* die einen *organisierten Kapitalmarkt* im In- oder Ausland in Anspruch nehmen, *bindende Regelungen für den Konzernabschluß im HGB* durch Aufhebung von Ansatz-, Bewertungs- und Konsolidierungswahlrechten, durch zusätzliche Vorschriften für ungeregelte Bereiche sowie durch Änderung einzelner Vorschriften zu treffen sind, um deren Konzernabschlüsse international herrschenden Standards und damit den Informationsbedürfnissen anzupassen[6]. Erweiterte Informationspflichten für Unternehmen, die den öffentlichen Kapitalmarkt in Anspruch nehmen, sind in vielen Ländern üblich. Sie verbessern die Kapitalallokation durch den Markt und sind durch das Schutzbedürfnis der Kapitalmarktteilnehmer gerechtfertigt[7].

In der Begründung zum Regierungsentwruf des KapAEG (Abschnitt A. I. 3.1) wird eine entsprechende Änderung der Konzernrechnungslegungsvorschriften des HGB mit der Vermutung abgelehnt, daß „die Mehrzahl der Konzernabschlüsse aufstellenden Mutterunternehmen nicht bereit sein werden, das *Vorsichtsprinzip* im Konzernabschluß aufzugeben", da es „sich bewährt" habe. „Seine Aufgabe oder Einschränkung kommt daher nicht in Frage".

Angesichts der *vielstimmigen Kritik* in der deutschen wirtschaftswissenschaftlichen, aber auch in der juristischen Literatur[8] und aus den anglo-amerikanischen Ländern an der deutschen Ausprägung des Vorsichtsprinzips ist diese Rechtfertigung des Befreiungswahlrechts überraschend und nicht überzeugend. Zudem geht es gar nicht um die Aufgabe des auch im Ausland beachteten Vorsichtsprinzips, sondern um die Beschneidung seiner Auswüchse deutscher Provinienz mit dem Ziel, die Informationseffizienz zu heben und seinen Mißbrauch für die Bilanzpolitik

---

5 *Grund,* Zum Entwurf eines Gesetzes zur Kapitalaufnahmeerleichterung – Flucht oder Pflicht des Gesetzgebers? ZIP 1996, 1969, 1976.

6 *Busse von Colbe,* Zur Anpassung der Rechnungslegung von Kapitalgesellschaften an internationale Normen, BFuP 1995, 373; *derselbe,* Das Rechnungswesen im Dienste einer kapitalmarktorientierten Unternehmensführung, WPg 1995, 713, 717; *Ordelheide,* Internationalisierung der Rechnungslegung deutscher Unternehmen, WPg 1996, 545, 596; *Grund,* aaO (Fn. 5), 1996.

7 *Budde/Steuber,* Rechnungslegung im Spannungsfeld zwischen Gläubigerschutz und Information der Gesellschafter, AG 1996, 542, 548.

8 Z. B. *Kübler,* Vorsichtsprinzip versus Kapitalmarktinformation, FS *Budde,* 1995, S. 361; *Lutter,* aaO (Fn. 4).

einzuschränken. Bei der Gesetzgebung auch in diesem Bereich sollte nicht einseitigen Interessen nachgegeben, sondern der Schutz der Anleger und die Förderung des Kapitalmarktes hinreichend beachtet werden.

Wenn es jedoch bei dem im Regierungsentwurf gewählten Ansatz bleibt, sollte zumindest der Kreis der durch das Befreiungswahlrecht begünstigten Muttergesellschaften unter dem Gesichtspunkt der *Gleichbehandlung* überprüft werden.

III. Privilegierung durch Notierung an ausländischen Börsen?

Nach der Begründung (Abschnitt A. II. 3.2) zum Regierungsentwurf des KapAEG führe die Tatsache, daß nach den US-GAAP aufgestellte Konzernabschlüsse *ausländischer Unternehmen* von den *deutschen Börsen* akzeptiert werden und solche Konzernabschlüsse gemäß § 292 HGB von der Pflicht zur Aufstellung von Teilkonzernabschlüssen befreien können, zu einer „*Inländerdiskriminierung*", da deutschen Unternehmen dieser Weg versperrt sei. Ob die Rechtsstellung von Ausländern in Deutschland, die von der der Inländer abweicht (z. B. im Steuerrecht), eine Diskriminierung der Inländer bedeutet, und für sie einen Anspruch auf Gleichstellung mit Ausländern rechtfertigt, sei hier dahingestellt.

Akzeptiert man diese Art der Inländerdiskriminierung als Begründung jedoch, so müßten *allen* deutschen *Börsengesellschaften* das Recht eingeräumt werden, nach einem ausländischen Recht, das den Zugang zu *deutschen Börsen* eröffnet, ihre Konzernrechnungslegung vorzunehmen. Das soll nach dem KapAEG aber gar nicht so sein. Vielmehr soll deutschen Mutterunternehmen das *Befreiungswahlrecht nach § 292a Abs. 2* nur dann eingeräumt werden, wenn von ihnen oder einem ihrer Tochterunternehmen emittierte Aktien, Aktienzertifikate, Schuldverschreibungen, Genuß- oder andere vergleichbare Wertpapiere oder Derivate im *Ausland* zum Börsenhandel zugelassen oder in einen anderen organisierten Markt einbezogen sind, dessen Funktionsweise ordnungsgemäß und für das Publikum offen ist *(ausländischer Kapitalmarkt)*. Die Zulassung an einer deutschen Börse ist für das Befreiungswahlrecht nicht erforderlich.

Die Gewährung des Befreiungswahlrechtes soll es Mutterunternehmn, die einen ausländischen Kapitalmarkt in diesem Sinne in Anspruch nehmen, *ersparen*, einen *zweiten Konzernabschluß* oder eine *Überleitung* von Ergebnis und Eigenkapital von dem nach deutschen auf die nach ausländischem Recht ermittelten Größen aufzustellen. Das hat aber bisher nur die amerikanische *Börsenaufsichtsbehörde SEC* verlangt, während die *anderen Länder gegenseitig* die Abschlüsse nach nationalem Recht, mitunter mit geringen Ergänzungen, *anerkennen*. Allerdings scheint die Entwicklung dahin zu gehen, daß auf Drängen der *International Organization of Security Commissions (IOSCO)* etwa ab 1999 die Zulassung von Wertpapieren *ausländischer* Emittenten zum Börsenhandel voraussetzt, daß sie in ihren Konzernabschlüssen die IAS einhalten[9]. Aus diesem Grunde ist eine *Öffnung der deutschen Konzernrechnungslegung* zumindest für die IAS *zweckmäßig*.

---

9 *Biener*, Können die IAS als GoB in das deutsche Recht eingeführt werden? FS *Ludewig*, 1996, 87, 103.

Die von der Bundesregierung gewählte Art der Öffnung durch ein Befreiungswahlrecht allein für Mutterunternehmen, die einen ausländischen Kapitalmarkt
beanspruchen, führt mit deren *Privilegierung* zugleich zu einer Diskriminierung
einer viel größeren Gruppe von Unternehmen: Das sind alle anderen Mutterunternehmen, die ausländische Kapitalmärkte nicht beanspruchen, seien sie an deutschen
Börsen notiert oder nicht.

Zwar ist auf Hinweise in der Literatur[10] gegenüber dem Referentenentwurf
(§ 292 Abs. 5 KAEG) der Kreis der privilegierten Unternehmen insofern erweitert
worden, als er nicht mehr auf Unternehmen beschränkt wird, die sich im Ausland an
den *primären* Kapitalmarkt („Mutterunternehmen, die ... Wertpapiere ... veräußern.") wenden, sondern auch die bisher weit größere Zahl derjenigen einbezieht,
die im Ausland an einem *sekundären* Kapitalmarkt (Börsenhandel) vertreten sind.
Allerdings wurde der Kreis zugleich insofern eingeschränkt, als nun die Veräußerung „über Kreditinstitute oder gewerbliche Vermittler" nicht mehr erfaßt wird, da
sie nur schwer überprüfbar sei (Begründung B. I. 4.). Damit wird offenbar der OTC-
Handel gem. § 292 Abs. 2 ausgeschlossen. Wie das Erfordernis eines ganz oder
zum Teil organisierten, anerkannten, öffentlichen, ordnungsgemäß funktionierenden Marktes abzugrenzen ist, kann noch Probleme aufwerfen. Fällt z. B. in USA
der große Markt der „unsponsered ADR-Programs" nicht darunter?

Die *Privilegierung* der bisher noch kleinen Zahl von Mutterunternehmen meist
großer Konzerne, deren Wertpapiere an organiserten ausländischen Kapitalmärkten
gehandelt werden, erscheint insofern nicht gerechtfertigt, als es noch andere ebenso
triftige Gründe für die Anwendung international anerkannter Standards für die
Konzernrechnungslegung gibt wie die Börsenzulassung unter dem Regime der
SEC. Eine wachsende Zahl von Unternehmen will sich mit einem solchen Konzernabschluß seinen Gesellschaftern, Kreditgebern, Kunden, Lieferanten oder der
breiteren Öffentlichkeit präsentieren und Rechenschaft ablegen. Das zeigen bereits
einzelne Muttergesellschaften, deren Wertpapiere nicht im Ausland notiert werden,
die ihre Konzernabschlüsse, freilich im Rahmen des HGB, gleichwohl unter
Anwendung der IAS oder SFAS publizieren[11]. Weshalb soll diesen Unternehmen
die volle Übernahme dieser Standards verwehrt, den anderen aber gewährt werden?

Vermutlich werden Teilnehmer am deutschen Kapitalmarkt, insbesondere
institutionelle Investoren, aber auch Kreditgeber künftig darauf drängen, mit einem
Konzernabschluß nach internationalen Regeln eine bessere und international eher
vergleichbare Informationsbasis zu erhalten als mit einem HGB-Abschluß her-
kömmlicher Art.

Wenn die *IOSCO* sich mit der Absicht durchsetzt, ab 1999 IAS-konforme
Konzernabschlüsse zur Voraussetzung für die Zulassung ausländischer Emittenten
zum Börsenhandel zu machen (Begründung Abschnitt A. II. 2.1), wäre es geradezu
grotesk, deutschen Emittenten entsprechende Konzernabschlüsse mit befreiender
Wirkung zu verwehren, wenn sie nur im Inland, aber nicht im Ausland notiert

---

10 *Busse von Colbe*, Zur Internationalisierung der Konzernrechnungslegung deutscher Unter-
    nehmen, WPK-Mitt. 1996, 137, 138.
11 Z. B. Heidelberger Zement AG, GB 1995, S. 50; Merck KGaA, GB 1995, S. 79.

werden. Darüber hinaus erscheint es durchaus möglich, daß die Börsenrichtlinien der EU – auch gegen ein deutsches Votum – dann an die IAS angepaßt werden[12]. Daraus folgt: Wenn der Gesetzgeber die Konzernrechnungslegung auf dem Weg des befreienden Konzernabschlusses nach ausländischem Recht für deutsche Unternehmen öffnen will, dann sollte dieses Wahlrecht allen Mutterunternehmen gewährt werden, unabhängig von der Inanspruchnahme ausländischer Kapitalmärkte[13].

IV. Probleme des Bedingungsrahmens

1. Konsolidierungskreis

Gemäß § 292a Abs. 3 Nr. 1 des KapAEG-Entwurfs sind in den Konzernabschluß nach ausländischem Recht „das Mutterunternehmen und seine Tochterunternehmen unbeschadet der §§ 295, 296 HGB" einzubeziehen. Dieser Passus wurde offenbar aus § 291 Abs. 2 Nr. 1 HGB übernommen. Das Einbeziehungsverbot des § 295 und die Einbeziehungswahlrechte des § 296 stimmen jedoch nicht mit den entsprechenden Regelungen nach IAS und US-GAAP überein. Schwierigkeiten kann das Verbot bereiten, Unternehmen mit so stark abweichender Geschäftstätigkeit einzubeziehen, daß ihre Konsolidierung das Gebot der Vermittlung eines den tatsächlichen Verhältnissen entsprechenden Bildes zu vermitteln, verletzt. Weder IAS 27 noch SFAS 94, die diese Materie regeln, enthalten ein entsprechendes Verbot, aber auch kein diesbezügliches Wahlrecht.

Durch sehr *enge Auslegung des Einbeziehungsverbotes und Ausübung der Wahlrechte* läßt sich ein *Konflikt* zwischen der Bedingung in Nr. 1 und den IAS bzw. SFAS vermeiden. Die Vorschrift, den Konsolidierungskreis unbeschadet der geltenden Vorschriften abzugrenzen, erscheint aber *entbehrlich*. Ihre Aufnahme in den § 292a wurde nicht begründet. Ihre Streichung würde den Eindruck vermeiden, daß ein Gemisch deutscher und ausländischer Vorschriften gewollt ist.

2. Vereinbarkeit mit der 7.EG-Richtlinie

Gemäß § 292a Abs. 3 Nr. 2 muß ein befreiender Konzernabschluß „nach den Rechnungslegungsmethoden aufgestellt worden (sein), die an dem ausländischen Kapitalmarkt vorgeschrieben oder anerkannt sind" und zugleich „*im Einklang mit der Richtlinie 83/349 EG*" stehen, weil der deutsche Gesetzgeber nicht von verbindlichen europäischen Vorschriften befreien kann.

Nach der Begründung (Abschnitt A. I. 2.2) stünden die *Bilanzrichtlinien der EU einer uneingeschränkten Anwendung der IAS nicht entgegen*. Das kann freilich nur für ihre gegenwärtige Zahl und Fassung gelten. Ob die in Vorbereitung befindlichen IAS auch mit dem EU-Recht kompatibel sein werden, bleibt abzuwarten[14]. In

---

12 *Biener*, aaO (Fn. 9), 100.
13 *Busse von Colbe*, aaO (Fn. 10), 138.
14 *Ordelheide*, aaO (Fn. 6), 548; *Kleekämper*, Aktuelle Entwicklungen beim IASC, BFuP 1995, 414.

der Begründung wird aus der vom Kontaktauschuß – mit wenigen Ausnahmen – festgestellten Vereinbarkeit zwischen EU-Recht und dem gegenwärtigen Stand der IAS kühn gefolgert, daß die grundsätzliche *Vereinbarkeit auch mit den US-GAAP anzunehmen sei.*

Vielmehr ist die Kompatibilität zwischen US-GAAP, aber auch den IAS, und den Bilanzrichtlinien der EU genauer zu prüfen. Sie ist zumindeest in einzelnen Punkten prima facie zu bezweifeln[15]. Sollten sich Widersprüche zwischen einzelnen Bestimmungen der IAS und den EU-Richtlinien ergeben, wird die Kommission der EU wohl Anpassungen initieren[16].

Zum Beispiel *verstößt* die nach US-GAAP (ARB No. 45) vorgeschriebene Bewertung nach der *Percentage of Completion-Methode* bei langfristiger Fertigung mit ihrer Teilgewinnrealisierung gegen das *Verbot* des Art. 31 Abs. 1c) aa) 4. EG-Richtlinie, *unrealisierte Gewinne auszuweisen.* Dieses Verbot wird auch durch die in SFAS 115 konstituierte Pflicht verletzt, *Handelsbestände an marktgängigen Wertpapieren* zum *fair value* auch oberhalb der Anschaffungskosten zu bewerten und die daraus entstehenden unrealisierten Gewinne erfolgswirksam zu erfassen.

Auch *IAS 11* in seiner revidierten Fassung schreibt die Percentage of Completion-Bewertung vor. Dagegen enthält der die Bewertung von *Wertpapieren* regelnde *IAS 25* – noch – Wahlrechte, die eine Bewertung zum Niederstwert in Übereinstimmung mit der EU-Bilanzrichtlinie gestatten. Die Inanspruchnahme der Ausnahmevorschrift des Art. 33 der 4. Richtlinie bietet keine Lösung des Widerspruchs, da er sich auf Wiederbeschaffungswerte und Neubewertung, vornehmlich von Anlagegenständen, und auf die Ausschaltung von Inflationswirkungen unter erfolgsneutraler Bildung einer Neubewertungsrücklage bezieht.

Bisher enthalten weder die IAS noch die SFAS detaillierte *Gliederungsvorschriften* für Bilanz und Gewinn- und Verlustrechnung, wie sie Art. 9 und 10 bzw. 23 bis 27 der 4. EG-Richtlinie (entsprechend §§ 266, 275 HGB) ausweisen, die über Art. 17 der 7. EG-Richtlinie (§ 298 Abs. 1 HGB) auch für den Konzernabschluß gelten. Ein den IAS oder SFAS folgender Jahresabschluß kann nur schwer entsprechend gegliedert werden, da z. B. als current assets auszuweisende Gegenstände nicht stets deckungsgleich mit denen des Umlaufvermögens sind.

3. Gleichwertigkeit mit Konzernabschlüssen nach HGB

Die Aussagekraft eines befreienden Konzernabschlusses muß gem. § 292a Abs. 3 Nr. 3 KapAEG mit der eines nach dem HGB aufgestellten Konzernabschlusses *gleichwertig* sein. Korrekt müßte es allerdings „*mindestens*" gleichwertig heißen – so auch in der Begründung –, da die höhere Aussagekraft eines nach IAS oder SFAS aufgestellten Abschlusses unterstellt wird.

---

15 Siehe hierzu die Liste zwingender Unterschiede zwischen IAS im Vergleich zur 4./7. EG-Richtlinie bei *Wollmert/Oser*, Der IASC-Abschluß eines Drittlandunternehmens als befreiender Konzernabschluß? DB 1995, 53, 56.

16 *Biener*, aaO (Fn. 9), 100, 104.

Man könnte argumentieren, daß ein mit den EU-Bilanzrichtlinien im Einklang stehender Konzernabschluß wegen der Befreiungsvorschrift des § 291 HGB bereits das Erfordernis einer mindestens gleichwertigen Aussagekraft erfüllt. Nach der Begründung (Abschnitt B. I. 4) soll das Gleichwertigkeitsgebot die Adressaten der Konzernabschlußpublizität vor einem „Qualitätsgefälle im Vergleich mit der Aussagekraft deutscher Konzernabschlüsse" schützen. Dies sei eine „wichtige weitere Voraussetzung für die Befreiung ... Nach den bisherigen Erfahrungen ist nicht zu erwarten, daß nach den US-GAAP oder den IAS aufgestellte Konzernabschlüsse diese Voraussetzung nicht erfüllen." Dabei komme es auf den Informationsgehalt einschließlich von Zusatzangaben an. Dem letzteren kann man zustimmen. Wieso aber überhaupt ein Qualitätsgefälle bei einem den EU-Richtlinien entsprechenden Konzernabschluß ausländischen Rechts eintreten kann, wird damit nicht beantwortet. Die Streichung dieser Vorschrift sollte geprüft werden, auch wenn das IdW die Beibehaltung damit befürwortet, daß das Gebot der Gleichwertigkeit dazu führe, daß „der befreiende Konzernabschluß nicht nach Regeln aufgestellt wird, die vom HGB gänzlich abweichen[17]; das ist aber bei Richtlinienkonformität wohl nicht möglich.

4. Erläuterungs- und Dokumentationspflichten

Nach § 292a Abs. 3 Nr. 4 sind im Anhang des befreienden Konzernabschlusses der *ausländische Kapitalmarkt*, dessen Rechnungslegungsmethoden angewandt wurden, zu bezeichnen, die vom deutschen Recht *abweichenden Bilanzierungs-, Bewertungs- und Konsolidierungsmethoden zu erläutern* und die *Hinterlegungsstelle* für die Unterlagen zu Kapitalmarktzwecken *anzugeben*.

Im *Referentenentwurf* wurde zusätzlich verlangt, daß die Fundstelle der angewandten Methoden und ihre deutsche Übersetzung anzugeben sind und bei fehlender Übersetzung eine allgemein verständliche Darstellung in deutscher Sprache auf Anforderung zu übersenden ist. Diese Forderung wurde – ohne Begründung – fallen gelassen. Sie wäre wohl auch schwer zu erfüllen gewesen; beanspruchen in USA doch allein die z. Z. 122 SFAS rund 1750 klein und eng bedruckte Seiten[18], zu denen die SFAC, die zuvor erschienenen noch gültigen Vorschriften der ARB und des APB sowie die Verlautbarungen der SEC von nach größerem Umfang hinzukommen[19].

V. Abkoppelung des Konzernabschlusses vom Einzelabschluß

Mit der Gewährung eines Wahlrechts, sich von der Konzernrechnungslegungspflicht nach dem HGB zu befreien und sich einem entsprechenden Recht eines

---

17 Stellungnahme zum Entwurf eines Kapitalaufnahmeerleichterungsgesetzes, IDW-Fachnachrichten, 1996, 397, 402.

18 *FASB* Original Pronouncements Accounting Standards, Edition 1995/96 v. 1. 6. 1995.

19 *Baker/Rapaccioli/Solomon*, United Staates of Amerika, Transnational Accounting 1995, S. 2957; *Pellens*, aaO (Fn. 1), S. 102.

anderen Staates zu unterstellen, löst sich der Konzern- vom Einzelabschluß weitgehend. Das träte allerdings auch ein, wenn die Vorschriften des HGB über die Konzernrechnungslegung durch Streichung von Ansatz- und Bewertungswahlrechten und zusätzliche Regelungen nach internationalen Standards reformiert würden, die für den Einzelabschluß aber unverändert blieben.

Bereits seit der Novellierung der Rechnungslegungsvorschriften durch das BiRiLiG 1985 können diese Wahlrechte im Konzern originär – unabhängig vom Einzelabschluß – ausgeübt werden (§§ 300 Abs. 2, 308 Abs. 1 HGB). Allerdings besteht über § 298 Abs. 1 HGB noch die Verbindung insbesondere zu den Ansatz-, Bewertungs- und Gliederungsvorschriften für den Einzelabschluß. Sie würde dann zum Teil auch gelöst. Die *Kritik*, daß der Konzernabschluß durch eine solche „Abkopplung zu einem bloßen Werbemittel degradiert" werde[20], wird hier nicht geteilt. Vielmehr hat sich bisher schon der Konzernabschluß zum *„eigentlichen"* *Abschluß* entwickelt, auch wenn er nicht förmlich festgestellt wird und bisher nicht Rechtsgrundlage der Gewinnverteilung ist. Eher wurde der Abschluß der Obergesellschaft zu einer Pflichtübung degradiert, die Aktionäre und andere kaum noch zur Kenntnis nehmen, aber über das *Maßgeblichkeitsprinzip* für die *Steuerbilanz* bedeutsam ist.

In der Realität richtet sich die *Gewinnverteilung* mehr nach dem Konzern- als nach dem Einzelergebnis. Seit über 20 Jahren wird immer wieder die Forderung erhoben, den § 58 AktG entsprechend auszulegen bzw. zu ändern[21]. Bereits in der Begründung zum Aktiengesetz fand sich der Hinweis, daß zur Beurteilung „der Angemessenheit der Gewinnausschüttung aus dem Konzernabschluß gewonnene Erkenntnisse zu berücksichtigen sind"[22]. Die Leitungen zumindest börsennotierter Muttergesellschaften sollten sich auch an einem freiwillig ermittelten „IAS-Gewinnausweis festhalten lassen" müssen, wenn es um die Gewinnausschüttung geht[23].

VI. Zusammenfassung

–   Die von der Globalisierung der Kapitalmärkte ausgehende Internationalisierung der Konzernabschlüsse deutscher Unternehmen durch Wahrnehmung gesetzlicher Wahlrechte und Ausfüllung ungeregelter Bereiche nach international vorherrschenden Standards des IASC und des FASB stößt dort auf Grenzen, wo deutsche Vorschriften im Widerspruch zu ihnen stehen. Sie hat einzelne Unternehmen zur Aufstellung eines zweiten Abschlusses nach diesen Standards oder zu Überleitungsrechnungen veranlaßt.

---

20 *Budde/Steuber*, aaO (Fn. 7), 549.
21 Zuerst *Lutter*, Zur Binnenstruktur des Konzerns, FS *Westermann*, 1974, S. 347; *Busse von Colbe*, Der Konzernabschluß als Bemessungsgrundlage für die Gewinnverwendung, FS *Goerdeler*, 1987, S. 61; *Schildbach*, Der Konzernabschluß als Ausschüttungsbemessungsgrundlage, WPg 1993, 53.
22 *Kropff*, Aktiengesetz, 1996, S. 437.
23 *Budde/Steuber*, aaO (Fn. 7).

– Die Bundesregierung will mit dem Regierungsentwurf für ein KapAEG vom Dezember 1996 diese Grenzen erweitern. Unternehmen, die ausländische Kapitalmärkte in Anspruch nehmen, soll eine Kür in der Weise gestattet werden, daß sie anstelle einer Konzernrechnungslegung nach deutschem Recht eine solche nach dem Recht eines in Anspruch genommenen Kapitalmarktes des Auslandes aufstellen, prüfen lassen und offenlegen.

– Der Regierungsentwurf begründet die Kür mit dem deutschen angeblich bewährten Vorsichtsprinzip. Damit die Pflicht für börsennotierte Unternehmen abzulehnen, erweiterte, in Ländern mit bedeutenden und gut funktionierenden Kapitalmärkten übliche Informationen über die Konzernrechnungslegung bereitzustellen, überzeugt nicht. Das Vorsichtsprinzip begegnet in der deutschen Literatur und im Ausland heftiger Kritik.

– Eine im HGB verankerte Konzernrechnungslegungspflicht für börsennotierte Muttergesellschaften nach international vorherrschenden Standards würde dem Anspruch der Kapitalanleger auf verbesserte Informationen und auf Schutz vor Bilanzmanipulationen entsprechen und damit die Effizienz des deutschen Kapitalmarktes erhöhen.

– Wenn der Gesetzgeber nicht bereit ist, Börsengesellschaften zu erweiterten Informationen nach internationalen Rechnungslegungsstandards zu verpflichten, so sollten zumindest alle jene Mutterunternehmen das Recht erhalten, an der Kür der befreienden Konzernabschlüsse nach ausländischem Recht teilzunehmen, die mit eigenen Wertpapieren oder mit denen eines Tochterunternehmens am Kapitalmarkt des In- oder Auslandes vertreten sind. Die Beschränkung auf Unternehmen, die einen ausländischen Kapitalmarkt in Anspruch nehmen, läßt sich mit der sogenannten Inländerdiskriminierung nicht begründen.

– Der im Regierungsentwurf (§ 292a Abs. 3) genannte Bedingungsrahmen für die Kür sollte um überflüssige, z. T. Unklarheiten stiftende Regelungen bereinigt werden.

– Ob Pflicht oder Kür, der Konzernabschluß wird sich zwar noch stärker als bisher vom Einzelabschluß lösen, doch wachsen ihm künftig wegen seiner zunehmenden Bedeutung als Informationsinstrument vermutlich weitere Aufgaben zu, die bei seiner Ausgestaltung berücksichtigt werden sollten.

– Insgesamt ist der Regierungsentwurf ordnungspolitisch verfehlt. Er hätte für die Informationsfunktion der Konzernrechnungslegung im HGB klare Regeln setzen und damit den Rahmen ergänzen sollen, in dem sich der Wettbewerb auf dem Kapitalmarkt abspielt. Eine solche Novellierung hätte sorgsam überlegt und diskutiert werden müssen.

Zum Stellenwert des Rechnungslegungsrechts

CARSTEN P. CLAUSSEN

Unser Jubilar ist im Rechnungslegungsrecht zu Hause und voll des inneren Engagements für diese Rechtsmaterie. Dies ist unter Juristen selten, noch seltener bei Personen, die nicht als Wirtschaftsprüfer oder Rechnungsleger in der Praxis hauptberuflich mit dieser Materie verbunden sind. Kropff hat sich auch um das Rechnungslegungsrecht als in den 60er Jahren zuständiger Referent im Bundesministerium der Justiz verdient gemacht. Darum ist es wohl angemessen, in dieser Festschrift Gedanken zur Förderung dieser Rechtsmaterie vorzutragen, zumal das Rechnungslegungsrecht dessen bedarf.

I. Das Rechnungslegungsrecht in der Juristenausbildung

Rechnungslegung macht deutlich, wo ein Unternehmen steht. Dies zu wissen, ist erste Voraussetzung für verantwortungsbewußte Tätigkeit im Unternehmen und für Unternehmensberatung. Da Juristen sowohl für die Arbeit im Unternehmen, für Unternehmensberatung als auch für wirtschaftsnahe Juristenberufe in ihrer Ausbildung vorbereitet werden sollen, sollte das Rechnungslegungsrecht dort zumindest für die Interessenten auf der Agenda stehen. Aber den meisten Juristen ist die Materie fremd[1]. Nur mühsam hält sich eine Vorlesung „Einführung in das Bilanzwesen" oder „Bilanzkunde" als Wahlschwerpunkt[2] oder als Wahlpflichtfach in den Justizausbildungsordnungen und folglich in den Vorlesungsverzeichnissen. Häufig wird diese Veranstaltung von Lehrbeauftragten angeboten, es ist hierfür eine Semesterwochenstunde vorgesehen[3]. Die Prüfungsrelevanz ist nicht sonderlich erwähnenswert[4]. In die seit Jahren geführte Debatte über eine bessere Juristenausbildung[5] mit den Parametern: kürzere Ausbildung, frühzeitige Spezialisierung, stärkere Erfolgskontrolle, stärkere Gestaltungskraft der Fakultäten in der Konzeptionierung des Lehrstoffes, Kostensenkung – in dieser Debatte spielt das Recht der Rechnungslegung keine Rolle. Auch in den Reformansätzen der Bundesrechtsanwaltskammer zur Juristenausbildung[6] hat das Rechnungslegungsrecht keinen Stellenwert. Sogar in der stark reformerisch ausgerichteten „Wirtschaftsorientierten Juristenausbildung" Bayerns[7] kommt „Bilanzrecht" nur als Klammerzusatz in Wahlfachgruppe 9 unter Handels-, Gesellschafts- und Wertpapierrecht vor.

Dieser nicht hohe Stellenwert des Rechnungslegungsrechts in der Juristenausbildung mag dazu beigetragen haben, daß Volljuristen im Wirtschaftsprüferexamen keine Freistellung vom Prüfungsgebiet „Wirtschaftsrecht" gewährt

---

1 *Karsten Schmidt,* Handelsrecht, 4. Aufl., 422.
2 Allgemein zu Wahlschwerpunkten: Hamburger JAO i.d.F.v. 30.6.1993 Hamburgisches Gesetz- und Verordnungsblatt 1993, 141, § 3 Abs. 3, § 5 Abs. 3.
3 Stundenplan der Universität Hamburg, Fachbereich Rechtswissenschaft I, S. 12.
4 Bilanzkunde „im Überblick" § 2 Abs. 2 a) der Hamburgischen VO über die Prüfungsgegenstände der Ersten Juristischen Staatsprüfung v. 5. Oktober 1993.
5 *Hruschka,* ZJ 1994, 161 ff; *v. Münch,* NJW 1996, 1390.
6 „Thesen zur Juristenausbildung" in BRAK-Mitteilungen 1996, 232.
7 *Schöbel,* JA 1996, 904.

wird[8]. Bemühungen um eine Intensivierung dieses Studienfaches fallen den aktuellen Leitmotiven der Juristenausbildung – daß sie ein Studium generale für alle Juristenberufe darstellen solle[9] und daß es verkürzt werden solle[10] – zum Opfer.

Diese Ansätze unserer Juristenausbildung sind problematisch in einer sich immer mehr spezialisierenden Welt[11]. Aber diese Debatte, ob die Ausbildung zum Spezialjuristen – hier zum Assessor mit Pflichtfach „Wirtschaftsrecht" anstelle von für ihn nicht relevanten Pflichtfächern – ist hier in ihrem Für und Wider nicht zu führen. Diese Debatte ist u. a. belastet durch das unselige Spezialjuristenausbildungssystem in der ehemaligen DDR, das zu extremen Berufsabhängigkeiten der Spezialjuristen führte und damit zu einem hohen Lenkungsvermögen der Juristen durch den machtinnehabenden Staat. Wir behandeln hier ein spezielleres Problem, nämlich die zu geringe Ausbildung der Juristen in Rechnungslegung. Daß dies eine Ausbildungslücke ist, beweist z. B. die Fachhochschule Lüneburg, die diese Problematik erkannt hat und sich bemüht, wie „die Lücke zwischen juristischer und betriebswirtschaftlicher Ausbildung geschlossen werden könnte"[12].

Es ist keine unangemessene Übertreibung, zu behaupten, daß dieses Desinteresse am Rechnungslegungsrecht Einfluß darauf hat, daß wichtige Arbeitsfelder dem Juristenstand verlorengehen wegen der nicht ausreichenden oder überhaupt nicht vollzogenen Unterweisung in der Rechnungslegung. Dies gilt in Sonderheit für die Steuerberatung[13], die dereinst stärker in Juristenhand war, inzwischen aber wohl mehr zu den betriebswirtschaftlichen Berufsfeldern gehört. So ist die Doppelqualifikation Rechtsanwalt und Steuerberater eher selten. Diese Tendenz wurde sogar bis zum Gesetzgeber vorgebracht, um die Beteiligungsmöglichkeit von Rechtsanwälten, die Nicht-Steuerberater sind, an Steuerberatungsgesellschaften zu

---

8 Bundesregierung in Stellungnahme BT-Drucks. 12/5685; hierzu Reis, ZRP 1995, 5–6, der auf die Unlogik hinweist, daß dieselben Juristen mit der gleichen Ausbildung in Wirtschaftsrechtssachen als Zivilrichter in Kammern für Handelssachen und als Strafrichter in Wirtschaftsstrafsachen zu beurteilen haben.

9 § 1 Abs. 1 JAO v. 1993 sagt: „Die Juristenausbildung dient der Vorbereitung auf alle juristischen Berufe."

10 Stellungnahme vor Hochschullehrern des Handels-, Wirtschafts- und Arbeitsrechts zum Fächerkatalog in Zwischenbericht des Reformausschusses der Justizministerkonferenzen, JuS 1982, 227–228.

11 Der Deutsche Juristenfakultätstag, Sonderkommission Einheitsjurist, ist 1996 in Erwägungen zu dem Thema „Einheitsjurist" eingetreten. Es mehren sich die Stimmen, die die Ausbildung zum „Einheitsjuristen" kritisieren, z. B. *Noack,* Fachschaftszeitung der Heinrich-Heine-Universität, Votum 1/1996. Der DAV will eine Ausbildungsdifferenzierung nicht im Studium, sondern im Referendariat vornehmen, wobei der DAV ein gesondertes und kombiniertes Referendariat für Rechtsanwälte, Notare und Wirtschaftsjuristen vorschlägt. *Rittner* sieht in der Ausbildung „auf alle juristischen Berufe" eine Rückkehr zur auf die Bedürfnisse der Justiz abgestellte Ausbildung, JZ 1981, 621–623; zust. *Kötz,* ZEuP 1996, 565, 566, der eine Spezialisierung auf Wahlfächer durch die Studenten in der zweiten Hälfte ihres Studiums für richtig hält; *ders.,* Süddeutsche Zeitung v. 27. Juli 1996, 39.

12 *Degenhardt/Schneller,* Die Bank 1995, 160–164.

13 Zust. *Grossfeld,* Bilanzrecht, Vorwort; Schiffer, Anwalts-Blatt 1996, 307–311, der der Anwaltschaft anrät, ihre steuerrechtlichen Kompetenzen nach der Ausbildung auszuweiten.

beschneiden[14]. Juristen nähern sich dem Steuerrecht zumeist über den Fachanwalt für Steuerrecht, was tendenziell etwas graduell anderes ist als die laufende Steuerberatung, nämlich eher auf steuerrechtliche Konfliktabarbeitung ausgerichtet erscheint. – Ähnliche Entwicklungen sind im Bankgewerbe festzustellen. Auch dort verschiebt sich das Verhältnis zwischen den Juristen und den Betriebswirten zu Gunsten der letzteren, möglicherweise weil den Juristen „das Denken in Bilanzen" nicht vermittelt wurde.

Dies ist für den studierenden Juristennachwuchs keine gute Perspektive. Denn 90% der etwa 8500 jungen Juristen, die p. a. das zweite Staatsexamen machen, müssen außerhalb der Justiz und der Staatsverwaltung ihre Lebensaufgabe suchen, etwa in der Wirtschaft, zumeist in der Anwaltschaft und dort vorzugsweise wirtschaftsnahe. Wie soll das gehen ohne frühzeitigen Kontakt zu wirtschaftsrechtlichen Zusammenhängen? „Der zwingend interdisziplinäre Charakter der Materie"[15] – nämlich der Rechnungslegung – ist zwar offenbar, aber er wird nicht in die Ausbildung der Juristen einbezogen.

II. Das Rechnungslegungsrecht als didaktisches Medium

Das Rechnungslegungsrecht ist für Juristen nicht nur berufsrelevant für alle mit Steuern befaßten Berufe, in vielen verwaltungsrechtlichen Disziplinen und in allen wirtschaftsberatenden Berufen, sondern es ist auch zur Einweisung von Rechtsstudenten in das Gesellschaftsrecht ein geeignetes Medium. Denn das Rechnungslegungsrecht erklärt, was Kapital ist und liefert damit die Basis für das Gesellschaftsrecht, das sich mit Kapitalaufbringung und Kapitalerhaltung befaßt. Das Kapital ist das Konstruktionselement der Kapitalgesellschaft überhaupt[16]; es ist häufig die einzige Grundlage der Kapitalgesellschaft[17]. Neben diesen formellen Funktionen des Kapitals stehen die materiellen Funktionen des Kapitals: es ist dies der positive Saldo zwischen Vermögen und Schulden. Gibt es diesen positiven Saldo nicht, sondern verkehrt er sich in einen negativen Saldo, so ist das Unternehmen überschuldet und die Geschäftsführer müssen im Prinzip Konkursantrag nach § 64 Abs. 1 S. 2 GmbHG stellen[18]. All diese Begriffe erklärt das Rechnungslegungsrecht.

Auch für die Umschreibung der rechtlichen und materiellen Position der Gesellschafter ist das Kapital eine elementare Zahl. Es ist dies der in einer Zahl, also in einem Geldwert ausgedrückte Anteil des Eigentümers – des Unternehmers oder

---

14 *Bahmsen,* Anwalts-Blatt 1987, 481; hierzu auch *Strack,* Anwalts-Blatt 1987, 77.

15 *Moxter,* Bilanzrechtsprechung, 3. Aufl., 1993, 5.

16 *Lutter,* Kapital, Sicherung der Kapitalaufbringung und Kapitalerhaltung, 1964, 51.

17 *Kronstein,* Die abhängige juristische Person, 1931, 70 f.

18 Zum Konkursgrund der Überschuldung ist festzuhalten, daß wohl 90% aller GmbH-Konkurse wegen Zahlungsunfähigkeit eingeleitet werden. Aber die juristische Literatur setzt die Gewichte anders und behandelt überwiegend den Konkursgrund der Überschuldung, jedenfalls viel intensiver als den Konkursgrund der Zahlungsunfähigkeit.

der Kapitaleigentümer – am Unternehmen[19]. – Für die Beurteilung des Unternehmensschicksals ist das Kapital wesentlich: ist das Kapital höher als im Vorjahr, wurde i.d.R. ein Jahresüberschuß erzielt. Ist das Kapital niederer, wurden entweder zu hohe Entnahmen vorgenommen oder ein Fehlbetrag erwirtschaftet. Ist das Kapital verbraucht, droht das Ende – wie angesprochen.

Die Bedeutung des Kapitals kann also rechtlich und wirtschaftlich schwerlich überschätzt werden. Mit diesem unternehmerischen und gesellschaftsrechtlichen Zentralbegriff befaßt sich der Rechtsbereich des Rechnungslegungsrechts, und zwar interdisziplinär, nämlich aus der Sicht der Betriebswirtschaft und der Rechtswissenschaft. Um sich den Zugang zu diesem Komplex „Kapital" zu erarbeiten, muß man sich mit dem Rechnungslegungsrecht befassen. Dort lernt man plastisch und nachvollziehbar, was Kapital ist; welchem Ziel es dient; wo es in der Bilanz steht und warum es auf der Passivseite an oberster Position steht. Man erfährt aus dem Rechnungslegungsrecht, was zum Eigenkapital gehört, was nicht dazu gehört, was teilweise dazu gehören kann.

Von didaktischem Wert ist das Rechnungslegungsrecht auch deshalb, weil es einer unangemessenen Betonung der Dogmatik im Gesellschafts- und Handelsrecht entgegenwirkt. Gesellschafts- und Handelsrecht sind praktisches Recht. Denn alle gesellschaftsrechtlichen Verbände sind Zweckverbände. „Funktionsgerechtigkeit" ist eine Leitlinie des Gesellschaftsrechts und nicht „Systemgerechtigkeit", weil es ein einheitliches System der gesellschaftsrechtlichen Gestaltungsformen nicht gibt. Diesen Praxisbezug des Gesellschaftsrecht mag man aus pädagogischen und aus didaktischen Gründen bedauern, weil durchgängige Systeme und ein überlagerndes Dogma leichter dem Lernenden zu vermitteln sind als das Hineindenken in viele Lebens- und Problemsituationen, die sich in den Institutionen des Gesellschaftsrechts manifestieren können[20]. Dennoch muß diese Arbeit der praxisorientierten, differenzierten Einweisung geleistet werden, weil das Handels- und Gesellschaftsrecht in ein lückenloses axiomatisches deduktives System nicht einzupassen ist[21]. Daß dies so ist, lehrt das sowohl dem Handels- wie dem Gesellschaftsrecht zuzurechnende Rechnungslegungsrecht. Dort – in der Rechnungslegung – gibt es keine vorgegebenen Dogmen[22]. Nicht einmal die ausgedehnt diskutierten Bilanztheorien – die dynamische, die organische und die statische Bilanztheorie[23] – beeinflussen die Rechtsentwicklung wesentlich[24]. Es herrschen im Rechnungslegungsrecht konkrete gesetzliche Rechtssätze und Sach- und Funktionszwänge, die sich aus einer als Recht begriffenen Praxis (GoB) entwickeln. Im Rechnungslegungs-

---

19   *Küting/Weber,* Handbuch der Rechnungslegung, 3. Aufl., 1990, § 272 HGB Rn. 1.
20   *Zweigert,* FS Bötticher, 449, er hat gegen die Dogmatik solange nichts einzuwenden, als sie auf eine gewisse „Handlichmachung des Rechtsstoffes" abziele. Hierzu *Kötz,* Rechtsvergleichung und Rechtsdogmatik, in Hamburger Ringvorlesung zur Rechtsdogmatik und Rechtspolitik, 75.
21   *Raisch,* Unternehmensprivatrecht: Handels- und Gesellschaftsrecht, 27.
22   Zust. *Crezelius,* FS Zimmerer, 510.
23   Aktuell hierzu *Baetge,* Bilanzen, 12, 327; ausführlich *Moxter,* Bilanzlehre, Bd. I, 5–79.
24   In den Kommentaren zum Rechnungslegungsrecht ist das Stichwort „Bilanztheorie" nicht zu finden, vgl. A/D/S; Beck'scher BilKomm; Kölner Komm; *Küting/Weber* u. a.

recht gelten die Grundsätze der Funktionsgerechtigkeit, „das funktionale System", sogar soweit, daß sie zwingendes Gesetzesrecht aufheben, z. B. mit der Rechtsidee vom wirtschaftlichen Eigentum als Ausformung der wirtschaftlichen Betrachtungsweise, das vom zivilrechtlichen Eigentum abweichen kann[25]. Dies ist der Fall, wenn der zivilrechtliche Eigentümer keine tatsächliche Sachherrschaft ausübt. Dann – und in anderen Fällen des Leasing, der Treuhand, der Pensionsgeschäfte – gilt im Rechnungslegungsrecht in Grenzen die wirtschaftliche Betrachtungsweise. Dies ist ein Konstrukt, das an sich feste zivilrechtliche Rechtspositionen aufhebt und durch andere, wirtschaftlich näherliegende, funktionsgerechtere Positionen ersetzt, und zwar mit der rechtlichen Begründung der nicht kodifizierten GoB. Diese wirtschaftliche Betrachtungsweise[26] hat sich bis zum Bilanzsteuerrecht[27], durchgesetzt.

Rechnungslegungsrecht lehrt auch, daß die Trennung zwischen privatem und öffentlichem Recht keine in die Zukunft weisende Fragestellung ist. Bislang wurde das Rechnungslegungsrecht weitgehend dem öffentlichen Recht zugeordnet[28], während die Zuordnung zum privaten Recht nur vereinzelt vorgenommen wurde[29]. Inzwischen mehren sich die Anzeichen dafür, daß die ausschließliche Zuordnung zum öffentlichen Recht nicht mehr als treffend angesehen wird. Weitergehend steht die bindende Einordnung des Rechnungslegungsrechts in einen von zwei Rechtsbereichen – die „Schubladendogmatik" – zur Disposition[30]. Diese Problematik des Überlebens dieser Schubladendogmatik werden wir in Zukunft in anderen Rechtsfeldern erleben, so im Börsenwesen, in dem Anlageberatungsrecht u. a., wo die Zuordnung zum öffentlichen oder zum privaten Recht diskutiert wird.

Die zentralen Rechtsbegriffe des Gesellschaftsrechts, wie „Kapital", „Jahresüberschuß" und viele mehr zu begreifen, lehrt das Rechnungslegungsrecht. Das Rechnungslegungsrecht lehrt auch, daß man sich im Wirtschaftsrecht im weitesten Sinne nicht auf Dogmensätze verlassen darf. Dies sind zwei bedeutsame didaktische Funktionen dieses Rechtsgebietes.

---

25 A/D/S, 5. Aufl., § 246 HGB Rn. 145; *Budde/Karig*, Beck'scher BilKomm, 3. Aufl., § 246 HGB Rn. 4; *Claussen/Korth*, Kölner Komm., 2. Aufl., § 246 Rn. 6 nennen dies „wirtschaftliche Zugehörigkeit".

26 Hierzu aus betriebswirtschaftlicher Sicht *R. H. Schneider*, AG 1996, 250, 254.

27 Früher § 1 Abs. 2 und 3 Steueranpassungsgesetz; jetzt Auslegung von § 4 AO, vgl. *Koch/Scholtz*, AO, 4. Aufl., 1995, § 4 Rn. 15.

28 A/D/S, 5. Aufl., für die Buchführungspflicht in Vorbemerkung zu §§ 238–241 HGB Rn. 1, für die Pflicht zur Aufstellung des Jahresabschlusses § 242 HGB Rn. 1; *Welf Müller* in FS Moxter, 78 ff m.w.N.

29 *Claussen/Korth*, Kölner Komm. z. AktG, § 242 HGB Rn. 5 ff und § 238 HGB Rn. 6.

30 *Capelle/Canaris*, Handelsrecht, 21. Aufl., 156 ff mit dem Oberbegriff des „Handelsrechts im weiteren Sinne", unter dem das private und das öffentliche Recht der Kaufleute zusammengefaßt ist; *Hüffer*, Groß-Komm. HGB, 4. Aufl., § 238 Rn. 3; *Welf Müller*, FS Moxter, 77, 98 bleibt beim öffentlich-rechtlichen Charakter und sieht daneben privatrechtliche Rechnungslegungspflichten, insbes. daß die öffentlich-rechtlichen Auslegungsgrundsätze im Bilanzrecht nicht gelten. Für *Crezelius*, FS Zimmerer, 509, 512, 513 geht es weniger darum, ob Bilanzrecht öffentliches oder privates Recht ist, sondern ob zwingendes Recht oder ob Wahlrechte Gesetzesinhalt sind.

III. Das Rechnungslegungsrecht als Streitauflöser

Rechnungslegungsrecht ist nicht nur von didaktischem Wert für junge Juristen, es ist nicht nur von Berufsrelevanz für den seinen juristischen Lebensauftrag Suchenden, sondern kann auch helfen, in komplizierten zivilprozessualen Streitfällen den Vorgang transparent zu machen und die gerechte Entscheidung herbeizuführen. Indem sich der Gesetzgeber oder ein Gericht klarmacht, wie sich ein Streitvorgang in der Bilanz darstellt – man nennt dies „wie ein Fall in Bilanzen abgebildet" ist – ist die Sachverhaltsaufklärung zumeist getan, zumindest gefördert. Dieser Gedanke soll an der Vorfälligkeitsentschädigung verdeutlicht werden – ein Thema, das das Bankrecht gegenwärtig beherrscht[31]. Auch in der Praxis hat die Thematik große Relevanz. 80% der Beschwerden beim Ombudsmann des privaten Bankgewerbes betreffen diesen Problemkreis[32], ohne daß dort Entscheidungen fielen, weil die zentralen Rechtsfragen noch offen sind, also nicht „ombudsmanfähig". Was lehrt das Rechnungslegungsrecht für die Lösung der hierbei auftretenden Fragen? Was ist die Vorfälligkeitsentschädigung und wie hoch ist sie?

Folgendes Beispiel mag der Verdeutlichung dienen: Der A nahm bei der B-Bank 1996 einen Kredit über 500 TDM auf zu folgenden Kreditbedingungen: 10 Jahre feste Laufzeit; 8% fester Zinssatz; Kreditzweck: Kauf eines Hauses. Nach einem Jahr sind die Zinsen gesunken; auch zieht A um und will sein Haus verkaufen, und zwar schuldenfrei. Er erbittet 1997 von seiner Bank die Zustimmung zur vorzeitigen Kreditrückzahlung gegen Zahlung eines Entgelts. Ob dies ein zulässiges Begehren ist, ob ihm die Bank nachfolgen muß oder nur nachfolgen kann, vor allem, wie hoch das Entgelt zu sein hat – das sind die aktuellen Rechtsfragen. Hierüber zerbricht sich das Bankrecht den Kopf unter Zuhilfenahme des gesamten Zivilrechtsargumentatoriums.

In diese Debatte soll hier das Rechnungslegungsrecht eingebracht werden und die Dimension „wirtschaftliche Neutralität". Damit ist folgendes gemeint: Wenn der entscheidende Teil des Rechenwerks, nämlich die Gewinn- und Verlustrechnung nach der vorzeitigen Beendigung einer langfristigen Finanzierung genauso aussieht wie wenn die Finanzierung vertragsgemäß abgewickelt würde, daß dann rechnungslegungsrechtlich und wirtschaftlich Neutralität vorliegt. Ist diese Neutralität gegeben, entschärft dies die vertragsrechtliche Debatte, ob unter Aufgabe des Grundsatzes pacta sunt servanda ein Kreditvertrag vorzeitig gelöst werden kann und wenn ja, unter welchen Umständen die vorzeitige Kreditrückzahlung zulässig sein kann. Die rechnungslegerische Neutralität verringert auch die Interessengegensätze zwischen Bank und Kunde bei diesem Vorgang.

---

31 Vgl. Der Bankrechtstag 1996, Jahrestagung der Bankrechtlichen Vereinigung, befaßte sich mit der Vorfälligkeitsentschädigung. Das Protokoll der Tagung war bei Abschluß dieses Beitrags noch nicht veröffentlicht. Die Rechtsprechung zur Vorfälligkeitsentschädigung ist umfangreich, aber es fehlt eine grundlegende Entscheidung des BGH.

32 *Bundschuh* nach Mues, ZBB-Report 1996, 252.

Zu dieser Neutralität führt folgender Gedankengang: Auszugehen ist davon, daß die Bank B wie alle Banken den Kredit gewährt, um eine Zinsmarge zu erzielen, eine Differenz zwischen ihren Geldeinstandskosten und dem vereinbarten Kreditzins von 8%. Nehmen wir an, die Rechnungslegung sagt, daß die Zinsmarge 1% p.a. ausmacht, dann ist die Erzielung dieser Zinsmarge Sinn und Zweck dieses Kreditgeschäftes. Wenn A seinen Kredit zurückzahlen will, muß er diesen Vertragszweck im Sinne der Bank B erfüllen, diese Zinsmarge bezahlen, und zwar abgezinst, weil die Bank B nur Anspruch auf diese Zinsmarge über die Restlaufzeit, also über 8 Jahre hinweg hat, jetzt aber die Zinsmarge vor ihrer Fälligkeit erhält. Deshalb heißt dieses Entgelt auch „Vorfälligkeitsentschädigung"[33], auch „Zinsmargenersatz". Kann die Bank B den vorzeitig zurückgezahlten Kredit nicht zur Rückzahlung von korrespondierenden Einlagen verwenden, hat A die Differenz zwischen dem vereinbarten Darlehenszinssatz von 8% und der jetzt jederzeit und ohne sonderlichen Aufwand möglichen Wiederanlage – Kauf von Festverzinslichen oder Anlage im Geldmarkt – zu erstatten, um Neutralität herzustellen. Der BGH nennt dies die Berechnung des entgangenen Zinses auf der Grundlage des Effektivzinses[34]. Aus diesem Urteil wird entnommen, daß neben dem Zinsmargenschaden auch ein Zinsverschlechterungsschaden zu ersetzen ist, also beide Schadenselemente vom Darlehensnehmer kumulativ zu ersetzen sind[35]. Hinzukommen oder abzuziehen sind jedenfalls Risikoprämie und Bearbeitungskosten, alles dies kontrolliert von § 138 BGB[36].

In der Gewinn- und Verlustrechnung sind diese Vorfälligkeitsentschädigungen auf der Ertragseite Zinseinkünfte nach § 275 Abs. 1 Nr. 11 HGB[37]; auf der Aufwandseite sind Zuweisungen zur passiven Rechnungsabgrenzung gem. § 250 Abs. 2 HGB in der Höhe vorzunehmen, soweit die Zinseinkünfte solche ab 1998 im gegebenen Fall darstellen, also nicht das Geschäftsjahr betreffen, sondern „Ertrag für eine bestimmte Zeit nach dem Tag – gemeint ist der Abschlußstichtag – darstellen", wie das Gesetz in §§ 250 Abs. 2, 252 Abs. 1 Nr. 5 HGB sagt[38]. Denn es ist der Sinn der Rechnungsabgrenzungsposten, Zahlungsvorgänge dem Geschäftsjahr zuzuordnen, auf das sie wirtschaftlich entfallen[39]; es gilt der Grundsatz der Abgrenzung der Geschäftsjahre voneinander „nach der Sache und der Zeit" und nicht nach dem Zufluß. Dieser Grundsatz der Periodenabgrenzung von Aufwendungen und Erträgen ist ein zwingender GoB. Der periodengerechte Ausweis (Pagatorik) ist

---

33 OLG Schleswig, WM 1996, 442, 443.

34 BGH v. 28. Oktober 1996 in WM 1996, 2047, 2048 unter Betonung der Behandlung von Disagien.

35 *Wenzel,* Die Bank 1997, 43.

36 Zur Höhe der Vorfälligkeitsentschädigung OLG Hamm WM 1996, 569 und OLG Karlsruhe WM 1996, 572.

37 Auszuweisen nach Maßgabe des § 2 Abs. 1 der VO über die Rechnungslegung der Kreditinstitute v. 10. Febr. 1992 (BGBl. I 1992, 203 ff) und der jeweils einschlägigen Formblätter.

38 Zust. *Förschle,* Beck'scher BilKomm, 3. Aufl., § 275 HGB Rn. 191: „Zinsertrag ist jedes auf das abgelaufene Geschäftsjahr entfallende Entgelt für die Hingabe von Kapital", Unterstreichung vom Verfasser.

39 *Baetge,* Bilanzen, 31, 409.

dem Ausweis nach der Zahlung gemäß ausdrücklicher Gesetzesvorschrift vorrangig. Die dynamische Bilanzlehre nennt diese Position „transitorische Rechnungsabgrenzungsposten"[40]. Diese Regelung gilt auch im Steuerrecht, § 5 Abs. 5
S. 1 Nr. 2 EStG[41].

Dieser Sicht mag man entgegenhalten, für die passive Rechnungsabgrenzung
bei Einmalentgelten wie es die Vorfälligkeitsentschädigung ist, sei es typisch, daß
noch eine Gegenleistung erbracht werde[42]. Nach der vorzeitigen Kreditrückzahlung
leiste die Bank aber keine Gegenleistung mehr. Diese Argumentation wäre zu kurz
gedacht. Denn einmal besteht die Gegenleistung der Bank in fortdauerndem Verzicht auf diese Kreditgewährung. Sodann ist die Kreditbereitschaft der Bank bei
einer Kreditnachfrage des A ab 1998 eine andere als bei einem ihr unbekannten
Dritten: Vielleicht besteht schon mehr als eine erhöhte Kreditbereitschaft, nämlich
eine Art von rechtlicher Verpflichtung, wenn eine Bank eine Vorfälligkeitsentschädigung kassierte und der gleiche Kunde mit einem vergleichbaren Kreditantrag
vorspricht.

Für die passive Rechnungsabgrenzung spricht auch das Einblicksgebot in die
Ertragslage nach § 264 Abs. 2 HGB – die Bank B hat die Vorfälligskeitsentschädi-
gung nicht als ordentliches Zinsergebnis erzielt. Wer dies akzeptiert, eröffnet
unzulässige Ertragsrechnungsgestaltungsmöglichkeiten, die man sich so vorstellen
kann: Hat die Bank B ein unbefriedigendes Zinsergebnis, vereinbart sie mit einigen
Kreditgroßkunden vorzeitige Kreditrückzahlungn von höherverzinslichen Darlehen, sie vereinnahmt die Vorfälligkeitsentschädigung, und verbucht sie ertragswirksam als ordentliches Zinsergebnis und leiht den gleichen Betrag zu Tages-
konditionen an die gleichen Kunden wieder aus – sicher ein Verstoß gegen § 264
Abs. 2 HGB. Schließlich spricht für die Rechtspflicht zur passiven Rechnungsabgrenzung die Steuerpflicht, die nicht bei Zufluß, sondern bei periodengerechtem
Anfall entsteht.

Aus der Sicht der Rechnungslegung ist die Vorfälligkeitsentschädigung Preis
für die Kreditgewährung, Zinsmarge der Zukunft. Dieses vereinbarte Entgelt wird
in gleicher Höhe wie ursprünglich im Kreditvertrag vereinbart gezahlt; auch in
gleicher Form wie vereinbart, nämlich als Giralgeld entrichtet; es fließt der Bank
auch periodengerecht zu. So gesehen, entbehrt die vorzeitige Kreditrückzahlung in
der Regel der Dramatik – einer Dramatik, die zu umfänglichem Nachdenken über
„pacta sunt servanda" versus „Verbraucherschutz" und „schutzwürdige Lebens-
situationen" Veranlassung gibt. Praxis und Wissenschaft vom Bankrecht sehen das
Vorstehende zwar anders, aber deshalb, weil sie das Rechnungslegungsrecht nicht
im Blick haben.

---

40 *Schmalenbach,* Dynamische Bilanz, 81. Hierzu *Kropff* ZGR 1997, 120.
41 Hierzu BFH in DB 1994, 1304.
42 Allgemein hierzu *Schnicke,* Beck'scher BilKomm, § 250 Rn. 16 und 25.

IV. Das Rechnungslegungsrecht als Schutzrecht

Gesellschaftsrecht ist aufgerufen, die in einem Unternehmen zusammenwirkenden Interessen zu harmonisieren[43], nämlich die Interessen der Kapitalgeber, der Gläubiger, der Unternehmer. Um diese Aufgabe des Gesellschaftsrechts des Interessenausgleichs ausführen zu können, wurden Schutzrechte für die einzelnen Interessengruppen geschaffen. Diese Publizitäts- und andere Rechte haben im Recht der Kapitalgesellschaften die Funktion, die in einer Kapitalgesellschaft arbeitenden Gelder in besonderer Weise zu schützen, u. a. weil sie nicht durch die persönliche Haftung des Unternehmers geschützt sind. Die erwähnten Grundsätze der Kapitalaufbringung und Kapitalerhaltung sind solche Schutzrechte. Diese Schutzrechte heißen einmal Gläubigerschutzrechte und schützen dann die Darlehensgeber. Diese Schutzrechte schützen sodann die Anleger, die dem Unternehmen Eigenkapital zur Verfügung gestellt haben oder zur Verfügung stellen wollen, Anlegerschutz genannt. Früher stand für den Rechtsbegriff „Anlegerschutz" der Ausdruck „Rechte der Aktionäre". Dieser Anlegerschutz steht gleichsam neben dem Gläubigerschutz. Der Anlegerschutz ist traditionell im AktG und BörsG geregelt, dann im WpHG, alsbald im KonTraG, dem Gesetz zur Kontrolle und Transparenz im Unternehmensbereich. In der Sache handelt es sich um die Vorschriften über Kapitalaufbringung, insbes. über die Gründung der AG, die Kapitalerhöhungsvorschriften sowie zur Kapitalerhaltung.

Aus dieser Bipolarität der Publizitätsschutzrechte zwischen Anleger- und Gläubigerschutz entstehen folgende wichtige Fragen: gibt es einen Unterschied, eine Differenzierung in der Schutzbedürftigkeit, ob jemand der Kapitalgesellschaft Darlehen nach § 607 BGB zur Verfügung stellt oder Eigenkapital? Gibt es einen Unterschied in den Schutzmechanismen, die zugunsten dieser beiden, unterschiedlich zu positionierenden Geldgeber zu wirken haben. Diese Frage ist im Rechnungslegungsrecht in der Debatte; wohl nur dort wird über die Parameter „Anleger- versus Gläubigerschutz" diskutiert, und zwar so ernsthaft, grundsätzlich und intensiv, daß über die allgemeine Sinnstiftung des Rechnungslegungsrechts keine vollkommene Einigkeit mehr herrscht[44]. Herkömmlich wurde der Sinn des deutschen Rechnungslegungsrechts im Gläubigerschutz gesehen. So wird auch heute noch vorgetragen, die Rechnungslegungsschriften des HGB für Kapitalgesellschaften übten im wesentlichen[45] oder gar ausschließlich[46] diese Gläubigerschutzfunktion aus. Die Gebote dieses Gläubigerschutzes gaben dem Rechnungslegungsrecht die Vorgabe des Vorsichtsprinzips mit auf den Weg. Heute ist dieser Vorsichtsgrundsatz in § 252 Abs. 1 Nr. 4 HGB als kodifizierter GoB festgeschrieben. Dieses Vorsichtsprinzip bedeutet, in der klassischen Formulierung von Mellerowicz[47], daß sich der Betrieb nicht reicher, sondern eher ärmer rechnen soll als er ist. Budde/Geissler

---

43 *Kübler*, Gesellschaftsrecht, 2. Aufl., § 2 m.w.N.
44 Zust. *Karsten Schmidt,* Handelsrecht, 4. Auf., 1993, 423 m.w.N. zur Streitübersicht; Budde, AG 1996, 548.
45 Vgl. *Morck* in Koller/Morck/Roth, HGB, § 264 Rn. 6.
46 Vgl. *Beisse,* FS Beusch, 77.
47 *Mellerowicz/Brönner,* Groß-Komm. zum AktG, 3. Auf., 1970 § 149 AktG Anm. 79.

sagen, daß sich der Inhalt des Vorsichtsprinzips auch heute nicht abstrakt weiter präzisieren lasse[48].

Diese Sicht des „Sich-eher-ärmer-Rechnens" steht im Dialog mit der Auffassung, daß das Einblicksgebot des § 264 Abs. 2 HGB das Gegenteil vorschreibt, nämlich daß der Bilanzierende richtig zu rechnen habe. Denn § 264 Abs. 2 HGB verlangt, daß der Jahresabschluß einen fairen Einblick in die Vermögens-, Finanz- und Ertragslage der Gesellschaft zu vermitteln habe (sog. true and fair view)[49]. Dies Einblicksgebot ist ein Anlegerschutzrecht[50]. Denn die Kapitalanleger sind die Hauptadressaten dieses Einblicksgebotes. Wenn Gläubigerschutz und Anlegerschutz gleichgewichtig rangieren, besteht Gleichwertigkeit zwischen Einsichtsgebot und Vorsichtsprinzip. Rechtsdogmatisch wird zur Begründung dieser Rechtsansicht auf das Auftragsrecht verwiesen, wonach der Beauftragte verpflichtet ist, über den Stand der Geschäfte Auskunft zu geben und Rechenschaft zu legen, § 666 BGB, – hinzuzufügen ist, daß der Beauftragte richtig und nicht vorsichtig oder „ärmer" als er ist, zu berichten hat. – Sodann ist darauf hinzuweisen, daß die Aktionäre gem. § 120 AktG über die Gewinnverwendung sowie die Entlastung von Vorstand und Aufsichtsrat zu entscheiden haben. Dies sei ihnen aber nur möglich, wenn sie über die wirtschaftliche Situation der AG ausreichend informiert wären[51].

Der Anlegerschutzcharakter des Rechnungslegungsrechts ist auch aus § 157 Abs. 4 AktG alte Fassung und aus § 267 Abs. 3 HGB zu begründen, also aus Vorschriften, die den Umfang der Rechnungslegungspfliciht der AGen von der Börsenzulassung abhängig machen[52]. Diese Vorschriften sagen, daß Deregulierungen im Rechnungslegungsrecht nicht einsetzen, wenn Aktien der rechnungslegungspflichtigen AG bei Privatanlegern placiert und börsennotiert sind. Dieser Gedanke der Rücknahme von aktienrechtlichen Formalien für nicht börsennotierte AGen trägt auch das Gesetz für kleine Aktiengesellschaft und zur Deregulierung des Aktienrechts[53]. Daneben stehen die materiellen Bedenken gegen eine Überbetonung des Vorsichtsprinzips, weil es Verlustverschleierungspotentiale schafft und einseitige Interessenlagen fördert. Aus all diesen Positionen ergibt sich, daß Anlegerschutz das Rechnungslegungsrecht wesentlich prägt.

Nur das Rechnungslegungsrecht führt diese „Anleger-versus-Gläubigerschutz-Debatte" über die Reichweite der Anlegerschutzbestimmung des § 264 Abs. 2 HGB, und zwar einmal als Grundsatzdebatte, sodann als Detaildebatte. Es wird ausführlich und ausgeformt bis in das letzte Detail ausziseliert darüber nachgedacht, wie das Vorsichtsprinzip durch das Ausmerzen von Überziehungen mit dem Einblicks-

---

48 Beck'scher BilKomm., 3. Auf., § 252 HGB Rn. 32.
49 Zum Begriff und zur rechtlichen Relevanz des „true and fair view" vgl. *Budde/Karig,* Beck'scher BilKomm., § 264 Rn. 21 ff; A/D/S, 5. Aufl., § 264 Rn. 52–101; *Küting/Weber,* Handbuch der Rechnungslegung, 3. Aufl., Rn. 9–39; *Niedner* in Heidelberger Kommentar zum HGB, § 264 Rn. 2; *Ludewig,* AG 1987 13 f.
50 *Claussen,* Bank- und BörsenR, § 9 Rn. 77; Hopt, Kapitalanlegerschutz, S. 306.
51 Vgl. *Claussen/Korth* in Kölner Komm. zum AktG, § 264 HGB Rn. 14; vgl. *Ballwieser,* FS Clemm, 10 ff.
52 Zust. *Kübler,* GesellschaftsR, § 31 I 1.
53 BGBl. I 1994, 1961; dazu *Claussen,* AG 1995, 163, 169.

gebot in Einklang gebracht werden kann. Dies ist die Aufgabe des Rechnungslegungsrechts. Um diese Aufgabe zu erfüllen, hinterfragt das Rechnungslegungsrecht, ob das Einblicksgebot als Anlegerschutzrecht Primär- oder Sekundärfunktion
habe[54]; ob es eine Generalnorm wäre, ein „overriding principle"[55] oder nur ein Pro-
grammsatz; ob § 264 Abs. 2 HGB die Fülle der Wahlrechte im neuen Bewertungs-
recht auf den Einblick ausrichtet, also den Einblick verunklarende Nutzungen oder
willkürliche Nutzung ausschließt[56]. All dies ist Rechnungslegungsrecht als Schutz-
recht für Anleger und Gläubiger.

Kropff hat sich ein Arbeitsleben lang mit diesem Dialog, ob Rechnungslegungsrecht mehr oder weniger als Gläubigerschutzrecht oder mehr oder weniger
als Anlegerschutzrecht zu begreifen sei, auseinandergesetzt und das Rechnungslegung beiden Schutzbereichen zugerechnet. Zur Frage, wie die Akzente zu setzen
sind, nämlich ob die Rechnungslegung mehr auf den Anlegerschutz orientiert ist
oder mehr auf den Gläubigerschutz, hat Kropff in seiner Funktion als der in den 60er
Jahren für die Neugestaltung des Rechnungslegungsrechts zuständige Referent im
BMJ eine mittlere Linie vertreten[57]. Diese mittlere Linie ist dann in der Aktienrechtsreform 1965 Gesetz geworden[58], nämlich daß die Vorschriften über den
Jahresabschluß bei Kapitalgesellschaften sowohl den Schutz der Gläubiger als
auch der Anteilseigner der Gesellschaft im Visier haben[59]. Er hat plastisch über die
damaligen Abläufe berichtet[60]. Als Wissenschaftler begleitet er diese Rechtsentwicklung bis heute[61] und kann zufrieden zusehen, wie dieses Modell in der 4. und
7. EG-Richtlinie[62] über sein gesetzgeberisches Wirken hinaus gehalten hat.

Die von Kropff mit eingeleitete Entwicklung hat sich als richtig, aber auch als
fortsetzungsbedürftig erwiesen. Richtig, weil die nach einem mißverstandenen Vorsichtsprinzip zulässige Bildung von stillen Willkürreserven als dem Anlegerschutz
zuwiderlaufend erkannt wurde und weil solche Reserven ihre stille Auflösung
ermöglichen, was dem Einblicksgebot widerspricht und die Rechnungslegung insgesamt problematisiert.

Fortsetzungsbedürftig ist die Entwicklung aus dem Aspekt der Rechtsvergleichung. Seit den Zeiten von Kropff blickt das deutsche Rechnungslegungsrecht
auf das angelsächsische Rechnungslegungsrecht und suchte dort nach Vorbildern.
Diese Entwicklung begann 1960 und führte 1997 zu dem Höhepunkt, daß der

---

54 *Budde/Karig,* Beck'scher BilKomm., 3. Aufl., § 264 Rn. 26–28.
55 *Schwark,* BB 1982, 1150.
56 *Claussen/Korth,* Kölner Komm. zum AktG, 2. Aufl., § 264 HGB Rn. 91.
57 *Kropff,* WpG 1964, 537 und WpG 1966, 369 zur Frage des sicheren Einblicks für Gläubiger und
   Aktionäre.
58 Vgl. § 151 des Referentenentwurfs eines AktG v. 1958; später § 145 RegE eines AktG v. 1962,
   BT-Drucks. IV/171.
59 Vgl. die Begründung zum Regierungsentwurf 1983, BT-Drucksache 10/317, 76.
60 FS Forster, 1992, 291, 294.
61 *Gessler/Hefermehl,* Komm. z. AktG, §§ 148–178; FS Havermann, 1995, 322.
62 4. Richtlinie v. 25. Juli 1978, ABl. EG Nr. L 222 v. 14. August 1978; 7. Richtlinie v. 16. Mai 1983,
   ABl. EG Nr. L 193 v. 16. Juli 1983.

deutsche Gesetzgeber erwägt, nach angelsächsischen Grundsätzen aufgemachte Konzernbilanzen von deutschen AGen als dem deutschen Recht gleichwertig und damit als gesetzesgerecht anzuerkennen[63].

Daß manchem Wegbegleiter diese beiden Entwicklungen zu langsam, gegen zu viele Widerstände und in zu kleinen Schritten evoluziert wurden, ändert nichts an dem Verdienst, diese Entwicklungen angestoßen zu haben. Wer Reformbedarf im Wirtschaftsrecht einfordert, muß sich hierzulande in Bescheidenheit üben und mit einem langen Atem ausstatten[64]. Dieses Ritardando gegenüber der schnellen und durchgreifenden Reform ist eines unserer Standortprobleme, ein Problem, das wir nicht nur aus dem Rechnungslegungsrecht kennen.

V. Zusammenfassung:

Das Rechnungslegungsrecht – §§ 238–341o HGB – ist für Juristen, die in oder mit der Wirtschaft tätig sind, ein zentrales Arbeitsfeld, wichtiger als manch anderes Rechtsfeld.

Die Befassung mit Rechnungslegung ist didaktisch wertvoll, um den Einstieg in das Gesellschaftsrecht, das Steuerrecht, das weitere Wirtschaftsrecht zu erleichtern. Deshalb ist die frühzeitige Befassung mit dieser Materie anzuraten, was die JAO aufgreifen sollten.

Rechnungslegung – das Denken in Bilanzen – ist für die Beurteilung komplexer Handelsrechtsfälle unerläßlich, es klärt Sachverhalte und führt zu gerechten Ergebnissen.

Aussagen zum Anleger- und zum Gläubigerschutz kommen vom Rechnungslegungsrecht, was die Bedeutung dieser Materie unterstreicht. Rechnungslegung ist Anfang und Ende des Anlegerschutzes. Einblick gewährende Rechnungslegung bietet ein Höchstmaß an Anlegerschutz, verbunden mit einem Höchstmaß an unternehmerischen Freiräumen.

---

63 Gesetz zur Verbesserung der Wettbewerbsfähigkeit deutscher Konzerne in internationalen Kapitalmärkten, Gesetzesentwurf des BMJ v. 12. Dezember 1996 oder an anderer Stelle, z. B. im BörsG, vgl. *Budde,* FS Clemm, 102.
64 Warum das so ist, erläutert *Westermann,* NJW 1997, 1, 8.

Der Geschäfts- oder Firmenwert aus der Kapitalkonsolidierung
– Eine Bestandsaufnahme in Theorie und Praxis –

KARLHEINZ KÜTING

I. Problemstellung

Im Zuge der Umsetzung der 4. und 7. EG-Richtlinie in das deutsche Bilanzrecht durch das Bilanzrichtliniengesetz wurde der Konzernabschluß wesentlich aufgewertet. Mit der Aufgabe des Grundsatzes der Maßgeblichkeit der Einzelabschlüsse für den Konzernabschluß und der damit zusammenhängenden Abkopplung des Konzernabschlusses vom Einzelabschluß ist seitdem eine eigenständige Konzernbilanzpolitik möglich geworden.[1] Das enorme Gestaltungspotential im Konzernabschluß ist aber nicht nur geprägt durch die sogenannte zweigleisige Bilanzierungsstrategie[2], sondern auch durch vielfache Wahlrechte und Ermessensspielräume im Zuge der Konsolidierungsmaßnahmen. Hervorzuheben sind hierbei die umfangreichen Behandlungsalternativen eines aus der Kapitalkonsolidierung resultierenden Geschäfts- oder Firmenwerts.[3] Bedingt durch die betragsmäßige Bedeutung des Geschäfts- oder Firmenwerts[4] wird dem Bilanzierenden ein bilanzpolitisches Instrumentarium eröffnet, durch dessen Ausübung die konzernbilanzielle Darstellung der Vermögens- und Ertragslage maßgeblich gestaltet werden kann.

II. Entstehung des Geschäfts- oder Firmenwerts

Bei der Kapitalkonsolidierung nach der Erwerbsmethode[5] sind zunächst in einem ersten Schritt die Anschaffungskosten der dem Mutterunternehmen gehörenden Anteile mit dem anteiligen Eigenkapital des in den Konzernabschluß einzubeziehenden Tochterunternehmens aufzurechnen. Da sich diese beiden aufzurechnenden Größen in der Regel betragsmäßig nicht entsprechen, entsteht entweder ein aktivischer oder passivischer Unterschiedsbetrag aus der Kapitalkonsolidierung. Ein aktivischer Unterschiedsbetrag liegt vor, wenn die Wertansätze der dem Mutterunternehmen gehörenden Anteile das anteilige Eigenkapital der Tochter übersteigen.[6] In einem zweiten Schritt sind – entsprechend der der Purchase-Methode zugrundeliegenden Erwerbsfiktion – die in den fiktiv erworbenen Vermögensgegenständen und Schulden enthaltenen stillen Rücklagen/Lasten – unter Beachtung des Anschaffungskostenprinzips – aufzudecken.[7] Neben den bisher beim einzubeziehenden Tochterunternehmen bilanzierten Vermögensgegenständen und Schulden sind ferner imma-

---

1 Vgl. hierzu ausführlich *Küting, K./Weber, C.-P.* (1997), S. 123 ff.
2 Vgl. ebenda.
3 Vgl. § 309 Abs. 1 HGB. Aufgrund der Verweise in den §§ 310 Abs. 2 und 312 Abs. 2 Satz 3 HGB ist die Vorschrift auch analog bei der Quoten- bzw. Equity- Konsolidierung anzuwenden. Auf diese Konsolidierungsmethoden wird im folgenden nicht explizit eingegangen; die folgenden Ausführungen gelten analog.
4 Durch den stetig steigenden Konzernierungsgrad nimmt diese Bedeutung noch zu. Vgl. hierzu auch ausführlich Gliederungspunkt VI.A.
5 Auf die unter den Voraussetzungen des § 302 Abs. 1 HGB alternativ zulässige Interessenzusammenführungsmethode (Pooling-of-Interests-Methode) soll an dieser Stelle nicht weiter eingegangen werden. Nach den Ergebnissen der Treuarbeit ist diese Methode in Deutschland nicht gebräuchlich (vgl. Treuarbeit (1990), S. 77, Rn. 110).
6 Bezüglich der Behandlung eines passivischen Unterschiedsbetrags vgl. stellvertretend *Küting, K./ Weber, C.-P.* (1997), S. 228 ff.
7 Kritisch hinsichtlich der vorrangigen Aufdeckung stiller Rücklagen *Staks, H.* (1989), Rn. 245. Auch *Biener, H.* (1977), S. 1835, gibt zu bedenken, daß es aufgrund der Ermittlungsprobleme zu überlegen sei, „ob auf die Aufteilung nicht verzichtet werden sollte".

terielle Vermögensgegenstände des Anlagevermögens anzusetzen, die vom Tochterunternehmen vor der Konzernzugehörigkeit selbsterstellt[8] wurden.[9] Die Höhe der
aufzudeckenden stillen Rücklagen ist abhängig von der Frage, ob im Zuge der Kapitalkonsolidierung die Buchwert- oder die Neubewertungsmethode angewendet
wird. Während bei der Buchwertmethode nur die auf den Konzernanteil entfallenden stillen Rücklagen aufgedeckt werden dürfen, können diese bei der Neubewertungsmethode – in einem der Konsolidierung vorgelagerten Schritt – in voller Höhe
aufgedeckt werden. Nicht auf den Konzernanteil entfallende stille Rücklagen erhöhen dabei den Ausgleichsposten für die Anteile anderer Gesellschafter i.S.v. § 307
HGB. Erst die verbleibende „Residualgröße"[10], d. h. der nicht weiter zuordenbare
aktivische Unterschiedsbetrag repräsentiert den Geschäfts- oder Firmenwert aus der
Kapitalkonsolidierung.[11] Dieser ist somit ein rechentechnischer Posten, dessen Entstehen bzw. Höhe insbesondere vom Zeitwert der übernommenen Vermögensgegenstände und von der Möglichkeit der Ermittlung stiller Rücklagen abhängt. Der
Geschäfts- oder Firmenwert aus der Kapitalkonsolidierung bezieht sich hierbei
lediglich auf den Anteil am Tochterunternehmen, der vom Mutterunternehmen gehalten wird. Eine Hochrechnung des Geschäfts- oder Firmenwerts auf die Anteile
anderer Gesellschafter ist als unzulässig anzusehen.[12]

Der Geschäfts- oder Firmenwert läßt sich auch als Differenz zwischen dem
Ertragswert des jeweiligen Tochterunternehmens und dessen Teilreproduktionswert[13] interpretieren. Der Geschäfts- oder Firmenwert spiegelt demnach die über
den Substanzwert des Unternehmens hinaus antizipierten positiven Ertragserwartungen des Käufers wider, die sich im Kaufpreis niedergeschlagen haben.[14]

Die über den Teilreproduktionswert hinausgehenden wertbeeinflussenden Faktoren können nach *Wöhe* den drei folgenden Ursachenkategorien zugeordnet werden:[15]

- Wert der nicht bilanzierungsfähigen Wirtschaftsgüter, wie beispielsweise Kun-
  denstamm, Know-how, Qualität der Belegschaft und des Managements oder auch
  der Ruf eines Unternehmens und die damit verbundene Bonität;
- dem Kapitalisierungsmehrwert, der in den bilanzierten Wirtschaftsgütern verborgen ist;
- der Betrag, der als sogenannter strategischer Mehrwert à fonds perdu bezahlt
  wird, weil der Käufer aus seiner unternehmenspolitischen Ausrichtung heraus das
  Unternehmen unbedingt akquirieren will.

---

8 Im Einzelabschluß des jeweiligen Tochterunternehmens sind diese aufgrund des § 248 Abs. 2
   HGB nicht aktivierungsfähig.
9 Nach der vor dem Bilanzrichtliniengesetz geltenden aktienrechtlichen Regelung bestand die Möglichkeit, bisher nicht aktivierte immaterielle Vermögensgegenstände des Anlagevermögens des
   entsprechenden Tochterunternehmens außer Acht zu lassen (vgl. dahingehend *Kropff, B.* (1973),
   Rn. 67).
10 *Wysocki, K. v./Wohlgemuth, M.* (1996), S. 109.
11 Hinsichtlich des Bilanzausweises vgl. Gliederungspunkt V.
12 Vgl. hierzu ausführlich *Küting, K.* (1995), S. 196.
13 Der Teilreproduktionswert umfaßt die Summe aller zu Anschaffungs- oder Wiederbeschaffungs-
   kosten bilanzierten Vermögensgegenstände, wobei die Altersstruktur, d.h. der Abnutzungsgrad der
   Vermögensgegenstände berücksichtigt wird.
14 Vgl. *Harms, J. E./Küting, K.* (1980), S. 96.
15 Vgl. *Wöhe, G.* (1980), S. 99.

Diese Systematisierung wird von *Kropff* zutreffend dahingehend ergänzt, daß der Geschäfts- oder Firmenwert auch darauf beruhen kann, „daß mehr bezahlt wurde, um einen störenden Konkurrenten oder lästigen Kartellaußenseiter loszuwerden"[16]. Diese Aufzählung verdeutlicht, daß die möglichen Ursachen eines Geschäfts- oder Firmenwerts sehr heterogen sein können.

III. Behandlungsalternativen eines Geschäfts- oder Firmenwerts

Der Gesetzgeber hat mit dem § 309 HGB den § 301 Abs. 3 HGB dahingehend ergänzt, daß in § 309 Abs. 1 HGB die Behandlung von aktivischen und in Abs. 2 die Behandlung von passivischen Unterschiedsbeträgen aus der Kapitalkonsolidierung kodifizert ist.

Ein aus der Erstkonsolidierung eines Tochterunternehmens verbleibender aktivischer Unterschiedsbetrag kann gem. § 309 Abs. 1 HGB einerseits erfolgswirksam (§ 309 Abs. 1 Satz 1 und 2 HGB) und andererseits erfolgsneutral (§ 309 Abs. 1 Satz 3 HGB) behandelt werden. Bei der erfolgswirksamen Verrechnung hat der Bilanzierende ferner das Wahlrecht, den aktivierten Geschäfts- oder Firmenwert entweder mindestens zu einem Viertel (= gesetzlicher Regelfall) oder planmäßig über die voraussichtliche Nutzungsdauer abzuschreiben.

Bei der erfolgsneutralen Verrechnung ist der verbleibende aktivische Unterschiedsbetrag im Jahr der Erstkonsolidierung in einem einmaligen Akt offen mit den Rücklagen zu verrechnen.[17] Neben den explizit in § 309 Abs. 1 HGB geregelten Behandlungsalternativen soll des weiteren dargelegt werden, inwieweit der Geschäfts- oder Firmenwert eines Tochterunternehmens bzw. Geschäfts- oder Firmenwerte der einzelnen in den Konzernabschluß einbezogenen Tochterunternehmen einheitlich behandelt werden müssen.

Übersicht 1: Gesetzlich kodifizierte Behandlungsalternativen des Geschäfts- oder Firmenwerts

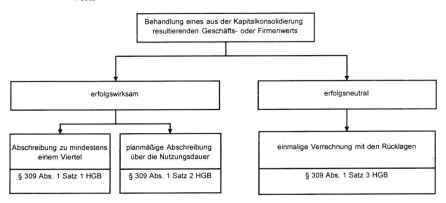

---

16 *Kropff, B.* (1973), Rn. 65.
17 Vgl. dazu Gliederungspunkt III.B.1.

A. Erfolgswirksame Behandlung

1. Abschreibung zu mindestens einem Viertel

Gemäß § 309 Abs. 1 Satz 1 HGB darf „ein nach § 301 Abs. 3 (HGB, d. Verf.) auszuweisender Geschäfts- oder Firmenwert ... in jedem folgenden Geschäftsjahr zu mindestens einem Viertel" abgeschrieben werden. Diese Regelung, die auch als „beschleunigte Abschreibung"[18] oder „pauschale Abschreibung"[19] bezeichnet wird, entspricht der Geschäftswertabschreibung des § 255 Abs. 4 HGB. Unabhängig von der tatsächlichen Nutzungsdauer des jeweiligen Geschäfts- oder Firmenwerts ist dieser in den auf die Erstkonsolidierung folgenden vier Geschäftsjahren abzuschreiben, wobei auch ein kürzerer Zeitraum als zulässig zu erachten ist.[20]

Nach welcher Abschreibungsmethode der aktivierte Betrag aufwandswirksam wird, ist gesetzlich nicht geregelt. Vom Gesetzgeber wird lediglich gefordert, daß der aktivierte Betrag „zu mindestens einem Viertel durch Abschreibungen zu tilgen"[21] ist. Nach herrschender Meinung wird jedes Verfahren als zulässig erachtet, das – mit Ausnahme des letzten Jahres – diese Forderung erfüllt.[22] Folglich kommen neben der linearen und der geometrisch-degressiven Abschreibungsmethode auch grundsätzlich andere Methoden in Betracht, die das Abschreibungsvolumen in unterschiedlichen Beträgen verrechnen.[23]

Nach dem Wortlaut des Gesetzes beginnt die Abschreibung in dem der Erstkonsolidierung folgenden Geschäftsjahr. Gleichwohl vertritt die herrschende Meinung die Auffassung, daß bereits im Jahr der Erstkonsolidierung Abschreibungen verrechnet werden dürfen.[24] *Adler/Düring/Schmaltz* ist zuzustimmen, daß auch eine Vollabschreibung im Jahr der Erstkonsolidierung als zulässig zu erachten ist, da eine solche nicht von der Verpflichtung entbindet, „den Geschäfts- oder Firmenwert in den Anlagespiegel zum Konzernabschluß aufzunehmen"[25], und somit die Nachvollziehbarkeit gewährleistet ist.

2. Planmäßige Abschreibung über die Nutzungsdauer

Neben der verkürzten Abschreibung gestattet der Gesetzgeber als zweite Methode der erfolgswirksamen Verrechnung des Geschäfts- oder Firmenwerts die planmäßige Abschreibung über die Nutzungsdauer. In § 309 Abs. 1 Satz 2 HGB heißt es

---

18 *Zwingmann, L.* (1994), S. 2314.
19 *Adler/Düring/Schmaltz* (1996), § 309 HGB, Rn. 18.
20 Als Grenzfall ist auch eine Vollabschreibung im Jahr der Erstkonsolidierung zu bejahen (vgl. *Adler/Düring/Schmaltz* (1996), § 309 HGB, Rn. 17).
21 § 309 Abs. 1 Satz 1 HGB.
22 Vgl. *Küting, K./Dusemond, M./Nardmann, B.* (1994), S. 8; *Förschle, G.* (1995), Rn. 11 m.w.N.
23 Vgl. beispielhaft *Adler/Düring/Schmaltz* (1996), § 309 HGB, Rn. 18.
24 Vgl. hierzu ausführlich *Küting, K./Dusemond, M./Nardmann, B.* (1994), S. 7; *Förschle, G.* (1995), Rn. 11 m.w.N.
25 *Adler/Düring/Schmaltz* (1996), § 309 HGB, Rn. 17; a. A. *Zwingmann, L.* (1994), S. 2314; *Weber, C.-P./Zündorf, H.* (1989a), Rn. 42.

hierzu: „Die Abschreibung des Geschäfts- oder Firmenwerts kann aber auch planmäßig auf die Geschäftsjahre verteilt werden, in denen er voraussichtlich genutzt werden kann."

Analog zu den abnutzbaren Vermögensgegenständen des Anlagevermögens ist unter Berücksichtigung der voraussichtlichen Nutzungsdauer ein Abschreibungsplan aufzustellen, der die Wertentwicklung zutreffend abbildet. Anders als für den Geschäfts- oder Firmenwert aus dem Einzelabschluß brauchen jedoch im Anhang keine Gründe für eine planmäßige Abschreibung angegeben zu werden.[26]

Der Bilanzierende ist bei der Wahl der Abschreibungsmethode insoweit frei, als daß diese den tatsächlichen Werteverlauf berücksichtigen muß und als GoB-konform anzusehen ist. Während die Wahl der Abschreibungsmethode unproblematisch ist, gestaltet sich die Schätzung der voraussichtlichen Nutzungsdauer wesentlich schwieriger. Denn der verbleibende aktivische Unterschiedsbetrag ist ein Konglomerat aus wirtschaftlichen Vorteilen.[27] Damit die Nutzungsdauerbestimmung intersubjektiv nachprüfbar ist und nicht willkürlich erfolgt, ist zu fordern, daß deren Ermittlung durch „nachvollziehbare Kriterien belegt"[28] wird. Bei einer systematisch richtigen Ermittlung müßte folglich jede Komponente des Geschäfts- oder Firmenwerts einzeln auf die voraussichtliche Nutzungsdauer analysiert werden.

Aufgrund der Heterogenität der Bestandteile des Geschäfts- oder Firmenwerts erscheint es mehr als fraglich, ob dieser Forderung Rechnung getragen werden kann.[29] Bereits *Kropff* gibt zu bedenken, daß „der Ruf eines Unternehmens und sein technischer Stand ... flüchtig (sind, d. Verf.) und ... stark von der subjektiven Einschätzung"[30] abhängen. Dieses Ermittlungsproblem wird durch das Prognoseproblem verschärft, das sich insbesondere dann stellt, wenn über eine lange Nutzungsdauer abgeschrieben wird. So wird eine Nutzungsdauer von 40 Jahren, wie sie vom Sonderausschuß SABI des IDW in der Stellungnahme 2/1988 als Obergrenze definiert wird,[31] oftmals kaum sachlich zu begründen sein.[32]

Auf der Grundlage der US-GAAP wird ein Geschäfts- oder Firmenwert vorwiegend über 5 bis 10 Jahre erfolgswirksam abgeschrieben. Die höchstzulässige Abschreibungsdauer beträgt 40 Jahre.[33] Auch entsprechend dem 1995 revidierten International Accounting Standard (IAS) 22, der zwingend eine erfolgswirksame Behandlung des Geschäfts- oder Firmenwerts fordert, ist die Nutzungsdauer grundsätzlich auf fünf Jahre fixiert und kann maximal auf 20 Jahre erweitert werden, wenn die verlängerte Abschreibung gerechtfertigt werden kann.[34]

---

26 Es gibt im Konzernabschluß keine dem § 285 Nr. 13 HGB vergleichbare Vorschrift.
27 Vgl. hierzu auch Gliederungspunkt II und V.
28 SABI (1988), S. 623; hinsichtlich der Einflußfaktoren der Nutzungsdauer vgl. *Zielke, W.* (1995), S. 835.
29 Zustimmend *Zwingmann, L.* (1994), S. 2315; *Wysocki, K. v./Wohlgemuth, M.* (1996), S. 110.
30 *Kropff, B.* (1973), Rn. 63.
31 Vgl. SABI (1988), S. 623.
32 Als Ausnahmen könnten Übertragungs- und ähnliche Rechte anzusehen sein.
33 Vgl. APB Opinion No. 17 Par. 29; vgl. auch *Schildbach, T.* (1996), S. 103.
34 Vgl. IAS 22 rev. (Business Combinations) Par. 42.

Es erscheint zulässig, aus Objektivierungs- und Vereinfachungsgründen heraus beispielsweise – wie im Einzelabschluß – die Nutzungsdauer der Steuerbilanz[35] zugrunde zulegen.[36] Hierbei ist aber zu fordern, daß „eine Festlegung des Abschreibungszeitraums auf 15 Jahre ... auf keinen Fall allein aus der steuerlichen Regelung heraus begründet werden (darf, d. Verf.), sondern ... durch davon unabhängige Fakten gestützt werden"[37] muß. Die Festlegung auf die steuerliche Nutzungsdauer darf nicht in einer zweiten pauschalisierten Abschreibung enden, zumal die Begründung der 15-jährigen Nutzungsdauer mit steuerlichen Gegebenheiten keinerlei konzernrechtlichen Hintergrund hat. Im Schrifttum wird das Argument angeführt, daß eine 15 Jahre überschreitende Nutzungsdauer unproblematisch wäre, da es möglich sei, einen verbleibenden Unterschiedsbetrag auch erfolgsneutral zu verrechnen.[38] Diese Sichtweise verkennt, daß beim Vorliegen von sachlichen Anhaltspunkten im Einzelfall durchaus eine längere Nutzungsdauer begründet werden kann. Das Argument, aufgrund des Prognoseproblems auf die erfolgsneutrale Verrechnung überzugehen, überzeugt nicht. Denn „eine, wenn auch nicht vollkommen periodengerechte Aufwandsverrechnung, (ist, d. Verf.) dem vollständigen Verzicht auf eine ergebniswirksame Erfassung vorzuziehen"[39].

Abgesehen von der Frage der Festlegung der Nutzungsdauer und der Abschreibungsmethode des Geschäfts- oder Firmenwerts ist zu klären, ab welchem Zeitpunkt Abschreibungen zu verrechnen sind. Entsprechend der Erwerbsfiktion der Purchase-Methode ist grundsätzlich auf den Stichtag des Erwerbs des Tochterunternehmens abzustellen. Dementsprechend ist bei unterjährigem Erwerb bereits im Zugangsjahr pro rata temporis abzuschreiben oder es kann die Vereinfachungsregel für bewegliche Vermögensgegenstände des Anlagevermögens, die sog. Halbjahresabschreibung, in Anspruch genommen werden.[40] Wird demgegenüber von dem Wahlrecht des § 301 Abs. 2 Satz 1 HGB Gebrauch gemacht und die Erstkonsolidierung zum Zeitpunkt der erstmaligen Einbeziehung des Tochterunternehmens in den Konzernabschluß durchgeführt, können erstmalig in dem auf den Erwerb folgenden Geschäftsjahr Abschreibungen verrechnet werden.

Ein der planmäßigen Abschreibung des Geschäfts- oder Firmenwerts zugrundegelegter Abschreibungsplan unterliegt dem Grundsatz der zeitlichen Stetigkeit. Dementsprechend darf weder die Abschreibungsmethode noch die Nutzungsdauer im Zeitablauf geändert werden. Korrekturen des Abschreibungsplans sind jedoch dann zulässig, wenn eine Änderung der Nutzungsdauer oder des Entwertungsverlaufs eine Neuschätzung erforderlich machen.[41] Der Grundsatz der zeitlichen Stetigkeit steht dem nicht entgegen.

---

35 Vgl. § 7 Abs. 1 Satz 3 EStG.
36 So auch *Adler/Düring/Schmaltz* (1996), § 309 HGB, Rn. 21.
37 *Wysocki, K. v./Wohlgemuth, M.* (1996), S. 110.
38 Vgl. *Ordelheide, D.* (1987), Rn. 33.
39 *Wysocki, K. v./Wohlgemuth, M.* (1996), S. 111.
40 Vgl. hierzu ausführlich *Küting, K./Dusemond, M./Nardmann, B.* (1994), S. 9.
41 Vgl. *Adler/Düring/Schmaltz* (1996), § 309 HGB, Rn. 56.

3. Außerplanmäßige Abschreibung

Zur Durchsetzung des auch im Konzernabschluß geltenden Niederstwertprinzips sind ggf. neben der planmäßigen Abschreibung auch außerplanmäßige Abschreibungen i.S.v. § 253 Abs. 2 Satz 3 i.V.m. § 298 Abs. 1 HGB vorzunehmen, wenn der Wert der geschäftswertbildenden Faktoren dauerhaft nicht mehr dem ausgewiesenen Geschäfts- oder Firmenwert entspricht.[42] Mit anderen Worten: Eine außerplanmäßige Abschreibung ist dann vorzunehmen, wenn die in den Anschaffungskosten der Beteiligung antizipierten Ertragserwartungen beispielsweise durch den Rückgang des Marktpotentials oder dem Ausscheiden wichtiger Führungskräfte langfristig nicht mehr realisiert werden können.[43] Die Bemessung der außerplanmäßigen Abschreibung dürfte indes wegen der heterogenen Zusammensetzung des Geschäfts- oder Firmenwerts in der Praxis nicht unproblematisch sein. Denn: Eine zweifelsfreie Zuordnung der Kriterien, die zu einer voraussichtlich dauerhaften Wertminderung führen können, ist oftmals nicht möglich.[44]

Entfällt der Grund für eine in Vorjahren vorgenommene außerplanmäßige Abschreibung, wäre entsprechend der Gesetzessystematik grundsätzlich eine Zuschreibung erforderlich.[45] Indessen wird im Schrifttum ganz überwiegend die Ansicht vertreten, daß aufgrund der besonderen Bewertungsproblematik des Postens und der damit verbundenen Manipulationsmöglichkeiten eine Zuschreibung unzulässig ist.[46]

B. Erfolgsneutrale Behandlung

1. Einmalige erfolgsneutrale Verrechnung mit den Konzernrücklagen

Neben den dargestellten erfolgswirksamen Behandlungsalternativen läßt der Gesetzgeber auch zu, daß der Geschäfts- oder Firmenwert „offen mit den Rücklagen verrechnet wird"[47]. In diesem Zusammenhang bedeutet ‚offen', daß der Bilanzleser zumindest im Jahr der Erstkonsolidierung eine Information über die Höhe des erfolgsneutral verrechneten Betrags erhalten muß.[48] Im Unterschied zu den bisher dar-

---

42 Vgl. *Wysocki, K. v./Wohlgemuth, M.* (1996), S. 111; *Baetge, J.* (1995), S. 226.

43 Vgl. *Adler/Düring/Schmaltz* (1996), § 309 HGB, Rn. 25.

44 Ebenso *Zwingmann, L.* (1994), S. 2315. Zweifelsfrei dürfte lediglich eine Vollabschreibung im Falle eines Stillegungsbeschlusses sein (so auch *Adler/Düring/Schmaltz* (1996), § 309 HGB, Rn. 25).

45 Vgl. § 280 Abs. 1 i.V.m. § 298 Abs. 1 HGB. Die weitgehende Aufhebung des Zuschreibungsgebots für Kapitalgesellschaften aufgrund des § 280 Abs. 2 HGB ist für die Zwecke der Konzernrechnungslegung bedeutungslos, da der Konzernabschluß keinerlei Einfluß auf die steuerliche Bemessungsgrundlage hat.

46 Vgl. *Adler/Düring/Schmaltz* (1996), § 309 HGB, Rn. 28; *Weber, C.-P./Zündorf, H.* (1989a), Rn. 34; *Förschle, G.* (1995), Rn. 35.

47 § 309 Abs. 1 Satz 3 HGB.

48 Vgl. *Küting, K./Dusemond, M./Nardmann, B.* (1994), S. 9.

gestellten erfolgswirksamen Abschreibungsmöglichkeiten des Geschäfts- oder Firmenwerts ist bei der erfolgsneutralen Verrechnung mit den Rücklagen ausschließlich die Konzernbilanz und nicht die Konzern-GuV betroffen. Eine solche Vorgehensweise eröffnet die Möglichkeit, „Ergebnisbelastungen aus dem Geschäfts- oder Firmenwert während der Dauer der Konzernzugehörigkeit des Tochterunternehmens zum Konsolidierungskreis zu vermeiden."[49] Neben dem Effekt, daß durch die erfolgsneutrale Verrechnung die Erfolgssituation des Konzerns zu positiv abgebildet wird, folgt aus der Rücklagenverrechnung eine Bilanzverkürzung in Höhe des Geschäfts- oder Firmenwerts. Hierdurch kann der Bilanzierende Einfluß auf die Inanspruchnahme der Konzernrechnungslegungsbefreiungsvorschrift i.S.v. § 293 HGB nehmen.

Die Frage, gegen welche Rücklagen eine Verrechnung vorzunehmen ist, wird vom Gesetz nicht mit hinreichender Genauigkeit beantwortet. Gem. § 309 Abs. 1 Satz 3 HGB wird lediglich gefordert, daß eine Verrechnung mit den Rücklagen erfolgen muß. Vor diesem Hintergrund kann nach überwiegender Auffassung des Schrifttums die Verrechnung mit den Gewinnrücklagen oder der Kapitalrücklage des Mutterunternehmens oder der übrigen einbezogenen Tochterunternehmen vorgenommen werden, soweit sie bei letzteren nicht auf andere Gesellschafter entfallen und während der Konzernzugehörigkeit entstanden sind.[50] Allerdings können bestimmte Rücklagen durch Gesetz, Satzung oder Gesellschaftsvertrag gebunden sein.[51] Solchen Beschränkungen unterliegen z. B. die gesetzliche Rücklage bei einer Aktiengesellschaft gem. § 150 AktG oder die Rücklage für eigene Anteile gem. § 272 Abs. 4 HGB. Inwieweit eine solche Beschränkung einer Verrechnung entgegensteht, ist im Schrifttum umstritten.[52] Einerseits wird unter dem Hinweis, daß der Konzernerfolg nicht Grundlage der Gewinnverwendung ist, eine Beschränkung der Verrechnung verneint.[53] Andererseits wird mit Verweis auf die „Verwendungsrestriktion"[54] eine Verrechnung abgelehnt. Unabhängig von der präferierten Ansicht sollte die Verrechnung zunächst grundsätzlich mit den anderen Gewinnrücklagen erfolgen.[55]

Über den Zeitpunkt der Verrechnung des Geschäfts- oder Firmenwerts mit den Rücklagen gibt der Wortlaut des § 309 Abs. 1 Satz 3 HGB keine Auskunft. Die Entstehungsgeschichte des § 309 Abs. 1 Satz 3 HGB zeigt jedoch, daß diese Ungenauigkeit ihren Ursprung in einer unkorrekten Umsetzung der 7. EG-Richtlinie in deutsches Recht hat. Denn der deutsche Gesetzgeber hat den Wortlaut des Art. 30 Abs. 2 der 7. EG-Richtlinie, in der den Mitgliedstaaten die Möglichkeit eingeräumt wird, zuzulassen, daß „der positive Konsolidierungsunterschied unmittelbar und offen von Rücklagen abgezogen wird", nicht vollständig in deutsches Recht trans-

49 *Adler/Düring/Schmaltz* (1996), § 309 HGB, Rn. 29.
50 Vgl. *Biener, H./Berneke, W.* (1986), S. 364; *Adler/Düring/Schmaltz* (1996), § 309 HGB, Rn. 35.
51 Vgl. *Weber, C.-P./Zündorf, H.* (1989a), Rn. 27.
52 Vgl. dazu auch *Weber, C.-P./Zündorf, H.* (1989a), Rn. 30.
53 Vgl. *Adler/Düring/Schmaltz* (1996), § 309 HGB, Rn. 38; ebenso *Förschle, G.* (1995), Rn. 20; a.A. *Niehus, R./Scholz, W.* (1987), Rn. 1217.
54 *Baetge, J.* (1995), S. 228.
55 Vgl. *Weber, C.-P./Zündorf, H.* (1989b), S. 337.

formiert. Das Wort ‚unmittelbar' fehlt im deutschen Gesetzestext. In diesem Zusammenhang ist das Wort ‚unmittelbar' in der 7. EG-Richtlinie sowohl im Sinne von „zeitlich, d. h. sofort im Jahr der Erstkonsolidierung, als auch (i. S. v., d. Verf.) sachlich, d. h. vollständig"[56] zu verstehen. Aufgrund des Fehlens des Wortes ‚unmittelbar' wird im Schrifttum die Auffassung vertreten, daß einerseits eine Verrechnung mit den Konzernrücklagen nicht nur im Jahr der Erstkonsolidierung, sondern auch im folgenden Geschäftsjahr zulässig ist.[57] Andererseits wird damit die Zulässigkeit einer ratierlichen Verrechnung mit den Rücklagen über mehrere Jahre begründet.[58]

Nach der hier vertretenen Ansicht kann hingegen eine dem Ziel der 7. EG-Richtlinie entsprechende Auslegung des § 309 Abs. 1 Satz 3 HGB ausschließlich zu dem Ergebnis kommen, daß eine Verrechnung mit den Rücklagen nur im Jahr der Entstehung dieses Unterschiedsbetrags zu erfolgen hat.[59] Ferner ist festzuhalten, daß eine unveränderte Fortführung des Geschäfts- oder Firmenwerts nicht zulässig ist, weil § 309 Abs. 1 HGB ein Verrechnungsgebot beinhaltet.[60]

Die Möglichkeit der erfolgsneutralen Verrechnung des Geschäfts- oder Firmenwerts resultiert somit aus der Weitergabe des Mitgliedstaatenwahlrechts des Art. 30 der 7. EG-Richtlinie an die Unternehmen durch den deutschen Gesetzgeber. Allerdings ist in diesem Zusammenhang zu beachten, daß das Mitgliedstaatenwahlrecht des Art. 30 das Ergebnis eines politischen Kompromisses ist, denn die erfolgsneutrale Verrechnung wurde erst im letzten Moment in die 7. EG-Richtlinie aufgenommen und sollte der Vorgehensweise in Großbritannien Rechnung tragen.[61] Trotz ihrer Beliebtheit in der Unternehmenspraxis ist die erfolgsneutrale Verrechnung aus betriebswirtschaftlicher Sicht äußerst kritisch zu beurteilen. Die Rücklagenverrechnung verstößt gegen die Einheitstheorie, da der Geschäfts- oder Firmenwert „nach gegenwärtigem ... deutschen Recht (im Einzelabschluß, d. Verf.) über die GuV abgeschrieben werden muß."[62] Außerdem liegt ein elementarer Verstoß gegen die Grundsätze der Kapitalkonsolidierung nach der Erwerbsmethode vor, denn „kennzeichnendes Element dieser Methode ist die Erfolgswirksamkeit."[63] So aber wird der Geschäfts- oder Firmenwert „von der Ergebniswirksamkeit wie ein nicht abnutzbarer Vermögensgegenstand behandelt."[64] Durch die Umgehung des Abschreibungsgebots wird in den Folgeperioden das Konzernergebnis verfälscht dargestellt.[65] Ein Vergleich mit jenen Konzernen, die eine erfolgswirksame Behandlung wählen, ist folglich kaum möglich. Dies gilt insbesondere für einen internationalen Unternehmensvergleich, denn im internationalen Umfeld ist in den letzten Jahren

---

56 *Baetge, J.* (1995), S. 227.
57 Vgl. *Biener, H.* (1986), S. 241.
58 Vgl. *Ordelheide, D.* (1987), Rn. 36; *Förschle, G.* (1995), Rn. 21 f. Vgl. hierzu auch Gliederungspunkt III.B.2.
59 Vgl. *Adler/Düring/Schmaltz* (1996), § 309 HGB, Rn. 41.
60 Vgl. SABI (1988), S. 624.
61 Vgl. *Niehus, R.* (1986), S. 239.
62 Kommission Rechnungswesen im Verband der Hochschullehrer für Betriebswirtschaftslehre e.V. (1985), S. 274.
63 *Zwingmann, L.* (1994), S. 2316.
64 *Ordelheide, D.* (1984), S. 244.
65 Vgl. *Niehus, R.* (1984), S. 321.

immer mehr eine Hinwendung zur erfolgswirksamen Behandlung des Geschäfts-
oder Firmenwerts zu beobachten. So lassen die US-GAAP seit jeher ausschließlich
eine erfolgswirksame Abschreibung des ‚goodwill' über die wirtschaftliche Nutzungsdauer zu.[66] Seit der Überarbeitung des IAS 22 im Rahmen des Comparability
Projects im Jahre 1995 fordert auch das IASC eine lineare Abschreibung des aktivierten ‚goodwill' über fünf Jahre, wobei die Abschreibungsdauer bei entsprechender Begründung auf maximal 20 Jahre erweitert werden kann.[67] Auch in Großbritannien ist eine Annäherung an die erfolgswirksame Behandlung zu beobachten. In
diese Richtung weist beispielsweise die dritte Konsenserklärung (Abstract 3)[68] der
Urgent Issue Task Force (UITF) des Accounting Standards Board (ASB), in der die
erfolgswirksame Einbeziehung des ‚goodwill' bei der Berechnung des Veräuße-
rungserfolgs im Rahmen der Endkonsolidierung als einzige Variante gekennzeichnet wird, die die wirtschaftlichen Verhältnisse tatsächlich abbildet.[69] Es bleibt abzuwarten, inwieweit diese Einschätzung des UITF Einfluß auf die derzeitige Überarbeitung[70] des Rechnungslegungsgrundsatzes bezüglich des ‚goodwill' hat. Vor
dem Hintergrund der dargestellten Entwicklung bleibt festzuhalten, daß die erfolgsneutrale Verrechnung nahezu eine deutsche Besonderheit ist, die international kaum
mehr Anhänger findet.

Darüber hinaus ist zu konstatieren, daß die erfolgsneutrale Verrechnung des
Geschäfts- oder Firmenwerts zu fragwürdigen Ergebnissen bei der Endkonsolidierung führen kann.[71] Dies ist dann der Fall, wenn die Verrechnung des Geschäfts-
oder Firmenwerts vor der Durchführung der Endkonsolidierung nicht wieder rückgängig gemacht wird. In Höhe des nicht erfolgswirksam verrechneten Geschäfts-
oder Firmenwerts entsteht dann ein rein konsolidierungstechnisch bedingter Buch-
gewinn, der eindeutig gegen Grundregeln der Konsolidierung verstößt. Gleichwohl
wird in der deutschen Konsolidierungspraxis teilweise so verfahren.[72]

2. Ratierliche erfolgsneutrale Verrechnung mit den Konzernrücklagen

Die oben dargestellte Problematik bezüglich der unkorrekten Transformation der
7. EG-Richtlinie hat zur Folge, daß in Teilen des Schrifttums eine erfolgsneutrale
Verrechnung des Geschäfts- oder Firmenwerts über eine bestimmte Nutzungsdauer
mit den Rücklagen als gesetzeskonform angesehen wird.[73] Diese Methode kommt
einer Abschreibung ohne GuV-Effekt gleich, denn die Verrechnung wird, wie bei
der einmaligen unmittelbaren Verrechnung, nur in der Konzern-Bilanz vorgenom-

---

66 Vgl. APB Opinion No. 16 Par. 90 i.V. m. APB Opinion No. 17 Par. 27.
67 Vgl. IAS 22 rev. (Business Combinations) Par. 42.
68 Vgl. UITF (1992), S. 112 f.
69 Vgl. *Küting, K./Hayn, S.* (1996), S. 59.
70 Vgl. ASB (1995; 1993).
71 Vgl. zu dieser Problematik *Dusemond, M.* (1997).
72 Vgl. *Küting, K.* (1995b), S. 229 ff.
73 Vgl. *Busse von Colbe, W./Ordelheide, D.* (1993), S. 236; *Ordelheide, D.* (1987), Rn. 36; *Sahner, F./
    Häger, M.* (1988), S. 411.

men. Eine Aktivierung des Geschäfts- oder Firmenwerts ist somit „kein Indiz für eine erfolgswirksame Verrechnung desselben"[74]. Neben den oben bereits genannten Argumenten gegen eine erfolgsneutrale Verrechnung des Geschäfts- oder Firmenwerts im allgemeinen, läßt sich gegen die ratierliche Verrechnung im besonderen einwenden, daß diese gegen die Generalnorm des § 297 Abs. 3 Satz 1 HGB verstößt, ein den tatsächlichen Verhältnissen entsprechendes Bild der Vermögens-, Finanz- und Ertragslage des Konzerns zu vermitteln.[75] Weiterhin entspricht die ratierliche Verrechnung nicht den Grundsätzen ordnungsmäßiger Buchführung.[76]

Wie oben bereits dargestellt, ist ein Vergleich mit jenen Konzernen, die eine erfolgswirksame Verrechnungstechnik wählen, kaum möglich. Dies gilt besonders für die ratierliche Verrechnung, denn diese ist im Ausland völlig unbekannt.[77] In Großbritannien beispielsweise muß nach der gegenwärtigen Regelung des SSAP 22 die Verrechnung unzweifelhaft in einem einmaligen Akt („immediate write-off") – also in voller Höhe – erfolgen.[78] Aufgrund dieser gewichtigen Argumente ist die ratierliche Verrechnung abzulehnen. Diese Einschätzung teilt ebenso der Sonderausschuß SABI des IDW in seiner Stellungnahme 2/1988, in der es heißt, daß es nicht zulässig sein dürfte, „den Unterschiedsbetrag über mehrere Perioden ergebnisneutral zu verteilen, auch wenn dies offen geschieht"[79]. Vor dem Hintergrund der Entstehungsgeschichte des § 309 Abs. 1 Satz 3 HGB ist zudem festzustellen, daß eine richtlinienkonforme Auslegung dieser Vorschrift einer ratierlichen Verrechnung entgegensteht.

C. Mischformen der unterschiedlichen Behandlungsalternativen

Bei der Ausübung des Wahlrechts des § 309 Abs. 1 HGB ist das Stetigkeitsgebot zu beachten. Dieses bezieht sich einerseits auf die grundsätzliche Beibehaltung der einmal gewählten Bewertungs- und Konsolidierungsmethode.[80] Andererseits sind gleichartige Sachverhalte unter Anwendung der gleichen Methode abzubilden (sachliche Stetigkeit bzw. Grundsatz der Einheitlichkeit).[81] Hinsichtlich der letztgenannten Ausprägung des Stetigkeitsprinzips sind zwei Problembereiche augenscheinlich: Ist es zulässig, daß ein Geschäfts- oder Firmenwert eines Tochterunternehmens aufgeteilt wird und die einzelnen Teile unterschiedlich behandelt werden? Des weiteren ist zu fragen, ob Geschäfts- oder Firmenwerte aus der Kapitalkonsolidierung konzerneinheitlich behandelt werden müssen oder Geschäfts- oder Firmenwerte verschiedener Tochterunternehmen unterschiedlich behandelt werden können.

---

74 *Küting, K./Hayn, S.* (1996), S. 57.
75 Vgl. *Weber, C.-P./Zündorf, H.* (1989b), S. 337.
76 Vgl. *Weber, C.-P./Zündorf, H.* (1989a), Rn. 26.
77 Vgl. *Küting, K./Hayn, S.* (1996), S. 55.
78 Vgl. *Adler/Düring/Schmaltz* (1996), § 309 HGB, Rn. 41.
79 SABI (1988), S. 624.
80 Vgl. § 252 Abs. 1 Nr. 6 i.V.m. § 298 Abs. 1 HGB für die Stetigkeit der Bewertungsmethoden und § 297 Abs. 2 Satz 3 HGB bezüglich der Stetigkeit der Konsolidierungsmethoden.
81 Vgl. § 297 Abs. 3 Satz 2 HGB.

*1. Anwendung unterschiedlicher Behandlungsmethoden auf den verbleibenden
aktivischen Unterschiedsbetrag eines Tochterunternehmens*

Aus dem Wortlaut des § 309 Abs. 1 HGB könnte geschlossen werden, daß der gesamte Geschäfts- oder Firmenwert und nicht nur ein Teil davon entweder erfolgswirksam oder erfolgsneutral zu behandeln ist. Eine Aufteilung würde insoweit
ausscheiden.[82] Der verbleibende nicht zuordenbare aktivische Unterschiedsbetrag
aus der Kapitalkonsolidierung ist – wie bereits dargelegt – ein Konglomerat von
Ursachen. Insofern müßte entsprechend dem Einzelbewertungsgrundsatz[83] jede
Komponente des Geschäfts- oder Firmenwerts dahingehend analysiert werden, ob
eine erfolgswirksame oder erfolgsneutrale Verrechnung anzuwenden ist. Entsprechend dem Prinzip der sachlichen Stetigkeit müssen hierbei aber gleichartige Sachverhalte gleich behandelt werden. Aufgrund der nur schwer isolierbaren und analy-
sierbaren Komponenten ist der Geschäfts- oder Firmenwert somit grundsätzlich als
Einheit zu behandeln.[84] Eine Kombination einer erfolgswirksamen und einer erfolgsneutralen Verrechnung kann aber prinzipiell dann als zulässig angesehen werden, wenn es möglich ist, „einen Geschäfts- oder Firmenwert in seine einzelnen
Komponenten, die eine unterschiedliche Behandlung rechtfertigen, aufzuteilen"[85].
Bei einer Aufteilung ist allerdings zu fordern, daß „die Aufteilung, die Bestimmung
der Nutzungsdauer und die Periode der Verrechnung von vornherein festzulegen
und im Anhang darzustellen"[86] ist.

2. Unterschiedliche Behandlung von Geschäfts- oder Firmenwerten im Konzern

Entstehen bei der erstmaligen Konsolidierung von mehreren Tochterunternehmen
aktivische Unterschiedsbeträge, so können diese entsprechend dem Einzelbewertungsgrundsatz nach verschiedenen Verfahren verrechnet werden. Der Einzelbewertungsgrundsatz wird jedoch durch den Grundsatz der sachlichen Stetigkeit
dahingehend eingeschränkt, daß eine unterschiedliche Ausübung von Wahlrechten
auf gleiche Sachverhalte als unzulässig anzusehen ist.[87] „Dem Mutterunternehmen
ist es daher nicht freigestellt, die Geschäfts- oder Firmenwerte mehrerer Tochterunternehmen nebeneinander willkürlich unterschiedlich zu behandeln"[88]. Der Frage,
ob und wann gleiche Sachverhalte vorliegen, kommt hiermit eine Schlüsselfunktion

---

82 So *Busse von Colbe, W./Ordelheide, D.* (1993), S. 237.

83 Vgl. § 252 Abs. 1 Nr. 3 i.V. m. § 298 Abs. 1 HGB.

84 So kommt auch *Wöhe, G.* (1980), S. 99, zu dem Ergebnis, daß eine Zerlegung des Geschäfts- oder
    Firmenwerts in seine Bestandteile „in der Praxis in den seltensten Fällen möglich" sein wird.

85 *Küting, K./Dusemond, M./Nardmann, B.* (1994), S. 10; vgl. *Förschle, G.* (1995), Rn. 30.

86 *Förschle, G.* (1995), Rn. 30.

87 Vgl. *Weber, C.-P./Zündorf, H.* (1989a), Rn. 32; HFA (1988), S. 483; a. A. *Stein* (*H.-G.* (1993),
    S. 989), der davon ausgeht, daß „die Wahlrechte bei der Behandlung des Geschäfts- oder Firmen-
    werts für jeden Fall neu und unabhängig von gleichartigen Fällen in Vorjahren oder anderen
    gleichzeitig auftretenden Fällen ausgeübt werden (können, d. Verf.). Es ist also volle sachliche
    Flexibilität gegeben".

88 *Adler/Düring/Schmaltz* (1996), § 309 HGB, Rn. 59; vgl. auch IDW (1996), Kap. M, Rn. 351.

zu. Gleiche Sachverhalte liegen nur dann vor, wenn neben der Art- oder Funktionsgleichheit auch zusätzlich das wirtschaftliche Umfeld übereinstimmt. Insbesondere eine unterschiedliche Branchenzugehörigkeit oder Unterschiede hinsichtlich der Zusammensetzung des jeweiligen Geschäfts- oder Firmenwerts rechtfertigen eine unterschiedliche Behandlung.[89] Maßstab einer solchen Beurteilung muß aber in jedem Falle die Beachtung der Generalnorm sein.

3. Methodenwechsel

Die Frage, ob ein Wechsel zwischen den Behandlungsalternativen des § 309 Abs. 1 HGB zulässig ist, ist im engen Zusammenhang mit dem Grundsatz der Stetigkeit der angewandten Konsolidierungsmethoden zu sehen. Nach § 297 Abs. 3 Satz 2 HGB sollen „die auf den vorhergehenden Konzernabschluß angewandten Konsolidierungsmethoden ... beibehalten werden". Denn: Um insbesondere eine interperiodische Vergleichbarkeit der Konzernabschlüsse zu erreichen, sind alle Wahlrechte und Spielräume, die dem Konzernabschlußersteller bei der Aufstellung des Konzernabschlusses zur Verfügung stehen, beizubehalten.[90]

Entsprechend dem § 297 Abs. 3 Satz 3 HGB sind jedoch in Ausnahmefällen Durchbrechungen des Stetigkeitsgrundsatzes möglich. Im Konzernanhang ist gem. den §§ 297 Abs. 3 Satz 4 und 5 und 313 Abs. 1 Nr. 3 HGB nicht nur eine Angabe und Begründung der Abweichung erforderlich, sondern es ist auch darzulegen, welche Auswirkung die Abweichung auf die Vermögens-, Finanz- und Ertragslage des Konzerns hat. Mit anderen Worten: Ein Wechsel der Behandlungsmethode und die damit verbundene Durchbrechung des Stetigkeitsprinzips ist nur dann als zulässig zu erachten, wenn aufgrund neuer Rahmenbedingungen eine Änderung notwendig ist.[91] Demzufolge ist bei entsprechender Anhangerläuterung in Ausnahmefällen ein Wechsel von der planmäßigen auf die pauschalierte Abschreibung in Erwägung zu ziehen.[92] Ein Wechsel zwischen erfolgsneutraler und erfolgswirksamer Behandlung ist indes nach der hier vertretenen Auffassung nicht mit der Generalnorm des § 297 Abs. 2 Satz 2 HGB zu vereinbaren.[93] Lediglich der Fall, daß bei einer erfolgsneutralen Verrechnung die verrechenbaren Konzernrücklagen nicht ausreichen und somit ein Teilbetrag erfolgswirksam verrechnet wird, kann als Ausnahme zugelassen werden.[94] Abgelehnt wird auch eine Reaktivierung eines zuvor mit den Konzernrücklagen verrechneten Geschäfts- oder Firmenwerts und der daran anschließenden erfolgswirksamen Verrechnung des Geschäfts- oder Firmenwerts.[95]

---

89 Vgl. *Adler/Düring/Schmaltz* (1996), § 309 HGB, Rn. 63.
90 Vgl. *Schulz, U.* (1980), S. 362.
91 So auch *Förschle, G.* (1995), Rn. 16.
92 Vgl. *Ordelheide, D.* (1987), Rn. 38.
93 So auch *Weber, C.-P./Zündorf, H.* (1989a), Rn. 45; a.A. *Förschle, G.* (1995), Rn. 31; *Busse von Colbe, W./Ordelheide, D.* (1993), 237f. m.w.N.
94 Vgl. ausführlich *Küting, K.* (1995a), S. 195.
95 Vgl. dahingehend auch SABI (1988), S. 624; *Förschle, G.* (1995), Rn. 31; *Adler/Düring/Schmaltz* (1996), § 309 HGB, Rn. 58; *Stein, H.-G.* (1993), S. 989; a.A. *Busse von Colbe, W./Ordelheide, D.* (1993), S. 238.

Das Gebot, eine in Vorperioden vorgenommene erfolgsneutrale Verrechnung des Geschäfts- oder Firmenwerts beizubehalten, gilt auch dann, wenn in den nachfolgenden Geschäftsjahren die bei einer in einer Vorperiode durchgeführten erfolgsneutralen Aufrechnung vorhandenen Rücklagen in den Einzelabschlüssen der betreffenden einbezogenen Tochterunternehmen ganz oder teilweise aufgebraucht werden. In diesem Fall sind prinzipiell verschiedene Ausweisformen möglich.[96] Die Absetzung des Betrags der aufgezehrten Konzernrücklagen vom Ergebnisvortrag des Konzerns dürfte hierbei aus Konzernsicht den zutreffendsten Ausweis bilden.[97]

Abschließend sind in der nachfolgenden Übersicht die originär gesetzlichen sowie die vom Schrifttum bzw. Konsolidierungspraxis abgeleiteten Verrechnungsalternativen zusammenfassend dargestellt.

Übersicht 2: Originäre und abgeleitete Behandlungsalternativen des Geschäfts- oder Firmenwerts aus der Kapitalkonsolidierung

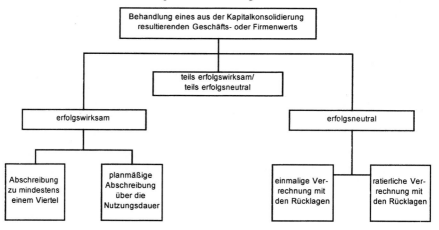

IV. Bilanzieller Charakter des Geschäfts- oder Firmenwerts

Aufgrund fehlender eindeutiger gesetzlicher Regelungen ist der bilanzielle Charakter des Geschäfts- oder Firmenwerts im Schrifttum heftig umstritten. Das Meinungsspektrum reicht hierbei von der Behandlung als Bilanzierungshilfe[98] über die eines Vermögensgegenstands[99] bis hin zum „Wert eigener Art"[100].

---

96 Vgl. ausführlich *Küting, K.* (1995a), S. 195f.
97 A.A. *Adler/Düring/Schmaltz* ((1996), § 309 HGB, Rn. 87), die den Ausweis eines Postens „In Vorjahren mit Gewinnrücklagen verrechneter Geschäfts- oder Firmenwert" im Eigenkapital präferieren.
98 Vgl. *Weber, C.-P./Zündorf, H.* (1989b), S. 334; *Förschle, G.* (1995), Rn. 7 m.w.N.
99 Vgl. *Brezing, K.* (1991), Rn. 28; *Zeitler, C.-F.* (1988), S. 304; *Moxter, A.* (1993), S. 854.
100 *Adler/Düring/Schmaltz* (1996), § 309 HGB, Rn. 13; ebenso *Baetge, J.* (1995), S. 224.

Für die Charakterisierung des Geschäfts- oder Firmenwerts als Vermögensgegenstand spricht, daß dieser explizit in der Bilanzgliederungsvorschrift des § 266 Abs. 2 HGB enthalten ist.[101] Dieses stark an Formalismen orientierte Argument vermag nicht zu überzeugen, denn damit wird „keine Aussage über die Qualifizierung des Postens, sondern lediglich über seine Stellung im Gliederungsschema getroffen"[102]. Gegen eine Einstufung des Geschäfts- oder Firmenwerts als Vermögensgegenstand spricht vor allem, daß der Geschäfts- oder Firmenwert weder selbständig bewertbar noch einzelveräußerungsfähig ist.[103] Die selbständige Bewertungsfähigkeit und die Einzelveräußerbarkeit sind aber für das Vorliegen eines Vermögensgegenstands nach den handelsrechtlichen Grundsätzen ordnungsmäßiger Buchführung unabdingbare Voraussetzungen.[104] „Die Interpretation des ‚Unterschiedsbetrags' als Vermögenswert ... verstößt ... gegen das Prinzip der Einzelbewertung, weil der derivative Firmenwert eine Ausgabe für ein Konglomerat von nicht näher bezifferbaren Komponenten ist, die teils abschreibungsfähige, teils nicht abschreibungsfähige Vermögenswerte, teils zum Zwecke der Periodenabgrenzung zu aktivierende Aufwendungen sein können"[105]. Es ist *Kropff* zuzustimmen, daß bedingt durch die Besonderheit des Postens „die Streitfrage, ob es sich (bei dem Geschäfts- oder Firmenwert, d. Verf.) um einen Aktivposten ... oder eine Bilanzierungshilfe ... handelt, ... nicht generell"[106] beantwortet werden kann. Aufgrund der in der Regel praktischen Unmöglichkeit, den verbleibenden Unterschiedsbetrag auf einzelne wertbildende und sonstige Komponenten zu verteilen und der für die planmäßige Abschreibung problematischen Frage der Nutzungsdauerschätzung[107], ist eine Interpretation als Vermögensgegenstand abzulehnen.

Es ist daher sachgerechter, den Geschäfts- oder Firmenwert als Bilanzierungshilfe zu interpretieren. Zumal auch die pauschalierte Abschreibung des § 309 Abs. 1 Satz 1 HGB die Züge der Behandlung einer Bilanzierungshilfe trägt.[108] Gleichwohl fehlt die für Bilanzierungshilfen vorgesehene Ausschüttungssperre.[109] Diese ist aber für den Konzernabschluß ohne Bedeutung, da dem Konzernabschluß keine Ausschüttungsbemessungsfunktion, sondern lediglich eine Informationsfunktion zukommt. Daneben läßt die in § 309 Abs. 1 Satz 3 HGB zugelassene wahlweise Verrechnung mit den Rücklagen vermuten, „daß es sich bei dem Geschäfts- oder

---

101 Vgl. *Adler/Düring/Schmaltz* (1996), § 309 HGB, Rn. 9.

102 *Förschle, G./Kropp, M.* (1986), S. 155.

103 Vgl. *Weber, C.-P./Zündorf, H.* (1989b), S. 334.

104 Vgl. hinsichtlich der Voraussetzungen für das Vorliegen eines Vermögensgegenstands *Kußmaul, H.* (1995), Rn. 384 ff.

105 *Wöhe, G.* (1992), S. 721.

106 *Kropff, B.* (1973), Rn. 65.

107 Hinsichtlich der Problematik bei der Ermittlung der Nutzungsdauer siehe Gliederungspunkt III.A.2.

108 Gem. § 282 HGB sind auch die nach § 269 HGB aktivierten Aufwendungen für die Ingangsetzung und Erweiterung des Geschäftsbetriebs in jedem folgenden Geschäftsjahr zu mindestens einem Viertel abzuschreiben.

109 Vgl. § 269 Satz 2 HGB für die Aufwendungen für die Ingangsetzung und Erweiterung des Geschäftsbetriebs und § 274 Abs. 2 Satz 3 HGB für die Abgrenzung latenter Steuern.

Firmenwert um einen Korrekturposten des Eigenkapitals und damit um eine Bilanzierungshilfe handelt."[110]

V. Bilanzieller Ausweis

Wird ein verbleibender aktivischer Unterschiedsbetrag nicht in einem einmaligen Akt gegen die Konzernrücklagen verrechnet, so ist er gem. § 301 Abs. 3 Satz 1 HGB als Geschäfts- oder Firmenwert auf der Aktivseite auszuweisen.[111] Hierbei wird vom Gesetzgeber nicht explizit gefordert, daß die bei einzelnen Tochterunternehmen verbleibenden aktivischen Unterschiedsbeträge getrennt im immateriellen Anlagevermögen ausgewiesen werden müssen; sie können vielmehr – zusammen mit den Geschäfts- oder Firmenwerten aus den Einzelabschlüssen und den Geschäfts- oder Firmenwerten aus der Anwendung der Quoten- und Equity-Konsolidierung – in einem einzigen Posten in der Bilanz ausgewiesen werden. Aus Gründen der Klarheit und Übersichtlichkeit ist aber eine Untergliederung nicht nur zulässig, sondern sogar zu präferieren.[112]

Durch den Ausweis unter dem immateriellen Anlagevermögen ist entsprechend dem § 268 Abs. 2 HGB die Entwicklung dieses Postens – unabhängig davon, ob er erfolgswirksam oder ratierlich erfolgsneutral verrechnet wird – im Anlagespiegel darzustellen. Weiterhin sind der ausgewiesene Geschäfts- oder Firmenwert und seine wesentlichen Veränderungen im Zeitablauf im Anhang zu erläutern.[113]

§ 301 Abs. 3 Satz 3 HGB gestattet – als Ausnahme des sonst geltenden Saldierungsverbots[114] – eine Verrechnung von verbleibenden Unterschiedsbeträgen der Aktivseite und der Passivseite. Die Saldierung stellt hierbei kein Bewertungswahlrecht, sondern lediglich ein Ausweiswahlrecht dar. Folglich ist diese nur dann möglich, wenn ein verbleibender aktivischer Unterschiedsbetrag nicht gem. § 309 Abs. 1 Satz 3 HGB in einem einmaligen Akt mit den Rücklagen verrechnet, sondern als Geschäfts- oder Firmenwert aktiviert wird. Die Saldierung i.S.v. § 301 Abs. 3 Satz 3 HGB ist demnach der Methodenwahl des § 309 Abs. 1 HGB nachgelagert und beschränkt sich auf den Fall, daß ein Geschäfts- oder Firmenwert überhaupt ausgewiesen wird.[115] Der nach der Saldierung verbleibende Differenzbetrag ist je nach Charakter entweder auf der Aktiv- oder der Passivseite auszuweisen. Wird von der Verrechnungsmöglichkeit Gebrauch gemacht, müssen im Anhang die unsaldierten Größen ausgewiesen werden.[116] Aufgrund der unterschiedlichen Behandlungsweisen der verbleibenden passivischen und aktivischen Unterschiedsbeträge in den

---

110 *Baetge, J.* (1995), S. 224.
111 Für den Geschäfts- oder Firmenwert aus dem Einzelabschluß besteht demgegenüber gem. § 255 Abs. 4 HGB lediglich ein Ansatzwahlrecht.
112 So auch *Adler/Düring/Schmaltz* (1996), § 309 HGB, Rn. 80; *Förschle, G.* (1995), Rn. 161; *Wysocki, K. v./Wohlgemuth, M.* (1996), S. 110.
113 Vgl. § 301 Abs. 3 Satz 2 HGB.
114 Vgl. § 246 Abs. 2 i.V.m. § 298 Abs. 1 HGB.
115 Vgl. auch IDW (1996), Kap. M, Rn. 348.
116 Vgl. § 301 Abs. 3 Satz 3 HGB; kritisch *Weber, C.-P./Zündorf, H.* (1989a), Rn. 36; *Stein, H.-G.* (1993), S. 989.

Folgeperioden ist zudem eine isolierte Fortschreibung der Einzelbeträge erforderlich.[117]

VI. Der Geschäfts- oder Firmenwert in der Unternehmenspraxis

A. Bedeutung des Geschäfts- oder Firmenwerts in der Bilanzierungspraxis

Wie bereits dargelegt, spielt die bilanzielle Behandlung des Geschäfts- oder Firmenwerts eine zentrale Rolle bei der Darstellung einer zutreffenden Vermögens- und Ertragslage. Dies beruht zum einen auf der betragsmäßigen Größe des Geschäfts- oder Firmenwerts und zum anderen auf den umfangreichen Behandlungsmöglichkeiten, die der Gesetzgeber mit dem § 309 Abs. 1 HGB dem Bilanzierenden eröffnet. So beträgt der ausgewiesene Geschäfts- oder Firmenwert bei *ASKO* 535%, bei *GEHE* 422%, bei *AVA* 223% und bei *MOKSEL* 128% des gezeichneten Kapitals.[118]

Die bilanziellen Auswirkungen der Wahl zwischen erfolgswirksamer Abschreibung und erfolgsneutraler Verrechnung des Geschäfts- oder Firmenwerts auf den Vermögensausweis, zeigt beispielsweise eine Analyse der Zusammensetzung des immateriellen Anlagevermögens. Wird ein Geschäfts- oder Firmenwert aktiviert, so läßt sich wie im Falle von AVA eine Relation immaterielles Anlagevermögen zu gesamten Anlagevermögen von 42,2% ermitteln.[119] Würde man eine einmalige erfolgsneutrale Verrechnung unterstellen, würde die gleiche Relation nur noch 7,4% betragen. Der Geschäfts- oder Firmenwert umfaßt somit rund 89% des ausgewiesenen immateriellen Anlagevermögens. Daß das Beispiel von AVA kein Einzelfall ist, belegt auch ein Blick in die Geschäftsberichte von *Fuchs Petrolub*, VK *Mühlen* oder *Mannesmann*.[120] Auch bei diesen Konzernen beinhaltet das immaterielle Anlagevermögen zu mehr als 80% einen Geschäfts- oder Firmenwert.

Die Beeinflussung der Darstellung der Ertragslage durch die Wahl zwischen einer erfolgsneutralen und erfolgswirksamen Behandlung verdeutlicht beispielhaft der Konzernabschluß 1995 der *Veba*, in dem Abschreibungen auf Firmenwerte aus der Konsolidierung in Höhe von 381 Mio. DM ausgewiesen werden.[121] Die Abschreibung auf den Geschäfts- oder Firmenwert aus der Konsolidierung beträgt somit rund 10% des Konzernjahresüberschusses vor Ertragsteuern.[122] Noch bedeutender war diese Relation im Geschäftsjahr 1993; hier betrug sie sogar 45%.[123] Die Erfolgssituation hätte sich damit ganz anders dargestellt, wenn *Veba* nicht die erfolgswirksame, sondern die erfolgsneutrale Verrechnung gewählt hätte.

---

117 Vgl. *Förschle, G.* (1995), Rn. 60.
118 Vgl. hierzu die Geschäftsberichte der jeweiligen Konzerne des Geschäftsjahrs 1994/95 bzw. 1995.
119 Vgl. Geschäftsbericht 1995 der AVA AG, S. 45.
120 Vgl. Geschäftsberichte 1995 der Fuchs Petrolub AG, VK Mühlen AG und Mannesmann AG.
121 Vgl. Geschäftsbericht 1995 der Veba AG, S. 77.
122 Vgl. ebenda.
123 Vgl. Geschäftsbericht 1993 der Veba AG, S. 77.

Auch das Beispiel des *Spar*-Konzerns verdeutlicht das Ausmaß der Beeinflussung der Ertragslage durch die Behandlung des Geschäfts- oder Firmenwerts. Der Konzernjahresüberschuß des *Spar*-Konzerns stieg von 41,1 Mio. DM (1994) auf 74,7 Mio. DM (1995) und stellte somit das „bisher beste Ergebnis in der Geschichte des Unternehmens"[124] dar. Eine Analyse des Anhangs zeigt jedoch, daß der Geschäfts- oder Firmenwert nicht mehr wie bisher erfolgswirksam abgeschrieben wurde, sondern erstmalig erfolgsneutral und ratierlich gegen die Rücklagen verrechnet wurde. Allein durch diese Änderung der Konsolidierungstechnik erzielte der *Spar*-Konzern eine Erhöhung des Konzernerfolgs um 22,7 Mio. DM.

B. Vereinfachung der Kapitalkonsolidierung durch die Vermeidung der Aufdeckung stiller Rücklagen

Neben den gesetzlich kodifizierten Behandlungsalternativen des Geschäfts- oder Firmenwerts kann der Konzernabschlußersteller über die Aufteilung eines bei der Kapitalkonsolidierung entstehenden aktivischen Unterschiedsbetrags Einfluß auf die Höhe des Geschäfts- oder Firmenwerts nehmen.[125] Daß in diesem Punkt Theorie und Bilanzierungspraxis teilweise auseinanderlaufen, zeigt eine am Institut für Wirtschaftsprüfung der Universität des Saarlandes durchgeführte Analyse der Berichterstattung von 200 ausgewählten deutschen Konzernen. In vielen Geschäftsberichten fanden sich Hinweise darauf, daß die Kapitalkonsolidierung bezüglich der Aufdeckung stiller Rücklagen vereinfacht wird. Das Spektrum reicht dabei von einer Berichterstattung über die konzeptionell richtige Aufdeckung stiller Rücklagen bis hin zur Berichterstattung über die anscheinend vollständige Einstellung des aktivischen Unterschiedsbetrags in den Geschäfts- oder Firmenwert (vgl. Übersicht 3).

Eine Feststellung, daß eine korrekte Aufdeckung aller stillen Rücklagen vorgenommen wurde, wie dies in § 301 HGB explizit verlangt wird, findet sich gerade in 37% aller analysierten Geschäftsberichte. Die Berichterstattung von 21% der untersuchten Konzerne läßt darauf schließen, daß die Kapitalkonsolidierung bezüglich der Aufdeckung stiller Rücklagen vereinfacht wurde. Eine Variante der Vereinfachung besteht darin, nur nominell wesentliche stille Rücklagen aufzudecken. So läßt beispielsweise die Formulierung von *Verseidag* 1995 vermuten, daß die stillen Rücklagen nach dem Grundsatz der Wesentlichkeit (Variante 2) aufgedeckt wurden: „Die sich hierbei ergebenden Unterschiedsbeträge werden grundsätzlich den Vermögensgegenständen und Schulden zugerechnet, als die ihnen beizulegenden Werte *nicht unwesentlich* höher oder niedriger sind als die übernommenen Werte."[126] In ähnlicher Weise berichten auch *Henkel*[127], *Pfleiderer*[128] und IWKA[129].

---

124 Geschäftsbericht 1995 der Spar Handels AG, S. 8.
125 Vgl. hierzu Gliederungspunkt II und III.
126 Geschäftsbericht 1995 der Verseidag AG, S. 21 (Hervorhebung durch d.Verf.).
127 Vgl. Geschäftsbericht 1995 der Henkel KGaA, S. 57.
128 Vgl. Geschäftsbericht 1995 der Pfleiderer AG, S. 43.
129 Vgl. Geschäftsbericht 1995 der IWKA AG, S. 29.

Übersicht 3: Vereinfachung der Kapitalkonsolidierung in der Bilanzierungspraxis

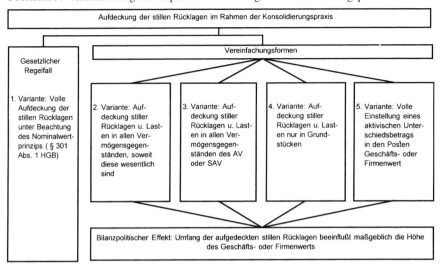

Bei einer weiteren und von 4% der untersuchten Unternehmen praktizierten Vereinfachungsvariante der Kapitalkonsolidierung (Variante 3) werden stille Rücklagen nur partiell im Anlagevermögen bzw. Sachanlagevermögen aufgedeckt.[130] Auf die Aufdeckung der im Umlaufvermögen und dort speziell im Vorratsvermögen gelegten stillen Rücklagen wird demnach verzichtet. Insbesondere bei der auch im Konzernabschluß gebräuchlichen Lifo-Methode zur Vorratsbewertung entstehen oftmals stille Rücklagen,[131] die entsprechend der gesetzlichen Konzeption aufgedeckt werden müßten.

Schließlich ist es in der Konsolidierungspraxis üblich, die Aufdeckung der stillen Rücklagen auf Grundstücke und Gebäude zu beschränken (Variante 4). Auf eine solche Vorgehensweise läßt beispielsweise die Formulierung im Geschäftsbericht von *Brau und Brunnen* 1995 schließen, in dem es heißt: „Hieraus sich ergebende aktivische Unterschiedsbeträge werden – soweit unmittelbar zurechenbar – Grund und Boden und Gebäuden zugeordnet; darüber hinausgehende Beträge werden als Geschäfts- oder Firmenwerte ausgewiesen"[132]. Durch die partielle Aufdeckung der stillen Rücklagen im nicht abnutzbaren Anlagevermögen ist es möglich, die Folgeperioden nicht ergebnismäßig zu belasten. Bei einer korrekten Aufdeckung müßten möglicherweise auch stille Rücklagen den abnutzbaren Vermögensgegenständen,

---

130 Vgl. z. B. Geschäftsbericht 1995 der Glunz AG, S. 30; Geschäftsbericht 1995 der MD Bau AG, S. 38; Geschäftsbericht 1995 der Holsten AG, S. 31.

131 Stille Rücklagen bei der Anwendung der Lifo-Methode entstehen immer dann, wenn sich das Preisniveau erhöht.

132 Geschäftsbericht 1995 der Brau und Brunnen AG, S. 45. Ähnliche Ausführungen finden sich in den Geschäftsberichten von Continental (Geschäftsjahr 1995, S. 43), Krones (Geschäftsjahr 1995, S. 43) und Mühl Produkt & Service (Geschäftsjahr 1995, S. 20).

wie beispielsweise den Maschinen, zugeordnet werden. Folglich wäre der Konzernjahresüberschuß durch Abschreibungen vermindert, ohne daß der Bilanzierende dies beeinflussen könnte.

Die weitestgehende Vereinfachung der Kapitalkonsolidierung besteht darin, den gesamten aktivischen Unterschiedsbetrag als Geschäfts- oder Firmenwert auszuweisen (Variante 5). Indikatoren für diese Vereinfachungsvariante finden sich in 13% der analysierten Geschäftsberichte. Dahingehend ist beispielsweise die Berichterstattung von CS-*Interglas* zu interpretieren: „Ein daraus entstehender aktiver Unterschiedsbetrag wurde als Geschäfts- oder Firmenwert abgeschrieben."[133] Durch die Klassifizierung aller stillen Rücklagen als Geschäfts- oder Firmenwert können diese einheitlich nach § 309 Abs. 1 HGB behandelt werden. Mit anderen Worten: Es liegt im Ermessen des Bilanzierenden, ob diese undifferenziert erfolgswirksam abgeschrieben oder erfolgsneutral verrechnet werden. Bei einer methodisch richtigen Vorgehensweise teilen dagegen die stillen Reserven das Schicksal der Posten, denen sie zugeordnet werden.

Es steht somit außer Zweifel, daß durch die Wahl der skizzierten Vereinfachungsmethoden die Vermögens- und Ertragslage des Konzerns wesentlich beeinflußt werden kann. Die vorgefundenen Vereinfachungsformen der Kapitalkonsolidierung sind vor allem auf die Problematik der Ermittlung der Zeitwerte der Vermögensgegenstände und der Fortschreibung der aufgedeckten stillen Rücklagen in den Folgeperioden zurückzuführen. Hinsichtlich der Ermittlung der Zeitwerte wird in der Regel eine umfassende substanzwertbezogene Unternehmensbewertung notwendig sein. Diese erfordert eine beschaffungsmarktorientierte Ermittlung der Wertansätze der Vermögensgegenstände und eine Gegenüberstellung mit den jeweiligen Buchwerten. Eine solche Vorgehensweise ist nicht nur mit hohen Aufwendungen, sondern auch mit enormen Ansatz- und Bewertungsproblemen verbunden. Es sei nur an die Problematik der Bewertung der selbsterstellten immateriellen Vermögensgegenstände des Anlagevermögens der Tochterunternehmen erinnert, die im Einzelabschluß gem. § 248 Abs. 2 HGB nicht aktiviert werden dürfen, im Rahmen der Kapitalkonsolidierung jedoch berücksichtigt werden müssen, sofern sie vor der Erstkonsolidierung entstanden sind.

C. *Ausübung der Behandlungsalternativen des § 309 Abs. 1 HGB in der Unternehmenspraxis*

Dem Bilanzierenden wird durch die umfangreichen Wahlrechte des § 309 Abs. 1 HGB ein bedeutendes bilanzpolitisches Instrumentarium eröffnet. Daß dieses von der Bilanzierungspraxis voll ausgeschöpft wird, zeigt die empirische Erhebung, die am Institut für Wirtschaftsprüfung durchgeführt wurde.

Die Erhebung verdeutlicht, daß der vom Gesetzgeber vorgesehene Regelfall, die pauschalierte Abschreibung i.S.v. § 309 Abs. 1 Satz 1 HGB, zum Ausnahmefall wurde. Denn von den analysierten Konzernen schreiben gerade einmal 2% den Ge-

---

133   Geschäftsbericht 1995 der CS-Interglas AG, S. 30.

Übersicht 4: Behandlung eines aus der Kapitalkonsolidierung resultierenden Geschäfts- oder
Firmenwerts in der Bilanzierungspraxis

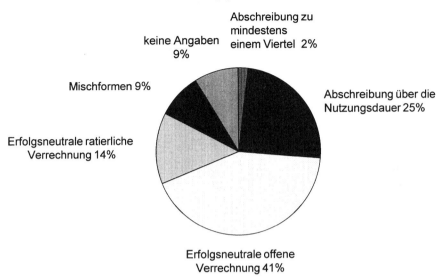

schäfts- oder Firmenwert nach dieser Vorschrift ab. Die geringe Akzeptanz der
Bilanzierungspraxis hinsichtlich dieser Abschreibungsform wird in erster Linie
damit zu begründen sein, daß diese Methode zwar dem Grundsatz der Klarheit und
Übersichtlichkeit Rechnung trägt, aber durch den relativ kurzen Abschreibungs-
zeitraum von maximal fünf Jahren den Konzernerfolg in erheblichem Maße beeinflußt.[134]

Die zweite Form der erfolgswirksamen Behandlung, die planmäßige Abschreibung über die Nutzungsdauer, wurde von 25% der analysierten Konzerne gewählt.
Der Aufwandsverrechnung wurden dabei Zeiträume von 5[135] bis 40[136] Jahren zugrunde gelegt. Die Festlegung der Nutzungsdauer erfolgte – laut der Berichterstattung der untersuchten Konzerne – in der Regel differenziert für einzelne Geschäfts-
oder Firmenwerte.

Ein Teil der Unternehmen berichtete zwar, daß die Geschäfts- oder Firmenwerte über die jeweilige wirtschaftliche Nutzungsdauer abgeschrieben werden,
ohne diese jedoch den Zeitraum zu konkretisieren.[137] Die Mehrheit der untersuchten
Konzerne nennt indessen eine konkrete Nutzungsdauer. Hierbei orientieren sich
mehr als 40% der Unternehmen, die eine Abschreibung über die Nutzungsdauer
vornehmen, an der steuerrechtlichen Nutzungsdauer von 15 Jahren. Insgesamt
unternimmt kaum ein Unternehmen den Versuch, die gewählte Nutzungsdauer zu

---

134 Vgl. dahingehend bereits *Müller, E.* (1977), S. 60.
135 Vgl. z.B. Geschäftsbericht 1995 der Nordstern Lebensmittel AG, S. 37.
136 Vgl. z.B. Geschäftsbericht 1995 der M.A.X. Holding AG, S. 27.
137 Vgl. z.B. Geschäftsbericht 1995 der Tiag AG, S. 29; Geschäftsbericht 1995 der Brau und Brunnen AG, S. 42; Geschäftsbericht 1995 der Felten & Guilleaume Energietechnik AG, S. 55.

begründen. Eine Ausnahme hiervon stellt die ausführliche Berichterstattung von *Schering* dar. Im Geschäftsbericht 1995 begründet der Pharmakonzern die Schätzung der Nutzungsdauer wie folgt: „Bei der Bestimmung der Nutzungsdauer werden vertragliche Bindungen, der Realisierungszeitraum von Synergien und die strategische Bedeutung des Unternehmenserwerbs herangezogen."[138]

Der überwiegende Teil der deutschen Konzerne entschied sich für eine erfolgsneutrale Behandlung des Geschäfts- oder Firmenwerts. Insgesamt 55% der untersuchten Unternehmen wählten eine solche Behandlungsalternative. Dominierend dabei ist die Verrechnung des Geschäfts- oder Firmenwerts in einem einmaligen Akt mit den Rücklagen, die von 41% der analysierten Unternehmen angewendet wurde. Immerhin 14% der untersuchten Konzerne wählten die umstrittene ratierliche erfolgsneutrale Verrechnung der Geschäfts- oder Firmenwerte. Die Dauer der ratierlichen Verrechnung reicht dabei von drei Jahren bei *Stollwerck*[139] bis zu 30 Jahren bei *Triumph-Adler*[140], wobei auch hier die Verrechnung über eine Nutzungsdauer von 15 Jahren überwiegt. In der deutschen Konsolidierungspraxis ist es darüber hinaus üblich, beide Formen der erfolgsneutralen Verrechnung nebeneinander anzuwenden. Unter Hinweis auf den Grundsatz der Wesentlichkeit berichtet beispielsweise IWKA, daß wesentliche aktivische Unterschiedsbeträge ratierlich verrechnet und sonstige aktivische Unterschiedsbeträge unmittelbar mit den Rücklagen saldiert werden.[141]

Über die gleichzeitige Anwendung der erfolgsneutralen und erfolgswirksamen Behandlung berichten 9% der analysierten Unternehmen. Die Ungleichbehandlung wird allerdings nur in seltenen Fällen begründet. Die Berichterstattung beschränkt sich lediglich auf die Feststellung, daß „danach noch verbleibende aktivische Unterschiedsbeträge ... – soweit sie nicht ganz oder teilweise offen mit den Gewinnrücklagen verrechnet worden sind – als Firmenwert aktiviert und planmäßig abgeschrieben"[142] werden. Ein Beispiel für eine aufschlußreichere Berichterstattung findet sich im Geschäftsbericht von *Sommer Allibert*. Danach werden die Geschäfts- oder Firmenwerte zweier europäischer Gesellschaften über 20 Jahre ratierlich mit den Rücklagen verrechnet, während der Geschäfts- oder Firmenwert einer amerikanischen Tochter erfolgswirksam behandelt wird.[143]

VII. Zusammenfassende Würdigung

Die Ausführungen haben gezeigt, daß die Behandlung des Geschäfts- oder Firmenwerts aus der Kapitalkonsolidierung einen zentralen Bestandteil des konzernbilanzpolitischen Instrumentariums darstellt. Durch die rege Akquisitionstätigkeit deutscher Konzerne und der damit zusammenhängenden betragsmäßigen Größe kann

---

138 Geschäftsbericht 1995 der Schering AG, S. 39.
139 Vgl. Geschäftsbericht 1995 der Stollwerck AG, S. 32.
140 Vgl. Geschäftsbericht 1995 der Triumph-Adler AG, S. 55.
141 Vgl. Geschäftsbericht 1995 der IWKA AG, S. 29.
142 Geschäftsbericht 1995 der VEW AG, S. 55.
143 Vgl. Geschäftsbericht 1995 der Sommer Allibert Industrie AG, S. 39.

die Wahl einer Alternative des § 309 Abs. 1 HGB grundlegenden Einfluß auf die Darstellung der Vermögens- und Ertragslage nehmen.

Kritisch hervorzuheben ist hierbei die Möglichkeit der erfolgsneutralen Verrechnung eines verbleibenden aktivischen Unterschiedsbetrags. Obwohl der betriebswirtschaftliche Hintergrund mehr als fraglich ist, findet sie in der Konsolidierungspraxis großen Anklang. Nur eine erfolgswirksame Verrechnung kann zu betriebswirtschaftlich sinnvollen Resultaten führen. Auch aus Gründen einer besseren internationalen Vergleichbarkeit der Konzernabschlüsse ist eine ausschließlich erfolgswirksame Behandlung zu begrüßen.

Neben den in § 309 HGB kodifizierten Behandlungsalternativen haben sich in der deutschen Bilanzierungspraxis und Teilen des Schrifttums weitere Varianten entwickelt. Zum einen wird neben der einmaligen erfolgsneutralen auch eine ratierliche erfolgsneutrale Verrechnung mit den Rücklagen angewendet. Zum anderen werden Mischformen aus erfolgswirksamer und erfolgsneutraler Behandlung und Methodenwechsel vorgenommen, ohne daß im erforderlichen Maße eine Begründung erfolgt. Folgt man der Ansicht, daß durch die umfangreichen Behandlungsalternativen dem externen Adressaten ein sinnvoller Unternehmensvergleich erschwert wird, so wird dieser bei einem solchen Vorgehen vollends unmöglich.

Die in der Bilanzierungspraxis vorgefundenen Indikatoren für eine Vereinfachung bei der Aufdeckung stiller Rücklagen ist ebenfalls kritisch zu beurteilen. Die Aufdeckung und Zuordnung stiller Rücklagen ist ein wesentliches Element der Erwerbsmethode. Eine Unterlassung, die zumal gesetzlich verboten ist, kann mit dieser Konsolidierungskonzeption grundsätzlich nicht vereinbart werden. Auch die Bezugnahme auf die Grundsätze der Wirtschaftlichkeit und Wesentlichkeit mag diese Vereinfachung nur in Ausnahmefällen begründen. Darüber hinaus könnte die Vereinfachungsmöglichkeit ein weiterer Grund dafür sein, daß der Geschäfts- oder Firmenwert die von vielen Beteiligten nicht erwartete große Bedeutung erlangt hat.

Ganz allgemein ist festzustellen, daß der bilanzpolitische Spielraum bei der Behandlung des Geschäfts- oder Firmenwerts zu weit abgesteckt worden ist. Hierdurch wird nicht nur ein nationaler und internationaler Unternehmensvergleich erschwert. Teilweise stehen darüber hinaus die Regelungen im Widerspruch zu betriebswirtschaftlichen Grundsätzen. Der deutsche Gesetzgeber ist aufgerufen, diese Regelungen auf den Prüfstand zu stellen. Spätestens die immer stärker werdende internationale Ausrichtung der Konzernrechnungslegung wird ihn dazu zwingen.

Literaturverzeichnis

Adler, H./Düring, W./Schmaltz, K. (1996): Kommentar zum HGB, AktG, GmbHG, PublG nach den Vorschriften des Bilanzrichtlinien-Gesetzes, 6. Aufl., Bd. III, Stuttgart 1996.
Arbeitskreis „Externe Unternehmensrechnung" der Schmalenbach Gesellschaft – Deutsche Gesellschaft für Betriebswirtschaft e.V. (1989): Aufstellung von Konzernabschlüssen, in: Busse von Colbe, W. u. a. (Hrsg.), ZfbF-Sonderheft 21/87, 2. Aufl., Düsseldorf 1989.
ASB (Accounting Standards Board, 1993): Discussion Paper – Goodwill and intangible Assets, London 1993.
ASB (Accounting Standards Board, 1995): Working Paper for discussion at public hearing – Goodwill and Intangible Assets, London 1995.

Baetge, J. (1995): Konzernbilanzen, 2. Aufl., Düsseldorf 1995.

Biener, H. (1977): Die Harmonisierung der Konzernrechnungslegung in der Europäischen Gemeinschaft nach dem Vorschlag für eine Siebente gesellschaftsrechtliche Richtlinie, DB 1977, S. 1831–1838.

Biener, H. (1986): Protokoll der öffentlichen Anhörung, vom 24. 9. 1985, in: Helmrich, H. (Hrsg.), Bilanzrichtliniengesetz: amtl. Texte u. Entwürfe, Begründungen und Stellungnahmen und Protokolle, München 1986.

Biener, H./Berneke, W. (1986): Bilanzrichtlinien-Gesetz, Textausgabe des Bilanzrichtlinien-Gesetzes vom 19. 12. 1985 (BGBl. I, S. 2355), mit Bericht des Rechtsausschusses des deutschen Bundestages, Regierungsentwürfe mit Begründung, EG-Richtlinien mit Begründung, Entstehung und Erläuterung des Gesetzes, Düsseldorf 1986.

Brezing, Klaus (1991): Der Gegenstand der Bilanzierung und seine Zurechnung im Handels- und Steuerrecht, 2. Aufl., in: Wysocki, K. v./Schulze-Osterloh, J. (Hrsg.), Handbuch des Jahresabschlusses in Einzeldarstellungen, Kommentar, Loseblatt, Köln 1984/92, Abt. I/4.

Busse von Colbe, W./Ordelheide, D. (1993): Konzernabschlüsse, Rechnungslegung für Konzerne nach betriebswirtschaftlichen Grundsätzen und gesetzlichen Vorschriften, 6. Aufl., Wiesbaden 1993.

Dusemond, M. (1997): Endkonsolidierung und erfolgsneutrale Verrechnung des Geschäfts- oder Firmenwerts, DB 1997, S. 53–57.

Förschle, G./Kropp, M. (1986): Wechselwirkungen zwischen Handels- und Steuerbilanz beim Anlagevermögen nach dem Bilanzrichtlinien-Gesetz, Wpg 1986, S. 152–161.

Förschle, G. (1995): Kommentierung des § 309 HGB, in: Budde, W. D. u. a. (Hrsg.), Beck'scher Bilanz-Kommentar, Handels- und Steuerrecht – §§ 238 bis 339 HGB –, 3. Aufl., München 1995.

Geschäftsbericht 1995 der ASKO Deutsche Kaufhaus AG.

Geschäftsbericht 1995 der AVA AG.

Geschäftsbericht 1995 der Brau und Brunnen AG.

Geschäftsbericht 1995 der CS-Interglas AG.

Geschäftsbericht 1995 der Eurokai KGaA.

Geschäftsbericht 1995 der Felten & Guilleaume Energietechnik AG.

Geschäftsbericht 1995 der Fuchs Petrolub AG.

Geschäftsbericht 1995 der Glunz AG.

Geschäftsbericht 1995 der Henkel KGaA.

Geschäftsbericht 1995 der Holsten AG.

Geschäftsbericht 1995 der IWKA AG.

Geschäftsbericht 1995 der Mannesmann AG.

Geschäftsbericht 1995 der M.A.X. Holding AG.

Geschäftsbericht 1995 der MD Bau AG.

Geschäftsbericht 1995 der Mühl Produkt & Service AG.

Geschäftsbericht 1995 der Nordstern Lebensmittel AG.

Geschäftsbericht 1995 der Schering AG.

Geschäftsbericht 1995 der Sommer Allibert Industrie AG.

Geschäftsbericht 1995 der Spar Handels AG.

Geschäftsbericht 1995 der Stollwerck AG.

Geschäftsbericht 1995 der Tiag AG.

Geschäftsbericht 1995 der Triumph-Adler AG.

Geschäftsbericht 1993 der Veba AG.

Geschäftsbericht 1995 der Veba AG.

Geschäftsbericht 1995 der Verseidag AG.

Geschäftsbericht 1995 der VEW AG.

Harms, J. E./Küting, K. (1980): Zur Anwenderproblematik der angelsächsischen Methode der Kapitalkonsolidierung im Rahmen der 7. EG-Richtlinie, AG 1980, S. 93–100.

HFA (1988): Stellungnahme 3/1988: Einheitliche Bewertung im Konzernabschluß, Wpg 1988, S. 483.

IDW (Hrsg., 1996), WP-Handbuch 1996, Bd. I, Düsseldorf 1996.

Kommission Rechnungswesen im Verband der Hochschullehrer für Betriebswirtschaftslehre e.V. (1985): Stellungnahme zur Umsetzung der 7. EG-Richtlinie (Konzernabschluß-Richtlinie), DBW 1985, S. 267–277.

Kropff, B. (1973): Kommentierung des § 153 AktG, in: Geßler, E./Hefermehl, W./Eckhardt, U./Kropff, B. (Hrsg.), Aktiengesetz, Bd. 3, München 1973.

Kußmaul, H. (1995): Bilanzierungsfähigkeit und Bilanzierungspflicht, in: Küting, K./Weber, C.-P. (Hrsg.), Handbuch der Rechnungslegung, Kommentar zur Bilanzierung und Prüfung, Bd. Ia, 4. Aufl., Stuttgart 1995, Kap. I, Rn. 384 ff.

Küting, K./Dusemond, M./Nardmann, B. (1994): Ausgewählte Probleme der Kapitalkonsolidierung in Theorie und Praxis, Ergebnisse einer empirischen Erhebung des Instituts für Wirtschaftsprüfung an der Universität des Saarlandes, BB 1994, Beilage 8 zu Heft 14/1994.

Küting, K./Hayn, S. (1996): Der Aussagewert eines angelsächsischen Konzernabschlusses im Vergleich zum HGB-Abschluß, AG 1996, S. 49–71.

Küting, K./Weber, C.-P./Zündorf, H. (1990): Praxis der Konzernbilanzanalyse, Grundsatzfragen zur Erstellung einer Konzernstrukturbilanz, Stuttgart 1990.

Küting, K./Weber, C.-P. (1997): Der Konzernabschluß, 4. Aufl., Stuttgart 1997.

Küting, K. (1995a): Aktuelle Fragen der Kapitalkonsolidierung (Teil I), DStR 1995, S. 192–196.

Küting, K. (1995b): Aktuelle Fragen der Kapitalkonsolidierung (Teil II), DStR 1995, S. 229–235.

Moxter, A. (1993): Bilanzrechtliche Probleme beim Geschäfts- oder Firmenwert, in: Bierich, M. u. a. (Hrsg.), Festschrift für Johannes Semler, Berlin/New York 1993, S. 311–326.

Müller, E. (1977): Konzernrechnungslegung deutscher Unternehmen auf der Basis der 7. EG-Richtlinie, DBW 1977, S. 53–65.

Niehus, R./Scholz, W. (1987): Kommentierung der §§ 238–315 HGB in: Meyer-Landrut, J. u. a. (Hrsg.), Kommentar zum GmbHG, einschließlich Rechnungslegung zum Einzelabschluß sowie zum Konzernabschluß, Berlin/New York 1987.

Niehus, R. (1984): Vorbemerkungen zu einer Konzernbilanzrichtlinie, Wpg 1984, S. 321.

Niehus, R. (1986): Protokoll der öffentlichen Anhörung vom 24. 9. 1985, in: Helmrich, H. (Hrsg.), Bilanzrichtliniengesetz: amtl. Texte u. Entwürfe, Begründungen und Stellungnahmen und Protokolle, München 1986.

Ordelheide, D. (1984): Kapitalkonsolidierung nach der Erwerbsmethode, Wpg 1984, S. 237–245.

Ordelheide, D. (1987): Folgekonsolidierung nach der Erwerbsmethode, C 402, in: Castan, E. u. a. (Hrsg.), Beck'sches Handbuch der Rechnungslegung, Band II, München 1987, Stand: April 1995.

Sahner, F./Häger, M. (1988): Konzernbilanzpolitik im Rahmen der Kapitalkonsolidierung gem. § 301 HGB, DB 1988, S. 405–412.

Schildbach, T. (1995): Ansatz und Bewertung immaterieller Anlagewerte, in: Ballwieser, W. (Hrsg.), US-amerikanische Rechnungslegung, 2. Aufl., Stuttgart 1996, S. 93–106.

Schulz, U. (1980): Der Stetigkeitsgrundsatz im Konzernabschluß, Wpg 1980, S. 357–369.

SABI (1988): Stellungnahme 2/1988: Behandlung des Unterschiedsbetrag aus der Kapitalkonsolidierung, WPg 1988, S. 622–626.

Staks, H. (1989): Aussagefähigkeit des neuen Konzernabschlusses, in: Küting, K./Weber, C.-P. (Hrsg.), Handbuch der Konzernrechnungslegung, Kommentar zur Bilanzierung und Prüfung, Stuttgart 1989.

Stein, Heinz-Gerd (1993): Ziele und Maßnahmen der Konzernbilanzpolitik, ZfbF 1993, S. 973–993.

Treuarbeit (Hrsg., 1990): Konzernabschlüsse '89, – Ausweis, Gestaltung, Berichterstattung, Ergebnisse einer Untersuchung von 100 großen Konzernen, Düsseldorf 1990.

UITF (Urgent Issue Task Force, 1992): Abstract 3-Treatment of Goodwill on Disposal of a Business, London Dec. 1991, Accountancy Feb. 1992, S. 112-114.

Weber, C.-P./Zündorf, H. (1989a): Kommentierung des § 309 HGB in: Küting, K./Weber, C.-P. (Hrsg.), Handbuch der Konzernrechnungslegung, Kommentar zur Bilanzierung und Prüfung, Stuttgart 1989.

Weber, C.-P./Zündorf, H. (1989b): Der Posten „Geschäfts- oder Firmenwert" im Konzernabschluß, DB 1989, S. 333–340.

Wöhe, G. (1980): Zur Bilanzierung und Bewertung des Firmenwerts, StuW 1980, S. 89–108.

Wöhe, G. (1992): Bilanzierung und Bilanzpolitik, 8. Aufl., München 1992.

Wysocki, K. v./Wohlgemuth, M. (1996): Konzernrechnungslegung, 4. Aufl., Düsseldorf 1996.

Zeitler, C.-F. (1988): Der Firmenwert und verwandte immaterielle Wirtschaftsgüter in der Bilanz, DStR 1988, S. 303–308.

Zielke, W. (1993): Zur Behandlung des Goodwill im Konzernabschluß, in: Lanfermann, J. (Hrsg.), Internationale Wirtschaftsprüfung, Festschrift für Hans Havermann 1993, S. 829–843.

Zwingmann, L. (1994): Der Geschäfts- oder Firmenwert sowie der Unterschiedsbetrag aus der Kapitalkonsolidierung im Konzernabschluß, BB 1994, S. 2314–2318.

Die Wirkungen des § 93 Abs. 1 AktG auf die Rechnungslegung und die Sicherung des Unternehmensbestandes

RAINER LUDEWIG

I. Problemstellung

Die in den Medien in den letzten zwei Jahren berichteten Sachverhalte bei verschiedenen zum Teil bedeutenden deutschen Unternehmen[1] läßt u. a. die Frage aufkommen, ob denn die Unternehmensleiter alle für sie geltenden Regeln beachtet haben. Insbesondere, ob sie die notwendige Sorgfalt bei der Ausübung ihrer Tätigkeit haben walten lassen. Diese sicherlich auch heute noch aktuelle Fragestellung unterstreicht die Bedeutung und Aktualität des Themas.

Die Pflicht zur Sorgfalt ist für Vorstandsmitglieder von Aktiengesellschaften in § 93 AktG geregelt.

§ 93 Abs. 1 AktG hat derzeit (Januar 1997) folgende Fassung:

„(1) ¹Die Vorstandsmitglieder haben bei ihrer Geschäftsführung die Sorgfalt eines ordentlichen und gewissenhaften Geschäftsleiters anzuwenden. ²Über vertrauliche Angaben und Geheimnisse der Gesellschaft, namentlich Betriebs- oder Geschäftsgeheimnisse, die ihnen durch ihre Tätigkeit im Vorstand bekanntgeworden sind, haben sie Stillschweigen zu bewahren."

Der im November 1996 veröffentlichte Referentenentwurf des KonTra-Gesetzes[2] sieht vor, daß nach Satz 1 folgende Sätze eingefügt werden.

„Sie haben insbesondere unter Berücksichtigung der Art und Größe ihrer Gesellschaft und bei Mutterunternehmen im Sinne des § 290 des Handelsgesetzbuchs ihres Konzerns geeignete Maßnahmen zu treffen, um zu gewährleisten, daß den Fortbestand der Gesellschaft gefährdende Entwicklungen, insbesondere risikobehaftete Geschäfte, Unrichtigkeiten der Rechnungslegung und Verstöße gegen gesetzliche Vorschriften, die sich auf die Vermögens-, Finanz- und Ertragslage der Gesellschaft oder des Konzerns wesentlich auswirken, früh erkannt werden. Dazu gehört auch die Einrichtung eines Überwachungssystems mit der Aufgabe, die Einhaltung der nach Satz 2 zu treffenden Maßnahmen zu überwachen."

Wenn nun untersucht werden soll, welche Wirkungen von dieser Vorschrift – in ihrer bisherigen Fassung und mit der beabsichtigten Ergänzung des Referentenentwurfes – auf die Rechnungslegung und die Sicherung des Unternehmens ausgehen, so muß darauf hingewiesen werden, daß nach § 91 AktG „Der Vorstand … dafür zu sorgen (hat), daß die erforderlichen Handelsbücher geführt werden." Die Kommentierung[3] zu § 91 AktG weist darauf hin, daß die Verantwortung für die Erfüllung der Pflicht zur Buchführung *alle* Mitglieder des Vorstandes betrifft, unabhängig von einer eventuell vorhandenen Ressortaufteilung. Die Vorschrift des § 91 AktG besagt nicht, wie die Bücher zu führen sind, sondern nur, daß solches zu tun ist. Daraus ist zu folgern, daß sich die Frage, wie die Bücher zu führen sind,

---

1 *Balsam,* Metallgesellschaft, Vulkan, KHD.
2 Gesetz zur Kontrolle und Transparenz im Unternehmensbereich, Referentenentwurf des BMJ vom 22. November 1996.
3 Vgl. u. a. *Hüffer, U.*: Kommentierung zu § 91 AktG, in: Aktiengesetz, 2., neubearb. Aufl., München 1995, Rn. 1.

d. h. wie Rechnung zu legen ist, aus der Interpretation der Vorschriften des HGB[4] und insbesondere aber des § 93 Abs. 1 AktG abzuleiten ist.

Man wird also die im § 93 Abs. 1 AktG postulierte Sorgfaltspflicht des Vorstandes auch auf den Bereich der Rechnungslegung zu transponieren haben.

Bevor untersucht wird, welche Auswirkungen die Sorgfaltspflicht auf die Rechnungslegung und die Sicherung des Unternehmensbestandes hat, soll geklärt werden, was denn unter „Rechnungslegung" und unter „Sicherung des Unternehmens" verstanden werden soll.

II. Begriffsbestimmung

1. Rechnungslegung

Rechnungslegung im weiteren Sinne bezeichnet die Pflichten für Personen, die über eine mit Einnahmen und Ausgaben verbundene Verwaltung Rechenschaft abzulegen haben (§ 259 BGB). Sie erfolgt im allgemeinen durch die geordnete Zusammenstellung der Einnahmen und Ausgaben unter Beifügung der Belege[5].

Der Begriff der Rechnungslegung, wie er in diesem Aufsatz verstanden werden soll, bezeichnet die Rechenschaftslegung mittels des aus Bilanz und Gewinn- und Verlustrechnung bestehenden Jahresabschlusses[6]. Bei Kapitalgesellschaften ist der Jahresabschluß um einen Anhang zu erweitern sowie ein Lagebericht aufzustellen.

Die Rechtsgrundlagen für die Rechnungslegung sind zum einen im HGB festgelegt und zum anderen in Abhängigkeit von Rechtsform (AktG, GmbHG, GenG), Größe (PublG) und Branchenzugehörigkeit (KWG) des Unternehmens kodifiziert. Neben den Urteilen nach Entscheidungen der höchsten Bundesgerichte sind insbesondere die Grundsätze ordnungsmäßiger Buchführung[7] zu beachten.

2. Sicherung des Unternehmens

Unter dem Begriff der Unternehmenssicherung wird im allgemeinen die Kapital- und Substanzerhaltung[8] als ein Minimalziel unter den Unternehmenszielen verstanden. Mit der Einhaltung dieses Minimalzieles soll letztlich die Existenzsicherung des Unternehmens bewirkt werden. Die Kapitalerhaltung wird als Ausdruck des Sicherheitsstrebens der Unternehmung begriffen.

---

4 Hinweis auf §§ 238, 264 HGB.
5 Vgl. *Glade, A.*: Rechnungslegung und Prüfung nach dem Bilanzrichtlinien-Gesetz, Herne/Berlin 1986, S. 52.
6 Vgl. *Bea, F. X.*: Rechnungswesen, Grundbegriffe, in: Handwörterbuch der Betriebswirtschaft, Bd. 3, hrsg. von W. Wittmann u. a., 5. Aufl., Stuttgart 1993, S. 3699.
7 Vgl. u. a. *Baetge/Kirsch*: Grundsätze ordnungsmäßiger Buchführung, in: Handbuch der Rechnungslegung, Bd. Ia, hrsg. von Küting/Weber, Stuttgart 1995, S. 135 ff.
8 Vgl. u. a. *Börner, D.*: Kapitalerhaltung und Substanzerhaltung, in: Handwörterbuch der Betriebswirtschaft, Bd. 2, hrsg. von E. Grochla und W. Wittmann, 4. Aufl., Stuttgart 1975, S. 2096 ff.

An dieser Stelle soll unter der Sicherung des Unternehmens nicht nur die Einhaltung der Nebenbedingung Kapital- und Substanzerhaltung beim Erreichen des Ziels der Maximierung der (Gewinn-)Entnahmen[9] verstanden werden, sondern die eigenständige Aufgabe, das Weiterbestehen der Unternehmung zu sichern. Hierzu gehört es auch, daß durch geeignete Maßnahmen kriminelle Handlungen im Unternehmen verhindert bzw. aufgedeckt werden. Zur Sicherung des Unternehmens hat die Unternehmensleitung unter den gegebenen betriebswirtschaftlichen, volkswirtschaftlichen, rechtlichen und auch steuerrechtlichen Rahmenbedingungen die ihr zur Verfügung stehenden Mittel gewissenhaft zu nutzen.

III. Die Wirkung des § 93 Abs. 1 AktG auf die Rechnungslegung der Unternehmung

1. Das Sorgfaltsprinzip

Nachdem nun im Vorstehenden geklärt ist, was unter den beiden Begriffen – Rechnungslegung und Sicherung des Unternehmensbestandes – im Rahmen dieser Abhandlung zu verstehen ist, ist nachfolgend zu untersuchen, wie der Begriff „Sorgfalt eines ordentlichen und gewissenhaften Geschäftsleiters" im Hinblick auf die Rechnungslegung und Bestandssicherung zu interpretieren ist. Ganz allgemein kann diese Sorgfalt so umschrieben werden, daß es diejenige ist, „mit der ein ordentlicher und gewissenhafter Mann geschäftliche Unternehmen der betreffenden Art für eigene Rechnung zu tun pflegt"[10].

Nach übereinstimmender Auffassung in der Literatur[11] haben „die Vorstandsmitglieder ... die Gesetz- und Satzungsmäßigkeit der Organisation und Kapitalisierung sowie der Entscheidungsprozesse innerhalb der Gesellschaft zu wahren". Auch hat „der Vorstand ... für ein gesetzmäßiges Verhalten der Gesellschaft nach außen zu sorgen, darüber hinaus auch für die Einhaltung allgemein akzeptierter Grundsätze der Geschäftsmoral"[12].

Auch ist in der Kommentierung der Hinweis auf die „Berücksichtigung gesicherter und praktisch bewährter betriebswirtschaftlicher Erkenntnisse" enthalten[13] und es wird darauf hingewiesen, daß „allgemein ... die Verpflichtung des Vorstandes dahin (geht), den Vorteil der Gesellschaft zu wahren und Schaden von ihr abzuwenden."[14] Oder anders ausgedrückt: Der Vorstand hat die primäre Verantwortung für die Sicherung des Vermögens der Unternehmung[15].

---

9 Vgl. *Schneider, D.*: Ausschüttungsfähiger Gewinn und das Minimum an Selbstfinanzierung, in: ZfbF, 20. Jg 1968, S. 1–29.
10 *Gordin/Wilhelmi*: Aktiengesetz vom 6. September 1965, Kommentar, Bd. 1, neu bearb. von S. Wilhelmi, 4. Aufl., Berlin/New York 1971, Kommentierung zu § 93 AktG, Anm. 4.
11 *Mertens, H.-J.*: Kommentierung zu § 93 AktG, in: Kölner Kommentar zum Aktiengesetz, Bd. 2, hrsg. von W. Zöllner, 2. Aufl., Köln u. a. 1988; *Schilling, W.*: Kommentierung zu § 93 AktG, in: Aktiengesetz, Großkommentar, Bd. 1, bearb. von C. H. Barz u. a., 3. Aufl., Berlin/New York 1973.
12 *Schilling*, a.a.O. (Fn 11), Anm. 9.
13 *Mertens*, a.a.O. (Fn 11), Anm. 45.
14 *Schilling*, a.a.O. (Fn 11), Anm. 9.
15 Ebd.

Wenn die vorgenannten „Sorgfaltsprinzipien" generell gelten, dann stellt sich die Frage, inwieweit diese den Bereich der Rechnungslegung beeinflussen.

2. Die Sorgfaltspflicht in der Rechnungslegung

Sorgfalt in dem oben beschriebenen Sinne walten zu lassen, bedeutet erst einmal, die Vollständigkeit der Rechnungslegung herzustellen. Das bedeutet, daß alle Vorkehrungen (z. B. innerbetriebliche Aufschreibungen) und Vorrichtungen (z. B. Kostenstellen- und Kostenträgerrechnung) getroffen bzw. geschaffen werden müssen, die für die Transparenz zum Zwecke der Unternehmensführung und der Information Dritter (z. B. Gesellschafter, Aufsichtsrat, Öffentlichkeit) erforderlich sind. Mit anderen Worten: Das mengenmäßige Instrumentarium zur Unternehmensführung und Information muß (in Abhängigkeit von der Betriebsgröße) vorhanden sein.

Das bedeutet aber auch, daß in qualitativer Hinsicht alle Bestandteile der Rechnungslegung so beschaffen sein müssen, daß sie den Führungs- und Informationsanforderungen entsprechen.

Die vorstehenden Ausführungen lassen aber auch die Frage entstehen, ob dann der Vorstand für all dies selbst verantwortlich ist. Diese Frage ist unzweifelhaft zu bejahen. Das schließt jedoch nicht aus, daß er Teile dessen, für das er verantwortlich ist, bezüglich der Durchführung delegieren kann. Hierbei bleibt die Verantwortung jedoch beim Vorstand, der zum einen besondere Sorgfalt bei der Auswahl der zu beauftragenden Person walten lassen muß und zum anderen entsprechende Informations- und Kontrollsysteme zu installieren hat, um die ordnungsgemäße Durchführung der delegierten Aufgaben überwachen zu können[16].

Rechnungslegung bedeutet aber auch die Aufstellung des Jahresabschlusses. In diesem Bereich dürfte die Sorgfaltspflicht des Vorstandes – nochmals betont: aller Vorstandsmitglieder – sich in besonderer Weise entfalten.

Das beginnt zuerst mit der Terminierung der (vorbereitenden) Arbeiten zur Aufstellung des Jahresabschlusses. Dabei kann auch bei kleineren Gesellschaften die Entscheidung zu fällen sein, wer (als Externer) mit der Erstellung des Jahresabschlusses beauftragt werden kann. Daß hier – wiederum – besondere Sorgfalt bei der Auswahl anzuwenden ist, sei am Rande erwähnt.

Die Einhaltung zwingender gesetzlicher Vorschriften bei der Aufstellung des Jahresabschlusses dürfte wohl selbstverständlich sein und ist Verpflichtung des Vorstandes, denn dieser hat für ein gesetzmäßiges Verhalten der Gesellschaft nach außen zu sorgen[17].

Die gesetzlichen Vorschriften über die Bilanzierung enthalten aber auch eine Mehrzahl von Regeln, die Ermessensentscheidungen oder Schätzungen erfordern[18].

---

16 Vgl. *Mertens,* a.a.O. (Fn 11), Anm. 47.
17 Vgl. *Schneider, U. H.*: Kommentierung zu § 43 GmbHG. in: *Scholz*: Kommentar zum GmbH-Gesetz, Bd. 2, bearb. von G. Crezelius u. a., 8. Aufl., Köln 1992, Anm. 51.
18 Es sei hingewiesen auf die Wahl der Abschreibungsmethoden (§ 253 HGB), den Umfang des Ansatzes von Gemeinkosten bei der Ermittlung der Herstellungskosten (§ 255 HGB) und Schätzungen im Rahmen des § 249 HGB.

In diesem Bereich dürfte die Sorgfalt eines ordentlichen und gewissenhaften Geschäftsleiters besonders gefordert sein. Für ihn dürfte eine Entscheidung über Ermessensausübung, z. B. Bilanzierungswahlrechte oder Schätzungen durch mehrere Faktoren beeinflußt werden. Diese sind:

1. Das Interesse des „Unternehmens an sich"
2. Die Interessen der Aktionäre
3. Das Interesse des Fiskus

Bezüglich der Ausübung von Wahlrechten im Rahmen der Bilanzierung entspricht es der Sorgfalt, wenn in die Entscheidung (z. B. über die Wahl der Abschreibungsmethode oder des Umfangs des Ansatzes von Gemeinkosten) nicht nur auf den Bilanzstichtag bezogene Überlegungen einbezogen werden. Es müssen längerfristige Wirkungen (z. B. im Hinblick auf § 252 Abs. 1 Nr. 6 HGB – Stetigkeitsgebot) ebenso einfließen wie Auswirkungen auf die Dividendenpolitik und (langfristige) steuerliche Folgen. Eine solche Entscheidung, die möglicherweise durch das Stetigkeitsgebot Langzeitwirkung hat, ist in bezug auf ihre Subsumtion über das Postulat des § 93 Abs. 1 Satz 1 AktG nicht leicht zu beurteilen.

Die Beurteilung einer solchen Entscheidung ist letztendlich abhängig von der Frage, in welcher Weise denn die „Sorgfalt" gemessen werden kann.

3. Der Maßstab der erforderlichen Sorgfalt

Ob die erforderliche Sorgfalt angewandt wurde, ist nach objektiven Gesichtspunkten zu bestimmen[19]. Entscheidend ist, wie sich ein verständiger Mensch verhalten hätte. Maßgebend ist nicht die übliche, sondern die erforderliche Sorgfalt[20].

Die vorstehend zitierten Kommentarmeinungen zu den Grundsätzen der Tätigkeitsausübung des Vorstandes einer Aktiengesellschaft lassen erkennen, daß die Grenze der Ordnungsmäßigkeit der Amtsausübung nicht absolut, sondern nur relativ bestimmt werden kann. Die Handlungsweise des Vorstandes kann nur dann der Sorgfalt eines ordentlichen und gewissenhaften Geschäftsleiters entsprechend angesehen werden, wenn diese als angemessen beurteilt werden kann. Angemessenheit ist gegeben, wenn ein Sachverhalt (ein Zustand, eine Handlungsweise, eine Sache) in seiner Relation zu den ihn umgebenden Sachverhalten und (gesetzlichen) Normen von der Verkehrsauffassung gebilligt wird[21]. Man wird daher vor dem Hintergrund der dargestellten Kommentarmeinungen sagen können, daß die Ordnungsmäßigkeit der Geschäftsführung und damit auch der Bilanzierung von den Grenzen angemessenen Handelns bestimmt wird.

---

19 Vgl. *Schlegelberger*: Handelsgesetzbuch, Kommentar von E. Geßler u. a., Bd. 4, 5. Aufl., München 1976, Kommentierung zu § 347 HGB, Anm. 15.
20 Vgl. ebd.
21 Ausführlicher: *Ludewig, R.*: Das Angemessenheitsprinzip und seine Wirkung auf die Bilanzierung, insbesondere die Bilanzierung von Rückstellungen, in: Bilanzrecht und Kapitalmarkt, Festschrift für Moxter, hrsg. von W. Ballwieser u. a., Düsseldorf 1994, S. 301 ff.

Damit ist zu klären, was als angemessen angesehen werden kann und wie die Angemessenheit (sorgfältigen Handelns) gemessen werden kann. Was kann Maßstab für die Angemessenheit sein?

Oberster und genereller Maßstab für die Beantwortung der Frage nach der Angemessenheit einer Bilanzierungsentscheidung dürfte wohl die Erreichung des Unternehmenszieles sein. Es sei darauf hingewiesen, daß in der Literatur bezweifelt wird, „ob es ein Unternehmensinteresse als normativen Verhaltensmaßstab für die Geschäftsleiter gibt"[22]. Neben diesen Maßstab treten aber noch weitere, die miteinander zu verknüpfen sind. Hier ist wohl gleichrangig die Einhaltung von (gesetzlichen) Normen zu nennen. Wie gewichtig auch die Einhaltung von Gesetzes- und Satzungsbestimmungen ist, macht der Hinweis bei Godin/Wilhelmi deutlich, in dem sie ausführen, daß eine Zuwiderhandlung gegen solche „…. das Vorstandsmitglied auch für den Schaden haftbar (macht), der nicht voraussehbar war"[23]. Des weiteren sind als Maßstab die Vermögens-, Finanz- und Ertragslage zu nennen.

Diese Vielfalt der Maßstäbe, mit deren Hilfe die Angemessenheit der einzelnen Bilanzierungsentscheidungen des Vorstandes bestimmt werden kann, läßt auch erkennen, wie schwierig es im Einzelfall sein dürfte, über die Angemessenheit zu entscheiden. So wird ausgeführt, daß „der Grundsatz des unternehmerischen Ermessens besagt, daß die einzelne Entscheidung im Ermessen der Geschäftsführer steht und sich nur innerhalb bestimmter (Angemessenheits-)Grenzen halten muß"[24].

Dies ist auch die Grundlage der weiteren Erkenntnis, daß es sich bei dem Begriff der Angemessenheit um einen unbestimmten Rechtsbegriff handelt[25]. Dies deshalb, weil es sich ja um einen Begriff mit wertendem Inhalt und daher mit fließenden Grenzen handelt[26].

Die Konsequenz, die sich hieraus für die Frage, wie die Einhaltung der Ermessensgrenzen bei der Ausübung von bilanziellen Wahlrechten zu prüfen ist, ergibt, stellt sich in der Weise dar, daß nur ein Maßstabbündel als Maßstab herangezogen werden kann. Dieses Bündel kann z. B. bestehen aus:

der gegenwärtigen Vermögens-, Finanz- und Ertragslage und deren zukünftiger Entwicklung

der bisherigen, gegenwärtigen und zukünftigen steuerlichen Situation der Unternehmung

der bisherigen und zu planenden Dividendenpolitik in Ansehung der Interessenlage der Anteilseigner

der gegenwärtigen und zukünftigen Interessenlage der Mitarbeiter des Unternehmens

und ggfs. weiteren Maßstäben, die sich aus der individuellen Situation des Unternehmens etc. ergeben können.

---

22 *Schneider,* a.a.O. (Fn 17), Anm. 60.
23 *Godin/Wilhelmi,* a.a.O. (Fn 10), Anm. 4.
24 *Schneider,* a.a.O. (Fn 17), Anm. 150.
25 Vgl. *Heinlein, A.:* Angemessenheit im Steuerrecht, München 1978, S. 4.
26 Vgl. BFH-Urteil IR 149/84 vom 23. 11. 1988, BFH/NV 1989, S. 362 (362).

Dabei kann sich gegebenenfalls eine unterschiedliche Wertigkeit der einzelnen Maßstäbe ergeben, die in die endgültige Entscheidung einfließt.

Festzustellen ist also, daß die Einhaltung der Sorgfaltspflichten des Vorstandes in bezug auf die Ausübung von Wahlrechten etc. bei der Bilanzierung an der Angemessenheit der Bilanzierungsentscheidung gemessen werden kann. Maßstab für die Angemessenheit ist ein Maßstabbündel.

4. Sorgfaltspflichten des Vorstandes bei Schätzungen

Es ist nun zu untersuchen, ob die Sorgfaltspflichten des Vorstandes im Bereich der erforderlichen Schätzungen (z. B. Nutzungsdauern, Risiken bei unbestimmten Verpflichtungen) in ähnlicher Weise definiert werden können.

Hierzu muß erst einmal festgestellt werden, daß es sich bei diesen Teilen der Bilanzaufstellung nicht um die Ausübung von Ermessensspielräumen handelt, sondern die Größenbestimmung nach objektiven Kriterien zu erfolgen hat. Diese objektiven Kriterien sind zusammenzutragen und für die Schätzungsentscheidung zugrundezulegen. Hier können Interessen einzelner Gruppen u. a. keine Berücksichtigung finden. Mit anderen Worten: Der Sorgfaltspflicht des Vorstandes ist in diesem Entscheidungsbereich Genüge getan, wenn die objektiven Kriterien der Schätzung beachtet sind.

Zu den Pflichten des Vorstandes bezüglich der Rechnungslegung gehört auch die Aufstellung des Anhanges und des Lageberichtes. Das ist eine gesetzliche Forderung – § 284 ff. und § 289 HGB –, so daß dies der bereits erwähnten Verpflichtung des Vorstandes zur Einhaltung gesetzlicher Normen unterliegt. Es ist jedoch zu erwähnen, daß in den Normen nur geregelt ist, *was* zu beachten ist, nicht aber das *Wie*. Hier gelten aber vor dem Hintergrund der erforderlichen Sorgfalt die allgemeinen Grundsätze einer jeden – gesetzlich vorgeschriebenen – Berichterstattung:

Klarheit (Verständlichkeit)

Wahrheit

Vollständigkeit.

Damit sind Maßstäbe vorhanden, an denen die Einhaltung der Sorgfalt gut gemessen werden kann.

Daß der Vorstand im Rahmen seiner Sorgfaltspflichten nach der Aufstellung (§ 264 HGB) und Unterzeichnung (§ 245 HGB) des Jahresabschlusses die Vorlage an den Aufsichtsrat (§ 170 Abs. 1 S. 1 AktG) zu veranlassen und darüber hinaus eine Reihe weiterer Pflichten[27] zu erfüllen hat, bedarf wohl keiner besonderen Erwähnung.

Nachdem im Vorstehenden die Frage geklärt wurde, welche Wirkungen die Vorschrift des § 93 Abs. 1 S. 1 AktG auf die Rechnungslegung der Unternehmung hat, soll im weiteren geklärt werden, welche Wirkungen von dieser Vorschrift auf die Sicherung des Unternehmensbestandes ausgehen.

---

27 Hier sei z. B. die Berichtpflicht an den Aufsichtsrat gem. § 90 AktG genannt.

IV. Die Wirkung des § 93 Abs. 1 AktG auf die Sicherung des Unternehmens

Die Sorgfaltspflicht des Vorstandes umfaßt, wie bereits dargestellt wurde, zum einen den Schutz des Vermögens der Gesellschaft[28] (Kapital- und Substanzerhaltung) und zum anderen bei zutreffenden Entscheidungen aber auch die „Berücksichtigung gesicherter und praktisch bewährter betriebswirtschaftlicher Erkenntnisse"[29]. Das bedeutet in der Praxis die Berücksichtigung der Erkenntnisse über die Notwendigkeit und Möglichkeiten zur Substanz- und Kapitalerhaltung. In Ansehung der umfangreichen Literatur hierzu[30] kann auf umfangreichere Ausführungen an dieser Stelle verzichtet werden.

Näher betrachtet werden sollen im weiteren die durch die Unternehmensleitung aufgrund der Sorgfaltspflicht zu treffenden Maßnahmen zur Verhinderung von Vermögensdelikten[31].

Die Sorgfaltspflicht des Vorstandes führt nicht nur dazu, durch Maßnahmen im Bereich der Rechnungslegung die Substanzerhaltung sicherzustellen, sondern die Verpflichtung zum Schutz des Vermögens erfordert auch weitergehende Maßnahmen.

So ist daraus die Errichtung, Dokumentation und laufende Unterhaltung eines internen Kontrollsystems abzuleiten. Es sei bei Vernachlässigung des Grundsatzes der Wirtschaftlichkeit die These aufgestellt, daß ein umfassendes und völlig funktionsfähiges IKS Vermögensdelikte im wesentlichen ausschließen kann[32].

Betrachtet man aber diese Aussage vor dem Hintergrund des Grundsatzes der Wirtschaftlichkeit, den auch eine Unternehmensleitung bei der Installation von Sicherungsmaßnahmen zu beachten hat, so muß diese Aussage letztendlich doch wieder relativiert werden.

Die Aussage muß auch noch aus einem anderen Grund mit Vorsicht gewertet werden. Nach meinen Feststellungen gibt es derzeit keine allgemeingültige Monographie zur Frage der Anforderungen und des Systems eines IKS. Infolgedessen wird die Beurteilung über die uneingeschränkte Funktionsfähigkeit eines IKS außerordentlich schwierig. Hinzu kommt, daß eine Beschreibung des Internen Kontrollsystems in einem Unternehmen durch die Unternehmensleitung als Dokumentation ausreichenden Vermögensschutzes, bisher jedenfalls, nicht üblich gewesen ist. Es wäre somit zu überlegen, ob nicht von den Organen des Unternehmens im Rahmen einer vollständigen Aufnahme des IKS auch eine Dokumentation der Maßnahmen zur Sicherung und zum Schutze des Vermögens der Unternehmung angefertigt werden sollte.

---

28 Vgl. Fußnote 15.
29 *Mertens,* Fußnote 11, Anm. 45.
30 Anstelle vieler Autoren seien hier erwähnt: *Hax, K.*: Die Substanzerhaltung der Betriebe, Köln/Opladen 1957; *Eckardt, H.*: Die Substanzerhaltung industrieller Betriebe, Köln u. a., 1963; *Engels, W./Müller, H.*: Substanzerhaltung: eine betriebswirtschaftliche Konsumtheorie, in: ZfbF 1970, S. 349–358.
31 Vgl. *Ludewig, R.*: Abschlußprüfung und kriminelle Energien im Unternehmen, in: Festschrift für Havermann, hrsg. v. Lanfermann, J., Düsseldorf 1995, S. 403.
32 Ausfürliches zu den Vermögensdelikten und den Möglichkeiten ihrer Verhinderung bzw. Aufdeckung, vgl. ebd., S. 400 f.

Dies führt zu der Erkenntnis, daß der Vorstand auf der Grundlage des § 93 Abs. 1 S. 1 AktG verpflichtet ist, geeignete organisatorische Maßnahmen zur Verhinderung von Unregelmäßigkeiten, Veruntreuungen etc. zu schaffen. Wenn dem aber so ist, dann ist die im Referentenentwurf des KonTra-Gesetzes vorgesehene Ergänzung des § 93 Abs. 1 AktG durch die Einfügung nach Satz 1 nur eine Interpretation bzw. Verdeutlichung der sich aus der Sorgfaltspflicht ergebenden Notwendigkeiten. Daß dies so zu sehen ist, ergibt sich auch aus der Verwendung des Wortes „insbesondere" in den einzufügenden Text.

Bereits an anderer Stelle ist in dieser Abhandlung erwähnt, daß es die Verpflichtung des Vorstandes ist, ein IKS einzurichten etc. Es wurde auch dargestellt, daß ein umfassendes IKS das Vermögen und damit den Bestand des Unternehmens weitestgehend sichert[33].

Die durch eine Umsetzung des Referentenentwurfes in geltendes Recht entstehende Bewußtmachung dieser speziellen Sorgfaltspflichten ist notwendig, denn es kann davon ausgegangen werden, daß vielerorts ein IKS nur in Teilbereichen, nicht aber als in sich geschlossenes Ganzes vorliegt.

In dem Referentenentwurf wird hervorgehoben, daß „dazu ... auch die Einrichtung eines Überwachungssystems mit der Aufgabe (gehört), die Einhaltung der nach Satz 2 zu treffenden Maßnahmen zu überwachen." Wenn dem aber so ist, dann erfordert das zwingend die schriftliche Dokumentation der getroffenen Maßnahmen wie z. B. IKS, Innenrevision etc. Eine solche Dokumentation ist auch darum notwendig, weil die Abschlußprüfer nach der Regelung des § 317 Abs. 4 HGB des Referentenentwurfes zu prüfen haben, ob die Vorschrift des § 93 Abs. 1 Satz 2 + 3 eingehalten ist. Dies ist aber nur möglich, wenn das Unternehmen die getroffenen Maßnahmen ausreichend dokumentiert hat.

Zusammenfassend kann folgendes festgestellt werden:

1. Zur Sicherung des Unternehmensbestandes hat der Vorstand aufgrund seiner Sorgfaltspflichten die gesicherten betriebswirtschaftlichen Erkenntnisse zur Substanzerhaltung zu beachten.

2. Zur Sicherung des Unternehmensbestandes hat der Vorstand aufgrund seiner Sorgfaltspflicht geeignete Sicherungssysteme (z. B. Innenrevision, IKS) einzurichten, zu dokumentieren und deren Funktionsfähigkeit fortlaufend zu überwachen.

V. Schlußbemerkung

Die vorstehenden Ausführungen haben gezeigt in welcher Weise die Sorgfaltspflichten des § 93 Abs. 1 AktG auf die Rechnungslegung und Bestandssicherung einer Aktiengesellschaft einwirken.

Es bleibt aber die Frage offen, ob nicht auch die Pflicht zur Dokumentation der Sicherungsmaßnahmen in den Text des Referentenentwurfes aufgenommen werden sollte. Dies aus mehreren Gründen:

---

33 Es sei darauf hingewiesen, daß auch ein IKS dem Gebot der Wirtschaftlichkeit unterliegt, so daß eine vollständige Ausschaltung von Risiken durch ein IKS nicht möglich sein wird.

1. dient die Dokumentation im Falle des Vorwurfes der Verletzung der Sorgfaltspflichten der Entlastung des Vorstandes
2. ermöglicht die Dokumentation dem Abschlußprüfer eine bessere (wirtschaftliche) Erfüllung seiner Pflichten (insbesondere dann, wenn diese in § 317 Abs. 4 HGB erweiternd geregelt werden).

Ein weiterer Aspekt, der sich aus den vorstehenden Ausführungen ergeben könnte, soll abschließend noch hervorgehoben werden.

Das Thema der Abhandlung war bewußt beschränkt auf die Wirkung des § 93 Abs. 1 AktG. Es ist aber doch darauf hinzuweisen, daß die Regeln des § 93 Abs. 1 AktG sinngleich in § 43 GmbHG enthalten sind. Sie lauten:

„Die Geschäftsführer haben in den Angelegenheiten der Gesellschaft die Sorgfalt eines ordentlichen Geschäftsmannes anzuwenden."

Daher muß das vorstehend Ausgeführte uneingeschränkt auch für die in der Rechtsform einer GmbH geführten Unternehmen gelten. Daraus ergibt sich der Vorschlag, den Sinngehalt der vorgesehenen Ergänzung des § 93 Abs. 1 durch den Referentenentwurf auf andere Rechtsformen zu übertragen. Das wirft die Frage auf, wie denn der Kreis der in dieser Weise „Sorgfaltsverpflichteten" zu umschreiben ist. Hier bietet sich der Kreis der gesetzlich prüfungspflichtigen Unternehmen an. Dies deshalb, weil die Prüfungspflicht aus einem öffentlichen Interesse an den Unternehmen entstanden ist und es auch im öffentlichen Interesse liegen muß, daß die Geschäftsleiter solcher Unternehmen alles tun, um jedwede Art von Unregelmäßigkeiten zu verhindern.

Zum Rechtsgebiet
der internationalen Konzernrechnungslegung

CLAUS LUTTERMANN

I. Prolog: Zeitläufe

„Einszweidrei! im Sauseschritt, läuft die Zeit; wir laufen mit." – Diese schöne Sentenz aus *Wilhelm Buschs* „Julchen" mag Sie, verehrter Herr *Kropff*, heute vielleicht rückblickend bewegen. Angesichts eines Werkes, das fruchtbar Praxis und Wissenschaft verknüpft und weiter wächst, läuft der Reim bei Ihnen freilich leer. Ganz anders sind seit einiger Zeit die tatsächlichen Verhältnisse in einem ihrer Hauptarbeitsgebiete, dem Handelsbilanzrecht. Mitläufertum scheint dort unter dem Einfluß internationaler, bislang in den Vereinigten Staaten von Amerika bestimmter Entwicklung in Konjunktur. Zugleich stehen kontinentaleuropäische und namentlich deutsche Muster der Rechnungslegung im Kreuzfeuer der Kritik. Die Argumente sind nicht neu, aber die Ausgangslage ist verändert.

Im zunehmend globalen Wettbewerb suchen Konzerne auch zunehmend global nach Finanzierungsmöglichkeiten. Da wiegt schwer, daß nach europäisch harmonisiertem Bilanzrecht erstellte Konzernabschlüsse am New Yorker Kapitalmarkt als nicht salonfähig gelten. Der „Sesam-öffne-dich" hieß in den vergangenen Jahren für den „Rest der Welt" gemeinhin: Rechnungslegung nach U.S.-amerikanischen Maßstäben, die angeblich besser Investoren schützen. Mit dieser These kam der internationale Zug der Rechnungslegung, kraftvoll gesteuert von der anglo-amerikanischen Lokomotive, schnell in Fahrt und gewann Raum. Viele sind inzwischen aufgesprungen. Andere verharrten lange auf ihren Zuschauerplätzen, darunter die Europäische Union. Handlungsunfähig zerstritten über eigenes Profil in diesem Thema blieb sie ebenso auf der Strecke wie zaghafte Bemühungen deutscher Politik. Erst nachdem im Alleingang Daimler-Benz 1993 für die Zulassung an der New York Stock Exchange auch nach U.S.-amerikanischen Regeln Rechnung legte und dabei ein ganz anderes Bild des Konzerns als nach deutschem Recht entstand, kam allmählich Bewegung in die Reihen.

Seither[1] ist vor allem eines erkennbar: Mangelnde Konzeption. Von Druck und Geschwindigkeit der internationalen Entwicklung überrollt, herrscht weithin die Devise der Schadensbegrenzung. Dabei verbreitet der kurzatmige Zugriff auf Symptome ein schlechtes Klima für notwendige, international abgestimmte Lösungsansätze mit Perspektive. Die folgende Betrachtung versucht, den Boden für eine solche Perspektive weiter zu bereiten. Internationale Rechnungslegung ist in Deutschland bislang ein juristisch kaum beackertes Feld und in der gegenwärtigen Diskussion zu einseitig und unkritisch auf die aus den Vereinigten Staaten stammenden oder daran angelehnten Regeln fixiert. Wir müssen breiter ansetzen. Dabei stehen nach Zielen und Wegen internationaler Rechnungslegung (*sub* III.) der multinationale Konzern (IV.) und Standards internationaler Konzernrechnungslegung (V.) im Zentrum. Zunächst sind einige marode Standposten wegzuräumen, die den Blick auf die Kernfragen verstellen.

---

1 Jedenfalls bis Manuskriptschluß Ende 1996; beachte FN 4 und zugehörigen Text.

II. Über Recht, Kapitalmärkte und Information

1. Rechtsordnung als Werteordnung

Rechnungslegung ist Rechtshandlung, bei der ein zur Bilanzierung Verpflichteter Rechenschaft abgibt. Es berührt zentrale Rechtsfragen, nach welchen Normen das geschieht. Beim hier hauptsächlich betroffenen Typus der Kapitalgesellschaft als Aktiengesellschaft[2] sind gerade bilanz- und gesellschaftsrechtliche Regeln, Insolvenzrecht sowie allgemein kapitalmarktrechtliche Aspekte und Vertragsrecht eng verknüpft. Unter dem Brennglas des Bilanzrechts treten neben den nationalen, in der Europäischen Union europarechtlich harmonisierten Normen mächtige internationale Kräfte auf. Sie zeigen deutsche Konzerne und börsennotierte Gesellschaften im Wettbewerb auf internationalen Kapitalmärkten von der nationalen Rechtsordnung unzulänglich betreut. Gegenwärtige Ansätze[3] zielen darauf, die inzwischen dampfkesselartig erhitzte Atmosphäre abzukühlen. Den Überdruck senken sollen in Deutschland die Öffnung des Handelsbilanzrechts für internationale Normen[4] und der Versuch der Europäischen Union, die International Accounting Standards (IAS) als globale Norm durchzusetzen und dabei auf sie stärkeren Einfluß zu gewinnen.[5]

Dieses Vorgehen mag wie ein Dampfkesselventil zunächst helfen, greift aber insgesamt zu kurz. Die notwendige Ordnungsfunktion des Rechts wird nur vordergründig erfüllt. Es reicht nicht aus, einseitig an Dampfventilen zu drehen. Die Flamme, die den Kessel anheizt, muß einvernehmlich international beachtet und kontrolliert werden. Die derzeitigen Verhältnisse geben das nicht her und kennzeichnen die Absicht als unrealistisch, das International Accounting Standards Committee (IASC) wesentlich (kontinental)europäisch zu beeinflussen. Daher fehlt für die Zulassung von Bilanzierungsregeln aus anderen, auch außerhalb der Europäischen Union gelegenen Staaten und damit namentlich U.S.-amerikanischer Standards und den weithin verwandten IAS schlicht noch das Koordinatengefüge. Zwar wird behauptet, beide Regelkomplexe seien „verträglich" mit den europäischen Bilanzrichtlinien.[6] Aber was heißt das in der Praxis für Rechtsanwendung und Rechtskontrolle? – Die Grundlagen auf beiden Seiten des Atlantiks sind zu unklar, um seriös Schutz für die Adressaten der Rechnungslegung zu betreiben. Auf internationalem Parkett kann die Betrachtung nicht auf ominöse „Verträglichkeiten" ver-

---

2 Näher *Bruno Kropff* in Geßler/Hefermehl/Eckardt/Kropff, Aktiengesetz, Band III (1973), Vorb. Rdnrn. 3–9, zu Aufgaben aktienrechtlicher Rechnungslegung. Allgemein in historischer Sicht *Luttermann,* FS Rainer Ludewig 1996, S. 595 ff.

3 Dazu etwa Beiträge in *Lothar Schruff* (Hrsg.), Bilanzrecht unter dem Einfluß internationaler Reformzwänge, Düsseldorf 1996.

4 Namentlich über Ergänzung der Generalnorm § 264 HGB und Erweiterung der befreienden Wirkung von Konzernabschlüssen (§§ 291, 292 HGB); *Strobel,* BB 1996, 1601–1603. Ende 1996 ist der Gesetzgeber bereits im Anhörungs- und Sondierungsstadium.

5 Zur Strategie der EU-Kommission: Mitteilung über Harmonisierung auf dem Gebiet der Rechnungslegung, Com 95 (508), abgedruckt in *Schruff,* aaO (FN 3), S. 27 ff.; dazu *Mario Monti,* der zuständige EU-Kommissar, in LEXIS, Commission of the European Communities (RAPID) vom 14.11.1995 (section: press release, IP: 95–1234); *Karel van Hulle,* in Schruff, aaO, S. 7 ff.

6 Für IAS und sog. U.S. „GAAP" im Referentenentwurf zum HGB (oben FN 4: *Strobel,* 1601, 1603).

schiedener Ansätze verkürzt werden. Eine andersartige Rechnungslegung spiegelt als Rechtsordnung eine andersartige Werteordnung. Die Diskussion tragfähiger internationaler Regelung hängt am *Verständnis* der Beteiligten für solche Andersartigkeit.

2. Ein Blick in die Vereinigten Staaten

In den Vereinigten Staaten von Amerika wird dagegen in Sachen Rechnungslegung noch immer ein überkommenes Klischee gepflegt. Das illustriert eine Meldung im Reuter Informationsdienst. Zur Ablehnung der Mannesmann AG, nach sogenannten U.S. „Generally Accepted Accounting Principles" (U.S. „GAAP") zu bilanzieren, heißt es dort: „German accounting is arcane [geheimnisvoll] and abstruse [schwerverständlich], but the Germans like it that way". Dazu wird apodiktisch festgestellt, die U.S. „GAAP" zwängen zu viel größerer Transparenz als die deutschen Regeln.[7] Punktum! Das klingt stark. Doch zeigt es Unkenntnis, zumindest aber verkürzende Politik. Beides ist weder hinnehmbar noch tragfähig. Aufschlußreich ist der Blick auf Marktverhältnisse.

In den Vereinigten Staaten sind derzeit die weltweit führenden Kapitalmärkte. Aber Erfolg ist kein Ruhekissen. Der *status quo* trägt Veränderungsansätze bereits in sich, die gerade im Wirtschaftsleben schlagartig ausgreifen können. Ein beachtlicher Ansatz ist der seit einigen Jahren verzeichnete Drang amerikanischer Anleger nach japanischen und europäischen, namentlich auch deutschen Aktien. Einige Daten belegen Rekordnachfragen. Allein im ersten Quartal 1996 betrug das Nettoinvestitionsvolumen $ 22,2 Milliarden, wovon $ 7,9 Milliarden in japanische und $ 1,6 Milliarden in deutsche Aktien flossen. Dabei wirkt, daß heimische Aktien als überbewertet gelten, während grundlegender Strukturwandel im asiatischen und europäischen Raum Wachstum und damit höhere Erträge verheißt. Erkennbar ist ein längerfristiger Trend. U.S.-Investoren halten bei einer seit 1989 jahresdurchschnittlich um 21% steigenden Rate inzwischen über $ 383 Milliarden in ausländischen Aktien.[8]

Die Gewichte der Kapitalströme verschieben sich, auch wenn der Wertpapierhandel (noch) überwiegend über U.S.-Börsen läuft. Die klare Botschaft der Entwicklung verursacht bei den transatlantischen Partnern Kopfschmerzen. Der Kongreß setzte 1989 mit der Ergänzung der Securities Acts erste Zeichen und unterstrich die Bedeutung der Wettbewerbsfähigkeit heimischer Märkte für die nationale Wirtschaft und Sicherheit. Der Auftrag an die Börsenaufsicht (Securities and Exchange Commission; SEC) lautet, angesichts der Globalisierung zunehmend von institutionellen Aktionären geprägter Märkte Sorge für die Wettbewerbsfähigkeit zu tragen.[9]

---

7 Reuter Textline Computergram, May 23, 1995 (LEXIS Library: GERMAN, File: GERNWS).

8 Daten nach *Michael R. Sesit,* U.S. investors, nervous about domestic market, boost buying of asian, german, canadian shares, The Wall Street Journal 12. 7. 1996, C 12; im 4. Quartal 1995 gingen $ 14,8 Mrd. und nach altem Rekord vom 3. Quartal 1995 $ 21,6 Mrd. in ausländische Aktien.

9 Senate, Committee on Banking, Housing, and Urban Affairs, 101st Cong. 1st Session, Report 101–155, The Securities Acts Amendments of 1989, Oct. 2, 1989, p. 13.

Dabei ist die Position der SEC in Fragen der Rechnungslegung als Voraussetzung für den Eintritt in Kapitalmärkte der Vereinigten Staaten restriktiv gegenüber ausländischen Normen. Und so verwundert nicht, daß die Gegenfront von Börsenvertretern geführt wird, die „ihre Felle" wegschwimmen sehen und die zu starre Haltung der SEC kritisieren. *James L. Cochrane,* Erster Vizepräsident und Chefökonom der New York Stock Exchange, fordert, sogenannten *„world-class corporations"* leichteren Zugang zu ermöglichen.[10]

3. Information und Informationsdefizite

Bei der Rechnungslegung geht es um Rechenschaft durch Information über Wirklichkeit. Dazu sind zahllose Daten und Geschäftsvorgänge zusammengetragen und bewertet im Jahresabschluß dargestellt. Sie vermitteln ein Bild vom Unternehmen, das der Interpretation fähig und bedürftig bleibt. Wesentlich ist, daß die Art des Zusammentragens und Bewertens bei der Rechnungslegung die entstehenden Bilder (vor)bestimmt. Derzeit herrschen international weithin Informationsdefizite über geltende Standards und die Interpretation der Ergebnisse jeweiliger Rechnungslegung.

Unter verschiedenen Standards entstehen verschiedene Bilder eines Unternehmens. Der Fall Daimler-Benz ist kein Einzelfall. Bei der Überleitung nach U.S.-Normen offenbaren etwa auch Abschlüsse aus dem ebenfalls anglophonen Australien erhebliche Abweichungen.[11] Solche Fälle zeigen die Untauglichkeit der nach Anforderung der SEC vollzogenen, rein schematischen Übertragung (sog. „quantitative reconciliation"). Die Qualität anderer nationaler Standards ist danach nicht zu beurteilen. Ohnehin gibt es für eine solche Beurteilung im Sinne eines „besser oder schlechter" kaum verläßliche Grundlagen. Wie unterschiedlich nationale Standards wirken, illustriert ein Beispiel aus der Gerichtspraxis der Vereinigten Staaten. Dort stritten Vertragspartner bei unklarem Wortlaut einer Vereinbarung über die Standards ihrer Rechnungslegung, die ausschlaggebend war für bestimmte Aktienoptionen. Während nach U.S. „GAAP" $ 900.000 Nettogewinn nach Steuern zu Buche standen, betrug das Geschäftsergebnis nach britischen Bilanzierungsregeln netto $ 2,7 Millionen.[12] Das Optionsergebnis war danach jeweils verschieden. Also selbst in den als eng verwandt geltenden Bilanzwelten Großbritanniens und der Vereinigten Staaten erscheint ein Unternehmen ganz verschieden. Der Vergleich entblößt die international gegen die kontinentaleuropäischen Bilanznormen und vor allem das Vorsichtsprinzip deutscher Prägung erhobene Kritik. Die Ergebnisse der Rechnungslegung nach U.S. „GAAP" sind nicht schlüssiger oder verläß-

---

10 Helping to keep U.S. capital markets competitive: Listing world-class non-U.S. firms on U.S. Exchanges, 4 Journal of International Financial Management and Accounting 165–170 (1992).

11 Dazu *Bryan Carsberg,* in Schruff (Hrsg.), aaO (FN 3), 44f., auch mit Beispiel einer norwegischen Gesellschaft.

12 Marceau Inv. v. Sonitrol Holding Co., 1991 Del.Ch. LEXIS 152 (1991), affirmed in part and reversed in part, Sonitrol v. Marceau, 607A.2d 1177 (S.Ct. Del. 1992).

licher als die Rechnungslegung nach deutschem Standard.[13] Es wirkt kulturell bedingt zunächst schlicht eine manchmal andere Sicht der Dinge, ein anderes Temperament gegenüber künftigen Risiken in einer Welt voll Ungewißheit.

Immerhin besteht im deutschen Rechtsbereich ein wesentliches Maß: Das einheitliche, wenn auch auslegungsbedürftige Normsystem des inzwischen gesetzlich fixierten Handelsbilanzrechts. Das ist ein viel zu wenig beachteter Wert, der gerade in den Vereinigten Staaten mangelt. Dort existiert unter dem schlagwortartigen Akronym „GAAP" eine unförmige Ansammlung verschiedenster Rechnungslegungsregeln verschiedener Autoritäten, wobei weithin unklar ist, was tatsächlich das Etikett *„generally accepted"* verdient. Publizitätspflichtige Gesellschaften genießen daher erheblichen Manövrierraum, und selbst die Abschlüsse amerikanischer Großkonzerne wie IBM und Exxon sind nur eingeschränkt vergleichbar.[14] Dennoch ist der Mangel übertüncht. Unter Hinweis auf die Führungsrolle der SEC wird U.S. „GAAP" als weltweites Gütesiegel gehandelt – gleichsam als unantastbare *ultima ratio* des Investorenschutzes. Solche geradezu mythische Größe blendet. Ob aus Unkenntnis oder politischer Verkürzung: Jedenfalls wird verkannt, daß statt der SEC mächtige, effektvoll organisierte private Interessengruppen der Wirtschaftsprüfer und Industrie die Landschaft der Rechnungslegung prägen.[15] Zu den sogenannten U.S. „GAAP" stellt die unverfängliche Stimme des U.S. Supreme Court höchstrichterlich fest, sie seien weit entfernt von einem „canonical set of rules that will ensure identical accounting treatment of identical transactions"[16]. Weiter heißt es dort sinngemäß, vielmehr tolerierten „GAAP" ein Spektrum „vernünftiger" Behandlungen und beließen die Wahl unter Alternativen dem Management. Bei diesen Verhältnissen liegt Investorenschutz kaum in Abrahams Schoß.

III. Ziele und Wege internationaler Rechnungslegung

1. Ansätze und Institutionen

Ist der Mythos einmal gebrochen, wird die Sicht frei für praktische, systematisch fundierte Möglichkeiten. Es beginnt wie immer im Begrifflichen. „Internationale Rechnungslegung" klingt eindrucksvoll unbestimmt. Darunter gestellte Ziele und Umsetzungsansätze werden unterschiedlich definiert. Erste Orientierung bietet ein schon vor gut fünfundzwanzig Jahren gegebener Dreiklang. Danach kann der Be-

13 So etwa auch *Bevis Longstreth,* Conference on international capital markets in a world of accounting differences, 5 Journal of International Financial Management and Accounting 90, 92 (1994), unter Verweis auf eine Studie von *Donald R. Lessard* vom Massachusetts Institute of Technologie.

14 *Cochrane,* Are U.S. regulatory requirements for foreign firms appropriate?, 17 Fordham International Law Journal S58, S65–66 (1994).

15 Etwa über die Financial Accounting Foundation als „unabhängigen" Träger des Financial Accounting Standards Board (FASB); insgesamt zu den Verhältnissen *Luttermann,* Unternehmen, Kapital und Genußrechte (erscheint demnächst), § 9.

16 Thor Power Tool Co. v. Commissioner, 439 U.S. 522, 544 (1979); bestätigt in Shalala v. Guernsey Memorial Hosp., 115 S.Ct. 1232, 1239 (1995).

griff gesetzt sein für: (1) Ein global anerkanntes Universalsystem einheitlicher Prinzipien und Praktiken *(World Accounting);* (2) eine beschreibend informierende Sammlung der weltweit praktizierten Standards *(International Accounting);* (3) die jeweils an ein bestimmtes nationales System angeknüpfte Rechnungslegung im Konzern *(Accounting for foreign subsidiaries).*[17] Daran angelehnt sind spezifische, die Kategorien teils überschneidende Ansätze geformt.[18] Literarisch hervorragend steht die vergleichende Beschreibung und Analyse der verschiedenen nationalen Standards. Sie nahm in den letzten Jahren enorm Aufschwung und entspricht der Kategorie (2), ist aber treffender mit „Vergleichende Rechnungslegung" bezeichnet *(Comparative Accounting).* Um Verständnis kulturell bedingt andersartiger Rechnungslegung bemüht, ist der vergleichende Ansatz die Basis für jede weitere Form von Rechnungslegung auf internationaler Ebene.

Das verkennen die beiden inzwischen weltweit hervortretenden Ansätze, vor allem das von den Vereinigten Staaten recht kompromißlos propagierte Modell (FASB Conceptual Framework). Es prägt auch nationale Standards anderer Länder (wie Australien, Neuseeland) maßgeblich. Selbst die im November 1992 in China veröffentlichten „Accounting Standards for Business Enterprises" sind danach ausgerichtet. Der als Alternative vermarktete Ansatz des IASC gründet praktisch ebenso durchweg auf angelsächsischen und eben den wie oben skizziert fragwürdigen „U.S. GAAP". Daneben geraten Ansätze wie Empfehlungen der Vereinten Nationen und der Organization for Economoic Cooperation and Development (OECD) aus dem Blickfeld, die auf internationale Harmonisierung der Rechnungslegung multinationaler Konzerne zielen.[19] Immerhin wird zunehmend die Bedeutung weltweiter Ausbildungsstandards für beteiligte Buchführer und Wirtschaftsprüfer erkannt.[20] Die tatsächlichen Verhältnisse sind hier freilich noch ganz anders und unterstreichen, wie realitätsfern die derzeitige Vermarktung von „U.S. GAAP" und „IAS" als Globalstandards ist.

2. Das Mehrjurisdiktionensystem

Das im Jahre 1991 zwischen den Vereinigten Staaten und Kanada vereinbarte Mehrjurisdiktionensystem *(multijurisdictional disclosure system)* zeigt einen gangbaren Weg. Bestimmte große Gesellschaften können nach der Vertragslage ihre Wertpapiere in beiden Ländern anbieten, wobei grundsätzlich jeweils die Vorlage der nach einer von beiden Rechtsordnungen gefertigten Publizitätsdokumente genügt. Die SEC benennt dafür als Grundlagen das Prinzip der Gegenseitigkeit *(mutual recognition)* und die Harmonisierung der Publizitätsstandards sowie als Motiv eine

---

17 *Weirich/Avery/Anderson,* nach *Frederick D. S. Choi/Gerhard G. Mueller,* International Accounting, 2d Ed. Englewood Cliffs (N.J.) 1992, 11 f.

18 Einzelheiten bei *Choi/Mueller,* aaO (FN 17) und etwa 26 ff., 77 ff., 257 ff.

19 Übersicht bei *Choi/Mueller,* aaO (FN 17), 281–288.

20 Vorschlag der U.N. Conference on Trade and Development (UNCTAD) zur Entwicklung einer globalen Qualifikation, International Accounting and Reporting Issues: 1994 Review (UNCTAD/DTCI/12), New York/Genf 1995, 16.

höhere Effizienz der Kapitalaufnahme in mehreren Ländern.[21] Das klingt vernünftig. Ebenso der ursprüngliche Ansatz, die Vereinbarung mit Kanada als ersten Schritt für ein ausgedehntes Mehrjurisdiktionsystemen auch mit anderen Ländern zu setzen. Für deren Teilnahme werden sinngemäß folgende Kriterien angeführt: (1) Betonung umfassender und fairer Publizität als Hauptbedingung effizienter, fairer Märkte; (2) Standards der Rechnungslegung und Prüfung, die geeignet sind, sachdienliche und zuverlässige Abschlüsse zu zeitigen; (3) Kontrollgrad über die Bilanzpublizität durch entweder staatliche Organe oder privat geregelte Organisationen; (4) Existenz von und Erfahrung mit Beistand nach Grundsatzvereinbarungen und Kooperationsverträgen zur Hilfe bei staatlichen Überwachungsmaßnahmen sowie (5) Integrität und Transparenz der Handelsmärkte in der [aus U.S.-Sicht] ausländischen Jurisdiktion.[22]

Diese Kriterien dürften mit Blick etwa auf westeuropäische Industrienationen kaum problematisch sein. Dennoch steht selbst Großbritannien als einer der ersten Advokaten des Mehrjurisdiktionssystems bislang außen vor. Praktische Anfangsprobleme, die auch mit den kanadischen Partnern auftraten,[23] wären bei ernstem Bemühen Ansporn für intensivere Zusammenarbeit. Jedenfalls verfängt dagegen nicht mehr der Hinweis auf Differenzen in den Grundsätzen der Rechnungslegung. Eine im Rahmen vom North American Free Trade Agreement (NAFTA) gefertigte Studie belegt, daß wesentliche Abweichungen auch zwischen den Vereinigten Staaten und der (danach) konservativeren Übung in Kanada bestehen.[24] In diesem Licht erscheint die Sonderbehandlung kanadischer Gesellschaften durch die Vereinigten Staaten eher als regionalpolitische Geste für den freundlichen Nachbarn im Norden. Die daneben gebotene allgemeine Erleichterung transnationaler Wertpapierangebote an qualifizierte institutionelle Anleger durch SEC Rule 144A[25] ist ein erster Ansatz, der im Rahmen eines umfassenden Mehrjurisdiktionssystems auszubauen ist.

3. Jahresabschluß und Konzernabschluß

Im deutschen Recht ist der Jahresabschluß als Einzelabschluß das Kernstück der Rechnungslegung von Kaufleuten (Einzelkaufmann, Handelsgesellschaften). Die Kapitalgesellschaft legt rechtsverbindlich Rechenschaft ab, indem ihre gesetzlichen

---

21 New SEC Rulings vom 11-2-90, Federal Securities Law Reports ¶ 84,701 (81,112).
22 Unter Berufung auf SEC-Quellen *Leonard V. Quigley*, The multijurisdictional disclosure system, 28 The Review of Securities & Commodities Regulation 117, 124 (June 28, 1995); zur Grundidee SEC (vorstehende FN) 81,114.
23 Näher *Quigley*, aaO (FN 22).
24 Canadian Institute of Chartered Accountants/Instituto Mexicano de Contadores Públicos, A.C./ U.S. FASB (Eds.), Financial Reporting in North America – Highlights of a Joint Study, 1994, 11, die neben maßgebender Literatur auch die von 170 kanadischen Gesellschaften mit der SEC gefertigten Übertragungen auswertet.
25 Dazu SEC General Councel *James R. Doty*, 60 Fordham Law Review 77, 87 (1992), auch über Perspektiven des Mehrjurisdiktionssystems.

Vertreter den um einen Anhang erweiterten Jahresabschluß nebst Lagebericht aufstellen (§ 264 Abs. 1, § 242 HGB). Das ist Ausdruck der Eigenständigkeit der Kapitalgesellschaft als juristische Person, mit der das gesetzliche Kapitalbindungskonzept einhergeht (vgl. §§ 172 bis 174 AktG). Wesentliche Funktion des Jahresabschlusses ist danach die Ausschüttungsbemessung. Hinzu tritt die steuerrechtliche Verknüpfung des Jahresabschlusses, die aus der Maßgeblichkeit der Handelsbilanz für die Steuerbilanz folgt (§ 5 Abs. 1 EStG). Diese Grundsätze gelten auch für die konzerngebundene Kapitalgesellschaft beim Jahresabschluß. Sie gelten nicht beim Konzernabschluß. Er soll die unter der einheitlichen Konzernleitung leidende Aussagekraft der Einzelabschlüsse kompensieren. Dazu zielt er auf die Konzerneinheit. Als Informationsinstrument dokumentiert der Konzernabschluß die wirtschaftliche Einheit mehrerer Kapitalgesellschaften (§ 297 Abs. 3 S. 1 HGB). Jahresabschluß und Konzernabschluß sind rechtlich eigenständig.[26]

Dennoch bestehen rechtlich wie tatsächlich wesentliche Verbindungslinien. Namentlich die Grundsätze ordnungsmäßiger Buchführung sind wesentlich verbindlich für den Jahresabschluß (§ 243 Abs. 1 HGB) und den Konzernabschluß (§ 297 Abs. 2 S. 2 HGB). Beide Werke sind damit in einer Bilanzkultur verwurzelt. Faktisch dominiert der Konzernabschluß meist die Jahresabschlüsse, gerade wenn – wie im vorliegenden Bereich – ausländische Konzernunternehmen konsolidiert werden (sog. Weltabschluß).[27] Es wäre demnach trügerisch, die internationalen Bilanzierungstendenzen isoliert oder isolierbar zu behandeln. Internationale Rechnungslegung erscheint unter dem maßgebenden angelsächsischen Einfluß zwar vor allem als Konzernrechnungslegung. Änderungen im Recht des Konzernabschlusses werden aber durchschlagen auf den Jahresabschluß[28] und weitere zentrale Bereiche der nationalen Rechtsordnung. Das bleibt insgesamt zu beachten, auch wenn wir hier insofern nur einige Akzente für die weitere Diskussion setzen können.

IV. Konzernphänomen und Harmonisierungsprozeß

1. Internationale Unternehmensstrukturen

Ausgangspunkt ist das Phänomen, daß weltweit verstärkt multinational organisierte Konzerne auftreten. Ihr Anteil an Warenhandel und Dienstleistungen wird auf über vierzig Prozent geschätzt.[29] In wichtigen Wirtschaftsbereichen von Kreditwesen über Produktion, Vertrieb und gerade auch der Schlüsseldienste der Telekommuni-

---

26 *Bernhard Großfeld,* Bilanzrecht, 2. Aufl. 1990 (3. Aufl. in Vorbereitung), Rdnrn. 522.

27 Auch „Internationaler Konzernabschluß"; *Großfeld,* aaO (FN 26), Rdnrn. 571 und 718.

28 Das zeigte bereits der Referentenentwurf von 1996 (bei *Strobel,* BB 1996, 1601 f.), der auch für den Einzelabschluß ausländische und internationale Normen einbezieht; „Beeinflussungen" sind selbst für *Küting/Hayn,* BB 1995, 662, 672, „nicht auszuschließen", die (aaO, 667) „vollständige Abkoppelung" des Konzernabschlusses von „einzelgesellschaftlichen Normen" propagieren.

29 *Jaques Delors,* 18 Fordham International Law Journal 715, 717 (1995). Weitere Angaben zur weltwirtschaftlichen Potenz von multinational enterprises bei *Ralph H. Folsom/Michael W. Gordon/John A. Spanogle, Jr.,* International trade and investment, St. Paul (Minn.) 1996, 40 ff.

kation dominieren sie. Die selbständige Kapitalgesellschaft als Einzelkämpfer wird im internationalen Wettbewerb selten und ist fortschreitend auf Nischenfunktionen verwiesen. Geltende Rechtsordungen sind massiv mit globaler Konzernierung konfrontiert. Verwiesen sei nur auf Haftungsfragen extraterritorialer Konflikte wie beim Chemieunfall in Bhopal, wo indische Gerichte die U.S.-amerikanische Konzernmutter Union Carbide für die indische Tochtergesellschaft haftbar erklärten.[30] Ein solcher Schritt übergeht die Rechtspersönlichkeit betroffener Kapitalgesellschaften. Ihn hätten wohl auch Gerichte der Vereinigten Staaten in traditioneller Durchgriffshaftung[31] vollzogen, wäre derselbe Unfall dort bei einer inländischen Tochtergesellschaft geschehen. Was hier beispielhaft vorliegt, ist bei genauer Betrachtung sichtbar: Die Rechnungslegung im Konzern wird zum Nukleus jeder Wirtschaftsordnung als Rechtsordnung. Weder die einzelne Kapitalgesellschaft als juristische Person noch der Konzern als Konstrukt einer verbunden gedachten Mehrzahl juristischer Personen ist sinnlich greifbar. Erst die Rechnungslegung im Einzelabschluß (und Konzernabschluß) als Darstellung des in der (konzernierten) Kapitalgesellschaft versammelten Vermögens schafft ein Vorstellungsbild, ein Substrat für die rechtliche Behandlung.

Blicken wir grundlegend auf die nationale Dimension. Konsolidierte Abschlüsse erscheinen um die Wende zum 20. Jahrhundert in den Vereinigten Staaten,[32] als im Zuge des „Big Business" Pioniere wie *John D. Rockefeller* (Standard Oil [Company/Trust]) oder *J. P. Morgan* (U.S. Steel Corporation) riesige Konglomerate formten. Zunehmend in der Rechtskonstruktion von Holdinggesellschaften geführt, werden derart verbundene Gesellschaften als *wirtschaftliche Einheiten* wahrgenomen. Die rechtlich eigene Existenz jeder zugehörigen Kapitalgesellschaft wird von den leicht abzustimmenden Wirtschaftsverhältnissen im Konzern überlagert. Für die Rechnungslegung folgt daraus, daß Einzelabschlüsse zugehöriger Gesellschaften ein unvollständiges Bild der Verhältnisse geben. Rechtsprechung und Schrifttum nahmen daher bereits früh Mutter- und Tochtergesellschaften als ein Wirtschaftsunternehmen *(„economic enterprise")*, zwischen dessen Gliedern verschränkte Haftpflichten bestehen und das auch daher zur konsolidierten Rechnungslegung verpflichtet ist.[33]

Das zeitlose Kernproblem dabei bleibt, unter welchen Voraussetzungen ein Konzernabschluß aufzustellen ist. Bei wirtschaftlicher Betrachtung als Grundprinzip der Konzernidee bieten herkömmliche juristische Ordnungsmuster, namentlich

---

30 Mit weiteren Beispielen *Alfred F. Conard,* Global enterprise an atomistic law, 18 The Journal of Corporation Law 707, 710 (1993).

31 Leitentscheidung ist Taylor v. Standard Gas & Electric Co., 306 U.S. 307, 83 L.Ed. 669 (1939), wo auf Unterkapitalisierung der Standard-Tochter Deep Rock Oil Corp. erkannt wurde („Deep Rock Doctrine"). Zuvor etwa bereits State v. General Stevedoring Co., 213 Fed. 51 (D.Md. 1914) zur Haftung der Holding für unerlaubte Handlungen von Tochtergesellschaften.

32 *Gerhard G. Mueller/Helen Gernon/Gary K. Meek,* Accounting – an international Perspektive, Burr Ridge (Ill.)/New York 1994, 94.

33 *Adolf A. Berle, Jr./Frederick S. Fisher, Jr.,* Elements of the law of business accounting, 32 Columbia Law Review 573, 597 (1932), mit Nachweisen (s. auch FN 32). Aus kartellrechtlicher Besorgnis vor der Konzernmacht erließ der Kongreß bereits 1890 den Sherman Antitrust Act.

das der Kapitalgesellschaft als juristische Person *(legal entity)*, nur begrenzt Anhalt. Dennoch herrscht, typisch auch für andere Länder, in den Vereinigten Staaten (noch) die Anknüpfung an mehrheitliche Eigentumsrechte *(majority ownership)* nach der bilanzrechtlich dokumentierten Anteilsverflechtung der geprüften Gesellschaften. Eine Konsolidierung setzt danach Anteilseigentum von über fünfzig Prozent der ausstehenden Stimmrechtsaktien einer anderen Gesellschaft voraus. Inzwischen erörtert aber auch das FASB den Übergang zum international verbreiteten Kontrollprinzip als maßgebendes Kriterium der Konzernzugehörigkeit.[34] Mit der Erkenntnis, daß Kontrolle durch Mehrheitseigentum regelmäßig indiziert ist, jedoch auch deutlich unterhalb der mathematischen Marke fünfzigprozentiger Anteilsrechte bestehen kann,[35] scheint der Grundkonflikt zwischen Rechtsverhältnis und wirtschaflichem Bild bereits im Ergebnis vorgezeichnet.

Unter der Konzernidee vom „Einheitsunternehmen" zerbröselt praktisch das Prinzip der juristischen Person. Wird wirtschaftliche Einheit rechtstatsächlich als juristische Einheit benutzt, entsteht praktisch ein neues Zuordnungsobjekt bestimmter Rechte und Pflichten. Das hat bereits im nationalen Rahmen beachtliche Konsequenzen, wie etwa die Durchgriffshaftung zeigt. Im internationalen Rahmen wirken dabei allgemein zwei weitere, miteinander verwobene Dimensionen nachhaltig. Eine multinationale Konzernstruktur überschreitet die Grenzen von traditionell als nationale Volkswirtschaften definierten Rechtsordnungen. Das derart übergreifende „Einheitsunternehmen" berührt damit betroffene Staaten elementar: In ihrem kulturellen Gefüge und – als dessen wesentlicher Ausdruck – in Souveränitätsfragen, besonders durch Vermögensverschiebung zwischen mehreren volkswirtschaftlich organisierten Rechtsordnungen.[36] Beim Haftungsdurchgriff wie im Fall Bophal wird eben über die Idee des multinationalen „Einheitsunternehmens" versucht, Vermögen durch hoheitlichen Eingriff in einen anderen Rechtskreis zu verlagern. Nirgends wirkt dieser Gedanke so kräftig wie im Steuerrecht.

2. „Einheitsunternehmen" und Steuerbilanzrecht

Ein Wirtschaftsmuster öffentlicher Haushalte, das wohl seit Menschengedenken die Gemüter bewegt, ist im Grundsatz weltweit gleich: Finanzierung durch Steuererhebung. Bei heutzutage allseits hoher Staatsverschuldung und globalen Wirtschaftsströmen rücken dabei gerade multinational organisierte Konzerne als Steuerquelle nachhaltig ins Blickfeld. Staaten suchen verstärkt, Anteile aus diesem Kuchen herauszuschneiden. Einen Weg beschreibt die in den Vereinigten Staaten von Amerika beheimatete Idee der sogenannten „Einheitsbesteuerung" *(unitary taxation)*. Dabei werden Konzerne oder aus mehreren Kapitalgesellschaften bestehende Konzern-

---

34 Zum Wandel kapitalmarktlicher Publizität *Luttermann*, WPg 1997. Vgl. zum Kontrollkonzept im deutschen Recht §§ 290, 271 HGB. Auch das IASC legt das Prinzip der Kontrolle zugrunde.

35 So z.B. auch für die Vereinigten Staaten schon *Berle/Fisher*, aaO (FN 33), 598.

36 Verwiesen sei etwa auf Folgen für die volkswirtschaftliche Zahlungsbilanz. Näher unter dem Aspekt der Rechtsfähigkeit und Qualifikation ausländischer Gesellschaften im Internationalen Steuerrecht *Großfeld/Luttermann*, IPRax 1993, 229, 231.

teile ungeachtet der juristischen Eigenständigkeit betroffener Kapitalgesellschaften nach verschiedenen Kriterien als wirtschaftliches „Einheitsunternehmen" *(unitary business)* konsolidiert. Der Konsolidierungskreis kann auch außerhalb des besteuernden Staates inkorporierte Konzerngesellschaften umfassen. Ähnlich dem Weltabschlußprinzip der Konzernrechnungslegung wird so das weltweite Einkommen des „Einheitsunternehmens" zur Bemessungsgrundlage der Besteuerung. Der Steueranteil betroffener Staaten wird dann formularmäßig berechnet *(formulary apportionment)*. In den Vereinigten Staaten, wo zahlreiche Bundesstaaten solche Verfahren traditionell betreiben, dringt die Idee auch auf die Bundesebene.[37]

Das ist um so beachtlicher in einer Rechtskultur wie der deutschen, wo bei der steuerlichen Gewinnermittlung das Handelsbilanzrecht über das Maßgeblichkeitsprinzip steuerrechtlichen Überlegungen vorgeht (§ 5 Abs. 1 EStG, § 8 Abs. 1 KStG). Diese Konstruktion diszipliniert das Steuerrecht und damit staatlichen Zugriff. Sie ist ein gewachsener, wichtiger Teil unserer Wirtschaftsordnung. Daran rüttelt die Idee der „Einheitsbesteuerung" kräftig. Mit ihr würden auf Sicht die für die Steuerbilanz im Grundsatz maßgeblichen handelsrechtlichen Jahresabschlüsse deutscher Konzerngesellschaften durch eine steuerliche Konzernrechnungslegung überlagert, bei der im internationalen Rahmen das deutsche Maßgeblichkeitsprinzip kaum eine Chance hätte. Freilich forderten wiederholt auch schon in Deutschland Stimmen, den Konzern angesichts wirtschaftlicher Einheit als Steuersubjekt zu behandeln. Die dagegen (weiterhin) bestehende Rechtslage befand *Busse von Colbe* als „unbefriedigende(n), ja fast schon (...) schizophrene(n) Zustand"[38]. Doch die Lage ist in internationaler Sicht komplexer. Verwiesen sei nur darauf, daß etwa im föderalen Körperschaftsteuerrecht der Vereinigten Staaten mangels Anrechnungsverfahren oder ähnlicher Regelung die Gewinnausschüttungen an Aktionäre weiterhin bei der Gesellschaft und den Gesellschaftern und damit im Grundsatz doppelt besteuert werden. Insofern ist dort – anders als in Deutschland – gerade das gesellschaftsrechtliche Trennungsprinzip gegenüber einer wirtschaftlichen Betrachtung noch besonders betont. Daß es andererseits bei „Einheitsbesteuerung" im (multinationalen) Konzern bedeutungslos sein soll, erscheint nicht zwingend. Weiten wir den Blick, sehen wir dem deutschen Recht verwandte handelsrechtliche Bilanzstrukturen vor allem auch in anderen kontinentaleuropäischen sowie frankophonen afrikanischen Staaten und in Japan, während als weitere Alternative in Ländern Südamerikas steuerbilanzielle Rechnungslegung sogar kapitalmarktlicher Publizität dient.[39] Das veranschaulicht das Variationsspektrum, in dem der deutsche Ansatz eben *eine* von mehreren Möglichkeiten umsetzt.

---

37 Eingehend zur Besteuerung multinationaler Konzerne in den USA *Luttermann*, RIW 1996, 935 ff. und *ders.*, IStR 1994, 489 ff.

38 *Busse von Colbe*, FS Goerdeler, S. 63; moderater *ders.*, in *Sandrock/Jäger* (Hrsg.) Internationale Unternehmenskontrolle und Unternehmenskultur 1994 S. 7, 50. Ähnlich etwa *Karlheinz Küting*; dazu *Dirk Eisolt*, AG 1993, 209, 221 (mit weiteren Nachweisen). Zur Steuerlast bei Aufgabe der Maßgeblichkeit *Thomas Schildbach*, BB 1995, 2635, 2642 f.

39 Näher *Mueller/Gernon/Meek*, aaO (FN 32), 9–11. Über die Verhältnisse in den USA sowie zur Wechselwirkung zwischen Handels- und Steuerbilanzrecht in internationaler Dimension *Luttermann*, RIW 1996, 935, 947 f.; im US-Bundesstaat Kalifornien etwa ist Besteuerung nach einem Konzernabschluß (sog. unitary taxation) möglich; *Luttermann*, IStR 1994, 489, 490 f.

Das Steuerrecht und sein Verhältnis zum Handelsbilanzrecht ist insofern Paradefall für eine notwendig breitere internationale Diskussion. Im Grunde geht es vielmehr darum, das Phänomen multinational organisierter Konzerne über Einzelaspekte steuer-, handelsbilanz-, haftungs- oder gesellschaftsrechtlicher Natur hinaus *insgesamt* rechtlich angemessen zu erfassen. Angesichts tiefgreifender Veränderungen in Form globaler, nationale Grenzen übergreifender Organisationsstrukturen unternehmerischer Tätigkeit verlieren einzelstaatliche, atomistische Ansätze an Bedeutung. International ist eine Harmonisierung der Rechtsstrukturen gefordert, die von unterschiedlichen Kulturmustern ausgehen muß.

3. Sprachen als Kulturmuster

Die Weltwirtschaft ist im Kern ein Wettbewerb verschieden geprägter Kulturen. Das wird leicht verkannt. In der Gegenwart globaler Vernetzung sind Kulturen raumzeitlich erheblich näher aneinandergerückt als früher und schon insofern zugleich stärker in Wettstreit getreten. Die Vorgänge werden vor allem als Auseinandersetzung um ökonomische, scheinbar global gültige Größen wahrgenommen. Doch das wirtschaftliche Feld ist der Schauplatz tieferen Geschehens. Allgemein geht es darum, welche Ordnungsmuster sich im internationalen Wettbewerb durchsetzen. Dieser Grundsatz gilt ebenso für die Frage nach Weg und Ziel internationaler Harmonisierung der Rechnungslegung. Erst die Einsicht im internationalen Vergleich, daß die aus Sicht einer Rechtsordnung andersartige Rechnungslegung in einem anderen Rechtskreis einer andersartigen kulturellen Basis entstammt und darauf bezogen ist,[40] kann die Suche nach sinnvollem Ausgleich bestehender Differenzen begründen.

Ein wesentlicher und vermutlich der entscheidende Aspekt im internationalen Rahmen sind dabei die Einzelsprachen als Informationsträger. Recht lebt in und wirkt durch Sprache: In gesprochenen und fixierten, meist geschriebenen Zeichen(folgen) sowie paralinguistischen Zeichen (etwa Gestik, Mimik, Symbolik). Präziser ist zu formulieren, daß Ordnungsmuster als Recht vor allem jeweils in *einer bestimmten* Sprache leben, wirken und transportiert werden. Eine Sprache spiegelt eine Werteordnung. Wo reine Quantitäten in Form von Zahlzeichen die Stelle erläuternder Worte einnehmen, fehlt der Bezug auf eine bestimmte Werteordnung. Dieser ist aber zum Verständnis der hinter den bloßen Zahlen verborgenen Lebensverhältnisse notwendig. Blicken wir damit auf die Rechnungslegung als Informationsvermittlung über die Lage eines Unternehmens. Der in erläuternden Worten gefaßte Teil, also etwa die Angaben in Anhang oder Fußnoten, ist folglich der zentrale Informationsmittler. Er füllt das gesamte rechnerische Zahlenwerk der ausgewiesenen Abschlußposten erst mit Leben, kann die abstrakten Zahlen „zum sprechen" bringen. Dieser Zusammenhang ist besonders wichtig in den internationalen

---

40   Zur breiten englischsprachigen Forschungsliteratur über kulturelle Einflüsse auf die Rechnungslegung S. *J. Gray,* 24 ABACUS 1–15 (1988); in Deutschland *Großfeld,* in: Neuorientierung der Rechnungslegung, hrsgg. vom IDW-Verlag 1994, 19 ff.

Dimensionen von Konzernabschlüssen, wo Gesellschaften aus verschiedenen Kulturregionen konsolidiert werden. Dagegen suggeriert gerade hier die infolge einer mathematisch übersteigerten Ökonomie übliche Konzentration auf ausgewiesene Kennzahlen irreführende Vergleichbarkeit. Die geläufige Bezeichnung von Rechnungslegung als der (internationalen) „Sprache" der Geschäftswelt,[41] offenbar auf die in Abschlüssen ausgewiesenen Zahlenkolonnen bezogen, spiegelt daher schlicht Unverständnis. Derart verkürzte Sicht befördert auch die Fehlvorstellung, es gehe in der aktuellen Diskussion „nur" um ein internationales Modell der Rechnungslegung. Nachhaltige Ausstrahlungen auf andere Bereiche nationaler Rechtsordnungen, namentlich die mit der Kapitalaufnahme von Publikumsgesellschaften verknüpften Fragen im Kapitalmarkt- und Gesellschaftsrecht sowie allgemeinen Vertragsrecht,[42] sind jedoch nicht von der Hand zu weisen.

In der Europäischen Union erfahren wir bereits die Schwierigkeiten, mit kulturell gewachsenen Unterschieden der Rechnungslegung in einzelnen Mitgliedstaaten umzugehen. Ein handfestes Beispiel gibt der europarechtliche Ansatz, zur Harmonisierung der Rechnungslegung von Kapitalgesellschaften das angelsächsische Konzept des *„true and fair view"* als Angelpunkt zu verankern. Nähere Untersuchungen über die Wirkungen der in die mitgliedstaatlichen Bilanzrechte implementierten Wendung stehen noch aus. Deutlich ist aber schon, daß seine ursprüngliche Bedeutung als *„overriding-principle"* etwa in Deutschland weithin immer noch verkannt wird.[43] Der Blick für die kulturellen und europarechtlichen Zusammenhänge bleibt insofern unscharf. Die Vorstellung, daß es um Extrempositionen statt vielmehr um ein angemessenes Konzept für die gesamte Rechnungslegung geht, ist freilich auch durch die mißlungene deutsche Übersetzung („ein den tatsächlichen *[!]* Verhältnissen entsprechendes Bild", § 264 Abs. 2 S. 1, § 297 Abs. 2 S. 2 HGB) verstärkt. Wie wichtig der Übersetzungsaspekt ist, unterstreicht der im Rahmen der Vereinten Nationen zur Entwicklung einheitlicher Qualifikationen im Rechnungswesen fixierte Vorschlag, ein entsprechend mehrsprachiges Weltwörterbuch zu entwickeln.[44] Damit rückt die komplexe Frage der Übersetzbarkeit ins Zentrum, die hier nur anzumerken ist.

Insgesamt muß angesichts kultureller Vielfalt die Erkenntnis leiten, vor allem das Gespür für die Grenzen internationaler Rechtsharmonisierung zu fördern. Das zeigt wiederum die Rechnungslegung. Angelsächsische Betrachter empfanden lange selbstgefällig Überlegenheit im Bereich der Konzernrechnungslegung gegenüber Kontinentaleuropa, wo konsolidierte Abschlüsse selten waren (so z. B. in Frankreich) oder ausländische Töchter nicht erfaßten (so in Deutschland), und feier-

---

41 Siehe nur *Michael Bormann,* RIW 1996, 35.
42 Dazu *Luttermann,* aaO (FN 15), z. B. § 10 B. IV.; weiterblickend auch z. B. die frühere SEC-Kommissarin *Roberta S. Karmel,* 17 Fordham International Law Journal S152 (1994), die [dort im Text nach Fn. 9] über bilanztechnische Fragen hinaus Finanzierung und Leitung von Kapitalgesellschaften im kulturellen Kontext anspricht.
43 Dafür steht die verquere Idee der sog. „Abkoppelungsthese"; Übersicht bei *Budde/Karig,* in: Beck'scher Bilanz-Kommentar, 3. Aufl. 1995, § 264 Rdnrn. 24–31. Konstruktiv z. B. *Frank Beine,* WPg 1995, 467 ff.
44 UNCTAD 1994 Review, aaO (FN 20), 16 (dort Ziffer V.3.).

ten die Durchsetzung ihrer Grundposition umfassender Konsolidierung mit der Siebenten EG-Richtlinie. Doch längst quält auch dort die bedrückende Realität, inwieweit die Konsolidierung gerade überseeischer Tochtergesellschaften überhaupt sinnvoll ist.[45] Dogmatische Positionen bürgen eben nicht für praktisch tragfähige Strukturen. Schon gar nicht auf dem internationalen Feld.

V. Standards internationaler Konzernrechnungslegung

1. Rechtsrahmen

Die skizzierten Verhältnisse dürfen nicht hindern, einen klaren Rechtsrahmen für das angestrebte Feld „Internationale Konzernrechnungslegung" zu definieren. Selbst wenn einem dafür erstellten Konzernabschluß (noch) keine Bemessungsfunktion für Steuerpflichten oder Ausschüttungen an die Anteilseigner beigelegt wird, verniedlicht leicht die Bezeichnung als „Informationsinstrument". Der Idee nach soll der Konzernabschluß immerhin aufgrund seiner spezifischen Informationsfunktion weltweit als Eintrittskarte für Kapitalmärkte dienen. Die vermittelte Information wird wesentliche Basis für Investitionsentscheidungen. Zugleich sind grundsätzliche Regulierungsaspekte zu beachten, die im Zuge der Globalisierung neue Dimensionen eröffnen: Von Kapitalstandards und Insiderproblem über betrügerisches oder manipulatives Handeln bei der Rechnungslegung bis hin zum Informationsaustausch zwischen Kontrollinstanzen und (extraterritorialen) Sanktionsmechanismen.[46] Rechnungslegung im internationalen Konzern ist davon nachhaltig berührt. Sie hat damit Schutzfunktion für die Marktteilnehmer und das – letztlich global definierte – Gesamtsystem. Internationale Konzernrechnungslegung kann diese Aufgabe nur erfüllen, soweit sie auf einem angemessenen, allgemein verbindlichen Regelwerk gründet. Gerade angesichts der in diesem zentralen Punkt insgesamt noch ungeordneten Entwicklung muß daher die Frage der Rechtsanbindung gestellt werden. Die beiden derzeit international vorherrschend diskutierten Modelle (U.S. „GAAP" und IAS) zeugen insofern gerade – aber nicht nur – beim kontinentaleuropäisch geprägten Juristen Bedenken.

In den Vereinigten Staaten selbst ist die Legalität der dort gängigen Standardsetzung durchaus fragwürdig, weil unklar. Jedenfalls werden Vorgaben für die Rechnungslegung von Publikumsgesellschaften eben maßgebend von privat organisierten und finanzierten Interessengruppen (FASB, AICPA etc.) geprägt, denen die Börsenaufsicht SEC traditionell weiten Raum beläßt.[47] Die Verhältnisse sind zwar Ausdruck einer bestimmten Gesellschaftsordnung, die zu kritisieren uns grundsätz-

---

45 *Christopher Nobes,* Issues in international accounting, New York/London 1986, 85, 110.
46 Dazu insgesamt aus Sicht der SEC, deren General Counsel *James R. Doty,* 60 Fordham Law Journal 77–90 (1992). Bezeichnend spricht der IASC-Vorsitzende *Brian Carsberg* über die internationalen Konzernabschlüsse als „the important accounts for reporting to shareholders"; in *Schruff,* aaO (FN 3), 55.
47 Dazu schon in II.3.; näher (auch zur Verfassungsmäßigkeit) *Luttermann,* aaO (FN 15), § 9 B.I.2.

lich nicht ansteht. Kritik ist aber insofern berechtigt und notwendig, als das dortige Muster der Standardsetzung für die Rechnungslegung nachhaltig auch von Kräften aus den Vereinigten Staaten auf die internationale Bühne getragen wird. Das zweite Regelwerk, die vom International Accounting Standards Committee (IASC) verbreiteten IAS, ist schon in seiner Grundstruktur eine recht „weiche" Masse. Das IASC ist wiederum eine von privaten Interessengruppen gespeiste Organisation, in der sich vor allem nationale Organisationen von Wirtschaftsprüfern versammelt haben. Sie kooperiert mit anderen supranationalen Organisationen (UN, OECD, EU, IOSCO), ist aber insgesamt ohne feste Anbindung und bar demokratischer Legitimation. Derart frei schwebend sind Verfahren und Ergebnisse der Standardsetzung weithin unkontrolliert, Sanktionsmechanismen fehlen. Auch besteht weder eine Prüfungspflicht für die Abschlüsse noch ein hinreichend international abgestimmtes Regelwerk der Wirtschaftsprüfung.[48]

Vor diesem Hintergrund ist nicht verwunderlich, wenn weltweit Unternehmen sich verstärkt in die Richtung internationaler Rechnungslegungsstandards orientieren. Dabei war aus deutschen Unternehmenskreisen bereits zu hören, „Art und Umfang der internationalen Ausrichtung" in „eigener Verantwortung" bestimmen zu wollen.[49] So besteht die handfeste Gefahr, daß multinational präsente Konzerne weitergehend strengere nationale Kontrollmechanismen meiden und letztlich in einen rechtsfreien Raum driften. Rechtsordnung ist im Kern eine Frage der Akzeptanz. Nur soweit alle Beteiligten sich einheitlich bestimmten Regeln unterstellen, trägt deren Ordnungsgefüge. Doch angesichts kultureller Vielfalt bleibt der Schlüsselpunkt, inwieweit überhaupt ein global wirksames Ordnungsgefüge realisierbar ist. Schon im Ansatz verfehlt wäre der Versuch, ein überkommenes nationales Muster anderen gewachsenen Mustern gleichsam überzustülpen. Das gilt übrigens nicht nur unter den Alternativmodellen der überwiegend abendländisch geprägten Industrienationen. Es gilt ebenso mit Blick auf die angestrebte globale Akzeptanz im großen Kreis der (noch) weniger entwickelten Staaten, deren Kulturen davon meist wesentlich abweichen. Kleinere, regionale Einheiten sind für den Prozeß internationaler Harmonisierung der Rechnungslegung wohl vorzuziehen. Jedenfalls im ersten Schritt.

Dafür bietet bei aller möglichen Kritik die Europäische Union mit ihren Bilanzrichtlinien ein weltweit beachtliches Grundmodell. Seine klare Rechtsanbindung droht freilich inzwischen auf eigenem Feld konterkariert zu werden. *Ted J. Fiflis*, einer der führenden Bilanzrechtler in den Vereinigten Staaten, schrieb noch

---

48 *David Cairns* in: Dieter Ordelheide/KPMG (Eds.), Transnational Accounting, Volume 2, London 1995, chapter 18, p. 1765, mit Verweis auf die Arbeit der International Federation of Accountants (IFA); dort (ab S. 1665) Einführung zur Arbeit des IASC. Zur Neufassung des deutschen Bestätigungsvermerks unter internationalem Einfluß *Karl-Heinz Forster,* FS Ludewig 1996, 253, 265 ff. (m.w.N.).

49 So in der Stellungnahme Arbeitskreis „Rechnungslegungsvorschriften der EG-Kommission" der Gesellschaft für Finanzwirtschaft in der Unternehmensführung (GEFIU) zur Anpassung deutscher Konzernabschlüsse an die IAS, DB 1995, 1137; dagegen schon kritisch *Kühnberger,* RIW 1996, 566, 574, mit der Forderung nach präziseren „Grundsätzen ordnungsmäßiger Konzernrechnungslegung" als „normative Bremse" (aaO, 976 [dort These 14]).

1991: „If the European Community adopts its own standards, it would seem that the IASC standards would be doomed."[50] Bislang blieb dieser Schritt aus. Statt dessen ist die Anerkennung von IAS im bestehenden europäischen Rechtsrahmen vorgeschlagen, die einen vereinfachten und verbesserten konsolidierten Finanzausweis bringen soll.[51] Nüchtern betrachtet entsteht so vielmehr ein Flickwerk, in dem Bilanzinteressen zwischen drei Bezugssphären (EU-Richtlinien, nationales EU-Mitgliedstaatenrecht, IAS) vagabundieren. Die bestehende (regionale) Rechtsanbindung wird durchlöchert, bevor eine gleichwertige (internationale) Rechtsanbindung etabliert ist. Das sendet falsche Signale auf die globalen Kapitalmärkte und schadet diesen auf Sicht insgesamt. Tragfähige Lösungen müssen grundlegend beginnen: Freizügiger Kapitalverkehr braucht auch international ein gehaltvolles Rahmenmaß.

2. Welthandelsorganisation und GATS

Es gibt Ansätze für eine supranationale Koordination des Welthandels, gerade im Rahmen der 1994 gegründeten Welthandelsorganisation (World Trade Organisation; WTO). Gegen Ende der dazu seit 1986 laufenden Verhandlungen der Uruguay Runde, noch unter dem Vorläufer GATT (General Agreement on Tariffs and Trade) von 1947, richteten sich die Blicke auch auf den Bereich Rechnungswesen. Vertreter aus über einhundert Signatarstaaten vereinbarten, die Kontrollfunktion des GATT insbesondere auf den Berufsstand der Wirtschaftsprüfer auszudehnen.[52] Das dann innerhalb der WTO etablierte Allgemeine Übereinkommen zum Handel mit Dienstleistungen (General Agreements on Trade in Services; GATS) betrifft auch den Kapitalverkehr. Sein Ziel ist, einen multilateralen Rahmen von Grundsätzen und Regeln für den Handel mit Dienstleistungen zur Ausweitung dieses Handels unter Bedingungen der Transparenz und der fortschreitenden Liberalisierung zur Förderung des Wirtschaftswachstums aller Handelspartner sowie der Entwicklungsländer zu schaffen.[53]

Dazu sind in GATS entsprechende Pflichten formuliert worden, die durch Beitritt zur WTO auch von den Vereinigten Staaten anerkannt wurden. Insofern ist zunächst auf Verhandlungen zu verweisen, die verstärkte internationale Koordination anstreben. Das Übereinkommen installierte eine Working Party on Professional

---

50 Accounting issues for lawyers, 4th ed. St. Paul (Minn.), 100.
51 EU-Kommissar *Mario Monti* zur neuen Strategie der Kommission über verbesserte Rahmenbedingungen für europäische Unternehmen, Commission of the European Communities, Press Release IP: 95–1234 vom 14. 11. 1995 (RAPID). Zur Einführung der IAS als GoB in deutsches Recht *Herbert Biener,* FS Ludewig 1996, 85 ff.
52 Reuters European Community Report, December 11, 1993 (BC cycle).
53 Präambel des Übereinkommens vom 15.4.1994, abgedruckt in rechtsförmlich überprüfter deutscher Übersetzung in Bundestags-Drs. 12/7655 (neu), S. 214. Von Deutschland angenommen mit Gesetz zu dem Übereinkommen vom 15.4.1994 zur Errichtung der Welthandelsorganisation, Zustimmung Wirtschaftsausschuß des Bundestages vom 24.6.1994 und des Bundesrates vom 8.7.1994 (BR-Drs. 357/94). Übersicht zum Dienstleistungsübereinkommen (GATS) bei *Dietrich Barth,* EuZW 1994, 455 ff.

Services (WPPS), die folgenden Plan bearbeitet: (1) Förderung internationaler Standards der Rechnungslegung, (2) Erleichterung von Abkommen zur gegenseitigen Anerkennung nationaler Standards sowie (3) Aufstellung von Maßregeln über den Mißbrauch nationaler Regulierung als Handelsschranke statt legitimer Verfolgung öffentlicher Interessen.[54] Die Arbeit soll bis Ende 1997 abgeschlossen sein.[55] Daneben wirkt aber bereits unter dem Regime der GATS-Kernregeln die oben angesprochene Abwehrhaltung der Vereinigten Staaten, ausländische Kapitalgesellschaften nur unter Rechnungslegung nach U.S. „GAAP" an inländischen Börsen zuzulassen, bedenklich.

GATS erfaßt die „Erbringung einer Finanzdienstleistung". Sie ist definiert als „jede Dienstleistung finanzieller Art" und umfaßt ausdrücklich „Geschäfte für eigene und für Kundenrechnung an Börsen", darunter „derivate Instrumente" (wie Futures und Optionen) und „begebbare Wertpapiere".[56] Die von (ausländischen) Publikumsgesellschaften zur Kapitalaufnahme angestrebten, regelmäßig über Kreditinstitute und Wertpapierfirmen abgewickelten Börsengänge mit Emission von Wertpapieren wie Aktien, Schuldverschreibungen und zahlreichen dazwischen siedelnden hybriden Finanzierungsformen (*[hybrid debt securities]* wie Wandel- oder Gewinnschuldverschreibungen *[convertible oder income bonds]*, Nachranganleihen *[subordinated debentures]*) fallen also in den Geltungskreis des Übereinkommens. Mit der Intention von GATS erscheinen als Marktzugangshindernis wirkende Forderungen auch im Bereich der Rechnungslegung für eine Börsennotierung im Grundsatz unvereinbar, wie ein erster Aufriß zeigt. Zwar kann ein Mitglied der WTO (kurz: Mitglied) etwa Maßnahmen zur Einhaltung seiner „Gesetze oder sonstigen Vorschriften", soweit diese nicht im Widerspruch zu GATS stehen, ergreifen (Art. VI, XIV GATS). Die Maßnahmen dürfen aber nicht eingesetzt werden als „Mittel zu willkürlicher oder unberechtigter Diskriminierung unter Ländern, in denen gleiche Bedingungen herrschen" oder als „verdeckte Beschränkung für den Handel mit Dienstleistungen"[57] (Art. XIV GATS). Beide Aspekte könnten gegenüber den Vereinigten Staaten greifen und deren Publizitätsregeln, namentlich U.S. „GAAP", gerade für die Börsenzulassung von Kapitalgesellschaften aus der Europäischen Union erfassen und aushebeln. Für den Marktzugang gilt, daß ein Mitglied

---

54 Nach: *Robert F. Kelley,* Anhörung vor dem Subcommittee on Trade des Committee on Ways and Means, U.S. Kongreß (Repräsentantenhaus) vom 13. 3. 1996, Federal Document Clearing House Congressional Testimony (LEXIS Library: Legis, File: Allnws).

55 Vorstehende FN. Näher über Umsetzung in den Vereinigten Staaten und Revisionsmöglichkeit Anhörung (FN 54) *JayEtta Z. Hecker,* Associate Director International Relations and Trade Issues, National Security and International Affairs Division, in: U.S. General Accounting Office, International Trade – Implementation issues concerning the WTO, GAO/T-NSIAD-96-122, p. 10f.

56 GATS, Anlage zu Finanzdienstleistungen (5) a) x) C) und E), aaO (FN 53, „Übersetzung"), S. 229f.; Kreditinstituten wird gemeinhin die umfassende Teilnahme an Wertpapieremissionen jeder Art eröffnet; aaO, (5) a) xi) und grundsätzlich Artikel I GATS.

57 Beachte auch Art. VI(4) GATS über innerstaatliche Regeln, der für die Erarbeitung aller „notwendigen Disziplinen" durch den „Rat für den Handel mit Dienstleistungen" vorschreibt, „daß Maßnahmen, die Qualifikationserfordernisse und -verfahren, technische Normen und Zulassungserfordernisse betreffen, keine unnötigen Hemmnisse für den Handel mit Dienstleistungen darstellen".

der WTO den Dienstleistungserbringern anderer Mitglieder eine bestimmte gleich-
günstige Behandlung (Art. XVI(1) GATS) gibt, die nach der zentralen, allgemeinen
Meistbegünstigungsklausel jedenfalls „nicht weniger günstig" sein darf als die, die
es „den gleichen Dienstleistungen oder Dienstleistungserbringern eines anderen
Landes gewährt" (Art. II GATS). Insofern sollte angesichts des schon behandelten
Mehrjurisdiktionenabkommens, in dem die Vereinigten Staaten und Kanada wech-
selseitig ihre Publizitätsregeln anerkennen, eine entsprechende Öffnung auch für
andere Staaten geboten sein.[58]

Soweit mir bekannt, sind diese Fragen bislang noch nirgends, auch nicht von
Betroffenen, aufgeworfen worden. Den Mitgliedern steht dafür innerhalb der WTO
das förmliche Streitbeilegungsverfahren zur Verfügung.[59] Freilich bleibt zu beachten, daß die mit dem GATS im Rahmen der WTO angestrebte Vertiefung eines
globalen Liberalisierungsprozesses am Anfang steht. Die Ausformung ist in manchen Aspekten, wie der genannten speziellen Liberalisierungspflicht (nach Art. XVI
GATS), Folgeverhandlungen überantwortet (Art. XIX GATS). Manche Schlupf-
löcher bestehen auf noch ungeklärtem Neuland. Dazu zählen Meistbegünstigungs-
ausnahmen, die aber zugleich wichtigen Raum für ein wesentliches Phänomen der
Weltwirtschaft belassen: Die mit der Globalisierung einhergehende wirtschaftliche
Integration durch regionale Vereinbarungen (z.B. EU, NAFTA, ASEAN). Regiona-
lisierung *und* Globalisierung ist kein Widerspruch. Beide Stränge sind eng miteinander verknüpft, wobei die kleineren Einheiten naturgemäß das Fundament bilden.
Nur möglichst ausgeglichen starke, institutionell abgesicherte Zusammenschlüsse
in den Regionen unserer Erde können ein Globalsystem sinnvoll prägen und dauerhaft tragen. Das gilt auch im Bereich der Rechnungslegung für internationale Kapitalmärkte.

3. Gegenseitigkeit und Internationales Bilanzgericht

Stellen wir die skizzierten Bedenken zurück, inwieweit für die Rechnungslegung im
Konzern ein sinnvolles Globalsystem möglich ist. Jedenfalls ist es voreilig, internationale Standards der Rechnungslegung ohne eine angemessene institutionelle Absicherung zu propagieren. Daran mangelt es in der globalen Dimension, wie zuletzt
der Blick auf die noch in den Kinderschuhen steckende WTO zeigte. Regionale
Ansätze weisen auch hier Wege. Beispielhaft sei wiederum die Europäische Union
genannt. Zunächst mit Blick auf wichtige Fortschritte für einen freizügigeren
Zugang zu Wertpapiermärkten, die gerade die Rechnungslegung betreffen. Auf der
Grundlage des schon seit Jahren unter Art. 67 EWG-Vertrag schrittweise libera-

---

58 Dagegen greift zugunsten der USA und von Kanada zumindest nicht die auf leichteren, örtlich-
    grenznahen Austausch begrenzte Sonderregel Art. II(3) GATS; beachte aber sogleich im Text.
    Zum Mehrjurisdiktionensystem oben unter III.2. Die SEC handhabt auch die nach U.S. Trust
    Indenture Act § 310(a)(1) mögliche Zulassung ausländischer Emissionsbanken sehr restriktiv.
59 Teil V, insbesondere Art. XXIII GATS sowie Anlage zu Finanzdienstleistungen [aaO, FN 57], (4)
    [zur Qualifikation der Spruchkörper (Panels)]; grundsätzlich zum Verfahren *Folsom/Gordon/Spa-
    nogle,* aaO (FN 29), 79–90.

lisierten Kapitalverkehrs beschlossen die Mitglieder der Europäischen Union die weitere Öffnung der heimischen Märkte für Kreditinstitute und Wertpapierfirmen. Unabhängig davon, ob sie in der Europäischen Union angesiedelt sind, können solche Emittenten nach der Wertpapierdienstleistungs-Richtlinie[60] in allen Mitgliedstaaten sich an den Börsen verzeichnen lassen und öffentliche Angebote machen. Als allgemeiner Standard für eine öffentliche Neuemission (*„first public offer"*) gilt danach unter den Mitgliedstaaten der Grundsatz gegenseitiger Anerkennung. Ist der für den ersten öffentlichen Verkauf eines Wertpapieres geforderte Börsenprospekt in einem Mitgliedstaat aufsichtsrechtlich genehmigt worden, kann er innerhalb der gesamten Europäischen Union für gleichzeitige Angebote in anderen Mitgliedstaaten genutzt werden. Damit ist vereinfacht möglich, das gesamte im Binnenmarkt verfügbare Sparkapital für unternehmerische Investivzwecke anzuzapfen.

Die Europäer streben langfrist danach, dieses Modell auf andere Staaten mit wichtigen Kapitalmärkten – also namentlich Japan und die Vereinigten Staaten – auszudehnen. Die Gespräche sind mit den Nachverhandlungen zum GATS verknüpft und begleiten die von der Internationalen Vereinigung der Börsenaufsichten (IOSCO) getragene Debatte über weltweit einheitliche Publizitätsstandards.[61] Wie vorhin angeschnitten, setzt die Europäische Union dabei inzwischen unter Verzicht auf eine neue Generation europäischer Bilanzregeln auf Übereinkunft zu internationalen Standards der Rechnungslegung.[62] Der Ansatz beim Gegenseitigkeitsgrundsatz ist sinnvoll. Das Prinzip der gegenseitigen Anerkennung (*principle of mutual recognition*) gibt eine wesentliche allgemeine Basis im internationalen Umgang der Staaten. Jedenfalls zwischen solchen auf einer Entwicklungsstufe, wo die Rechtsordnungen jeweils bereits einen vergleichbar ausgeprägten Schutz beteiligter Interessen gewähren. Insofern trägt das Prinzip auch im betroffenen Wirtschaftsbereich. Wenig überzeugend bleibt dagegen der (verspätete) Einstieg der Europäer bei den internationalen Bilanzregeln (IAS) des IASC. Die dazu schon genannten Argumente sind zu unterstreichen, gerade mit Blick auf weitere Szenarien. Dabei spiegeln einzelne Standpunkte wiederum verschiedene Interessenlagen, und das Gesamtbild zeigt auch hier noch keine klaren Linien.

Gerade Börsenkreise favorisieren für den Harmonisierungsprozeß eher den Weg über die IAS.[63] Dagegen bevorzugen Vertreter der Börsenaufsichten, ihren gesetzlichen Kontrollfunktionen entsprechend, im Grundsatz die gegenseitige Anerkennung auf der Basis einer Mindestangleichung der nationalen Regeln. Das gilt ebenso für die SEC, die überwiegend zumindest auch auf die IAS zu bauen

---

60 93/22/EWG, ABlEG Nr. L 141 vom 11.6.1993, S. 27; dazu einführend *Sybille Grottke,* EuZW 1993, 440–442.

61 Dazu EU-Kommissar *Mario Monti,* Rede vom July 13, 1995, LEXIS, Commission of the European Communities, RAPID (section: speech 95–148); bekräftigt durch den EU-Ministerrat am 27.6.1996, LEXIS, European Information Service (European Report vom 3.7.1996, section: No. 2145). Der Stand der Verhandlungen nach der Ministerkonferenz in Singapur ist hier nicht bekannt.

62 Eingehend *Monti* (vorstehende FN); zur Wende der EU-Kommission Nachweise oben in FN 5 und dem zugehörigen Text.

63 *Cochrane,* aaO (FN 14), S65, der ein Mehrjurisdiktionssystem wie zwischen den USA und Kanada für ungeeignet hält.

scheint.[64] Diese vordergründige Haltung darf nicht darüber täuschen, daß in Washington eher ein nach dem dort üblichen Strickmuster gewebtes internationales Modell der Rechnungslegung angestrebt wird. Soweit dahinter der Gedanke steht, die Kontrolle nicht (derzeit noch) unbefriedigend (privat) strukturierten Gremien zu überantworten, macht das Sinn. Aber kulturelle Befindlichkeiten der beschriebenen Art sind keine Einbahnstraße. Das sollten unsere transatlantischen Partner erkennen. Ist eine Harmonisierung allseits ernsthaft gewollt, muß ein gemeinsames Ordnungsmuster für eine angemessene Rechnungslegung im internationalen Konzern entwickelt werden. Es bedarf einer klaren, allseits anerkannten Legitimationsbasis und eines korrespondierenden Rechtsschutzsystems. Kerninstitution zur Vermeidung von Interpretationsgefälle (*„opinion shopping"*) wäre ein Internationales Gericht für Rechnungslegung, dessen Eigenständigkeit gewährleistet sein muß. Die Erfahrungen der Europäischen Union lehren, wie wichtig eine unabhängige oberste, verbindlich streitschlichtende Instanz (auch) in supranational harmonisierten Rechtsbereichen ist. Neben dem Europäischen Gerichtshof gibt inzwischen etwa auch der im Oktober 1996 in Hamburg etablierte Internationale Seegerichtshof ein übergreifendes Vorbild.

VI. Epilog: Internethandel

Die anstehenden Ordungsfragen internationaler Rechnungslegung im Konzern haben zentrale wirtschaftliche Bedeutung – für den einzelnen Staat, supranationale Kooperationsformen und die Weltwirtschaft. Unser kurzer Gang zeigt, welche beschwerliche Route im gesamten Harmonisierungsprozeß bevorsteht. Einen weiteren Aspekt beschert inzwischen die kommunikationstechnische Entwicklung globaler Vernetzung. Im Internet, das rechtlich noch weithin Grauzone ist, werden Wertpapiere virtuell gleichsam „grenzenlos" handelbar um den Erdball binnen eines Wimpernschlages. Investorenschutz durch Rechnungslegung tritt damit in eine neue Dimension. Sie fordert alle Beteiligten, überkommene Konzepte kritisch zu überprüfen. Insgesamt muß die Einsicht leiten, daß ein Unternehmen als Gegenstand der Rechnungslegung nur bedingt (er)faßbar ist. Die Materie hat etwas von einem Kunstwerk. Sollen zwei Künstler unabhängig voneinander dasselbe Motiv malen, werden zwei verschiedene Bilder entstehen, selbst wenn Format, Farben und Stilmittel vorgegeben sind. Und was deren Betrachter später wahrnehmen, bleibt allemal offen. Um so wichtiger ist ein klarer Rechtsrahmen als verläßlicher „Kunstführer" in der internationalen Welt der Rechnungslegung. Daran müssen wir rechtsvergleichend arbeiten.

---

64 Die SEC anerkennt IAS No. 7 (zum cash flow statement), sonst sind ihr die IAS aber (noch) zu ungenau; näher SEC Statement regarding IAS vom 11.4.1996 (issue 96–67), in: 1996 SEC NEWS LEXIS 873. Das IASC verfolgt, namentlich um in den USA breitere Zustimmung zu finden, eine bis Mitte 1999 gesteckte Revision ihrer Standards; dazu *Carsberg,* aaO (FN 11), S. 51ff. und 60 (Zeitplan). SEC-Kommissar *Richard Roberts* zieht dagegen ausdrücklich den Ausbau eines Mehrjurisdiktionensystems vor; 26 Securities Regulation and Law Report (No. 11, March 18, 1994) 407. Ähnlich die ehemalige SEC-Kommissarin *Karmel,* aaO (FN 42 [dort im Text nach Fn. 6]), die dazu aber einen Minimalkonsens nach IAS betont.

Fehlentwicklungen im Rechnungslegungsrecht

ADOLF MOXTER

I. Einführung

Bruno Kropff hat sich um das Rechnungslegungsrecht bleibende Verdienste erworben. Er hat die Rechnungslegungsvorschriften des Aktiengesetzes von 1965 entscheidend mitgestaltet; seine ebenso klare wie strenge, tiefgründige Kommentierung dieser Vorschriften[1] wurde zum Vorbild für andere Erläuterungswerke[2]. Glücklicherweise ist sein Interesse an Rechnungslegungsfragen nach wie vor ausgeprägt[3]; denn sein Einfluß läßt hoffen, daß drohende und manifeste Fehlentwicklungen des Rechnungslegungsrechtes korrigiert werden können.

Der erste Teilbereich des Rechnungslegungsrechtes, das Gewinnermittlungsrecht, weist einen beachtlichen Reifegrad auf, gelang es dem Bundesfinanzhof doch in Anknüpfung an die gerade erwähnten, von Bruno Kropff geprägten aktienrechtlichen Rechnungslegungsvorschriften[4], ein sehr zweckmäßiges System von Ansatz- und Bewertungsnormen und mit ihm einen hohen Grad von Rechtsklarheit und Rechtssicherheit zu schaffen. Würde indes verwirklicht, was aus dem Bundesjustizministerium an Reformvorschlägen verlautet[5], so wäre, wie sogleich (unten II.) zu zeigen sein wird, im Gewinnermittlungsrecht ein unerträgliches Chaos zu befürchten: Wie in alten Zeiten bilanzierte jeder Kaufmann wie er wollte.

Anders als das an der Ausschüttungsregelungsaufgabe des Jahresabschlusses orientierte Gewinnermittlungsrecht dient der zweite Teilbereich des Rechnungslegungsrechts der Informationsregelungsaufgabe des Jahresabschlusses, also seiner Rechenschaftsfunktion. Insoweit ist eine Fehlentwicklung nicht nur drohend, sondern, wie unter III. zu begründen sein wird, bereits in vollem Gange. Drohende und manifeste Fehlentwicklung stehen im übrigen in engstem Zusammenhang.

II. Drohende Fehlentwicklung des Gewinnermittlungsrechts

1. Gegenwärtiger Rechtszustand

Im Gewinnermittlungsrecht gelten die Grundsätze ordnungsmäßiger Bilanzierung (§ 243 Abs. 1 HGB, § 5 Abs. 1 EStG) im Sinne eines (offenen) Systems von Ansatz- und Bewertungsnormen[6], wie sie im wesentlichen in den §§ 242–256 HGB kodifiziert sind. Diese Ansatz- und Bewertungsnormen stehen unter dem Leitgedanken des Gläubigerschutzes; hieraus folgt ihre typisierungsgeprägte Objektivierungs- und Vorsichtsorientierung.[7] In ihnen manifestiert sich die Vorrangigkeit dessen, was

---

1 *Kropff,* Komm. z. AktG, Bd. III, 1973.

2 Vgl. die Besprechung in ZfbF 1979, 143.

3 Vgl. insbes. *Kropff,* ZGR 1993, 41 und *Kropff,* FS Ludewig, 1996, S. 521.

4 Vgl. insbes. *Beisse,* JbFfSt 1978/79, 189; *Döllerer,* BB, Beilage 12/1987, 2.

5 Bundesministerium der Justiz, Entwurf eines Kapitalaufnahmeerleichterungs-Gesetzes vom 7. Juni 1996, unveröffentlicht.

6 Vgl. zu Einzelheiten *Beisse,* FS Moxter, 1994, S. 3.

7 Vgl. *Beisse,* FS Beusch, 1993, S. 77, 83.

man sehr verkürzt (und freilich etwas mißverständlich) als „Unternehmensinteresse" bezeichnet.

2. Drohende Rechtsentwicklung

In dem vom Bundesjustizministerium vorgelegten Entwurf eines Kapitalaufnahmeerleichterungs-Gesetzes[8] ist (in dessen Artikel 1) vorgesehen, § 264 HGB (unter anderem) um folgende Vorschrift zu ergänzen: „Auf den Jahresabschluß dürfen bei Fehlen ausdrücklicher Regelungen Bilanzierungs- und Bewertungsmethoden angewandt werden, die in anderen Staaten vorgeschrieben oder als Rechnungslegungsgrundsätze allgemein oder für Zwecke der Inanspruchnahme von Kapitalmärkten anerkannt oder von dort anerkannten Standardisierungsausschüssen empfohlen sind, soweit diese mit den Grundsätzen ordnungsmäßiger Buchführung einschließlich der gesetzlichen Vorschriften dieses Buches vereinbar sind und in gleicher Weise oder besser geeignet sind, ein den tatsächlichen Verhältnissen entsprechendes Bild der Vermögens-, Finanz- und Ertragslage der Kapitalgesellschaft zu vermitteln."

Bereits die selbst für das Rechnungslegungsrecht ungewöhnliche Anhäufung extrem unbestimmter Rechtsbegriffe in der gerade zitierten Vorschrift läßt Schlimmes befürchten.[9] Noch bedenklicher erscheint indes die in der Vorschrift versteckte dogmatische Position; mit ihrer Realisierung im Gesetz drohte im Gewinnermittlungsrecht ein Paradigmawechsel: Man weiß, daß der Gesetzentwurf vor allem auf den US-amerikanischen Kapitalmarkt zielt; nach US-amerikanischem Verständnis müssen indes Objektivierungs- und Vorsichtserwägungen im Rahmen der generally accepted accounting principles (im folgenden: GAAP) erheblich zurücktreten,[10] weil diese GAAP nicht an der Ausschüttungsregelungsaufgabe des Jahresabschlusses orientiert sind, sondern an dessen Informationsregelungsaufgabe (Rechenschaftsfunktion), und weil typisierungsgeprägte Objektivierungs- und Vorsichtsprinzipien die Informationsvermittlung durch den Jahresabschluß erheblich beeinträchtigen können.[11]

Wenn der Gesetzentwurf die Anwendung US-amerikanischer Gewinnermittlungsgrundsätze zuläßt und zugleich deren Vereinbarkeit mit den Grundsätzen ordnungsmäßiger Buchführung (im folgenden: GoB) fordert, so könnte dieser Widerspruch dadurch erklärbar sein, daß die Verfasser des Gesetzentwurfs bedauerlicherweise ein vom geltenden Recht grundlegend abweichendes Verständnis der Gewinnermittlungsgrundsätze haben: Es wäre nicht durch typisierungsgeprägte

---

8 Vgl. oben Fn. 5.

9 Vgl. zur Kritik auch *Ordelheide,* WPg 1996, 545; Institut der Wirtschaftsprüfer, Hauptfachausschuß, FN 1996, 397.

10 Vgl. insbes. *Ballwieser* in Ballwieser (Hrsg.), US-amerikanische Rechnungslegung, 2. Aufl., 1996, S. 265; *Haller,* ZfbF 1990, 751, 771; *Kleber,* BFuP 1993, 380, 389; *Schildbach,* BB 1995, 2635, 2639; *Wüstemann,* WPg 1996, 421, 429. Vgl. zum Paradigmawechsel durch Übernahme des „true and fair view-Prinzips" auch *Beisse,* aaO (Fn. 6), S. 6.

11 Vgl. hierzu unten III.1.

Objektivierungs- und Vorsichtsprinzipien gekennzeichnet und mithin durch ganz andere Wertungen (Zurücktreten des Unternehmensinteresses) charakterisiert. Denkbar ist indes auch, daß die Verfasser des Gesetzentwurfs den Konflikt zwischen einem durch typisierungsgeprägte Objektivierungs- und Vorsichtsprinzipien gekennzeichneten Gewinnermittlungsrecht und der Rechenschaftsaufgabe des Jahresabschlusses nicht, jedenfalls nicht in seiner ganzen Schärfe, sahen; auf diesen Konflikt wird nunmehr einzugehen sein.

III. Manifeste Fehlentwicklung im Bereich des Rechenschaftsrechtes

1. Untauglichkeit des Gewinns im Rechenschaftsrecht

Ein nach typisierungsgeprägten Objektivierungs- und Vorsichtsprinzipien ermittelter Gewinn ist auf die Ausschüttungsregelungsaufgabe des Jahresabschlusses zugeschnitten; er taugt nicht für die Informationsregelungsaufgabe. Diese Erkenntnis ist zwar alles andere als neu[12], hat aber nichts daran geändert, daß der so ermittelte Gewinn nach wie vor als eine zentrale Informationsgröße betrachtet wird. Das ist ebenso unerklärlich wie verhängnisvoll, hat es doch eine äußerst bedenkliche Fehlentwicklung im Rechenschaftsrecht bewirkt.

Wenige Beispiele mögen an dieser Stelle genügen, um die Untauglichkeit des Gewinns als zentrale Informationsgröße zu veranschaulichen: Das Schulbeispiel bildet die Gewinnrealisierung bei langfristiger Fertigung, etwa beim Brückenbau. Nach geltendem deutschen Bilanzrecht werden die Gewinne hier objektivierungs- und vorsichtsbedingt erst berücksichtigt mit dem sog. Umsatzakt, das heißt, dem mit der Werkabnahme durch den Kunden eingetretenen Risikoabbau.[13] Hinsichtlich der Information über die Vermögens-, Finanz- und Ertragslage wirkt sich diese Bilanzierung naheliegenderweise verheerend aus; es überrascht daher nicht, daß nach den informationsorientierten GAAP die (konträre) „Percentage of Completion-Methode" als Regelfall gilt.[14]

Der Konfliktbereich zwischen an der Ausschüttungsregelung und an der Informationsregelung orientierten Gewinnermittlungsgrundsätzen ist sehr breit. Besonders gravierend wirkt sich insoweit die für das geltende deutsche Bilanzrecht cha-

---

12 In jüngerer Zeit hat vor allem Clemm auf die informationsverzerrenden Effekte des bilanzrechtlichen Gewinns nachdrücklich hingewiesen (vgl. insbes. *Clemm*, FS Beusch, 1993, 131).

13 Vgl. insbes. das BFH-Urteil vom 5. Mai 1976 I R 121/74, BFHE 119, 59, BStBl II 1976, 541. Der Senat wandte sich ausdrücklich gegen die in Teilen des Schrifttums vertretene Auffassung, eine Teilgewinnrealisierung sei zulässig, wenn anderenfalls „der Jahresabschluß ein völlig falsches Bild von der Ertragslage vermitteln würde"; mit Recht hat *Kropff* die strenge Interpretation des Realisationsprinzips betont und die sich hieraus ergebenden ergänzenden Informationspflichten hervorgehoben: aaO (Fn. 1), Tz 89 zu § 149 AktG.

14 Vgl. *Richter* in Ballwieser, aaO (Fn. 10), S. 133, 148; *Baker* u. a. in Ordelheide u. a. (Hrsg.), Transnational Accounting, Bd. II, 1995, S. 2957 („GAAP generally call for the recognition of revenue as the work progresses", S. 3052; „The percentage of completion method is usually required by the SEC for public companies", S. 3057).

rakteristische Aktivierungsbeschränkung durch den entgeltlichen Erwerb (§ 248 Abs. 2 HGB) samt deren enger Interpretation durch die höchstrichterliche Rechtsprechung[15] aus. Investitionen in derartigen immateriellen Anlagewerten führen zu einem Gewinn, der die Vermögens-, Finanz- und Ertragslage zu ungünstig wiedergibt; bei Desinvestitionen verhält es sich umgekehrt; letzteres ist besonders gefährlich, kann hierdurch doch eine ungünstige Unternehmensentwicklung im Gewinnausweis verschleiert werden.[16] Wiederum ist festzuhalten, daß die GAAP folgerichtig den Grundsatz des entgeltlichen Erwerbs nicht kennen.[17]

Ganz unvorstellbar im geltenden deutschen Bilanzrecht sind etwa auch bloße Verrechnungsposten[18] (die weder positive noch negative Vermögensbestandteile bilden). Bei einem Gewinnermittlungsrecht, das primär der Information über die Vermögens-, Finanz- und Ertragslage dient, ist das wiederum anders, wie die entsprechenden GAAP zeigen.[19]

Es wird oft übersehen, daß die GAAP in den USA nur sehr bedingt für Ausschüttungsregelungsaufgaben herangezogen werden; man hat dort die Gefahren ihrer einseitigen Orientierung an der Rechenschaftsfunktion durchaus erkannt.[20] Schon dieser Umstand sollte davor warnen, die GAAP unbesehen in das deutsche Recht des Einzelabschlusses zu übernehmen.[21] (Für den Konzernabschluß kann so lange etwas anderes gelten, als ihm nur Informationsaufgaben, keine Ausschüttungsregelungsaufgaben zukommen.)

2. Erfordernis gefestigter Informations-GoB

In dem Maße, in dem davon ausgegangen wird, daß der ermittelte Gewinn – und damit zwingend das ermittelte Bilanzvermögen – zentrale Informationsträger hinsichtlich der Vermögens-, Finanz- und Ertragslage sind, werden die Rechenschaftsgrundsätze (Gliederungs- und Erläuterungsprinzipien) vernachlässigt. Das aber bedeutet, daß die durch den Jahresabschluß vermittelten Informationen ihre Schutzwirkung kaum noch entfalten können.

Wiederum mag ein Vergleich des geltenden deutschen Rechts mit den GAAP hilfreich sein: Sind ungewisse Verbindlichkeiten gegeben, die vom Bilanzierenden (dem Grunde nach) zwar nicht für „probable", aber immerhin für „reasonably probable" gehalten werden, so verzichtet man auf deren Passivierung, fordert jedoch eine (Bestandteil des Jahresabschlusses bildende) entsprechende Erläuterung.[22] Das

---

15 Vgl. insbes. das BFH-Urteil vom 26. Februar 1975 I R 72/73, BFHE 115, 243, BStBl II 1976, 13 und *Döllerer*, BB 1969, 501, 505.
16 Vgl. insbes. *Clemm*, aaO (Fn. 12), S. 141.
17 Vgl. zu Einzelheiten *Schildbach* in Ballwieser, aaO (Fn. 10), S. 93.
18 Vgl. *Beisse*, aaO (Fn. 6), S. 17.
19 „Matching permits certain costs to be deferred and treated as assets in the balance sheet when in fact these costs may not have future benefits": *Baker*, aaO (Fn. 14), S. 3054.
20 Vgl. *Wüstemann*, aaO (Fn. 10), S. 424.
21 Vgl. auch *Schulze-Osterloh* in Bericht über die Fachtagung 1994 des IDW, 1995, S. 123.
22 *Baker* u. a., aaO (Fn. 14), S. 3068 f.

entspricht der einseitigen GAAP-Orientierung an der Informationsregelung: Entscheidend ist, daß der Jahresabschlußadressat durch die Sachverhaltsbeschreibung über das betreffende Risiko unterrichtet wird. Nach geltendem deutschen Recht muß, dem Vorsichtsgrundsatz folgend, die Verbindlichkeit passiviert werden; entsprechende Erläuterungen sind indes durchaus unüblich.

Informations-GoB im Sinne von Gliederungs- und Erläuterungsprinzipien sind gegenwärtig in den für „alle Kaufleute" geltenden Vorschriften (§§ 238–263 HGB) praktisch nicht kodifiziert. Das Gebot der Klarheit und Übersichtlichkeit des Jahresabschlusses (§ 243 Abs. 2 HGB) könnte kaum unbestimmter sein. Es wäre jedoch falsch, anzunehmen, daß das Gesetz insoweit keine (Bestandteile des Jahresabschlusses bildenden) Erläuterungspflichten kenne; diese ergeben sich aus dem GoB-Verweis (§ 243 Abs. 1 HGB), verbunden mit dem diese GoB prägenden Schutzzweck.

Bei Kapitalgesellschaften sowie im Rahmen der ergänzenden Vorschriften für Genossenschaften und insbesondere für Unternehmen bestimmter Geschäftszweige (§§ 264–341o HGB) sind im Gesetzeswortlaut wichtige Gliederungs- und Erläuterungsprinzipien niedergelegt. Doch werden sie von der Rechnungslegungspraxis zu oft in der Weise vernachlässigt, daß sie ohne Rücksicht auf ihren Sinn und Zweck gehandhabt werden. Das Schulbeispiel hierfür bildet das verbreitete Verständnis von § 277 Abs. 4 Satz 3 HGB, wonach „Erträge und Aufwendungen, die einem anderen Geschäftsjahr zuzurechnen sind", im Anhang „hinsichtlich ihres Betrags und ihrer Art" erläutert werden müssen, sofern sie „für die Beurteilung der Ertragslage nicht von untergeordneter Bedeutung sind". Im Wirtschaftsprüfer-Handbuch heißt es hierzu: „Zuschreibungen, die aufgrund von im Geschäftsjahr eingetretenen Wertsteigerungen notwendig werden, sind nicht periodenfremd"[23] (sollen also nicht angabepflichtig sein).

Nach den GAAP besteht auch für die gerade erwähnte Art von Zuschreibungserträgen Angabepflicht: Gesondert zu zeigen sind alle diejenigen Erträge und Aufwendungen, die als „infrequent"[24] gelten müssen; dazu gehören indes (soweit wesentlich) alle Zuschreibungserträge. Dieser Grundsatz beruht darauf, daß der Jahresabschluß Informationen über die (für die Beurteilung der Ertragslage entscheidenden) Ausschüttungserwartungen gewähren muß; Erträge bzw. Aufwendungen, die „infrequent" sind, haben insoweit einen deutlich geringeren Informationsgehalt. Man erinnere sich im übrigen, daß Schmalenbach aufgrund seiner informationsorientierten Gewinnermittlungskonzeption Zuschreibungen für schlechthin GoB-widrig erklärte[25]; wenn nach geltendem Recht Zuschreibungen auch grundsätzlich zulässig, bei Kapitalgesellschaften sogar geboten sind (§§ 253 Abs. 5, 254 Abs. 2, 280 HGB), so ändert das nichts an ihrer informationsverzerrenden Wirkung.

Viele andere Beispiele für eine hinsichtlich der gesetzlichen Erläuterungspflichten laxe Rechnungslegungspraxis ließen sich anführen. Hier mag der Hinweis auf § 284 Abs. 2 Nr. 1 HGB genügen, wonach eine Offenlegung der „angewandten

---

23 WP-Handbuch, 11. Aufl., 1996, Bd. I, S. 465.
24 *Baker* u. a., aaO (Fn. 14), S. 3047.
25 Vgl. *Schmalenbach*, Dynamische Bilanz, 13. Aufl., 1962, S. 105.

Bilanzierungs- und Bewertungsmethoden" erzwungen wird: Die Angabe, daß die gesetzlichen Bilanzierungs- bzw. Bewertungsmethoden beachtet wurden, ist völlig überflüssig; Angaben etwa darüber, wie bestimmte gesetzliche Wahlrechte gehandhabt wurden (etwa Ansatz oder Nichtansatz eines erworbenen Geschäfts- oder Firmenwertes), sind nur sinnvoll, wenn sie die entsprechenden Auswirkungen auf die Vermögens-, Finanz- und Ertragslage erkennbar werden lassen. Das Gesetz will mit seinem Einblicksgebot die Ausübung der (an der Ausschüttungsregelung orientierten) Wahlrechte nicht einschränken; es fordert aber, negative Informationseffekte durch entsprechende Erläuterungen zu bereinigen. Der Streit, ob aus dem Einblicksgebot (Grundsatz des „true and fair view") eine Einschränkung von im Gesetzeswortlaut explizit eingeräumten Wahlrechten folgt[26], ist nur zu verstehen vor dem Hintergrund der These, daß das Gewinnermittlungsrecht durch das Einblicksgebot dominiert werden soll.

So wenig man die gesetzlichen Erläuterungspflichten vernachlässigen darf, so wenig darf man sie als Instrumente zur Bewirkung „gläserner Taschen" mißbrauchen. Bruno Kropff hat mit Recht auf die Grenzen der gesetzlich gewollten Informationsansprüche hingewiesen[27]. Insoweit muß für das Rechenschaftsrecht das gleiche gelten wie für das Gewinnermittlungsrecht: Es sind die Interessen aller Betroffenen abzuwägen; maßgeblich kann allein das so zu verstehende Unternehmensinteresse sein.[28] Auch wird, wiederum ähnlich wie im Gewinnermittlungsrecht, ein Fortschritt in Rechtsprechung und Wissenschaft insoweit nur durch kasuistische Auffächerung zu erreichen sein.

IV. Zusammenfassung

1. Das Rechnungslegungsrecht besteht aus den beiden Teilgebieten Gewinnermittlungsrecht und Rechenschaftsrecht; diese beiden Teilgebiete bedingen sehr unterschiedliche GoB: Im Gewinnermittlungsrecht, das an der Ausschüttungsregelungsaufgabe des Jahresabschlusses orientiert ist, müssen typisierungsgeprägte Objektivierungs- und Vorsichtsgrundsätze dominieren, die dagegen wegen ihres grundsätzlich informationsverzerrenden Effekts im Rechenschaftsrecht zurückzudrängen sind.
2. In dem vom Bundesministerium der Justiz vorgelegten Entwurf eines Kapitalaufnahmeerleichterungs-Gesetzes ist eine Öffnung der GoB insbesondere zu den (US-amerikanischen) GAAP vorgesehen. Die Verwirklichung dieser Pläne bedeutete einen äußerst bedenklichen Paradigmawechsel im Gewinnermittlungsrecht, sind die GAAP doch wegen ihrer Einbettung in das Rechenschaftsrecht durch eine deutliche Zurückdrängung typisierungsgeprägter Objektivierungs- und Vorsichtsprinzipien charakterisiert.

---

26 Vgl. hierzu insbes. *Clemm,* FS Budde, 1994, S. 135.
27 Zuletzt in *Baetge* (Hrsg.), Rechnungslegung und Prüfung, 1996, S. 208.
28 Vgl. *Kropff,* aaO (Fn. 1), Vorbem. zu § 148, Tz 8.

3. Das geltende Rechenschaftsrecht ist ungefestigt; es erfüllt seine Schutzfunktion zur Zeit kaum, weil sich die Rechnungslegungspraxis zu stark an Informationsinhalten orientiert, die der Ausschüttungsregelungsaufgabe des Jahresabschlusses entsprechen, nicht dagegen seiner Informationsaufgabe.

4. Rechtsprechung und Wissenschaft haben noch einen sehr weiten Weg zurückzulegen, bis das Rechenschaftsrecht einen Reifegrad erreicht hat, der dem des Gewinnermittlungsrechts vergleichbar ist. Rechtsprechung und Wissenschaft sind gut beraten, wenn sie hierbei auf den Arbeiten des Jubilars aufbauen.

Bilanzierungsfragen bei der Beendigung von Unternehmensverträgen

WELF MÜLLER

A. *Anlaß der Fragestellung*

(1) Bruno Kropff als einer der maßgeblichen Väter des Aktiengesetzes 1965 und damit einer der Konstrukteure des neuen deutschen Konzernrechts hat sich mit seiner Kompetenz in Sachen Rechnungslegung auch mit ausgewählten Bilanzierungsfragen im Zusammenhang mit der Verlustübernahmeverpflichtung in Unternehmensverträgen beschäftigt. Erinnert sei nur an seine überzeugende Darlegung in der Festschrift Döllerer, warum für künftig drohende Verlustübernahmen Rückstellungen beim verpflichteten Unternehmen nicht gebildet werden dürfen[1].

Damit war er einer der ersten, der gewisse Sonderprobleme für die Rechnungslegung unter der Herrschaft eines Unternehmensvertrages erkannt und dogmatisch untersucht hat. In diese Tradition soll sich auch diese, vergleichsweise bescheidene, Untersuchung stellen, ob und, wenn ja, welche besonderen Bilanzierungsprobleme bei Beendigung eines Unternehmensvertrages, sozusagen bei der Schlußabrechnung der bis dahin abhängigen Gesellschaft, entstehen können. Diese Frage ist natürlich dort besonders interessant, wo ein auszugleichender Jahresfehlbetrag bei der abhängigen Gesellschaft erwirtschaftet wurde. Darauf möchte ich mich auch beschränken.

(2) In der Literatur sind diese Fragen selten aufgegriffen und behandelt worden[2]. Karsten Schmidt hat in einer rechtsdogmatischen Analyse des § 302 AktG[3] die Frage offen gelassen, „ob die gesetzliche Verlustübernahme – im Gegensatz zu einer vertraglichen – diejenigen Abwicklungsverluste umfaßt, die sich bereits am Stichtag aus der Zerschlagungsprognose ergeben". Mertens[4] dagegen möchte sich „auf den Vorschlag eines wenig seriösen nachträglichen Prognosespielchens" nicht einlassen und lehnt eine Haftung nach § 302 AktG für „Abwicklungsverluste" ab. Die Rechtsprechung hat sich – soweit ich sehen kann – mit diesen Fragen noch nicht beschäftigen müssen. Daraus mag man schließen, daß es sich um eine mehr oder weniger akademische Frage handelt, die in der Praxis nicht zu Problemen führt oder pragmatischen Lösungen zugänglich ist. Das mag in der Tat so sein, insbesondere in Konzernstrukturen mit 100 %igen Tochtergesellschaften oder in Fällen, in denen die Muttergesellschaft – das herrschende Unternehmen – selbst in Schwierigkeiten gerät. In jüngster Vergangenheit zeigt sich aber, daß es durchaus Sachverhalte geben kann, in denen das herrschende Unternehmen sich wegen drohender zukünftiger Verluste, wegen Veränderung der Märkte oder aus anderen wirtschaftlich durchaus vernünftigen Gründen, letztendlich zum eigenen Schutz und damit zum Schutz der eigenen Aktionäre/Gesellschafter aus einer unternehmensvertraglichen Verbindung zurückzieht. Hier ist nur der Fall Grundig zu nennen, den eine Boulevardzeitung mit der Schlagzeile bedachte: „Retter verlassen sinkendes Schiff". In all diesen Fällen kommt der Schlußabrechnung und ihrer inhaltlichen Ausgestaltung erhebliches Gewicht zu.

---

1 FS *Döllerer* 1988 S. 349 ff.
2 Vgl. *Karsten Schmidt* ZGR 1983, 513 ff.; *Ulmer*, AG 1986, 123 ff.; *H. P. Müller*, FS Goerdeler S. 376 ff.; *H. Wilhelm*, Die Beendigung des Beherrschungs- und Gewinnabführungsvertrages.
3 ZGR 1983, 513, 534.
4 ZGR 1984, 542, 552.

B. Die Verlustübernahmeverpflichtung nach § 302 AktG

I. Normzweck und dogmatische Einordnung

(1) Ulmer[5] hat überzeugend nachgewiesen, daß Rechtsgrund der §§ 302/303 AktG der Schutz der beherrschten Gesellschaft und ihrer Gläubiger ist, wobei § 303 AktG nur den Schutz der Gläubiger im Auge hat. Die Verlustübernahmepflicht ist sozusagen das Korrelat zum Wegfall der Kapitalschutzvorschriften der §§ 57, 58 und 60 AktG beim Beherrschungs- und/oder Gewinnabführungsvertrag (§ 291 Abs. 3 AktG) und dient damit selbst der Kapitalerhaltung[6]. Das ist heute wohl die weitaus überwiegende Meinung. Der Aktionärsschutz ist in den §§ 304 und 305 AktG geregelt und – seit Einführung der Unternehmensvertragsprüfung mit dem UmwG 1995 – durch eine unabhängige Prüfung (§§ 293b ff. AktG) noch verstärkt worden (vgl. insbesondere § 293e Abs. 1 Satz 3 AktG). Ulmer[7] hat auch nachgewiesen, dies ist im vorliegenden Zusammenhang nicht unwichtig, daß die Regelung des § 302 AktG in keinem Zusammenhang mit der mitgliedschaftlichen Treuepflicht des herrschendes Gesellschafters steht. § 302 AktG stellt auf rein objektive Kriterien ab, ohne auf ein Fehlverhalten oder auch nur Einwirkungsmöglichkeiten des anderen Vertragsteils, der noch nicht einmal Aktionär sein muß, abzustellen und ohne Entlastungsmöglichkeiten einzuräumen[8]. Es geht also um eine Regelung, die den spezifischen Gläubigerrisiken Rechnung tragen soll und weniger um das, noch von der Regierungsbegründung zum AktG 1965 bemühte Dogma von Herrschaft und Haftung[9]. Karsten Schmidt hat dargelegt[10], und auch dies ist heute wohl herrschende Meinung, daß die Verlustübernahme ein gesetzliches Dauerschuldverhältnis begründet für das § 302 AktG bestimmte Tatbestandsvoraussetzungen, nicht aber den Verpflichtungsgrund selbst regelt. Schon der RegE AktG 1965 ging davon aus, daß die Verpflichtung zur Verlustübernahme „aus allgemeinen Rechtsgrundsätzen hergeleitet" werden kann[11]. Nur aus dieser Wertung läßt sich letzlich die Analogiefähigkeit der Verlustübernahme für den qualifiziert faktischen Konzern begründen.

(2) Was den Inhalt der Verlustübernahmepflicht anbelangt, wird ein dogmatischer Ansatz eigentlich immer erst in der Schlußabrechnung, bei der Feststellung des letzten „sonst entstehenden Jahresfehlbetrags" am Ende der Vertragslaufzeit relevant. Im laufenden Dauerschuldverhältnis können zeitliche Abgrenzungen zu Periodenverschiebungen führen, lassen aber nicht die Frage aufkommen, wer von den beiden Vertragspartnern ein Ergebnis (Gewinn oder Verlust) endgültig zu erhalten oder zu tragen hat. Insbesondere in Verlustsituationen der abhängigen Gesellschaft und insbesondere dann, wenn die selbständige Überlebensfähigkeit ungewiß

---

5 AG 1986, 123, 125 f.
6 *Hüffer*, AktG, 2. Aufl., § 302 Rn. 3 mit Nachweisen.
7 aaO, Fußn. 5, S. 125.
8 *K. Schmidt*, ZiP 1986, 147 ff.; *Ulmer*, aaO.
9 Vgl. Begr. RegE zitiert bei *Kropff*, AktG 1965, S. 391.
10 ZGR 1983, 513, 517.
11 Vgl. *Kropff*, Fußn. 9, S. 390.

ist, kann jedoch diese Frage für beide Vertragspartner von existentieller Bedeutung sein.

Der BGH hat eigentlich nur einmal Gelegenheit genommen, eine Aussage zu Sinn und Zweck des Unternehmensvertrags (speziell des Beherrschungsvertrags) zu machen, nämlich im Gervais Urteil[12]. Dort sagt er: „Dieser (der Beherrschungsvertrag) geht vom Fortbestand der abhängigen Gesellschaft aus und verpflichtet den herrschenden Unternehmensgesellschafter, deren Existenz für die Gegenwart zu erhalten und für die Zukunft zu sichern, insbesondere also den Eintritt von Substanzverlusten zu vermeiden." Damit hat er in der Literatur jedoch keine einhellige Gefolgschaft gefunden. Insbesondere Ulmer[13] hat ausgeführt, daß eine Existenzsicherung während der Vertragsdauer regelmäßig „der Erwartung der Beteiligten" entspreche, daß der Gesetzgeber aber nicht eine derartige Erwartung auch für die Zukunft begründe. Der Gesetzgeber habe vielmehr in der Vertragsbeendigung durchaus reale Gefahren für die beherrschte Gesellschaft, ihre Gläubiger und Aktionäre gesehen. Diesen Gefahren würde aber durch die Vorschriften der §§ 296 Abs. 2, 297 Abs. 2, 303 und 305 AktG begegnet, nicht aber durch § 302 AktG. In die gleiche Richtung zielen alle diejenigen Auffassungen, die bei Vertragsbeendigung über den Verlustausgleich keine Haftung für Abwicklungs- oder Konkursverluste annehmen[14].

(3) Letztlich definiert aber § 302 AktG in objektiver Weise den Umfang der Verlustübernahmeverpflichtung des anderen Vertragsteils. Für die Schlußabrechnung auf das Ende der Gesamtlaufzeit des Vertrages enthält er keine Besonderheiten. Nur dasjenige was im Rahmen der Ansatz- und Bewertungsvorschriften des HGB und der Grundsätze ordnungsmäßiger Buchführung (GoB) angesetzt werden muß oder darf, kann in den Anspruch nach § 302 AktG eingehen. Allerdings ist zu beachten, daß die Beendigung eines Unternehmensvertrages ein Geschäftsvorfall ist, der durchaus bilanzerhebliche und insbesondere bewertungserhebliche Folgen haben kann.

II. Ausgleich eines sonst entstehenden Jahresfehlbetrages

1. Jahresabschluß als Instrument zur Anspruchskonkretisierung

(1) Basis der Verlustübernahmeverpflichtung ist jeder während der Vertragsdauer sonst entstehende Jahresfehlbetrag. Er bestimmt die Verlustübernahmeverpflichtung, die nur durch Entnahmen aus während der Vertragsdauer gebildeten Gewinnrücklagen vermindert werden kann (§ 302 Abs. 1 zweiter Halbsatz AktG). Ein Verlustvortrag aus vorvertraglicher Zeit muß nicht ausgeglichen werden, er vermindert nur eine sonst mögliche Gewinnabführung (§ 301 Satz 1 AktG). Damit wird auf den

---

12 NJW 1980, 231 ff.
13 AG 1986, 123, 126.
14 *Mertens*, ZGR 1984, 542, 552; *Koppensteiner*, Kölner Komm. zum AktG, 2. Aufl., § 302 Rn. 5; *Geßler* in Geßler/Hefermehl/Eckardt/Kropff, AktG, 302 Rn. 15.

rechnungslegungsmäßigen Jahresfehlbetrag abgestellt, wie er in § 275 Abs. 2 Nr. 20 (Gesamtkostenverfahren) oder Abs. 3 Nr. 19 (Umsatzkostenverfahren) HGB ausgewiesen wird. Dieser Posten ist rein technisch zu sehen, wie er sich zum jeweiligen Bilanzstichtag oder zu einem Zwischenbilanzstichtag bei ggf. unterjähriger Beendigung eines Unternehmensvertrages[15] ergibt. Er konkretisiert die aus dem Dauerschuldverhältnis erwachsende, sozusagen permanente Verlustdeckungspflicht und focusiert sie auf die ohnehin nach den Rechnungslegungsregeln des HGB zu erstellende Periodenrechnung. Dabei kommt es alleine darauf an, daß die relevanten Stichtage, zu denen ohne den Unternehmensvertrag ein Jahresverlust auszuweisen wäre, in die Vertragslaufzeit oder auf den Beendigungszeitpunkt des Unternehmensvertrages fallen.

(2) Wenn das Gesetz auf jeden „sonst entstehenden" Jahresfehlbetrag abstellt, so bestimmt sich das „Entstehen" nach den Bilanzierungsregeln des HGB und den GoB, nicht aber danach, wann die zu den Verlusten führenden Aufwendungen oder Ertragsausfälle verursacht worden sind[16]. Die Entstehungsursache eines Aufwands oder Ertrags muß nicht mit dessen bilanzieller Berücksichtigung übereinstimmen: So verlangt z. B. das Realisationsprinzip (§ 252 Abs. 1 Nr. 4 HGB), daß Gewinne nicht etwa mit ihrer Verursachung, sondern erst mit ihrer Realisierung bilanziell berücksichtigt werden dürfen. Bei Verlusten wird Verursachung und bilanzielle Berücksichtigung in der Regel zusammenfallen. Aber auch hier sind Fälle denkbar, daß die Entstehungsursachen schon vor Beginn des Unternehmensvertrages liegen, die bilanzielle Berücksichtigung aber erst später erfolgt (Drohverlustrückstellung bei schwebenden Verträgen; vergessene Passiva). Auch solche Verluste müssen nach § 302 AktG übernommen werden[17]. Damit drängt sich die Frage auf, was mit Verlusten zu geschehen hat, die mit Beendigung des Unternehmensvertrages oder danach verursacht sind, bilanziell aber schon in der Schlußrechnung berücksichtigt werden können oder müssen. Auch dies kann im Rahmen des § 302 AktG nur aus den Rechnungslegungsvorschriften des HGB und den GoB beantwortet werden. Was diesen Regeln entspricht, muß vom herrschenden Unternehmen akzeptiert und, wenn daraus ein Verlust entsteht, übernommen werden, nicht aber mehr.

2. Materielle Bewertungsstetigkeit (§ 252 Abs. 1 Nr. 6 HGB)

a) Grundsatz

Der Grundsatz der Bewertungsstetigkeit soll die Vergleichbarkeit aufeinanderfolgender Jahresabschlüsse sicherstellen und die Beeinflussung der Ertragslage durch Änderung von Bewertungsmethoden nach der einen oder anderen Seite ausschließen. Er engt damit die an sich mögliche Auswahl der Bewertungsmethoden

---

15 Zur unterjährigen Beendigung vgl. *K. Schmidt*, ZGR 1983, 513, 524 ff.; *Koppensteiner*, Kölner Komm, 2. Aufl., AktG, § 302 Rn. 17; *Hüffer*, AktG, 2. Aufl., § 302 Rn. 13.
16 *Geßler* in Geßler/Hefermehl/Eckardt/Kropff, AktG, § 302 Rn. 11.
17 *Geßler* aaO, Fußn. 16.

ein, nämlich auf die des Vorjahres[18]. Dieser Grundsatz gilt auch für die Rechnungslegung während der Laufzeit eines Unternehmensvertrages, d. h. es sind die für den vorangehenden Jahresabschluß angewandten Ansatz- und Bewertungsmethoden weiterzuführen. Im Vertragskonzern bewirkt die Praktizierung der Bilanzstetigkeit eine Kontinuität des Ergebnisausweises und – im Verlustfall – die Kalkulierbarkeit der Ausgleichsverpflichtung für das herrschende Unternehmen. Das gilt grundsätzlich auch für den letzten Abschluß (Schlußabrechnung) anläßlich der Beendigung eines Unternehmensvertrages. Allerdings, darin liegt das Besondere, steht die Gesellschaft bei Aufstellung der Schlußabrechnung nicht mehr unter der vertraglichen und damit rechtlich abgesicherten Beherrschung des anderen Vertragspartners. Häufig hat das abhängige Unternehmen bisher nach den Bilanzierungsrichtlinien oder Bilanzierungsanweisungen des herrschenden Unternehmens bilanziert und in diesem Rahmen die eingeräumten Ermessensspielräume und Bewertungswahlrechte ausgeübt. Dies ist im Konzern eine ganz alltägliche, zulässige und vernünftige Praxis. Sollte die nunmehr unabhängige Geschäftsführung (Vorstand) mit der neugewonnenen Freiheit davon für die Schlußabrechnung abweichen und eigenes Ermessen und eigene Wahl an die Stelle der Disposition des herrschenden Unternehmens setzen dürfen?

Grundsätzlich ist das zu verneinen: Die Gesellschaft hat, auch wenn sie bei Erstellung der Schlußabrechnung nunmehr unabhängig ist, § 252 Abs. 1 Nr. 6 HGB zu beachten[19]. Dies gebietet das berechtigte Interesse des herrschenden Unternehmens, in der Schlußabrechnung vor willkürlichen Abweichungen des bisherigen Vertragspartners geschützt zu sein, auf den sie nach Vertragsbeendigung über Weisungen keinen Einfluß mehr nehmen kann.

b) Ausnahmen vom Stetigkeitsgebot

§ 252 Abs. 2 HGB erlaubt es, in begründeten Ausnahmefällen von den Grundsätzen des Abs. 1 und damit auch vom Stetigkeitsgebot abzuweichen. Was sind nun „begründete Ausnahmefälle"? Sie müssen wohl dadurch gekennzeichnet sein, daß das mit dem Stetigkeitsgrundsatz verfolgte Ziel der Vergleichbarkeit zurücktreten muß hinter der Notwendigkeit, die Bewertungspolitik an veränderte Verhältnisse anzupassen, was bei Kapitalgesellschaften insbesondere unter dem Gesichtspunkt des true and fair view (§ 264 Abs. 2 HGB) erforderlich werden kann[20]. Adler/Düring/Schmaltz[21] nennen als solche Fälle beispielhaft:

---

18 *Adler/Düring/Schmaltz,* Rechnungslegung und Prüfung der Unternehmen, 6. Aufl., § 252 HGB Tz. 103; *Leffson,* WPg 1988, 441, 443.

19 Die Sollvorschrift des § 252 Abs. 1 Nr. 6 HGB ist als gesetzliches Gebot auszulegen vgl. *Adler/Düring/Schmaltz,* Rechnungslegung und Prüfung der Unternehmen, 6. Aufl., § 252 HGB Tz. 109; *Budde/Geißler* in Beck Bil-Komm., 3. Aufl., § 252 Anm. 57; *Claussen/Korth* in Kölner Komm. AktG, § 252 HGB Rn. 37; *Schulze-Osterloh* in Baumbach/Hueck GmbHG, 15. Aufl., § 42 Rn. 255.

20 *Adler/Düring/Schmaltz,* § 252 HGB Tz. 112.

21 § 252 HGB Tz. 113.

- Einbeziehung in oder Entlassung aus einem Konzernverbund;
- Wesentliche Veränderungen in der Gesellschafterstruktur;
- Wechsel des Managements, soweit damit eine Änderung der unternehmerischen Konzeption einhergeht;
- Grundlegend andere Einschätzung der Unternehmensentwicklung.

Alle diese Sachverhalte können bei Beendigung eines Unternehmensvertrages einzeln oder kumuliert gegeben sein. Unabhängig davon, ob diese Fälle als Ausnahmefälle i.S. des § 252 Abs. 2 HGB anzuerkennen sind[22], ist im Rahmen des § 302 AktG die unmittelbare Auswirkung auf den Verlustausgleich zu beachten. Eine Unterbrechung der Bewertungsstetigkeit, die alleine darin begründet ist, den Ausgleichsanspruch zu erhöhen oder zu vermindern, wird m. E. nicht von § 252 Abs. 2 HGB getragen. Mit Rücksicht auf die Verpflichtung des anderen Vertragsteils zum Verlustausgleich wird man vielmehr von der Dominanz der Stetigkeit ausgehen müssen, wenn nicht zwingende Gründe eine Abweichung verlangen. Ein zwingender Grund kann z. B. eine negative Fortführungsprognose sein. Dann muß aber nicht der Ausnahmefall des § 252 Abs. 2 HGB bemüht werden; die notwendigen Bewertungsänderungen ergeben sich unmittelbar aus der Anwendung des § 252 Abs. 1 Nr. 2 HGB.

3. Grundsatz der Unternehmensfortführung (§ 252 Abs. 1 Nr. 2 HGB)

a) Grundsatz

(1) Nach § 252 Abs. 1 Nr. 2 HGB ist von der Fortführung der Unternehmenstätigkeit auszugehen, sofern dem nicht tatsächliche oder rechtliche Gegebenheiten entgegenstehen (going-concern-Prinzip). Die Beurteilung in der einen oder anderen Richtung hat gravierende Auswirkungen auf die Bewertung der Vermögensgegenstände und Schulden. Bei negativer Fortführungsprognose hat die Bewertung unter Veräußerungsgesichtspunkten und unter Berücksichtigung von Abwicklungskosten zu erfolgen[23]. Dies kann und wird in der Regel einen Jahresfehlbetrag verursachen oder einen bereits vorhandenen Jahresfehlbetrag nicht unbeträchtlich erhöhen.

(2) Im Rahmen der Schlußabrechnung eines Unternehmensvertrages kann diese Frage zum eigentlichen Kernpunkt der Bilanzierung werden. Es ist nicht schwierig sich vorzustellen, daß ein unter einem Unternehmensvertrag stehendes Unternehmen während der Vertragslaufzeit zulässigerweise im Konzerninteresse so verändert worden ist, daß es allein nicht in der Lage ist, seine Unternehmenstätigkeit fortzusetzen: Zu denken ist an Produktionsverlagerungen, Zentralisierung im Einkauf und/oder Verkauf, Wegnahme von Forschung und Entwicklung und anderes mehr. Gelegentlich wird auch erst bei Beendigung der Konzernzugehörigkeit den Beteiligten bewußt, daß ein stand alone Konzept nicht gangbar ist. Anders gelagert, aber im Ergebnis ähnlich sind die Fälle, in denen ein bereits ange-

---

22 Sehr einschränkend *Siegel* in BHdR, B 161 Rz. 62 ff.
23 *Adler/Düring/Schmaltz*, § 252 HGB Tz. 32 ff.

schlagenes Unternehmen durch Eintritt in einen Konzern stabilisiert, durch den Austritt aber wieder in seine ursprüngliche, gefährdete Lage zurückversetzt wird.

(3) Für die Beurteilung der Fortführungsfähigkeit ist zunächst der Umstand entscheidend, ob die Beendigung des Unternehmensvertrages überhaupt berücksichtigt werden darf oder nicht. Maßgebend für die going-concern-Prognose sind grundsätzlich die Verhältnisse am Abschlußstichtag[24]. Die Beendigung des Unternehmensvertrages ist jedoch ein Ereignis, das mit dem Abschlußzeitpunkt exakt zeitgleich zusammenfällt. Die Schlußabrechnung ist gerade auf den Zeitpunkt des Wirksamwerdens der Vertragsbeendigung zu erstellen, unabhängig davon, ob dieser Zeitpunkt mit dem ordentlichen Abschlußstichtag übereinstimmt oder nicht[25]. Kann man nun künstlich das eine Ereignis von dem anderen trennen und in eine „logische" zeitliche Reihenfolge bringen. Nur wenn der Zeitpunkt der Vertragsbeendigung eine „logische Sekunde" nach dem Abschlußzeitpunkt läge, wäre dieser neue Geschäftsvorfall nicht zu berücksichtigen, es sei denn seine Verursachung würde vor dem Abschlußstichtag liegen, dann nämlich würde es sich um eine „wertaufhellende'" Tatsache handeln. Ich meine, daß man dies nicht tun kann. Ereignisse, die mit dem Abschlußstichtag zeitgleich eintreten, sei es zufällig, sei es ex definitione, sind für die Beurteilung am Abschlußstichtag maßgeblich und müssen berücksichtigt werden. Das hat zur Folge, daß die Fortführungsprognose auf einer stand alone Basis, weisungsfrei zu treffen ist. Dieses Faktum kann auch nicht mit dem Menetekel eines „wenig seriösen nachträglichen Prognosespielchens"[26] wegdiskutiert werden. Schon § 264 Abs. 2 HGB (true and fair view) verlangt die Berücksichtigung, denn wie anders sollte das den tatsächlichen Verhältnissen entsprechende Bild der Vermögens-, Finanz- und Ertragslage, dargestellt werden, das nicht nur ein Augenblicksbild sein, sondern auch die Entwicklungstendenzen widerspiegeln soll.

(4) Allenfalls könnte man dem entgegenhalten, daß ein wegen negativer Fortführungsprognose entstehender Schlußabrechnungsverlust kein „während der Vertragsdauer sonst entstehender Jahresfehlbetrag" i. S. des § 302 Abs. 1 AktG sei. Denn während der Vertragsdauer wird bei unterstellter Bonität des anderen Vertragspartners stets von einer positiven Fortbestehungsprognose auszugehen sein. Also ist der Jahresfehlbetrag insoweit nicht „während der Vertragsdauer", sondern exakt zum Ende der Vertragslaufzeit, zum Abschlußstichtag entstanden. Aber der Abschlußstichtag fällt eben noch in die Vertragslaufzeit, auch wenn er deren Ende markiert. Ist der Verlust nach HGB und GoB auszuweisen, ist der Verursachung i. S. einer strengen Kausalität nicht weiter nachzugehen[27].

---

24 *Adler/Düring/Schmaltz,* § 252 HGB Tz. 26; *Budde/Geißler* in Beck Bil-Komm. § 252 Anm. 12; *Schulze-Osterloh* in Baumbach/Hueck, GmbHG 15. Aufl., § 42 Rn. 244.
25 Vgl. nur *Hüffer,* AktG 2. Aufl., § 302 Rn. 13.
26 *Mertens,* ZGR 1984, 542, 552.
27 Für Entstehungsursachen, die vor Beginn des Vertrages liegen vgl. *Geßler* in Geßler/Hefermehl/Eckardt/Kropff, AktG, § 302 Anm. 11.

b) Prognosezeitraum

Die Fortführung der Unternehmenstätigkeit muß für einen übersehbaren Zeitraum sichergestellt sein. Was ein übersehbarer Zeitraum ist, richtet sich nach den allgemeinen für die Rechnungslegung entwickelten Grundsätzen[28]. Zu beachten ist aber stets, daß § 252 Abs. 1 Nr. 2 HGB von der Vermutung der Fortführungsfähigkeit ausgeht, die widerlegt werden muß („sofern"). In der Regel wird die Fortführungsfähigkeit nur dann verneint werden können, wenn der Nichtfortbestand feststeht oder die Einstellung der unternehmerischen Tätigkeit wenigstens ernsthaft beabsichtigt ist[29]. Wird ein Unternehmen z. B. ohne Bankverbindlichkeiten aus dem Konzern entlassen, wird auch bei der Notwendigkeit einer gewissen Restrukturierungsphase vom Fortbestehungsgrundsatz auszugehen sein. Zieht sich der Konzern jedoch aus einem ausgebeuteten und ersichtlich nicht lebensfähigem Unternehmen zurück, ist dem in der Schlußabrechnung durch den Übergang auf Veräußerungs-(Zerschlagungs-)werte Rechnung zu tragen.

c) Auflösung der abhängigen Gesellschaft

Eine ganz andere Frage ist es, ob ein Unternehmensvertrag – insbesondere ein Beherrschungs- und Gewinnabführungsvertrag – die Auflösung der abhängigen Gesellschaft (§§ 262 ff. AktG) überdauern kann und wenn ja, ob nach der Auflösung die Verlustübernahmeverpflichtung nach § 302 AktG fortdauert. Diese Fragen sind nach wie vor höchst umstritten[30]. Doch scheint sich die herrschende Meinung im Anschluß an das Urteil des Bundesfinanzhofs vom 18. 10. 1967[31] jedenfalls darauf zu verständigen, daß eine Gewinnabführung nach § 301 AktG, aber auch eine Verlustübernahme nach § 302 AktG ab dem Auflösungsstichtag entfällt oder jedenfalls bis zur ggf. noch möglichen Fortsetzung der Gesellschaft (§ 274 AktG) suspendiert ist[32]. Ohne diesen Fragen hier im einzelnen nachzugehen, halte ich diese Auffassung für zutreffend. Zwar gibt es im Abwicklungsstadium nach der Neufassung des § 270 AktG durch das Bilanzrichtliniengesetz 1985 nach wie vor eine Gewinn- und Verlustrechnung mit einem Jahresüberschuß oder einem Jahresfehlbetrag, so daß die Technik des § 302 AktG durchaus wirksam werden könnte. Jedoch folgen die erwirtschafteten Ergebnisse nach dem Auflösungsstichtag anderen Regeln als bei der werbenden Gesellschaft: Sie stehen nicht zur Ausschüttung, Abführung oder zum Ausgleich an, sondern sie werden mit dem Eigenkapital verrechnet[33], das ausschließlich nach den Regeln der §§ 271, 272 AktG verteilt werden darf.

---

28 Adler/Düring/Schmaltz, § 252 HGB Tz. 24 ff.; Budde/Geißler in Beck Bil-Komm. § 252 Anm. 11.

29 W. Müller in Beiträge zum neuen Bilanzrecht Bd. 1, S. 3, 17; Sarx, ZfB Ergh 1/87, 25, 28.

30 Vgl. Koppensteiner in Kölner Komm. AktG, 2. Aufl., § 302 Rn. 19 ff. mit weiteren Nachweisen; Emmerich-Sonnenschein, Konzernrecht 4. Aufl. S. 251; K. Schmidt, ZGR 1983, 513, 531 ff.; Ulmer, AG 1986, 123, 126.

31 WM 1968, 409 ff.

32 Vgl. dazu K. Schmidt, ZGR 1983, 513, 525 ff.; Koppensteiner in Kölner Komm. AktG, 2. Aufl., § 302 Rn. 19.

33 Vgl. Adler/Düring/Schmaltz, § 270 AktG Tz. 65 ff.

Für die hier anzustellenden Überlegungen spielt im Falle der Auflösung nur die Schlußabrechnung eine Rolle, die auf den Auflösungsstichtag oder besser, auf die dem Auflösungsstichtag vorangehende logische Sekunde, aufzustellen ist. Für diese Jahres- oder Zwischenbilanz gelten aber die allgemeinen Grundsätze der Schlußabrechnung, wie sie eben erörtert wurden.

4. Grundsatz der Vorsicht (§ 252 Abs. 1 Nr. 4 HGB)

(1) Neben den übrigen allgemeinen Bewertungsregeln des § 252 Abs. 1 HGB kommt für die Schlußabrechnung im Rahmen des § 302 AktG noch dem Vorsichtsprinzip des § 252 Abs. 1 Nr. 4 HGB besondere Bedeutung zu. Das Vorsichtsprinzip ist wiederum der Oberbegriff verschiedener Bewertungsgrundsätze, insbesondere des Realisationsprinzips und des Imparitätsprinzips. Daß sich der Zeitpunkt der Vereinnahmung von Erträgen (Realisationsprinzip) nach den allgemeinen Regeln richtet, bedarf keiner besonderen Erwähnung. Problematisch kann allenfalls das Imparitätsprinzip sein, das im Kern besagt, daß Risiken und Verluste ggf. schon vor ihrer Realisierung zu berücksichtigen sind, sofern sie vorhersehbar und dem abgelaufenen Geschäftsjahr bzw. der Periode bis zur Beendigung des Unternehmensvertrages zuzurechnen sind[34].

(2) In der Schlußabrechnung muß deshalb bei der Bewertung der Vermögensgegenstände durchaus geprüft werden, ob ihre Werthaltigkeit durch Wegfall des Unternehmensvertrages beeinträchtigt wird; mit anderen Worten, ob ihnen ein niedrigerer Wert i. S. des § 253 Abs. 2 oder Abs. 3 HGB beizulegen ist. Dies kann z. B. bei Wegfall von Absatzwegen oder Märkten der Fall sein. Auf der Passivseite wird die Notwendigkeit von Drohverlustrückstellungen besonders geprüft werden müssen.

(3) Das Vorsichtsprinzip berechtigt aber nicht, stets von der verlustbringendsten Annahme auszugehen. Es sind Risiken und Chancen zu berücksichtigen. Im Rahmen der Bewertungsbandbreiten ist in der Regel ein Wert im unteren Bereich anzusetzen[35]. Das berechtigt aber keinesfalls dazu, in der Schlußabrechnung durch übertriebene Vorsicht und willkürlich stille Reserven zu legen. Eine solche Bilanzierung wäre unzulässig und kann keine Verlustübernahmeverpflichtung des anderen Vertragsteils zur Entstehung bringen.

III. Bilanzrelevante Weisungen

1. Zulässigkeit bilanzrelevanter Weisungen

Es ist heute wohl unbestritten, daß das Weisungsrecht als Ausfluß des Beherrschungsvertrages (§ 308 Abs. 1 AktG) sich auch auf den sogenannten innerkorpora-

---

34 *Adler/Düring/Schmaltz,* § 252 HGB Tz. 63.
35 *Adler/Düring/Schmaltz,* § 252 HGB Tz. 68 mit weiteren Nachweisen.

tiven Bereich, also die innergesellschaftlichen und organisatorischen Aufgaben des Vorstands erstreckt, zu denen grundsätzlich auch die Rechnungslegung der Gesellschaft gehört[36]. Hier sind zwei unterschiedliche Einflußfaktoren zu unterscheiden: Zum einen kann das herrschende Unternehmen durch Weisungen Sachverhaltsgestaltungen herbeiführen, die dann ihren bilanziellen Niederschlag finden müssen. Es kann also Bilanzpolitik duch Sachverhaltsgestaltung betreiben (z. B. Ausgliederung von Grundstücken mit Gewinnrealisierung; Sale and lease back; Gewinnausschüttung oder -thesaurierung bei Tochtergesellschaften). Dies ist zulässig, soweit nicht gesetzliche Verbote entgegenstehen, selbst zum Nachteil der Gesellschaft, wenn es nur den Belangen des herrschenden oder der konzernverbundenen Unternehmen dient (§ 308 Abs. 1 Satz 2 AktG).

Zum anderen kann das herrschende Unternehmen auf die Bilanzierung unmittelbar Einfluß durch Weisungen nehmen. Hier muß man differenzieren: Wohl unbestritten ist das Weisungsrecht bei der Ausübung von Bilanzierungswahlrechten, also Ansatz- und Bewertungswahlrechten[37]. Bei den in der Bilanzierung weitgehend bestehenden Ermessensspielräumen wird dagegen von einem Teil der Literatur ein Weisungsrecht verneint, weil der Vorstand im Rahmen seiner Eigenverantwortlichkeit dieses Ermessen pflichtgemäß ausüben müsse, um so zur Erstellung richtiger Jahresabschlüsse zu kommen[38]. Dies ist grundsätzlich richtig. Wo das Ermessen allerdings mehr oder weniger große Bandbreiten gewährt, kann innerhalb dieser Bandbreiten durchaus ein Weisungsrecht zur Geltung gebracht werden[39]. Dies ist auch durchaus praktisch und sinnvoll, wenn z. B. einheitliche Bilanzierungsregeln innerhalb eines Konzerns – natürlich immer im Rahmen der zwingenden gesetzlichen Vorschriften – aufgestellt und durchgesetzt werden.

2. Bindungswirkung über die Vertragslaufzeit hinaus?

(1) Für die Schlußabrechnung bei Beendigung des Unternehmens-/Beherrschungsvertrages stellt sich nun ein besonders vertracktes Problem: Weisungen – auch bilanzrelevante Weisungen – können nur während der Laufzeit des Beherrschungsvertrages erteilt werden. Die Bilanzaufstellung (Schlußabrechnung) erfolgt aber naturgemäß nach dem Stichtag der Vertragsauflösung, also zu einer herrschaftsfreien Zeit und durch einen unabhängigen Vorstand. Ist damit der andere Vertragspartner in der Schlußabrechnung den Bilanzentscheidungen der ehemals abhängigen Gesellschaft ausgeliefert oder haben seine Bilanzanweisungen über den Zeitpunkt der Vertragsbeendigung hinaus verpflichtende Wirkung?

---

36 *Koppensteiner* in Kölner Komm. AktG, § 308 Rdn. 21; *Geßler* in Geßler/Hefermehl/Eckardt/ Kropff AktG, § 308 Anm. 44; *Emmerich-Sonnenschein,* Konzernrecht 4. Aufl., S. 309.

37 *H. P. Müller,* FS Goerdeler, S. 375, 380 ff.; *Koppensteiner* in Kölner Komm. AktG, 2. Aufl. § 308 Rn. 21; *Geßler* in Geßler/Hefermehl/Eckardt/Kropff, AktG, § 308 Anm. 44; *Emmerich-Sonnenschein,* Konzernrecht, 4. Aufl., S. 309.

38 So z. B. *H. P. Müller,* FS Goerdeler, S. 375, 381.

39 So wohl auch *Koppensteiner* in Kölner Komm. AktG, 2. Aufl. § 308 Rn. 21.

(2) Zunächst ist festzustellen, daß das bisher abhängige Unternehmen natürlich nicht willkürlich bilanzieren darf, sondern an die zwingenden gesetzlichen Rechnungslegungsvorschriften, an § 264 Abs. 2 HGB und an eine angemessene Rücksichtnahme auf den anderen Vertragspartner gebunden ist. Darüber hinaus ist es aber auch an rechtmäßige Bilanzanweisungen für die Schlußabrechnung gebunden, sofern diese nur während der Vertragslaufzeit nach § 308 AktG zulässigerweise erteilt worden sind. Eine solche Nachwirkung ergibt sich aus der verpflichtenden Natur der Weisungen, die nicht durch die bloße Vertragsbeendigung ins Leere gehen darf.

(3) Der Beherrschungsvertrag ist seiner Rechtsnatur nach ein sogenannter Organisationsvertrag, da er in die gesellschaftsrechtliche Struktur der beherrschten Gesellschaft eingreift. Nichtsdestoweniger erzeugt er auch schuldrechtliche Bindungen und Leistungspflichten[40]. Dies wird bei der Folgepflicht des § 308 Abs. 2 Satz 1 AktG deutlich. Der Vorstand ist schuldrechtlich verpflichtet, rechtmäßige Weisungen des herrschenden Unternehmens zu befolgen. Dies gilt auch für nachteilige Weisungen. Der Vorstand hat allerdings eine Prüfungspflicht, ob die Weisung offensichtlich nicht den Belangen des herrschenden oder der mit ihm konzernverbundenen Unternehmen dient und darüber hinaus wohl auch, ob sie verhältnismäßig ist, d. h. die Benachteiligung der Gesellschaft nicht größer ist, als der anderswo bewirkte Konzernvorteil[41]. Liegen diese Hinderungsgründe jedoch nicht vor, ist auch eine nachteilige Weisung zu befolgen. Diese schuldrechtliche Folgepflicht löst sich, wenn sie einmal wirksam entstanden ist, vom Beherrschungsvertrag als Dauerschuldverhältnis ab und bleibt auch über die Laufzeit des Unternehmensvertrages hinaus als selbständige Pflicht erhalten. Nichts anderes gilt ja auch für die Verlustübernahmeverpflichtung nach § 302 AktG, die selbstredend bis zur Erfüllung über die Laufzeit des Vertrages hinaus bestehen bleibt.

Damit ist festzuhalten, daß der Vorstand der abhängigen Gesellschaft für die Schlußabrechnung an rechtmäßige bilanzwirksame Weisungen über die Vertragslaufzeit hinaus gebunden bleibt und zwar auch dann, wenn die Weisungen nachteilig sind. Dies gilt sowohl für sachverhaltsgestaltende wie auch für rein bilanztechnische Weisungen.

Eine solche Bindungswirkung hat auch einen recht praktischen Sinn: In aller Regel hat das herrschende Unternehmen die abhängige Gesellschaft bis zur Beendigung des Unternehmensvertrages in seinen Konzernabschluß einzubeziehen (§ 290 Abs. 2 Nr. 3 HGB). Würde eine Bindung an konzernspezifische Bilanzierungsrichtlinien für den letzten Abschluß auf den Auflösungsstichtag nicht zulässig sein, wäre ggf. insoweit eine Neubewertung im Konzernabschluß nach § 308 Abs. 2 Satz 1 HGB erforderlich. Dieses Ergebnis kann dem Sinn der Leitungsmacht nach § 308 AktG nicht entsprechen.

---

40 *Geßler* in Geßler/Hefermehl/Eckardt/Kropff, AktG § 291 Anm. 41; *Koppensteiner* in Kölner Komm. AktG, 2. Aufl., § 308 Rn. 43; *Hüffer*, AktG, 2. Aufl., § 291 Rn. 17 f.; *Emmerich-Sonnenschein* Konzernrecht, 4. Aufl., S. 142.

41 Vgl. *Koppensteiner* in Kölner Komm. AktG, 2. Aufl., § 308 Rn. 42 ff., insbes. Rn. 46.

3. Grenzen der Weisungsbefugnis

(1) Bilanzwirksame Weisungen unterliegen wie alle Weisungen der selbstverständlichen Grenze, daß sie nicht gegen Gesetz und gute Sitten verstoßen dürfen. Damit scheiden Weisungen bei den zwingenden Rechnungslegungsvorschriften aus und sind selbst bei Ermessensentscheidungen nur in eingeschränktem Umfang zulässig.[42]

(2) Einer weitverbreiteten Meinung zufolge sind existenzgefährdende Weisungen, Weisungen, die die Lebensfähigkeit der Gesellschaft gefährden, unzulässig[43]. Der Streitfrage, ob die Existenzgefährdung wirklich eine Schranke des Weisungsrechts darstellt, braucht hier nicht nachgegangen werden. Da die Rechnungslegung stets ein Abbild der Wirklichkeit, der Ansatz und die Bewertung von faktischen Geschehensabläufen und Geschäftsvorfällen ist, kann dieses Abbild – auch in verschiedenen zulässigen Modifikationen, wie sie Wahlrechte und Ermessensspielräume ermöglichen – für das Unternehmen nicht lebensbedrohend sein. Existenzbedrohende Weisungen können sich allenfalls im Vorfeld der Rechnungslegung bei der Gestaltung später bilanzrelevanter Sachverhalte ereignen.

4. Sanktionen bei Verletzung der Folgepflicht

(1) Befolgt der Vorstand bei Aufstellung der Schlußabrechnung bilanzrelevante Weisungen nicht, so stehen dem anderen Vertragspartner sowohl Erfüllungs- als auch Schadensersatzansprüche gegen den Vorstand, aber auch gegen die Gesellschaft zu.[44] Schadensersatzansprüche gegen die Gesellschaft sind jedoch nur dann interessant, wenn sie nicht in der Schlußabrechnung zurückgestellt werden müssen (§ 249 Abs. 1 HGB); sie würden dann nämlich nur den Verlustausgleichsanspruch weiter erhöhen. Man wird deshalb annehmen müssen, daß solche Schadensersatzansprüche erst in dem der Schlußabrechnung folgenden Jahresabschluß passiviert werden dürfen.

(2) Führt die weisungswidrige Bilanzierung zu einem höheren nach § 302 Abs. 1 AktG auszugleichenden Jahresfehlbetrag als es bei weisungsgerechter Bilanzierung der Fall wäre, steht dem anderen Vertragsteil jedoch noch ein weiteres und vermutlich wirksameres Mittel zur Verfügung. Wird in der Schlußabrechnung ein zu hoher Verlustübernahmeanspruch vom bisher abhängigen Unternehmen angesetzt, so liegt eine Überbewertung dieses Aktivpostens vor, der den Rechnungsabschluß nach § 256 Abs. 5 Nr. 1 AktG nichtig macht. Überbewertungen machen den Ab-

---

42 Vgl. oben III 1.
43 Vgl. z. B. *Geßler* in Geßler/Hefermehl/Eckardt/Kropff, AktG, § 308 Anm. 55; *Emmerich-Sonnenschein*, Konzernrecht, 4. Aufl., S. 314 f. alle mit weiteren Nachweisen; a.A. *Koppensteiner* in Kölner Komm. AktG, 2. Aufl., § 308 Rn. 32.
44 *Geßler* in Geßler/Hefermehl/Eckardt/Kropff, AktG § 308 Anm. 22; *Koppensteiner* in Kölner Komm., 2. Aufl., § 308 Rn. 43 f.; *Emmerich-Sonnenschein*, Konzernrecht 4. Aufl., S. 315 f.; *Hüffer*, AktG, 2. Aufl., § 308 Rn. 20 ff.

schluß stets nichtig, auf die Schwere des Verstoßes kommt es grundsätzlich nicht an.[45] Auf einen nichtigen Abschluß kann eine Verlustübernahmeverpflichtung nach § 302 AktG jedoch nicht gestützt werden. Im Ergebnis setzt eine wirksame Verlustübernahmeverpflichtung nach § 302 AktG voraus, daß der „sonst entstehende Jahresfehlbetrag" unter Beachtung der zwingenden Rechnungslegungsvorschriften, der GoB und der rechtswirksam erteilten Weisungen ermittelt worden ist. Dies gilt nicht nur für Abschlußstichtage während der Laufzeit des Unternehmensvertrages, sondern auch für den Abschlußstichtag der Beendigung der Vertragslaufzeit.

C. Zusammenfassung und Thesen

(1) Der auf den Stichtag der Beendigung der Vertragslaufzeit eines Unternehmensvertrages nach § 302 AktG ggf. zu ermittelnde „sonst entstehende Jahresfehlbetrag" ist aus den Rechnungslegungsvorschriften des HGB abzuleiten (Schlußabrechnung). Das Stetigkeitsgebot des § 252 Abs. 1 Nr. 6 ist auch für die Schlußabrechnung einzuhalten; die Vertragsbeendigung ist grundsätzlich kein zureichender Anlaß hiervon abzuweichen.

(2) Der Grundsatz der Unternehmensfortführung (§ 252 Abs. 1 Nr. 2 HGB) ist sorgfältig zu prüfen. Der Umstand der Beendigung des Unternehmensvertrages und der Wegfall der Verlustübernahmeverpflichtung nach § 302 AktG müssen bei dieser Prüfung berücksichtigt werden. Die Beachtung des Fortführungsgrundsatzes darf nicht mit der Frage einer Verpflichtung zur Übernahme von Auflösungs- oder Konkursverlusten vermengt werden.

(3) Rechtswirksame Weisungen, die während der Laufzeit eines Beherrschungsvertrages erteilt worden sind, wirken über die Beendigung des Beherrschungsvertrages hinaus, wenn sie für die Erstellung der Schlußabrechnung relevant sind. Dies gilt auch für rechtswirksame nachteilige Weisungen.

(4) Eine weisungswidrige Schlußabrechnung, die zu einem überhöhten Verlustübernahmeanspruch gegen die anderen Vertragspartner führt, ist nichtig und läßt keine rechtswirksame Verlustübernahmeverpflichtung entstehen.

---

45 *Adler/Düring/Schmaltz,* § 256 AktG Tz. 49.

„Related Party Transactions"
– Anmerkungen zu einem (künftig auch für deutsche Unternehmen geltenden?) internationalen Bilanzierungsgrundsatz –

RUDOLF J. NIEHUS

A. Zur Aktualität des Themas

I. „Wetterleuchten" in der deutschen Konzernrechnungslegung[1]

1. Eklektisches Vorgehen bei aktuellem Bedürfnis

Die Notwendigkeit für große deutsche Publikumsgesellschaften, einen Konzernabschluß vorzulegen, der ihren ausländischen Anteilseignern und Gläubigern, vor allem aber potentiellen Investoren die Vermögens-, Finanz- und Ertragslage in einer Weise darstellt, wie sie diesen vertraut ist, und der gleichzeitig die Möglichkeit bietet, an einem ausländischen Finanzplatz Kapital aufzunehmen – sie ist heute (Ende 1996) so evident geworden, daß es dazu keines weiteren Nachweises bedarf: Die angestrebte „Internationalisierung" der deutschen Konzernrechnungslegung[2, 3].

Sieht man sich die Geschäftsberichte der „international" bilanzierenden deutschen Unternehmen an, so stellt man ein eklektisches Vorgehen fest. Es mußte realisiert werden, daß eine volle Konkordanz der Normen des „International Accounting Standards Committee" („IASC") oder auch der US-amerikanischen „Generally Accepted Accounting Principle (US-GAAP") mit den Vorschriften des HGB, denen die deutschen Unternehmen gesetzlich (noch) unterliegen, sich nicht herstellen läßt.

2. Entwurf eines Kapitalaufnahmeerleichterungsgesetzes

Diese – so gesehen – unbefriedigende Situation hat den Gesetzgeber zum Handeln veranlaßt. Die Bundesregierung hat am 27. November 1996 einen Gesetzesentwurf vorgelegt, der deutschen Kapitalgesellschaften eine „Öffnung" zur internationalen Konzernrechnungslegung ermöglichen soll. Wenn sie einen ausländischen Kapitalmarkt in Anspruch nehmen, soll es ihnen unter gewissen Bedingungen, (u. a. „Gleichwertigkeit der Normen") auf die hier nicht weiter eingegangen zu werden braucht, gestattet sein (§ 295 Abs. 5 EHGB), ihren Konzernabschluß statt nach HGB nach den Normen des IASC oder den nach US-amerikanischen „Generally Accepted Accounting Principles" („US-GAAP") aufzustellen[4].

---

1 Vgl. hierzu *Busse v. Colbe*: Zur Anpassung der Rechnungslegung an internationale Normen, in: BFuB, 1995, S 373–391.

2 Die Virulenz des Themas wird durch die große Anzahl aktueller Veröffentlichungen belegt. Statt vieler seien hier genannt: *Busse v. Colbe,* Zur Internationalisierung der Konzernrechnungslegung deutscher Unternehmen, in: WPK Mitteilungen, 1996, S. 137–143; Grund, Internationale Entwicklung und Bilanzrecht – Reform oder Resignation? in: B 1996, S. 1293–1296; *Wüstemann,* US-GAAP: Modell für das deutsche Bilanzrecht, in: WPg 1996, S. 421–431; *Küting/Hayn,* Unterschiede zwischen den Rechnungslegungsvorschriften von IASC und SEC/FASB vor dem Hintergrund einer internationalisierten Rechnungslegung in Deutschland, in: DStR 1995, S. 1601–1604 und 1642–1648, jeweils mit umfangreichen weiteren Literaturangaben.

3 Mit „international" sind hier solche Jahresabschlüsse gemeint, die statt nach den Vorschriften des HGB und den GoB nach Normen außerdeutscher „Standard Setters" aufgestellt sind.

4 Vgl. Begründung des RefE eines Kapitalaufnahmeerleichterungsgesetzes des BMJ vom 7. 6. 1996, S. 20f.

Ob der Entwurf Gesetz werden und damit zu der angestrebten Gesetzesöffnung führen wird oder nicht – inzwischen mehren sich Stimmen, folgt man der Tagespresse[5], die vor einem vorschnellen Handeln warnen – die Tendenz zu einer weiteren „Internationalisierung" der deutschen Konzernrechnungslegung wird sich fortsetzen und eher noch verstärken. Es ist deshalb u. E. mehr als nur von theoretischem Interesse, schon jetzt zu untersuchen, welche Auswirkungen bestimmte der International Accounting Standards („IAS") oder der US-GAAP zukünftig auf die deutsche Konzern-Rechnungslegung haben könnten. Dazu würde auch der Standard „Related Party Transactions" gehören. Er findet sich in beiden der vom Referentenentwurf angebotenen internationalen Regelwerke. Als IAS 24 ist er unter dem Titel „Related Party Disclosure" 1986 ergangen und 1994 neugefaßt (reformatted)[6], und als Financial Accounting Standard („FAS") 57 „Related Parties" im Jahre 1982 zu einem US-GAAP erhoben[7].

„Related party transactions" sind tatsächliche Beziehungen des rechnungslegenden Unternehmens zu nahestehenden Unternehmen und zu bestimmten nahestehenden natürlichen Personen – im folgenden auch zusammenfassend als „Nahestehende" bezeichnet.

Der hier zu Ehrende hat im Rahmen der Neufassung des Aktiengesetzes 1965 als zuständiger Referent im BMJ und später kommentierend und vortragend sich vielfach mit dem Komplex der Verbindungen zwischen Unternehmen befaßt und das deutsche Gesellschaftsrecht in diesem Bereich entscheidend beeinflußt. Es soll versucht werden aufzuzeigen, welche wesentlichen Folgerungen sich für Aufsteller und Adressaten des Jahresabschlusses bei einem Übergang auf internationale Standards aus der dann zur Pflicht werdenden Beachtung des Grundsatzes „related parties" für die Offenlegung im Einzel- und Konzernabschluß deutscher Unternehmen sich ergeben würden.

B. Der internationale Offenlegungsstandard „Related Party Disclosures"

I. Inhalt

1. Grundsatz

IASC

„Related party transactions" sind die Übertragungen von „resources or obligationes" zwischen den related parties[8]. IAS 24 befaßt sich zunächst mit dem grund-

---

5 Vgl. „Widerstände gegen Öffnungsklausel" in: Handelsblatt vom 20. 6. 1996; „Mixed reactions as IAS advance in Europe", in: World Accounting Report, Oktober 1996; „Mit der Übernahme amerikanischer Regeln zerstört man Kultur", in: FAZ v. 26. 11. 1996.
6 Abgedruckt in: IDW (Hrsg.) Rechnungslegung nach International Accounting Standards, 1995, S. 465–474.
7 Abgedruckt in: FASB Current Text, Accounting Standards of June 1, 1995, Vol. I, General Standards, 1985, S. 38345–38347.
8 Vgl. IAS 24, Abschn. 5 (Fn. 5).

sätzlichen Aspekt, gewissermaßen der unternehmerischen Veranlassung der Beziehungen zu „related parties". Es stellt fest, diese seien ein „Normal Feature of Commerce and Business", doch könne man nicht davon ausgehen, daß die Beteiligten ihre Beziehungen untereinander grundsätzlich so gestalten würden, wie das zwischen Nichtnahestehenden üblich sei. Dieser Umstand könne dann Auswirkungen auf die Vermögens- und Ertragslage des berichterstattenden Unternehmens haben.

Als Beispiele nennt IAS 24 den Abbruch von Einkaufsbeziehungen zu einem Handelspartner nach Übergang der Mehrheit auf einen Konzern und dem folgend der faktischen Eingliederung und Anpassung an dessen Aktivitäten, die eine Fortsetzung der alten Beziehungen nicht zulassen; oder etwa die Anweisung an ein neuerworbenes Tochterunternehmen, sich in Zukunft jeglicher Forschung und Entwicklung zu enthalten, welche Tätigkeiten von dem Mutterunternehmen allein wahrgenommen werden[9].

US-GAAP

FAS 57[10] spricht von „common types of transactions with related parties" und führt dazu beispielhaft an: Verkäufe, Einkäufe, Grundstücksübertragungen; Kreditgewährungen und -aufnahmen, Unterhalten von Bankguthaben („compensating balances") zu Gunsten eines anderen Unternehmens; Lieferungen an Konzernunternehmen zu Gemeinkosten ohne Gewinnaufschlag etc.[11]

Festzuhalten bleibt schon an dieser Stelle: Der Begriff „related party transactions" ist in beiden Standards weit gefaßt. Er will den Austausch jeder Art von Sachleistungen wie von solchen immaterieller Art zwischen bestimmten, als „related" geltenden Teilnehmern abdecken.

2. Fünffach-Parameter der „Nahestehenden"

Ein besonderes Merkmal beider Standards ist das Fehlen einer Definition. Statt dessen geht man enumerativ vor.

---

9 Ebenda, Abschn. 8 (Fn. 5).
10 Vgl. FAS 57, Abschn. 1 (Fn. 6).
11 Wenn es noch eines Beweises zu der Behauptung bedurft hätte, das IASC sei angelsächsisch beeinflußt, der Standard „Related Parties" liefert ihn. Dem FASB und dem IASC zeitlich nachgeordnet hat sich – im November 1995 – das Accounting Standards Committee der britischen Institute unter dem IASC-identischen Titel zu den „Related Party Disclosures" geäußert; vgl. Accounting Standards Board, Financial Reporting Standard 8 („FRS 8") „Related Party Disclosures", in: Accountancy, December 1994, S. 110–115.
Dieser Dreiklang wird begleitet von dem Grundsatz der Prüfung derartiger Verhältnisse im Rahmen der Abschlußprüfungsdurchführung. Die internationale Berufsorganisation IFAC legte den „International Auditing Standard 17 – Related Parties" vor. Auch auf diesem Gebiet ist sie dem amerikanischen Berufsstand gefolgt. Für diesen gilt seit 1983 das Statement on Auditing Standards 45 „Related Parties"; und auch hier bildet Großbritannien das Schlußlicht mit „Related Parties", im Dezember 1994 vom Auditing Principles Board als Exposure Draft ED 460 veröffentlicht; vgl. *Chandler* (Gen.Ed.) Auditing and Reporting 1995/96, London, 1995, S. 351–362.

a) Verbundene Unternehmen

IASC/US-GAAP

„Related parties" sind immer und in erster Linie diejenigen Unternehmen, über die – nach angelsächsischem Sprachgebrauch – eine „control" besteht; das umfaßt die „parent company" und ihre „subsidiaries". Nach dem HGB würden sie als „verbundene Unternehmen" bezeichnet werden. Ihnen werden die Pensionsfonds und ähnliche Einrichtungen gleichgestellt, die ausschließlich „for the benefit of the employees" unterhalten werden, – das soll wohl besagen, die mehr oder weniger der Disposition der Geschäftsleitung unterliegen[12].

b) Sonstige Unternehmen und bestimmte natürliche Personen

Des weiteren deckt der Standard ab:

IASC
– Natürliche Personen („individuals"), denen direkt oder indirekt soviel an Stimmrechten gehört, daß sie einen wesentlichen Einfluß auf das berichterstattende Unternehmen ausüben können.
– „Key-management personnel", das sind Geschäftsleiter, Mitglieder eines Aufsichtsfremiums u. dergl.
– „Close members of a family" der beiden letztgenannten Personengruppen[13].
– Unternehmen, in denen die vorgenannten nahestehenden Personen einen maßgeblichen Einfluß mittels ihres Stimmrechtes ausüben können.

US-GAAP
– „Haupteigentümer" des Unternehmens („principal owners")
– „Management" sowie
– „Members of their immediate family"[14],
  d. h. der principal owners wie der von Mitgliedern des Managements
– Beteiligungsgesellschaften („affiliates")

IASC/US-GAAP
Zusammengefaßt ergibt sich demnach ein fünffacher Parameter der „Nahestehenden", den wir wie folgt ordnen:
  (1) Konzernunternehmen
  (2) Beteiligungen
und dazu die definierten Kategorien von natürlichen Personen
  (3) Gesellschafter, die einen maßgeblichen Einfluß auf das berichterstattende Unternehmen ausüben können
  (4) Mitglieder der Geschäftsleitung oder des Aufsichtsorganes
  (5) Nahe Angehörige von (3) und (4).

---

12 Vgl. IAS 24, Abschn. 3a (Fn. 5); FAS 57, Abschn. 1 (Fn. 6).
13 Vgl. IAS 24, Abschn. 3c–e (in dieser Reihenfolge) (Fn. 5).
14 Vgl. FAS 57, Abschn. 1 (in dieser Reihenfolge) (Fn. 6).

II. Offenlegung

1. Zwei-Klassen-System

IASC/US-GAAP

a) „Control"-Verhältnis

(1) Konsolidierter Abschluß

Unternehmen, zwischen denen ein „control"-Verhältnis besteht, werden grundsätzlich in einen Konzernabschluß einbezogen. Im Zuge der Konsolidierung werden die „related party transactions" zwischen diesen Unternehmen jedoch eliminiert.

Da es zu den Grundsätzen der Offenlegung nach IASC wie nach US-GAAP gehört, die Namen der in den Konzernabschluß einbezogenen Unternehmen im Anhang anzugeben[15], erfolgt auf diese Weise zwangsläufig eine Kundmachung der „relationship" als solcher, nämlich über Existenz der „related parties" als Unternehmen – unabhängig davon, ob überhaupt „related party transactions" stattgefunden haben[16].

(2) Einzelabschluß

IASC

Auch im Einzelabschluß hat eine Offenlegung der „related party transactions" zu erfolgen. Im Abschluß des Mutterunternehmens darf sie jedoch dann unterbleiben, wenn dieser zusammen mit dem Konzernabschluß veröffentlicht wird. Gleiches gilt für den Jahresabschluß eines 100%igen Tochterunternehmens, wenn nach nationaler Gesetzgebung auch dieser nur zusammen mit dem Konzernabschluß vorgelegt werden darf[17].

US-GAAP

Auf Besonderheiten bei einer Offenlegung des Einzelabschlusses geht der US-Standard nicht ein. Dies ist u. E. nicht weiter verwunderlich, gilt doch, wenn „controlled subsidiaries" gegeben sind, nur der konsolidierte Abschluß als ordnungsgemäß. Anders formuliert: ein Einzelabschluß als solcher kann für sich genommen nicht Regelungsgegenstand eines FAS sein[18].

---

15 Vgl. IAS 27 Consolidated Financial Statements and Accounting for Investments in Subsidiaries, (reformatted 1994), in: IDW (Hrsg.), S. 513–534, hier Abschn. 32, S. 326f (Fn. 5); US-GAAP: eine Angabe der Namen wird zwar nicht vom Accounting Research Bulletin No. 51 verlangt, jedoch – was für die Praxis nahezu gleichbedeutend sein dürfte – von der SEC in ihrem „10-K"-Report".

16 Auf diese unbedingte Offenlegung weisen beide Standards ausdrücklich hin. Vgl. IAS 24, Abschn. 18f. (Fn. 5) und FAS 57, Abschn. 2 (Fn. 6).

17 Vgl. IAS 24, Abschn. 4a–c (Fn. 5).

18 Und ist er tatsächlich auch nicht. Die relativ wenigen Fälle, wo von „parent company statements" in den US-GAAP die Rede ist, betreffen Vorgaben zur konsolidierten Rechnungslegung und bestätigen als Ausnahmen diese Regel; vgl. z. B. in Accounting Research Bulletin No. 51 „Consolidated Financial Statements", Abschn. 24; abgedr. in: American Institute of Certified Public Accountants, Accounting Research and Terminology Bulletins, Final Edition, 1961.

b) Beziehungen zu Beteiligungsgesellschaften und zu bestimmten natürlichen Personen

IASC/US-GAAP

Bei diesen sind die Beziehungen nicht rechtsförmlich institutionalisiert und dementsprechend wird im Abschluß des rechnungslegenden Unternehmens die Angabe des bloßen Bestehens einer „related party"-Beziehung nicht verlangt. M.a.W. bei ihnen ist die Möglichkeit, eine Beziehung der hier spezifizierten Art einzugehen, für die Offenlegung als solche unbeachtlich. Nur die realen Transaktionen sind von Bedeutung. Sind sie vorgekommen, gilt der ganze Umfang von Offenlegung und Erläuterung wie im Falle von Unternehmen, über die „control" besteht.

2. Umfang der Angaben

IASC

Nach IAS 24 sind Art und Umfang („nature and type of transactions") anzugeben sowie weitere Merkmale („elements") , die für das Verständnis des Jahresabschlusses normalerweise für notwendig erachtet werden[19]. Diese schließen, wie ausdrücklich vorgegeben wird, im Regelfall auch eine Angabe zum Umfang des Umsatzes, entweder als absoluter Betrag oder als Verhältniszahl, ein[20].

US-GAAP

Der – u.E. sehr bemerkenswerten – Zurückhaltung des IASC im Detaillierungsgrad der Offenlegung der „transactions" steht ein gegliederter Anforderungskatalog nach den US-amerikanischen Grundsätzen gegenüber:
– Art der Beziehungen
– Beschreibung der „transactions" einschließlich solcher, denen kein Betrag zugrunde lag, und dies für jeden Rechnungslegungsabschnitt, für den eine Gewinn- und Verlustrechnung vorgelegt wird.
– Weitere Informationen („such other information"), wie sie für notwendig gehalten werden, um die Auswirkungen dieser Transaktionen auf den Jahresabschluß beurteilen zu können.
– Dollar-Beträge für jeden der Berichtszeiträume, einschl. der Auswirkungen von etwaigen Bilanzierungsänderungen gegenüber Vorperioden („accounting changes").
– gesonderter Ausweis von Forderungen an und Verbindlichkeiten gegenüber related parties und – falls nicht kurzfristig fällig (und entsprechend bilanziert) – ihre Fälligkeit und die Art ihrer Begleichung[21].

---

19 Vgl. IAS 24, Abschn. 22 (Fn. 5).
20 Vgl. IAS 24, Abschn. 3a (Fn. 5).
21 Vgl. FAS 57, Abschn. 2 (Fn. 6).

3. Ausnahmen

a) Branchenspezifische Befreiungen

IASC
Als „unrelated" gelten nach IAS 24 die Beziehungen zu Unternehmen bestimmter Branchen, auch wenn sie an sich die Merkmale einer „related party" erfüllen. Es sind dies Kreditinstitute, öffentlich-rechtliche Versorgungsunternehmen und die Regierungsstellen sowie die Gewerkschaften[22, 23].

US-GAAP
FAS 57 kennt derartige Ausnahmen nicht.

b) Vergütungen an Mitglieder der Unternehmensorgane und Darlehensgewährungen

IASC/US-GAAP
Die Vergütungen an Organe des Unternehmens (Geschäftsleitung, Aufsichtsgremium etc.) für ihre Tätigkeit werden zwar ex definitione an nahestehende Personen geleistet, gelten aber ebenfalls nicht als „transactions" im Sinne der Standards.

Dennoch verbleibt es in beiden Regelwerken bei einer gesonderten Offenlegung im Jahresabschluß sowohl der Tätigkeitsvergütungen, der gewährten Darlehen, Vorauszahlungen und dergl. sowie auch der diesem Kreis zum Bilanzstichtag etwa noch geschuldeten Beträge[24].

c) Beziehungen zu bedeutenden Kunden, Hauptlieferanten etc.

IASC
Die Beziehungen zu Großkunden, zu Hauptlieferanten, Generalvertretern u. dergl. führen, so die Auffassung des IASC, nicht zu einem „related party"-Verhältnis, unabhängig davon, ob de facto eine wirtschaftliche Abhängigkeit sich ergeben könnte[25].

---

22 IAS 24, Abschn. 6b (Fn. 5).
23 FRS 8 geht auch hier weiter als die beiden anderen Standards. Es verlangt die Nennung der Namen der beteiligten Parteien. Vgl. FRS 8, a.a.O. (Fn. 11) Abschn. 6. Ein solches Erfordernis läßt sich u.E. aus FAS 57 nicht herauslesen – es sei denn, man entnähme es der Formulierung „...and such other information deemed necessary for an understanding of the effects of the transactions on the financial statements."
24 Vgl. IAS 24, Abschn. 18 f (Fn. 5); vgl. FAS 57, Abschn. 2.
25 Vgl. IAS 24, Abschn. 6c (Fn. 5).

US-GAAP
Dieser Tatbestand wird von FAS 57 nicht erwähnt[26].

d) Unwesentlichkeit

IASC/US-GAAP
Die Standards gelten nur bei „wesentlichen Transaktionen". „Materiality" als ein „qualitative characteristic of financial statements" liegt der Rechnungslegung nach IAS wie nach US-GAAP zugrunde[27]. Die Gültigkeit dieses Grundsatzes brauchte deshalb nicht gesondert genannt zu werden.

III. Hinweise zur Ermittlung

IASC
Der Standard enthält keine Anleitungen für die Ermittlung des Umfangs der Transaktionen, sondern bezieht sich auf die bekannten OECD-Leitsätze[28] für die Bestimmung der „cross-border"-Verrechnungspreise: comparable uncontrolled price method (Preisvergleichsmethode), resale price method (Wiederverkaufspreismethode), cost-plus method – insoweit nichts Neues, – und dies ohne eine Präferenz zu erkennen zu geben.

US-GAAP
FAS 57 enthält sich jeden Hinweises auf Ermittlungs- oder Berechnungsmodalitäten.

Beispiele:
Zur Illustration der Offenlegung von „related party transactions" mögen zwei Beispiele dienen, die den Geschäftsberichten international operierender Unternehmen entnommen sind, wobei das eine nach IAS[29], das andere nach US-GAAP[30] bilanziert. Beide haben die Berichterstattung über Transactions mit „executives", also natürlichen Personen, zum Gegenstand[31].

---

26 Allerdings ist anzumerken, daß im Rahmen des Segmentberichterstattung nach US-GAAP „major customers" (nicht „major suppliers"!) umsatzmäßig anzumerken sind; vgl. FAS 14 „Segment of Business Reporting", Abschn. 6; abgedr. in: General Standards (Fn. 6), S. 41727–41754. Eine solche Verpflichtung kennt IAS 14 (reformatted 1994) „Segment Reporting" nicht. Vgl. IDW (Hrs.), S. 255–265 (Fn. 5).

27 Vgl. für IAS das „Framework", Abschn. 29–30; für US-GAAP vgl. FASB „Statement of Financial Accounting Concepts No. 2", Qualitative Characteristics of Financial Information, Abschn. 123–132.

28 Vgl. im einzelnen hierzu BMF-Schreiben v. 23. 2. 1983, BStBl. I 1983, S. 218–233, als Reaktion auf den OECD-Verrechnungspreisbericht 1979.

29 Entn. *Cairns,* A Guide to Applying International Accounting Standards, 1995, S. 24–12.

30 Entn. AICPA (Hrsg.), Accounting Trends & Techniques, New York, 1994, S. 148.

31 Eine Berichterstattung über „transaction" mit nahen Angehörigen dieses Personenkreises haben wir nicht ermitteln können.

Related Party Disclosures (IAS 24)

Movements in directors' shareholdings, in aggregate, during the year were as follows:

	1994	1993
Shares acquired	**36,275**	689,523
Shares disposed of	**20,000**	205,920
Options acquired	-	570,400
Options exercised	-	290,000

Convertible note interest paid to directors of the company during the year totalled $Nil (1993-$8,600; 1992-$10,000).

Other director and director related transactions

During the year, consulting fees of $173,000 (1993 - $30,000; 1992 - $30,000) in relation to various corporate advisory assignments were paid/are payable to Baring Brothers Burrows & Co. Limited, a company in which a director (M D I Burrows) has an interest.

All transactions with Baring Brothers Burrows & Co. Limited were on normal commercial terms and conditions.

Mr W R M Irvine and Mr A Turnbull are directors of National Australia Bank Limited which provides banking facilities to Burns Philp on normal commercial terms and conditions.

Mr D J Docherty is a director of Legal & General Australia Limited, an organization which provides services to Burns Philp Group Superannuation Plan on normal commercial terms and conditions. Mr Docherty is also a director of Permanent Trustee Company Limited, which acts as Trustee on normal commercial terms and conditions for the benefit of the holders of the company's unsecured subordinated convertible notes.

During the year certain directors purchased goods from Burns Philp on the same terms and conditions as employees of Burns Philp.

TYSON FOODS, INC. (SEP)

NOTES TO CONSOLIDATED FINANCIAL STATEMENTS

Note 8: Transactions With Related Parties
The Company has operating leases for farms, equipment and other facilities with the Chairman of the Board of the Company and certain members of his family, as well as a trust controlled by him, for rentals of $6.8 million in 1994, $6.4 million in 1993 and $5.7 million in 1992. Other facilities, including a cold storage distribution facility, are also leased from other officers and directors and the Company's profit sharing plan for rentals totaling $6.7 million in 1994, $6.2 million in 1993 and $6.1 million in 1992. The Company sold office facilities to the profit sharing plan for a cost of $5.1 million in 1992.

Certain officers and directors are engaged in poultry and swine growout operations with the Company whereby these individuals purchase animals, feed, housing and other items to raise the animals to market weight. The total value of these transactions amounted to $11.4 million in 1994, $11.3 million in 1993 and $8.5 million in 1992.

C. Würdigung

I. Vor dem Hintergrund des HGB

1. Partielle Konformität bei Beziehungen zwischen nahestehenden Unternehmen

a) Bilanz

Unter Finanzanlagen sind die Anteile an verbundenen Unternehmen und die Beteiligungen an solchen gesondert auszuweisen (§ 266, Abs 2 A III HGB). Entsprechendes gilt für Verbindlichkeiten gegenüber verbundenen Unternehmen ebenso wie gegenüber solchen, mit denen ein Beteiligungsverhältnis besteht (§ 266 Abs 3C Nr. 6 u. 7 HGB).

b) Gewinn- und Verlustrechnung

Es sind zu den Erträgen aus Beteiligungen, zu den Zins- und ähnlichen Erträgen sowie zu den Zins- und ähnlichen Aufwendungen jeweils in Paranthese die Beträge anzugeben, die auf verbundene Unternehmen entfallen (§ 275 Abs. 2 Nr. 9–11, 13; analog in Abs. 3 HGB). Weitere Angaben, etwa des Umsatzes mit dieser Kategorie von Unternehmen, werden vom Gesetz nicht verlangt.

c) Anhang

Im Anhang sind die an Organmitglieder (Vorstand, Geschäftsführung, Aufsichtsrat) gewährten Vorschüsse und Kredite anzugeben, dazu die wesentlichen Bedingungen einschließlich der Zinssätze (§ 2 Nr. 9c HGB).

Die für Organträger entstandenen Aufwendungen brauchen in der Gewinn- und Verlustrechnung nicht gesondert gezeigt zu werden, sind aber im Anhang zu vermerken (§ 285 Nr. 9a u. b).

Es kann gesagt werden, daß die Offenlegung im Jahresabschluß nach dem HGB, was die Beziehungen zu nahestehenden Unternehmen betrifft, vergleichbar der nach IASC und nach US-GAAP gestaltet ist[32] – mit der u. E. wesentlichen Ausnahme der Umsatzangabe und der Beschreibung der „transactions" in den „notes" (vgl. das Beispiel auf S. 543).

2. Zurückbleiben hinter der Regelung nach dem HGB

a) Wegfall bei Konzernabschluß

Wie aufgezeigt, brauchen nach IASC in einem Einzelabschluß die Beziehungen zu „related parties" dann nicht offengelegt zu werden, wenn aufgrund einer gesetz-

---

32 Beide internationale Regelwerke kennen kein starres Gliederungsschema. Sie sind deshalb inhärent flexibel und erlauben in allen praktischen Fällen Anpassungen. Vgl. zu IASC die Mustergliederung in *Cairns*, a.a.O. (Fn. 27), S. 114ff.

lichen Vorschrift dieser nur zusammen mit einem Konzernabschluß veröffentlicht werden darf. Im Konzernabschluß selbst fallen durch die Schulden-, die Umsatz- und die Aufwands- und Ertragskonsolidierung die gesonderten Ausweise für die verbundenen Unternehmen weg.

FAS 57 trifft, wie erwähnt, eine derartige Unterscheidung nicht. Es geht von einem Konzernabschluß aus.

Die Regelung nach dem HGB hingegen differenziert zwischen Einzel- und Konzernabschluß. Ein Einzelabschluß bleibt danach immer ein eigenständiges Instrument. Er vermittelt Informationen über das Unternehmen; er gibt einem Minderheitsgesellschafter etwa die Gewißheit, daß ihm mitgeteilt werden muß, ob Beziehungen zu verbundenen Unternehmen überhaupt bestehen – selbst wenn Geschäftsvorfälle nicht zu verzeichnen waren – nämlich durch die Angabe über die Beteiligungen im Anhang.

b) Branchenspezifische Befreiungen

Eine Befreiung von der Angabepflicht bei einer „relationship" zu staatlichen Stellen, zu Kreditinstituten, Gewerkschaften und Versorgungsbetrieben, wie sie IAS 24 gewährt, kennen das deutsche Gesetz ebensowenig wie FAS 57[33].

3. Weitergehend

a) Ausdehnung auf Beteiligungen und bestimmte natürliche Personen

Beide Standards klassifizieren als „related party" ausdrücklich Gesellschaften, an denen eine Beteiligung gehalten wird, ferner ihre „principal owners", die Mitglieder der Geschäftsleitung („executives") sowie die beiden Gruppen, den Mehrheitsgesellschaftern und den „executives", nahestehende natürliche Personen als „related party".

Eine Pflicht zum gesonderten Ausweis dieser Beziehungen in der Bilanz oder Gewinn- und Verlustrechnung wird nicht verlangt. Doch ist der mit dieser Kategorie von Personen getätigte Umsatz – zusammen mit den erwähnten weiteren Angaben – zu vermerken. Der Umsatz darf bei mehreren Teilnehmern zu einem Beitrag zusammengefaßt werden.

Wie immer man es interpretiert, dieses Erfordernis stellt einen fundamentalen Unterschied zur deutschen handelsrechtlichen Regelung dar. Die Angabe der Beziehungen zu dem (oder den) Mehrheitsgesellschafter(n) als nahestehender(n) Person(en), den „executives" und zu den nahen Angehörigen von beiden[34] ist ein Phänomen, das dem deutschen Unternehmensrecht wie auch der deutschen Konzernrechnungslegung fremd ist.

---

33 Eine mögliche Inanspruchnahme der Schutzklausel nach § 286 HGB wird hier außer acht gelassen.

34 Vgl. IAS 24, Abschn. 3c und d (Fn. 5); vgl. FAS 57, Abschn. 1 (Fn. 6).

b) Angabe des Umfangs der Geschäftsbeziehungen

Es muß der Umsatz mit „related parties" gezeigt werden, soweit er nicht im Konzernabschluß, nämlich bei „control" über „subsidiaries, eliminiert worden ist, d. h. auch bei Equity-Bilanzierung (sie darf nach § 311 Abs. 1 HGB nur bei der Konzernrechnungslegung erfolgen). Diese bewirkt als „one-line consolidation" bekanntlich keine Umsatzeliminierung. Die Umsatzangabe auch im Falle von assoziierten Beteiligungsunternehmen erfolgt in den „notes".

c) Beschreibung der Transaktionen

Über die Offenlegung des Umsatzes hinaus verlangen beide Standards eine Beschreibung der Art der Beziehungen, – allerdings nur insoweit, als dies für erforderlich gehalten wird, um die „related party"-Beziehung würdigen zu können! „Types and elements of the transactions and pricing policies"[35] bzw. „a description of the transactions, including transactions to which no amounts or nominal amounts were ascribed"[36]. Näheres ist nicht verlautbart. Zwar enthält das IAS, wie erwähnt, einen Hinweis auf das OECD-Berechnungsmuster, doch was „types and elements" sind, dies zu bestimmen, bleibt allein dem rechnungslegenden Unternehmen überlassen.

II. Wertung

1. Offenlegung als Prinzip

Wie es beide Standards herausstellen[37], sollten die Beziehungen mit „related parties" nicht von vornherein als gleich denen mit „unrelated parties" angesehen werden. Sie hätten eine andere Qualität, denn häufig wichen die Bedingungen, unter denen sie abgewickelt werden, von denen ab, die mit Dritten vereinbart waren.

Dazu ist zunächst einmal festzuhalten, daß die Kenntnis derartiger Beziehungen in ihrem Wert und in ihrer Bedeutung abhängig ist von dem Zweck der vorgelegten Rechnungslegung. Besteht dieser primär darin, Grundlagen für die Investitionsentscheidungen der aktuellen und potentiellen Anteilseigner zu bieten, gilt es deshalb, jede tatsächliche oder mögliche Störung der Kapitalmarkteffizienz, die durch eine unzulängliche Berichterstattung entstehen könnte, zu vermeiden. Die Theorie der „decision usefulness", wie sie der US-amerikanischen Rechnungslegung unbestritten, wohl aber auch den IAS zugrundeliegt. Eine solche Kenntnis ist u. E. für die Zielerreichung unabdingbar.

Aber auch bei der vorrangigen Zwecksetzung, wie sie der Rechnungslegung nach dem HGB eigentümlich ist, nämlich der (nominellen) Kapitalerhaltung und der Gewährleistung der Ausschüttungsfähigkeit des ausgewiesenen Gewinnes, gilt,

---

35   Vgl. IAS 24, Abschn. 23 (Fn. 5).
36   Vgl. FAS 57, Abschn. 2 (Fn. 6).
37   Vgl. ISA 24, Abschn. 3c (Fn. 5) und FAS 57, Abschn. 1 (Fn. 6).

daß diese Maßgrößen nicht durch eine Gestaltung beeinflußt werden sollten, die sich nicht aus dem Markt, d. h. dem Wettbewerb, sondern durch Besonderheiten zu bestimmten nahestehenden Personen ergibt. Dies hat auch der deutsche Gesetzgeber anerkannt und auf zweifache Weise zu regeln versucht:

Einmal

– indem er bestimmt, daß die Beziehungen zu verbundenen Unternehmen bei bestimmten Positionen aus der Bilanz und aus der Ergebnisrechnung offensichtlich werden – allerdings eine im internationalen Vergleich, wie oben versucht wurde nachzuweisen, als rudimentär anzusehende Regelung – sowie durch die Anhangsangaben zu den verbundenen Unternehmen. Diese sind trotz Mitteilung des Namens sowie der Beteiligungshöhe nicht viel mehr als ein unverfänglicher Hinweis, denn das dahinter stehende Volumen der Geschäftstätigkeit wird dadurch nicht erkennbar.

Und sodann – entsprechend der Tradition der deutschen Rechnungslegung nur im Aktiengesetz –,

indem er

– (generell) das Verbot der Nachteilszufügung gegenüber den außenstehenden Aktionären (§ 304 AktG) erlassen und

– (unter bestimmten Bedingungen) die Aufstellung eines Abhängigkeitsberichtes, seiner Prüfung und der Offenlegung des Ergebnisses unter Angabe des Ausgleichs- (oder Nichtausgleichs-) des Unterschiedsbetrages (§ 312 ff AktG) festgelegt

hat.

2. Zur Signifikanz der offenzulegenden Sachverhalte

a) Umsatz

Stichtagsangaben können zufallsbedingt sein. Sie lassen zwar auf bestimmte Umstände schließen, geben aber das Ausmaß der Beziehungen im allgemeinen nicht preis. Auch die paranthetischen Angaben der Beziehungen zu verbundenen Unternehmen in der Gewinn- und Verlustrechnung führen nicht viel weiter.

Um den vollen Umfang von geschäftlichen Verbindungen würdigen zu können, bedarf es der Kenntnis des Volumens. Für die Beurteilung der Beziehungen zu nahestehenden Personen ist eine solche Angabe von wesentlicher Bedeutung: Der Umfang und damit die Intensität – absolut oder relativ – der Beziehungen werden kundgetan[38]. Diesem Bedürfnis entsprechen beide Standards.

b) Art und Elemente der Beziehungen

Die Angabe des Volumens erfährt ihre Ergänzung durch die Bestimmung, daß auch die Art der Beziehungen („types and elements"), die zwischen den „related parties"

---

38 Vgl. IAS 24, Abschn. 23 c (Fn. 5).

sich ergeben haben, mitgeteilt wird[39]. Sicher ist es für einen Investor nicht unwichtig, auch zu erfahren, ob es sich um Sach- oder Dienstleistungen, Kredit- oder Mietverhältnisse u. ä. handelt. Erst dadurch ermöglichen es, sich ein vollständiges Bild der Beziehungen zu nahestehenden Unternehmen zu machen.

c) „Pricing policies"

Während FAS 57 hierzu keine Aussage enthält, (es sei denn, man sähe das Gebot, die Preisgestaltung offenzulegen, als impliziert in der Pflicht der Angabe der Art der Transaktionen, den „types and elements", an), ist IAS 24 hier eindeutig. Es sind die „pricing policies" zu vermerken. Aus diesem Grunde wird auf die OECD-Verrechnungspreise verwiesen[40].

Man muß sich fragen, was mit einer Angabe der Preisgestaltung erreicht werden soll. Wenn die Preise „at arm's length" sind – und davon wird man bei jeder der OECD-Berechnungsmethoden ausgehen dürfen – mag dies einen Investor zufriedenstellen. Aber was hat er davon, gewinnt er ein Mehr an Erkenntnis, wenn er liest, die Abwicklung erfolge zu einer bestimmten dieser Muster-Bedingungen von der OECD?

d) Defizit des Unterschiedsbetrages

Es ist das Ziel eines reinen Offenlegungsstandards, daß mitzuteilen ist, was tatsächlich geschehen ist, und nicht das, was hätte geschehen müssen. M. a. W.: Nach dem Unterschiedsbetrag einer evtl. Nachteilszufügung, wovon z. B. § 312 Abs. 3 AktG ausgeht, fragen weder IAS 24 noch FAS 57.

Es ist also nicht offenzulegen, wie der Umsatz und das Ergebnis gewesen wären, wenn „at arm's length" zwischen den „related parties" abgerechnet worden wäre.

3. Ausdehnung auf nahe Angehörige von Mehrheitsgesellschaftern und von Organträgern

Aus der Sicht der deutschen Rechnungslegung wie auch des deutschen Unternehmensrechts betreten die hier vorgestellten Offenlegungsstandards durch die Einbeziehung dieses Kreises nahestehender Personen, wie gesagt, Neuland – zumindest, was die Offenlegung angeht.

Die Erfahrung lehrt, daß ein naher Angehöriger häufig eher als ein fremder Dritter bewogen werden kann, die Interessen eines seiner Angehörigen zu vertreten, wenn es z. B. darum geht, statt des Vorstandsmitglieds oder des Mehrheitsgesellschafters selbst eine Lieferung an das Unternehmen zu Bedingungen abzuwickeln, die von denen, die auf dem Markt üblich sind, abweichen. Nicht zuletzt aus die-

---

39 Vgl. IAS 24, Abschn. 22, wo von „types and elements" die Rede ist (Fn. 5). FAS 57 verlangt dagegen eine ausdrückliche Beschreibung („description") (Fn. 6).
40 Vgl. IAS 24, Abschn. 23 c (Fn. 5).

sem Grunde ist es bekanntlich ein Anliegen des deutschen Außensteuergesetzes
(§ 1 Abs. 2 AstG), die Beziehungen zu nahestehenden natürlichen Personen zu
erfassen. Solche sind gegeben, wenn
– durch eine mittelbare oder unmittelbare Mehrheitsbeteiligung
– durch die Möglichkeit zur Ausübung eines beherrschenden Einflusses
– durch die Möglichkeit, aus Gründen, die außerhalb der Geschäftsbeziehung liegen,
– durch das Bestehen eines eigenen Interesses an der Erzielung der Einkünfte des
  Geschäftspartners
die nahestehenden natürlichen Personen Einfluß auf die Vereinbarung der konkreten Geschäftsbeziehung nehmen.

a) Nichtanwendbarkeit des „Control"-Konzeptes

Von der Zwecksetzung der angestrebten Offenlegung her betrachtet, wird man diese
Einbeziehung als zwangsläufig ansehen müssen. Hat man es sich zum Ziel gesetzt,
die – wie immer definierten – Beziehungen des rechnungslegenden Unternehmens
mit den „Nahestehenden" zu erfassen, muß man dies auf die betreffenden natürlichen Personen ausdehnen. Denn auch über sie kann eine – wie immer geartete –
„control" aufgrund des Verwandschaftsverhältnisses ausgeübt werden. Legt man
also das Simile für Konzernbeziehungen zugrunde, ist diese Ausdehnung geradezu
geboten. Sie ist dem Control-Prinzip systemimmanent. Aber die Objekte sind natürliche Personen. Sie haben einen eigenen Willen, und sie sind auch, jedenfalls in den
meisten Fällen, den Gesetzen eines bestimmten Jurisdiktionsbezirks, vielfach dem,
in dem sie agieren und ihren Aufenthalt haben, unterworfen. Sie haben wiederum –
im Normalfall – auch eigene, sich von dem Unternehmensrecht unterscheidende
Rechte (z.B. die ihm ggfls. nach der jeweiligen Verfassung garantiert sind). Sie lassen sich nicht gegen ihren Willen zu einem bestimmten Handeln zwingen oder
davon abhalten.

b) Unzulängliche Definition

Zu diesem Fehlen einer „control" über diese Kategorie der Nahestehenden als einer
„exclusionary power" zu erlangen – um einen Terminus aus der US-amerikanischen
Konzernrechnungslegung zu benutzen[41] – kommt die Unzulänglichkeit der Definition.
     Keiner der beiden Standards erläutert, was unter „members of the immediate
family" bzw. „close family" zu verstehen ist. Dies mag im Hinblick auf eine international erstrebte Anwendbarkeit im Falle von IAS 24 verständlich sein, überzeugt
jedoch nicht bei FAS 57, denn dieser stellt nur auf die US-amerikanische Jurisdiktion ab. Doch das dem FAS 57 als Anlage B beigegebene Glossar (es ist in
dem „Current Text", der jährlichen, vom FASB herausgegebenen Zusammenstellung der FAS nicht enthalten) gibt in Abschn. 24(f) „Related Parties" nur wieder:

---

41 Vgl. FASB Exposure Draft v. 16. 10. 1995, Proposed Statement of Financial Accounting Stan-
    dards, Consolidated Financial Statements, Policy and Procedures, Abschn. 11, 1995.

„... members of the immediate families of principal owners of the enterprise and its management". Und dem folgt eine Auffangformulierung, die jede Person als „related party" erfaßt, die „controls or significantly can influence management or operating policies of the other to an extent that one of the transacting parties might be prevented from fully pursuing its own separate interest"[42].

c) Qualität der Dokumentation und der Nachprüfbarkeit

Die Beachtung von Offenlegungspflichten durch den Aufsteller setzt voraus, daß ihm die berücksichtigungspflichtigen Tatsachen und Umstände bekannt werden, damit er sie in seinem Rechnungswesen erfassen und dokumentieren kann, und sie dann von den Kontrollorganen nachgeprüft werden können: Faktizität, Dokumentation und Nachprüfbarkeit.

Nur unter diesen Voraussetzungen ist es überhaupt sinnvoll, Vorschriften für eine derartige Offenlegung zu erlassen. Aber hier setzen u. E. weitere Zweifel ein.

Dokumentation der „related party transactions" setzt voraus, daß etwaige nahe Angehörige bekannt sind. Die Ermittlungen in dieser Hinsicht können zwei Ansatzpunkte haben:

– Es sei unterstellt, daß – vertraglich oder aufgrund eines Gesetzes – Mehrheitsgesellschafter und/oder die Organträger verpflichtet sind, die von ihnen mit dem Unternehmen getätigten Umsätze und sonstigen Geschäftsvorfälle diesem zu melden, und daß diese Verpflichtung sich auch auf die ihnen nahestehenden Personen ausdrücklich erstreckt. Dann wird das Unternehmen von sich aus prüfen, ob es im Rahmen seiner Sorgfaltspflicht sich die ihm gemeldeten mit den nahestehenden Personen getätigten Umsätze von diesen noch einmal bestätigen läßt.

Dazu der Unterfall: Mehrheitsgesellschafter oder Organträger geben ihre eigenen Umsätze an, verweisen aber bezüglich der mit ihren nahen Angehörigen auf diese. Hierzu von den Unternehmen befragt, geben diese ebenfalls die Umsätze an.

---

42 Auch der – naheliegende – Rekurs auf das britische FRS 8 hilft hier nicht weiter. Im Gegenteil, er erhöht die Ungewißheit, um nicht zu sagen, die Verwirrung. In den erläuternden Materialien zu diesem Standard wird eingestanden, daß von den Stellungnahmen zu dem Exposure Draft von FRS 8 eine Reihe von Einwendungen sich auch gegen die Erfassung der – damals so formulierten – Mitglieder der „immediate family" wandte und eine Präzisierung für erforderlich hielt. Der britische Standard konnte sich letztlich jedoch lediglich dazu entschließen – u. E. möglicherweise auch im Blick auf die angestrebte internationale Harmonisierung – statt von „immediate family" nunmehr von „close family" zu sprechen. Dazu wird eine Definition geliefert: „Close members of the family of an individual are those family members, or members of the same household, who may be expected to influence, or be influence by, that person in their dealings with the reporting entity." Sicher geht der britische Grundsatz über den allgemeingültigen Umfang der „family" hinaus. Aber was umfaßt „members of the same household"? Es verschärft sich u. E. die Ungewißheit erheblich. Vgl. FRS 8, Appendix IV, Nr. 9, a.a.O. (Fn. 10), S. 114. Andererseits ist auffallend, daß weder IASC noch US-GAAP ausdrücklich erwähnen, daß auch solche Related Party Transactions sich für eine Offenlegung qualifizieren, die von Dritten, aber im Auftrage einer „Related Party" vorgenommen worden sind: Die indirekte Beziehung. Die Auslegungsnormen des deutschen Rechts würden eine solche Gestaltung nach der „ratio legis" mitabdecken – abgesehen davon, daß sie auch meistens im Gesetz geregelt ist; vgl. z. B. § 16, Abs. 2 u. 4 AktG.

– Es wird dem rechnungslegenden Unternehmen eine solche Mitteilung vonseiten der Betroffenen nicht gemacht. Die Transaktionen sind ihm auch nicht auf andere Art und Weise bekannt geworden; es muß sich also an diese wenden und um entsprechende Informationen ersuchen.

Dies ist naturgemäß nur möglich, wenn ihm dieser Personenkreis bekannt ist. Dann hängt die Beachtung des Standards davon ab, ob die Betreffenden antworten und ob sie dies wahrheitsgemäß tun. Erfolgt keine Antwort, kann das rechnungslegende Unternehmen die Beantwortung nicht erzwingen. Im übrigen kann es sich auf den Standpunkt stellen, es sei gutgläubig gewesen.

Diese Unterschiede in den Vorgehensweisen zur Dokumentation der Beziehungen zu Nahestehenden zeigen die möglichen Schwierigkeiten in der Erfassung der berichtspflichtigen Vorgänge im Rechnungswesen auf. Sie müssen erfragt werden; sie ergeben sich nicht zwangsläufig aus dem Rechnungswesen. Sie setzen die Bereitschaft der Befragten voraus, entsprechende Mitteilungen zu machen: Die Freiwilligkeit. Es ist nicht real anzunehmen, daß diese grundsätzlich gegeben ist. Und u. E. ebenso real: es kann und darf nicht davon ausgegangen werden, daß diese Bereitschaft erzwungen werden kann.

In einer vergleichbar unsicheren Situation befindet sich der Abschlußprüfer, der die Ordnungsmäßigkeit der Offenlegung des Grundsatzes „related parties" zu bestätigen hat. Er wird sich zunächst an den Mehrheitsgesellschafter, die Führungskräfte und Mitglieder des Aufsichtsgremiums wenden und im Prinzip um zweierlei Auskunft bitten.

1. Angabe von „related party"-Transaktionen (Umsatz und Art)
2. Anteil davon, der ggfls. auf deren nahe Angehörige entfällt unter Angabe der Namen, um sich an diese direkt zwecks Bestätigung wenden zu können.

Auch der Abschlußprüfer ist also letztlich auf Befragen angewiesen – abgesehen von dem u. E. eher unwahrscheinlichen Fall, daß die nahestehenden Personen direkt ihm von sich aus die mit dem Unternehmen getätigten Transaktionen angeben und erläutern.

Schon diese wenigen Überlegungen mögen zeigen, daß, da die Prüfung der hier erörterten Vorgänge letztlich nur durch Befragung[43] erfolgen kann, und daß, wenn

---

43 Dies ist internationale Prüfungspraxis. Für die USA vgl. Statement of Auditing Standards No. 45 „Related Parties", wo es zu „Determine the Existence of Related Parties" nach dem Überprüfen des Verfahrens der Erfassung und Verbuchung der „related party transactions" als zweiter Prüfungsschritt in Abschn. .07 b heißt: „Request from appropriate management personnel the names of all related parties". Für die IFAC in ISA 17 „Related Parties – Existence and Disclosure of Related Parties" unter Abschn. 7 (c) „inquire as to the affiliation of directors and officers with other entities".
Für die Durchführung der Abschlußprüfung durch einen Angehörigen des deutschen Berufsstandes gilt, daß die VO über die Qualitätssicherung der Abschlußprüfung im Rahmen des Engagement Reviews von nahestehenden Personen spricht – mit dieser durch die Neufassung der VO 1/1995 eingeführten Erweiterung wird internationale Konformität in den Prüfungsgrundsätzen erkennbar (wenn auch u. M. n. zu vage „... das wirtschaftliche Umfeld des zu prüfenden Unternehmens und seine Beziehungen zu nahestehenden Unternehmen bzw. Personen"). Doch bedarf es noch der Anpassung des FG 1/1988 „Grundsätze ordnungsmäßiger Prüfungsdurchführung" an die VO 1/1995.

die nahen Angehörigen sich weigern, die Informationen dem Unternehmen oder dem Abschlußprüfer zu liefern, dem Grundsatz keineswegs immer entsprochen werden kann.

d) Steuerrechtliche Sensibilität

Zwar ist, rein formal betrachtet, die Offenlegung der „related party transactions" steuerlich neutral. Es sind lediglich Art und Umfang des Bestehens anzugeben. Die Offenlegung des Unterschiedsbetrages zum „dealing at arm's length" wird nicht verlangt. Doch schon der Umstand, daß ein vergleichbarer Tatbestand im ASG geregelt ist[44], beweist, daß in den Ländern, bei denen die Maßgeblichkeit der Handels- für die Steuerbilanz gilt und zudem das Institut der verdeckten Gewinnausschüttung von Bedeutung ist, die Angabe des Umfangs der Related Party Transactions eine steuerrechtlich „sensible" Information darstellt.

Dies gilt im besonderen Maße für die Fälle, wo eine Partei nicht derselben nationalen Steuerjurisdiktion unterliegt. Auch eine noch so akribische Beachtung der OECD-Mustersätze durch das Unternehmen, wovon IAS 24 ausgeht, befreit u. M. n. nicht von Auseinandersetzungen mit der Steuerbehörde[45].

e) Verfassungsrechtliche Bedenken

Falls im Zuge der Internationalisierung der deutschen Rechnungslegung die Unternehmen statt nach dem HGB nach IASC und FAS bilanzieren dürfen, müssen diese Standards insgesamt beachtet werden. Eine nur teilweise Anwendung muß zwangsläufig zu einer entsprechenden Offenlegung in den „notes" und zu einer Einschränkung des Bestätigungsvermerks führen[46]. Solche Konsequenzen sind im allgemeinen nur bedingt hinnehmbar. Bei den Regelungen über die Offenlegung der Beziehungen zu den Nahestehenden würden sie wegen der Bedeutung des zugrundeliegenden Tatbestandes vor allem für die Anteilseigner eine besondere Brisanz erhalten.

Zwar dürfte bei einer Offenlegung ein Verstoß gegen die (Bundes- bzw. Landes-)Datenschutzgesetze wohl kaum vorliegen, da persönliche Daten im Sinne dieser Gesetze nicht offengelegt werden. Das Recht der „informationellen Selbstbestimmung" bleibt u. E. ungeschmälert erhalten.

Auch ist es denkbar, daß die Betroffenen von sich aus die Angaben machen und sie sich auch mit einer Offenlegung einverstanden erklären. Eine solche Situation dürfte unproblematisch sein. Zu prüfen bleibt jedoch, ob aus der Verpflichtung

---

44 Vgl. Abschn. C, II, 3. oben.
45 Vgl. hierzu neuestens *Günkel*, „Die Prüfung der steuerlichen Verrechnungspreise durch den Abschlußprüfer", in: WPg 1996, S. 839–857.
46 Für die USA: American Institute of Certified Public Accountants, 1990, AICPA Professional Standards, Report on Audited Financial Statements, Lack of Disclosure, AU § 508.55;. Volumn 1. International: IFAC, ISA 13, The Auditors' Report on Financial Statements, Abschn. 46 „Disagreement on Accounting Policies – Inadequate Disclosure – Qualified Opinion"; IAFA Handbook 1994, S. 211–222.

zur Angabe von Transaktionen durch die hier kategorisierten natürlichen Personen gegen deren Willen ein Eingriff in deren Persönlichkeitsrechte erfolgt, die das Grundgesetz schützt (Art. 2 Abs. 2). Es stellt sich u. E. die Frage, ob die „Freiheit der Person" nicht verletzt wird, denn „in diese Rechte darf nur aufgrund eines Gesetzes eingegriffen werden". Es müßte durch Bestimmtheit, Klarheit und Verläßlichkeit von Rechtsnormen den verfassungsrechtlich gebotenen Anforderungen entsprechen[47]. Ein solches Gesetz hätte im Zuge der weiteren Internationalisierung zu ergehen, um auch solche Fälle erfassen zu können, wo die betreffenden Personen zu einer freiwilligen Offenlegung nicht bereit sind.

D. Ergebnis

Die im Zuge des Übergangs zu einer internationalen Rechnungslegung obligatorische Übernahme der Berichterstattung über die Beziehungen zu „Nahestehenden" im Jahresabschluß verleiht dieser Offenlegung eine völlig neue Dimension.

Die bisher sich bei einer Erfassung im Rechnungswesen und einer Offenlegung im Jahresabschluß vom rechnungslegenden Unternehmen wie auch von seinem Abschlußprüfer realisierten Schwierigkeiten für die Ermittlung der Beziehungen zu verbundenen Unternehmen werden sich durch die Ausweitung auf bestimmte natürliche, nicht-unternehmerisch tätige Personen potenzieren. Hierzu kommen erhebliche verfassungsrechtliche Bedenken, die u. E. nur durch ein gesondertes Gesetz zu beheben sein werden.

---

47 BVerfGE 21, 73, 79; BVerfGE 52, 1, 41.

Wirtschaftliche Betrachtung und Konsolidierungskreis

CHRISTIAN NOWOTNY

Vorbemerkung

Die Umsetzung der 7. gesellschaftsrechtlichen Richtlinie über den konsolidierten Abschluß in das nationale Recht gebot es, für diese Zwecke eigene Tatbestände zu schaffen bzw. aus der Richtlinie zu übernehmen, die sich nicht friktionsfrei in das vorhandene gesellschaftsrechtliche Gebäude einfügen lassen[1], wobei auch die neuen Rechtsbegriffe eigene Fragestellungen mit sich brachten. Dies hat der Jubilar bereits kurz nach Inkrafttreten des BiRiLiG am Tatbestand der „verbundenen Unternehmen" im aktien- und im bilanzrechtlichen Sinn aufgezeigt[2]; war dies vermutlich für den österreichischen Gesetzgeber ein wichtiger Fingerzeig, die entsprechende Definition in § 228 öHGB weniger engherzig zu fassen. Aus Anlaß der Beratung neuer Rechnungslegungsvorschriften sind in Österreich beim Bundesministerium für Justiz im Jahre 1983 zwei Arbeitsgruppen eingesetzt worden[3], die sich der Reform der Rechnungslegung und der Vorbereitung eines Konzernrechts widmeten. Unter den Sachverständigen, die dazu angehört worden sind, war auch der Jubilar, wobei der Schwerpunkt der damaligen Diskussion den Fragen des materiellen Konzernrechtes und einer – vor dem Hintergrund der deutschen Erfahrungen – adäquaten gesetzlichen Ausgestaltung gewidmet war. Diese schwierige Thematik[4] hat der Gesetzgeber letztlich in Österreich vor dem Hintergrund der ungewissen europäischen Entwicklung nicht weiter verfolgt[5]. Hingegen sind im Bereich der Rechnungslegungsvorschriften weitgehend die 4., 7. und 8. RL – dabei im wesentlichen dem deutschen Bilanzrichtliniengesetz als Vorbild folgend – umgesetzt worden, wobei mit dem Rechnungslegungsgesetz 1990 erstmals auch eine Konzernrechnungslegung angeordnet worden ist. Mit dem am 1. Juli 1996 in Kraft getretenen EU-Gesellschaftsrechtsänderungsgesetz sind die noch verbliebenen Differenzen zu den europarechtlich gebotenen Vorgaben beseitigt worden[6]. Wie nicht anders zu erwarten, hat auch in Österreich die Erfahrung gezeigt, daß für die Kommunikation zu Investoren der konsolidierte Jahresabschluß das zentrale Instrument ist, bei dem Analysen und Branchenvergleiche ansetzen. Naturgemäß rückt damit der Konzernabschluß auch in den Mittelpunkt bilanzpolitischer Überlegungen. Von den keineswegs wenigen Gestaltungsmöglichkeiten[7], sei es durch die Inanspruchnahme von Wahlrechten, sei es durch bewußte Gestaltung von Sachverhalten, ist die Beeinflussung des Konsolidierungskreises von u. U. massiver Auswirkung, insbesondere auf die Darstellung der Ertragslage[8].

---

1 Vgl. z. B. *Ulmer,* FS Goerdeler, S. 623 ff.
2 Siehe *Kropff,* DB 1986, 364.
3 Vgl. die Erläuterungen zur Regierungsvorlage des Rechnungslegungsgesetztes, abgedruckt bei Lukas/Zetter, RLG S. 182 ff.
4 Vgl. die wichtigen Vorarbeiten von *Koppensteiner,* FS Steindorff, S. 79 ff. und *derselbe,* FS Ostheim, S. 403 ff.
5 Vgl. *Nowotny,* Koppensteiner (Hsg.), Österreichisches und europäisches Wirtschaftsprivatrecht, Teil 1: Gesellschaftsrecht, S. 400 ff.
6 Siehe aber *Altenburger,* RWZ 1996, 129, der noch kleinere Defizite einmahnt.
7 Vgl. *Jäckel/Leker,* WiB 1996, 659 ff.
8 *Scheren,* Küting/Weber, Handbuch der Konzernrechnungslegung I Rz 128 ff.; *Maas/Schruff,* FS Havermann, S. 413 ff.

In der Folge soll der Frage nachgegangen werden, inwieweit bei der Abgrenzung des Konsolidierungskreises in § 290 HGB (entspricht § 244 öHGB) unter Einbeziehung der Behandlung von sogenannten Gemeinschaftsunternehmen (§ 310 HGB, ist gleich § 262 öHGB) eine wirtschaftliche Betrachtungsweise zum Tragen kommen muß, und zwar in dem Sinn, daß entsprechend der dem Gesetz immanenten Teleologie solche Sachverhalte einbezogen werden, die den gesetzlich geregelten Tatbeständen gleichwertig sind. Einen solchen Zugang scheint zunächst der systematische Aufbau des Gesetzes zu verbieten, das zwar im 3. Teil über Inhalt und Form des Konzernabschlusses die Generalnorm an die Spitze stellt (siehe § 297 Abs. 3 HGB, ebenso § 250 öHGB), dies aber erst im Anschluß an die Abschnitte über die Regelung des Grundtatbestandes der zu konsolidierenden Unternehmen und damit der Abgrenzung des Konsolidierungskreises geschieht. Inwieweit dadurch Gestaltungsmöglichkeiten eröffnet werden, indem durch eine eher formale Anwendung des Gesetzes – vorbei an der wirtschaftlichen Interessenlage – Spielraum für bewußte Sachverhaltsgestaltung eröffnet wird, soll in der Folge kurz überlegt werden[9].

1. Widersprüchliches im Grundtatbestand?

Bekanntlich verbindet die Definition des Konzerns im Sinne der Rechnungslegungsvorschriften das Konzept der einheitlichen Leitung mit dem Control-Modell. Im Bereich des Control-Konzepts besteht eine Mutter-/Tochterbeziehung selbst dann, wenn nachweislich die Kontrollmöglichkeit nicht zu einer Einflußnahme auf die Geschäftsführung der Untergesellschaften benutzt wird[10]. Es ist auch fraglich, ob ein rechtsgeschäftlicher Verzicht auf die Kontrollmöglichkeit in einem „Entherrschungsvertrag" oder durch Stimmbindung dazu führt, daß damit per se die Anwendung des § 290 Abs. 2 ausgeschlossen (im Sinne eines Konsolidierungsverbotes) oder lediglich das Wahlrecht eröffnet wird, auf Grundlage von § 296 Abs. 1 Z. 1 (entspricht § 249 Abs. 1 Z. 1 öHGB) eine Einbeziehung in den Konsolidierungskreis zu unterlassen[11].
Zwischen den beiden Tatbestandsgruppen der einheitlichen Leitung und der Kontrolle besteht ein Unterschied darin, daß zum Tatbestand der einheitlichen Leitung zusätzlich eine gesellschaftsrechtliche Beteiligung im Sinne des § 271 Abs. 1 HGB treten muß, um die Mutter-Tochterbeziehung zu begründen, während dieses Erfordernis für die Fälle des Control-Konzeptes nicht besteht. Vordergründig läßt sich dies damit begründen, daß die nach den Vorgaben der 7. Richtlinie obligatorischen Tatbestände der „Kontrolle" eine Einschränkung durch ein zusätzliches Betei-

---

9 Vgl. ADS, 6. Aufl., § 290 HGB Rz 30, wonach für die Kontrolltatbestände des Abs. 2 auf die formalrechtliche Inhaberschaft abzustellen sei, hingegen bei der Anwendung des Abs. 1 auf die wirtschaftliche Beteiligung.
10 Vgl. ADS, 6. Aufl., § 290 Rz 29.
11 So die wohl überwiegende Ansicht, vgl. ADS, 6. Aufl., § 290 Rz 38 und § 296 Rz 9, 12; *Budde/Seif,* Beck'scher Bilanzkommentar[3] § 296 Rz 12; wohl auch *Ulmer,* aaO (Fn 1), S. 623, 641.

ligungserfordernis nicht erlauben, während die Erweiterung des Control-Konzeptes um die „einheitliche Leitung" das Beteiligungserfordernis gemäß Art. 1 Abs. 2 der 7. Richtlinie mit sich bringt[12]. Allerdings ist es schwer einzusehen, warum die Verwirklichung der einheitlichen Leitung ohne Beteiligung die Konsolidierung ausschließt, während die bloße Möglichkeit zur Kontrolle über die Tatbestände des Abs. 2 davon nicht betroffen ist. Es ist zwar gewiß richtig, daß die Tatbestände der einheitlichen Leitung im Regelfall in den Fallgruppen der Kontrollmöglichkeit aufgehen werden[13], doch werden Abgrenzungsprobleme mit entsprechenden Gestaltungsanreizen provoziert. Als Beispiel sei der Fall der Leitung eines Unternehmens über eine stille Beteiligung erwähnt. Hier ist offenbar nicht völlig geklärt, ob damit die Beteiligungsvoraussetzung erfüllt wird oder nicht, insbesondere wenn der stille Gesellschafter am Verlust nicht entsprechend seiner Beteiligung teilnimmt.[14]

Bei der Regelung des Gemeinschaftsunternehmens kommt es wiederum nach dem Gesetzestext nur auf die gemeinsame Führung an, ohne daß eine zusätzliche Beteiligungsverschränkung im Gesetz gefordert wird. Es ist somit der Tatbestand auch dann erfüllt, wenn aufgrund einer vertraglichen Vereinbarung mit einem Dritten, der z. B. das Management des Unternehmens übernimmt, die gesellschaftsrechtlichen Möglichkeiten der Einflußnahme nicht ausgeschöpft werden dürfen, sondern mit dem „Manager" gemeinsam die operative Führung erfolgt. Bei Tourismusprojekten ist etwa diese Ausgestaltung keineswegs selten, daß eine einer Bank nahe stehende Projektgesellschaft die Errichtung durchführt (u. U. unter der Hereinnahme steuergestützter Finanzierungen) und dann mit einem Betreiber einen langfristigen Managementvertrag abschließt, wobei der gesellschaftsrechtlich nicht beteiligte Betreiber am Erfolg partizipiert, u. U. aber auch eine gewisse Mindestrendite garantieren muß. Die Gesellschafter der Besitzgesellschaft haben weiterhin gewisse Mitspracherechte, so daß sich das Gesamtbild einer gemeinsamen Führung ergibt. Allerdings dürfte nach der Gesetzessystematik die für eine Quotenkonsolidierung ausreichende Zurechnung nur dann gegeben sein, wenn der Betriebsführer auch gesellschaftsrechtlich beteiligt ist; ansonsten wäre die anteilsmäßige Konsolidierung als Alternative zum Ausweis als assoziiertes Unternehmen nicht erklärbar[15].

Das hier kurz gebrachte Beispiel steht für jene Fälle, in denen die Beteiligung an Vermögen, Gewinn und Verlust nicht mit entsprechenden Gesellschafterrech-

12 Siehe *Ulmer*, aaO (Fn 1), S. 623, 630 f.; zur Entstehungsgeschichte eingehend *Niessen*, FS Havermann, S. 581, 590 ff., wonach das Beteiligungserfordernis deshalb aufgenommen worden ist, um damit bloß vorübergehende Einflüsse als für die Konsolidierung ausreichend auszuschalten.

13 Vgl. *Biener/Berneke*, Bilanzrichtlinien-Gesetz, S. 286, wonach sich der Anwendungsbereich des § 290 Abs. 1 auf Mehrheitsbeteiligungen ohne die Mehrheit der Stimmrechte, auf Gemeinschaftsunternehmen mit je hälftigem Anteilsbesitz und auf Minderheitsbeteiligungen beschränken wird.

14 Vgl. *Siebourg*, in: Küting/Weber, Handbuch der Konzernrechnungslegung § 290 Rz 56; *Schnicke/Gutike*, Beck'scher Bilanzkomm § 271 Rz 15; sowie *Bieg*, Küting/Weber, Handbuch der Rechnungslegung Band I a, 4. Aufl., § 271 Rz 10, der zutreffend auf die mit der Beteiligung verbundenen Kontroll- und Mitspracherechte abstellt.

15 Vgl. die Erläuterungen zu Art. 32 der 7. Richtlinie bei *Biener/Schatzmann*, Konzernrechnungslegung S. 50; siehe auch ADS, 6. Aufl., § 310 Rz 14 ff.; *Budde/Suhrbier*, Beck'scher Bilanzkomm § 310 Rz 20 ff.; *Sigle*, Küting/Weber, Konzernrechnunglegung § 310 Rz 16.

ten parallel läuft. Sieht man von Formen der einflußlosen Eigenkapitalbeistellung, wie Genußrechte, Vorzugsaktien, steuerlich motivierte Formen der mitunternehmerschaftlichen Publikumsbeteiligung ab, bei denen im Regelfall reine Anlegergesichtspunkte im Vordergrund stehen, so stellt sich hier regelmäßig die Frage, ob nicht der fehlende gesellschaftsrechtliche Einfluß durch Mitspracherechte oder einen entsprechenden wirtschaftlichen Interessenausgleich auf einer anderen Ebene substituiert wird. Denn ein rational handelnder Unternehmer wird nur dann auf die mit einer bestimmten Form des Eigenkapitalengagements verbundenen Mitspracherechte verzichten, wenn derjenige, der die Geschäfte führt und darauf Einfluß hat, seine Interessen adäquat mitberücksichtigen wird, entweder weil er über andere Vertragsbeziehungen dazu verpflichtet ist oder ihm aufgrund des wirtschaftlichen Gesamtkonzeptes ansonsten selbst Nachteile drohen.

Die in diesem Abschnitt kurz gezeigte Widersprüchlichkeit zwischen beteiligungsloser Kontrollmöglichkeit und beteiligungsgebundener einheitlicher Leitung kann durch Nutzen von Gestaltungsmöglichkeiten noch verstärkt werden. In der Folge soll geprüft werden, inwieweit damit ein gestalten der Einfluß auf den Konsolidierungskreis möglich ist. Dabei ist das Ziel der Konzernrechnungslegung im Auge zu behalten, nämlich den Konzern im Rechenwerk als ein einheitliches Unternehmen darzustellen (§ 297 Abs. 3 HGB, entspricht § 250 Abs. 3 öHGB). Dies hat auch Rückwirkungen auf die Abgrenzung des Konsolidierungskreises und die Auslegung der dafür maßgeblichen Vorschriften. Denn dem dargestellten Ziel wäre jedenfalls dann nicht entsprochen, wenn in jenen Fällen der Ausweis vermieden werden könnte, in denen zwar eine gesellschaftsrechtlich vermittelte unternehmerische Leitung oder Leitungsmöglichkeit fehlt, aber letztlich über eine Beteiligung unternehmerisches Risiko zu tragen ist.

2. Konsolidierung ohne Beherrschungsmöglichkeit?

Die angesprochene Problematik soll durch die folgenden Beispiele veranschaulicht werden:

1) Eine Kapitalgesellschaft ist alleinige Kommanditistin einer GmbH & Co KG mit dem gesetzlichen Grundmodell entsprechenden Mitspracherechten. Die KG wickelt ein Hotelprojekt ab; die Komplementär-GmbH ist reine Arbeitsgesellschafterin und steht außerhalb des gesellschaftsrechtlichen Einflußbereiches der Kommanditistin. Diese begnügt sich mit ihrer relativ einflußlosen Stellung, weil sie das Recht hat, bei Verfehlen bestimmter Plandaten ihren Anteil an eine dem Bereich der Komplementärin zugehörige Unternehmung zu verkaufen.

2) Das vorangehende Beispiel kann sich aber auch in der Form darstellen, daß zwar kein Andienungsrecht der Kommanditistin besteht, aber die Muttergesellschaft der Komplementärin die Einhaltung eines bestimmten Geschäftsplanes garantiert und erst im Falle der Nichterfüllung der Garantie weitergehende Geschäftsführungsrechte und Eingriffsrechte der zunächst einflußlosen Kommanditistin entstehen; dies kann auch durch eine Option auf die Anteile an der geschäftsführenden Komplementärin erreicht werden.

3) Ähnlich gelagert ist die in der Literatur häufig behandelte Leasing-Konstruktion:[16] Ein Vermögensgegenstand wird in eine Leasingobjektgesellschaft eingebracht, aber weiterhin im Konzern aufgrund eines Leasingvertrages genutzt. Die Leasingobjektgesellschaft ist als GmbH & Co KG ausgestaltet, wobei die KG-Beteiligung im wesentlichen im Konzern gehalten wird, die Geschäftsführung und die Mehrheit der Stimmrechte einem Konzernfremden zustehen. Diese Gestaltung wird vom Kommanditisten deswegen akzeptiert, weil ohnedies durch den Leasingvertrag alle bedeutenden wirtschaftlichen Entscheidungen getroffen und festgelegt sind.[17]

4) Eine Bauunternehmung finanziert ein Großprojekt über ein Anlegermodell mit atypisch stillen Gesellschaftern. Die Anteile an der Projektgesellschaft werden mehrheitlich von einem Finanzinstitut gehalten, welches das Abschreibungsmodell organisiert und betreut. Die Bauunternehmung garantiert eine Mindestabschichtung der Anleger nach einem bestimmten Zeitraum. Zu Beginn realisiert die Bauunternehmung durch den Verkauf einer Liegenschaft und die Verrechnung von Projektvorlaufkosten erhebliche Gewinne, die das Ergebnis sowohl im Einzel- als auch im Konzernabschluß „schmücken".

In § 290 HGB sind bereits gewisse Ansatzpunkte für eine sachgerechte Lösung dieser Fallgruppen zu finden, bei denen wirtschaftliches Engagement und gesellschaftsrechtlicher Einfluß auseinanderfallen. Nach § 290 Abs. 3 (entspricht § 244 Abs. 4 öHGB) sind einem Mutterunternehmen solche Rechte zuzurechnen, die einem Dritten für Rechnung des Mutter- oder Tochterunternehmens zustehen.[18] Die dargestellten Fallgruppen lassen sich allerdings nicht einfach als Treuhandabreden qualifizieren, sondern weisen einen etwas komplizierteren Mechanismus auf. Der Treuhandgestaltung am ehesten verwandt ist die Ausgestaltung im zweiten Beispiel. Hier geht es um die Frage, ob Anteile dann einem zunächst einflußlos Beteiligten zuzurechnen sind, wenn er das Recht hat, durch einen Erwerb von weiteren Anteilen zu festgelegten Konditionen oder durch eine Umgestaltung des Gesellschaftsvertrages in eine Kontrollposition zu gelangen. Nach der herrschenden Ansicht wird die Zurechnung an den aus der Option Berechtigten regelmäßig zu bejahen sein.[19] Auch in anderen Bestimmungen kommt diese Wertung zum Ausdruck; beispielsweise werden nach § 22 Abs. 1 Z. 6 WpHG im Zusammenhang mit der Meldepflicht von Beteiligungserwerben Stimmrechte zugerechnet, wenn jemandem oder einem von ihm kontrollierten Unternehmen das Recht zusteht, sie durch einseitige Willenserklärung zu erwerben. Diese Zurechnungsregel wird im vorliegenden Zusammenhang auch dann zu vertreten sein, wenn das Ankaufsrecht erst unter bestimmten

---

16 Siehe *Maas/Schruff,* FS Goerdeler, S. 427.

17 Vgl. auch *Gelhausen/Gelhausen,* HdJ I/5, Bilanzierung von Leasingverträgen, Rz 164ff.

18 Die österreichische Vorschrift bezieht dies sowohl auf die Fallgruppen der einheitlichen Leitung als auch der Kontrolltatbestände; es wird aber auch zu § 290 Abs. 1d HGB allgemein die Ansicht vertreten, daß die Zurechnung der Beteiligung zum Mutterunternehmen nicht nach formalrechtlichen Kriterien, sondern nach wirtschaftlichen Gesichtspunkten vorzunehmen ist, vgl. ADS, 6. Aufl., § 290 Rz 96, was wohl im Ergebnis einer analogen Anwendung des Abs. 3 entspricht.

19 Vgl. *Siebourg,* Küting/Weber, Konzernrechnungslegung § 290 Rz 52, der sich auf die bankbilanzrechtliche Regelung des § 340 d HGB beruft; ebenso ADS, 6. Aufl., § 290 Rz 139.

Bedingungen entsteht, etwa bei Nichterfüllung gewisser Plandaten oder Betreiberzusagen; ebenso ist dies der Fall, wenn – wie dies bei Personengesellschaften vor allem denkbar ist – bei Eintritt gewisser Bedingungen sich die Einflußrechte verschieben. Denn gerade bei derartigen Gestaltungen liegt der Zweck darin, bei einem drohenden Realisieren des im Beteiligungsengagement liegenden Risikos eine operative Eingriffsmöglichkeit zu haben. Deshalb ist dann die zunächst einflußlose Beteiligung aufgrund dieser Rechtsposition bereits von Anfang an im Sinne des § 290 Abs. 3 dem Erwerbsberechtigten zuzurechnen. Für den durch die Option Gebundenen besteht – ohne dies hier näher ausführen zu können – ein Konsolidierungsverbot, da er die Beteiligung letztlich nicht seinem unternehmerischen Interesse nutzbar machen kann.

Im ersten Beispielsfall stellt sich hingegen die Frage, ob nicht die unter gewissen Voraussetzungen zum Ankauf verpflichtete Komplementär-Gesellschaft für die Zwecke der konsolidierten Rechnungslegung nicht bereits als Eigentümerin der Beteiligung, die ihr angedient werden kann, anzusehen ist. Zieht man auch hier, wie in der ersten Fallgruppe, die Parallele zum gesetzlich geregelten Pensionstatbestand in § 340b HGB, so wäre die dargestellte Konstellation einem unechten Pensionsgeschäft vergleichbar, bei dem die Vermögensgegenstände in der Bilanz des Übertragungsberechtigten auszuweisen sind. Dies führt dazu, daß das aus der Übernahmeverpflichtung allenfalls bestehende Verlustrisiko zunächst nur im Rahmen der Rückstellungen zu beachten ist. Die Konsolidierungspflicht besteht allerdings dem Grunde nach bereits über die Stellung als geschäftsführender Arbeitsgesellschafter in der Personengesellschaft[20], hat aber wegen der fehlenden oder geringen Beteiligung am Vermögen nur Auswirkungen auf die Eliminierung von Zwischengewinnen, womit die Ertragssituation insgesamt korrekt dargestellt wird. Die pendente Ankaufsverpflichtung wird allerdings auch bei der Frage, ob die Beteiligung wegen Unwesentlichkeit aus dem Konsolidierungskreis ausgespart werden kann (§ 296 Abs. 2), zu beachten sein. Diese Abgrenzung muß bei der dargestellten Fallgruppe unter Berücksichtigung des Gesamtengagements (also unter Einbeziehung der andienbaren Kommanditbeteiligung) getroffen werden.

Es kann demnach für die behandelten beiden ersten Fallgruppen als Resümee zunächst festgehalten werden, daß bei einem extremen Auseinanderklaffen von Vermögensbeteiligung und Kontrollmöglichkeit regelmäßig Nebenvereinbarungen bestehen werden, die ein Zusammenführen unter gewissen Voraussetzungen ermöglichen bzw. zwingend mit sich bringen. Falls der Inhaber der Kontrollposition zu einem Ankauf verpflichtet ist, hat dies zunächst keinen weiteren Einfluß auf die bei ihm ohnedies durch die Kontrollposition bestehende Konsolidierungspflicht. Wenn hingegen umgekehrt der kapitalmäßig wesentlich aber einflußmäßig zunächst unterrepräsentierte Gesellschafter zum Ankauf der für die Kontrolle erforderlichen Beteiligung berechtigt ist, so ist ihm bereits vor diesem Erwerb die Kontrollposition zuzurechnen und somit dem Grunde nach bei ihm die Konsolidierungspflicht gegeben. Dies gilt auch dann, wenn das Recht zum Erwerb von gewissen Bedingungen abhängig ist. Ausschlaggebend ist die Überlegung, daß dieses Recht typischer-

---

20 Vgl. ADS, 6. Aufl., § 290 Rz 123 f.

weise zur Absicherung bei einer den unternehmerischen Plänen nicht entsprechenden Entwicklung vereinbart wird und deshalb die Beteiligung von vornherein dem unternehmerischen Risikobereich zuzurechnen ist, zumal der zunächst Kontrollberechtigte nicht gegen die Interessen seines Partners agieren wird.

Ebenso wird für die Zwecke der Konsolidierung eine Zurechnung dann nicht „unterbrochen", wenn über vertragliche Vereinbarungen der wirtschaftliche Eigentümer das Management an einen Dritten delegiert. Da dieser Dritte damit nicht zur Verfolgung eigener Interessen berechtigt wird, sondern das Unternehmen im Interesse des wirtschaftlichen Eigentümers zu leiten hat, wird damit weder eine einheitliche Leitung seitens des „Managers" begründet noch die Konsolidierungszurechnung zum gesellschaftsrechtlichen Eigentümer unterbrochen.

Während in den dargestellten Fällen die Zurechnung aufgrund der Gesetzeslage und der anerkannten Wertungen gut faßbar ist, bereiten die beiden anderen Fallgruppen mehr Probleme. Denn hier fehlt es an Abreden, die deutlich darauf hinzielen, daß jemand letztlich auf Rechnung eines anderen zu agieren hat. Vielmehr ist der kontrollierende Partner durch das vertragliche Gesamtgefüge so gestellt, daß er über seine Kontrollmöglichkeit keine eigenen unternehmerischen Interessen verfolgen wird, da dies dem „Geist" der Vereinbarungen zuwiderlaufen würde. Die herrschende Meinung spricht sich deshalb bei Leasingobjektgesellschaften der im Beispiel 3 dargestellten Art dafür aus, die Zurechnung zum Konsolidierungskreis des Leasingnehmers vorzunehmen, soferne nicht ein hinreichendes wirtschaftliches Eigeninteresse des Kontrollgesellschafters besteht.[21] Es wird dabei – zumindest implizit – davon ausgegangen, daß die Zurechnung nach § 290 Abs. 3 nicht nur – entsprechend dem Wortlaut – jene Fälle erfaßt, in denen aufgrund einer vertraglichen Vereinbarung ein Dritter die in Abs. 2 genannten Kontrollrechte im Interesse des Mutterunternehmens auszuüben hat[22], sondern auch dann zutrifft, wenn der Dritte aufgrund der Gesamtumstände keinen Anreiz hat, eigene unternehmerische Interessen durch Ausnützen seiner Kontrollkompetenz zu verfolgen. Dem könnte allerdings entgegengehalten werden, daß in dieser Situation keine Kontrollmöglichkeit des maßgeblich beteiligten Unternehmens besteht, sondern dessen Interessenschutz durch ein ausbalanciertes Vertragskonzept erfolgt, wobei aber letztlich das wirtschaftliche Wagnis bei diesem liegt. Dies wird besonders deutlich im 4. Beispielsfall, in dem über die Verpflichtung zur Mindestabschichtung der Anleger die Bauunternehmung das finanzielle Risiko der Projektgesellschaft trägt. Die Einflußnahme und Steuerung erfolgt nicht über die gesellschaftsrechtliche Beteiligung, sondern über Managementverträge und ähnliche Instrumente.

---

21 Vgl. *Gelhausen/Gelhausen*, HdJ I/5 Rz 170 ff., die ein derartiges Eigeninteresse dann sehen, wenn die Leasinggesellschaft an der Objektgesellschaft als persönlich haftender Gesellschafter und der Leasingnehmer als Kommanditist mit einer verhältnismäßig geringen Einlage beteiligt sind oder wenn die Leasinggesellschaft an den Ergebnissen der Objektgesellschaft nicht nur unwesentlich beteiligt ist, wobei eine Schwelle 5% (siehe Rz 177) zur Diskussion gestellt wird; ebenso *Maas/Schruff*, aaO (Fn 8), S. 427 ff., die allerdings die 5%-Schwelle als „recht niedrig bemessen" ansehen; siehe auch ADS, 6. Aufl., § 290 Rz 139.

22 Siehe ADS, 6. Aufl., § 290 Rz 139.

Man kann diese Fallgruppen auch nicht ohne weiteres als Umgehung des gesetzlichen Konsolidierungskonzeptes ansehen, da die Einbindung des Dritten regelmäßig aus guten Gründen in der jeweils realisierten Gestaltung sinnvoll ist. Es passen deshalb auch diese atypischen Fallgruppen nicht ohne weiteres in die gesetzliche Konzeption. Diese baut auf der Fiktion auf, daß der Konzern eine rechtliche Einheit darstellt[23], ohne daß dieses Konzept freilich mit voller Konsequenz durchgeführt wird[24]. Im Graubereich der Konsolidierungspflicht ist daher zu fragen, ob dem Grunde nach eine Beteiligung auch dann in den Konsolidierungsbereich einzubeziehen ist, wenn sie unternehmerischen Zwecken (also nicht der Finanzveranlagung) dient und diese Ausrichtung nicht über gesellschaftsrechtliche Einflußmöglichkeiten im Sinne des § 290 Abs. 2 sondern durch andere vertragliche/wirtschaftliche Verflechtungen gesteuert werden kann oder bereits vorweg entsprechend ausgestaltet worden ist. Dies wird für den Zweck der Abbildung des Einheitsunternehmens im Konzernabschluß zu bejahen sein. Denn es ist für die Darstellung der Gesamtgruppe als *ein* Unternehmen letztlich nicht entscheidend, ob bei formal gesellschaftsrechtlich einflußlosen Positionen die entsprechenden Einflußrechte über andere Instrumente bestehen und abgesichert sind. Es ist auch im Zweifel zu vermuten, daß bei einem erheblichen wirtschaftlichen Beteiligungsengagement derartige Einflußmöglichkeiten bestehen. Bei einer Eigenkapitalbeteiligung von mehr als 50% scheint eine derartige Vermutung jedenfalls angebracht. Diese hier zur Diskussion gestellte Grenze läßt sich damit unterlegen, daß das AktG die Ausgabe stimmrechtsloser Aktien bis zu maximal 50% des Grundkapitals zuläßt. Diese Wertung kann als ein Indiz dafür angesehen werden, daß eine einflußlose Mitgliedschaft von mehr als 50% strukturell als unerwünscht und damit auch unternehmerisch als fragwürdig angesehen wird. Damit wird die freilich widerlegbare Vermutung gestützt, daß bei einer Mehrheitsbeteiligung am Kapital ohne entsprechende gesellschaftsrechtliche Einflußrechte über andere Instrumente der für eine Kontrolle ausreichende Zugriff auf Entscheidungen gesichert ist.

3. Gemeinschaftsunternehmen

§ 310 eröffnet für Gemeinschaftsunternehmen die Wahlmöglichkeit der anteilsmäßigen Konsolidierung. Dieses Wahlrecht hat konzernbilanzpolitisch einige Bedeutung, da damit vor allem für die Größe des Unternehmens üblicherweise herangezogene Kennzahlen, wie Umsatz, Bilanzsumme etc. – mögen diese auch heute atavistisch anmuten – beeinflußt werden.[25] Wenn beispielsweise ein 50:50 Gemeinschaftsunternehmen eine 51%-Mehrheitsbeteiligung an einer Konzernobergesellschaft hält, so ist für die Quotenkonsolidierung deren Konzernabschluß heranzuzie-

---

23 Vgl. *Busse von Colbe/Ordelheide,* Konzernabschlüsse, 6. Auflage, S. 19 ff.; *Budde/Lust,* Beck'scher Komm, 3. Aufl., § 297 Rz 14 ff.; ADS, 6. Aufl., Vorbem. zu §§ 290–315 Rz 21 ff.
24 Siehe *Klein,* Küting/Weber, Konzernrechnungslegung, II Rz 854 ff.
25 Vgl. *Busse von Colbe/Ordelheide,* aaO (Fn 23), S. 446 f.; *Scherren,* Küting/Weber, Konzernrechnungslegung, I Rz 134 f.; vgl. auch zur praktischen Bedeutung der Quotenkonsolidierung *Krawitz,* WPg 1996, 342, 354.

hen.[26] In diesem findet der volle Konzernumsatz (unter Berücksichtigung der Konsolidierung der Innenumsätze) Eingang, so daß sich dann die Quotenkonsolidierung auf diese Größe bezieht; es erhöht sich dann für jedes am Gemeinschaftsunternehmen beteiligte Unternehmen der eigene Konzernumsatz um 50% des Umsatzes des Gemeinschaftsunternehmens, obgleich u. U. durchgerechnet eine Beteiligungsquote nur von knapp über 25% gehalten wird. Natürlich ist der auf außenstehende Gesellschafter entfallende Anteil auszuweisen, was aber bei einer rein auf absolute Größen abgestellten Darstellungsweise nicht weiter stört.

Strittig ist die Behandlung eines Gemeinschaftsunternehmens zweiter Stufe, bei dem der Partner selbst wiederum ein Gemeinschaftsunternehmen ist. Die herrschende Ansicht kommt hier zum Ergebnis, daß auch in dieser mediatisierten Konstellation der Tatbestand der gemeinsamen Führung verwirklicht sein kann[27], wobei aber schließlich, anders als im voranstehenden Fall, nur die durchgerechnete Anteilsquote (allerdings unter Einbeziehung von Anteilen, die von Tochterunternehmen gehalten werden) heranzuziehen ist.[28]

Nach einer weitgehend vertretenen Ansicht ist es möglich, daß, insbesondere über vertragliche Vereinbarungen, eine gemeinsame einheitliche Leitung über ein Unternehmen eingerichtet werden kann, was dann zur obligatorischen Vollkonsolidierung durch jeden der in die gemeinsame Leitung einbezogenen Partner führe.[29] Gegen eine derartige Gestaltungsmöglichkeit als Tatbestand der Vollkonsolidierung sprechen sowohl der Wortlaut als auch der Zweck des Gesetzes: § 290 Abs. 1 stellt nämlich auf die einheitliche Leitung durch *ein* Unternehmen ab; dem ist der Fall einer gemeinsamen einheitlichen Leitung in keiner Weise vergleichbar, da hier eben keine einseitige Durchsetzungsmöglichkeit und damit Möglichkeit zur Interessenunterordnung besteht, sondern im Gegenteil durch die für die gemeinsame Leitung stets erforderliche vertragliche Vereinbarung mit dem Partner entsprechende Koordinierungsregeln geschaffen und beachtet werden müssen. Für die Zwecke der Konzernrechnungslegung ist jedenfalls die gemeinsame Leitung nur als eine besonders intensive Form des gemeinsamen Führens anzusehen, so daß sich hinsichtlich der Auswirkungen auf den Konsolidierungskreis daraus auch keine unterschiedliche Behandlung ergibt.[30]

Vielmehr stellt sich die Frage, ob es für ein „gemeinsames Führen" bereits ausreichend ist, daß über eine gleichgewichtige Verteilung der Einflußkräfte unter zwei oder mehreren Gesellschaften, die gemeinsam über eine Kontrollposition verfügen

26 Vgl. *Sigle,* Küting/Weber, Konzernrechnungslegung § 310 Rz 63.
27 Vgl. ADS, 6. Aufl., § 310 Rz 18; *Budde/Suhrbier,* Beck'scher Komm, 3. Aufl., § 310 Rz 34; *Roß,* WPg 1995, 617 ff.
28 Vgl. ADS, 6. Aufl., § 310 Rz 30; *Roß,* WPg 1995, 619 ff.; a. A. *Budde/Suhrbier,* Beck'scher Komm, 3. Aufl., § 310 Rz 34.
29 Vgl. *Emmerich/Sonnenschein,* Konzernrecht, 5. Aufl., S. 72 f.; *Hoffmann-Becking/Rellermeyer,* FS Goerdeler, S. 204 ff.; Wirtschaftsprüferhandbuch 1996 I M Rz 70; zurecht aber ablehnend *Schnicke/Kilgert,* Beck'scher Bilanzkomm, 3. Aufl., § 290 Rz 25 und *Budde/Suhrbier,* ebd. § 310 Rz 5 f.
30 Siehe auch *Sigle,* Küting/Weber, Konzernrechnungslegung § 310 Rz 24; ADS § 310 Rz 21; a. A. insbesondere *Scherrer,* Hofbauer/Kupsch, Bonner Handbuch Rechnungslegung § 310 Rz 14.

können, sich aus dieser Balance sozusagen als Produkt der Vernunft eine Zusammenarbeit entwickelt.[31] Eine derartige Ausgangslage (z. B. drei Gesellschafter sind gleich beteiligt, wobei zwei aufgrund gewisser gemeinsamer Interessen sich von Fall zu Fall abstimmen) ist freilich recht instabil und genügt nicht dem für ein gemeinsames Führen erforderlichen Steuern der geschäftspolitischen Strukturentscheidungen.[32] Die Quotenkonsolidierung impliziert aufgrund ihres Naheverhältnisses zur Vollkonsolidierung, daß die gemeinsame Führung letzlich rechtlich abgesichert ist, wofür es regelmäßig einer Vereinbarung unter den Gesellschaftern bedarf, die gemeinsam die Voraussetzungen für eine Kontrollbeteiligung im Sinne des § 290 Abs. 2 erreichen oder gemeinsam zu einer einheitlichen Leitung in der Lage sind (etwa aufgrund einer gemeinsamen regelmäßigen Präsenzmehrheit) und sich dazu verpflichtet haben.[33] Dieses Erfordernis schließt eine Aufteilung und Festlegung von unterschiedlichen Aufgaben- oder Zuständigkeitsbereichen unter den Führungsgesellschaftern keineswegs aus, solange die wesentlichen Grundsätze für die Geschäftspolitik gemeinsam festzulegen sind. Auch dies eröffnet Gestaltungsvarianten, die vertraglich um eine zweckmäßige Regelung der Kündbarkeit einer derartigen Vereinbarung und – regelmäßig damit zusammenhängend – um die Lösung von Pattsituationen bemüht sind. Nicht wirklich geklärt ist dabei, ob eine außerhalb des Gesellschaftsstatutes auf vertraglicher Basis vorgesehene Neutralisierung einer an sich aufgrund der gesellschaftsrechtlichen Stellung (insbesondere Stimmrechtsmehrheit) gegebenen Kontrollbeteiligung zur Quotenkonsolidierung bzw. damit auch wahlweise zum Ausweis als assoziiertes Unternehmen führen kann oder ob grundsätzlich die Pflicht zur Vollkonsolidierung besteht, freilich mit der Wahlmöglichkeit, auf Grundlage des § 296 Abs. 1 Z. 1 (erhebliche und andauernde Beschränkung der Ausübung der Rechte) den Ausweis als vollkonsolidiertes Unternehmen zu vermeiden.[34] In jenen Fällen, in denen keine kurzfristige und ohne wesentliche finanzielle Nachteile oder Risken realisierbare Auflösungsmöglichkeit einer derartigen Vereinbarung besteht, sollte im Sinne einer möglichst objektiven, an wirtschaftlichen Gegebenheiten des Einheitsunternehmens orientierten Abgrenzung des Konsolidierungskreises die Anwendbarkeit von § 290 von vornherein ausgeschlossen sein. Es macht hier auch keinen Unterschied, ob die Begrenzung der Mehrheitsmöglichkeit über qualifizierte Stimmenerfordernisse unmittelbar im Gesellschaftsstatut erfolgt oder über Stimmbindungsvereinbarungen, die zwar ein-

---

31 In dem Sinn wohl *Biener/Berneke,* aaO (Fn. 13), 365, die diese Situation als Unterschied zur einheitlichen Leitung betrachten.

32 Vgl. auch ADS, 6. Aufl., § 310 Rz 23; *Baetge,* Konzernbilanzen, S. 349; weitergehend aber *Sigle,* Küting/Weber, Konzernrechnungslegung § 310 Rz 25 und *Scherrer,* Hofbauer/Kupsch § 310 Rz 15, wonach nicht notwendigerweise eine planmäßige Koordination erfolgen muß; in diesem Sinn wohl auch *Herrenberger,* in: Beck'sches Handbuch der Rechnungslegung C 500 Rz 6.

33 Siehe auch IAS 31: Joint control is the contractually agreed sharing of control over an economic activity; siehe dann auch IAS 31/19: „A jointly controlled entity is a joint venture which involves the establishment of a corporation, partnership or other entity in which each venturer has an interest. The entity operates in the same way as other enterprises, except that a contractual arrangement between the venturers establishes joint control of the economic activity of the entity."

34 So ADS, 6. Aufl., § 310 Rz 22; für eine unmittelbare Zuordnung zu § 310 hingegen *Herrenberger,* Beck'sches Handbuch C 500 Rz 9.

seitig kündbar sind, aber mit deren Kündigung erhebliche wirtschaftliche Risiken verbunden sind (z. B. Aufgriffsrecht des anderen Partners zu besonderen Konditionen etc.).

Dies spricht insgesamt dafür, den Tatbestand des § 310 eigenständig und gelöst von § 290 zu entwickeln. Immer dann, wenn das Kriterium der gemeinsamen Führung mit einem außenstehenden Dritten durch entsprechende vertragliche Regelungen vorgesehen ist, hat die Vollkonsolidierung zu unterbleiben. Umgekehrt kann aber trotz einer bestehenden formellen Parität oder auch eines formellen stimmenmäßigen Übergewichtes eines Partners eine Leitung i.S.d. § 290 Abs. 1 durch den Minderheitspartner bestehen, falls der Mehrheitspartner infolge kaufmännischer und technischer Unterlegenheit die Leitung durch den Minderheitsgesellschafter akzeptiert oder diese auch zusätzlich durch Nebenvereinbarungen, wie etwa Managementverträge, abgesichert ist.[35] Auch die häufig in joint venture-Verträgen intensiv geregelte Entflechtung von Pattsituationen zu Gunsten eines Partners muß nicht notwendigerweise vom Konzept der gemeinsamen Führung wegleiten. Derartige Regelungen sollen nur außergewöhnliche Situationen, bei denen trotz beiderseitigen Bemühens kein gemeinsames Vorgehen erreicht werden kann, auflösen. Hier kann sich die Frage stellen, ob ein in einer derartigen Situation bestehendes Übergewicht eines Partners den Grundcharakter der gemeinsamen Führung beseitigen kann. Dies kann bei solchen Beteiligungsgestaltungen von Einfluß sein, bei denen nach dem Versuch eines Einigungsverfahrens vorgesehen ist, daß es zur Beendigung kommt und die Beteiligung an den Partner abzugeben ist, der am meisten anbietet. Diese Gestaltung wird zur Folge haben, daß der wirtschaftlich unterlegene Partner in Konfliktfällen u. U. eher zum Nachgeben bereit sein wird. Aber auch diese Vertragslage führt, solange nicht das Übergewicht zu einer tatsächlich ausgeübten einheitlichen Leitung durch den stärkeren Partner ausschlägt, zu keiner abweichenden Qualifikation: denn solange die vertragliche Verpflichtung unter den Partnern auf eine gemeinsame Führung ausgerichtet ist und die tatsächlichen Verhältnisse diese Zielsetzung nicht eindeutig widerlegen, ist an ihr mit den entsprechenden Folgen für den Konzernabschluß festzuhalten. Dies kommt auch dann zum Tragen, wenn für bestimmte Konfliktsituationen (im Regelfall nach Durchführung eines Schlichtungsverfahrens) ein Stichentscheid zugunsten einer Partei vorgesehen ist. Derartige Instrumente zur Überbrückung von „deadlocks" bedeuten keineswegs, daß damit regelmäßig ein Übergewicht begründet wird, sondern sie dienen letztlich nur als letztes Mittel, um eine „verfahrene Situation" zu bereinigen.

Für die Qualifikation des Gemeinschaftsunternehmens ist demnach primär von einer Beurteilung der Vereinbarung unter den Gesellschaftern auszugehen, die entweder gemeinsam sich aufgrund ihrer additiv ergebenden Kontrollmöglichkeiten zusammengeschlossen haben oder aufgrund der tatsächlichen Verhältnisse zu einer gemeinsamen einheitlichen Leitung imstande sind und sich dazu vertraglich verpflichtet haben. Es kommt dabei zu einer Verbindung der jedenfalls zu wahrenden

---

35 Siehe *Gebhardt/Bergmann*, HdJ V/7 Rz 45, die zutreffend auf gesetzliche Beschränkungen der Beteiligungshöhe, die bei Auslandsengagements nicht selten eingreifen, hinweisen, bei denen aber dann der Minderheitspartner trotzdem dominiert.

rechtlichen Vorgabe, nämlich vertraglich zu vereinbarende gemeinsame Führung, mit dem stets prüfenden Blick auf das tatsächlich ausgeübte Verhalten. Dieses ist im Zweifel primär von der gemeinsamen Bindung her zu sehen, so daß sich selbst aufgrund der vertraglichen Vereinbarung oder von wirtschaftlichen Machtverhältnissen ergebenden möglichen Übergewichtssituationen zugunsten eines Partners kein Gebot zum Abgehen vom Grundkonzept erschließen läßt.

4. Schlußbemerkung

Vor etwa 24 Jahren hat *Kropff* in der Vorbemerkung zu seiner Kommentierung der aktienrechtlichen Rechnungslegungsvorschriften zum einen deren Eignung für die Beurteilung der Unternehmung relativiert, zum anderen aber hervorgehoben, daß die große Beachtung der aktienrechtlichen Rechnungslegung, z. B. in der Wirtschaftspresse, zeige, „daß sie trotz aller Schwächen die unentbehrlichen Grunddaten für die Beurteilung des Unternehmens liefert"[36]. Nach fast einem Vierteljahrhundert ist heute für das Großunternehmen der Konzernabschluß in diese Aufgabe getreten. Im jüngst vorgestellten Referentenentwurf zur Internationalisierung von Konzernabschlüssen wird zum einen unter Berufung auf die Erleichterung der Kapitalaufnahme im Ausland und zum anderen unter Hinweis auf die Unvollständigkeit der gesetzlichen Regelungen im Bereich der Rechnungslegung[37] die Öffnung gegenüber ausländischen und internationalen Normenwerken vorgeschlagen. Dabei handelt es sich zumeist um keine Normen im Sinne des in Deutschland oder Österreich zu findenden Verständnisses einer generell abstrakten Regelung, sondern um mehr oder minder abstrahierte, doch sehr von der konkreten Erfahrung geprägte Aussagen, die dann nach Art eines unvollständigen Puzzlespiels aus einigem Abstand doch ein Gesamtbild ergeben. Die dargestellten Fragen des Konsolidierungskreises passen in diese Form der Bewältigung der schwierigen und bewußt gestaltbaren Materie. Dies bedeutet aber keineswegs eine Absage an die dem Jubilar wohl am Herzen liegende rechtliche Analyse der vorhandenen Regeln, mögen auch die Wertungszusammenhänge schwieriger erkennbar und durch viele Verästelungen zunächst verdeckt sein.

---

36 In: Geßler/Hefermehl/Eckardt/Kropff, AktG, Vorb. Rz 14.
37 Siehe in der allg. Begründung: „Zahlreiche Lücken müssen vom Kaufmann und seinen Beratern durch Heranziehen der auf Generalklauseln und der Rechtsprechung, insbesondere des BFH, beruhenden GoB geschlossen werden ..." (abgedruckt in ZIP 1996, 2000).

Kapitalmarktorientierte Bilanzierungsregeln für den Geschäftswert
– HGB, IAS und US-GAAP –

DIETER ORDELHEIDE

1 Problemstellung

In den zurückliegenden dreißig Jahren hat sich das Bilanzrecht in Deutschland mehrfach gewandelt. Die 1965er Reform des Aktiengesetzes, die vom Jubilar konzipiert und so trefflich ausgearbeitet wurde,[1] bildet den End- und Höhepunkt eines vornehmlich von deutschen Traditionen geprägten Bilanzrechts. Der subtilere Risikoausgleich zwischen den Gläubigern und den Kleinaktionären und die Anpassung der Bilanzrechtstradition an Stukturänderungen der Wirtschaft durch Schaffung eines Konzernverfassungs- und -bilanzrechts sind die herausragenden Leistungen dieser Reform. Durch die EG-Bilanzrichtlinien wurde diese Konzeption in andere europäische Staaten exportiert. Zugleich wurden aber mit dem Bilanzrichtlinien-Gesetz von 1985 der Grundsatz des „true and fair view" und solche Methoden wie die erfolgswirksame Kapitalkonsolidierung, latente Steuern oder die Equity-Bewertung importiert. In den letzten Jahren ist, befruchtet durch die Globalisierung der Märkte und die rasante Entwicklung der Kommunikationstechnologie, eine noch weitergehende Ausrichtung der deutschen Rechnungslegung an den Informationsbedürfnissen der Kapitalmärkte zur großen Herausforderung geworden. Der Regierungsentwurf eines Kapitalaufnahmeerleichterungsgesetzes[2] gibt nur eine halbherzige Antwort, weil das Gesetz ggf. lediglich einigen großen Unternehmen helfen, nicht aber den deutschen Kapitalmarkt fördern wird. Es ist offensichtlich, daß das deutsche Bilanzrecht, zumindest das Konzernbilanzrecht, nicht auf Dauer von der internationalen Entwicklung abgekoppelt bleiben kann. Zumindest für börsennotierte Unternehmen muß ein neues Gleichgewicht zwischen dem Ziel, den Kapitalmarkt möglichst sachgerecht, zügig und vergleichbar zu informieren, und den deutschen Bilanzrechtstraditionen gefunden werden.

Der Geschäftswert bietet sich für einen Reformschritt besonders an, weil sein Anteil am Vermögen, wenn er zutreffend ausgewiesen wird, groß ist, und weil die Ausweis-, die Bilanzansatz- und die Bewertungsvorschriften unzureichend sind. Sie entsprechen nicht der Bedeutung der Position. Auch im viel gepriesenen Mekka einer kapitalmarktorientierten Bilanzierung, den USA, sind insbesondere die Ausweisvorschriften unzureichend.

Der Geschäftswert ist so wichtig geworden, weil die Zahl der Unternehmenskäufe stark zugenommen hat und dabei Preise gezahlt werden, die deutlich höher sind als das „erworbene" Reinvermögen (zu Tageswerten). In den siebziger und achtziger Jahren haben viele Konzerne ihre Geschäftsfelder diversifiziert und dazu Unternehmen in Bereichen erworben, in denen sie bis dahin nicht tätig waren. Die Strategie der *Daimler Benz AG* „Vom Automobilkonzern zum Technologiekonzern" bot dafür ein anschauliches Beispiel. In der zweiten Hälfte der achtziger Jahre wurden in Europa die Beteiligungsportfolios umgeschichtet, um sich auf den integrierten europäischen Markt vorzubereiten. In den neunziger Jahren hat sich diese Entwicklung ausgeweitet. Man stellt sich auf den globalen Wettbewerb ein. In den Bereichen der Kernkompetenzen werden weltweit Tochterunternehmen hinzu-

---

1 Vgl. *Kropff*, Aktiengesetz, Düsseldorf 1965.
2 Vgl. Entwurf eines Kapitalaufnahmeerleichterungsgesetzes vom 27. 11. 1996, BMJ 3507/17.

erworben. Zugleich werden Tochterunternehmen in jenen Marktsegmenten, die aufgegeben werden sollen, veräußert.

Zudem sind die gezahlten Kaufpreise erstaunlich hoch. So berichtet z. B. die *Hoechst AG* im Geschäftsbericht 1987, daß die Konzernbilanzsumme durch die Aufnahme der *Celanese*-Gruppe um rund 3 Mrd. DM und die Schulden um ca. 2,6 Mrd. DM gestiegen seien. Der Kaufpreis von 2,85 Mrd. DM überstieg das erworbene Reinvermögen in Höhe von 400 Mio. DM um 2,45 Mrd. DM. Der Geschäftswert betrug in diesem Fall somit das sechsfache des erworbenen Reinvermögens und ca. 85% der Kaufpreissumme. Beim Erwerb von vergleichbar erfolgreichen Dienstleistungsunternehmen dürfte der Goodwillanteil noch höher sein. Bei einigen Konzernen sind die erworbenen Geschäftswerte so erheblich, daß sie nicht, wie *Hoechst* es mit der *Celanese* praktiziert hat, auf einmal mit den Rücklagen des Konzerns saldiert werden können. Sie werden vielmehr im Konzernabschluß ausgewiesen und über einen langen Zeitraum verrechnet. Beispielsweise resultierten aus der Umstrukturierung der *Benckiser*-Gruppe von einem Chemie-Konzern zu einem international operierenden Markenartikel-Konzern Warenzeichen und Geschäftswerte, die seit 1990 ca. 50% der Bilanzsumme betragen, während das Eigenkapital nur ca. 16% ausmacht.

Aufgrund der hohen Investitionen in Geschäftswerte, aufgrund des großen Zukunftspotentials dieser Investitionen und aufgrund erheblicher Unterschiede in der Risikostruktur einzelner Teilbeträge der Geschäftswertposition ist es für die Finanzanalyse wichtig, hinter die Fassade dieser Position sehen zu können. Im krassen Widerspruch zu diesem großen Informationsbedürfnis stehen die dürftigen Berichtspflichten. Eine darüber hinaus gehende freiwillige Berichterstattung existiert ebenfalls praktisch nicht. Während das Reinvermögen eines erworbenen Unternehmens im Konzernabschluß auf eine große Zahl auch völlig unbedeutender Positionen aufgeschlüsselt wird, wird der Geschäftswert in allen Ländern nur als eine Ziffer ohne inhaltliche Konkretisierung angegeben. Dabei werden häufig Geschäftswertbeträge der verschiedensten Tochterunternehmen und damit unterschiedlicher Risikostrukturen zu einer Zahl zusammengefaßt. Die Analyse des Geschäftswertes ist auch deshalb schwierig, weil betriebswirtschaftlich umstritten ist, wie der Geschäftswert nach dem Erwerb zu bilanzieren ist. Soll er stehen bleiben, abgeschrieben werden – planmäßig oder nur außerplanmäßig – oder gar unmittelbar mit dem Eigenkapital saldiert werden – auf einmal oder ratierlich? Aufgrund solcher konzeptioneller Unsicherheiten werden in vielen Ländern den Unternehmen erhebliche Spielräume bei der Bewertung des Geschäftswertes eingeräumt. Probleme bereitet der Geschäftswert jedoch auch bei Abgang eines Unternehmens aus dem Konzern. Die Techniken der Übergangs- und der Entkonsolidierung sind schwer zu durchschauen und bieten erhebliche bilanzpolitische Gestaltungsmöglichkeiten.

Welche Konzeptionen und welche Einzelregelungen liegen der Bilanzierung des Geschäftswertes nach HGB, IAS und US-GAAP zugrunde? Wie kann der Informationsgehalt der Bilanzierung des Geschäftswertes verbessert werden? Wie müssen insbesondere die Regeln in Deutschland geändert werden, um die Rechnungslegung des Geschäftswertes für die Kapitalmarktteilnehmer informativer zu gestalten als bisher? Für diese Fragen sollen nachfolgend Antworten entwickelt werden.

2 Konzeptionelle Unterschiede der Bilanzierungsregeln für den Geschäftswert

2.1 Originärer und derivativer Geschäftswert aus Unternehmensverbindungen

Bei der Verbindung mehrerer zuvor selbständiger Unternehmen zu einer rechnungs-legenden Einheit entsteht rechnerisch in der Regel ein Geschäftswert. Ob ein sol-cher Geschäftswert bilanziert wird, hängt in den USA und nach den Regeln des IASC vom ökonomischen Gehalt der Unternehmensverbindung ab. Wenn durch die Unternehmensverbindung, ökonomisch betrachtet, die Interessen der Gesellschafter der beteiligten Unternehmen verbunden werden, ist die „pooling of interests method" anzuwenden. Alle anderen Fälle werden als Investition eines Unter-nehmens in ein anderes angesehen und dann wird nach der „purchase method" bilanziert.

Die „pooling of interests method" wird angewendet, wenn ein Unternehmen ein anderes Unternehmen übernimmt und die Anteilseigner des übernommenen Unternehmens dafür im wesentlichen mit Anteilen an dem übernehmenden Unter-nehmen entgolten werden. Die Transaktion wird so bilanziert als würden die Gesell-schafter der zusammengefaßten Unternehmen die Anteile an ihren Unternehmen direkt untereinander tauschen.[3] Da dann die Darstellung der Vermögens-, Finanz- und Ertragslage der beteiligten Unternehmen überhaupt nicht betroffen wäre, wer-den bei der „pooling of interests method" die Bilanzen der beteiligten Unternehmen unverändert zu Buchwerten im gemeinsamen Abschluß fortgeführt. Wenn nun der Wert der hingegebenen Anteile des übernehmenden Unternehmens zuzüglich etwaiger Barzahlungen größer ist als der Buchwert des Reinvermögens des über-nommenen Unternehmens, entsteht rechnerisch ein Unterschiedsbetrag, der auch einen Geschäftswert enthalten kann. Dieser Unterschiedsbetrag wird jedoch mit dem Eigenkapital verrechnet, so daß ein Geschäftswert bei der „pooling of interests method" überhaupt nicht bilanziert wird. Sein Ansatz käme der Aktivierung eines originären Geschäftswertes gleich, die untersagt ist. Alle anderen Fälle der Verbin-dung von Unternehmen werden als Investition eines in ein anderes Unternehmen angesehen. Ein dabei rechnerisch entstehender Geschäftswert gilt dann als mit dem Kaufpreis für das Unternehmen bezahlt, und er muß – wie jede andere Investition auch – aktiviert werden.

Bei Vorliegen bestimmter Voraussetzungen besteht in den USA (APB 16 para. 44) und nach den Regeln des IASC (IAS 22 para. 61) eine Pflicht zur Anwendung der „pooling of interests method". Da in den USA (APB 16 para. 90 i.V.m. APB 17 para. 27–31) und nach den Regeln des IASC (IAS 22 para. 42) bei der „purchase method" eine erfolgsneutrale Saldierung des Geschäftswertes mit den Rücklagen untersagt ist, und da das Management wohl in allen Ländern eine Regelung hoch schätzt, nach der ein Geschäftswert erfolgsneutral mit dem Eigenkapital verrechnet werden darf, sind die Bedingungen, unter denen die „pooling of interests method" angewendet werden kann, nach den US-GAAP sehr strikt gefaßt (APB 16 para. 45 ff. und AIN APB 16). IAS 22 para. 62 ff. läßt, verglichen damit, viel Spielraum.

---

3 Vgl. im einzelnen z. B. *Pfaff*, Kapitalkonsolidierung nach der Interessenzusammenführungs-methode, in: *Castan* et alii (Hrsg.): Beck-HdR, C 410.

So wird in den USA verhindert, daß eine Transaktion, bei der es sich ökonomisch nicht um einen Anteilstausch zwischen den Gesellschaftern, sondern um die Investition eines Unternehmens in ein anderes handelt, als „pooling of interests" verkleidet werden kann. Die Kriterien für die Anwendung der „pooling of interests method" ziehen somit die Grenze zwischen der Entstehung eines originären und der eines derivativen Geschäftswertes aus einer Unternehmensverbindung. Nur der derivative Geschäftswert darf und muß dann aber auch bilanziert werden, sowohl nach US-GAAP als auch nach IAS.

Dieser klaren Ordnungsidee der US-GAAP und der IAS steht in Deutschland ein System von Einzelregelungen gegenüber, dem keine durchgängige Konzeption zugrundeliegt. Der „pooling of interests method" entspricht in Deutschland die Methode der Interessenzusammenführung nach § 302 HGB. Diese Vorschrift deckt jedoch nur den Fall der Unternehmenszusammenführung durch Anteilserwerb ab, während für die Interessenzusammenführung mittels eines Asset Deal oder einer Verschmelzung die Methode der Interessenzusammenführung nicht angewendet werden darf. Hier wird bereits ein Unterschied deutlich. In den USA und nach den Regeln des IASC wird nicht nach der rechtlichen Form der Unternehmensverbindung differenziert, während in Deutschland die Regelungen an die rechtliche Form anknüpfen. Die „pooling of interests method" ist in den USA und nach den Regeln des IASC bei Vorliegen der Voraussetzungen sowohl für den „share deal" als auch für den „asset deal" und auch beim „legal merger" anzuwenden. Demgegenüber erfaßt § 302 HGB nur den Anteilserwerb.

Auf den Asset Deal ist in Deutschland, gleichgültig ob es sich um eine Zusammenführung der Gesellschafterinteressen oder um eine Investition handelt, immer § 255 Abs. 4 HGB anzuwenden, der eine Buchwertfortführung und eine erfolgsneutrale Verrechnung eines Geschäftswertes mit dem Eigenkapital ausschließt. Für den Fall der Interessenzusammenführung mittels eines Asset Deal gibt es somit in Deutschland keine der „pooling of interests method" vergleichbare Regelung.

Dies gilt ebenfalls für die Interessenzusammenführung auf dem Wege der Verschmelzung. Die Verschmelzung nach § 1 des UmwG umfaßt zwar sowohl den Fall der Interessenzusammenführung als auch den der Investition in ein Unternehmen durch Anteilstausch. Dementsprechend erlaubt § 24 UmwG sowohl die Buchwertfortführung als auch die Neubewertung der übernommenen Vermögensgegenstände und Schulden.[4] Die Regelung ist aber als Unternehmenswahlrecht ausgestaltet, so daß in Deutschland das Vermögen bei Interessenzusammenführung auch neubewertet und bei Investition in ein anderes Unternehmen auch zu Buchwerten fortgeführt werden darf. Damit können Lösungen gewählt werden, die mit dem ökonomischen Charakter der Unternehmensverbindung unvereinbar sind. Darüber hinaus darf der entstehende Geschäftswert bei der Buchwertfortführung nicht erfolgsneutral mit dem Eigenkapital verrechnet werden; nach herrschender Meinung ist § 255 Abs. 4 HGB anzuwenden[5], der nur die Abschreibung vorsieht. Die erfolgs-

---

4 Vgl. zur Zulässigkeit der nicht explizit genannten Neubewertung z. B. *Mujkanovic*, BB 1995, 1735; *Knop/Küting*, BB 1995, 1023, 1024; *Fischer*, DB 1995, 485.
5 Vgl. *IDW*, FN 1995, 359, 365.

neutrale Saldierung mit dem Eigenkapital hätte aber, so wie in § 302 HGB für den Anteilserwerb vorgesehen, auch für die Interessenzusammenführung durch Verschmelzung vorgeschrieben sein müssen, wenn man sie hätte sachgerecht rechnerisch abbilden wollen.

Sofern man in Deutschland die Möglichkeit, Unternehmenszusammenfassungen wie Vorgänge auf der Gesellschafterebene abzubilden, überhaupt zuläßt – so geschehen mit dem § 302 HGB –, sollte dafür – wie in den USA – nur entscheidend sein, daß die Anteilseigner des übernommenen Unternehmens auf Dauer Anteilseigner des zusammengefaßten Unternehmens werden. Ob das übernehmende Unternehmen dies alles als Share Deal, als Asset Deal oder als Verschmelzung abwickelt, ändert am ökonomischen Gehalt der Transaktion nichts. Andernfalls kann es beim Asset Deal und bei der Verschmelzung in Deutschland zum Ausweis eines Geschäftswertes kommen, der nach den US-GAAP berechtigterweise als originärer Geschäftswert eingestuft wird und dessen Ausweis folglich untersagt ist.

Bedenklich an der deutschen Regelung ist aber auch der § 302 HGB selbst. Er enthält ein Wahlrecht zur Anwendung der Methode der Interessenzusammenführung. Bei Anteilserwerb darf auch die Erwerbsmethode angewendet werden. Bedenklich ist das Wahlrecht deshalb, weil damit die Erwerbsmethode in Fällen angewendet werden darf, die ökonomisch einem direkten Tausch der Anteile der Gesellschafter untereinander viel ähnlicher sind als einer Investition. Darüber hinaus kann eine unterschiedliche Ausnutzung des Wahlrechts die Vergleichbarkeit der Abschlüsse verschiedener Unternehmen nicht unwesentlich beeinträchtigen. Zwar ist in Deutschland die Methode der Interessenzusammenführung gegenwärtig ohne praktische Bedeutung. Dies würde sich aber rasch ändern, wenn – wie später vorgeschlagen – die Möglichkeit einer erfolgsneutralen Verrechnung des Goodwill nach der Erwerbsmethode beseitigt würde.

2.2 Einheitliche versus rechtsgeschäftsabhängige Bewertung des Geschäftswertes

Bei der Bewertung eines bilanzierten Geschäftswertes wird der konzeptionelle Unterschied zwischen den US-GAAP und dem deutschen Bilanzrecht noch deutlicher.

Ein Geschäftswert wird in den USA nur ausgewiesen, wenn die Unternehmensverbindung sich als Investition darstellt. Er ist dann zu aktivieren und planmäßig und ggf. außerplanmäßig abzuschreiben, gleichgültig ob er aus einem Asset Deal, einem Share Deal oder einer Verschmelzung entstanden ist. Der Begriff der „business combination" umfaßt alle drei Formen (APB 16 para. 5). Zudem werden der Goodwill im Konzernabschluß und der im Einzelabschluß des die Beteiligung führenden Unternehmens gleich behandelt, ein Problem, das nur beim Anteilserwerb entsteht. Die Gleichbehandlung wird dadurch erreicht, daß in all den Fällen, in denen ein Unternehmen im Konzernabschluß vollkonsolidiert oder „at equity" bewertet wird – die Quotenkonsolidierung ist nach US-GAAP nicht vorgesehen –, die Beteiligung im Einzelabschluß nach der Equity-Methode zu bewerten ist (APB 18 para. 14, 16, 17).

In Deutschland fehlt dagegen eine durchgängige Konzeption für die Bewertung des Geschäftswertes. Die Bewertung richtet sich einerseits nach der Art des Rechtsgeschäftes, in das die Investition in das andere Unternehmen gekleidet wurde, und andererseits nach Einzel- oder Konzernabschluß.

§ 255 Abs. 4 HGB regelt die Bilanzierung eines Geschäftswertes, der bei der „Übernahme eines Unternehmens" entsteht; er ist sowohl im Einzel- als auch im Konzernabschluß entweder pauschal über fünf Jahre oder planmäßig über die Nutzungsdauer abzuschreiben. Was eine „Übernahme" ist, wird im Gesetz nicht konkretisiert. Da der Einzelerwerb aller Vermögensgegenstände und Schulden eines Unternehmens, der sog. Asset Deal, unter keine der anderen Regelungen subsumiert werden kann, ist auf ihn zweifellos § 255 Abs. 4 HGB anzuwenden. Für den Erwerb des Unternehmens eines Einzelkaufmanns gilt dies ebenfalls, da mit dem Erwerb das bisherige Unternehmen untergeht. Demgegenüber handelt es sich nicht um die „Übernahme eines Unternehmens", wenn eine Beteiligung an einer Kapitalgesellschaft erworben wird – auch nicht bei einer 100%igen Beteiligung.[6] Andernfalls wären die Regelungen für die Bewertung von Beteiligungen im Einzel- und Konzernabschluß und die Regelungen zur Kapitalkonsolidierung sowie zur Equity-Bewertung im Konzernabschluß überflüssig. Personenhandelsgesellschaften weisen die Besonderheit auf, daß das Vermögen nicht in dem Maße als Gesellschaftsvermögen der Verfügung der Gesellschafter entzogen ist wie bei der Kapitalgesellschaft. Deshalb war die Bilanzierung von Beteiligungen an Personenhandelsgesellschaften lange umstritten. Heute ist jedoch anerkannt, daß der Erwerb von Beteiligungen an Personenhandelsgesellschaften unabhängig von der Beteiligungsquote keine Unternehmensübernahme im Sinne des § 255 Abs. 4 HGB ist.[7]

Wird die Unternehmensverbindung als Beteiligungserwerb abgewickelt, so gelten andere Regelungen als beim Asset Deal, und zudem unterscheiden sich die Regelungen im Einzel- und im Konzernabschluß. Bei Erwerb einer Beteiligung an einer Kapital- oder einer Personenhandelsgesellschaft wird im Einzelabschluß kein Geschäftswert ausgewiesen, da die Beteiligung zu den vollen Anschaffungskosten angesetzt werden muß. Im Konzernabschluß ist der in den Anschaffungskosten der Beteiligung mitbezahlte Geschäftswert dagegen besonders zu bewerten, wenn die Beteiligung voll oder quotal konsolidiert oder nach der Equity-Methode bewertet wird.

Bei der Anschaffungskostenbewertung von Beteiligungen im Einzelabschluß wird die Investitionssumme nach völlig anderen Regeln auf die Perioden der Zugehörigkeit des Beteiligungsunternehmens zum Konzern verteilt als bei der Konsolidierung im Konzernabschluß. Der Wert sowie der Periodenerfolgsbeitrag ein und desselben Beteiligungsunternehmens werden im Einzelabschluß und im Konzernabschluß unterschiedlich ermittelt. Im Einzelabschluß sind Abschreibungen der Beteiligung und damit des in den Anschaffungskosten der Beteiligung ent-

---

6 Vgl. z. B. *ADS*, 6. Aufl. § 255 Tz. 261.
7 Vgl. z. B. *IDW:* HFA 1/1991 in: *IDW* (Hrsg.): Fachgutachten und Stellungnahmen, Stand September 1996, S. 217–219.

haltenen Geschäftswertes nur außerplanmäßig möglich oder geboten; im Konzernabschluß ist der Geschäftswert dagegen pauschal oder planmäßig abzuschreiben, oder er kann auch auf einmal oder ratierlich direkt mit den Rücklagen verrechnet werden (§ 309 HGB). Im Einzelabschluß kann oder muß bei Wegfall des Grundes der außerplanmäßigen Abschreibung wieder zugeschrieben werden, während für den Konzernabschluß eine Zuschreibung des Goodwill abgelehnt wird.

Für diese völlig unterschiedliche Bilanzierungsweise gibt es keinen überzeugenden Grund. Zwar hat der Einzelabschluß neben der Informations- auch eine Zahlungsbemessungsfunktion, während dem Konzernabschluß diese Funktion zumindest rechtlich nicht zukommt. Dieser Unterschied in den Zielsetzungen rechtfertigt jedoch keinen der Unterschiede in den Bilanzierungsmethoden. Wenn Beteiligungen, die im Konzernabschluß voll oder quotal konsolidiert oder nach der Equity-Methode bewertet werden, im Einzelabschluß grundsätzlich nach der Equity-Methode bewertet werden müßten, verliefe die Bilanzierung von Geschäftswerten in Einzel- und Konzernabschluß parallel. Das Gegenargument, daß bei der Equity-Methode die Gewinne bereits im Jahr des Entstehens beim Beteiligungsunternehmen auch beim Investor realisiert werden, sie aber wegen fehlenden Zuflusses nicht ausschüttbar seien, kann leicht durch das Gebot zur Einstellung solcher noch nicht vereinnahmter Beteiligungserträge in eine ausschüttungsgesperrte Rücklage entkräftet werden. Da in Deutschland einem zusätzlich zum Konzernabschluß veröffentlichten Einzelabschluß zu Recht Informationsgehalt beigemessen wird, erschwert die unterschiedliche Bilanzierung desselben ökonomischen Sachverhalts die Unternehmensanalyse. Beteiligungen, die im Konzernabschluß konsolidiert oder nach der Equity-Methode bewertet werden, sollten im Einzelabschluß nach der Equity-Methode bewertet werden müssen.[8] Die Beteiligungserträge sollten bis zu ihrer Vereinnahmung einer ausschüttungsgesperrten Rücklage zugeführt werden müssen.

Mit einer solchen Regelung könnte auch der unbegründete Unterschied zwischen der Bilanzierung des Goodwill im Einzelabschluß beim Asset Deal einerseits und beim Beteiligungserwerb andererseits beseitigt werden. Warum sollte die rechtliche Form einer Unternehmensübernahme und nicht der ökonomische Gehalt für die Bilanzierung des Goodwill bestimmend sein? Dies gilt entsprechend für den Konzernabschluß. Wird ein Unternehmen per Asset Deal übernommen, gelten auch für den Konzernabschluß die Regeln des § 255 Abs. 4 HGB. Wird die Übernahme dagegen als Beteiligungserwerb abgewickelt, dann gelten die Konsolidierungsregeln, die zusätzlich zu § 255 Abs. 4 HGB die Verrechnung des Goodwill mit den Rücklagen erlauben.

Völlig unsystematisch wird es, wenn zusätzlich noch die Verschmelzung betrachtet wird. Zum einen läßt § 24 UmwG die Wahl zwischen der Buchwertfortführung und der Bilanzierung der Vermögensgegenstände und Schulden des übernommenen Unternehmens zu Tageswerten auch für den Fall des Erwerbs bei Barzahlung zu – eine Lösung, die weder für den Asset Deal noch für die Konsolidierung von Beteiligungen zulässig ist. Dort sind Tageswerte anzusetzen. Zum anderen fehlt

---

8   So bereits *Busse von Colbe*, ZfbF 1972, 145.

im Umwandlungsgesetz eine Regelung zur Bewertung des Unterschiedsbetrages bzw. des Geschäftswertes in den Folgeperioden. Die Fachdiskussion ordnet die Verschmelzung als Unternehmensübernahme im Sinne des § 255 Abs. 4 HGB ein, so daß der Unterschiedsbetrag oder der Geschäftswert dann entweder pauschal oder planmäßig abgeschrieben werden muß.[9]

Es erscheint unmöglich, in diese Regelungsvielfalt des deutschen Bilanzrechts eine Ordnung zu denken, die aus den Zwecken des Konzernabschlusses und des Einzelabschlusses begründet werden kann, und zwar weder aus dem Zweck der Information des Kapitalmarktes noch der Zahlungsbemessung. Man mag sich ja über die Methoden streiten, wie ein Geschäftswert in den Perioden nach seiner Aktivierung bewertet werden soll. Einigkeit sollte jedoch darüber bestehen, daß für den Geschäftswert, unabhängig auf welchem juristischen Wege ein Unternehmen übernommen wird, die gleichen Bilanzierungsregeln gelten müssen. Ferner sollte für solche Beteiligungen, die in Deutschland im Konzernabschluß voll- oder quotalkonsolidiert oder nach der Equity-Methode bewertet werden, im Einzelabschluß die Equity-Methode mit einer entsprechenden Ausschüttungssperre vorgeschrieben werden. Für die Bilanzierung des Goodwill sollte in beiden Fällen die gleiche Regelung gelten.

Im Unterschied zum deutschen Bilanzrecht entsprechen die Bewertungsregeln nach den IAS den US-GAAP immerhin insoweit, als es nicht darauf ankommt, in welcher rechtlichen Form („asset deal", „share deal", „legal merger") die Investition in ein anderes Unternehmen abgewickelt wird. Ferner ist ein Geschäftswert, sofern er ausgewiesen wird, im Einzel- und Konzernabschluß nach derselben Regel planmäßig oder außerplanmäßig abzuschreiben. Es muß jedoch nicht in allen Fällen, in denen im Konzernabschluß ein Geschäftswert ausgewiesen wird, im Einzelabschluß die Equity-Methode angewendet werden. Konsolidierte Tochterunternehmen können im Einzelabschluß wahlweise auch nach anderen Methoden als der Equity-Methode bewertet werden, z. B. der Anschaffungskostenmethode, so daß im Einzelabschluß kein Geschäftswert bilanziert werden muß (IAS 27 para. 29). Für nicht konsolidierte Tochterunternehmen ist im Unterschied zu den US-GAAP weder im Konzern- noch im Einzelabschluß die Equity-Methode zulässig (IAS 27 para. 13 und 30 i.V.m. IAS 25 para. 23). Assoziierte Unternehmen sind im Konzernabschluß grundsätzlich nach der Equity-Methode zu bewerten (IAS 28 para. 8), während im Einzelabschluß auch andere Methoden zulässig sind (IAS 28 para. 12 b), so daß auch in diesem Fall die Koordination der Geschäftswertbilanzierung zwischen Konzern- und Einzelabschluß unzureichend ist.

3 Aktivierungspflicht oder -wahlrecht

Nach APB 16 para. 87 und IAS 22 para. 40 muß ein Geschäftswert auf jeden Fall aktiviert werden. Dagegen stellt § 255 Abs. 4 HGB es dem Bilanzierenden frei, den Geschäftswert zu aktivieren oder ihn sofort gänzlich als Aufwand zu verrechnen

---

9 Vgl. *IDW,* FN 1995, 359, 365.

und dann im Anlagenspiegel den Geschäftswert auch nicht als Zugang auszuweisen. Der Bilanzierende kann in Deutschland also erhebliche Beträge in Geschäftswerte investieren, die zudem in besonderem Maße zukünftiges Erfolgspotential repräsentieren, ohne Rechenschaft über diese Investitionen ablegen zu müssen. Falls nicht aktiviert wird, ist es dem Bilanzleser nicht einmal möglich, die Tatsache der Investition zu erkennen, geschweige denn deren Höhe. Dieses Wahlrecht ist sachlich nicht zu begründen. Es verstößt zudem gegen den Grundsatz der Erfolgsneutralität bei der Bilanzierung des Zugangs von Vermögenswerten.[10] Der Grundsatz der Erfolgsneutralität beruht auf der normalerweise realistischen Annahme, daß im Zeitpunkt der Investition deren Wert für den Bilanzierenden mindestens so hoch ist wie die Anschaffungskosten. Wäre der Wert geringer, so wäre der Gegenstand, von Sonderfällen wie dem Erwerb von Konzernunternehmen abgesehen, nicht erworben worden. Es wird sogar berechtigterweise gefordert, daß dieser Grundsatz selbst dann einzuhalten ist, wenn die Anschaffungkosten überhöht sind.[11] Zunächst ist, von Ausnahmefällen abgesehen, zu aktivieren, dann kann man ggf. den Zugang in voller Höhe abschreiben.

Es gibt keinen sachlichen Grund, den Grundsatz, der üblicherweise bei Investitionen in einzelne Gegenstände angewendet wird, auf den Erwerb von Vermögensgesamtheiten nicht anzuwenden. Der Gesetzgeber „verstößt" hier gegen das sonst akzeptierte Anschaffungskostenprinzip, das nicht nur beinhaltet, die Anschaffungskosten bei der späteren Bilanzierung nicht zu überschreiten, sondern auch bei Zugang die vollen Anschaffungskosten anzusetzen. Auch das Argument, der Geschäftswert sei kein Vermögensgegenstand, sondern eine Bilanzierungshilfe oder ein Posten eigener Art und seine Werthaltigkeit schwer nachprüfbar, trägt das Wahlrecht nicht. Unternehmer investieren im allgemeinen in dem Sinne ökonomisch vernünftig, daß vor großen Investitionen wie der Übernahme von Unternehmen sorgfältig geprüft wird, ob der erwartete Wert der Investition die Anschaffungskosten mindestens deckt. Die sofortige Ausbuchung des Geschäftswertes impliziert demgegenüber, daß in Höhe des Geschäftswertes eine Fehlinvestition vorgenommen wurde, und daß dies bereits zum Investitionszeitpunkt bekannt gewesen sei – eine bizarre Vorstellung. Bilanzierungsregeln, die notwendig typisierend sind, sollten am Normalfall orientiert sein, oder aber die Ausnahmeregel sollte auch nur für den Ausnahmefall und nicht allgemein erlaubt sein. Ein Aktivierungsgebot für den Geschäftswert stünde auch nicht mit dem traditionellen Ziel der deutschen Rechnungslegung, einen ausschüttbaren Gewinn zu ermitteln, in Konflikt, weil der Gewinn von der Alternative „Nichtaktivierung oder Aktivierung mit anschließender Vollabschreibung" überhaupt nicht berührt wird. Es handelt sich hier schlicht um eines jener zahlreichen Wahlrechte des deutschen Bilanzrechts, das dem Bilanzierenden gestattet, zu Lasten der Information der Kapitalmärkte das den tatsächlichen Verhältnissen entsprechende Bild der Vermögens-, Finanz- und Ertragslage der

---

10 Vgl. *BFH* vom 3. 12. 1970, BStBl. 1971, S. 323; *Döllerer*, 1976/77, S. 197; *Kropff* § 153 Anm. 3–5; zur aktuellen Diskussion *Ordelheide*, Beck-HdR, B 162, Tz. 10 ff.
11 Vgl. *ADS* 6. Aufl. § 255 Tz. 18 und die dort zitierte Literatur.

Unternehmung zu verfälschen. Mit der Abschaffung des Wahlrechtes könnte der Gesetzgeber die Rechenschaftslegung über Investitionen in den Goodwill wesentlich verbessern. Unternehmen könnten dem zuvorkommen, indem sie immer freiwillig aktivieren.

Zudem würde damit auch der Unterschied zur Bilanzierung des Geschäftswertes aus der Konsolidierung beseitigt, denn bei der Voll- und der Quotenkonsolidierung muß dieser gem. § 301 Abs. 5 HGB unter der Position Geschäfts- und Firmenwert ausgewiesen werden. Allerdings gibt es auch dazu wieder zwei wenig überzeugende Ausnahmen:

- Der Geschäftswert kann mit passivischen Unterschiedsbeträgen aus der Kapitalkonsolidierung verrechnet werden. Zwar sind die verrechneten Beträge im Anhang anzugeben (§ 301 Abs. 3 Satz 3 HGB). Diese Regelung ist jedoch weniger informativ als ein Bruttoausweis unter der Position Geschäftswert, da letzterer im Anlagespiegel fortgeschrieben werden muß, während bei Aufrechnung die Entwicklung des Geschäftswertes in den Folgeperioden nicht verfolgt werden kann.

- Ein zwingender Ausweis unter der Geschäftswertposition wäre auch für den Geschäftswert aus der Equity-Bewertung wünschenswert. Dort ist es jedoch möglich, ihn bei Anwendung der Buchwertmethode im Rahmen der Anschaffungskosten der Beteiligung auszuweisen. Die dann erforderliche Information über den Unterschiedsbetrag aus der Kapitalkonsolidierung ist wiederum weniger informativ als ein Ausweis unter der Geschäftswertposition. Auch bei der Kapitalanteilsmethode ist ein Ausweis und eine Fortführung des Geschäftswertes unter der Geschäftswertposition nicht zwingend.

Durch einen in allen Fällen zwingenden Ausweis des Geschäftswertes unter den Aktiven und ein Verbot der Saldierung mit passivischen Unterschiedsbeträgen könnte die Information über die Investition in Geschäftwerte wesentlich verbessert werden.

4 Ermittlung des Geschäftswertes

Nach APB 16 und IAS 22 ist der Geschäftswert als Überschuß der Anschaffungskosten des übernommenen Unternehmens über die „assets" und „liabilities", bewertet zu Tageswerten („fair values"), zu ermitteln. Dabei sind auch solche „assets" und „liabilities" anzusetzen, die zwar in der Einzelbilanz des übernommenen Unternehmens nicht angesetzt wurden (APB 16 para. 87; IAS 22 para. 29), die aber angesetzt werden müßten, wenn sie einzeln erworben worden wären. Diese Regelung deckt sich weitgehend mit der deutschen Regelung für den Geschäftswert aus einem Asset Deal und aus der Konsolidierung. In Deutschland ist ein Geschäftswert, der bei einem Asset Deal entsteht, nach § 255 Abs. 4 HGB als der Betrag zu ermitteln, „um den die für die Übernahme eines Unternehmens bewirkte Gegenleistung den Wert der einzelnen Vermögensgegenstände des Unternehmens abzüglich der Schulden im Zeitpunkt der Übernahme übersteigt." Die Gegenleistung ist gleich den Anschaffungkosten des übernommenen Unternehmens, umfaßt also zwingend die Anschaffungsnebenkosten. Ihnen sind alle Vermögensgegenstände und Schulden des Unternehmens gegenüberzustellen, auch die im Einzelabschluß des Beteiligungsunternehmens nicht bilanzierten. Dabei werden die Vermögenswerte und Schulden zu Tageswerten angesetzt. Der Geschäftswert bei Anteilserwerb ergibt sich gem. § 301 HGB im Rahmen der Kapitalkonsolidierung im Prinzip auf die gleiche Art und Weise.

Unbefriedigend ist die deutsche Regelung für den Fall der Verschmelzung. Bei Investition in ein Unternehmen kann dort neben dieser Regelung auch die Buchwertfortführung gewählt werden (§ 24 UmwG). Der dann gem. § 255 Abs. 4 HGB abzuschreibende Geschäftswert enthält zusätzlich jene Buchwert-/Tageswertdifferenzen, die sonst nicht im Geschäftswert ausgewiesen, sondern den einzelnen Vermögensgegenständen und Schulden zugeordnet werden. Für den Fall der Investition in ein anderes Unternehmen sollte daher die Buchwertfortführung untersagt werden.

Bei Detailregelungen bestehen weitere Unterschiede zwischen den Vorschriften in Deutschland und den US-GAAP sowie den IAS.

• Wenn die bei der Erstkonsolidierung zugerechneten stillen Reserven steuerlich nicht abzugsfähig sind, wird argumentiert, daß sie nicht in voller Höhe, sondern gekürzt um den Steueranteil, den Vermögensgegenständen zugerechnet werden. Dies führt zu einer entsprechenden Erhöhung des Konsolidierungsgoodwill, mit dem für das Management reizvollen Effekt, daß diese Beträge durch Saldierung des Goodwill mit den Rücklagen der Aufwandsverrechnung entzogen werden können. Obwohl die deutsche Regelung für latente Steuern (§§ 274, 306 HGB) eine solche Methode nicht trägt, wird sie für zulässig erachtet.[12] Dies ist besonders problematisch, weil der Goodwill in Deutschland erfolgsneutral verrechnet werden kann. Nach den US-GAAP war diese „net of tax"-Bilanzierung zunächst ebenfalls zulässig (APB 16 para. 89), ist aber jetzt untersagt (FAS 109 para. 127 ff). Nach IAS 22 para. 38 ff. sind ebenfalls die vollen Tageswerte anzusetzen.

• Nach deutschem Recht besteht für bestimmte Vermögenswerte und -lasten im Einzelabschluß ein Bilanzierungswahlrecht, insbesondere für die sog. Bilanzierungshilfen und die Aufwandsrückstellungen nach § 249 Abs. 2 HGB. Dies gilt gem. § 298 Abs. 1 HGB und § 300 Abs. 2 HGB wohl auch für die Erstkonsolidierung.[13] Durch geeignete Ausnutzung des Wahlrechts kann der Goodwill verändert werden – eine Möglichkeit, die aufgrund des Fehlens solcher Bilanzierungswahlrechte nach US-GAAP und IAS nicht besteht.

Der Geschäftswert kann zusätzlich dadurch erhöht werden, daß im Rahmen der Erstkonsolidierung sog. Restrukturierungsrückstellungen großzügig dotiert werden. Wenn ein Unternehmen in der Absicht erworben wird, es zu restrukturieren, und daraus zukünftige finanzielle Risiken resultieren, müssen bei der Berechnung des Geschäftswertes Restrukturierungsrückstellungen angesetzt werden. Dadurch verkleinert sich das Reinvermögen, und bei gegebenem Kaufpreis erhöht sich der

---

12 Vgl. *Busse von Colbe/Ordelheide*: Konzernabschlüsse, 6. Aufl., S. 268 ff. und die dort zitierte Literatur.
13 Vgl. z. B. *Weber/Zündorf*, in *Küting/Weber* (Hrsg.): HdKR, § 301 Tz. 85.

Geschäftswert im Betrag der Restrukturierungsrückstellungen. Die Bildung solcher Rückstellungen im Rahmen der Erstkonsolidierung wird weder in Deutschland noch nach US-GAAP und IAS besonders kontrolliert. Es gelten in allen drei Fällen die allgemeinen Regeln zur Bildung von Rückstellungen. Für Zwecke der Kapitalmarktinformation erscheint dies unzureichend, da es in der Regel einen deutlich größeren Anreiz als sonst gibt, solche Rückstellungen besonders großzügig zu dotieren. Der Anreiz resultiert daraus, daß die Rückstellungen im Rahmen der Erstkonsolidierung erfolgsneutral gebildet werden, daß sie aber, wenn sie sich später als zu hoch erweisen, in der Regel erfolgserhöhend aufgelöst werden. Der Anreiz wird dann besonders groß, wenn wie in Deutschland die aus der Rückstellungsbildung resultierende Goodwillerhöhung erfolgsneutral mit den Rücklagen des Konzerns verrechnet werden kann. Aber auch nach US-GAAP und IAS besteht ein erheblicher Anreiz, da die Goodwillerhöhung in der Regel über einen längeren Zeitraum abgeschrieben wird, als die Rückstellung aufgelöst wird. Der Anreiz zu einer übermäßigen Dotierung sollte dadurch beseitigt werden, daß Restrukturierungsrückstellungen, die im Rahmen der Erstkonsolidierung gebildet wurden, mit dem Restbuchwert des Goodwill saldiert werden müssen, wenn sie nicht innerhalb von drei Jahren in Anspruch genommen wurden. Wurde der Goodwill zuvor bereits mit den Rücklagen saldiert, sollte die nicht in Anspruch genommene Rückstellung unmittelbar in die Rücklagen des Konzerns umgebucht werden müssen.

5 Bewertungsmethoden für den Geschäftswert

Nach APB 16 und IAS 22 sind Geschäftswerte unabhängig von ihrer Entstehungsursache und gleichgültig, ob sie im Einzel- oder im Konzernabschluß ausgewiesen werden, planmäßig oder ggf. außerplanmäßig abzuschreiben.

Nach den APB 16 para. 90 i.V.m. APB 17 para. 27 bis 31 wird der „goodwill" als „immaterial asset" behandelt, der sich im Zeitablauf abnutzt. Eine Sofortabschreibung in der Periode der Investition ist grundsätzlich unzulässig. Der Geschäftswert soll in der Regel linear über die Nutzungsdauer abgeschrieben werden. Bei Anwendung anderer Abschreibungsmethoden muß die Unternehmung dies sachlich rechtfertigen. In APB 17 para. 27 wird die Nutzungsdauerschätzung durch Indikatoren, die dabei zugrunde gelegt werden sollen, objektiviert. Für jeden Geschäftswert ist eine eigene Nutzungsdauerschätzung vorzunehmen. Die Nutzungsdauer darf 40 Jahre nicht überschreiten. Dieser Zeitraum wird durch branchenabhängige Abschreibungsobergrenzen – festgelegt durch die SEC – weiter eingeschränkt (High-Tech: 5–10 Jahre; Software: 5 Jahre; Finanzinstitute 25 Jahre).[14] Die Nutzungsdauerschätzung muß in späteren Perioden immer wieder überprüft werden. Bei außerplanmäßigen Wertminderungen sind entsprechende Wertherabsetzungen ergebnismindernd vorzunehmen. Ein oder mehrere Verlustjahre sind allein noch kein ausreichender Grund für eine außerplanmäßige Abschreibung. Spätere Wertaufholungen sind unzulässig.

---

14 Vgl. *KPMG*, Rechnungslegung nach US-amerikanischen Grundsätzen, 1997, S. 130.

Die Abschreibungsregeln für den Goodwill nach IAS unterscheiden sich von diesen amerikanischen Regeln nur in einem wesentlichen Punkt. In IAS 22 para. 42 wird die Nutzungsdauer für den Normalfall auf fünf Jahre begrenzt, es sei denn, eine längere Nutzungsdauer, die aber 20 Jahre nicht überschreiten darf, könne gerechtfertigt werden.

Demgegenüber sind die deutschen Regelungen, wie oben bereits ausgeführt, uneinheitlich. Beim Asset Deal und bei der Verschmelzung ist der Geschäftswert, sofern er überhaupt aktiviert wird, in den Perioden nach dem Zugang pauschal über vier Jahre oder planmäßig über die Nutzungsdauer abzuschreiben. Da es zulässig ist, den Geschäftswert überhaupt nicht zu aktivieren, wird auch eine Sofortabschreibung nach vorheriger Aktivierung für zulässig gehalten. § 255 Abs. 4 HGB läßt offen, ob der Geschäftswert außerplanmäßig abgeschrieben werden darf und ob bei Wegfall des Grundes der außerplanmäßigen Abschreibung zugeschrieben werden muß. § 253 Abs. 1 HGB gestattet oder gebietet außerplanmäßige Abschreibungen nur für Vermögensgegenstände. Da mit Recht bezweifelt wird, daß der Geschäftswert ein Vermögensgegenstand ist, besteht hier eine Gesetzeslücke. Sie wurde durch die Fachdiskussion so gefüllt, daß bei voraussichtlich dauernden Wertminderungen eine Abschreibung vorgenommen werden muß. Eine Zuschreibung wird jedoch überwiegend als unzulässig angesehen. Ferner ist eine bestimmte Abschreibungsmethode nicht vorgeschrieben.

Für den Konsolidierungsgoodwill besteht demgegenüber grundsätzlich eine Aktivierungspflicht (§ 301 Abs. 3 Satz 1 HGB). Es gelten die gleichen Abschreibungsregeln wie für den Geschäftswert aus einem Asset Deal. Zusätzlich ist es jedoch auch möglich, den Goodwill unmittelbar im Jahr der erstmaligen Konsolidierung oder Equity-Bewertung offen mit den Rücklagen zu verrechnen (§ 309 HGB). Sogar eine ratierliche Verrechnung ist zulässig.

Diese Möglichkeit der erfolgsneutralen Verrechnung ist systemfremd und sollte gestrichen werden. Zusätzlich sollte für den Goodwill wie nach US-GAAP und IAS die Sofortabschreibung in der Periode der Investition untersagt werden, es sei denn, zwischen Erwerbszeitpunkt und Bilanzstichtag wären Ereignisse eingetreten, die nicht voraussehbar waren, und die einen völligen Wertverlust des Goodwill wahrscheinlich machen.

Gegen die planmäßige Abschreibung wird gegenwärtig eingewendet, daß der derivative Geschäftswert kein abnutzbarer Vermögenswert sei und deshalb nicht planmäßig abgeschrieben werden dürfe. Die Argumente dazu finden sich z. B. im Geschäftsbericht 1991 der *Benckiser* Gruppe (S. 33): „Fragt man nach dem Charakter der immateriellen Vermögenswerte im Markenartikel-Unternehmen, so bedeutet es ... für Benckiser als Erwerber die entgeltliche Übernahme gesicherter Marktpositionen. Die handelsrechtlich vorzunehmenden Abschreibungen der Anschaffungskosten führen, bei gleichzeitiger Durchführung von Marketingmaßnahmen in einem Umfang, die den inneren Wert nicht sinken lassen, zu einer doppelten Aufwandsverrechnung in der Gewinn- und Verlustrechnung: Abschreibungen auf immaterielles Vermögen und auf Werbeaufwendungen. Dies ist auch der Grund dafür, daß einige deutsche Unternehmen dazu übergehen, die jährlichen Abschreibungen auf den Geschäftswert erfolgsneutral zu verrechnen. ... Wir verrechnen die Abschreibungen auf den Geschäftswert und auf Warenzeichen erfolgsmindernd ... Obwohl handelsrechtlich geboten, halten wir wirtschaftlich den Ansatz eines planmäßigen Wertverzehrs für irreführend."

Folgte man dem und lehnte man zudem die erfolgsneutrale Verrechnung ab, dann bliebe nur die periodische Überprüfung des Geschäftswertes und ggf. die außerplanmäßige Wertherabsetzung. Dazu müßten ein Kaufpreis und ein Reinvermögen, bezogen auf den späteren Bilanzstichtag, erneut ermittelt werden. Dies ist jedoch – wenn überhaupt – nur noch dann möglich, wenn sich das erworbene Unternehmen nicht mit dem erwerbenden Unternehmen ganz oder teilweise vermischt hat und scheidet somit für den Fall des Asset Deal und der Verschmelzung in der Regel aus. Doch selbst wenn es noch isolierbar sein sollte, ist eine erneute Berechnung des Geschäftswertes in hohem Maße spekulativ, besonders die Ermittlung des Kaufpreises. Im Unterschied zur Situation beim Erwerb existiert zu einem späteren Zeitpunkt kein tatsächlicher Kaufpreis für das Unternehmen. Sofern es börsennotiert ist, kann die Zahl der erworbenen Anteile multipliziert mit dem Kurs je Anteil einen gewissen Anhaltspunkt liefern. Dieser Börsenwert dürfte allerdings regelmäßig unterhalb des fiktiven Kaufpreises liegen, da der Kurs keinen Paketzuschlag enthält. Bei nicht börsennotierten Unternehmen könnte man den Barwert der zukünftigen Gewinne oder Zahlungsüberschüsse des Unternehmens als Indikator des Kaufpreises zugrunde legen. Ein solcher Wert wäre jedoch weitgehend von Schätzungen abhängig. Da meist das Management jene Informationen kontrolliert, die man für solche Schätzungen benötigt, wäre der Ertragswert als Kaufpreisindikator zudem in erheblichem Umfang durch das Management gestaltbar. Besonders in der Anfangsphase einer Geschäftswertsenkung dürfte ein Wirtschaftsprüfer daher Schwierigkeiten haben, eine solche Senkung nachzuweisen. Wenn hingegen das Unternehmen längere Zeit unprofitabel war, wenn gute Mitarbeiter abgewandert sind, wenn Konkurrenzprodukte erfolgreich am Markt eingeführt wurden und das Unternehmen nicht entsprechend reagiert hat, dann ist häufig trotz aller Berechnungsprobleme offensichtlich, daß der Geschäftswert abgeschrieben werden muß. Allerdings bleibt die Höhe der Abschreibung schwer bestimmbar.

Gegen die Methode einer ausschließlich außerplanmäßigen Abschreibung des Geschäftswertes sprechen Anreiz- und Signalling-Argumente. Wenn ein Unternehmen ökonomisch in Schwierigkeiten gerät, das Management dies wahrnimmt und entsprechend reagiert, dann wird, ja dann sollte das Management davon überzeugt sein, daß seine Gegenmaßnahmen greifen werden. Wenn in einer solchen Situation der fiktive Kaufpreis als Ertragswert ermittelt wird, ermittelt das Management vermutlich in voller Überzeugung einen Ertragswert, der die positiven Auswirkungen der Maßnahmen antizipiert, das mögliche Scheitern aber nicht angemessen berücksichtigt. Das Unterlassen der Abschreibung des Geschäftswertes wird so zum Indikator für die Überzeugung des Managements, die Krise meistern zu können. Es wäre viel verlangt, in einer solchen Situation dem Manager Vorsicht durch außerplanmäßige Abschreibung des Geschäftswertes abzufordern. Wenn dann die Maßnahmen in der nächsten Periode noch nicht gegriffen haben sollten und die Situation des Unternehmens sich möglicherweise weiter verschlechtert hat, wird das Bilanzierungsproblem noch größer. Einerseits kommt die nachzuholende Abschreibung für das vergangene Jahr zur Abschreibung des laufenden Jahres hinzu, andererseits kann das Unternehmen die Abschreibung noch weniger verkraften als im Jahr zuvor. Mit der Zeit können sich die unterlassenen Abschreibungen so hoch auftürmen, daß bei ihrer Durchführung das Management um seinen Arbeitsplatz oder gar um das Unternehmen fürchten muß. In diesem Fall ist, sofern überhaupt noch ein Fünkchen Hoffnung für die wirtschaftliche Erholung des Unternehmens besteht, das Unterlassen der Abschreibung für das Management in besonderem Maße subjektiv rational. Es besteht also bei dieser Methode das Risiko, daß der Geschäftswert zu spät abgeschrieben wird.

Der Wirtschaftsprüfer steht vor einem ähnlichen Problem. Wenn er bei schwieriger Lage die außerplanmäßige Abschreibung verlangt, besteht die Gefahr, daß der Kapitalmarkt dieses als drohendes Alarmsignal auffaßt und der Zusammenbruch aufgrund der dann wahrscheinlicheren Kündigungen langfristiger Geschäftsbeziehungen sozusagen „herbeibilanziert" wird.

Aus diesen Gründen erscheint eine planmäßige Abschreibung selbst dann geboten, wenn man den derivativen Geschäftswert nicht für einen abnutzbaren Vermögenswert hält. Der mögliche Fehler in den Perioden der Nichtabnutzung wird hier geringfügiger erachtet als das Risiko, das aus einer sonst mit hoher Wahrscheinlichkeit zu spät vorgenommenen außerplanmäßigen Abschreibung resultieren könnte.

6 Negativer Geschäftswert

Ein negativer Geschäftswert kann beim Asset Deal, bei der Konsolidierung einer erworbenen Beteiligung und auch bei der Verschmelzung entstehen. Beim Asset Deal und beim Share Deal entsteht er dann, wenn die Investitionssumme für das Unternehmen kleiner ist als dessen erworbenes Reinvermögen. Bei der Verschmelzung muß dazu die Eigenkapitalzunahme aufgrund der Kapitalerhöhung kleiner als das übernommene Reinvermögen sein, so daß ein negativer Geschäftswert in Höhe der Differenz passiviert werden muß, um die Bilanz auszugleichen.

Das Reinvermögen wird dabei entweder zu Buchwerten oder zu Tageswerten angesetzt. Bei Ansatz zu Tageswerten ergibt sich ein negativer Geschäftswert, falls die Summe der Tageswert-/Buchwertdifferenzen aller übernommenen Vermögensgegenstände und Schulden größer ist als die Differenz zwischen Anschaffungskosten des Unternehmens und Buchwert des Reinvermögens.

So wie der bei der Investition in ein Unternehmen erworbene Geschäftswert während der Zugehörigkeit des erworbenen Unternehmens zu Aufwand werden sollte, muß ein negativer Geschäftswert irgendwann als Ertrag verrechnet werden. Andernfalls wird weniger oder mehr als die Investitionssumme in der Erfolgsrechnung des Konzerns berücksichtigt, was ökonomisch unsinnig ist. Jede Investition, auch die in einen Geschäftswert, muß in den Perioden ihrer Nutzung insgesamt genau mit den Anschaffungskosten aufwandswirksam werden. Sonst verliert das Rechnungswesen den pagatorischen Boden unter seinen Füßen.

Dies ist sowohl nach den US-GAAP als auch in Deutschland sichergestellt, aber auf unterschiedliche Art und Weise. Nach den US-GAAP wird ein negativer Goodwill als Überschuß des Reinvermögens zu Buchwerten über die Anschaffungskosten des Unternehmens ermittelt. In den USA wird das Anschaffungskostenprinzip so interpretiert, daß auch die erworbene Vermögensgesamtheit nur zu Anschaffungskosten bewertet werden darf. Deshalb muß ein negativer Goodwill proportional zu den Buchwerten des Anlagevermögens von diesen abgesetzt werden (APB 16 para. 91). Ausgenommen sind nur börsennotierte Wertpapiere. Wenn der negative Goodwill die Buchwerte übersteigt, soll der Überschuß passiviert und in den Folgeperioden systematisch als Ertrag vereinnahmt werden, maximal über 40 Jahre.

Im Unterschied zu dieser Regelung wird der negative Goodwill nach IAS 22 para. 49 bis 51 als Überschuß des Reinvermögens zu Tageswerten („fair values") über die Anschaffungskosten bestimmt. Im Unterschied zu den US-GAAP enthält der negative Goodwill damit auch die Buchwert-/Tageswertdifferenzen. Nach der vom IAS empfohlenen Lösung („benchmark treatment") soll er proportional zu den Tageswerten des Vermögens von diesen abgesetzt werden. Anders als nach den US-GAAP sollen dabei die Tageswerte der Realgüter („non monetary assets") gekürzt werden, was auch die Vorräte einschließt, die nach US-GAAP unberührt bleiben. Ein danach noch verbleibender Betrag soll passiviert und nach den Regeln für die Bewertung des Goodwill in den Folgeperioden vereinnahmt werden. Anstelle dieser Methode ist es aber auch zulässig (IAS 22 para. 51), den vollen negativen Goodwill zu passivieren und in den Folgeperioden entsprechend ergebniserhöhend zu vereinnahmen.

Im deutschen Bilanzrecht existiert eine explizite Regelung überhaupt nur für den Anteilserwerb. Ein negativer Unterschiedsbetrag wird danach auf der Basis der Buchwerte des Reinvermögens ermittelt und in voller Höhe gesondert passiviert. Er ist ertragserhöhend aufzulösen, wenn in den Folgeperioden die Verluste, die in den niedrigeren Anschaffungskosten antizipiert wurden, eintreten, oder wenn ihr Eintritt nicht mehr befürchtet werden muß (§ 309 HGB).[15] Diese Regelung widerspricht zwar den Grundlagen der Anschaffungskostenbewertung, erlaubt aber eine verur-sachungsgemäße Ertragsrealisation. Demgegenüber ist die Regelung nach US-GAAP objektiverter, da die Ertragsrealisation praktisch automatisch über die Aufwandsverrechnung der reduzierten Buchwerte erfolgt.

Für den Asset Deal und die Verschmelzung gibt es im deutschen Bilanzrecht keine Regelung für die Bilanzierung eines negativen Geschäftswertes. Diese Lücke sollte durch eine dem Anteilserwerb nachgebildete Regelung geschlossen werden. Andernfalls entsteht faktisch ein Unternehmenswahlrecht, dessen unterschiedliche und möglicherweise mißbräuchliche Ausnutzung den Informationsgehalt des Abschlusses beeinträchtigt.

7 Geschäftswert bei Veräußerung des Unternehmens

Bei Veräußerung eines Unternehmens, das zum Konzern gehörte, gehen mit dem Unternehmen alle Vermögenswerte und Schulden einschließlich eines noch nicht

---

15 Vgl. im einzelnen *Busse von Colbe/Ordelheide*: Konzernabschlüsse, 6. Aufl., 221 ff.

ergebniswirksam verrechneten Geschäftswertes ab. Das abgehende Reinvermögen muß den Aufwand bilden, der dem Veräußerungserlös gegenübergestellt wird.

Wenn das Unternehmen im Einzelabschluß nach der Equity-Methode bewertet und der Geschäftswert dabei ergebniswirksam abgeschrieben wird, ist auch für den Konzernabschluß ohne zusätzliche Maßnahmen einer Entkonsolidierung sichergestellt, daß in der Periode des Unternehmensabgangs der Restbuchwert und, über alle Perioden gesehen, seine Anschaffungskosten ergebniswirksam verrechnet wurden. Dies ist nach US-GAAP und auch nach den IAS gewährleistet. Ein Restbuchwert des Goodwill muß im Zeitpunkt des Abgangs erfolgswirksam verrechnet werden.

Nach deutschem Bilanzrecht ist dies dagegen nicht erforderlich, so zumindest die überwiegende Meinung in der Bilanzierungspraxis. Wurde der Geschäftswert im Konzernabschluß erfolgsneutral mit den Rücklagen verrechnet, dann wird es nicht für erforderlich gehalten, diese Verrechnung bei späterem Abgang des Unternehmens nachzuholen. Wie soll die deutsche Rechnungslegung international glaubwürdig werden, wenn so etwas für zulässig erachtet und praktiziert wird? Dem Gesetzgeber ist hier – durch Unterlassen einer Regulierung und unterstützt durch eine hilfreiche Rechtsauslegung[16] – eine ganz besondere Form einer „Bilanzierungshilfe" gelungen, ermöglicht die Regelung doch Gewinne auszuweisen, die niemals erzielt wurden und die, wegen des Abgangs des Unternehmens, auch in Zukunft nicht mehr erzielt werden können.[17] Bei der Größenordnung, die der Goodwill ausmacht, wird es so möglich, den Gewinn aus einer Investition zu vervielfachen, ohne daß es dafür eine ökonomische Basis gäbe. Die Schließung dieser Lücke durch Verbot der erfolgsneutralen Verrechnung des Geschäftswertes mit den Rücklagen oder zumindest durch das Gebot einer fachgerechten Entkonsolidierung ist längst überfällig.

8 Berichterstattung über den Geschäftswert

Die Berichterstattung über den Geschäftswert ist nicht nur in Deutschland, sondern auch nach US-GAAP und den IAS völlig unzureichend. In Deutschland ist immer-

---

16 Vgl. *Weber/Zündorf*: in *Küting/Weber* (Hrsg.): in HdKR, § 301 Tz. 269; auch der AK-Externe Unternehmensrechnung der Schmalenbachgesellschaft: Aufstellung von Konzernabschlüssen, 2. Aufl., ZfbF Sonderheft 2/1987, S. 82, hält die nachträgliche Aufwandsverrechnung des Goodwill lediglich für „sinnvoll", nicht aber für geboten. Das Wahlrecht befürwortet ferner *Dusemond*, DB 1997, 53.

17 So geschehen im Konzernabschluß 1995 von *Daimler* bei der Behandlung der Geschäftswerte aus dem Erwerb der *Fokker*-Anteile und der *AEG/DBI*. Allerdings sind dort die Beträge offengelegt: „Im Interesse der Vergleichbarkeit mit den Vorjahreszahlen ist die beim Erwerb der *Fokker*-Anteile 1993 erfolgte Verrechnung des Geschäftswertes von 841 Mio. DM mit den Konzernrücklagen auch bei Ausscheiden von *Fokker* aus dem Konsolidierungskreis unverändert beibehalten worden. In gleicher Weise sind im Unternehmensbereich *AEG/DBI* in 1989 vorgenommene Verrechnungen von Geschäftswerten in Höhe von 202 Mio. DM bei Entkonsolidierung der entsprechenden Geschäftsanteile behandelt worden. Das Konzernergebnis wurde damit in beiden Fällen nicht berührt."

hin auch für den Konzernabschluß ein Anlagespiegel vorgeschrieben, in dem ein
aktivierter Geschäftswert fortgeschrieben werden muß. Nach den US-GAAP und
den IAS ist ein solcher Anlagespiegel nicht erforderlich.

Jedoch ist auch die deutsche Regelung unzureichend, da es nicht in jedem Fall
zur Aktivierung eines Geschäftswertes kommt. Es wäre schon einiges gewonnen,
wenn jeder Geschäftswert, auch jener, der sofort mit den Rücklagen saldiert oder
voll abgeschrieben wird, zunächst unter den Zugängen im Anlagespiegel gezeigt
werden müßte. Die Saldierung sollte dann, sofern sie überhaupt noch zulässig ist,
weder unter „Abschreibungen" noch unter „Abgängen", sondern in einer Sonderspalte ausgewiesen werden. In den Folgeperioden sollte der vollabgeschriebene
Betrag aus den Bruttoanschaffungswerten und den kumulierten Abschreibungen
entfernt werden. Dieser Geschäftswert ist endgültig verrechnet. Der mit den Rücklagen saldierte Gewinn dagegen sollte noch nicht ausgebucht werden. In einem
ordentlichen Rechnungswesen muß er in einer späteren Periode, spätestens aber bei
Abgang des erworbenen Unternehmens, ergebniswirksam werden. Er sollte bis zu
dieser Korrektur des ursprünglichen Mißgriffs einer erfolgsneutralen Verrechnung
in der Sonderspalte als „Erinnerungsposten" besonderer Art verbleiben.

Darüber hinaus sollte die Geschäftswertposition nach Risikoklassen der erworbenen Unternehmen aufgeschlüsselt werden. Ausgaben für Geschäftswerte
gehören nach Umfang und Bedeutung für die zukünftigen Erfolge zu den wichtigsten Investitionen. Es ist für die Teilnehmer des Kapitalmarktes, aber auch für das
Unternehmen selbst besonders nützlich, sich durch eine differenzierte Rechnungslegung für Geschäftswerte über die Entwicklung dieser Investitionen zu orientieren.
Eine direkte Klassenbildung, die sich an den hinter den verschiedenen Geschäfts-
wertbeträgen stehenden ökonomischen Potentialen orientiert, ist für eine notwendigerweise typisierende Berichterstattung schwierig. Deshalb wird hier angeregt,
die gesamte Geschäftswertposition nach den tatsächlich angewendeten Nutzungsdauern aufzuschlüsseln, z. B. nach den Nutzungsdauerklassen 0–5 Jahre, 5–10
Jahre, 10–20 Jahre und mehr als 20 Jahre. Dies setzt allerdings voraus, daß das
Management bei der Festlegung der Nutzungsdauern die tatsächlichen Risiken und
Chancen angemessen berücksichtigt hat und daß die Nutzungsdauerschätzungen
periodisch überprüft werden. Ferner sollte das Abschreibungsverfahren angegeben
werden, falls von einer linearen Abschreibung abgewichen wird.

9 Zusammenfassung der Reformvorschläge

Auf internationalen Kapitalmärkten ist das deutsche System der Rechnungslegung
nur noch eingeschränkt wettbewerbsfähig. Dem trägt der deutsche Gesetzgeber
allerdings nicht dadurch Rechnung, daß er das deutsche Bilanzrecht reformiert.
Vielmehr soll deutschen Unternehmen, die an einer ausländischen Börse notiert
sind, ermöglicht werden, statt der deutschen jene ausländischen Regeln anzuwenden, die an diesem Kapitalmarkt akzeptiert werden. Das sind sehr häufig die
US-GAAP und/oder IAS.

Bei Vergleich der deutschen Bilanzierungsregeln mit den US-GAAP oder den
IAS wird oft argumentiert, daß ihnen aufgrund unterschiedlicher sozio-ökonomi-

scher Rahmenbedingungen aus gutem Grund eine andere Konzeption zugrunde-
liege. Dies ist jedoch nur die halbe Wahrheit. Es gibt zahlreiche Regelungen des
deutschen Bilanzrechts, die schlicht mangelhaft sind. Sie unterscheiden sich nicht
von den US-GAAP und den IAS, weil die Zwecke des Abschlusses andere sind,
sondern weil sie weniger durchdacht sind, und weil sie sich vor allem dadurch
auszeichnen, daß sie Unternehmen Wahlrechte einräumen, welche die an einer
möglichst zuverlässigen Information der Kapitalmarktteilnehmer ausgerichteten
US-GAAP nicht gewähren. Die Bilanzierung des Geschäftswertes ist dafür ein
Paradebeispiel. Es ist dazu ein besonders wichtiges Beispiel, weil Investitionen in
Geschäftswerte mittlerweile zu den wichtigsten Investitionen der Unternehmen
gehören.

Was müßte am deutschen Bilanzrecht geändert werden, um die Rechenschaftslegung über die Investitionen in Geschäftswerte zu verbessern?

1. Die Bilanzierung der Geschäftswerte sollte nicht an der rechtlichen Form
der Unternehmensverbindung (Asset Deal, Anteilserwerb, Verschmelzung), sondern an deren ökonomischem Gehalt ausgerichtet werden. Dazu müßte die Methode
der Interessenzusammenführung für alle Fälle der Zusammenführung von Gesellschafterinteressen, also auch für den Asset Deal und die Verschmelzung, vorgesehen
und dann auch verpflichtend vorgeschrieben werden. Für alle anderen Fälle müßte
die Erwerbsmethode vorgeschrieben werden.

2. Im Fall der Investition sollte der Geschäftswert – unabhängig von der rechtlichen Form der Unternehmensverbindung – als Überschuß der Anschaffungskosten
des erworbenen Unternehmens über das anteilige Reinvermögen zu Tageswerten
ermittelt werden. Für die Ermittlung der Tageswerte sollte die Net of Tax-Methode
ausdrücklich untersagt werden. Ferner sollten nicht beanspruchte Restrukturierungsrückstellungen aus der Erstkonsolidierung mit dem Goodwill verrechnet oder,
falls dieser mit den Konzernrücklagen saldiert wurde, den Konzernrücklagen zugeführt werden.

3. Im Einzelabschluß sollte für jene Beteiligungen, für die im Konzernabschluß ein Geschäftswert bilanziert wird, die Equity-Methode mit Ausschüttungssperre für noch nicht vereinnahmte Beteiligungserträge vorgeschrieben
werden.

4. Der Geschäftswert sollte in allen Fällen aktiviert und im Anlagespiegel fortgeführt werden.

5. In den Perioden nach dem Erwerb sollte er planmäßig und ggf. außerplanmäßig abgeschrieben werden. Die erfolgsneutrale Verrechnung mit den Rücklagen
sollte untersagt werden. In diesem Fall sollten die Kriterien für die Anwendung
der Methode der Interessenzusammenführung so eng definiert werden wie in den
US-GAAP.

6. Im Anhang sollte der Geschäftswert nach Risikoklassen aufgeschlüsselt
werden. Als Indikatoren für die Risikoklassen sollten Nutzungsdauerklassen vorgeschrieben sein (z. B. 0–5 Jahre, 5–10 Jahre, 10–20 Jahre, über 20 Jahre). Die Einordnung eines Geschäftswertes in eine der Klassen sollte periodisch überprüft
werden.

Aufstellung und Feststellung des Jahresabschlusses bei unterbesetztem Vorstand

HANS-JOACHIM PRIESTER

I. *Einleitung*

Es kann geschehen, daß der Vorstand einer Aktiengesellschaft nicht die nach Gesetz oder Satzung erforderliche Mitgliederzahl aufweist, die gebotene Bestellung eines neuen Vorstandsmitglieds jedoch auf Schwierigkeiten stößt. Der geeignete Kandidat ist noch nicht gefunden und eine Interimslösung, etwa aus taktischen Gründen, nicht gewollt.

Sind in dieser Situation Bilanzierungspflichten zu erfüllen, ergibt sich die Frage, ob der Jahresabschluß gleichwohl wirksam aufgestellt und dann auch festgestellt werden kann. Zweifel könnten daraus resultieren, daß die Aufstellung des Jahresabschlusses dem Vorstand obliegt und seine Feststellung nach gesetzlicher Regel im Zusammenwirken von Vorstand und Aufsichtsrat erfolgt. Ist der Vorstand aber nicht ordnungsmäßig besetzt, könne er – so ließe sich denken – diese gesellschaftlichen Pflichten auch nicht rechtswirksam erfüllen.

Bei einem Blick in die Kommentierungen entdeckt man, daß die Mehrheitsmeinung solchenfalls in der Tat von einer zur Nichtigkeit des Jahresabschlusses führenden Handlungsunfähigkeit des Vorstands ausgeht. Das wäre trotz der dann eingreifenden relativ kurzen Heilungsfrist von sechs Monaten ein böses Ergebnis.

Das damit angeschnittene Problem bildet sicher keine Alltagssorge. Die Praxis zeigt aber, daß so etwas vorkommt. Nachstehend sollen deshalb einige gegenüber der herrschenden Ansicht kritische Überlegungen angestellt werden. Sie müssen ihren Ausgangspunkt bei der Handlungsfähigkeit des unterbesetzten Vorstandes nehmen und sich sodann mit der rechtlichen Einordnung von Aufstellung und Feststellung des Jahresabschlusses der Aktiengesellschaft befassen.

Wenn diese Überlegungen Bruno Kropff gewidmet werden, so deshalb, weil er sich im besonderen Maße auch mit Bilanzierungsfragen beschäftigt und nicht zuletzt den hier einschlägigen § 172 AktG in dem von ihm mitherausgegebenen großen Kommentar zum Aktiengesetz bearbeitet hat.

II. *Unzureichende Vorstandsbesetzung*

1. *Fälle*

Für die Zahl der Aufsichtsratsmitglieder enthält das Aktiengesetz detaillierte Bestimmungen. Vorgeschrieben werden sowohl eine Mindestgrenze als auch nach dem Betrag des Grundkapitals gestaffelte Höchstgrenzen (§ 95 Abs. 1 AktG). Demgegenüber wird für die Vorstandsbesetzung weitestgehende Freiheit gewährt. Eine Ausnahme macht nur § 76 Abs. 2 S. 2 AktG, wonach der Vorstand bei Gesellschaften mit einem Grundkapital von mehr als 3 Millionen Deutsche Mark aus zwei Personen zu bestehen hat, und das auch nur dann, wenn – wie es ausdrücklich weiter heißt – die Satzung nicht bestimmt, daß er aus einer Person besteht.

Im übrigen bleibt es der Satzung überlassen, die Zahl der Vorstandsmitglieder festzulegen. Das muß sie aber auch tun, zumindest muß sie die Regeln enthalten, nach denen die Zahl festgelegt wird (§ 23 Abs. 3 Nr. 6 AktG). Eine Einschränkung erfährt diese Freiheit allerdings durch das Mitbestimmungsrecht in Gestalt der unter bestimmten Voraussetzungen erforderlichen Bestellung eines Arbeitsdirektors[1]. Sie führt dazu, daß der Vorstand dann mindestens zwei Mitglieder haben muß, woran auch die Satzung nichts ändern kann[2].

In der Praxis sind bei größeren Gesellschaften Alleinvorstände freilich selten. Regelmäßig werden mehrere Vorstandsmitglieder bestellt, um die anfallenden Aufgaben auf mehr als eine Schulter zu verteilen und zugleich eine Ressortbildung zu ermöglichen. Das wird überwiegend ohne besondere Festlegungen in der Satzung so gehandhabt[3]. Es finden sich aber durchaus auch Regelungen, wonach eine Mindestanzahl von Vorstandsmitgliedern einzuhalten ist. Häufiger wird zumindest die Bestimmung des § 76 Abs. 2 S. 2 AktG nicht abbedungen.

Liegt einer dieser letzteren Fälle vor, kann es passieren, daß die notwendige Zahl unterschritten wird. Man spricht dann vom unterbesetzten Vorstand[4]. Die Gründe können unterschiedlich sein. In Betracht kommt etwa die Abberufung eines Vorstandsmitglieds, insbesondere aus wichtigem Grunde, ohne daß gleichzeitig eine Neubestellung erfolgt. Möglich ist auch eine Amtsniederlegung, vor allem aber der Tod eines Vorstandsmitglieds.

2. *Pflicht zur Ergänzung*

Ist der Vorstand nicht in der gesetzlich oder satzungsmäßig gebotenen Weise besetzt, muß für eine Ergänzung gesorgt werden. Das ist in erster Linie Sache des Aufsichtsrats als des zur Vorstandsbestellung berufenen Organs (§ 84 AktG). Er hat unverzüglich eine entsprechende Neubestellung vorzunehmen[5].

Daneben ist der Weg einer gerichtlichen Vorstandsbestellung gemäß § 85 AktG eröffnet. Danach hat das zuständige Handelsregister bei Fehlen eines erforderlichen Vorstandsmitglieds dieses in dringenden Fällen auf Antrag eines Beteiligten zu bestellen. Antragsberechtigt ist jeder, der ein schutzwürdiges Interesse an der sofortigen Bestellung hat. Das können neben Vorstands- und Aufsichtsratsmitgliedern auch Aktionäre, Gläubiger oder sonstige Dritte sein[6]. Zu diesem Antrag kann auch eine Pflicht bestehen. Das gilt vor allem für ein als einziges verbliebenes, nicht einzelvertretungsberechtigtes Vorstandsmitglied[7].

---

1 Vgl. § 33 Abs. 1 S. 1 MitbestG; § 13 Abs. 1 S. 1 Montan-MitbestG; § 13 S. 1 Montan-Mitbest ErgG.
2 So die h.M.; etwa: *Hüffer,* AktG, 2. Aufl., 1995, § 76 Rdnr. 24; *Mertens,* in: Kölner Komm. AktG, 2. Aufl., 1989, § 76 Rdnr. 93; aA *Overlack,* ZHR 141 (1977), 125, 128 f. für die GmbH.
3 Es heißt dann etwa: „Die Gesellschaft hat ein oder mehrere Vorstandsmitglieder. Ihre Zahl bestimmt der Aufsichtsrat."
4 *Hüffer,* (Fn 2), § 76 Rdnr. 23; *Mertens,* (Fn 2), § 76 Rdnr. 96.
5 *Hefermehl,* in: Geßler/Hefermehl/Eckardt/Kropff, AktG, 1973, § 76 Rdnr. 30; *Mertens,* (Fn. 2), § 76 Rdnr. 95.
6 Etwa: *Hüffer,* (Fn 6), § 85 Rdnr. 4.
7 *Hefermehl,* (Fn 5), § 85 Rdnr. 8.

3. Handlungsfähigkeit des Rumpfvorstands

Kommt es trotz solcher Pflichten nicht zur Ergänzung des Vorstandes, fragt es sich nach der Handlungsfähigkeit der verbliebenen Vorstandsmitglieder. Hier ist zwischen der Geschäftsführungs- und der Vertretungsaufgabe des Vorstandes zu unterscheiden. Eine dritte Kategorie bilden Maßnahmen, die dem Vorstand als Kollegialorgan zugewiesen sind.

Was zunächst die Geschäftsführung angeht, so bleiben die Pflichten und Befugnisse eines Vorstandsmitglieds vom Wegfall eines anderen unberührt. Das kaufmännische Vorstandsmitglied hat seine bisherigen Aufgaben selbstverständlich weiter zu erfüllen, wenn das technische Vorstandsmitglied wegfällt. Es kann dann nur darum gehen, daß dieses Ressort jetzt mit zu besorgen ist. Läßt sich das bewältigen, wird der Vorstand insoweit nicht handlungsunfähig.

Eine andere Frage ist, welche Auswirkungen sich auf die Vertretung der Gesellschaft ergeben. Hier entstehen keine Schwierigkeiten, falls die Satzung – wie praktisch selbstverständlich – zwei Vorstandsmitglieder zur Vertretung genügen läßt und diese Zahl weiter eingehalten ist. Gleiches gilt, wenn das einzige verbliebene Vorstandmitglied Einzelvertretungsbefugnis hat.

Probleme ergeben sich jedoch in dem Fall, daß lediglich ein gesamtvertretungsberechtigtes Vorstandsmitglied im Amt bleibt. Es fragt sich, ob seine Gesamtvertretungsbefugnis zur Alleinvertretungsmacht erstarkt. Die ganz überwiegende Ansicht verneint das[8]. Der Wegfall eines Vorstandsmitglieds soll nicht zur Erweiterung der Vertretungsmacht des verbleibenden führen, wenn das Gesetz oder die Satzung ausdrücklich mindestens zwei Vorstandsmitglieder vorsehen[9] – und das ist unser Fall. Für diesen Standpunkt spricht sicherlich, daß die Anordnung einer Mindestzahl von Vorstandsmitgliedern und deren Ausstattung mit bloßer Gesamtvertretungsbefugnis einen Schutz der Gesellschaft und ihrer Gesellschafter vor eigenmächtigem Vorstandshandeln bewirken soll. Diese Zielsetzung würde konterkariert. Andererseits könnte man meinen, es bestehe ein gegenüber solchem Gesellschafter- und Gesellschaftsschutz vorrangiges Interesse des Rechtsverkehrs an organschaftlicher Vertretungsfähigkeit der Gesellschaft. Ein entsprechendes Interesse ist sicher gegeben, aber es ist nicht vorrangig, denn hier steht das Instrument der gerichtlichen Vorstandsbestellung gemäß § 85 AktG zur Verfügung. Der herrschenden Auffassung ist deshalb zuzustimmen.

Gestattet die Satzung auf der Grundlage des § 78 Abs. 3 AktG eine unechte Gesamtvertretung, fragt sich weiter, ob die Gesellschaft dann durch das Vorstands-

8 So für die GmbH BGH 8.2.1993, BGHZ 121, 263, 264 = DB 1993, 1868; OLG Hamburg 11.9.1987, DB 1987, 2037 = GmbHR 1988, 67 dazu zust. *Meyer-Landrut,* EWiR 1987, 1101. Aus den Kommentierungen zum Aktienrecht *Mertens,* (Fn 2), § 78 Rdnr. 63; *Hefermehl,* (Fn 5), § 78 Rdnr. 18; zum GmbH-Recht: *Baumbach/Hueck/Zöllner,* GmbHG, 16. Aufl., 1996, § 35 Rdnr. 57; *Lutter/Hommelhoff,* GmbHG, 14. Aufl., 1995, § 35 Rdnr. 34; *Rowedder/Koppensteiner,* GmbHG, 3. Aufl., 1997, § 35 Rdnr. 50; zweifelnd dagegen *Roth,* GmbHG, 2. Aufl., 1987, § 35 Anm. 4.1.2.
9 Anders liegt es, wenn der Vorstand ohne entsprechende gesetzliche oder satzungsmäßige Vorgaben aus mehreren Mitgliedern besteht, von denen nur eines übrigbleibt; *Mertens,* (Fn 2), § 78 Rdnr. 29.

mitglied zusammen mit einem Prokuristen wirksam gesetzlich vertreten werden kann. Auch das wird am Ende zu verneinen sein. Für eine derartige Lösung spricht allerdings, daß Eigenmächtigkeiten durch die Wahrung des Vier-Augen-Prinzips vorgebeugt bleibt. Ein solches Ergebnis muß jedoch an dem festen Grundsatz gesetzlicher Vertretung bei Handelsgesellschaften scheitern, wonach diese dem Vertretungsorgan ohne Mitwirkung eines Prokuristen möglich sein muß, so daß das einzige Vorstandsmitglied nicht an einen Prokuristen gebunden werden kann[10]. Die unechte Gesamtvertretung bezweckt nur eine Erleichterung der Gesamtvertretung durch organschaftlich Vertretungsberechtigte[11]. Der Prokurist kann deshalb anstelle eines vorhandenen Organmitglieds handeln, nicht dagegen ein weggefallenes, aber zur organschaftlichen Vertretung notwendiges ersetzen[12]. Das gilt auch für eine nur vorübergehende – wann liegt sie vor? – Verhinderung[13].

Überwiegende Gesichtspunkte des Verkehrsschutzes stehen dem wiederum nicht entgegen[14]. Dieser bezieht sich in weitestem Umfange auf rechtsgeschäftliches Handeln für die Gesellschaft. Das aber wird von dem Defizit bei der gesetzlichen Vertretung nicht berührt, sondern bleibt durch Prokuristen – erforderlichenfalls in Gemeinschaft mit einem Vorstandsmitglied[15] – weiterhin möglich. Darüberhinaus wird der Rechtsverkehr durch § 15 Abs. 1 HGB geschützt[16].

Ein besonderes Kapitel sind diejenigen Aufgaben, die das Gesetz dem Gesamtvorstand zuweist. Dazu gehören – in der Abfolge des Aktiengesetzes – die Vorbereitung und Ausführung von Hauptversammlungsbeschlüssen (§ 83 Abs. 2 AktG), die Berichterstattung an den Aufsichtsrat (§ 90 AktG), die Buchführungspflicht (§ 91 AktG), die Verlustanzeige und die Konkursantragspflicht (§ 92 Abs. 1 u. 2 AktG), das Entscheidungsverlangen in Geschäftsführungsfragen gegenüber der Hauptversammlung (§ 119 Abs. 2 AktG), die Einberufung der Hauptversammlung (§ 121 Abs. 2 AktG), die Vorlage des Jahresabschlusses (§ 170 AktG) und die Mitwirkung bei seiner Feststellung (§ 172 AktG), die Anfechtung von Hauptversammlungsbeschlüssen (§ 245 Nr. 4 AktG). Aus dem Handelsgesetzbuch wären die Pflicht zur Aufstellung des Jahresabschlusses und des Lageberichts (§ 264 Abs. 1 HGB) sowie die Pflicht zur Unterzeichnung des Jahresabschlusses (§ 245 HGB) zu nennen, sofern man im letzten Falle nicht die einzelnen Vorstandsmitglieder als Normadressaten ansehen will.

---

10 Allg. Ans.; statt vieler: für die Aktiengesellschaft: *Mertens,* (Fn 2), § 78 Rdnr. 38; für die GmbH: *Lutter/Hommelhoff,* (Fn 8), § 35 Rdnr. 35; für die Personengesellschaften: *Baumbach/Hopt,* HGB, 29. Aufl., 1995, § 125 Rdnr. 20.

11 BGH 6.2.1958, BGHZ 26, 330, 332 f für die KG.

12 So mit Recht *Roquette,* Festschr. f. Oppenhoff, 1985, S. 335, 340 ff.

13 Anders KG 9.11.1933, JW 1934, 304.

14 Worauf *Scholz/Uwe H. Schneider,* GmbHG, 8. Aufl., 1993, § 35 Rdnr. 72 abstellt.

15 Die rechtsgeschäftliche Vertretungsmacht eines Prokuristen kann auch an die Mitwirkung des einzigen vorhandenen Organmitglieds gebunden werden – sog. „halbseitige" Gesamtvertretung; BGH 14.2.1974, BGHZ 62, 166, 170 ff.

16 Ist der Wegfall des vorletzten Vorstandsmitglieds nicht eingetragen und bekanntgemacht, können Dritte, die den Wegfall nicht kennen, von einer Vertretungsbefugnis der Unterzeichner ausgehen; so mit Recht *Mertens,* (Fn 2), § 78 Rdnr. 64; *Roquette,* (Fn 12), S. 335, 346 f.

Nach überwiegender Ansicht soll der unterbesetzte Vorstand hinsichtlich derartiger Maßnahmen nicht handlungsfähig sein[17]. Solche Akte könnten wirksam nicht vorgenommen werden. Näher begründet wird diese Auffassung freilich nicht. Die betreffenden Autoren begnügen sich vielmehr mit der Anführung von Beispielen[18].

Demgegenüber ist Mertens von dieser – zuvor auch von ihm vertretenen[19] – These inzwischen ausdrücklich abgerückt. Aus dem Gesetz gehe nicht hervor, daß etwa der den Jahresabschluß aufstellende Vorstand nicht die Gesamtheit der amtierenden, sondern der gesetzlich erforderlichen Mitglieder umfassen müsse. Einem unterbesetzten Vorstand, auch einem einzelnen Vorstandsmitglied, könne zugemutet werden, die in die Verantwortung des Gesamtvorstands fallenden Maßnahmen durchzuführen und Entscheidungen zu treffen. Die Unmöglichkeit, solche Handlungen bei Unterbesetzung des Vorstandes vorzunehmen, könne sich zum Schaden der Gesellschaft auswirken[20]. Es gehe nicht darum, die Vollständigkeit des Vorstandes zu erzwingen, sondern nur darum, eine Zuweisung kollegialer Aufgaben an einzelne Organmitglieder per Ressortaufteilung zu verhindern[21].

Dieser neueren Auffassung ist im Grundsatz zuzustimmen, wobei allerdings gewisse Differenzierungen notwendig erscheinen. Unproblematisch sind die Sorge für die Buchführung und die Berichterstattung gegenüber dem Aufsichtsrat. Beide Pflichten bleiben selbstverständlich bestehen und sind von dem (den) verbleibenden Vorstandsmitglied(ern) einzuhalten. Alles andere wäre abwegig. Die Ordnungsmäßigkeit der Buchführung wird durch die Unterbesetzung im Vorstand nicht beeinträchtigt.

Ebenso sind die Pflichten aus § 92 AktG, also die Pflicht zur Einberufung der Hauptversammlung bei Verlust des halben Grundkapitals und zum Konkursantrag bei Zahlungsunfähigkeit oder Überschuldung, vom unterbesetzten Vorstand allein zu erfüllen. Es ist zwar nicht zu verkennen, daß den verbliebenen Vorstandsmitgliedern damit ein besonderes Maß an Entscheidungsverantwortung aufgebürdet wird. Sind die betreffenden Handlungen aber nach der Sachlage erforderlich, müssen sie im Interesse der Gesellschaft, der Aktionäre und der Gläubiger vorgenommen werden. Hinsichtlich der regulären Einberufung einer Hauptversammlung wird man in gleicher Weise entscheiden müssen. Am Ende gilt das wohl auch für die Beschlußanfechtung aus § 245 Nr. 4 AktG.

Anders sieht es dagegen – zumindest partiell – mit der gemäß § 83 Abs. 2 AktG geschuldeten Durchführung von Maßnahmen aus, die die Hauptversammlung im Rahmen ihrer Zuständigkeit beschlossen hat. Darunter fallen nicht zuletzt Anmeldungen zum Handelsregister, insbesondere bei Satzungsänderungen (§ 181 AktG),

---

17 Expressis verbis *Hefermehl*, (Fn 5), § 76 Rdnr. 30; ebenso i.Erg. *Meyer-Landrut*, in: Groß-Komm.AktG, 3. Aufl., 1971, § 76 Anm. 5; *Möhring*, NJW 1966, 1, 5 f.; wohl auch *Hüffer*, (Fn 2), § 76 Rdnr. 23, der freilich hinzufügt: „aber nicht zweifelsfrei".

18 *Hefermehl*, (Fn 5), § 76 Rdnr. 30 nennt die Feststellung des Jahresabschlusses und die Berichtspflicht aus § 91 AktG; *Möhring*, NJW 1966, 1, 5 f. die Feststellung des Jahresabschlusses.

19 *Mertens*, in: KölnerKomm.AktG, 1. Aufl., 1970, § 76 Rdnr. 38.

20 *Mertens*, (Fn 2), § 76 Rdnr. 97.

21 *Hachenburg/Mertens*, GmbHG, 7. Aufl., 1979, § 35 Rdnr. 25.

Kapitalmaßnahmen (§§ 184, 188, 195, 210, 223, 239 AktG) oder bei Unternehmensverträgen (§§ 294, 298, AktG)[22]. Diese Anmeldungen müssen von Vorstandsmitgliedern in vertretungsberechtigter Zahl vorgenommen werden[23]. Führt die Unterbesetzung dazu, daß nur noch ein gesamtvertretungsberechtigtes Vorstandsmitglied verbleibt, ist diese Pflicht nicht erfüllbar, wenn man sich dem hier unterstützten Standpunkt anschließt, daß ein Erstarken seiner Befugnis zur Alleinvertretungsbefugnis nicht stattfindet.

Solche Beschränkungen des Vorstandshandelns durch den rechtsgeschäftlichen Charakter der vorzunehmenden Maßnahme könnten sich nun auch in Bezug auf die Mitwirkung des Vorstandes bei Aufstellung und Feststellung des Jahresabschlusses ergeben. Das bedarf einer näheren Betrachtung.

III. *Jahresabschlußverfahren*

1. *Gesetzliche Regelung*

Der Werdegang des Jahresabschlusses ist durch zwei Stadien gekennzeichnet: seine Aufstellung und seine Feststellung. Mit der „Aufstellung" des Abschlusses ist die Übernahme des Zahlenwerkes aus der Buchhaltung unter Berücksichtigung notwendiger Abschlußbuchungen gemeint[24]. Das Ergebnis ist ein Bilanzentwurf, der notwendig Vorschläge für die Bilanzierung enthält[25], mit dem aber keine abschließenden Bewertungsentscheidungen getroffen sind. Diese Aufstellung des Jahresabschlusses ist zwingende alleinige Aufgabe des Geschäftsleitungsorgans, bei der Aktiengesellschaft also des Vorstands (§ 264 Abs.1 HGB)[26].

Demgegenüber bedeutet „Feststellung" die Verbindlicherklärung des Abschlusses, die Erklärung, daß der Abschluß „als der vom Gesetz verlangte und für die gesetzlichen Rechtsfolgen maßgebende Jahresabschluß gelten soll"[27]. Erst mit ihr werden die Wertansätze endgültig fixiert und damit die Bilanzpolitik festgelegt. Die Feststellung enthält ferner die Entscheidung über die Bildung und Auflösung von Rücklagen, sofern nicht im Rahmen der Gewinnverwendung eine – gegebenenfalls weitere – Rücklagendotierung stattfindet.

Wegen der Bedeutung der Abschlußfeststellung für Bilanzpolitik und Gewinnverwendung ist sie im Grundsatz Sache der Gesellschafter. Für die GmbH entspricht

---

22 *Hüffer*, (Fn 2), § 83 Rdnr. 5.

23 Allg. Ans.; etwa: *Hüffer*, (Fn 2), § 181 Rdnr. 4, § 184 Rdnr. 3.

24 *Baumbach/Hueck/Schulze-Osterloh*, GmbHG, 16. Aufl., 1996, § 41 Rdnr. 46; *Priester*, Festschr. f. Quack, 1991, S.373,379.

25 Darauf hat *Kropff*, in: Geßler/Hefermehl/Eckardt/Kropff, AktG, 1973, § 148 Rdnr. 7 mit Recht hingewiesen.

26 Entsprechendes gilt für die Personengesellschaften: Zuständig sind die geschäftsführenden Gesellschafter; BGH 27.9.1979, DB 1979, 2480; unstr., vgl. nur *Heymann/Emmerich*, HGB, 2. Aufl., 1996, § 120 Rdnr. 6; *Staub/Schilling*, GroßKomm. HGB, 4. Aufl., 1987, § 167 Rdnr. 1.

27 So die Formulierung von *Kropff*, in: Geßler/Hefermehl/Eckardt/Kropff, AktG, 1973, § 172 Rdnr. 7.

das der gesetzlichen Rechtslage: Nach § 46 Nr. 1 GmbHG unterliegt die Feststellung des Jahresabschlusses der Bestimmung der Gesellschafter. Die Satzung kann davon freilich abweichen[28]. Gleiches gilt für die Personenhandelsgesellschaften, und zwar einschließlich der Kommanditgesellschaft. Entgegen der früher herrschenden Ansicht[29] hat sich inzwischen die Auffassung durchgesetzt, auch die Kommanditisten seien an der Abschlußfeststellung beteiligt[30]. Der BGH hat diesen Standpunkt vor kurzem ausdrücklich gebilligt[31], dabei allerdings zwischen Bilanzierungsentscheidungen differenziert, die der Darstellung der Vermögens-, Finanz- und Ertragslage dienen und solchen, die die Ergebnisverwendung betreffen[32].

Die Gesellschafterzuständigkeit für die Abschlußfeststellung galt ursprünglich auch im Aktienrecht. Darüber wurde von den Aktionären in der Generalversammlung beschlossen. Das Aktiengesetz 1937 hat die Zuständigkeit mit seinem § 125 auf die Verwaltung, also auf Vorstand und Aufsichtsrat übertragen und das mit deren größerer Sachnähe begründet[33]. Diese Entscheidung wurde trotz eingehender Diskussion im Vorfeld vom Aktiengesetz 1965[34] in Gestalt des geltenden § 172 AktG beibehalten. Danach kommt die Hauptversammlung nur zum Zuge, wenn der Aufsichtsrat den Abschluß nicht billigt oder Vorstand und Aufsichtsrat beschließen, die Feststellung des Jahresabschlusses der Hauptversammlung zu überlassen (§ 173 Abs. 1 AktG).

2. Rechtsnatur des Vorstandshandelns

Was die Aufstellung des Jahresabschlusses angeht, ist die Frage nach der Rechtsnatur des Vorstandshandelns einfach zu beantworten: Es liegt ein Akt der Geschäftsführung vor[35]. Aus der Sicht unseres Themas, also unter dem Blickwinkel des unterbesetzten Vorstandes, ergeben sich keine Probleme. Verantwortlich für die Aufstellung ist der amtierende Vorstand, mag ihm auch nicht die notwendige Zahl von Mitgliedern angehören.

---

28 Die Abschlußfeststellung läßt sich einem Aufsichts- oder Beirat, dem Zusammenwirken eines solchen Gremiums mit der Geschäftsführung oder – freilich umstritten – auch allein der Geschäftsführung zuweisen; dazu *Scholz/Karsten Schmidt*, GmbHG, 8. Aufl., 1995, § 46 Rdnr. 46 m.w.Nachw.

29 Etwa *Schlegelberger/Geßler*, HGB, 4. Aufl., 1963, § 166 Rdnr. 3; *Schilling*, GroßKomm.HGB, 3. Aufl., 1970, § 167 Anm. 3.

30 Grundlegend *Ulmer*, Festschr. f. Hefermehl, 1976, S. 207 ff. Vorher schon *Buchwald*, JR 1948, 65 ff.

31 BGH 29.3.1996, DB 1996, 926; dazu *Welf Müller*, EWiR 1996, 513; *Binz/Sorg*, DB 1996, 969 ff.; *W.-D. Hoffmann*, DStR 1996, 967 ff.; *Priester*, JbFSt 1996/97, 233, 266 ff.

32 Diese Unterscheidung wurde von *Schulze-Osterloh*, BB 1995, 2519 ff., entwickelt.

33 Amtliche Begründung zum Gesetz über AG und KGaA v. 30.1.1937, abgedruckt bei *Klausing*, Gesetz über Aktiengesellschaften, 1937, S. 110.

34 Insbes. *Claussen*, AG 1964, 183 ff.; *Klug*, BB 1954, 973 ff.; *Koch*, AG 1964, 157 f.

35 Allg. Ans.; etwa: *Adler/Düring/Schmaltz*, Rechnungslegung und Prüfung der Unternehmungen, 5. Aufl., § 172 AktG, Rdnr. 2.

Deutlich schwieriger sieht es hinsichtlich der Abschlußfeststellung aus. Hierzu heißt es in § 172 S. 1 AktG „Billigt der Aufsichtsrat den Jahresabschluß, so ist dieser festgestellt, ..." In der Zusammenschau mit § 170 Abs. 1 S. 1 AktG, wonach der Vorstand den Jahresabschluß dem Aufsichtsrat „vorzulegen" hat, könnte man daran denken, in der Mitwirkung des Vorstandes liege ein rein tatsächliches Handeln, nämlich die Abschlußzuleitung, während eine rechtsgeschäftliche Beschlußfassung allein beim Aufsichtsrat liege. Wäre das so, dann entspräche den Feststellungsbeschlüssen der Gesellschafter bei der GmbH und den Personengesellschaften der Beschluß des Aufsichtsrats der Aktiengesellschaft.

Nun ist sicher richtig, daß die „Billigung" durch den Aufsichtsrat, die das Gesetz zur Voraussetzung der Abschlußfeststellung macht, in Form eines Beschlusses erteilt wird[36]. Dabei ist eine Plenarentscheidung des Aufsichtsrats erforderlich. Einem Ausschuß kann die Beschlußfassung nicht übertragen werden[37]. Dieser Beschluß ist – wie der BGH in jüngerer Zeit ausdrücklich bestätigt hat – rechtsgeschäftlicher Natur[38]. Richtigerweise wird man davon ausgehen müssen, daß das Beschlußergebnis dem Vorstand gegenüber erklärt werden muß, um die Billigung wirksam werden zu lassen[39]. Das wirft jedoch in praxi zumeist keine Probleme auf, weil der Vorstand üblicherweise an der Bilanzsitzung des Aufsichtsrats teilnimmt.

Damit ist aber über die Rechtsnatur des Vorstandshandelns noch nicht entschieden. In der Überschrift zu § 172 AktG wird von der „Feststellung durch Vorstand und Aufsichtsrat" gesprochen. Ist aber die Feststellung des Jahresabschlusses als seine Verbindlicherklärung rechtsgeschäftlicher Natur, dann muß dies auch für die Mitwirkung des Vorstands daran gelten. Anderenfalls würde es sich um eine Feststellung allein durch den Aufsichtsrat handeln.

Das trifft bei näherem Hinsehen auch zu: Die Vorlage des Abschlusses an den Aufsichtsrat mag äußerlich einen Realakt darstellen[40]. Sie ist aber mehr als das. Sie enthält zugleich die Erklärung des Vorstands, daß der vorgelegte Abschluß nach seinem Willen der für das betreffende Geschäftsjahr maßgebliche sein soll[41]. So ist

---

36 Im Hinblick auf § 108 Abs. 1 AktG, wonach der Aufsichtsrat durch Beschluß entscheidet, unstr.; statt vieler: *Kropff,* (Fn 27), § 172 Rdnr. 16.

37 Angesichts der Bestimmung des § 107 Abs. 3 S.2 AktG, durch die Beschlüsse nach § 171 AktG und damit der Billigungsbeschluß nach dessen Abs. 2 S.4 der Ausschußzuweisung entzogen sind, ist auch das unstreitig; vgl. wiederum nur *Kropff,* (Fn 27), § 172 Rdnr. 16.

38 BGH 15.11.1993, DB 1994, 84, 85; dazu *Crezelius,* EWiR 1994, 9; *Heidenhain,* LM § 111 AktG 1965 Nr. 4; *Kropff,* ZGR 1994, 628 ff. Dabei hat das Gericht ausdrücklich offengelassen, ob Beschlüsse mit lediglich interner Wirkung nur als „Sozialakte" verstanden werden könnten. Jedenfalls seien solche Beschlüsse rechtsgeschäftlicher Natur, die auf Begründung sozial- oder individualrechtlicher Befugnisse gerichtet seien. Das aber treffe auf den Beschluß zur Feststellung des Jahresabschlusses zu, der einen mitgliedschaftlichen Gewinnanspruch der Aktionäre begründe.

39 *Adler/Düring/Schmaltz,* (Fn 35), § 172 Rdnr. 7; *Kropff,* (Fn 27), § 172 Rdnr. 16; *Claussen/Korth,* in: KölnerKomm. AktG, 2. Aufl., 1991, § 172 AktG Rdnr. 11; abw. wohl *Mutze,* AG 1966, 173, 175.

40 *Adler/Düring/Schmaltz,* (Fn 35), § 172 Rdnr. 9 wollen die Vorlage „in erster Linie" als Realakt ansehen.

41 *Kropff,* (Fn 27), § 172 Rdnr. 7; *ders.,* ZGR 1994, 628, 634; ähnlich *Adler/Düring/Schmaltz,* (Fn 35), § 172 Rdnr. 9: Erklärung, daß es sich um den „aufgestellten" Jahresabschluß handelt.

der Vorstand denn zu Änderungen des vorgelegten Abschlusses auf Anregung des Aufsichtsrates zwar berechtigt, aber nicht verpflichtet[42]. Diese Erklärung des Vorstandes hat rechtsgeschäftlichen Charakter[43]. Ihre Grundlage findet sie in einem entsprechenden Beschluß, denn die Entscheidung ist Sache des Gesamtgremiums[44].

Im Anschluß an *Hüffer*[45] wird in dem Zusammenwirken von Vorstand und Aufsichtsrat bei der Abschlußfeststellung heute vielfach ein „korporationsrechtliches Rechtsgeschäft" zweier Gesellschaftsorgane gesehen[46]. Der BGH ist dem gefolgt[47]. Daran ist sicher richtig, daß beide Teilelemente – Vorstandshandeln und Aufsichtsratsbeschluß – rechtsgeschäftlicher Natur sind und erst in ihrer Addition zur Feststellung des Abschlusses führen. Es könnte aber der Eindruck entstehen, als handle es sich um ein Rechtsgeschäft zwischen Vorstand und Aufsichtsrat, das beide – quasi als Parteien – miteinander vornehmen[48]. Dies dürfte den Sachverhalt indessen nicht ganz zutreffend beschreiben. Der Beschluß des Aufsichtsrats hat zwar die Vorlage des Abschlusses zur Voraussetzung, bleibt aber separater Beschluß dieses Gremiums. Es kommt auch nicht zu einem Gesamtbeschluß von Vorstand und Aufsichtsrat.

Es bietet sich vielmehr folgende Sichtweise an: Während die Abschlußfeststellung bei der GmbH und den Personengesellschaften in einem einheitlichen Akt erfolgt, nämlich durch alleinigen Beschluß der Gesellschafter, ist das Verfahren bei der Aktiengesellschaft im gesetzlichen und praktischen Regelfall des § 172 AktG zweiaktig gestaltet: Den ersten Akt bildet die Vorlage durch den Vorstand mit der Erklärung, daß es sich um den maßgebenden Abschluß handle. Ihm folgt der zweite Akt in Gestalt des Aufsichtsratsbeschlusses.

Gegen eine derartige – gleichrangige – Mitwirkung des Vorstands bei der Abschlußfeststellung spricht auch nicht, daß der Vorstand den Abschluß selbst aufgestellt hat und damit sein eigenes Arbeitsergebnis absegnet[49]. Sie trägt vielmehr dem Umstand Rechnung, daß dem Vorstand die größere Sachnähe zukommt und entspricht zugleich der aktienrechtlichen Machtbalance zwischen Vorstand und Aufsichtsrat[50].

---

42 *Mutze*, AG 1966, 173, 175; ähnlich *Claussen/Korth*, (Fn 39), § 172 AktG Rdnr. 6.
43 *Kropff*, (Fn 27), § 172 Rdnr. 15: In der Vorlage sind „tatsächliche Feststellungen aufgrund der Buchhaltung und des Gesellschaftsvermögens (Wissenserklärungen) und Entscheidungen, insbesondere bilanzpolitische Ermessensentscheidungen (Willenserklärungen) zusammengefaßt". Für den Charakter als Willenserklärung auch *Adler/Düring/Schmaltz*, (Fn 35), § 172 Rdnr. 8; *Mellerowicz*, in: GroßKomm.AktG, 2. Aufl., 1961, § 125 Anm. 20; aA. *Brönner*, in: GroßKomm. AktG, 3. Aufl., 1970, § 175 Anm. 9.
44 *Kropff*, (Fn 25), § 148 Rdnr. 8.
45 *Hüffer*, in: Geßler/Hefermehl/Eckardt/Kropff, AktG, 1984, § 256 Rdnr. 11; *ders.*, in: Staub, Groß-Komm. HGB, 4. Aufl., 1988, § 242 Rdnr. 50; *ders.*, (Fn 2), § 172 Rdnr. 3.
46 *Adler/Düring/Schmaltz*, (Fn 35), § 172, Rdnr. 10; dahingestellt lassend *Claussen/Korth*, (Fn 39), § 172 Rdnr. 9; zurückhaltend auch *Heidenhain*, LM § 111 AktG 1965 Nr. 4 Bl. 726.
47 BGH, (Fn 38), DB 1994, 84.
48 *Hüffer*, (Fn 45), § 256 Rdnr. 65 spricht davon, der Vorstand sei „selbst Partei" dieses korporationsrechtlichen Rechtsgeschäfts.
49 Wie *Mutze*, AG 1966, 173, 175 gemeint hat.
50 Zur aktienrechtlichen Organstruktur Nachw. b. *Hüffer*, (Fn 2), § 76 Rdnr. 4 a.E.

IV. Konsequenzen

1. Die Nichtigkeitsvorschrift des § 256 Abs. 2 AktG

Nach § 256 Abs. 2 AktG ist ein von Vorstand und Aufsichtsrat festgestellter Jahresabschluß nichtig, wenn der Vorstand oder der Aufsichtsrat bei seiner Feststellung nicht ordnungsgemäß mitgewirkt hat. Das Gesetz spricht zwar von der Nichtigkeit des Jahresabschlusses. Gemeint ist aber der dem Abschluß zugrunde liegende Feststellungsakt[51]. Das Zahlenbild des Abschlusses kann nämlich nicht nichtig sein, sondern nur die Feststellung der zuständigen Gesellschaftsorgane, daß es sich dabei um die für das Geschäftsjahr maßgebende und zutreffende Rechnungslegung handelt.

Wie bei §§ 241 ff AktG geht es in § 256 AktG um die Fehlerhaftigkeit rechtsgeschäftlichen Organhandelns. Die Sonderregelung des § 256 AktG beruht einmal darauf, daß die §§ 241 ff AktG im Regelfalle des § 172 AktG mangels Hauptversammlungsbeschlusses nicht eingreifen können. Zum anderen hat sie den aus den Bilanzierungsvorschriften resultierenden besonderen Fehlergründen des Feststellungsakts Rechnung zu tragen.

Gemeinsame Leitlinie der §§ 241 ff. AktG und des § 256 AktG ist nun die Einschränkung der Nichtigkeitsgründe im Interesse der Gesellschaft, ihrer Aktionäre und ihrer Gläubiger[52]. Die Vorschrift beschränkt die Abschlußnichtigkeit daher auf besonders gravierende Gesetzesverstöße und schafft darüber hinaus umfangreiche Heilungsmöglichkeiten mit freilich unterschiedlichen Fristen.

Dieser Gesetzeszweck ist bei Auslegung des § 256 AktG als Basis zu nehmen. Gerade in Bezug auf den Jahresabschluß kommt dem Vertrauensschutz besonderes Gewicht zu. Das gilt einmal deswegen, weil er die Grundlage für die Gewinnverwendung bildet. Bei nichtigem Jahresabschluß ist auch ein darauf beruhender Gewinnausschüttungsbeschluß nichtig (§ 253 Abs.1 S.1 AktG), mit der Folge, daß gezahlte Dividenden zurückzufordern sind, soweit nicht der Gutglaubensschutz aus § 62 Abs.1 S.2 AktG eingreift[53]. Hervorzuheben sind ferner seine Bedeutung für die Besteuerung[54] und die Information der Öffentlichkeit.

2. Anwendbarkeit bei unterbesetztem Vorstand

Auf der Grundlage einer Gesamtvorstandszuständigkeit für die Feststellung des Jahresabschlusses[55] ergibt sich, daß die Nichtigkeitsfolge des § 256 Abs.2 AktG

---

51 *Hüffer*, (Fn 45), § 256 Rdnr. 11; *Hoffmann-Becking*, in: MünchHdb. AG, 1988, § 47 Rdnr. 1; zustimmend BGH, (Fn 38), DB 1994, 84 f.

52 *Hüffer*, (Fn 45), § 256 Rdnr. 1.

53 Zur Reichweite dieser Vorschrift *Lutter*, in: KölnerKomm. AktG, 2. Aufl., 1988, § 62 Rdnr. 31 ff.

54 Nach § 5 Abs. 1 S. 1 EStG ist die Handelsbilanz Ausgangspunkt der Gewinnbesteuerung; zum sog. Maßgeblichkeitsgrundsatz Darstellung und Nachweise bei *L. Schmidt*, EStG, 15. Aufl., 1996, § 5 Rdnr. 26 ff. Gleiches gilt über § 8 Abs. 1 KStG für die Körperschaftsteuer.

55 Vgl. dazu oben II, 3.

dann eingreift, wenn nicht alle Vorstandsmitglieder an der Abschlußfeststellung mitgewirkt haben. Ein krasser Fall wäre, daß allein das für Finanzen zuständige Vorstandsmitglied tätig geworden ist. Weniger spektakulär, aber ebenfalls fehlerhaft wäre die Konstellation einer Teilnahme mehrerer Vorstandsmitglieder ohne entsprechendes Einvernehmen mit den übrigen. Auf die Mitwirkung aller Vorstandsmitglieder kann allein bei unabwendbarer Verhinderung – etwa schwerer Krankheit – verzichtet werden[56]. Ein Tätigwerden von Vorstandsmitgliedern in vertretungsberechtigter Zahl genügt jedenfalls nicht[57].

Weitere Fälle nicht ordnungsmäßiger Vorstandsmitwirkung sind etwa die Zuleitung eines bloßen Entwurfs zum Jahresabschluß[58] oder die Zuleitung einer zwar endgültigen Vorlage, aber ohne entsprechenden Beschluß des Vorstandes. Kein Fall des § 256 Abs. 2 AktG ist dagegen ein Verstoß gegen die Unterzeichnungspflicht des § 245 HGB. Bei ihr handelt es sich um eine Ordnungspflicht öffentlich-rechtlichen Charakters, die aber nicht zur Aufstellung des Abschlusses gemäß § 264 Abs. 1 HGB gehört[59].

Es bleibt die Frage nach der Behandlung des unterbesetzten Vorstands im Rahmen von § 256 Abs. 2 AktG. Zu ihrer Beantwortung bietet sich ein Blick auf die Beurteilung fehlerhafter Aufsichtsratsmitwirkung an. Sie liegt vor, wenn nur ein Ausschuß entschieden hat[60], oder wenn zwar eine Sitzung des Gesamtaufsichtsrats stattgefunden hat, aber nicht alle Mitglieder ordnungsgemäß geladen waren[61]. Fehlerhaft ist die Mitwirkung auch dann, wenn zwar eine richtige Ladung erfolgt ist, es in der Sitzung aber an der Beschlußfähigkeit des Gremiums gefehlt hat[62].

Dagegen entspricht es offenbar unbestrittener Ansicht, daß die bloße Unterbesetzung des Aufsichtsrats, also das Vorhandensein von weniger Mitgliedern als satzungsmäßig vorgesehen, ohne Einfluß ist[63].

Abweichend davon soll eine Unterbesetzung beim Vorstand nach überwiegender Meinung zur Nichtigkeit des Jahresabschlusses gemäß § 256 Abs. 2 AktG führen[64]. Hintergrund ist die oben dargestellte Auffassung, Gesamtvorstandsaufgaben könnten von einem unterbesetzten Vorstand nicht wirksam erfüllt werden[65].

56 *Adler/Düring/Schmaltz,* (Fn 35), § 256 Rdnr. 53; *K. Maier,* in: Bonner Handbuch Rechnungslegung § 256 AktG Rdnr. 46; *Zöllner,* KölnerKommAktG, 1. Aufl., 1976, § 256 Rdnr. 79.

57 *Hüffer,* (Fn 45), § 256 Rdnr. 65.

58 *Hüffer,* (Fn 45), § 256 Rdnr. 62.

59 Allg. Ans.; statt vieler: *Zöllner,* (Fn 56), § 256 Rdnr. 79.

60 Vgl. oben III, 2 und dort Fn 37. Insoweit ist allerdings streitig, ob lediglich eine fehlerhafte oder überhaupt keine Mitwirkung des Aufsichtsrats vorliegt, was dann eine Heilung nach § 256 Abs. 6 ausschließen würde; dazu *Hüffer,* (Fn 45), § 256 Rdnr. 62 m. Nachw. z. Streitstand.

61 RG 12.10.1907, RGZ 66, 369, 371 ff.; aus dem Schrifttum nur: *Zöllner,* (Fn 56), § 256 Rdnr. 80.

62 *Zöllner* (Fn 56), § 256 Rdnr. 80.

63 *Hüffer,* (Fn 45), § 256 Rdnr. 69; *Zöllner,* (Fn 56), § 256 Rdnr. 81.

64 *Adler/Düring/Schmaltz,* (Fn 35), § 256 Rdnr. 60; *Hüffer,* (Fn 45) § 256 Rdnr. 67; *ders.* (Fn 2), § 256 Rdnr. 18; *Schilling,* GroßKomm.AktG, 3. Aufl., 1972, § 256 Anm. 9, allerdings nur bei Fehlen eines gesetzlich vorgeschriebenen Vorstandsmitglieds, nicht dagegen bei Fehlen eines nur satzungsmäßig erforderlichen.

65 Dazu unter II, 3.

Das sieht naturgemäß anders aus, wenn man mit der hier vertretenen Ansicht dem Vorstandshandeln solchenfalls generell Wirksamkeit zubilligt.

Daran ändert auch die rechtsgeschäftliche Natur der Vorstandsmitwirkung bei der Abschlußfeststellung nichts. Es trifft zwar zu, daß der Vorstand über die Vorlage des Abschlusses an den Aufsichtsrat im Beschlußwege entscheidet[66]. Das ist indessen lediglich Ausfluß des Umstandes, daß der Beschluß das technische Mittel zur Willensbildung bei einer Personenmehrheit darstellt. Daraus folgt nicht, es müsse eine Beschlußfähigkeit des Vorstandes gewährleistet sein. Ganz deutlich wird dies bei einem Blick auf den Alleinvorstand. Er kann den Jahresabschluß – selbstverständlich – wirksam dem Aufsichtsrat vorlegen.

Nun mag man einwenden, mit der Festlegung einer Mindestzahl von Vorstandsmitgliedern solle gewährleistet werden, daß der Jahresabschluß von mehreren Personen verantwortet wird. Das stimmt sicherlich. Die Folge ist aber allein eine Pflicht zur Ergänzung des Vorstands, nicht dagegen die Nichtigkeit im übrigen wirksam vorgenommener Vorstandsakte. Gerade beim Jahresabschluß schlägt das geschilderte Bestandsschutzinteresse ein Interesse an breiterer Verteilung der Vorstandsverantwortung aus dem Felde. Dabei kommt es wegen der Abdingbarkeit des § 76 Abs.2 S. 2 AktG nicht darauf an, ob ein gesetzlicher oder lediglich ein satzungsmäßiger Besetzungsfehler vorliegt[67].

V. *Fazit*

Aufstellung und Feststellung des Jahresabschlusses können auch dann wirksam erfolgen, wenn der Vorstand unterbesetzt ist, also nicht die nach Gesetz oder Satzung erforderliche Mindestzahl an Mitgliedern aufweist.

---

66 Vgl. III, 2 und dort Fn 44.
67 Wie *Schilling* (Fn 64), § 256 Anm. 9 dies annimmt.

Ausweis und Bewertung von Beteiligungen an Kapitalgesellschaften im Jahresabschluß des Gesellschafters

JOACHIM SCHULZE-OSTERLOH

I. Einführung

Der Zusammenbruch der Immobiliengruppe Schneider im Jahre 1994 hat die Deutsche Bank AG und ihre Tochtergesellschaft Deutsche Centralbodenkredit AG[1] zu Bilanzierungsmaßnahmen veranlaßt, die zu einer Kontroverse im Schrifttum geführt haben[2]. Die Deutsche Centralbodenkredit AG hatte im Zusammenhang mit Bauträgerfinanzierungen Forderungen gegen die Immobiliengruppe Schneider im Gesamtbetrag von 997 Millionen DM[3], deren beizulegender Wert infolge des Schneider-Konkurses auf 524 Millionen DM gesunken war. Die hiernach gemäß § 253 Abs. 3 Satz 2 HGB erforderliche Abschreibung hat bei der Deutschen Centralbodenkredit AG das Jahresergebnis um rund 473 Millionen DM gemindert[4]. Diese Einbuße hat die Gesellschafterin Deutsche Bank AG folgendermaßen ausgeglichen: Die Deutsche Centralbodenkredit AG hat die Forderungen im Gesamtbetrage von 997 Millionen DM an die Deutsche Bank AG zum Nennwert abgetreten[5]. Auf diese Weise hat die Tochtergesellschaft vermeintlich einen außerordentlichen Ertrag in Höhe des eingetretenen Verlustes von 473 Millionen DM erzielt[6]. Das hat aber nicht zu einer entsprechenden Minderung des Ergebnisses der Muttergesellschaft geführt, weil diese den Wert der Beteiligung an der Tochtergesellschaft um den Verlustbetrag von 473 Millionen DM erhöht hat[7]. Auswirkungen hatte die Wertminderung der Forderungen allerdings im Konzernabschluß der Deutschen Bank AG. Hier führt die erfolgswirksame Kapitalkonsolidierung dazu, daß der bei der Tochtergesellschaft eingetretene Verlust das Konzernergebnis belastet[8].

---

1   Die Beteiligung der Deutschen Bank AG an der Deutschen Centralbodenkredit AG betrug 95,24% (AG-Report 1995, 365; Geschäftsbericht 1994 der Deutschen Centralbodenkredit AG, S. 27: 95,2%). Inzwischen ist die Deutsche Centralbodenkredit AG durch Übertragung ihres Vermögens als Ganzes auf die übernehmende Frankfurter Hypothekenbank AG verschmolzen worden (AG-Report 1995, 514). An der Frankfurter Hypothekenbank AG ist die Deutsche Bank AG mit 94,32% beteiligt (AG-Report 1995, 507).

2   *Groh*, DB 1994, Heft 25, S. I; *Herzig*, DB 1994, Heft 28, S. I; *Groh*, Replik DB 1994, Heft 28, S. I; *Hoffmann*, DStR 1994, 1208 ff. Bisweilen wird die Bilanzierungspraxis, soweit sie die Tochtergesellschaft betrifft, als skandalös bezeichnet: *Jan Wilhelm*, ZHR 159 (1995), 454, 476 Fn. 49; *Reiß*, StuW 1996, 337, 342 Fn. 25, 350.

3   Die gesamten Darlehensforderungen gegen die Immobiliengruppe Schneider betrugen 1.029 Millionen DM; Forderungen im Gesamtbetrag von 997 Millionen DM waren um 473 Millionen DM auf demzufolge 524 Millionen DM abzuschreiben (Geschäftsbericht 1994 der Deutschen Centralbodenkredit AG, S. 19). Im einschlägigen Schrifttum wird vereinfachend von Forderungen von 1 Milliarde DM, die um 400 Millionen DM auf 600 Millionen DM abzuschreiben waren, gesprochen, *Groh*, DB 1994, Heft 25, S. I; *Herzig*, DB 1994, Heft 28, S. I; *Hoffmann*, DStR 1994, 1208.

4   Geschäftsbericht 1994 der Deutschen Centralbodenkredit AG, S. 19.

5   Geschäftsbericht 1994 der Deutschen Centralbodenkredit AG, S. 19.

6   Position 10 der Ertragsseite der Gewinn- und Verlustrechnung für die Zeit vom 1. Januar 1994 bis 31. Dezember 1994, Geschäftsbericht 1994 der Deutschen Centralbodenkredit AG; Anhang, aaO, S. 45.

7   Jahresabschluß und Lagebericht der Deutschen Bank AG 1994, S. 5.

8   *Hoffmann*, DStR 1994, 1208, 1209; vgl. auch die Bemerkung im Geschäftsbericht 1994 des Konzerns Deutsche Bank, S. 29: „Während das Ergebnis des Jahres 1993 durch günstige Sondereinflüsse geprägt war, beeinträchtigte im Berichtsjahr der Zusammenbruch des Immoblienunternehmens Schneider unseren Erfolg spürbar."

Neben der Frage, ob es zulässig ist, Zuwendungen des Gesellschafters im Jahresabschluß der Tochtergesellschaft als Ertrag auszuweisen[9], führt dieses Verfahren zu dem Problem, ob es möglich ist, sie im Jahresabschluß der Muttergesellschaft durch Aktivierung beim Beteiligungswert erfolgsneutral darzustellen. Diese Frage läßt sich nicht isoliert beantworten. Der Ausweis von Zuwendungen des Gesellschafters an die Kapitalgesellschaft in dessen Jahresabschluß ist Teil des übergreifenden Problems, wie solche Beteiligungen unter Berücksichtigung von Einlagen, sonstigen Zuwendungen und Ausschüttungen zu bilanzieren sind.

II. Ansatz und Bewertung der Beteiligung

1. Überblick

Bilanzrechtlich ist die Beteiligung an einer Kapitalgesellschaft ein Vermögensgegenstand[10]. Sie wird in der Bilanz unter den Anteilen an verbundenen Unternehmen (§ 266 Abs. 2 III Nr. 1 HGB) oder als Beteiligung (§ 266 Abs. 2 III Nr. 3 HGB) ausgewiesen. Als Vermögensgegenstand ist sie nach den Regeln der §§ 253 ff. HGB zu bewerten[11].

Wegen der besonderen Struktur des Vermögensgegenstands „Beteiligung" ist allerdings die Anwendung dieser Bewertungsvorschriften nicht unproblematisch. Diese Bestimmungen gehen von zwei alternativen Bewertungsmaßstäben aus, den Anschaffungskosten und den Herstellungskosten.

Anschaffungskosten i.S.d. §§ 253 Abs. 1 Satz 1, 255 Abs. 1 HGB liegen mit Sicherheit vor, wenn der Bilanzierende die Beteiligung entgeltlich von einem Dritten erwirbt[12].

Erwirbt der Gesellschafter die Beteiligung durch Gründung der Kapitalgesellschaft oder durch spätere Kapitalerhöhung, wird häufig ebenfalls angenommen, daß ihm Anschaffungskosten entstünden[13]. Andere halten insoweit die Vorstellung einer Anschaffung für unrichtig und sehen in der Kapitalaufbringung bei Gründung oder Kapitalerhöhung einen Herstellungsvorgang, der zu Herstellungskosten führe[14]. Die

---

9   Diese Frage ist zu verneinen: *Schulze-Osterloh*, FS Claussen, 1997, 769 ff.

10 *Adler/Düring/Schmaltz*, Rechnungslegung und Prüfung der Unternehmen, Teilband 1, 6. Aufl. 1995, § 253 HGB Rdn. 42. Zu den Voraussetzungen einer Beteiligung nach § 271 Abs. 1 HGB *Baumbach/Hueck/Schulze-Osterloh*, Komm. z. GmbHG, 16. Aufl. 1996, § 42 GmbHG Rdn. 127 ff.

11 *Adler/Düring/Schmaltz*, aaO (Fn. 10), § 253 HGB Rdn. 42.

12 *Adler/Düring/Schmaltz*, aaO (Fn. 10), § 253 HGB Rdn. 43; *Baumbach/Hueck/Schulze-Osterloh*, aaO (Fn. 10), § 42 GmbHG Rdn. 286; *Ellrott/Gutike*, Beck'scher Bilanz-Kommentar, 3. Aufl. 1995, § 255 HGB Rdn. 141; *Küting/Weber/Karrenbauer*, Handbuch der Rechnungslegung, Band Ia, 4. Aufl. 1995, § 253 HGB Rdn. 27; *Scheffler*, Beck'sches Handbuch der Rechnungslegung, B 213 Rdn. 27; *W.-D. Hoffmann*, BB 1996, Beilage 16, 5.

13 *Adler/Düring/Schmaltz*, aaO (Fn.10), § 253 HGB Rdn. 44; *Baumbach/Hueck/Schulze-Osterloh*, aaO (Fn. 10), § 42 GmbHG Rdn. 286; *Küting/Weber/Karrenbauer*, aaO (Fn. 12), § 253 HGB Rdn. 27.

14 *Ellrott/Gutike*, aaO (Fn. 12), § 253 HGB Rdn. 143; *Scheffler,* aaO (Fn. 12), B 213 Rdn. 27; *W.-D. Hoffmann*, BB 1988, Beilage 2, 6 ff.

Annahme von Herstellungskosten hat vor allem für nachträgliche Zuwendungen des Gesellschafters zugunsten der Kapitalgesellschaft Bedeutung. Sie können relativ problemlos als Aufwendungen angesehen werden, die i.S.d. § 255 Abs. 2 Satz 1 HGB für eine über den ursprünglichen Zustand hinausgehende Verbesserung des Vermögensgegenstands „Beteiligung" erbracht werden und die so als nachträgliche Herstellungskosten aktivierbar sind[15]. Nimmt man dagegen auch in einem solchen Fall Anschaffungskosten an, so muß man die Kategorie der nachträglichen Anschaffungskosten bemühen[16].

Bei diesen Versuchen wird nicht ausreichend berücksichtigt, daß die Tatbestandsmerkmale der Anschaffung und Herstellung sowie der damit verbundenen Aufwendungen auf die üblichen industriellen Produktionsvorgänge bezogen sind[17] und daher für die Begründung und die Veränderung von Beteiligungen an Kapitalgesellschaften keine ausreichende Argumentationsbasis geben können[18]. Der gesetzlichen Regelung läßt sich nur der Grundgedanke entnehmen, daß bestimmte Aufwendungen im Interesse der zutreffenden Darstellung der Vermögens- und Ertragslage nicht ergebnismindernd, sondern erfolgsneutral ausgewiesen werden müssen oder – im Falle von Gemeinkosten der Herstellung – ausgewiesen werden können.

Daß die Kategorien der Anschaffungs- und Herstellungskosten nicht passen, zeigt sich auch an dem umgekehrten Fall, nämlich dem der Leistungen der Kapitalgesellschaft an den Gesellschafter auf Grund des Gesellschaftsverhältnisses. Diese gegenüber den Aufwendungen des Gesellschafters gegenläufigen Vermögensverlagerungen können nicht als Minderungen von Anschaffungs- oder Herstellungskosten begriffen werden, sondern sie sind entweder Kapitalrückzahlungen oder Gewinnausschüttungen.

Daher ist es erforderlich, die Vermögensbewegungen zwischen der Kapitalgesellschaft und dem Gesellschafter zusammenfassend zu qualifizieren und dabei die Struktur der Beteiligung an einer solchen Gesellschaft in rechtlicher und wirtschaftlicher Hinsicht zu analysieren. Dafür ist zunächst von dem Erwerb der Beteiligung an der Gesellschaft auszugehen (2), darauf aufbauend sind sonstige Zuwendungen des Gesellschafters zugunsten der Kapitalgesellschaft zu beurteilen (3) und schließlich sind die Leistungen aus dem Vermögen der Kapitalgesellschaft an den Gesellschafter zu erörtern (4).

---

15 *Ellrott/Gutike*, aaO (Fn. 12), § 253 HGB Rdn. 162; *Scheffler*, aaO (Fn. 12), B 213 Rdn. 27, 28; *W.-D. Hoffmann*, BB 1988, Beilage 2, 9 ff.; *ders*., BB 1996, Beilage 16, 5 ff. Auf diesen Fall die Annahme von Herstellungskosten beschränkend *Goerdeler/Welf Müller*, WPg 1980, 313, 319 f.

16 So *Adler/Düring/Schmaltz*, aaO (Fn. 10), § 253 HGB Rdn. 45, § 255 HGB Rdn. 44; *Küting/Weber/Karrenbauer*, aaO (Fn. 12), § 253 HGB Rdn. 30; *Kupsch*, HdJ II/3, Rdn. 103; *Weber*, Grundsätze ordnungsmäßiger Bilanzierung für Beteiligungen, 1980, S. 83 ff.

17 Für Herstellungskosten *W.-D. Hoffmann*, BB 1988, Beilage 2, 6, 7.

18 Ansatzweise ebenso *Knobbe-Keuk*, Bilanz- und Unternehmenssteuerrecht, 9. Aufl. 1993, § 5 VII 1 c, S. 212 f., die aber dennoch der Terminologie „Herstellungsaufwand" zuneigt.

2. Die Beteiligung an einer Kapitalgesellschaft

a) Bewertung bei Gründung und Kapitalerhöhung

Mit der Erbringung von Einlagen anläßlich des Erwerbs der Beteiligung an einer Kapitalgesellschaft findet aus der Sicht des Gesellschafters eine Vermögensumschichtung statt: An die Stelle des Gegenstandes der Einlage – sei es Geld, sei es im Falle einer Sacheinlage ein Vermögensgegenstand – tritt die Beteiligung. Es ist daher selbstverständlich, daß der Einlagebetrag nicht als Aufwendung zu behandeln, sondern als „Beteiligung" zu aktivieren ist. Das ist unabhängig davon, ob sich die Einlage mit dem Nennbetrag der Beteiligung deckt oder ob der Gesellschafter darüber hinaus einen weiteren Betrag zu zahlen hat, der in der Bilanz der Gesellschaft entweder nach § 272 Abs. 2 Nr. 1 HGB oder nach § 272 Abs. 2 Nr. 3 HGB als Kapitalrücklage auszuweisen ist.

Im Falle einer Bareinlage ist der vereinbarte Geldbetrag anzusetzen[19]. Zweifelhaft ist dagegen die Rechtslage, wenn eine Sacheinlage versprochen ist. Nach verbreiteter Ansicht sind auf diesen Fall die Grundsätze über die Bewertung bei Tauschvorgängen anzuwenden[20] mit der Folge, daß dem Gesellschafter ein dreifaches Wahlrecht zugebilligt wird: Möglich soll sein die Bewertung mit dem Buchwert des Gegenstandes der Sacheinlage[21], mit einem Wert, der die ertragsteuerliche Belastung berücksichtigt, oder mit dem Zeitwert[22]. Richtigerweise ist aber bei einem Tausch der erworbene Gegenstand mit dem vorsichtig geschätzten Zeitwert des hingegebenen Gegenstandes zu bewerten[23].

Der Erwerb einer Beteiligung an einer Kapitalgesellschaft auf Grund einer Leistung von Einlagen gleicht einem Tausch: Da das Vermögen der Kapitalgesellschaft im Verhältnis zu dem Vermögen ihrer Gesellschafter verselbständigt ist[24], büßt der Gesellschafter den Gegenstand seiner Einlage ein und erlangt dafür die Beteiligung. Diese wird im Jahresabschluß des Gesellschafters nur zutreffend bewertet, wenn die Erbringung der Sacheinlage als ein Abgang aus seinem Vermögen behandelt wird, bei dem gegebenenfalls stille Reserven realisiert werden. Verzichtete man auf die Realisierung der stillen Reserven, so würde die Sacheinlage nicht in zutreffender Höhe erfaßt werden mit der Folge, daß der Beteiligungswert

---

19 *Adler/Düring/Schmaltz*, aaO (Fn. 10), § 253 HGB Rdn. 44; *Weber*, aaO (Fn. 16), S. 184.
20 Gegen diese Gleichsetzung *Weber*, aaO (Fn. 16), S. 183.
21 Nur diese Bewertung hält *Weber*, aaO (Fn. 16), S. 184, für richtig.
22 *Adler/Düring/Schmaltz*, aaO (Fn. 10), § 253 HGB Rdn. 44; *Ellrott/Gutike*, aaO (Fn. 12), § 255 HGB Rdn. 152; *Küting/Weber/Karrenbauer*, aaO (Fn. 12), § 253 HGB Rdn. 29. Ähnlich (beschränkt auf Wahl zwischen Buch- und Zeitwert des hingegebenen Vermögensgegenstandes) *Kupsch*, HdJ II/3 Rdn. 119.
23 *Baumbach/Hueck/Schulze-Osterloh*, aaO (Fn. 10), § 42 GmbHG Rdn. 278; *Wohlgemuth*, HdJ I/9, Rdn. 54 ff.
24 Trennungsprinzip: *Heinrich*, Münchener Handbuch des Gesellschaftsrechts, Band 3: Gesellschaft mit beschränkter Haftung, 1996, § 10 Rdn. 1, S. 92; *G. Hueck*, Gesellschaftsrecht, 9. Aufl. 1991, § 3 III, S. 24, § 36 II 5, S. 366 ff.; *ders.* in Baumbach/Hueck, Komm. z. GmbHG, 16. Aufl. 1996, § 13 GmbHG Rdn. 1; *Kübler*, Gesellschaftsrecht, 4. Aufl. 1994, § 4 IV 2, S. 27; *Wiedemann*, Gesellschaftsrecht, Band I, 1980, § 4 I 2 b, S. 198 f.

nicht richtig ausgewiesen werden könnte. Dem entspricht auch die Bilanzierung auf der Seite der Kapitalgesellschaft, die im Interesse der zutreffenden Darstellung ihrer Vermögens- und Ertragslage nach § 264 Abs. 2 Satz 1 HGB und des richtigen Ausweises der Kapitalrücklagen nach § 272 Abs. 2 Nrn. 1, 3 HGB den Gegenstand der Sacheinlage ebenfalls mit dem vorsichtig geschätzten Zeitwert ansetzen muß[25]. Des weiteren ergeben sich nur so sachgerechte Konsequenzen, wenn der Gegenstand der Sacheinlage später wieder dem Gesellschafter zurückgewährt wird; denn in diesem Fall ist der Gegenstand ebenfalls mit dem dann maßgebenden Zeitwert zu bewerten[26].

Dieselben Bewertungsregeln gelten für Beteiligungen, die im Wege einer Kapitalerhöhung gegen Einlagen erworben werden.

b) Abschreibungen

Für die weitere Bewertung der im Wege der Gründung oder der Kapitalerhöhung erworbenen Beteiligung sind die allgemeinen Vorschriften anzuwenden. Ist der beizulegende Wert zum Abschlußstichtag gesunken, kann oder muß nach §§ 253 Abs. 2 Satz 3, 279 Abs. 1 Satz 2 HGB eine außerplanmäßige Abschreibung vorgenommen werden.

3. Andere Zuwendungen an die Kapitalgesellschaft

a) Aktivierungspflichtige Vermögensumschichtung

Im Falle von Zuwendungen des Gesellschafters an die Kapitalgesellschaft, die nicht in Einlagen aus Anlaß der Gründung oder einer Kapitalerhöhung bestehen, ist die Annahme einer bloßen Vermögensumschichtung nicht so zweifelsfrei, so daß – anders als bei der Gründung und bei der Kapitalerhöhung[27] – die Frage, ob eine Aktivierung der Zuwendungen im Jahresabschluß des Gesellschafters in Betracht kommt, näher untersucht werden muß.

Ausgehend von Überlegungen zu Anschaffungs- oder Herstellungskosten wird unter teilweise unterschiedlichen Voraussetzungen angenommen, daß solche Zuwendungen im Jahresabschluß des Gesellschafters bei dem Beteiligungswert zu aktivieren seien[28].

---

25 *Schulze-Osterloh*, ZGR 1993, 420, 429 ff. mit weiteren Nachweisen, auch der abweichenden herrschenden Meinung.

26 Dazu unten II 4 c.

27 Oben II 2 a.

28 Allgemein bejahend *Knop/Küting* in Küting/Weber, Handbuch der Rechnungslegung, Band Ia, 4. Aufl. 1995, § 255 HGB Rdn. 50. Bejahend für den Fall den Beteiligungswert erhöhender Zuschüsse *Adler/Düring/Schmaltz*, aaO (Fn. 10), § 253 HGB Rdn. 45; ähnlich WP-Handbuch 1996, Band I, E Rdn. 368. Nur bejahend, wenn Beteiligung i.S.d. § 255 Abs. 2 Satz 1 HGB wesentlich verbessert wird, *Ellrott/Gutike*, aaO (Fn. 12), § 255 HGB Rdn. 164; *W.-D. Hoffmann*, BB 1988, Beilage 2, 10; *Knobbe-Keuk*, aaO (Fn. 18), § 5 VII 1 c aa, S. 213 ff. Generell verneinend, aber Verzicht auf gegebenenfalls gebotene Abschreibung *Claussen*, Kölner Komm. z. AktG, Band 4, 2. Aufl. 1991, § 255 HGB Rdn. 39.

Die Annahme von Anschaffungs- oder Herstellungskosten ist in diesen Fällen jedoch inhaltlich unangemessen[29]. Als Aktivierungsgrund kommt nach den einleitenden Überlegungen[30] vielmehr eine Vermögensumschichtung in Betracht, die als solche erfolgsneutral auszuweisen ist. Zu rechtfertigen ist die Aktivierung im Jahresabschluß des Gesellschafters nicht mit einer Anwendung der Regeln über die Anschaffungs- oder Herstellungskosten, sondern mit einer Analogie zu diesen. Anschaffungs- oder Herstellungskosten sind zu aktivieren, weil mit ihnen ein Vermögensgegenstand erworben oder hergestellt wird, der das Vermögen des Bilanzierenden verstärkt. Zuwendungen an die Kapitalgesellschaft sind zu aktivieren, weil der Betrag oder der Gegenstand der Zuwendung vermittels der Beteiligung das wirtschaftliche Potential des Gesellschafters auf der Ebene der Kapitalgesellschaft erhöht.

Ob eine solche erfolgsneutrale Vermögensumschichtung vorliegt, hängt allerdings von dem Verhältnis ab, in dem der Gesellschafter an der Kapitalgesellschaft beteiligt ist. Ist er zu 100% an dem Kapital der Tochtergesellschaft beteiligt, kann von einer Vermögensumschichtung in vollem Umfange der Zuwendung ausgegangen werden. Ist er nur mit einem geringeren Anteil beteiligt, so kommt ihm die Zuwendung nur anteilig zugute, sofern nicht die anderen Gesellschafter gleichzeitig entsprechende Zuwendungen erbringen. Im Jahresabschluß der Kapitalgesellschaft ist diese Zuwendung nämlich nach § 272 Abs. 2 Nr. 4 HGB der Kapitalrücklage zuzuweisen[31], aus der Ausschüttungen an alle Gesellschafter gespeist werden können. Insofern unterscheidet sich die Beteiligung an einer Kapitalgesellschaft grundlegend von der an einer Personenhandelsgesellschaft. Bei dieser werden Zuwendungen des Gesellschafters dessen Kapitalkonto gutgeschrieben und kommen daher ausschließlich diesem durch Schaffung eines höheren Entnahmepotentials und durch eine entsprechend höhere Beteiligung am Liquidationserlös zugute. Es ist daher gerechtfertigt, Einlagen eines Gesellschafters einer Personenhandelsgesellschaft in dessen Jahresabschluß in voller Höhe zu aktivieren und damit erfolgsneutral zu behandeln[32]. Demgegenüber sind Zuwendungen des Gesellschafters einer Kapitalgesellschaft in seinem Jahresabschluß nur nach dem anteiligen Maß seiner Kapitalbeteiligung zu aktivieren, es sei denn die anderen Gesellschafter erbringen entsprechende Zuwendungen[33]. Die Vertreter der davon abweichenden Ansicht sehen den Betrag der Zuwendung insgesamt als nachträgliche Anschaf-

---

29 Kritisch zu dieser Begriffsbildung auch *Kupsch*, StbJb. 1989/90, 93, 125.

30 Oben II 1, 2.

31 *Schulze-Osterloh*, FS Claussen, 1997, S. 769, 772 ff.

32 *Schulze-Osterloh*, WPg 1979, 629, 636 ff.; *ders.* in IDW (Hrsg.), Personengesellschaft und Bilanzierung, 1990, 129, 145. Im Ergebnis ebenso, aber unter dem hier abgelehnten Gesichtspunkt nachträglicher Anschaffungskosten auf die Beteiligung *Breuer*, Beteiligungen an Personengesellschaften in der Handelsbilanz, 1994, S. 42 ff.; *Nieskens*, WPg 1988, 493, 498.

33 *Knobbe-Keuk*, aaO (Fn. 18), § 5 VII 1 c aa, S. 214; *dies.*, AG 1979, 293, 297; *Offerhaus*, StBP 1968, 73, 74 f.; wohl auch *Ellrott/Gutike*, aaO (Fn. 12), § 255 HGB Rdn. 164. Kritisch gegenüber der Aktivierung in voller Höhe auch *Kupsch*, StbJb. 1989/90, 93, 125.

fungskosten[34] oder steuerrechtlich als verdeckte Einlage[35] an und wollen – soweit sie sich zu diesem Problem äußern[36] – den auf die anderen Gesellschafter entfallenden Anteil nur durch eine Abschreibung auf den Beteiligungswert berücksichtigen. Diese Methode versagt bei entsprechend hohen stillen Reserven im Beteiligungswert und führt daher im Ergebnis zur Aufdeckung stiller Reserven, ohne daß ein Realisierungstatbestand vorliegt.

Eine Aktivierung des auf die anderen Gesellschafter entfallenden Teils der Zuwendung kommt nur in Betracht, wenn diese – abgesehen von dem schon erwähnten Fall entsprechender Zuwendungen an die Kapitalgesellschaft – eine Gegenleistung in das Vermögen des zuwendenden Gesellschafters erbringen. In diesem Fall wird aber nicht die Zuwendung, sondern diese Gegenleistung aktiviert, sofern sie in einem aktivierbaren Vermögensgegenstand besteht.

Liegt hiernach eine aktivierungspflichtige Vermögensumschichtung vor, ist der sich aus den Beteiligungsverhältnissen ergebende Betrag zu aktivieren. Da die Zuwendung als solche keinen eigenständigen Vermögensgegenstand darstellt, kommt nur eine Aktivierung bei der Beteiligung in Betracht.

Diese Aktivierung kann entgegen einer im Schrifttum[37] und im Ergebnis auch in einer älteren BGH-Entscheidung[38] vertretenen Auffassung nicht mit der Begründung unterlassen werden, die Beteiligung sei nicht mehr werthaltig[39]. Aktivierung der Zuwendung und die gegebenenfalls erforderliche Abschreibung auf den niedrigeren beizulegenden Beteiligungswert sind voneinander zu unterscheiden, weil anderenfalls Zugänge und Abschreibungen unzulässigerweise saldiert werden würden. Auch beruht die abgelehnte Auffassung auf der nur für Produktionsprozesse passenden Unterscheidung von Herstellungs- und Erhaltungsaufwand[40].

---

34 *Schmidt/Weber-Grellet*, Komm. z. EStG, 15. Aufl. 1996, § 5 EStG Rdn. 270 (Beteiligungen an KapGes); *Herrmann/Heuer/Raupach*, Komm. z. EStG und KStG, § 5 EStG Anm. 2200 (Kapitalgesellschaft); *Küting/Weber/Karrenbauer*, aaO (Fn. 12), § 253 HGB Rdn. 30. Die dafür von *Karrenbauer* zitierte Äußerung von *Nieskens*, WPg 1988, 493, 498, bezieht sich ausdrücklich nur auf Personenhandelsgesellschaften, für die in der Tat andere Grundsätze gelten (oben bei Fn. 32).

35 BFH IV R 135/82 vom 18.7.1985, BFHE 144, 166, 168 f. = BStBl. 1985 II, 635, 636. Ebenso auch *Wassermeyer*, StbJb. 1985/86, 213, 232 f., der die nur beschränkte Werterhöhung ausdrücklich hervorhebt, aber die Zuwendung in voller Höhe als Einlage behandelt; insofern wird *Wassermeyer* zu Unrecht für die hier vertretene Ansicht in Anspruch genommen, so von *Schmidt/Weber-Grellet*, aaO (Fn. 34), § 5 EStG Rdn. 270 (Beteiligungen an KapGes).

36 *Herrmann/Heuer/Raupach*, aaO (Fn. 34), § 5 EStG Anm. 2200 (Kapitalgesellschaft); *Küting/Weber/Karrenbauer*, aaO (Fn. 12), § 253 HGB Rdn. 30; *Raupach*, JbFSt. 1988/1989, 325, 334.

37 *Adler/Düring/Schmaltz*, aaO (Fn. 10), § 253 HGB Rdn. 45; WP-Handbuch 1996, Band I, 11. Aufl., E Rdn. 368; *Goerdeler/Welf Müller*, WPg 1980, 313, 319 f.; *W.-D. Hoffmann*, BB 1988, Beilage 2, 9 f.; wohl auch *Ellrott/Gutike*, aaO (Fn. 12), § 255 HGB Rdn. 164.

38 Urteil KZR 5/77 vom 31.10.1978, WPg 1979, 158, 160 = NJW 1980, 183, 184.

39 *Küting/Weber/Karrenbauer*, aaO (Fn. 12), § 253 HGB Rdn. 30; *Weber*, aaO (Fn. 16), S. 84 f.

40 Vgl. die begrifflich angelegten Überlegungen von *Goerdeler/Welf Müller*, WPg 1980, 313, 319 f.; *W.-D. Hoffmann*, BB 1988, Beilage 2, 9 f.

b) Bewertung der Zuwendung

Bei Geldzuwendungen des Gesellschafters an die Kapitalgesellschaft ist für die Bewertung der Zuwendung der Geldbetrag maßgebend. Problematisch ist aber die Bewertung von anderen Vermögensgegenständen, die der Gesellschaft überlassen werden. Im Schrifttum wird – soweit diese Frage überhaupt erörtert wird – der Ansatz des Buchwertes des hingegebenen Gegenstandes für richtig gehalten[41]. Im Interesse einer zutreffenden Darstellung der Beziehungen zwischen der Gesellschaft und ihrem Gesellschafter kommt aber nur eine Bewertung mit dem vorsichtig geschätzten Zeitwert in Betracht. Insofern gelten die für den Fall von Sacheinlagen anläßlich der Gründung oder Kapitalerhöhung aus dem Trennungsprinzip abgeleiteten Folgerungen[42] gleichermaßen. Dem entspricht auch die Bilanzierung auf der Seite der Kapitalgesellschaft, die den Gegenstand der Zuwendung im Interesse des richtigen Ausweises der Kapitalrücklage nach § 272 Abs. 2 Nr. 4 HGB[43] ebenfalls mit dem vorsichtig geschätzten Zeitwert ansetzen muß.

Nur auf diese Weise ist es auch möglich, in die Formen eines Austauschgeschäfts gekleidete Zuwendungen zu erfassen. Veräußert der Gesellschafter an die Kapitalgesellschaft einen Vermögensgegenstand beispielsweise zum Buchwert, der unter dem Zeitwert liegt, wäre die Zuwendung nicht erkennbar, so daß die Beziehungen zwischen der Gesellschaft und ihrem Gesellschafter unvollständig dargestellt werden würden.

4. Leistungen aus dem Vermögen der Kapitalgesellschaft an den Gesellschafter

Leistungen aus dem Vermögen der Kapitalgesellschaft an den Gesellschafter, die auf dem Gesellschaftsverhältnis beruhen, können Kapitalrückzahlungen oder Gewinnausschüttungen sein. Davon hängt ihre Behandlung im Jahresabschluß des Gesellschafters ab.

a) Kapitalrückzahlungen

Eine Kapitalrückzahlung liegt vor, wenn die Leistung der Kapitalgesellschaft aus deren Grund- oder Stammkapital oder aus der Kapitalrücklage erbracht wird. Eine Leistung zu Lasten des Grund- oder Stammkapitals setzt bei der Gesellschaft entsprechende Kapitalherabsetzungsmaßnahmen voraus. Soweit es sich um Leistungen aus der Kapitalrücklage handelt, unterscheidet sich die Rechtslage bei der Aktiengesellschaft und bei der Gesellschaft mit beschränkter Haftung. Eine Aktiengesellschaft kann gemäß § 150 Abs. 3 und 4 AktG ihre Kapitalrücklage nach § 272 Abs. 2 Nrn. 1 bis 3 HGB nicht für Ausschüttungen an ihre Gesellschafter verwenden[44].

---

41 *Ellrott/Gutike*, aaO (Fn. 12), § 255 HGB Rdn. 169.
42 Oben II 2 a.
43 Dazu *Schulze-Osterloh*, FS Claussen, 1997, S. 769, 772 ff.
44 *Adler/Düring/Schmaltz*, Rechnungslegung und Prüfung der Unternehmen, 5. Aufl., § 272 HGB Rdn. 60.

Daher ist nur eine Leistung aus der Kapitalrücklage nach § 272 Abs. 2 Nr. 4 HGB möglich; insoweit unterliegt die Aktiengesellschaft keinen Beschränkungen[45]. Bei der GmbH kommen nur Kapitalrücklagen nach § 272 Abs. 2 Nrn. 1, 2 und 4 HGB in Betracht[46]. In der Verwendung dieser Rücklagen ist die GmbH frei[47].

Eine Leistung aus der Kapitalrücklage setzt bei der Kapitalgesellschaft eine Auflösung der Kapitalrücklage zugunsten des Bilanzgewinns voraus; eine unmittelbare Entnahme aus der Kapitalrücklage ist im Interesse einer klaren Darstellung des Eigenkapitals nicht möglich[48].

Eine solche Kapitalrückzahlung bedeutet eine Umschichtung von Vermögen der Kapitalgesellschaft zugunsten ihres Gesellschafters. Dieser realisiert dadurch keinen Ertrag, sondern er erlangt Vermögen, das er als Einlage oder als sonstige Zuwendung in das Gesellschaftsvermögen eingebracht hat, wieder zurück. Dieser Zufluß muß daher beim Gesellschafter erfolgsneutral behandelt werden. Folglich kommt nur eine entsprechende Minderung des Beteiligungsansatzes in Betracht. Diese Minderung ist eine Abschreibung auf den niedrigeren beizulegenden Wert i.S.d. § 253 Abs. 2 Satz 3 HGB, soweit die Kapitalrückzahlung dazu führt, daß die Beteiligung nunmehr mit einem geringeren Betrag als dem Buchwert zu bewerten ist. Geht die Rückzahlung über den Abschreibungsbedarf hinaus, kommen zwei Ausweismöglichkeiten in Betracht, mit denen die gebotene Erfolgsneutralität verbunden ist: Entweder wird der Beteiligungswert zusätzlich gemindert oder es wird neben der Beteiligung ein besonderer Passivposten gebildet, der nach § 265 Abs. 5 Satz 2 HGB zulässig ist. Geht man davon aus, daß Einlagen und sonstige Zuwendungen in das Gesellschaftsvermögen den Beteiligungswert erhöhen[49], liegt es nahe, im umgekehrten Fall der Kapitalrückzahlung den Beteiligungsansatz – ohne Rücksicht auf einen Abschreibungsbedarf – um den Betrag der Rückzahlung zu kürzen.

Sollte der Beteiligungswert durch die Minderung des Beteiligungswertes infolge der Kapitalrückzahlung negativ werden, ist in Höhe des überschießenden Betrages ein Passivposten zu bilden. Dieser ist zwar im Gliederungsschema des § 266 HGB nicht vorgesehen, aber nach § 265 Abs. 5 Satz 2 HGB zulässig.

Der erfolgsneutrale Ausweis der Kapitalrückzahlung kommt aber uneingeschränkt nur in Betracht, wenn der Gesellschafter zu 100% an der Kapitalgesell-

---

45 *Adler/Düring/Schmaltz*, aaO (Fn. 44), § 272 HGB Rdn. 107; *Claussen*, aaO (Fn. 28), § 272 HGB Rdn. 43; *Farr*, Die offenen Rücklagen der Kapitalgesellschaften, HdJ III/2, 1992, Rdn. 31; *Förschle/Kofahl*, Beck'scher Bilanz-Kommentar, 3. Aufl. 1995, § 272 HGB Rdn. 72; *Küting* in Küting/Weber, Handbuch der Rechnungslegung, Band Ia, 4. Aufl. 1995, § 272 HGB Rdn. 95; *H.-P. Müller*, FS Heinsius, 1991, S. 591, 603.

46 Wandlungs- und Optionsrechte i.S.d. § 272 Abs. 2 Nr. 2 HGB kommen bei der GmbH nicht vor, *Adler/Düring/Schmaltz*, aaO (Fn. 44), § 272 HGB Rdn. 58.

47 *Adler/Düring/Schmaltz*, aaO (Fn. 44), § 272 HGB Rdn. 60; *Baumbach/Hueck/Schulze-Osterloh*, aaO (Fn. 10), § 42 GmbHG Rdn. 168, 169, 170.

48 *Baumbach/Hueck/Schulze-Osterloh*, aaO (Fn. 10), § 42 GmbHG Rdn. 178; *Priester*, GmbH-Rdsch. 1986, 34, 35; *Renkl*, GmbH-Rdsch. 1989, 66, 70. – A.M. wohl (Rücklagenauflösung ist Teil der Ergebnisverwendung) *Lutter/Hommelhoff*, GmbHG, 14. Aufl. 1995, § 29 GmbHG Rdn. 30; *Crezelius*, FS GmbHG, 1992, S. 315, 329 f.; *Vonnemann*, GmbH-Rdsch. 1992, 637, 639 f.

49 Oben II 2 a, 3 a.

schaft beteiligt ist. Bei einer geringeren Beteiligung handelt es sich nur bei dem auf den Gesellschafter entfallenden Anteil um eine Kapitalrückzahlung, es sei denn, den übrigen Gesellschaftern fließen ebenfalls entsprechende Beträge zu. Der überschießende Betrag ist keine Kapitalrückzahlung, sondern eine sonstige Zuwendung der Kapitalgesellschaft, die wirtschaftlich zu Lasten der übrigen Gesellschafter der Kapitalgesellschaft erbracht worden ist. Insoweit ist sie wie andere Zuwendungen zu behandeln, die nicht Kapitalrückzahlung sind[50].

b) Verdeckte Gewinnausschüttung

Eine Leistung der Kapitalgesellschaft an ihren Gesellschafter, die nicht aus dem Grund- oder Stammkapital oder aus der Kapitalrücklage erbracht wird, ist aus der Sicht des Gesellschafters Ertrag, der erfolgswirksam auszuweisen ist. Das gilt ohne Rücksicht darauf, ob die Leistung auf einem Ergebnisverwendungsbeschluß der Kapitalgesellschaft beruht oder nicht.

Liegt der Leistung ein Ergebnisverwendungsbeschluß zugrunde, ist bereits der Anspruch ertragswirksam zu aktivieren, u. U. phasengleich zum Ende des Geschäftsjahrs der Tochtergesellschaft, wenn die dafür entwickelten Voraussetzungen vorliegen[51].

Fehlt es an einem Ergebnisverwendungsbeschluß, handelt es sich um eine Vermögensverlagerung, die steuerrechtlich in § 8 Abs. 3 Satz 2 KStG als verdeckte Gewinnausschüttung bezeichnet wird[52]. Diese Vermögensverlagerung kann offen stattfinden, sie kann aber auch verdeckt geschehen, indem ein Austauschgeschäft zu marktunüblichen Bedingungen abgeschlossen wird: Die Kapitalgesellschaft erbringt ihrem Gesellschafter eine Leistung zu einem unangemessen niedrigen Preis[53].

c) Bewertung der Leistungen

Geldzahlungen sind mit ihrem Nennbetrag anzusetzen. Überträgt die Kapitalgesellschaft Vermögensgegenstände auf den Gesellschafter, muß dieser Abgang im Interesse der zutreffenden Darstellung der Ertragslage aus ihrer Buchführung ersichtlich sein[54]. Er ist daher mit dem vorsichtig geschätzten Zeitwert des Gegenstandes an-

---

50 Dazu unten II 4 b.
51 Einzelheiten *Schulze-Osterloh*, ZGR 1995, 170, 181 ff. – Nunmehr EuGH Rs. C-234/94 vom 27.6.1996, ZIP 1996, 1168 ff. Dazu *Haselmann/Schick*, DB 1996, 1529 ff.; *dies.*, DB 1997, 58 ff.; *Heni*, DStR 1996, 1095; *Hennrichs*, ZGR 1997, 66 ff.; *Herzig*, DB 1996, 1401 f.; *Herzig/Dautzenberg*, DB 1997, 8 ff.; *W.-D. Hoffmann*, BB 1996, 1493 ff.; *Kraneis*, DB 1997, 57 f.; *Kessler*, DB 1997, 1 ff.; *Kropff*, ZGR 1997, 115 ff.; *Küting*, DStR 1996, 1947 ff.; *Schulze-Osterloh*, ZIP 1996, 1453 ff.; *Thömmes*, IWB, Fach 11a, S. 112 ff.; *Weber-Grellet*, DB 1996, 2089 ff.; *de Weerth*, RIW 1996, 763 ff.
52 Zur Terminologie *Wiedemann*, aaO (Fn. 24), § 8 III 1 a, S. 440.
53 Zu den bilanzrechtlichen Auswirkungen bei der leistenden Kapitalgesellschaft *Schulze-Osterloh*, StuW 1994, 131, 134.
54 So schon (für die AG) *Ballerstedt*, Kapital, Gewinn und Ausschüttung bei Kapitalgesellschaften, 1949, S. 156; ferner *Erle*, Der Bestätigungsvermerk des Abschlußprüfers, 1990, S. 159; *Fiedler*,

zusetzen. Ein Verstoß gegen das Realisationsprinzip liegt darin nicht: Es geht nicht um die Frage, ob ein als unsicher anzusehender Ertrag ausgeschüttet werden darf, sondern darum, die stattgefundene Ausschüttung korrekt darzustellen[55].

In gleicher Weise muß auch der Gesellschafter der Kapitalgesellschaft die Zuwendung mit ihrem vorsichtig geschätzten Zeitwert bewerten. Nur dann ist es möglich, die Zuwendung in der richtigen Höhe entweder als Kapitalrückzahlung[56] oder als verdeckte Gewinnausschüttung[57] auszuweisen.

III. Ergebnisse

Für den Ausweis der Beteiligung an einer Kapitalgesellschaft im Jahresabschluß ihres Gesellschafters sind Einlagen anläßlich der Gründung oder Kapitalerhöhung und andere Zuwendungen sowie gesellschaftsrechtlich begründete Leistungen der Gesellschaft an ihren Gesellschafter unter einheitlichen Gesichtspunkten zu beurteilen. Unabhängig von der Vorstellung von Anschaffungs- oder Herstellungskosten sind Einlagen und andere Zuwendungen beim Beteiligungsansatz zu aktivieren; dabei sind eingebrachte Vermögensgegenstände mit ihrem vorsichtig geschätzten Zeitwert zu bewerten. Gesellschaftsrechtlich begründete Leistungen der Kapitalgesellschaft zu Lasten ihres Grund- oder Stammkapitals oder zu Lasten ihrer Kapitalrücklage mindern den Beteiligungsansatz, sofern nicht bereits wegen dieser Leistungen eine Abschreibung geboten ist. Leistungen der Kapitalgesellschaft, die nicht in dieser Weise aus dem Kapital erbracht werden, sind bei dem Gesellschafter Ertrag. Das gilt auch für sog. verdeckte Gewinnausschüttungen. Leistungen in Gestalt von Vermögensgegenständen sind mit deren vorsichtig geschätztem Zeitwert zu bewerten.

Ist der Gesellschafter nicht zu 100% an der Kapitalgesellschaft beteiligt, sind seine Zuwendungen nur nach dem Maß seines Anteils zu aktivieren, sofern nicht die anderen Gesellschafter entsprechende Leistungen erbringen. Gleichermaßen sind Leistungen der Gesellschaft an den Gesellschafter aus der Kapitalrücklage nur mit dem Anteil vom Beteiligungswert zu kürzen, der seiner Beteiligung entspricht.

Folglich durfte die Deutsche Bank AG ihren Zuschuß von 473 Millionen DM an die Deutsche Centralbodenkredit AG im Jahre 1994 zwar bei der Beteiligung aktivieren, nicht aber – wie geschehen[58] – in voller Höhe, sondern nur in Höhe ihres Anteils an dieser Geselllschaft, also nur in Höhe von 95,24%[59]. Die Aktivierung ist somit um rund 22,5 Millionen DM zu hoch.

Verdeckte Vermögensverlagerungen bei Kapitalgesellschaften, 1994, S. 80 f.; *Schulze-Osterloh*, StuW 1994, 131, 134. – Diese Folgerung ergibt sich auch aus dem TBB-Urteil des BGH II ZR 265/91 vom 29.3.1992, BGHZ 122, 123, 132 = ZIP 1993, 589, 593; dazu *Schulze-Osterloh*, ZIP 1993, 1838, 1840 ff.

55 *Schulze-Osterloh*, StuW 1994, 131, 134. – A.M. *Tries*, Verdeckte Gewinnausschüttungen im GmbH-Recht, 1991, S. 94.

56 Oben II 4 a.

57 Oben II 4 b.

58 Fn. 7.

59 Fn. 1.

Steuerorientierter Jahresabschluß – anlegerorientierter Konzernabschluß?

GÜNTER SIEPE

I. Einleitung

Prof. Dr. *Bruno Kropff* hat sich stets der grundsätzlichen Auseinandersetzung mit Sinn und Zweck der Rechnungslegung und der daraus folgenden Notwendigkeit ihrer Weiterentwicklung gewidmet. In erster Linie ist hier die Reform der aktienrechtlichen Rechnungslegung durch das AktG 1965 zu nennen, die maßgeblich von ihm geprägt wurde. Neben der Aufnahme einer Generalnorm in das AktG ist vor allem an die Einschränkung der Möglichkeit zur Legung stiller Reserven durch Festlegung von Mindestwerten für Vermögensgegenstände zu denken. Auch in der derzeitigen Diskussion um eine weitergehende internationale Harmonisierung der Rechnungslegung stehen die stille Bildung und Auflösung von Reserven und das Vorsichtsprinzip wieder im Vordergrund des Interesses.

Mit der Umsetzung der 4. und der 7. EG-Richtlinie wurde die europäische Rechnungslegung im Hinblick auf den Gemeinsamen Markt angeglichen. Diese Angleichung erfolgte unter möglichst weitgehender Wahrung nationaler Rechnungslegungstraditionen. Den unterschiedlichen nationalen Rechnungslegungsnormen, die Ausfluß unterschiedlicher sozialer, kultureller und rechtlicher Rahmenbedingungen sind,[1] wurde durch zahlreiche Ansatz- und Bewertungswahlrechte Rechnung getragen.[2] Dabei wurde keine Vereinheitlichung angestrebt; vielmehr sollten die Vergleichbarkeit und Gleichwertigkeit der zu veröffentlichenden Finanzinformationen erreicht werden. Um die Vergleichbarkeit herzustellen, verlangen die EG-Richtlinien bei Anwendung bestimmter Wahlrechte über die Informationen in Bilanz und Gewinn- und Verlustrechnung hinausgehende Angaben im Anhang.[3] Die zunehmende weltweite Verflechtung der Produkt- und Finanzmärkte zeigt jedoch, daß damit lediglich ein Zwischenziel erreicht ist, weil die Märkte eine weitergehende Harmonisierung – jetzt aber mit einer weltweiten Dimension und einer Tendenz zur Vereinheitlichung der Rechnungslegungsgrundsätze – fordern.[4]

Auch das International Accounting Standards Committee (IASC) als weltweiter Zusammenschluß der Rechnungslegerorganisationen hat sich in Zusammenarbeit mit der International Organization of Securities Commissions (IOSCO), dem weltweiten Zusammenschluß der Börsenaufsichtsbehörden, zum Ziel gesetzt, für eine weltweite Anerkennung und Durchsetzung der vom IASC entwickelten International Accounting Standards (IAS) einzutreten. Diese Standards sind aufgrund der Dominanz englischsprachiger Länder im IASC wesentlich vom angelsächsischen Bilanzierungsverständnis geprägt. Das IASC räumt insbesondere dem angelsächsischen Grundsatz der periodengerechten Gewinnermittlung (matching prin-

---

1 Vgl. hierzu *Siepe,* in: *Baetge,* Rechnungslegung und Prüfung: Perspektiven für die neunziger Jahre, 1993, S. 111, 114; *Großfeld,* in: IDW, Neuorientierung der Rechenschaftslegung, 1995, S. 19, 22 ff; *Pellens,* Internationale Rechnungslegung, 1997, S. 17 ff; *Glaum, Mandler,* Rechnungslegung auf globalen Kapitalmärkten, 1996, S. 28; *Liener,* ZfB 1992, 269, 277 f.

2 Allein die 4. EG-Richtlinie enthält 76 Wahlrechte; vgl. *Pellens,* aaO (Fn. 1), S. 371.

3 Vgl. *van Hulle,* in: *Baetge,* Rechnungslegung und Prüfung: Perspektiven für die neunziger Jahre, 1993, S. 191, 194.

4 Vgl. *Großfeld,* aaO (Fn. 1), S. 32 f; *Carsberg,* in: *L. Schruff,* Bilanzrecht unter dem Einfluß internationaler Reformzwänge, 1996, S. 41, 43 ff, 56 f; kritisch *Schildbach,* FS *Moxter,* 1994, S. 699, 720 f.

ciple) einen deutlichen Vorrang vor dem kontinentaleuropäischen Grundsatz der Vorsicht ein.[5]

Die Tendenz zu einer internationalen Vereinheitlichung der Rechnungslegungsgrundsätze wird durch die zunehmende globale Inanspruchnahme der Finanz- und Kapitalmärkte durch multinationale Großunternehmen – die sog. global players – verstärkt. Aus deutscher Sicht ist dabei insbesondere auf den Gang der Daimler-Benz AG an die New York Stock Exchange (NYSE) und auf die im November 1996 erfolgte weltweite Plazierung der Aktien der Deutschen Telekom AG hinzuweisen.[6] Aber auch andere deutsche Unternehmen stellen einen Konzernabschluß[7] nach internationalen Grundsätzen auf, wobei grundsätzlich zwei Vorgehensweisen zu unterscheiden sind: Entweder wird neben dem deutschen Konzernabschluß zusätzlich ein zweiter Konzernabschluß nach internationalen Grundsätzen (IAS, US-GAAP) aufgestellt,[8] oder aber der deutsche Konzernabschluß wird – soweit es das HGB erlaubt – nach internationalen Grundsätzen aufgestellt und um zusätzliche Angaben im Anhang ergänzt (sog. dualer Konzernabschluß).[9]

Die Aufstellung von zwei Konzernabschlüssen ist allerdings zwangsläufig mit einem erheblichen finanziellen und zeitlichen Mehraufwand verbunden.[10] Zudem können die auftretenden Unterschiede zwischen den beiden Zahlenwerken sowohl bei den internen als auch den externen Adressaten zu Irritationen führen.[11] Auch die

---

5 Vgl. *GEFIU*, DB 1995, 1137; *Niehus*, FS *Moxter*, 1994, S. 623, 629 f, 642 ff; *Havermann*, FS *Moxter*, 1994, S. 655, 660 ff. Das „matching principle" wird gewöhnlich als Bestandteil des Grundsatzes der periodengerechten wirtschaftlichen Verursachung („accrual principle") angesehen. In der Regel bedeutet „matching" die Zuweisung von Aufwendungen zu den entsprechenden Erträgen.

6 Die Befragung von börsennotierten deutschen Aktiengesellschaften, die nicht Tochtergesellschaften anderer Konzerne waren und 1993 einen Mindestumsatz von 1 Mrd. DM aufwiesen, hat gezeigt, daß ein Drittel der Unternehmen an einer Börsennotierung in den USA prinzipiell interessiert waren; vgl. *Förschle, Glaum, Mandler*, BFuP 1995, 392, 398 f.

7 Da der Konzernabschluß für die (internationalen) Kapitalmärkte das vorrangige Informationsversorgungsinstrument ist, konzentriert sich die Diskussion um die weltweite Harmonisierung der Rechnungslegung primär auf den Konzernabschluß; vgl. auch Mitteilung der (EU-)Kommission, in: *L. Schruff*, Bilanzrecht unter dem Einfluß internationaler Reformzwänge, 1996, S. 27, 38; *GEFIU*, DB 1995, 1137, 1139; *W. Schruff*, BFuP 1993, 400, 423; *Busse von Colbe*, in: *Ballwieser*, US-amerikanische Rechnungslegung, 2. Aufl., 1996, S. 301, 313; *Budde, Steuber*, AG 1996, 542, 546; *Ordelheide*, WPg 1996, 545, 546 f.

8 Anstelle eines zweiten Konzernabschlusses kann auch eine Überleitung („reconciliation") von Jahresergebnis und Eigenkapital erstellt werden.

9 Vgl. hierzu auch *Grund*, DB 1996, 1293, 1294; kritisch zur mehrfachen Rechnungslegung *Liener*, ZfB 1992, 269, 278 ff; Mitteilung der (EU-)Kommission, aaO (Fn. 7), S. 27, 29, 34. Im Falle des dualen Konzernabschlusses erfolgt grundsätzlich nur der Wechsel von einer HGB-gemäßen zu einer anderen HGB-gemäßen Bilanzierung; vgl. *Budde, FS Clemm*, 1996, S. 81, 82.

10 *Hüttche*, RIW 1996, 1018, 1023, nennt als Kosten für die Umstellung auf IAS ca. 1 Mio. DM.

11 Vgl. hierzu *GEFIU*, DB 1995, 1137, 1138; *Kühnberger*, RIW 1996, 566, 567; *Carsberg*, aaO (Fn. 4), S. 41, 44 f; *von Rosen*, FS *Budde*, 1995, S. 505, 517. So wurde in dem nach handelsrechtlichen Regeln aufgestellten Konzernabschluß zum 31. Dezember 1993 der Daimler-Benz AG ein Jahresüberschuß von 0,6 Mrd. DM, nach US-GAAP dagegen ein Jahresfehlbetrag von 1,8 Mrd. DM ausgewiesen; vgl. hierzu im einzelnen *Harris, Lang, Möller*, ZfbF 1995, 996, 1000 ff; *Glaum, Mandler*, aaO (Fn. 1), S. 75 f. Vor diesem Hintergrund ist es verständlich, daß die Daimler-Benz AG beabsichtigt, für 1996 ausschließlich einen Konzernabschluß nach den US-amerikanischen Rechnungslegungsregeln aufzustellen.

Aufstellung eines HGB-konformen Konzernabschlusses unter weitgehender Berücksichtigung internationaler Grundsätze mit zusätzlichen Anhangangaben dürfte vielfach nicht gleichzeitig als IAS-konform oder als US-GAAP-konform anzusehen sein.[12]

Die derzeitigen Unsicherheiten und Probleme haben zu Überlegungen im Bundesjustizministerium geführt, unter bestimmten Voraussetzungen (u. a. Inanspruchnahme eines ausländischen Kapitalmarkts) auf einen nach deutschen Regeln aufgestellten Konzernabschluß gänzlich zu verzichten. Zu diesem Zweck soll das HGB um einen neuen § 292 a ergänzt werden. Der Entwurf eines Kapitalaufnahmeerleichterungsgesetzes (KapAEG) wurde Mitte 1996 den Verbänden zur Stellungnahme vorgelegt und nach einer zwischenzeitlich erfolgten Überarbeitung vom Bundeskabinett verabschiedet.[13]

Aber auch der handelsrechtliche Jahresabschluß (Einzelabschluß) steht in einem sich ständig ändernden Umfeld. Die Verzahnung des Jahresabschlusses mit der Steuerbilanz durch den Grundsatz der Maßgeblichkeit und seine Umkehrung (§ 5 Abs. 1 EStG) bewirkt, daß sich Änderungen des Bilanzsteuerrechts und Entscheidungen des BFH auch auf den Jahresabschluß auswirken.[14] Überdies soll das Steuerrecht vor der Jahrtausendwende einer grundlegenden Reform unterworfen werden. Dabei geht es um eine deutliche Senkung der Steuersätze bei gleichzeitiger Verbreiterung der steuerlichen Bemessungsgrundlage. Schließlich könnte Änderungsbedarf für den Jahresabschluß aus einer stärkeren internationalen Angleichung des Konzernabschlusses resultieren.

Der vorliegende Beitrag geht der Frage nach, wie die (handelsrechtliche) Rechnungslegung auf den in den nächsten Jahren bevorstehenden Wandel am besten reagieren kann. Dazu werden zunächst die Hauptaufgaben der Rechnungslegung nach geltendem Recht für den Jahres- und den Konzernabschluß dargestellt und

---

12 Zu den Unterschieden zwischen IAS und US-GAAP vgl. *Adler/Düring/Schmaltz,* Komm. z. HGB, AktG, GmbHG, PublG nach den Vorschriften des BiRiLiG, 6. Aufl., 1996, Vorbemerkungen zu §§ 290–315 HGB Tz. 100 ff; zu den Unterschieden zwischen HGB und IAS vgl. *GEFIU,* DB 1995, 1137, 1140 ff, 1185 ff; *W. Schruff,* BFuP 1993, 400, 413 ff; *Schildbach,* FS *Moxter,* S. 699, 710 ff; *Strobl,* FS *Clemm,* 1996, S. 389, 396 ff; *Buhleier, Helmschrott,* DStR 1996, 354, 357 ff; zu den Unterschieden zwischen HGB und US-GAAP vgl. *Wüstemann,* WPg 1996, 421, 427 ff; *Ballwieser,* FS *Clemm,* 1996, S. 1, 22; zu den Unterschieden zwischen HGB, IAS und US-GAAP vgl. *Mandler,* ZfB 1996, 715, 722 ff. Die z. Z. bestehenden Unterschiede zwischen HGB und IAS werden sich wegen der von der IOSCO veranlaßten Anpassung der IAS an die US-GAAP künftig noch verschärfen. Insgesamt 16 IAS sollen bis Juni 1999 erlassen bzw. neugefaßt werden; vgl. *Biener,* in: *L. Schruff,* Bilanzrecht unter dem Einfluß internationaler Reformzwänge, 1996, S. 61, 71, 74; *Carsberg,* aaO (Fn. 4), S. 41, 52 f, 60.

13 Vgl. BMJ, Entwurf eines Gesetzes zur Verbesserung der Wettbewerbsfähigkeit deutscher Konzerne an internationalen Kapitalmärkten und zur Erleichterung der Aufnahme von Gesellschafterdarlehen (Kapitalaufnahmeerleichterungsgesetz – KapAEG) vom 27. November 1996. Der an die Verbände versendete Entwurf ist in der WPg 1996, 564, abgedruckt.

14 Zukünftig wird sich neben dem BFH (verstärkt) der EuGH mit Bilanzierungsfragen auseinandersetzen, wie das Urteil des EuGH vom 27. 6. 1996, Rs. C.-234/94, DB 1996, 1400, zu den Voraussetzungen der Vereinbarkeit der phasengleichen Bilanzierung von Beteiligungserträgen mit der 4. EG-Richtlinie erkennen läßt.

anschließend Vorschläge zur Änderung deutscher Rechnungslegungsnormen aufgezeigt.

II. Aufgaben der Rechnungslegung

1. Jahresabschluß

Der handelsrechtliche Jahres-(Einzel-)abschluß soll einerseits den Abschlußadressaten Informationen vermitteln und andererseits den Unternehmenserfolg des abgelaufenen Geschäftsjahres als Ausgangsbasis für die Bemessung erfolgsabhängiger Zahlungen insbesondere an die Eigenkapitalgeber ermitteln.

1.1. Information

Der Jahresabschluß von Einzelkaufleuten und Personenhandelsgesellschaften verfolgt in erster Linie den Zweck der Rechenschaftslegung des Unternehmers. Daher muß der Jahresabschluß grundsätzlich nicht veröffentlicht werden; eine Veröffentlichung ist ausnahmsweise dann erforderlich, wenn die Größenkriterien des § 1 PublG erfüllt werden. Die mit dem Jahresabschluß grundsätzlich bezweckte Selbstinformation des Kaufmanns dient der Früherkennung von Risiken (auch von Insolvenzverfahren) und somit mittelbar dem Gläubigerschutz.[15]

Der Jahresabschluß von Kapitalgesellschaften hat zusätzliche Informationsaufgaben zu erfüllen. Im Hinblick auf die gespaltene Unternehmerfunktion bei Kapitalgesellschaften und die Haftungsbeschränkung auf das Gesellschaftsvermögen[16] ist im Handelsrecht die Offenlegung des Jahresabschlusses gesetzlich vorgeschrieben, wobei kleinen und mittelgroßen Kapitalgesellschaften größenabhängige Erleichterungen gewährt werden.[17] Die Offenlegung soll gewährleisten, daß sich alle am Unternehmen interessierten Personen – so insbesondere die Unternehmenseigner, Gläubiger, Kunden, Lieferanten, Arbeitnehmer – ein Urteil über die im Jahresabschluß abgebildete Lage der Kapitalgesellschaft bilden können. Dies kommt durch eine stärkere Gewichtung der Informationsfunktion gegenüber dem Jahresabschluß der Nichtkapitalgesellschaft zum Ausdruck. Zu diesem Zweck umfaßt der Jahresabschluß der Kapitalgesellschaft einen Anhang. Der aus den drei Teilen Bilanz, Gewinn- und Verlustrechnung und Anhang bestehende Jahresabschluß soll den Jahresabschlußadressaten unter Beachtung der Grundsätze ordnungsmäßiger Buchführung ein den tatsächlichen Verhältnissen entsprechen-

---

15 Vgl. *Leffson,* Die Grundsätze ordnungsmäßiger Buchführung, 7. Aufl., 1987, S. 55; ferner §§ 283 Abs. 1 Nr. 7, 283 b Abs. 1 Nr. 3 StGB.

16 Einzig bei der KGaA haftet den Gesellschaftsgläubigern mindestens ein Gesellschafter unbeschränkt; vgl. hierzu auch den Vorlagebeschluß des OLG Karlsruhe vom 29. 7. 1996, 11 Wx 20/96, DB 1996, 1767. Faktisch kann allerdings auch bei Personenunternehmen die Haftung aufgrund fehlenden oder nicht ausreichenden Privatvermögens beschränkt sein bzw. durch Ausgestaltung als Kapitalgesellschaft & Co. KG beschränkt werden.

17 Vgl. §§ 325 Abs. 1 und 2, 326 und 327 HGB.

des Bild der Vermögens-, Finanz- und Ertragslage der Kapitalgesellschaft vermitteln.[18]

1.2. Zahlungsbemessung

Die zweite Aufgabe des handelsrechtlichen Jahresabschlusses besteht in der Bestimmung des im abgelaufenen Geschäftsjahres erzielten Unternehmenserfolgs als Basis für erfolgsabhängige Zahlungen insbesondere an die Eigenkapitalgeber.[19] Im Gläubigerinteresse und zur Sicherung der Kapitalerhaltung wird die Ermittlung des Unternehmenserfolgs nicht in das Belieben des bilanzierenden Unternehmens gestellt. Vielmehr sollen die Bilanzierungsvorschriften den Ausweis und die daran anknüpfende Entnahme bzw. Ausschüttung eines überhöhten Gewinns verhindern. Daher dürfen z. B. selbsterstellte immaterielle Anlagegüter gemäß § 248 Abs. 2 HGB nicht aktiviert werden, während Rückstellungen im Hinblick auf das Vorsichtsprinzip auch bei einer geringeren Eintrittswahrscheinlichkeit der Leistungsverpflichtung als 50% anzusetzen sind. Auf der anderen Seite soll die handelsrechtliche Erfolgsermittlung nicht nur den Gläubigerinteressen, sondern auch den berechtigten Interessen der anderen Jahresabschlußadressaten Rechnung tragen: Eine übervorsichtige Erfolgsermittlung wird nicht angestrebt. Die Zahlungsbemessungsaufgabe ist daher als Begrenzung des auszuweisenden Unternehmenserfolgs auf einen dem Unternehmen maximal (als Ausschüttung oder Entnahme) entziehbaren Betrag zu verstehen.

1.3. Zur Vereinbarkeit der Jahresabschlußaufgaben

Informations- und Zahlungsbemessungsaufgabe stehen in einem gewissen Widerspruch zueinander, da die Erfüllung der Informationsinteressen die Ermittlung des „tatsächlichen" Unternehmenserfolgs und nicht des dem Unternehmen maximal entziehbaren Betrages erfordert, das Vorsichtsprinzip die Informationsvermittlung jedoch grundsätzlich einschränkt. Dieser Zielkonflikt zwischen den Jahresabschlußaufgaben wird handelsrechtlich wie folgt gelöst:[20]

- *Nichtkapitalgesellschaften* haben keinen Anhang zu erstellen. Im Jahresabschluß dominiert die *Zahlungsbemessungs*aufgabe.
- Bei *Kapitalgesellschaften* umfaßt der Jahresabschluß auch einen Anhang. Bilanz und Gewinn- und Verlustrechnung dienen – ebenso wie bei Nichtkapitalgesell-

---

18 Vgl. *Moxter*, Bilanzlehre, Bd. 2, 3. Aufl., 1986, S. 67f, 98f. Allerdings ist die Reichweite des sog. true and fair view in der Literatur sehr strittig; vgl. hierzu den Überblick in *Adler/Düring/Schmaltz*, Komm. z. HGB, AktG, GmbHG, PublG nach den Vorschriften des BiRiLiG, 5. Aufl., 1987ff, § 264 HGB Tz. 59. Nach *Streim, FS Schneider*, 1995, S. 703, 705f, 721, sind Bilanz und Gewinn- und Verlustrechnung reine Gewinnermittlungsinstrumente, während der Anhang im wesentlichen die in Bilanz und Gewinn- und Verlustrechnung angewendeten Gewinnermittlungsregeln erläutern soll. Die Vermittlung eines den tatsächlichen Verhältnissen entsprechenden Bildes der wirtschaftlichen Lage der Gesellschaft obliege dem Lagebericht, so daß nach Auffassung von Streim der Lagebericht das eigentliche Informationsinstrument ist.

19 Vgl. hierzu auch *Ballwieser, FS Clemm*, S. 1, 7f; *Strobl, FS Clemm*, S. 389, 400ff.

20 Vgl. hierzu *Moxter*, aaO (Fn. 18), S. 16ff, 64ff.

schaften – vorwiegend der *Zahlungsbemessung*, während die Anhangangaben *Informations*defizite kompensieren sollen, die aus Wahlrechten sowie einer „vorsichtigen" und „steuerorientierten" Bilanzierung entstehen.

1.4. Rechnungslegung und Besteuerung

Bilanzierende Kaufleute müssen gemäß § 5 Abs. 1 Satz 1 EStG bei der Gewinnermittlung durch Bestandsvergleich (§ 4 Abs. 1 EStG) das nach den handelsrechtlichen Grundsätzen ordnungsmäßiger Buchführung auszuweisende Betriebsvermögen ansetzen (sog. *Maßgeblichkeitsgrundsatz*). Daher ist der konkrete Handelsbilanzansatz für die Steuerbilanz maßgebend. Allerdings wird die Bindung der Steuerbilanz an die Handelsbilanz durch steuerliche Sondervorschriften (§ 5 Abs. 2 bis 6, §§ 6 ff. EStG) eingeschränkt.

Nach § 5 Abs. 1 Satz 2 EStG sind steuerrechtliche Wahlrechte bei der Gewinnermittlung in Übereinstimmung mit der Handelsbilanz auszuüben (sog. *Grundsatz der umgekehrten Maßgeblichkeit*). Die umgekehrte Maßgeblichkeit knüpft die Inanspruchnahme steuerlicher Wahlrechte und die damit einhergehende Beeinflussung der steuerlichen Bemessungsgrundlage an eine entsprechende Vorgehensweise in der Handelsbilanz. Zu diesem Zweck ermöglichen die handelsrechtlichen Öffnungsklauseln in den §§ 247 Abs. 3, 254, 273, 279 Abs. 2 und 280 Abs. 2 HGB die Übernahme steuerlicher Wertansätze in die Handelsbilanz. Etwaige negative Auswirkungen auf die Informationsfunktion des handelsrechtlichen Jahresabschlusses sollen bei Kapitalgesellschaften durch das Ausweiswahlrecht des § 281 HGB und Angaben im Anhang verhindert, zumindest aber gemildert werden.

Der Ansatz nur steuerlich zulässiger niedrigerer Werte in der Handelsbilanz bewirkt, daß sowohl das handels- als auch das steuerrechtliche Ergebnis zunächst entsprechend niedriger ausfallen, wobei sich dieser Effekt in der Folgezeit umkehrt. Der vorübergehende Steuerverzicht (Steuerstundungseffekt) des Staates ist mit einem Gewinnverzicht für die entsprechende Zeit verbunden.[21] Dagegen führen handelsrechtliche Wertansätze, die steuerlich unzulässig sind (wie z. B. das Passivierungswahlrecht für Aufwandsrückstellungen), nur zu einer entsprechenden Ergebnisminderung im Handelsrecht. Faktisch bewirkt somit die umgekehrte Maßgeblichkeit, daß bilanzierende Unternehmen einen niedrige(re)n Ergebnisausweis in der Handelsbilanz mit steuerlichen Vorschriften anstelle handelsrechtlicher Regelungen zu erreichen suchen.[22]

Die dergestalt erreichte enge Verknüpfung von Handels- und Steuerbilanz soll insbesondere kleinen und mittleren Unternehmen ermöglichen, aus Kostengründen nur einen Abschluß für handels- und steuerrechtliche Zwecke aufzustellen (Einheitsbilanz).[23] Voraussetzung hierfür ist allerdings, daß das Unternehmen eine Viel-

---

21 Vgl. *Börner*, FS *Ludewig*, 1996, S. 143, 167 f; kritisch *P.-J. Schmidt*, FS *Ludewig*, 1996, S. 901, 911 f.
22 Vgl. *Siepe*, aaO (Fn. 1), S. 111, 126 ff; *Börner*, FS *Ludewig*, S. 143, 164.
23 Zum „Prinzip der Einheitsbilanz" vgl. *Beisse*, BB 1990, 2007, 2009 f; *Söffing*, FS *Budde*, 1995, S. 635, 650 ff.

zahl handelsrechtlicher Wahlrechte so ausübt, daß der handelsrechtliche Wertansatz auch steuerlich zulässig ist. Der damit verbundene Verzicht auf eine eigenständige Handelsbilanzpolitik wird anhand der folgenden Beispiele deutlich:

- Die Ausübung der in § 255 Abs. 2 und 3 HGB eingeräumten Wahlrechte bei der Ermittlung der *Herstellungskosten* wird eingeschränkt, da im Hinblick auf die Regelung in R 33 EStR die Aufstellung einer einzigen, gleichzeitig als Handels- und Steuerbilanz fungierenden Bilanz die Einbeziehung der Material- und der Fertigungsgemeinkosten sowie des Wertverzehrs des Anlagevermögens in die Herstellungskosten erfordert.[24]
- Ein *Geschäfts- oder Firmenwert* ist – ungeachtet des handelsrechtlichen Aktivierungswahlrechts – stets anzusetzen und gemäß § 255 Abs. 4 Satz 3 HGB linear über seine „voraussichtliche" Nutzungsdauer von 15 Jahren abzuschreiben.[25] Die Übereinstimmung von Handels- und Steuerbilanz bewirkt, daß aus dem Ansatzwahlrecht eine Ansatzpflicht wird und daß die Abschreibungswahlrechte – handelsrechtlich kann der Geschäfts- oder Firmenwert entweder pauschal über längstens fünf Jahre oder degressiv bzw. linear über seine durch Schätzung zu ermittelnde voraussichtliche Nutzungsdauer abgeschrieben werden – eingeschränkt werden.
- Das Aktivierungswahlrecht des *Disagios* in § 250 Abs. 3 HGB wird zu einer Ansatzpflicht. Eine Passivierung von Aufwandsrückstellungen gemäß § 249 Abs. 1 Satz 3 und Abs. 2 HGB hat zu unterbleiben.

Die Aufstellung einer Einheitsbilanz wird derzeit erschwert oder gar verhindert, weil zwingende steuerrechtliche Regelungen handelsrechtlich als unzulässig angesehen werden oder nur bedingt anwendbar sind:

- Die Passivierung von *Jubiläumsrückstellungen* in der Steuerbilanz richtet sich nach den Voraussetzungen des § 5 Abs. 4 EStG. Eine kongruente Bilanzierung in Handels- und Steuerbilanz scheitert jedoch regelmäßig an der Anwendungsvorschrift des § 52 Abs. 6 EStG, die die grundsätzlich gebotene Passivierung für Ansprüche auf Zuwendungen beschränkt, die nach dem 31. Dezember 1992 erworben worden sind.[26]
- Nach § 6a EStG dürfen *Pensionsrückstellungen* höchstens mit ihrem Teilwert angesetzt werden, wobei die Abzinsung zwingend mit 6% zu erfolgen hat. Die Übernahme der Pensionsrückstellungen mit ihrem steuerlichen Wert in die Handelsbilanz setzt jedoch voraus, daß der steuerliche Wertansatz handelsrechtlich zumindest als Untergrenze eines vernünftiger kaufmännischer Beurteilung (§ 253 Abs. 1 Satz 2 HGB) entsprechenden Wertansatzes beurteilt wird.[27]

---

24 Zum Verhältnis der Wahlrechte des § 255 Abs. 2 und 3 HGB zu § 6 EStG und R 33 EStR vgl. *Schmidt/Glanegger,* Komm. z. EStG, 15. Aufl., 1996, § 6 Rz. 171 ff m.w.N.

25 Vgl. § 7 Abs. 1 Satz 3 EStG.

26 Vgl. HFA, WPg 1994, 27. Auch ohne die Anwendungsvorschrift des § 52 Abs. 6 EStG dürfte es fraglich sein, ob die einschränkenden steuerlichen Zulassungsvoraussetzungen nicht zu Wertansätzen führen, die unter den handelsrechtlich gebotenen liegen; vgl. auch *Groh,* FS *Clemm,* 1996, 175, 179 f.

27 Vgl. HFA 2/1988, WPg 1988, 403, 404.

Zudem legt der BFH[28] (zunehmend) handelsrechtliche Bilanzierungsgrundsätze abweichend von anderen maßgebenden Institutionen, u. a. dem Institut der
Wirtschaftsprüfer (IDW), aus:[29]

- Rückstellungen für künftige *Beiträge an den Pensionssicherungsverein* dürfen
  nach Auffassung des BFH nicht in der Steuerbilanz passiviert werden, weil die
  wirtschaftlich wesentlichen Tatbestandsmerkmale für künftige Beitragszahlun-
  gen am Bilanzstichtag noch nicht verwirklicht seien, denn die wirtschaftliche
  Ursache sei nicht im Entstehen des Anwartschaftsrechts, sondern erst in dem
  Beginn der zu erbringenden Leistungen zu sehen.[30] Demgegenüber erachtet das
  IDW die Zahlungen an den Pensionssicherungsverein als passivierungspflichtige
  Nebenkosten der Pensionsverpflichtungen.[31]

- Eine Drohverlustrückstellung für die zu erwartenden *Ausbildungskosten* im Rahmen eines Berufsausbildungsverhältnisses kommt nach Auffassung des IDW
  grundsätzlich nicht in Betracht, soweit ein Unternehmen für eigene Zwecke Auszubildende beschäftigt. Werden darüber hinaus aus außerbetrieblichen Gründen
  Auszubildende beschäftigt, für die von vornherein anzunehmen ist, daß sie nicht
  im eigenen Unternehmen weiterbeschäftigt werden, so stehen den Ausbildungskosten nur wesentlich geringere Erträge aus der Tätigkeit der Auszubildenden gegenüber, so daß eine Rückstellung für drohende Verluste aus schwebenden Geschäften
  erforderlich wird.[32] Dagegen hat der BFH Rückstellungen für Ausbildungskosten
  auch für den über die zur Sicherung einer angemessenen Auswahl notwendige
  Anzahl hinausgehenden Bestand an Auszubildenden für unzulässig erklärt.[33]

- Der BFH lehnt auch eine Drohverlustrückstellung für Lohnmehrzahlungen im
  Rahmen einer *Verdienstsicherung* (Entlohnung auf der bisherigen höheren Basis,
  um Lohneinbußen zu vermeiden, die tarifvertraglich nach einer Umsetzung der
  Arbeitnehmer auf niedriger bezahlte Arbeitsplätze eingetreten wären) ab.[34] Eine
  Rückstellungspflicht kann aber nach Auffassung des IDW dann nicht mehr verneint werden, wenn konkrete Anhaltspunkte für eine Unausgewogenheit von Leistung und Gegenleistung aus dem Arbeitsverhältnis vorlägen. Eine Rückstellungspflicht dürfe auch nicht mit Hinweis auf die Rationalisierungserfolge aus
  der betrieblichen Umstellung verneint werden, da dies dem Imparitätsprinzip und
  dem Grundsatz der Einzelbewertung widerspreche.[35]

---

28 Da sich in der höchstrichterlichen Rechtsprechung im wesentlichen nur der BFH regelmäßig mit
    der Auslegung von Rechnungslegungsgrundsätzen befaßt und da nach § 2 Abs. 1 des Geset-
    zes zur Wahrung der Einheitlichkeit der Rechtsprechung der obersten Gerichtshöfe des Bundes
    (RsprEinhG) der Gemeinsame Senat der obersten Gerichtshöfe angerufen werden muß, falls ein
    anderer oberster Gerichtshof von einer Entscheidung abweichen will, kommt den Entscheidungen
    des BFH aus handelsrechtlicher Sicht eine besondere Bedeutung zu.
29 Vgl. auch *Gelhausen, Fey,* BB 1994, 603 f.
30 Vgl. BFH vom 13. 11. 1991, I R 102/88, BStBl. II 1992, 336, 340 f.
31 Vgl. HFA, WPg 1993, 183 f; ferner *Siepe,* DB 1992, 2308 ff.
32 Vgl. HFA, FN 1982, 125.
33 Vgl. BFH vom 3. 2. 1993, I R 37/91, BStBl. II 1993, 441, 443 ff.
34 Vgl. BFH vom 25. 2. 1986, VIII R 377/83, BStBl. II 1986, 465, 466 f; BFH vom 16. 12. 1987,
    I R 68/87, BStBl. II 1988, 338, 339 ff.
35 Vgl. HFA, FN 1983, 124.

- Für im abgelaufenen Geschäftsjahr nicht genommenen *Urlaub* ist eine Rückstellung für ungewisse Verbindlichkeiten zu bilden, weil sich der Arbeitgeber insoweit in einem Erfüllungsrückstand befindet. Nach der Rechtsprechung des BFH sollen allerdings die rückständigen Urlaubsverpflichtungen unter Berücksichtigung der rechtlichen Gegebenheiten als Rückstellung für eine Geldleistungsverpflichtung bewertet werden.[36] Das IDW ist der Ansicht, daß es sich bei dieser Rückstellung um eine Verpflichtung zur Freistellung des Arbeitnehmers handelt und daß nach § 253 Abs. 1 Satz 2 HGB dieser Erfüllungsrückstand in Höhe der Gesamtaufwendungen anzusetzen sei, die dem Arbeitgeber anteilig aus der Erfüllung seiner Verpflichtungen aus dem Arbeitsverhältnis entstünden.[37]
- Bei unverzinslichen und niedrig verzinslichen *Darlehen an Betriebsangehörige* läßt der BFH eine Bilanzierung mit dem (niedrigeren) Teilwert nicht zu, weil ein gedachter Erwerber des Unternehmens im Rahmen des Gesamtkaufpreises für aus sozialen Gründen gewährte Darlehen an Arbeitnehmer den Nennwert vergüten würde.[38] Zwar ist dem BFH zuzustimmen, daß die Gewährung unverzinslicher Darlehen an Betriebsangehörige eine besondere Form betrieblicher Sozialleistungen darstellt. Daraus ist jedoch zu folgern, daß der volle Zinsverzicht im Zeitpunkt der Darlehensvergabe ausgesprochen wird und auch in demselben Geschäftsjahr als Aufwand zu verrechnen ist, weil der Leistung des Arbeitgebers keine bestimmten Gegenleistungen der Darlehensempfänger gegenüberstehen.[39]

Wenn das IDW oder andere maßgebliche Institutionen mit überzeugenden Argumenten andere Auffassungen als der BFH vertreten, darf die Rechtsprechung des BFH nicht allein ausschlaggebend sein. Rechnungslegungsnormen sollten vielmehr interdisziplinär entwickelt und ausgelegt werden.[40]

Insgesamt bleibt somit festzuhalten, daß das Maßgeblichkeitsprinzip und die umgekehrte Maßgeblichkeit einerseits eine starke Beeinflussung des handelsrechtlichen Jahresabschlusses durch steuerrechtliche Vorschriften und Entscheidungen bewirken. Andererseits bestehen jedoch Verwerfungen zwischen Handels- und Steuerrecht, die trotz der steuerlichen Öffnungsklauseln des HGB die Erstellung einer Einheitsbilanz behindern oder gar unmöglich machen.

2. Konzernabschluß

Der Konzernabschluß dient wie der Jahresabschluß der Informationsvermittlung und hat unter Beachtung der Grundsätze ordnungsmäßiger Buchführung ein den

---

36 Vgl. BFH vom 8.7.1992, XI R 50/89, BStBl. II 1992, 910, 911; BFH vom 10.3.1993, I R 70/91, BStBl. II 1993, 446, 447.
37 Vgl. IDW, WPg 1992, 330.
38 Vgl. BFH vom 30.11.1988, I R 114/84, BStBl. II 1990, 117, 118; BFH vom 24.1.1990, I R 157/85, I R 145/86, BStBl. II 1990, 639.
39 Ausführlich hierzu *Siepe*, FS *Forster*, 1992, S. 607, 621 f.
40 Vgl. *Siepe*, aaO (Fn. 1), S. 111, 117 f.

tatsächlichen Verhältnissen entsprechendes Bild der Vermögens-, Finanz- und Ertragslage des Konzerns darzustellen (§ 297 Abs. 2 Satz 2 HGB). Er soll als zusätzliches Informationsinstrument die Angaben der Jahresabschlüsse der einzelnen Konzernunternehmen ergänzen und mit diesen zusammen einen Informationsstand gewährleisten, wie ihn auch die Jahresabschlußadressaten eines rechtlich und wirtschaftlich selbständigen Unternehmens besitzen.[41] Zu diesem Zweck unterliegt der Konzernabschluß der Offenlegung (§ 325 Abs. 3 HGB), so daß sich der Konzernabschluß grundsätzlich an dieselben Adressaten wie der Jahresabschluß einer Kapitalgesellschaft wendet. Neben dem Aufsichtsrat und den Gesellschaftern des Mutterunternehmens sind Minderheitsgesellschafter, Gläubiger, Kunden, Lieferanten, Arbeitnehmer und die Öffentlichkeit zu nennen.[42]

Der *Konzernabschluß* bezweckt nicht die Ermittlung des verteilbaren Jahresgewinns und ist auch nicht Grundlage für die steuerliche Gewinnermittlung. Die Jahresabschlüsse der rechtlich selbständigen Konzernunternehmen bleiben Grundlage für die Ansprüche der Kapitalgeber und des Staates.[43] Im Gegensatz zu dem Jahresabschluß besteht daher auch kein Zielkonflikt: Im Konzernabschluß dominiert die *Information*saufgabe.[44] Gleichwohl darf der Anhang de lege lata wie beim Jahresabschluß dazu benutzt werden, Informationsdefizite aus der Wahlrechtsausübung bei der Bilanzierung (Ansatz und Bewertung) auszugleichen.

III. Vorschläge zur Änderung deutscher Rechnungslegungsnormen

1. Jahresabschlußrecht

Die gegenwärtig am handelsrechtlichen Jahresabschlußrecht geäußerte Kritik ist zahlreich; sie setzt vor allem bei der Frage an, ob der mit den geltenden Bilanzierungsregeln bezweckte Gläubigerschutz mit der vorsichtigen Gewinnermittlung tatsächlich erreicht wird. Dabei wird insbesondere auf die mit der (stillen) Legung und Auflösung stiller Reserven verbundenen Gefahren hingewiesen.[45] Soweit die (still) gelegten Reserven in der Zukunft (still) aufgelöst würden, werde ein zu hohes, „unvorsichtiges" Ergebnis ausgewiesen und gegebenenfalls ausgeschüttet bzw. entnommen. Daher sei zu überlegen, ob der Gläubigerschutz nicht wirkungsvoller durch Vermittlung präziserer Informationen über die Vermögens-, Finanz- und Ertragslage des bilanzierenden Unternehmens gewährleistet wäre. Damit einhergehend müsse die derzeit im HGB verankerte dominante Stellung des Vorsichtsprinzips zugunsten eines unverzerrte(re)n Ergebnisausweises abgeschwächt werden.

---

41 Vgl. *Adler/Düring/Schmaltz,* aaO (Fn. 12), Vorbemerkungen zu §§ 290–315 HGB Tz. 15; *W. Schruff,* BFuP 1993, 400, 411; *Baetge,* Konzernbilanzen, 1994, S. 29.
42 Vgl. *Pellens,* in: *Busse von Colbe,* Lexikon des Rechnungswesens, 3. Aufl., 1994, S. 320, 322.
43 Vgl. *Adler/Düring/Schmaltz,* aaO (Fn. 12), Vorbemerkungen zu §§ 290–315 HGB Tz. 16.
44 Vgl. auch *Niehus,* FS *Moxter,* S. 623, 635 f.
45 Vgl. hierzu und im folgenden z. B. *Kropff,* in *Baetge,* Rechnungslegung, Finanzen, Steuern und Prüfung in den neunziger Jahren, 1990, S. 65, 67 ff; *Ballwieser,* FS *Clemm,* S. 1, 9 ff; *Budde,* FS *Clemm,* 1996, S. 81, 97 ff; *Börner,* FS *Ludewig,* S. 143, 157 f.

Bei der Bestimmung eines unverzerrte(re)n Unternehmenserfolges kann das Steuerrecht einen wichtigen Beitrag leisten, wie die Aufgaben der Steuerbilanz verdeutlichen:

- Die Steuerbilanz dient der Ermittlung des im abgelaufenen Wirtschaftsjahr erzielten Erfolgs (Gewinns) als Maßstab der individuellen wirtschaftlichen Leistungsfähigkeit des Steuerpflichtigen.[46] Umgekehrt ist grundsätzlich ein nicht periodengerecht ermittelter Gewinn mit den allgemeinen verfassungsrechtlichen Besteuerungsgrundsätzen nicht vereinbar: So führt die Legung stiller Reserven zu Zins- und Liquiditätsvorteilen oder gar infolge von Progressionseffekten zu endgültigen Steuerersparnissen.[47]
- Daneben erfüllt das Steuerrecht als Instrument der Wirtschaftspolitik allerdings auch eine Lenkungsfunktion. Die Inanspruchnahme von Steuervergünstigungen führt in der Steuerbilanz zu Aufwandsverschiebungen, die den Grundsatz der periodengerechten Gewinnermittlung verletzen. Ihre Rechtfertigung erhalten diese Steuervergünstigungen mithilfe des verfassungsrechtlich verankerten Sozialstaatsprinzips.[48]

Fraglich bleibt die Übernahme der wirtschaftspolitischen Wahlrechte in die Handelsbilanz.[49] Die Übernahme könnte durch die immer wieder in der Literatur[50] geforderte Abschaffung des Grundsatzes der umgekehrten Maßgeblichkeit beseitigt werden. Allerdings würde die Abschaffung der umgekehrten Maßgeblichkeit eine Abkehr vom Prinzip der Einheitsbilanz bedeuten. Daher sollte überlegt werden, inwieweit die derzeit bestehenden handelsrechtlichen Öffnungsklauseln noch zeitgemäß sind. In seiner jetzigen Form erlaubt § 254 HGB die Übernahme steuerlicher Werte in die Handelsbilanz nur bei einer niedrigeren Bewertung der Vermögensgegenstände. § 247 Abs. 3 HGB gestattet den Ansatz von steuerlichen Passivposten in der Handelsbilanz. Die §§ 273 und 279 HGB knüpfen die handelsrechtliche Zulässigkeit an das Vorliegen der umgekehrten Maßgeblichkeit. Die Möglichkeit einer höheren Bewertung des Vermögens oder einer niedrigeren Bewertung der Schulden in der Handelsbilanz zur Anpassung an steuerlich maßgebliche Wertansätze wird von den Öffnungsklauseln nicht erfaßt.

Angesichts der bereits nach geltendem Recht bestehenden Verwerfungen zwischen handels- und steuerrechtlichen Wertansätzen[51] und der zu erwartenden Änderungen des steuerlichen Bemessungsgrundlagenrechts – z. Z. wird für die Steuerbilanz eine Änderung des § 6 EStG diskutiert – sollte überlegt werden, ob die Öffnungsklauseln des HGB nicht angepaßt werden müssen:

---

46 Vgl. *Tipke/Lang*, Steuerrecht, 15. Aufl., 1996, S. 82 ff.
47 Vgl. *Vogt*, Die Maßgeblichkeit des Handelsbilanzrechts für die Steuerbilanz, 1991, S. 42.
48 Vgl. ebenda, S. 43 ff.
49 Daneben verbleiben (leider) profiskalische Eingriffe in das Steuerrecht (so z. B. § 52 Abs. 6 EStG).
50 Vgl. für viele *Knobbe-Keuk*, Bilanz- und Unternehmenssteuerrecht, 9. Aufl., 1993, S. 28 ff; *P.-J. Schmidt*, FS Ludewig, S. 901, 908 f, 911 f.
51 Vgl. Gliederungspunkt II. 14.

- § 254 HGB könnte den Wortlaut erhalten: „Vermögensgegenstände, Schulden, Rechnungsabgrenzungsposten und Sonderposten dürfen auch mit einem nur steuerrechtlich zulässigen oder maßgeblichen Wert angesetzt werden." In dieser Form würde die Vorschrift dem bilanzierenden Unternehmen die Übernahme der steuerlichen Werte in die Handelsbilanz auch dann gestatten, wenn nach steuerlichen Regelungen ein Aktivposten mit einem höheren Wert oder ein Passivposten mit einem niedrigeren Wert als handelsrechtlich zulässig anzusetzen wäre. Handelsrechtliche „Rechtfertigungen" für die Übernahme steuerlicher Wertansätze könnten zukünftig unterbleiben.[52]

- Gleichzeitig wären von Kapitalgesellschaften gemäß § 285 Nr. 5 HGB „das Ausmaß, in dem das Jahresergebnis dadurch beeinflußt wurde, daß Vermögensgegenstände, Schulden, Rechnungsabgrenzungsposten und Sonderposten nach § 254 mit einem nur steuerrechtlich zulässigen oder maßgeblichen Wert angesetzt wurden oder ein Sonderposten nach § 273 gebildet wurde", und „ferner das Ausmaß erheblicher künftiger Ergebniseinflüsse, die sich aus einer solchen Bewertung ergeben," im Anhang anzugeben. Bei einer Anpassung des § 281 HGB könnte zudem das bisherige Wahlrecht zum Ausweis der Unterschiedsbeträge in einem Sonderposten durch eine Pflicht ersetzt werden.[53]

Eine Neufassung der handelsrechtlichen Öffnungsklauseln[54] würde eine kongruente Bilanzierung in Handels- und Steuerbilanz gestatten, da stets auch eine mit dem Handelsrecht nicht vereinbare steuerliche Bilanzierung in den Einzelabschluß übernommen werden könnte. Unterschiedliche Auffassungen des IDW und anderer maßgebender Institutionen einerseits und des BFH andererseits könnten insoweit überbrückt werden.

2. Konzernabschlußrecht

2.1. Vorbemerkung

Die nach geltendem Recht existierenden Möglichkeiten, den zusätzlichen Informationsbedarf der (internationalen) Märkte zu befriedigen, stellen eher Übergangslösungen dar, so daß eine Reform des HGB wünschenswert erscheint.[55] Jedoch ist es wenig wahrscheinlich, daß diese *kurzfristig* erreichbar sein wird. Die Kommission der EU hat sich inzwischen[56] entschieden, neue Rechtsvorschriften oder Ände-

---

52 Vgl. Gliederungspunkt II. 14.
53 Vgl. auch den Vorschlag des Steuerfachausschusses des IDW, FN 1989, 160.
54 Fraglich könnte allerdings sein, inwieweit die Änderungen der Öffnungsklauseln mit der 4. EG-Richtlinie vereinbar sind, da Art. 35 Abs. 1 Buchstabe d und Art. 39 Abs. 1 Buchstabe e nur die bei Gegenständen des Anlage- und Umlaufvermögens vorgenommenen außerordentlichen Wertberichtigungen aufgrund steuerlicher Sondervorschriften regeln.
55 So auch *Grund*, DB 1996, 1293, 1294; a. A. *Biener*, aaO (Fn. 12), S. 61, 78 f, der sich dafür ausspricht, die Unternehmen in größerem Umfang als bisher zu Angaben zur künftigen Entwicklung zu verpflichten.
56 Die entsprechende Mitteilung der EU datiert vom 23. November 1995.

rungen der bestehenden EU-Vorschriften künftig soweit wie möglich zu vermeiden und statt dessen die Bemühungen des IASC um einen weltweit verwendbaren Konzernabschluß zu unterstützen. Bei Unvereinbarkeit von EG-Bilanzrichtlinien und den IAS in bestimmten Punkten sind entsprechende Änderungen der Richtlinien beabsichtigt. In ihrer bisherigen Fassung bestünden nur wenige und zudem wenig bedeutsame Widersprüche zwischen EG-Bilanzrichtlinien und IAS.[57] Daher sei auf nationaler Ebene zu entscheiden, ob Vorschriften des nationalen Rechts geändert werden sollten, um eine Anwendung der IAS zu ermöglichen.[58]

Auch wenn somit eine generelle EU-weite Reform des Konzernabschlußrechts derzeit nicht beabsichtigt ist, so sollte dennoch überlegt werden, ob der deutsche Gesetzgeber nicht zumindest einige nur schwerlich mit der vom Konzernabschluß bezweckten Informationsvermittlung in Einklang zu bringende Wahlrechte abschaffen sollte. In erster Linie ist dabei an die Wahlrechte in § 308 Abs. 3 Satz 1 HGB (Übernahme nur steuerlich zulässiger Werte in den Konzernabschluß), in § 309 Abs. 1 HGB (Behandlung des Geschäfts- oder Firmenwerts),[59] in § 249 Abs. 1 Satz 3 und Abs. 2 HGB (Passivierung von Aufwandsrückstellungen)[60] und in § 255 Abs. 2 und 3 HGB (Einbeziehungswahlrechte bei der Ermittlung der Herstellungskosten)[61] zu denken. Eine Einschränkung derartiger Wahlrechte wäre mit der 7. EG-Richtlinie vereinbar, da lediglich die Übernahme der entsprechenden Wahlrechte in nationales Recht rückgängig gemacht würde.

Eine volle Übereinstimmung mit IAS oder US-GAAP wäre damit allerdings noch nicht erreicht, da nach wie vor Abweichungen zwischen den internationalen und den nationalen Rechnungslegungsgrundsätzen bestünden. Fraglich bliebe, wie diese Unterschiede am besten überbrückt werden könnten. Sollte in das HGB eine generelle Öffnungsklausel eingefügt werden (so der Vorschlag der Bundesregierung), oder sollten Ausnahmeregelungen in das HGB integriert werden?[62]

57　Dem Konsolidierungsverbot für Tochtergesellschaften mit abweichender Tätigkeit (Art. 14 Abs. 1 der 7. EG-Richtlinie) steht eine Konsolidierungspflicht gegenüber (IAS 27 Par. 14). Ferner unterscheidet sich die Behandlung eines negativen Unterschiedsbetrags aus der Kapitalkonsolidierung (Art. 19 i.V.m. Art. 31 der 7. EG-Richtlinie, IAS 22 Par. 49 und 51).

58　Vgl. hierzu Mitteilung der (EU-)Kommission, aaO (Fn. 7), S. 27, 36ff; Kontaktausschuß für Richtlinien der Rechnungslegung, Dokument XV/7003/96 DE Rev. 2 vom 1. April 1996; ferner *Busse von Colbe*, WPK-Mitt. 1996, 137, 138f; *Budde*, FS *Clemm*, S. 81, 85f; *Buhleier, Helmschrott*, DStR 1996, 354, 356f; *van Hulle*, in: *L. Schruff*, Bilanzrecht unter dem Einfluß internationaler Reformzwänge, 1996, S. 7, 20ff.

59　Anstelle der Verrechnung mit den Rücklagen sollte eine Abschreibung über die voraussichtliche Nutzungsdauer allein zulässig sein; vgl. auch *Niehus*, FS *Moxter*, S. 623, 647; *Busse von Colbe*, WPK-Mitt. 1996, 137, 139.

60　Zu diesem Zweck müßte § 298 Abs. 1 HGB entsprechend ergänzt werden. Vgl. hierzu auch *Niehus*, FS *Moxter*, S. 623, 646.

61　Generell sollten im Konzernabschluß die Vollkosten angesetzt werden. § 308 Abs. 1 HGB wäre daher entsprechend zu ergänzen.

62　Der Möglichkeit, bis 1999 zu warten, da dann die Überarbeitung der IAS voraussichtlich abgeschlossen sei, soll im folgenden nicht nachgegangen werden.

2.2. Öffnungsklausel

Die Bundesregierung beabsichtigt, für Unternehmen, die einen ausländischen Kapitalmarkt[63] in Anspruch nehmen, eine Öffnungsklausel in das HGB aufzunehmen.[64] Diese (Mutter-)Unternehmen dürfen danach künftig auf die Aufstellung eines HGB-Konzernabschlusses verzichten, wenn sie einen Konzernabschluß[65] nach den an dem jeweiligen ausländischen Kapitalmarkt vorgeschriebenen oder anerkannten Rechnungslegungsmethoden aufstellen.[66] Die befreiende Wirkung dieses Konzernabschlusses ist u. a. daran geknüpft, daß der Konzernabschluß im Einklang mit der 7. EG-Richtlinie aufgestellt worden ist, seine Aussagekraft der Aussagekraft eines HGB-Konzernabschlusses gleichwertig ist, bestimmte Angaben gemacht werden sowie eine Prüfung durch einen Abschlußprüfer und eine Offenlegung der Rechnungslegungsunterlagen in deutscher Sprache erfolgt sind.[67]

In der Begründung des Gesetzentwurfs wird auf die dadurch erreichbare Verbesserung der Wettbewerbsbedingungen an ausländischen Kapitalmärkten für deutsche Unternehmen hingewiesen. Nach Auffassung der Bundesregierung kann sich das Vorsichtsprinzip deutscher Ausprägung auch in Zukunft international nur eingeschränkt durchsetzen, seine Aufgabe oder Einschränkung komme jedoch nicht in Frage. Eine Anpassung des nationalen Rechts an die IAS scheide aus, und zwar auch für die Konzernrechnungslegung, weil trotz fehlender Maßgeblichkeit für die steuerliche Gewinnermittlung die Mehrzahl der Mutterunternehmen nicht bereit sein werde, das Vorsichtsprinzip im Konzernabschluß aufzugeben. Außerdem soll das KapAEG die derzeit bestehende Inländerdiskriminierung beseitigen, denn Mutterunternehmen mit Sitz in anderen Mitgliedstaaten der EU dürfen ihre Konzernabschlüsse nach US-GAAP ohne Überleitungsrechnung auf das europäische Konzernrechnungslegungsrecht mit befreiender Wirkung von nationalen

---

63   Gemäß § 292a Abs. 2 HGB-E nimmt ein Mutterunternehmen einen ausländischen Kapitalmarkt dann in Anspruch, wenn von ihm oder einem seiner Tochterunternehmen ausgegebene Aktien, Zertifikate, die Aktien vertreten, Schuldverschreibungen, Genußscheine, Optionsscheine oder andere Wertpapiere, die mit Aktien oder Schuldverschreibungen vergleichbar sind, oder Derivate im Ausland zum Börsenhandel mit amtlicher oder nichtamtlicher Notierung oder zum Freiverkehr zugelassen oder in einen anderen organisierten Markt einbezogen sind oder die Zulassung zum Handel beantragt worden ist.

64   Tendenziell für eine Öffnungsklausel im Börsengesetz statt im HGB tritt *Budde*, FS *Clemm*, S. 81, 102, ein.

65   Gleiches gilt bezüglich des Konzernlageberichts.

66   § 292a Abs. 1 Satz 1 HGB-E lautet wie folgt: „Ein Mutterunternehmen, das einen ausländischen Kapitalmarkt im Sinne des Absatzes 2 in Anspruch nimmt, braucht einen Konzernabschluß und einen Konzernlagebericht nach den Vorschriften dieses Unterabschnitts nicht aufzustellen, wenn es einen den Anforderungen des Absatzes 3 entsprechenden Konzernabschluß und Konzernlagebericht aufstellt und die gemäß Absatz 4 bekanntgemachten Unterlagen einschließlich des Bestätigungsvermerks oder des Vermerks über dessen Versagung in deutscher Sprache nach den §§ 325, 328 fristgemäß offenlegt."

67   Vgl. hierzu im einzelnen § 292a Abs. 3 und 4 HGB-E; zu dem Entwurf eines KapAEG vgl. IDW, WPg 1996, 593 ff und 596 f; *Ordelheide*, WPg 1996, 545 ff; *Pellens*, aaO (Fn. 1), S. 517 ff; *Hüttche*, RIW 1996, 1018, 1021 f.

Vorschriften aufstellen und diese Abschlüsse können aufgrund der Konzernabschlußbefreiungsverordnung als befreiende Abschlüsse verwendet werden.[68]

Die vorgesehene Öffnungsklausel erlaubt Unternehmen, die einen ausländischen Kapitalmarkt in Anspruch nehmen, im Konzernabschluß die Regelungen der IAS oder der US-GAAP anstelle der an sich zu beachtenden handelsrechtlichen Vorschriften anzuwenden. Da mit der Aufstellung von Konzernabschlüssen die Weitergabe von Informationen an die Konzernabschlußadressaten bezweckt wird, führt die Inanspruchnahme eines internationalen Kapitalmarktes zu einer Ausweitung des Adressatenkreises der Konzernrechnungslegung. Auch gegenüber den neu hinzukommenden potentiellen internationalen Anlegern hat der Konzernabschluß zusätzliche Informationen zu vermitteln.[69] Der Umfang der Informationen ergibt sich dabei nach dem für die jeweils in Anspruch genommene Börse geltenden Regelwerk. Sofern diese „Standards" über das HGB hinausgehende Informationen erfordern, ist ein Marktzugang an die Erfüllung der zusätzlichen Informationsansprüche geknüpft. Ein deutsches Unternehmen, das sich an internationale Kapitalmärkte – so insbesondere an die NYSE – wenden möchte, muß daher seine (Konzern-)Rechnungslegung konsequent so ausrichten, daß die für die NYSE geltenden Regeln – deren Einhaltung wird von der US-amerikanischen Wertpapier- und Börsenaufsichtsbehörde (SEC) überwacht – erfüllt werden; nur zu den von der SEC im Anlegerinteresse verlangten Bilanzierungsregeln und den erweiterten Angabepflichten kann das Unternehmen das erforderliche Kapital von den Anlegern erhalten.[70] Insoweit ermöglicht die vorgesehene Öffnungsklausel eine konsequente Ausrichtung der Rechnungslegung auf die internationalen Anlegerinteressen.[71]

Gleichzeitig ist allerdings sicherzustellen, daß auch die inländischen Anleger einen Konzernabschluß zur Verfügung gestellt bekommen, der ihre Interessen angemessen berücksichtigt.[72] Maßstab für die Beurteilung der Angemessenheit ist dabei das HGB. Die inländischen Anleger haben einen Anspruch auf einen Konzernabschluß, dessen Aussagekraft dem HGB-Konzernabschluß (zumindest) gleichwertig ist. Dieser Anlegeranspruch wird in dem Entwurf eines KapAEG ebenfalls explizit aufgegriffen.[73]

---

68 Vgl. BMJ, aaO (Fn. 13), S. 8 ff.

69 Zur Entscheidungsrelevanz von Daten des externen Rechnungswesens vgl. *Glaum, Mandler,* aaO (Fn. 1), S. 48 ff; *Kühnberger,* RIW 1996, 566, 567; *Pellens,* aaO (Fn. 1), S. 6 ff.

70 Zur Rechtfertigung weitergehender Verpflichtungen börsennotierter Unternehmen gegenüber nicht börsennotierten Unternehmen vgl. *Budde,* FS Clemm, S. 81, 101.

71 Allerdings wird die Vergleichbarkeit von Konzernabschlüssen deutscher Unternehmen untereinander beeinträchtigt, wenn HGB-, IAS- und US-GAAP-Konzernabschlüsse nebeneinander existieren. Diese Vergleichsproblematik besteht infolge unterschiedlicher Ausübung der zahlreichen Bilanzierungswahlrechte bereits nach derzeitigem Recht. Sie wird jedoch verschärft. Vgl. hierzu auch *Pellens,* aaO (Fn. 1), S. 515 f; *Lutter,* NJW 1996, 1945; *Grund,* DB 1996, 1293, 1294 f.

72 Vgl. auch *Budde, Steuber,* AG 1996, 542, 548.

73 Vgl. § 292a Abs. 3 Nr. 3 HGB-E, wonach die Aussagekraft der nach den an dem ausländischen Kapitalmarkt vorgeschriebenen oder anerkannten Rechnungslegungsmethoden aufgestellten Unterlagen der Aussagekraft eines nach den Vorschriften des HGB aufgestellten Konzernabschlusses gleichwertig sein muß.

§ 292a HGB-E führt dazu, daß Unternehmen bei Inanspruchnahme eines ausländischen Kapitalmarktes und bei Erfüllung der anderen Voraussetzungen zukünftig keinen handelsrechtlichen Konzernabschluß mehr aufstellen müssen. Unternehmen, die einen ausländischen Kapitalmarkt *nicht* in Anspruch nehmen, fallen nicht in den Anwendungsbereich der Öffnungsklausel, d. h., ihnen wird es auch nach Änderung des HGB verwehrt bleiben, einen Konzernabschluß allein nach internationalen Rechnungslegungsmethoden mit befreier Wirkung aufzustellen, weil die IAS und die US-GAAP als Spezialregeln für Unternehmen angesehen werden, die einen ausländischen Kapitalmarkt in Anspruch nehmen.[74] Ist es aber sinnvoll, die Anwendbarkeit von Rechnungslegungsnormen an den Forderungen des Kapitalmarktes, insbesondere an den Forderungen der Kapitalmarktaufsicht, auszurichten?

2.3. Inkorporierung

Anstelle der von der Bundesregierung vorgeschlagenen allgemeinen Öffnungsklausel wäre zu überlegen, ob nicht allen zur Aufstellung eines Konzernabschlusses verpflichteten deutschen Mutterunternehmen durch eine entsprechende Ergänzung der Konzernrechnungslegungsvorschriften des HGB gestattet werden sollte, ihren Konzernabschluß mit den IAS bzw. den US-GAAP in Einklang zu bringen.[75] Für diese Vorgehensweise spricht, daß die Anzahl zwingender Differenzen[76] zwischen den bei Aufstellung eines Konzernabschlusses nach HGB zu beachtenden Vorschriften und den IAS/US-GAAP insgesamt gesehen eher gering ist.[77]

Im Falle der Ergänzung der Konzernrechnungslegungsvorschriften des HGB bliebe auch ein in Übereinstimmung mit IAS bzw. US-GAAP aufgestellter Konzernabschluß stets ein deutscher Konzernabschluß mit einer anderen rechtlichen Qualität als ein internationaler Konzernabschluß im Sinne von § 292a HGB-E:

- Nach dem Entwurf eines KapAEG darf bei Unternehmen, die einen ausländischen Kapitalmarkt in Anspruch nehmen, der nach den dortigen Rechnungslegungsnormen aufgestellte Konzernabschluß den deutschen Konzernabschluß ersetzen.
- Im Falle der Inkorporierung würde weiterhin ein Konzernabschluß nach deutschem Recht aufgestellt, in das (zwecks IAS- bzw. US-GAAP-konformer Bilanzierung) internationale Rechnungslegungsstandards integriert wären.

Im Unterschied zur Einfügung einer Öffnungsklausel wären im Falle einer Inkorporierung die Rechtsgrundlagen des Konzernabschlusses für die Konzernabschlußadressaten leichter nachvollziehbar, da sich das deutsche Konzernabschlußrecht weiterhin aus dem HGB ergeben würde.[78] Zugleich würden eine (dynamische)

---

74 Vgl. hierzu auch *Ordelheide,* WPg 1996, 545, 547; *Budde, Steuber,* AG 1996, 542, 547; *Schildbach,* BB 1995, 2635, 2638; ferner *Goebel,* DStR 1995, 1037, 1038 f; *Hüttche,* RIW 1996, 1018, 1022.

75 Vgl. IDW, WPg 1996, 593; *Ordelheide,* WPg 1996, 545, 546 f.

76 Als zwingende Differenzen sind dabei nur solche Unterschiede anzusehen, die nicht durch eine entsprechende Wahlrechtsausübung beseitigt werden können.

77 Vgl. hierzu die Literaturnachweise in Fn. 12.

78 Vgl. auch *Niehus,* DB 1995, 1341, 1343 f; ferner *Lutter,* NJW 1996, 1945.

Verweisung auf ein Regelwerk, das sich der direkten Einflußnahme des deutschen Gesetzgebers entzieht, und die daraus resultierende automatische Übernahme der Änderungen der internationalen Standards vermieden.[79]

Denkbar wäre es, mithilfe eines in das HGB einzufügenden Ausnahmenkataloges eine Übernahme der (abweichenden) internationalen Regelungen in deutsches Recht zu gestatten.[80] Eine Abweichung von den deutschen Konzernabschlußregeln wäre somit nur dann erlaubt, wenn sie ausdrücklich im HGB geregelt wäre. Gegen die Aufnahme eines Ausnahmenkataloges in das HGB spricht die damit verbundene geringe Flexibilität aufgrund der Notwendigkeit einer Anpassung der Ausnahmeregelungen an geänderte ausländische Standards. Zwar ist die Verabschiedung eines neuen Standards durch das IASC oder das Financial Accounting Standards Board (FASB)[81] regelmäßig Ergebnis eines längeren Diskussionsprozesses, so daß die vorzunehmenden Änderungen des HGB frühzeitig erkennbar wären. Zudem werden die geänderten Standards typischerweise mit einer Übergangsregelung versehen. Angesichts der Tatsache, daß allein insgesamt 16 IAS bis Juni 1999 erlassen bzw. neugefaßt werden sollen, müßte das HGB jedoch ständig an die internationale Entwicklung angepaßt werden.

Statt dessen könnte eine Übernahme der internationalen Grundsätze in das HGB auch zugelassen werden, indem sie als Abweichung von den im Einzelabschluß angewendeten Grundsätzen ordnungsmäßiger Buchführung definiert wird.[82] In diesem Fall wäre § 297 HGB dergestalt zu ergänzen, daß Mutterunternehmen, die einen ausländischen Kapitalmarkt in Anspruch nehmen, von den Grundsätzen ordnungsmäßiger Buchführung (insbesondere den allgemeinen Bewertungsgrundsätzen: Anschaffungswert-, Vorsichts-, Realisations-, Imparitätsprinzip) dann abweichen dürfen, wenn diese Abweichung zu einer Bilanzierung führt, die nach internationalen Vorschriften zulässig ist.[83] Die vom deutschen Recht abweichenden

---

79 Vg. auch *Ordelheide*, WPg 1996, 545, 546; *Lutter*, NJW 1996, 1945; *Budde, FS Clemm*, S. 81, 96; *Grund*, DB 1996, 1293, 1295. Nach Auffassung der Bundesregierung wird durch die Tolerierung ausländischer Rechnungslegungsgrundsätze die deutsche Gesetzgebungshoheit weder eingeschränkt noch auf ausländische Stellen übertragen, da der deutsche Gesetzgeber eine derartige Regelung jederzeit einschränken oder rückgängig machen könne; vgl. BMJ, aaO (Fn. 13), S. 10; kritisch hierzu *Ordelheide*, WPg 1996, 545, 547. Zu den verfassungsrechtlichen Grenzen einer Änderung des HGB vgl. *Pellens*, aaO (Fn. 1), S. 502ff, 520.

80 So der Vorschlag des IDW, WPg 1996, 593.

81 Die SEC hat die grundsätzlich in ihrer Kompetenz liegende Erstellung von Rechnungslegungsnormen für börsennotierte Unternehmen an das FASB delegiert; vgl. hierzu *Pellens*, aaO (Fn. 1), S. 113.

82 Darüber hinaus müßten im HGB Abweichungen von nicht mit IAS- bzw. US-GAAP-konformen Konsolidierungsmethoden zugelassen werden. Des weiteren müßte – sofern das Aktivierungsgebot für unentgeltlich erworbene immaterielle Anlagegüter nach IAS bestehen bleibt – das Verbot des § 248 Abs. 2 HGB für den Konzernabschluß aufgehoben werden.

83 In diese Richtung ging auch der an die Verbände versandte Entwurf eines KapAEG (vgl. WPg 1996, 564). § 297 Abs. 4 i.V.m. § 264 Abs. 3 HGB-E erlaubte für den Konzernabschluß unter bestimmten Voraussetzungen die Anwendung von Bilanzierungs-, Bewertungs- und Konsolidierungsmethoden, die in anderen Staaten vorgeschrieben oder als Rechnungslegungsgrundsätze allgemein oder für Zwecke der Inanspruchnahme von Kapitalmärkten anerkannt oder von dort anerkannten Standardisierungsausschüssen empfohlen sind.

Rechnungslegungsnormen müßten – wie auch im Entwurf eines KapAEG vorgesehen – im Anhang erläutert werden. Die hier vorgeschlagene Anwendung unterschiedlicher Bewertungsmethoden in Einzel- und Konzernabschluß wird in Art. 29 Abs. 2 Buchst. a Satz 2 der 7. EG-Richtlinie ausdrücklich für zulässig erklärt, so daß sie mit dem EG-Recht vereinbar ist.[84]

IV. Zusammenfassung

Die Rechnungslegung befindet sich national und international in einem grundlegenden Umbruch. In diesem Beitrag wurden Vorschläge unterbreitet, wie das Jahres- und das Konzernabschlußrecht im Zuge dieser Entwicklungen angepaßt werden könnten.

Dabei sollte die zur Zeit diskutierte Reform des Einkommensteuerrechts mit ihrer beabsichtigten Verbreiterung der Bemessungsgrundlage bei gleichzeitiger Senkung der Steuersätze zum Anlaß genommen werden, auch das Handelsbilanzrecht durch eine entsprechende Neufassung des § 254 HGB so zu modifizieren, daß künftig die Aufstellung einer sowohl handels- als auch steuerrechtlichen Belangen genügenden (Einheits-)Bilanz möglich ist. Mit dieser Änderung würde die derzeit bestehende faktische Ausrichtung der Handelsbilanz auf das Steuerrecht konsequent im HGB verankert. Gleichzeitig könnten die Verwerfungen zwischen Handels- und Steuerrecht abgebaut werden. Eine Übernahme internationaler Rechnungslegungsnormen in das deutsche Recht für den Einzelabschluß wäre überflüssig, die Gläubigerschutzbestimmungen des Kapitalgesellschaftsrechts blieben unberührt.[85]

Für den Konzernabschluß bringt der Entwurf eines KapAEG bedeutsame Änderungen mit sich. Konzernabschlußspezifische Differenzierungen hinsichtlich des Umfangs und der Qualität der Konzernrechnungslegung existieren zwar bereits in der jetzigen Fassung des HGB. Mit der an die Erfüllung bestimmter Voraussetzungen geknüpften Erlaubnis, einen befreienden Konzernabschluß nach internationalen Regeln aufzustellen, soll ein nicht auf deutschen Regeln basierendes Sonderrecht für international orientierte *deutsche* Unternehmen geschaffen werden. Konsequenz dieser Entwicklung ist, daß bei diesen Unternehmen das Konzernabschlußrecht vom HGB abgekoppelt wird.[86] Wäre es nicht schon im Hinblick auf eine bessere Vergleichbarkeit von Konzernabschlüssen sinnvoller, bestimmte Wahlrechte im Konzernrecht abzuschaffen und eine Übernahme internationaler Normen durch eine entsprechende Änderung des § 297 HGB zu ermöglichen?

---

84 Vgl. auch *van Hulle,* aaO (Fn. 58), S. 7, 23.
85 Andernfalls müßten die bestehenden Verknüpfungen zwischen Bilanz- und Gesellschaftsrecht gelöst werden. Vgl. hierzu *Schulze-Osterloh,* in: IDW, Neuorientierung der Rechenschaftslegung, 1995, S. 123, 136 ff; *Strobl,* FS *Clemm,* S. 389, 407, 409 ff.
86 Vgl. hierzu auch *Budde,* FS *Clemm,* S. 81, 105; *Grund,* DB 1996, 1293, 1295; *Busse von Colbe,* aaO (Fn. 7), S. 301, 313 f; *Hüttche,* RIW 1996, 1018, 1022 ff.

III. Allgemeines Gesellschaftsrecht

„Dritte" als Adressaten der Kapitalerhaltungs- und Kapitalersatzregeln in der GmbH

Holger Altmeppen

I. Ausgangslage

§§ 30, 31 GmbHG sind die zentralen Gläubigerschutzbestimmungen zur Erhaltung des Stammkapitals. Sie haben den Sinn, eine Schmälerung derjenigen Vermögensmasse zu verhindern, die der Gesellschaft im Gläubigerinteresse garantiert wurde, von den Gesellschaftern aufzubringen und der GmbH zu erhalten ist[1]. Man ist sich darüber einig, daß die Normen einer weiten Auslegung zu unterziehen sind, um alle denkbaren Umgehungsversuche zu erfassen; der Wortlaut (unmittelbare Auszahlung an Gesellschafter) ist viel zu eng gefaßt[2]. Schwierigkeiten bereitet aber die Frage, in welchem Umfang Dritte (Nichtgesellschafter) der Haftung wegen Einlagenrückgewähr ausgesetzt sind, wenn sie an einem Verstoß irgendwie beteiligt sind.

Eine verwandte Problematik ist diejenige, daß ein Nichtgesellschafter ein kapitalersetzendes Darlehen gewährt (§§ 30, 31 GmbHG analog; §§ 32a, b GmbHG; § 32a KO; § 3b AnfG). Die Kapitalersatzregeln stellen eine Verlängerung des schon in §§ 30, 31 GmbHG erfaßten Gedankens dar: Der Kapitalersatzgedanke behandelt „die angeblichen Darlehen als das, was sie in Wirklichkeit sind, nämlich Gesellschaftereinlagen"[3]. Die auf den ersten Blick verschiedenen Fälle – im einen empfängt der Dritte Kapital von der Gesellschaft, im anderen gibt er es ihr – gehören also systematisch zusammen.

Bruno Kropff, dem die folgenden Überlegungen in Dankbarkeit für anregenden und weiterführenden Gedankenaustausch gewidmet sind, wird als Experte des Kapitalgesellschafts- und Konzernrechts (von dem insbesondere zu handeln sein wird[4]) vielleicht Interesse für die – keineswegs dem bisherigen Meinungsstand entsprechenden – Thesen aufbringen, zumal er auch solchen immer mit großzügiger wissenschaftlicher Toleranz zu begegnen pflegt.

II. Auszahlung gebundenen Kapitals an Dritte

1. Treuhänder und Strohmänner

a) Haftung des Treugebers

Im Grundsatz ist man sich einig, daß der Treugeber, obgleich formal nicht Gesellschafter, der Haftung aus § 31 GmbHG unterliegt, weil er bei wirtschaftlicher

---

1 S. dazu etwa *Fleck*, FS 100 Jahre GmbHG, 1992, S. 391; *Flume*, ZHR 144 (1980), 18; *Joost* ZHR 148 (1984), 27; *Stimpel*, FS 100 Jahre GmbHG, 1992, S. 335; *Ulmer*, FS 100 Jahre GmbHG, 1992, S. 363 jew. mwN.

2 S. schon RGZ 136, 260, 263ff; BGHZ 31, 258, 276; *Canaris*, FS Fischer, 1979, S. 31ff. Ein eindrucksvolles Beispiel zur Reichweite der Norm findet sich auch in BGH NJW 1993, 1922f.

3 So schon treffend RG JW 1939, 354, 356; s. auch BR-Drucks. 404/77 S. 39, wo es heißt, die kapitalersetzenden Darlehen seien den Regeln über das haftende Kapital zu unterwerfen, weil diese „ihrer Natur entsprechen."

4 S. II 4, III 6.

Betrachtung im Verhältnis zum Treuhänder als der Gesellschafter angesehen werden muß (§§ 667, 670 BGB). Schwierig wird die Haftungsfrage aber schon dann, wenn der Treuhänder/Strohmann die Leistung empfangen und (noch) nicht weitergeleitet hat. Mit beachtlichen Gründen läßt sich vertreten, daß der Treugeber in dieser Lage nicht haftet, weil er (noch) keine Leistung i.S.d. §§ 30, 31 GmbHG bekommen hat[5]. Dann haftete in dieser Situation nur der Treuhänder/Strohmann nach § 31 GmbHG, ist er doch jedenfalls – wenn auch nur „formal" – Gesellschafter und Leistungsempfänger. Wie aber, wenn der Treuhänder/Strohmann nicht greifbar bzw. insolvent ist?

Die entscheidende Frage lautet also, ob die Gesellschaft oder ob vielmehr der Treugeber das Insolvenzrisiko im Hinblick auf den Treuhänder tragen muß, wenn dieser die Leistung – obwohl dazu verpflichtet (§ 667 BGB) – (noch) nicht an den Treugeber abgeführt hat. Der gleichsam „unschuldige" Treugeber wird, so scheint es, seiner Haftung doch zumindest entgegenhalten können, daß er die verbotene Leistung nicht veranlaßt, nicht den geringsten Einfluß darauf genommen, ja noch nicht einmal eine Ahnung davon gehabt habe[6]. Was wäre es für eine „rigide" Haftung des Treugebers, der sich jede verbotene Leistung an den Treuhänder als eine solche an sich zurechnen lassen muß, mag er daran beteiligt sein oder nicht.

Genauso verhält es sich aber, wenn man bedenkt, daß es um die auf der Kapitalerhaltungsgarantie beruhende Verpflichtung des Gesellschaftes geht, jeden gegen die Kapitalbindung verstoßenden Vermögensabfluß bei der GmbH auszugleichen, auch wenn er davon weder wußte noch wissen konnte, geschweige denn selbst gehandelt hat. Insbesondere begründen §§ 30, 31 GmbHG keine Verhaltenshaftung (arg. § 31 Abs. 2 GmbHG).

Man muß den Treuhänder, zu dem er sich nun einmal in eine „Wahlverwandtschaft" begeben hat, insoweit als „Empfangsstation" des Treugebers ansehen[7]. Weil es nicht um ein Verschulden des Gesellschafters geht, der Treugeber aber andererseits – jedenfalls hinsichtlich der Haftung nach §§ 30, 31 GmbHG – unstreitig als Gesellschafter behandelt werden muß[8], dürfen die Gesellschaft und ihre Gläubiger aus der Tatsache, daß sie es aufgrund der Doppelrolle des Treuhänders letztlich mit zwei Gesellschaftern zu tun haben, keinen Nachteil erleiden. Der Treugeber muß die Konsequenzen seiner Entscheidung tragen, sich in seiner Gesellschafterrolle nach außen von einem „Untreuen" vertreten zu lassen.

---

5 Eingehend *Fleck*, FS 100 Jahre GmbHG, 1992, S. 391, 411; *Hachenburg/Ulmer*, GmbHG, 8. Aufl., 1992, § 2 Rn 65 mwN; vgl. auch *Ulmer*, ZHR 156 (1992), 377, 385, der den Treugeber nur bei besonderem Zurechnungsgrund für haftbar hält.

6 Vgl. die Nachw. Fn 5.

7 Gewiß lassen sich noch treffendere Metaphern für das sachliche Haftungskriterium finden, daß die verbotene Leistung in die Sphäre des Treugebers (arg. § 667 BGB) gelangt ist. I.Erg. wie hier schon *Canaris*, FS Fischer, 1979, S. 31, 41, 55.

8 S. schon BGHZ 31, 258; BGHZ 75, 334; BGHZ 95, 188; BGHZ 107, 7; BGH NJW 1991, 1057; BGHZ 118, 107, 110ff.; weitere Nachw. bei *Baumbach/Hueck*, GmbHG, 16. Aufl., 1996, § 31 Rn 12. Ausf. und teilw. kritisch zur Ausdehnung der Haftung des Treugebers auf §§ 19, 24 GmbHG *Ulmer*, ZHR 156 (1992), 377ff. mwN.

b) Haftung des Treuhänders

Seine Haftung ist unproblematisch, weil er auch formal Gesellschafter ist[9]. Sogar dann, wenn die Leistung gar nicht erst einen Umweg über den Treuhänder macht, sondern direkt seinem Herrn zufließt, sollte dies den Treuhänder nicht von der Haftung befreien, weil der Treugeber seine „Geheißperson" ist[10].

2. Mittelbare Stellvertreter

In dieser Fallgruppe empfängt ein Nichtgesellschafter (Dritter) gebundenes Vermögen der GmbH, um es kraft seiner schuldrechtlichen Beziehung zum Gesellschafter (§ 667 BGB) an diesen weiterzuleiten.

a) Haftung des Gesellschafters

Unproblematisch ist die Haftung des Gesellschafters, nachdem er die gegen § 30 GmbHG verstoßende Leistung empfangen hat. Auch hier stellt sich jedoch die Frage, wer das Insolvenzrisiko des mittelbaren Stellvertreters trägt, wenn die Weiterleitung gescheitert ist. Zutreffend ist hervorgehoben worden, daß der Gesellschafter jedenfalls dann haftet, wenn er die Leistung an seinen mittelbaren Stellvertreter veranlaßt hat[11]. Fehlt es an einer solchen Veranlassung, bleibt aber auch hier der Gesichtspunkt, daß der Gesellschafter immerhin kraft seiner schuldrechtlichen Beziehung zum Empfänger einen Anspruch auf dasjenige erlangt hat (§ 667 BGB), was – unabhängig vom Verschulden – in das Gesellschaftsvermögen zurückzufließen hat (§ 31 GmbHG). Der mittelbare Stellvertreter ist „Empfangsstation" des Gesellschafters, weil von diesem so mit dem Stellvertreter vereinbart. In dem seltenen Fall, daß der Gesellschafter völlig arglos ist und der mittelbare Stellvertreter das Empfangene „veruntreut", anstatt es seinem Herrn abzuliefern (§ 667 BGB), spricht deshalb auch hier mehr für eine rigide Haftung des Geschäftsherrn und Gesellschafters[12], ungeachtet der Tatsache, daß i.d.R. auch der (solvente?) Geschäftsführer haftet (§ 43 GmbHG).

---

9 S. nur BGHZ 31, 258, 263f.; BGHZ 105, 168, 175; *Baumbach/Hueck*, aaO, § 31 Rn 12; *Hachenburg/Goerdeler/Müller*, aaO, § 30 Rn 49 mwN.

10 I.Erg. ebenso *Canaris*, FS Fischer, 1979, S. 31, 41; *Fleck*, FS 100 Jahre GmbHG, 1992, S. 391, 411; *Hachenburg/Goerdeler/Müller*, aaO, § 31 Rn 21; a.A. *Baumbach/Hueck*, aaO, § 31 Rn 12 mwN. Anderenfalls – also bei Gutgläubigkeit des Treuhänders – hat er aber mit dem Verstoß gegen §§ 30, 31 nichts zu tun, weil weder er selbst noch seine „Geheißperson" etwas empfangen hat (so auch *Fleck*, aaO).

11 S. *Fleck*, FS 100 Jahre GmbHG, 1992, S. 391, 403 mwN. Vgl. i.ü. die Nachw. in Fn 5.

12 S. dazu bereits II 1 a. Anders wohl die h.M., vgl. etwa *Baumbach/Hueck*, aaO, § 31 Rn 12; *Hachenburg/Ulmer*, aaO, § 2 Rn 65; *Ulmer*, ZHR 156 (1992), 377, 385 jew. mwN.

b) Haftung des mittelbaren Stellvertreters

Manches spricht dafür, daß der bösgläubige mittelbare Stellvertreter, der den Verstoß gegen § 30 gekannt hat oder hätte kennen müssen, seinerseits nach §§ 30, 31 GmbHG haftet, obwohl er gar nicht Gesellschafter ist[13]. Auf diese Weise würden die Kapitalerhaltungsregeln der §§ 30, 31 GmbHG aber zu einer Verhaltenshaftung umfunktioniert, um die es sich nicht handelt (§ 31 Abs. 2 GmbHG!)[14]. Es ist nochmals zu betonen, daß allein der Gesellschafter oder derjenige, der wirtschaftlich als solcher anzusehen ist, der Haftung unterliegt, weil er der Gesellschaft im Gläubigerinteresse garantiert hat, ihr eine bestimmte Vermögensmasse zu gewähren und zu erhalten. Wer auch wirtschaftlich nicht als Gesellschafter angesehen werden kann, hat mit dieser Kapitalaufbringungs- und Erhaltungsgarantie nichts zu tun, sondern er kann nur aus anderen Gründen haften. So versteht es sich etwa, daß der mittelbare Stellvertreter deliktisch haftet, wenn er sich an einer Untreue, Unterschlagung etc. beteiligt (§§ 823, 826, 830 BGB).

Bisher kaum beachtet wird aber der Umstand, daß der Geschäftsführer, der entgegen §§ 30, 43 Abs. 3 GmbHG Gesellschaftsvermögen auskehrt, seine Vertretungsmacht mißbraucht und mithin §§ 177ff. BGB analog gelten, wenn dieser Mißbrauch für den – dann auch nach allgemeinen Regeln haftenden – Empfänger evident war[15]. Allerdings ist gegen diesen Ansatz Kritik geübt worden, da § 30 GmbHG die Zuständigkeitsordnung in der GmbH nicht betreffe und § 31 GmbHG zudem die speziellere Bestimmung sei[16]. Das geht jedoch fehl, weil die „Spezialität" der §§ 30, 31 GmbHG in einer Verschärfung der Haftung gegenüber den allgemeinen Regeln besteht, welche z. B. diejenige aus § 812 BGB in der Person des Gesellschafters i.d.R. als bedeutungslos erscheinen läßt. Der mittelbare Stellvertreter ist aber nicht Gesellschafter, und deswegen ist seine Haftung nach allgemeinen Vorschriften von entscheidender Bedeutung.

Auch trifft es nicht zu, daß die Gesellschafter etwa die Zuständigkeit besäßen, das i.S.d. §§ 30, 31, 43 Abs. 3 GmbHG mißbräuchliche Geschäft des Geschäftsführers durch Genehmigung zu heilen, so daß am Ende die Konstruktion mit Hilfe des evidenten Mißbrauchs der Vertretungsmacht zusammenbrechen müsse[17]. Wir haben uns eine solche „Genehmigung" der Gesellschafter nämlich gleichermaßen als evidenten Mißbrauch der Vertretungsmacht vorzustellen. *Jedes* Rechtsgeschäft, welches entgegen §§ 43 Abs. 3, 30, 31 GmbHG gebundenes Vermögen verringert, ist nämlich rechtswidrig, und eine etwa bestehende Rechtsmacht, diesen im Gesell-

---

13 So *Fleck*, FS 100 Jahre GmbHG, 1992, S. 391, 413f.; auch der BGH stellt bei der Erweiterung des Adressatenkreises auf die subjektive Komponente ab, vgl. BGHZ 81, 365, 369f.; BGH GmbHR 1986, 113; BGH NJW 1987, 1194.

14 S. bereits I, II 1 a.

15 Vgl. dazu *Wilhelm*, FS Flume II, 1978, S. 337, 364f., 366 mit Fn 109; *Hager*, ZGR 1989, 71, 97, 101ff.; *Scholz/K.Schmidt*, GmbHG, 8. Aufl., 1995, § 70 Rn 3; *K.Schmidt*, AcP 174 (1974), 55, 69ff; *ders.*, AcP 184 (1984), 529.

16 S. *Joost*, ZHR 148 (1984), 27, 30 mit Fn 10; *Oetker*, KTS 1991, 521, 535; *Schön*, ZHR 159 (1995), 351, 366 mit Fn 59; *Zacher*, GmbHR 1994, 842.

17 So wohl *Schön*, ZHR 159 (1995), 351, 366 mit Fn 59.

schafts- und Gläubigerinteresse verbotenen Erfolg herbeizuführen, stellt einen Mißbrauch der Vertretungsmacht zum Nachteil der GmbH dar: Geschäftsführer und Gesellschafter *dürfen* solche Geschäfte nicht tätigen[18]. Der bösgläubige mittelbare Stellvertreter, der den Verstoß gegen die Kapitalbindung erkennt oder sich der Einsicht „verschließt", haftet deshalb aus §§ 812ff., 823ff., 985ff. BGB, wenn er gebundenes Vermögen entgegennimmt. Wegen der Ungültigkeit der Rechtsgeschäfte ist er insbesondere verpflichtet, das verbotswidrig Empfangene zurückzugewähren.

In einer mehrgliedrigen GmbH braucht der mittelbare Stellvertreter zudem noch nicht einmal die Unterdeckung zu erkennen, wenn und weil er wissen muß, daß die Geschäftsleitung „Geschenke" aus dem Gesellschaftsvermögen nur aufgrund eines gültigen Gewinnverwendungsbeschlusses an einen Gesellschafter oder diesem nahestehende Personen erbringen darf, und an einem solchen Gesellschafterbeschluß fehlt es auch aus Sicht des mittelbaren Stellvertreters in den hier interessierenden Fällen. Am Fall der mehrgliedrigen GmbH zeigt sich übrigens, daß die Haftung nach allgemeinen Vorschriften und insbesondere der evidente Mißbrauch der Vertretungsmacht in der GmbH eine erhebliche Rolle spielen können[19]. Es versteht sich, daß „mittelbare Stellvertreter" des Gesellschafters diesen Mangel des Rechtsgrundes, wenn er für sie evident ist, ebenfalls gegen sich gelten lassen müssen, nämlich nach den Regeln über den evidenten Mißbrauch der Vertretungsmacht: Sie wissen, daß der Geschäftsleiter ungeachtet des § 37 GmbHG die „Schenkung" auf Kosten des Gesellschaftsvermögens nicht vornehmen durfte!

3. Nahestehende Personen

a) Haftung des Gesellschafters

Hat der Gesellschafter die verbotene Leistung an die ihm nahestehende Person veranlaßt, so muß er unzweifelhaft nach §§ 30, 31 GmbHG haften[20], weil es für die Haftung keine Rolle spielt, ob der Gesellschafter oder seine „Geheißperson" empfängt. Für eine Veranlassung spricht auch eine Vermutung, weil die GmbH Vollkaufmann ist (§ 6 Abs. 2 HGB; § 13 Abs. 3 GmbHG) und „Geschenke" an den Dritten allenfalls deshalb für „zweckmäßig" hält, weil er dem interessierten Gesell-

---

18 Man könnte zwar auch auf die Generalklausel des § 138 BGB zurückgreifen (so *Schön*, ZHR 159 [1995], 351, 366ff.; *Mülbert*, ZGR 1995, 577, 607ff.), doch würden die dort anzustellenden Erwägungen genau in den hier behandelten Zusammenhang gehören: den evidenten Mißbrauch der Vertretungsmacht durch Verstoß gegen interne Pflichtbindungen, die sich hier aus §§ 30, 31, 43 GmbHG ergeben.

19 In der mehrgliedrigen GmbH besteht jenseits von §§ 30, 31 GmbHG eine Vermögensbindung insofern, als jede Auskehrung von Gesellschaftsvermögen an Gesellschafter deren Haftung zumindest nach §§ 812ff. BGB auslöst, die nicht vom Rechtsgrund eines Gesellschafterbeschlusses getragen wird, s. dazu *Baumbach/Hueck*, aaO, § 29 Rn 77f.; *Flume*, ZHR 144 (1980), 26ff; *ders.*, BGB I/2, Die juristische Person, 1983, S. 294; *Wilhelm*, FS Flume II, 1978, S. 368ff. mwN.

20 Vgl. dazu BGHZ 81, 365; BGH WM 1986, 237, 239; BGH DB 1991, 798; *Baumbach/Hueck*, aaO, § 30 Rn 17; *Fleck*, FS 100 Jahre GmbHG, 1992, S. 391, 412ff.; *Hachenburg/Goerdeler/Müller*, aaO, § 30 Rn 52; *Scholz/Westermann*, aaO, § 30, Rn 28f. mwN.

schafter nahesteht. Fehlt es aber an einer Veranlassung durch den Gesellschafter – ein kaum praktischer Fall! –, so haftet er auch dann nicht nach §§ 30, 31 GmbHG, wenn der Empfänger ihm denkbar nahesteht, es sei denn, das Näheverhältnis führt bei wirtschaftlicher Betrachtung dazu, daß der Gesellschafter selbst profitiert[21]. Anderenfalls hat der Gesellschafter aber mit dem Verstoß gegen die Kapitalbindung „nichts zu tun".

b) Haftung der nahestehenden Person

Erwartungsgemäß macht die h.M. die Haftung der nahestehenden Person nach §§ 30, 31 GmbHG wieder davon abhängig, ob sie bösgläubig gewesen ist, also den Verstoß gegen § 30 GmbHG gekannt hat oder hätte erkennen müssen[22]. Dies ist auf den ersten Blick auch plausibel, weil die nahestehende Person in diesem Fall keineswegs als schutzwürdig erscheint.

Es wurde jedoch schon darauf hingewiesen, daß man §§ 30, 31 GmbHG nicht zu einer Verhaltenshaftung umfunktionieren darf, auch wenn man bösgläubige Nichtgesellschafter (im Ergebnis zu Recht!) erfassen möchte, die aber nun einmal nicht angesprochen sind, soweit es um die Garantie der Kapitalaufbringung und Kapitalerhaltung geht[23]. Auch hier gibt es aber eine (bisher nicht genügend beachtete) Haftung der nahestehenden Personen nach allgemeinen Vorschriften: Meist wird die nahestehende Person den Mißbrauch der Vertretungsmacht durch den Geschäftsführer erkennen, wenn dieser gebundenes Vermögen der GmbH „verschenkt", nämlich mit Rücksicht auf die Nähe des Empfängers zu einem Gesellschafter. Ob ein Verstoß gegen §§ 30, 31 GmbHG vorliegt, ist zumindest in einer mehrgliedrigen GmbH sogar irrelevant, weil der Empfänger weiß bzw. evident ist, daß der Geschäftsführer ihm auch das ungebundene Vermögen nicht „schenken" darf, es sei denn, dem Geschenk liegt ausnahmsweise ein fehlerfreier Gesellschafterbeschluß zugrunde[24]. Nahestehende Personen, die bösgläubig sind, haften also (ebenso wie mittelbare Stellvertreter) nach allgemeinen Vorschriften des BGB[25].

4. Verbundene Unternehmen

a) Vertragskonzern

Da das herrschende Unternehmen ohnehin den Verlust bei der GmbH ausgleichen muß (§ 302 AktG analog), wird teilweise angenommen, die Kapitalbindungs-

---

21 *Fleck* hat das anschauliche Beispiel gebracht, daß der Gesellschafter Unterhaltsleistungen gegenüber dem empfangenden Angehörigen einspart, FS 100 Jahre GmbHG, 1992, S. 391, 403f. mwN.

22 S. BGHZ 81, 365, 369f.; *Baumbach/Hueck*, aaO, § 31 Rn 12; *Fleck*, FS 100 Jahre GmbHG, 1992, S. 391, 412ff.; *Scholz/Westermann*, aaO, § 31 Rn 12; a.A. *Canaris*, FS Fischer, 1979, S. 31, 54ff. jew. mwN.

23 S. I; II 1, 2 b.

24 S. dazu näher II 2 b mit Fn 19.

25 S. II 2 b.

vorschriften der §§ 30, 31 GmbHG seien hier gar nicht anwendbar[26]. Nach a. A. soll dies nur dann gelten, wenn der Anspruch auf Verlustausgleich vollwertig ist[27]. Eine dritte Ansicht hält auch im Vertragskonzern §§ 30, 31 GmbHG zum Schutz der abhängigen GmbH für einschlägig[28].

Zu dem Meinungsstreit ist festzustellen, daß bei funktionierendem Verlustausgleich ein Verstoß gegen § 30 ausscheidet, welcher Art die Maßnahmen und Rechtsgeschäfte auch sein mögen. Denn der funktionierende Verlustausgleich sorgt dafür, daß den Gläubigern ihr Haftungsfonds erhalten bleibt. Anderenfalls jedoch müssen zum Schutze der Gläubiger der abhängigen GmbH §§ 30, 31, 43 Abs. 3 GmbHG zur Anwendung gelangen. Insbesondere müssen und dürfen die Geschäftsführer der GmbH nachteiligen Weisungen der Konzernmutter bereits dann nicht mehr nachkommen, wenn sie erkennen, daß der Verlustausgleich nicht funktionieren wird, etwa weil die Konzernmutter nicht mehr leistungsfähig ist[29].

b) Faktischer Konzern, Mehrheitsbeteiligung

Die eigentlich problematischen Fälle sind diejenigen, in denen es an einem Vertragskonzern fehlt. Die überwiegende Ansicht stellt offenbar darauf ab, ob das faktisch herrschende Unternehmen (§§ 18 Abs. 1 S. 3, 17 Abs. 2, 16 AktG), also die Mehrheitsgesellschafterin, die Leistung veranlaßt hat. Vielfach wird aber auch nur auf eine „maßgebliche Beteiligung" abgestellt, ohne im einzelnen auseinanderzuhalten, wie die Beteiligungsverhältnisse gestaltet sind, ob die Empfängerin insbesondere beherrschenden Einfluß besitzt bzw. nur Mutter-, Schwester-, Tochter- oder Enkelgesellschaft ist. Das Hauptbestreben geht dahin, „Umgehungen" auszuschließen, die man im Unternehmensverbund und insbesondere im faktischen Konzern befürchtet[30]. Hat das herrschende Unternehmen die Leistung an sich veranlaßt, soll die Tochtergesellschaft (Gesellschafterin) ihrerseits offenbar sogar dann haftungsfrei sein, wenn sie sich an der verbotswidrigen Leistung an ihre Mutter beteiligt hat[31].

Dazu ist allgemein festzustellen, daß es auch im Unternehmensverbund allein um die Frage geht, ob die Empfängerin zumindest wirtschaftlich als Gesellschaf-

---

26 *Hommelhoff*, WM 1984, 1105, 1110; *Fleck*, ZGR 1990, 31, 47; *ders.*, FS 100 Jahre GmbHG, 1992, S. 391, 395f.; tendenziell auch *Scholz/Westermann*, aaO, § 30 Rn 35.

27 *Baumbach/Hueck/Zöllner*, aaO, Anh Konzernrecht Rn 27; *Brandes*, FS Kellermann, 1991, S. 25, 33; *Lutter*, ZGR 1986, 192, 200; *Meister*, WM 1980, 390, 399f.; *Rowedder*, GmbHG, 3. Aufl., 1997, § 30 Rn 45; *Sonnenhol/Stützle*, DB 1979, 925, 927.

28 *Hachenburg/Goerdeler/Müller*, aaO, § 30 Rn 72f.

29 Dazu *Roth/Altmeppen*, GmbHG, 3. Aufl., 1997, Anh. § 13 Rn 55ff. mwN. Es gelten dann die allgemeinen Regeln im Unternehmensverbund, dazu sogl.

30 Vgl. die Nachw. bei BGHZ 81, 311, 315; BGH ZIP 1986, 456; BGH NJW 1991, 1057 = ZIP 1990, 1593; BGH ZIP 1996, 68 = NJW 1996, 589; *Baumbach/Hueck*, aaO, § 30 Rn 17; *Canaris*, FS Fischer, 1979, S. 31, 42ff.; *Fleck*, FS 100 Jahre GmbHG, 1992, S. 391, 415ff.; *Lutter/Hommelhoff*, GmbHG, 14. Aufl., 1995, § 30 Rn 21; *Rowedder*, aaO, § 30 Rn 45; *Scholz/Westermann*, aaO, § 30 Rn 35 jew. mwN. Ein „eindeutiges" Meinungsbild dürfte sich noch nicht herausgebildet haben.

31 Vgl. *Fleck*, FS 100 Jahre GmbHG, 1992, S. 391, 416; differenzierend *Scholz/Westermann*, aaO, § 30 Rn 35 mwN.

terin angesehen werden kann, wenn sie nach §§ 30, 31 GmbHG haften soll. Eine solche Gesellschafterin haftet andererseits bisweilen sogar dann, wenn eine (ihr nahestehende) *Nichtgesellschafterin* begünstigt wird, während letztere allenfalls nach allgemeinen Regeln, nicht aber nach §§ 30, 31 GmbHG in die Haftung gerät, weil sie als „Unbeteiligte" mit der Kapitalaufbringungs- und Kapitalerhaltungsgarantie nichts zu tun hat (I, II 2 b, 3 b). Folgende Fallkonstellationen sind zu unterscheiden:

aa) Haftung der abhängigen Gesellschaft (Gesellschafterin der GmbH)

Nach §§ 30, 31 GmbHG haften nur solche Personen, die entweder rechtlich oder doch bei wirtschaftlicher Betrachtungsweise als Gesellschafter anzusehen sind. Veranlaßt die abhängige Gesellschaft eine gegen §§ 30, 31 GmbHG verstoßende Leistung an ihre Muttergesellschaft oder an ein anderes verbundenes Unternehmen, so haftet sie ungeachtet der Tatsache, daß sie selbst von der Leistung nicht profitiert. Darauf kann es nicht ankommen, ebensowenig wie der „freigiebige" Sohn als Gesellschafter darauf verweisen könnte, das gebundene Vermögen sei ausschließlich an seine – der Gesellschaft nicht angehörende – Mutter, und in keiner Weise an ihn selbst gelangt.

Die Begünstigung einer „Geheißperson" des Gesellschafters genügt für seine Haftung. Eine Veranlassung durch das abhängige Unternehmen ist auch hier zu vermuten, da die GmbH die Leistung an ein ihrer Gesellschafterin nicht verbundenes Unternehmen nach der Lebenserfahrung nicht erbracht hätte. Fehlt es andererseits – ein rein theoretischer Fall (!) – an jeglicher Veranlassung, hat mithin die Geschäftsleitung der GmbH von sich aus, d.h. ohne Wissen und Wollen der Gesellschafterin, deren Muttergesellschaft begünstigt, so hat die Gesellschafterin selbst mit diesem Verstoß gegen die Kapitalbindung „nichts zu tun". Zwar ist sie Adressatin der Kapitalbindungsregeln, doch hat sie auch bei wirtschaftlicher Betrachtung weder eine verbotswidrige Leistung empfangen (sie ist an ihrer Muttergesellschaft nicht beteiligt!), noch dafür gesorgt, daß eine „Geheißperson" die Leistung empfängt[32].

bb) Haftung des herrschenden Unternehmens

Auch das herrschende Unternehmen ist in die Haftung nach §§ 30, 31 GmbHG einbezogen, wenn es die verbotene Leistung empfangen hat. Denn bei wirtschaftlicher Betrachtungsweise muß man auch das herrschende Unternehmen als Gesellschafterin der GmbH betrachten, wenn und weil es (mittelbar) gebundenes Risikokapital investiert hat, welches außerhalb einer ordnungsgemäßen Liquidation nicht an den Investor zurückfließen darf.

---

32 Die Situation entspricht derjenigen, daß ein Gesellschafter nahestehende Personen begünstigt (II 3 a): Es genügt, daß eine Geheißperson des Gesellschafters empfängt. Anders als im Fall der Treuhand bedarf es aber der Veranlassung der Leistung, insbesondere sind dem Gesellschafter verbundene Unternehmen oder nahestehende Personen nicht automatisch seine „Empfangsstation", dazu II 1 a.

Entgegen der h.M. ist aber nicht darauf abzustellen, ob das herrschende Unternehmen Einfluß auf die verbotene Leistung genommen hat, da §§ 30, 31 GmbHG keine Verhaltenshaftung darstellen (sondern nur dafür sorgen sollen, daß gebundenes Risikokapital nicht an den – wenn auch nur mittelbar beteiligten – Investor zurückfließt). Auf die Einflußnahme kommt es vielmehr nur insoweit an, als der Adressat der §§ 30, 31 GmbHG nicht selbst empfängt, sondern seine Geheißperson[33]. Der Investor muß nach der Konzeption der Kapitalerhaltungsgarantie i.S.d. §§ 30, 31 GmbHG allein deshalb haften, weil er gebundenes Kapital empfangen hat, und – nur insofern spielt das Verhaltensmoment eine Rolle – der Empfang einer von ihm verschiedenen Geheißperson wird ihm zugerechnet.

Die Muttergesellschaft haftet daher, weil das von ihr mittelbar investierte Risikokapital entgegen den Kapitalbindungsregeln der §§ 30, 31 GmbHG an die Muttergesellschaft zurückfließt. Von diesem Kapital darf die Muttergesellschaft nur dasjenige zurückbekommen, was ihr unter Beachtung der §§ 30, 31 GmbHG in Gestalt ihrer Beteiligung an der Gesellschafterin der GmbH (Tochter) zugute kommt. Entsprechendes hat zu gelten, wenn Empfängerin die Großmuttergesellschaft etc. ist.

Nach der hier vertretenen Ansicht genügt sogar eine mittelbare Minderheitsbeteiligung der Empfängerin, weil die Vermutung besteht, daß eine nicht marktkonforme Zuwendung societatis causa (aufgrund der mittelbaren Beteiligung) geleistet wurde. Beispiel: Die A-AG hält 40% an der B-AG, die mit 30% an der G-GmbH beteiligt ist. Empfängt A unter Verstoß gegen § 30 GmbHG Vermögen der G, so haftet A nach § 31 GmbHG, weil das von A (mittelbar) in G investierte Kapital (12%) bei G erhalten bleiben muß und A nur von rechtmäßigen Kapitalauszahlungen (an B) profitieren darf. Ob A die verbotene Auszahlung „veranlaßt" hat oder bösgläubig war, spielt keine Rolle, da A bei wirtschaftlicher Betrachtung selbst die Empfängerin von ihr investierten Kapitals war. Wie wenig sinnvoll es ist, auf eine Mehrheitsbeteiligung abzustellen, wird evident, wenn mehrere mittelbar beteiligte Gesellschafter je eine Minderheitsbeteiligung halten und unter Verstoß gegen § 30 GmbHG Leistungen empfangen.

cc) Tochtergesellschaft des Gesellschafters als Empfängerin

Nicht selten veranlaßt der Gesellschafter seine GmbH, eine verbotene Leistung an eine ihm „gehörende" Gesellschaft zu erbringen. Nach h.M. soll die Empfängerin hier unter dem Gesichtspunkt der Umgehung selbst nach §§ 30, 31 GmbHG haften[34].

Das Anliegen, Umgehungen der §§ 30, 31 GmbHG zu verhindern, ist berechtigt. Doch gebietet es die Haftungsstruktur dieser Normen, daß der Schuldner

---

33 S. II 1–3, 4 b aa.
34 BGH ZIP 1986, 456, 458; vgl. auch BGH ZIP 1990, 1593, 1595 = NJW 1991, 1057; BGH ZIP 1992, 242, 244 = NJW 1992, 1167; BGH ZIP 1996, 68f. = NJW 1996, 589; *Baumbach/Hueck*, aaO, § 30 Rn 17; *Canaris*, FS Fischer, 1979, S. 42f.; *Fleck*, FS 100 Jahre GmbHG, 1992, S. 404; *Scholz/Westermann*, aaO, § 30 Rn 35 mwN.

zumindest mittelbar Haftkapital in die GmbH investiert hat, anderenfalls haftet er auch bei Bösgläubigkeit nur nach allgemeinen Bestimmungen. Die Empfängerin selbst ist hier ebensowenig Adressatin der §§ 30, 31 GmbHG wie es die leibliche Tochter oder Enkelin des Gesellschafters wäre. Denn sie ist auch bei wirtschaftlicher Betrachtungsweise nicht an der GmbH oder deren Gesellschafterin beteiligt, hat also kein Risikokapital investiert, das aufzubringen und im Unternehmen zu belassen im Gläubigerinteresse von ihr garantiert wurde[35]. Auch in diesem Fall muß davor gewarnt werden, bösgläubige Empfänger, die unter keinem Gesichtspunkt Gesellschaftereigenschaft aufweisen, aus Billigkeitsgründen der Haftung nach §§ 30, 31 GmbHG zu unterwerfen. Es genügt hier die (bisher nicht beachtete!) Haftung nach allgemeinen Vorschriften des BGB wegen evidenten Mißbrauchs der Vertretungsmacht[36]. In einer mehrgliedrigen GmbH braucht die Tochtergesellschaft des Gesellschafters der GmbH noch nicht einmal deren Unterdeckung zu erkennen, weil sie weiß und jedenfalls evident ist, daß die GmbH „Geschenke" an ihrem Gesellschafter nahestehende Personen/Unternehmen nur aufgrund eines gültigen Gewinnverwendungsbeschlusses tätigen darf[37].

Selbstverständlich haftet hier die unmittelbar beteiligte Gesellschafterin (Muttergesellschaft) nach §§ 30, 31 GmbHG, obwohl sie selbst unmittelbar nichts empfangen hat. Denn derjenige Gesellschafter, welcher gebundenes Vermögen an „Geheißpersonen" transferieren läßt, muß sich diese Leistung stets i.S.d. §§ 30, 31 GmbHG zurechnen lassen, wobei es uns nicht zu interessieren braucht, warum ihm an der Zuwendung gelegen war (i.d.R. handelt es sich um „nahestehende" Personen oder Unternehmen)[38]. Es versteht sich weiter, daß die Muttergesellschaft (Schuldnerin i.S.d. § 31 GmbHG) im Vollstreckungsverfahren hier auch mit dem Aktivum haftet, welches in ihrer Beteiligung an der Tochtergesellschaft (Empfängerin) besteht. Der Umgehungsschutz gebietet es nicht, alle verbundenen Unternehmen gleichsam „in einen Topf zu werfen", sondern man muß unterscheiden, ob ein (zumindest bei wirtschaftlicher Betrachtung als ein solcher anzusehender) Gesellschafter (nach §§ 30, 31 GmbHG) oder ein Dritter (gegebenenfalls nach BGB) haftet.

dd) Schwestergesellschaft des Gesellschafters als Empfängerin

Ähnlich verhält es sich, wenn die Gesellschafterin der GmbH eine Leistung an ihre Schwestergesellschaft veranlaßt: Die Schwester ist auch bei wirtschaftlicher Betrachtung nicht an der GmbH oder deren Gesellschaftern beteiligt und deshalb sogar im Falle der Bösgläubigkeit nicht Adressatin der §§ 30, 31 GmbHG, sondern sie haftet gegebenenfalls nach den allgemeinen Vorschriften des BGB[39]. Die unmittelbar beteiligte Gesellschafterin haftet nach §§ 30, 31 GmbHG, da sie die Lei-

---

35 S. I, II 1–3.
36 S. schon II 2 b, 3 b.
37 S. dazu schon II 2 b mit Fn 19, 3 b.
38 S. dazu schon II 3 a, 4 b aa. Dort auch zur Vermutung einer Veranlassung.
39 S. o. II 2 b, 3 b, 4 b cc.

stung an eine „Geheißperson" (ihr nahestehende Empfängerin) veranlaßt hat[40]. Die interessante Frage, ob in diesem Fall sogar die Muttergesellschaft der unmittelbar beteiligten Gesellschafterin aus §§ 30, 31 GmbHG haftet, obwohl nicht sie selbst, aber immerhin ihre andere Tochtergesellschaft (die Schwester der Gesellschafterin) empfangen hat, löst sich wie folgt: Die Mutter ist hier nicht selbst Empfängerin, deswegen bedarf es eines anderweitigen Zurechnungsgrundes. Allerdings ist die Mutter Adressatin der §§ 30, 31 GmbHG, nämlich aufgrund ihrer mittelbaren Beteiligung[41]. Wenn Adressaten der §§ 30, 31 GmbHG Leistungen an Dritte (Geheißpersonen) veranlassen (meist durch ein Näheverhältnis zu diesen motiviert), dann haften sie selbst aus §§ 30, 31 GmbHG[42]. Die Veranlassung ist hier in der Variante naheliegend, daß die Muttergesellschaft die Tochtergesellschaft benutzt hat, damit diese ihren Einfluß zugunsten einer Leistung der GmbH an die Schwestergesellschaft geltend macht.

ee) Tochtergesellschaft der GmbH als Empfängerin

Der Fall, daß die Muttergesellschaft sich zugunsten ihrer eigenen Tochter unter Verstoß gegen §§ 30, 31 GmbHG „entreichert", dürfte in der Praxis keine Rolle spielen, in Wirklichkeit geht es um den umgekehrten Fall. Zu bedenken ist auch, daß der Vermögenstransfer die Muttergesellschaft insofern nicht „schädigt", als die Vermögensmehrung bei der Tochter dazu führt, daß das Beteiligungsrecht der Mutter an ihrer Tochter entsprechend wertvoller wird. Dennoch lassen sich Fälle denken, in denen eine Bereicherung der Tochter zum Nachteil der Mutter-GmbH eine Haftung aus § 31 GmbHG auslösen muß.

Die Mutter-GmbH kann als Schuldnerin von vornherein nicht in Betracht kommen, sie ist vielmehr Gläubigerin des Anspruchs aus § 31 GmbHG.

Die Tochter-GmbH haftet nach der hier vertretenen Konzeption nicht nach § 31 GmbHG, da sie nicht Gesellschafterin ihrer Muttergesellschaft ist, auch nicht bei wirtschaftlicher Betrachtungsweise[43]. Die Haftung der Tochtergesellschaft beschränkt sich also auf die allgemeinen Vorschriften des BGB, insbesondere wenn die Geschäftsleitung der Tochter erkannt hat, daß die dem Vermögenstransfer dienenden Rechtsgeschäfte einen Mißbrauch der Vertretungsmacht durch die Geschäftsleitung der Muttergesellschaft darstellen. Die Geschäftsleitung der Tochtergesellschaft wird zumeist bösgläubig sein, weil evident ist, daß „Geschenke" der Muttergesellschaft nicht getätigt werden dürfen, der Vermögenstransfer mithin rückabzuwickeln ist[44].

Neben der Haftung der Geschäftsleitung der Muttergesellschaft (nach § 43 GmbHG) stellt sich die Frage der Haftung des Gesellschafters der Mutter-GmbH

---

40 S. o. II 3 a, 4 b cc.
41 S. II 4 b, bb.
42 S. o. II, 3 a, 4 b aa, cc.
43 S. cc, dd.
44 S. dazu II 2 b, 3 b, 4 b cc, dd.

nach §§ 30, 31 GmbHG. Insoweit ergeben sich keine anderen als die bereits dargelegten Grundsätze: Wenn der Gesellschafter die Leistung an die Tochtergesellschaft
veranlaßt hat, stellt sich diese Empfängerin als seine Geheißperson dar, und dies
begründet seine Haftung, ungeachtet der Tatsache, daß er selbst der Empfänger
nicht ist[45]. Es ist aber nochmals hervorzuheben, daß der Gesellschafter seine GmbH
kaum veranlassen wird, sich zugunsten ihrer Tochtergesellschaft entgegen §§ 30, 31
GmbHG zu schädigen[46].

5. Ergebnis zu II:

Wer rechtlich oder bei wirtschaftlicher Betrachtungsweise (aufgrund seiner Investition von Risikokapital) an einer GmbH beteiligt ist, haftet nach §§ 30, 31 GmbHG,
wenn er die verbotene Leistung selbst empfangen hat. Die Leistung an einen
Treuhänder oder mittelbaren Stellvertreter ist dem Treugeber/Geschäftsherrn stets
zuzurechnen, da jene sich aufgrund ihrer schuldrechtlichen Beziehung zum Treu-
geber/Geschäftsherrn als dessen „Empfangsstation" darstellen. Im übrigen kommt
es darauf an, ob der Beteiligte die Leistung an einen Dritten (Nichtgesellschafter) –
zumeist aufgrund einer Nähebeziehung zum Gesellschafter – veranlaßt hat. Der
Dritte ist dann „Geheißperson" des Gesellschafters. Wer nicht in der bezeichneten
Weise Gesellschafter ist, haftet auch bei Bösgläubigkeit niemals nach §§ 30, 31
GmbHG, sondern nur nach allgemeinen Vorschriften des BGB, wobei den Regeln
über den evidenten Mißbrauch der Vertretungsmacht entscheidende Bedeutung
zukommt.

III. Dritte als Kapitalersatzgeber

1. Grundsatz

Bis heute besteht Unklarheit darüber, was eigentlich der Kapitalersatzgedanke
besagt. Man spricht vielfach von einer „Finanzierungsverantwortung"[47], die möglicherweise von einer bestimmten Beteiligungshöhe oder vom Einfluß auf die
Geschäftsführung der GmbH abhängt. Auch die „mitunternehmerische Verantwortung" spielt vielleicht eine Rolle. Inzwischen mehrt sich aber Verdrossenheit darüber, daß sich diese Begriffe kaum dazu eignen, klar abzugrenzen, welcher Kreditgeber den Kapitalersatzregeln unterworfen sein soll, zumal wenn er gar nicht
Gesellschafter der GmbH ist. Die als mißglückt empfundenen §§ 32a, b GmbHG;

---

45 Es gelten die zu II 3 a, 4 b aa–dd dargelegten Grundsätze entsprechend.
46 Praktisch relevant dürften allenfalls Situationen sein, in welchen der Gesellschafter zugleich
    unmittelbar an der Tochtergesellschaft beteiligt ist.
47 BGHZ 105, 168, 175f.; BGH ZIP 1996, 1829, 1830 = NJW 1996, 3203; *Scholz/K.Schmidt*, aaO,
    § 32a Rn 5 mwN.

32a KO; 3b AnfG von 1980[48], die der Gesetzgeber offenbar auch in Zukunft nicht von ihren Schwächen befreien, sondern ihnen eher noch zweifelhaftere Ergänzungen anfügen will[49], haben immerhin einen sachlich berechtigten (wenn auch fast selbstverständlichen) Hinweis gebracht: Wir sollen – so § 32a Abs. 3 GmbHG – darauf achten, ob der Kredit – in welcher rechtlichen Gestaltung auch immer – wirtschaftlich dem Grundfall entspricht, daß ein Gesellschafter seiner kreditunwürdigen GmbH Fremdkapital zuführt, anstatt zu sanieren oder zu liquidieren. Die Lösung des Problems, welche „Nichtgesellschafter" unter dieser Prämisse kapitalersetzende Darlehen gewähren können, hängt danach von der Frage ab, wann jemand zumindest bei wirtschaftlicher Betrachtung als Gesellschafter anzusehen ist, während unbeteiligte Dritte allenfalls töricht handeln, wenn sie einer kreditunwürdigen GmbH Kredit gewähren, ohne sich dadurch aber in Eigenkapitalgeber zu verwandeln.

Es zeigt sich hier eine verblüffend eindeutige Parallele zu §§ 30, 31 GmbHG: Wir haben gesehen, daß deren Adressaten (ebenso wie solche der Kapitalersatzregeln!) zumindest wirtschaftlich gesehen Gesellschafter sein müssen[50]. Es wird sich zeigen, daß eine konsequente Handhabung des bereits zu §§ 30, 31 GmbHG gefundenen Kriteriums auch im Kapitalersatzrecht Klarheit schafft.

2. Treuhand

Der Fall ist unproblematisch: Der Treugeber ist wirtschaftlich gesehen der Gesellschafter (§§ 670, 667 BGB), also Adressat der Kapitalersatzregeln[51].

---

48 S. dazu *Flume*, BGB AT I/2, Die juristische Person, 1983, S. 85; *K.Schmidt*, JZ 1984, 880, 881; *Kübler*, FS Stimpel, 1985, S. 3, 6ff.; *Grunewald* hat sich jüngst – und das sagt wohl genug über die allgemein herrschende Ratlosigkeit – für eine ersatzlose Streichung dieser Regeln ausgesprochen, solange man sich nicht darüber klar sei, wie der Kapitalersatzgedanke systematisch in das allgemeine Haftungssystem einzuordnen und in welchem Umfang er heute noch erforderlich sei (GmbHR 1997, 7ff., 9: „Es verwundert daher auch nicht, daß kaum jemand sonst in Europa diese Form der Finanzierungsverantwortung kennt" – mit Nachw. aaO). S. zur Problematik aus jüngerer Zeit auch *Reiner*, FS Boujong, 1996, S. 415ff.; *Hüffer*, ZHR 153 (1989), 322, 335; *Claussen*, GmbHR 1996, 316ff., 320; *ders.*, FS Forster, 1992, S. 139ff., 142, 154. Nicht einmal die früher herrschende Vorstellung, daß der Kapitalersatzgedanke mit einem venire contra factum proprium zu tun haben könnte (vgl. dazu bereits RG JW 1938, 862 Nr. 16; RG JW 1939, 355; RGZ 166, 51; *Ketzer*, Eigenkapitalersetzende Aktionärsdarlehen, 1989, S. 37ff.; *Wiedemann*, FS Beusch, 1983, S. 893, 910; weitere Nachw. bei *Altmeppen*, ZIP 1993, 1677, 1682), wird noch für konsensfähig gehalten (s. *Koller*, FS Heinsius, 1991, S. 357, 371; *Reiner*, FS Boujong, 1996, S. 415, 424f.; *Grunewald*, GmbHR 1997, 7, 8), und für sich allein betrachtet bringt eine solche Einordnung in der Tat kaum relevanten Erkenntnisgewinn.
49 S. dazu *Altmeppen*, ZIP 1996, 1455; *K.Schmidt*, ZIP 1996, 1586; *Karollus*, ZIP 1996, 1893; *Pape/Voigt*, DB 1996, 2113.
50 Dazu ausf. II.
51 Grundlegend BGHZ 31, 158; BGHZ 95, 188, 193; weitere Nachw. bei *Baumbach/Hueck*, aaO, § 32a Rn 23; *Scholz/K.Schmidt*, aaO, § 32a Rn 123.

3. Mittelbarer Stellvertreter

Hier gibt eine Person für Rechnung des Gesellschafters das Darlehen, bei wirtschaftlicher Betrachtung ist dieser der Kreditgeber. Selbstverständlich gelten dann die Kapitalersatzregeln[52]. Ein wie auch immer geartetes Näheverhältnis zum Gesellschafter genügt andererseits nicht, wenn das Darlehen auch bei wirtschaftlicher Betrachtungsweise allein aus dem Vermögen der „nahen Person" (Nichtgesellschafter) stammt[53].

4. Der stille Gesellschafter

Nach ganz h.M. ist der sog. „atypisch" stille Gesellschafter Adressat der Kapitalersatzregeln, also wenn er entweder schuldrechtlich am Gesellschaftsvermögen beteiligt ist oder wenn ihm maßgebliche Geschäftsführungsbefugnisse eingeräumt wurden[54]. Dem ist in der ersten Variante schon deswegen zuzustimmen, weil sie sich als Spezialfall einer Treuhand darstellt[55]. Die zweite Variante mag für das Steuerrecht besondere Bedeutung haben, nämlich insofern, als sie sich zur Abgrenzung der Art der Einkünfte des „Stillen" aus Kapitalvermögen bzw. als „Mitunternehmer" eignet[56].

Nach dem hier zugrundegelegten, aus dem System der §§ 30ff GmbHG entwickelten Konzept (I, II) kann aber sogar der typisch stille Gesellschafter, der am Verlust beteiligt ist (§ 236 HGB), zum Adressatenkreis gehören[57]. Denn er ist bereits mit Risikokapital am Unternehmen beteiligt, und wenn er weiteres Kapital gewährt, ist er kein gewöhnlicher Darlehensgeber. Solche „Beteiligte" investieren in „ihre" kreditunwürdige Gesellschaft kein Fremdkapital, mögen sie es auch als solches bezeichnet haben. Auch aus § 32a Abs. 3 GmbHG folgt gerade, daß die formale Bezeichnung als „Gesellschafter" oder als „Darlehen" etc. keine Rolle spielt, wenn

---

52 *Baumbach/Hueck*, aaO, § 32a Rn 26; *Hachenburg/Ulmer*, aaO, § 32a Rn 119; zu einem ähnlichen Fall s. BGH ZIP 1997, 115f.
53 S. BGH NJW 1995, 326 = ZIP 1994, 1934 mit Anm. *Altmeppen*; BGH ZIP 1991, 366f.; OLG München NJW-RR 1994, 306: Die Vorstellung, daß etwa Kapitalersatzrecht einschlägig sei, wenn die „unvernünftige" Mutter ihrem geschäftlich unfähigen Sohn immer wieder „unter die Arme greift", indem sie seiner Einmann-GmbH Kredite gewährt, ist verkehrt, und das Beispiel klärt, was nicht das Kriterium sein kann: Es geht nicht um edele oder fragwürdige Motive des Kreditgebers, ebensowenig um seine Bösgläubigkeit hinsichtlich der Kreditunwürdigkeit der Darlehensnehmerin, sondern allein darum, daß er an der GmbH zumindest wirtschaftlich mit Risikokapital „beteiligt" ist.
54 S. nur BGHZ 106, 7; *Baumbach/Hueck*, aaO, § 32a Rn 22; *Hachenburg/Ulmer*, aaO, § 32a Rn 125; *Lutter/Hommelhoff*, aaO, § 32a Rn 53; *Scholz/K.Schmidt*, aaO, § 32a Rn 19, 105, 123 jew. mwN.
55 S. III 2.
56 BFH DB 1991, 1054; *L.Schmidt*, EStG, 15. Aufl., 1996, § 15 Rn 344; kritisch *K.Weber*, DB 1992, 546.
57 Allerdings ist die Verlustbeteiligung eines typisch stillen Gesellschafters in der Praxis die Ausnahme.

die wirtschaftliche Betrachtung ergibt, daß ein „beteiligter Investor" in der Krise der Gesellschaft weiteres (Risiko-) Kapital investiert, das ein „Unbeteiligter" vernünftigerweise nicht geben würde, und das deswegen das Etikett „Kredit" etc. nicht verdient. Nur ein „Unbeteiligter" kann zwar auch in solcher Lage theoretisch noch „Kredit" geben, aus welchen Motiven auch immer er dies tun mag[58]. Von einem bereits mit Risikokapital Beteiligten – und dazu gehört auch der „Stille" mit Verlustbeteiligung – müssen und dürfen wir aber annehmen, daß seine Mittel societatis causa (und nicht mutui causa) in seine kreditunwürdige Gesellschaft fließen (bzw. trotz der jetzt bestehenden Kündigungsmöglichkeit nicht abgezogen werden[59]) und deshalb Eigenkapitalcharakter haben.

5. Atypischer Pfandgläubiger/Unterbeteiligung/Nießbrauch

Aus dem Gesagten wird klar, daß der Fall BGHZ 119, 191, 195f. = NJW 1992, 30 35 = ZIP 1992, 1300 (im Ergebnis möglicherweise richtig) mit der falschen Begründung entschieden wurde: Der Umstand, daß eine nur mit Fremdkapital „beteiligte" Hausbank sich maßgeblichen Einfluß auf die Geschäftsführung ihrer Kreditnehmerin verschafft hat, läßt sie wirtschaftlich gesehen nicht zur Gesellschafterin werden, auch dann nicht, wenn sie sich zusätzlich die Geschäftsanteile ihrer Kreditnehmerin hatte verpfänden lassen. Die Gegenansicht, die formal zusätzlich auf ein Pfandrecht an den Geschäftsanteilen abstellt, müßte konsequenterweise *jeden* Kreditgeber – unabhängig vom Pfandrecht an Geschäftsanteilen – einbeziehen, der sich Einfluß auf die Geschäftsführung einer Kreditnehmerin verschafft; das tun „besorgte" Hausbanken aber praktisch immer, indem sie die Geschicke der kriselnden Kreditnehmerin (mit-) kontrollieren[60].

Auch der reine „Unterbeteiligte" leistet zumeist keine „Einlage" mit Verlustbeteiligung, welche im Konkurs der Hauptgesellschaft deren Gläubigern als Haftungsmasse dienen könnte[61]. Seine Kredite sind also „Fremdkapital" der GmbH. Wenn es im Schrifttum heißt, der Unterbeteiligte sei Adressat der Kapitalersatzregeln, soweit er wirtschaftlich die Stellung eines Gesellschafters besitze[62], so kann es dabei nur um solche Unterbeteiligungen gehen, die sich letztlich als Treuhand-

---

58 S. schon Fn 53.
59 Zum Streit über Voraussetzungen und Bedeutung des Stehenlassens in der Krise s. die Nachw. bei *Roth/Altmeppen*, GmbHG, 3. Aufl., 1997 § 32a Rn 18ff.
60 BGHZ 119, 191 weitgehend zustimmend aber *Dreher*, ZGR 1994, 144ff.; *Goette*, DStR 1992, 1480; *Lutter/Hommelhoff*, GmbHG, 14. Aufl., 1995, § 32a Rn 52; mit eingehender Begründung ablehnend *Altmeppen*, ZIP 1993, 1677ff.; dem weitgehend folgend wohl *Maier-Reimer*, FS Rowedder, 1994, S. 259ff. Der Fall wäre befriedigend mit Hilfe der Konkursanfechtungsregeln zu lösen gewesen, wenn die Hausbank sich tatsächlich noch in Kenntnis der Umstände kurz vor dem Zusammenbruch ihrer Kreditnehmerin vor den anderen Gläubigern hätte befriedigen lassen. Dazu näher *Altmeppen*, aaO, S. 1681f.
61 Nur im Konkurs des Hauptbeteiligten findet § 236 HGB analoge Anwendung.
62 S. *Baumbach/Hueck*, aaO, § 32a Rn 21; *Hachenburg/Ulmer*, aaO, § 32a Rn 126; *Rowedder*, aaO, § 32a Rn 34; *Scholz/K.Schmidt*, aaO, § 32a Rn 123 jew. mwN.

varianten darstellen. Dies gilt etwa für den (in der Praxis häufigen!) Fall, daß die Hauptbeteiligung – ganz oder teilweise – im Innenverhältnis für Rechnung des Unterbeteiligten gehalten wird.

Endlich leistet auch der Nießbraucher am Gesellschaftsanteil normalerweise keine „Einlage", die einem Verlust ausgesetzt wäre. Es fehlt daher regelmäßig an der wirtschaftlichen Vergleichbarkeit mit der Investition von Eigenkapital (vgl. auch § 32a Abs. 3 GmbHG), wenn der Nießbraucher der Kapitalgesellschaft ein Darlehen gewährt[63]. Auch hier gilt etwas anderes, wenn der Besteller den Anteil ganz oder teilweise für Rechnung des „Nießbrauchers" hält, denn dann geht es wieder um eine Treuhandvariante[64].

Atypische Pfandgläubiger, Unterbeteiligte und Nießbraucher, die demgegenüber auch bei wirtschaftlicher Betrachtung nicht mit Risikokapital an der GmbH beteiligt sind, bleiben auch in der Krise der Gesellschaft Fremdkapitalgeber. Lassen sie sich im kritischen Zeitraum vor Konkurseröffnung das Darlehen zurückgewähren, so führt ihr Insiderwissen von der Konkursreife aber oftmals zur Anfechtbarkeit der Tilgungsleistung nach Konkursrecht (s. §§ 30 Nr. 1 Alt. 2, 33 KO; § 107 Abs. 2 VglO)[65].

6. Verbundene Unternehmen

a) Ausgangslage

Es entspricht heute allgemeiner Meinung, daß verbundene Unternehmen zum Adressatenkreis der Kapitalersatzregeln gehören können. § 32a Abs. 5 des Regierungsentwurfs (1977) zur Novelle von 1980 enthielt noch eine ausdrückliche Rege-

---

63 Anders die h.M., nach der es auf den „Einfluß auf die Geschicke der Gesellschaft" ankommen soll, s. *Baumbach/Hueck*, aaO, § 32a Rn 21; *Hachenburg/Ulmer*, aaO, § 32a Rn 126; *Lutter/Hommelhoff*, aaO, § 32a Rn 52; *Scholz/K.Schmidt*, aaO, § 32a Rn 123 mwN.

64 S. dazu III 2.

65 *Altmeppen*, ZIP 1993, 1677ff., 1681ff.; ein Blick auf den ab 1.1.1999 geltenden § 138 InsO, der bei (dem Schuldner) nahestehenden Personen „Kenntnis" vermuten läßt (§§ 130 Abs. 3, 131 Abs. 2 InsO), bestätigt die Richtigkeit dieser Wertung. Solche Fremdkapitalgeber mit Insiderwissen von der Konkursreife müssen daher bei „vorrangiger" Rückzahlung vor dem Zusammenbruch der Schuldnerin mit der später folgenden Konkursanfechtung, nicht aber damit rechnen, ihr Darlehen sei aufgrund ihrer Kenntnis oder Einflußmöglichkeiten zu Eigenkapital geworden. *Grunewald* schlägt vor, die Eigenkapitalersatzregeln insgesamt aufzugeben, da mit den allgemeinen Anfechtungsregeln des Insolvenzrechts auch bei der Darlehensrückzahlung auszukommen sei (GmbHR 1997, 10). Zu ergänzen ist, daß zahlreiche Fälle einer Vorabbefriedigung von Gläubigern der GmbH, die einen „Beigeschmack" (*Grunewald*, aaO) haben, jedenfalls in Verkennung der sachlichen Gründe des „Beigeschmacks" nach Kapitalersatzrecht gelöst werden, während es in Wirklichkeit um eine Verletzung des Gebots des par conditio omnium creditorum (vgl. D. 42, 8, 6, 7) geht, welches nach unserem Recht schon gilt, wenn der Gläubiger die Umstände kennt, die zur Beschlagnahme führen. Es bestätigt sich auch hier eine Parallele zur Fallgruppe der §§ 30, 31 GmbHG: Man behandelt bösgläubige Nichtgesellschafter nach Spezialregeln für Gesellschafter, während sie in Wirklichkeit aufgrund ihrer Bösgläubigkeit nach allgemeinen Regeln haften (s. II 2 b, 3 b).

lung dieser Art. Doch es verhält sich ähnlich wie schon bei den Problemfällen um §§ 30, 31 GmbHG: Unter welcher Voraussetzung ist die Kreditgeberin, wenn sie verbundenes Unternehmen ist, nach den Kapitalersatzregeln zu behandeln? Ungeklärt ist insbesondere, ob ein Konzerntatbestand, Mehrheitsbeteiligung oder mindestens maßgeblicher Einfluß auf die Geschäftsführung der GmbH zu verlangen ist, oder ob jedes verbundene Unternehmen i.S.d. §§ 15ff. AktG, welches der GmbH den Kredit gibt, zum Adressatenkreis gehört[66].

b) Meinungsstand

Eine Richtung stellt auf die „Finanzierungsverantwortung" für die GmbH ab, welche das verbundene Unternehmen stets habe, wenn ein Vertragskonzern oder ein qualifiziert faktischer Konzern bestehe. In anderen Fällen müsse aber konkret festgestellt werden, daß der Dritte (das verbundene Unternehmen) mit der Kreditgewährung die Finanzierungsverantwortung übernommen habe[67]. Die Gegenansicht geht davon aus, daß es nicht auf einen Konzernsachverhalt ankomme, da allein zu prüfen sei, ob die Kreditgeberin mit der Kreditvergabe eine Finanzierungsentscheidung getroffen und damit ihr unternehmerisches Interesse an der Kreditnehmerin zu erkennen gegeben habe[68]. Die Rechtsprechung hat – zumal in späteren Entscheidungen – darauf abgestellt, ob das kreditgebende Unternehmen mit dem Gesellschafter der GmbH eine „wirtschaftliche Einheit" bilde, wie es bei verbundenen Unternehmen i.S.d. §§ 15ff. AktG jedenfalls der Fall sein könne[69].

Das Kriterium der „wirtschaftlichen Einheit" i.S.d. neueren Rechtsprechung hat teils Zustimmung[70], teils Ablehnung bzw. Kritik erfahren[71]. Die bezeichnete „wirtschaftliche Einheit" soll andererseits ersichtlich auch mit der Einflußmöglichkeit im Unternehmensverbund zu tun haben[72], und diese wiederum wird von

---

66 So hatte es der bezeichnete Regierungsentwurf vorgesehen.

67 So *Lutter/Hommelhoff*, aaO, § 32a Rn 63f.; s. auch *Hommelhoff*, WM 1984, 1105; tendenziell auch *Noack*, GmbHR 1996, 153.

68 So *Timm/Geuting*, ZIP 1992, 525, 528. Gegen die Berücksichtigung konzernspezifischer Gesichtspunkte auch *Schmidsberger*, Eigenkapitalersatz im Konzern, 1996, S. 68ff., 70, 71f.: Einflußmöglichkeit entscheidet.

69 BGHZ 105, 168 = NJW 1988, 3143 = ZIP 1988, 1248; BGH GmbHR 1990, 552 = WM 1990, 2041 = ZIP 1990, 1467; s. auch BGH ZIP 1991, 366; BGH ZIP 1997, 116. In älteren Entscheidungen neigte der BGH tendenziell noch dazu, alle verbundenen Unternehmen einzubeziehen, vgl. BGHZ 81, 311 = NJW 1982, 383 = ZIP 1981, 1200; BGHZ 81, 365 = NJW 1982, 362; BGH ZIP 1986, 456.

70 S. *Lutter*, ZIP 1989, 480; s. auch *R.Bäcker*, Eigenkapitalersetzende Rechtshandlungen der GmbH-Gesellschafter und Dritter, 1990, S. 180.

71 *Hüffer*, ZHR 153 (1989), 330f. unter Hinweis auf die Entstehungsgeschichte des § 32a; *Schmidsberger*, o. Fn 68, 67f.

72 S. BGH ZIP 1991, 366: „Das liegt daran, daß es bei Unternehmensverbindungen i.S.d. §§ 15ff. AktG typischerweise Einflußmöglichkeiten der nicht unmittelbar an der Gesellschaft beteiligten Unternehmen gibt, die es rechtfertigen, die Verantwortung für die Unternehmensfinanzierung auch ihnen aufzuerlegen."; zur Einflußmöglichkeit als Kriterium der wirtschaftlichen Einheit auch OLG München GmbHR 1992, 663f.

der h.M. für entscheidend gehalten[73]. Nicht selten wird auch versucht, einen Schwellenwert mittelbarer Mindestbeteiligung als Abgrenzungskriterium festzulegen, um die „unternehmerische" Einflußmöglichkeit bzw. Finanzierungsverantwortung zu präzisieren[74].

Zwei wichtige Richtungen im Schrifttum sind noch hervorzuheben; sie gehen geradezu von einem gegensätzlichen Standpunkt aus:

Die eine erkennt bei verbundenen Unternehmen lediglich eine widerlegbare Vermutung dahin, daß die Kreditgewährung societatis causa erfolgt sei. In jedem Fall sei aber – anknüpfend an den Zweck der Kapitalersatzregeln – eine teleologische Reduktion geboten, wenn der Zusammenhang zwischen der Kreditgewährung und der Unternehmensverbindung nicht bestehe[75].

Der umgekehrte Standpunkt lautet, daß alle verbundenen Unternehmen unterschiedslos in den Adressatenkreis der Kapitalersatzregeln einzubeziehen sind[76]; diese Lehre hat den Regierungsentwurf[77] und den unschätzbaren Vorteil auf ihrer Seite, daß sie – anders als die meisten konkurrierenden Modelle („Finanzierungsentscheidung", „Finanzierungsverantwortung", „unternehmerisches Interesse", „wirtschaftliche Einheit", „konzernrechtlicher Einfluß", „maßgeblicher Einfluß", „potentieller Einfluß", „einheitliche Leitung") – nicht in die Gefahr eines kasuistischen Sumpfes gerät, aus dem es kein Entrinnen mehr gibt. Doch es bleibt die Frage nach dem sachlichen Grund dafür, daß man seinen Rückzahlungsanspruch gegen die Schuldnerin deswegen „verlieren" soll, weil sie kreditunwürdig ist und irgendwie auch zum Unternehmensverbund gehört[78].

Faßt man den Meinungsstand zusammen, so wird jedenfalls eines erkennbar: Von einer Verständigung auf ein sachlich einleuchtendes und praktisch handhabbares Kriterium ist man noch weit entfernt. Komplizierteste und teilweise kaum justitiable Konzepte konkurrieren mit „Pauschallösungen".

c) Stellungnahme

Beachtet man demgegenüber, daß allein ein Risikokapitalgeber den Kapitalerhaltungs- und Kapitalersatzregeln unterworfen ist (ausführlich I, II, III 1–5), steht fest, daß zumindest eine wirtschaftliche Beteiligung an der Kreditnehmerin erforderlich

---

73 S. Fn 67–70 mwN.
74 Vgl. *Hommelhoff*, WM 1984, 1116; *Schmidsberger*, o. Fn 68, 88ff.: „... scheint mir doch ob einer mittelbaren Beteiligungsquote von mindestens 25% ein unternehmerisches Interesse gegeben." Zu dem gegenwärtigen Gesetzesvorhaben, den Schwellenwert der direkten Beteiligung bei 10% anzusetzen, vgl. die Nachw. in Fn 49.
75 So zuerst *Scholz/K.Schmidt*, aaO, § 32a Rn 121; zustimmend etwa *Rowedder*, aaO, § 32a Rn 37 jew. mwN.
76 So *Hachenburg/Ulmer*, aaO, § 32a Rn 121; tendenziell auch *Hüffer*, ZHR 153 (1989), 330f; *Baumbach/Hueck*, aaO, § 32a Rn 24: „Der weitgehenden Einbeziehung ist zuzustimmen; dafür spricht Rechtssicherheit insbes. im Hinblick auf Umgehungsmöglichkeiten bei komplexen Konzernstrukturen."
77 S. III 6 a.
78 Die Warnung vor „Umgehungen" hilft nicht, solange Unklarheit über das Terrain besteht, welches nicht „umgangen" werden darf, s. schon III 1 mwN.

ist. Keine tauglichen Kriterien sind danach Fragen der einheitlichen Leitung i.S.d. Konzernrechts oder auch des Einflusses auf die Geschäftsführung, solange es am *primären* Kriterium der wirtschaftlichen Beteiligung fehlt, während die Bedeutung der anderen Kriterien im dunkeln bleibt, wenn doch die (zumindest wirtschaftliche) Beteiligung, auf die es allein ankommen soll (vgl. § 32a Abs. 3 GmbHG), festgestellt werden kann. Im einzelnen:

aa) Muttergesellschaft des GmbH-Gesellschafters (und noch höhere Konzernstufen) als Kreditgeberin

Die Muttergesellschaft ist mittelbar mit Risikokapital im Unternehmen der GmbH engagiert und deshalb Adressatin der §§ 30 – 32b GmbHG (II 4 b bb). Zur Höhe der mittelbaren Beteiligung sollte man es mit der Einsicht bewenden lassen, daß sich ein geringer beteiligtes Unternehmen – ebenso wie die geringfügig beteiligte Gesellschafterin selbst – von der Vermutung entlasten kann, es habe der GmbH den Kredit aufgrund der Beteiligung gegeben[79].

Daraus folgt, daß eine Minderheitsbeteiligung an der Gesellschafterin der GmbH die Anwendbarkeit des Kapitalersatzrechts keinesfalls ausschließt, während sogar eine 100%-Beteiligung an einer Gesellschafterin, die ihrerseits nur einen Zwergenanteil an der GmbH hält, die Muttergesellschaft als „neutrale" Kreditgeberin erscheinen lassen kann[80].

Die Tatsache, daß eine mittelbare Minderheitsbeteiligung an der Kreditnehmerin – in welcher prozentualen Variante auch immer – das Urteil erlaubt, dieser Beteiligte sei bei wirtschaftlicher Betrachtung auch Risikokapitalgeber der GmbH (§ 32a Abs. 3 GmbHG), ist unbestreitbar[81]. Wenn es überhaupt auf Schwellenwerte ankommen sollte, dann müßte damit zuerst bei den unmittelbar beteiligten Gesellschaftern begonnen werden, und der Versuch des Gesetzgebers, insoweit eine 10%-Grenze schlüssig zu begründen[82], findet wenig Beifall, weil diese Differenzierung keinen Erkenntnisgewinn über den tragenden Grund des Kapitalersatzgedankens zu leisten vermag[83]. Sollte es auf beherrschenden oder maßgeblichen Einfluß an-

---

79 S. dazu *Scholz/K.Schmidt*, aaO, § 32a Rn 121; *Rowedder*, aaO, § 32a Rn 37.
80 Entgegen *Schmidsberger*, o. Fn 68, S. 70ff., 77ff., 84ff. bedarf es dafür keiner besonderen Begründung, wenn man erkennt, daß der Kapitalersatzgedanke nur eine Erweiterung des Kapitalerhaltungsgedankens darstellt. Nicht plausibel zu begründen sind demgegenüber die von *Schmidsberger* befürworteten „Schwellenwerte", dazu sogl.
81 S. dazu schon das Beispiel II 4 b bb.
82 S. dazu die Nachw. o. Fn 49.
83 Der vordergründige „Gewinn" von Rechtssicherheit ist kein wirklicher, sondern er wird nur zur „Umgehung" der Schwellenwerte einladen, und es fragt sich weiter, was daran „verwerflich" wäre, wenn jemand seine Beteiligungen so strukturiert, daß der jeweilige Schwellenwert zumindest nicht unmittelbar erreicht wird. Überhaupt leidet das Kapitalersatzrecht bis auf den heutigen Tag daran, daß man „Umgehungen" auf der Spur ist, ohne den tragenden Grundgedanken des Kapitalersatzrechts richtig zu erfassen (eindrucksvolle Beispiele dafür sind etwa die „kapitalersetzende Nutzungsüberlassung" oder auch der „kapitalersetzende Eigentumsvorbehalt", s. dazu *Roth/Altmeppen*, GmbHG, 3. Aufl., § 32a Rn 82ff., 89ff. – beide Fallgruppen haben mit dem Kapitalersatzgedanken nichts zu tun).

kommen, so könnten im Regelfall nur Mehrheitsgesellschafter der GmbH erfaßt sein, und das vertritt bisher niemand. Es ist auch nicht gut zu vertreten, weil es im Kapitalerhaltungs- und Kapitalersatzrecht gar nicht um eine Verhaltenshaftung geht, sondern darum, daß ein Investor von Risikokapital, soweit dieses gebunden ist, es nicht zurückbekommt[84]. Dann aber kommt es weder auf (mißbräuchliches) Verhalten, noch auf andere Kriterien wie etwa (beherrschenden) Einfluß, einheitliche Leitung, Bösgläubigkeit etc. an. Der Begriff des „unternehmerischen Interesses" besagt, wenn man darunter etwas anderes als den Einfluß auf die Geschäftsführung des Unternehmens verstehen will, die Selbstverständlichkeit, daß derjenige an einem Unternehmen interessiert ist, in das er Risikokapital investiert hat, und das ist in der Tat auch der Anknüpfungspunkt des Kapitalersatzgedankens in der GmbH.

Eine Muttergesellschaft und auch über ihr rangierende Konzernstufen eines GmbH-Gesellschafters können dessen GmbH deshalb ein kapitalersetzendes Darlehen geben, wenn und weil sie (mittelbar) mit Risikokapital in der GmbH engagiert sind. Die exakte prozentuale Beteiligung spielt grundsätzlich ebensowenig wie beim unmittelbar beteiligten Gesellschafter der GmbH eine Rolle. Es obliegt vielmehr solchen „beteiligten" Kreditgebern, die Vermutung zu widerlegen, daß das Darlehen trotz Krise der GmbH nicht societatis causa (sondern mutui causa) gegeben wurde[85].

bb) Tochtergesellschaft der GmbH als Kreditgeberin

Der einfache Fall, daß sich die GmbH in der Krise von ihrer eigenen Tochtergesellschaft einen „Kredit" geben läßt, müßte nach der h.M. zum Bereich der Kapitalersatzregeln gehören, jedenfalls dann, wenn es sich um eine 100%-Tochter handelt. Bei abnehmender Beteiligungshöhe käme es wieder auf die bereits dargestellten, sehr unterschiedlich bewerteten und in der Praxis teilweise kaum handhabbaren Zusatzkriterien an[86].

Nach der hier vertretenen, aus dem System der Kapitalerhaltungsregeln entwickelten Grundkonzeption hat dieser Fall aber mit Kapitalersatzrecht nichts zu tun. Denn die Tochter ist auch bei wirtschaftlicher Betrachtungsweise nicht mit Risikokapital an ihrer Muttergesellschaft beteiligt. Der Fall liegt nicht anders, als wenn die leibliche Tochter des Einmann-GmbH-Gesellschafters auf dessen Drängen hin aus ihrem eigenen Vermögen der kreditunwürdigen GmbH des Vaters Kredit gewährt. Mit Recht wird aber dieser Fall von der Rechtsprechung und wohl h.M. keineswegs als ein solcher des Kapitalersatzrechts erfaßt[87].

Kommt es zum Konkurs der Kreditnehmerin, sind in dieser Lage die Gläubiger der Tochter schutzwürdiger. Läßt sich die Tochter allerdings in Kenntnis der Krise (und diese ist aufgrund des Näheverhältnisses zu vermuten) noch kurz vor

---

84 Insoweit ist auf die Ausführungen zu I–III 5 zu verweisen.
85 Die Geringfügigkeit der Beteiligung ist insofern selbstverständlich ein relevantes Kriterium, und professionelle Kreditgeber werden sich i.d.R. leichter entlasten können als Gesellschafter, deren Geschäft es nicht ist, Geld zu verleihen.
86 S. zum Meinungsstand III 6 b.
87 S. III 3 mit Fn 53.

dem Zusammenbruch vor den anderen Gläubigern befriedigen, so muß sie mit einer Konkursanfechtung rechnen[88]. Darüber hinaus gilt auch hier, daß den Gläubigern der Kreditnehmerin (selbstverständlich) deren Beteiligung an der Kreditgeberin als Haftungsmasse zur Verfügung steht[89].

Ein letzter Einwand gegen die hier dargelegte Konzeption könnte sich noch aus § 32a Abs. 5 des Regierungsentwurfs ergeben[90]. Denn es heißt dort, daß auch „Forderungen ... eines ... mit der Gesellschaft verbundenen Unternehmens ... den eigenen Forderungen ... eines Gesellschafters gleich(stehen)".

Die Tochtergesellschaft der GmbH ist unzweifelhaft mit der GmbH verbunden. Zwar läßt sich argumentieren, daß die bezeichnete Regelung gerade nicht Gesetz geworden ist. Doch wollte der Gesetzgeber in § 32a Abs. 3 GmbHG offenbar keine grundlegenden Abweichungen vom Regierungsentwurf vornehmen, sondern diesen nur zusammenfassen[91].

Andererseits ist nicht zu übersehen und heute wohl unbestritten, daß der Gesetzgeber der Novellenregeln zum Kapitalersatz entscheidende Probleme verkannt bzw. offengelassen hat, weil sein Konzept insgesamt nicht genügend durchdacht war, wie die Rechtsprechung schon alsbald danach feststellen und deshalb zum alten Recht (§§ 30, 31 GmbHG analog) zurückkehren mußte[92]. Wenn man die geradezu erschreckenden Fehler bedenkt, die dem Gesetzgeber bei diesen Normen unterlaufen sind[93], so liegt die Annahme nicht fern, daß der Wortlaut des § 32a Abs. 5 des Regierungsentwurfs nicht in allen Teilen exakt dasjenige getroffen haben könnte, worum es dem Gesetzgeber in Wirklichkeit ging. Gewiß hängen alle verbundenen Unternehmen irgendwie miteinander zusammen, und eine Gleichbehandlung aller Unternehmen des Verbundes ist die einfachste und „praktischste" Lösung. Doch wollte der Gesetzgeber eine sachlich berechtigte Regelung treffen, nämlich diejenige, daß die dem Grundfall (§ 32a Abs. 1 GmbHG) wirtschaftlich gleich zu behandelnden Fälle auch gleich behandelt werden (§ 32a Abs. 3 GmbHG), insbesondere soweit es um die Einschaltung von verbundenen Unternehmen, Treuhändern und mittelbaren Stellvertretern geht (davon handelte § 32a Abs. 5 des Regierungsentwurfs).

Hätte der Gesetzgeber aber sein eigenes Konzept in § 32a Abs. 5 des Regierungsentwurfs präziser getroffen, so hätte er die Tochtergesellschaft der GmbH als Kreditgeberin vermutlich nicht generell einbezogen, weil sie weder an der GmbH beteiligt ist, noch stets für Rechnung eines GmbH-Gesellschafters handelt (anderenfalls liegt mittelbare Stellvertretung vor, und es gelten natürlich die Kapital-

---

88 S. dazu III 5 mwN.
89 S. zur entsprechenden Situation bei §§ 30, 31 schon II 4 b cc. Durch Rückgewähr des Darlehens an ihre eigene Tochtergesellschaft dürfte sich der Wert dieser Beteiligung erhöhen, ebenso wie sich vorher die mangelnde Werthaltigkeit des Rückforderungsanspruchs der Tochter negativ auf die Bewertung der Mitgliedschaftsrechte bei der Mutter ausgewirkt hat.
90 S. dazu III 6 a.
91 Vgl. auch *Hüffer*, ZHR 153 (1989), 322ff., 330f.; *Hachenburg/Ulmer* § 32a Rn 121.
92 Vgl. dazu BGHZ 90, 370 und die Nachw. zu III 1.
93 Vgl. *Altmeppen*, ZIP 1996, 1455 mwN; s. auch *Roth/Altmeppen*, GmbHG, 3. Aufl., 1997, § 32a Rn 16, 31 mwN.

ersatzregeln, nämlich zum Nachteil des Gesellschafters[94]). Der Umstand, daß dem Gesetzgeber der Regierungsentwurf insofern zu weit geraten ist, als er die Tochtergesellschaft der GmbH ungeachtet der Frage einbezogen hat, ob sie als mittelbare Stellvertreterin eines Gesellschafters agiert, besagt jedenfalls für die Auslegung wenig. Allein der Wortlaut des Regierungsentwurfs stellt keine Autorität dar, die uns unter den gegebenen Umständen daran hinderte, die sachlich richtige Differenzierung zu treffen. Nicht zuletzt seine Zurückhaltung in § 32a Abs. 3 GmbHG (der eine Selbstverständlichkeit besagt[95]) bestätigt uns, daß der Gesetzgeber sich seines zu lang und teilweise zu kompliziert ausgefallenen Entwurfs offenbar nicht in jeder Einzelheit „sicher" war, und die Unsicherheiten im Kapitalersatzrecht begleiten Wissenschaft und Praxis bekanntlich bis heute[96].

Klarheit entsteht, wenn man die Struktur der Kapitalerhaltungs- und Kapitalersatzhaftung beachtet und von zwei Regeln abhängig macht: Der Empfänger oder Kreditgeber muß zumindest bei wirtschaftlicher Betrachtung an der GmbH beteiligt sein, oder es muß, wenn Unbeteiligte eingeschaltet werden, der Dritte (als Empfänger) Geheißperson des Beteiligten sein oder (als Kreditgeber) für dessen Rechnung handeln.

Die Tochtergesellschaft der GmbH ist danach als Kreditgeberin ihrer Mutter nicht Adressatin der Kapitalersatzregeln.

cc) Tochtergesellschaft des GmbH-Gesellschafters als Kreditgeberin

Der Fall ist nach dem Gesagten klar: Die Tochtergesellschaft ist auch bei wirtschaftlicher Betrachtungsweise nicht Gesellschafterin der GmbH. Vom Konkurs der GmbH (Kreditnehmerin) oder ihrer Muttergesellschaft (Gesellschafterin der GmbH) bleibt das Vermögen der Tochter unangetastet, lediglich die Beteiligungsrechte der Mutter an der Kreditgeberin gehören zur Masse der Muttergesellschaft (GmbH-Gesellschafterin). Vom Konkurs der Kreditnehmerin ist ebenfalls nur die Mutter (Gesellschafterin) betroffen, die aber in dieser Konstellation den Kredit gerade nicht aus ihrem Vermögen gegeben hat, anderenfalls liegt mittelbare Stellvertretung vor, d.h. wenn die Tochtergesellschaft für Rechnung ihrer Muttergesellschaft (GmbH-Gesellschafterin) den Kredit gibt[97].

Es ist auch sachlich berechtigt, daß die Kreditgeberin hier im Konkurs der GmbH Anspruch auf Rückgewähr des Darlehens behält, welches sie aus ihren eigenen Mitteln aufgebracht hat, ohne an der GmbH wirtschaftlich beteiligt zu sein[98]. Allein der Umstand, daß ein Gesellschafter der GmbH zugleich an der Kreditgeberin beteiligt ist, genügt nicht, da er auch bei wirtschaftlicher Betrachtung den Kredit nicht selbst gegeben hat und die Kreditgeberin unter keinem Aspekt an der GmbH beteiligt ist. Ein „Näheverhältnis" begründet aber die wirtschaftliche Ver-

---

94 S. dazu III 3.
95 S. schon III 1.
96 S. III 1 mwN.
97 S. dazu III 3.
98 Die Ausführungen zu III 6 b bb gelten entsprechend.

gleichbarkeit nur dann, wenn es dem Grundfall entspricht, daß ein „Beteiligter" Kredit gibt, z. B. weil ein Dritter für seine Rechnung handelt oder weil er aufgrund seiner Beziehung zu einem Gesellschafter bei wirtschaftlicher Betrachtung gar nicht „Dritter" ist. Beide Varianten scheiden aus, wenn die Tochtergesellschaft eines Gesellschafters den Kredit aus ihrem Vermögen bestreitet.

Andererseits spricht nicht selten eine Vermutung dafür, daß die Tochtergesellschaft hier für Rechnung ihres Gesellschafters handelt, weil die Tochtergesellschaft kein Interesse daran hat, einer kreditunwürdigen GmbH, an der sie gar nicht beteiligt ist, ein Darlehen zu gewähren. Darüber hinaus gilt auch hier, daß eine Vorabbefriedigung der Tochtergesellschaft oftmals der Konkursanfechtung unterliegt, weil Kenntnis des Konkursgrundes naheliegend ist[99].

dd) Schwestergesellschaft des GmbH-Gesellschafters als Kreditgeberin

Ebenso verhält es sich mit einer Schwestergesellschaft, die einer kreditunwürdigen GmbH Kredit gibt, an der nicht sie selbst, sondern nur ihre Muttergesellschaft mittelbar – durch die Schwestergesellschaft der Kreditgeberin – beteiligt ist. Die Kreditgeberin selbst ist hier weder unmittelbar noch mittelbar (wirtschaftlich) mit Risikokapital an der Kreditnehmerin beteiligt. Von deren Konkurs betroffen sind allein deren Gesellschafter und gegebenenfalls ihre Muttergesellschaften. Beide haben aber den Kredit nicht aus eigenen Mitteln erbracht. Die Kreditgeberin selbst profitiert weder unmittelbar noch mittelbar von Gewinnen oder Verlusten der Kreditnehmerin, wenn man einmal davon absieht, daß sie daran interessiert ist, ihren Anspruch aus § 607 BGB irgendwann realisieren zu können. Das aber gilt für jeden Kreditgeber. Kapitalersatzrecht ist deshalb nicht anwendbar, es sei denn, die Schwestergesellschaft handelt für Rechnung einer Gesellschafterin der GmbH oder deren Muttergesellschaft[100].

ee) Kreditvergabe durch den GmbH-Gesellschafter an ein der GmbH verbundenes Unternehmen

Im Schrifttum wird auch der Fall erwähnt, daß der unmittelbar beteiligte Gesellschafter einer GmbH nicht dieser, sondern einem der GmbH verbundenen Unternehmen in der Krise der GmbH Kredit gewährt. Falls zwischen den verbundenen Unternehmen ein Vertrags- oder ein qualifiziert faktischer Konzern vorliege, soll dieser Kredit nach Kapitalersatzregeln gesperrt sein[101].

Doch wird man unterscheiden müssen: Die Krise der GmbH spielt keine Rolle, da sie das Darlehen gar nicht empfangen hat. Mit Kapitalersatzrecht läßt sich nicht begründen, daß der Kreditgeber hier seinen vollwertigen Rückzahlungsanspruch aus § 607 BGB einbüßen soll, nur weil eine mit der Darlehensnehmerin verbundene

---

99 S. dazu III 5; III 6 b bb.
100 Dann liegt mittelbare Stellvertretung vor, s. III 3. Im übrigen gelten die Ausführungen zu III 6 c bb, cc entsprechend.
101 So *Lutter/Hommelhoff*, aaO, § 32a Rn 65.

GmbH, an der er zwar beteiligt ist, die aber den Kredit gar nicht empfangen hat, kreditunwürdig ist[102].

Eine andere Frage ist diejenige, ob das Darlehen im Falle der Kreditunwürdigkeit der Darlehensnehmerin gesperrt ist, wenn es sich bei ihr ebenfalls um eine Gesellschaft handelt, auf die Kapitalersatzrecht anzuwenden ist. Nach den hier dargelegten Regeln hängt dies aber nicht vom Konzernrecht, sondern davon ab, ob der Kreditgeber, und sei es auch mittelbar – nämlich über die GmbH, an welcher er beteiligt ist –, Risikokapital in das Unternehmen der Kreditnehmerin investiert hat. Nur dann unterliegt er den Kapitalerhaltungs- und Kapitalersatzregeln und kann sich nicht darauf berufen, daß seine Investition ungeachtet der Krise der Empfängerin keinen Einlagecharakter hätte, habe er sie doch als „Darlehen" bezeichnet[103].

7. Ergebnis zu III

„Dritte" können kapitalersetzenden Kredit nur dann gewähren, wenn sie zumindest bei wirtschaftlicher Betrachtungsweise Risikokapital in das Vermögen der Kreditnehmerin investiert haben. Fehlt es daran, so können sie jedoch „mittelbare Stellvertreter" solcher Investoren sein, die dann bei wirtschaftlicher Betrachtungsweise als Kreditgeber anzusehen und den Kapitalersatzregeln unterworfen sind.

In allen anderen Fällen gelten die Kapitalersatzregeln nicht. Der unbeteiligte Kreditgeber, der sich kurz vor dem Zusammenbruch der Kreditnehmerin vor den anderen Gläubigern befriedigen läßt, riskiert aber bei Kenntnis vom Konkursgrund spätere Konkursanfechtung, und bei nahestehenden Personen/Unternehmen wird Kenntnis vermutet.

IV. Zusammenfassung

1. Die Kapitalerhaltungs- (§§ 30, 31 GmbHG) und Kapitalersatzregeln (§§ 30, 31 GmbHG analog; §§ 32a, b GmbHG; § 32a KO; § 3b AnfG) in der GmbH besagen gleichermaßen, daß der Investor von Risikokapital im Rahmen der Kapitalbindung diese Mittel nicht zurückbekommen darf, weil damit vorrangig die Gläubiger zu befriedigen sind. Bei den genannten Regeln geht es weder um eine Verhaltenshaftung noch um Bösgläubigkeit oder maßgeblichen Einfluß auf die Geschäftsführung der GmbH oder ihrer Gesellschafter. Die Veranlassung spielt nur insofern eine Rolle, als Adressaten der genannten Regeln auch dann erfaßt werden, wenn sie Geheißpersonen als Empfänger oder mittelbare Stellvertreter als Kreditgeber einschalten.

2. „Dritte" werden von diesen Regeln nur dann erfaßt, wenn sie zumindest bei wirtschaftlicher Betrachtung mit Risikokapital an der GmbH beteiligt sind.

---

102 So wird man *Lutter/Hommelhoff*, aaO, § 32a Rn 65 aber auch nicht zu verstehen haben.
103 Die Gründe dafür sind hinreichend dargetan worden (s. I–III).

3. Wer auch bei wirtschaftlicher Betrachtung nicht Gesellschafter ist, haftet für den Empfang gebundenen Kapitals oftmals nach allgemeinen Vorschriften des BGB (§§ 812ff.; §§ 823ff.; §§ 985ff. BGB), wobei die Grundsätze des evidenten Mißbrauchs der Vertretungsmacht besondere Bedeutung haben: Der Empfänger ist zumeist bösgläubig.

Unbeteiligte Kreditgeber, die sich in der kritischen Phase vor dem Zusammenbruch der Kreditnehmerin vor anderen Konkursgläubigern befriedigen lassen, sind bei Näheverhältnissen nicht selten der Konkursanfechtung ausgesetzt, weil „Kenntnis" von der Konkursreife zu vermuten ist.

Gedanken zum Kapitalschutz
bei der GmbH & Co. KG

MARTIN KAROLLUS

I. Bisheriger Stand: Schutz der GmbH

Daß in der GmbH & Co. KG ein im Vergleich zu der normalen KG verstärkter Kapitalschutz eingreift, ist seit langem anerkannt: Auf die GmbH & Co. KG wird das Ausschüttungsverbot des § 30 GmbHG (und dann auch die Rückgewährpflicht nach § 31 GmbHG) entsprechend angewendet[1]. Ansatzpunkt dafür ist allerdings nach der traditionellen Auffassung nicht die KG, sondern die Komplementär-GmbH[2]: Verboten sind (nur) solche Ausschüttungen aus dem Vermögen der KG, die mittelbar auch das Vermögen der GmbH beeinträchtigen und bei dieser eine Unterbilanz herbeiführen bzw. vertiefen. Derartige Rückwirkungen von Vorgängen im Bereich der KG auf das Vermögen der GmbH können sich wiederum aus zwei Gründen ergeben: Wenn die GmbH an der KG auch vermögensmäßig beteiligt ist, kann durch Ausschüttungen aus dem Vermögen der KG die der GmbH zustehende Vermögensbeteiligung entwertet werden; und unabhängig von einer Vermögensbeteiligung ist zu beachten, daß die GmbH als Komplementärin eine unbeschränkte Haftung für die Verbindlichkeiten der KG trifft (§ 128 HGB): Spätestens bei Überschuldung der KG müssen diese potentiellen Haftungsverbindlichkeiten in der Bilanz der GmbH angesetzt werden, was dann angesichts der zumeist geringen Kapitalausstattung von Komplementär-GmbHs in der Regel auch zu einer Überschuldung der GmbH führt.

Die Übertragung des für die GmbH geltenden Kapitalschutzes auf die im Bereich der KG erfolgenden Ausschüttungen war von größter Wichtigkeit, weil es auf diesem Weg schon frühzeitig gelungen ist, bei der GmbH & Co. KG einen wirksamen Kapitalschutz zu erreichen. Im nachfolgenden Beitrag soll aber gezeigt werden, daß dieser Ansatz nicht restlos zu befriedigen vermag: Es können damit nicht alle einschlägigen Fälle erfaßt werden (unten II.), die personelle Ausdehnung des Kapitalschutzes durch die Rechtsprechung (unten III.) wie auch die von dieser angenommene Anspruchslegitimation der KG (unten IV.) lassen sich mit dem herkömmlichen Konzept nicht befriedigend erklären, und auch der Ansatz der gesetzlichen Sonderregeln ist ein anderer (unten V.). Der Grund für diese Spannungen – und auch überhaupt der Grundeinwand gegen den traditionellen Ansatz – besteht darin, daß mit dem Schutz *der Komplementär-GmbH* nicht das eigentliche Problem, nämlich die Erreichung eines Kapitalschutzes *in der KG (oder OHG) ohne natürliche Person als Komplementär*, angesprochen wird. Ausgehend von dieser Überlegung soll hier ein Schutzkonzept entwickelt werden, das direkt bei der Personengesellschaft „mit beschränkter Haftung" ansetzt und mit dem sich dann auch die bisherigen Ergebnisse der Rechtsprechung ebenso wie die gesetzlichen Sonderregeln lückenlos harmonisieren lassen (unten VI.–X.).

---

1 Vgl. dazu und zum folgenden nur *Lutter/Hommelhoff*, GmbHG, 14. Auflage, § 30 Rdn. 41 ff.; *Hachenburg/Goerdeler/Müller*, GmbHG, 8. Auflage, § 30 Rdn. 80 ff.
2 Konsequent für diesen Ansatz etwa *Wilhelm*, Die Vermögensbindung bei der Aktiengesellschaft und der GmbH und das Problem der Unterkapitalisierung, in FS Flume II (1978) S. 337, 362 ff.

II. Verbleibende Schutzlücken

Die GmbH & Co. KG ist der in der Praxis am meisten verbreitete Fall einer Personengesellschaft „mit beschränkter Haftung". Da für die GmbH ein relativ strenger Kapitalschutz besteht, läßt sich über den mittelbaren Schutz der GmbH auch für die GmbH & Co. KG ein effektiver Kapitalschutz erreichen. Dies gilt um so mehr für die AG & Co. KG, die bei einem an der Komplementär-AG orientierten Schutzkonzept wegen der strengeren aktienrechtlichen Kapitalbindung (vgl. § 57 AktG, nach dem Ausschüttungen generell – nicht nur bei Vorliegen einer Unterbilanz – verboten sind) sogar einem im Vergleich zu der GmbH & Co. KG noch verschärften Kapitalschutzregime unterliegt[3].

Neben den somit unproblematischen Fällen einer „(inländischen) Kapitalgesellschaft & Co." sind aber auch andere Gestaltungen denkbar, wie etwa eine Genossenschaft & Co. KG, eine Verein & Co. KG, eine Stiftung & Co. KG[4] oder auch eine KG, bei der eine ausländische juristische Person als Komplementär fungiert[5]. Hier besteht das Problem, daß u. U. schon für den Komplementär keine besonderen Kapitalschutzregeln existieren: So gibt es etwa bei dem Verein und bei der Stiftung gar keine Kapitalschutzregeln, und dies kann ebenso bei ausländischen juristischen Personen der Fall sein[6]. Wird nun aber der Kapitalschutz bei der Rechtsform des Komplementärs angeknüpft, so kann dieser immer nur so stark sein wie der für den Komplementär selbst geltende Kapitalschutz. Für die Verein & Co. KG lassen sich also etwa nach diesem Ansatz keine besonderen Kapitalschutzregeln entwickeln.

Es stellt sich aber die Frage, ob diese Ergebnisse hingenommen werden können:[7] Eigentlicher Grund für den Kapitalschutz in der „Personengesellschaft & Co." ist doch nicht der Umstand, daß für den Komplementär besondere Kapitalschutzregeln gelten, sondern vielmehr jener, daß die KG entgegen dem gesetzlichen Normaltypus nicht mit einer echten „persönlichen" Haftung (einer natürlichen Person) ausgestattet ist (dazu noch unten VI.). Es ist (zumindest vorrangig, wenn nicht sogar ausschließlich) die KG, die werbend im Rechtsverkehr auftritt, und gerade für diese

---

3 Zur Anwendung der §§ 57, 62 AktG vgl. nur *Raiser*, Das Recht der Kapitalgesellschaften, 2. Auflage (1992) § 45 Rn. 13 (S. 505).

4 Vgl. dazu kritisch *Karsten Schmidt*, Gesellschaftsrecht, 2. Auflage (1991) § 7 II 3 (S. 156), § 56 VII 3 (S. 1394).

5 Zur Zulässigkeit vgl. BayObLGZ 1986, 61, 65 ff. – „Landshuter Druckhaus"; OLG Saarbrücken DB 1989, 1076 f. Ausführlich dazu etwa *Großfeld*, Internationales und Europäisches Unternehmensrecht, 2. Auflage (1995) 91 ff.; *Karsten Schmidt, aaO. (Fn. 4), § 56 VII 2 (S. 1392 ff.); *Haidinger*, Die „ausländische Kapitalgesellschaft & Co. KG" (1990), insb. S. 94 ff.; *Heinrich*, Die ausländische juristische Person & Co. KG (1996).

6 Auch bei ausländischen Kapitalgesellschaften ist ein effektiver Kapitalschutz jedenfalls außerhalb des räumlichen bzw. sachlichen Anwendungsbereichs der Kapitalrichtlinie (77/91/EWG) – also bei GmbHs sowie bei Aktiengesellschaften aus einem nicht der EG bzw. dem EWR angehörenden Staat – nicht unbedingt gewährleistet.

7 Vgl. auch bereits *Karsten Schmidt*, Kapitalsicherung in der GmbH & Co. KG: Schlußbilanz oder Zwischenbilanz einer Rechtsfortbildung?, GmbHR 1989, 141, 143.

(und daher auch für deren Gläubiger) tritt das Problem des Gläubigerschutzes auf. Die Rechtsform des Komplementärs hat auch auf die Schutzwürdigkeit der Gläubiger der KG keinen Einfluß: Diese ergibt sich bereits daraus, daß es sich um eine atypische KG handelt, bei der entgegen dem gesetzlichen Normaltypus keine natürliche Person als Komplementär fungiert.

III. Die Einbeziehung des „Nur-Kommanditisten"

Erste Ansatzpunkte für eine Weiterentwicklung des bisherigen Schutzkonzepts ergeben sich nun schon daraus, daß bereits die Ergebnisse der bisherigen Rechtsprechung über den traditionellen Ansatz des Kapitalschutzes für die Komplementär-GmbH hinausgehen:

Mit diesem traditionellen Ansatz läßt es sich jedenfalls begründen, daß solche Personen dem Ausschüttungsverbot unterliegen, die auch Gesellschafter der GmbH sind. Hingegen wurde zunächst in weiten Teilen der Literatur[8] und auch vom OLG Hamburg[9] die Auffassung vertreten, daß „Nur-Kommanditisten" – die nur an der KG, nicht aber auch an der GmbH beteiligt sind – nicht dem § 30 GmbHG unterliegen. Ausgehend vom Ansatz bei der GmbH war das auch durchaus konsequent.

Der BGH hat aber in einem vielbeachteten Urteil[10] anders entschieden und auch den „Nur-Kommanditisten" in den Kapitalschutz einbezogen. So richtig das ist, so wenig läßt sich das doch mit dem Ansatz bei der GmbH vereinbaren: An der GmbH ist der „Nur-Kommanditist" gerade nicht – und zwar nicht einmal mittelbar[11] – beteiligt. Für die Einbeziehung des „Nur-Kommanditisten" spricht freilich wiederum der Gedanke, daß bereits die KG als solche letztlich als Gesellschaft „mit beschränkter Haftung" anzusehen ist und der Kommanditist an dieser beteiligt ist. Auch die Einbeziehung des „Nur-Kommanditisten" zeigt daher, daß es bei dem Kapitalschutz in der GmbH & Co. KG in Wahrheit um mehr geht als bloß um einen Schutz der Komplementär-GmbH[12].

---

8 Vgl. nur *Hachenburg/Ulmer*, GmbHG, 7. Auflage, §§ 32a, 32b Rdn. 176; *Hachenburg/Goerdeler/Müller*, GmbHG, 7. Auflage, § 30 Rdn. 60; *Scholz/Westermann*, GmbHG, 7. Auflage, § 30 Rdn. 34; *Karsten Schmidt*, Kapitalaufbringung, Kapitalerhaltung und Unterkapitalisierung bei der GmbH & Co., DB 1973, 2227, 2230. Der BGH hat dies in BGHZ 110, 342, 355 f. als die „überwiegende" Auffassung bezeichnet.

9 OLG Hamburg WM 1986, 826, 828.

10 BGHZ 110, 342, 355 ff.

11 Auch die Parallele zum atypisch stillen Gesellschafter der GmbH, der ebenfalls dem § 30 GmbHG unterworfen wird (BGHZ 106, 7, 9 ff.), läßt sich daher nicht ziehen: Der atypisch stille Gesellschafter ist – als stiller Teilhaber – an der GmbH beteiligt. Der „Nur-Kommanditist" hält hingegen nur eine Beteiligung an jener Gesellschaft (der KG), an der auch die GmbH beteiligt ist; eine direkte Beziehung zu der GmbH besteht hingegen nicht.

12 Vgl. auch *Karsten Schmidt*, GmbHR 1989, 143: „Nur wenn die §§ 30 f. GmbHG auf die GmbH & Co. KG als solche angewandt werden, läßt sich eine Inanspruchnahme eines solchen Nur-Kommanditisten auf der Basis des GmbH-Rechts rechtfertigen."

IV. Der Anspruch der KG

Ebenso geht es über den traditionellen Ansatz hinaus, wenn der BGH den Rück-
gewähranspruch der KG zuordnet[13]: Ginge es nämlich nur um den Schutz der Komplementär-GmbH, so wäre der Anspruch auch nur dieser zuzuordnen[14]. Daß dieser
Anspruch ebenfalls auf Zahlung in das Vermögen der KG gerichtet wäre, steht auf
einem anderen Blatt: Dies folgt einfach daraus, daß der Vermögensabfluß so auszugleichen ist, wie er entstanden ist, also durch Rückzahlung in das Vermögen der KG.

V. Die gesetzlichen Sonderregeln

Dem Ansatz bei der Personengesellschaft „mit beschränkter Haftung" als solcher
folgt auch der Gesetzgeber: Mit der GmbHG-Novelle 1980 wurden in das HGB einzelne Sondervorschriften für die OHG und die KG aufgenommen, bei der kein persönlich haftender Gesellschafter eine natürliche Person ist (vgl. §§ 125a, 129a,
130a, 172a, 177a HGB). Für die Anwendung dieser Bestimmungen kommt es also
gerade nicht auf die Rechtsform des Komplementärs an, sondern es wird allein darauf abgestellt, daß keine natürliche Person als unbeschränkt haftender Gesellschafter fungiert. Diese Bestimmungen gelten daher gleichermaßen für die GmbH & Co.
KG wie etwa auch für die Stiftung & Co. KG oder für die OHG, an der ein Verein
und eine Genossenschaft beteiligt sind; und es werden auch nicht einfach die für den
Komplementär geltenden Regeln auf die KG (OHG) übertragen, sondern es wird –
ganz unabhängig von der Rechtsform des Komplementärs – direkt bei der KG
(OHG) „mit beschränkter Haftung" angesetzt.
    Im vorliegenden Zusammenhang sind vor allem jene Vorschriften von Inter-
esse, die ebenfalls Fragen des Kapitalschutzes bzw. der Finanzverfassung betreffen:
So wird nach § 130a und § 177a HGB bei jeder OHG oder KG, bei der keine natürliche Person unbeschränkt haftet, auch die Überschuldung als Insolvenzgrund festgelegt; die Personengesellschaft „mit beschränkter Haftung" wird damit den Kapitalgesellschaften (wie auch den sonstigen juristischen Personen) gleichgestellt. Des
weiteren sind nach § 129a bzw. § 172a HGB auf die Personengesellschaft „mit
beschränkter Haftung" auch die §§ 32a und 32b GmbHG anzuwenden; für diese
atypischen Personengesellschaften wird damit auch das Kapitalersatzrecht für
anwendbar erklärt. Gerade wenn man das Kapitalersatzrecht – so wie es der tradi-

---

13 Vgl. grundlegend BGHZ 60, 324, 329 ff. Ebenso BGHZ 110, 342, 355 ff. (der Kläger war nur
    Konkursverwalter der KG, wohingegen über das Vermögen der Komplementär-GmbH gar kein
    Konkursverfahren eröffnet worden war).
14 Ebenso etwa *Hachenburg/Goerdeler/Müller*, GmbHG, 8. Auflage, § 31 Rdn. 8 mit m. E. unwider-
    legbaren Argumenten; zum österreichischen Recht *Koppensteiner*, GmbHG, § 83 Rdn. 5. Auch
    Wilhelm, FS Flume II S. 364 ff. ordnet den Anspruch aus § 31 GmbHG allein der GmbH zu, will
    dann allerdings zusätzlich noch der KG einen Anspruch aus dem Titel der ungerechtfertigten
    Bereicherung geben. Daß für die Aktivlegitimation der GmbH „Gesetzestreue" und „konstruktive
    Überlegenheit" sprechen, hat auch *Karsten Schmidt*, DB 1973, 2230 eingeräumt.

tionellen und m. E. auch zutreffenden Auffassung entspricht[15] – nur auf Rechtsformen mit beschränkter Haftung anwendet, kann man in der Erstreckung des Kapitalersatzrechts auf die Personengesellschaft „mit beschränkter Haftung" wiederum die Aussage sehen, daß der Gesetzgeber diese Rechtsform als solche „mit beschränkter Haftung" ansieht und sie in der Sache einer Kapitalgesellschaft gleichstellt.

Ergänzend sei erwähnt, daß eine Sonderbehandlung der GmbH & Co. KG auch im Bereich der Rechnungslegung geboten wäre: Aufgrund der GmbH & Co. – Richtlinie (90/605/EWG) wäre Deutschland verpflichtet, die besonderen Rechnungslegungsvorschriften gemäß der 4., 7. und 8. gesellschaftsrechtlichen Richtlinie auch auf die GmbH & Co. KG zu erstrecken[16]; dies führt dann wiederum zu einer Gleichstellung der GmbH & Co. KG mit den Kapitalgesellschaften. Allerdings bezieht sich der aus dem europäischen Recht folgende Umsetzungszwang in der Tat nur auf die „Kapitalgesellschaft & Co.", nicht hingegen auf andere Formen der Personengesellschaft „mit beschränkter Haftung" wie etwa den „Verein & Co." oder die „Stiftung & Co.". Bemerkenswert ist aber in diesem Zusammenhang der Weg, den der österreichische Gesetzgeber bei der Umsetzung der GmbH & Co. – Richtlinie beschritten hat: Nach § 221 Abs. 5 und § 244 Abs. 3 öst. HGB sind die Regeln über die Rechnungslegung für Kapitalgesellschaften bzw. jene über die Konzernrechnungslegung auf alle Personengesellschaften des Handelsrechts anzuwenden, „bei denen kein persönlich haftender Gesellschafter mit Vertretungsbefugnis eine natürliche Person" ist[17]. Jede OHG oder KG „mit beschränkter Haftung" (und überdies noch jene, bei denen zwar eine natürliche Person als Komplementär fungiert, dieser aber keine organschaftliche Vertretungsmacht zukommt) werden somit als „verdeckte Kapitalgesellschaften" behandelt und den Kapitalgesellschaften gleichgestellt.

VI. Vorschlag: Genereller Ansatz bei dem Schutz der KG (OHG) „mit beschränkter Haftung"

Nach dem zuvor Ausgeführten bieten sowohl einzelne gesetzliche Vorschriften (oben V.) wie auch die Rechtsprechung (oben III., IV.) Anhaltspunkte dafür, daß es richtigerweise bereits um einen Kapitalschutz in der Personengesellschaft „mit beschränkter Haftung" gehen muß, der nicht erst von der Rechtsform des Komple-

---

15 Vgl. etwa *Häuselmann/Rümker/Westermann*, Die Finanzierung der GmbH durch ihre Gesellschafter (1992) S. 20 ff.; *Karollus*, Kapitalersetzende Leistungen: Jüngste Entwicklungen und Zukunftsperspektiven, ÖBA 1997, 105, 107f. Der BGH hat die Anwendung des Kapitalersatzrechts auf die gesetzestypische KG in der Entscheidung BGHZ 112, 31, 38 f. offengelassen.

16 Der deutsche Gesetzgeber hat sich allerdings bisher noch nicht zu einer Umsetzung dieser Vorgaben entschließen können. Vgl. dazu kritisch *Behrens*, Krisensymptome in der Gesellschaftsrechtsangleichung, EuZW 1996, 193.

17 Im einzelnen sind jene Vorschriften anzuwenden, die für den (vertretungsbefugten) Komplementär gelten; ist dieser keine Kapitalgesellschaft, so gelten die Vorschriften für die GmbH.

mentärs und dem dafür geltenden Schutzsystem abhängt. Und dafür besteht auch ein Bedürfnis, weil sonst für Sonderformen wie den „Verein & Co." kein adäquater Kapitalschutz entwickelt werden könnte (oben II.). Die Aufgabe besteht also darin, einen Kapitalschutz unmittelbar für die Personengesellschaft „mit beschränkter Haftung" zu entwickeln[18].

Die Legitimation für einen derartigen Rechtsfortbildungsschritt besteht – neben den oben V. erwähnten gesetzlichen Sonderregeln – darin, daß bei der Personengesellschaft „mit beschränkter Haftung" eine Typenvermischung stattfindet, auf die daher auch besondere Rechtsregeln Anwendung finden müssen: Wie der BGH bereits treffend festgehalten hat[19], handelt es sich bei der GmbH & Co. KG zwar „der Form nach" um eine Personengesellschaft; „sachlich handelt es sich aber um eine Gesellschaft mit beschränkter Haftung, die insoweit der GmbH oder Aktiengesellschaft näher steht als einer normalen offenen Handels- oder Kommanditgesellschaft". Ausgehend von dieser Überlegung hat der BGH – noch vor Einführung des späteren § 19 Abs. 5 HGB – das Gebot eines zwingenden Rechtsformzusatzes für die Firma der GmbH & Co. KG aufgestellt, also auf die KG selbst aufgrund ihrer atypischen Ausgestaltung besondere – den Vorschriften für Kapitalgesellschaften entnommene – Rechtsregeln angewendet. Für die hier interessierende Frage nach dem Kapitalschutz kann nichts anderes gelten.

Dies folgt aus der Überlegung, daß bei der Personengesellschaft „mit beschränkter Haftung" das vom Gesetzgeber des HGB vorausgesetzte Haftungsmodell verlassen wird und daher auch der Verzicht auf einen besonderen Kapitalschutz nicht mehr sachgerecht erscheint: Das legislative Konzept läuft darauf hinaus, daß bei den Personengesellschaften auf einen besonderen Kapitalschutz verzichtet wurde, weil den Gläubigern ohnedies die persönliche Haftung der OHG-Gesellschafter (§§ 128 ff. HGB) bzw. zumindest eines Komplementärs (§ 161 Abs. 2 i.V.m. §§ 128 ff. HGB) zur Verfügung steht. Der Kerngedanke lautet also offensichtlich: „Persönliche Haftung statt Kapitalschutz".

De lege ferenda kann man durchaus darüber diskutieren, ob dieses Modell wirklich einleuchtend ist, ob also die persönliche Haftung ein durch Kapitalschutzregeln abgesichertes Gesellschaftsvermögen zu ersetzen vermag[20]. Für die „reine", gesetzestypische OHG und KG sind wir aber an diese gesetzgeberische Wertung gebunden; eine Änderung könnte nur der Gesetzgeber herbeiführen.

Grundsätzlich anders ist die Situation hingegen bei der Personengesellschaft „mit beschränkter Haftung": Bei dieser wird entgegen dem gesetzlichen Leitbild die

---

18 Offenbar in dieselbe Richtung bereits *Karsten Schmidt*, GmbHR 1989, 141 ff. (allerdings noch mehr als Arbeitsprogramm für eine künftig vorzunehmende Rechtsfortbildung denn mit konkret aufgestellten Thesen). Für Österreich vgl. auch *Karollus*, Verstärkter Kapitalschutz bei der GmbH & Co KG, ecolex 1996, 860 ff. Vgl. des weiteren für eine KG mit einer ausländischen juristischen Person als Komplementär *Haidinger*, aaO. (Fn. 5), S. 129; skeptisch hingegen *Heinrich*, aaO. (Fn. 5), S. 224 ff.

19 BGHZ 62, 216, 227.

20 Kritisch insb. *Karsten Schmidt*, aaO. (Fn. 4), § 18 IV 2 c (S. 439 f.); *derselbe*, Insolvenzrisiko und gesellschaftliche Haftung, JZ 1985, 301, 302 f.

persönliche Haftung einer natürlichen Person vermieden und damit im Ergebnis eine Gesellschaftsform „mit beschränkter Haftung" geschaffen. Das vom Gesetzgeber vorausgesetzte Haftungsmodell läuft sohin ins Leere, und damit bestehen auch nicht mehr die Voraussetzungen, unter denen der Gesetzgeber auf einen besonderen Kapitalschutz verzichtet hat[21]. Wenn man sich den vom Gesetzgeber vorausgesetzten Zusammenhang zwischen Haftung und Kapitalschutz vor Augen hält, ist es nur folgerichtig (und geradezu auch im Regelungsplan des Gesetzgebers gelegen), wenn man für die Personengesellschaft „mit beschränkter Haftung" kraft Rechtsfortbildung besondere Kapitalschutzregeln einführt.

Dagegen kann auch nicht vorgebracht werden, daß der Gesetzgeber etwa mit dem Verein oder der Stiftung in der Tat Rechtsformen mit beschränkter Haftung zuläßt, für die ebenfalls keine Kapitalschutzvorschriften vorgesehen werden. Diese Rechtsformen sind nämlich gerade nicht dazu vorgesehen, als Unternehmensträger zu fungieren, und es bestehen dafür auch rechtliche Schranken. Die Personengesellschaft des Handelsrechts ist hingegen auf den Betrieb eines (vollkaufmännischen)[22] Unternehmens ausgerichtet. Der Gläubigerschutz muß hier besonders ernst genommen werden, und daran kann auch der Umstand nichts ändern, daß der Gesetzgeber vielleicht bei der Frage des Kapitalschutzes für Vereine und Stiftungen (oder auch bei deren Fernhaltung von einem Unternehmensbetrieb) zu nachlässig war.

VII. Genaue Ausgestaltung des Kapitalschutzes

Für die genauere Ausgestaltung des Kapitalschutzes bietet sich eine Orientierung an den Kapitalgesellschaften an: Dies ist das Organisationsmodell des Gesetzgebers für Unternehmensträger mit beschränkter Haftung und sollte daher auch die Leitlinie für die Entwicklung von Regeln für die Personengesellschaft „mit beschränkter Haftung" sein.

Dies kann nun allerdings nicht bedeuten, daß sich alle Prinzipien des Kapitalgesellschaftsrechts auf die Personengesellschaft übertragen lassen. So gibt es etwa bei der Personengesellschaft kein festes Nennkapital („Garantiekapital"), und es

---

21 Treffend bereits *Wiedemann*, Gesellschaftsrecht, Band I (1980) S. 540: „Die ... Substitution der verantwortlichen Unternehmerpersönlichkeit durch ein totes Sondervermögen entspricht nicht der gesetzgeberischen Leitidee, daß die volle persönliche Haftung eines Handelsgesellschafters anderweitigen Gläubigerschutz erübrigt. Wenn darauf hingewiesen wird, auch die juristische Person hafte mit ihrem ganzen Vermögen, so wird damit der Buchstabe des Gesetzes, aber nicht der Geist der Institution erfüllt ..."

22 Für die unternehmenstragende BGB-Gesellschaft, die keine natürliche Person als Gesellschafter hat (und ebenso für die im Vordringen begriffene GbR „mit beschränkter Haftung", vgl. dazu nur *Frangenberg*, Haftungsbeschränkung bei der unternehmerisch tätigen Gesellschaft bürgerlichen Rechts und Haftungskonzentration bei der Partnerschaftsgesellschaft, Diss. Univ. Bonn [1996] 65 ff. m.w.N.), sollte freilich nichts anderes gelten: Auch hier liegt es nahe, als Ersatz für die persönliche Haftung besondere Kapitalsicherungsvorschriften einzuführen. Dies kann im vorliegenden Rahmen aber nicht weiter verfolgt werden.

kann daher auch keine darauf bezogenen Kapitalaufbringungsgrundsätze geben[23].
Sehr wohl auf die Personengesellschaft „mit beschränkter Haftung" übertragbar
sind aber das Prinzip der Kapitalerhaltung und die Regeln über eigenkapitalersetzende Leistungen. Im Ergebnis entspricht das auch dem Kapitalschutzstandard,
der schon bisher für die GmbH & Co. KG anerkannt wurde.

Bei der Anwendung der Kapitalerhaltungsregeln ist zunächst zu beachten, daß
der Gesetzgeber bereits innerhalb der Kapitalgesellschaften zwei verschiedene
Schutzsysteme vorsieht, nämlich die strenge – grundsätzlich jede Ausschüttung ver-
bietende – Vermögensbindung des Aktienrechts (§ 57 AktG) und die nur auf die
Erhaltung eines stammkapitalentsprechenden Vermögens abzielende Bindung bei
der GmbH (§ 30 GmbHG). Bei der Herausbildung von Kapitalerhaltungsregeln für
die Personengesellschaft „mit beschränkter Haftung" kann nun sicherlich nur an die
weniger strenge Bindung angeknüpft werden: Mit § 30 GmbHG hat der Gesetzgeber[24] zum Ausdruck gebracht, daß er als Gegengewicht zu der beschränkten Haftung bereits diese abgeschwächte Bindung für ausreichend hält[25], und es kann daher
auch nur dieses Mindestmaß an Kapitalschutz für die Personengesellschaft „mit
beschränkter Haftung" übernommen werden; zudem ist zu bedenken, daß gerade die
GmbH von ihrer Konzeption her eher noch einer Personengesellschaft nahesteht.

Aber auch das Modell des § 30 GmbHG kann nicht ohne weiteres auf die Personengesellschaft übertragen werden: Die Bindung eines dem Stammkapital entsprechenden Vermögens setzt voraus, daß es ein solches Stammkapital gibt. Gerade
das ist aber bei der Personengesellschaft nicht der Fall: Die gesellschaftsvertraglich
festgesetzten Einlagen lassen sich mit dem Garantiekapital von Kapitalgesellschaften nicht vergleichen; dasselbe gilt für die Haftsumme des Kommanditisten, die nur
einen Haftungsbetrag, nicht aber eine entsprechende Einlagepflicht ausdrückt. Die
Bindung wird daher noch schwächer sein als bei der GmbH: Statt bei dem Stammkapital liegt die Grenze bei der bilanziellen Überschuldung. Entnahmen[26] sind sohin
unzulässig, wenn das Eigenkapital verbraucht ist und die Verbindlichkeiten (einschließlich der Rückstellungen) nicht mehr durch Aktiva gedeckt werden. Eben-
dieselbe Grenze wird dann auch für die Bindung kapitalersetzender Leistungen
maßgeblich sein: Deren Rückzahlung ist verboten, soweit das Vermögen zur
Abdeckung von Verbindlichkeiten (Rückstellungen) benötigt wird.

---

23 Zumindest de lege ferenda, möglicherweise aber auch schon de lege lata („Rechtsfortbildung")
    anders *Karsten Schmidt*, GmbHR 1989, 143. Jedenfalls auf dem Boden des geltenden Rechts –
    auch unter Einschluß einer noch legitimen richterlichen Rechtsfortbildung – dürfte das aber zu
    weit gehen.
24 Anders ist die Rechtslage in Österreich, wo sich der Gesetzgeber auch bei der GmbH für die
    strenge aktienrechtliche Vermögensbindung entschieden hat (§ 82 öst. GmbHG).
25 Dies ist auch der europäische Mindeststandard selbst für die AG, vgl. Art. 15 Abs. 1 lit. a der
    Kapitalrichtlinie; dazu etwa *Lutter*, Europäisches Unternehmensrecht, 4. Auflage (1996) S. 50.
26 Wie bei den Kapitalgesellschaften wird allerdings die Entnahme des Anteils am Bilanzgewinn
    stets zulässig sein. § 169 HGB, der den Kommanditisten (dispositiv) zum Stehenlassen von
    Gewinnen verpflichtet, soweit dies zur Abdeckung eines Verlustanteils erforderlich ist, wird hin-
    gegen nicht auf die hier behandelte Kapitalbindung durchschlagen. Dagegen spricht bereits, daß
    es ein derartiges Entnahmeverbot auch bei den Kapitalgesellschaften nicht gibt.

VIII. *Kapitalbindung auch gegenüber der Komplementär-GmbH*

Die hier entwickelte Kapitalbindung gilt gleichermaßen für Kommanditisten wie auch für die Komplementär-GmbH (Stiftung etc.); auch sie kann daher – anders als nach dem bisherigen Ansatz (der Schutz der Komplementär-GmbH kann sich schwerlich gegen diese richten) – Adressat eines Rückgewähranspruchs sein. Dies ist nur folgerichtig, weil es ja darum geht, die Gläubiger *der KG* zu schützen, und daher auch sicherzustellen ist, daß das Vermögen in der KG verbleibt. Müßten sich die Gläubiger hingegen nur auf die unbeschränkte Haftung (§ 161 Abs. 2 i.V.m. § 128 HGB) der Komplementärin verlassen, so würden sie insoweit mit den anderen Gläubigern der Komplementärin konkurrieren[27].

IX. *Verhältnis zum Schutz der GmbH*

Wenn der Komplementär eine GmbH oder eine AG ist[28], stellt sich schließlich noch die Frage, ob es neben dem direkt für die Personengesellschaft geltenden Kapitalschutz auch noch weiterhin den bereits bisher anerkannten Kapitalschutz für die Komplementärin geben soll. Dies wird man bejahen müssen: Der Ansatz dieses Schutzes ist ein anderer, und es hat daher dabei zu bleiben, daß eine GmbH vor mittelbaren Ausschüttungen aus ihrem Vermögen geschützt werden muß. Praktisch ergeben sich durch die Konkurrenz der beiden Schutzsysteme keine besonderen Schwierigkeiten, weil auch der GmbH-rechtliche Kapitalschutz darauf hinausläuft, daß die Rückgewähr in das Vermögen der Personengesellschaft zu erfolgen hat (vgl. oben IV.). Es kann also keinesfalls dazu kommen, daß verschiedene Vermögensmassen die Zahlung für sich reklamieren. Allenfalls sind es zwei verschiedene Personen, die jeweils Leistung an die KG verlangen (nämlich dann, wenn man den aus dem Schutz der GmbH abgeleiteten Anspruch – wie es an sich folgerichtig wäre – der GmbH zuordnet, vgl. dazu oben IV.); freilich wird auch diese Konkurrenz in der Praxis kaum spürbar werden, weil nämlich die für die beiden Gesellschaften handelnden Organträger wie auch die Konkursverwalter zumeist identisch sind.

X. *Fortgeltung der OHG- und KG-rechtlichen Gesellschafterhaftung*

Schließlich ist festzuhalten, daß – so wie bisher[29] – auch in der GmbH & Co. KG die aus dem KG-Recht folgende Komplementärs- und Kommanditistenhaftung (§§ 161 Abs. 2 i.V.m. 128 ff. HGB; §§ 171 ff. HGB) neben den Kapitalerhaltungsvorschrif-

---

27 Sind allerdings doch verbotene Ausschüttungen vorgenommen worden, so läßt sich die Konkurrenz nicht vermeiden. Dies ist aber ein allgemeines Problem, das sich auch sonst bei verbotenen Ausschüttungen stellt.

28 Aus Gründen der Textentlastung soll in der Folge nur von der GmbH & Co. KG die Rede sein; dies gilt dann entsprechend für die AG & Co. KG bzw. für die OHG.

29 Vgl. nur *Raiser*, aaO. (Fn. 3), § 45 Rn. 10 (S. 503).

ten voll anwendbar bleibt. Bisher war dies leicht zu begründen, weil der Schutz der GmbH von der Haftungsverfassung der KG einfach getrennt werden konnte: Das eine hatte mit dem anderen eben nichts zu tun. Dies ist aber auch ausgehend von dem hier vertretenen Ansatz nicht anders: Die Haftung folgt aus der grundsätzlichen Rechtsnatur als Personengesellschaft und der für diese geltenden Haftungsverfassung. Zusätzlich – und nicht etwa statt der Gesellschafterhaftung – werden dann für diese Gesellschaft noch besondere Kapitalerhaltungsvorschriften eingeführt.

Der Notgeschäftsführer der GmbH –
der Mann zwischen den Fronten

HARM PETER WESTERMANN

I. Fragestellung

1. Das Feld der praktischen Auseinandersetzungen

Es könnte sein, daß dem Jubilar als einem allseits anerkannten Kenner vielschichtiger gesellschaftsrechtlicher Kodizes eine Figur wie der Notgeschäftsführer einer GmbH, deren das GmbHG mit keinem Wort gedacht hat, und die Gefahr läuft, allseits als abzulehnende Reizfigur zu wirken, nicht als angemessener Gegenstand für eine ihm zugedachte Ehrung vorkommt. Natürlich hätte der Jubilar mit dieser skeptischen Einstellung recht, denn man bewegt sich mit einem solchen Thema durchaus in den Niederungen des alltäglichen, fast schon trivialen Rechts kleiner und mittelständischer Unternehmungen, in dessen Rahmen pragmatische, wenn auch manchmal etwas kurzatmige Lösungskonzepte für aufgetretene Schwierigkeiten wichtiger sein können als die rechtsdogmatisch wie gesamtwirtschaftlich abgewogene Grundsatzlösung, wie man sie in Festschriften zu präsentieren pflegt oder zumindest anbieten zu können wünscht. Auf der anderen Seite kann es dem Rechtswissenschaftler wohl anstehen, Licht in eine Szene zu bringen, in der mit harten Bandagen gekämpft wird und kein Beteiligter ohne vollstreckbaren Richterspruch Boden preisgibt. In einem solchen Feld bewegt sich häufig der Notgeschäftsführer einer GmbH, wobei die im folgenden zu behandelnden Probleme des „Mannes zwischen den Fronten"[*] in voller Zuspitzung nur bei den 50 : 50-GmbH auftreten, was aber erfahrungsgemäß eine häufige Konstellation ist.[1] Dies sollte, ehe die Rechtsprobleme aufgezeigt werden, ein wenig konkretisiert werden.

Da das GmbHG, anders als das AktG im Hinblick auf Notvorstand und -aufsichtsrat, der u. U. bestehenden Notwendigkeit keine Rechnung trägt, für die notwendigen Geschäftsführungs- und Vertretungsorgane einer für sich allein handlungsunfähigen juristischen Person die nötigen Personen zu beschaffen, wird unbestritten für die Bestellung des Geschäftsführers einer GmbH die für den e.V. geltende Bestimmung des § 29 BGB analog angewendet.[2] Das Gericht kann also eine Führungslosigkeit der Gesellschaft, die etwa dadurch entstanden ist, daß sich zwei gleich starke Gesellschafter oder Gesellschaftergruppen nicht auf die Bestellung eines Geschäftsführers einigen können, beenden. Aber es kann damit nicht die Streitigkeiten der Gesellschafter und ihre Unfähigkeit, sich im Interesse der Gesellschaft zu arrangieren, beheben. Einige wenige Beispiele sollen zeigen, wo die praktischen Schwierigkeiten liegen.

Nach Bestellung des Notgeschäftsführers durch das Amtsgericht beruft ein mit 50% beteiligter Gesellschafter eine Gesellschafterversammlung ein, was unter den Voraussetzungen des § 50 Abs. 3 GmbHG auch ohne Mitwirkung des Geschäftsführers möglich ist. Auf der Tagesordnung dieser Versammlung steht die Einzie-

---

[*] Es kann sich auch um eine Notgeschäftsführerin, folglich eine Frau zwischen den Fronten handeln.

[1] Zu dieser Konstellation *U. H. Schneider*, Die Zweimann-GmbH, Festschrift Kellermann, 1991, S. 403.

[2] *Hachenburg/Ulmer* § 6 Rdnr. 21; *Scholz/U. H. Schneider* § 6 Rdnr. 44; *Hohlfeld*, GmbHR 1986, 191, 192.

hung des Geschäftsanteils des anderen Gesellschafters wegen dessen – vorgeblich – gesellschaftsschädigenden Verhaltens, was als Möglichkeit in der Tat in der Satzung zugelassen ist.[3] Nach wiederum überwiegender Meinung[4] hat der Inhaber des einzuziehenden Anteils bei diesem Beschluß kein Stimmrecht, so daß die Einziehung erfolgt. Dies vorausahnend, war der betreffende Gesellschafter zu der Versammlung gar nicht erst erschienen, möglicherweise auch deshalb, weil er für die nächste Zeit einen ähnlichen Coup mit umgekehrten Vorzeichen plante. Er kann nunmehr aber nicht verhindern, daß der die Einziehung betreibende Gesellschafter nach dem dies verfügenden Beschluß sich selber mit seiner Stimme zum Geschäftsführer wählt, was nach ebenfalls h.M.[5] jedenfalls nicht an einem Stimmverbot scheitert. Dann fragt sich, ob eine im Schrifttum verbreitete, auf ein Urteil des BGH zurückgehende Ansicht[6] Recht damit hat, daß nunmehr durch die Wahl des neuen Geschäftsführers der Notgeschäftsführer automatisch sein Amt verliert. Kann er den Gesellschafterbeschluß, der ohne die Stimmen des von der Einziehung betroffenen Gesellschafters einen neuen Geschäftsführer wählte, anfechten, kann er eine Anfechtung des Beschlusses durch den anderen Gesellschafter anregen, muß er dem neuen Geschäftsführer in den alltäglichen Angelegenheit der Gesellschaft das Feld räumen?

Angenommen, der Streit der Gesellschafter resultiert aus der Wahrnehmung der der Gesellschaft möglicherweise zustehenden Ansprüche gegen einen Mitgesellschafter oder sonst aus Rechten, deren Durchsetzung einem Mitgesellschafter unangenehm ist: Muß der Notgeschäftsführer diesbezügliche Weisungen, die er von der Gesellschafterversammlung erhält,[7] befolgen, auch wenn sie wiederum nur von der einen Gesellschafterseite, vielleicht unter Berufung auf § 47 Abs. 4 Satz 2 GmbHG, allein getroffen worden sind, selbst wenn die hinter einer solchen Weisung stehenden Motive und Absichten seinen Vorstellungen von der Unternehmensführung und von der Durchführung einzelner dazu gehörender Aufgaben diametral widersprechen? Erstreckt sich dies auch auf Entscheidungen, bei denen es gewöhnlich auf die Existenz eines persönlichen Vertrauensverhältnisses ankommt, wie etwa die Bestellung eines Anwalts für einen Rechtsstreit um die Durchsetzung einer Forderung gegen einen Mitgesellschafter? Wie hat sich der Notgeschäftsführer in den – etwa in Gemeinschaftsunternehmen nicht seltenen – Fällen zu verhalten, in denen die Satzung vorsieht, daß er ohne einstimmigen Gesellschafterbeschluß nicht tätig werden darf, wenn er um der Gesellschaftsinteressen willen eine bestimmte Maßnahme für notwendig hält?

---

3 *Lutter/Hommelhoff* § 34 Rdnr. 19 f.; vgl. auch *Hachenburg/Ulmer* § 34 Rdnr. 40; *Scholz/ H. P. Westermann* § 34 Rdnr. 15.

4 BGHZ 9, 157; BGH WM 1990, 677; OLG Stuttgart WM 1989, 1252; *Baumbach/Hueck/Zöllner*, GmbHG, § 47 Rdnr. 56; *Hachenburg/Ulmer* § 34 Rdnr. 52; *Scholz/Schmidt* § 47 Rdnr. 134; a. A. *Hachenburg/Hüffer* § 47 Rdnr. 163.

5 BGHZ 18, 205, 210; BGHZ 51, 209, 215; *Baumbach/Hueck/Zöllner*, GmbHG, § 47 Rdnr. 51; *Scholz/K. Schmidt* § 47 Rdnr. 118.

6 BGH NJW 1941, 1041 f.; *Hachenburg/Mertens* § 35 Rdnr. 38; *Hachenburg/Stein* § 38 Rdnr. 88; *Lutter/Hommelhoff* Vor § 35 Rdnr. 25.

7 Zur Weisungsgebundenheit des Geschäftsführers allgemein *Baumbach/Hueck/Zöllner*, GmbHG, § 37 Rdnr. 10 f.; *Hachenburg/Stein* § 37 Rdnr. 14 ff.; *Scholz/U. H. Schneider* § 37 Rdnr. 30 ff.

In allen diesen Fragen geht es letztlich um die Handlungsfähigkeit der Gesellschafter, aber in einer speziellen Zuspitzung, ob und inwieweit der gerade zur Behebung dieses unerwünschten Zustandes eingesetzte Notgeschäftsführer lahmgelegt werden kann. Dabei zeigt das letztgenannte Beispiel, daß auch einmal überlegt werden muß, ob die – durch die fehlende gesetzliche Regelung der Rechtsverhältnisse des Notgeschäftsführers begründete – verbreitete Einstellung zutrifft, daß der Notgeschäftsführer grundsätzlich keine anderen Rechte und Pflichten haben kann als der von der Gesellschafterversammlung Gewählte. Das betrifft bereits die Amtsführung des in seiner Stellung im Zuge eines gerichtlichen Tätigwerdens berufenen Amtsträgers; die Probleme um die Anerkennung einer gewissen Sonderstellung eines solchen Organs können aber früher einsetzen. Gewissermaßen flankierend kann nämlich auch noch die Frage auftreten, wie der Notgeschäftsführer die Zahlung einer angemessenen Vergütung für seine – oftmals nicht eben einfache – Tätigkeit sicherstellen kann, ohne die sich ein qualifizierter Fachmann für ein solches Himmelfahrtskommando kaum finden wird. Ihm hierbei Schwierigkeiten zu machen, wird den streitenden Gesellschaftern vielleicht gelegen kommen, zumal wenn er sich anschickt, eine neutrale Rolle einzunehmen und möglicherweise beiden Seiten zu mißfallen, ohne daß sie sich jedoch auf ein „konstruktives Mißtrauensvotum", durch das sie einen Wahl-Geschäftsführer einsetzen, verständigen können.

2. Theoretischer Hintergrund

Das sind genügend Fragen, um die obige Andeutung zu belegen, daß und inwiefern man sich hier in den Niederungen des Gesellschaftsrechts bewegt. Es muß aber bei diesem Gegenstand auch Festschrift-gemäße grundsätzliche Bezüge geben.

Sie liegen einesteils in dem Umstand, daß ein unentbehrliches Gesellschaftsorgan von einer neutralen außenstehenden Stelle eingesetzt, von ihr aber nicht mit einer fest umrissenen Rechtsmacht ausgestattet wird. Die Kompetenz, über Streitigkeiten der Gesellschafter zu entscheiden, hat nach wie vor das Prozeßgericht, vor dessen Schranken der Notgeschäftsführer, soweit die Gesellschaft als Partei betroffen ist, also vor allem bei den Beschlußanfechtungsklagen,[8] sie vertreten muß, u. U. auch gegen seinen Willen. Das Registergericht, das ihn inthronisiert hat, kann ihn hierbei nicht unterstützen, es kann ihm, wie freilich noch zu diskutieren sein wird, nicht einmal zu seiner Geschäftsführervergütung verhelfen, die er zumindest erhalten sollte, um ihn zu bewegen, der Gesellschaft auch bei fortdauernden Meinungsverschiedenheiten im Gesellschafterkreis tatkräftig dienen zu können. Der Notgeschäftsführer befindet sich also, wenn man seine Einsetzung durch das Registergericht als einen Akt der fürsorgenden Rechtspflege versteht, auf einem Außenposten der um Frieden und Ausgleich bemühten Rechtsordnung, und es fragt sich, ob er dort Nützliches ausrichten kann.

---

8 BGH NJW 1981, 1041; *Baumbach/Hueck/Zöllner*, GmbHG, Anh. § 47 Rdnr. 42; *Lutter/Hommelhoff* Anh. § 47 Rdnr. 36.

Nun ist nicht zu übersehen, daß die GmbH trotz aller auf sie gerichteten Interessen Außenstehender, wie etwa der Gläubiger oder auch der Arbeitnehmer, noch immer eine Veranstaltung der Gesellschafter bleibt,[9] deren autonome Entscheidungen ihre Ziele und Zwecke festlegen, ihre Organisation und ihre Finanzmittel bestimmen, und die auch das Risiko tragen, wenn sie den Verband aus sich heraus nicht mehr mit der nötigen Führungskraft ausstatten können. Daher wird der Geschäftsführer ganz allgemein als ein den Weisungen der Gesellschafterversammlung unterworfenes Organ verstanden; die wenigen Stimmen, die eine etwas größere Selbständigkeit oder Unabhängigkeit seiner Stellung befürworten, haben sich nicht durchgesetzt.[10] Das gilt natürlich nur außerhalb der – wenigen – Gegenstände, bei deren Behandlung der Geschäftsführer eigenverantwortlich tätig sein muß und an Weisungen von Gesellschafterseite nicht gebunden ist, wie etwa im Bereich des § 43 Abs. 3 GmbHG. Auch wenn es zuletzt den Anschein hatte, als werde durch die Rechtsprechung des VI. BGH-Senats zur persönlichen Haftung des Geschäftsführers für die korrekte Abführung der Beiträge zur Sozialversicherung dieser Bereich ausgedehnt,[11] dürfte sich hierdurch nichts Wesentliches daran ändern, daß die Gesellschafter durch ihre Beschlüsse die Geschäftsführung beherrschen können. Für den Notgeschäftsführer kann dies bedeuten, daß er, einmal gültig eingesetzt, praktisch ein weitgehend freies Tätigkeitsfeld vorfindet, aber auch, daß er zwischen streitenden Gesellschaftergruppen und ihren unterschiedlichen Weisungen oder ihren ausbleibenden Zustimmungsbeschlüssen aufgerieben wird. Inwieweit dem durch eine stärkere Verselbständigung seiner Entscheidungen, die dann allein am Unternehmensinteresse auszurichten wären, begegnet werden kann, soll im folgenden untersucht werden.

II. Berufung und Abberufung des Notgeschäftsführers

1. Verbleibende Entscheidungsmacht der Gesellschafter

Die Berufung des Notgeschäftsführers durch einen Beschluß des Amtsgerichts, der auf Antrag eines Gesellschafters ergeht, ist in ihren Voraussetzungen im Schrifttum bereits eingehend dargestellt worden; darauf kann hier verwiesen werden.[12] Die Voraussetzungen sind dabei so bestimmt, daß das Gericht bei der Auswahl des künftigen Organs den nötigen Spielraum hat, wenn auch, da naturgemäß nicht das Einverständnis aller Gesellschafter vorzuliegen braucht,[13] an dieser Stelle des Verfahrens nicht sichergestellt werden kann, daß der Amtsinhaber von vornherein Autorität gegenüber allen Gesellschaftern hat. Klar ist auch, daß die Gesellschafter den

---

9 *Scholz/H. P. Westermann* Einl. Rdnr. 22.

10 *Hommelhoff*, ZGR 1987, 127 ff.; s. auch noch *Baumbach/Hueck/Zöllner,* GmbHG, § 37 Rdnr. 9.

11 BGH WM 1996, 2240 = ZIP 1996, 2017 m. Anm. *U. H. Schneider* EWiR 1/97; BGH WM 1996, 2292.

12 *Hohlfeld*, GmbHR 1986, 181 ff.; *Scholz/U. H. Schneider* § 6 Rdnr. 39 ff.; *Hachenburg/Mertens* § 35 Rdnr. 32.

13 *Hachenburg/Mertens* § 35 Rdnr. 35; *Lutter/Hommelhoff* Vor § 35 Rdnr. 20; *Hohlfeld*, GmbHR 1986, 181, 183.

Notgeschäftsführer nicht durch einen einfachen Beschluß gem. § 38 GmbHG loswerden können; die Abberufung obliegt allein dem Registergericht, dem die Gesellschafter oder einer von ihnen die Gründe für einen solchen Schritt vortragen müssen,[14] wobei es keineswegs ausreicht, daß der Geschäftsführer nicht das Vertrauen aller Gesellschafter besitzt oder ohne einen in seiner Verhaltensweise liegenden Grund etwa dasjenige des Gesellschafters verloren hat, der früher seine Bestellung betrieben hat. Die Gesellschafter können aber, wenn dafür die gesetzlichen und satzungsmäßigen Voraussetzungen, d. h. die nötige Mehrheit, geschaffen werden können, einen neuen Geschäftsführer wählen. Das bedeutet nach der schon erwähnten h.M., daß der Notgeschäftsführer automatisch aus dem Amt scheidet,[15] wobei allerdings zu fragen ist, ob diese Folge nicht besser durch einen konstitutiven Beschluß des Gerichts festgestellt werden sollte. Das wäre hauptsächlich für den Fall nützlich, daß die Gültigkeit der Wahl des neuen Geschäftsführers zweifelhaft ist, was praktisch nicht selten vorkommen wird.

Zur h.M. wird ein Urteil des BGH aus dem Jahre 1981[16] gezählt, das gemeint hat, im Rechtsstreit um die gegen einen solchen Beschluß erhobene Anfechtungsklage solle die Gesellschaft durch den betreffenden Wahl-Geschäftsführer vertreten werden, der hierbei die für die Gültigkeit der Wahl sprechenden Gesichtspunkte am besten nach vorn bringen könne. Nun mag es richtig sein, daß der Notgeschäftsführer diese Rolle eher weniger effektiv spielen würde, da er im Rahmen seiner Amtsführung mit dem Gesellschafter oder der Gesellschaftergruppe, die hinter der umstrittenen Geschäftsführerwahl steht, aus durchaus sachlichen Gründen in Konflikt geraten sein kann. Auf der anderen Seite sind die hinter dem streitigen Beschluß stehenden Gesellschafter auch bei Überlassung der Prozeßführung an den Notgeschäftsführer nicht schutzlos. Denn wenn der Notgeschäftsführer, wenn man ihm entgegen der Ansicht des BGH die Prozeßvertretung überläßt, in diesem Verfahren ohne sachlichen Grund den streitigen Beschluß torpediert, etwa indem er dem Vortrag der Klägerseite nicht mit vorhandenen Argumenten entgegentritt oder gar ein Versäumnis- bzw. Anerkenntnisurteil ergehen läßt, setzt er einen Abberufungsgrund i. S. des § 38 Abs. 2 GmbHG,[17] von dem auch das Registergericht so schnell müßte überzeugt werden können, daß es ihn abberuft und einen anderen Notgeschäftsführer bestellt. Dieser kann dann verhindern, daß ein inzwischen etwa ergangenes klageabweisendes Urteil rechtskräftig wird, und natürlich kann er den Prozeß im Sinne der Urheber des streitigen Gesellschafterbeschlusses führen, wenn ihm dies richtig erscheint.

Entscheidend für eine Einschränkung des vom BGH im genannten Urteil aufgestellten Rechtssatzes spricht aber die Erwägung, daß die automatische Ausschal-

---

14 BayObLG NJW 1981, 995, 996; *Hachenburg/Stein* § 38 Rdnr. 88; *Lutter/Hommelhoff* Vor § 35 Rdnr. 25; gegen eine Abberufung ohne wichtigen Grund *Hohlfeld*, GmbHR 1986, 181, 184; zur Abberufungsmöglichkeit beim Vorliegen wichtiger Gründe OLG München GmbHR 1994, 259; *Lutter/Hommelhoff*, aaO. Rdnr. 25.

15 BGH NJW 1981, 1041; *Hachenburg/Mertens* § 35 Rdnr. 34; *Lutter/Hommelhoff* Vor § 35 Rdnr. 24; auch *Baumbach/Hueck*, GmbHG, § 6 Rdnr. 19.

16 BGH NJW 1981, 1041 f.

17 *Hachenburg/Stein* § 38 Rdnr. 46 f.; *Scholz/U. H. Schneider* § 38 Rdnr. 49.

tung des Notgeschäftsführers durch den mit einem angefochtenen Gesellschafterbeschluß Gewählten, mag man sie auch für den Anfechtungsbeschluß hinnehmen
wollen, nicht für die sonstige Geschäftsführung und Vertretung der Gesellschaft
gelten kann. Dies würde nämlich bedeuten, daß der möglicherweise zu Unrecht
Gewählte die Entscheidungen nicht nur über die Prozeßführung gegenüber der
Beschlußanfechtung, sondern auch in solchen Angelegenheiten an sich ziehen kann,
deren Wahrnehmung durch den korrekt eingesetzten Notgeschäftsführer dem objektiven Interesse der Gesellschaft in der Situation, die das Gericht zu seiner Einsetzung bewogen hat, besser entspricht. Die tatsächlichen Umstände, die den
umstrittenen Gesellschafterbeschluß ermöglicht haben, etwa ein Fernbleiben eines
oder mehrerer Gesellschafter infolge unkorrekter Einladung zu der Gesellschafterversammlung, sind möglicherweise nicht Grund genug, um der hierbei unterlegenen
Gesellschaftergruppe den gewählten Geschäftsführer im ganzen Bereich der unternehmerischen Aktivitäten aufzuzwingen, obwohl ein vom Gericht bestellter
Neutraler zur Verfügung stünde. Selbst wenn die unterlegene Gesellschafterseite
ihrerseits nachlässig gehandelt hat, etwa einer korrekt angesetzten Gesellschafterversammlung ferngeblieben ist, kann das Ergebnis der Beschlußanfechtung, bei
deren Erfolglosigkeit dann der gewählte Geschäftsführer endgültig den Notgeschäftsführer verdrängt, abgewartet und dem letzteren die Kompetenz für die allgemeine Geschäftsführung (wenn man dem BGH folgt: ohne die Prozeßvertretung)
belassen werden. Wenn eine Gesellschafterseite gezielte Obstruktionspolitik betreibt, um den Notgeschäftsführer im Amt zu halten, kann dies, wenn ein Gewählter
zur Verfügung steht, auch ein Abberufungsgrund für das Gericht sein, da hierfür ein
vorwerfbares Verhalten des Geschäftsführers nicht erforderlich ist.[18]

2. Die Vergütungsfrage

Die Tendenz, das Gericht zu veranlassen, dem Notgeschäftsführer in einer allgemeinen Konfliktsituation tunlichst den Rücken zu stärken, sollte sich auch in
einem anderen Punkt durchsetzen. Er betrifft die Vergütung für die Geschäftsführung, die dem Notgeschäftsführer einigermaßen sicher sein sollte, wenn er das
oftmals sicher schwierige Amt übernehmen und gut ausfüllen soll.

Nach ganz h.M. ist davon auszugehen, daß mit der Bestellung durch das
Gericht auch ein Anstellungsvertrag zwischen dem Geschäftsführer und der Gesellschaft zustandekommt.[19] Geltungsgrund muß dabei, da das Gericht wohl nicht in
Vertretung der Gesellschafterversammlung handeln kann, ein Hoheitsakt sein.
Dieser soll dann allerdings nur einen Dienstvertrag mit einer i. S. des § 612 BGB
unbestimmten, nämlich auf das Übliche abstellenden Vergütungsregelung zustande-
bringen; das Gericht, so heißt es, könne die Vergütung nicht festsetzen.[20] Auch dies

---

18 *Hachenburg/Stein* § 38 Rdnr. 35; *Scholz/U. H. Schneider* § 38 Rdnr. 44.
19 *Hachenburg/Mertens* § 35 Rdnr. 40; *Lutter/Hommelhoff* Vor § 35 Rdnr. 24; *Scholz/U. H. Schnei-
    der* § 6 Rdnr. 44.
20 BGH WM 1976, 1226; BayObLG GmbHR 1988, 436, 439 f.; *Scholz/U. H. Schneider* § 6 Rdnr. 44.

überzeugt nicht, zumal es § 85 Abs. 3 AktG für den Notvorstand einer AG anders entscheidet, was im RegE eines GmbHG[21] ähnlich geregelt werden sollte. Der hier häufig gegebene Hinweis, diese Aufgabe könne nur das Prozeßgericht erfüllen,[22] zwingt praktisch den Geschäftsführer, mangels Einigung mit den Gesellschaftern über den Dienstvertrag die Gesellschaft zu verklagen oder sich kurzerhand selbst zu bedienen, wie sogleich zu belegen sein wird. Das ist als Visitenkarte beim Eintritt in die Geschäftsführung schon äußerlich denkbar unglücklich, wirft aber außerdem rechtliche Probleme auf.

Der eingesetzte Notgeschäftsführer kann wohl, auch wenn er nicht durch die Satzung vom Verbot des § 181 BGB befreit ist, seinen Vergütungsanspruch, der ja dem Grunde nach feststeht und also eine Verbindlichkeit der Gesellschaft ist, durch Auszahlung an sich selbst befriedigen. Die Gesellschafter, die sich hiergegen wehren wollen, müssen also einen anderen Geschäftsführer wählen, der dann eine Rückforderung geltend machen und dabei die Gesellschaft im Prozeß vertreten kann. Eine Klage des Notgeschäftsführers gegen die Gesellschaft auf Gehaltszahlung scheidet dagegen, weil er die Gesellschaft nicht im Prozeß mit sich selbst vertreten kann, während seiner Amtszeit aus. Eine Klärung der Frage muß daher nach Beendigung seines Amts stattfinden, was wegen der Unsicherheit, wie hoch die „übliche Vergütung" genau ist, für einen längeren Zeitraum nicht erträglich ist. Dies spricht dafür, doch durch den den Dienstvertrag zustandebringenden Gerichtsbeschluß auch die Vergütung festzusetzen, was angesichts der Handlungsunfähigkeit der Gesellschafter deren Rechte auch nicht über Gebühr beeinträchtigt. Ihnen bleibt es ohnehin unbenommen, eine Auflösungsklage gem. § 61 GmbHG zu erheben, wenn sie die Situation – womöglich auch die Belastung der Gesellschaft mit dem Vergütungsanspruch des Notgeschäftsführers – als unzumutbar empfinden.

3. Beendigung des Amts durch Zeitablauf?

Die Geschäftsführung durch einen von außen bestelltes Notorgan wird man sich gewöhnlich als eine nur vorübergehende Lösung vorstellen, obwohl es eine Befristung von Gesetzes wegen nicht gibt. Eine dem Verfasser bekanntgewordene Entscheidung eines Registergerichts,[23] die freilich noch nicht rechtskräftig ist, wirft die Frage auf, ob die Verantwortung für die Geschäftsführerstellung nicht irgendwann durch bloßen Zeitablauf wieder an die Gesellschafter zurückfallen muß. Das läßt sich allerdings nicht damit begründen, die Bestellung eines Notgschäftsführers diene nur der Überbrückung der Behinderungen, die dadurch eintreten, daß eine

---

21 § 68 Abs. 3 RegE 1971 (BT-Drucks. 595/71).
22 BGH WM 1976, 1226; BayObLG GmbHR 1988, 436, 438 f.; *Baumbach/Hueck*, GmbHG, § 6 Rdnr. 19; wohl auch *Baumbach/Hueck/Zöllner*, GmbHG, § 35 Rdnr. 6; *Scholz/Schneider* § 6 Rdnr. 44; a. M. aber *Hachenburg/Stein* § 35 Rdnr. 197; *Meyer-Landrut/Miller/Niehues* § 6 Rdnr. 21; *Rowedder/Koppensteiner* § 35 Rdnr. 72; *Lutter/Hommelhoff* Vor § 35 Rdnr. 24; *Hohlfeld*, GmbHR, 1986, 181, 184.
23 AG Düsseldorf, Beschluß vom 15. Oktober 1996, HRB 774.

Gesellschafterversammlung zum Zweck der Bestellung eines Geschäftsführers nicht umgehend einberufen werden kann.[24] Es kann nicht der Sinn der Einschaltung des Gerichts und des mit der Bestellung eines Notgeschäftsführers verbundenen Aufwandes sein, lediglich die Folgen einer kurzfristigen Abwesenheit eines oder mehrerer Gesellschafter von der Gesellschafterversammlung abzufangen. Vielmehr geht es darum, eine Gesellschaft handlungsfähig zu erhalten, wenn das gesetzlich für die Geschäftsführerbestellung zuständige Organ, die Gesellschafterversammlung (auch eine nach dem Abberufungsbeschluß kurzfristig einberufene), diese Aufgabe nicht wahrnehmen kann oder nicht wahrnimmt. Dabei ist bezeichnend, daß auch Tatbestände wie die Verhinderung des einzigen vorhandenen Geschäftsführers gem. § 181 BGB, die Dauercharakter haben, die Bestellung eines Notgeschäftsführers rechtfertigen können.[25] Eine Lösung kann auch nicht darin liegen, daß die Gesellschafter faktisch gezwungen werden, sich selbst zu Gesamtgeschäftsführern zu berufen oder einen Repräsentanten jeder der streitenden Parteien mit diesen Aufgaben zu betrauen, denn dadurch wird die Handlungsunfähigkeit der Gesellschaft nicht behoben. Auch wenn sich die Gesellschaft in einem Zustand befinden sollte, der ihre Auflösung rechtfertigen würde, so daß durch die Tätigkeit eines Notgeschäftsführers nur eine nicht erhaltungswürdige juristische Einheit fortgeschleppt wird, kann die Auflösung doch nur durch eine allein von den Gesellschaftern zu erhebende Klage und nicht von Amts wegen betrieben werden. Ein Löschungsgrund ist nicht gegeben.

Auf der anderen Seite könnte man in der Tat überlegen, ob das Gericht durch eine Abberufung des Notgeschäftsführers wegen bloßen Zeitablaufs oder wegen des Ausbleibens von Bemühungen der Gesellschafter, einen Geschäftsführer zu bestellen, diese gewissermaßen zwingen kann, sich über die Wahl eines neuen Geschäftsführers oder über die Auflösung zu verständigen oder notfalls einseitig die Auflösungsklage zu erheben. Spätestens dann müßte aber für die Prozeßvertretung doch wieder ein Notgeschäftsführer bestellt werden,[26] und auch während des Zeitraums der Handlungsunfähigkeit der Gesellschaft nach Abberufung des zunächst bestellten Notgeschäftsführers bis zur eventuellen Erhebung der Auflösungsklage wird das Gericht, wenn sich die Gesellschafter nicht einigen können, um die Neubestellung eines solchen Organs nicht herumkommen. Es ist wohl auch nicht Sache des Gerichts, erzieherisch auf streitende Gesellschafter einzuwirken, zumal wenn nicht feststeht, ob die Weigerung einer Seite, sich an der Bestellung eines Geschäftsführers durch die Gesellschafterversammlung zu beteiligen, ohne Auflösungsklage zu erheben und so den Schwebezustand zu beenden, wirklich Unterstützung verdient.

Im Ergebnis ist die Ansicht, daß der Notgeschäftsführer nach längerer Amtszeit abberufen werden müsse, damit die Gesellschafter gezwungen werden, einen Amtswalter ihrer Wahl zu bestellen, daher abzulehnen.

---

24 So aber das AG Düsseldorf aaO., aufgehoben durch OLG Düsseldorf, Beschluß vom 18. 4. 1997, 3 Wx 584/96.

25 BGHZ 33, 189, 193; *Scholz/U. H. Schneider* § 6 Rdnr. 40.

26 *Hachenburg/Ulmer* § 61 Rdnr. 32, dort auch zur Abgrenzung zur Tätigkeit eines Prozeßvertreters nach § 57 ZPO.

III. Amtsführung des Notgeschäftsführers

1. Zur Bindung an Gesellschafterbeschlüsse

Hinsichtlich der Amtsführung des Notgeschäftsführers gibt es keine Sonderregeln, wenn man davon absieht, daß die Abberufung aus wichtigem Grund und damit das Urteil über das Vorliegen eines solchen Grundes allein beim bestellenden Gericht liegt. Aufgabenstellung und Haftungsmaßstab[27] sowie das Verhältnis zu den übrigen Organen müßten daher theoretisch dieselben sein wie bei dem von den Gesellschaftern bestellten Geschäftsführer. Doch stellen sich insoweit gleich Zweifel ein, wenn man an die Weisungskompetenz der Gesellschafter denkt. Eine ordnungsgemäß zustandegekommene Mehrheitsentscheidung der Gesellschafterversammlung in Geschäftsführungsangelegenheiten wird der Notgeschäftsführer zu beachten haben, und gegenüber in ihrer Wirksamkeit zweifelhaften oder angefochtenen Gesellschafterbeschlüssen steht er im Grundsatz nicht anders da als der Wahl-Geschäftsführer. Die dort streitige Frage, ob der Geschäftsführer ein eigens Anfechtungsrecht gegenüber Gesellschafterbeschlüssen hat,[28] sollte bei einem Notgeschäftsführer jedenfalls bejaht werden, weil er seine Aufgabe zwischen den Gesellschafter-Fronten im allgemeinen nur erfüllen kann, wenn er in den Stand versetzt wird, eine Klärung bezüglich der umstrittenen Grundlagen seiner Tätigkeit herbeizuführen und insoweit nicht auf das Vorgehen eines der streitenden Gesellschafter angewiesen ist.

Natürlich sind dies Argumente, die sich für ein eigenes Anfechtungsrecht jedes Geschäftsführers anführen lassen, aber die Notwendigkeit sich von den Gesellschaftern tendenziell unabhängig zu machen, ist dem Notgeschäftsführer gewissermaßen von Geburt an aufgegeben, weshalb er auch als neutrale Instanz ein Initiativrecht zur Klärung der Wirksamkeit von Gesellschafterbeschlüssen haben sollte. Eine andere Frage ist allerdings, ob und wann der Notgeschäftsführer von einem solchen Recht Gebrauch machen sollte, da er sich dadurch klar auf die Seite einer der streitenden Gesellschaftergruppen stellt. Dies aber führt lediglich zu dem Ratschlag, der mit einem Beschluß nicht einverstandenen Gesellschafterseite bei der Anfechtung den Vortritt zu lassen, obwohl der Entschluß, die Gültigkeit eines vielleicht anfechtbaren, möglicherweise aber auch nichtigen Beschlusses[29] prüfen zu lassen, ihm nicht zum Nachteil gereichen, insbesondere nicht für seine Abberufung herangezogen werden darf.

Ohnehin bleibt dem Notgeschäftsführer eine Parteinahme für eine Streitpartei nicht immer erspart: Er ist Vertreter der Gesellschaft bei einer von einem Gesellschafter erhobenen Auflösungsklage wie auch bei einer nicht von ihm erhobenen Anfechtungsklage; er hat Einlagen einzufordern, gegebenenfalls zu Unrecht

---

27 Dazu *Hachenburg/Mertens* § 43 Rdnr. 6.

28 Vgl. dazu eingehend *Hachenburg/Raiser* Anh. § 47 Rdnr. 162 f.; *Scholz/K. Schmidt* § 45 Rdnr. 134; jeweils m.w.N.

29 Zum Unterschied zwischen Nichtigkeit und Anfechtbarkeit von Gesellschafterbeschlüssen im GmbH-Recht *Lutter/Hommelhoff*, Anh. § 47 Rdnr. 1 ff.; *Baumbach/Hueck/Zöllner*, GmbHG Anh. 147 Rdnr. 8 f.; *Hachenburg/Raiser* Anh. § 47 Rdnr. 19 f.

zurückgewährte Einlagen oder zurückgezahlte kapitalersetzende Gesellschafter-darlehen gem. § 31 GmbHG[30] wieder einzufordern; und auch die ihm gegebenen-falls obliegende Feststellung der Konkursreife der Gesellschaft kann ihn in das Kreuzfeuer der Kritik der Gesellschafter bringen. Dies alles wird er, jedenfalls soweit es sich um Aufgaben im Einzugsbereich der §§ 43 Abs. 3 Satz 2, 64 GmbHG handelt, aufgrund der hier verhältnismäßig unabhängigen Position jedes Geschäfts-führers einigermaßen gut durchstehen können; die wahren Schwierigkeiten be-ginnen dort, wo der Geschäftsführer sich zur Behauptung einer eigenen und eigen-verantwortlichen Entscheidungskompetenz nicht auf gesetzliche Regelungen über weisungsfreie Entscheidungen zurückziehen kann. Hier schwebt er stets in Gefahr, im Zuge der Durchsetzung der Gesellschaftsinteressen (bzw. dessen, was er dazu zählt) mit den Gesellschaftern in Streit zu geraten und von ihnen eines Tages, wenn sie sich auf einen anderen Geschäftsführer verständigt haben oder die eine Seite sich durchgesetzt hat (oder allein übrig geblieben ist), zur Verantwortung gezogen zu werden. Wenn das Institut der Notgeschäftsführung der GmbH angesichts der rechtstatsächlich verbreiteten 50:50-GmbH funktionsfähig sein soll, muß hier die eine oder andere Sicherheit für den Geschäftsführer in Gestalt des Rechts zu eigen-verantwortlichen Entscheidungen eingebaut werden. Das bedeutet dann auch, daß er Gesellschafterbeschlüsse, die eine bloße Kampfmaßnahme im Streit zwischen Gesellschaftergruppen darstellen, bei deren Zustandekommen sich die eine Seite die – manchmal nur formal begründete – Ausschließung der anderen vom Stimm-recht zu Nutze gemacht hat, daraufhin überprüfen darf, ob sie gegen das Gesell-schaftsinteresse verstoßen. Gegebenenfalls braucht er sie nicht zu befolgen, hat aber zumindest ein Anfechtungsrecht.

2. Verhalten bei Einziehungsbeschlüssen

Paradebeispiel und Testfall für das hier verfolgte Bestreben ist die Stellung des Not-geschäftsführers gegenüber einem von der Gesellschafterversammlung gegen den Willen des Anteilsinhabers gefaßten Einziehungsbeschluß. Dabei kann dem Inhaber des einzuziehenden Anteils das Stimmrecht gefehlt haben, wenn es sich um eine Einziehung aus einem von ihm angeblich gesetzten wichtigen Grund handelte.[31] Wenn die Einziehung sich sodann auf die Stimmverhältnisse im Gesellschafterkreis auswirkt, was namentlich bei den hier im Vordergrund stehenden 50:50-Gesell-schaften zutrifft, so wird die Gesellschafterversammlung alsbald imstande sein – und dies vielleicht auch sogleich in die Tat umsetzen –, einen anderen Geschäfts-führer zu wählen, der dann namens der Gesellschaft einen eventuellen und in der Praxis höchstwahrscheinlichen Streit um die Gültigkeit der Einziehung und seiner Geschäftsführerwahl auszufechten hat. Er übernimmt dann nach der oben be-

---

30 Zu § 31 GmbHG als Anspruchsgrundlage auch bei kapitalersetzenden Gesellschafterdarlehen *Hachenburg/Ulmer* § 32 a/b Rdnr. 171 ff.
31 Siehe oben (Fn. 4).

handelten Rechtsprechung auch die alltägliche Geschäftsführung, der Notgeschäftsführer ist ausgeschaltet. Ein einfaches und überschaubares Ergebnis?

Die Frage ist allerdings, ob wirklich die Einziehung diese Wirkung hat. Wenn der Gesellschafter satzungsmäßig einen Anspruch auf Zahlung eines Einziehungsentgelts hat, entspricht es dem in § 34 Abs. 3 GmbHG gegebenen Hinweis auf § 30 GmbHG sowie der Tatsache, daß alle Gesellschafter bei Verstößen gegen die Grundsätze der Kapitalerhaltung haften müssen, die Wirkung der Einziehung nicht eintreten zu lassen, bevor die Zahlung des gesamten Entgelts aus hierfür verfügbaren Mitteln erfolgt ist.[32] Nicht ganz klar ist dagegen, was mit den Mitgliedschaftsrechten des Inhabers des einzuziehenden Anteils geschieht. Vielfach wird ein Ruhen des Stimmrechts angenommen,[33] was allerdings auf gesellschaftsrechtliche Vorbilder nicht zurückgeführt werden kann und daher, kaum überraschend, als Lösung angezweifelt wird.[34] Ein Stimmverbot kommt, da der Anteil erst mit voller Wirkung der Einziehung dem bisherigen Inhaber verlorengeht, nicht in Betracht. Während der BGH von dem Gesellschafter jedenfalls die Gefahr fernhalten will, daß Entscheidungen, die seinen Abfindungsanspruch beeinflussen können, ohne ihn getroffen werden,[35] wird im Schrifttum auch vom Fortbestand des Stimmrechts ausgegangen, das der Gesellschafter aber zurückhaltend auszuüben habe.[36] Zuletzt hat nun das OLG Frankfurt die Gesellschafterrechte bis zur Leistung des Einziehungsentgelts fortbestehen lassen und hat einen ohne Mitwirkung des betroffenen Gesellschafters gefaßten Gesellschafterbeschluß für nichtig erklärt.[37] Dem ist zumindest für den Fall zu folgen, daß die Verfügbarkeit des geschuldeten Einziehungsentgelts zweifelhaft ist, denn in dieser Lage ist dem Gesellschafter ein faktisches Ausscheiden aus der Gesellschaft nicht zuzumuten. Es ist auch folgerichtig, dem Inhaber des einzuziehenden Anteils die Anfechtungs- oder Nichtigkeitsklage zu gestatten,[38] damit er sich gegen die Einziehung auch dem Grunde nach wehren kann. Welches sind in diesem Rahmen Stellung und Aufgabe des Notgeschäftsführers?

Wenn nur ein Einziehungsbeschluß gefaßt, nicht auch ein neuer Geschäftsführer gewählt ist, so ist zunächst der Einziehungsbeschluß dem Betroffenen mitzuteilen, wofür an sich die Gesellschafterversammlung zuständig ist, die aber hiermit den Geschäftsführer beauftragen kann und im Zweifel auch beauftragt hat.[39] Sicherlich wird der Geschäftsführer etwaige Bedenken, ob ein Einziehungsentgelt ohne Verletzung des Stammkapitals gezahlt werden kann, zur Sprache bringen müssen, doch steht der Gesellschafterversammlung ein Weisungsrecht dahingehend zu, daß

32 *Ulmer,* Festschrift für Rittner, S. 735, 737; *Scholz/H. P. Westermann* § 34 Rdnr. 53; *Lutter/Hommelhoff* § 34 Rdnr. 12.
33 *Harst,* GmbHR 1987, 183, 185 f.; *Scholz/H. P. Westermann* § 34 Rdnr. 53 u. 55; *Raiser,* Kapitalgesellschaftsrecht, § 30 Rdnr. 47.
34 *Hachenburg/Ulmer* § 39 Rdnr. 59 ff.; *Baumbach/Hueck,* GmbHR, § 39 Rdnr. 24.
35 BGHZ 88, 320, 325 ff.
36 *Lutter/Hommelhoff* § 34 Rdnr. 12; *Baumbach/Hueck,* GmbHG, § 34 Rdnr. 24.
37 OLG Frankfurt GmbHR 1997, 171 = EWiR § 34 GmbHG 1/97.
38 *Rowedder* § 34 Rdnr. 27; *Scholz/H. P. Westermann* § 34 Rdnr. 55.
39 *Baumbach/Hueck,* GmbHG, § 34 Rdnr. 12; *Scholz/H. P. Westermann* § 34 Rdnr. 44.

die beschlossene Einziehung erklärt werden muß. Die Vernichtung des Beteiligungsrechts tritt allerdings erst ein, wenn alle Voraussetzungen einer wirksamen
Einziehung einschließlich der Zahlung eines das Stammkapital nicht gefährdenden
Einziehungsentgelts vorliegen. Nach dem vorigen darf der Geschäftsführer – auch
ein Notgeschäftsführer – dem Inhaber des betroffenen Anteils aber nicht die Teilnahme an der Gesellschafterversammlung versagen, solange nicht eine korrekte
Zahlung des Einziehungsentgelts erfolgt ist, und er braucht Gesellschafterbeschlüsse, bei denen der Inhaber des (vermeintlich) wirksam eingezogenen Anteils
nicht eingeladen war und nicht mitgewirkt hat, wegen ihrer Nichtigkeit nicht zu
beachten. Gibt man ihm, wozu hier Stellung genommen wurde (oben unter 1), ein
eigenes Anfechtungsrecht, so kann er gegen den Einziehungsbeschluß, aber etwa
auch gegen einen Beschluß vorgehen, der unter Übergehung des Inhabers des noch
nicht wirksam eingezogenen Anteils gefaßt wurde.

Dies alles würde übrigens bei der oben kritisierten Entscheidung des BGH,
wonach ein in ebenfalls anfechtbarer Weise gewählter neuer Geschäftsführer den
Notgeschäftsführer verdrängt, nicht in Betracht kommen. Eine praktische Lösung
ist dann nur noch möglich, wenn der Inhaber des eingezogenen Anteils nicht nur
gegen die Einziehung, sondern auch gegen einen ohne seine Mitwirkung gefaßten
Gesellschafterbeschluß, etwa denjenigen betreffend die Wahl eines neuen Geschäftsführers, mit der Anfechtungsklage vorgeht und das Gericht durch einstweilige Verfügung den letzteren Beschluß bis zur Entscheidung über die Klage für
unwirksam erklärt. Geschieht dies nicht, so kann der Notgeschäftsführer zur Behebung des Chaos in der Gesellschaft nicht mehr wirksam beitragen.

3. Bindung an satzungsmäßige Zustimmungsvorbehalte?

In der Satzung einer GmbH können Geschäftsführungsmaßnahmen an die positive
Zustimmung der Gesellschafterversammlung gebunden sein, wobei auch das Erfordernis einer qualifizierten Mehrheit oder einer einstimmigen Entscheidung bestehen
kann.[40] Die Frage, ob ein „ordentlicher" Geschäftsführer oder zumindest ein Notgeschäftsführer sich über das Fehlen einer solchen Zustimmung hinwegsetzen kann,
oder ob er mangels Zustimmung untätig bleiben muß, ist bisher im Schrifttum,
soweit ersichtlich, nicht behandelt worden.

Als Ausgangspunkt ist festzuhalten, daß die Entrechtung des Geschäftsführers
mit der Folge seiner Herabstufung zum bloßen Ausführungsorgan an sich zugelassen ist.[41] Der motivierende Gedanke hinter dieser Einschätzung des Verhältnisses
der Organe ist die Eigenverantwortlichkeit und Handlungsfähigkeit der Gesellschafterversammlung in Geschäftsführungsangelegenheiten; in der AG, wo diese
Attribute dem Gremium der Anteilseigner nicht zuerkannt werden können, ist dem-

---

40 Vgl. *Hachenburg/Mertens* § 37 Rdnr. 14 ff.
41 *Eisenhardt*, Festschrift für Pfeiffer, 1988, S. 845; *Hachenburg/Mertens* § 37 Rdnr. 8 ff.; *Scholz/
    U. H. Schneider* § 37 Rdnr. 38; *Lutter/Hommelhoff* § 37 Rdnr. 12.

gemäß auch die Eigenverantwortlichkeit der Geschäftsführung (§ 76 AktG) gesichert. Gerade die eigene Entscheidung der Gesellschafter, die für den Normalfall die fast vollständige Anbindung des Geschäftsführers als unschädlich erscheinen läßt, ist aber nicht mehr möglich, wenn die Gesellschafterversammlung so paralysiert ist, daß ein Notgeschäftsführer bestellt werden mußte. Eine Satzungsregelung über Zustimmungserfordernisse kann sich dann dahin auswirken, daß in bezug auf die betreffenden Beschlußgegenstände ein vollständiger Stillstand jeglicher Aktivitäten hingenommen werden müßte. Er fragt sich, ob die Satzung dies auch mit Wirkung für den Fall der Notgeschäftsführung wirksam verfügen kann.

Man zögert mit der Antwort, weil es grundsätzlich die Gesellschafter in der Hand haben, ihre Gesellschaft mit einer ausreichend flexiblen Geschäftsführung auszustatten oder die Geschäfte im wesentlichen in eigener Hand zu behalten. Dies spricht dafür, einen Zustimmungsvorbehalt oder – was inhaltlich gleichstünde – das satzungsmäßige Erfordernis einer entsprechenden Weisung der Gesellschafterversammlung als Ausfluß der Satzungsautonomie[42] ernst zu nehmen. Auf der anderen Seite reagiert das Gericht mit der Bestellung eines Notgeschäftsführers, auch wenn diese auf Antrag eines Gesellschafters geschieht, auf eine Situation, in der die autonomen Kräfte der Selbststeuerung versagt haben. Wenn jetzt der Notgeschäftsführer autorisiert sein sollte, mangels Erteilung einer Weisung nach seinem pflichtgemäßen Ermessen zu entscheiden, so wüchse ihm immer noch keine unkontrollierte Rechtsmacht zu, da er der Aufsicht durch das Registergericht unterliegt, das ihn eventuell abberufen kann. Ein zusätzliches Korrektiv bilden mögliche Schadensersatzansprüche gegen ihn, die ihn treffen können, wenn sich die Gesellschafter eines Tages doch auf einen Geschäftsführer ihrer Wahl und auf eine Reorganisation der Unternehmensführung geeinigt haben sollten. Es wäre daher nicht realistisch, davon auszugehen, daß gerade diese „zwischen den Fronten" stehende Figur ihre Entscheidungskompetenz in einer Weise zur Geltung bringen wird, die nicht strikt an die Unternehmensinteressen gebunden ist.

Im Ergebnis ist daher davon auszugehen, daß sich der Notgeschäftsführer mit Rücksicht auf die dringenden Belange der Gesellschaft auch über das fehlende Einverständnis der Gesellschafterversammlung (oder eines durch Satzung an ihre Stelle gesetzten Gremiums) zu einer bestimmten Maßnahme hinwegsetzen kann. Damit wird wiederum eine der Situation des Notgeschäftsführers entsprechende begrenzte Emanzipation vom Willen der Gesellschafter vollzogen.

IV. Schlußbetrachtung

Der Notgeschäftsführer einer GmbH hat bisher kaum das Interesse von Wissenschaft und Rechtsprechung zum GmbH-Recht gefunden. Das hat dazu geführt, daß seine Stellung zwischen der eines – den Dingen etwas vorgreifenden – Totengräbers und eines Retters eines in eine Krise geratenen Unternehmens schwankt. Soll er in

---

42 Zu ihrer Bedeutung im GmbH-Recht *Zöllner*, Festschrift GmbHG, 85 ff.

diesem Rahmen aber mehr sein als Handlanger von Gesellschafter-Interessen, so ist es notwendig, seine Rechtsmacht gegen einseitige Angriffe von Gesellschafterseite zu sichern. Das kann teilweise durch Zubilligung eigener Klagerechte des Notgeschäftsführers, zum weiteren Teil aber auch durch das Recht geschehen, eine ihm angesonnene Befolgung von zweifelhaften Gesellschafterbeschlüssen zu verweigern. Der Rechtsprechung, die den Notgeschäftsführer nach der Wahl eines anderen Geschäftsführers durch die Gesellschafterversammlung automatisch sein Amt verlieren läßt, kann allenfalls mit einer Beschränkung auf die Führung eines Rechtsstreits um die Gültigkeit dieser Wahl zugestimmt werden.

Das sind Teilergebnisse einer Betrachtung, die ihren Ausgang bei der Erkenntnis genommen hat, daß gerade auch eine für privatautonome Veranstaltungen gedachte Rechtsform des Gesellschaftsrechts wie die GmbH die Möglichkeit braucht, ein leistungsfähiges Krisenmanagement einzusetzen. Ohne gesetzliche Regelung ist dies im hier besprochenen Bereich nur möglich durch ein Zusammenwirken des Registerrechts mit Eilentscheidungen eines Prozeßgerichts. Die Bedeutung des einstweiligen Rechtsschutzes im Gesellschaftsrecht ist seit langem erkannt und zum Gegenstand zahlreicher Untersuchungen gemacht worden.[43] Da allerdings der einstweilige Rechtsschutz hier nur so gut sein kann wie die materiellen Rechtsinstitute, die er sichert, muß auch an den letzteren Entwicklungsarbeit geleistet werden. Dazu gehört für die Notgeschäftsführung in der GmbH, anders als vielleicht für entsprechende Einrichtungen des Aktienrechts, die Erkenntnis, daß hier die Organperson nicht einfach in die vorgegebene Rolle eines normalen Wahlorgans eintreten kann, sondern andere Aufgaben hat, für deren Bewältigung sie das Recht – im hier untersuchten Bereich durch eine gewisse Rechtsfortbildung – gebührend ausstatten muß.

Dies geschieht im Gesellschafts- und Unternehmensrecht sehr maßgeblich durch die Diskussion zwischen Theorie und Praxis, für die eine Festschrift für einen mit der gesellschaftsrechtlichen Praxis aus der Sicht des Gesetzgebers vertrauten Theoretiker ein besonders geeignetes Forum bietet.

---

43 Vgl. Nachweise bei *Baumbach/Hueck/Zöllner*, GmbHG, Anh. § 47 vor Rdnr. 93 b.

Schrifttum-Verzeichnis
Prof. Dr. Bruno Kropff

I. Dissertation

Abschluß und innerstaatlicher Vollzug von Staatsverträgen nach der französischen Verfassung von 1946. Münster 1952.

II. Kommentar

Geßler/Hefermehl/Eckardt/Kropff
Kommentar zum Aktiengesetz. Bearbeiter der
   §§ 148–178 (Bd. III S. 1–599),
   §§ 311–318 (6. Lieferung, S. 268–399),
   § 117 (Bd. II S. 1–18),
   § 337 (15. Lieferung, S. 59–103),
   §§ 359–361, 394, 395 (16. Lieferung, S. 261–290),
   §§ 396–398 (18. Lieferung, S. 1–8).

III. Aufsätze und andere Veröffentlichungen

Konzernrechtliche Vorschriften im Referentenentwurf eines Aktiengesetzes, in: NJW 1959 S. 173 ff.

Die wechselseitige Beteiligung nach dem Entwurf eines AktG, in: DB 1959 S. 15 ff.

Die kleine Aktienrechtsreform und die mit ihr verbundenen steuerlichen Maßnahmen, in: WP 1960 S. 205 ff., 261 ff.

Rechtsfragen der Abfindung außenstehender Aktionäre, in: DB 1962, S. 155 ff.

Leitgedanken der Bewertungsvorschriften des künftigen Aktienrechts, in: WPg 1964 S. 565 ff.

Die rechtssystematische Stellung der Unternehmensverträge.

Besprechung der gleichnamigen Dissertation von Helmut Sapper, in: ZHR 128 (1964) S. 134 ff.

Das Konzernrecht des Aktiengesetzes 1965, in: BB 1965 S. 1281 ff.

Grundsätze der Rechnungslegung nach dem Aktiengesetz 1965, NB 1966 S. 58 ff.

Bilanzwahrheit und Ermessensspielraum in den Rechnungslegungsvorschriften des Aktiengesetzes 1965, in: WPg 1966 S. 369 ff.

Der „faktische Konzern" als Rechtsverhältnis, in: DB 1967 S. 2147 ff., 2204 ff.

Festsetzung höherer Ausgleichszahlungen oder einer höheren Abfindung durch das Gericht, in: WP 1969 S. 3 ff.

Über die „Ausgliederung", in: Festschrift für Ernst Geßler zum 65. Geburtstag, 1970, S. 111–126.

Aktienrechtlicher Geheimnisschutz bei Beteiligung von Gebietskörperschaften, in: Strukturen und Entwicklungen im Handels-, Gesellschafts- und Wirtschaftsrecht, Festschrift für Wolfgang Hefermehl zum 70. Geburtstag, 1976, S. 327–346.

Politische und administrative Einflußnahme auf Unternehmen des industriellen Bundesvermögens, in: Auftrag und Führung öffentlicher Unternehmen, Bd. 68 der Schriftenreihe der Hochschule Speyer, 1977, S. 79–87.

Zur Anwendung des Rechts der verbundenen Unternehmen auf den Bund; Versuch einer Bestandsaufnahme nach dem Gelsenberg-Urteil des Bundesgerichtshofs, in: ZHR 144 (1980) S. 74–99.

Der Lagebericht nach geltendem und künftigem Recht, in: BFuP 1980 S. 514–532.

Sinn und Grenzen von Bilanzpolitik, in: Der Jahresabschluß im Widerstreit der Interessen, Vortragsreihe des Instituts für Revisionswesen an der Westfälischen Wilhelms-Universität Münster, hrsg. von Prof. Jörg Baetge, 1983 S. 180–211.

Artikel: Beteiligungsverwaltung des Bundes, in: Handwörterbuch der Revision, hrsg. von Prof. Adolf G. Coenenberg und Prof. Klaus v. Wysocki, 1. Aufl. 1983, S. 155–159; 2. Aufl. voraussichtl. 1990.

Zur Konzernleitungspflicht, zugleich eine Besprechung des Buches von Peter Hommelhoff: Die Konzernleitungspflicht, in: ZGR 1984 S. 112–133.

Das amerikanische Board-Modell im Vergleich zur deutschen Vorstands-/Aufsichtsratsverfassung; Stellungnahme zum Beitrag von Knut Bleicher / Herbert Paul, in: DWB 46 (1986) S. 523–525.

Verbundene Unternehmen im Aktiengesetz und im Bilanzrichtlinien-Gesetz, in: DB 1986 S. 364–368.

Rechnungslegungsvorschriften nach dem Bilanzrichtlinien-Gesetz. Einführung. Beck'sche Textausgabe 1. Aufl. 1986 S. 1–26; 2. überarbeitete Aufl. 1989 S. 1–27.

Handelsrechtliche Bilanzierungsfragen der Optionsanleihen, in: ZGR 1987 S. 285–311.

Konzerneingangskontrolle bei der qualifiziert konzerngebundenen Aktiengesellschaft, in: Bilanz- und Konzernrecht, Festschrift zum 65. Geburtstag von Dr. Dr. h. c. Reinhard Goerdeler, 1987, S. 259–278.

Rückstellungen für künftige Verlustübernahmen aus Beherrschungs- und/oder Gewinnabführungsverträgen? in: Handels- und Steuerrecht, Festschrift für Georg Döllerer, 1988, S. 349–367.

Außenseiterschutz in der faktisch abhängigen „kleinen Aktiengesellschaft", in: ZGR 1988 S. 558–586.

Die Mobilisierung stiller Reserven nach neuem Recht, in: Rechnungslegung, Finanzen, Steuern und Prüfung in den neunziger Jahren, Vortragsreihe des Instituts für Revisionswesen an der Westfälischen Wilhelm-Universität Münster hrsg. von Prof. Jörg Baetge, 1990.

Grundzüge des Konzernrechts, in Rechtsgrundlagen freiheitlicher Unternehmenswirtschaft, herausgegeben von Prof. Dr. Marcus Lutter und Prof. Dr. Johannes Semler in Verbindung mit Dr. Gerhard Liener und Dr. Wolfgang Rosener; Köln 1991 S. 71–89.

25 Jahre Aktiengesetz 1965 – Was waren die Ziele, was wurde erreicht?, in 25 Jahre Aktiengesetz, hrsg. von Marcus Lutter, Ein Symposion der Deutschen Schutzvereinigung für Wertpapierbesitz e.V. am 30. Oktober 1990 in Bonn; Düsseldorf 1991; S. 19–51.

Besprechung von Ingendahl, Joachim, Die Kapitalflußrechnung im Rechnungslegungsrecht der USA und der Bundesrepublik Deutschland, Berlin 1990, in DWiR 1991, 44.

Bilanzpolitisch motivierte Geschäfte im Jahresabschluß, in Rechtliche Vorfragen im Jahresabschluß. Ein Symposium mit Beiträgen von Bruno Kropff und Hans-Peter Müller. Düsseldorf 1991 S. 9–33.

Artikel „Beteiligungsverwaltung des Bundes", in Handwörterbuch der Revision, hrsg. von Adolf G. Coenenberg und Klaus v. Wysocki, 2. Aufl. Stuttgart 1992 S. 243–248.

Stille Rücklagen und Substanzerhaltung beim Übergang auf das Bewertungssystem des Aktiengesetzes 1965, in: Rechnungslegung, Festschrift für Karl-Heinz Forster. Düsseldorf 1992 S. 289–305.

Benachteiligungsverbot und Nachteilsausgleich im faktischen Konzern, in Kontinuität und Wandel, Beiträge zum Unternehmensrecht, Festschrift für Walther Kastner zum 90. Geburtstag. Wien 1992 S. 279–299.

Artikel: Publizität, in: Handwörterbuch des Rechnungswesens, hrsg. von Prof. Klaus Chmielewicz und Prof. Marcel Schweitzer, 3. Aufl. 1993 Sp. 1669–1678.

Der GmbH-Beherrschungsvertrag: Voraussetzung für den Vorrang von Konzern-interessen? in Festschrift für Johannes Semler zum 70. Geburtstag am 28. April 1993 S. 517–540.

Besprechung des Buches von Annedore Stryl, Zur konzernrechtlichen Problematik von Vorstands-Doppelmandaten, Heidelberg 1992, in AG 1993 S. 197, 198.

Zur Wirksamkeit bilanzpolitisch motivierter Geschäfte im Jahresabschluß, ZGR 1993 S. 41–62.

Besprechung der Festschrift für Ernst Steindorff zum 70. Geburtstag am 13. März 1990, in AG 1993 S. 241–243.

Das TBB-Urteil und das Aktienkonzernrecht, in AG 1993, 485–495.

Zur Vinkulierung, zum Vollmachtstimmrecht und zur Unternehmensaufsicht im deutschen Recht, in Reformbedarf im Aktienrecht. 4. Deutsch-Österreichisches Symposion zum Gesellschaftsrecht vom 22. und 23. Oktober 1993 auf dem Läm-merbuckel; Sonderheft 12 der ZGR, 1994 S. 3–24.

Die Beschlüsse des Aufsichtsrats zum Jahresabschluß und zum Abhängigkeits-bericht. Zugleich Besprechung der Entscheidung des Bundesgerichtshofs ZIP 1993, 1862. ZGR 1994, 628–643.

Auswirkungen der Nichtigkeit eines Jahresabschlusses auf die Folgeabschlüsse, in Rechenschaftslegung im Wandel, Festschrift für Wolfgang Budde, München 1995 S. 341–360.

Rechtsfragen in der Abschlußprüfung, in Internationale Wirtschaftsprüfung, Fest-schrift für Hans Havermann. Düsseldorf 1995 S. 321–342.

Sind neue Erkenntnisse (Wertaufhellungen) auch noch bei der Feststellung des Jahresabschlusses zu berücksichtigen?, in Festschrift für Rainer Ludewig, Düssel-dorf 1996.

Der Konzernabschluß – eine Randerscheinung im Gesellschaftsrecht?, in Fest-schrift für Carsten P. Claussen, 1997.

Phasengleiche Gewinnvereinnahmung aus der Sicht des Europäischen Gerichts-hofs. Zugleich eine Besprechung der Entscheidung des Europäischen Gerichtshofs vom 27. 6. 1996 (Tomberger), in ZGR 1/1997.